ÉTAT DE DROIT ET DROITS EUROPÉENS

L'évolution du modèle de l'État de droit dans le cadre de l'européanisation des systèmes juridiques

Logiques Juridiques

Collection dirigée par Gérard Marcou

Le droit n'est pas seulement un savoir, il est d'abord un ensemble de rapports et pratiques que l'on rencontre dans presque toutes les formes de sociétés. C'est pourquoi il a toujours donné lieu à la fois à une littérature de juristes professionnels, produisant le savoir juridique, et à une littérature sur le droit, produite par des philosophes, des sociologues ou des économistes notamment.
Parce que le domaine du droit s'étend sans cesse et rend de plus en plus souvent nécessaire le recours au savoir juridique spécialisé, même dans des matières où il n'avait jadis qu'une importance secondaire, les ouvrages juridiques à caractère professionnel ou pédagogique dominent l'édition, et ils tendent à réduire la recherche en droit à sa seule dimension positive. A l'inverse de cette tendance, la collection *Logiques juridiques* des Éditions L'Harmattan est ouverte à toutes les approches du droit. Tout en publiant aussi des ouvrages à vocation professionnelle ou pédagogique, elle se fixe avant tout pour but de contribuer à la publication et à la diffusion des recherches en droit, ainsi qu'au dialogue scientifique sur le droit. Comme son nom l'indique, elle se veut plurielle.

Déjà parus

Fabien CADET, *L'ordre public en droit international de la famille. Étude comparée France/Espagne*, 2005.
Marc LE DORH, *Les démocrates chrétiens français face à l'Europe*, 2005.
C. ETRILLARD, *Le temps dans l'investigation pénale*, 2004.
Sylvain Sorel KUATE TAMEGHE, *La protection du débiteur dans les procédures individuelles d'exécution*, 2004.
Didier BLANC, *Les Parlements européen et français face à la fonction législative communautaire*, 2004.
Jean-Pierre BOUVET, *L'unité de gisement*, 2004.
T. KHALFOUNE, *Le domaine public en droit algérien : réalité ou fiction*, 2004.
Didier LECOMTE, *L'EURL, structure d'organisation de l'entreprise*, 2004.
BONGRAIN Marcelle, *Le placement de l'enfant victime. Une mesure irrespectueuse*, 2004.
CALMETTE Jean-François , *La rareté en droit public*, 2004.

Eric Carpano

ÉTAT DE DROIT ET DROITS EUROPÉENS

L'évolution du modèle de l'État de droit dans le cadre de l'européanisation des systèmes juridiques

Préface de
Thierry Debard
Professeur agrégé de droit public
Université Jean Moulin – Lyon III

Postface de
Jacques Ziller
Professeur agrégé de droit public
Université Paris I – Panthéon Sorbonne
en détachement à l'Institut Universitaire Européen

L'Harmattan
5-7,rue de l'École-Polytechnique
75005 Paris
FRANCE

L'Harmattan Hongrie
Kossuth L. u. 14-16
1053 Budapest
HONGRIE

L'Harmattan Italia
Via Degli Artisti, 15
10124 Torino
ITALIE

ISBN : 2-7475-8158-6
EAN : 9782747581585

Avant-propos

Cet ouvrage est une version légèrement remaniée d'une thèse de doctorat soutenue le 21 novembre 2003 à l'Institut Universitaire Européen de Florence. Il constitue l'aboutissement d'un long travail mené à Lyon, Rome et Florence sous la direction des professeurs Thierry Debard et Jacques Ziller à qui je tiens à exprimer ici toute ma gratitude pour le soutien et la confiance qu'ils m'ont apportés au cours de ces années de recherche.

Ce travail initié au Centre d'Etudes Européennes de l'Université Jean Moulin Lyon III et poursuivi à l'Institut Universitaire Européen de Florence a bénéficié d'une allocation de recherche du ministère français de l'enseignement supérieur et de la recherche et d'une bourse Lavoisier du ministère français des affaires étrangères. Je souhaite associer à ce travail l'Institut international pour l'unification du droit privé (UNIDROIT) au sein duquel j'ai effectué pendant 16 mois mon service national de la coopération et l'équipe de droit public de la Faculté de droit de Lyon III qui m'a accueilli après ce riche intermède italien. Qu'ils trouvent ici l'expression de ma reconnaissance.

Je tiens par ailleurs à remercier le professeur Luigi Ferrari Bravo pour m'avoir offert l'opportunité de partager à ses côtés, à UNIDROIT et à la Cour européenne des droits de l'homme, une expérience professionnelle et humaine riche en enseignements. Qu'il soit ici remercié pour son amitié et sa disponibilité.

Je tiens également à remercier Ludovic Bernardeau, référendaire au Tribunal de première instance des Communautés européennes, pour son esprit critique et ces longues discussions sous le regard de Giordano Bruno, parfois vives mais toujours constructives, qui ont accompagné l'évolution de ce travail.

Enfin, ce travail n'aurait pas pu voir le jour sans le soutien permanent et quotidien d'Emmanuelle.

Préface

S'il peut arriver que la valeur d'un doctorant soit mise en lumière par le fait qu'il traite avec brio un sujet en lui-même assez quelconque, on doit admettre à l'inverse qu'un thème d'envergure ne peut, et pour cause, convenir qu'à un candidat de haute volée. Or, c'est assurément cette dernière hypothèse qu'illustre avec éclat Eric Carpano qui, ayant conçu un projet doctoral d'une exceptionnelle difficulté, a su néanmoins le porter à un plein achèvement.

Il est vrai que l'intéressé était, pour ce faire, solidement armé. Polyglotte, titulaire d'une maîtrise en droit et d'un DEA en droit communautaire obtenus à l'université Jean Moulin Lyon III, il s'est inscrit en doctorat et est devenu allocataire de recherche, puis a collaboré pendant 16 mois à l'Institut international pour l'unification du droit privé (UNIDROIT) et a assisté le professeur Ferrari Bravo, juge à la Cour européenne des droits de l'homme. Admis à l'Institut Universitaire Européen de Florence, il a poursuivi ses travaux de recherche sous la direction du professeur Ziller, mais sans rompre les amarres avec son université d'origine, ce qui me vaut l'honneur de présenter ici sa thèse, brillamment soutenue fin 2003 et désormais fort opportunément publiée aux éditions L'Harmattan.

On a souvent distingué plusieurs phases dans l'évolution des travaux doctoraux en droit européen. Si, dans un premier mouvement, les thèses ont généralement porté sur les institutions européennes elles-mêmes, une nouvelle orientation a ensuite prévalu, privilégiant l'étude de l'insertion du droit européen dans les droits nationaux. Dans la dernière période, une tendance à l'examen de la circulation des notions juridiques – du droit national vers le droit européen et, en rétroaction, de celui-ci vers les Etats – s'est indéniablement développée, amenant nécessairement à raisonner en termes de modèle. Mais, alors que, sur cet océan mouvementé, la plupart des chercheurs s'attachent à suivre d'assez « frêles esquifs », telle modalité de gestion des services publics ou de passation des marchés publics, telle notion (juridiction, recevabilité en justice ou encore procès équitable...), Eric Carpano s'est quant à lui affronté à la « nef capitane » que représente pour nos systèmes juridiques la notion d'Etat de droit.

Tout était problématique dans cet ambitieux défi, lancé consciemment et relevé avec détermination : le thème même de l'Etat de droit, postulant un approfondissement théorique ardu ; la délimitation de la recherche, tant par rapport à des travaux antérieurs qu'en raison de la perspective retenue, celle de l'européanisation, qui exigeait une très vaste documentation, prenant en compte à la fois la diversité des cultures juridiques nationales et les deux branches, communautaire et « conventionnelle », de la construction européenne ; la nécessité de mêler les analyses purement doctrinales et celles relatives au droit positif des ordres juridiques concernés ; le raisonnement en termes de modèle, à propos d'une matière immense, rebelle à la critérisation, parcourue de causalités réciproques, et donc d'autant plus difficile à opposer à d'autres conceptions.

Un des signes les plus révélateurs du succès de la démarche suivie par Eric Carpano semble bien être le contraste entre le foisonnement de la matière et la cohérence sereine du plan de l'ouvrage : promotion du modèle de l'Etat de droit en Europe / consolidation européenne du modèle de l'Etat de droit. La structuration en deux parties et l'organisation interne de chacune d'elles manifestent le souci constant de l'auteur de trouver un équilibre, tout en ménageant une progression, sur un arrière fond de chronologie.

Doué d'un esprit particulièrement apte à la synthèse, l'auteur a cependant su présenter et mettre en valeur les divers linéaments de sa recherche. On citera notamment en ce sens l'étude, réalisée dans la première partie, des inflexions que certains membres de la doctrine ont fait subir à la notion d'Etat de droit afin de tenter de la concilier avec les régimes dictatoriaux allemand, italien ou espagnol. On évoquera aussi la démonstration, effectuée en seconde partie, de l'émergence d'un modèle européen de l'Etat de droit, peut-être affecté d'une dimension sociale, surtout dominé par la figure du juge, référence sociétale privilégiée (au point de reléguer au second plan les idéaux et procédures démocratiques ?). Nul doute en tout cas que le lecteur appréciera les pages consacrées à l'examen de l'impact des jurisprudences de la Cour de Strasbourg sur celles tant de la Cour de Luxembourg que des juges nationaux : le dialogue des juges, souvent fructueux, est parfois empreint d'une certaine animosité...On attirera enfin l'attention sur les développements terminaux de l'ouvrage, consacrés aux limites de la diffusion d'un modèle européen de l'Etat de droit et aux réticences à l'égard d'un modèle commun.

Si bien des thèses comportent surtout de longs exposés descriptifs ou des analyses de jurisprudence sèches et étriquées, au contraire tout est idée dans celle d'Eric Carpano. Ayant assimilé les apports théoriques de plusieurs siècles et pays, il s'insère avec aisance dans le débat doctrinal ; il jongle avec les citations, confronte les points de vue, conduit des analyses critiques. Il est vraiment devenu un chercheur, rompu aux pratiques de l'échange intellectuel au sein de la communauté scientifique, auquel on souhaite que cette publication, qu'on doit au moins au sens artisanal de l'expression considérer comme son chef d'œuvre, marque une étape décisive dans l'essor de sa carrière universitaire.

Thierry Debard
Professeur agrégé de droit public
Université Jean Moulin Lyon III

A Emmanuelle

INTRODUCTION

> « *Il y avait déjà longtemps qu'on pouvait regarder l'Europe [...] comme une espèce de grande république partagée en plusieurs Etats [...] ayant les mêmes principes de droit public et de politique* »
>
> VOLTAIRE, *Le siècle de Louis XIV* (1752), *in* Œuvres historiques, La Pléiade, Gallimard, Paris, 1968, p. 620

1. Sur l'« *Etat de droit* », tout semble avoir été dit[1]. Aussi peut-il apparaître superflu d'entreprendre une nouvelle étude[2] ayant pour objet un concept que la littérature juridique a abondamment discuté au point de s'inquiéter des mises en garde de Pascal qui conseillait de « *n'entreprendre de définir aucune des choses tellement connues d'elles-mêmes qu'on n'ait point de termes plus clairs pour les expliquer* ». Pourtant, malgré cette riche et abondante littérature, le champ d'investigation scientifique que nous ouvre l'« *Etat de droit* » n'est pas épuisé. Le processus d'européanisation des systèmes juridiques peut nous donner l'occasion d'en enrichir l'approche.

2. Pour autant, il ne s'agit pas ici d'une nouvelle thèse consacrée à l'étude théorique du concept d'Etat de droit et de ses implications pour la dogmatique juridique. D'autres l'ont avant nous déjà brillamment entreprise[3]. Même si bien évidemment nous ne saurions écarter des incursions en la matière, tel n'est pas notre propos essentiel. L'objet principal de cette étude est d'essayer de mieux

---

[1] Au cours des dernières années, la littérature française sur l' « Etat de droit » s'est considérablement enrichie. La thèse de Luc Heuschling constitue à cet égard un point de référence incontournable, L. HEUSCHLING, *Rechtsstaat, Rule of law, Etat de droit. Etude comparative*, Paris, Dalloz, 2002. Pour une approche plus spécifiquement franco-française du concept d'Etat de droit, voir M. LOISELLE, *Le concept d'Etat de droit dans la doctrine juridique française*, thèse, Paris II, 2000, 767p.

[2] Déjà en 1948, Federico Battaglia, professeur à l'Université de Florence, s'étonnait que la doctrine revienne « *encore* » sur le « *vieux problème de l'Etat de droit* » ! (F. BATTAGLIA, « Ancora sullo « Stato di diritto » », *Riv. Int. Fil. Dir.*, 1948, p 164).

[3] La littérature est particulièrement abondante en la matière : on citera parmi les études les plus récentes et les plus pertinentes, P. COSTA et D. ZOLO (a cura di), *Lo Stato di diritto. Storia, teoria, critica*, Milano, Feltrinelli, 2002, 846p. ; R. DE ASIS, *Una aproximación a los modelos de Estado de derecho*, Madrid, Dykinson, 1999, 164p.; L. HEUSCHLING, *op.cit.*; O. PFERSMANN, « Prolégomènes pour une théorie normativiste de l' « Etat de droit » », *in* O. JOUANJAN (dir.), *Les Figures de l'Etat de droit. Le Rechtsstaat dans l'histoire intellectuelle et constitutionnelle de l'Allemagne.*, PU Strasbourg, 2001, pp. 53-78 ; K. SOBOTA, *Das Prinzip Rechtsstaat. Verfassungs- und verwaltungsrechtliche Aspekte*, Tübingen, Mohr, 1997, 569p. ; G. ZAGREBELSKY, *Il diritto mite*, Torino, Einudi, 1992.

comprendre, et dans la mesure du possible de systématiser, le processus complexe de l'européanisation des systèmes juridiques - et en particulier du droit public - à travers le prisme du concept d'Etat de droit en ce qu'il fait figure de concept fédérateur et de paradigme organisationnel du droit public contemporain. Autrement dit, l' « *Etat de droit* » sera tout à la fois conçu comme l'objet de cette étude (*en ce qu'il s'agira d'étudier son évolution dans le cadre de l'européanisation des systèmes juridiques*), et l'instrument ou l'outil de celle-ci (*en ce qu'il s'agira de systématiser l'évolution du processus de l'européanisation des systèmes juridiques au travers du modèle de l'Etat de droit*) . « *Chemin faisant* », « *le chemin se construisant en marchant* », en même temps que le modèle de l'Etat de droit structure le processus d'européanisation du droit public, celui-ci contribue à son développement. Telle est l'idée centrale que nous essaierons ici de développer après avoir posé plus précisément l'objet (**I**) et le cadre de la recherche (**II**).

I – L'OBJET DE LA RECHERCHE : L'ETUDE DU PROCESSUS D'EUROPEANISATION DU DROIT PUBLIC AU TRAVERS DU MODELE DE L'ETAT DE DROIT

3. Il faut partir d'un constat aujourd'hui largement accepté. L'intégration européenne tel un « *raz-de-marée emportant nos digues et pénétrant à l'intérieur de nos terres [venant] submerger nos maisons et nos champs* »[4] paraît *« ne pas devoir connaître de limites ou de limites certaines* »[5] que l'on s'en félicite ou que l'on le déplore[6]. Toutes les branches du droit sont désormais concernées, y compris le *droit public* - expression même des particularismes nationaux - que l'on a cru pourtant longtemps à l'abri de cette « *marée montante* »[7]. A cet égard, la doctrine n'hésite plus à évoquer l'émergence d'un droit public européen, réactivant au passage l'idée d'un *jus commune* en Europe[8]. Cette européanisation du droit public se manifeste de

---

[4] Lord Denning cité par P. KINGER-GEST, « Primauté du droit communautaire et droit anglais, ou comment concilier l'inconciliable », *RAE*, 1991, p. 19.

[5] R. CHAPUS, « L'administration et son juge. Ce qui change », *Etudes et documents*, Conseil d'Etat, n°43, 1992, p. 275.

[6] Le Professeur René Chapus constate ainsi « *la réalité de la dénationalisation ou, plus exactement et positivement de la colonisation de [l'] ordre juridique, conséquence de son infiltration intensive, tant par la jurisprudence négatrice des identités nationales de la CEDH, que par le droit communautaire, tel que développé par la Cour de Luxembourg et surtout par la commission européenne* » (R. CHAPUS, *Droit administratif général*, 15e éd., Paris, Montchrestien, 2001, p.132).

[7] Selon l'expression de Lord Denning à propos de l'influence du droit communautaire, *HP Bulmer Ltd v. J. Bollinger SA* [1974] 1 Ch. 402-425 (*Court of Appeal*). Il paraît loin aujourd'hui le temps où la doctrine considérait que le droit public échappait et échapperait encore longtemps à l'emprise du droit européen. Voir par exemple, J. ZILLER, « Droit administratif et droit communautaire : du bon usage du principe de subsidiarité », *Mélanges R. Chapus*, Paris, Montchrestien, 1992, p. 681 et ss.

[8] J. RIVERO, « Vers un droit commun européen – nouvelles perspectives en droit administratif », in M. CAPPELLETTI (ed.), *New perspectives for a common law in Europe*, Leyden, Bruxelles, Sijthoff et Bruylant, 1978 ; R. CARANTA, « Judicial protection against member states : a new jus commune takes shape », *CMLR*, 32, 1995, pp. 703-726 ; DE SALVIA M, « L'élaboration d'un 'jus commune' des droits de

deux manières : en amont, se dessine un « *ordre constitutionnel européen* »[9] et se développe un « *droit administratif européen* »[10]; en aval, les droits publics nationaux exposés de manière similaire aux diverses influences européennes commencent à se rapprocher. Ce double mouvement, qui tend vers la « *consolidation du droit public européen* »[11], interpelle le juriste qui doit alors « *reconsidérer* »[12] les concepts du droit constitutionnel[13] et du droit administratif[14] forgés dans un cadre strictement étatique et façonnés dans chacun des Etats au cours d'histoires politiques, sociales et culturelles nationales spécifiques. L'appréhension de ce processus s'en trouve d'autant plus difficile. Aussi s'avère-t-il indispensable de disposer d'un cadre d'analyse pour proposer une lecture systémique de ce mouvement. Tel est ici notre objectif. Il nous semble à cet égard que l'Etat de droit constitue un modèle approprié pour étudier le processus d'européanisation du droit public (**A**) ; à ce titre, l'Etat de droit constituera tout à la fois l'objet et l'instrument de l'étude de ce processus (**B**).

---

l'homme et des libertés fondamentales dans la perspective de l'unité européenne : l'œuvre accomplie par la Commission et la Cour européenne des droits de l'homme », *Mélange Wiarda*, 1988, p. 555.

9 *Du point de vue du droit positif*, la Cour européenne des droits de l'homme (*ci-après*, CourEDH), n'hésite pas à voir dans la Convention européenne des droits de l'homme (*ci-après*, ConvEDH), « *l'instrument constitutionnel de l'ordre public européen* » (CourEDH, 23 mars 1995, *Loizidou c. Turquie*, Série A, 310, §75). De son côté, la Cour de justice des Communautés européennes (*ci-après*, CJCE), identifie le traité CEE à la « *charte constitutionnelle d'une communauté de droit* » (CJCE, 14 décembre 1991, *Avis 1/91*, *Rec.*, I-6102). Ce processus de constitutionnalisation de l'Union européenne s'est concrétisé par la signature à Rome, le 29 octobre 2004, du traité établissant une Constitution pour l'Europe. *Du point de vue dogmatique*, une partie de la doctrine n'hésite plus à évoquer le développement d'un constitutionnalisme supranational européen. par exemple, J. GERKRATH, *L'émergence d'un droit constitutionnel pour l'Europe*, Bruxelles, Ed. de l'Université de Bruxelles, 1997. Toutefois, la doctrine reste encore divisée quant à l'opportunité d'utiliser à cet égard un « vocabulaire » et des concepts constitutionnels. Voir principalement en ce sens la position défendue par L. FAVOREU, « Quel(s) modèle(s) constitutionnel(s) ? », *RUDH*, vol.7, n°11-12, 1995, pp. 357-459 ; « L'eurosceptisme du droit constitutionnel », *in* H. GAUDIN (dir.), *Droit constitutionnel, droit communautaire. Vers un respect constitutionnel réciproque ?*, PUAM, Economica, 2001, p. 379 et ss ; « Les Cours de Luxembourg et Strasbourg ne sont pas des cours constitutionnelles », *Mélanges en l'honneur de Louis Dubouis*, Paris, Dalloz, 2002, pp.35-45.

10 M.P. CHITI, *Diritto amministrativo europeo*, Milano, Giuffrè, 1999 ; J. SCHWARZE, *Droit administratif européen*, Bruxelles, Bruylant, 1995.

11 J. ZILLER, *Droit public européen en consolidation*, voir le site Internet : http://www.iue.it/LAW/conseulaw.

12 M. TROPER, « L'Europe et les principes », *Droit et société*, 1992, p. 165.

13 L. FAVOREU, « Quel(s) modèle(s) constitutionnel(s) ? », *op. cit.*, p. 357.

14 J-F. FLAUSS, « Les incidences du droit européen sur les théories du droit administratif français », *LPA*, 1989, n°143, p.15 . Stéphane Braconnier a montré également que la jurisprudence de la Cour européenne des droits de l'homme remettait en cause les fondements *conceptuels* et organiques du droit administratif français, S. BRACONNIER, *Jurisprudence de la Cour européenne des droits de l'homme et droit administratif français*, Bruxelles, Bruylant, 1997, pp. 305-505.

A. De la pertinence de recourir au modèle de l'Etat de droit pour étudier la complexité du processus d'européanisation du droit public

4. En tant que paradigme organisationnel du droit public (**2**), l'Etat de droit constitue un modèle approprié pour appréhender la complexité du processus d'européanisation du droit public (**1**).

1) L'européanisation du droit public, un processus complexe

5. *Sur ce que l'on entend par « européanisation du droit public »* - L'expression est employée de plus en plus fréquemment telle quelle par la doctrine[15] ou sous des formes plus spécifiques comme « *l'européanisation du droit constitutionnel* »[16] ou « *l'européanisation du droit administratif* »[17]. Que signifie-t-elle ? Considérons tout d'abord que les expressions « *européanisation du droit constitutionnel* » et « *européanisation du droit administratif* » ne constituent que des spécifications de l'expression plus générale « *européanisation du droit public* ». Considérons ensuite que par « *droit public* » il faut comprendre l'ensemble des règles juridiques tendant à régir le fonctionnement des pouvoirs institués qu'ils soient étatiques ou supra-étatiques et les relations qu'ils entretiennent avec les individus, indépendamment des éventuelles qualifications nationales. C'est ainsi que nous considèrerons que le régime de la responsabilité de l'Etat entre dans la catégorie « *droit public* » bien que dans un certain nombre d'Etats celle-ci soit soumise partiellement ou totalement à un régime de « *droit privé* ».

Cela étant dit, force est de constater que sous cette expression différents processus sont décrits. 1) L' « *européanisation du droit public* » peut tout d'abord décrire le processus d'influence qu'exerce le droit européen supranational (*ci-après*, **Droit européen**) sur les systèmes juridiques nationaux et, en particulier, sur les droits publics nationaux[18]. 2) L' « *européanisation du droit public* » peut ensuite servir à désigner le processus par lequel le Droit européen se « publicise » : c'est ainsi par exemple que la doctrine parle de « *droit administratif communautaire* »[19]

---

[15] J. SCHWARZE, « Towards a Common European Public Law », *European Public Law*, 1995, pp. 227-239.

[16] J. ZILLER (dir.), *L'européanisation du droit constitutionnel à la lumière du Traité Constitutionnel pour l'Union*, Paris, L'Harmattan, 2003.

[17] J. SCHWARZE, « L'européanisation du droit administratif national », *in*. J. SCHWARZE (éd.), *Le droit administratif sous l'influence de l'Europe, op.cit.*, pp. 789-845.

[18] J. SCHWARZE, *op.cit.*, p. 789 : « *Il apparaît clairement à la lecture de l'ensemble des rapports nationaux que le droit administratif des Etats membres de l'Union européenne, qui ne subissait autrefois que des influences exclusivement nationales, est aujourd'hui exposé de diverses manières aux influences du droit européen* ».

[19] J. SCHWARZE, *Droit administratif européen*, Bruxelles, Bruylant, 1995, p. 8.

ou de « *droit constitutionnel communautaire* »[20]. 3) L' « *européanisation du droit public* » peut également désigner un processus horizontal où les droits publics nationaux européens tendent à s'harmoniser par l'importation volontaire de principes ou règles de droit public d'un système juridique national à un autre. 4) Enfin, l' « *européanisation du droit public* » peut désigner non plus l' « *européanisation des règles juridiques de droit public* », mais l' « *européanisation de la science de droit public* »[21]. En effet l'européanisation du droit public peut également résulter du développement d'une pensée juridique européenne commune[22] : si les hommes, les normes et les principes juridiques ont du mal parfois à traverser les frontières, en revanche les idées ne semblent en connaître aucune. Le développement d'une pensée politique commune au siècle des Lumières, préalable à la promotion en Europe d'un modèle de régulation politique et juridique fondé sur la primauté de l'individu et du droit, en constitue une illustration comme nous aurons l'occasion de l'éprouver dans le cadre de cette étude.

Sous l'expression « *européanisation du droit public* », c'est l'ensemble de ces processus que nous essaierons d'appréhender. Le concept de « *consolidation* » du droit public européen, développé par Jacques Ziller, saisit parfaitement la diversité et la richesse du processus que nous entendons décrire, à savoir le « *processus complexe par lequel les systèmes juridiques des Etats membres de l'Union européenne, de l'Union elle-même, et le droit de la CEDH, contribuent à la transformation de chacun de ces corps de droit public. Il se concentre sur la façon dont les systèmes juridiques européens et nationaux s'amarrent progressivement les uns aux autres tant de façon verticale qu'horizontale. Il s'agit d'un processus spécifiquement européen dans le cadre plus large de la globalisation et qui va bien au-delà de la fécondation croisée des systèmes juridiques qui résultent du développement des échanges*»[23].

6. En réalité, si l'expression est polysémique, c'est que le processus qu'elle désigne est lui-même pluriel et multiforme tant dans sa nature que dans son étendue. Aux figures classiques de subordination hiérarchique des droits nationaux au Droit européen, s'ajoutent de nouvelles figures d' « *internormativité* »[24] échappant au modèle hiérarchique classique des rapports entre systèmes juridiques[25] : la doctrine évoque les modèles des « références croisées », de « circularité », de « hiérarchies

---

[20] J. GERKRATH, *op. cit.*, p.145 et ss ; D. SIMON, *Le système juridique communautaire*, 3ème éd., Paris, PUF, 2001, pp. 77-300.
[21] Pour ce qui est de l' « *européanisation du droit constitutionnel* » en tant que science du droit, voir B. NABLI, « Européanisation du droit constitutionnel et constitutionnalisation du droit », in J. ZILLER (dir.), *L'européanisation du droit constitutionnel à la lumière du Traité constitutionnel pour l'Union, op. cit.*
[22] A-J ARNAUD, *Pour une pensée juridique européenne*, Paris, PUF, 1991, 304p.
[23] J. ZILLER, *Droit public européen en consolidation, op.cit.*
[24] J. CARBONNIER, « Internormativité », in A-J ARNAUD (dir.), *Dictionnaire encyclopédique de théorie et de sociologie du droit*, Paris, LGDJ, 1993, p.313.
[25] M. DELMAS-MARTY, *Pour un droit commun*, Paris, Le Seuil, 1994, p. 226.

enchevêtrées » ou de « hiérarchies inversées »[26]. L'étude du processus d'européanisation des systèmes juridiques met en exergue de manière exemplaire ces nouvelles figures de la normativité juridique[27]. Il suffit, pour l'instant, d'évoquer ici l'influence du droit européen des droits de l'homme au sein du système juridique communautaire[28] ou encore la diffusion de principes communautaires au sein de certains systèmes juridiques en dehors du champ d'application du droit communautaire (*spillover effect*)[29] pour se rendre compte de la réalité de ces phénomènes d'internormativité. Se développe ainsi un processus circulaire et interactif de « consolidation » européenne du droit public contribuant à l'émergence d'un « droit public européen » et d'une pensée *jus* publiciste européenne.

7. Encore faut-il pour prendre toute la mesure de ce processus complexe être capable de déterminer le sens de ce processus. Or force est de constater que le droit européen des droits de l'homme et le droit communautaire n'ont pas vocation à régir l'ensemble du droit public. Pire, l'on a même longtemps considéré qu'ils n'avaient quasiment aucune influence sur les structures et les règles du droit public. Aujourd'hui, plus personne n'oserait le soutenir. Toutefois, il n'en reste pas moins vrai que le droit de la Convention européenne des droits de l'homme (*ci-après*, ConvEDH) et le droit communautaire ne saisissent le droit public ni avec la même intensité, ni avec la même étendue. Il faut rappeler ici que le système juridique de la ConvEDH et le système juridique communautaire n'obéissent pas à la même logique. Le premier repose sur l'idée d'intégration par les droits de l'homme ; le second sur l'idée d'intégration par l'économie. Le champ d'application de la ConvEDH couvre toutes les branches du droit dès lors qu'est en cause un droit garanti par la ConvEDH. A l'inverse, le champ d'application du droit communautaire est à la fois plus large puisqu'il ne se limite pas aux droits de l'homme et plus restreint puisqu'il n'a vocation à régir que les relations juridiques ayant une dimension communautaire et relevant d'une compétence communautaire. Concernant le droit public, l'emprise du droit de la ConvEDH est manifeste dans certains domaines comme en matière de protection des droits fondamentaux ou de

---

[26] Pour une approche complète de la question, voir A-J ARNAUD, *op.cit.*, p.244 et ss ; A-J. ARNAUD et M.J. FARINAS DULCE, *Introduction à l'analyse sociologique des systèmes juridiques*, Bruxelles, Bruylant, 1998, 756p.

[27] L'« *européanisation des systèmes juridiques* » constitue à cet égard un « *laboratoire d'expérimentation* » des nouvelles figures de la normativité (J. CHEVALLIER, « Vers un droit post-moderne ? Les transformations de la régulation juridique », *RDP*, 1998, p. 672). Pour une application du modèle pluraliste au droit européen des droits de l'homme, voir E. LAMBERT, *Les effets des arrêts de la Cour européenne des droits de l'homme. Contribution à une approche pluraliste du droit européen des droits de l'homme*, Bruxelles, Bruylant, 1999.

[28] G. COHEN-JONATHAN, « La protection des droits fondamentaux dans l'Union européenne et la Convention européenne des droits de l'homme », in *Les mutations contemporaines du droit public, Mélanges en l'honneur de Benoît Jeanneau*, Paris, Dalloz, 2002, pp. 3-31 ; F. ZAMPINI, «La Cour de justice des Communautés européennes gardienne des droits fondamentaux 'dans le cadre communautaire' », *RTDE*, 1999, pp. 660-707.

[29] G. ANTHONY, « Community Law and the Development of UK Administrative Law : Delimiting the 'Spill-Over' Effect », *EPL*, 1998, p. 268 et ss.

contentieux administratif alors que l'influence du droit communautaire est plus importante dans le domaine du droit public économique. Mais il faut compter également avec l'influence indirecte du Droit européen sur les droits publics nationaux, en ce que le processus d'intégration européenne impose aux systèmes juridiques nationaux de s'adapter à ses nouvelles exigences. Il peut alors conduire à des évolutions du droit public interne : c'est ainsi par exemple, que l'intégration communautaire a entraîné des adaptations dans le fonctionnement des régimes parlementaires[30] ou des modifications constitutionnelles[31], variables il est vrai selon les Etats. Qui plus est, dans la mesure où la construction d'un « droit public européen » n'est pas l'objectif du Droit européen, ce n'est qu'en tant que besoin pour les objectifs de l'intégration européenne que le Droit européen procède à la modélisation des droits publics. Au total, il apparaît que l'européanisation du droit public est tout à la fois partielle et désordonnée.

8. Pour prendre toute la mesure de la complexité de ce processus, il faut donc disposer d'un « modèle » de référence, fédérateur et dynamique, pouvant nous permettre d'ordonner autour de principes communs l'évolution européenne du droit public. L' « *Etat de droit* » en tant que paradigme organisationnel du droit public nous semble constituer un modèle approprié pour ce faire.

2) L' « Etat de droit » comme paradigme organisationnel du droit public

9. Néologisme d'origine allemande (« *Rechtsstaat* »), inventé semble-t-il par Johann Wilhelm Petersen (dit Placidus) au tournant du 18ème siècle (1798)[32], il s'est « *progressivement imposé outre-rhin comme l'incarnation de l'Etat libéral, d'un Etat respectueux du droit* »[33], avant de se diffuser d'abord en Italie (*Stato di diritto*) (1880), ensuite en France (*Etat de droit*) (1901), puis dans l'Europe tout entière (surtout depuis 1990) où il fait aujourd'hui l'objet d'une reconnaissance unanime[34], marquant « *le point d'orgue d'une civilisation* »[35], à savoir celle de la société

---

[30] E. CARPANO, « La transformation des régimes parlementaires : des réalités dans les Etats membres aux perspectives ouvertes par la Constitution pour l'Europe », *in* J. ZILLER (dir.), *op.cit.*, p. 161 et ss.

[31] J. RIDEAU (dir.), *L'Europe dans les constitutions des Etats membres de l'Union européenne, Perspectivas constitucionais. Nos 29 anos da Constituição de 1976*, Vol. II, Coimbra Editora, 1997 ; T. DE BERRANGER, *Constitutions nationales et construction communautaire*, Paris, LGDJ, 1995.

[32] J.W. PETERSEN, *Litteratur der Staatslehre. Ein Versusch*, Strasbourg, 1798, cité par L. HEUSCHLING, *op.cit.*, p. 14.

[33] *Ibid.*, p. 14.

[34] Cette reconnaissance déborde même les limites de l'Europe. Selon Jean-Yves Morin, l'Etat de droit constituerait même un principe de droit international (J-Y. MORIN, « L'Etat de droit : émergence d'un principe de droit international », *RCADI*, tome 254, 1995). Sur l' « acculturation » de la théorie de l'Etat de droit en Afrique et en Asie, voir les diverses contributions *in* P. COSTA et D. ZOLO (a cura di), *op.cit.*, pp. 537-814.

[35] J. GICQUEL, *Droit constitutionnel et institutions politiques*, 12e éd., Paris, Montchrestien, 1993, p. 3.

libérale[36]. Cette reconnaissance est tout d'abord académique : on ne compte plus les ouvrages, articles, colloques qui lui sont consacrés partout en Europe. Elle est également politique : il est ainsi de bon ton de mobiliser l' « *Etat de droit* » pour justifier des réformes en tout genre[37]. Elle est enfin normative : l' « *Etat de droit* » est consacré non seulement par certaines constitutions nationales[38], mais également par les textes et les juges européens. A ce dernier égard, les Etats membres de l'Union européenne soulignent que le principe de l'Etat de droit constitue un principe commun aux Etats membres sur lequel se fonde l'Union européenne (article 6§1 TUE). Ce principe est repris dans le préambule de la Charte des droits fondamentaux de l'Union européenne et figure également en bonne place dans le Traité constitutionnel pour l'Europe au titre des *valeurs* de l'Union européenne (article 2).

10. Pourtant, pour Michel Troper, «*une telle unanimité ne peut être que suspecte* »[39]. Car force est de constater que l' « *Etat de droit* » revêt une « *surcharge de significations* »[40]. L'Etat de droit constitue à cet égard une notion polysémique se prêtant à une gamme extrêmement large d'interprétation, appartenant à la catégorie des « *essentialy contested concepts* »[41]. Alors même que la place qu'il occupe au cœur des débats doctrinaux contemporains n'a cessé de croître, la doctrine juridique européenne ne manque pas d'adjectifs pour le critiquer : imprécis, indéterminé, superflu, vague, tautologique etc. A l'aune des mises en garde de Carré de Malberg pour qui « *en toute matière juridique, la terminologie ne peut être satisfaisante qu'à*

---

[36] Comme nous le verrons dans le cadre de cette étude, l' « Etat de droit » se confond historiquement et pour l'essentiel avec l' « Etat libéral ». Il constitue la forme juridique du libéralisme (F. A. HAYEK, *La Constitution de la liberté* (1960), trad. R. Audouin et J. Garello, Paris, Litec, 1994. Pour une critique de l'identification de l'Etat de droit à l'Etat libéral, E. DIAZ, *Estado de derecho y Sociedad Democratica* (1966), 9ème ed., Madrid, Taurus, 1998, 203p.). A ce titre, à l'instar du libéralisme (F. FUKUYAMA, *La fin de l'histoire et le dernier homme*, Paris, Flamarion, 1992), l' « Etat de droit » marquerait la « fin de l'histoire » ! (voir les critiques de J. CHEVALLIER, « La mondialisation de l'Etat de droit », *Mélanges Philippe Ardant*, Paris, LGDJ, 1999, p. 333).

[37] Luigi Raggi relevait déjà en 1907 que « *l'expression « Stato di diritto » est une des plus fréquentes que l'on retrouve dans les développements italiens de droit public [...]. Elle est devenue une expression à la mode. Toute modification, tout progrès, toute innovation que l'on entend introduire dans le droit public italien, se justifie toujours au nom de l'Etat de droit* ». A. RAGGI, « La parabola di un concetto. A proposito dello Stato di diritto », *Annuario della Università degli Studi di Camerino*, 1907-08, p. 25-26.

[38] En Europe occidentale, les constitutions allemande (art. 23 et 28 LF), espagnole (préambule, art. 1.1), portugaise (préambule, art. 2) consacrent le principe de l' « *Etat de droit* ». En Europe centrale et orientale, les constitutions bulgare (préambule et art. 4.1), estonienne (art. 10), hongroise (préambule et art. 2.1), lituanienne (art. 7), polonaise (art. 2), roumaine (art 1.3 et 37.2), slovaque (art. 1 et 134.4), slovène (art. 2), tchèque (art. 1 et 9.2) le consacrent également.

[39] M. TROPER, *op.cit*, p 51.

[40] J.CHEVALLIER, « L'Etat de droit », *RDP*, 1988, sp 314.

[41] W.B. GALLIE, « Essentialy contested Concepts », *Proceedings of Aristotelian Society*, 1955-56, p.169. Pour cet auteur, « *there are disputes which are perfectly genuine : which, although not resolvable by argument of any kind, are nevertheless sustained by perfectly respectable arguments and evidence. This is what I mean by saying that there are concepts which are essentially contested, concepts the proper use of which inevitably involves endless disputes about their proper uses on the part of their users* ». Pour une application de cette thèse au concept d'Etat de droit, N. MAC CORMICK, « Der Rechtsstaat und die Rule of Law », *Juristenzeitung*, n°39, 1984, p. 66.

la condition de comporter un terme propre pour chaque concept spécial »[42], le juriste ne peut être que circonspect face à l'usage – parfois il est vrai immodéré – qui est fait d'un concept si peu déterminé. Il faut en effet reconnaître que de nombreux discours sont venus accompagner sa promotion (le juge, la justice constitutionnelle, les droits de l'homme, la démocratie, la liberté, l'égalité *etc*)[43], chacun semblant se l'approprier selon *« son propre idéal juridique »*[44]. Certains n'hésitent pas d'ailleurs à proscrire purement et simplement son usage[45] en ce qu'il serait au mieux une « *coquille vide* »[46] ou un « *pléonasme* »[47] au pire un « *concept perturbateur* »[48].

11. Dans ce contexte il apparaîtrait a priori bien hasardeux d'entreprendre une étude systémique à partir d'un objet si fluctuant. Paradoxalement, il nous semble que c'est ce caractère qui constitue sa force et son intérêt systémique. En réalité, ce n'est pas tant le concept qui varie que le modèle institutionnel qui le met en œuvre. En effet, il n'y a selon nous qu'un seul concept d'Etat de droit (l'encadrement du pouvoir par le droit en vue d'assurer la primauté de l'individu), de même qu'il n'y a qu'un seul concept de droits de l'homme (les droits que l'individu tient de sa qualité d'être humain[49]). En revanche, la manière d'appréhender ces concepts peut varier sensiblement d'une société à l'autre, d'une époque à l'autre, d'une doctrine à l'autre[50]. A cet égard, l' « *Etat de droit* » fait partie de ce que E-W Böckenförde appelle les « *notions-sas* » (*Schleusenbregriffe*), notions « *qui restent, par leur sens littéral, vagues et inexplicables, qui ne se laissent jamais complètement définir « objectivement » à partir d'[elles-mêmes] mais qui, au contraire, sont ouvert[e]s à l'afflux de conceptions changeantes dans le champ des théories de l'Etat et de la constitution et donc, par là même, à diverses concrétisations [...]* »[51]. Ce faisant, l'Etat de droit échappe à toute tentative d'appréhension scientifique si l'on se contente de le prendre comme une donnée permanente et définitivement établie. L'Etat de droit est par essence évolutif et dynamique ce que confirme Etienne Picard lorsqu'il affirme que les droits fondamentaux sont tout à la fois « *fondateurs* » et

---

42 Cité par M. WALINE, « Le positivisme juridique de Carré de Malberg », *in Relations des Journées d'études en l'honneur de Carré de Malberg (1861-1935), Annales de la Faculté de droit et des sciences économiques de Strasbourg*, t XV, 1966, p. 31.
43 J. CHEVALLIER, « Le discours de l'Etat de droit », *Politiques*, 1993, pp. 13-20.
44 O. MAYER, *Deutsches Verwaltungsrecht*, t1, 1895, p. 61.
45 Ph. KUNIG, *Das Rechtsstaatsprinzip, op.cit.*, pp. 1-12.
46 En ce sens les critiques de Carl Schmitt, *Cf. infra*, n°114.
47 H. KELSEN, *Théorie pure du droit*, trad. Ch. Eisenmann, 2e éd., Paris, Bruxelles, LGDJ, Bruylant, 1990, sp. 304. (*Cf. infra*, n° 104).
48 L. RAGGI, *op.cit.*, p. 35.
49 Selon l'expression de J-J. ROUSSEAU, *Du contrat social*, GF Flamarion, Paris, 1992, Livre I, Chap. IV, p.34.
50 Pietro Costa et Danilo Zolo (*op.cit.*) ont parfaitement su éclairer sous un jour nouveau cette question de l'universalité des concepts de droits de l'homme et d'Etat de droit.
51 E-W. BÖCKENFÖRDE, « Naissance et développement de la notion d'Etat de droit », in E-W. BÖCKENFÖRDE, *Le droit, l'Etat et la constitution démocratique*, (trad. O. Jouanjan), Bruylant, LGDJ, Bruxelles, Paris, 2001, pp. 127-128.

« *refondateurs* » de l'Etat de droit[52]. L'idée d'Etat de droit auto-fonderait ainsi son développement institutionnel. Autrement dit, le modèle de l'Etat de droit mettant en œuvre le concept d'Etat de droit est un modèle ouvert dont les contours évoluent au fur et à mesure de son développement.

12. A ce titre, il constitue un instrument privilégié pour étudier le processus d'européanisation du droit public. D'abord, parce que nous avouons considérer qu'il fait figure de véritable *paradigme* (Edgar Morin)[53] du droit public contemporain en ce que l'*Idée* qui se trouve au cœur du concept d'Etat de droit constitue « *l'unique question du droit public* » [54] et ce faisant, structure le développement du système juridique et le modèle de l'Etat de droit lui-même. Au fond, Louis Favoreu ne dit pas autre chose lorsqu'il écrit que « *l'idée de réalisation de l'Etat de droit domine le droit constitutionnel moderne* » [55]. Le discours de l'Etat de droit, souvent implicite, parfois explicite, se trouverait ainsi au cœur de la pensée juridique du droit public. Ensuite, parce qu'il permet « *une compréhension globale et interprétative d'un ensemble de phénomènes hétérogènes et souvent contradictoires* [...]. *Le retour de l'Etat de droit organise en un ensemble relativement cohérent non seulement des représentations (le pouvoir, le droit, la liberté), mais également des pratiques qui confortent et renouvellent en même temps l'organisation moderne des dominations sociales*»[56]. L'Etat de droit constituerait ainsi un modèle d'analyse privilégié du phénomène politico-juridique. Enfin, parce qu'il permet de saisir de manière dynamique le processus complexe de l'européanisation du droit public, il constitue tout à la fois le cadre et la mesure de ce processus. En ce que le *concept* d'Etat de droit constitue le *paradigme* du droit public européen, le processus d'européanisation du droit public se structure autour de celui-ci et véhicule un *modèle* de l'Etat de droit qui viendra à son tour enrichir ce processus.

---

[52] E. PICARD, « L'émergence des droits fondamentaux en France », *AJDA*, spécial, 1998, sp. 37. D'une manière plus générale, voir W. SABETE, *De l'obligation de la reconnaissance constitutionnelle des droits fondamentaux. A la recherche d'un fondement de l'obligation*, Thèse, Bordeaux, 1994.

[53] Pour Edgar Morin, « *le paradigme contient, pour tout discours s'effectuant sous son empire, les concepts fondamentaux ou les catégories maîtresses de l'intelligibilité en même temps que le type de relations logiques d'attraction/répulsion* ». « *Il opère* – ajoute-t-il – *en quelque sorte le contrôle logiciel de la logique dans les propositions, discours, théories [...]. En bref, le paradigme institue les relations primordiales qui constituent les axiomes, déterminent les concepts, commandent les discours et/ou théories. Il en organise l'organisation et il en génère la génération ou la régénération* » (E. MORIN, *La méthode : les idées, leur habitat, leur vie, leurs mœurs, leur organisation*, Tome 4, Paris, Le Seuil, 1991, pp. 213 et 216-217).

[54] A. DE LABAUDERE, « Les doyens Maurice Hauriou et Léon Duguit », *Annales de la Faculté de droit et des Sciences économiques de Toulouse*, Tome, XVI, 1968, p. 211.

[55] L. FAVOREU, « Le droit constitutionnel, droit de la Constitution et constitution du droit », *RFDC*, n°1, 1990, p. 79.

[56] M. MIAILLE, « Le retour de l'Etat de droit. Le débat en France », *in* D. COLAS *(dir), L'Etat de droit*, Paris, PUF, 1987, p. 216.

B. L'Etat de droit, *OBJET* et *MODELE* de l'étude du processus d'européanisation du droit public

13. On l'a déjà dit, l'Etat de droit constitue un modèle dynamique et ouvert, en perpétuelle construction. Si le concept qui le structure est permanent, en revanche sa forme institutionnelle et normative ne l'est pas. Il est dès lors impossible de définir *a priori* un modèle de l'Etat de droit. Or, notre recherche se propose à titre principal d'essayer de systématiser l'évolution du processus d'européanisation du droit public au travers du modèle de l'Etat de droit qui est, lui même, en partie le produit de ce processus. Tautologie diront certains. Au contraire, il nous semble que nous nous trouvons là au cœur de toute approche systémique : toute observation rétroagit sur le modèle d'observation qui à son tour influe sur l'observation. A cet égard, l'Etat de droit constituera tout à la fois l'objet et le modèle d'observation de l'étude du processus d'européanisation du droit public.

14. ***L'Etat de droit, OBJET de l'étude du processus d'européanisation du droit public*** - L'Etat de droit sera l'objet de cette étude, en ce qu'il s'agira d'étudier son évolution dans le cadre de l'européanisation des systèmes juridiques. Autrement dit, il s'agira d'étudier la manière dont la théorie et le(s) modèle(s) de l'Etat de droit ont évolué en Europe à partir de ce qu'en disent la doctrine européenne et les droits positifs européens. L'idée est ici la suivante : en tant que concept unanimement partagé par l'ensemble des Etats européens, les valeurs et principes véhiculés par l'Etat de droit ont été *assimilés* puis *autonomisés* par le Droit européen qui, à son tour, véhicule un certain modèle de l'Etat de droit, contribuant en retour à la mutation des figures nationales de l'Etat de droit et partant, à l'émergence d'un modèle européen commun de l'Etat de droit.

15. ***L'Etat de droit, MODELE de l'étude du processus d'européanisation du droit public*** – L'identification d'un modèle européen de l'Etat de droit nous permettra de systématiser l'évolution du processus d'européanisation du droit public autour des grands principes qui structurent ce modèle dans la mesure où l'Idée de réalisation de l'Etat de droit « domine » le droit public européen contemporain. La place fondamentale réservée à l'individu en Droit européen et l'attention avec laquelle celui-ci s'intéresse à la protection (juridictionnelle) effective de ses droits n'en sont qu'une des multiples illustrations.

16. L'objectif général de la recherche étant posé, il convient d'en délimiter le cadre.

II – DELIMITATION DU CADRE DE LA RECHERCHE

17. Compte tenu du double objet de cette recherche, le champ d'investigation paraît illimité. Or cette recherche se heurte par sa nature même (« recherche doctorale ») aux limites inhérentes de l'investigation individuelle. Comme le rappelaient Constance Grewe et Hélène Ruiz-Fabri dans l'avant-propos introductif de leur ouvrage *Droits constitutionnels européens*, « *il est clair qu'une recherche comparative d'envergure ne saurait être menée que par une équipe nombreuse disposant de l'infrastructure adéquate* »[57]. Notre propos sera en conséquence par essence limité. L'on ne saurait en la matière être exhaustif. Il s'agira à partir d'exemples jugés les plus significatifs empruntés à différents droits nationaux européens et au Droit européen d'essayer, d'une part, de saisir une évolution en cours en Europe et, d'autre part, dans la mesure du possible, de systématiser celle-ci. Encore faut-il en déterminer plus précisément le cadre.

18. *Ratione loci*, cette recherche se limitera, d'une part, aux systèmes juridiques de la Convention européenne des droits de l'homme[58] et de la Communauté européenne/Union européenne[59] et, d'autre part, aux Etats membres de l'Union européenne en ce qu'ils sont également parties à la ConvEDH. S'agissant des Etats membres de l'Union européenne, il convient de relever que cette délimitation géographique souffrira toutefois de deux exceptions.

Premièrement, les Etats membres de l'Union européenne ayant rejoint celle-ci en 2004 pourront faire l'objet d'une étude succincte en ce que la plupart d'entre eux ont fait de l' « *Etat de droit* » un principe constitutionnel de leur système juridique.

Deuxièmement, tous les Etats membres de l'Union européenne ne seront pas étudiés avec la même intensité. L'Allemagne, l'Autriche, l'Espagne, la France, l'Italie, le Portugal et le Royaume-Uni feront l'objet d'une attention plus particulière[60] :

- soit parce que le discours de l'Etat de droit y est particulièrement développé en doctrine (Allemagne, Espagne, France, Italie) ou en droit constitutionnel positif (Allemagne, Autriche, Espagne, Portugal) ;
- soit parce que ce discours est relayé par d'autres concepts connexes (ex : « *règne de la loi* » ou « *République* » (France) , « *Rule of law* »

---

[57] C. GREWE et H. RUIZ-FABRI, *Droits constitutionnels européens*, Paris, PUF, 1995, pp. 10-11.

[58] Sur l'existence d'un « système juridique européen des droits de l'homme », voir les développements de E. LAMBERT, *op.cit.*, pp. 9-32.

[59] D. SIMON, *Le système juridique communautaire*, 3ème éd., Paris, PUF, 2001, 779p.

[60] Relevons toutefois que le système juridique français constituera souvent un point de référence privilégié pour des raisons liées, d'une part, à notre connaissance de ce système juridique et, d'autre part, à l'influence qu'il a pu avoir en Europe y compris sur le système juridique communautaire (J. DUTHEIL DE LA ROCHERE, « Influence du droit français en droit communautaire / droit de l'Union européenne », *RFDA*, 2001, pp. 909-917).

(Royaume-Uni)) dont il conviendra de délimiter leur champ d'application respectif ;

- soit parce que le développement du Droit européen s'est heurté à des principes fondamentaux du droit public national (ex : « *droits fondamentaux* » (Allemagne, Italie), « *justice administrative* » (Autriche), « *souveraineté du Parlement* » (Royaume-Uni)) ou a contribué à l'évolution de certains principes (« *contrôle de la loi* » (France, Royaume-Uni)).

19. *Ratione materiae*, il s'agit avant toute chose d'une étude de **droit public**. Toutefois, certaines branches du droit public seront plus privilégiées que d'autres bien que le droit public constitue une unité comme l'illustre le phénomène de constitutionnalisation du droit administratif[61]. Les « *questions constitutionnelles* » occuperont une place centrale dans cette étude dans la mesure où, pour reprendre une nouvelle fois la belle formule de Louis Favoreu, « *l'idée d'Etat de droit domine le droit constitutionnel moderne* ». En effet, l'Etat de droit s'identifie de plus en plus aujourd'hui à l'Etat [de droit] constitutionnel, dominé par l'idée de protection constitutionnelle des droits fondamentaux[62]. Par ailleurs, l'on assiste à un mouvement de constitutionnalisation du droit européen et en particulier du droit communautaire, se traduisant par l'émergence d'un « *ordre constitutionnel européen* » dont le traité constitutionnel pour l'Europe devrait constituer une étape décisive, et par la prise en compte croissante par les constitutions nationales des exigences du Droit européen. Les « *questions administratives* » ne seront pas pour autant négligées dans la mesure où, là encore, elles se trouvent au cœur de l'emprise du Droit européen et de l'Etat de droit. A cet égard, le Droit européen contribue tout à la fois au développement du droit administratif (Royaume-Uni), à sa démocratisation (France) et à sa juridictionnalisation (Autriche, Suède) sous l'influence notamment de la jurisprudence de la CourEDH[63].

Il s'agit également d'une étude des **droits européens**. Dans la mesure où nous entendons mener une étude systémique prenant en compte la complexité du processus d'européanisation des systèmes juridiques, il nous faudra disposer d'un outil linguistique nous permettant de décrire une réalité normative plurielle. Cette étude reposera à cet égard sur d'importantes conventions terminologiques. En tant que telle, l'expression « droits européens » ne constitue pas un concept juridique autonome. Elle décrit diverses réalités normatives :

* « *Droits nationaux européens* » - Par « droits européens », nous viserons tout d'abord les « droits nationaux » des Etats européens et, en priorité, les « droits

---

[61] D'une manière générale, voir G. MARCOU (dir.), *Les mutations du droit de l'administration en Europe. Pluralisme et convergences*, Paris, L'Harmattan, 1995. Pour la France, voir en particulier, B. STIRN, *Les sources constitutionnelles du droit administratif. Introduction au droit public*, Paris, LGDJ, 1999.
[62] G. ZAGREBELSKY, *op.cit.*
[63] S. BRACONNIER, *op.cit.*

nationaux » des Etats membres de l'Union européenne. Nous parlerons alors de « *droits nationaux européens* ».

** « *Droits européens supranationaux* » - Par « droits européens », nous viserons également les « droits européens supranationaux », à savoir principalement le droit du Conseil de l'Europe et le droit de l'Union européenne/Communauté européenne. Encore qu'il soit nécessaire ici de préciser le propos.

S'agissant du droit du Conseil de l'Europe, il ne sera traité à titre principal que du droit de la Convention européenne des droits de l'homme (*ci-après*, ConvEDH) et de la jurisprudence de la Cour européenne des droits de l'homme (*ci-après*, CourEDH) compte tenu de leur valeur normative et de leurs répercussions au sein des « droits nationaux européens » : pour décrire cet ensemble normatif, nous pourrons utiliser le cas échéant l'expression « ***droit européen des droits de l'homme*** ». Signalons toutefois que le droit du Conseil de l'Europe ne se limite pas au droit de la ConvEDH. Une approche véritablement pluraliste de l'européanisation des systèmes juridiques impliquerait de prendre en compte également le « *droit mou* » du Conseil de l'Europe constitué notamment par les recommandations et résolutions du Comité des Ministres du Conseil de l'Europe qui, si elles ne disposent pas d'une réelle intensité normative, ont pu constituer « *une source d'inspiration ou un argument supplémentaire* »[64] pour entreprendre des réformes au sein des « droits nationaux européens ». Compte tenu de l'ampleur du sujet traité, ce n'est que de manière accessoire que nous évoquerons ces dispositions lorsque celles-ci permettront d'illustrer des tendances communes. Un traitement similaire sera réservé à certaines conventions européennes conclues dans le cadre du Conseil de l'Europe comme la Charte sociale européenne signée à Turin le 18 octobre 1961.

S'agissant du droit de l'Union européenne/ Communauté européenne – Nous traiterons sous l'appellation « ***droit communautaire*** », des normes écrites primaires et secondaires de l'ordre juridique communautaire ainsi que des normes non écrites comme les principes généraux du droit communautaire et la jurisprudence de la Cour de justice des Communautés européennes (*ci-après*, CJCE) et du Tribunal de première instance des Communautés européennes (*ci-après,* TPICE). La Charte des droits fondamentaux de l'Union européenne (*ci-après*, CDFUE) bien que n'ayant pas été encore formellement intégrée dans le bloc de la légalité communautaire sera toutefois prise en compte en ce que, d'une part, elle constitue un « instrument » de référence pour comprendre l'émergence d'un *jus commune* des droits fondamentaux et, d'autre part, elle est parfois mobilisée par les avocats généraux et les juges pour interpréter certains droits. Du point de vue de la théorie pluraliste du rapprochement des systèmes juridiques son étude s'avère indispensable.

Nous désignerons ces deux ensembles – « *droit européen des droits de l'homme* » et « *droit communautaire* » - bien que formellement *en principe* distincts et autonomes l'un de l'autre sous l'expression générique « *Droit européen* » par convention et par facilité de langage.

---

[64] J-F. FLAUSS, « Rapport français », *in* J. SCHWARZE (éd.), *op.cit.*, p. 93.

En résumé, par « ***DROITS EUROPEENS*** », il faudra entendre aussi bien les « ***droits nationaux européens*** » que le « ***Droit européen*** » expression générique des « ***droits supranationaux européens*** » constitués principalement par « ***le droit européen des droits de l'homme*** » et le « ***droit communautaire*** ».

20. Au total, l'étude entreprise est à la fois une étude de droit public et de droit européen dans une perspective comparative. L'objet même de la recherche commande l'analyse comparative puisque ce n'est que de la confrontation des différentes constructions nationales de l'Etat de droit et de leurs évolutions en Europe que nous pourrons nous faire une certaine idée européenne de l' « *Etat de droit* » (**Première partie**) à partir de laquelle nous pourrons essayer de systématiser le processus d'européanisation du droit public et mesurer son influence sur le modèle même de l'Etat de droit (**Seconde partie**).

Première partie – La promotion du modèle de l'Etat de droit en Europe
Seconde partie – La consolidation européenne du modèle de l'Etat de droit

PREMIERE PARTIE

LA PROMOTION DU MODELE DE L'ETAT DE DROIT EN EUROPE

21. Cette première partie a pour objet d'étudier l'évolution du discours et de la théorie de l'Etat de droit en Europe dans le but d'approcher une certaine idée commune européenne de l'Etat de droit. Dans la mesure où il nous paraît impossible d'établir un modèle opérationnel commun de l'Etat de droit de manière abstraite à partir d'une étude systématique des logiques et des dynamiques qui le sous-tendent compte tenu de son évolutivité, seule une approche « *discursive* »[1] de l'Etat de droit est susceptible de nous apporter les éléments nécessaires à la modélisation poursuivie. A cet égard, cette première partie sera essentiellement analytique, étudiant l' « *Etat de droit* » à partir de ce qu'en disent la doctrine (discours doctrinal) et le droit positif (discours normatif) à travers l'histoire politico-juridique européenne[2] sur la base d'une double approche historique et comparative[3]. Il ne s'agit pas toutefois que d'un « *discours des discours* » de l'Etat de droit. Premièrement, par le choix des discours retenus qui ne saurait être neutre dans la mesure où l'on ne saurait jamais enlever la part de subjectivité inscrite dans les paradigmes de la raison individuelle qui structurent notre perception des choses, ce « *discours des discours* » de l'Etat de droit véhiculera son propre discours de l'Etat de droit articulé autour d'une conception « *exigeante* » de l'Etat de droit[4].

---

[1] Qui se rapporte au discours.

[2] Le constitutionnalisme américain ne sera pas traité dans la présente étude. Toutefois, dans la mesure où il est à la source du constitutionnalisme moderne, et partant à la source du concept contemporain d'Etat de droit constitutionnel (même s'il n'en connaît pas le concept), il sera fait, le cas échéant, référence aux grandes étapes de son développement. Il sera réservé le même sort au principe du « *Due process of law* » qui, à bien des égards, peut être assimilé au principe de l'Etat de droit. (*Infra*, Chap I, Sec I, §1 et §2).

[3] Selon Otto Pfersmann, il existerait trois voies pour essayer de définir l' « Etat de droit » : une voie historique, une voie comparative et une voie systématique. O. PFERSMANN, « Prolégomènes pour une théorie normativiste de l' « Etat de droit » », *in* O. JOUANJAN (dir.), *Les Figures de l'Etat de droit. Le Rechtsstaat dans l'histoire intellectuelle et constitutionnelle de l'Allemagne.*, PU Strasbourg, 2001, p. 53.

[4] Nous reviendrons plus largement sur cette idée de modèle exigeant de l'Etat de droit dans le cadre de cette étude. Retenons simplement que par modèle exigeant de l'Etat de droit, nous entendons un modèle

Deuxièmement, ce « *discours des discours* » fera apparaître en creux l'objet transversal de cette recherche – l'européanisation du droit public – en mettant en évidence le développement d'une pensée européenne de droit public cristallisée dans la pensée de l'Etat de droit prouvant que l'Europe du droit a commencé à se construire bien avant sa concrétisation formelle.

22. Le propos sera ici divisé en deux temps. Après avoir retracé les grandes étapes du processus de construction de la théorie de l'Etat de droit, processus qui plonge ses racines au plus profond de la pensée politico-juridique européenne (**Titre I**), nous tenterons de prendre toute la mesure de sa consécration doctrinale et constitutionnelle en Europe (**Titre II**).

Titre I – La construction de la *théorie* de l'Etat de droit en Europe
Titre II – La consécration du *principe* de l'Etat de droit en Europe

formel et matériel de l'Etat de droit, assurant une protection large et effective des droits fondamentaux. Sur ce point, voir J. CHEVALLIER, « L'Etat de droit », *RDP*, 1988, p. 367 ; C. GREWE et H. RUIZ-FABRI, *Droits constitutionnels européens*, Paris, Puf, 1995, p. 179 ; E. DIAZ, « Estado de derecho : exigencias internas, dimensiones sociales », *Sistema*, n°125, 1995, p. 9 ; G. PISARELLO, « Por un concepto exigente de Estado de derecho », *Sistema*, n°144, 1998, pp. 97-106.

TITRE I
LA CONSTRUCTION DE LA THEORIE DE L'ETAT DE DROIT EN EUROPE : une construction progressive

21. Certains concepts sont étroitement liés à des personnes et à des doctrines nationales très spécifiques s'inscrivant dans un contexte historique bien particulier. Il en va ainsi de l'Etat (*lo Stato*) de Machiavel ; de la *Souveraineté* de Jean Bodin ou de la *Séparation des pouvoirs* de Montesquieu . Il en serait de même pour le concept de *Rechtsstaat* (Etat de droit), forgé au début du 19ème siècle par la doctrine libérale allemande.

22. Le néologisme *Rechtsstaat* serait spécifique à la langue allemande, produit de la pensée constitutionnelle allemande sans autre équivalent dans les autres langues. Dès 1869, le grand juriste allemand Lorenz von Stein considérait que « *le mot et le concept Rechtsstaat sont spécifiquement allemands, et ne se retrouvent dans nulle autre littérature* »[1] : le *Rule of law,* le règne de la loi ou la limitation des gouvernants ne fonctionnent sémantiquement que par une périphrase ; conceptuellement, ils n'en recouvrent qu'une partie. Cette opinion est loin d'être isolée au sein de la doctrine allemande comme l'illustre encore aujourd'hui la position de Böckenförde pour qui le *Rechtsstaat* ne connaîtrait aucune correspondance exacte dans les autres langues[2]. Le concept d'Etat de droit serait ainsi spécifique à la culture juridique germanique.

---

[1] L. VON STEIN, *Die Verwaltungsrecht*, Stuttgart, 1869, I, 1 pp. 296-298 , cité par. L. RAGGI, « Parabola di un concetto. A proposito dello Stato di diritto », *Annuario della Università degli Studi di Camerino, 1907-08,* p. 29.

[2] E-W BÖCKENFÖRDE, « Naissance et développement de la notion d'Etat de droit », in E-W BÖCKENFÖRDE, *Le droit, l'Etat et la Constitution démocratique. Essai de théorie juridique, politique et constitutionnelle*, Trad. O. Jouanjan, Bruxelles, Paris, Bruylant, LGDJ, 2000, p. 128.

23. Or, il nous semble ici indispensable de distinguer le mot (*Rechtsstaat*) de l'idée (*la limitation de l'Etat par le droit en vue d'assurer la primauté de l'individu* ou *la primauté du droit*) comme le souligne Otto Mayer pour qui « *il n'y a rien de plus erroné que de vouloir identifier l'idée de « Rechtsstaat » à une particularité allemande. Cette idée est commune en ses éléments essentiels à toutes les nations sœurs qui ont suivi les mêmes stades successifs de développement, en particulier la nation française, avec laquelle et plus que toute autre, le destin nous a rassemblés par une communauté d'esprit* »[3]. Ce que confirme Heinz Monhaupt qui rappelle que « *Rudolf von Gneist avait déjà prouvé, dès 1872, l'existence d'une formation millénaire de l'Etat de droit et ainsi caractérisé ce qui constitue un résultat du développement culturel de l'ensemble de l'Europe. L'idée d'Etat de droit est donc bien plus ancienne que son propre nom* »[4].

24. En effet, la question de la limitation du pouvoir par le droit n'est pas nouvelle. Bien avant la naissance de l'Etat moderne, il y a près de 2400 ans, Aristote avait déjà posé la question en ces termes là : « *il est [...] préférable que la loi règne plutôt que l'un quelconque des citoyens et, d'après le même principe, même [si] certains individus détiennent l'autorité, il faut les établir comme gardiens et ministres des lois [...]. A dire vrai, tout ce que la loi paraît ne pouvoir définir un homme non plus ne le saurait en connaître [...]. Ainsi donc, exiger que règne la loi, c'est semble-t-il, que Dieux et la raison règnent seuls ; exiger, au contraire, le règne d'un homme, c'est ajouter aussi celui d'une bête, et l'emportement de la passion bouleverse les gouvernants, même les meilleurs des hommes ; ainsi la loi, c'est la raison libérée du désir* »[5]. A quelques variations près, les Lumières, les révolutionnaires et les libéraux allemands ne diront pas autre chose[6].

25. Aussi ne peut-on être que surpris du peu de chemin parcouru depuis qu'Aristote a jeté les bases de ce qu'on aurait pu appeler une « *cité de droit* »[7] eu égard aux données contemporaines de la théorie de l'Etat de droit. L'idée de l'Etat de droit, ou plus spécifiquement de la primauté du droit, est donc bien antérieure au mot lui-même. Si à l'évidence l'invention du néologisme *Rechtsstaat* et la conceptualisation qui s'en est suivi sont le produit de la pensée allemande **(Chapitre 2)**, force est de constater, en revanche, que l'idée qui en constitue l'essence, à savoir l'encadrement du pouvoir des gouvernants par le droit, déborde largement le cadre restreint que

---

[3] O. MAYER, *Derecho administrativo Alemán*, Trad. esp. Horacio H. Hererra y Ernesto Krotoschin, Depalma, Buenos Aires, 1949, tome 1, par. 4 et 5, p. 46.

[4] H. MONHAUPT, « L'Etat de droit en Allemagne », *CPPJ*, n°24, 1993, p. 75.

[5] ARISTOTE, *Politique*, III, XVI, 3 et 5, n°1287a.

[6] Voir G. Jellinek pour qui « *à l'époque moderne comme dans l'antiquité, l'Etat normal est défini comme celui où l'administration et la justice s'exercent conformément à des règles de droit. La théorie moderne de l'Etat de droit, telle que l'ont formulée Mohl, Stahl et Gneist n'ont ajouté aucune caractéristique nouvelle à la doctrine de l'Etat légal telle que fixée par Platon et Aristote* », in *Allgemeine Staatslehere*, 3e éd., Berlin, Häring, 1914, p. 613, cité et traduit par O. JOUANJAN, « Présentation », in O. JOUANJAN (dir.), *Figures de l'Etat de droit..., op.cit.*, p. 30.

[7] Selon l'expression de J-Y. MORIN, « L'Etat de droit : émergence d'un principe de droit international », *RCADI*, tome 254, 1995, p. 25.

veut bien lui reconnaître une partie de la doctrine allemande et plonge ses racines au plus profond de l'histoire des idées politiques européennes (**Chapitre 1**).

Chapitre 1 – La contribution de la doctrine européenne à la genèse de la théorie de l'Etat de droit

Chapitre 2 – La contribution de la doctrine allemande à l'édification de la théorie de l'Etat de droit

CHAPITRE 1
LA CONTRIBUTION DE LA DOCTRINE EUROPEENNE A LA GENESE DE LA THEORIE DE L'ETAT DE DROIT

28. Sans qu'il soit nécessaire de remonter aux origines antiques de la pensée occidentale européenne, force est de constater que dès le Moyen Age, et antérieurement à la constitution des premiers Etats modernes, l'idée d'une limitation du pouvoir des gouvernants par le droit s'est progressivement développée[1]. Il serait toutefois bien hasardeux de vouloir en retracer l'évolution dans le cadre de la présente étude au risque non seulement de sortir du cadre restreint de notre recherche mais surtout de dénaturer, par souci de concision, un processus si long et complexe par quelques traits grossiers. D'autres, mieux que nous, ont déjà écrit cette histoire de la primauté du droit en Europe[2]. Notre propos sera ici moins ambitieux : il s'agira de survoler l'histoire du droit politique européen des 17e et 18e siècles pour n'en retenir que les conceptions les plus importantes pour comprendre l'héritage juridico-philosophique qui a sous-tendu la formalisation du concept d'Etat de droit par la doctrine libérale allemande au 19e siècle.

29. Cette période, marquée de son empreinte par l'école du droit naturel dont on trouve des représentants dans l'Europe tout entière (Hugo Grotius (1583-1645), Thomas Hobbes (1632-1694), Samuel Pufendorf (1632-1694), John Locke (1632-1704), Christian Wolff (1679-1754), Montesquieu (1689-1755), Jean-Jacques Rousseau(1712-1778), Emmer de Vattel (1714-1767), Emmanuel Kant (1724-1804)), jette les bases du droit politique moderne devant mener progressivement à l'instauration d'un processus de rationalisation de l'ordre étatique et

---

[1] Certains, n'hésitant pas à procéder à quelques anachronismes, voient dans l'institution de l'Etat pontifical à la fin du 11e siècle un véritable « *Rechtsstaat* » (H.J. BERMAN, *Law and Revolution. The formation of the Western Legal Tradition*, Boston, Harvard University Press, 1983, p. 221) dessinant progressivement « *une sorte d'Etat de droit chrétien et européen composé de communautés politiques, autonomes certes, mais placées sous l'autorité suprême de l'Eglise, communauté dont l'universalité lui dicte invinciblement de se mêler des affaires du temps* » (J-Y. MORIN, *op.cit.*, p. 49). Une telle approche si elle peut à l'extrême limite se justifier sur le fond (l'émergence du concept de primauté du droit), ne saurait en aucun cas être validée d'un strict point de vue méthodologique : on ne saurait appliquer à une période de l'histoire un concept qui n'était pas encore à l'époque formalisé.

[2] Parmi une littérature abondante, voir D. BOUTET, *Vers l'Etat de droit. La théorie de l'Etat et du droit*, Paris, L'Harmattan, 1991. ; F. A. HAYEK, *La Constitution de la liberté*, trad., R. Audouin et J. Garello, Paris, Litec, 1994 ; G. de Q. WALKER, *The Rule of law. Fondation of constitutional democracy*, Melbourne University Press, 1988.

d'institutionnalisation du droit dans l'Etat dont la théorie du contrat social constitue la pierre de touche[3]. L'avènement de l'école dite *du droit de la nature et des gens* constitue en effet une rupture dans l'histoire intellectuelle européenne marquée par les liens consubstantiels qui s'établissent entre la pensée juridique d'un côté et la pensée philosophique et scientifique de l'autre. Sous l'influence de Galilée, Descartes et Newton, de nouvelles méthodes cognitives relayées par une nouvelle perception de l'ordre des choses dans l'univers voient le jour[4]. Le monde du droit n'échappera pas à cette révolution copernicienne. Rompant avec les principes du droit naturel classique et scolastique, les jurisconsultes et philosophes de *l'Ecole du droit naturel et des gens* vont modeler leur démarche sur celle des sciences et des mathématiques : il s'agit alors de s'interroger sur « *la constitution du Droit en un système fondé sur la nature de l'homme par le recours à la méthode des sciences physiques et mathématiques* »[5]. En d'autres termes, pour l'Ecole du droit naturel, le droit plonge ses racines au plus profond de la nature humaine que seule la raison peut nous aider à découvrir[6]. Leur rêve était de convertir tout le droit en un système rationnel, à l'exemple des mathématiques avec ses lois immuables et rationnelles[7]. Il s'ensuivit un processus de rationalisation de la représentation de la nature des choses qui s'accompagna d'un processus de « légalisation » de l'ordre des choses[8]. Nul mieux que Montesquieu n'a exprimé cette idée : « *les lois, dans la signification la plus étendue, sont les rapports nécessaires qui dérivent de la nature des choses ; et dans ce sens, tous les êtres ont leurs lois ; la Divinité a ses lois ; le monde matériel a ses lois, les intelligences supérieures à l'homme ont leurs lois ; les bêtes ont leur lois, l'homme a ses lois* »[9]. Dès lors, la fonction du pouvoir politique va consister à « *découvrir, proposer, sanctionner et finalement soutenir ces lois naturelles qui président à la vie sociale* »[10]. Désormais, le droit naturel, produit de la raison[11],

---

[3] J. DERATHE, *op.cit.*, p. 33.

[4] B. BARRET-KRIEGEL, *Les droits de l'homme et le droit naturel*, Paris, PUF, 1989, p. 48.

[5] A. DUFOUR, « La notion de loi dans l'Ecole du Droit naturel moderne », *APD*, 1980, p. 215 (souligné par nous).

[6] M. VILLEY, « La « Rechtslehre » de Kant dans l'histoire de la science juridique », *in Critique de la pensée juridique moderne (douze autres essais)*, Paris, Dalloz, 1976, sp. 143.

[7] En ce sens, l'analyse éclairante de A. DUFOUR, « L'influence de la méthodologie des sciences physiques et mathématiques sur les fondateurs de l'Ecole du Droit naturel moderne », *in Droits de l'homme, droit naturel et histoire*, Paris, PUF, 1991, pp. 93-110.

[8] E. GARCIA DE ENTERRIA, *La lengua de los derechos. La formación del Derecho público europeo tras la Revolución Francesca*, Madrid, Alianza Universidad, 1994, p. 10 ; A. DUFOUR, *op.cit.*, p. 217 et ss.

[9] MONTESQUIEU, *De l'esprit des lois*, Œuvres Complètes, L'intégrale, Paris, Le Seuil, 1964, Livre I, Chap.1, p. 530.

[10] E. GARCIA DE ENTERRIA, *op.cit.*, p. 11.

[11] Sur ce point, il convient de bien distinguer Rousseau de la majorité des penseurs de l'Ecole du droit naturel. Pour ces derniers, le droit naturel constitue un concept unique, le droit de la nature et celui de la raison ne faisant qu'un. Ainsi, pour Grotius, le droit naturel « *consiste dans certains principes de la droite raison, qui nous font connaître qu'une action est moralement honnête ou déshonnête selon la convenance nécessaire qu'elle a avec une nature raisonnable et sociable* », in GROTIUS, *Droit de la guerre et de la paix*, Trad. Barbeyrac, réimpression par la Bibliothèque de philosophie politique et juridique, Caen, 1984, I, I, X, §1, cité par S. GOYARD FABRE, *Les fondements de l'ordre juridique*, Paris, PUF, 1992, p. 83. A l'inverse, Rousseau estime qu'à côté de la rationalité du droit naturel (droit naturel raisonné) existe un droit naturel d'origine instinctive « antérieur à la raison » (droit naturel proprement dit). Le *droit naturel*

s'insère dans la nature humaine plaçant l'homme au cœur de tout pouvoir[12] de telle sorte que « *tout pouvoir repose sur la nature sociale de l'homme, la volonté commune d'établir l'ordre et un contrat politique (pactum societatis) conclu entre le corps social et le prince en vue de la préservation des libertés et droits innés de chaque individu* »[13]. Ainsi, l'homme tire des droits subjectifs non plus d'un ordre supérieur de type religieux mais de sa propre nature, de sa propre existence, de sa constitution d'homme. Se dessine ainsi l'idée de la primauté de l'individu titulaire de droits imprescriptibles en ce qu'ils sont, pour reprendre les mots de Jean-Jacques Rousseau, attachés « *à sa qualité d'homme* »[14]. Ainsi, de Hobbes à Kant, en passant par Locke, Rousseau et Montesquieu, la réflexion politique va s'articuler autour de cette idée essentielle à l'origine du concept moderne de droits de l'homme[15], à savoir le lien indissoluble entre la primauté de l'individu et la primauté du droit positif sans laquelle ces droits naturels de l'homme se limiteraient à une simple théorie morale[16]. Exprimée sous différentes formes, c'est en Angleterre que cette idée sera formalisée pour la première fois (**I**) ; elle se répandra progressivement sur le continent à l'instigation des Lumières pour culminer dans la pensée libérale des révolutionnaires français (**II**) ; elle sera reprise en Allemagne par Kant pour donner progressivement naissance à ce que Placidus a appelé *l'école du Rechtsstaat* (**III**).

SECTION I

L'IDEE DE PRIMAUTE DU DROIT DANS LA PENSEE ANGLAISE : DE LA SOUVERAINETE DU JUGE A LA SOUVERAINETE DU PARLEMENT

30. L'idée de primauté du droit formalisée aujourd'hui par le principe de *Rule of law* (règne du droit)[17] serait ancrée au cœur de la tradition politico-juridique anglaise comme le rappelle A.V. Dicey : « *deux traits ont depuis la conquête normande (1066) caractérisé les institutions politiques de l'Angleterre. Le premier de ces traits est l'omnipotence ou la suprématie incontestée à travers tout le pays du gouvernement central. [...] Le second de ces traits, qui est intimement lié au premier, est le* rule or supremacy of law»[18]. Encore qu'il soit nécessaire de dissiper

---

proprement dit correspond à la bonté naturelle de l'homme et règle sa conduite dans l'état de nature ; le droit naturel raisonné n'apparaît qu'avec la constitution des sociétés et le développement de la raison humaine, lesquels sont inséparables. Sur ce point, J. DERATHE, *op.cit.*, p. 166.

[12] B. BARRET-KRIEGEL, *op.cit.*, p. 49.

[13] JY MORIN, *op.cit.*, p. 74.

[14] J-J. ROUSSEAU, *Du contrat social*, Paris, GF Flamarion, 1992, Livre I, Chap. IV, p. 34.

[15] F. TINLAND, « L'Etat de droit : héritage du XVIIe siècle européen », *Philosophie Politique*, n°1/1991, p. 57 ; B. BARRET-KRIEGEL, *op.cit.*, p. 50 et ss.

[16] JY MORIN, *op.cit.*, p. 75 ; également, G.J. WIARDA, « La Convention européenne des droits de l'homme et la prééminence du droit », *Rivista di Studi Politici Internazionali*, 1984, p. 452.

[17] Plutôt que « *règne de la loi* ». Voir E. PICARD, « Les droits de l'homme et « l'activisme judiciaire » », *Pouvoirs*, n°93, 2000, p.119.

[18] A.V. DICEY, *Introduction to the law of the Constitution*, 10ème éd., Préf. E.C.S. Wade, Londres, Macmillan and Co ltd, 1959, p. 183 (*ci-après*, Law of the Constitution).

au préalable un malentendu : si l'idée du règne du droit remonte au 13ème siècle, l'expression « *Rule of law* » dans son acception moderne est beaucoup plus récente et ne connut une véritable consécration doctrinale et un contenu spécifique qu'avec Dicey à la fin du 19ème siècle[19]. C'est au début du 16ème siècle que l'expression apparaît pour la première fois, sous la plume de Philemon Holland, à l'occasion d'une traduction en anglais de l'œuvre de Tite-Live : la formule « *de imperia legum potentiora quam hominum* » est traduite par « *the authority and the Rule of laws, more powerful and mighty than those of men* »[20]. Si l'expression fut reprise par les parlementaires soucieux de dénoncer l'omnipotence royale[21], la doctrine des 17ème et 18ème siècles ne semble néanmoins pas y recourir préférant axer sa réflexion autour des concepts de *State* ou de *Commonwealth* aujourd'hui pourtant abandonnés par la dogmatique juridique anglaise[22].

31. Cette histoire moderne de la primauté du droit en Europe commence ainsi en Angleterre. C'est plus précisément en 1215, avec l'adoption de la *Magna Carta Liberatum*, qu'en seront jetées les premières bases. Sous la pression des barons anglais, Jean sans Terre accepta de consigner par écrit un certain nombre de droits et de garanties à l'encontre de l'omnipotence du pouvoir royal[23]. Parmi ces garanties, les « garanties juridictionnelles » occupent une place centrale : la plupart des droits reconnus par la charte sont exprimés sous la forme de voies de recours devant un tribunal. Se dessine déjà, la dimension essentielle du *Rule of law* qui fera du juge la figure centrale de l'ordre juridique.

Pour la première fois, le pouvoir royal est pensé comme un pouvoir encadré par le droit. C'est le juriste Henry de Bracton (1216-1268) – juge sous Henry III – qui en 1250 résumera le mieux cette nouvelle problématique : « *le roi lui-même ne doit être sujet d'aucun autre homme, mais assujetti à Dieu et au droit, puisque c'est le droit qui fait le roi [...]. Il n'y a pas de roi là où domine la volonté et non la loi [...]. Car le roi, du fait qu'il est le ministre et vicaire de Dieu sur terre, ne peut agir que* de jure, *malgré ce qui est écrit [au digeste de Justinien], selon lequel la volonté du prince a force de loi [...]. Son pouvoir est de droit [...] et ce qu'il doit interdire*

---

[19] Pour un examen détaillé du concept contemporain du *Rule of law*, *Cf. infra*, n°283-292.
[20] TITUS LIVIUS, *Roman historie*, trad. Ph. Holland, Londres, 1600, p 55, cité par F. A. HAYEK, *La Constitution de la liberté*, *op.cit.*, p. 163, note 14.
[21] *Petition of Grieveances*,7 juillet 1610 : parmi tous les droits dont jouissent les sujets du Royaume, « *il n'en est pas qui leur soit plus cher ni précieux que celui d'être dirigés ou gouvernés by the certain Rule of law [...] et non par quelque forme de gouvernement incertaine et arbitraire.* », cité par J-Y. MORIN, *op.cit.*, p. 56 ; également, « The *Rule of law* and the *Rechtsstaat* concept : a comparison », in, E. Mc WHINNEY, J. ZASLOVE et W. WOLF, *Federalism-in-the-making. Contemporary Canadian and German Constitutionalism, National and Transnational*, Dordrecht, Kluwer, 1992, p. 62.
[22] Olivier Beaud constate ainsi que depuis Locke, « *la réticence à user du terme d'Etat deviendra une constante dans la littérature anglo-américaine [...] et même de nos jours, l'Etat continue souvent à être décrit sous le nom de Gouvernement ou de Couronne.* », O. BEAUD, « La notion d'Etat », *APD*, 1990, p. 122.
[23] Pour un exposé détaillé de ces droits et garanties, G. de Q. WALKER, *The Rule of law. Fondation of constitutional democracy*, Melbourne University Press, 1988, p. 24 et ss.

aux autres [...], il ne doit pas l'enfreindre lui-même [...]. Il lui faut donc tempérer son pouvoir par le droit, qui est le frein du pouvoir [...] car la loi humaine exige que les lois lient celui qui les a faites [...]. Rien ne sied mieux à un souverain que de vivre selon le droit et il n'y a pas de pouvoir plus grand que celui qui se soumet au droit car il doit rendre droit ce que celui-ci lui a concédé [puisque] c'est au droit qu'il doit d'être droit »[24]. Toutefois, cette idée d'un « *pouvoir de droit* » n'est encore à l'époque réduite qu'à une simple aspiration idéologique[25] comme le relève très justement Hayek : « *la route est longue entre l'acceptation d'un idéal par l'opinion publique et sa pleine réalisation en politique* »[26]. Elle finira progressivement par s'imposer à la faveur du développement des prérogatives du Parlement face à l'omnipotence royale.

Mais pour en arriver là, le chemin fut long et chaotique. C'est au 17ème siècle, sous la dynastie des Stuart (1603-1714), que la question de la primauté du droit devint un enjeu politique de première importance dans le cadre de l'opposition croissante du Parlement et des tribunaux à l'absolutisme royal[27]. Le débat se cristallisa principalement autour de la « *royal prerogative*» au nom de laquelle le monarque, conçu comme le seul souverain (*de legibus solutus*), disposait du droit de légiférer par le biais de simples proclamations sans consulter le Parlement ; de dispenser certains sujets de l'application des lois du Parlement ; d'instituer certaines taxes sans obtenir l'avis du Parlement ; d'intervenir ou de suspendre un procès, ou pire, de se saisir d'une affaire pour la juger lui-même[28]. Si le principe de la « *royal prerogative* » en ce qu'elle se fonde sur la *common law* n'était pas en soi condamné[29], toute autre était l'utilisation qui en était faite et son articulation avec l'idée de la primauté du droit[30] .

32. Deux modèles bien distincts de primauté du droit vont alors se dessiner et se succéder : d'un côté, le modèle dont Sir Edward Coke s'est fait le plus ardent défenseur qui fait de la *common law* la « *loi fondamentale* »[31] du royaume s'imposant à tous, du Roi au Parlement (*ci-après*, le modèle cokien) (**§1**); de l'autre,

---

[24] H. DE BRACTON, *De legibus et consuedinibus Angliae*, 1250, cité par J-Y. MORIN, *op.cit.*, p. 53. Voir également, S. THORNE, *Bracton and the Laws and Customs of England*, 1977, vol. II, p. 33.

[25] H.A. SCHWARZ-LIEBERMANN VON WAHKENDORF, *Introduction à l'esprit et à l'histoire du droit anglais*, Paris, LGDJ, 1977, p. 19.

[26] F.A. HAYEK, *op.cit.*, p.170.

[27] G. DE Q. WALKER, *op.cit.*, p. 102.

[28] A. W. BRADLEY & K.D. EWING, *Constitutional and Administrative law*, 12th ed., Londres, Longman, 1997, p. 54 et ss. Voir également, C. GREWE & H. RUIZ FABRI, *Droits constitutionnels européens*, Paris, PUF, 1995, p. 22.

[29] *Godden v. Hales* (1686), 2 Shower, 475, 477 ; 89 E.R. 1050, 1051 : pour la majorité des juges du King's Bench « *The Kings of England were absolute sovereigns ; that the laws were the King's laws ; that the King had the power to dispense with any of the laws of Government as he saw necessity for it ; that he was the sole judge of that necessity ; that no Act of Parliament could take away that power [...]* ».

[30] J-Y MORIN, *op.cit.*, p. 55.

[31] Selon l'expression de T.F.T. PLUCKNETT, « Bonham's Case and Judicial Review », *Harvard law Review*, vol. 40, 1926-27, p. 31.

le modèle construit sur le contrat social (*Trust*) de John Locke qui fait du Parlement le souverain absolu et dont les lois ne sauraient être contestées ni par le Roi ni par les juges (*ci-après*, le modèle lockien) (**§2**).

§1 - Le modele *cokien* de la primaute du droit : la souverainete de la *common law* et de son oracle, le juge

33. La question de l'encadrement des pouvoirs royaux fut l'objet d'une bataille judiciaire qui donna lieu à une véritable théorisation et systématisation de la *common law*[32], conçue comme un droit *«ancient, immanent and unmade »*[33] doté d'une suprématie absolue dont les normes juridiques sont simplement découvertes ou déclarées par le juge à l'occasion d'un litige. Ce droit de la *common law* est un droit coutumier, généré spontanément par la société et partant fondamentalement démocratique[34], qui tire « *son pouvoir contraignant, sa force de loi, par un usage long et immémorial, et par sa réception universelle à travers le royaume* »[35]. Eprouvée et approuvée par des générations de juristes, au premier titre desquels figurent les juges investis du pouvoir de « *déclarer* » le droit, la *common law* apparaît comme l'incarnation même de la raison : « *la common law, elle-même, n'est autre que la raison ; si bien qu'il faut y voir un perfectionnement artificiel de la raison, fruit d'une longue étude, observation et expérience, et non pas la raison naturelle de chaque homme [...]. Au cours d'une longue succession d'époques, le droit de l'Angleterre s'est trouvé fixé, affiné et raffiné par un nombre infini d'hommes savants et graves, et par une longue expérience parvenue à une telle perfection, pour le gouvernement de ce royaume, que l'on peut justement y trouver la confirmation de la vieille règle selon laquelle aucun homme, de par sa raison personnelle, ne devrait être plus sage que la loi, qui est la perfection de la raison* »[36].

34. La contribution du *Chief Justice* Sir Edward Coke (1552-1634) à la systématisation de la *common law* sera à cet égard déterminante. Dans un affrontement avec le Roi qui lui sera fatal[37], Coke emploiera tous ses efforts à affirmer la soumission du Roi tant au *statute law* qu'à la *common law* sous le contrôle de juges indépendants (*A*) ; il ira même plus loin, en imposant au Parlement le respect de la *common law* (***B***).

---

[32] G. de Q. Walker, *op.cit.*, p. 105 ; L. Heuschling, *op.cit.*, p. 220.

[33] J.G.A. Pocock, *The Ancient Constitution and the Feudal Law*, 2nd ed., Cambridge, 1987, p. 16.

[34] E. Picard, « les droits de l'homme et « l'activisme judiciaire » », *Pouvoirs*, n°93, 2000, p. 115.

[35] W. Blackstone, *op.cit.*, t.1, p. 64, cité par L. Heuschling, *op.cit.*, p. 221.

[36] E. Coke, 12 *Reports*, pp. 64-65, cité et traduit par J. Beaute, *Un grand juriste anglais : Sir Edward Coke, 1552-1634. Ses idées politiques et constitutionnelles*, Paris, Puf, 1975, p. 63.

[37] Destitué par le Roi de son poste de *Chief Justice* en 1614, il sera même envoyé en prison pendant près de 7 mois à la Tour de Londres.

A. La soumission du Roi à la *common law*

35. Tout d'abord, Coke va s'attacher à la définition d'un véritable pouvoir judiciaire autonome et indépendant[38]. Pour lui, ce pouvoir judiciaire ne peut être exercé que par les cours royales de *common law*. Il en résulte deux conséquences.

Premièrement, le Roi ne saurait ni se substituer à la justice établie de la *common law*, ni intervenir dans un procès en cours (*Prohibitions del Roy*, 1607). En d'autres termes, la justice doit être indépendante, ce que consacrera plus tard le *Settlement act* de 1701. Il faut également pour que celle-ci soit légitime que les juges soient intègres (*Peacham Case*, 1614).

Deuxièmement, toute juridiction quelle qu'elle soit devrait être soumise à la supervision des juges de la *common law*. Or tel n'était pas le cas. A côté des cours de *common law*, coexistaient d'autres tribunaux, pour certains d'exception[39], comme les cours ecclésiastiques, la *Star chamber*, la *Court of Admiralty* ou encore la *Court of Chancery* qui, dans la plupart des cas, n'appliquaient pas le droit anglais, à savoir la *common law* et le *statute law*[40]. Progressivement, il obtint que certaines d'entre elles fussent supprimées (*Court of Admiralty)*, d'autres simplement soumises au contrôle des juges de la *common law* (les juridictions ecclésiastiques). Par exemple, la Cour Royale de la *Star Chamber*, embryon de juridiction administrative sous les Tudor[41], devint sous les Stuart « *une cour de politiciens faisant appliquer une politique, et non une cour de juges administrant le droit* »[42] à la solde du Roi de telle sorte que le Parlement décida en 1641 à la veille de la première révolution d'Angleterre (1642-1648) de l'abolir au motif que « *ni Sa majesté, ni son Conseil privé n'ont [...] de juridiction, pouvoir ou autorité, par [...] quelque moyen arbitraire que ce soit [...], de disposer des terres, tenures, héritages ou biens des sujets de ce royaume » ;* désormais ces affaires « *seront jugées et décidées dans les cours de justice ordinaires, et selon le cours de la loi* »[43]. En revanche, la *Court of*

---

[38] J. BEAUTE, *Un grand juriste anglais : Sir Edward Coke (1552-1634). Ses idées politiques et constitutionnelles*, Paris, PUF, 1975, p. 99 : « [Coke] *fera remarquer que l'on a toujours admis que le roi devait être soumis au droit et que, si l'on veut que cette proposition fondamentale ait un sens, il faut qu'il existe des juges qui soient les interprètes indépendants de cette loi suprême* ».

[39] Comme le rappelle J. Beauté, Sir Edward Coke se méfiait de ces juridictions d'exception dans la mesure où il savait « *fort bien que c'est toujours par le moyen de juridictions d'exception que le pouvoir politique cherche à empiéter sur les droits et libertés des citoyens* », *Ibid.*, p. 87.

[40] G. DE Q. WALKER, *op.cit.*, p. 107.

[41] J. SCHWARZE, *Droit administratif européen*, Bruxelles, Bruylant, 1994, p. 155.

[42] F.W. MAITLAND, *The Constitutional History of England*, Cambridge, Cambridge University Press, 1909, p. 263.

[43] Cité par J-Y MORIN, *op.cit.*, p56-57. David Hume écrira plus tard à ce propos que : « *On ne pouvait voir à cette époque* [...] *aucun gouvernement qui ne se soit maintenu sans une certaine dose d'autorité arbitraire, conférée à quelque magistrat ; et on pouvait raisonnablement douter que la société humaine puisse arriver à ce degré de perfection, ou à cette pérennité, sans aucune autre discipline que les maximes rigides et générales du droit et de l'équité. Mais le Parlement pense à juste titre que le Roi était un magistrat bien trop éminent pour qu'on puisse l'investir d'un pouvoir discrétionnaire qu'il pourrait si*

Chancery qui jugeait en équité se maintint telle quelle et prit même le dessus sur les juges de la *common law*. Simple prérogative du Roi – fontaine de justice – à l'origine, l'*equity* qui permettait au Roi, et plus tard à un grand officier de la Couronne, le Chancelier, de rendre la justice là où les Cours royales n'avaient pu le faire ou de réviser certains de leurs jugements en se fondant sur des principes d'équité ou de morale, devint, au fil du temps, une nouvelle source du droit (*rules of equity*) générant ses propres règles et procédures[44], ce que les tenants d'une suprématie de la *common law* ne pouvaient accepter. Ainsi, bien que conscient des imperfections du système de *common law* qu'il a pourtant, par ses *Reports* et *Institutes*, largement contribué à développer, Coke estimait que l'*Equity* « *sous prétexte de redresser les injustices* [créait] *un désordre encore plus grand en remettant en cause en quelque sorte toute l'organisation judiciaire du Royaume* »[45]. Pire, le maintien de juridictions parallèles constituerait à terme la fin des juridictions de *common law* comme il le rappelle dans le troisième de ses *Institutes* : « *si la partie contre laquelle un jugement a été prononcé peut, après ce jugement prononcé contre elle sur la base de la common law, porter l'affaire à la Chancellerie, cela tendra au renversement de la common law, car personne n'ira plaider à la common law mais tout de suite à la Chancellerie* »[46].

Dès 1614, Coke entreprit de délimiter clairement la compétence de la Chancellerie. Dans l'affaire *Heath v. Ridley* de 1614, il affirma « *qu'il est reconnu comme une maxime générale en droit que si une Cour quelconque d'Equité intervient vraiment dans des affaires qui ressortent de la common law ou qui concernent des tenures (freehold) elle doit être prohibée* »[47]. Ainsi, la Chancellerie ne devrait, contrairement à la pratique de l'époque, jamais intervenir dans le domaine de la *common law*. L'affrontement avec la Chancellerie fut encore plus net dans les affaires *Glanville* et *Allen* de 1616 dans laquelle Coke affirma que les Cours de *common law* pouvaient s'affranchir de la Chancellerie sur la base d'un vieux statut d'Edouard III (le statut de *praemunire*) sorti de son contexte (il ne s'appliquait qu'à la papauté) selon lequel personne ne saurait discuter d'un jugement du Banc du Roi (Cour de *Common law*) et ce, même devant la Chancellerie. En conséquence de quoi, dépourvu de tout fondement juridique véritable, le Roi rejeta cette argumentation et trancha en faveur de la Chancellerie : « *nous désirons et ordonnons que notre chancelier ou gardien du Grand Sceau ne renonce pas à donner à nos*

---

aisément tourner vers la suppression des libertés. Et à l'épreuve des faits, on a constaté que, bien qu'il y ait quelques inconvénients à la maxime de la stricte application de la loi, ses avantages les contrebalancent si largement que les Anglais devront être à jamais reconnaissants à leurs ancêtres d'avoir, après tant de conflits, enfin établi ce noble principe ». D. HUME, *History of England*, Londres, 1762, p. 280 (cité par F.A. HAYEK, *op.cit.*, p. 171).

[44]La plupart de ces règles et procédures sont autonomes vis-à-vis de celles en vigueur devant les Cours de *common law*. Ainsi, à la différence des procédures de *common law*, la procédure d'*equity* était inquisitoire, écrite et ne comportait jamais de jury. Par ailleurs, l'*equity* a développé ses propres règles de droit dont le *trust* par exemple est une des créations.

[45] J. BEAUTE, *op.cit.*, p. 91.

[46] *Ibid.*, p. 92.

[47] *Ibid.*, p. 92.

sujets, sur leurs différentes plaintes faites maintenant ou plus tard, toute garantie en équité (même si la procédure a été menée contre eux en Common law) qui lui semble s'accorder avec le mérite et la justice de leur cause et avec la pratique ancienne et continue de notre Chancellerie »[48]. Certes, Coke ne gagna pas cette bataille. Néanmoins, progressivement, il fut admis un appel des décisions de la Chancellerie devant la chambre des Lords. En fait, cette bataille judiciaire incita les chanceliers successifs à ne pas abuser de leur pouvoir.

36. A cette redéfinition du pouvoir judiciaire s'ajoute un encadrement très strict du pouvoir législatif du Roi qu'il tire de la « *royal prerogative* ». Sir Edward Coke rappelle ainsi que le Roi n'est qu'un exécutant de la loi faite par le Parlement, et qu'il ne saurait la modifier par la voie de *proclamations* en créant par exemple de nouveaux délits au risque sinon de « *modifier le* law of the land » dont il tire ses prérogatives (*Case of Proclamations, 1611*)[49]. Toutefois, dans cette entreprise, Coke semble bien isolé au sein de la « magistrature ». Les juges de la *common law* restent en effet fidèles aux Stuart et veillent au maintien des attributs essentiels de cette «*royal prerogative* ». Ainsi, non seulement ils estiment que le Roi peut user de manière discrétionnaire de son pouvoir de dispenser un sujet de l'application d'une loi (*Godden v. Hales, 1686*), mais en plus, ils valident la levée de taxes décidées par le Roi sans le consentement du Parlement au titre de la prérogative royale (*Case of impositions, 1606*), autorisant même les arrestations, pour une durée illimitée et sans contrôle judiciaire, décidées par le Roi contre les personnes refusant de s'y soumettre (*Darnel's Case, 1627*). Le salut viendra du Parlement en pleine ascension[50] qui, suite à la « *glorious revolution* » de 1688, limitera considérablement l'étendue de ces prérogatives royales par le *Bill of Rights* de 1689 qui interdit notamment au Roi de dispenser ou de suspendre l'application d'une loi (art. 1 et 2) et d'instituer de nouvelles taxes sans le consentement du Parlement (art. 4).

B. La soumission du Parlement à la *common law*

37. Le *Chief justice* Coke ne se contenta pas uniquement de vouloir soumettre le Roi à la primauté de la *common law*. Selon lui, celle-ci est absolue et s'impose également vis-à-vis du Parlement dont l'importance commençait alors à croître[51]. A cet égard, l'affaire *Dr. Bonham* de 1610 est tout à fait exemplaire en ce qu'elle dessine l'ébauche d'un contrôle de constitutionnalité des lois[52] qui servira d'ailleurs

---

[48] *Ibid.*, p. 94.

[49] Cité par A.W. BRADLEY &K.D. EWING, *op.cit.*, p. 55 ; également, J-Y. MORIN, *op.cit.*, p. 55.

[50] A partir de 1628, le Parlement adopta différents textes destinés à protéger les individus de toute arrestation arbitraire : citons, la *Petition of Rights* de 1628 et les *Habeas Corpus Act* de 1640 et 1679.

[51] Il semble qu'à la fin de sa vie, une fois devenu Parlementaire, Coke ait infléchi sa position en prônant la souveraineté du Parlement même au détriment de la *common law*. J. BEAUTE, *op.cit.*, p. 72 et ss.

[52] C.H. MCILWAIN, *The Hight Court of Parliament and its Supremacy. An Historical Essay on the Boundaries between Legislation and Adjudication in England*, New Haven, Yale University Press, 1910, p. 6 : « *l'idée d'un contrôle de constitutionnalité et d'une loi constitutionnelle sont dans leurs origines des idées anglaises* ». Voir également L. FAVOREU *et alii*, *Droit constitutionnel*, 3ème éd., Paris, Dalloz,

de fondement à certains tribunaux américains pour contrôler les lois parlementaires[53]. Il convient de rappeler que pour Coke, la *common law* constitue « *une loi fondamentale limitant indifféremment la couronne et le parlement* »[54]. Ses principes fondamentaux primeraient ainsi toute forme de droit y compris la loi du Parlement. Ainsi, pour Sir Edward Coke, « *il est écrit dans nos livres, qu'en bien des cas, la common law [...] exerce son contrôle sur les lois adoptées par le Parlement, et que, à l'occasion, elle déclare que ces lois sont radicalement nulles : car lorsqu'une loi du Parlement va contre le bon sens et la raison, ou qu'elle est immorale, ou ne peut être menée à exécution, la common law intervient et déclare sa nullité* »[55] . En l'espèce, les juges de la *common law* firent primer la *common law* sur une loi du Parlement sur la base de laquelle le Docteur Bonham avait été condamné par le *Royal College of Phisicians* à payer une amende au Roi et à ce dernier, pour avoir exercé son métier à Londres sans avoir au préalable demandé l'autorisation de celui-ci. Or en vertu du principe de la *common law* selon lequel « *nul ne peut être juge de sa propre cause* », le *Royal College* ne pouvait prononcer des peines pécuniaires dont il bénéficiait directement. A défaut d'une « hiérarchie des normes », il existerait ainsi une « hiérarchie des sources » du droit, au sommet de laquelle trônerait la *common law*. Pour Coke en effet, « *le droit se compose en trois parties. D'abord la common law. En second lieu le droit écrit (statute law). En troisième lieu la coutume qui déroge à la common law. Mais il appartient à la common law de corriger, autoriser, et désavouer tant le droit écrit que la coutume, ou si le droit écrit est immoral, ou la coutume contraire à la raison, la common law les désavoue et les rejette [...]* »[56]. La *common law* apparaît ainsi comme la source régulatrice de l'ordre juridique dans son ensemble, ce qui explique que la loi du Parlement lui soit subordonnée.

38. Si cette jurisprudence fut suivie un temps par les successeurs de Coke[57], elle ne résista toutefois pas très longtemps face à l'ascension politique du Parlement

---

2000, p. 227 : « *C'est paradoxalement en Angleterre, où aujourd'hui encore la démocratie majoritaire et la souveraineté du Parlement freinent l'avènement d'une véritable démocratie, qu'est peut-être née la première idée moderne de contrôle de constitutionnalité* ».

[53] T.F.T. PLUCKNETT, « Bonham's Case and Judicial Review », *Harvard law Review*, vol. 40, 1926-27, p. 61.

[54] *Ibid.*, p. 31.

[55] 77 Eng. Rep. 646, 652 (Coke Report's, 1610) : trad de René David, in M. CAPPELLETTI, *Le pouvoir des juges*, trad R. David, PUAM-Economica, 1990, p. 190.

[56] *Rowles v. Mason*, 123 Eng. Rep. 892, 895, (Coke Rep. 1612) : cité par M. CAPPELLETTI, *op.cit.*, p. 190.

[57] Par exemple, dans l'affaire *Day v. Savage* de 1614, le Chief Justice Sir Henry Hobart affirme que « *même un acte du* Parlement *fait à l'encontre de l'équité naturelle, tel celui érigeant un individu en juge de sa propre cause, est nul en lui-même, car Jura naturae sunt immutabilia et elles sont leges legum* » ; également *R v. Love case* de 1653. A partir du 18e siècle, cette jurisprudence va être progressivement abandonnée sans être pour autant jamais explicitement rejetée. Par exemple, dans l'affaire *Duchess of Hamilton's Case* de 1712, le Juge Powys estime que « *dans l'affaire Day v. Savage [...] il est dit, en effet, qu'un acte du Parlement peut être nul depuis sa création, tel un acte contraire à l'équité naturelle ; for Jura naturae sunt immutabilia, sunt leges legum. Mais il doit s'agir d'un cas très clair, et les juges se mettront à rude épreuve avant de déclarer un acte nul ab initio* ». Pour une analyse détaillée de cette jurisprudence, voir T.F.T. PLUCKNETT, *op.cit.*, p. 49. A partir de ce moment là, les juges préfèrent

considéré progressivement comme le plus à même à garantir les droits et libertés des individus. Reste à comprendre pourquoi l'idée d'un « contrôle de constitutionnalité » des lois, ébauchée par la doctrine *Bonham*, s'imposa dans la plupart des colonies britanniques, à commencer aux Etats-Unis, alors qu'elle déclina progressivement en Angleterre pour laisser place à la souveraineté absolue du Parlement. Tout aussi paradoxal que cela puisse paraître, c'est au nom de la souveraineté du Parlement que, dans les colonies britanniques d'Amérique, les juges des colonies se reconnurent compétents pour contrôler la conformité des lois locales au droit anglais dont la suprématie devait s'imposer. Mauro Cappelletti relève ainsi que « *le principe anglais de suprématie incontrôlée du Parlement a contribué à faire admettre en Amérique un système qui lui était opposé* » et « *lorsque les colonies anglaises proclamèrent leur indépendance, l'un de leurs premiers actes fut de remplacer les chartes anciennes par des Constitutions nouvelles exprimant les lois fondamentales des nouveaux Etats devenus indépendants. Et, de même que les lois contraires aux Chartes et aux lois du Royaume avaient pu être regardées comme nulles et de nul effet par les juges, de même on consacra tout naturellement le principe que les lois contraires aux Constitutions nouvelles pouvaient être déclarées nulles et de nul effet* »[58]. Ainsi, un même principe donna deux résultats différents : d'un côté, la doctrine *Bonham* associée au principe de la suprématie du droit anglais et partant du Parlement conduisit à la doctrine *Marbury* de 1803[59] ; de l'autre, la doctrine *Bonham* s'effaça progressivement, à partir de 1688, derrière le principe de la souveraineté absolue du Parlement.

§2 - LE MODELE DE *LOCKIEN* DE LA PRIMAUTE DU DROIT : LA SOUVERAINETE DU PARLEMENT ET DE LA LOI

39. Deux raisons principales peuvent expliquer le nouveau statut du Parlement.

Tout d'abord, à la suite de l'affaire *Godden v. Hales* (1688), la fonction juridictionnelle se trouve quelque peu discréditée[60]. Dans cette affaire, les juges de la *common law* vont affirmer que le Roi est le seul souverain et qu'il est libre d'user de sa prérogative royale comme bon lui semble sans qu'aucun acte du Parlement ne puisse lui retirer ce pouvoir. Cette décision sera une des causes de la « révolution glorieuse » de 1688.

Au lendemain de celle-ci, le Parlement adopte le *Bill of Rights* de 1689 qui rappelle « *les droits véritables, anciens et indubitables du peuple de ce royaume* » et subordonne les pouvoirs du Roi, et plus généralement ceux de l'exécutif, au Parlement, de telle sorte que celui-ci apparaît désormais aux yeux du peuple anglais

---

recourir à leur pouvoir d'interprétation de la loi en écartant, le cas échéant, l'application de la loi au profit de la *common law*. Voir C.H. MCILWAIN, *op.cit.*, p. 260 et ss ; C.G. WALKER, *op.cit.*, p. 119.

[58] M. CAPPELLETTI, *op.cit.*, p. 193.

[59] *Marbury v. Madison*, 5 U.S. (1 Cranch) 137, (1803) : dans cette affaire, la Cour suprême des Etats-Unis présidée par le juge Marshall consacre « *le principe, supposé être essentiel dans toutes les Constitutions écrites, qu'une loi incompatible avec la Constitution est nulle et que les Cours, aussi bien que les autres organes du pouvoir, doivent donner effet à la Constitution* ».

[60] T.F.T. PLUCKNETT, *op.cit.*, p. 69.

comme le meilleur gardien des droits et libertés. La révolution de 1688 marque ainsi le triomphe du Parlement et donc du droit positif. Mais cela ne fut possible qu'en ce qu'il fut suivi d'une nouvelle conception du rôle du Parlement qui se vit doter d'une nouvelle légitimité politique grâce notamment aux idées de John Locke (1632-1704), reprises et développées par la suite par William Blackstone (1723-1780).

40. Désormais, seul le Parlement est jugé apte à protéger les droits naturels fondamentaux des individus. Et à ce titre, le pouvoir législatif que lui confie le peuple ne saurait être contesté par quiconque si ce n'est par le peuple lui-même. Comment en est-on arrivé là ? Pour en prendre toute la mesure, il convient de revenir à l'idée de contrat social ou de *trust* qui sous-tend l'ensemble de cette thèse dans l'œuvre de John Locke.

La relation gouvernants-gouvernés repose sur un pacte de confiance - que Locke appelle le *trust* - sur la base duquel les hommes s'associent pour établir la forme de gouvernement qu'ils souhaitent. Tout comme Hobbes, Locke part d'un état idéal et théorique, *l'état de nature*[61]. Dans l'état de nature, les hommes sont dotés d'un certain nombre de droits absolus, dits *droits naturels*. Dans le modèle hobbien, pour sortir de la violence de l'état de nature, les hommes renoncent à leurs droits au profit du souverain (*Léviathan*) en échange de quoi celui-ci leur offre la sécurité[62]. A l'inverse, dans le modèle lockien, « *l'état de nature est un état de paix de bienveillance réciproque, d'assistance et de protection naturelle* », au sein duquel l'homme vit sous l'empire d'une loi naturelle qui est celle de Dieu et de la raison[63]. Cet état est remis en cause dès lors que certains « *s'unissent et renoncent individuellement à leur pouvoir d'exécuter la loi naturelle au profit de la collectivité* »[64]. Dès lors, le pacte de confiance conclu entre les gouvernés et les gouvernants impose à ces derniers la réalisation des droits naturels, ce que Blackstone résumera ainsi : « *la fin principale de toute société est de protéger les individus dans la jouissance de ces droits absolus qui leur sont conférés par les lois immuables de la nature* »[65].

Ainsi, le droit naturel constituerait un droit idéal «*intelligible et clair à toute créature rationnelle* » primant le droit positif qui lui est subordonné et lui assurant sa rationalité. Cette loi naturelle garantit l'égalité et la liberté des hommes que les lois positives ont pour finalité de réaliser. Il en découle que les lois du pays « *ne sont justes que dans la mesure où elle sont fondées sur le droit naturel, en fonction duquel elles doivent être interprétées* » de telle sorte que « *les obligations*

---

[61] S. GOYARD-FABRE, *Les fondements de l'ordre juridique*, Paris, PUF, 1992, p. 77.
[62] La loi naturelle ne disparaît pas pour autant derrière la loi civile. « *Théorème de raison* », la loi de nature règne sur la législation civile. Comme le relève S. Goyard-Fabre, « *la loi de nature est l'index d'une téléologie qui éclaire le chemin de la législation civile ; elle est un guide ayant valeur normative* », *Ibid.*, p. 81.
[63] JP. VALETTE, « Le pouvoir chez John Locke », *RDP*, n°1, 2001, p. 91.
[64] *Ibid.*, para. 89.
[65] W. BLACKSTONE, *Commentaries on the laws of England* , 1765-69, (rééd.) Chicago, University of Chicago Press, 1979, tome.1, p. 120.

découlant du droit naturel ne s'estompent pas dans la société ; au contraire, dans de multiples cas, elles sont resserrées et se voient annexer, par des lois humaines, des sanctions certaines afin de renforcer leur respect. Ainsi le droit naturel a valeur de règle éternelle à l'égard de tous les hommes, qu'il s'agisse des législateurs ou des autres »[66]. Pour que ces droits soient effectifs, il faut qu'ils soient relayés par un droit positif stable préservant les individus contre l'arbitraire des gouvernants : « *la liberté des gens gouvernés consiste à avoir une règle stable selon laquelle vivre qui soit la même pour tout le monde dans la société considérée, et qui soit faite par le pouvoir législatif qui y a été institué, une liberté de suivre leur propre volonté en toutes choses où ce pouvoir ne prescrit rien, et de ne pas être assujetti au vouloir fluctuant, incertain, arbitraire, d'un autre homme* »[67]. Il en résulte que « *quiconque a le pouvoir législatif ou suprême d'une république est tenu d'une part de gouverner selon les lois établies et permanentes, promulguées et connues par le peuple, et non par des décrets occasionnels, avec des juges impartiaux et intègres qui décident des litiges selon lesdites lois ; et d'autre part d'employer les forces de la communauté, à l'intérieur de ses frontières, seulement pour l'exécution des lois* »[68]. L'objectif est ici d'encadrer l'autorité de l'Etat dans d'étroites limites et en particulier la fonction exécutive considérée comme la source de tous les abus. A défaut d'instituer une véritable séparation des pouvoirs, Locke isole trois pouvoirs bien distincts rompant avec la conception unitaire du pouvoir qui prévalait jusqu'alors : l'exécutif, le fédératif et le législatif.

41. Cette distinction appelle plusieurs observations.

Tout d'abord, on peut être surpris de ne pas trouver mention ici du pouvoir judiciaire dont on connaît l'importance en Angleterre. En fait, Locke opère une double classification des pouvoirs comme le rappelle B. Gilson dans sa présentation du *Deuxième Traité du Gouvernement civil*[69] : l'une négative, l'autre positive, correspondant respectivement à deux stades différents d'évolution de la société. La première entend décrire les insuffisances de l'état de nature et expliquer les raisons pour lesquelles l'homme entend ériger une société politique sur la base du pacte social: dans l'état de nature « *il manque une loi établie, fixée, connue, qu'un consentement général accepte et reconnaisse (§124) [...] un juge connu de tous et impartial, qui soit compétent pour statuer sur tous les différends selon la loi établie (§125) [...] [une puissance] à l'appui de la décision, pour l'imposer quand elle est juste et la mettre à exécution (§126)* ». En d'autres termes, il manque à l'état de nature, un pouvoir législatif, un pouvoir judiciaire et un pouvoir exécutif. En revanche, cette distinction implicite est quelque peu modifiée dans sa deuxième classification qui entend décrire la société politique après le pacte social : le

---

[66] J. LOCKE, *Two treatises of Government*, (rééd.) intro. P. Laslett, Cambridge, Cambridge University Press, 1994, 357-358.
[67] *Ibid.*, p. 13.
[68] *Ibid.*, p. 64.
[69] J. LOCKE, *Deuxième traité du Gouvernement civil*, Présentation B. Gilson, *op.cit.*, p. 24.

fédératif, à savoir tout ce qui concerne la politique extérieure vient remplacer dans ce schéma tripartite le pouvoir judiciaire. Pour Locke, le pouvoir judiciaire ne constitue pas une branche ou un pouvoir séparé dans l'Etat. Bien au contraire la justice constitue l'essence même de toute société politique et irradie transversalement l'ensemble des pouvoirs de l'Etat. En effet pour lui, la justice est « *le fondement juridique initial et la genèse du pouvoir législatif et du pouvoir exécutif ainsi que des gouvernements et des sociétés mêmes* »[70]. Il apparaît ainsi que certaines fonctions du pouvoir judiciaire sont considérées par Locke comme faisant partie tout naturellement du pouvoir exécutif. Toutefois, la fonction judiciaire n'occupe pas une place à part en ce qu'elle ne constitue pas selon lui un pouvoir autonome. A l'inverse de Coke pour qui le juge fait la loi (« *judge makes law* »), les juges ne sont pour lui, comme Montesquieu le rappellera plus tard, que les bouches de la loi (« *indifferent judges* »)[71]. Pour des raisons propres à l'histoire juridico-politique française, Montesquieu isolera le pouvoir judiciaire de ce schéma pour empêcher les abus d'autorité des Parlements d'ancien régime[72].

Ensuite, l'œuvre de John Locke tend plus à dessiner l'ébauche d'une hiérarchie des pouvoirs qu'une véritable séparation des pouvoirs. Dans le système lockien, il n'existerait en fin de compte que deux pouvoirs réellement séparés, « *le législatif et la combinaison exécutif-fédératif-judiciaire* »[73]. Encore que cette séparation ne soit pas si rigide que cela dans la mesure où il reconnaît que l'exécution des lois peut attribuer des moyens d'action sur le pouvoir législatif, de même que le pouvoir législatif intègre certaines fonctions du pouvoir judiciaire[74]. En fait, Locke cherche surtout à isoler et à affirmer la suprématie du pouvoir législatif. Ainsi, les pouvoirs exécutif et fédératif sont considérés comme des « *pouvoirs dérivés* » subordonnés au législatif[75], ce dernier étant conçu comme le « *pouvoir suprême* » constituant « *l'âme qui donne forme, vie et unité au Commonwealth* »[76]. Concernant ce pouvoir législatif deux points méritent ici une attention toute particulière. Tout d'abord, ce pouvoir législatif est doté de la suprématie car il est le plus à même de représenter et protéger l'ensemble des intérêts de la nation ce qui lui confère la légitimité de promulguer et de mettre en œuvre « *les loi éternelles et*

---

[70] *Ibid.*, para. 127. Il en va de même pour le pouvoir constituant qui ne saurait s'exprimer dans un organe spécifique Voir sur ce point les développements de JP. VALETTE, *op.cit.*, p. 99-101. Egalement, l'analyse très éclairante de S. GOYARD-FABRE, *John Locke et la raison raisonnable*, Paris, Vrin, 1986, p.144 et ss.

[71] En ce sens, E. GARCIA DE ENTERRIA, *Révolution française et administration contemporaine*, PUAM-Economica, 1987, p. 17.

[72] *Cf. infra*, n°50-52.

[73] J.W. GOUGH, *John Locke's political philosophy*, Oxford, 1950, p. 97.

[74] E. GARCIA DE ENTERRIA, *op.cit.*, p. 16 et ss.

[75] En ce sens, A. BRIMO, *Les grands courants de la philosophie du droit et de l'Etat*, Paris, Pédone, 1967, p. 108 : « *Les deux pouvoirs (législatif et exécutif) ne sont point pour Locke placés sur le même plan : le législatif [...] est un pouvoir sacré qui ne peut être ravi à ceux à qui il a été une fois remis. L'exécutif lui est subordonné sauf dans la mesure où l'intérêt du bon fonctionnement de la société politique exige que l'on laisse à sa discrétion certaines décisions* ».

[76] *Ibid.*, Ch. XIX, par. 212.

immuables de la nature »[77]. Pour Locke, le but pour lequel les hommes « *choisissent et investissent un pouvoir législatif, c'est qu'il peut y avoir des lois promulguées, et des règles établies, comme bornes et clôtures aux biens possédés par tous les membres de la société, pour limiter les pouvoirs et modérer la domination de tout secteur et de tout membre de cette société* »[78]. Ensuite, ce pouvoir législatif réputé suprême n'est pas pour autant arbitraire. Certes, aucun organe étatique n'est en mesure de le contrôler. Les juges n'ont pour seule fonction que celle d'appliquer la loi et non de se prononcer sur sa validité[79]. Blackstone rejettera d'ailleurs encore de manière plus explicite l'hypothèse d'un contrôle juridictionnel des lois en considérant que « *placer les tribunaux au-dessus du Parlement, [...] serait destructeur de tout gouvernement* »[80]. Toutefois, ce pouvoir législatif ne serait pas arbitraire selon Locke dans la mesure où, même absolu, « *il est toujours limité par la raison* »[81] et orienté vers « *le bien public de la société* »[82]. Si malgré tout le Parlement venait à outrepasser les limites de la raison et à se comporter de manière arbitraire, alors le seul recours serait d'en appeler « *au remède que Dieu a donné à tous les hommes contre la force et la violence* »[83] à savoir le droit de résistance. Le pacte de confiance entre les gouvernés et les gouvernants serait alors rompu[84].

42. Locke a jeté les bases théoriques d'une souveraineté absolue du Parlement et partant de la loi qui en est l'émanation. Cette souveraineté absolue du Parlement signifie d'une part que la loi n'est produite que par le Parlement ; et d'autre part que la loi ne peut faire l'objet d'aucune contestation. La seule limite qui s'impose au Parlement est celle du droit naturel. Se dessine ainsi un nouveau modèle de primauté du droit qui fait de la loi formelle et positive la norme suprême du royaume.

43. Edward Coke et John Locke (et leurs disciples successifs) ont ainsi dessiné deux modèles distincts de primauté du droit : le premier affirme la souveraineté de la *common law* et partant du juge qui en est l'oracle; le second affirme la souveraineté du Parlement et partant de la loi qui en est l'émanation. En apparence contradictoires, ces deux modèles constitueront les deux facettes de l'idée de *Rule of law* que consacrera, à la fin du 19ème siècle, Dicey[85]. Par ailleurs, ils se recoupent

---

[77] *Ibid.*, Ch. IX, par. 124.
[78] *Ibid.*, p. 107.
[79] *Ibid.*, Ch. II, par. 20.
[80] W. BALCKSTONE, *op.cit.*, p. 43.
[81] J. LOCKE, *op.cit.*, p. 361.
[82] *Ibid.*, para. 135 .
[83] *Ibid.*, XIV, n°168.
[84] J.J. CHEVALIER, *Les grandes œuvres politiques, de Machiavel à nos jours*, Paris, A. Collin, 1970, p.40 : « *L'infidélité des législateurs à leur mission, tout comme celle de l'exécutif, entraîne logiquement la dissolution du gouvernement issu du trust. Mais qu'est-ce là, sinon la justification d'un droit de la communauté, du peuple, de résister à ses gouvernants, sur le fondement de la confiance trahie ?* ».
[85] Dicey tentera de concilier ces deux conceptions en apparence antagonistes. L'ordre juridique se décomposerait selon lui en deux parties : 1) le niveau supérieur, formé par le Parlement et sa loi souveraine ; 2) le niveau inférieur, soumis au principe de la *Rule of law*. Si le juge est écarté du premier

également sur un point fondamental : le droit est désormais conçu comme le produit de la raison. Cette dimension est essentielle pour bien comprendre l'histoire européenne de la primauté du droit. On retrouvera cette même idée chez les Lumières et dans l'œuvre de Kant préfigurant les données épistémologiques de la théorie du *Rechtsstaat*.

SECTION II

L'IDEE DE PRIMAUTE DU DROIT DANS LA PENSEE FRANÇAISE OU LE REGNE DE LA LOI

44. Nombreux sont ceux qui voient dans la révolution française le berceau de l'Etat de droit[86] alors même que la conception révolutionnaire du « règne de la loi » qui imprégnera pendant près de deux siècles des générations de juristes[87] constituera un obstacle de taille à l'instauration d'un véritable *Etat de droit* en France[88]. Pourtant, c'est bien la révolution française qui va jeter les bases de ce que l'on appelle aujourd'hui l'*Etat de droit*[89]. Curieux paradoxe pour une doctrine française qui fut (et qui *est* toujours) si réticente à accepter le concept d'Etat de droit[90].

45. Il faut dire que bien avant sa conceptualisation sous la forme du *Rechtsstaat* par la doctrine libérale allemande, la doctrine française s'était forgée son propre concept d'un Etat limité par le droit : la *république*. Ainsi, pour Jean-Jacques Rousseau, il faut comprendre par *république* « *tout Etat régi par des lois, sous quelque forme d'administration que ce puisse être : car alors seulement l'intérêt public gouverne,*

---

niveau, en revanche il occupe la place centrale dans le second niveau au point qu'il confond le droit positif (infra législatif) et le juge. (*Cf. infra*, n°285-287).

[86] Il en va ainsi de Raymond Carré de Malberg : « *mais c'est en France et par l'assemblée nationale de 1789 qu'ont été dégagées les idées maîtresses et, en partie, les institutions sur lesquelles repose le système de l'Etat de droit* » (R. CARRE DE MALBERG, *Contribution à une théorie générale de l'Etat*, Recueil Sirey, rééd. CNRS, Paris, 1962, Tome 1, p. 489, note 5). De même, Simone Goyard-Fabre estime que « *la philosophie politique française du XVIIIe siècle et la pensée des hommes de la révolution ont en grande part acheminé le droit politique, par la volonté passionnée qui les animait de promouvoir institutionnellement la liberté des citoyens, vers les structures juridiques de l'Etat de droit* », (GOYARD FABRE, *Principes de philosophie politique*, Paris, PUF, 1997, sp. 253). Plus modérées, Constance Grewe et Hélène Ruiz Fabri estiment quant à elles qu' « *il a fallu les bouleversements de la révolution pour mettre le règne du droit au service de l'individu. La DDHC est exemplaire à cet égard et peut être considérée comme la première consécration de l'Etat de droit à la française* » (C. GREWE et H. RUIZ FABRI, *op.cit.*, p. 25).

[87] Carré de Malberg parlera à cet égard d'*Etat légal* qui n'est que la traduction juridique du concept politique d'*Etat nation* forgé par les révolutionnaires. En ce sens, l'analyse très éclairante de D. BOUTET, *op.cit.*, pp. 132-135 et pp. 189-217.

[88] On pense ici en particulier à l'instauration d'un véritable contrôle de constitutionnalité que Carré de Malberg considérait comme « *indispensable pour ceux qui ont le sentiment de l'Etat de droit* », qui ne verra effectivement le jour qu'au début des années 1970. (*Cf. infra*, n°162 et n°240-246).

[89] M.MIALLE, « L'Etat de droit dans la Constitution », *in 1791. La première constitution française, Actes du colloque de Dijon des 26-27 sept. 1991*, Paris, Economica, 1993, p. 21.

[90] *Cf. infra*, n°143-172.

et la chose publique est quelque chose. Tout gouvernement légitime est républicain »[91]. La *république* de Jean-Jacques Rousseau, dans le prolongement de celle de Bodin[92], n'est donc rien d'autre qu'un Etat régi par des lois, un Etat donc limité par le droit : on dirait aujourd'hui un *Etat de droit*[93]. Qui plus est, le terme république renvoie à une conception substantielle de l'Etat. Il ne désigne pas encore une forme particulière de gouvernement[94]. Une monarchie peut être une république comme le rappelle Robespierre dans son discours du 13 juillet 1791 : « *Le mot république ne signifie aucune forme particulière de gouvernement : il appartient à tout gouvernement d'hommes libres qui ont une Patrie. Or, on peut être libre avec un monarque comme avec un sénat. Qu'est-ce la constitution française actuelle ? C'est une république avec un monarque* »[95]. Un peu plus tard, ce dernier assimilera même les termes *république* et *démocratie*[96]. La république désigne par conséquent tout à la fois l'*Etat libéral* reposant sur le primat de la liberté individuelle et l'*Etat démocratique* fondé sur le suffrage « universel ». En d'autres mots, la *république* serait l'*Etat de droit démocratique*[97].

46. Ainsi, les révolutionnaires, éclairés par les Lumières, auraient jeté les bases de ce que l'on appelle aujourd'hui l' « *Etat de droit* » dont l'essence est contenue dans l'article 16 de la Déclaration des droits de l'homme et du citoyen de 1789 (*ci-après*, DDHC) aux termes duquel *« toute société dans laquelle la garantie des droits n'est pas assurée, ni la séparation des pouvoirs déterminée, n'a point de constitution* »[98]. Cette conception de la primauté du droit s'articule ainsi autour de deux idées développées respectivement par Rousseau et Montesquieu : la garantie des droits de

---

[91] J-J ROUSSEAU, *Le Contrat Social*, in *Œuvres complètes*, Paris, La Pléiade, 1964, t. III, Livre I, Chap. 3, p. 379.

[92] « *La République est un droit gouvernement de plusieurs ménages, et de ce qui leur est commun, avec puissance souveraine* » in J. BODIN, *Les six livres de La République*, Aalen, Scientia, I 1, 1961, p. 1, cité par C. GREWE et H. RUIZ FABRI, *op.cit.*, p. 201 (souligné par nous). Notons au passage que le concept de *droit gouvernement* - qui sera traduit en anglais par *Lawfull Government* et repris par John Locke – est construit sémantiquement comme le terme *Rechtsstaat.* A l'époque en effet, le terme gouvernement est synonyme d'Etat. En ce sens R. DERATHE, *J.J. Rousseau et la science politique de son temps*, 2e ed., Paris, Vrin, 1995, p 384.

[93] De nombreux auteurs voient dans le principe de *République* l'équivalent de celui de *Rechtsstaat.* Par exemple, J.L. QUERMONE, « République », in O. DUHAMEL et Y. MENY (dir.), *Dictionnaire constitutionnel*, Paris, Puf., 1992, p. 923.

[94] Ce n'est qu'après l'abolition de la monarchie en 1792 que le terme « république » est opposé à celui de « monarchie ».

[95] M. ROBESPIERRE, *Discours du 5 février 1794*, in *Œuvres complètes*, T.VII, Paris, éd. Bouloiseau, 1950, p. 552 . *Idem*, JJ. ROUSSEAU, *op.cit.*, p. 63 note *: « *Je n'entends pas simplement par ce mot une aristocratie ou une démocratie, mais en général tout gouvernement guidé par la volonté générale. Pour être légitime il ne faut pas que le gouvernement se confonde avec le souverain, mais qu'il en soit le ministre : alors la monarchie elle-même est une république* ».

[96] L. HEUSCHLING, *op.cit.*, p. 428.

[97] En ce sens, les observations de S. GOYARD-FABRE, *Les principes philosophiques du droit politique moderne*, Paris, PUF, 1997, p. 277.

[98] En ce sens, M.MIALLE, *op.cit.*, p. 23. Sur l'article 16 DDHC et la définition de l'Etat de droit dans la jurisprudence du Conseil constitutionnel français, *Cf. infra*, n°237-239.

l'homme, d'une part, et la séparation des pouvoirs[99], d'autre part. Toutefois, l'option retenue par les révolutionnaires est loin de satisfaire pleinement à ces exigences en ce qu'elle repose sur une exacerbation du pouvoir législatif qui se voit doter de la mission suprême de protéger les libertés individuelles (§1) au détriment du « pouvoir judiciaire » dont on se méfie alors, ce qui ne manquera pas de porter atteinte à l'effectivité de ces droits inaliénables de l'homme tant proclamés[100] (§2).

§1 - LA SACRALISATION DE LA LOI EXPRESSION DE LA VOLONTE GENERALE ET INSTRUMENT DE LA LIBERTE

47. A l'époque révolutionnaire, l'idée de primauté du droit va se confondre avec celle du « règne de la loi ». Imprégnés de la philosophie des Lumières, les révolutionnaires vont vouer à la loi une véritable « *passion* »[101]. Dotée de toutes les « vertus », la loi est érigée en gardienne des libertés individuelles en ce qu'elle est l'expression de la volonté générale comme le rappellent les articles 5 et 6 de la DDHC de 1789 : la loi est ainsi réputée « libératrice ».

Pour en comprendre toute la signification, il faut revenir à la pensée des Lumières du 18ème siècle pour qui « *la liberté consiste à ne dépendre que des lois* » comme le rappelait Voltaire dans ses *Pensées sur le Gouvernement.* Contre le despotisme rendu possible par la personnalisation du pouvoir qui tend à soumettre « l'homme à l'homme » et donc au « bon plaisir du prince », les libéraux du 18ème siècle aspirent à la dépersonnalisation du pouvoir et à sa rationalisation plus à même à garantir la liberté et l'autonomie individuelle : c'est dans la loi, abstraite et générale, que ceux-ci vont trouver leur salut[102].

---

[99] Rappelons à cet égard que la notion de séparation des pouvoirs d'alors différait sensiblement de celle que la doctrine moderne retient. En effet, comme l'a montré Michel TROPER, la notion de séparation des pouvoirs pour les révolutionnaires constituait simplement un principe négatif selon lequel « *une même autorité ne doit pas cumuler l'exercice de deux fonctions [...]* » à savoir qu'« *il faut que les fonctions soient réparties ou « séparées » entre plusieurs autorités* ». Ainsi, la formule de l'article 16 n'entendait pas proposer une technique de répartition des compétences. M. TROPER, « L'interprétation de la déclaration des droits : l'exemple de l'article 16 », *in* M. TROPER, *Pour une théorie juridique de l'Etat*, Paris, PUF, 1994, p. 272 et ss.

[100] M. MIALLE, *op.cit.*, pp. 36-37.

[101] La loi fait alors l'objet d'une vénération sans borne (un « *club des Nomophiles* » est même créé en 1790) à tel point qu'on lui dédie même une fête nationale en 1792. J. CARBONNIER, « La passion des lois au siècle des Lumières », in *Essais sur les lois*, Paris, Defrénois, 1979, pp. 203-223 ; E. GARCIA DE ENTERRIA, *La lengua de los derechos. La formación del Derecho público europeo tras la Revolución Francesa*, Madrid, Alianza Universidad, p. 108 et ss.

[102] Nul mieux que Groethuysen a su résumer cette idée : « *Ce que l'on exige d'abord – car c'est la première revendication de la conscience du droit – c'est que l'homme ne dépende pas de l'homme, mais de la loi impersonnelle [...] C'est dans la souveraineté constante de la Loi s'exerçant sur tous sans exception qu'il semble d'abord qu'on puisse concilier l'idéal de l'unité de l'Etat et les revendications exigeant qu'aucun homme ne dépende d'un autre, et que tous les hommes soient égaux en droit. La loi, dans sa stabilité, s'oppose à ce que la volonté particulière a de changeant, d'aléatoire. D'une part, l'arbitraire, le caprice, les sautes d'humeur du despotisme, de l'autre la Loi stable contre les intérêts versatiles et contradictoires des particuliers. A la place de la domination de l'homme, on veut mettre celle de la Loi. L'homme libre ne peut obéir à un autre homme, il ne peut se soumettre qu'à la loi. Il doit être complètement indépendant de toute puissance, sauf celle de la loi. Il n'y a devant la loi aucune exception, aucun privilège. Tous doivent être égaux devant la Loi. Aucun homme ne doit dépendre d'un*

48. Jean-Jacques Rousseau (1712-1778) est sans doute celui qui poussa le plus loin ce raisonnement. La pensée de Rousseau s'articule autour de deux idées : d'une part, seul le peuple peut garantir la liberté, en conséquence de quoi, il doit disposer du pouvoir (peuple souverain) ; d'autre part, ce pouvoir n'est légitime qu'en ce que la loi est l'expression de la volonté générale. L'Etat et son droit, produits du contrat social, dépendent donc de la volonté du peuple et partant de l'homme. En effet, à l'instar de Voltaire, la loi pour Rousseau est la condition de la liberté : « *Un peuple libre [...] obéit aux Loix, mais il n'obéit qu'aux Loix et c'est par la force des Loix qu'il n'obéit pas aux hommes [...] En un mot, la Liberté suit toujours le sort des Loix, elle règne ou périt avec elles* »[103]. Pourquoi cette loi assure-t-elle la liberté des hommes ? Il faut revenir à l'origine de la pensée rousseauiste. A l'état de nature, sous l'empire de la loi naturelle, l'homme est libre. Or s'il naît libre, « *partout il est dans les fers* » constate-t-il amèrement dès la première ligne du *Contrat social*[104]. Pour revenir à cet état originel d'égalité et de liberté, il faut « *trouver une forme d'association qui défende et protège de toute la force commune la personne et les biens de chaque associé, et par laquelle chacun s'unissant à tous n'obéisse qu'à lui même et reste aussi libre qu'auparavant* »[105]. En d'autres termes, chaque individu doit se soumettre corps et biens à un nouveau souverain expression de la volonté générale et non plus à la volonté d'un seul homme de telle sorte que « *chacun de nous met en commun sa personne et toute sa puissance sous la suprême direction de la volonté générale ; et nous recevons en corps chaque membre comme partie indivisible du tout* »[106]. Ainsi naît l'acte constitutif de la cité, le *contrat social.*

Désormais, la fin de la société est la réalisation de l'intérêt général et du bien commun, à savoir la liberté et l'égalité[107]. La loi est l'expression de cette volonté générale : « *quand tout le peuple statue sur tout le peuple il ne considère que lui-même, et s'il se forme alors un rapport, c'est de l'objet entier sous un point de vue à l'objet entier sous un autre point de vue, sans aucune division du tout. Alors la matière sur laquelle on statue est générale comme la volonté qui statue.*

---

autre, mais tous sont également soumis à la Loi. Un tout objectif, uniquement réglé par la Loi excluant tout arbitraire personnel. C'est ainsi que se conçoit l'Etat. Chacun aura alors la conscience d'être libre, parce qu'il ne doit obéir à aucun homme et seulement à la Loi. Chacun aura alors la conscience d'être égal à tout autre homme, soumis à la Loi commune. Le Roi lui-même doit être soumis à la Loi et ne régner que par elle. La loi est un être impersonnel qui, de par son caractère général, crée l'unité entre tous. Sans égard aux personnes, elle se maintient à travers tous les caprices, tous les intérêts particuliers. Indépendante des hommes, elle repose solidement en elle-même ». B. GROETHUYSEN, *Philosophie de la révolution française*, Paris, Gonthier, 1956, pp. 191-192 .

[103] J-J. ROUSSEAU, *Lettres écrites de la Montagne* (1764), in *Œuvres complètes*, TIII, Paris, Pléiade, 1964, p. 841, cité par L. HEUSCHLING, *op.cit.*, p. 413.

[104] J-J. ROUSSEAU, *Du contrat social*, Paris, Flammarion, 1992, Livre I, Chap. I, p. 29.

[105] *Ibid.*, Livre I, Chap. VI, p. 39.

[106] *Ibid.*, Livre I, Chap. VI, p. 40.

[107] *Ibid.*, Livre II, Chap. XI, p. 76 : « *Si l'on cherche en quoi consiste précisément le plus grand bien de tous, qui doit être la fin de tout système de législation, on trouvera qu'il se réduit à ces deux objets principaux, la liberté et l'égalité* ».

C'est cet acte que j'appelle une loi »[108]. En d'autre termes, la loi est produite par le peuple et pour le peuple dans son ensemble au moyen de normes générales et communes. Ainsi, « *l'objet des lois est toujours général* » c'est-à-dire que « *la loi considère les sujets en corps et les actions comme abstraites, jamais un homme comme un individu ni une action particulière [...]. En un mot, toute fonction qui se rapporte à un objet individuel n'appartient point à la puissance législative* »[109]. Produit de la volonté générale, il en résulte que la loi est, par définition, juste et infaillible en ce que la « *volonté générale est toujours droite* » et fondée sur la raison dans la mesure où elle est « *dans chaque individu un acte pur de l'entendement qui raisonne dans le silence des passions sur ce que l'homme peut exiger de son semblable, et sur ce que son semblable est en droit d'exiger de lui [...]* ». Cette volonté générale n'est pas la somme de chacune des aspirations individuelles mais bien une *conscience collective* de ce qui est juste et bon pour la collectivité tout entière : l'individu disparaît derrière la collectivité. La loi est ainsi le produit de la raison, raison qui encadre le pouvoir absolu de ce souverain et par conséquent qui conditionne la justesse et l'infaillibilité de la loi : Rousseau parle à cet égard de « loi de raison » ou de « loi naturelle »[110] qui s'impose au souverain. Parmi ces normes véhiculées par cette « loi naturelle », il y a les droits [« fondamentaux »] de chaque homme qu'il tire « *de sa qualité d'homme* » au premier titre desquels, sa liberté. Nul ne saurait renoncer à sa liberté car « *renoncer à sa liberté, c'est renoncer à sa qualité d'homme, aux droits de l'humanité, même à ses devoirs* »[111]. Apparaît ici le concept d'inaliénabilité de certains droits de l'homme que la déclaration de 1789 entérinera sous l'expression « *droits inaliénables* »[112].

---

[108] *Ibid.*, Livre II, Chap. VI, p. 62.
[109] *Ibid.*, Livre II, Chap. VI, p. 63.
[110] *Ibid.*, Livre II, Chap. IV, p. 56.
[111] *Ibid.*, Livre I, Chap. IV, p.34.
[112] Encore qu'il soit nécessaire de relativiser quelque peu ce propos. Certes, les rédacteurs de la Déclaration de 1789 reconnaissent certaines libertés fondamentales inscrites dans la nature humaine (« *Droits naturels, inaliénables et sacrés de l'homme* ») mais tel n'était pas leur objectif principal : ils entendaient en effet proclamer des droits que *la loi attache au sujet de droit* afin de faire barrage aux abus de la monarchie française. Plus que les droits inaliénables de l'homme, la déclaration entérine les droits inaliénables du *citoyen*. Il n'y a donc point derrière cette conception « *une idéologie égalitariste fondée sur une philosophie individualiste et universaliste* » (S. GOYARD-FABRE, *op.cit.*, p. 270) comme dans la déclaration de 1776. Comme le souligne Habermas, « *il s'agit, là-bas [1776] de donner libre cours aux forces spontanées d'une auto-régulation en accord avec le droit naturel, tandis qu'on s'attache ici [1789] à imposer, contre une société dépravée et une nature humaine corrompue, un ensemble constitué fondé sur le droit naturel* » (J. HABERMAS, *Théorie et Pratique*, T1, Payot, Paris, 1975, p. 129). En effet, tandis que l'article 2 de la DDHC commence par énoncer que « *le but de toute association politique est la conservation des droits naturels imprescriptibles de l'homme* », il se termine par une liste limitative de ces droits à savoir « *la liberté, la propriété, la sûreté et la résistance à l'oppression* ». Cette énumération pourrait signifier selon Michel TROPER « *qu'il n'est pas permis à chaque citoyen d'user de sa raison pour découvrir les droits naturels et qu'il n'y a de droits que ceux qui sont mentionnés dans le texte* » (M. TROPER, « La déclaration des droits de l'homme et du citoyen en 1789 », in M. TROPER, *op.cit.*, p. 120). Ainsi, à la différence des constituants américains influencés par les idées de Locke et de Hume très attachés aux droits naturels et à l'autonomie individuelle, les révolutionnaires ont une conception principalement civiliste de la liberté de *l'homme-citoyen*. On comprend mieux ainsi la formule de Montesquieu pour qui la liberté consiste « *de faire tout ce que les lois permettent* ».

Parmi ces droits inaliénables, il y a notamment celui du peuple dans son ensemble à exercer sa liberté politique de laquelle il ne saurait se démettre au risque sinon de porter atteinte au droit naturel de chaque homme d'exercer sa liberté politique. En effet, pour Rousseau, il appartient au peuple et à lui seul[113] d'exercer directement la souveraineté, seul moyen de garantir que le souverain garantisse la liberté « *puisque nul n'est injuste envers lui-même* »[114]. Ainsi la volonté générale doit « *partir de tous pour s'appliquer à tous* »[115]. Le processus législatif ainsi dessiné reposant sur le principe de la souveraineté populaire s'articule autour de deux principes : tout d'abord, celui de la participation de l'ensemble des citoyens à l'élaboration de la loi ; ensuite, celui de l'égalité de tous devant l'application de la loi. Cette dernière exigence n'implique pas seulement que tous les individus soient frappés de manière égale par la loi par essence abstraite et générale[116], mais également que tous doivent s'y soumettre sans exception même la minorité qui s'y est opposée. Il en résulte donc que tout citoyen doit obéissance à la loi en ce qu'elle est l'expression de la volonté générale et la condition de leur liberté[117]. Tout droit de résistance lui est ainsi retiré.

49. La loi constitue ainsi l'étalon (ou le modèle) de tout comportement individuel comme l'avait déjà remarqué Montesquieu[118] et donc l'instrument de sa libération[119]. Les révolutionnaires, imprégnés de l'héritage idéologique de Rousseau à qui ils vouent une véritable fascination[120], reprendront à leur compte cette idée et établiront ce que l'on a pu appeler une « *nomocratie* » : la lecture des articles 5, 6, 7 et 8 de la Déclaration de 1789 est à cet égard édifiante. La Constitution de 1791 en constituera une exacerbation. Désormais, la Constitution oblige le roi à jurer fidélité à la nation et à *la loi,* et subordonne l'autorité du roi à celle de la loi. «*Il n'y a point en France d'autorité supérieure à celle de la loi. Le roi ne règne que par elle, et ce n'est qu'au nom de la loi qu'il peut exiger l'obéissance* », proclame la Constitution de 1791[121]. Le roi n'est plus que l'agent de la loi qui règne désormais seule sans

---

[113] JJ. ROUSSEAU, *Du contrat social, op.cit.*, Livre II, Chap. VI, p.63 : « *Le peuple soumis aux lois en doit être l'auteur ; il n'appartient qu'à ceux qui s'associent de régler les conditions de la société* ».
[114] *Ibid.*
[115] *Ibid.*, Livre II, Chap. IV, p. 57.
[116] *Ibid.*, Livre II, Chap. VI, pp. 62-63.
[117] *Ibid.*, Livre I, Chap. VIII, p. 42 : « *Afin donc que le pacte social ne soit pas un vain formulaire, il renferme tacitement cet engagement qui seul peut donner de la force aux autres, que quiconque refusera d'obéir à la volonté générale y sera contraint par tout le corps : ce qui ne signifie autre chose sinon qu'on le forcera d'être libre ; car telle est la condition qui donnant chaque citoyen à la Patrie le garantit de tout dépendance personnelle (...)* ».
[118] Selon Montesquieu, « *la liberté est de faire tout ce que les lois permettent* », Livre Xi, Ch. 3, p. 586.
[119] S. GOYARD-FABRE, *op.cit.*, p 270 : « *La France aspirait [...] à la liberté, mais, attachée par son histoire et par ses doctrines politiques, à l'idée de loi, elle estimait, avec Rousseau, qu'il appartient à l'Etat de forcer le citoyen à être libre* ».
[120] En 1790, son buste est promené triomphalement dans les rues de Paris. La rue Plâtrière prendra même son nom. En 1794, ses restes seront transférés au Panthéon.
[121] Article 3 de la section 1 du Chapitre II de la Constitution de 1791.

partage : en d'autres mots, au règne du roi succède le « *règne de la loi* »[122]. Ce concept du « *règne de la loi* » signifie que tout organe public quel qu'il soit (du roi au juge) exerce le pouvoir que la loi lui a conféré au préalable, conformément aux procédures établies par la loi. Le pouvoir est ainsi coulé tout entier dans le moule de la loi comme le relève très justement Eduardo García de Enterria : « *pour la première fois dans l'histoire de l'humanité, l'ensemble de l'appareil du pouvoir s'objectivise dans un système d'exécution - légal, abstrait et quasi mécanique [...] - de normes écrites et, en tant que telles, certaines, élaborées avec la sage lenteur des Assemblées, fixes et immuables pour les interprètes et pour les exécutants, sûres, pour les citoyens, qui pour la première fois de l'histoire peuvent connaître le Droit dans sa teneur exacte à travers sa publication régulière, et les limites strictes de leurs droits, sans les imprécisions et l'arbitraire de la « jurisprudence » [...]* »[123]. « *L'avènement de la loi* », selon l'expression de Michelet, marque ainsi un tournant dans l'histoire du droit public européen[124]. Mystifiée, la loi se charge d'une dimension symbolique très forte devenant du coup l'étendard de la liberté[125]. Au « règne de la loi » ainsi affirmé, se juxtapose celui du règne du législateur détenteur exclusif de la légitimité démocratique en ce qu'il incarne la *Nation*[126]. Si, sur ce point, le modèle français se rapproche du modèle anglais de la primauté du droit, il s'en écarte sur un point fondamental : le juge se trouve privé de tout pouvoir normatif.

§2 - LA SUBORDINATION DU JUGE AU POUVOIR DE LA LOI DANS LA PENSEE REVOLUTIONNAIRE

50. Si Rousseau n'évoque qu'indirectement le rôle des juges dans le système politico-juridique qu'il dessine, il n'en va pas de même pour Montesquieu pour qui, selon une formule célèbre, « *les juges de la nation [...] ne sont que la bouche qui prononce les paroles de la loi ; des êtres inanimés qui n'en peuvent modérer ni la force ni la rigueur* »[127]. Cette méfiance vis-à-vis des juges est partagée par la plupart des Lumières en Europe, de Locke à Kant en passant par Rousseau[128]. Mais c'est

---

[122] Le concept de « règne de la loi » est antérieure de quelques mois à l'adoption de la Constitution du 3 septembre 1791. C'est un décret du 9-15 avril 1791 de l'Assemblée qui prévoit l'inscription de l'expression « *Règne de la loi* » au dos de toutes les pièces du royaume, le côté face portant l'effigie du roi et l'inscription, « *Louis XVI, Roi des français* ». Sur ce point, voir BRUNOT, *Histoire de la langue française*, Tome IX, vol 2, Paris, réimpre., 1967, p. 642 ; E. GARCIA DE ENTERRIA, *La lengua de los derechos, op.cit.*, pp.126-127.
[123] *Ibid.*, p. 130.
[124] E. García de Enterria constate ainsi qu'une « *nouvelle époque du gouvernement humain a commencé* », *op.cit.*, p . 135.
[125] J. CHEVALLIER, « La dimension symbolique du principe de légalité », *RDP*, 1990, p. 1651 ; D. LOSCHAK, « Le principe de légalité, mythes et mystifications », *AJDA*, 1981, pp. 387-392.
[126] D. BOUTET, *op.cit.*, p. 130.
[127] MONTESQUIEU, *De l'esprit des lois*, *op.cit.*, Liv XI, Chap. 6, p. 589.
[128] On aurait pu pourtant penser que l'instauration de contrôle de conformité de la loi aurait renforcé l'idée de primauté du droit naturel à laquelle ces auteurs sont attachés sauf à considérer comme Hobbes que seul le souverain était tenu d'obéir au droit naturel et d'en imposer le respect. Sur ce point, R. SHACKLETON, « Montesquieu, in 1848 », *French Studies*, n°3, 1949, sp. 299.

sans doute en France que l'on se méfie le plus du pouvoir des juges pour des raisons historiques liées au souvenir des abus des Parlements de l'Ancien régime. Composés exclusivement d'aristocrates, ils s'opposèrent en effet grâce à leurs pouvoirs d'*enregistrement* et de *remontrance*, en tant que gardiens des « *lois fondamentales du Royaume* », à toutes les réformes libérales royales, soucieux d'abord de défendre les privilèges de la noblesse qu'ils incarnaient[129].

51. Ancien Président du Parlement de Bordeaux, charge qu'il avait héritée de son oncle, Montesquieu connaissait trop bien le pouvoir de ces Parlements pour ne pas s'en méfier au point de leur dénier tout pouvoir de nature politique. Selon lui, « *il n'y a point de liberté [...] si la puissance de juger n'est pas séparée de la puissance législative et de l'exécutive. Si elle était jointe à la puissance législative, le pouvoir sur la vie et la liberté des citoyens serait arbitraire : car le juge serait législateur. Si elle était jointe à la puissance exécutrice, le juge pourrait avoir la force d'un oppresseur* »[130]. Ce principe de séparation des pouvoirs apparaît en fait comme un *principe purement négatif*[131]: en effet, l'indépendance du pouvoir judiciaire ne signifie pas que l'exécutif et/ou le législatif ne disposent de pouvoirs d'action sur le judiciaire mais bien au contraire que le judiciaire ne peut disposer ni du pouvoir exécutif ni du pouvoir législatif. La *puissance de juger* doit ainsi se limiter à une simple application de la loi de telle sorte que cette puissance « *est en quelque façon nulle* »[132]. L'idée principale de Montesquieu est ici d'éviter que ne se développe au sein de l'Etat un corps judiciaire indépendant et autonome doté de pouvoirs démesurés. A cet effet, il encadre la fonction juridictionnelle dans des limites très étroites. Tout d'abord, il impose des limites formelles liées à la nature et à la composition de l'organe juridictionnel : « *la puissance de juger ne doit pas être donnée à un sénat permanent, mais exercée par des personnes tirées du peuple, dans certains temps de l'année, de la manière prescrite par la loi, pour former un tribunal qui ne dure qu'autant que la nécessité le requiert. De cette façon, la puissance de juger, si terrible parmi les hommes, n'étant attachée ni à un certain état, ni à une certaine profession, devient pour ainsi dire, invisible et nulle [...]* »[133]; de plus, « *il faut même que les juges soient de la condition de l'accusé, ou ses pairs, pour qu'il ne puisse pas se mettre dans l'esprit qu'il soit tombé entre les mains de*

---

[129] Voir, M. CAPPELLETTI, *Le pouvoir des juges*, *op.cit.*, pp. 258-259. Sur l'ensemble de la question, voir l'œuvre remarquable d'Alexis DE TOCQUEVILLE, *L'ancien Régime et la révolution*, Œuvres Complètes, Gallimard, Paris, 1952. Par ailleurs, il est intéressant de voir, avec toutes les réserves nécessaires d'usage, quelques similitudes entre le comportement des Parlements d'Ancien Régime et celui de la Cour Suprême des Etats-Unis d'Amérique au cours de la période (1899-1937) pendant laquelle celle-ci s'opposa vigoureusement à tout progrès social sur la base de la clause de *Due Process of Law*. Voir sur ce dernier point E. LAMBERT, *Le gouvernement des juges et la lutte contre la législation sociale aux Etats-Unis*, 1921, sp 57 ; W.J. BROCKELBANK, « The role of Due process in American Constitutional Law » *Cornel Law Quarterly*, 1954, p. 568; L.G. RATNER, « The function of the Due Process Clause », *University of Pennsylvania Law Review*, 1968, p. 1070.

[130] LivreXI, ch. VI, p. 586.

[131] M. TROPER, *op.cit.*, p. 356.

[132] *Ibid.*, p. 588.

[133] *Ibid*, p. 587.

gens portés à lui faire violence »[134]. Ensuite, il enferme la mission des juges dans des règles de forme : « *si les tribunaux ne doivent pas être fixes, les jugements doivent l'être à un tel point, qu'ils ne soient jamais qu'un texte précis de la loi. S'ils étaient une opinion particulière du juge, on vivrait dans la société sans savoir précisément les engagements que l'on y contracte* »[135]. A l'évidence, Montesquieu semblait avoir tiré là les leçons de l'expérience passée des Parlements judiciaires dont la mission était toute orientée « *vers le maintien de la situation privilégiée de l'ordre qu'ils représentaient* »[136].

52. Pourtant, sur ce point, la pensée de Montesquieu n'est pas exempte de toute ambiguïté[137]. Comment expliquer autrement que les Parlements aient pu voir dans les thèses de Montesquieu l'occasion de renforcer leur pouvoir de résistance au roi[138]? Comment expliquer d'autre part que la figure même de l'aristocrate, le Baron de la Brède et de Montesquieu, fut autant détestée par les révolutionnaires[139] ?

En effet, tout en enfermant le pouvoir des juges dans un cadre très strict, il semble en même temps favorable au maintien du statut des Parlements : si d'un côté, il souligne la « médiocrité » et la « suffisance » des membres du Parlement[140]et exige que les décisions de justice ne soient pas arbitraires[141], de l'autre, il fait « *l'éloge de la Robe* »[142] et s'insurge contre tous ceux « *qui avait imaginé, dans quelques Etats d'Europe, d'abolir toutes les justices des seigneurs* »[143]. On sait combien Montesquieu reste très attaché au rôle de la noblesse comme corps intermédiaire conformément à sa théorie du gouvernement mixte[144]. Nul doute, à cet égard, qu'il a à l'esprit les Parlements de composition nobiliaire avec leurs pouvoirs concrets d'enregistrement et de remontrance[145]. Ce pouvoir d'enregistrement

---

[134] *Ibid.*

[135] *Ibid.*

[136] E. GARCIA DE ENTERRIA, *op.cit.*, p. 27.

[137] Plusieurs auteurs ont mis en évidence ces contradictions. Voir notamment, R. DERATHE, in MONTESQUIEU, *De l'Esprit des lois*, Paris, Ed. Garnier frères, 1973, p. XXXI et ss ; M. CAPPELLETTI, *op.cit.*, p.259, note 28 ; E. GARCIA DE ENTERRIA, *op.cit.*, p. 27 et ss ; Ch. EISENMANN, « L'esprit des lois et la séparation des pouvoirs », in *Mélanges Carré de Malberg*, Paris, 1933, p. 163 et ss.

[138] Selon Godechot, « *l'Esprit des lois sera jusqu'en 1789 la véritable Bible des* Parlements *qui y puiseront tous les arguments dont ils essaieront d'étayer leur remontrance* », in GODECHOT, *Les institutions de la France sous la Révolution et l'Empire*, Paris, 1951, p. 8, cité par E. GARCIA DE ENTERRIA, *op.cit.*, p. 27. Les Parlements se prévalaient ainsi d'une part, de l'autonomie de la fonction juridictionnelle à l'égard du Roi ; d'autre part, du rôle de la noblesse comme corps intermédiaire ; enfin, de la doctrine du dépôt des lois développée par Montesquieu qui renvoyait directement au droit d'enregistrement des Parlements. Sur l'ensemble de la question, BICKART, *Les* Parlements *et la notion de Souveraineté nationale au XVIIIème siècle*, Paris, 1932, p. 80 et ss.

[139] Voir en ce sens les pamphlets retranscrits par De Tocqueville, *op.cit.*, p. 160 et ss.

[140] Livre XX, Ch. XXII.

[141] Livre XI, Ch. VI.

[142] Livre XX, Ch. XXII. Sur ce point, Derathé, p. XXXI-XXXII.

[143] Livre II, Ch.IV, p. 535.

[144] « *Le pouvoir intermédiaire le plus naturel subordonné est celui de la noblesse* », Livre II, Chap. 4, p. 535.

[145] Reprenant à son compte cette idée, le Parlement de Bordeaux (dont Montesquieu fut le Président) affirma ainsi dans une remontrance de 1771 que les Parlements constituent « *le seul Corps qui reste aujourd'hui intermédiaire entre le Monarque et le sujet* ». BICKART, *op.cit.*, p 79.

apparaît d'ailleurs aux yeux de Montesquieu comme fondamental : « *il ne suffit pas qu'il y ait dans une monarchie, des rangs intermédiaires ; il faut encore un dépôt des lois. Ce dépôt ne peut être que dans les corps politiques qui annoncent les lois lorsqu'elles sont faites et les rappellent lorsqu'on les oublie* »[146]. Cette dernière fonction est ici une allusion directe aux pouvoirs d'enregistrement et de remontrance des Parlements[147]. Ne fait-il pas par ailleurs l'éloge du pouvoir de contrôle que s'étaient reconnus les Parlements au regard des « lois fondamentales du Royaume » lorsqu'il déplore que dans un régime despotique le prince revendique une obéissance absolue à sa volonté et n'autorise pas les « remontrances »[148] ? Ne reconnaît-il pas de plus que le monarque doit être lié par « des lois fondamentales »[149] ? Autant d'éléments semblent contredire la conception inanimée du juge que semblait défendre Montesquieu.

En fait, ce que reprocheront les révolutionnaires à Montesquieu, c'est surtout l'instauration d'un corps intermédiaire incarné par la noblesse qu'ils identifiaient aux Parlements judiciaires. On comprend mieux ainsi ce qu'entendait dénoncer Sieyès, dans *Qu'est-ce que le Tiers Etat ?*, lorsqu'il s'attaquait à « *cette aristocratie féodale [...] qui ne cesse d'inspirer des vaines terreurs pour se conserver une grande importance, qui cache sa nullité pour le bien sous le nom de « corps intermédiaires » et sa puissance pour le mal sous l'autorité imposante de l'aristocrate Montesquieu* »[150]. Aussi, mués par la volonté de mettre un terme définitif aux abus des structures juridictionnelles de l'ancien régime et soucieux par ailleurs de préserver une sphère autonome et indépendante d'action publique sur la société, les révolutionnaires tireront du principe de la division du pouvoir le principe de la séparation totale de la justice d'un côté et de l'exécutif et du législatif de l'autre[151].

53. Le pouvoir judiciaire est ainsi retiré du jeu constitutionnel de l'équilibre des pouvoirs[152] comme l'entérinera la loi des 16-24 août 1790 sur l'organisation judiciaire qui interdit aux tribunaux judiciaires d'exercer tout contrôle tant sur les actes du pouvoir législatif[153] que sur ceux de l'administration[154]. La Constitution de

---

[146] Livre II, Ch. IV, p. 536 (souligné par nous).
[147] Voir en ce sens, les commentaires de E. GARCIA DE ENTERRIA, *op.cit.*, p. 28.
[148] Livre III, Ch. X, p. 539.
[149] Livre II, Ch. IV, p. 535.
[150] Cité par E. GARCIA DE ENTERRIA, *op.cit.*, p. 30.
[151] Michel TROPER note ainsi que « *l'on hésite entre la classification trialiste habituelle des fonctions (législative, exécutive et judiciaire) et une classification dualiste plus simple et plus logique. Après tout, à côté de la confection de la loi et de l'exécution de la loi, on a du mal à concevoir une troisième fonction, qui serait la fonction juridictionnelle et qui consisterait dans l'application de la loi, sans cependant se confondre avec l'exécution.* », *op.cit.*, p. 358.
[152] Sur ce point voir l'analyse détaillée de M. TROPER, «La notion de pouvoir judiciaire au début de la révolution française », in *1791. La première constitution française, Actes du colloque de Dijon des 26-27 sept. 1991*, Paris, Economica, 1993, pp. 355-367.
[153] Article 10 du Titre II de la loi des 16-24 août 1790 : les juges se voient interdire « *de prendre directement ou indirectement aucune part à l'exercice du pouvoir législatif, ni empêcher ou suspendre l'exécution* » des lois.

1791 en reprendra les termes essentiels[155]. Cette interdiction d'exercer un contrôle sur les actes du pouvoir législatif ne se limite pas simplement au contrôle juridictionnel de la loi mais s'étend également à l'interprétation de celle-ci. En effet, le pouvoir d'interprétation de la loi est inconciliable pour les révolutionnaires français avec le principe du règne de la loi. La loi, réputée infaillible et juste en ce qu'elle est l'expression de la volonté générale, ne saurait être soumise à l'appréciation subjective d'un seul homme, à savoir le juge. Ce serait là soumettre l'homme à l'homme, soumission que les Lumières avaient entendu faire disparaître. Dans un régime démocratique, nul besoin de recourir à une magistrature forte conçue comme un contre pouvoir puisque les lois adoptées par la volonté générale sont par définition justes. Voilà ce que dit en substance le rapport de l'Assemblée précédant l'adoption de la loi d'organisation judiciaire : « *la Nation n'a pas oublié ce que l'on doit aux Parlements ; eux seuls ont résisté à la tyrannie ; eux seuls ont défendu les droits de la nation* » ; néanmoins « *on leur doit la reconnaissance mais ce n'est pas de reconnaissance qu'on peut s'occuper pour régénérer un empire [...]. Notre magistrature était justement constituée pour résister au despotisme, mais il n'existera plus désormais. Cette forme de magistrature n'est donc plus nécessaire* »[156].

Mais refuser aux juges le pouvoir d'interpréter la loi n'est pas sans soulever certaines difficultés. En effet, comme le rappelle Mauro Cappelletti, « *réduire les juges à se comporter en êtres aveugles, inanimés, devant appliquer d'une façon quasi automatique les lois aux espèces concrètes fait fi de la réalité : nulle norme, nulle loi, nul code ne peuvent être si clairs et complets qu'ils se prêtent à une seule manière de les comprendre et interpréter* »[157]. Les révolutionnaires conscients de cette réalité ont tenté de contourner l'obstacle en instituant par la loi des 16-24 août 1790 le *référé législatif* permettant au juge de demander au législateur lui-même le soin d'interpréter la loi qu'il a adoptée pour en éclairer un point obscur[158]. Le juge n'est bien ainsi que la « bouche de la loi », adoptée et signifiée par le législateur et lui seul[159]. Seule l'interprétation *in concreto* portant sur la mineure du syllogisme est

---

[154] Article 13 du Titre II de la loi des 16-24 août 1790 : « *Les fonctions judiciaires sont distinctes et demeureront toujours séparées des fonctions administratives ; les juges ne pourront à peine de forfaiture troubler de quelque manière que ce soit les opérations des corps administratifs, ni citer devant eux les administrateurs pour raison de leurs fonctions* ».

[155] Chapitre V, article 3 : « *Les tribunaux ne peuvent, ni s'immiscer dans l'exercice du pouvoir législatif ou suspendre l'exécution des lois, ni entreprendre sur les fonctions administratives, ou citer devant eux les administrateurs pour raison de leurs fonctions* ».

[156] Cité par TOCQUEVILLE, *op.cit.*, p. 217.

[157] M. CAPPELLETTI, *op.cit.*, p. 261.

[158] Cette solution était déjà comprise dans le premier projet de constitution du 17 août 1789 (art. 9, Titre I) : « *il ne sera permis à aucun juge, en quelque manière que ce soit, d'interpréter la loi ; et, dans le cas où celle-ci serait douteuse, il se retirera par-devers le corps législatif, pour en obtenir, s'il en était besoin, une loi plus précise* ». L'article 12 de la loi des 16-24 août 1790 en reprend le dispositif en précisant que les juges ne « *pourront point faire de règlements, mais ils s'adresseront au Corps législatif toutes les fois qu'ils croiront nécessaire, soit d'interpréter une loi, soit d'en rendre une nouvelle* ».

[159] L. FAVOREU *et alii*, *Droit constitutionnel*, Paris, Dalloz, 2000, p. 289.

autorisée. Le code civil en consacrera définitivement le principe en 1804 (article 4), tout en maintenant l'interdiction pour le juge de procéder à une interprétation *in abstracto* de la loi (article 5).

54. Autant dire que dans ce contexte, l'idée même d'un contrôle juridictionnel des lois par les tribunaux ordinaires était exclue. Face à l'omnipotence croissante du législateur, certaines voix s'élevèrent pour tenter d'encadrer ce pouvoir. Mais aucune d'entre elles ne retinrent la possibilité de confier un tel contrôle aux tribunaux ordinaires. Deux mécanismes principaux furent envisagés. Le premier mécanisme, envisagé par le titre VIII du projet girondin de constitution du 15 février 1793, consistait à conférer au peuple le droit de censurer « *toutes les lois qui seraient contraires à la Constitution* ». Cette idée fut reprise par la Constitution montagnarde de 1793 qui prévoyait, dans ces articles 58 et 60, la soumission de la loi à un référendum obligatoire. Le deuxième mécanisme, proposé par Sieyès, consistait à confier à un organe spécial, le « *jurie constitutionnaire* », le soin de contrôler la conformité des lois à la constitution. Là encore il n'est pas fait appel à des juges ordinaires mais à des anciens membres des Assemblées nationales. Cet organe aurait eu le pouvoir d'annuler les dispositions législatives jugées inconstitutionnelles[160]. Une telle proposition fut discutée au sein de la Convention lors de l'élaboration de la Constitution de 1795 et vivement rejetée. L'idée d'un organe extérieur habilité à juger la constitutionnalité des actes adoptés par un législateur considéré comme souverain souleva de vives protestations. La plus connue fut celle de Thibeaudeau : « *si le jurie constitutionnaire, dont les fonctions seront déterminées par la constitution, en passe les limites, qui est-ce qui réprimera son usurpation ? Je vous avoue que j'ai beau chercher une réponse, je n'en trouve point de satisfaisante [...]* ». Au total, « *c'est courir après une perfection chimérique que de vouloir donner des gardiens à une constitution et des surveillants aux pouvoirs constitués supérieurs* ». La primauté du législateur n'appelle en effet aucun maître au-dessus de lui. Le juge ne saurait encore moins remplir cette fonction[161]. Il faudra attendre l'avènement de la troisième république pour que la doctrine commence à accepter l'hypothèse d'un contrôle de constitutionnalité des lois de nature juridictionnelle, contrôle qui ne se concrétisera effectivement qu'au début des années 1970[162]. Ainsi, paradoxalement, la Révolution française qui fut à l'origine de l'idée d'Etat de droit, constitua en même temps, de par son exacerbation du principe du *règne de la loi,* l'obstacle principal à son développement[163]. On voit là comment la conception révolutionnaire du *règne de la loi*, combinée à la défiance des révolutionnaires à l'égard des juges, imprégna pendant près de deux siècles la

---

[160] Ne peut-on pas parler là d'un organe quasi-juridictionnel ?

[161] D'ailleurs, par la suite, l'idée d'un contrôle juridictionnel des lois sera définitivement écartée : par exemple, la Constitution de l'an VIII (1799) confie au Sénat le pouvoir d'annuler tous les actes du Corps législatif déféré par une autre assemblée (le Tribunat) pour cause d'inconstitutionnalité. Ce mécanisme ne fut toutefois jamais mis en œuvre.

[162] *Cf. infra,* n°162 et ss.

[163] F.A. HAYEK, *op.cit.*, pp. 194-195.

conception française de la primauté du droit que Carré de Malberg formalisera sous le concept d'*Etat légal*[164].

55. Sous la Révolution, la loi devient ainsi le paradigme organisationnel du système juridique tout entier[165]. Non seulement la loi constitue l'instrument de libération de l'individu en consacrant et protégeant ses droits et libertés fondamentales, mais en plus, elle constitue le seul instrument légitime et démocratique d'encadrement du pouvoir en ce qu'elle est l'expression de la volonté générale : à ce titre, elle ne saurait être contestée par quiconque. Les révolutionnaires entendent ainsi substituer au gouvernement d'un homme un gouvernement des lois que Rousseau appelait déjà *Etat des lois* [166]. La doctrine du *Rechtsstaat* forgée par la doctrine allemande en est l'héritière.

SECTION III
L'IDEE DE PRIMAUTE DU DROIT DANS LA PENSEE D'EMMANUEL KANT : L'ETAT KANTIEN OU LA PREFIGURATION DE LA THEORIE DU RECHTSSTAAT

56. L'association des termes *Recht* (droit) et *Staat* (Etat), sous le néologisme *Rechtsstaat,* a fait son apparition pour la première fois sous la plume de Johann Wilhelm Petersen (1758-1815), dit Placidus, en 1798, pour désigner l'école de Kant[167]. Au delà de l'aspect purement rhétorique de la formule[168], force est de constater que celle-ci eut à l'époque un impact très limité au sein de la doctrine allemande à l'instar de la philosophie juridique kantienne alors très largement sous-estimée[169]. Il faudra attendre une dizaine d'années pour que le terme réapparaisse

---

[164] *Cf. infra*, n°154-157.

[165] Dans *Qu'est-ce que le Tiers-Etat ?* publié en 1789, Sieyès écrit ses mots qui préfigureront ce qui adviendra sous la révolution : «*je me figure une loi au centre d'un globe immense, tous les citoyens sans exception sont à la même distance sur la circonférence et n'y occupent que des places égales* », cité par M.L. PAVIA, « La loi en 1791 », in *1791…, op.cit.*, p. 332.

[166] J-J. ROUSSEAU, *op.cit.*, sp. 63 .

[167] En ce sens, H. MONTHAUPT, *op.cit.*, p. 76 ; GOYARD-FABRE, *op.cit.*, p. 254 ; JY-MORIN, *op.cit..*, p. 90-91 ; L. HEUSCHLING, *op.cit.*, p. 48 ; M. STOLLEIS, « *Rechtsstaat* », in A. ERLER *et alii*, *Handwörterbuch zur Deuteschen Rechtsgeschichte IV*, Berlin, 1990, col. 367-375, p. 367 ; O. JOUANJAN, « Présentation », in O. JOUANJAN (dir.), *Les Figures de l'Etat de droit. Le Rechtsstaat dans l'histoire intellectuelle et constitutionnelle de l'Allemagne,* PU Strasbourg, 2001, p. 7.

[168] En ce sens, L. HEUSCHLING qui rappelle que Placidus oppose d'un côté les « *Rechts-Staats-Lehrer* » (Les théoriciens de l'Etat de droit) et de l'autre les « *Staats-Rechts-Lehrer* » (les théoriciens du droit de l'Etat). L. HEUSCHLING, *op.cit..*, p 49.

[169] S. Goyard-Fabre rappelle à cet égard que « *le destin malheureux de la Rechtslehre de Kant que l'on présente volontiers, à l'époque où il rédige cet ouvrage, comme un vieillard fatigué et intellectuellement usé, explique en grande partie que ni le thème de l'Etat de droit ni le thème du Rechtsstaat ne se soient affirmés dans l'immédiate descendance du philosophe* », S. GOYARD-FABRE, *op.cit.*, p. 254 ; également, S. GOYARD-FABRE, *La philosophie du droit de Kant*, Paris, Vrin, 1996, p. 8.

progressivement sous la plume d'auteurs libéraux comme Welcker et Rotteck dessinant progressivement les contours de ce nouveau concept. Mais c'est avec Robert von Mohl que naît la conception scientifique du *Rechtsstaat* en 1832. Pour en prendre toute la mesure, il convient au préalable de revenir sur la conception kantienne du droit, véritable source d'inspiration de la théorie de l'Etat de droit pour la doctrine allemande.

57. Héritier et partisan des Lumières, et fasciné par la Révolution française en ce qu'elle véhicule l'idée de progrès[170], Emmanuel Kant est le premier à exposer les prémisses épistémologiques de la théorie de l'Etat de droit en introduisant le libéralisme dans la pensée allemande[171]. Sa philosophie est souvent présentée comme celle du règne du droit : ne dit-on pas d'ailleurs de Kant qu'il est « *l'homme du droit* »[172] ? Il serait pourtant faux de réduire l'idée de primauté du droit en Allemagne à la seule contribution du philosophe de Königsberg[173]. Rappelons que l'école du droit naturel moderne qui triompha en Allemagne au 18ème siècle[174], et dont Kant s'est nourri[175], en avait déjà jeté les bases[176]. Avec l'école du droit naturel est né un nouveau langage juridique, rationaliste et individualiste, plaçant l'homme au cœur du système politico-juridique, insistant sur ses libertés, ses pouvoirs et ses

---

[170] Sur ce point, le sentiment de Kant est partagé comme nous le verrons ci-après. Si d'un côté il voit dans la Révolution française « *un évènement de notre temps qui prouve la tendance morale de l'humanité* » (Conflit des facultés), en même temps il condamne le principe même de toute révolution : « *un changement de la constitution (vicieuse) de l'Etat peut bien être parfois nécessaire – mais il ne peut être accompli que par le souverain lui-même par une réforme, et non par le peuple, c'est-à-dire par une révolution* » (Doctrine du droit), cités par A. RENAUT et L. SOSOE, *Philosophie du droit*, Paris, PUF, 1991, p. 369 ; également, S. GOYARD-FABRE, *op.cit.*, pp. 199-218.

[171] En particulier, M. STOLLEIS, *Histoire du droit public en Allemagne. Droit public impérial et science de la police 1600-1800*, Paris, Puf, 1998, p. 574 et ss.

[172] J. LACROIX, *Kant et le Kantisme*, Paris, Puf, 1966, p. 12.

[173] Sur le plan du droit positif, il convient de relever que dès le 15ème siècle, sont instaurés des tribunaux impériaux (*Reichskammergericht*) pour contrôler l'exercice des prérogatives princières, offrant aux sujets de l'Empire, un droit de recours contre leurs gouvernements respectifs. Toutefois, ce système ne fonctionna qu'imparfaitement, les Etats les plus puissants se soustrayant à cette juridiction. Sur ce point, voir M. FROMONT et A. RIEG, *Introduction au droit allemand*, Tome 1, Paris, Cujas, 1977, p. 16 .

[174] Robert Derathé rappelle que dès la première moitié du 18ème siècle, la totalité des Universités allemandes furent pourvues d'une chaire de droit naturel. A l'époque, la pensée de Christian Wolff (1679-1754) domine largement au sein du universités allemandes. En revanche, la France resta en dehors de ce mouvement, considérant le droit naturel comme dénué de tout caractère juridique. R. DERATHE, *op.cit.*., p. 28 et ss. Sur l'imperméabilité des universités françaises au droit naturel, AJ-ARNAUD, *Les origines doctrinales du Code civil français*, Paris, LGDJ, 1969.

[175] Il convient de rappeler tout d'abord que Kant enseignait dans le cadre de ces cours de philosophie le droit naturel à l'Université de Königsberg. Ensuite, à bien des égards, toute son œuvre s'inscrit dans la lignée de l'Ecole du droit naturel. Michel Villey observe ainsi que la *Rechtlehre* s'inscrit dans la même ligne que les *Institutes* de Wolff. Il croit même déceler les nombreuses similitudes entre les deux systèmes « *quant à la méthode, au langage, souvent quant au plan* ». Et de conclure que « *tout ce que Kant croit savoir du droit il n'a pu guère s'en informer que dans les traités de cette école, il s'en est nourri* ». Sur l'influence de l'Ecole du droit naturel chez Kant, voir M. VILLEY, « La « Rechtslehre » de Kant dans l'histoire de la science juridique », *in Critique de la pensée juridique moderne (douze autres essais)*, Paris, Dalloz, 1976, pp.141-142.

[176] F. TINLAND, *op.cit.*, p. 57 et ss. Plus généralement, sur l'histoire des idées politiques et des droits individuels au 18e siècle en Allemagne voir en langue française, M. STOLLEIS, *op.cit.*

droits subjectifs[177] : Locke, Rousseau ou Montesquieu y puisèrent leurs idées libérales. L'œuvre complexe et austère de Kant en constitue à bien des égards le prolongement tout en en bouleversant « *les paradigmes et la démarche* »[178].

58. Face à l'immense complexité de l'œuvre kantienne – dont certains pans entiers continuent d'être exploités par de nombreux théoriciens et philosophes du droit[179] – point n'est question dans le cadre de cette étude d'en proposer une nouvelle lecture ou même un exposé systématique. De nombreux érudits lui ont déjà consacré des volumes entiers[180]. Notre propos sera ici beaucoup plus modeste et plus synthétique. Il s'agira de cerner au plus près le concept kantien d'Etat et partant d'ordre juridique qui lui est consubstantiel[181] pour nous aider à comprendre dans quelle mesure Kant a jeté les bases de la théorie du *Rechtsstaat*[182].

La conception kantienne de l'Etat peut être résumée à cette idée: seul « *l'état juridique* » (*rechtlicher Zustand*) qu'incarne l'Etat doté d'une « *constitution républicaine* » peut réaliser la liberté considérée comme la fin unique du droit, produit de la raison pure[183]. Dans ce cadre, il est possible d'affirmer avec Norberto Bobbio que l'Etat kantien revêt trois caractéristiques principales dessinant les

---

[177] M. VILLEY, *op.cit.*, p. 150 :« *Le projet [...] de l'Ecole du Droit naturel (« échafaudant ses constructions sur une définition première de la nature de l'homme ») avait été de rebâtir l'ordre juridique tout entier à partir des individus pris comme unique matière première. On supposait d'abord les hommes « naturellement libres » puis on reconstituait l'ordre public par le biais du « contrat social » comme un géomètre construit les figures à partir des lignes* ».

[178] S. GOYARD-FABRE, *La philosophie du droit de Kant*, Paris, Vrin, 1996, p.147. Tandis que l'Ecole du droit naturel prétendait *découvrir* et *déduire* le droit naturel de l'observation de la « nature de l'homme », Kant considère au contraire que de la connaissance de l'*être* aucun *devoir-être* ne pourra jamais être déduit. En d'autres termes, de l'*être* il n'est possible de tirer aucune conséquence normative. Ainsi, il ne s'agit pas de décrire le fait, c'est-à-dire ce qui est (Sein), mais d'énoncer le droit, c'est-à-dire ce qui doit être (*Sollen*). La théorie kantienne du droit est ainsi par définition normative. Par ailleurs, elle se veut purement rationnelle, édifiée toute *a priori* en remontant à « *« l'impératif » puisé au cœur de la conscience morale du sujet pensant qui serait parfaitement rationnel* » (M. VILLEY, *op.cit.*., p. 142).

[179] Sur le « *retour à Kant* » dans la pensée juridico-politique contemporaine (Hart, Kelsen, Habermas etc.), voir S. GOYARD-FABRE, *Les fondements de l'ordre juridique*, Paris, Puf, 1992, pp. 313-369.

[180] Parmi une abondante littérature, voir G. VLACHOS, *La pensée politique de Kant*, Paris, PUF, 1962 ; G. SOLARI, *Scritti storici di filosofia del diritto*, Turin, Giappichelli, 1949, p. 207-280 ; S. GOYARD-FABRE, *La philosophie du droit de Kant*, Paris, Vrin, 1996 ; J. LACROIX, *Kant et le Kantisme*, Paris, Puf, 1966.

[181] Pour Kant, l'*idée* d'Etat, pris comme concept de la raison pure, peut se définir comme « *la réunion d'une multiplicité d'hommes sous des lois juridiques* ». E. KANT, *Méthaphysique des Mœurs II, Doctrine du droit*, Trad. A. Renaut, Paris, GF-Flammarion, 1994, §45, p. 128 (ci-après, *Doctrine du droit*).

[182] R. von Mohl disait de Kant qu'il avait été à l'origine d'une « *avancée essentielle* » de la théorie de l'Etat de droit, R. von MOHL, *Geschichte und Literatur der Staatswissenschaften*, Bd. I, 1855, p. 241, cité par J-F KERVEGAN, « L'Etat de droit dans l'idéalisme allemand : Kant, Fichte, Hegel », *in O. JOUANJAN (dir.), Les figures de l'Etat de droit ..., op.cit.*, p. 109. Sur la contribution de Kant à la détermination d'un concept de l'Etat de droit, voir E. W. BÖCKENFÖRDE, « Naissance et développement du concept d'Etat de droit », in *Le droit, l'Etat et la constitution démocratique. Essais de théorie juridique, politique et constitutionnelle*, Paris, Bruxelles, Bruylant, LGDJ, 2000, p.130 et ss ; O. HÖFFE, *Introduction à la philosophie pratique de Kant*, Paris, Vrin, 1993, p. 221 ; O. JOUANJAN, « Etat de droit, constitution et forme de gouvernement. A partir d'un passage de Kant », *Annales de la faculté de droit de Strasbourg, nouvelle série, n°2*, 1998, p. 279 et ss.

[183] N. BOBBIO, *Diritto e Stato nel pensiero di Emanuele Kant*, G.Giappichelli ed., Turin, 1969, p. 96

contours du futur *Rechtsstaat* : c'est un Etat *juridique* (**§1**), *libéral* (**§2**) et *républicain* (**§3**).

§1 - L'ETAT KANTIEN, UN « *ÉTAT JURIDIQUE* » FONDE SUR LES PRINCIPES RATIONNELS A PRIORI DU DROIT

59. L'origine de la pensée kantienne trouve son origine dans une confiance déçue dans la nature humaine (« *l'insociable sociabilité de l'homme* »), supposée originelle, qui ne trouvera son salut que dans la puissance de la Raison. A l'instar de tous les théoriciens du contrat social, Kant prend comme point de départ de son analyse l'état de nature. Cet état de nature est un état violent, « *un état de liberté sans loi, par conséquent un état où se commet l'injustice* » [184]. C'est un « *état de guerre* » [185] où chacun agit à sa guise comme bon lui semble[186]. En l'absence de toute juridiction, les droits des hommes ne sont que « *provisoires* » à la merci du bon vouloir des uns et des autres puisqu'il n'y a point de contrainte légale qui vienne garantir leur seul droit inné, à savoir la liberté[187]. En d'autres termes, l'état de nature est un « *état non juridique* »[188].

Or pour Kant, seul l'Etat, doté de la contrainte publique, peut permettre la pleine réalisation de la liberté de l'homme. Il en résulte que les hommes doivent, pour être libres, sortir de l'état de nature et se constituer en Etat: « *la première chose à laquelle l'homme se trouve obligé de se résoudre s'il ne veut pas renoncer à tous les concepts du droit est constituée par ce principe : il faut sortir de l'état de nature, où chacun n'en fait qu'à sa tête et s'unir à tous les autres (avec lesquels il ne peut éviter de s'engager dans des relations réciproques) pour se soumettre à la contrainte publique de lois extérieures* »[189]. Cette obligation prend même la forme d'un impératif catégorique : « *placé dans la relation d'une inévitable coexistence avec tous les autres, tu dois sortir de cet état de nature pour accéder à un état juridique, c'est-à-dire l'état où intervient une justice distributive* »[190]. Les hommes sont ainsi dans l'obligation d'entrer dans *l'état civil* identifié à un *état juridique*, c'est-à-dire dans un état où est « *défini légalement pour chacun ce qu'il doit reconnaître pour sien et où il obtienne ce qui lui revient grâce à une puissance suffisamment forte (qui n'est pas la sienne, mais une puissance extérieure)* » [191].

---

[184] *Reflexionen zum Rechts (1773-1775)*, n°7708 cité par S. GOYARD-FABRE, *op.cit.*, p.153.

[185] E. KANT, *Projet de paix perpétuelle*, Paris, Nathan, 1991, p. 18 (ci-après, *Paix Perpétuelle*): « *L'état de paix parmi les hommes vivant les uns à côté des autres n'est pas un état de nature (status naturalis), lequel est bien plutôt un état de guerre, sinon toujours déclarée, du moins toujours menaçante. Il a donc besoin d'être établi* ».

[186] *Doctrine du droit*, §44, p. 126.

[187] *Ibid* : « *La liberté est cet unique droit originaire revenant à l'homme de par son humanité* ».

[188] *Ibid.*, §44, p. 126.

[189] *Ibid.*, §44, pp.126-127.

[190] *Ibid.*, §42, p. 121.

[191] *Ibid.*, §44, pp. 126-127.

60. En résumé, 1) les hommes sont tenus de sortir de l'état de nature pour se constituer en Etat, 2) car seul l'Etat peut garantir l'effectivité du droit, condition de leur liberté. Avant d'aller plus avant dans l'exposé de la théorie kantienne du droit, il convient à ce stade de nous attarder sur quelques unes de ces propositions fondamentales.

1) Tout d'abord, à la différence des théories contractualistes traditionnelles, Kant estime que les hommes ont dans l'obligation de se constituer en Etat. Il ne s'agit plus d'une faculté (comme chez Hobbes) mais bien d'une obligation.

L'origine de cette obligation prend sa source dans une « loi *a priori* » ayant forme de postulat prenant valeur d'impératif inconditionné. Sans ce postulat tiré de l'Idée de la raison pure pratique le droit ne serait pas pensable. Ainsi, c'est la raison pratique des hommes qui leur intime l'obligation de quitter leur condition naturelle pour accéder à la condition civile où les relations interpersonnelles sont placées sous le règne de la loi positive et de la contrainte légale. Donc « *la nécessité de ce passage est contenue analytiquement dans cette Grundnorm juridique qui, en tant qu'Idée de la raison pure pratique, préside transcendantalement à l'objectivité universelle du droit* »[192]. En cela, Kant se distingue de Hobbes pour qui le pacte civil ou le contrat social procédait d'un calcul d'intérêts. A l'inverse pour Kant, le pacte civil répond aux seuls principes purs de la raison et obéit « *à la raison pure légiférant a priori* ». En cela, il constitue un impératif catégorique. En présupposant une règle qui s'impose a priori, il indique entre les hommes la nécessité de leur union. Le pacte d'union civile constitue ainsi un « *contrat originel* » rendant possible « *le droit des hommes sous des lois publiques de contrainte* », par les dispositions desquelles « *ce qui appartient à chacun peut être déterminé et garanti contre toute intervention d'autrui* »[193].

Le fondement juridique de l'Etat réside donc dans le contrat social ou le pacte d'union civile par lequel les hommes sortent de l'état de nature pour entrer dans l'état civil afin d'obtenir la garantie de leurs droits. Mais il ne s'agit là que d'une simple fiction sans aucune réalité historique comme Kant ne cesse de le rappeler : « *il n'a absolument pas à être nécessairement présupposé comme un fait [...] réellement accompli un jour* » dans l'histoire ; il est « *une simple Idée de la raison* »[194]. En effet, entreprendre une recherche quant à l'origine d'un tel contrat se révèle « *insondable du point de vue pratique* » et ne peut mener qu'à des approximations et des suppositions ; ce contrat social ne saurait en aucun cas constituer l'origine de l'Etat : « *il indique non point comment est né l'Etat, mais comment il doit être (sollen)* »[195], à savoir un état juridique traversé tout entier par

---

[192] S. GOYARD-FABRE, *op.cit..*, p. 151.
[193] E. KANT, *Théorie et pratique*, II, Corollaire, Pléiade, Tome III, p. 270 (ci-après, *Théorie et Pratique*) ; également, *Doctrine du droit*, §49, A., p. 135.
[194] *Théorie et pratique*, p. 279.
[195] *Reflexionen*, n°7734 et 7416, cité par S. GOYARD-FABRE, *op.cit.*, p. 179.

l'idée transcendantale de la raison pure. Ainsi, l'Idée de la raison pure qu'est le pacte d'union civile constitue la norme pure de l'Etat, normative et régulatrice de l'ordre juridique dans son ensemble[196]. Au total donc, le pacte d'union civile constitue à la fois le principe fondateur de l'Etat et son principe organisateur en ce qu'il subordonne aux principes a priori purs du droit l'ensemble de son droit positif.

2) Doit-on en conclure qu'il n'y a de droit(s) que positif(s) ; qu'il n'y a de droit que dans l'Etat ?

Il convient de rappeler que dans l'état de nature les hommes disposent de droits naturels. Toutefois, ceux-ci ne sont réputés que « *provisoires* » : dans la mesure où ils ne sont assortis d'aucune garantie juridique, leur effectivité est soumise au bon vouloir des uns et des autres. L'institution de l'Etat, donc de l'*état civil ou état juridique,* a pour conséquence de transformer les droits naturels provisoires de l'état de nature en droits juridiques « *péremptoires* » assortis de la contrainte publique. Ce passage ne génère aucune transformation substantielle du contenu de ces droits : le contenu du droit dans l'état de nature est le même que le contenu du droit dans l'état civil dès lors qu'il est conçu selon les préceptes de la raison pure. En revanche, la forme en est modifiée en ce que les conditions d'exécutoriété du droit doivent répondre non seulement à l'idée de la justice distributive mais aussi à l'exigence de la publicité des lois communes[197]. Dès lors, il n'existe de droit véritable qu'à partir de l'avènement d'un Etat[198]. Ainsi, pour Kant « *il n'y a de droit que par la loi* »[199] et de préciser dans la *Doctrine du droit* que « *l'ensemble des lois, qui ont besoin d'une proclamation universelle pour produire un état juridique, est le droit public. Celui-ci est donc un système de lois destiné à un peuple, c'est-à-dire à une multiplicité d'hommes, ou à une multiplicité de peuples, qui, se trouvant en des relations d'influence réciproque les uns vis-à-vis des autres, ont besoin de l'état juridique, sous une volonté qui les unifie, autrement dit d'une constitution (constitutio), pour recevoir leur part de ce qui est de droit* »[200]. En fin de compte, c'est la législation de l'Etat qui forme le droit péremptoire : il en résulte que tout le droit est subordonné à la loi de l'Etat.

Nombreux sont ceux qui ont vu là les prémisses du positivisme juridique[201]. Sans entrer dans le détail de ce débat complexe, signalons que s'il est vrai que pour Kant le droit de l'homme naturel (*das natürliche Recht*) n'acquiert sa juridicité que dans un système de droit public, à savoir l'Etat, le droit naturel (*Naturrecht*) – cette norme transcendantale rendant l'ordre juridique pensable – n'est pas pour autant

---

[196] S .GOYARD-FABRE, *op.cit.*, p. 172 . On pourrait en ce sens la comparer à la *Grundnorm* kelsenienne, méta-norme de l'ordre juridique.
[197] *Ibid.*, p. 164.
[198] A. RENAUT et L. SOSOE, *op.cit..*, p. 370.
[199] *Théorie et pratique*, p. 279.
[200] *Doctrine du droit*, §43, p.125.
[201] M. VILLEY, *op.cit.*, p. 155. Pour une réfutation de cette thèse, A. RENAUT et L. SOSOE, *op.cit.*, p. 370.

dépourvu de toute portée. Bien au contraire, Kant place le droit de l'homme naturel et le droit public (*das öffentliche Recht*) sous la dépendance du droit naturel à savoir « *sous la dépendance du pur concept de droit qui les transcende comme une norme rationnelle* »[202]. En recherchant dans une notion méta-positive la pierre angulaire de l'ordre juridique, Kant s'inscrit dans le courant jus-naturaliste même s'il en renouvelle profondément la démarche.

Il n'en reste pas moins vrai que, chez Kant, le droit se trouve indissolublement lié à l'Etat et à l'idée d'ordre qu'il véhicule : il ne peut y avoir de liberté que dans la contrainte[203] ; il ne peut y avoir de droit que dans l'Etat. La contrainte apparaît ainsi comme le critère du droit dans l'Etat[204]. L'Etat n'émerge qu'avec l'institutionnalisation du droit qui marque l'abandon de la force comme rapport interpersonnel, de telle sorte que l'Etat et le droit ne peuvent être pensés séparément. Simone Goyard-Fabre parle à cet égard d'*Etat DU droit*[205]. Tout retour à l'état de nature est dès lors impossible car « *l'homme ne peut librement, c'est-à-dire juridiquement – il n'en a pas le droit -, agir d'une façon telle qu'il risque d'annuler la laborieuse conquête de l'histoire en suscitant une situation de néant de droit dont il ne détient pas, comme homme, le sûr moyen de sortir* »[206]. C'est la raison pour laquelle Kant condamna si fermement le phénomène révolutionnaire[207]: « *toute amélioration de l'Etat au moyen d'une révolution est injuste car le fondement n'y réside point dans le droit du régime préexistant et par conséquent entre celui-ci et le suivant intervient un état de nature où il n'existe aucun droit extérieur* »[208]. Le fait que, dans l'intervalle, entre deux états juridiques, une zone de non droit puisse exister justifie ce refus du phénomène révolutionnaire et ce, même lorsque la constitution est « vicieuse » et ne respecte pas les droits de l'homme. La seule issue possible est la réforme : « *un changement dans la constitution politique (quand elle contient des défauts), qui peut bien parfois être nécessaire, ne saurait donc être opéré que par le souverain lui-même, à travers une réforme, mais non point par le peuple, à travers par conséquent une révolution* »[209]. Tout doit, dans l'Etat, se faire à travers le médium du droit, même sa réforme, de telle sorte que l'Etat kantien se trouve tout entier coulé dans le moule du droit.

---

[202] *Ibid.*, p. 371 et ss.

[203] *Doctrine du droit*, §D, p. 18 : « *La contrainte est un obstacle ou une résistance à quoi se heurte la liberté* ».

[204] *Ibid.*

[205] S. GOYARD-FABRE, *op.cit.*, p. 180.

[206] B. BOURGEOIS, *Philosophie et droits de l'homme*, Paris, Puf, 1990, p. 42.

[207] *Doctrine du droit*, §49, p. 138 et ss. La démarche de Kant n'est pas, sur ce point, exempte de toute critique. Tiraillé entre ses aspirations libérales que la Révolution française a portées au firmament et la systématicité de sa pensée, Kant tentera de concilier ces deux extrêmes dans une reconstruction historique qui n'emporte pas la conviction. Afin de pouvoir valider l'apport des idées libérales et progressistes de la révolution française, Kant fait partir la révolution française, conçue comme un acte révolutionnaire de non droit, à partir du régicide et de la Terreur. Avant, il ne s'agirait que d'une réforme ! Pour une étude détaillée de cette thèse, A. RENAUT et L. SOSOE, *op.cit.*, p.377.

[208] *Reflexionen*, n°8045 cité par B. BOURGEOIS, *op.cit.*, p. 42.

[209] *Doctrine du droit*, §49, p. 139.

61. Se dessine ainsi la forme de ce que l'on appellera, après Placidus, le *Rechtsstaat*, à savoir la forme institutionnelle du politique, qui répond à l'idéal des Lumières, où le gouvernement des hommes laisse la place au gouvernement des lois. Tel est le sens profond de l'idée d'un *état juridique* dont la forme est l'Etat, un Etat constitué selon les principes *a priori* du droit : « *l'état civil considéré comme état juridique est donc fondé sur les principes a priori suivant : 1. La liberté de chaque membre de la société en tant qu'homme. 2. L'égalité de celui-ci avec tout autre en tant que sujet. 3. L'indépendance de tout membre d'une communauté en tant que citoyen. Ces principes ne sont pas tant des lois que donne l'Etat déjà établi, que celles qui seules rendent possible l'institution d'un Etat conformément aux purs principes de la raison du droit humain externe en général* »[210]. Il en résulte que le droit positif de l'Etat doit respecter les principes a priori du concept de droit que sont la liberté, l'égalité et l'autonomie politique des individus conditionnés par l'idée du pacte d'union civile . En d'autres termes, l'Etat kantien est d'abord un Etat libéral.

§2 - L'ETAT KANTIEN, UN ETAT LIBERAL AYANT POUR FIN LA REALISATION DE LA LIBERTE

62. L'Etat kantien est tout orienté vers la réalisation d'un seul et unique objectif : la réalisation de la liberté[211]. Pour en prendre toute la mesure, il convient, à ce stade de l'analyse, de revenir à la définition kantienne du droit. Pour Kant, le droit est « *l'ensemble conceptuel des conditions sous lesquelles l'arbitre de l'un peut être concilié avec l'arbitre de l'autre selon une loi universelle de la liberté* »[212]. Le droit est donc l'instrument rendant possible l'exercice extérieur de la liberté et la coexistence libre des hommes, une coexistence sous la bannière de la liberté. En d'autres termes, le droit permet d'arrêter la liberté des uns là où commence celle des autres. Cette définition du droit n'appartient pas au *Sein* : Kant ne prétend pas ici dire ce qu'est le droit dans les faits mais bien ce qu'il doit être (*Sollen*) pour correspondre à l'idéal de justice. Et nous touchons là un point central de l'œuvre kantienne. Pour lui, l'idéal du droit se confond avec l'idéal de justice comme l'illustre sa définition d'une action juste : est juste « *toute action qui peut faire coexister la liberté de l'arbitre de chacun avec la liberté de tout autre selon une loi universelle, ou dont la maxime permet cette coexistence* »[213]. Cet idéal de justice est la liberté comme l'a montré Norberto Bobbio[214]. Ce point mérite que l'on s'y attarde quelque peu en ce que la théorie kantienne du droit constitue un des fondements théoriques de l'Etat libéral.

---

[210] E. KANT, « Sur le lieu commun : il se peut que ce soit juste une théorie, mais en pratique, cela ne vaut point », trad L. Ferry, in Œuvres philosophiques, t3., 1986, pp. 270-271.
[211] N. BOBBIO, *op.cit.*, p. 126.
[212] *Doctrine du droit*, §B, p. 17.
[213] *Ibid.*, §C, p. 17.
[214] N. BOBBIO, *op.cit.*, p. 122 et ss.

63. Dès lors que l'idéal de justice est la liberté, il est possible de dire que la fin ultime du droit est la liberté puisque l'idéal du droit se confond avec celui de la justice. La raison pour laquelle les hommes se réunissent en société et construisent l'Etat réside dans leur volonté de garantir l'expression maximale de leur personnalité qui n'est possible que si un ensemble de normes coercitives garantissent à chacun une sphère de liberté contre toute intrusion extérieure. L'ordonnancement juste est celui qui offre à chacun une sphère individuelle de liberté lui permettant de développer selon ses propres talents sa personnalité. Dans ce contexte, est juste l'ordre juridique qui assure l'ordre dans la liberté. Il existerait ainsi un seul et unique droit naturel, à savoir le droit à la liberté comme le proclame Kant. Il distingue en effet deux types de droits, les droits innés et les droits acquis : les premiers sont ceux transmis par la nature indépendamment de tout acte juridique ; les autres sont ceux qui sont octroyés par un acte juridique. Au total, il n'y aurait qu'un seul droit inné, le droit à liberté : « *la liberté [...] est cet unique droit originaire qui appartient à tout homme en vertu de son humanité* »[215]. Tous les autres droits que certaines déclarations considèrent comme des droits innés[216] sont pour Kant contenus dans le principe de liberté : il en va ainsi du principe de propriété, de sécurité, et même d'égalité[217] . Le principe de liberté constitue bien par conséquent la pierre angulaire de la théorie kantienne du droit.

64. Cela étant, la liberté dont l'homme dispose dans l'état civil n'est pas la liberté naturelle de l'état de nature. Tout comme chez Rousseau, l'homme abandonne sa liberté naturelle pour une nouvelle liberté, à savoir la liberté civile : « *on ne peut pas dire que l'homme dans l'Etat ait sacrifié une partie de sa liberté naturelle extérieure à une quelconque fin, mais il a entièrement abandonné la liberté sauvage et sans loi pour retrouver dans une dépendance légale, c'est-à-dire dans un état juridique, sa liberté en général, inentamée puisque cette dépendance procède de sa propre volonté législatrice* »[218]. On trouve là la définition de la liberté nouvelle, à savoir la liberté civile en ce qu'elle s'oppose à la liberté naturelle. Cette liberté réside dans une dépendance vis-à-vis de la volonté collective qui est la résultante de la volonté des individus réunis en corps politique. Il s'agit donc de la soumission à la loi que l'homme s'est lui-même donnée. On parle de *liberté-autonomie*. Rappelons qu'en philosophie politique deux conceptions de la liberté coexistent: la liberté de la théorie libérale dont Montesquieu est le plus illustre représentant (« *la liberté est le droit de faire tout ce que les lois permettent* ») et la liberté de la théorie démocratique dont Rousseau est le plus fervent défenseur (« *la liberté consiste en*

---

[215] *Doctrine du droit*, p. 26.

[216] On pense ici tout particulièrement à la première déclaration des droits de l'Etat de Virginie de 1776: « *Tous les hommes sont nés également libres et indépendants : ils ont des droits certains, essentiels et naturels, dont ils ne peuvent par aucun contrat priver ni dépouiller leur postérité. Tels sont le droit de jouir de la vie et de la liberté, avec les moyens d'acquérir et de posséder des propriétés, de chercher à obtenir le bonheur et la sûreté*».

[217] *Doctrine du droit*, p. 27.

[218] *Doctrine du droit*, §47, p. 131.

l'obéissance aux lois que nous nous sommes données »). Kant semble opter ici pour la seconde comme le révèle ce passage de *la Paix perpétuelle* dans lequel il s'interroge sur la meilleure définition de la liberté : pour lui, il est meilleur « *de définir la liberté externe (juridique) comme la faculté de n'obéir à d'autres lois extérieures que celles auxquelles j'ai pu donner mon consentement* »[219].

Or une telle conception de la liberté politique semble contredire la conception de la liberté que Kant avait développée, au préalable, en insistant sur la liberté individuelle *per se*. Lorsque Kant dit que la fin de l'Etat ou du droit est la liberté, il ne parle pas de la liberté politique mais de la liberté individuelle. En effet, la liberté politique comme autonomie n'a qu'une valeur instrumentale destinée à la réalisation de la liberté individuelle[220]. La liberté naturelle que l'homme a abandonnée en entrant dans l'état civil au profit d'une liberté politique reste l'objectif suprême de l'Etat en ce qu'elle constitue la valeur ultime de la coexistence sociale. Il incombe ainsi à l'Etat d'assurer une sphère de liberté individuelle afin que chacun puisse arriver à ses propres fins. En cela, Kant est le premier théoricien de l'Etat libéral.

En effet, l'Etat chez Kant est mué par un seul objectif : la réalisation et le développement de la liberté individuelle. En d'autres termes, dire que l'Etat a pour fin le développement de la liberté individuelle revient à dire que l'Etat n'a pas de fin propre, si ce n'est la somme de celles des individus qui le composent. Ainsi, sa mission n'est pas de prescrire des finalités à chacun des individus, mais de faire en sorte que chaque individu puisse arriver librement à ses propres fins. L'Etat doit ainsi assurer la garantie de la sphère individuelle.

65. L'Etat kantien se présente donc comme un Etat libéral, à savoir un Etat qui se propose de mettre ses sujets en condition de réaliser et de développer à travers la garantie de la liberté externe, leurs fins religieuses, éthiques, économiques (etc.) qui correspondent le mieux à leurs propres désirs. Tel un agent de la circulation, l'Etat n'a pas pour mission d'imposer une direction à prendre mais seulement d'ordonnancer la circulation de telle manière que chacun puisse choisir sa propre direction. L'Etat n'a pas ainsi à se préoccuper du bonheur de ses citoyens puisqu'il n'existe aucun critère rationnel pouvant servir de guide à la puissance publique[221]. Kant ne saurait donc accepter un Etat-providence ou un Etat paternaliste par nature despotique[222] : la doctrine allemande parlera à cet égard d'Etat de police

---

[219] *Paix perpétuelle*, *op.cit.*, p.19.

[220] N. BOBBIO, *op.cit.*, p. 228.

[221] *Reflexionen, n°8058*, cité par M. CASTILLO, *Kant et l'avenir de la culture*, Paris, Puf, 1990, p. 282 : « *Il ne peut y avoir rien de plus injuste que de faire de la bonté le principe de l'Etat ou du droit des gens, puisque l'on s'impose soi-même comme curateur de la félicité des autres qu'on leur retire la liberté afin de les rendre heureux selon sa propre opinion* ».

[222] *Doctrine du droit*, §49, p. 132 : « *Un gouvernement qui serait en même temps législateur devrait être nommé despotique, par opposition au gouvernement patriotique, par lequel toutefois on n'entend pas un gouvernement paternaliste (regimen paternale) – en tant que c'est là le plus despotique de tous (consistant à traiter les citoyens comme des enfants) – mais un gouvernement national (regimen civitatis et patriae) où l'Etat lui-même (civitas) traite ses sujet certes pour ainsi dire comme des membres d'une*

(*Polizeistaat*). Ainsi écrit-il qu'un « *gouvernement qui serait institué sur le principe du bon vouloir à l'égard du peuple, comme celui d'un père avec ses enfants, c'est-à-dire un gouvernement paternel (imperium paternale), dans lequel donc les sujets sont contraints, comme des enfants mineurs qui ne peuvent pas distinguer ce qui est pour eux véritablement utile ou pernicieux, de se comporter de façon simplement passive, pour attendre uniquement du jugement du chef de l'Etat la façon dont ils doivent être heureux, et uniquement de sa bonté que celui-ci aussi le veuille ; un tel gouvernement constitue le plus grand despotisme concevable* »[223]. La seule fonction de l'Etat est donc de faire respecter la *constitution légale* afin qu'elle garantisse à chacun la liberté et lui permette de parvenir dans cette sphère de liberté au bonheur individuel. Voilà jetées les bases de l'Etat libéral. Si dans sa nature l'Etat kantien est fondamentalement libéral, il est par ailleurs dans sa forme idéale *républicain.*

§3 - L'ETAT KANTIEN, UN ETAT REPUBLICAIN

66. L'Etat idéal pour Kant, ou plus précisément la forme idéale de gouvernement, est l'Etat républicain. Le républicanisme constitue dans la théorie kantienne du droit et de l'Etat la clef de la synthèse entre l'ordre et la liberté : « *la seule Constitution qui dérive de l'Idée du contrat social, sur laquelle doit être fondée toute législation juridique d'un peuple, est la Constitution républicaine* »[224]. Mais encore faut-il préciser au préalable ce qu'entend Kant par « *république* ».

67. Ici la république ne s'oppose pas à la monarchie[225]. La république est conçue comme un mode de gouvernement. En effet, pour distinguer les différentes formes d'Etat, Kant s'appuie sur deux critères de distinction : selon le premier critère, les Etats se distinguent selon que le gouvernement est tenu par une personne (*autocratie*), quelques unes (*aristocratie*) ou toutes (*démocratie*) ; selon le second critère, les Etats se distinguent en deux groupes, selon que les gouvernements exercent leur pouvoir de manière légale (*république*) ou arbitraire (*despotisme*). La forme de domination (*forma imperii*), à savoir la question du nombre de « *personnes qui détiennent le pouvoir suprême* » (autocratie, aristocratie ou démocratie), ne l'intéresse guère. Seule compte la forme du gouvernement proprement dite qui se rapporte au « *mode constitutionnel selon lequel la volonté générale du peuple a décidé que s'exercerait son pouvoir ; et sous ce rapport, elle est républicaine ou despotique* »[226]. En d'autres termes, il n'y a pour Kant que deux manières de gouverner, légalement ou arbitrairement, et peu importe la qualité et le nombre des personnes qui exercent ce pouvoir[227]. D'ailleurs, Kant ne cache pas sa préférence

famille, mais en même temps comme des citoyens, c'est-à-dire en se conformant à des lois qui garantissent leur propre indépendance ».

223 *Sur un lieu commun..., op.cit.*, p. 271.

224 *Paix perpétuelle, op.cit.*, p. 18.

225 *Cf. supra*, n°45.

226 *Ibid.*, p. 20.

227 *Ibid.*, p. 22: « *Mais le mode de gouvernement est, sans aucune comparaison, beaucoup plus important pour le peuple que la forme de l'Etat (quoique le plus ou moins d'harmonie de cette dernière avec le but*

(idéologique) pour une république monarchique, s'accommodant même d'un régime autocratique dans l'attente d'une « *vraie république* »[228]: « *c'est le devoir des monarques, bien qu'ils règnent de façon autocratique, de gouverner pourtant de façon républicaine (non pas démocratique), c'est-à-dire de traiter le peuple selon des principes qui sont conformes à l'esprit des lois de la liberté (comme un peuple doué d'une raison mûre se les prescrirait lui-même), quand bien même à la lettre ce peuple ne serait pas interrogé sur son consentement* »[229]. Il y aurait ainsi pour Kant deux niveaux de lecture : un niveau politique, relatif au caractère démocratique ou non du régime en place et un niveau juridique, relatif au caractère despotique ou non du régime en place. Le despotisme ne constitue pas l'antithèse du régime démocratique dans la mesure où il ne se trouve pas sur le même plan[230]. Se dessine ainsi en creux une des questions qui encore aujourd'hui se trouve au cœur de la dogmatique de la théorie juridique et politique contemporaine : toute démocratie est-elle nécessairement un Etat de droit ? Tout Etat de droit est-il nécessairement une démocratie[231] ? A l'inverse de la conception contemporaine dominante qui tend à lier Etat de droit et démocratie[232], la doctrine allemande à l'aube du 19e siècle considère cette question comme inappropriée[233]. Pour Kant, l'autocratie ne tourne pas nécessairement au despotisme dès lors que les principes républicains sont respectés[234].

68. Cela nous mène à une autre question fondamentale : en quoi un Etat républicain se distingue-t-il d'un Etat despotique ? Pour Kant, « *le républicanisme est le principe politique de la séparation du pouvoir exécutif (gouvernement) du pouvoir législatif ; le despotisme est le gouvernement où le chef de l'Etat exécute arbitrairement les lois qu'il s'est données à lui-même et où, par conséquent, il*

[en question] ne soit pas du tout chose indifférente) » (nous soulignons). Ne reconnaîtrait-il pas ici que certains modes de gouvernement sont toutefois plus aptes à atteindre le but poursuivi de toute société politique, à savoir la réalisation de la liberté ?

228 *Doctrine du droit*, §52, p. 165.

229 *Conflit des facultés*, trad. A Renaut, p. 902.

230 Il convient toutefois de remarquer que ces deux plans ne sont pas absolument « *étanches et séparés* » comme le souligne Olivier Jouanjan. En effet, une forme de domination particulière peut conduire à une forme de gouvernement particulière : pour Kant, la forme démocratique de domination implique nécessairement la forme despotique de gouvernement. O. JOUANJAN, « Etat de droit, constitution et forme de gouvernement. A partir d'un passage de Kant », *op.cit.*, p. 283.

231 Sur l'incompatibilité entre démocratie et Etat de droit, voir la thèse soutenue par Michel TROPER, « Le concept d'Etat de droit », *Droits*, 15, 1992, p. 55 ; également, O. BEAUD, « la critique de l'Etat de droit chez Carl Schmitt », *CPPJ*, 1994, pp. 111-125.

232 *Cf. infra*, n°240 et ss et 434 et ss.

233 Les théoriciens du *Rechtsstaat* insisteront sur l'indifférence du régime politique dans un *Rechtsstaat*. La question de la forme du gouvernement est une question politique qui ne saurait recevoir de réponse juridique. Seul compte l'aptitude de l'Etat à réaliser le *Rechtsstaat*, à savoir le règne du droit. Voir L. HEUSCHLING, *op.cit.*, pp. 74-75.

234 Kant va même plus loin en considérant que la démocratie « *dans le sens propre de ce mot, est nécessairement un despotisme, puisqu'elle établit un pouvoir exécutif, où tous décident sur et même contre un seul (qui ne donne pas son assentiment), et où par conséquent la volonté de tous n'est pas celle de tous, ce qui est en contradiction de la volonté générale avec elle-même et avec la liberté* », in *Paix perpétuelle, op.cit.*, p. 21.

substitue sa volonté particulière à la volonté publique »[235]. Et d'ajouter que « *toute forme de gouvernement, qui n'est pas représentative, n'en est pas proprement une, car le législateur ne peut être en une seule et même personne l'exécuteur de sa volonté (de même que, dans un syllogisme, l'universel de la majeure ne peut être en même temps dans la mineure de la subsomption du particulier sous l'universel)* »[236]. La constitution républicaine s'articule ainsi principalement autour de deux principes fondamentaux : le principe de la *séparation des pouvoirs* et le principe de la *représentation politique*[237].

Le principe de la séparation des pouvoirs apparaît donc comme le critère fondamental de l'Etat républicain rejoignant ainsi la philosophie politique libérale qui voit dans la séparation des pouvoirs un moyen de lutter contre l'arbitraire du souverain[238]. Mais là encore, au nom de la pureté du système kantien, seul l'intéresse l'articulation systématique des mécanismes du pouvoir au sein de l'Etat selon les réquisits purs a priori de l'ordre juridique. Sa présentation du principe de la séparation des pouvoirs en est une parfaite illustration. Le pacte d'union civile conditionne ce que Kant appelle la *trias politica* à savoir les autorités qui, dans l'Etat, disposent du pouvoir de légiférer, d'administrer et de juger. En effet, le pacte d'union civile apparaît comme « *le principe de l'administration de l'Etat en tant qu'il éclaire l'idéal de la législation, du gouvernement et de la justice publique* »[239]. Familier de la pensée de Montesquieu, Kant en reprend ici l'idée maîtresse à savoir que ces différents pouvoirs doivent être confiés à des organes distincts mais liés. Ainsi, « *tout Etat contient en soi trois pouvoirs, c'est-à-dire la volonté universellement unifiée en une triple personne (trias politica) : le pouvoir souverain (la souveraineté) en la personne du législateur ; le pouvoir exécutif en la personne gouvernement (en conformité avec la loi) ; et le pouvoir judiciaire (en tant que capacité d'attribuer à chacun ce qui est sien d'après la loi) en la personne du juge* »[240]. Ces pouvoirs sont distincts en ce que chacun d'entre eux est *spécifique*. Toutefois, ils sont *liés* entre eux comme les trois propositions d'un syllogisme de la raison politique : le pouvoir législatif pose la norme générale et abstraite (la majeure) ; le pouvoir exécutif exécute la norme législative (la mineure) ; le pouvoir judiciaire tranche les litiges conformément à la loi selon les exigences de la justice

---

[235] *Ibid.*, p. 21.
[236] *Ibid.*
[237] Pour une étude détaillée de cette question, O. JOUANJAN, « Etat de droit, constitution et forme de gouvernement. A partir d'un passage de Kant », *op.cit.*, p. 279 et ss.
[238] Voir en ce sens MONTESQUIEU, *Esprit des lois*, Livre XI, Chap. 6, *op.cit* : « *Lorsque dans la même personne, ou dans le même corps de magistrature, la puissance législative est réunie à la puissance exécutrice, il n'y a point de liberté, parce qu'on peut craindre que le même monarque ou le même sénat ne fasse des lois tyranniques pour les exécuter tyranniquement* ». Voir également, l'article 16 de la Déclaration des droits de l'homme et du citoyen de 1789 au terme duquel « *toute société dans laquelle la garantie des droits n'est pas assurée, ni la séparation des pouvoirs déterminée, n'a point de constitution* ».
[239] *Reflexionen*, n°7734, cité par S. GOYARD-FABRE, *op.cit.*, p. 182.
[240] *Doctrine du droit*, § 46, p. 128.

distributive (la conclusion)[241]. Ainsi, les rapports entre eux sont éminemment complexes : ils sont, d'une part, coordonnés entre eux en ce que l'un est le complément nécessaire des autres pour la perfection de la constitution de l'Etat ; ils sont, d'autre part, subordonnés, en ce qu'aucun d'entre eux ne peut usurper les fonctions des deux autres ; ils sont, enfin, unis en ce que la synthèse de leurs différentes fonctions est de conférer au citoyen ce qui lui est dû[242].

Ces relations qui s'établissent entre les différents pouvoirs sont placées sous le signe de la loi : pour Kant, rappelons-le, « *tout droit dépend des lois* »[243]. Il en résulte que le pouvoir législatif est doté d'une suprématie sur les autres pouvoirs dans la mesure où il incarne la volonté collective. Ainsi, le pouvoir de faire la loi dans une république ne peut revenir qu'à la « *volonté unifiée du peuple* »[244]. Par conséquent, toute république « *ne peut être rien d'autre qu'un système représentatif du peuple* »[245]. Pourtant cela n'implique pas nécessairement l'instauration d'une démocratie. En effet, il suffit que la majorité soit persuadée qu'il est « possible » que le peuple accepte la loi, pour considérer que les lois sont conformes à la volonté du peuple[246]. Le pouvoir exécutif est confié à un gouvernement (personne physique ou morale) habilité à donner des ordres conformément à la législation par l'intermédiaire de décrets ou ordonnances[247]. Autrement dit, le pouvoir exécutif est soumis à l'autorité de la loi qui encadre et guide ses fonctions. Le pouvoir judiciaire occupe une place fondamentale : « *la question de savoir s'il existe ou non une telle justice est le plus important de tous les problèmes juridiques* »[248]. La fonction juridictionnelle constitue une véritable puissance. Il n'appartient en tant que tel qu'à la magistrature distincte du pouvoir exécutif et législatif[249]. En toute logique, Kant estime même qu'elle ne devrait être composée que par des citoyens choisis par le peuple, de telle sorte que le peuple puisse se juger lui-même. Toutefois, cette fonction juridictionnelle reste inféodée à la loi, puisque chaque sentence judiciaire ne doit être qu'une application de la loi à une situation particulière[250].

Enfin, chacun de ces pouvoirs est doté d'une éminente valeur : le pouvoir législatif est « irrépréhensible » ; le pouvoir exécutif est « irrésistible » ; et le

---

241 *Ibid.*
242 *Ibid.*, §49, pp. 135-136.
243 *Théorie et pratique*, II, p. 276.
244 Doctrine du droit, § 46, p. 128 « *Le pouvoir législatif ne peut revenir qu'à la volonté unifiée du peuple. Car dans la mesure où c'est d'elle que tout doit procéder, il faut que ce pouvoir ne puisse par sa loi porter tort absolument à personne. Or, quand quelqu'un prend une disposition quelconque à l'égard d'un autre, il est toujours possible qu'ainsi il lui porte tort, mais ce n'est jamais le cas dans ce qu'il décide à son propre égard (car volenti non fit injuria)* ».
245 *Ibid.*, §. 52, p. 165.
246 *Sur un lieu commun...*, p. 182.
247 *Doctrine du droit*, §49, p. 136.
248 *Ibid.*, §41, p. 120.
249 *Ibid.*, §49, p.133.
250 *Ibid.*

pouvoir judiciaire est « irrévocable »[251]. Une fois encore, on retrouve au cœur de la pensée kantienne la dialectique ordre / liberté s'incarnant dans l'institutionnalisation dans l'Etat des trois pouvoirs qui en constituent la synthèse. Est républicain donc, tout Etat reposant sur la *trias politica*, synthèse d'ordre et de liberté, au sein de laquelle le pouvoir législatif est doté d'une suprématie absolue en ce qu'il incarne la « *volonté unifiée du peuple* ».

Néanmoins, l'Etat républicain ne se limite pas uniquement à l'institutionnalisation dans l'Etat de la *trias politica*. L'Etat républicain, c'est aussi un Etat dans lequel la publicité des lois est assurée. Ce principe de publicité constitue même selon Kant « *la maxime transcendantale du droit public* », droit public qu'il définit d'ailleurs comme « *l'ensemble des lois qui ont besoin d'être proclamées universellement pour produire un état juridique* »[252]. Un pouvoir est républicain dès lors que la loi est prévisible et qu'elle fait l'objet d'une publicité suffisante. Cette exigence est essentielle à la communication des idées qui seule peut assurer un usage libre de la raison, pierre de touche de l'ensemble du système kantien. On retrouve, là encore, une dimension fondamentale de la théorie de l'Etat de droit qui sera formalisée par la suite sous le concept de sécurité juridique[253].

69. Les concepts de « séparation des pouvoirs », de « représentation » (la loi expression de la volonté unifiée du peuple) et de « publicité » se trouvent donc au cœur du concept de république qui apparaît comme l'antithèse du despotisme. Ce faisant, Kant jette les bases institutionnelles de la théorie du *Rechtsstaat* telle que les libéraux allemands du *Vormärz* la développeront au début du 19ème siècle. Pour les libéraux, en quête de pouvoir politique, l'Etat de droit sera tout à la fois synonyme d'Etat représentatif, d'Etat libre et d'Etat juridique. Kant trace le cadre de la future théorie du *Rechtsstaat* en établissant par la forme du gouvernement le lien entre l'Etat et le droit[254]. En pensant un Etat tout entier coulé dans le moule du droit *(état juridique*), fonctionnant selon les principes républicains (*séparation des pouvoirs* et *principe représentatif*) en vue de la réalisation de la liberté (*Etat libéral*), Kant est bien le précurseur de la théorie du *Rechtsstaat*.

*

* *

70. A l'heure de conclure ce premier chapitre, l'on ne peut être que frappé par la continuité et l'unité de la pensée européenne des 17ème et 18ème siècles concernant l'idée de primauté du droit. De Coke à Rousseau, en passant par Locke et Kant, tous

---

[251] *Ibid.*, §48, p. 132

[252] *Ibid.*, §43, p. 125.

[253] Otto Pfersmann considère à cet égard que le principe de sécurité juridique constitue la pièce maîtresse de la théorie de l'Etat de droit. Voir en particulier, O. PFERSMANN, in L. FAVOREU *et alii*, *Droit constitutionnel*, *op.cit.*, p. 107-108. Sur le principe de sécurité juridique, *cf. infra*, n°354 et ss.

[254] O. JOUANJAN, *op.cit.*, p. 287.

s'accordent à isoler l'idée de *Droit* de la toute puissance des hommes : au gouvernement des hommes, les Lumières lui préfèrent le gouvernement des lois. Plutôt que soumettre « *l'homme à l'homme* » ce qui conduirait inévitablement à se soumettre au « *bon vouloir du prince* », la philosophie politique de ce temps s'en remet aux lumières de la raison du droit et du droit de la raison. La loi libératrice, produit de la raison des hommes et produite selon les principes rationnels de la procédure législative, devient alors le paradigme organisationnel de l'ordre politique et social tout entier. La doctrine du *Rechtsstaat* telle qu'elle sera formulée par les libéraux allemands à l'aube du 19ème siècle n'en est que le prolongement.

CHAPITRE 2
LA CONTRIBUTION DE LA DOCTRINE ALLEMANDE A L'EDIFICATION DE LA THEORIE DE L'ETAT DE DROIT

71. L'histoire de la théorie du « *Rechtsstaat* » est aujourd'hui bien connue : depuis longtemps, la littérature allemande[1], espagnole[2] et italienne[3] en a retracé l'histoire interne ; récemment, la littérature juridique française s'est proposée à son tour d'en présenter la longue et complexe évolution[4]. Face à une telle profusion doctrinale, toute entreprise de clarification se révélerait redondante.

---

[1] Sur ce point voir l'abondante bibliographie citée in O. JOUANJAN (dir.), *Les figures de l'Etat de droit, op.cit.* ; également, L. HEUSCHLING, *op.cit.*

[2] P. LUCAS VERDÚ, *La lucha por el Estado de derecho*, Bolonia, Publicaciones del Real Colegio de España, 1975 ; F. de LOS RIOS URRUTI, *La teoría estatal alemana*, in introducíon a G. JELLINEK, *La teoría General del Estado*, Madrid, Librería General de Victoriano Suárez, 1914 ; L. LEGAZ Y LACAMBRA, *El Estado de derecho en la actualidad*, Madrid, Reus, 1934 ; R. ENTRENA CUESTA, « Notas sobre el concepto y clases de Estado de derecho », *RAP*, 1960, pp. 31-45 ; E. DÍAZ, « Teoria general del Estado de derecho », *REP*, 1963, pp. 21-47 ; E. DIAZ, *Estado de derecho y Sociedad Democratica*, Madrid, Taurus, 9ème ed., 1998, 203p. ; J.M. BECERRIL, *Etiologia conceptual del Estado de derecho*, Madrid, Real Academia de Jurisprudencia y Legislacion, 1971 ; A.E. PEREZ-LUNO, *Derechos humanos, Estado de derecho, Constitucion*, Madrid, Tecnos, 1984 ; F. DE CARRERAS, *El Estado de derecho como sistema*, Madrid, Centro de Estudios Constitucionales, 1996 ; A.M. PENA FREIRE, *La garantia en el Estado constitucional de derecho*, Madrid, Trotta, 1997.

[3] A. MAJORANA, *Il sistema dello stato giuridico*, Roma, 1889 ; A. RAGGI, « La parabola di un concetto », *Annuario della Università degli Studi di Camerino*, 1907-08, pp. 25-65 ; M.R. DONNARUMMA, « Una tematica sempre attuale : lo « Stato di diritto », *Diritto e Società*, 1994, 1, p. 98 ; F. BATTAGLIA, « Stato di diritto e Stato etico », *Riv. Int. Fil. Diritto*, 1937, p. 237 ; P. COSTA, « Lo Stato di diritto nella Giuspubblicista dell'Italia unita », in *Stato di diritto e trasformazione della politica, A cura di B. Montanari*, Torino, G.Giappichelli Editore, 1992, pp. 73-88 ; S. PANUNZIO, *Lo Stato di diritto*, Città di Castello, 1921 ; A. ROCCO, *La trasformazione dello Stato. Dallo Stato liberale allo Stato fascista*, Roma, 1927 ; P. BODDA, *Lo Stato di diritto. A proposito di alcune recenti opinioni*, Milano, 1935 ; C. CARISTIA, « Ventura e avventure di una formula : « *Rechtsstaat* » », *Riv. Trim. Dir. Pubb*, 1934, p. 389 ; F. PERGOLESI, *Sullo Stato di diritto*, Padova, CEDAM, 1931 ; V. ZANGARA, « Lo Stato di diritto in evoluzione », in *Scritti in onore di Egidio Tosato*, Vol I, Milano, Giuffrè, 1984.

[4] Pendant longtemps les fondements historiques de la théorie de l'Etat de droit ont été peu connus en France et ont souvent fait l'objet d'exposés superficiels. Il faudra attendre l'article de Jacques Chevallier paru à la *Revue de Droit Public* en 1988 pour une première tentative de clarification. Toutefois, quel que soit l'apport considérable de cette contribution (*Cf. infra*, n°169), l'approche historique de la théorie de l'Etat de droit en Allemagne, siège de sa conceptualisation, est laissée de côté. Il en ira de même pour la plupart des contributions en langue française qui lui succèderont (*Cf. infra, Ibid.*). Seuls les articles de C.M Herrara (« Quelques remarques à propos de la notion d'Etat de droit », *L'homme et la société*, n°113, 1994, p. 987) et de H. Monhaupt (« L'Etat de droit en Allemagne. Histoire, notion, fonction », *CPPJ*, n°24, 1993, p. 69) fournissent sur cette question des éléments intéressants. Ce n'est que très récemment que deux études majeures viennent définitivement combler cette lacune : la thèse de Luc HEUSCHLING constitue à cet égard un exposé historique de la théorie de l'Etat de droit de premier ordre (*Rechtsstaat, Rule of law, Etat de droit. Etude comparative*, Paris I, 2000, 780p.) ; l'ouvrage collectif dirigé par Olivier JOUANJAN en est le complément indispensable (*Figures de l'Etat de droit. Le Rechtsstaat dans l'histoire intellectuelle et constitutionnelle de l'Allemagne*, PU Strasbourg, 2001, 410p.).

72. Toutefois, une étude dont le propos est d'étudier la mesure de l'évolution du modèle de l'Etat de droit dans le cadre de l'européanisation des systèmes juridiques ne saurait faire abstraction de ce processus historique. Par conséquent, il convient de trouver un juste milieu entre, d'un côté, la nécessité scientifique d'asseoir solidement l'objet de la recherche sur des données épistémologiques claires et connues et, de l'autre, l'intérêt scientifique d'une thèse doctorale qui doit éviter autant que possible toute redondance superflue. Telle est l'étroite voie médiane qui s'ouvre à nous.

73. Aussi faut-il bien préciser l'approche méthodologique retenue. Deux approches différentes se révèlent *a priori* possibles : une approche historique (*linéaire*) tendant à relater dans leur continuité les grandes phases du processus de théorisation du *Rechtsstaat* en Allemagne ; une approche synthétique (*transversale*) tendant à exposer et classifier les différentes conceptions doctrinales du *Rechtsstaat*. En réalité, les approches se superposent. En effet, et cela nous sera confirmé dans le deuxième titre de cette étude, la théorie de l'Etat de droit se révèle étroitement liée au contexte historico-politique au sein duquel elle est développée[5]. Au fur et à mesure du développement institutionnel de la société, émergent de nouvelles aspirations politiques, juridiques et sociales que le *Rechtsstaat* cristallise.

74. A cet égard, la doctrine s'accorde à isoler trois phases dans la construction du *Rechtsstaat*[6]. La première période du *Rechtsstaat* s'ouvre avec la naissance du constitutionnalisme allemand au lendemain du Congrès de Vienne en 1814 qui voit l'institutionnalisation des premières constitutions représentatives dans l'Allemagne du sud et s'achève à la veille de la révolution de 1848 : cette période, appelée aussi le *Vormärz*[7], est marquée par les aspirations libérales de la bourgeoisie allemande qui trouva avec la théorie de l'Etat de droit un instrument de conquête du pouvoir (**I**). La deuxième période du *Rechtsstaat* commence au lendemain de l'échec de la Révolution de 1848-49. Au cours de cette longue période que l'on arrêtera pour notre part en 1945, le modèle de l'Etat de droit libéral tel qu'il avait été conçu par les premiers théoriciens du *Rechtsstaat* pendant le *Vormärz* entre en crise et connaît différentes phases de développement (**II**). Le retour à la démocratie que

---

[5] Voir l'instrumentalisation de la théorie de l'Etat de droit en Espagne sous le franquisme ou en Italie sous le fascisme *(Cf. infra,* Titre II, Chap. 1, sect. I et III).

[6] Il revient à E-W BÖCKENFÖRDE d'avoir, le premier, systématisé cette périodisation. Celle-ci est acceptée et reprise par la doctrine dans son ensemble. Par exemple, O. JOUANJAN, *op.cit* ; L. HEUSCHLING, *op.cit.*, pp. 44-45.

[7] Le *Vormärz* – littéralement « pré-mars » – désigne la période marquée par l'ascension des idées libérales en Allemagne entre 1815 et la Révolution de 1848 qui débuta le 5 mars 1848. Sur ce point, M. STOLLEIS, *op.cit.* ; J. HUMMEL, *Le constitutionnalisme allemand (1815-1918) : le modèle allemand de la monarchie limitée*, Thèse, Paris 2, 1998.

scellera la *Loi fondamentale de Bonn* de 1949 en consacrera les différentes évolutions dans le modèle d'Etat de droit démocratique et social[8].

SECTION I
LA CONCEPTION SUBSTANTIELLE DU RECHTSSTAAT OU L'INSTRUMENTALISATION LIBERALE DU CONCEPT DE RECHTSSTAAT (1815-1848)

75. A l'aube du 19ème siècle, le *Rechtsstaat* n'a pas encore fait l'objet d'une véritable théorisation et souffre d'un manque d'homogénéité systémique. Profitant de cette polysémie, la bourgeoisie va s'en emparer pour appuyer ses propres revendications politiques (**§1**). Il faudra attendre les années 1830 pour que la doctrine, à l'instigation de Robert von Mohl, donne un véritable contenu scientifique à la théorie de l'Etat de droit (**§2**)

§1 - LA THEORISATION POLITIQUE DU *RECHTSSTAAT* CHEZ LES LIBERAUX DU *VORMÄRZ*

76. Le néologisme « *Rechtsstaat* », inventé par Placidus, mettra plusieurs années à irradier le paysage doctrinal allemand du 19ème siècle[9]. Si on en trouve des traces dès 1809 sous la plume de Adam Müller (1779-1829)[10], il faut attendre 1813 pour que le terme connaisse une véritable ascension doctrinale. C'est à cette date que Carl Theodor Welcker (1790-1869), qui deviendra par la suite l'un des chefs de file du libéralisme allemand[11], publie son ouvrage *Les fondements ultimes du droit, de l'Etat et de la peine*[12] dans lequel le *Rechtsstaat* est présenté comme le développement suprême de l'Etat en ce qu'il incarne « l'Etat de la raison » et l'idéal de l'Etat libéral[13]. Cette identification de l'Etat libéral à l'Etat de droit est partagée, malgré de nombreuses divergences conceptuelles, par Carl Rodecker von Rotteck

---

[8] Nous traiterons de ce point dans le titre suivant de cette étude lorsque nous étudierons la consécration constitutionnelle du principe de l'Etat de droit (*Cf. infra*, n°197 et ss).

[9] E. W. BÖCKENFÖRDE, « Naissance et développement du concept d'Etat de droit », in *Le droit, l'Etat et la constitution démocratique. Essais de théorie juridique, politique et constitutionnelle*, Paris, Bruxelles, Bruylant, LGDJ, 2000, p.130 et ss

[10] A. MÜLLER, *Die Elemente der Staatskunst*, 1. Teil, Berlin, 1809, p. 165, cité par H. MONHAUPT, *op.cit.*, p. 77 ; également, L. HEUSCHLING, *op.cit.*, p. 49.

[11] Voir les indications biographiques données par O. JOUANJAN, « Présentation », *op.cit.*, p. 16.

[12] C.T. WELCKER, *Die letzten Gründe von Recht, Staat und Strafe. Philosophisch und nach den Gesetzen der merkwürdigsten Völker rechtshistorisch entwickelt*, Giesen, 1813.

[13] *Ibid.*, p. 13-26, cité par H. MONHAUPT, *op.cit.*, p. 78. Il existerait plusieurs formes d'Etat se succédant dans le temps : le despotisme, défini comme « Etat de la sensibilité (*Staat der Sinnlichkeit*) » ; la théocratie, définie comme « Etat de la croyance (*Staat des Glaubens*) » et le *Rechtsstaat*, défini comme « Etat de la raison (*Staat der Vernunft*) ». Voir J. HUMMEL, « Etat de droit, libéralisme et constitutionnalisme durant le *Vormärz* », in O. JOUANJAN, *Les figures de l'Etat de droit...*, *op.cit.*, pp. 127-128.

(1775-1840) autre figure de proue du libéralisme allemand du *Vormärz*. De leur association naîtra la bible des libéraux allemands, le *Staats-Lexikon*[14], publié sous leur direction à partir de 1834 dont le but est de venir combler, selon les propres mots de Rotteck, l'absence d'une « *doctrine complète des tâches assignées à l'Etat de droit ou de raison* »[15]. Cette encyclopédie de philosophie politique, de droit, d'histoire et d'économie peut être considérée comme « *l'Encyclopédie même de l'Etat de droit libéral* »[16]. Plus qu'un traité juridique, le *Staats-Lexikon* apparaît avant tout comme un projet politique engagé, mué par la volonté de faire triompher les idées libérales. Le modèle du *Rechtsstaat* va servir de cadre conceptuel à cette entreprise en ce qu'il apparaît comme « *un cadre juridique commun au sein duquel les individus sont libres de réaliser leurs buts personnels* »[17].

77. Cet Etat de droit n'est rien d'autre que l'Etat kantien, un Etat gouverné par la loi de la raison dont le but suprême est la réalisation de la liberté. Ainsi conçu, ce modèle du *Rechtsstaat* va constituer pour la bourgeoisie un instrument de lutte contre l'absolutisme monarchique[18]. Il s'agit pour la classe bourgeoise écartée du pouvoir politique de défendre ses propres intérêts qui se trouvaient largement méconnus à la fois par l'Etat « providence » frédéricien (*Polizeistaat*)[19] et l'Etat monarchique autoritaire (*Obrigkeitsstaat*). A cet égard, les principes de la « *constitution républicaine* » kantienne vont occuper une place centrale au sein de la conception libérale de l'Etat de droit : là encore, on retrouve les principes de représentation et de séparation des pouvoirs au cœur des préoccupations de ces premiers théoriciens du *Rechtsstaat*.

Les revendications des libéraux du *Vormärz* vont tout d'abord insister sur la nécessité de rendre effective la participation du peuple à l'élaboration de la loi, seul moyen de prendre en compte l'expression « *pleine et entière* » de la volonté générale, et partant, des aspirations des classes moyennes. Pour Rotteck, « *la*

---

14 C.R. ROTTECK & C.T. WELCKER, *Staats-Lexikon oder Encyklopädie der Staatswissenschaften*, 15 vol., 1re éd., Altona, Hammerisch Verlag, 1834-1848.

15 Reproduit in H. KLENNER, *Rechtsphilosophie bei Rotteck/ Welcker. Texte aus dem Staats-Lexikon, 1834-1847*, Fribourg, Berlin, 1994, p. 10, cité par O. JOUANJAN, *op.cit.*, p. 18.

16 *Ibid.*

17 J. HUMMEL, *op.cit.*, p. 128.

18 H. FORSTHOFF, *Traité de droit administratif allemand*, Bruxelles, Bruylant, 1969, p 794.

19 Cette notion de « Polizeistaat » est l'objet de nombreux malentendus au sein de la doctrine française. Très souvent, l'Etat de police (*Polizeistaat*) est assimilé à un Etat policier sans loi qui s'opposerait ainsi à un Etat de droit soumis au règne du droit. En réalité, le *Polizeistaat* de l'ancien régime avait pour but la prospérité du plus grand nombre des citoyens. Les souverains justifiaient l'exercice de leurs pouvoirs exorbitants en invoquant leur droit et leur devoir d'écarter les dangers qui menaçaient la sécurité et le bien-être de leurs sujets. Plus qu'un Etat sans loi, il s'agissait avant tout d'un Etat dans lequel il n'était reconnu aucune autonomie des citoyens (sujets en réalité). Or une telle situation était inacceptable pour la bourgeoisie possédante qui entendait se prévaloir, sur le plan politique, de sa réussite économique et sociale. C'est ainsi que l'Etat de droit est apparu comme l'antithèse de l'Etat de police ou Etat providence en ce qu'il se présentait comme un Etat a-libéral. Voir P. NAPOLI, « 'Police' et 'Polizei' : deux notions à l'âge libéral », in O. BEAUD et P. WACHSMANN (dir.), *La science juridique française et la science juridique allemande de 1870 à 1918*, PU Strasbourg, 1997, p. 91

représentation de la totalité du peuple au moyen d'une assemblée résultant d'une élection libre de ce dernier [...] est le seul moyen de concrétiser l'idée de la véritable volonté générale et de faire d'un Etat de puissance (Gewalts-Staat) un Etat de droit (Rechts-Staat) »[20]. Une opinion similaire est défendue par Johann Christoph Freiherr von Aretin (1773-1824) qui identifie « *l'Etat constitutionnel au Rechtsstaat* » à savoir l'Etat « *dans lequel on gouverne selon la volonté commune rationnelle et où on ne poursuit que l'intérêt général* » garantissant « *la liberté et la sûreté de tous les membres de la société civique* »[21].

Le principe de représentation apparaît ainsi aux yeux des libéraux comme « *un élément nécessaire dans l'Etat* »[22]. Seule l'instauration d'une représentation « populaire » permet le passage de l'*Etat de puissance* à l'*Etat de droit* en ce qu'elle peut seule déterminer le contenu de la volonté générale comme expression de la raison publique. Il convient ainsi d'instaurer des mécanismes permettant de prendre en compte cette volonté publique rationnelle susceptible de déterminer le contenu de l'action publique[23] comme le dira bien plus tard Jürgen Habermas[24]. Ce n'est donc que de la participation du peuple à l'élaboration de la loi, adoptée au terme d'un débat rationnel, que jaillit la meilleure solution possible en ce qu'elle est guidée par les lumières de la raison.

Concrètement, il s'agissait pour les libéraux, au lendemain du Congrès de Vienne, d'obtenir que soient octroyées aux Etats de la confédération, conformément à l'article 13 de l'acte confédéral du 8 juin 1815[25], de véritables constitutions dotées d'assemblées d'états (*Landstände*), émanations du peuple dans sa totalité. En d'autres termes, contre les conservateurs qui interprétaient cette disposition comme appelant le rétablissement des institutions traditionnelles des ordres et des états

---

[20] ROTTECK, « Constitution » in *Staatslexikon oder Encyklopädie der Staatswissenschaften*, III, Altona, Hammerich, 1836, p. 773, cité par J. HUMMEL, *op.cit.*, p. 128.

[21] J.C.F. ARETIN, *Staatsrecht der constitutionnellen Monarchie*, 1re éd., Altenburg, t.1, 1824, p. 163, cité par L. HEUSCHLING, *op.cit.*, p. 50.

[22] V. HARTMANN, *Repräsentation in der politischen Theorie und Staatslehre in Deutschland*, Berlin, Duncker & Humblot, 1979, p. 127 cité par J. HUMMEL, *op.cit.*, p. 129.

[23] O. JOUANJAN, *op.cit.*, p. 21. Cela explique pourquoi le principe de la liberté de la presse fait figure également de principe fondamental du *Rechtsstaat*. Ainsi, pour Rotteck, « *l'opinion publique, qui signifie presque la même chose que la volonté générale rationnelle, doit partout se déployer sans obstacle (...). La publicité des décisions gouvernementales et celles des débats parlementaires ainsi que la liberté de la presse, sont des articles essentiels de la constitution de l'Etat constitutionnel.*», *in* ROTTECK, « Constitution », *op.cit.*, p. 767, cité par J. HUMMEL, *op.cit.*, p. 132.

[24] J. HABERMAS, *Droit et démocratie. Entre faits et normes*, trad. R. Rochlitz et C. Bouchindhomme, Paris, Gallimard, Nrf Essais, 1997, p. 153 : « *L'idée d'Etat de droit requiert que les décisions engageant la collectivité, prises par un pouvoir étatique qui doit invoquer le droit pour remplir ses propres fonctions, ne prennent pas seulement une forme juridique mais se légitiment par rapport au droit légitimement édicté. Ce qui rend l'exercice du pouvoir légitime n'est pas la forme juridique en tant que telle, mais seulement le respect du droit légitimement édicté. Or, au niveau post-traditionnel de justification, n'est considéré comme légitime que le droit susceptible d'être rationnellement accepté par tous les sociétaires juridiques qui ont formé leur opinion et leur volonté par le moyen de la discussion* ».

[25] Art XIII, Acte de la Confédération germanique du 8 juin 1815 : « *Dans tous les Etats confédérés, on trouvera une Constitution comportant des assemblées d'états (landständische Verfassung)* ».

aristocratiques de l'ancien régime, les libéraux y voyaient une consécration du principe de la représentation nationale[26]. Le pouvoir dans l'Etat serait ainsi partagé entre, d'un côté, les assemblées d'états émanation de la représentation populaire et, de l'autre, l'organe gouvernemental (le prince) incarnation du principe monarchique[27]. Les libéraux obtinrent partiellement satisfaction en Allemagne du sud où les souverains de Nassau (1814), Saxe-Weimar (1816) Bavière (1818), Bade (1818) et de Wurtemberg (1819)[28] octroyèrent une Constitution à leur peuple inspirées en général par la Charte constitutionnelle française de 1814. Si les Etats de l'Allemagne du Nord restèrent à l'écart de ce mouvement (Prusse), en revanche les Etats de l'Allemagne moyenne suivirent, au début des années 1830, cette dynamique constitutionnelle en se dotant à leur tour de constitutions (Hesse électoral et Saxe (1831), Brunswick (1832), Hanovre (1833)). Ainsi, à partir du milieu du 19ème siècle, les libéraux ont obtenu que la plupart des Etats de la confédération germanique disposent de constitutions et d'organes représentatifs[29].

78. Toutefois, le modèle de la monarchie constitutionnelle que les libéraux ont dessiné durant le *Vormärz* n'a pas permis l'émergence d'une démocratie parlementaire. Mués par leur volonté d'éviter que l'aristocratie ne les écarte du pouvoir et soucieux, par ailleurs, de se préserver contre l'avènement au pouvoir de la plèbe, les libéraux sont, pour la plupart, partisans du suffrage censitaire[30], récusant même, pour certains d'entre eux, très vigoureusement le principe du suffrage universel, à l'image de Kant par exemple[31]. Reprenant ainsi la distinction que Kant avait empruntée à Sieyès entre les citoyens « actifs » et « passifs », le corps politique duquel doit se dégager la volonté générale est conçu par les libéraux comme un corps élitiste regroupant les classes bourgeoises possédantes et l'aristocratie. Le régime mixte constitue à leurs yeux le meilleur garant de la justice des lois[32]. Il en résulte que la théorie du *Rechtsstaat* tend plus à « *la redéfinition qu'à la limitation de l'Etat [monarchique]* »[33].

---

[26] L. HEUSCHLING, *op.cit.*, p. 82.

[27] ROTTECK, *Staatrecht der constitutionellen Monarchie*, Angefangen von J.C. Freiherr von Aretin und fortgesetzt von C. von Rotteck, 2ème ed., III, Leipzig, F. Volckmar, 1840, p. 151, cité par J. HUMMEL, *op.cit.*, p. 130 : « *La représentation du peuple en son entier, c'est-à-dire le parlement ou l'assemblée des états, entendue comme l'organe naturel de la véritable volonté générale des citoyens ou des sujets à l'encontre du gouvernement légal, organe artificiel de cette volonté, constitue l'essence de la monarchie constitutionnelle, l'élément fondamental de la constitution* ».

[28] La Constitution du Wurtemberg fit toutefois l'objet d'un pacte entre le Roi et les Etats.

[29] L'influence de ces derniers resta néanmoins somme toute très limitée. Les assemblées d'états devaient se contenter de consentir l'impôt et de collaborer à l'exercice de la fonction législative. M. FROMONT, *op.cit.*, p. 27 et ss.

[30] *Ibid.*, p.126.

[31] Voir en particulier, R.MOHL, *Staatrecht, Völkerrecht und Politik*, Tübingen, Laupp, 1860, t.1, p. 335, cité par L. HEUSCHLING, *op.cit.*, p. 85.

[32] ROTTECK, « Constitution », *op.cit.*, p. 774. Voir L. HEUSCHLING, *op.cit.*, p. 87.

[33] L. KRIEGER, *The German Idea of Freedom, History of a Political Tradition*, Boston, Beacon Press, 1957, p. 253, cité par J. HUMMEL, *op.cit.*, p. 126.

79. La position de la doctrine libérale concernant le principe de la séparation des pouvoirs en est une parfaite illustration. Si Rotteck affirme que « *l'essence de la monarchie constitutionnelle et de manière générale de tout Rechtsstaat réside dans le principe de la séparation des pouvoirs* » [34], force est de reconnaître que les théoriciens libéraux du *Rechtsstaat* ont, dans leur majorité, une position plus nuancée sur la question. En effet, même dans le camps des libéraux, on se méfie du principe de la séparation des pouvoirs en ce qu'il porterait atteinte au sacro-saint principe de l'unicité de l'Etat[35]. En vertu du principe monarchique solidement établi par l'article 57 de l'Acte final du Congrès de Vienne, et largement accepté par la doctrine libérale, il revient au monarque et à lui seul d'incarner le pouvoir et de représenter l'Etat[36]. Il en résulte que toute parlementarisation de l'exécutif se révèle impossible. Tout partage du pouvoir impliquerait en effet une dilution du pouvoir portant atteinte à l'unité du principe monarchique[37]. C'est ainsi que Rotteck, conformément à sa conception de la double représentation dans l'Etat, insiste sur la nécessité d'instaurer - à défaut d'une division des fonctions qui porterait atteinte à l'unité du pouvoir - une distribution des pouvoirs entre les différentes forces politiques et sociales en présence[38], de telle sorte que le « *peuple transfère une partie de chacun des deux pouvoirs [législatif et exécutif] et se réserve l'autre partie pour lui-même* »[39]. Rotteck rejoint là le modèle du régime mixte de Montesquieu par lequel la balance des pouvoirs au sein du législatif garantit toute dérive de l'un sur l'autre assurant la suprématie de la constitution[40], l'objectif étant avant tout la réalisation pleine et entière des droits et libertés contenus dans les constitutions étatiques.

§2 - LA THEORISATION JURIDIQUE DU *RECHTSSTAAT* CHEZ R. VON MOHL

80. La contribution de Robert von Mohl (1799-1875) à la théorisation du *Rechtsstaat* fut déterminante - au point qu'on lui attribue souvent à tort la paternité de l'expression[41] - et marque une première rupture dans l'histoire de l'Etat de droit libéral. Certes, Mohl est le premier à procéder à une systématisation complète de la théorie de l'Etat de droit, contribuant ainsi à la généralisation de son emploi dans les

[34] Cité par L . HEUSCHLING, *op.cit.*, p. 85.
[35] O. JOUANJAN, *op.cit.*, pp.23-24.
[36] Art 57 de l'acte final du Congrès de Vienne du 8 juin 1820 : « *Etant donné que la Confédération allemande est composée, à l'exception des villes libres, de princes souverains, il découle de ce principe fondamental que l'ensemble du pouvoir étatique doit rester réuni entre les mains du chef de l'Etat et que le souverain ne peut être tenu, par une constitution par Etats, au consentement des Etats qu'en ce qui concerne l'exercice de droits déterminés* ».
[37] En ce sens par exemple, R. V. MOHL et JC ARETIN.
[38] E.W. BÖCKENFÖRDE, *op.cit.*, p. 132.
[39] ROTTECK, *Lehrbuch des Vernunftrechts*, *op.cit.*, p. 221, cité par J. Hummel, *op.cit.*, p. 133.
[40] L. HEUSCHLING, *op.cit.*, p. 87.
[41] En France, voir J. CHEVALLIER, *op.cit.*, p. 11 : « *le terme 'Etat de droit' est la traduction littérale du mot Rechtsstaat, qui devient d'usage courant dans la doctrine juridique allemande dans la seconde moitié du XIXe siècle (...) : les premiers théoriciens en seront le libéral R. Von Mohl et le conservateur F.J. Stahl* ». En Italie, voir L. RAGGI, « La parabola di un concetto », *op.cit.*, p. 28.

écrits politiques et constitutionnels[42]. Mais tel n'est pas là son apport fondamental. Il faut le chercher plutôt dans sa volonté de concilier les exigences juridiques classiques du *Rechtsstaat* tendant à protéger la liberté individuelle et la nécessité de reconnaître à l'Etat un pouvoir d'intervention sur la société de plus en plus grand. Reprenons ces deux points.

81. Tout d'abord, tandis que la doctrine traditionnelle libérale de l'Etat de droit, héritière de la pensée kantienne, tendait à opposer *Rechtsstaat* et *Polizeistaat*, Mohl entend au contraire en concilier les dimensions respectives. En effet, le *Rechtsstaat* est pour Mohl un genre d'Etat étroitement lié aux buts de celui-ci, à savoir « *ordonner la vie en commun du peuple de telle manière que chaque membre de ce dernier soit soutenu et encouragé dans l'exercice et l'usage les plus libres et les plus étendus de toutes ses facultés. Néanmoins, il est facile de comprendre en quoi consistent ce soutien et cette aide. Dans un [Etat de droit], la liberté du citoyen constitue le principe fondamental suprême* »[43]. Dès lors, « *l'établissement et le maintien d'un ordre juridique n'est donc pas son but exclusif, pas même son but principal, mais bien, en revanche, le caractère dominant, la partie négative inviolable de toute sa conduite* »[44]. Son but est donc de permettre le développement personnel de chaque individu en suppléant, le cas échéant, ses défaillances. Se dessine en creux un modèle « interventionniste » de l'Etat dont la compatibilité avec le *Rechtsstaat* n'est plus contestée comme elle l'était chez Kant. L'Etat de droit n'est plus simplement pensé comme le cadre rationnel permettant la réalisation politique et juridique de la liberté individuelle, mais également comme celui de l'épanouissement social des individus. Il ouvre ainsi la voie à un modèle social de l'Etat de droit qu'approfondiront notamment par la suite Lorenz von Stein[45] et, bien plus tard, Herman Heller[46].

82. Cet interventionnisme administratif de l'Etat ne fait pas pour autant fi des principes traditionnels du *Rechtsstaat* comme l'illustre le titre même de son ouvrage, *La science de la police selon les principes de l'Etat de droit* (1832). Il s'agit en effet bien chez Mohl de concilier les exigences liées à la sécurité juridique de l'individu et l'entretien de la providence indispensable à son épanouissement en ces temps de transformations économiques et sociales de la société pré-capitaliste et pré-

---

[42] E.W. BÖCKENFÖRDE, *op.cit.*, p. 128.

[43] MOHL, *Die Polizei-Wissenchaft nach den Grundsätzen des Rechtsstaates*, I, 2e ed., Tübingen, H. Laupp, 1844, p. 8, cité par J. Hummel, *op.cit.*, p. 139.

[44] *Ibid.*

[45] Pour une approche de la théorie de l'Etat de droit social chez Lorenz von Stein, voir en particulier, G. GURVITCH, « La dialectique de l'Idée du droit social chez Lorenz von Stein », *in L'Idée du droit social. Notion et système du droit social. Histoire doctrinale depuis le XVIIe siècle jusqu'à la fin du XIXe siècle*, Paris, Recueil Sirey, 1932, pp. 521-535 ; E-W. BÖCKENFÖRDE, « Lorenz von Stein, théoricien du mouvement de l'Etat et de la société vers l'Etat social », in E-W. BÖCKENFÖRDRE, *Le droit, l'Etat et la constitution démocratique*, *op.cit.*, pp. 148-175 ; N. WASZEK, « l'Etat de droit social chez Lorenz von Stein », in O. JOUANJAN, *op.cit.*, pp. 193-217.

[46] *Cf. infra*, n°108.

industrielle[47]. Pour répondre à cette double exigence, Mohl va développer, d'une part, le concept de « réserve de la loi » (*Vorbehalt des Gesetzes*) et, d'autre part, l'idée d'un contrôle juridictionnel des lois. Selon la théorie de la « réserve de la loi », toute atteinte de l'Etat à la liberté et à la propriété des individus ne peut être faite que sur la base d'une loi adoptée par le parlement. En d'autres termes, il s'agit de conférer au parlement le soin de défendre les libertés individuelles contre l'interventionnisme étatique. Afin que ce principe soit effectivement respecté, Mohl n'hésite pas à rompre avec la doctrine classique du *Rechtsstaat* qui se faisait une conception inanimée de la fonction juridictionnelle, en reconnaissant aux juridictions le pouvoir de contrôler la constitutionnalité des lois et de vérifier le respect par le Parlement des conditions matérielles et formelles imposées par la constitution. Cette consécration de la fonction juridictionnelle comme figure centrale de l'Etat de droit constitue une innovation théorique fondamentale qui ne trouvera un écho au sein de la doctrine et du droit positif qu'au milieu des années 1860.

83. Cette première période de l'histoire du *Rechtsstaat,* marquée par la lutte de la bourgeoisie pour la conquête du pouvoir, est fondamentale à plus d'un titre. En effet, c'est au cours du *Vormärz* qu'est jetée la forme du constitutionnalisme monarchique allemand qui perdurera plus ou moins sous la même forme jusqu'en 1918. Compromis entre l'absolutisme et le parlementarisme, la monarchie constitutionnelle allemande est un régime dualiste fondé sur l'existence de deux pouvoirs, le Roi et le Parlement, incarnant respectivement le principe monarchique et le principe de la représentation. Face à la suprématie du monarque qui disposait d'un domaine réservé très large, le Parlement avait des pouvoirs limités en dépit des espoirs que la bourgeoisie avaient placés dans le modèle libéral de *Rechtsstaat* qui entendait conquérir sur cette base une pleine liberté politique susceptible de lui ouvrir les portes du pouvoir à l'image ce qui advint en Angleterre et en France. L'échec de la révolution de 1848-49 brisera pour plusieurs décennies cette espérance et amorcera le déclin progressif d'un concept libéral de l'Etat de droit reposant sur l'idée de liberté politique.

---

[47] H. MONHAUPT, *op.cit.*, p. 78.

SECTION II
LA CRISE DE LA THEORIE LIBERALE CLASSIQUE DE L'ETAT DE DROIT (1848-1945)

84. A partir de 1848, s'ouvre une longue période de crise de la théorie libérale de l'Etat de droit qui trouvera son point d'orgue dans la tragédie nazie. Une telle périodisation, regroupant des phénomènes et des doctrines aussi diverses et parfois opposées, peut paraître singulière. Il convient d'en justifier la pertinence.

85. Concernant cette périodisation, la doctrine s'accorde au moins sur un point : la période 1848-1919 est marquée par un processus de « formalisation » et de « dépolitisation » de la théorie de l'Etat de droit[48]. La conception classique, à savoir libérale, de la théorie de l'Etat de droit, reposant sur une conception finaliste de celle-ci (la réalisation de la liberté), est abandonnée au profit d'une conception purement formelle. On ne s'interroge plus sur les buts de l'Etat mais sur la manière dont l'Etat doit fonctionner. L'Etat de droit étant identifié au principe de légalité, il s'agit de réfléchir à la mise en place de moyens administratifs et juridictionnels permettant d'assurer l'effectivité du respect du droit. La théorie de l'Etat de droit se déplace donc progressivement du droit constitutionnel, où elle était cantonnée par la doctrine classique qui insistait sur les principes de séparation des pouvoirs et de participation, vers le droit administratif (**§1**).

En revanche, la doctrine se divise sur le point de savoir si cette période s'achève en 1949 ou en 1919. Pour les premiers, la Loi fondamentale de Bonn de 1949 constituerait une césure fondamentale en ce qu'elle marquerait la fin du positivisme et l'avènement d'une théorie démocratique de l'Etat de droit irradiée par le droit naturel[49]. Pour les seconds, au contraire, il convient de faire partir ce second cycle de démocratisation de la théorie de l'Etat de droit à la République de Weimar au cours de laquelle sont posées les prémisses idéologiques de cette théorie démocratique de l'Etat de droit[50]. Or une telle périodisation faisant remonter le cycle de la démocratisation de la théorie de l'Etat de droit à 1919 ne permet pas de prendre en compte la période nazie alors que la loi fondamentale de 1949 en constitue, en creux, le produit. En revanche, et ce pour les mêmes raisons, la « *thèse du départ à zéro en 1945* »[51] apparaît excessive.

---

[48] En ce sens, E-W BÖCKENFÖRDE, *op.cit.* ; M STOLLEIS, *op.cit*, col p. 371 ; O. JOUANJAN, *op.cit* ; L. HEUSCHLING, *op.cit* ; A. R. REAL, « El Estado de derecho (*Rechtsstaat*) », *in Estudios Juridicos en memoria de Eduardo J. Couture*, Montevideo, 1957, p. 600 et ss ; MONHAUPT, *op.cit.* ; L. RAGGI, *op.cit.*
[49] En ce sens, E-W BÖCKENFÖRDE, *op.cit* ; M. STOLLEIS, *op.cit.*
[50] L. HEUSCHLING, *op.cit.*, p. 45.
[51] *Ibid.*

Nous opterons pour une solution médiane. Selon nous, la période 1919-1945 (ou 1949) est marquée par l'ébranlement de la théorie libérale de l'Etat de droit, prolongeant ainsi le processus de déconstruction politique de la théorie de l'Etat de droit ouvert en 1848. Encore faut-il s'accorder sur la mesure de cet ébranlement. Certes Weimar n'est pas Berlin : à Weimar, l'Etat de droit libéral est repensé (**§2**); à Berlin, l'Etat de droit est « *démonté* »[52] (**§3**).

§1 - LA REDEFINITION DE LA THEORIE LIBERALE DE L'ETAT DE DROIT : LA FORMALISATION DE LA THEORIE DE L'ETAT DE DROIT

86. La période qui s'ouvre au lendemain de la révolution de 1848-49 est tout à la fois riche et complexe tant sur le plan du droit positif que sur le plan dogmatique. Cette période marque tout d'abord l'avènement de l'hégémonie prussienne qui mena progressivement, au tournant des années 1870, à la réalisation de l'unité nationale. Sans jamais réussir à se démocratiser, le modèle constitutionnel allemand se modernise (hiérarchisation des normes, codification, renforcement de l'appareil judiciaire, développement du contrôle juridictionnel de l'administration, essor du droit administratif *etc.*), dessinant les contours d'un véritable *Rechtsstaat* formel[53]. Cette profonde mutation du droit allemand doit beaucoup à la doctrine juridique allemande, alors en plein renouvellement[54], dont l'influence débordera largement les frontières nationales, contribuant de la sorte à l'exportation et à la diffusion très large en Europe des concepts allemands du droit public, au premier titre desquels celui d'Etat de droit[55].

87. Toutefois, cette doctrine, aussi riche qu'hétéroclite, est d'une rare complexité. Différents courants doctrinaux se suivent, parfois se juxtaposent, souvent s'opposent, contribuant ainsi à une redéfinition du concept d'Etat de droit. Toute catégorisation définitive en la matière se révèle extrêmement difficile. Deux exemples suffiront à illustrer cette difficulté.

---

[52] Selon l'expression de O. JOUANJAN, *op.cit.*, p. 52.

[53] En ce sens, M. FROMONT, *op.cit.*, p. 33 : « *Un tel système a permis la réalisation de l'Etat de droit bourgeois (bürgerlicher Rechtsstaat), mais il a rarement permis le passage vers un régime parlementaire plus conforme à l'idéal démocratique* ».

[54] Voir la démarche entreprise par Gerber dans son effort de systématisation du droit public allemand. Dans la préface de la première édition de son ouvrage *Grundzüge eines Systems des deutschen Staatsrecht* publiée en 1865, Carl Friedrich von Gerber se plaignant des insuffisances de la littérature de droit public allemand écrit : « *Je ne crois pas être seul à penser que la dogmatique scientifique de cette doctrine (la doctrine du droit public) puisse et doive se perfectionner encore [...]. En premier lieu, il convient de définir plus rigoureusement les concepts dogmatiques fondamentaux. [...] Ensuite, il me semble – et cela est étroitement lié au premier point – qu'il y a une nécessité impérieuse de construire un système scientifique au sein duquel les figures singulières découlent d'une idée unitaire fondamentale. Seulement en fondant un tel système qui puisse d'une part mettre en évidence dans toute sa complexité l'essence même de notre Etat constitutionnel moderne, et d'autre part mettre en lumière les rapports juridiques de tous les phénomènes isolés entre eux, le droit public allemand conquerra son autonomie scientifique et seront jetées les bases pour une véritable déduction juridique* ».

[55] *Cf. infra*, Titre II, Chap. 1.

Tout d'abord, la thèse largement admise de la « formalisation » et de la « dépolitisation » de la théorie de l'Etat de droit est à manier avec précaution. S'il est vrai que Julius Stahl (1802-1861) est le premier à développer un concept purement formel de l'Etat de droit réduit (en apparence) au principe de légalité, il convient toutefois de préciser que cette entreprise de formalisation de la théorie de l'Etat de droit répond à un objectif politique très précis : en vidant le concept de *Rechtsstaat* de sa dimension prospective que lui avaient attribuée les libéraux, Stahl entend rendre l'idée de *Rechtsstaat* compatible avec le régime monarchique de droit divin. De même, la thèse selon laquelle la théorie de l'Etat de droit serait purgée de sa dimension prospective, ou à tout le moins que la question des buts de l'Etat se trouverait évacuée du cœur de la théorie de l'Etat de droit, apparaît excessive : l'exemple le plus parlant est la théorie sociale administrative développée par Lorenz von Stein (1815-1890) qui préfigure la théorie de l'Etat de droit social que développera Hermann Heller (1891-1933) sous la République de Weimar.

Il en va de même pour la thèse selon laquelle l'avènement d'un modèle formel de l'Etat de droit marquerait la fin du concept libéral de l'Etat de droit. Selon nous, le processus de formalisation de la théorie de l'Etat de droit procéderait plus d'une redéfinition du modèle libéral de l'Etat de droit que de son abandon. Le modèle dit classique de l'Etat de droit, tel qu'il fut développé par les libéraux du *Vormärz,* avait été élaboré en vue d'un objectif politique : la conquête par les libéraux de la liberté politique. Après l'échec de la révolution de 1848-49 qui sonne le glas des aspirations politiques des libéraux, ceux-ci vont réorienter leurs aspirations vers la préservation de leurs libertés civiles. En ce sens, ils s'inscrivent parfaitement dans le mouvement libéral qui caractérisa l'Europe du 19ème siècle, marqué par la création de systèmes de protection des droits des individus contre l'omnipotence naissante des pouvoirs publics au sein desquels l'institution d'un système de justice administrative constitue le prolongement logique et indispensable du processus d'institutionnalisation et de consolidation de l'Etat de droit libéral[56].

88. Dans ce contexte, il convient de se garder de tout jugement hâtif et définitif. Une chose est néanmoins certaine : la théorie de l'Etat de droit se déplace progressivement du droit constitutionnel vers le droit administratif comme le rappelle très justement M. García Pelayo : « *à partir de J.F. Stahl, le concept d'Etat de droit se formalise, perd son caractère axiologique et son contenu matériel, pour gagner en échange une plus grande rigueur et technicité juridique, quittant le droit politique pour envahir le droit administratif* »[57]. La doctrine de l'Etat de droit se veut désormais avant tout fonctionnelle : il s'agit d'organiser l'ordre juridique de

---

[56] A. SALANDRA, *La giustizia amministrativa nei governi liberi*, Torino, 1904, p. 462 ; M. NIGRO, « Silvio Spaventa e la giustizia amministrativa come problema politico », *Riv. Trim. Dir. Pubb.*, 1970, n°3, sp. 733 ; P. LEGENDRE, *Histoire de la pensée administrative française, in Traité de science administrative*, Paris, 1966, p. 27.

[57] M. GARCIA PELAYO, « El 'status' del Tribunal constitucional », *Revista española de Derecho constitucional*, n°1, 1981, p. 16.

telle manière que les libertés civiles et économiques des citoyens/sujets soient préservées contre les incursions de plus en plus nombreuses de la puissance publique. En d'autres termes, le *Rechtsstaat* est conçu désormais comme « *l'Etat qui dispose d'un droit administratif bien ordonnancé* »[58]. Pour en prendre toute la mesure, il convient de reprendre les différentes étapes de ce processus.

A. L'abandon progressif d'une conception finaliste de l'Etat de droit

89. Friedrich Julius Stahl est le premier à avoir identifié l'Etat de droit à la légalité. Pourtant, ce serait une erreur d'y voir là une démarche formaliste annonçant le positivisme juridique. Sa conception de l'Etat de droit est en fait imprégnée d'un *jusnaturalisme* religieux. Il faudra attendre l'avènement du courant positiviste, dont Jellinek est une figure importante, pour que la question des buts de l'Etat soit définitivement évacuée de la théorie de l'Etat de droit .

90. La place complexe qu'occupe Stahl au sein du paysage doctrinal allemand s'explique par l'ambivalence du modèle d'Etat de droit qu'il a dessiné. Réactionnaire pour les libéraux, libéral pour les réactionnaires[59], Stahl ne s'inscrit ni dans la lignée du constitutionnalisme libéral bourgeois, ni dans la lignée positiviste et neutre au sein de laquelle sera développée la théorie formelle de l'Etat de droit à partir du troisième tiers du 19ème siècle[60]. A cet égard, la définition qu'il donne du concept d'Etat de droit à partir de la deuxième édition de 1846 de sa *Philosophie du droit* en constitue une parfaite illustration : « *L'Etat doit être Etat de droit, tel est le mot d'ordre et, en vérité, le sens de l'évolution des temps récents. Il doit déterminer scrupuleusement, par les moyens du droit, les voies et les frontières de son activité comme la sphère de liberté de ses citoyens ; il doit les assurer de manière inébranlable. Il n'a pas à réaliser la poursuite des idées éthiques, par les moyens de l'autorité étatique, donc directement, au-delà de ce qui appartient à la sphère du droit, c'est-à-dire au-delà des limites strictement nécessaires. Tel est le concept de l'Etat de droit, non pas que l'Etat ne se contente de manier l'ordre juridique sans poursuivre de buts administratifs, voire de protéger seulement les droits des particuliers. L'Etat de droit ne se caractérise nullement par le but ou le contenu de l'Etat, mais seulement par le caractère et la manière de les réaliser* »[61]. La figure de Stahl fut pendant longtemps attachée à cette définition de l'Etat de droit à laquelle

---

[58] O. MAYER, *Deutsches Verwaltungsrecht*, 2e éd., München, Duncker & Humblot, 1914, p. 60.

[59] En ce sens, C. SCHÖNBERGER, « Etat de droit et Etat conservateur : Friedrich Julius Stahl », in O. JOUANJAN, *op.cit.*, p. 177.

[60] M GARCIA-PELAYO Y ALONSO, « La idea del Estado de Derecho en F.J. Stahl », in *Pensamiento juridico y sociedad internacional, Libro-homenaje al professor D. Antonio Truyol Serra*, Madrid, Centro de Estudios Constitucionales, Universidad Complutense de Madrid, 1986, pp. 450-451.

[61] F.J. STAHL, *Die Philosophie des Rechts nach geschichtlicher Ansicht*, t. II : cité et traduit par O. JOUANJAN, *op.cit.*, p. 27 (souligné par nous).

chacun était susceptible d'adhérer[62] et qu'un peu trop vite on tenait pour exclusivement formelle. Car, à y regarder de plus près, se dessine un concept d'Etat de droit tout autant matériel que formel.

En éliminant la question des buts de l'Etat de la théorie du *Rechtsstaat* pour se concentrer uniquement sur celle de la forme de l'Etat, Stahl apparaît à bien des égards comme le précurseur du positivisme juridique. D'ailleurs ne considère-t-il pas qu'« *il n'existe pas d'autre droit que le droit positif* »[63] ? Aussi n'est-ce pas un hasard si des positivistes comme Otto Mayer et Richard Thoma adhérèrent pleinement à cette définition de l'Etat de droit[64].

Pourtant, la théorie stahlienne de l'Etat de droit est loin d'être exempte de toute référence *jusnaturaliste*. Pour Stahl, « *l'essence de l'Etat est d'être à la fois un règne du droit, l'Etat de droit, et un règne de l'éthique, une communauté éthique, et il n'y a pas là de contradiction, en vertu de l'unité profonde du droit et de l'éthique* ». En effet, le droit constitue le seul moyen à la disposition des hommes pour assurer le règne de l'ordre divin dans la mesure où « *l'Etat ne peut pas être immédiatement divin puisque nous vivons sur terre, dans un monde déchu, où les hommes comme l'Etat lui-même ne peuvent pas toujours réaliser librement le bien* »[65]. Il en résulte que le droit constitue le médium entre l'ordre divin et le monde terrestre. Par conséquent, « *dans toute création du droit interviennent deux éléments : un élément divin qui s'impose (le droit naturel) et un élément humain qui se détermine librement (le droit positif). Tous les deux s'imbriquent indistinctement pour former une unité indissoluble* »[66]. En d'autres termes, l'Etat de droit stahlien est tout à la fois formel et matériel : en tant qu'Etat de droit matériel, il doit réaliser les valeurs du monde éthique ; en tant qu'Etat de droit formel, il se voit imposer des limites juridiques à son développement. Il appartient donc aux valeurs chrétiennes de déterminer le contenu des normes de l'Etat[67], et au système de l'Etat de droit d'en assurer l'intangibilité sur terre : « *l'Etat de droit ne désigne que le caractère inébranlable de l'ordre légal ; il ne désigne point son contenu qui doit venir d'ailleurs, et vient en fait de principes éthiques et politiques supérieurs* »[68]. Ne constitue alors un véritable Etat de droit que l'Etat qui se propose de réaliser par le droit le monde éthique. Selon une telle acception, l'idée de légalité (Etat de droit) est

---

[62] Rudolf Gneist écrira plus tard que « *ce que Stahl désigne par « Etat de droit », chacun de ses adversaires pourrait le signer mot pour mot* », in *Der Rechtsstaat und die Verwaltungsgerichte in Deutschland*, réimp. De la 2e éd. De 1879, Darmstadt, Gentner, 1958, p. 33, cité par O. JOUANJAN, *op.cit.*, p. 27.
[63] F.J. STAHL, *op.cit.*, tII, p. 218, cité par L. HEUSCHLING, *op.cit.*, p. 122.
[64] *Ibid.*, p. 96.
[65] C. SCHÖNBERGER, *op.cit.*, p. 179.
[66] F.J. STAHL, *op.cit.*, p. 220.
[67] Si « *il serait contraire à l'Etat de droit d'astreindre les citoyens au christianisme* » en revanche « *il n'est pas contraire à l'Etat de droit d'ordonner chrétiennement le droit matrimonial, les établissements de l'enseignement public* », in F.J. STAHL, *Der christliche Staat, un sein Verhältnis zu Deismus und Judenthum*, Berlin, Ludwig Oehmigje, 1847, p. 62, cité par C. SCHÖNBERGER, *op.cit.*, p. 184.
[68] *Ibid.*

associée à celle de justice (monde éthique), de telle sorte que seule la monarchie en ce qu'elle est de droit divin constitue un véritable *Rechtsstaat*. Ainsi, « *l'invocation du droit naturel chez Stahl, autrement dit du sittliches Reich [...], a donc pour fonction essentielle de légitimer le pouvoir du roi, de créer une obligation d'obéissance dans le chef des individus, y compris des juges, ainsi que d'empêcher toute évolution institutionnelle* »[69]. La formalisation et la dépolitisation de la théorie de l'Etat de droit chez Stahl ne sont donc qu'apparentes : il s'agissait de purger le concept libéral d'Etat de droit de sa dimension prospective pour lui injecter un nouveau contenu de nature divine afin d'assurer le statu quo institutionnel de la monarchie prussienne du roi Frédéric-Guillaume IV.

Ainsi, si le modèle stahlien de l'Etat de droit ouvre la voie du processus de formalisation du *Rechtsstaat*, il n'en marque toutefois pas encore le firmament. Chez Stahl, la question des buts de l'Etat est encore largement présente sous la forme d'un « *sittliches Reich* » ; le concept d'Etat de droit est toujours finalisé. Il faudra attendre l'avènement de l'école positiviste pour que le concept d'Etat de droit soit purgé de manière définitive de toute dimension méta-juridique.

91. Le positivisme juridique, qui à partir de 1860 va se répandre progressivement dans toute l'Allemagne grâce notamment aux efforts de Carl Friedrich Gerber, Paul Laband et Georg Jellinek, se propose de « purifier » la science du droit de toute considération philosophique, politique, idéologique, morale ou métaphysique. Cette révolution méthodologique s'accompagne d'une redéfinition de l'objet même de la science du droit : il s'agit désormais de décrire le droit tel qu'il est, et non plus de s'interroger sur ce qu'il doit être. Les modèles et les concepts de la science juridique s'en trouvent par conséquent profondément modifiés.

Il en va ainsi du concept de droit lui-même : le droit est considéré comme droit dès lors que ses règles sont posées conformément aux procédures formelles prévues à cet effet dans le cadre légal de la puissance de l'Etat. Il en va également de la notion de loi : le droit est assimilé à la loi étatique qui elle-même est appréhendée dans sa seule dimension formelle. Il en va enfin de l'Etat : le concept de « *Staat* » devient un concept autonome de la science juridique, doté de la personnalité juridique, de telle sorte que le concept d'Etat de droit s'épuise désormais dans le concept juridique d'Etat. La formalisation totale de la théorie juridique rend dès lors superflue le recours au concept d'Etat de droit.

Chez les constitutionnalistes positivistes, le concept d'Etat de droit perd donc toute sa dimension prospective. Du même coup, il perd tout intérêt dogmatique. Pour Jellinek, que l'on tient traditionnellement pour l'un des principaux théoriciens du *Rechtsstaat* (droits publics subjectifs, théorie de l'autolimitation), « *la théorie moderne de l'Etat de droit, telle que l'ont formulée*

[69] L. HEUSCHLING, *op.cit.*, p. 125.

Mohl, Stahl et Gneist n'a ajouté aucune caractéristique nouvelle à la doctrine de l'Etat légal telle que fixée par Platon et Aristote »[70]. Et d'ajouter que la théorie de l'Etat de droit n'est au fond rien d'autre qu'une tentative «*pour fixer de façon définitive le type idéal de l'Etat* »[71]. Ce faisant, la théorie de l'Etat de droit ne relève pas de la science de l'Etat mais de la politique. La question des buts de l'Etat se trouve définitivement évacuée de la réflexion juridique positiviste en ce qu'elle ne relève pas de la science juridique comme le relève Gerber : « *les attentes que Mohl rattache à une définition théorique du but de l'Etat pour le contenu matériel du droit public dans son ensemble, ces attentes, sont de mon point de vue, complètement infondées* »[72]. Cet abandon progressif du concept d'Etat de droit comme concept axiologique de la dogmatique juridique germanique trouvera son apogée dans la pensée des normativistes de l'école de Vienne qui n'auront de cesse de dénoncer le caractère tautologique de l'expression[73].

92. Ainsi, l'avènement du courant positiviste marque le déclin progressif de la notion de « *Rechtsstaat* », réduite désormais à sa plus simple expression. Le concept d'Etat de droit est progressivement abandonné des constitutionnalistes[74]. Il ne disparaît pourtant pas pour autant du paysage doctrinal allemand car, comme l'écrit Gerber, « *si le concept d'Etat de droit possède une signification quelconque, ce serait justement celle-ci que, de plus en plus, dans le domaine de l'administration, s'imposent des prescriptions juridiques qui font reculer l'arbitraire*»[75]. La théorie de l'Etat de droit devient ainsi progressivement une théorie administrativiste.

B. L'adoption d'une conception fonctionnaliste de l'Etat de droit

93. Le processus de formalisation de la théorie de l'Etat initié par Stahl aboutit à l'assimilation pure et simple de l'Etat de droit à la légalité, de telle sorte que l'Etat de droit n'est rien d'autre que « *l'Etat du droit administratif bien ordonné* »[76]. La question de l'organisation et du contrôle de l'administration devient alors centrale au sein de la doctrine allemande de l'Etat de droit. La théorie de l'Etat de droit, quittant progressivement le champ du droit constitutionnel et de la théorie politique, devient un instrument entre les mains de la doctrine administrativiste pour « *soumettre complètement l'administration au droit et [...] développer en conséquence, une théorie générale du droit administratif équivalente à celle du droit privé* »[77]. Le débat entourant la question de l'instauration d'une justice administrative en

---

[70] JELLINEK, *op.cit.*, p. 613.
[71] *Ibid.*, p. 37.
[72] C. F. GERBER, *Grundzüge des deutschen Staatsrechts*, 3 e éd., Leipzig, Tauchnitz, p. 32, note 3, cité par O. JOUANJAN, *op.cit.*, p. 32.
[73] *Cf. infra*, n°104.
[74] Voir en ce sens l'historique de L. HEUSCHLING, *op.cit.*, pp. 98-101.
[75] C.F. GERBER, *op.cit.*, p. 239, cité par O. JOUANJAN, *op.cit.*, p. 30.
[76] O. MAYER, *op.cit*, p. 60.
[77] M. FROMONT, *op.cit.*, p. 33.

constituera le point d'orgue[78], le contrôle juridictionnel de l'administration devenant le critère principal de l'Etat de droit[79] : c'est à cette époque en effet que débute le processus de *juridictionnalisation* de l'Etat de droit identifiant peu à peu l'Etat de droit au juge[80]. Deux modèles vont s'opposer : celui d'Otto Bähr tout d'abord qui, après avoir identifié le droit au juge, entend conférer aux juridictions ordinaires le soin de contrôler l'administration (**1**); celui de Rudolf Gneist ensuite, pour qui les affaires administratives doivent être confiées à des juridictions administratives distinctes des juridictions ordinaires (**2**).

1) Otto Bähr et le paradigme juridictionnel : le *Justizstaat*[81]

94. La théorie de l'Etat de droit va connaître avec Otto Bähr une évolution sans précédent. A la forme traditionnelle de l'Etat de droit faisant du Parlement le protecteur des libertés, et de la loi la source ultime du droit, Bähr lui substitue une forme juridictionnelle selon laquelle le juge constitue la clef de voûte de l'Etat de droit, et la « *sentence judiciaire, la source formelle ultime du droit* »[82].

95. Selon une formule désormais classique, « *le droit et la loi n'acquièrent leurs véritables sens et pouvoir qu'à l'instant où ils trouvent à leur disposition un juge en vue de leur réalisation. En son absence, ils ne resteront que trop souvent lettre morte. Il manque le nécessaire lien entre eux et la vie* » [83]. Faute d'un juge, le droit ne serait ainsi pas du droit puisqu'il perdrait sa fonction existentielle à savoir son efficacité. Civiliste et magistrat de formation, Bähr prend comme modèle le droit privé où la règle de droit et la sentence judiciaire sont étroitement liées. Bähr se propose donc de transposer le modèle du droit privé au droit public marqué alors par son immunité juridictionnelle. Il convient de souligner que conformément à son approche organiciste de l'ordre juridique, l'Etat n'est, selon lui, qu'une corporation parmi d'autres : à cet égard, le droit public ne saurait constituer une branche complète et autonome du droit, de telle sorte que rien n'interdit de transposer les solutions du droit privé au droit public[84]. Il en résulte qu'il appartient au juge le pouvoir de contrôler les décisions de l'administration dans la mesure où aucun des mécanismes politiques de garantie du droit public ne se révèle efficace[85].

---

[78] Sur le débat relatif à la justice administrative dans un Etat de droit en Italie, *Cf. infra*, n°123-132.

[79] C. SCHMITT, *Théorie de la constitution*, pref. O. Beaud, Trad. L. Deroche, Puf, Paris, 1989 p. 271 ; J. CHEVALLIER, *L'élaboration historique du principe de la juridiction administrative et de l'administration active*, LGDJ, Paris, 1970, p. 9.

[80] A. BLECKMANN, « L'Etat de droit dans la constitution de la RFA », *Pouvoirs*, n°22, 1982, p. 21.

[81] Voir les développements de C. SCHMITT, *op.cit.*, p. 270.

[82] W. ZIMMER, « Une conception organiciste de l'Etat de droit : Otto Bähr et Otto von Gierke », in O. JOUANJAN, *op.cit*, p. 230.

[83] O. BÄHR, *op.cit.*, p. 12, cité et traduit par L. HEUSCHLING, *op.cit*, p. 107.

[84] W. ZIMMER, *op.cit.*, p. 232.

[85] Cette thèse va à l'encontre de celle soutenue par Stahl qui défendait l'idée d'un auto-contrôle de l'administration. Sur ce point, voir l'exposé détaillé de L. HEUSCHLING, *op.cit.*, pp. 108-110.

96. Mais Bähr ne s'arrête pas là. Il pousse plus loin le raisonnement en confiant aux juridictions ordinaires le soin de contrôler l'administration. Cette solution se justifie tout d'abord pour des raisons historiques : ce n'est là au fond qu'une consécration du processus de juridictionnalisation du contrôle de l'administration amorcé dans les Etats du Sud au début des années 1830[86]. Elle s'explique aussi par des raisons politiques : recrutés au sein de la bourgeoisie, les magistrats apparaissent, d'une part, comme un contre pouvoir face à l'administration dont les postes les plus importants sont confiés à l'aristocratie et, d'autre part, comme le moyen de faire triompher dans le droit administratif les valeurs libérales[87]. Elle se justifie enfin par des raisons juridiques. Dans la mesure où, selon une approche organiciste, l'Etat est une corporation comme une autre, toute division dualiste (droit privé-droit public) doit être reconsidérée car elle apparaît comme une division étatique du droit. Dès lors, le droit public ne justifiant plus d'une autonomie au sein de l'ordre juridique, il apparaît tout naturel que les juges ordinaires puissent trancher les litiges de droit public. Mais surtout, seuls les juges judiciaires sont susceptibles, pour Bähr, de répondre aux exigences d'indépendance, d'impartialité et d'inamovibilité[88]. S'il refuse l'idée d'une justice administrative proprement dite en ce qu'elle entretiendrait une relation de dépendance vis-à-vis de l'administration, il n'est pas toutefois opposé à ce que soient créés des tribunaux de droit public indépendants dont le fonctionnement serait calqué sur celui des tribunaux judiciaires et soumis à l'autorité d'un tribunal suprême commun réglant à la fois le contentieux de droit public et de droit privé. L'Etat de droit doit ainsi avant tout fonctionner sur la base d'une justice indépendante du pouvoir[89].

2) Rudolf Gneist et l'instauration d'une justice administrative

97. Il y a chez Rudolf Gneist ce même souci de dépasser le modèle classique libéral de l'Etat de droit faisant du Parlement le protecteur des libertés et le médiateur entre la société et l'Etat. Gneist constate en effet que le Parlement ne remplit ce double rôle que très imparfaitement, de telle sorte que le fossé se creuse toujours un peu plus entre l'Etat et la société civile dont les intérêts respectifs sont souvent antagonistes. Il convient donc d'associer plus étroitement la société civile au fonctionnement de l'Etat. C'est dans le concept britannique de *selfgovernment* ou d'auto-administration que Gneist va trouver la solution.

---

[86] Sur ce point, O. JOUANJAN, « Le droit de contrôle des juges et les contradictions de l'Etat monarchique allemand », in O. JOUANJAN, *op.cit.*, p. 253 et ss.
[87] W. ZIMMER, *op.cit.*, p. 232.
[88] O. BÄHR, *op.cit.*, pp. 14-15.
[89] Afin d'éviter que la nomination des juges relève de la compétence exclusive du gouvernement, donc de l'administration, Bähr proposait que la représentation du peuple participe à la nomination des juges. O. BÄHR, *op.cit.*, p. 72.

98. L'association des citoyens à la gestion de l'administration va répondre à un double objectif : il s'agit non seulement d'éviter la professionnalisation à outrance du cadre administratif contribuant au développement d'une bureaucratie rigide et fermée, à l'image de l'administration napoléonienne, mais également de lutter contre l'arbitraire administratif. L'organisation administrative doit ainsi servir de relais institutionnel entre la société civile et l'Etat. L'administration apparaît ainsi comme *« l'organisme essentiel de l'Etat de droit »*[90].

A cet égard, l'instauration d'une justice administrative, effective et efficace, constitue le cœur même de l'Etat de droit. Là encore, la société civile doit participer au contrôle de l'administration : « *les organes de la juridiction administrative ne peuvent plus se composer uniquement, dans l'Etat constitutionnel, de fonctionnaires de métier, il leur faut plutôt être formés organiquement à partir des forces vives de la société. C'est cette nouvelle formation qui représente le point archimédien de l'Etat de droit actuel* »[91]. Cette tâche ne saurait donc être confiée ni aux fonctionnaires eux-mêmes (en particulier les ministres), ni aux juridictions ordinaires. Selon lui, ces dernières seraient incapables de juger les affaires administratives pour plusieurs raisons : les juges ordinaires seraient incapables de maîtriser le droit administratif en plus du droit civil ; les affaires administratives portent sur des questions de fait plutôt que de droit ; le contrôle exercé par la justice ordinaire, selon ses propres schèmes, pourrait paralyser le fonctionnement de l'administration[92]. Il convient donc de trouver un juste milieu entre, d'un côté, le refus de laisser à l'administration le soin de juger ses propres affaires et, de l'autre, le refus de confier aux juridictions ordinaires le soin de contrôler l'action administrative. Gneist propose ainsi la création de cours administratives spécialisées indépendantes dans l'administration dont la mission essentielle serait d'assurer la cohérence et la stabilité du droit public dans la mesure où « *dans le domaine du droit administratif, il s'agit d'un ordre juridique objectif, qui doit être maintenu indépendamment des plaintes des partis, dans l'intérêt du droit public et du bien commun* »[93]. Il ne faut donc pas s'y tromper : ce n'est pas tant la protection des droits individuels contre l'omnipotence administrative que Gneist entend assurer par l'instauration d'une justice administrative que la préservation de l'intégrité du droit public. C'est pour cette raison qu'il refuse notamment l'assimilation des plaintes contre l'Etat à de simples plaintes de droit civil mettant en jeu des droits subjectifs opposés au risque sinon de dissoudre « *la jurisdictio administrative en droits individuels publicistes et recours individuels* »[94]. L'Etat et l'individu ne disposent pas selon lui de droits équivalents : au droit particulier de l'individu s'oppose celui

---

[90] R. GNEIST, *Der Rechtsstaat und die Verwaltungsgerichte in Deutschland (1872)*, réimp. Darmstadt, Gentner, 1958, , p. 313, cité par O. JOUANJAN, *op.cit.*, p. 39.
[91] *Ibid.*, p. 159-160, cité, p. 39.
[92] C. ARGYRIADIS-KERVEGAN, « Rudolf Gneist : La justice administrative, institution nécessaire de l'Etat de droit », in O. JOUANJAN, *op.cit*, p. 244.
[93] *Ibid.*, p. 270.
[94] *Ibid.*, p. 271.

de la communauté. Le litige de droit public doit donc conduire à une appréciation de l'intérêt individuel au regard de l'intérêt public qui doit prévaloir.

Au total, se dessine un modèle de l'Etat de droit qui est loin du modèle démocratique que l'on aurait pu imaginer au départ : l'idée d'auto-administration se limite à la participation de la classe possédante au pouvoir de l'Etat et au fonctionnement de la justice administrative ; le contrôle de l'administration est, avant tout, un contrôle destiné à garantir la prééminence du droit public et l'autorité de l'Etat. Comme le rappelle Olivier Jouanjan, « *il s'agit moins d'institutionnaliser au plan administratif la dualité de l'Etat et de la société que d'intégrer la société dans l'Etat* »[95].

99. Fonctionnaliste, la théorie de l'Etat de droit dessinée par Otto Bähr et Rudolf Gneist n'en reste pas moins politisée. En faisant du juge le pivot de l'Etat de droit, ils ont néanmoins contribué de manière décisive à l'approfondissement de la théorie de l'Etat de droit : sur le plan théorique, l'assimilation du droit au juge par Bähr s'est révélée prémonitoire comme l'illustrent les débats contemporains en la matière ; sur le plan pratique, le modèle de la justice administrative dessiné par Gneist eut un impact décisif sur la réorganisation de l'administration locale et de la justice administrative en Prusse[96].

Leurs successeurs (O. Mayer, R. Thoma, etc.) au sein de la nouvelle science administrative allemande continueront cette entreprise. Toutefois, progressivement, la théorie de l'Etat de droit devient de moins en moins politisée pour constituer, principalement, un instrument de modélisation de la science du droit administratif alors en pleine construction et en quête de reconnaissance académique[97]. Avec la doctrine administrativiste, la théorie de l'Etat de droit acquiert une systématicité qui lui faisait défaut lorsqu'elle constituait un instrument de lutte politique évoluant au gré des courants politiques[98]. Il n'en reste pas moins vrai que, même formelle, la théorie de l'Etat de droit est avant tout une théorie de l'Etat de droit libéral. Otto Mayer n'entend, par exemple, soumettre à la primauté du droit que les mesures administratives portant atteinte aux « *libertés bourgeoises* », comme le dénoncera Carl Schmitt[99], à savoir la liberté et la propriété des individus[100]. Ainsi, jusqu'à la République de Weimar, sous le règne du positivisme juridique dans les facultés allemandes, la doctrine s'entendait dans sa grande majorité sur cette définition formaliste (et libérale) de l'Etat de droit que l'on peut résumer avec Gerhard Anschütz à « *un certain ordonnancement du rapport existant entre la loi, l'administration et l'individu* » par lequel « *l'administration ne saurait intervenir*

---

[95] O JOUANJAN, p. 40.
[96] Son influence fut également décisive en Italie, *cf. infra*, n°124 et ss.
[97] Voir l'analyse très éclairante de F. BATTAGLIA, « Stato etico e Stato di diritto », *Rivista internazionale di filosofia del diritto*, 1937, p. 237.
[98] F. BATTAGLIA, *op.cit.*, p. 251 et ss.
[99] C. SCHMITT, *op.cit*, p. 268.
[100] Sur ce point la démonstration de H. FORSTHOFF, *Traité de droit administratif*, Bruxelles, 1969, pp. 107-108.

dans la sphère de liberté de l'individu, ni contre la loi (contra legem) ni sans base légale (praeter, ultra legem»[101]. La période qui s'ouvre au lendemain de la première guerre mondiale viendra rompre cette belle unanimité et contribuera à renouveler en profondeur une théorie que sa formalisation à outrance avait conduit certains à qualifier de « *coquille vide*»[102].

§ 2 - L'EBRANLEMENT DE LA THEORIE LIBERALE DE L'ETAT DE DROIT SOUS LA REPUBLIQUE DE WEIMAR (1919-1933) : L'ETAT DE DROIT *REPENSE*

100. Le renouvellement de la dogmatique juridique qui s'opère en Allemagne au lendemain de la première guerre mondiale est le produit du bouleversement constitutionnel, politique, social et économique qui va marquer de son empreinte le régime de Weimar. La Constitution de Weimar constitue en effet une rupture dans l'histoire constitutionnelle allemande : en se présentant comme une constitution démocratique et sociale, elle se propose de répondre aux nouvelles exigences de la société de masse caractérisée par l'apparition d'un important prolétariat que la guerre et le déploiement de la société capitaliste ont laissé de côté. La Constitution du 11 août 1919 se veut tout d'abord démocratique comme le proclame son article premier (« *l'empire allemand est une République. Le pouvoir de l'Etat émane du peuple »); ;* l'assemblée législative (*Reichstag*) est élue au suffrage universel direct selon la représentation proportionnelle ; elle a le pouvoir de renverser le gouvernement. Pour la première fois ainsi, le constitutionnalisme allemand connaît la démocratie parlementaire, à tout le moins sur le plan des principes. La Constitution de Weimar se veut également sociale comme il en ressort de la deuxième partie du texte constitutionnel de 1919 qui, sous le titre « *Droits et devoirs fondamentaux des allemands* », dresse un catalogue complet de droits et libertés ajoutant à ceux classiques du 19ème siècle (libertés, égalité, propriété) de nouveaux droits économiques et sociaux : protection des travailleurs, protection de la famille et de la jeunesse, réforme agraire et socialisation etc.

La crise politique et économique qui frappa le régime de Weimar ruina tous les espoirs démocratiques et sociaux que le texte constitutionnel pouvait laisser entrevoir : la démocratie parlementaire fut en proie à une instabilité gouvernementale sans précédent, arbitrée par les deux extrêmes, et finit par s'autodétruire le 24 mars 1933 aux termes d'une procédure irrégulière emportant avec elle, pour plusieurs années, ses rêves de démocratie ; l'Etat social ne fut jamais

---

[101] G. MEYER & G. ANSCHÜTZ, *Lehrbuch des deutschen Staats-rechts*, 7th ed, Munich et Leipzig, 1919, p. 29, cité par E-W BOCKENFÖRDE, *op.cit.*, p. 137.

[102] E-W Bockenförde critique fermement cette position tenue principalement par Carl Schmitt (*op.cit.*). En effet, selon lui, le caractère formel de l'Etat de droit ne saurait en aucun cas signifier sa perte de sens et son absence de contenu. Concernant son contenu, le principe du *Rechtsstaat* a comme objectif de sécuriser la liberté et la propriété. Par conséquent, il revêt une dimension politique très forte, à savoir maintenir et perpétuer le système de propriété : l'Etat de droit formel est donc un Etat de droit bourgeois et libéral. E-W BOCKENFÖRDE, *op.cit.*, p. 138; voir également pour une critique similaire, H. HELLER, *Rechtsstaat oder Diktatur*, Tübingen, 1930, p. 9.

réalisé, prisonnier d'un Parlement incapable de développer les droits sociaux proclamés par la Constitution et de tribunaux entre les mains de la bourgeoisie soucieuse de préserver les libertés classiques.

101. C'est dans ce contexte de crise profonde de la société allemande que la dogmatique juridique va faire l'objet d'une profonde remise en question. Pour autant, Weimar ne marque pas le passage d'une conception formelle à une conception matérielle du *Rechtsstaat* : la consécration d'un modèle matériel de l'Etat de droit ne sera effective qu'après la seconde guerre mondiale et l'adoption de la Loi fondamentale de Bonn de 1949 qui entérine l' « *Etat de droit démocratique et social* ». Néanmoins, c'est au cours de cette très courte période au regard de l'histoire constitutionnelle allemande que les données principales du problème seront posées[103]. Weimar fut en effet le théâtre d'une querelle méthodologique sans précédent[104] : les schèmes traditionnels du positivisme juridique qui dominent l'université allemande depuis la fin du 19ème siècle se voient violemment remis en cause par l'émergence d'un courant jusnaturaliste autour duquel gravite une grande diversité de doctrines ayant pour point commun le rejet du positivisme. Selon des auteurs comme Kaufmann (1880-1972), Smend (1882-1975), Schmitt (1888-1985) et Heller (1891-1933), le formalisme juridique, caractéristique de l'école positiviste, aurait vidé de sa substance la science juridique, en éliminant, au nom du relativisme des valeurs, « *le substrat éthique du droit* »[105]. Le but de ces auteurs est de réintégrer la philosophie, la sociologie, l'histoire et l'économie dans l'étude de la science du droit. Cette démarche dogmatique va les conduire à rejeter la conception formelle de l'Etat de droit (**B**) toujours défendue par des positivistes aussi illustres que Anschütz, Thoma ou Kelsen et dont le rayonnement au sein des universités allemandes reste prédominant (**A**).

A. La persistance d'une conception formelle de l'Etat de droit

102. Parmi les positivistes, il est possible de distinguer deux groupes d'auteurs : d'un côté, les légalistes qui, à l'image de Anschütz et Thoma, réduisent l'Etat de droit à la légalité ; de l'autre, les normativistes de l'école de Vienne qui rejettent le concept même d'Etat de droit en ce qu'il constituerait un pléonasme et se révélerait ainsi sans intérêt.

103. Pour les légalistes, le *Rechtsstaat* est comme la démocratie « *quelque chose de purement formel* ». De même que la démocratie constitue une « *méthode de*

---

[103] Christoph Gusy relève ainsi qu'en « *considérant la courte durée de la République de Weimar, il faut constater un progès remarquable de la théorie du « Rechtsstaat ». Ce progrès est une expression du niveau considérable de la science constitutionnelle de Weimar* », in C. GUSY, « Le principe du « *Rechtsstaat* » dans la République de Weimar », in O. JOUANJAN, *op.cit.*, p. 340.

[104] Sur ce point, G. LEIBHOLZ, « Les tendances actuelles de la doctrine de droit public », *APD*, 1931, pp. 207-224 ; C.M. HERRERA, *Théorie juridique et politique chez Hans Kelsen*, *op.cit*, pp. 85-96.

[105] L. HEUSCHLING, *op.cit.*, p. 156.

production de l'ordre étatique », l'Etat de droit constitue une méthode d'organisation de l'ordre étatique. Tout élément matériel est écarté du concept d'Etat de droit. L'Etat ayant le monopole de la production du droit à travers la loi produite par le législateur, l'Etat de droit se réduit à l'affirmation de la primauté de la loi. Il en résulte que ni l'administration ni le juge ne sauraient remettre en cause sa primauté : le juge ne saurait contester la constitutionnalité d'une loi car ce serait là introduire un élément matériel contre la volonté démocratique. L'ensemble du droit est soumis à la primauté de la loi.

104. Pour les normativistes, l'expression *Rechtsstaat* est à rejeter en ce qu'elle constituerait un pléonasme[106]. Hans Kelsen (1881-1973) est celui qui professa cette critique avec le plus de véhémence. Selon lui, l'Etat est par définition « de droit » : « *dès lors que l'on reconnaît que l'Etat est un ordre juridique, tout Etat est un Etat de droit, et ce terme d'Etat de droit représente un pléonasme* »[107]. En effet, « *d'un point de vue strictement positiviste, dont tout élément jusnaturaliste a été exclu, tout Etat doit être considéré comme un Etat de droit, au sens formel, dans la mesure où chaque Etat est un ordre, quel qu'il soit, un ordre de contrainte des comportements humains et que cet ordre de contrainte, quel que soit son mode de production, démocratique ou autocratique, et quel que soit son contenu, doit être un ordre juridique, qui se concrétise, par degrés, à partir de l'hypothétique Grundnorm jusqu'aux actes juridiques individuels en passant par des normes générales. Tel est le concept de l'Etat qui est identique à celui de l'Etat et du droit* »[108]. Tout Etat étant par définition de droit, cela revient à dire que tout Etat est un Etat de droit : le concept juridique d'Etat se confond donc désormais avec celui d'Etat de droit. Ce faisant, le concept d'Etat de droit est purgé de tout contenu substantiel : l'Etat kelsénien, c'est l'Etat *du* droit[109] et non plus d'un droit particulier[110]. Le concept de *Rechtsstaat* ne renvoie plus dès lors à aucun contenu matériel particulier : dire qu' « *un Etat n'est fondé sur le droit que s'il garantit les libertés individuelles, permet le contrôle de la légalité des actes étatiques et assure la formation des normes juridiques selon des procédures démocratiques* » relève d' « *un préjugé de*

---

[106] La question est ici bien connue et a été exposée avec une grande clarté par M. TROPER, « Le concept d'Etat de droit », *op.cit.*, p. 52 et ss ; J. CHEVALLIER, *L'Etat de droit*, *op.cit.*, p. 44-54 ; C.M. HERRERA, *op.cit.*, p. 112-115. Voir également O. PFERSMANN, « Prolégomènes pour une théorie normativiste de l' « Etat de droit » », in O. JOUANJAN, *op.cit.*, p. 53 et ss.

[107] H. KELSEN, *Théorie pure du droit*, trad. C. Eisenmann, 2éd., 1960, Paris, LGDJ, Bruylant, 1990, p. 304.

[108] H. KELSEN, *Théorie générale des normes*, *op.cit.*, p.91.

[109] Selon l'expression de Simone Goyard-Fabre, in *Principes de philosophie politique*, *op.cit.*, p. 250.

[110] C'est là que réside la critique principale faite à l'encontre de cette thèse normativiste. En effet, dès lors que tout Etat est un Etat de droit, l'Etat totalitaire peut être considéré comme un Etat de droit : l'Etat nazi doit par conséquent être considéré comme un Etat de droit (*Cf. infra*, n°109). Hans Kelsen lui-même le concède volontiers en remarquant que « *du point de vue de la science du droit, le droit sous le gouvernement nazi était du droit. Nous pouvons le regretter mais nous ne pouvons le nier.* », in *Die Grundage der Naturrechtslehre. Das Naturrecht in der politischen Theorie*, Hans Martin Schmölz, ed., p. 148, cité par O. PFERSMANN, *op.cit.*, p. 53. Sur la critique de cette thèse C. EMERY, « l'Etat de droit dans les systèmes polyarchiques européens », *RFDC*, 1992, p. 32 ; E. DIAZ, *Estado de derecho y Sociedad democrática*, Madrid, Taurus, 9ème ed., p.29 et ss. ; J. CHEVALLIER, *op.cit.*, pp. 52-53.

droit naturel »[111] et est par conséquent inapproprié. Le concept d'Etat de droit ne saurait donc légitimer ni la limitation de l'Etat par le droit[112] ni l'attribution à l'Etat de certaines caractéristiques substantielles[113] telles que la protection des droits fondamentaux et l'instauration d'un contrôle juridictionnel des lois[114]. Ce serait là revenir à un concept matériel de l'Etat de droit que la théorie pure du droit interdit.

105. La conception normativiste de l'Etat telle qu'elle ressort de la théorie pure du droit fut sans doute celle qui mobilisa contre elle le plus grand nombre de critiques : pour certains mêmes, la radicalité de la pensée normativiste serait à l'origine de la virulente réaction anti-positiviste qui prend place sous la République de Weimar[115]. En réintégrant l'éthique au cœur de la science du droit, les auteurs anti-positivistes vont participer à une redéfinition du concept d'Etat de droit.

B. L'émergence d'un concept matériel de l'Etat de droit : l'exemple du modèle de l'Etat de droit social de Herman Heller

106. Il serait faux de voir dans le mouvement anti-positiviste qui se dessine au tournant des années 1920 une école de pensée homogène tendant à l'avènement des idées libérales ou progressistes[116]. Bien au contraire, en dehors du social-démocrate Heller, la plupart des auteurs au sein de ce courant néo-jusnaturaliste se situent à droite et à l'extrême droite de l'échiquier politique et contribueront, pour certains, au développement du droit du troisième Reich. Carl Schmitt en est un parfait exemple.

107. Rejetant tout à la fois le formalisme positiviste et le libéralisme politique qu'incarne la théorie de l'Etat de droit, Carl Schmitt se livre à une critique radicale de la dogmatique juridique de son temps. Selon lui, la notion d'Etat de droit est incapable de rendre compte, à elle seule, de la réalité constitutionnelle étatique. Dans sa *Théorie de la Constitution* (1928), il estime que toute Constitution est composée à la fois d'un élément libéral (*l'Etat de droit bourgeois*) et d'un élément politique (*la démocratie*). Or, selon lui, le véritable principe de structuration de l'Etat est l'élément politique. Comme le relève Olivier Beaud, le but de cette « *construction dualiste était d'instituer une hiérarchie en faveur de la composante politique et donc de jouer l'Etat contre la protection libérale* »[117]. En effet, « *malgré tout son juridisme et sa normativité, l'Etat de droit reste quand même un Etat et contient par conséquent, en sus de la composante spécifiquement libérale*

[111] H.KELSEN, *Théorie pure du droit*, 1ère éd., trad. Thevenaz, éd. de la Braconnière, Neuchâtel, 1988, p. 176.
[112] *Ibid.*, p. 175.
[113] *Ibid.*, p. 176.
[114] Sur la relation « contrôle de constitutionnalité des lois » et « *Rechtsstaat* » dans la pensée de Kelsen, voir la mise au point de M. TROPER, « Kelsen et le contrôle de constitutionnlité », in C.M. HERRERA, *Le droit, le politique. Autour de Max Weber, Hans Kelsen, Carl Schmitt*, Paris, L'Harmattan, 1995, p. 157.
[115] O. BEAUD, « Carl Schmitt ou le juriste engagé », in C. SCHMITT, *op.cit.*, p. 68.
[116] O. JOUANJAN, « Présentation », *op.cit.*, p. 49.
[117] O. BEAUD, « La critique de l'Etat de droit chez Carl Schmitt », *CPPJ*, n°24, Caen, 1993, p. 113.

(rechtstaatlich) bourgeoise toujours aussi une autre composante spécifiquement politique [...]. Voilà pourquoi il n'y a aucune constitution qui ne serait intégralement rien d'autre qu'un système de normes juridiques destinées à protéger l'individu contre l'Etat. Le politique ne peut être dissocié de l'Etat – qui est l'unité d'un peuple – et dépolitiser le droit public (Staatsrecht) ne signifie rien d'autre que le désétatiser (enstaatlichen) »[118]. Le concept d'Etat de droit aurait ainsi pour effet de nier l'Etat. Il en résulte que « *pour l'évolution constitutionnelle future, il s'agira donc de sauver la démocratie en la débarrassant de sa gangue libérale. Ce n'est qu'ainsi, et non par l'indifférence libérale pour les questions de la forme de l'Etat et de la Constitution, que l'on pourra maîtriser politiquement la nouvelle situation créée par l'émergence du prolétariat et recréer l'unité politique du peuple-Etat allemand* »[119]. On comprend mieux ainsi les raisons du ralliement de Carl Schmitt au régime nazi censé substituer à l'Etat de droit bourgeois une « *démocratie décisionniste-totalitaire* ».

108. Herman Heller (1891-1933) partage avec Carl Schmitt ce même rejet du positivisme juridique. Selon lui, « *la construction unifiée de la théorie de l'Etat du point de vue de la science du droit en tant que discipline dogmatique a échoué. Non pas seulement parce que la théorie pure du droit est vide sans la sociologie, aveugle sans la téléologie, mais parce que surtout la science du droit n'est pas une science constitutive. Il lui manque l'autonomie qu'on lui prête ; elle harmonise des données sociales, mais elle ne les constitue pas ; au contraire elle les trouve préexistantes* »[120]. En conséquence de quoi, Heller propose d'ouvrir la théorie générale de l'Etat aux autres sciences sociales en mettant l'accent sur «*la réalité politico-sociale surplombant l'Etat* »[121]. Le concept d'Etat de droit social qu'il introduit dans la dogmatique juridique de Weimar s'inscrit dans ce prolongement.

Herman Heller va réconcilier la gauche allemande avec le concept d'Etat de droit dont elle se méfiait jusqu'alors en ce qu'il incarnait une vision libérale et bourgeoise de la société[122]. Rejetant tout à la fois la conception schmittienne de la démocratie tendant à l'affirmation du caractère démocratique d'une dictature et la conception libérale de l'Etat de droit considérée comme l'instrument de domination de la classe bourgeoise, Heller soutient la thèse dans son célèbre essai « *Rechtsstaat oder Diktatur* ? » (1930) que seule la transformation de l'Etat de droit libéral en Etat

---

[118] C. SCHMITT, *op.cit.*, p. 263.

[119] C. SCHMITT, « L'Etat de droit bourgeois » (1928), in *Du politique. Légalité et légitimité et autres essais*, Puiseaux, Pardès, 1990, p. 35.

[120] H. HELLER, « Krisis der Staatslehere », 1926, in *Gersmmelte Schriften*, T2, p. 24, cité par O. BEAUD, « Carl Schmitt ou le juriste engagé », *op.cit.*, p. 74.

[121] O. BEAUD, *op.cit.*, p. 73.

[122] Sur l'appréhension du concept d'Etat de droit par la gauche allemande, voir l'étude très documentée de C.M. HERRERA « La social-démocratie et la notion d'Etat de droit à Weimar » , in O. JOUANJAN, *op.cit.*, p. 343-372. Cette critique de la théorie de l'Etat de droit en ce qu'elle est le produit d'une conception bourgeoise de la société est commune à toutes les gauches européennes. Voir B. MIRKINE-GUETZEVITCH, « L'Etat soviétique et l'Etat de droit », *RDP*, 1927, p. 308-326 ; E. DIAZ, « El Estado democrático de derecho y sus críticos izquierdistas », *Sistema*, 1978, p. 51-70 (*Cf. infra*, n°186-191).

de droit social peut éviter l'avènement d'un régime dictatorial. L'avenir de l'Europe se trouverait ainsi entre « *dictature fasciste ou Etat de droit social* »[123]. Ce modèle de l'Etat de droit apparaît résolument matériel à un double titre.

Le modèle de l'Etat de droit social est avant tout un modèle démocratique de l'Etat de droit : Heller parlera à ce propos de « *demokratischer Rechtsstaat* »[124]. L'Etat de droit ne se conçoit chez Heller que dans sa forme démocratique : tel est le sens de l'opposition fondamentale qu'il révèle entre Etat de droit et dictature. En effet, l'Etat de droit serait né, selon lui, de la doctrine de la souveraineté populaire : l'Etat de droit, c'est l'empire de la loi, produite par le législateur, émanation du peuple dans son ensemble[125]. A ce titre, elle doit dominer et conditionner toute l'activité de l'Etat, de la justice à l'administration.

Mais Heller ne s'arrête pas à cette conception héritée des libéraux du *Vormärz*. Après avoir constaté que l'Etat de droit libéral « *n'est plus* – écrit-il – *à la hauteur des tâches qui doivent être remplies aujourd'hui* », Heller se fait l'apôtre d'un Etat de droit social qui doit viser à « *l'extension de l'idée matérielle de l'Etat de droit à l'organisation du travail et de la répartition des richesses* »[126]. La Constitution de Weimar en jetterait les bases en consacrant pour la première fois à côté des libertés classiques des droit sociaux et économiques. L'Etat de droit social doit ainsi avoir pour objectif de réaliser ces droits en vue d'une meilleure justice sociale : à l'égalité formelle de l'Etat de droit libéral, Heller entend lui substituer l'égalité matérielle de l'Etat de droit social[127].

C'est sur la base de cette double exigence – *demokratischer Rechtsstaat* (règne de la loi) et *sozialer Rechtsstaat* (justice sociale) – qu'Heller rejettera vigoureusement l'idée d'un contrôle de constitutionnalité des lois qui commençait alors à se développer[128]. Le contrôle de la constitutionnalité des lois lui apparaissait en effet comme un moyen pour la bourgeoisie, toujours aux commandes de

---

[123] H. HELLER, « *Rechtsstaat* oder Diktatur » (1929), *Gesammelte Schriften*, t.2, Leiden, Sijthoff, 1971, p. 462.

[124] Ce concept plonge ses racines dans l'œuvre de C. Schmitt pour qui la démocratie et le *Rechtsstaat* constituent les deux figures de la constitution au sens moderne. En revanche, il en constitue l'anti-thèse en ce que le concept de '*demokratischer Rechtsstaat*' tend à concilier la démocratie dans l'Etat de droit. En ce sens, G. M. LANDWERLIN, « El Estado social de derecho : Forsthoff y Abendroth : dos interpretaciones teoricas para dos pocisiones politicas », *REP*, 1984, n°42, pp. 213-214.

[125] *Ibid.*, p. 446.

[126] *Ibid.*, p. 450.

[127] L. PAREJO ALFONSO, *Estado social y Administracion publica. Los postulados constitucionales de la reforma administrativa*, Madrid, Civitas, 1983, pp. 29-30.

[128] La 5e chambre civile du *Reichsgericht*, dans un jugement du 4 novembre 1925, a estimé que « *étant donné que la Constitution elle-même ne contient aucune disposition selon laquelle la prérogative de statuer sur la constitutionnalité d'une loi du Reich serait retirée aux juges et transférée à un autre organe déterminé, le droit et le devoir du juge d'examiner la constitutionnalité des lois du Reich doivent être reconnus* ».

l'appareil judiciaire[129], de s'opposer au développement de l'Etat de droit social à l'instar de ce qui se passait aux Etats-Unis[130] en privilégiant les droits et libertés classiques sur les nouveaux droits économiques et sociaux[131]. Cette question du contrôle de la constitutionnalité des lois fit l'objet d'un débat très vif sous Weimar dépassant largement les clivages politiques et les courants doctrinaux. Les termes du débat sont trop connus pour qu'on y revienne[132]. La crise du parlementarisme et les errements du pouvoirs judiciaires sous Weimar entretiendront cette polémique relative au « gardien de la Constitution ». L'arrivée au pouvoir d'Hitler en 1933 et le démantèlement dont l'Etat de droit fit l'objet montrera rétroactivement toute la profondeur de cette question. Les constituants de 1949 en tireront les leçons en faisant du juge la figure centrale de « l'Etat de droit démocratique et social », double formule empruntée à Heller. Loin d'être une période marquée par un appauvrissement de la théorie de l'Etat de droit[133], Weimar en a ainsi constitué le « *laboratoire* »[134] en dessinant les contours d'un modèle matériel de l'Etat de droit[135] annonçant le dépassement de la théorie libérale de l'Etat de droit.

§3 - LE « *DEMANTELEMENT* » L'ETAT DE DROIT SOUS LE TROISIEME REICH (1933-1945)

109. Aborder la question de l'Etat de droit sous le troisième Reich peut apparaître déplacé tant l'Etat nazi constitue, selon les mots de Michael Stolleis, « *le paradigme de l'Etat de non-droit* »[136]. La question n'est pas ici de savoir si l'Etat nazi constituait ou non un Etat de droit. Celle-ci est réglée depuis longtemps et ce, quelle que soit l'option méthodologique retenue. Même si l'on retient la thèse normativiste

---

[129] Rappelons que le gouvernement social-démocrate arrivé au pouvoir en 1919 renonça à toute épuration du corps des magistrats. Radbruch pouvait ainsi considérer que la justice constituait « *un corps hérité de l'Obrigkeitsstaat et étranger à la démocratie* », cité par L. HEUSCHLING, *op.cit.*, p. 169.

[130] *Ibid.*, p. 450. Voir E. LAMBERT, *Le gouvernement des juges et la lutte contre la législation sociale aux Etats-Unis. L'expérience américaine judiciaire de constitutionnalité des lois*, Paris, Marcel Giard, 1921.

[131] M. Fromont remarque ainsi que « *alors que les tribunaux ne firent rien pour promouvoir les droits économiques et sociaux, ils inaugurèrent une jurisprudence originale pour défendre les libertés classiques [...]* ». Par exemple, « *les tribunaux donnèrent une extension nouvelle à la notion d'expropriation [...]. En vertu de cette jurisprudence, toute loi permettant à l'administration de porter atteinte aux patrimoines privés [...] pouvait donc être déclarée inconstitutionnelle par un tribunal ordinaire si elle ne prévoyait pas d'indemnisation.* », M. FROMONT, *op.cit.*, p. 38

[132] Voir Ch. EISENMANN, *La justice constitutionnelle et la Haute Cour constitutionnelle d'Autriche*, réimpr., Paris, Economica, 1986 ; H. KELSEN, « La garantie juridictionnelle de la Constitution », *RDP*, 1928, pp. 198-251 ; M. TROPER, « Kelsen et le contrôle de constitutionnalité », *op.cit*, p. 165 et ss.

[133] En ce sens, K. Sobota pour qui « *le Rechtsstaat n'était pas un sujet de discussion dans la doctrine publiciste de Weimar* », in K. SOBOTA, *Das Prinzip Rechtsstaat*, *op.cit.*, p. 11, cité par L. HEUSCHLING, *op.cit.*, p. 142.

[134] O. JOUANJAN, « Présentation », *op.cit.*, p. 44.

[135] E.W. BÖCKENFÖRDE, *op.cit.*, p. 60.

[136] M. STOLLEIS, « Que signifiait la querelle autour de l'Etat de droit sous le Troisième Reich », in O. JOUANJAN, *op.cit.*, p. 373. Voir également M. FROMONT, *op.cit.*, p. 39 : « *Il est difficile de parler du droit public allemand de la période national-socialiste, car, à vrai dire, Hitler manifesta toujours la plus grande méfiance à l'égard de tout ce qui était juridique. Il y a, en effet, une incompatibilité radicale entre le droit, nécessairement stable et rationnel, et la doctrine national-socialiste, à la fois révolutionnaire et irrationnelle* ».

kelsénienne de l'identification de l'Etat au droit et partant de l'Etat à l'Etat de droit – thèse à partir de laquelle on déduit habituellement l'identification de l'Etat nazi à un Etat de droit[137] – , il semble qu'il faille bien convenir, avec Michel Troper, que l'Etat du troisième Reich ne constitue pas un Etat et partant un Etat de droit aux yeux de la *Théorie pure* en ce que le *Deutsches Reich* ne répondait pas aux propriétés constitutives d'un système juridique[138].

110. L'objet de ce paragraphe est tout autre. Il s'agit d'étudier brièvement la manière dont le concept d'Etat de droit fut appréhendé par la doctrine juridique du troisième Reich[139] afin de mettre en évidence sa dimension politique et, le cas échéant, sa force légitimante[140]. C'est dans les premières années du régime nazi (1933-35) – au moment où les fondations théoriques du régime seront posées – que la polémique autour du concept d'Etat de droit prit place[141]. Schématiquement, on peut distinguer deux groupes d'auteurs[142] : d'un côté, ceux qui continuent de recourir au modèle de l'Etat de droit pour décrire le régime nazi (Darmstädter, Koellreutter, Schweinichen) en l'adaptant le cas échéant à la nouvelle réalité politique (**A**) ; de l'autre, ceux qui plaident pour son abandon en ce qu'il serait le produit et l'instrument de l'idéologie libérale désormais honnie (Schmitt, Höhn, Krauss, Walz) (**B**).

---

[137] En ce sens, l'opinion même de Hans Kelsen : « *Du point de vue de la science du droit, le droit sous le gouvernement nazi était du droit. Nous pouvons le regretter mais nous ne pouvons le nier* », in H. KELSEN, *Die Grundlage der Naturrechtslehre. Das Naturrecht in der politischen Theorie*, Hans Martin Schmölz éd., p. 148, cité par O. PFERSMANN, « Prolégomènes pour une théorie normativiste de l' « Etat de droit » », in. O. JOUANJAN, *op.cit.*, p. 53.

[138] M. TROPER, « Y a-t-il eu un Etat nazi ? », *Pour une théorie juridique de l'Etat*, Paris, PUF, coll. Léviathan, 1994, p. 177 et ss. Pour une opinion contraire fondée sur la théorie normativiste de l'Etat, voir O. PFERSMANN, *op.cit.*, p. 56, note. 7.

[139] Il convient toutefois au préalable de signaler que la doctrine national-socialiste est très hétérogène et divisée en son sein en plusieurs courants de pensée : Carl Schmitt se trouve relativement isolé au sein de ce mouvement ; il est même stigmatisé par certains comme Koellreutter et Höhn qui lui reprochent d'être un libéral (sic!).

[140] Parmi une abondante littérature, on consultera avec intérêt l'étude entreprise par Ingo Muller sur le rôle des juristes sous le troisième Reich : I. MULLER, *Hitler's Justice : the Courts of the Third Reich*, Trad. Deborah Lucas Scneider, Cambridge, Massachusetts, Harvard University Press, 1991, 580p. ; M. STOLLEIS, *The Law Under the Swastika. Studies on Legal History in Nazi Germany*, Chicago, 1998 ; C. JOERGES (ed.), *Darker Legacies of Law in Europe - The Shadow of National Socialism and Fascism over Europe and its Legal Traditions*, Hart Publishing, 2003.

[141] M. STOLLEIS, *op.cit.*, p. 374.

[142] F. BATTAGLIA, « Stato di diritto e Stato etico », *RIFD*, 1937, p. 240. Voir également l'examen détaillé de ces positions respectives in P. BODDA, *Lo Stato di diritto*, Città del Castello, 1936, pp. 35-41. Pour une étude comparée de l'attitude de la doctrine national-socialiste allemande et la doctrine fasciste italienne à l'égard du concept d'Etat de droit, E. DIAZ, *Estado de derecho y sociedad democrática*, *op.cit.*, pp. 57-100. Sur la doctrine fasciste et la théorie de l'Etat de droit, *Cf. infra*, n°136 et ss ; sur la doctrine franquiste et la théorie de l'Etat de droit, *Cf. infra*, n°182 et ss.

A. Le *nationaler Rechtsstaat* ou la récupération du concept d'Etat de droit par la doctrine national-socialiste

111. La rupture de la légalité républicaine survenue au tournant des années 1930 marque le début du démantèlement de l'Etat de droit. Ce processus culminera après l'arrivée au pouvoir d'Adolf Hitler marquée très rapidement par des violations répétées et assumées du droit. Dans ce contexte, les responsables nazis prirent très vite conscience de la nécessité, d'une part, de rassurer les gouvernements étrangers et, d'autre part, de s'assurer à l'intérieur du régime du soutien des conservateurs inquiets face à la montée de cette violence. La réactivation du concept d'Etat de droit répondait à cette double exigence[143].

112. Une partie de la doctrine national-socialiste, consciente de la force attractive du concept de *Rechtsstaat*, se mobilisa en ce sens pour « nazifier » le concept d'Etat de droit afin de le rendre compatible avec le nouveau régime[144]. Telle fut la démarche de Koellreutter[145], prolongeant la pensée de Darmstädter[146], très vite rejoint par d'autres comme Dennewitz[147], Helfritz[148] et von Schweinichen[149]. Après avoir purgé le concept d'Etat de droit de sa dimension libérale en soulignant sa « *valeur intemporelle* » en ce qu'il plonge ses racines au plus profond des valeurs germaniques, Koellreutter proposa d'adapter le concept de *Rechtsstaat* à la dogmatique nazie en retenant l'idée d'un « *nationaler Rechtsstaat* » (Etat de droit national)[150].

---

[143] M. STOLLEIS, *op.cit.*, p. 374.

[144] Il convient de signaler que certains auteurs vont même plus loin en soutenant que seul l'Etat nazi serait un véritable Etat de droit. Les libéraux auraient, selon eux, dénaturé le concept d'Etat de droit en faisant de la loi la norme axiologique de l'ordre juridique, loi qui n'est rien d'autre que l'instrument de la bourgeoisie. L'Etat de droit libéral serait ainsi en fait un Etat légal (*Gesetzesstaat*). Au contraire, l'ordonnancement national-socialiste serait le seul véritable Etat de droit dans la mesure où le « droit » aurait trouvé sa véritable signification en ce qu'il serait l'expression de « l'esprit populaire ». La loi « *ne serait plus ainsi la Magna Carta des individus contre l'Etat et vice-versa* »., F. LANGE, *Von Gesetzesstaat zum Rechtsstaat*, Tübingen, 1935, p. 68.

[145] O. KOELLREUTTER, *Grundriss der Allegemeinen* Tübingen, 1933, p. 23 ; « Der nationale Rechtsstaat », *Deutsche Juristen-Zeitung*, 38, 1933, col. 517-524.

[146] Fr. DARMSÄDTER, *Die Grenzen der Wirksamkeit des Rechtsstaates. Eine Untersuchung zur gegenwärtigen Krise des liberalen Staatsgedankens*, Heidelberg, 1930 ; *Rechtsstaat oder Machtsstaat ? Eine Frage nach der Geltung der Weimarer Verfassung*, Berlin-Grunewald, 1932.

[147] B. DENNEWITZ, *Das nationale Deutschland ein Rechtsstaat. Die Rechtsgrundlagen des neuen deutschen Staates*, Berlin, 1933.

[148] H. HELFRITZ, « Rechtsstaat und nationalsozialistischer Staat », *Deutsche Juristen-Zeitung*, 39, 1934, col. 426-433.

[149] G. KRAUSS & O. v. SCHWEINICHEN, *Disputation über den Rechtsstaat. Der deutsche Staat der Genenwart*, Hambourg, 1935.

[150] O. KOELLLREUTTER, *op.cit.*, pp. 5-6.

113. Cet « Etat de droit national » ou « Etat de droit national-socialiste »[151] revêt une double dimension, formelle et matérielle à la fois. L'Etat de droit national serait tout d'abord un Etat juridique reposant sur le principe de légalité en vertu duquel la vie sociale est enfermée dans un rapport de droit. Cette dimension formelle de ce *Rechtsstaat* est « *intemporelle* » en ce qu'elle apparaît comme un « *élément indissociable de l'idée du droit* »[152]. Neutre par essence, ce principe ne contredirait en rien les données politiques du nouveau régime. En ce sens, l'Etat nazi est un *Rechtsstaat* formel. Mais l'Etat nazi est également un «*nationaler Rechtsstaat* ». Koellreutter dessine là un modèle matériel de l'Etat de droit censé décrire la dimension politique du concept de droit nazi. Selon lui, cet Etat de droit national serait, sur le plan matériel, un Etat juste faisant primer les intérêts du *Volk* sur ceux des individus et partant fondamentalement « *antilibéral* »[153]. L'Etat de droit national se substituerait ainsi à l'Etat de droit libéral : il en conserverait la dimension formelle, à savoir un ordre de droit fondé sur le principe de légalité, et s'en écarterait, sur le plan matériel, en faisant disparaître l'individu derrière l'idée de communauté.

B. La critique national-socialiste du concept de *Rechtsstaat* chez Carl Schmitt

114. Du concept traditionnel de *Rechtsstaat*, il ne subsisterait plus que sa dimension formelle liée à l'exigence de sécurité juridique. Or, l'exigence de protection juridique était perçue comme « bourgeoise et libérale » en ce qu'elle constituait un manque de confiance envers la « communauté », preuve, s'il en est, que l'idée d'Etat de droit est indissolublement liée au libéralisme politique et juridique. Tel est le sens de la critique de Carl Schmitt à l'encontre de cette tentative d'une partie de la doctrine national-socialiste de « nazifier » le concept d'Etat de droit. Pour Carl Schmitt, le concept d'Etat de droit est, dans son essence, incompatible avec le national-socialisme en ce qu'il s'inscrit au plus profond de la pensée libérale : historiquement, il en est le produit ; politiquement, il en est l'instrument. Or, retenir le concept d'Etat de droit national serait courir le risque, selon Carl Schmitt, d'exposer le nouveau régime aux critiques de ses adversaires dans la mesure où l'expression « Etat de droit » « *emporte avec [elle] des connotations libérales, incompatibles avec le national-socialisme et les introduit dans le droit constitutionnel, administratif et pénal* »[154]. Mieux valait, selon lui, renoncer, par conséquent, au concept ambigu de *Rechtsstaat* et, par extension, à celui de *nationale Rechtsstaat*, pour lui préférer celui de *Führerstaat,* plus adapté à la réalité national-

---

[151] A partir de 1935, Koellreutter parle de « *nationalsozialistische Rechtsstaat* », in « Der nationasozialistische *Rechtsstaat* », in *Die verwaltungsakademie*, T.1, contribution n°15, Berlin, 1935, cité par L. HEUSCHLING, *op.cit.*, p. 661.
[152] *Ibid.*, p. 20.
[153] *Ibid.*, p. 33.
[154] M. STOELLEIS, *op.cit.*, p. 378.

socialiste dans la mesure où « *le Rechtsstaat en tant qu'Etat légal est [...] l'antithèse spécifique de toute sorte de Führerstaat* »[155].

115. Mais plus opportuniste que dogmatique sur ce point, face à la volonté des cadres du Parti d'utiliser l'expression « *Etat de droit national-socialiste* » et soucieux, par ailleurs, de contenir les ambitions de Koellreutter au sein du mouvement (« *Etat de droit national* »), Schmitt proposa finalement, en dépit de ses objections à l'encontre du concept de *Rechtsstaat*, l'expression grotesque d'« *Etat de droit allemand d'Adolf Hitler* ». C'est dans un discours prononcé le 12 février 1934 à Cologne devant les membres de l'Union de juristes allemands nationaux-socialistes que Carl Schmitt scellera ce revirement « dogmatique » (politique ?). L'objectif est ici clairement de récupérer les concepts traditionnels de la science juridique libérale et de les « repenser » ou « nazifier ». Le concept de *Rechtsstaat* en constitue le symbole. Il s'agit ainsi non pas de déterminer « *le national-socialisme à partir d'un concept préexistant du Rechtsstaat, mais à l'inverse le concept de Rechtsstaat à partir du national-socialisme* »[156]. Selon lui, le concept d'Etat de droit ne serait plus, comme il l'affirmait auparavant, par essence libéral : au contraire, il y aurait des « douzaines de *Rechtsstaat* » (féodal, corporatiste, libéral, fasciste *etc.*), différents selon les pays (Etat de droit français, Etat de droit allemand *etc.*). L'Etat de droit serait ainsi une enveloppe juridique à l'intérieure de laquelle se trouverait enfermé un idéal politique. Tel est le sens de la formule « *Etat de droit allemand d'Adolf Hitler* ». Cependant, le recours à un tel concept ne saurait être que provisoire en attendant le développement et l'adoption de nouveaux concepts juridiques et politiques propres à la dogmatique juridique national-socialiste[157]. Ce revirement conceptuel n'est donc que transitoire et , à terme, le mot et le concept de *Rechtsstaat* devraient apparaître comme « *superflus* ». Comme le relève Luc Heuschling, « *il devient dès lors évident que Schmitt vise simplement à s'approprier le mot – et encore car celui-ci est aussi voué à disparaître – sans se sentir lié par la chose* »[158]. Ainsi, contrairement à une idée reçue, l'hostilité de Carl Schmitt à l'égard du

---

[155] C. SCHMITT, « Nationalsozialismus und *Rechtsstaat* », *JW*, 1934, p715 cité et traduit par L. HEUSCHLING, *op.cit.*, p. 682.

[156] *Ibid.*, p. 716, et p. 685

[157] C'est à cette tâche que s'attela le juriste Reinard Höhn qui, conscient de l'ambiguïté du concept d'Etat de droit et souhaitant faire table rase du passé pour édifier une nouvelle science constitutionnelle et administrative adaptée aux nouvelles exigences sociales et politiques du moment conformément au nouveau concept de *Volksgemeinschaft*, rejetait vigoureusement toute référence aux concepts libéraux de la science du droit considérés comme non « völkisch » au premier titre desquels trônait celui de *Rechtsstaat*. Reinard Höhn se proposait ainsi de renouveler la dogmatique juridique en substituant aux concepts traditionnels de la science constitutionnelle et administrative de nouveaux plus conformes à la nouvelle réalité politique. Le concept de *Volksgemeinschaft* (communauté nationale) constituait désormais la pierre de touche de cette nouvelle dogmatique juridique. Il s'agissait notamment de remplacer le concept de personnalité juridique de l'Etat par celui de *communauté*. Höhn est sans doute celui qui poussa le plus loin cette réflexion au point de se présenter lui-même en « *constitutionnaliste national-socialiste orthodoxe* » et de voir dans la pensée de Koellreuter et Schmitt une conception « libérale » et individualiste de l'Etat (sic !). Sur ce point I.J. HUECK, « « Sphere of influence ans 'Völkisch' legal thought » : Reinhard Höhn's Notion of Europe », in C. JOERGES, *op.cit.*

[158] L. HEUSCHLING, *op.cit.*, p. 686.

concept de *Rechtsstaat* fut constante et si l'on dénote ici ou là quelques variations dans ses écrits, sur le fond rien n'a vraiment changé : il faut dépasser le concept de *Rechtsstaat* en ce que le principe de légalité qui en est l'incarnation constitue un obstacle au « politique »[159].

116. A partir de 1935, ce débat surréaliste s'estompa[160]. Et c'est tout naturellement, en 1945, au lendemain de la tragédie nazie, alors que le peuple allemand entendait rompre avec les fantômes du passé, que le thème de l'Etat de droit refit surface pour devenir le principe axiologique du nouvel ordre constitutionnel allemand[161].

*

* *

117. Après 1945, l'idée d'Etat de droit, qui se diffusera progressivement dans toute l'Europe occidentale, est étroitement liée à celle de la démocratie. Mais pour en arriver là, le chemin fut long et tortueux. On l'a vu, l'idée d'Etat de droit n'est pas propre à la culture allemande. Elle plonge ses racines au plus profond de l'histoire politique européenne : il n'est pas possible de penser l'Etat de droit sans les lumières de Locke, Montesquieu, Rousseau ou Kant. La construction de la théorie de l'Etat de droit fut donc progressive, s'enrichissant ici et là des apports théoriques de la philosophie politique européenne dans sa quête de liberté. Au fond, l'histoire de la théorie de l'Etat de droit se confond avec celle de la lutte pour la liberté : liberté politique tout d'abord ; liberté civile ensuite ; liberté sociale enfin. Mieux, comme le remarquait très justement Lorenz von Stein, la forme de la liberté est désormais atteinte avec la constitution du modèle de l'Etat de droit[162]. Plus généralement, et au-delà des diverses conceptions existantes en la matière, l'idée d'Etat de droit répond au souci permanent d'encadrer la puissance de l'Etat au profit des individus en l'enfermant dans un cadre de droit afin de substituer à la domination de l'homme la domination de la loi[163]. L'étude de la consécration du principe de l'Etat de droit dans les pays européens le confirmera.

---

[159] En ce sens, O. BEAUD, « La critique de l'Etat de droit chez Carl Schmitt », *CPPJ*, n°24, Caen, 1993, p. 112.

[160] Sur ce point, le débat qui a agité la doctrine sur la question de savoir si l'instauration des camps de concentration était compatible avec le principe du *Rechtsstaat* en constitue le firmament. Voir M. STOLLEIS, *op.cit.*, p. 380.

[161] *Cf. infra*, n°197 et ss.

[162] L. VON STEIN, *Geschichte der sozialen Bewegung in Frankreich von 1789 bis auf unsere Tage*, Tome 3, ed. Salomon, réimp. Darmstadt, 1961, p. 193, cité par E-W. BÖCKENFÖRDE, *op.cit.*, p. 141.

[163] E-W. BÖCKENFÖRDE, *op.cit.*, p. 146.

TITRE II
LA CONSECRATION DU PRINCIPE DE L'ETAT DE DROIT EN EUROPE

118. La théorie de l'Etat de droit, produit de la pensée politico-juridique européenne, formalisée par la doctrine allemande, se répand alors à partir de la fin du 19ème siècle dans l'Europe tout entière comme l'incarnation de l'Etat libéral. Tout au long du 20ème siècle, sous l'effet conjugué de la fin des totalitarismes et du développement de la justice constitutionnelle, l'« *Etat de droit* » gagne une audience toujours plus large jusqu'à devenir le nouveau credo du discours politico-constitutionnel européen.

119. Encore faut-il préciser que cette consécration générale du principe de l'Etat de droit n'est pas uniforme. Si le principe de l'Etat de droit a fait l'objet d'une consécration générale par la doctrine européenne en tant que « *principe doctrinal* »(**Chapitre 1**), en revanche il n'a été érigé au rang de principe constitutionnel de l'ordre juridique (*principe normatif*)[1] que dans un nombre plus limité d'Etats[2] (**Chapitre 2**). A cet égard, l'étude de la « *consécration du principe de l'Etat de droit* » nous permettra, d'une part, de mettre en évidence le processus

[1] Les concepts de principe normatif et de principe descriptif ou doctrinal sont pris ici dans leur sens premier et ne sauraient renvoyer à la nomenclature mise en évidence par Kelsen entre concept normatif du droit (Sollen) et concept descriptif du droit (Sein). Un principe est dit « normatif » lorsqu'il se concrétise dans « un principe positif de droit » (J. WROBLEWSKI, « Principes », in A-J ARNAUD (dir), *Dictionnaire d'Eguilles*, Paris-Bruxelles, LGDJ-StoryScientia, 1988) : tel est le cas, par exemple, du principe constitutionnel d'égalité en droit français (DC, 17 janvier 1989, 88-248, *Conseil Supérieur de l'audiovisuel*, RJC, I-668) ou du principe de *Estado de derecho* en droit constitutionnel espagnol. Un principe est « descriptif » ou « doctrinal » lorsque la doctrine en use pour formuler une proposition purement descriptive par laquelle elle entend rendre compte d'un ordre juridique donné. L'utilisation du principe descriptif dans ce contexte est simplement destinée « *à la connaissance et à l'analyse systémique du droit* » (JL BERGEL, *Théorie générale du droit*, Paris, Dalloz, 1985, sp. 211). La doctrine parle également de « *concept doctrinal* » (Ch. EISENMANN, « Quelques problèmes de méthodologie des définitions et des classifications en science juridique », *APD*, 1966, p. 25).

[2] L'on peut toutefois se demander si, depuis la ratification du traité d'Amsterdam, le principe de l'Etat de droit ne serait pas devenu un principe de l'ordre juridique interne de l'ensemble des Etats membres de l'Union européenne dans la mesure où ce principe est consacré par l'article 6 alinéa 1 du traité d'Amsterdam qui dispose que « *l'Union est fondée sur les principes de liberté, de la démocratie, du respect des droits de l'homme et des libertés fondamentales, ainsi que de l'Etat de droit, principes qui sont communs aux Etats membres* ».

d'européanisation de la pensée de droit public et, d'autre part, de commencer à dessiner les contours d'une conception européenne de l'Etat de droit par la confrontation des différentes doctrines nationales et des droits positifs nationaux qui l'érigent en principe normatif.

Chapitre 1 – La consécration doctrinale du principe de l'Etat de droit
Chapitre 2 – La consécration constitutionnelle du principe de l'Etat de droit

CHAPITRE 1
LA CONSECRATION DOCTRINALE DU PRINCIPE DE L'ETAT DE DROIT

120. Dans la plupart des Etats d'Europe occidentale[1], le principe de l'Etat de droit ne reçoit aucune concrétisation positive au sein de l'ordre juridique en vigueur. Ni la constitution, ni le législateur, ni les juges n'y font en principe référence[2]. Pourtant, le concept d'Etat de droit connaît un succès considérable non seulement dans le discours politique mais également et surtout dans les écrits savants. Or, on l'a déjà dit, l'« Etat de droit » est une notion polysémique ouverte à toute sorte d'interprétations. Otto Mayer lui-même constatait que *« le mot est apparu après que la chose fut en marche. Il cherche à décrire quelque chose qui n'existe pas encore, à tout le moins pas en son stade ultime, quelque chose qui doit encore devenir. C'est pourquoi la notion fluctue autant : chacun cherche à se l'approprier avec son propre idéal juridique »*[3]. Paradoxalement, c'est ce halo d'obscurité qui entoure le concept qui participe activement à son succès. En d'autres termes on peut se demander avec M-J Redor « *si le concept d'Etat de droit ne repose pas, dès l'origine, sur une ambiguïté de sens qui en expliquerait la fortune historique* »[4]. Mais le concept d'Etat de droit n'est pas seulement caractérisé par sa grande malléabilité, par son hétérogénéité. Ce qui fait également son succès, c'est sa capacité à organiser dans un ensemble logique un système d'éléments marqués par leurs disparités. Il constitue à cet égard un instrument privilégié à la disposition de la doctrine pour modéliser des faits et des idées. Face à la mutation des figures de la normativité juridique, les juristes se trouvent souvent démunis du fait de l'absence de modèle pour décrire le droit en vigueur et discuter des « *questions de droit* » de telle sorte que le modèle de l'Etat de droit permettrait d'assurer « *une compréhension globale et interprétative d'un ensemble de phénomènes hétérogènes*

---

[1] A l'exception de l'Allemagne, de l'Autriche, de l'Espagne et du Portugal, *Cf. infra*, Chapitre suivant, n°193ss.

[2] En principe et en principe seulement. Il n'est pas exclu en effet qu'ici ou là l'on trouve certaines décisions de justice utilisant le concept d'Etat de droit comme un principe-règle.

[3] O. MAYER, *Deutsches Verwaltungsrecht*, t1, 1895, p. 61 cité par EW. BÖCKENFÖRDE, *op.cit*, p. 127.

[4] M-J. REDOR, *De l'Etat légal à l'Etat de droit. L'évolution des conceptions de la doctrine publiciste française 1879-1914*, Paris, PUAM-Economica, 1992, sp. 8.

et souvent contradictoires. [...] *Le retour de l'Etat de droit organise en un ensemble relativement cohérent non seulement des représentations (le pouvoir, le droit, la liberté), mais également des pratiques qui confortent et renouvellent en même temps l'organisation moderne des dominations sociales*»[5]. L'Etat de droit constituerait ainsi un mode d'analyse privilégié du phénomène politico-juridique.

121. Voilà qui expliquerait en partie le succès considérable de cette doctrine au 20ème siècle en Europe. Encore que la théorie allemande du *Rechtsstaat* n'a pas été accueillie de la même manière dans tous les Etats. Trois pays méritent ici une attention particulière : l'Italie tout d'abord, parce que la très riche doctrine italienne fut la première à recevoir la théorie de l'Etat de droit et à en tirer toutes les conséquences logiques (**I**) ; la France ensuite, parce que son contexte dogmatico-politique illustre assez bien les aléas d'une telle réception (**II**) ; l'Espagne enfin, parce que le concept d'Etat de droit a été l'objet d'un enjeu politique et doctrinal de première importance sous le franquisme que le retour à la démocratie a fini par ériger en principe fondamental de l'ordre juridique (**III**).

SECTION I
LA RECEPTION DE LA THEORIE DE L'ETAT DE DROIT PAR LA DOCTRINE ITALIENNE

122. Traduit selon les cas par *Stato di diritto, Stato giuridico* ou encore *Stato legale*, le concept d'Etat de droit a été très tôt intégré par la doctrine italienne[6]. En effet, la théorie allemande du *Rechtsstaat* a eu une audience très large en Italie, dès la fin du 19ème siècle, en accompagnant l'ensemble des débats doctrinaux et politiques sur la consolidation des institutions de l'Italie réunifiée[7]. A cet égard,

---

[5] M. MIAILLE, « Le retour de l'Etat de droit. Le débat en France », *in D. COLAS (dir), L'Etat de droit*, Paris, PUF, coll 'Questions', 1987, p. 216.

[6] Cette réception précoce de la théorie de l'Etat de droit par la doctrine italienne a été facilitée par l'ample diffusion de la littérature allemande en Italie. R. ROMEO, « La Germania e la vita intelletuale italiana dall'unità alla prima guerra mondiale », in *L'Italia unitaria e la prima guerra mondiale*, Bari, 1978, p. 120 et ss. De plus, la plupart des ouvrages traitant du thème de l'Etat de droit en langue allemande ont été traduits en langue italienne dans la *Biblioteca di Scienze Politiche* quelques années seulement après leur rédaction originale. O. BÄHR, *Lo Stato secondo il diritto*, trad. O.Olivieri, Biblioteca di Science Politiche, vol. VII, Turin, 1891, pp. 221-427 ; R. GNEIST, *Lo Stato secondo il diritto ossia la Giustizia nell'amministrazione politica*, trad. A. Artom, Biblioteca di Science Politiche, vol. VII, Turin, 1891, pp. 1109-1335 ; A. VAN KRIEKEN, *Della cosidetta teoria organica dello Stato. Contributo alla storia dello Stato*, trad. C. Artom, Biblioteca di Science Politiche, vol. VII, Turin, 1891, pp. 1337-1448 ; G.D. HUMBOLTD, *Saggio sui limiti dell'azione dello Stato*, Biblioteca di Science Politiche, vol. VII, Turin, 1891, pp. 650-720 ; H. BLUNTESCHLI, *Diritto Pubblico Universale*, trad. G. Trono, Vol I, Naples, 1873.

[7] Cette audience est telle qu'en 1907 A. Raggi constatait que « *l'expression « Stato di diritto » est une des plus fréquentes que l'on retrouve dans les développements italiens de droit public [...]. Elle est devenue une expression à la mode. Toute modification, tout progrès, toute innovation que l'on entend introduire dans le droit public italien se justifie toujours au nom de l'Etat de droit* ». A. RAGGI, « La parabola di un concetto », *Annuario della Università degli Studi di Camerino*, 1907-08, pp. 25-26. Voir également, P. COSTA, « Lo Stato di diritto nella giuspubblicista dell'Italia unita », in *Stato di diritto e trasformazione della politica, A cura di B. Montanari*, G.Giappichelli Editore, Torino, 1992, pp. 73-88.

l'Etat de droit apparaît comme une théorie fondatrice de l'Etat unitaire italien (**§1**). Avec l'arrivée au pouvoir au début des années 1920 de Mussolini, la théorie de l'Etat de droit va voir ses fondements libéraux remis en cause : une partie de la doctrine n'hésita pas alors à penser l'Etat fasciste comme un Etat de droit (**§2**). Au lendemain de la seconde guerre mondiale, le retour à la démocratie, consolidée par une nouvelle constitution (1948), va entraîner, dans son sillage, une nouvelle conception de l'Etat de droit reposant sur la justice constitutionnelle et la protection des droits fondamentaux (**§3**).

§1 - UNE THEORIE FONDATRICE : L'ETAT DE DROIT COMME CADRE AU DEVELOPPEMENT D'UN SYSTEME ADMINISTRATIF STABLE ET EFFICACE

123. Le discours de l'Etat de droit n'est pas à l'origine l'œuvre de juristes savants dont les préoccupations essentielles se concentraient sur les questions purement constitutionnelles mais plutôt le fruit des réflexions de certains hauts fonctionnaires de l'administration italienne[8] – des *praticiens du droit* pour reprendre l'expression de Mario Nigro[9] – cherchant à améliorer l'efficacité de l'action de l'administration dans une Italie en pleine unification (**A**). Ce discours politique fut très rapidement relayé par la doctrine juridique sous l'impulsion de Vittorio Emanuele Orlando qui trouvera dans la théorie de l'Etat de droit l'instrument d'autonomisation de la science juridique italienne (**B**).

A. L'Etat de droit, un instrument d'approfondissement de l'ordre juridique italien : la justice administrative dans la pensée de Silvio Spaventa (1822-1893)

124. Pendant la première moitié du 19ème siècle, il n'existait pas à proprement parler de droit administratif autonome en Italie : le droit commun (*jus commune*) s'appliquait aussi bien à l'administration qu'aux personnes privées. Il revient à Gian Domenico Romagnosi (1761-1835) d'avoir le premier perçu la nécessité d'adopter des principes administratifs autonomes[10]. Vittorio Emanuele Orlando[11] considère même qu'il fait figure, à cet égard, de fondateur du droit administratif européen[12]. Néanmoins, il faut attendre l'unification italienne et la proclamation du Royaume d'Italie (1861) pour voir se dessiner l'ébauche d'un véritable droit administratif. La loi d'unification administrative du 20 mars 1865 peut être considérée comme son

---

[8] Voir en ce sens les remarques de B. SORDI, *Giustizia e amministrazione nello Stato liberale*, Milano, 1985, p 71 et ss.
[9] M. NIGRO, « Silvio Spaventa e lo Stato di diritto », *Il Foro italiano*, 1989, p. 114.
[10] G.D ROMAGNOSI, *Principi fondamentali di diritto amministrativo*, Milan, 1814. Voir, R. LOMBARDI, « Gian Domenico Romagnosi : alle origini della scienza del diritto amministrativo in Italia », in *A cura di R. Ferrara e S. Sicardi, in Intinerari e Vicende del Diritto Pubblico in Italia*, Milano, CEDAM, 1998, pp. 473-485.
[11] *Cf. infra*, n°129 et ss.
[12] V.E. ORLANDO, *Introduzione Generale, in Primo Trattato completo di diritto amministrativo, V-E Orlando ed.* Vol. 1er, Milan, 1900, p. 49.

acte de naissance[13]. Celle-ci constitue « *une sorte de code administratif* »[14] regroupant la loi sur les communes et les provinces, la loi sur la police, la loi sur la santé publique, la loi sur le Conseil d'Etat, la loi sur les travaux publics et la loi d'abrogation de l'ancien système du contentieux administratif. Le débat concernant l'Etat de droit se concentra quasi-exclusivement sur ce dernier point, à savoir la question de la justice administrative. L'ancien système de protection « juridictionnelle » en matière administrative était complexe[15] et disparate selon les différentes unités italiennes. Le législateur italien, par la loi du 20 mars 1865, décida, après de longs débats[16], d'abroger ce système[17] et d'en adopter un nouveau sur le modèle instauré par la Constitution belge de 1831. Désormais, l'ensemble du contentieux relatif aux droits privés et aux droits « politiques »[18] relevait des tribunaux ordinaires. Tous les litiges entre le citoyen et l'administration, dès lors qu'ils portaient sur un droit subjectif du citoyen, furent attribués à un juge unique, le juge ordinaire. En revanche, un certain nombre de litiges échappaient à tout contrôle juridictionnel de la part de ces juges ordinaires : il s'agissait des hypothèses dans lesquelles le citoyen ne pouvait invoquer un droit subjectif à l'encontre de l'activité administrative. Dès lors, le contrôle de ces actes administratifs appartenait à l'administration elle-même par la voie des recours hiérarchiques. A cela, il fallait ajouter la bienveillance des juges ordinaires à l'égard de l'administration, lesquels hésitaient à reconnaître l'atteinte à des droits subjectifs[19]. Au total donc, le nouveau système n'assurait pas une protection effective des droits des citoyens. C'est dans ce contexte que des voix s'élevèrent pour dénoncer le cadre mis en place par la loi de 1865.

---

[13] Voir en ce sens, G. ASTUTI, *L'unificazione amministrativa del Regno d'Italia*, Naples, 1966, p. 23.

[14] J.SCHWARZE, *Droit administratif européen*, Volume I, Bruxelles, Bruylant, 1994, p.143.

[15] Ce système complexe de protection administrative reposait, d'un côté, sur des juges ordinaires du contentieux et, de l'autre, sur des juges spécialisés du contentieux. L'ordonnancement des premiers était constitué de Conseillers du gouvernement, appelés « juges ordinaires du contentieux administratif » (juges de premier degré), et du Conseil d'Etat (juges d'appel). Leurs compétences étaient fixées limitativement par la loi : litiges portant sur les droits civils (principalement les litiges entre l'administration et les personnes privées portant sur les contrats d'adjudication publique) ; litiges de droit public en matière patrimoniale (taxes, prestations sociales, impôts communaux, fonction publique) ou de pur droit administratif (limites territoriales, ouvrages publics) ; les litiges portant sur les impôts directs, sur les taxes etc. A côté de ces juges ordinaires du contentieux administratif, il existait des juridictions spécialisées dans les litiges relatifs aux finances de l'Etat (*Corte dei Conti*), aux questions d'instruction publique (*Consiglio superiore della pubblica istruzione*) etc. Ces juges dépendaient du pouvoir exécutif. Ce système fut abrogé par la loi du 20 mars 1865.

[16] Sur les controverses doctrinales concernant l'opportunité de conserver l'ancien système, voir M.NIGRO, *Giustizia amministrativa,* 15ème éd., Bologne, Mulino, 2000, pp. 63-65.

[17] En fait, il s'agit d'une abrogation partielle puisque sont maintenues certaines juridictions spécialisées dans certains domaines particuliers : ainsi restent compétents la *Corte di Conti* pour traiter des questions relatives aux finances de l'Etat et le *Consiglio di Stato* pour traiter des questions relatives aux retraites.

[18] Ce concept de « droits politiques » fut emprunté à l'article 93 de la Constitution belge de 1831. Dans l'esprit des législateurs de 1865, il semble qu'il faille comprendre ce concept dans un sens restrictif : ainsi, celui-ci comprend les droits de participation politique, au premier titre desquels les droit électoraux. En revanche, il n'est pas évident que les droits relatifs à la liberté y soient inclus.

[19] E.CASETTA, *Manuale di diritto amministrativo*, Milano, Giuffrè, 1999, p. 651.

125. Parmi ces critiques, celles de Silvio Spaventa furent sûrement les plus remarquables. Tirant les conséquences de la doctrine allemande du *Rechtsstaat* telle qu'elle a pu être pensée par Rudolf Gneist (1816-1895)[20], Silvio Spaventa plaidait pour l'instauration d'une véritable juridiction administrative. Libéral, homme de droite, figure de l'unité italienne, Silvio Spaventa apparaît pour beaucoup comme le théoricien de l'Etat libéral en Italie[21]. Pourtant, Spaventa n'appartenait pas au monde académique. C'était avant tout un homme politique, un homme d'action qui joua un rôle important aux côtés de Cavour dans la lutte pour l'unification italienne. Aussi, son approche de l'Etat était-elle avant tout une approche pragmatique.

126. Pour lui, l'Etat italien se devait d'être un Etat moderne en prônant l'instauration d'un « *gouvernement juridique* », car il n'y a de « *liberté que dans les lois* ». Dans un discours prononcé le 7 mai 1880 (*Discours de Bergamo, dit « Giustizia nell'amministrazione*), il posa le débat en ces termes là : « *Aujourd'hui, l'Etat conduit la société vers la civilité : l'Etat moderne naît dudit Etat de droit, à savoir l'Etat dans lequel tous les citoyens se sentent et se reconnaissent égaux devant la loi* »[22]. Pour lui, l'Etat de droit est l'Etat doté d'un droit public certain, clair et complet, car « *la liberté aujourd'hui est garantie non seulement par la constitution et les lois politiques mais également par l'administration et les lois administratives* ». Et d'ajouter que « *dans l'administration, la liberté est assurée essentiellement par le respect du droit et de la justice ; c'est ce que les allemands appellent* Rechtsstaat, *la figure de la monarchie moderne dans laquelle non seulement les droits relatifs aux biens privés mais également tous les droits dont chaque sujet dispose dans l'administration des biens communs, moraux ou économiques sont garantis et traités de manière impartiale* »[23].

Or, telle n'est pas la situation italienne de l'époque. L'administration n'est que partiellement subordonnée à la loi. Dans le système des partis qui caractérise la monarchie parlementaire italienne de l'époque, l'administration est inféodée aux partis politiques de telle sorte que « *quand les partis arrivent à s'accaparer l'administration publique, alors il en est fini de la liberté* »[24]. Il importe donc de faire une distinction fondamentale entre « *gouvernement et administration* » afin que « *la protection juridique [...] à laquelle ont droit tous les citoyens soit entière, égale pour tous, impartiale et accessible à tous, même sous le régime d'un gouvernement de partis* ». A cette fin, « *l'administration doit agir selon la loi et non sous l'arbitraire ou les intérêts des partis ; la loi doit être appliquée à tous avec justice et*

---

[20] *Cf. infra*, n°97.

[21] Voir en ce sens, P. ALATRI, « Introduzione », *in Silvio Spaventa, La Giustizia nell'amministrazione*, Giulo Einaudi Editore, 1949, p. 13.

[22] *Ibid.*, p. 59.

[23] *Ibid.*, p. 79.

[24] *Ibid.*, p. 65. Ces critiques seront reprises un peu plus tard par Minghetti qui se demande « *dans quelle mesure il est possible d'assurer l'impartialité de la justice et l'administration sous un gouvernement de partis* », in M. MINGHETTI, *I partiti politici e la ingerenza loro nella giustizia e nell' amministrazione*, 1881, Turin, p. 2.

impartialité »[25]. Or, selon Spaventa, l'exercice de l'autorité administrative souffre de trois maux principaux : l'absence de normes juridiques encadrant rigoureusement l'exercice des pouvoirs de l'administration ; l'absence d'un système de justice administrative susceptible de sanctionner efficacement les abus de l'administration ; l'absence de responsabilité claire et effective des officiers publics[26]. La question de la justice administrative l'occupera plus spécialement. La notion de « *gouvernement juridique* » qui sous-tend toute la pensée de Spaventa prend toute sa dimension dans son souhait d'instaurer une véritable juridiction administrative indépendante et autonome. La justice administrative doit constituer en effet le pivot de l'Etat de droit. La loi de 1865 ne répond, selon lui, qu'imparfaitement à ce défi dans la mesure où, en confiant au juge ordinaire les litiges portant sur les seuls droits subjectifs, elle prive un certain nombre de litiges impliquant l'administration et les citoyens de tout contrôle juridictionnel.

127. Sur ce point, le discours de Bergamo est riche d'enseignements sur ce que doit être la justice administrative dans un Etat de droit. Ses propositions seront reprises tant par la doctrine[27] que par le législateur[28]. Spaventa souhaite l'instauration d'une véritable juridiction administrative *sui generis* au sein de laquelle « *il ne s'agit pas de se prononcer sur l'atteinte à des droits individuels mais de savoir uniquement si le droit objectif a été respecté. Cela peut également servir indirectement les intérêts de l'individu mais tel n'est pas le but immédiat. Le droit objectif se suffit à lui-même sans que naisse dans chaque cas individuel un droit subjectif. L'intérêt individuel contre lequel il est porté atteinte constitue seulement le motif et l'occasion pour l'administration de revoir ses actes* ». A l'image de Gneist, Spaventa attribue ainsi une nature objective à la juridiction administrative et au contrôle de la légalité. Certains auteurs ont considéré que cette conception objective de la justice administrative mettait à l'écart l'individu en ne faisant plus du droit subjectif le critère axiologique du système et partant de l'individu lui-même[29]. Néanmoins, chez Spaventa, le respect du droit auquel doit être soumise

---

[25] *Ibid.*, p. 61.

[26] *Ibid.*, p. 69.

[27] M. MINGHETTI, *I partiti politici e la ingerenza loro nella giustizia e nell' amministrazione*, 1881, p 2 ; P. TURIELLO, *Governo e Governati*, vol II, *op.cit.* p 22. Par un curieux retour de balancier, l'influence la plus notable des propositions de Spaventa se retrouve dans la traduction de l'ouvrage de Gneist intitulé *Der Rechtsstaat und die Verwaltungsgerichte in Deutschland (1879)* lequel avait inspiré profondément les réflexions de Spaventa. En effet, en 1884, soit 4 ans après le discours de Bergamo, Isacco Artom, à qui avait été confiée la traduction du *Rechtsstaat* de Gneist, ajoute sous le titre *Lo Stato secondo il diritto* un sous titre d'inspiration à l'évidence « spaventienne », *La giustizia nell'amministrazione*.

[28] Ses propositions seront en partie reprises par la loi du 31 mars 1889 qui institue une section contentieuse du Conseil d'Etat, compétente pour décider des recours pour incompétence, excès de pouvoir ou violation de la loi intentés à l'encontre des actes ou des délibérations administratives lésant un intérêt légitime du citoyen. Ainsi, la loi de 1889 offrait un juge aux situations que la loi de 1865 avait laissées sans contrôle juridictionnel. Sur ce point, voir M. STIPO, *Le origini del riparto di giurisdizione verso la pubblica amministrazione e la doppia tutela*, Rome, 1979 ; M. NIGRO, *Giustizia amministrativa*, Bologne, 1999, p. 66 et ss.

[29] Par exemple, G.M. CHIODI, *La giustizia ammnistrativa nel pensiero politico di Spaventa*, Bari, 1969, p. 78. *Contra*, voir M.NIGRO, « Silvio Spaventa e lo Stato di diritto », *Il Foro Italiano*, 1989 p. 122.

l'administration est toujours lié à la notion de justice. Cette justice repose sur les idées de liberté, de solidarité et d'égalité. Ainsi « *le respect de la légalité auquel est tenu de veiller le juge n'est pas qu'une légalité formelle, mais également une légalité faisant corps avec la justice substantielle* »[30]. Comment ces principes de justice irradient-ils l'ordre juridique ? Il semble qu'il faille revenir ici à sa conception de l'Etat de droit. Contrairement à ce que l'on pourrait penser, il n'a pas de l'Etat de droit une conception purement formelle. Bien au contraire, il apparaît à bien des égards comme le précurseur de l'Etat de droit social. En effet, Spaventa est ce que l'on pourrait appeler un « étatiste ». Pour lui, l'Etat doit être amené à régir l'ensemble de la société. En échange, il doit offrir un certain nombre de garanties contre les atteintes qu'il pourrait porter aux libertés. Pour lui, l'Etat moderne (donc l'Etat de droit) doit augmenter ses pouvoirs d'intervention sur la société, elle-même en plein développement, afin de réguler une économie désordonnée et, dans le même temps, il doit offrir une réponse aux attentes des citoyens qui entendent profiter « *des biens de la vie* » trop longtemps réservés à une minorité. L'égalité formelle par la loi doit donc conduire à une égalité matérielle. Se superpose ainsi à l'Etat de droit un Etat Civil (Stato civile) qui réalise « *l'unité de la culture et du bien être* ». La notion de justice administrative recouvre par conséquent une double dimension dans la pensée de Spaventa : il s'agit tant de la justice au sens juridictionnel du terme que de la justice dite sociale.

128. Ainsi, que ce soit en insistant sur la fonction sociale de l'Etat, en souhaitant que l'administration agisse dans le respect de la liberté et de la solidarité ou en appelant de ses vœux l'instauration d'un système juridictionnel administratif indépendant, Spaventa entend placer le citoyen et la défense de ses droits au cœur du nouveau système administratif de l'Italie unifiée. On comprend bien ici le rôle fondamental que la doctrine de l'Etat de droit a joué dans l'instauration effective d'une justice administrative garante des droits des citoyens. Plus largement, la doctrine de l'Etat de droit a ainsi accompagné le processus d'unification administrative de l'Italie. D'autres auteurs ont également participé à ce mouvement. Vittorio Emanuele Orlando (1860-1952) en est sans doute le plus illustre représentant.

B. L'Etat de droit, un instrument d'autonomisation de la science juridique administrative : la « *scuola giuridica nazionale* » de Vittorio Emanuele Orlando (1860-1952)

129. Relayé par la suite par de nombreux auteurs[31], Vittorio Emanuele Orlando assurera une plus large diffusion de cette théorie[32], à tel point que la doctrine lui

---

[30] M.NIGRO, *op.cit.* , p 121

[31] G. ARANGIO RUIZ, *Istituzioni di diritto costituzionale italiano*, Torino, F.lli Bocca, 1913, p. 21 ; E. DI CARLO, *Saggi critici di filosfia del diritto*, Palermo, Tipografia universitaria, 1913, p. 140 ; I. PETRONE, *Il diritto nel mondo dello spirito*, Milano, Libreria editrice milanese, 1910, p. 133 ; I. VANNI, *Lezioni di filosofia del diritto*, Bologna, Zanichelli, 1904, p. 129.

attribue traditionnellement l'origine de son introduction en Italie[33] . Tout à la fois universitaire, avocat et homme politique[34], Orlando est le premier juriste qui, à partir d'une vision critique du droit public, a contribué à l'élaboration de principes juridiques systématiques en droit administratif et a cherché à détacher l'étude du droit public de la philosophie, de la sociologie, de la science politique et de l'histoire[35]. Partisan « *d'un renouvellement radical de la science du droit public italien* »[36], Orlando consacrera, à partir de 1885, l'essentiel de ses travaux à l'analyse juridique de la fondation scientifique de l'ordre juridique de l'Etat unitaire[37] : désormais, l'Etat ne doit plus être pensé qu'en termes juridiques[38]. Il trouvera dans la méthode dogmatique et systématique, adoptée par la doctrine allemande pour la construction scientifique du *Rechtsstaat,* l'instrument formel nécessaire à son entreprise[39].

130. Toute l'œuvre d'Orlando sera ainsi marquée par sa volonté d'identifier, de coordonner et d'ordonnancer de manière systématique l'ensemble des principes

---

32 Parlant du Discours de Bergamo dans lequel Spaventa faisait l'éloge de la justice administrative, Orlando écrivit dans la *Rivista Europa* : « *nous voudrions que les premières dix ou quinze pages de son travail puissent être imprimées à des milliers d'exemplaires et diffusées dans les coins les plus reculés de notre péninsule comme remède salutaire à ce jacobisme doctrinaire aussi vide que dangereux* ». V.E. ORLANDO, « Recensione a M. Minghetti » *Rivista Europea,* XII, 1882, fasc. I, p 84 et ss.

33 M.R. DONNARUMMA, « Una tematica sempre attuale : lo « Stato di diritto », *Diritto e Società,* 1994, 1, sp98 ; voir également, F. BATTAGLIA, « Stato di diritto e Stato etico », *Riv. Int. Fil. Diritto,* 1937, sp 239.

34 Elu député en 1897, il devint ministre de l'éducation en 1903 et ministre de la justice entre 1907 et 1909, puis une nouvelle fois en 1914. Suite à la défaite de Caporetto en 1917, il est nommé premier ministre. Après avoir représenté l'Italie lors de la conférence de Versailles en 1919, il fut élu président de la chambre des députés le 2 décembre 1919. Suite à l'assassinat de Giacomo Matteotti, il prendra ses distances avec Benito Mussolini qu'il soutenait à l'origine. A la libération, il participa à la nouvelle assemblée constituante qu'il présida en 1946. En 1948, il est élu au nouveau Sénat italien mais échoue, la même année, à l'élection présidentielle (contre Luigi Einaudi).

35 F. FRACCHIA, « 'Specialità' dell'amministrazione e del diritto amministrativo nelle riflessioni di V.E. Orlando, S. Romano, O. Ranelletti e F. Cammeo », *A cura di R. Ferrara e S. Sicardi, in Intinerari e Vicende del Diritto Pubblico in Italia,* Milano, CEDAM, 1998, p. 523.

36 V-E ORLANDO, *Nota dell'autore del 1925 all'autore del 1885,* in *Diritto Pubblico generale,* Milan, Giuffrè, 1940, p. 24.

37 Les discours de Modène du 4 décembre 1885 (*Distinzione tra Ordine Giuridico e Ordine Politico*) et de Messine du 12 décembre 1886 (*Sulla neccesità di una ricostruzione giuridica del diritto costituzionale*) constituent le point de départ de cette entreprise. Sur ce point, voir M. GALIZIA, « Profili storici-comparativi della scienza del diritto costituzionale », *Archivo Giuridico,* CLXIV, 1963, p 85 et ss. ; G. REBUFFA, « I Lessici e il tempo delle prolusioni di Vittorio Emanuele Orlando », in *Riv. Tri. Dir. Pubb,* 1989, p. 919 et ss.

38 Il convient de rappeler qu'au début tout au moins la position d'Orlando est très isolée au sein de la doctrine italienne. Angelo Majorana, traitant en 1889 du système de l'Etat juridique, écrit par exemple que « *si l'Etat de droit est, ainsi que l'expression le désigne, juridique, son étude systématique ne saurait être limitée à sa seule et exclusive dimension juridique. La théorie de l'Etat juridique [...] ne peut être traitée en dehors de la science politique* » dans la mesure où le droit public ne peut être appréhendé pour lui-même. A. MAJORANA, *Il sistema dello stato giuridico,* Roma, 1889, p. 8.

39 Gerber et Laband constituent pour Orlando des points de référence. La démarche entreprise par Gerber dans son effort de systématisation du droit public allemand se rapproche de la recherche poursuivie par Orlando (*Cf. supra,* Chapitre précédent, n° 86, note 54). Sur l'influence de doctrine allemande sur la pensée d'Orlando, voir A. MASSERA, « L'influenza della cultura tedesca sulla prolusione Orlandiana », in *Riv. Tri. Dir. Pubb,* 1989, p 937 et ss.

juridiques relatifs à l'activité de l'Etat autour du modèle de l'Etat de droit qui apparaît à ses yeux comme la clé de voûte logico-dogmatique d'une science autonome du droit public italien. Derrière lui, d'autres auteurs suivront dans le cadre de ce que l'on a appelé « l'école de la méthode juridique » (*la scuola giuridica nazionale*). En effet, très rapidement, la plupart des auteurs italiens se sont ralliés à cette nouvelle doctrine juridique. Il en est allé ainsi de Santi Romano, d'Angelo Majorana, d'Antonio Longo ou encore de Oreste Ranelletti. La publication, à partir de 1897, des premiers fascicules du *Primo trattato completo di diritto amministrativo,* sous la direction de V-E Orlando, cristallise cette révolution doctrinale. Cette œuvre majeure à laquelle ont participé la plupart des auteurs précités peut être considérée comme scellant l'unification théorique de la doctrine italienne de droit public, prolongeant ainsi l'œuvre d'unification administrative commencée en 1861[40].

131. Dans le cadre scientifique de cette nouvelle méthode juridique, la réalité de l'Etat est seulement juridique et totalement formelle. En effet, la méthode juridique est historiquement élaborée pour fournir la forme théorique à un Etat complètement juridique, l'Etat de droit, qui concilie, à travers les vertus du formalisme juridique, l'exercice de la force et du pouvoir. Dès lors, le concept d'Etat de droit, va devenir « *le contenu et l'objet théorique du nouveau formalisme scientifique et déterminera pour des décennies les rapports entre « pouvoir » étatique et « savoir » juridique, entre ordre politique (pouvoir politique étatique) et ordre juridique (formes juridiques qui organisent le pouvoir étatique et formes scientifiques qui l'étudient)* »[41]. En d'autres mots, Orlando va s'attacher à la fondation scientifique de l'Etat de droit italien unitaire en s'appuyant sur le principe de légalité, les droits subjectifs et la justice administrative, triade autour de laquelle s'articulaient, comme on l'a vu précédemment, les réflexions politiques de Spaventa dans son discours

---

[40] Voir, G. CIANFERROTTI, *Il Pensiero di V-E. Orlando e la Giuspubblicistica italiana fra ottocento e novecento*, Milan, Giuffrè, 1980, pp. 175-215. Ce renouvellement de la pensée juridique en Italie est à rapprocher des mouvements similaires ayant eu cours dans les autres pays européens à la même époque. En France, émerge, à la même époque, une « école scientifique de droit » qui donna naissance, entre 1880 et 1914, à la publication des grands traités du droit public français de Esmein, Duguit, Hauriou, Jèze, Michou et Carré de Malberg. A cette même époque, est créée la *Revue de droit public et de la Science politique en France et à l'Etranger,* sous la direction de Ferdinand Larnaude, qui sera le théâtre privilégié de ce renouvellement doctrinal. Sur l'ensemble de cette question, M-J. REDOR, *De l'Etat légal à l'Etat de droit, op.cit ;* G. BIGOT, *Introduction historique au droit administratif depuis 1789*, Paris, PUF, 2002, pp.225-248. En Allemagne, on peut citer Gerber, Laband, Gierke qui renouvelèrent profondément le droit public allemand (*Cf. supra*, n°91 et ss). En Angleterre, l'ouvrage de Dicey, *Introduction to the Study of the law of the Constitution*, publié en 1885, constitue le fondement de la doctrine du droit constitutionnel anglais. Toutefois, si effectivement la fin du 19ème siècle connaît un profond renouvellement de la science juridique, force est de constater que tous ces phénomènes ne sont pas de même nature. La doctrine française, empreinte d'un fort *jusnaturalisme* (à l'exception de Carré de Malberg), ne saurait être assimilée à l'école de la méthode juridique italienne ou à l'école allemande, formaliste et positiviste.

[41] G. CIANFEROTTI, *Il pensiero di V.E. Orlando e la Giuspubblicistica italiana fra ottocento e novecento*, Milan, Giuffrè, 1980, p 104.

prononcé le 7 mai 1880 devant *l'Associazione costituzionale di Bergamo* (*Discours de Bergamo*).

A la différence de Spaventa, pour qui le gouvernement parlementaire constitue un danger pour l'Etat de droit en ce qu'il soumet l'administration aux partis, Orlando va s'efforcer de prouver la compatibilité, voire l'identité, du *Rechtsstaat* et du gouvernement parlementaire. Il voit dans la théorie de l'Etat de droit un moyen de dépasser les théories françaises dominantes en la matière, reposant sur le concept de souveraineté populaire, qui conduisent, selon lui, à confier au seul parlement la défense des libertés[42]. Au contraire, « *la spécificité et le mérite de la théorie du* Rechtsstaat *résident dans la prise de conscience que la question de la protection juridique des garanties individuelles à l'encontre de l'Etat doit procéder tant du contrôle parlementaire que de l'exercice de la liberté politique qu'elle se propose de traiter exclusivement dans le champ juridique* »[43]. Ainsi, cette théorie tendrait à concilier deux exigences réputées incompatibles : la soumission de l'individu au pouvoir souverain de l'Etat et la capacité de celui-ci d'invoquer à l'encontre de l'action de ce dernier des droits subjectifs[44]. En effet, la conciliation de ces exigences réside dans le fait « *que l'Etat juridique se conçoit comme celui dans lequel l'Etat s'impose à lui-même des normes juridiques susceptibles de contenir l'action de l'autorité publique de telle sorte que soient reconnus et respectés les intérêts légitimes des sujets et que le sacrifice que toute limite impose à la liberté individuelle soit motivé par un intérêt collectif et cela de manière proportionnée. Telle est la véritable notion de garantie juridique de l'individu vis-à-vis de l'Etat* »[45]. Il en résulte donc que « *l'individu, malgré sa qualité de sujet [dispose] de véritables droits qui lui sont propres à faire valoir contre l'action de l'Etat* »[46]. Par conséquent, le rapport entre l'Etat et l'individu, « *n'est pas un rapport entre un sujet (l'Etat) et un objet (l'individu) [...]. Le rapport entre l'Etat et l'individu est toujours un rapport de sujet à sujet et par conséquent un rapport juridique dans le plus pauvre et véritable sens de cette expression.* »[47].

Ainsi, Orlando voit dans la théorie du *Rechtsstaat* le moyen d'engendrer une dynamique de droit, tendant à fondre l'ensemble des rapports étatiques dans le moule du droit, garant selon lui de l'équilibre des rapports sociaux et institutionnels[48]. De manière plus générale, l'œuvre entreprise par Orlando consiste

---

[42] *Cf. infra*, n°144 et ss.

[43] V-E. ORLANDO (a cura di), *Primo trattato completo di diritto amministrativo italiano*, Vol I, Milan, XV, p. 37.

[44] M.R. DONNARUMMA, « Una tematica sempre attuale : lo « Stato di diritto », *Diritto e Società*, 1994/1, p. 99.

[45] V-E ORLANDO, *op.cit.*, p. 38.

[46] *Ibid.*, p. 40.

[47] *Ibid.*, p. 40.

[48] Notons au passage que, pour Orlando, le respect du droit s'impose à l'ensemble des organes de l'Etat même à l'encontre du législateur. Néanmoins, Orlando est opposé à tout contrôle constitutionnel des lois dans la mesure où cela risquerait de conduire à *« opposer du droit au droit »* (p. 39). Voir M.R. DONNARUMMA, « Una tematica sempre attuale : lo « Stato di diritto », *Diritto e Società*, 1994/1, p.100.

à étudier l'ensemble des relations étatiques par le prisme du droit. En effet, pour lui, « *le droit de l'Etat comme théorie scientifique a pour objectif le développement du droit en ce qu'il est issu de l'Etat lui-même. La volonté de l'Etat, l'autorité de l'Etat, est le droit de l'Etat* »[49]. Cette idée du tout juridique est au cœur de sa *Teoria giuridica delle guarentigie della libertà*. Dans cet essai, l'auteur se propose d'étudier la notion de liberté au travers des rapports juridiques formels au sein desquels elle se manifeste et dans les droits qui la réalisent. Pour lui, il existe deux libertés : une liberté collective, populaire ou politique et une liberté juridique, civile ou individuelle. Les libertés dites « politiques» traduisent la participation des citoyens au gouvernement de l'Etat ; les libertés dites « civiles» se rapportent aux multiples relations entre l'Etat et l'individu. Tandis que la mise en œuvre des premières est assurée par des garanties constitutionnelles, les secondes sont protégées par un système de justice administrative. Pour lui, la liberté civile constitue le problème de « *suprema importanza* » de l'Etat juridique. En effet, « *l'instauration d'une juridiction devant laquelle une personne privée peut faire part de ses griefs à l'encontre de l'action de l'Etat est considérée par certains comme constituant l'essence même du Rechtsstaat[...]. Il est impossible de nier le fait que la juridiction administrative [...] constitue le domaine concret au sein duquel se réalisent les principes théoriques de l'Etat juridique, précisément parce que l'idée de juridiction complète celle d'un droit protecteur de l'individu face à l'Etat, droit qui à son tour provient de l'auto détermination de normes juridiques que l'Etat s'impose à lui-même : ce qui à son tour constitue le postulat suprême de l'Etat juridique* »[50]. Ainsi, tout comme Spaventa, Orlando voit dans la justice administrative l'essence même de la doctrine de l'Etat de droit qui, on l'a vu, constitue pour lui un point de référence permanent. Mais à la différence de Spaventa qui s'est limité à énoncer certains principes purement fonctionnels, Orlando les a théorisés et surtout systématisés autour du concept d'Etat de droit duquel ils découlent.

132. C'est par le prisme de la théorie de l'Etat de droit qu'a pu ainsi se développer une science autonome du droit public en Italie, contribuant de la sorte à l'approfondissement du processus d'unification entrepris à partir de 1861[51]. Mais paradoxalement, la contribution théorique de la *scuola giuridica nazionale* à cette mutation doctrinale sera indirectement à l'origine de l'altération de la théorie de l'Etat de droit sous le fascisme. Les mêmes préceptes dogmatiques du « tout juridique » ayant servi à la doctrine de la *scuola giuridica nazionale* pour construire l'Etat de droit libéral, serviront à une partie de la doctrine fasciste pour penser l'Etat fasciste comme un Etat de droit[52].

---

[49] V.E. ORLANDO, « Teoria giuridica delle guarentigie della libertà », *op.cit.*, p 929, n°1.
[50] *Ibid.* , p. 41.
[51] F. Cammeo considère ainsi que la naissance du droit administratif italien est liée au moment historique de l'affirmation doctrinale du concept d'Etat de droit. F. CAMMEO, *Corso di diritto amministrativo,* Vol I, 1911-1914, Padova, 1992, p. 39.
[52] Sur l'intégration des préceptes de la théorie juridique de la *scuola giuridica nazionale* par la doctrine

§2 - UNE THEORIE ALTEREE : LA REMISE EN CAUSE DES FONDEMENTS LIBERAUX DE LA THEORIE DE L'ETAT DE DROIT

133. Très rapidement, la théorie de l'Etat de droit a été l'objet de vives critiques au sein de la doctrine italienne. Pour beaucoup, ce concept d'Etat de droit n'apporterait rien de nouveau à la science juridique (**A**). Après l'arrivée de Mussolini au pouvoir, ces critiques furent relayées par la doctrine fasciste : certains, faisant fi des soubassements libéraux de la théorie de l'Etat de droit, entendaient assimiler l'Etat fasciste à un Etat de droit en espérant profiter en retour de sa force évocatrice ; d'autres, au contraire, entendaient dépasser ce concept en affirmant la supériorité de l'Etat éthique sur l'Etat de droit (**B**).

A. Une théorie contestée : l'Etat de droit un *concept perturbateur*

134. La critique est ici bien connue. Elle recoupe celle de Kelsen qui estimait que l'expression « *Etat de droit* » était *per se* tautologique[53]. En Italie, Bartolmei est sans doute le premier à mettre en doute la pertinence d'un tel concept. Selon lui, le concept d'Etat de droit n'apporterait rien de plus à la science du droit public puisque, par définition, tout Etat est un Etat de droit « *dans la mesure où le droit est la forme de l'activité de l'Etat, le développement fonctionnel de sa nature, d'où le fait que chacun de ses commandements revêt la forme juridique* »[54]. Prolongeant ces critiques, Raggi ajoute, dans un article publié en 1907 sur l'histoire du concept d'Etat de droit, que si « *la doctrine de l'Etat juridique se compose d'idées justes et vraies* » il convient en revanche de relever que celles-ci « *s'inscrivent dans divers domaines plus ou moins cloisonnés de la science du droit public de telle sorte que personne ne saurait dire comment traiter de manière autonome la question de l'Etat juridique* ». Au total donc, le concept d'Etat de droit est « *un concept perturbateur, superflu pour la science* »[55]. Pour Battaglia, l'Etat est « *une construction juridique et rien de plus, un concept abstrait, un système de concepts abstraits. Son acte de naissance, son développement et ses buts sont définis conceptuellement par le droit. Le droit le constitue pour accomplir les fonctions qui sont siennes, ce qui revient à dire exclusivement juridiques. En tant que tel l'Etat ne peut être qu'un Etat de droit. Dire « Etat » est la même chose que dire « Etat de droit »* »[56]. Pour Panunzio, qui consacra un ouvrage complet à la question avant de devenir l'un des théoriciens de l'Etat fasciste, « *l'Etat comme concept logico-juridique est analytiquement un Etat de droit, et ne peut être aux yeux de la science du droit qu'un Etat de droit* »[57]. Il en

---

fasciste, A. ROCCO, « Politica e diritto nelle vecchie e nuove concezioni dello Stato », *Nuova Antologia*, vol. CCCLVIII, 1931, pp. 356-370.

[53] *Cf. supra*, n°91 et 104.

[54] BARTOLMEI, *Lineamenti di una teoria del giusto e del diritto*, Roma, 1901, p. 117.

[55] L. RAGGI, « La parabola di un concetto. A proposito dello Stato di diritto », *Anuario della Università di Camerino*, 1907-08, p. 35.

[56] F. BATTAGLIA, « Stato di diritto e Stato etico », *Riv. Int. Fil. Dir.*, 1937, p. 245.

[57] S. PANUNZIO, *Lo Stato di diritto*, Città di Castello, 1921, p. 24.

résulte que « *tous les Etats sont des Etats juridiques[...]. Le terme « Rechtsstaat » sans autres qualificatifs ou distinctions ne signifie donc rien* »[58].

135. La conception selon laquelle tout Etat est par définition un Etat de droit dans la mesure où le droit en est l'expression est le résultat de la conception formaliste de l'ordre juridique, laquelle avait été au cœur du combat de la *scuola giuridica nazionale*. L'Etat de droit n'est plus qu'une coquille vide. Ainsi, la méthode juridique, initiée par Orlando, portait en elle-même la contestation de la théorie de l'Etat de droit. Il n'en fallait pas plus pour que la doctrine fasciste ne s'en empare.

B. Une théorie dénaturée : la doctrine fasciste et l'Etat de droit

136. L'arrivée au pouvoir de Mussolini en 1922, et sa volonté de jeter les bases théoriques de l'Etat fasciste, marque un tournant dans l'histoire de la pensée *jus publiciste* italienne[59]. Une question préoccupa alors la doctrine. Etait-il possible de concilier les principes juridiques historiques du droit public italien avec le nouveau régime ?

Pour Alfredo Rocco, cela ne faisait aucun doute. La doctrine fasciste de l'Etat ne serait que le prolongement des développements menés par la *scuola giuridica nazionale*. Les représentants de cette école ont, écrit-il, « *toujours enseigné que la souveraineté n'appartient pas au peuple mais à l'Etat, principe affirmé dans tous les travaux des grands maîtres étrangers et italiens de droit public et même par certains de nos juristes qui, du point de vue politique, se déclaraient libéraux et démocrates [...]. En réalité, dire que l'Etat est souverain, revient à nier le libéralisme et la démocratie [...]. De telles contradictions, de la part de mêmes hommes, entre une conception juridique et une conception politique de l'Etat, sont d'autant plus incroyables qu'il est clair que de la théorie de la souveraineté découle logiquement la théorie de l'Etat fasciste* »[60]. La doctrine fasciste intégrerait ainsi d'un point de vue épistémologique une partie des développements théoriques de la période précédente. Dans un article publié en 1931, il prolonge cette réflexion en reconnaissant les apports historiques des écoles juridiques allemande et italienne dans l'autonomisation de la science juridique et dans la conceptualisation de l'Etat moderne comme un Etat de droit[61]. Néanmoins il leur reproche d'avoir réduit l'Etat

---

[58] *Ibid.*, p. 37.

[59] On consultera tout particulièrement sur cette période de l'histoire italienne, P. MILZA et S. BERSTEIN, *Le Fascisme italien 1919-1945*, Le Seuil, Points-Histoire, Paris, 1980. Plus spécifiquement dans le domaine juridique, v. G. MELIS, « Il diritto amministrativo tra le due guerre », *Materiali per una storia della cultura giuridica*, n°2, 1990, pp 403-418. En langue française, voir la remarquable étude de D. LOSCHAK, « Le Conseil d'Etat sous Vichy et le Consiglio di Stato sous le faschisme. Eléments pour une comparaison », in *Le droit administratif en mutation*, CURAPP, PUF, 1993, pp. 51-95 ; M. PRELOT, « La théorie de l'Etat dans le droit fasciste », in *Mélanges Carré de Malberg*, Librairie Edouard Duchemin, Paris, 1977, pp. 433-466.

[60] A.ROCCO, *La trasformazione dello Stato. Dallo Stato liberale allo Stato fascista*, Roma, 1927, p. 18.

[61] A. ROCCO, « Politica e diritto nelle vecchie e nuove concezioni dello Stato », *Nuova Antologia*, vol. CCCLVIII, 1931, pp. 356-370.

à un « *pur phénomène juridique* » alors que le droit et la politique sont étroitement liés. En raisonnant de la sorte, Rocco veut rassurer les juristes italiens de ce que le fascisme garantit la continuité de l'autonomie de la science juridique et par conséquent le maintien de leur rôle social. Mais en même temps, il considère que le fascisme permet de dépasser les limites théoriques de la doctrine juridique en l'associant à une *praxis* sociale et politique. Il en résulte que l'adhésion à la doctrine fasciste est présentée aux juristes comme naturelle et logique[62]. Cela explique en partie pourquoi la doctrine italienne a accepté sans trop de difficultés la nouvelle théorie fasciste de l'Etat[63].

137. Dans ce contexte, quelle place occupe la théorie de l'Etat de droit – fruit de la construction historique de l'unité italienne – au sein de la doctrine *jus publiciste* sous l'ère fasciste? Il convient ici de distinguer plusieurs groupes d'auteurs.

1) Le premier groupe est composé des disciples directs d'Orlando, lequel avait décidé de prendre ses distances avec le fascisme au lendemain de l'assassinat de Matteotti. Parmi ceux-ci, deux auteurs ayant collaboré à la rédaction du *Primo Trattato completo di diritto amministrativo italiano* sous la direction d'Orlando, méritent une attention toute particulière : Santi Romano et Oreste Ranelletti. Tous deux tentèrent de concilier leurs positions antérieures avec l'instauration du nouveau régime sur la base d'un formalisme exacerbé. Les principes de l'Etat juridique et de l'autonomie de la science du droit public vis-à-vis de la politique continuent d'occuper une place primordiale au sein de leurs travaux. Par exemple, pour Santi Romano, « *la science du droit constitutionnel doit exposer de manière systématique le contenu d'une constitution donnée telle qu'elle est en vigueur et non comme elle pourrait ou devrait l'être [...]* »[64]. Néanmoins, il convient de relever qu'on ne trouve plus aucune trace du concept d'Etat de droit *stricto sensu* dans l'ensemble des sept éditions de son *Corso di diritto costituzionale* parues entre 1926 et 1943. Notons au passage que ce dernier se rallie au régime de Mussolini et devient même président du *Consiglio di Stato* à partir de 1928[65]. A l'inverse, si la démarche initiale de

---

[62] G. CIANFERROTTI, *op.cit.*, p. 226.

[63] Signalons à titre indicatif que tous les professeurs de droit public de l'époque, à l'unique exception d'Orlando, ont accepté de prêter serment au nouveau régime (décret-loi du 28 août 1931). Sur le comportement de la doctrine italienne durant le fascisme, voir E. GUSTAPANE, « I manuali di diritto amministrativo (1928-1940) », in *Materiali... op.cit.* ; F. LANCHESTER, « La dottrina giuspubblicistica italiana alla costituente : una comparazione con il caso tedesco », *in Studii in onore di Leopoldo Elia*, T.1, Milan, Giuffrè, 1999, p. 753 et ss. L'auteur relève, par ailleurs, qu'une grande partie du corps professoral, qui sous le fascisme a participé à la légitimation du pouvoir en place, a participé également à l'élaboration de la Constitution de 1948. On pourra faire un rapprochement éclairant avec le comportement de la doctrine juridique française sous le régime de Vichy en consultant l'étude de D. LOSCHAK, « La doctrine sous Vichy ou les mésaventures du positivisme », *in Les Usages sociaux du droit*, PUF-CURAPP, 1989, p. 252. Plus généralement, D. GROS (dir.), *Le droit antisémite de Vichy*, Le Seuil, 1996.

[64] S.ROMANO, *Corso di diritto costituzionale*, Padoue, 1938, p. 14.

[65] La question de l'adhésion pleine et entière de Santi Romano au nouveau régime reste à l'heure actuelle encore largement débattue. Devant la commission d'épuration, ce dernier s'est toujours retranché derrière la nature purement « technico-juridique » de son rôle. Voir R. RUFFILI, « Santi Romano e la « crisi dello stato » agli inizi dell'età contemporanea », *Rivista trimestriale di diritto pubblico*, 1977, p311 et ss ; F.

Oreste Ranelletti se rapproche de celle de Santi Romano en ce qu'il se refuse catégoriquement à intégrer tout précepte idéologique au sein de l'ordonnancement juridique positif, celui-ci garde ses distances avec le nouveau régime. Il reprochera même au nouveau régime d'avoir, sur la base de postulats idéologiques, introduit une « législation improvisée » étrangère aux réalités historiques du droit positif italien. En effet pour lui, *« les théories et les principes ont toujours été formulés sur la base du droit positif italien. [...] Il n'appartient pas au juriste d'écrire des livres dogmatiques pour exposer le droit de son propre pays, en faisant abstraction de ses dispositions positives et en leur substituant des principes ou des doctrines qui lui sont étrangers* »[66]. Fidèle aux dogmes de la *scuola giuridica nazionale*, et hermétique aux nouveaux préceptes idéologiques du nouveau régime, il continue à penser l'Etat italien comme un Etat de droit même s'il reconnaît par ailleurs que cette conception est désormais « *éloignée de la conception politique libérale* »[67].

2) Un deuxième groupe d'auteurs d'une nouvelle génération (Bodda, Costamagna, Panunzio), très engagés dans la théorisation de l'Etat fasciste, entendent renouveler, dans le prolongement de A. Rocco, la dogmatique juridique traditionnelle en l'alignant sur la « *conception fasciste de l'Etat* » : l'objectif est de « *faire taire les vieux constitutionnalistes* » en « *leur opposant la nouvelle doctrine juridique dogmatique de l'Etat et du droit constitutionnel fascistes* »[68].

L'Etat fasciste doit désormais être pensé comme un Etat éthique. Cette doctrine de l'Etat éthique plonge ses racines dans l'organicisme social qui entend assimiler la société et l'Etat à un organisme vivant au sein duquel l'homme se fond intégralement. Il en résulte une absorption de la société et donc de l'individu lui-même dans l'Etat. L'individu apparaît ainsi comme un simple membre d'un organisme naturel (l'Etat) qui le transcende. L'article premier de la « *Carta del Lavoro* » - un des textes fondamentaux de l'Etat corporatiste fasciste italien - permet d'illustrer ce point : « *La nation italienne est un organisme doué d'une existence, de buts et de moyens d'actions supérieurs, en puissance et en durée, à ceux des individus, isolés ou groupés, qui la composent. Elle est une unité éthique, politique et économique, qui se réalise intégralement dans l'Etat fasciste* ». L'Etat et la nation apparaissent ici comme des organismes éthiques, transcendant les réalités individuelles, ce que Mussolini résume ainsi : « *tout dans l'Etat, rien en dehors de l'Etat, rien contre l'Etat. L'Etat, tel que le fascisme le conçoit et le met en œuvre, est un fait spirituel et moral* »[69]. Par nature donc, l'Etat fasciste, conçu comme un Etat éthique, est un Etat totalitaire au sein duquel l'individu doit se fondre. Rappelons à

COCOZZA, « Santi Romano presidente del consiglio di Stato. Cenni strorici e spunti problematici », *Ibid.*, p. 1231.

[66] O. RANELLETTI, *Istituzioni di diritto Pubblico,* Padoue, 1933, Préface, p. VII.

[67] *Ibid.*, pp. 118-124.

[68] S. PANUNZIO, « Criteri per lo studio del diritto costituzionale », in *Studi in onore di F. Cammeo, Volume II,* Padoue, 1933, p. 248.

[69] B. MUSSOLINI, *Spirito della Rivoluzione fascista,* Milan, Ed. U. Hoepli, 2e ed., 1940, p. 370.

cet égard que le régime fasciste entendait abolir les principes fondamentaux de la démocratie libérale : la séparation des pouvoirs, la primauté de l'individu, la reconnaissance des droits subjectifs[70]. Pour le *Duce,* « *le fascisme peut être défini comme une démocratie organisée, centralisée et autoritaire. Pour le fascisme, l'Etat est la source absolue de l'existence des groupes et des individus. [Ceux-ci] ne sont pensables qu'en ce qu'ils sont dans l'Etat [...]. L'individu dans l'Etat fasciste n'est pas annulé mais multiplié ; l'Etat fasciste limite les libertés inutiles ou nocives et maintient les libertés essentielles.*»[71]. Cette idée était déjà en germe en 1914 dans la pensée de Adolfo Ravà. Selon lui l'Etat « *est un organisme qui n'est pas une simple association en vue d'une coexistence juridique, mais qui dispose de ses propres finalités éthiques, au sein duquel les individus ne sont rien d'autre que des membres composants*»[72]. Il en résulte donc que « *la doctrine de la nature purement juridique de l'Etat est une singulière erreur* ». Apparaît déjà en filigrane une critique de la doctrine de l'Etat de droit. En effet pour lui, *« l'Etat ne constitue pas une association entre les hommes pour la coexistence et la protection des droits de chacun. [...] L'Etat est par essence [...] une entité éthique et non pas une entité juridique [...] possédant une valeur en soi, de fin et non pas de moyen, une valeur éthique et morale* ».

Pour autant doit-on conclure à l'incompatibilité de l'Etat éthique et de l'Etat de droit? La lecture de Panunzio – théoricien de l'Etat fasciste – semble le confirmer. Dans son ouvrage paru en 1921 et consacré à l'Etat de droit, ce dernier écrit : « *Il convient de différencier les fins juridiques des fins non juridiques et méta-juridiques de l'Etat, c'est-à-dire l'Etat de droit de l'Etat éthique. [...] Nous partageons la pensée de Ravà quand il énonce [...] que l'Etat et seulement l'Etat peut et doit agir au-delà du droit et ce parfois même contre le droit* »[73]. L'Etat éthique primerait donc l'Etat de droit. Il autoriserait ainsi l'Etat à agir le cas échéant contre le droit. Mais en même temps Panunzio insiste sur le fait que le droit revêt lui-même une nature éthique. Ainsi écrit-il qu'il « *ne s'agit pas de nier la supériorité de la morale sur le droit, la supériorité de l'Etat éthico-pédagogique sur l'Etat de droit, mais il n'est pas non plus possible par ailleurs de nier la nature éthique du droit et de l'Etat* »[74]. Cette approche l'amènera à considérer qu'à l'Etat de droit libéral, le régime fasciste a substitué un Etat juridique corporatiste. Pour lui en effet, « *l'Etat fasciste est à la fois un Etat politique et juridique. Je parle d'Etat juridique – dit-il – et non d'Etat de droit, parce que l'Etat fasciste, étant par définition un Etat politique ou éthique, ne se limite pas comme l'Etat de droit – que l'on assimile normalement et de manière erronée à l'Etat juridique – à la pure*

---

[70] Voir en ce sens, D. LOSCHAK, « « Le Conseil d'Etat sous Vichy et le Consilgio di Stato sous le faschisme. Eléments pour une comparaison », in *Le droit administratif en mutation*, CURAPP, Puf, 1993, pp. 79-80.

[71] B. MUSSOLINI, *op.cit.*, p. 403.

[72] A. RAVA, *Diritto e Stato nella morale idealistica, Vol II : lo Stato come organismo etico*, (1914), ed. 1950, Padova, p. 99.

[73] S. PANUNZIO, *Lo Stato di diritto, Città* di Castello, 1921, p. 149.

[74] *Ibid.*, p. 163.

préservation et garantie des droits privés des citoyens à l'image de l'Etat individualiste et libéral ; l'Etat fasciste est avant tout un Etat idéaliste, spiritualiste et éducatif [...]. Sans doute, l'Etat fasciste du point de vue juridique, est un Etat éminemment juridique, qui moins du point de vue formel que matériel [...] dépasse le concept d'Etat de droit en mettant en œuvre de manière exemplaire le concept d'Etat éthique ou de culture qu'il serait peut-être meilleur et plus juste sur le plan technique d'appeler Etat politique »[75]. Le concept d'Etat juridique tel qu'il est développé ici par Panunzio se limite en fait à constater que l'Etat agit dans le cadre d'un ordre normatif au moyen du droit. Il ne dit rien d'autre sur la qualité de l'ordre juridique. Il y a donc une prise de conscience, à tout le moins du point de vue formelle, même chez les auteurs fascistes, de la nécessité de prendre en compte les apports de la théorie de l'Etat de droit[76].

Ce grand écart, qualifié « *d'irréaliste*»[77], trouve une parfaite illustration dans les travaux de Carlo Costamagna. Dans un premier article paru en 1928, cet auteur tente de démontrer la parfaite concordance de l'Etat corporatiste que l'Etat fasciste est censé incarner avec l'Etat de droit. Celui-ci n'hésite pas à affirmer que la conception corporatiste de l'Etat fut la base «*de la pensée politique romaine et italienne, impériale et catholique et reprise par la doctrine plus austère de l'école de l'Etat juridique* »[78]. Il voit dans l' Etat corporatif « *la plus complète réalisation du « Rechtsstaat* »[79], en réduisant l'Etat de droit à un simple système de droit objectif. Il reprendra ces mêmes arguments pour faire de l'Etat fasciste un Etat de droit dans son ouvrage *Diritto pubblico Fascista* publié en 1934. Sur la question de savoir si l'Etat fasciste italien peut être considéré comme un Etat moderne en ce sens qu'il constitue un Etat de droit, Costamagna admet que si « *cet Etat moderne est l'Etat qui se propose de garantir les droits subjectifs des citoyens* », alors il n'en est rien. Néanmoins, pour lui, « *Etat moderne, l'Etat fasciste l'est du point de vue chronologique* » ; « *Etat de droit, l'Etat fasciste l'est du point de vue objectif* ». L'Etat fasciste est un Etat moderne dans la mesure où, chronologiquement et substantiellement, il constitue un nouveau type d'Etat dans l'histoire constitutionnelle, sans qu'il soit possible de le rattacher ni « *à l'Etat de police, ni à la monarchie absolue* ». En effet, « *c'est un Etat moderne, dans la mesure où sur la base d'un statut général d'égalité juridique des citoyens, il élève la notion de souveraineté à son expression la plus impersonnelle et lui attribue un contenu*

---

[75] S.PANUNZIO, « Criteri per lo studio del diritto costituzionale », in *Studi in onore di F. Cameo, Volume II,* Padoue, 1933, p. 248.

[76] Voir à ce propos une abondante littérature sur la question de l'Etat de droit dans l'Italie fasciste : COSTAMAGNA, « Lo stato corporativo quale Stato di diritto », *Il diritto del Lavoro*, 1928 ; BODDA, *Lo Stato di diritto. A proposito di alcune recenti opinioni*, Milan, 1935 ; F.BATTAGLIA, « Stato etico e Stato di diritto », *Riv. Inter. Fil. Diritto*, XVII, 1937, p. 237 ; « lo Stato e la morale », XIX, 1939, p 181 ; « Per la determinazione del concetto di Stato etico" » XXIV, 1947 ; « Ancora sullo Stato di diritto », XXV, 1948, p. 164.

[77] C. CARISTIA, « Ventura e Avventura di una formula : « Rechtsstaat » », *Riv. Tri. Dir. Pubb*, 1934, p406

[78] C.COSTAMAGNA, « Lo Stato corporativo como Stato di diritto », *Il diritto del Lavoro*, 1928, p. 401.

[79] *Ibid.*

moral, réalisant les aspirations les plus diverses de la pensée politique qui, dans le traditionnel Etat de droit, n'avaient trouvé qu'une application partielle et contradictoire ». Par ailleurs, l'Etat fasciste doit être considéré comme un Etat de droit d'un point de vue objectif dans la mesure où il intègre « *l'ordre juridique dans la structure de l'Etat fasciste en multipliant les sources du droit (quantité du droit) et en organisant de manière hiérarchique celles-ci (qualité du droit) [...]* ». L'Etat fasciste doit également être considéré comme un Etat de droit car « *il renforce l'ordre juridique d'un point de vue éthico-politique, en réintégrant l'autorité du gouvernement, garant de la légalité et du sentiment de l'Etat qui est à la source de toute légitimation du droit positif* »[80]. Costamagna reprend ainsi à son compte une partie des réflexions de Panunzio sur la dimension éthico-politique de l'ordre juridique. Mais à la différence de Panunzio, Costamagna n'hésite pas à qualifier directement l'Etat fasciste d'Etat de droit. On se rappelle en effet que Panunzio lui préfère l'appellation « Etat juridique » ou « Etat corporatif juridique » afin de bien marquer la discontinuité du nouvel Etat d'avec l'ancien Etat de droit libéral fondé par la *scuola giuridica nazionale*.

D'autres auteurs comme Bodda ou d'Alessio poursuivront dans ce sens. Piero Bodda publie en 1935 un petit livre d'une cinquantaine de pages dans lequel il se propose de revenir sur les différentes conceptions de l'Etat de droit. Parmi celles-ci, il en est une qu'il développe plus particulièrement : à partir des thèses de Keollreuter et de Carl Schmitt, il se demande s'il est possible d'assimiler le nouveau régime allemand national-socialiste, et par extension l'Etat fasciste italien, à un Etat de droit. Avant de porter un jugement définitif sur cette question, Bodda estime que «*les juristes doivent rechercher avant tout si subsistent les institutions qui mettent en œuvre cette dimension juridique de l'ordonnancement étatique et dans l'affirmative, ceux-ci ne doivent pas hésiter à dénommer ces ordres juridiques « Etat de droit »* »[81]. Sans aucune ambiguïté, il apparaît pour lui que « *l'Etat de droit peut vivre et vit au sein de ces ordres qui, à côté du principe de l'autorité solidement et nettement affirmé, reconnaissent une sphère juridique aux individus que l'Etat intègre et régule au sein de son propre ordonnancement positif* »[82] . Et de conclure sur le cas spécifique de l'Italie que « *sont dans le vrai, ceux qui, sur la base d'une méthode purement juridique ont dénommé Etat de droit notre ordonnancement étatique fasciste*»[83]. C'est exactement cette démarche que suivra Francesco D'Alessio. Dans un article, paru en 1940 dans les mélanges offerts à Santi Romano, intitulé *Lo Stato fascista come Stato di diritto*, D'Alessio se propose de démontrer juridiquement, preuves à l'appui, que l'Etat fasciste italien est un Etat de droit. Mieux, il aurait, selon lui, renforcé l'Etat de droit. Après avoir admis que la révolution des chemises noires avait profondément changé la constitution italienne, dans sa forme et dans son esprit, il estime que « *l'Etat fasciste est [...] tant d'un*

---

[80] C.COSTAMAGNA, *Diritto Pubblico Fascista*, Turin, UTET, 1934, pp. 36-37.
[81] P.BODDA, *Lo Stato di diritto. A proposito di alcune recenti opinioni*, Milan, Giuffrè, 1935, p. 44.
[82] *Ibid.*, p. 45.
[83] *Ibid.*

point de vue social que politique un nouveau type d'Etat ; mais pour autant il n'a pas perdu son caractère essentiel d'Etat de droit, je dirais même qu'il l'a affiné »[84]. Et de démontrer, en reprenant point par point l'ensemble des institutions de l'Etat fasciste, que celles-ci s'inscrivent dans la logique de l'Etat de droit et « *qu'elles constituent des manifestations claires d'une tendance à assujettir toute forme de vie étatique au droit* »[85]. Il importe peu à cet égard que le nouveau régime ait supprimé un certain nombre d'institutions démocratiques. En effet, pour D'Alessio, « *la suppression du système représentatif ne constitue pas un obstacle à reconnaître [...] dans l'Etat les caractéristiques essentielles de l'Etat de droit. Il n'y a pas d'obstacles du point de vue juridique, parce que les organes sont régulés par le droit* »[86]. Qui plus est, selon lui, dans l'Etat fasciste, non seulement les droits subjectifs des individus sont pleinement reconnus (!) mais en plus « *la fonction juridictionnelle est exaltée* »[87]. En définitive donc, « *celui qui suit le fonctionnement de ces diverses institutions ne peut qu'être convaincu que la mise en œuvre du droit objectif est assurée par un système juridictionnel indépendant et efficace* » et donc que *« l'Etat fasciste est resté un Etat de droit, selon la conception que la dogmatique traditionnelle se fait de ce type d'Etat* »[88].

3) Dès 1934 pourtant, certains auteurs s'élevèrent contre ces assimilations hasardeuses. Carmelo Caristia fut le premier d'entre eux à dénoncer ces dérives. Partisan du renouvellement de la méthode juridique, Caristia invite la doctrine à confronter les différentes catégories de la science juridique à la lumière de leur développement historique. Cette méthode dite historique, permettrait de développer une nouvelle objectivité et une neutralité scientifiques fondées sur la vérification historique des constructions dogmatiques[89]. C'est à travers ce filtre historique qu'il se propose, dans un article paru en 1934 dans la *Rivista trimestrale di Diritto pubblico,* de passer au crible le concept de *Rechtsstaat.* Après en avoir retracé l'histoire dans la littérature juridique, il observe que celui-ci est « *équivoque, incertain et indéterminé* »[90]. Ces caractéristiques expliquent pourquoi il a fait l'objet d'une utilisation abusive. Mais c'est sous le régime fasciste que le concept d'Etat de droit a été selon lui l'objet des plus grandes manipulations. Ainsi écrit-il que « *tous ceux qui ont manifesté diverses opinions en la matière – avec tout le respect que je leur dois – se sont perdus dans un océan d'erreurs ou de superficialité, s'éloignant ou perdant de vue le cœur de la question ou attribuant à la célèbre formule un sens ou un contenu qu'il n'eut jamais* »[91]. Et de passer en revue l'ensemble des auteurs

---

[84] F.D'ALESSIO, « Lo Stato fascista come Stato di diritto », *in Scritti giuridici in onore di Santi Romano*, Cedam, Padoue, 1940, Vol. I, p. 496.
[85] *Ibid.*, p. 499.
[86] *Ibid.*, p. 502.
[87] *Ibid.*, p. 508.
[88] *Ibid.*, p. 509.
[89] Sur l'école historique du droit public, voir G. CIANFEROTTI, Il *pensiero di V.E. Orlando e la Giuspubblicistica italiana fra ottocento e novecento*, Milan, Giuffrè, 1980, pp. 217-308.
[90] C.CARISTIA, *op.cit.*, p. 389.
[91] *Ibid.*, p. 405. Cette opinion est également partagée par F. PERGOLESI, *Sullo Stato di diritto*, Padoue,

qui se sont exprimés sur cette question : par exemple, les affirmations selon lesquelles tout Etat serait un Etat de droit dès lors qu'il agit au moyen du droit (Del Vecchio, D'Alessio, Costamagna), l'Etat corporatif serait une exaltation de l'Etat de droit (Costamagna, Panunzio), l'Etat fasciste aurait perfectionné l'Etat de droit en renouvelant la conception libérale de la séparation des pouvoirs (D'Alessio), constituent toutes des affirmations erronées et inefficientes. Caristia rappelle par ailleurs que ces tentatives d'assimilation de l'Etat fasciste à un Etat de droit sont totalement illogiques. En effet « *la doctrine politique qui étudie ces ordres juridiques s'est positionnée de manière précise, à l'opposé de l'esprit qui animait l'Etat démocratique libéral* » alors que *« le concept de « Rechtsstaat », par son histoire, par les formulations ou interprétations dont il a fait l'objet, n'est [...] que la traduction, la mise en œuvre plus ou moins adaptée des prémisses et principes fondamentaux du libéralisme politique* ». Aussi « *enfermer l'Etat fasciste dans un cadre né dans un contexte différent est une entreprise inutile et dangereuse [...]. S'obstiner à vouloir l'adapter [l'Etat de droit] à notre nouvel environnement signifie ajouter d'autres incertitudes et imprécisions dans le langage juridique, qui malheureusement, n'a acquis cette sécurité et précision que depuis peu de temps [...]*»[92]. Caristia ne critique pourtant pas le régime fasciste. Il se contente simplement d'observer l'inadéquation du concept d'Etat de droit pour décrire le système fasciste d'un point de vue scientifique. La démarche de Renato Trèves sera en revanche plus radicale.

Forcé à l'exil en 1938 après l'adoption en Italie des lois raciales, Renato Trèves se réfugie en Argentine d'où il publiera en 1939 un article en espagnol intitulé « *El estado de derecho y las nuevas organizaciones estatales* » [93]. Dans cet article, il se propose « *d'informer les lecteurs sur un des aspects les plus intéressants de la psychologie de beaucoup d'auteurs contemporains de droit public et spécialement de dénoncer les graves erreurs méthodologiques qui les mènent, en oubliant les problèmes les plus vifs et importants de leur discipline, à des développements inutiles et à des raisonnements oisifs* ». Après avoir relevé qu'il existe traditionnellement deux conceptions de l'Etat de droit, une conception logico-formelle et une conception politico-sociale, l'auteur constate qu'en s'appuyant sur cette distinction une partie de la doctrine sous l'ère fasciste a réduit le concept d'Etat de droit à une coquille vide à l'intérieur de laquelle chacun pouvait intégrer ses propres préceptes idéologiques : l'Etat de droit pouvait ainsi s'appliquer, selon les cas et les définitions, à un Etat libéral ou à un Etat totalitaire[94]. D'un point de vue

---

CEDAM, 1931, p. 27 et ss, pour qui, si par certains aspects l'Etat fasciste a conservé certaines caractéristiques de l'Etat de droit, la plupart d'entre elles ont néanmoins été « liquidées » par le nouveau régime.

[92] *Ibid.*, p. 407.

[93] R. TREVES, « El estado de derecho y las nuevas organizaciones estatales », *Sustancia,* 1939, p. 160. Pour une critique de cette contribution, voir F.BATTAGLIA, « Ancora sullo Stato di diritto », *Riv. Int. Fil. Dir.*, XXV, 1948, pp. 164-171 et la réponse de R. TREVES, « A proposito della polemica su Stato di diritto e Stati totalitari », *Riv. Int. Fil. Dir,* XXXIII, 1956, pp. 333-340.

[94] *Ibid.*, p. 164.

scientifique, une telle approche était contestable : les concepts et les mots ont un sens qui ne saurait changer selon l'envie ou les buts poursuivis par les uns ou les autres. Ainsi, le concept d'Etat de droit n'était plus « *un signe qui indiquait une certaine forme d'Etat (l'Etat libéral)* » mais était tout simplement transformé en un simple instrument de la science juridique destiné à étudier la nature de n'importe quel Etat. Plus subjectivement, une telle démarche devait également être combattue. Au nom des combattants pour la liberté, Trèves considère qu'il convient de rétablir le concept d'Etat de droit dans son sens originel pour tout ce qu'il représente et de rappeler que l'Etat de droit « *est une organisation de l'Etat moderne fondée sur le principe du respect de la personne, de la représentation, de la séparation des pouvoirs, en d'autres mots du libéralisme et de la démocratie* ». Et ce n'est que cela. Voilà dessinés les contours du nouveau modèle d'Etat de droit qui se diffusera au lendemain de la seconde guerre mondiale.

§3 - LA DEMOCRATISATION DE LA THEORIE DE L'ETAT DE DROIT

138. Même si certains s'étonnent que l'on revienne encore sur « *le vieux problème de l'Etat de droit* »[95], le thème de l'Etat de droit est toujours d'actualité au sein de la doctrine italienne au lendemain de la libération[96]. Mais avec le retour à la démocratie, le discours sur l'Etat de droit va quelque peu changer de nature. Mieux, il va se renouveler à l'initiative de certains auteurs qui, comme Renato Trèves, lieront de manière définitive Etat de droit et démocratie[97], abandonnant l'approche

---

[95] F. BATTAGLIA, « Ancora sullo « Stato di diritto » », *Riv. Int. Fil. Dir.*, 1948, p. 164.

[96] Il suffit pour s'en convaincre de parcourir l'ensemble de la littérature post-fasciste. Par exemple, RUINI, « La Repubblica italiana come « Stato di diritto » », *Riv. Dir. Pubb.*, 1948 ; F. BATTAGLIA, « Ancora sullo Stato di diritto », *Riv. Int. Fil. Dir.*, XXV, 1948 ; R. TREVES, « A proposito della polemica sullo Stato di diritto e Stati Totalari », *Riv. Int. Fil. Dir.*, XXXIII, 1956 ; « Stato di diritto e Stati Totalitari », en Studi in onore di G.M. de Francesco, vol II, Milan, Giuffrè, 1957 ; MELONI, G « Stato di diritto e garanzie costituzionali », en Stato Sociale, 1958 ; G. TREVES, « Considerazioni sullo Stato di diritto », *Riv. Trim. Dir. Pubb.*, 1959 ; ULE, « Sul rapporto fra Stato amministrativo e Stato di diritto », *Jus*, 1959 ; CIUSA, N., « Il concetto di Stato di diritto nel personalismo giuridico », *Riv. Int. Fil. Dir.*, XXXVII, 1960 ; ATTI DEL VI CONGRESSO NAZIONALE DI FILOSOFIA DEL DIRITTO, *Stato di diritto e Stato di giustizia*, (2.Vols), Pisa, 30 maggio - 2 giunio 1963, Milan , Giuffrè, 1963 ; PIOLA, A., *Stato di diritto e regime democratico*, Milan, Giuffrè, 1963 ; B. ROMANO, « Ragione e esistenza. Stato di diritto e dignità dell'uomo », *Riv. Int. Fil. Dir.*, XLV, 1968, p. 615 ; F. PERGOLESI, *Per lo Stato di diritto. Orientamenti civici*, Milan Giuffrè, 1968 ; V. ZANGARA, « Lo Stato di diritto in evoluzione », in Scritti in onore di Egidio Tosato, Vol I, Giuffrè Editore Milan, 1984 ; A. RUGGERI, « Stato di diritto e dinamica istituzionale », *Politica del Diritto*, a XXI, n°3, 1990 ; G. BERTI, « Stato di diritto informale », *Riv. Trim. Dir. Pubb*, 1/1992 ; G. PUTTNER, « Lo stato di diritto informale », *Riv. Trim. Dir. Pubb*, 1/1992 ; R. GUASTINI, « Note sul stato di diritto, sistema giuridico e sistema politico », *in AA.VV., Stato di diritto e trasformazione della politica, a Cura di B. Montanari*, Giappichelli, Torino, 1992 ; A. CATANIA, « Lo stato moderno : profili storici e dottrinali », *Riv. Int. Fil. Dir*, 1994, 3 ; M.A. CATTANEO, « Stato di diritto e dispotismo dei giudici », *Sociologia del Diritto*, 1994, 3 ; M.R. DONNARUMMA, « Una tematica sempre attuale : lo stato di diritto », *Diritto e Societa*, 1, 1994. Plus généralement, pour une histoire de la doctrine italienne de droit public post-fasciste, voir l'introduction à la traduction espagnole de l'ouvrage de Giuseppe de Vergottini réalisée par Pablo Lucas Verdú, « La doctrina constitucional italiana desde 1965 : Giuseppe de Vergottini y el derecho constitucional comparado », in G. DE VERGOTTINI, *Derecho constitucional comparado*, Trad. Esp.P. Lucas Verdú, Espalsa-Calpe, Madrid, 1983, pp. 9-61

[97] Voir en particulier R. TREVES, « A proposito della polemica su Stato di diritto e Stati Totalitari », *Riv.*

par trop juridique et formaliste que la *scuola giuridica nazionale* avait consacrée. Il s'agit désormais de doter le concept d'Etat de droit d'un contenu « *significatif, précis et humaniste* »[98] conciliant les garanties formelles de l'Etat de droit et les exigences matérielles de justice sociale[99], ce qui amènera une partie de la doctrine à penser l'Etat de droit comme un Etat de justice (*Stato di Giustizia*)[100] réactivant par là-même la théorie du droit naturel qui, après les errements de la période fasciste, marquera de son empreinte la jurisprudence de la Cour constitutionnelle italienne[101] à l'instar de la Cour constitutionnelle fédérale allemande[102].

139. Plus généralement, on assiste, avec l'avènement de la nouvelle constitution italienne, à un glissement épistémologique de la théorie de l'Etat de droit du droit administratif, dans lequel elle était cantonnée jusqu'alors, vers le droit constitutionnel[103]. Ce déplacement s'inscrit dans le cadre du processus de constitutionnalisation croissant des ordres juridiques européens[104] comme le souligne le Doyen Favoreu pour qui « *l'idée de réalisation de l'Etat de droit domine le droit constitutionnel moderne* »[105]. L'Etat de droit apparaîtrait ainsi comme un

Int. Fil. Dir., XXXIII, 1956 ; « Stato di diritto e Stati Totalitari », en Studi in onore di G.M. de Francesco, vol II, Milan, Giuffrè, 1957.

[98] A.E. PEREZ LUÑO, *Derechos Humano, Estado de derecho y constitución*, Tecnos, Madrid, 1984, p241

[99] Une démarche identique a été suivie par la doctrine allemande qui a tenté de trouver dans l'idée de dignité humaine (menschliche Würde) un fondement matériel à la notion de *Rechtsstaat*. Voir par exemple, W. MAIHOFER, *Rechtsstaat und menschliche Würde*, Klostermann, Frankfurt a. M., 1968.

[100] Ce concept d'Etat de justice ne doit pas être assimilé avec celui de *Justizstaat* que l'on retrouve dans la littérature allemande et qui se résume à l'idée de soumission de l'ensemble de l'activité sociale au contrôle du juge mais plutôt à celui de *Gerechtigkeistaat* (Etat juste). Cet Etat de justice représenterait le stade ultime du développement historique de l'Etat en conciliant les aspirations formelles et matérielles les plus fondamentales de la société. Dino Pasini observe ainsi « *qu'une fois conquise fastidieusement la légalité formelle et avec elle la souveraineté de la loi et la rationalité de la vie politique, sociale et économique, l'humanité tend à intégrer cette légalité formelle avec la justice substantielle, c'est-à-dire la légitimité. Ainsi, l'Etat de droit s'insère dans l'Etat de justice, à savoir dans l'Etat qui réalise une aspiration concrète, historique de justice. En ce sens, l'Etat de justice [...] représente la forme la plus haute et la plus humaine de l'Etat* » in D. PASINI, « Stato assoluto, Stato di diritto, e Stato di giustizia », *Riv. Int. Fil. Dir*, 1964, p 259. Plus généralement sur l'ensemble de la question, voir *Atti del VI Congresso Nazionale italiano di filosofia del diritto*, « Stato di diritto e Stato di Giustizia », Pise 30 mai – 2 juin 1963, 2 vols, Giuffrè Milan, 1964.

[101] L. ELIA, « Communication orale », in L. FAVOREU (dir.), *Cours constitutionnelles européennes et droits fondamentaux*, PUAM, 1981, sp. 335 et ss. A propos de l'interprétation de l'article 2 de la Constitution de 1947 qui dispose que « *La République reconnaît et garantit les droits inviolables de l'homme aussi bien en tant qu'individu que dans les formations sociales où s'exerce sa personnalité. La République exige l'accomplissement des devoirs absolus de solidarité politique, économique et sociale* », voir. G. ZAGREBELSKY, « Objet et portée de la protection des droits fondamentaux. Cour constitutionnelle italienne », in L. FAVOREU (dir), *op.cit.*, p. 316 et ss.

[102] Notons toutefois que ce phénomène fut bien plus important en Allemagne. Voir sur ce point, H.J. FALLER, « Wiederkehr des Naturrechts ? Die Naturrechtslehere in der höchstrichterlichen Rechtsprechung von 1945 bis 1993 », *JöR*, vol. 43, 1995, pp. 1-17.

[103] G. TREVES, « Considerazioni sullo Stato di diritto », *Riv. Trim. Dir. Pubb.*, 1959, p. 402.

[104] Sur ce point, voir l'étude remarquable de P. HÄBERLE, « Derecho constitucional comun europeo », in A.E. PEREZ-LUÑO (dir), *Derechos humanos y constitucionalismo ante el tercer milenio*, Marcial Pons, Madrid, 1996, p. 192.

[105] L. FAVOREU, « Le droit constitutionnel, droit de la Constitution et constitution du droit », *RFDC*, 1990, p. 79.

paradigme structurant l'ensemble du droit constitutionnel[106]. La nouvelle constitution italienne occupe à cet égard une place désormais centrale au sein de l'ordonnancement juridique étatique cessant d'être, pour reprendre les mots de Louis Favoreu « *une 'idée' pour devenir une 'norme', c'est-à-dire une règle juridique obligatoirement sanctionnée* »[107], saisissant et consolidant à la fois l'Etat de droit. Le professeur Crosa estime d'ailleurs que « *l'Etat de droit est singulièrement renforcé dans la nouvelle constitution italienne par la rigidité absolue de la Constitution et par la complexité des institutions qui garantissent la légitimité de l'exercice des diverses fonctions étatiques* »[108]. Le développement de ce constitutionnalisme moderne[109] conduit une partie de la doctrine à abandonner le concept d'Etat de droit, pour lui préférer celui d'*Etat constitutionnel* ou d'*Etat de droit constitutionnel*[110] plus à même de décrire cette « *profonde transformation de l'Etat de droit* »[111] produit du positivisme juridique[112] que le premier entend dépasser[113].

140. Encore que tous ne s'entendent pas sur l'étendue de cette transformation. Pour certains, comme Zagrebelsky, le concept d'Etat constitutionnel marquerait une profonde rupture avec l'idée traditionnelle d'Etat de droit[114] ; pour d'autres, comme Ferrajoli, l'Etat constitutionnel n'en serait qu'un approfondissement, ces derniers

---

[106] *Ibid.*.

[107] *Ibid.*,, p. 72.

[108] CROSA, *Diritto costituzionale*, 4ème ed, Milan, Giuffrè, 1955, p. 199.

[109] Le terme « constitutionnalisme » n'est pas nouveau. On le trouve déjà sous la plume de certains auteurs allemands du 19ème siècle. Voir par exemple, K. VON ROTTECK, « Constitución », in ROTTECK, WELCKER, PFIZER, MOHL, *Liberalismo alemán en el siglo XIX. 1815-1848*, Centro de Estudios Constitucionales, Madrid, 1987, p. 23 et ss. Certains ont même soutenu que l'Etat constitutionnel est premier et que l'Etat de droit n'en est qu'un des développements. Voir en ce sens, N. MATTEUCCI, *Organización del poder y libertad*, Trotta, Madrid, 1998, p. 285. D'autres au contraire voient dans le constitutionnalisme une illustration de la postmodernité. Par exemple, A.E. PEREZ-LUNO, « Derechos humanos y constitucionalismo en la actualidad : ¿continuidad o cambio de paradigma ? », in A.E. PEREZ-LUÑO (dir), *Derechos humanos y constitucionalismo ante el tercer milenio, op.cit.*, p. 13.

[110] Voir en ce sens par exemple, A. CATANIA, « Lo stato moderno : profili storici e dottrinali », RIFD, 1994, p. 407 ; L. FERRAJOLI, « El Estado constitucional de derecho hoy : el modelo y su divergencia de la realidad », trad de P. Andrés Ibañez, P. ANDRES IBAÑEZ (dir) , *Corrupción y Estado de derecho. El papel de la jurisdicción*, Trotta, Madrid, 1996 ; J.J. GOMES CANOTLIHO, *Direito Constitucional*, Livraria Almedina, Coimbra, 1993, p. 307 et ss ; A.M. PEÑA FREIRE, *La garantía en el Estado constitucional de Derecho*, Trotta, Madrid, 1997 ; G. TREVES, « Considerazioni sullo Stato di diritto », *RTDP* , 1959, p. 400 ; M. TROPER, *Pour une théorie juridique de l'Etat*, PUF, Paris, 1994, pp203 et ss ; V. ZANGARA, « Lo Stato di diritto in evoluzione », in *Scritti in onore di Egidio Tosato*, Vol I, Giuffrè Editore Milan, 1984, pp. 67-69.

[111] G. ZAGREBELSKY, *Il diritto mite*, Turin, Einaudi ed., 1992, p. 39.

[112] F.J. ANSUATEGUI, «¿Crisis del positivismo jurídico ? : dos respuestas italianas, Zagrebelsky y Scarpelli », *Derechos y libertades*, 2, 1994, pp. 113 et ss.

[113] En ce sens, L. PRIETRO, *Constitucionalismo y positivismo*, Fontamara, Madrid, 1997, p. 16 ; R. DE ASIS, *Una aproximación a los modelos de Estado de derecho*, Dykinson, Madrid, 1999, p. 89.

[114] Pour le Professeur de Turin, la mesure de cette transformation relève même plus « *d'une mutation génétique, que d'une déviation momentanée dans l'attente et l'espoir d'une restauration* », G. ZAGREBELSKY, *op.cit.*, p. 39.

recourant d'ailleurs au concept d'Etat de droit constitutionnel. Reprenons successivement ces deux positions.

La conception de l'Etat constitutionnel de Zagrebelsky repose sur l'abandon de toute vision systématique du droit ayant la loi pour principe axiologique. L'Etat de droit libéral, tel qu'il s'est développé au 19e siècle, était avant tout « *un Etat législatif qui s'affirmait à travers le principe de légalité* »[115]. La loi constituait alors le paradigme organisationnel de l'ordre juridique et de la société politique[116]. Or aujourd'hui, la loi a perdu de sa superbe. Elle ne constitue plus l'étalon des comportements humains. Qui plus est, elle n'est plus considérée ni comme infaillible, ni comme intouchable. La loi se trouve désormais placée dans un rapport de soumission à la Constitution. Il en résulterait une profonde mutation de l'Etat contemporain à mille lieux des structures traditionnelles de l'Etat de droit libéral. Or, une telle transformation de l'Etat contemporain pourrait très bien être analysée comme un approfondissement des structures de l'Etat de droit prolongeant ainsi l'entreprise de soumission totale des fonctions – y compris législative – de l'Etat au droit. Telle n'est pas l'opinion du professeur de Turin pour qui il s'agirait là d'une profonde transformation de l'Etat entraînant un nouveau type de *Droit*[117]. L'Etat constitutionnel serait notamment le résultat de l'introduction dans la constitution de dispositions substantielles fondamentales – en pratique les droits de l'homme – conçues comme des « *aspirations subjectives absolues valides pour elles-mêmes indépendamment de la loi* »[118]. Ces droits, dont le contenu est pour une grande part largement indéterminé, doivent être appréhendés comme constituant un ordre objectif tout à la fois ouvert et pluriel, se situant au-dessus de la loi. Cet ordre, composé de droits et des principes de justice énoncés dans la constitution, irradie le système juridique dans son ensemble[119]. Il en résulte donc que le législateur est dépossédé d'une partie considérable de son pouvoir de telle sorte que les lois qu'il adopte doivent être appréhendées comme ne constituant qu'une « *partie du droit* » et non pas « *le droit* »[120], dans la mesure où la Cour constitutionnelle peut toujours exercer son pouvoir de censure. Les membres de la Cour constitutionnelle apparaissent ainsi dans ce système comme les « maîtres du droit »[121], puisque seuls à disposer du pouvoir d'interprétation de ces droits fondamentaux qui informent l'ordre juridique. Or ces droits ne disposent pas pour la plupart d'un contenu clair et non équivoque. Ce pouvoir d'interprétation n'est pourtant pas illimité puisqu'il doit être exercé de manière raisonnable, le juge devant adopter des décisions compatibles avec cet ordre ouvert mais objectif. Au total donc, « *l'ordre qui en résulte entend assurer la compatibilité de diverses options morales dans la société, de l'objectif et*

---

[115] *Ibid.*, p. 24.
[116] Cf. *Supra.*, Chap. 1, Sec II.
[117] *Ibid.*, p. 39.
[118] *Ibid.*, p. 47.
[119] *Ibid.*, pp. 93-94.
[120] *Ibid.*, p. 212.
[121] *Ibid.*, p. 208.

du subjectif, du libéral et du communautaire »[122]. Ce que l'ordre juridique gagne en flexibilité et évolutivité, il le perd en termes de certitude du droit[123]. Ainsi, cette construction dogmatique remet en cause la logique constitutive de l'Etat de droit, dans la mesure où l'idée de système et la relation dialectique entre le droit et le pouvoir, que la théorie de l'Etat de droit entend intégrer, disparaît derrière le sens projeté de la constitution[124].

A l'inverse, pour Luigi Ferrajoli, l'Etat constitutionnel n'est que le prolongement de l'Etat de droit. Pour lui, la spécificité de l'Etat de droit constitutionnel par rapport à l'Etat de droit « *réside dans le fait que les conditions de validité des normes de l'Etat incorporent non seulement des exigences de régularité formelles mais également des normes substantielles contenues dans ou déduites de la constitution*»[125]. Il distingue ainsi deux types d'Etats de droit : tout d'abord, sont « *Etats de droit tous les ordonnancements étatiques, y compris autoritaires ou pire totalitaires, au sein desquels, lex facit regem et où le pouvoir prend sa source et est exercé au moyen du droit* » ; ensuite, sont Etats de droit « *seulement les Etats constitutionnels [...] qui au plus haut niveau normatif (constitution) incorporent des limites non seulement formelles mais également substantielles à l'exercice de tout pouvoir* ». L'Etat de droit moderne est donc synonyme de l'Etat de droit constitutionnel. En effet, l'Etat de droit moderne serait « *un modèle d'Etat né des constitutions modernes et caractérisé : a) sur le plan formel, par le principe de légalité, en vertu duquel tout pouvoir public est subordonné à des lois générales et abstraites, qui encadrent son exercice, et dont le respect est soumis au contrôle de « légitimité » par des juges indépendants [...] ; b) sur le plan substantiel, par la fonctionnalisation de tous les pouvoirs de l'Etat au service de la garantie des droits fondamentaux des citoyens [...]* »[126]. Dans ce système, qui entend dépasser le modèle traditionnel de l'Etat de droit formel, il est fait une grande place à la justice constitutionnelle à laquelle il incombe de déterminer le sens des dispositions constitutionnelles matérielles et partant d'orienter l'ordre juridique dans son ensemble[127].

141. Ce modèle, qualifié par certains de « *garant de l'Etat de droit* »[128], se caractérise ainsi non seulement par une exaltation de la fonction juridictionnelle, dénoncée par ailleurs par certains[129], mais en plus par une connexion directe entre Etat de droit et morale. Une question se pose alors : cette nouvelle conception de

---

[122] R. DE ASIS, *op. cit*, p. 94.
[123] En ce sens, R. GUASTINI, « Diritto mite, diritto incerto », *Materiali per una storia della cultura giuridica*, 1996, p. 513 ; G. PALOMBELLA, « I limiti del diritto mite », *Democrazia e diritto*, 1994-95, p.185 et ss.
[124] R. GUASTINI, *op.cit.*, p. 15.
[125] L. FERRAJOLI, *op.cit*, p. 24.
[126] *Ibid.*, pp. 856-857.
[127] *Ibid.*, pp. 835-836.
[128] R. DE ASIS, *op. cit*, p. 100.
[129] M.A. CATTANEO, « Stato di diritto e dispotismo dei giudici », *Sociologia del diritto*, 1994, 3, p. 91.

l'Etat de droit traduirait-elle le retour à une conception *jusnaturaliste* du droit? Pour Mauro Cappelletti, l'Etat de droit constitutionnel serait en fait la synthèse entre positivisme et droit naturel. En effet, « *le constitutionnalisme moderne, avec les ingrédients de base qu'il comporte – Déclaration des droits et des libertés du citoyens et garantie juridictionnelle lui donnant effet – est le seul moyen réaliste de donner effet aux valeurs reconnues par le droit naturel dans le monde tel qu'il est. En ce sens, on peut dire que notre époque est celle du droit naturel. Plus précisément, je suis tenté de voir dans le constitutionnalisme actuel une tentative de dépasser l'opposition datant de milliers d'années entre droit positif et droit naturel. L'opposition entre un droit souverain (higher) non écrit, immuable, fondé sur la nature et la raison, et une loi de caractère temporaire, faite par un législateur particulier pour un lieu et un temps donnés* » et d'ajouter que « *les constitutions modernes, leurs déclarations des droits, et le contrôle juridictionnel de constitutionnalité constituent les éléments d'un « droit supérieur » dont le respect peut être imposé : elles représentent une sorte de synthèse entre positivisme juridique et droit naturel ; elles constituent la tentative la plus ingénieuse qui ait jamais été faite pour donner un caractère positif à des valeurs données, sans pour autant reconnaître un caractère absolu à ces valeurs ou les abandonner aux caprices changeants de majorités du moment* »[130]. L'Etat de droit constitutionnel synthétiserait en son sein les éléments formels de l'Etat de droit libéral tel qu'il avait pu être pensé par l'école positiviste et les éléments susbtantiels/matériels d'une conception humaniste du droit de l'Etat. La doctrine italienne n'a, sur ces différents points, rien d'original et rejoint celles des autres pays européens imprégnés de ce nouveau constitutionnalisme[131]. Apparaissent là encore en creux les éléments d'un modèle européen de l'Etat de droit qu'il conviendra de dessiner dans les pages qui vont suivre.

142. Ces développements ne font qu'illustrer la complexité du problème du traitement scientifique du concept d'Etat de droit. Sa grande force évocatrice, qu'il tire de sa polysémie, fait du concept d'Etat de droit un concept malléable exposé à toutes les récupérations. Le juriste ne peut en être que troublé. En même temps, on voit bien comment en Italie, et sous l'ère fasciste tout particulièrement, la théorie de l'Etat de droit est étroitement liée au développement de la science du droit. Costamagna pouvait-il légitimement revendiquer une partie de l'héritage de la *scuola giuridica italiana* et, en même temps, renoncer à la conception traditionnelle de l'Etat de droit ? A l'évidence non, car nier le second c'était remettre en cause la première : seule la juridicisation complète de l'Etat, incarnée par la théorie de l'Etat de droit, autorisait le développement d'une méthode exclusivement juridique. A côté de ce débat aux enjeux parfois dramatiques, le processus de réception de la théorie

---

[130] M. CAPPELLETTI, *Le Pouvoir des juges*, trad. R. David, PUAM-Economica, 1990, p. 278.
[131] Voir HÄBERLE, « Derecho constitucional común europeo », in A.E. PEREZ-LUÑO (dir), *Derechos humanos y constitucionalismo ante el tercer milenio*, Madrid, Marcial Pons, 1996, p. 192.

de l'Etat de droit en France peut apparaître bien superficiel. Pourtant, les difficultés qu'a rencontrées la théorie de l'Etat de droit pour s'implanter durablement en France peuvent nous aider à mieux en cerner les contours.

SECTION II
LA RECEPTION DE LA THEORIE DE L'ETAT DE DROIT PAR LA DOCTRINE FRANÇAISE

143. La notion d'Etat de droit occupe aujourd'hui en France une place de premier plan au sein des discours politiques et juridiques[132] au point que certains, comme le Doyen Favoreu, considèrent que « *l'idée de réalisation de l'Etat de droit domine le droit constitutionnel moderne* »[133]. Pourtant, il n'en pas été toujours ainsi[134]. Loin de là d'ailleurs : la réception de la théorie de l'Etat de droit en France a été soumise aux aléas de la dogmatique juridique française du 20ème siècle. Trois périodes bien distinctes peuvent être ici distinguées : la première, s'ouvrant en 1901 avec l'ouvrage de Léon Duguit *L'Etat, le droit objectif et la loi positive,* est marquée par l'avènement d'une théorie française de l'Etat de droit dont la diffusion restera somme toute très mesurée au sein de la doctrine de droit public de l'époque (**§1**) ; après la disparition des grands maîtres de droit public du début du siècle au tournant des années 1930[135], la théorie de l'Etat de droit va sombrer dans l'oubli pendant près d'un demi siècle ; elle resurgira soudainement dans le paysage doctrinal français au milieu des années 1970 à la faveur d'une modification substantielle des modalités du contrôle de constitutionnalité, pour devenir, non sans en fragiliser les contours, le nouveau credo des discours politiques et juridiques à partir de la fin des années 1980 (**§2**).

§1 - UNE RECEPTION *MESUREE* MAIS *CONSTRUCTIVE* (1901-1929)

144. Le succès, somme toute très modéré, de la notion d'Etat de droit sous la troisième République ne peut être comparé en intensité à l'unanimité dont il fait l'objet aujourd'hui en France depuis une vingtaine d'années (**A**). Pourtant, c'est sous la troisième République que les bases de la théorie française de l'Etat de droit ont été jetées (**B**).

---

[132] Au cours de ces dernières années, le concept d'Etat de droit a fait l'objet de multiples colloques, ouvrages, thèses et autres articles. Sur l'histoire du concept d'Etat de droit en France, on consultera tout spécialement M. LOISELLE, *Le concept d'Etat de droit dans la doctrine juridique française*, Thèse, Paris 2, 2000, 767p. ; L. HEUSCHLING, *op.cit.*, pp. 401-530 ; M-J REDOR, *De l'Etat de droit à l'Etat légal, évolution des conceptions de la doctrine publiciste française 1879-1914*, Paris, Economica-PUAM, 1992.

[133] L. FAVOREU, *op.cit.*, p. 79.

[134] J. CHEVALLIER, « Le discours de l'Etat de droit », *Politiques*, 1993, n°6, p 13 et ss ; L. HEUSCHLING, *Rechtsstaat, Rule of Law, Etat de droit. Etude comparative*, Thèse, Paris I-Sorbonne, 2000, pp. 465-532.

[135] Léon Duguit meurt en 1928, Maurice Hauriou en 1929, Raymond Carré de Malberg en 1935.

A. Une réception mesurée

145. Ce n'est en effet que relativement tard, eu égard à sa formalisation au milieu du 19ème siècle par les libéraux allemands, que la doctrine française a accueilli l'expression « *Etat de droit* ». Si on la trouve dans quelques ouvrages du 19ème siècle[136], il revient à Léon Duguit (1859-1928) la paternité de son introduction en France[137], contrairement à une idée encore largement répandue qui tend à l'attribuer à Raymond Carré de Malberg (1861-1935)[138]. Néanmoins, celle-ci restera peu usitée par la doctrine française[139] jusqu'à la publication en 1920 de la *Contribution générale à la théorie de l'Etat* de Raymond Carré de Malberg[140].

146. Ainsi, introduite tardivement en France, sa diffusion au sein de la doctrine française de droit public fut progressive et non sans obstacle. Cela ne veut pas dire pour autant que la problématique de l'Etat de droit est étrangère aux préoccupations de la doctrine de droit public. Bien au contraire, elle apparaît même, selon le Doyen

---

[136] Il semblerait que l'expression apparaisse pour la première fois en langue française dans H. AHRENS, *Cours de droit naturel ou de philosophie du droit*, 6ème ed., Leipzig, 1868, T2, p. 326 et ss. Il apparaît ensuite dans la traduction française de certains ouvrages allemands. Voir par exemple, J.K. BLUNTSCHLI, *Théorie générale de l'Etat*, Trad. 5ème ed. par A. de Riedmatten, Guillaumin, Paris, 1877, p.53, 56, 271. Toutefois aucune monographie d'origine française ne semble au 19ème siècle retenir l'expression.

[137] L'expression apparaît pour la première fois sous sa plume, de manière assez marginale il est vrai, en 1901 dans l'introduction à son ouvrage dit *L'Etat* de 1901, L. DUGUIT, *L'Etat. Le droit objectif et la loi positive*, 1901, p15. C'est en 1907 que la notion d'Etat de droit se verra consacrée par Duguit de plus amples développements, L. DUGUIT, *Manuel de droit constitutionnel*, Albert Fontemoing Ed., Paris, 1907, p. 43 et ss et p. 473 et ss.

[138] Il convient de souligner ici que la doctrine est très souvent approximative. En effet certains n'hésitent pas à affirmer qu'on ne trouve peu ou prou de trace de la notion d'Etat de droit chez Duguit (L. HAMON, *op.cit.*, p. 699 ; M. TROPER, *op.cit.*, p.51 ; B. LUISIN, *op.cit.*, p. 249) ; d'autres attribuent à R. Carré de Malberg l'origine de son introduction en France : « en *réalité, comme on le sait, [la notion d'Etat de droit] a été introduite dans notre droit par Carré de Malberg dès 1920 à partir de la notion allemande de « Rechtsstaat* » », L. FAVOREU *et alii*, *Droit constitutionnel*, Dalloz, Paris, 2000, p. 44. Voir également, J. CHEVALLIER, *L'Etat de droit*, 2ème ed., Montchrestien, Paris, 1994, p. 22. Il est assez paradoxal que ce soient des auteurs étrangers qui les premiers ont mis en évidence tout l'apport de Duguit à la diffusion de la théorie de l'Etat de droit en France : B. MIRKINE-GUETZEVITCH, *La théorie générale de l'Etat soviétique*, préf. G. Jèze, Girard, Paris, 1928, p.107 ; F. BATTAGLIA, « Stato di diritto e Stato etico », *Riv. Int. Fil. Diritto*, 1937, p. 239. Voir récemment dans le même sens en langue française, L. HEUSCHLING, *op.cit.*, pp. 480-486 : cet auteur présente Duguit comme « *le premier théoricien de l'Etat de droit* » en France (p. 480).

[139] La notion d'Etat de droit est complètement ignorée par des auteurs comme A. ESMEIN (*Eléments de droit constitutionnel français et comparé*, 5ème ed., 1909), J. BARTHELEMY(*Eléments de droit constitutionnel français et comparé*, 6ème ed., 1914), H. NEZARD (*Eléments de droit constitutionnel français et comparé*, 7ème ed., 1921), F. MOREAU (*Précis élémentaire de droit constitutionnel*, 8ème ed., Sirey, Paris, 1917). Elle est évoquée par certains comme M. HAURIOU, *Principes de droit public*, 1ère ed., Paris, Sirey, 1910, p. 76 (par la suite celle-ci occupera une place plus importante dans ses ouvrages : voir par exemple, *Précis de droit constitutionnel*, 2ème ed., Sirey, Paris, 1929, p. 215, qui lui consacre une partie entière de son ouvrage intitulée « *Droit de la constitution, l'Etat de droit et la place du juge dans l'Etat* »).

[140] R. CARRE DE MALBERG, *Contribution générale à la théorie de l'Etat*, T1&2, Recueil Sirey, Réimpression, CNRS, Paris, 1962. L'ouvrage a été en réalité rédigé avant 1914 et concentre l'essentiel de la doctrine précédant la première guerre mondiale.

Hauriou, comme « *la question unique du droit public* »[141]. On en parle sans la nommer. Comment expliquer alors la faible emprise de la notion d'Etat de droit au sein d'une doctrine publiciste française alors en pleine mutation[142] ?

Ignorance ? Sûrement pas. Depuis la défaite de 1870 que certains attribuent à la supériorité de l'enseignement germanique[143], le droit allemand est connu en France comme le relèvent très justement M. Fromont et A. Rieg[144]. Non seulement les plus grands auteurs allemands ont été traduits en français au début du siècle[145], mais en plus les ouvrages de droit français font en général une grande place aux théories allemandes[146]. Mieux, les juristes français vouent une véritable fascination pour la pensée juridique germanique. Ce constat est confirmé par J. Rivero qui observe que « *Duguit, Hauriou, Jèze se sont pénétrés des auteurs allemands* » [147]. C'est donc en pleine connaissance de cause que la théorie de l'Etat de droit est laissée de côté par une grande majorité de la doctrine française.

L'antagonisme franco-allemand que la fièvre nationaliste de 1914 a exacerbé ne saurait non plus tout expliquer. Certes, une partie de la doctrine française en profitera pour stigmatiser les dérives auxquelles ont conduit les philosophies allemandes de l'Etat dont le rayonnement en Europe n'avait cessé de croître depuis la fin du 19ème siècle. Ainsi Léon Duguit, mué par un fervent patriotisme, pouvait-il écrire en 1917 dans la prestigieuse revue de droit de l'Université de Harvard (*Harvard Law Review*) que « *les doctrines allemandes de droit public au cours du 19ème siècle de Kant à Jhering en passant par Jellinek firent*

---

141 A. DE LABAUDERE, « Les doyens Maurice Hauriou et Léon Duguit », *Annales de la Faculté de droit et des Sciences économiques de Toulouse*, Tome, XVI, 1968, p. 211.

142 M-J REDOR, *De l'Etat légal à l'Etat de droit. L'évolution des Conceptions de la Doctrine publiciste Française –1879-1914*, Economica, PUAM, Paris, 1992 ; J. CHEVALLIER, « Les fondements idéologiques du droit administratif français », *Variations autour de l'idéologie d'intérêt général*, Publications du Centre Universitaire de Recherches Administratives et Politiques de Picardie, PUF, Paris, 1978-79, 2 vol, T2, pp. 1-57.

143 Ch. SCHÖNBERGER, « Critique et réception de la conception juridique de l'Etat de Laband chez Carré de Malberg », in O. BEAUD et P. WACHSMANN (dir.), *La science juridique française et la science juridique allemande de 1870 à 1918*, Annales de la faculté de droit de Strasbourg, n°1, 1997, p. 257.

144 M. FROMONT et A. RIEG, *Introduction au droit allemand*, , Tome 1, Les fondements, 1ère ed., Editions Cujas, Paris, 1977, p. 8.

145 P. LABAND, *Droit public de l'Empire allemand*, Paris, Giard et Brière, 6 vol, 1900-1904 ; G. JELLINEK, *L'Etat moderne et son droit*, Trad. G. Fardis, Paris, Giard et Brière, 1911, 576p. ; O. MAYER, *Le droit administratif allemand*, préface H. Berthélémy, 1903.

146 Les ouvrages de droit public du début du siècle abondent en références à la doctrine publiciste allemande. Il suffit pour s'en convaincre de parcourir l'ouvrage de L. DUGUIT, *L'Etat, le droit objectif et la loi positive*, Paris, Fontemoing, 1901, 623p. (ci-après, *l'Etat*) . A ce propos, Eismein disait de *l'Etat* de Duguit que « *c'est un livre tout imprégné de doctrines allemandes que l'auteur filtre et clarifie avec un talent bien français* », in ESMEIN, *Eléments de droit constitutionnel français et comparé*, 8ème éd., Paris, 1927, p. 43. En droit privé le mouvement est encore plus net : R. Saleilles entreprit de nombreuses études sur le droit allemand. R. SALEILLES, *Essai d'une théorie générale de l'obligation d'après le projet de Code civil allemand*, Paris, 1890 ; *De la déclaration de volonté. Contribution à l'étude de l'acte juridique dans le code civil allemand*, Paris, 1901 ; *Introduction à l'étude du droit civil allemand*, Paris, 1904.

147 Cité par J. RIVERO, « Droit administratif français et droits administratifs étrangers », A. de LAUBADERE, A. MATHIOT, J. RIVERO et G. VEDEL, *Pages de Doctrine*, Paris, LGDJ, 1980, vol II, p. 479.

pour la plupart l'apologie de la force ; et sous couvert de théories juridiques elles n'avaient pour seul objectif que le rétablissement de l'absolutisme de l'Etat, et plus particulièrement celui du prince qui en est l'incarnation[...] : à l'inverse, depuis 1789, la doctrine juridique française a consacré tous ses efforts à trouver un véritable fondement pour limiter juridiquement le pouvoir de l'Etat et à assurer sa sanction. Ces conceptions ont été diverses [...]. Mais il n'en reste pas moins vrai qu'elles poursuivaient toutes le même objectif, à savoir prouver que les pouvoirs de l'Etat étaient limités par un principe juridique (une règle de droit) supérieur à l'Etat »[148]. Ce même auteur ira jusqu'à faire de la victoire de 1918 « *le symbole du triomphe de la théorie « française » du service public sur la théorie « germanique » de la Herrschaft* »[149]. Carré de Malberg sera tout aussi critique : « *on doit reconnaître que la notion de puissance d'Etat, de cette puissance à laquelle les allemands ont donné le nom impérieux de* Herrschaftsgewalt, *est destinée à survivre dans la science du droit public. Ce qui a sombré dans la défaite des Empires germaniques [...] c'est la théorie du* Herrscher, *de ce dominateur, qui apparaissait, dans la littérature allemande, comme situé en dehors et au-dessus de la nation vis-à-vis de qui les membres du corps national n'avaient plus, dès lors, que le caractère de purs sujets. Quand à la* Herrschaft *elle-même, le tort de la doctrine allemande n'est point d'avoir présenté cette puissance comme le critérium juridique de l'Etat, ou comme son attribut pratiquement indispensable : mais il est en réalité dans l'abus que les allemands ont fait de leur théorie de puissance, c'est-à-dire dans le fait d'avoir conçu et forgé le* Herrschaft *comme un instrument de conquête, destiné à fournir au peuple allemand le moyen de dominer et d'asservir des peuples étrangers* »[150]. Et que dire du revirement conceptuel du libéral H. Berthélemy qui, après avoir estimé en 1904 que « *la théorie allemande de l'autolimitation de l'Etat est l'expression d'un fait positif* »[151], écrivait en 1915 que « *nous n'avons plus besoin de nous embarrasser de cette théorie un peu ridicule de l'autolimitation de l'Etat. Ce barbarisme devient d'autant plus inutile que n'apercevant dans l'organisation étatique que des pouvoirs limités, nous ne redoutons plus les inconvénients d'une toute-puissance illimitée contre laquelle nous ayons à nous défendre* »[152].

147. Ces réflexions très abruptes nous renseignent sur le climat de l'époque. Mais celles-ci ne doivent nous détourner des raisons plus profondes qui peuvent expliquer la mise à l'écart par la doctrine française de la théorie de l'Etat de droit.

Tout d'abord, la théorie de l'Etat de droit n'est plus d'actualité chez les contemporains allemands d'Hauriou et de Duguit. Le concept d'Etat de droit

---

[148] L.DUGUIT, « The Law And The State », *Harvard Law Review*, Vol. XXX, n°1, 1917, pp. 1-185, sp 1.
[149] Cité par J. RIVERO, *op.cit.*, p. 479. Dès 1901, Duguit critique avec force la théorie de la *Herrschaft* dont Seydel est le représentant le plus accrédité. L. DUGUIT, *L'Etat...*, *op.cit*, p 11 et ss.
[150] *Avant-propos à la Contribution générale...*, *op.cit.*, p. XIX.
[151] H.BERTHELEMY, « De l'exercice de la souveraineté par l'autorité administrative », *RDP*, 1904, p. 226.
[152] H.BERTHELEMY, « Le fondement de l'autorité politique », *RDP*, 1915, p. 681.

(*Rechtsstaat*) n'occupe plus en effet la même place axiologique au sein de la théorie de l'Etat qu'au milieu du 19ème siècle. La doctrine du « *Rechtsstaat* » s'est déplacée du droit constitutionnel vers le droit administratif. Le néologisme « *Rechtsstaat* » avait été forgé par les libéraux allemands au début du 19ème siècle afin de décrire une dimension politique de l'Etat que le terme « *Staat* » trop pauvre en sens à l'époque ne pouvait embrasser. L'avènement de l'école positiviste (Laband, Jellinek et plus tard Kelsen) va replacer le concept d'Etat au cœur de la doctrine juridique. L'Etat se conçoit désormais comme un *Staat* doté de la personnalité juridique. Cette évolution explique pourquoi Kelsen rejettera vigoureusement le concept de « *Rechtsstaat* » qu'il juge comme un pléonasme dans la mesure où l'Etat se confond avec l'ordre juridique qu'il incarne. Dès lors, « *la tentative de légitimer l'Etat en le présentant comme un Etat fondé sur le droit, comme un « Etat de droit », un Rechtsstaat, se révèle entièrement vaine. Tout Etat est nécessairement fondé sur le droit [...]. Un Etat qui ne serait pas, ou ne serait pas encore, un ordre juridique n'existe pas, car un Etat ne peut être qu'un ordre juridique* »[153]. Ainsi conçu, le concept d'Etat de droit apparaît comme inutile pour la nouvelle doctrine allemande.

Ensuite, la théorie de l'Etat de droit en ce qu'elle se fonde sur la théorie allemande de l'autolimitation apparaît inacceptable pour la doctrine française. Prolongeant la théorie du *Herrschaft*, les juristes allemands, au premier titre desquels Ihering, estiment que l'Etat ne peut se trouver lié ou limité que par sa propre volonté et associent ainsi directement les concepts de *Rechtsstaat* (Etat de droit) et de *Selbstverpflichtung*, *Selbstbindung*, *Selbstbeschränkung* (autolimitation de l'Etat).

L'opposition française à la doctrine de l'autolimitation s'inscrit dans le cadre du débat entre positivisme et droit naturel. Rappelons que pour l'essentiel les juristes français de l'époque rejettent l'idée selon laquelle l'Etat crée le droit[154]. L'Etat se contenterait simplement de reconnaître des droits qui lui préexistent. Ainsi Léon Duguit estime-t-il que « *l'Etat est lié par un droit supérieur à lui et que, s'il est obligé de respecter les lois qu'il fait, c'est parce qu'elles sont présumées être l'expression de ce droit supérieur, quelque fondement qu'on lui donne, droits individuels naturels ou solidarité* » alors qu'une « *limitation qui peut être créée, modifiée ou supprimée au gré de celui qu'elle atteint, n'est point une limitation* ». Dès lors, la théorie de l'autolimitation apparaît comme « *une garantie bien fragile contre l'arbitraire de l'Etat* »[155]. Cette conception se trouve à l'opposé de la conception allemande de l'Etat de droit. D'ailleurs, la définition qu'en propose Duguit illustre bien cette différence fondamentale : « *L'Etat moderne vit en quelque sorte dans un milieu juridique ; il ne peut vivre que dans un pareil milieu. Il est*

---

[153] H.KELSEN, *Théorie pure du droit*, Traduction H. Thévenaz, 2ème édition, Editions de la Baconnière, Boudry-Neuchâtel, 1988, pp. 175-176

[154] Il en va ainsi de Duguit, Michoud, Hauriou, Jèze et Berthélémy. Pour une présentation complète des positions en présence, R. CARRE DE MALBERG, *Contribution ...*, *op.cit*, p. 235 et ss.

[155] L.DUGUIT, *Manuel de droit constitutionnel*, 1907, p 53 et ss (ci-après, *Manuel...*).

suivant l'expression allemande, un Etat de droit, un Rechtsstaat, un Etat dont le but, la raison d'être unique, est la réalisation du droit ; ***il est obligé par le droit antérieur à lui de réaliser le droit, sans quoi il ne serait plus l'Etat*** »[156]. En rejetant la théorie de l'autolimitation, la doctrine française rejette en même temps le lien consubstantiel qu'opère la doctrine allemande entre la théorie de l'autolimitation et la théorie de l'Etat de droit[157] : « *stricto sensu, l'Etat de droit n'est donc aux yeux de la doctrine française qu'une théorie particulière de limitation de l'Etat par le droit, celle qui prête à l'Etat tout-puissant la volonté de s'autolimiter* »[158]. Avec Carré de Malberg et l'avènement du courant positiviste en France, la doctrine de l'autolimitation finira par s'imposer. Pour Carré de Malberg, il n'y a pas de droit antérieur à l'Etat. Dès lors seule l'autolimitation juridique de l'Etat permet d'assurer la protection des citoyens.

Enfin, la théorie de l'Etat de droit apparaît aux yeux de la doctrine publiciste française comme un instrument redondant vis-à-vis des principes déjà existants en droit français. Depuis la Révolution, le principe véhiculé par la « *Rechtsstaatlichkeit* » trouve son expression en France dans le principe de légalité qui constitue « *la pièce maîtresse de l'architecture juridique et politique* »[159].

Le principe de légalité revêt plusieurs sens. Il signifie tout d'abord que l'action des autorités publiques est enserrée dans certaines limites posées par la loi « expression de la volonté générale ». Dans cette première version, le principe de légalité est entendu dans un sens strictement formel, à savoir la soumission de toute action administrative à la loi adoptée par le parlement[160]. On parle à cet égard de « règne de la loi ». Cette conception est issue de la révolution de 1789. La loi entendue dans un sens formel constitue l'unique instrument à travers lequel le pouvoir s'exerce légitimement. Cette idée résulte de la combinaison des articles 5 et 6 de la Déclaration des droits de l'homme et du citoyen du 26 août 1789. Mais le principe de légalité revêt également un sens plus large. On entend par légalité, non seulement la soumission à la loi formelle adoptée par le parlement, mais plus largement au droit et ce quelles qu'en soient les sources. Le principe de légalité « *exprime donc la règle selon laquelle l'administration doit agir conformément au droit* »[161] c'est-à-dire « *à un ensemble de règles de droit dont beaucoup, mais point toutes, sont contenues dans des lois formelles* »[162]. Ainsi conçu, le principe de légalité remplit une double fonction : non seulement il soumet la puissance de l'Etat au droit, mais en plus il constitue un instrument de légitimation du pouvoir de l'Etat. A cet égard, le principe de légalité s'apparente à celui du *Rechtsstaat.* Jacques Chevallier observe à ce propos que « *garant d'un ordre institutionnel libéral et*

---

156 *Ibid.*, p. 473.

157 S. GOYARD-FABRE, *Les principes philosophiques du droit politique moderne*, PUF, Paris,, 1997, p. 251 et ss.

158 M-J. REDOR, *De l'Etat légal à l'Etat de droit..., op.cit.* p. 11.

159 J. CHEVALLIER, « La dimension symbolique du principe de légalité », *RDP*, 1990, p. 1651.

160 Ch. EISENMANN, « Le droit administratif et le principe de légalité », *EDCE*, 1957, p. 11.

161 G. VEDEL et P. DEVOLVE, *Droit administratif*, Paris, Puf, 1984, p. 373.

162 A. DE LAUBADERE, *Traité de droit administratif*, Paris, LGDJ, 1980, p. 252.

démocratique, le principe de légalité canalise ainsi l'exercice de la puissance de l'Etat et assure la limitation du pouvoir des gouvernants »[163].

148. Doté d'un cadre théorique qui lui est propre, plongeant ses racines dans la Révolution française, la doctrine publiciste française du début du siècle dernier, soucieuse par ailleurs de se distinguer de la doctrine germanique, n'avait ainsi aucune raison de recourir au concept allemand de *Rechtsstaat* qui recoupait un certain nombre de principes préexistants en France. Qui plus est, même lorsqu'il est intégré dans la réflexion des juristes de l'époque, ceux-ci hésitent à en tirer toutes les conséquences. Le rattachement du contrôle de constitutionnalité des lois à la théorie de l'Etat de droit en constitue une parfaite illustration. Par exemple, en 1907, Léon Duguit estime que le principe de l'Etat de droit n'implique pas l'instauration d'un mécanisme de contrôle de constitutionnalité des lois. Pour lui, « *au stade de l'évolution juridique auquel sont parvenues les sociétés modernes, le droit légal, c'est-à-dire constaté par la loi positive, coïncide approximativement avec le droit objectif général* »[164]. Ce n'est que vers la fin des années 1920 qu'il considérera, avec d'autres[165], que le contrôle de constitutionnalité est inhérent à l'idée de l'Etat de droit[166].

B. Une réception constructive : la contribution de Duguit et Carré de Malberg à l'édification d'une théorie française de l'Etat de droit

149. Radicalement différentes, l'œuvre de Duguit et celle de Carré de Malberg ont contribué de manière décisive à la réception et à la diffusion de la théorie de l'Etat de droit en France. Mieux, celles-ci ont permis une véritable autonomisation de la théorie de l'Etat de droit en France. Pourtant leurs démarches respectives s'opposent sur tous les points. Prenant le contre-pied des conceptions allemandes en la matière, Duguit va développer, à partir de la notion d'Etat de droit, ses propres idées concernant la limitation de l'Etat par le droit **(1)** ; à l'inverse, c'est à partir d'une analyse détaillée de la théorie du *Rechtsstaat,* telle qu'elle s'est formalisée en Allemagne, que Carré de Malberg a tenté de la transposer à la réalité française de la troisième République **(2)**.

---

[163] J.CHEVALLIER, *op.cit,* p. 1651.

[164] L. DUGUIT, *Manuel..., op.cit.,* p. 662.

[165] Par exemple, R. CARRE DE MALBERG, « La constitutionnalité des lois et la Constitution de 1875 », *Revue Politique et Parlementaire*, 1928, p. 347. A. BLONDEL, *Le contrôle juridictionnel de la constitutionnalité des lois*, Thèse, Aix en Provence, 1928, sp. 16.

[166] L. DUGUIT, *Traité de droit constitutionnel*, vol. I, 3ème éd., Paris, Fontemoing, 1927, Tome III, p. 725 (ci-après, *Traité...*). Voir sur l'évolution de sa pensée, E. PISIER, « Léon Duguit et le contrôle de constitutionnalité des lois : paradoxes pour paradoxes... », *Mélanges Maurice Duverger*, PUF, Paris, 1987, pp. 189-202.

1) La théorie de l'Etat de droit dans l'œuvre de Léon Duguit (1858-1928) : une théorie *autonome* et *cohérente*

150. Tourné vers un seul et même objectif, celui de limiter l'Etat par le droit, le Doyen de Bordeaux est sans doute le premier à développer en France une théorie autonome et cohérente de l'Etat de droit : *autonome,* en ce qu'elle prend le contre-pied des théories allemandes dominantes en la matière ; *cohérente*, en ce qu'elle établit une relation dialectique logique entre les notions d'*Etat* et de *droit*.

151. A parcourir l'œuvre de Duguit, le lecteur ne peut être que surpris par l'abondance des références à la doctrine germanique. En même temps, celui-ci peut s'étonner de l'absence d'exposé détaillé de la théorie de l'Etat de droit telle qu'elle s'est formalisée en Allemagne au cours du 19ème siècle : à la différence de Carré de Malberg qui en exposera toute l'évolution, Duguit se contente ici ou là de l'évoquer. Pourtant, la théorie de l'Etat de droit occupe bien au sein de son œuvre une place essentielle. On peut même dire que celle-ci se résume à une théorie de l'Etat de droit. Tel est là le cœur de l'apport de Duguit. En effet, au cours de ces milliers de pages écrites[167], Duguit s'emploie à développer une véritable théorie autonome de l'Etat de droit à l'opposé des théories allemandes jusqu'ici développées comme il le rappelle très clairement dans son *Traité de droit constitutionnel* : « *Ma doctrine est ... le contre-pied des théories allemandes et le livre, où je l'ai exposée pour la première fois,* l'Etat, le droit objectif et la loi positive, 1901, *a été écrit en réponse au livre de Jellinek,* System der öffentlichen subjektiven Rechte, 1892. *La doctrine allemande du droit public est exclusivement subjectiviste. Elle fait de la puissance publique un droit subjectif dont l'Etat personne est le sujet. Ma doctrine est essentiellement objectiviste : je nie la puissance publique conçue comme droit subjectif ; je nie la personnalité de l'Etat conçue comme sujet de droit ; je ne reconnais à l'Etat qu'une puissance de fait dont l'objet et l'étendue sont déterminés par le droit objectif et je prétends que par là seulement on peut arriver à fonder sur des bases solides la limitation de l'Etat par le droit* »[168]. Rejetant la théorie de l'auto-limitation sur laquelle s'appuient de nombreux auteurs pour tenter de justifier la limitation de l'Etat par le droit, Duguit estime que les notions d'*Etat* et de *droit* constituent deux réalités bien distinctes qui ne sauraient être assimilées comme le feraient les tenants de la théorie de la personnalité juridique de l'Etat pour qui l'Etat est conçu comme un « *être de droit* »[169]. Pour Duguit, au contraire, l'Etat constitue « *en soi un fait étranger au droit* »[170]. Fidèle à son optique sociologique, l'Etat apparaît ainsi pour lui comme un pur « *fait social* » se présentant comme « *le produit historique d'une différenciation sociale entre les forts et les faibles dans une*

---

[167] La deuxième édition de son *Traité* réédité entre 1921 et 1925 comporte cinq volumes et remplit près de 3700 pages !
[168] L. DUGUIT, *Traité...*, *op.cit.*, p. 549 et ss.
[169] R. CARRE DE MALBERG, *Contribution...*, *op.cit.*, p. 423.
[170] L. DUGUIT, *L'Etat...*, *op.cit.*, tome I, p. 256.

société donnée »[171] et se définissant comme « *un groupement humain, fixé sur un territoire déterminé, où les plus forts imposent leur volonté aux plus faibles* »[172]. L'Etat s'identifie ainsi aux personnes physiques qui l'incarnent et qui exercent en son nom « *le monopole de la contrainte* »[173]. Nous sommes très loin des théories personnifiées de l'Etat. D'ailleurs, Duguit lui-même hésite à recourir à la notion d'Etat tant elle renvoie en principe à celles-ci. Ainsi prend-il la peine de préciser que « *nous n'emploierons ce mot [l'Etat] que pour nous conformer à l'usage, mais il va de soi que dans notre pensée, ce n'est pas l'entité personnifiée que l'on a habituellement en vue. L'Etat pour nous, c'est l'homme, le groupe d'hommes, qui en fait, dans une société, sont matériellement plus forts que les autres. L'Etat n'est que cela, il a été et est toujours cela [...].* »[174].

152. Dans ce cadre, l'Etat ne saurait être la source du droit : « *c'est l'état de conscience [...] qui est [...] la source créatrice du droit* »[175]. Le droit serait ainsi le produit spontané des consciences individuelles sous l'influence conjointe des sentiments de *socialité* et de *justice*[176], dès lors que l'homme prend conscience, d'une part, qu'une règle est indispensable à la préservation de la *solidarité sociale* et, d'autre part, qu'il serait juste de la sanctionner. Par conséquent, « *une règle économique ou morale devient norme juridique lorsque a pénétré dans la conscience de la masse des individus, composant un groupe social donné, la notion que le groupe lui-même ou que ceux qui y détiennent la plus grande force peuvent intervenir pour réprimer les violations de cette règle* »[177]. Au commencement donc, il y a la loi sociale (ou *droit objectif*[178]) première et irréfutable. Ce n'est donc pas l'Etat qui confère sa juridicité à une norme sociale mais bien la conscience de la part de la masse des individus que la sanction matérielle de la norme peut être socialement organisée : « normative » par essence[179], l'Etat ne fait donc que l'intégrer dans un ordonnancement d'ensemble de contrainte et de sanction[180]. Ainsi naît la *loi positive* - simple « *fait social* » - conditionnée par le *droit objectif*, qui ne

---

[171] L. DUGUIT, *L'Etat...*, *op.cit.*, tome II, p. 1.
[172] L. DUGUIT, *L'Etat...*, *op.cit.*, tome I, p. 9.
[173] L. DUGUIT, *Traité...*, *op.cit.*, p. 106.
[174] L. DUGUIT, *L'Etat...*, *op.cit.*, tome I, p. 19.
[175] L. DUGUIT, *Traité...*, *op.cit.*, p. 115.
[176] *Ibid.*, p 116: « *sentiment de socialité et sentiment de justice sont les deux éléments qui concourent à former dans les esprits, à un moment donné, la conscience qu'une certaine règle est une norme juridique.* ».
[177] *Ibid.*, p. 93.
[178] Le *droit objectif* est défini par Duguit comme « *une règle de conduite dont la violation entraîne une réaction sociale susceptible d'être organisée* », *Ibid.*, p. 14.
[179] *Ibid.*, p. 89.
[180] *Ibid.*, p. 127 : « *il ne faut pas dire que la règle sociale est devenue règle juridique au moment où l'Etat, les gouvernants, l'ont reconnue, constituée, formulée et sanctionnée, mais bien au moment où la masse des esprits a eu la conscience plus ou moins nette, mais certaine, que les gouvernants devaient normalement et régulièrement intervenir pour imposer le respect de cette règle, pour en punir les Infracteurs, pour anéantir tous les actes qui en seraient une violation, pour réparer dans la mesure du possible le désordre social produit par l'Infraction* ».

tire sa dimension prescriptive et obligatoire « *que de la force spontanée des règles « normatives » du groupe social* »[181].

Ce faisant, c'est le *droit objectif*[182] qui va déterminer « *l'objet et l'étendue* » des attributions de l'Etat[183] et qui va limiter son pouvoir : en effet, « *l'Etat, c'est la force matérielle, quelle que soit son origine : elle est et reste un simple fait ; mais elle devient légitime si ceux qui la détiennent l'emploient à l'accomplissement des obligations négatives et positives que leur impose la règle de droit, c'est-à-dire l'emploient à la réalisation du droit . Le droit n'est donc point, suivant l'expression de Ihering la politique de la force ; il est la limite de la force* »[184]. Au-dessus de l'Etat donc, il y a « *un droit sans le souverain et au-dessus du souverain* », qui « *s'impose aux plus forts comme [il] s'impose à tous* »[185]. Cette règle de droit « *supérieure à l'individu et à l'Etat, supérieure aux gouvernants et aux gouvernés* [...] *est une règle de fait ; une règle qui s'impose aux hommes non pas en vertu d'un principe supérieur, quel qu'il soit, bien, intérêt, bonheur, mais en vertu et par la force des faits, parce que l'homme vit en société et ne peut vivre qu'en société. C'est en un sens la loi de la vie sociale. L'homme la sent ou la conçoit ; le savant la formule ; le législateur positif la constate et en assure le respect, et lui-même lui est soumis, parce que ses lois ne sont rien si elles ne sont l'expression de cette règle s'imposant à tous* »[186]. Ce n'est qu'encadré et limité par le droit que l'Etat, pur « fait social » à l'origine, se transforme en un Etat de droit : « *si le pouvoir politique n'est jamais légitime par son origine, s'il est en soi un fait étranger au droit, il peut devenir légitime par son exercice : il peut devenir un Rechtsstaat* »[187]. L'Etat cesse ainsi d'être une simple manifestation de la force pour devenir un Etat de droit, qui se légitime par le droit produit de la *solidarité sociale* qui lui est antérieur et supérieur. Il s'ensuit un certain nombre de conséquences quant à l'étendue des obligations qui s'imposent à l'Etat : « *l'Etat, ayant fait la loi, est obligé de respecter cette loi tant qu'elle existe. Il peut la modifier ou l'abroger ; mais tant qu'elle existe, il ne peut faire un acte de contrainte, un acte administratif ou juridictionnel que dans les limites fixées par cette loi, et en cela encore l'Etat est un Etat de droit. L'Etat, en vertu de la même idée, est le justiciable de ses propres tribunaux. Il peut être partie à un procès ; il peut être condamné par ses propres juges et il est tenu comme un simple particulier d'exécuter la sentence prononcée contre lui* »[188]. La notion d'Etat de droit remplit ici une fonction coercitive très forte « *censée intimider les détenteurs du pouvoir et les rappeler à l'ordre, sous peine de*

---

[181] S. GOYARD-FABRE, *op.cit.*, p. 175.
[182] Par opposition à *droit subjectif* compris comme un droit inhérent à l'individu pris comme sujet avant même qu'un acte juridique positif concrétise ces droits. L. DUGUIT, *L'Etat..., op.cit.*, tome I, p. 147.
[183] L. DUGUIT, *Traité..., op.cit.*, p. 549 et ss.
[184] L. DUGUIT, *L'Etat..., op.cit.*, tome I, p. 15.
[185] *Ibid.*, pp. 10-11.
[186] *Ibid.*, p. 16.
[187] *Ibid.*, p. 256.
[188] L. DUGUIT, *Manuel..., op.cit.*, pp. 51-52.

réaction sociale »[189] : c'est parce que l'Etat est un Etat de droit, à savoir un Etat soumis à un droit qui lui est supérieur, extérieur et antérieur, que l'Etat est tenu de respecter les règles de droit positif. Ainsi rappelle-t-il que « *la force obligatoire des décisions juridictionnelles à l'égard de l'Etat est donc une conséquence logique et simple de la conception de l'Etat de droit : l'Etat est lié par le droit objectif* »[190].

La théorie de l'Etat de droit développée par Duguit est ainsi dotée d'une véritable cohérence interne s'articulant autour de la relation dialectique Etat/droit : l'Etat ne créant pas le droit, la règle de droit objectif qu'il se contente de sanctionner (*loi positive*) le limite entièrement de l'extérieur puisqu'elle lui est extérieure[191]. Sous la plume de Duguit, l'expression « Etat de droit » prend donc toute sa signification : il s'agit tant d'un point de vue formel que matériel d'un Etat limité par le droit. Il évite ainsi de se confronter aux écueils rencontrés dans cette entreprise par ceux qui dotent l'Etat de la personnalité juridique : n'étant pas par définition un « *être de droit* », l'Etat, fait social, devient Etat de droit en ce qu'un droit extérieur et supérieur à lui le limite. Il n'y a point de tautologie ici[192]. Ainsi à côté d'une définition purement sociologique de l'Etat (*l'Etat fait social*), Duguit fait côtoyer une définition juridique de l'Etat (*l'Etat de droit*). Cela lui permet, une fois le passage de l'Etat à l'Etat de droit[193] consacré par l'affirmation de la supériorité de la règle de droit objective, de tirer, comme on l'a vu, plusieurs conséquences quant à l'Etat, sa légitimité, son pouvoir.

153. Toutefois, à l'image de la doctrine italienne du début du siècle dernier qui vît dans la théorie de l'Etat de droit un instrument de juridicisation de la vie sociale, Duguit ne peut s'empêcher, malgré sa profession de foi sociologique, d'exacerber le pouvoir des juristes : non seulement il incombe, selon lui, au « *savant* » de « *formuler* » la règle de droit[194], mais en plus, « *c'est à la science du droit* » qu'il appartient de fixer les obligations de l'Etat quant à ce qu'il peut ou ne peut pas faire[195]. Ainsi, d'un point de vue épistémologique, la démarche de Duguit se résume,

---

[189] L. HEUSCHLING, *op.cit.*, p. 488.
[190] L. DUGUIT, *Traité...*, *op.cit.*, p. 710.
[191] A. DE LAUBADERE, « Les doyens M. Hauriou et L. Duguit », *op.cit.*, p. 21.
[192] Voir Kelsen.
[193] Le lecteur de Duguit ne peut être qu'intrigué par certaines variations lexicales. Tandis que « *l'Etat peut devenir un Rechtsstaat (ie. Etat de droit)* » (*L'Etat*, p. 256), « *l'Etat moderne est un Etat de droit* » (*Manuel*, p. 662). L'Etat moderne serait-il pour lui synonyme d'Etat de droit ? Ferait-il une différence entre une forme archaïque d'Etat (l'Etat, *fait social*) et une forme moderne d'Etat (l'Etat de droit) ? Se dessinent ainsi deux définitions de l'Etat : une définition au sens strict, de type sociologique, selon laquelle l'Etat serait un pur fait social (l'Etat *devient* un Etat de droit) ; une définition au sens large, de type juridique, selon laquelle l'Etat ne pourrait vivre que dans un univers juridique (l'Etat *est* un Etat de droit). Tel serait le sens profond de la formule suivante : « *L'Etat moderne vit en quelque sorte dans un milieu juridique ; il ne peut vivre que dans un pareil milieu. Il est suivant l'expression allemande, un Etat de droit, un Rechtsstaat, un Etat dont le but, la raison d'être unique, est la réalisation du droit ; il est obligé par le droit antérieur à lui de réaliser le droit, sans quoi il ne serait plus l'Etat* ». L. DUGUIT, *Manuel, op.cit., p.* 473.
[194] L. DUGUIT, *L'Etat...*, *op.cit.*, tome I, p. 16.
[195] *Ibid.*, p. 12.

malgré ce qu'aurait pu laisser entendre le titre évocateur de ses premiers travaux (*L'Etat)*, non pas à une théorie générale de l'Etat mais bien à une théorie générale du droit : plus largement, il s'agit d'affirmer l'impérialisme du droit[196]. Pour lui, « *la notion de droit est générale ; elle contient la société tout entière* »[197]. L'Etat est en fait relégué au second plan. Toute autre sera la démarche de Raymond Carré de Malberg.

2) La théorie de l'Etat de droit dans l'œuvre de Raymond Carré de Malberg (1861-1935) : évaluation critique de la distinction fondamentale entre *Etat de droit* et *Etat légal*

154. Il est impossible d'aborder la question de la réception de la théorie de l'Etat de droit en France sans évoquer le maître de l'école de Strasbourg, Raymond Carré de Malberg, profondément marqué par le juridisme formaliste de la doctrine allemande[198]. Complexe et parfois même contradictoire[199], la pensée de Carré de Malberg invite à la prudence. Il convient à cet égard de tordre le cou à deux idées trop largement répandues : d'une part, comme on l'a déjà vu, Carré de Malberg n'est pas à l'origine de l'introduction en France de l'expression « *Etat de droit* » ; d'autre part, le concept d'Etat de droit n'occupe pas au sein de son œuvre une place centrale[200]. En fait, l'apport fondamental de Carré de Malberg a été d'adapter la théorie de l'Etat de droit à la réalité juridique française[201] en introduisant une distinction qui s'avérera durable entre *l'Etat de droit* et *l'Etat légal,* révélant par là même toute la problématique du contrôle de constitutionnalité, aujourd'hui au cœur de l'idée d'Etat de droit. Pourtant cette distinction, dont le succès fut considérable aussi bien au sein de la doctrine française qu'étrangère, souffre de multiples zones d'ombres[202] qu'il convient d'essayer d'éclaircir.

155. Pour Carré de Malberg, le régime de l'Etat de droit est une garantie contre l'arbitraire des pouvoirs publics. Il s'oppose ainsi au régime de l'Etat de police, régime dans lequel « *la fin justifie les moyens* »[203]. Au contraire, « *par Etat de droit*

---

[196] En ce sens P. FAVRE, *Naissance de la science politique en France* (*1870-1914*), Paris, Fayard, 1989, p.189.

[197] L. DUGUIT, *L'Etat...*, *op.cit.*, tome I, p. 310.

[198] Après la première guerre mondiale, Carré de Malberg succèdera à Paul Laband à la chaire de droit public à la Faculté de droit de Strasbourg. Ce dernier eut une influence considérable sur sa formation intellectuelle. Il puisera chez lui une partie de sa réflexion qui le conduira à la rédaction de la *Contribution à la théorie générale de l'Etat.* Voir en ce sens P.M. GAUDEMET, « Paul Laband et la doctrine française de droit public », *RDP*, 1989, n°4, p. 957 et ss. ; S. GOYARD-FABRE, *Les fondements de l'ordre juridique*, Puf, Paris, 1992, p. 99.

[199] Voir les critiques de O. PFERSMANN, « Carré de Malberg et « la hiérarchie des normes » », *RFDC*, 1997, p. 506 et ss.

[200] La notion d'« *Etat de droit* » apparaît principalement dans le tome I de *La Contribution à la théorie générale de l'Etat.* L. Heuschling a relevé près de 37 occurences. En revanche, il n'apparaît presque plus dans ses publications postérieures. Sur ce point, L. HEUSCHLING, *op.cit.*, p. 500.

[201] J.CHEVALLIER, *L'Etat de droit*, Paris, Montchrestien, 2ème édition, 1994, p. 30 et ss.

[202] M. TROPER, « Le concept d'Etat de droit », *op.cit.*, p 52

[203] L'Etat de police peut se définir comme l'Etat « *dans lequel l'autorité administrative peut, d'une façon*

il faut entendre un Etat qui, dans ses rapports avec ses sujets et pour la garantie de leur statut individuel, se soumet lui-même à un régime de droit, et cela en tant qu'il enchaîne son action sur eux par des règles, dont les unes déterminent les droits réservés aux citoyens, dont les autres fixent par avance les voies et les moyens qui pourront être employés en vue de réaliser les buts étatiques : deux sortes de règles qui ont pour effet commun de limiter la puissance de l'Etat, en la subordonnant à l'ordre juridique qu'elles consacrent »[204]. Apparaît ainsi en filigrane, une conception purement formelle de l'Etat de droit, proche du *Rechtsstaat* allemand. Deux points doivent retenir ici notre attention.

Tout d'abord, Carré de Malberg fait sienne la théorie de l'autolimitation. L'Etat s'oblige volontairement à un régime de droit « *dans l'intérêt de ses sujets* ». Il apparaît ainsi en rupture avec le reste de la doctrine publiciste française. Pour Carré de Malberg, il n'y a pas de droit antérieur à l'Etat susceptible d'encadrer sa puissance. L'Etat est non seulement le seul créateur du droit, mais en plus, en ce qu'elle est par nature juridique, sa puissance est nécessairement limitée par le droit puisqu'elle ne naît et subsiste « *que moyennant l'établissement et l'application d'une règle juridique* »[205]. La limitation de l'Etat par le droit, donc de l'Etat de droit, constitue ainsi l'essence même de l'Etat.

Ensuite, de cette soumission de l'Etat à un « *régime de droit* », Carré de Malberg tire un certain nombres de conséquences, au premier titre desquelles figure l'obligation de reconnaître à ses administrés le pouvoir juridique d'agir en justice pour contester la légalité de toute mesure prise à leur encontre. Cette dimension procédurale de l'Etat constitue la condition même de l'Etat de droit. Ainsi, « *l'Etat de droit est donc celui qui – en même temps qu'il formule les prescriptions relatives à l'exercice de sa puissance administrative – assure aux administrés, comme sanction de ces règles, un pouvoir juridique d'agir devant une autorité juridictionnelle à l'effet d'obtenir l'annulation, la réformation ou en tout cas la non-application des actes administratifs qui les auraient enfreintes* »[206]. Il s'agit d'aménager les relations entre l'Etat et les citoyens dans un rapport de droit. Cette conception se rapproche étroitement de celle des administrativistes allemands tels que Rudolph Gneist ou Otto Mayer qui faisaient du juge la figure centrale de l'Etat de droit[207]. Ce n'est pas tant le rôle ou les fonctions de l'Etat que l'on entend ainsi organiser mais bien le fonctionnement de l'ordre juridique. Fidèle à une conception positiviste du droit, Carré de Malberg pense l'Etat de droit comme un instrument de

---

discrétionnaire et avec une liberté de décision plus ou moins complète, appliquer aux citoyens toutes les mesures dont elle juge utile de prendre par elle-même l'initiative, en vue de faire face aux circonstances et d'atteindre à chaque moment les fins qu'elle se propose : ce régime de police est fondé sur l'idée que la fin suffit à justifier les moyens. », R. CARRE DE MALBERG, *Contribution ...*, *op.cit.*, pp. 488-489.

[204] *Ibid.*, pp. 488-489.

[205] *Ibid.*, p. 229.

[206] *Ibid.*, pp. 489-490.

[207] *Supra*, Chap. 1, Sect. II, §2.

rationalisation de l'ordre juridique. Tel est le sens de l'opposition qu'il va révéler entre l'Etat légal et l'Etat de droit.

Partant de l'observation du droit positif français sous la troisième République, Carré de Malberg observe que la France n'appliquerait pas « *le système de l'Etat de droit ; mais la vraie dénomination à donner à l'Etat français sous ce rapport serait plutôt celle d'Etat légal, c'est-à-dire un Etat dans lequel tout acte de puissance administrative présuppose une loi à laquelle il se rattache et dont il soit destiné à assurer l'exécution* »[208]. L'Etat de droit serait ainsi un concept représentatif de la seule réalité allemande et ne saurait en conséquence décrire convenablement le droit positif français pour lequel le concept d'Etat légal serait plus approprié. Et de préciser la distinction qu'il opère entre *Etat de droit* et *Etat légal* : 1) tout d'abord, tandis que « *l'Etat de droit est établi simplement et uniquement dans l'intérêt et pour la sauvegarde des citoyens* » dans la mesure où il leur assure *« un pouvoir juridique d'agir devant une autorité juridictionnelle* », le régime de l'Etat légal « *se rattache à une conception politique ayant trait à l'organisation fondamentale des pouvoirs, conception suivant laquelle l'autorité administrative doit, dans tous les cas et en toutes matières, être subordonnée à l'organe législatif, en ce sens qu'elle ne pourra agir qu'en exécution ou par permission d'une loi* » ; 2) ensuite, alors que l'Etat de droit « *ne vise qu'à fournir aux citoyens certaines sûretés individuelles, qui peuvent se concilier avec toutes les formes gouvernementales* », le système de l'Etat légal « *constitue par lui-même une forme spéciale de gouvernement* » ; 3) enfin, l'auteur estime que « *l'Etat légal tend purement à assurer la suprématie de la volonté du Corps législatif et il n'implique que la subordination de l'administration aux lois* » ; en revanche, « *le régime de l'Etat de droit signifie que les citoyens ne pourront se voir imposer d'autres mesures administratives que celles autorisées par l'ordre juridique en vigueur ; et par conséquent, il exige la subordination de l'administration aussi bien aux règlements administratifs qu'aux lois* »[209].

156. Se dégagent ainsi deux modèles institutionnels de l'Etat de droit opposés : d'un côté, le modèle de l'Etat légal, caractérisé par la souveraineté absolue du législateur ; de l'autre, le modèle de l'Etat de droit, dans lequel le législateur est subordonné à une constitution écrite dont le respect est garanti par un contrôle juridictionnel. En apparence claire, cette distinction n'est pas sans soulever quelques malentendus.

Tout d'abord, s'agit-il de deux modèles distincts ou tout simplement de deux variantes d'un même modèle ? En d'autres termes, ces modèles constitueraient-ils deux modèles différents et séparés d'un Etat limité par le droit ou l'Etat légal serait-il tout simplement une sous-catégorie de l'Etat de droit? Autant de

---

[208] *Ibid.*, p. 490.
[209] *Ibid.*

questions que la doctrine ne nous aide pas à clarifier. Pour certains en effet, l'Etat légal créé en 1789 constituerait « *une première version de l'Etat de droit* »[210]. Cela laisserait penser que l'Etat légal serait tout simplement une sous-catégorie d'un concept générique que serait l'Etat de droit. D'ailleurs Carré de Malberg lui-même a toujours rappelé que « *c'est en France et par l'Assemblée nationale de 1789 qu'ont été dégagées les idées maîtresses et, en partie, les institutions sur lesquelles repose le système de l'Etat de droit* »[211]. Mais en même temps, il insiste largement sur le fait que la France n'appliquerait pas le système de l'Etat de droit, laissant entendre que l'Etat légal et l'Etat de droit constitueraient deux modèles bien distincts[212]. Pourtant, il fait de Montesquieu tantôt le théoricien de *l'Etat légal*[213], tantôt le théoricien de *l'Etat de droit*[214]. Pire, il estime qu'un Etat légal peut paraître sous certains aspects comme un Etat de droit. Ainsi, l'Etat légal peut être assimilé à un Etat de droit dans la mesure où il assure la subordination de l'administration et du juge à la loi : « *en réalité donc, le système de l'Etat de droit, tel qu'il se trouve établi en France, ne concerne et ne régit, outre la justice, que l'administration* »[215]. Aussi peut-il présenter le Conseil d'Etat français comme un élément déterminant de l'Etat de droit[216]. En revanche, l'Etat légal n'est pas encore un Etat de droit dans la mesure où la loi formelle constitue la seule norme de référence, le législateur restant ainsi incontrôlé. Il y aurait donc deux modèles distincts comportant certaines caractéristiques communes. Encore que la distinction opérée ne se situe pas véritablement au même niveau d'analyse : tandis que l'*Etat légal* est présenté comme un simple principe formel politique « *ayant trait à l'organisation fondamentale des pouvoirs* »[217], *l'Etat de droit* en revanche apparaît comme un principe matériel juridique établi dans « *l'intérêt et la sauvegarde* » des droits individuels des citoyens protégés par un juge. Il oppose ainsi à un modèle politique, un modèle juridique et ce, contrairement à la rigueur scientifique qu'il prône[218]. Dans ce contexte, les malentendus ne peuvent être que légions.

Il convient d'ailleurs de soulever un deuxième malentendu. Carré de Malberg se fait-il le défenseur de l'Etat de droit en France ? La réponse est loin

[210] M-J. REDOR, *De l'Etat légal à l'Etat de droit…*, *op.cit.*, p. 14. De même, voir E. ZOLLER, *Droit constitutionnel*, 2ème éd., PUF, Paris, 1999, pp. 41-45 : pour elle, *l'Etat légal* créé en 1789 et *l'Etat constitutionnel* d'aujourd'hui constituent deux formes de *l'Etat de droit*.. Voir également, C. GREWE et H. RUIZ FABRI, *Droits constitutionnels européens*, Paris, PUF, 1995, p. 26 : pour ces auteurs, « *l'Etat de droit français devient au cours du XIXème siècle, ce que Carré de Malberg a si bien décrit : un Etat légal qui excelle dans la culture du principe de légalité au point que le droit administratif français sera un modèle pour toute l'Europe mais qui ignore tant la prééminence des droits fondamentaux que surtout la suprématie de la Constitution* ».

[211] R.CARRE DE MALBERG, *Contribution …*, *op.cit*, p. 489, note 5.

[212] *Ibid.*, p. 490.

[213] *Ibid.*, tome II, p. 6.

[214] *Ibid.*, tome II, p. 8.

[215] *Ibid.*, p. 493.

[216] *Ibid.*, p. 513.

[217] *Ibid.*, p. 490.

[218] *Ibid.*, p. 239.

d'être évidente. Une lecture superficielle nous conduirait à penser que oui. Pour lui, le régime de l'Etat légal pêcherait par son absence de limitation du pouvoir législatif. Tel est le sens général de la critique professée par Carré de Malberg à l'encontre du système juridique français. En effet, la troisième République ne se serait pas « *élevée jusqu'à la perfection de l'Etat de droit* »[219]. Carré de Malberg recourt ainsi à la théorie de l'Etat de droit pour dénoncer l'Etat légal qui puise ses racines dans la Révolution française. Pour autant, Carré de Malberg ne sacrifie pas sur l'autel de l'Etat de droit les idéaux de la Révolution. Ce n'est pas tant *l'Etat révolutionnaire du règne de la loi expression de la volonté générale* qu'il condamne que « *l'Etat légicentrique de la troisième République qui organise la suprématie du législateur par l'intermédiaire de la loi formelle* »[220]. Il rejoint en ce sens une grande partie de la doctrine publiciste de l'époque qui entendait limiter l'omnipotence du législateur[221].

Toutefois, il se refuse à en tirer toutes les conséquences. En effet, Carré de Malberg est, à cette époque, opposé à tout contrôle de la constitutionnalité des lois, en contradiction donc avec le modèle de l'Etat de droit qu'il a dégagé. Si d'un côté il estime qu'il serait conforme à l'idée de l'Etat de droit « *que les citoyens soient armés d'une action en justice qui leur permette d'attaquer les actes étatiques vicieux qui léseraient leur droit individuel* »[222], de l'autre il constate qu'en France l'acte législatif ne peut « *faire l'objet d'un recours de la part des citoyens et la Constitution n'a institué aucune autorité capable d'en apprécier la validité* » et que l'opportunité d'une réforme constitutionnelle en ce sens est une « *question d'ordre politique dont l'examen n'entre pas dans le cadre de nos recherches strictement juridiques* »[223]. Or, ce dernier argument, s'il est conforme en apparence à sa méthode positiviste[224], ne résiste pas très longtemps à la confrontation de ses écrits, révélant en fait une plus profonde opposition de *principe* à tout contrôle de constitutionnalité. Tout d'abord, Carré de Malberg ne s'est jamais privé de sortir de ce cadre positiviste pour proposer des réformes constitutionnelles comme par exemple l'institution du référendum d'initiative populaire et des procédures de démocratie directe[225]. Ensuite, il estime qu'il est non seulement impossible de

---

[219] *Ibid.*, p. 492.

[220] M-J. REDOR, *De l'Etat légal à l'Etat de droit…*, *op.cit.*, p. 14.

[221] *Ibid.*

[222] R.CARRE DE MALBERG, *Contribution …*, *op.cit*, p. 492.

[223] R.CARRE DE MALBERG, *La loi, expression de la volonté générale*, Sirey, Paris, 1931, p. 213.

[224] R. BURDEAU, « Raymond Carré de Malberg. Son œuvre, sa doctrine », *RDP*, 1935, pp. 354-381 ; M. WALINE, « Le positivisme juridique de Carré de Malberg », *Relations des journées d'études en l'honneur de Carré de Malberg (1861-1935), Annales de la Faculté de droit et des sciences économiques de Strasbourg*, t. XV, 1966, p. 20 et ss. Notons au passage que certains auteurs ont relativisé le positivisme de Carré de Malberg en mettant en avant la dimension jusnaturaliste de certaines de ses réflexions : en ce sens, M. TROPER, « Positivisme », *op.cit.*, p. 33 ; E. MAULIN, « Le principe du contrôle de constitutionnalité des lois dans la pensée de R. Carré de Malberg », *RFDC*, 1995, p. 81.

[225] En particulier, R.CARRE DE MALBERG, « Y a-t-il lieu de réviser les lois constitutionnelles ? », *L'Alsace française, Revue hebdomadaire d'action nationale*, 6 octobre 1923 ; « Considérations théoriques sur la question de la combinaison du référendum avec le parlementarisme », *RDP*, 1931. Voir sur la question, E. MAULIN, *op.cit.*, p. 81.

contrôler la constitutionnalité des lois en l'état actuel de la Constitution mais en plus qu'il serait impossible de réviser la Constitution pour instaurer un tel contrôle au motif, entre autres, que la loi serait l'expression de la volonté générale, principe ancré notamment dans l'article 6 de la Déclaration des droits de l'homme et du citoyen de 1789. Dès lors, la loi revêtirait la même force que la Constitution, de telle sorte qu'il est impossible d'envisager « *qu'une tierce autorité [...] puisse être appelée à s'interposer entre le souverain, auteur de la Constitution, et un législateur qui à son tour, ne fait qu'un avec ce même souverain* »[226]. Pourtant, si la Déclaration de 1789 a bien été constitutionnalisée par la Constitution de 1791, on ne trouve aucune trace du principe de l'article 6 au sein de la « Constitution » de 1875. Ce n'est qu'au titre de la tradition du droit public français qu'un tel principe perdurerait : ainsi l'introduction d'un contrôle de constitutionnalité des lois « *constituerait le renversement de toutes nos traditions historiques et politiques, telles qu'elles ont été reconnues ou entretenues, durant tout le XIX*[e] *siècle, par la doctrine et la jurisprudence* »[227]. Il serait par conséquent impossible d'instituer un contrôle de la constitutionnalité des lois dans la mesure où, dans la tradition française, la loi est l'expression de la volonté générale. Là encore, on ne peut être que surpris, eu égard à sa méthode positiviste, de la mobilisation d'un principe « méta-constitutionnel »[228] pour justifier le rejet du contrôle de constitutionnalité. Et ce d'autant plus que, dans le débat portant sur le statut juridique de la Déclaration de 1789, Carré de Malberg a explicitement pris position en faveur de son caractère a-juridique : selon lui, celle-ci « *ne saurait être considérée comme un ensemble de prescriptions juridiques ayant l'efficacité de règles de droit positif* »[229]. Dès lors, le principe de la loi expression de la volonté générale n'aurait ainsi qu'une valeur philosophique profondément enracinée dans « *les systèmes de croyances politiques* »[230]. Comment expliquer alors qu'il limite « juridiquement » le constituant ? Là encore, c'est au prix d'une construction théorique bien fragile, qui, selon Otto Pfersmann, revient à nier le caractère juridique du droit public français[231], que Carré de Malberg s'emploie à démontrer que, malgré son caractère *a-juridique*, ce principe conditionne l'ordre juridique dans son ensemble[232]. Il en résulterait ainsi l'impossibilité même sous couvert d'une révision constitutionnelle[233] d'introduire

---

226 R.CARRE DE MALBERG, « *Sanction ...* », *op.cit.*, pp. 150-151.

227 R.CARRE DE MALBERG, « La constitutionnalité des lois et la Constitution de 1875 », *Revue Politique et Parlementaire*, 1928, p. 351.

228 E. MAULIN, *op.cit.*, p. 100.

229 R.CARRE DE MALBERG, *Contribution...*, *op.cit.*, tome II, p. 581.

230 Pour une critique radicale de cette thèse et les implications théoriques auxquelles elle mène, voir O. PFERSMANN, « Carré de Malberg et « la hiérarchie des normes » », *RFDC*, 1997, p. 506 et ss.

231 *Ibid.*, p. 509 : « *En cherchant au contraire à donner une dignité juridique aux croyances politiques Carré de Malberg a non pas fourni une interprétation juridique de l'ordre constitutionnel français, mais au contraire, en contestant la validité de la théorie de la formation du droit par degré, mis en question le caractère normatif d'une large part du droit public français* ».

232 Pour l'exposé détaillé de cette argumentation longue et complexe, voir l'analyse stimulante de E. MAULIN, *op.cit.*, p. 100 et ss.

233 Le pouvoir constituant dérivé ne pourrait revenir sur ce principe. En revanche, un pouvoir constituant originaire pourrait bien entendu le faire. Mais nous quittons ici le domaine du droit pour entrer dans le

dans le droit public français de la troisième République un mécanisme de contrôle de la constitutionnalité des lois et partant d'établir un véritable Etat de droit.

157. On peut se demander au terme de ce survol de la pensée de Carré de Malberg, marquée par tant d'entorses à la rigueur méthodologique qu'il s'est pourtant imposée, si l'auteur n'a pas perdu de sa neutralité scientifique tiraillé entre des aspirations contradictoires, à savoir limiter l'omnipotence du législateur et, en même temps, préserver les principes révolutionnaires du droit français. Au total, se dessine ainsi une position ambiguë loin d'emporter la conviction. Pourtant, celle-ci imprégnera profondément la doctrine française publiciste. Nul doute à cet égard, que le lien indissoluble qu'il a révélé entre l'Etat de droit et le contrôle de constitutionnalité sera pour beaucoup dans la réactivation de la théorie de l'Etat de droit près de cinquante ans plus tard.

§2 - UNE RECEPTION *GENERALISEE* MAIS *FRAGILISEE* (DEPUIS 1977)

158. Après Carré de Malberg, la théorie de l'Etat de droit va tomber en désuétude pendant plus d'un demi siècle. La doctrine de droit public ne lui réserve alors qu'une place très limitée[234]. Ni les changements de régimes constitutionnels successifs en 1946 et 1958, ni l'instauration d'un contrôle de constitutionnalité en 1958 que Carré de Malberg considérait comme « *indispensable pour tous ceux qui ont le sentiment de l'Etat de droit* »[235] ne changeront quelque chose à cet état de fait. C'est l'avènement d'une véritable justice constitutionnelle au tournant des années 1970, associé à un discours croissant sur les droits de l'homme qui va, pas à pas, participer à la réactivation ou à « *l'exhumation* »[236] d'une théorie que certains associaient aux « *anciens auteurs* »[237].

---

domaine du fait ou du non-droit échappant à l'investigation scientifique du juriste : ainsi on ne saurait demander à une « *théorie juridique d'expliquer par des raisons de droit ce qui n'est et ne peut être que du simple fait* », R.CARRE DE MALBERG, *Contribution..., op.cit.*, tome II, p. 499.

[234] La plupart des grands manuels de droit constitutionnel de l'après guerre n'y pas font référence : par exemple, J. LAFERRIERE, *Manuel de droit constitutionnel*, 2ème Ed., Paris ; G. VEDEL, *Manuel élémentaire de droit constitutionnel*, 2ème ed., Paris, 1952 ; M. PRELOT, *Institutions politiques et droit constitutionnel*, Dalloz, Paris, 1957 ; A. HAURIOU, *Droit constitutionnel et institutions politiques*, Montchrestien, Paris, 1966. Le terme est seulement évoqué dans l'ouvrage de G. *Burdeau, Droit constitutionnel et institutions politiques*, 10 ème ed., LGDJ, Paris, 1963, p. 31. L'article de J. Rivero quant à lui détonne quelque peu au milieu de ce désert doctrinal : J. RIVERO, « L'Etat moderne peut-il encore être un Etat de droit », *Annales de la Faculté de droit de Liège*, 1957, pp. 65-101. Certains introduiront progressivement le terme au rythme des rééditions successives de leur ouvrage, encore que cela restât bien limité et surtout très tardif : par exemple, il faudra attendre la 11ème édition de 1992 de l'ouvrage de P. Pactet pour que le terme apparaisse en index, P. PACTET, *Institutions politiques et droit constitutionnel*, 11ème ed., Massons, Paris, 1992.

[235] R.CARRE DE MALBERG, « La constitutionnalité des lois et la Constitution de 1875 », *Revue Politique et Parlementaire*, 1928, p. 347.

[236] J. CHEVALLIER, *L'Etat de droit*, *op.cit.*, p. 123

[237] M. DUVERGER, *Institutions politiques et droit constitutionnel*, 13ème éd., Paris, Puf, tome 1, p. 175 : « *Le principe de légalité est un élément fondamental de la démocratie libérale. Les anciens auteurs disaient que celle-ci constitue ainsi un « Etat de droit », c'est-à-dire un Etat qui se conforme aux règles établies, par opposition à l'arbitraire qui règne dans les régimes autoritaires* ».

159. Toutefois, la réactivation du discours de l'Etat de droit en France est empreinte de nombreux paradoxes. Tout d'abord, celle-ci fut progressive et soudaine à la fois. S'il est vrai que l'on trouve dès le milieu des années 1970 quelques études traitant de la théorie de l'Etat de droit[238], il faut bien admettre que celles-ci restent, dans l'ensemble, isolées et marginales. Ce n'est que vers la fin des années 1980 que la notion d'Etat de droit devient le credo d'une grande partie de la doctrine. Ainsi, il aura fallu près de 15 ans pour que le discours de l'Etat de droit s'institutionnalise progressivement. Mais en même temps, sa réactivation fut soudaine : c'est le 8 novembre 1977 à l'occasion d'un discours prononcé au Conseil Constitutionnel par Valéry Giscard d'Estaing que la notion d'Etat de droit, dans son acception moderne (lien Etat de droit/justice constitutionnelle), fait une entrée remarquée dans le paysage doctrinal français. Et c'est là le deuxième paradoxe. Le nouveau discours de l'Etat de droit n'est plus réservé aux seuls juristes. Très rapidement, les philosophes s'en sont emparés, relayés par la suite par le monde politique[239] : les dérives inévitables auxquelles ont conduit de telles appropriations par des disciplines aux schèmes si spécifiques les unes des autres, inciteront la doctrine de droit public à la fin des années 1980 à revenir à l'essence même du concept d'Etat de droit pour essayer d'en délimiter précisément les contours. Malgré cela, certaines voix s'élevèrent pour critiquer la pertinence d'un tel concept dont on dénonçait tantôt la tautologie, tantôt l'inutilité. Et c'est là le troisième paradoxe : en même temps que l'on salue « *l'unanimité* » dont fait l'objet l'Etat de droit aujourd'hui en France, jamais la théorie de l'Etat de droit n'aura autant été critiquée et remise en cause.

160. Ainsi, le processus de réactivation de la théorie de l'Etat de droit est un phénomène complexe[240] dont l'appréhension échappe pour sa grande part à la science du droit. Aussi nous nous limiterons ici à présenter les caractéristiques essentielles de ce nouveau discours de l'Etat de droit. Si dans l'ensemble nous nous cantonnerons aux seuls discours des constitutionnalistes, nous pourrons ici ou là faire des incursions dans les discours administrativistes, et parfois même politiques et philosophiques, pour éclairer, le cas échéant, certains phénomènes d'ensemble. Conformément à l'approche historique retenue jusqu'ici, nous étudierons successivement deux périodes distinctes : la première, s'ouvrant en 1977, est marquée par une profusion de discours de l'Etat de droit tout à la fois juridiques, politiques et philosophiques (**A**) ; la deuxième, s'ouvrant en 1988 avec la publication de la très importante contribution de Jacques Chevallier dans la *Revue de droit public*, est marquée à la fois par une institutionnalisation de la théorie de l'Etat

---

[238] W. LEISNER, « L'Etat de droit, une contradiction ? », *in Recueil d'études en Hommage à Charles Eisenmann*, CUJAS, Paris, 1975, p. 65 et ss ; J.P HENRY, « Vers la fin de l'Etat de droit », *RDP*, 1977, p. 1208 et ss.

[239] W. XIE, *Le thème de l'Etat de droit dans le discours politique français contemporain (1981-1993)*, Thèse Montpellier, décembre 1998 .

[240] J. CHEVALLIER, « Le discours de l'Etat de droit », *op.cit.*, pp.13-20

de droit au sein d'une partie de la doctrine française de droit public et par une contestation très forte de sa logique interne par une autre frange de la doctrine (**B**).

A. Une profusion de discours hétéroclites

161. A partir de 1977, vont se juxtaposer plusieurs discours de l'Etat de droit qui vont activement participer à brouiller sa lecture. A côté d'un discours juridique rigoureux mais limité à la seule dimension formelle de l'Etat de droit (**1**), se développera un discours plus politique qui, en repoussant les limites traditionnelles de la théorie juridique de l'Etat de droit, va lui attribuer une « *surcharge de signification* » brouillant un peu plus sa cohérence scientifique (**2**).

1) L'Etat de droit, un discours juridique rigoureux : le contrôle de constitutionnalité comme parachèvement de l'Etat de droit

162. Le thème de l'Etat de droit va brusquement resurgir dans le débat juridique français au milieu des années 70 à la faveur du développement d'un véritable contrôle de constitutionnalité. Ce mouvement, amorcé au début des années 1970 avec la constitutionnalisation du Préambule de 1946 et de la Déclaration des droits de l'homme et du citoyen de 1789[241], sera amplifié par la révision constitutionnelle d'octobre 1974 qui élargit à 60 députés ou 60 sénateurs le droit de saisir le Conseil Constitutionnel. Cette « *révolution constitutionnelle* » sera saluée par la doctrine comme parachevant la construction de l'Etat de droit en France[242]. Dans un discours prononcé dans l'enceinte du Conseil Constitutionnel le 8 novembre 1977, le Président de la République de l'époque, Valéry Giscard d'Estaing, instigateur de la réforme de 1974, constata lui-même que « *lorsque chaque autorité, de la plus modeste à la plus haute, s'exerce sous le contrôle d'un juge, qui s'assure que cette autorité respecte l'ensemble des règles de compétence et de fond auxquelles elle est tenue, l'Etat de droit émerge* »[243].

163. Consacrée par les plus hautes personnalités de l'Etat, la notion d'Etat de droit n'en reste pas moins à l'époque cantonnée à un discours de spécialistes à l'audience très restreinte. Sous l'influence des constitutionnalistes de l'école du Doyen Favoreu, l'Etat de droit est réduite à sa seule dimension formelle : l'Etat de droit, c'est la hiérarchie des normes ; et ce n'est que cela, conformément « *à la théorie juridique la plus traditionnelle* »[244]. Ainsi conçu, le concept d'Etat de droit n'a

---

[241] Décision n° 71-44 DC du 16 juillet 1971, *Liberté d'association*, *GD*, n°19.

[242] Voir en ce sens, J. RIVERO, « Fin d'un absolutisme », *Pouvoirs*, 1980, n°13, sp. 5.

[243] L'exhumation du concept d'Etat de droit n'est pas le fait personnel de Valéry Giscard d'Estaing. La doctrine est toutefois divisée quant à l'attribution de la paternité du discours du 7 novembre 1977. Pour certains, ce serait G. Vedel qui en serait à l'origine (J. CHEVALLIER, *L'Etat de droit*, *op.cit.*, p 128) ; pour d'autres ce serait Y. Cannac, conseiller du Président (P. AVRIL, « La Constitution : Lazare ou Janus ? », *RDP*, 1990, p 951).

[244] J.CHEVALLIER, *L'Etat de droit*, Paris, Montchrestien, 1992, p. 128.

qu'un rayonnement limité. Il n'est pas encore ce modèle de légitimation politique que les années 1980 consacreront.

2) L'Etat de droit, un discours politique protéiforme: l'Etat de droit comme instrument de légitimation politique

164. Le discours de l'Etat de droit va se renouveler au début des années 1980 dans le cadre d'un débat pour le moins surprenant pour les juristes. L'Etat de droit va sortir du champ traditionnellement réservé à la théorie juridique pour irradier le débat politique. L'Etat de droit est désormais pensé comme « *l'anti-léviathan* »[245] et va progressivement devenir un instrument de légitimation politique.

165. Ce changement de perspective est l'œuvre de philosophes, au premier titre desquels figure Blandine Barret-Kriegel qui publie en 1979 un ouvrage intitulé *l'Etat et les esclaves*[246] dans lequel elle se propose de renouveler l'analyse historique de *l'Etat*[247] en s'appuyant sur la notion d'Etat de droit. Pour ce faire l'auteur entend s'écarter du sens classique « *qu'a pris, dans la doctrine juridique allemande de la fin du XIXe siècle, la notion de Rechtsstaat qui a fini par désigner exclusivement le système de la justice administrative pour revenir au sens primitif : l'Etat soumis à la loi par l'existence de garanties constitutionnelles, fût-ce celle des « lois fondamentales »* »[248]. Ainsi par « *Etat de droit* », il faut entendre « *le nouveau type d'Etat qui a émergé en Europe extrême occidentale entre le XVIIe et le XVIIIe siècle, notamment en France, en Angleterre et en Hollande et que l'historiographie appelle volontiers l'Etat-nation* »[249]. L'Etat de droit serait ainsi cet Etat produit de l'histoire occidentale, en gestation sous la monarchie absolue, qui se soumet progressivement au droit « par ramages successifs », que la Révolution française n'aurait fait que prolonger. A partir de ce constat, deux types d'Etats peuvent être identifiés : d'un côté, l'Etat de droit reposant sur la *loi* ; de l'autre, l'Etat despotique reposant sur la *foi*. Le premier entend protéger les libertés individuelles et limiter le pouvoir par la loi ; le second repose sur l'assujettissement total des individus à un pouvoir doté d'une puissance illimitée. La loi apparaît dans ce contexte comme l'unique instrument de libération de l'homme contre l'oppression de l'Etat despote. L'homme libre est ainsi celui « *qui a des droits parce qu'il n'est pas soumis à l'imperium ni assujetti au dominium, ni maîtrisé ni subjugué parce qu'il est un sujet, un citoyen, une personne* »[250]. Dès lors, l'Etat de droit a su conférer à l'individu un cadre normatif dans lequel celui-ci a pu se libérer et s'affranchir de l'esclavagisme dans lequel il était réduit par le despote. Cette libération de l'individu n'a pu se faire

---

[245] M. MIAILLE, « Le retour de l'Etat de droit. Le débat en France. », in *D.Colas (Dir.), L'Etat de droit*, Paris, PUF, 1987, p. 218.
[246] B. BARRET-KRIEGEL, *L'Etat et les Esclaves*, Paris, Calman-Lévy, 1979.
[247] Notons d'ailleurs que cet ouvrage comporte comme sous-titre « *Eléments pour une histoire de l'Etat* ».
[248] B. BARRET-KRIEGEL, *op.cit.*, note 1, p. 21.
[249] *Ibid.*, p. 21.
[250] *Ibid.*, p. 230.

que par la juridification de la société seigneuriale, la civilisation de la communauté guerrière, l'échange du droit contre la force : en d'autres termes, l'Etat de droit, c'est la juridification du politique et la constitutionnalisation du pouvoir[251].

166. Le droit et l'Etat ainsi réhabilités à une époque où « l'anti-étatisme » était à la mode[252] apparaissent comme des instruments au service des individus ayant vocation à protéger leurs droits fondamentaux. Ce faisant, le discours de l'Etat de droit devient étroitement lié à celui des droits de l'homme[253] et participe en retour à la légitimation de l'Etat lui-même. Ainsi, « *l'Etat peut-il apparaître comme condensant et cristallisant le nouveau jeu des croyances entourant l'Etat et sur lequel tout pouvoir est tenu de s'appuyer* »[254]. Le discours globalisant que l'Etat de droit véhicule désormais ne pouvait que susciter l'intérêt du monde politique. La politisation du thème de l'Etat de droit dans les années qui suivirent l'atteste.

167. Au milieu des années 1980, alors que le gouvernement socialiste est en proie à une grave crise de légitimité, François Mitterrand va charger Blandine Barret-Kriegel de conduire une réflexion sur la « *modernisation démocratique de l'Etat* » qui aboutira à la remise d'un rapport publié au début de l'année 1986 sous le titre « *L'Etat et la démocratie* »[255]. Ce rapport est un concentré des thèses évoquées précédemment : l'Etat y est pensé comme « *un Etat qui se soumet lui-même à la loi, organise la société dans un cadre juridique et protège les droits de l'homme* ». On l'aura compris, la thématique de l'Etat de droit se trouve au cœur de cette réflexion. D'ailleurs, c'est sous le titre de *L'Etat de droit* qu'une partie des travaux de la mission sur la modernisation de l'Etat sera publiée en 1987[256]. Il suffit de parcourir cet ouvrage pour prendre conscience de l'évolution des discours de l'Etat de droit depuis une quinzaine d'années. Un philosophe décrit la nouvelle problématique de l'Etat de droit comme étant celle de la réconciliation « *de l'Etat à la société* » du «*citoyen et de l'individu social* »[257]. L'Etat de droit ne doit plus être ce monstre formaliste qui exclut l'homme de son fonctionnement, cet Etat abstrait qui se confond avec la hiérarchie des normes qui l'organise. Le propos est nouveau : il s'agit de « *socialiser l'Etat de droit* ». Citoyenneté, nationalité, droits de l'homme sont autant d'éléments qui viennent enrichir la notion d'Etat de droit. Cette nouvelle promotion de l'Etat de droit marquerait ainsi, selon Michel Miaille, le retour « *à l'éthique comme dimension essentielle des rapports sociaux* », le retour « *à cette donnée fondamentale de notre civilisation qui, plus qu'un simple principe de*

---

[251] *Ibid.*, pp. 230-231.
[252] Voir en ce sens, les « nouveaux philosophes » qui voient dans l'Etat un danger pour les libertés.
[253] Cette conception de l'Etat de droit n'est pas nouvelle. Déjà au début du 20ème siècle, la doctrine française insistait sur l'existence d'un droit naturel attributif de droits subjectifs à l'individu que l'Etat devait protéger (*Supra*).
[254] J.CHEVALLIER, *L'Etat de droit*, *op.cit.*, p. 129.
[255] B.BARRET-KRIEGEL, *L'Etat et la démocratie*, Paris, La documentation Française, 1986.
[256] D.COLAS (dir.), *L'Etat de droit. Travaux de la mission sur la modernisation de l'Etat*, Paris, PUF, 1987, 254p.
[257] B.BOURGEOIS, « La question de l'Etat de droit en France aujourd'hui », in D.COLAS (dir), *op.cit.*, p. 5.

structuration, serait devenue éthique » de telle sorte que *« le discours de l'Etat de droit est indissolublement lié à celui des droits de l'homme alors même que le discours juridique ne suppose pas préalablement celui sur l'homme* »[258]. L'Etat de droit, ainsi repensé, serait porteur de toutes les vertus et espérances : la démocratie, l'égalité sociale, la liberté, la croissance économique etc. En somme, « *face au dérèglement social, à la remise en cause générale des idéaux collectifs, à la crise de la représentation et de l'Etat, Providence ou non, le Droit serait notre modernité, en tant qu'ensemble de valeurs et de principes incontournables sur lesquels fonder les rapports sociaux, l'organisation sociale et l'Etat ; la forme Etat de droit incarnerait, protégerait et réaliserait en pratique les principes universels que sont le respect de l'individu, la liberté, la sécurité des biens et des personnes et la séparation des pouvoirs ; l'Etat de droit serait, enfin, la figure même de l'Etat démocratique à opposer aux Etats totalitaires et à proposer aux Etats en crise* »[259]. Ainsi mystifié, le concept d'Etat de droit ne pouvait que perdre de sa scientificité. La polysémie de la notion « *Etat de droit* » déjà évoquée dès son origine par la doctrine allemande est exacerbée par tous ces discours qui font de l'Etat de droit une notion « fourre-tout » sur laquelle viennent se greffer une multitude de discours, parfois contradictoires les uns des autres. L'Etat de droit, exigeait un recentrage scientifique.

B. Un recentrage scientifique critique

168. Face à cette profusion des discours de l'Etat de droit et l'unanimité dont il était l'objet, « *l'étonnement* »[260] et la « *suspicion* »[261] des juristes étaient légitimes. Une question devint vite évidente. Parlait-on tous de la même chose ?

169. Jacques Chevallier sera le premier à essayer d'y voir plus clair et ce, pour la première fois depuis l'élucidation conceptuelle entreprise par Carré de Malberg au début des années 1920. Dans un article fleuve paru en 1988 dans la *Revue de droit public*[262], puis repris quelques années plus tard dans une monographie entièrement consacrée à l'Etat de droit[263], il se proposait de « *revenir sur la logique qui sous-tend [l'Etat de droit] et de démêler l'écheveau de significations qu'il recèle* »[264]. Car force est de constater que l'Etat de droit n'est plus « *l'apanage des seuls juristes savants* » et qu'il connaît désormais « *une surcharge de signification* »[265]. L'entreprise menée par le professeur Chevallier aura un double mérite : d'une part, elle contribuera de manière décisive à délimiter les contours de la théorie de l'Etat de droit ; d'autre part, elle participera activement à légitimer l'emploi doctrinal d'un

---

[258] M.MIAILLE, « Le retour de l'Etat de droit », in D.COLAS (dir.), *op.cit.*, p. 249.
[259] D.ROUSSEAU, « De l'Etat de droit à l'Etat politique », in D.COLAS (dir.), *op.cit.*, p. 173.
[260] J.CHEVALLIER, « L'Etat de droit », *RDP*, 1988, p. 313.
[261] M.TROPER, « Le concept d'Etat de droit », *Droits*, 1992, p. 51.
[262] J.CHEVALLIER, « L'Etat de droit », *RDP*, 1988, pp. 313-380.
[263] J.CHEVALLIER, *L'Etat de droit*, Paris, Montechrestien, 2ème éd., 1994, 158p.
[264] J.CHEVALLIER, « L'Etat de droit », *op.cit.*, p. 314.
[265] *Ibid.*

concept que le droit positif français ne connaît pas[266] et vis-à-vis duquel la doctrine française de droit public a toujours été méfiante[267].

Après avoir rappelé que l'Etat de droit se caractérise par la structuration de l'ordre juridique à travers une hiérarchisation des normes et « *l'institution d'un contrôle juridictionnel visant à garantir le respect de cet agencement pyramidal* »[268] qui ne trouva son aboutissement que lorsque fut instauré un véritable contrôle de constitutionnalité[269], Jacques Chevallier insiste sur les insuffisances d'une conception de l'Etat de droit qui se limiterait à ces seuls éléments formels. Il s'en prend notamment au normativisme de Kelsen qui affirme « *l'absolue identité de l'Etat et du droit* »[270] et qui mène à une dénaturation complète de la théorie de l'Etat de droit. Il rappelle à cet égard que « *droit et Etat ne sauraient [...] être identifiés. D'une part, l'Etat ne se réduit pas au droit. En considérant l'Etat comme simple ordre juridique formel, Kelsen aboutit à en faire une « totalité » cohérente et stable, en ignorant la dynamique sociale et politique dont il est le produit et les forces qui l'agitent en permanence et le font évoluer. [...] D'autre part, et à l'inverse, le droit ne se réduit pas à l'Etat. [...] Malgré ses prétentions totalisantes et sa recherche d'exclusivité, l'ordre juridique étatique ne parvient jamais à ramener à lui et à condenser l'intégralité des phénomènes juridiques [...]*»[271]. Au total, la théorie kelsénienne de l'ordre juridique tendrait à vider « *le concept d'Etat de droit des significations politiques et idéologiques qu'il a historiquement revêtues : au nom de l'Etat de droit, ont été conquises un ensemble de garanties contre l'arbitraire des gouvernants ; et ces significations concrètes ne sauraient être purement et simplement évacuées au profit d'un formalisme abstrait* »[272]. Nous touchons là, nous semble-t-il, à un point crucial de la présentation de Jacques Chevallier. Il rejette clairement et définitivement toute approche purement formaliste de l'Etat de droit qui tendrait simplement à l'assimiler à la hiérarchie des normes. Produit du libéralisme politique, l'Etat de droit a été construit sur « *un socle de valeurs et de croyances, qui lui donnent une dimension très spécifique* »[273]. L'idée d'une limitation du pouvoir de l'Etat par le droit n'a de sens que si elle est destinée à protéger en aval un certain nombre de valeurs, à commencer par les libertés individuelles. Ainsi, « *non seulement la puissance de l'Etat trouve ses limites dans*

---

[266] *Cf. infra*, n°237 et ss.

[267] L'attitude de Bernard Chantebout est tout à fait révélatrice de cette méfiance à l'égard du concept d'Etat de droit. Pour lui en effet, ce concept est spécifique à la seule réalité allemande. B. CHANTEBOUT, *Droit constitutionnel et science politique*, Paris, A. Colin, 1998, p. 34 : « *L'institutionnalisation du pouvoir constitue donc le premier pas dans la voie de la formation de ce que les juristes allemands appellent l'Etat de droit (où les dirigeants sont soumis au droit) par opposition à l'Etat de police (où règne le bon plaisir du prince)* ». En ce sens également, E. ZOLLER, *Droit constitutionnel*, 2ème éd., Paris, Puf, 1999, p. 169 et ss.

[268] J.CHEVALLIER, « L'Etat de droit », *op.cit.*, p. 319.

[269] *Ibid.*, p. 342.

[270] *Ibid.*, p. 359.

[271] *Ibid.*, pp. 362-363.

[272] *Ibid.*, p. 363.

[273] *Ibid.*, p. 365.

les droits fondamentaux reconnus aux individus, ce qui crée ainsi la possibilité d'une « opposition au pouvoir fondée sur le droit », mais encore elle a pour finalité même, pour justification ultime la garantie de ces droits ; l'Etat de droit repose en fin de compte sur l'affirmation de la primauté de l'individu dans l'organisation sociale et politique, ce qui entraîne à la fois l'instrumentalisation de l'Etat, *dont le but est de servir les libertés, et la* subjectivisation du droit, *qui dote chacun d'un statut, lui attribue un pouvoir d'exigibilité et lui confère une capacité d'action* »[274]. En conséquence, la notion d'Etat de droit se trouve étroitement associée à celle de la protection des droits de l'homme ainsi que de la démocratie[275]. Jacques Chevallier développe ainsi une théorie *démocratique* de l'Etat de droit à l'image des conceptions contemporaines allemande, espagnole et italienne en la matière. Et de conclure que « *la formule « Etat de droit » traduit une conception globale de l'organisation sociale et politique, lentement forgée au fil de l'histoire, qui paraît inscrite dans les pays libéraux au tréfonds de l'imaginaire collectif et de ce fait apte à résister aux secousses les plus rudes* »[276]. Nul doute à cet égard que la contribution parfois dénoncée des philosophes et autres politologues à la *re-formalisation* du concept d'Etat de droit a contribué de manière décisive au renouvellement profond de la théorie de l'Etat de droit en France.

170. Ainsi consacré et délimité, le concept d'Etat de droit, chargé d'une nouvelle force évocatrice, va se fondre dans la littérature juridique française des années 1990. Dès lors, les études sur l'Etat de droit se multiplient : les plus grands auteurs lui consacrent des développements[277] ; il organise même l'articulation interne de certains manuels de droit constitutionnel[278] ; le terme se trouve indexé dans la plupart des manuels de droit[279] ; certains projets de loi y font référence[280] ; des colloques lui sont consacrés[281]. Face à une telle vague déferlante, il serait bien

---

[274] *Ibid.*, p. 367.

[275] *Ibid.*, p. 371 : « *l'idée que la loi est l'expression de la volonté générale est en effet un soubassement fondamental de l'Etat de droit ; et c'est sur elle que vient s'appuyer la structure de l'ordre juridique* ».

[276] *Ibid.*, p. 380.

[277] A titre indicatif, on peut citer, M. TROPER, « Le concept d'Etat de Droit », *Droits*, 15, 1992, p. 51 ; C. EMERY, « L'Etat de droit dans les systèmes polyarchiques européens », *RFDC*, 9, 1992, p. 27 ; C. GOYARD, « Etat de droit et démocratie », in *Mélanges René CHAPUS, Droit Administratif*, Paris,Montchrestien, 1992, pp. 299-314 ; L. HAMON, « L'Etat de droit et son essence », *RFDC*, 4, 1990, pp. 699-712 . Les *Mélanges Braibant* parachèveront cette consécration en prenant pour titre « L'Etat de droit », *Mélanges Braibant, L'Etat de droit*, Paris, Dalloz, 1996.

[278] L. FAVOREU (coord.), *Droit constitutionnel*, Paris, Dalloz, 2000. L'ouvrage est en effet divisé en deux grands livres, dont le premier s'intitule « L'Etat de droit ». Voir également, C.GREWE et H. RUIZ-FABRI, *Droits constitutionnels Européens*, Paris, PUF, 1995, Chapitre 1 intitulé « La limitation par le droit interne : l'Etat de droit constitutionnel ».

[279] Voir par exemple A. De LAUBADERE, J-C. VENEZIA, et Y. GAUDEMET, *Traité de droit administratif*, Tome 1, 13ème Ed., Paris, LGDJ, 1994 ; C.GREWE et H. RUIZ-FABRI, *Droits constitutionnels Européens*, Paris, PUF, 1995.

[280] L'exposé des motifs du projet de loi constitutionnelle de 1990, tendant à instaurer un contrôle de constitutionnalité des lois par voie d'exception, commence ainsi : « *Il n'est de peuple libre et de souveraineté nationale sans un Etat de droit* ».

[281] Voir le Colloque organisé par l'Association des membres du Conseil d'Etat et l'Association du Corps préfectoral sur le thème de « L'Etat de droit au quotidien » les 11 et 12 octobre 1993.

hasardeux de prétendre présenter en quelques lignes cette abondante source doctrinale. Toutefois, afin d'avoir une idée plus précise de la manière dont est abordé par les constitutionnalistes français ce concept doté d'une nouvelle dignité, il convient de nous attarder sur quelques positions doctrinales paradigmatiques en la matière.

Celle du Doyen Favoreu est tout à fait représentative de cette nouvelle tendance. Pour lui, « *l'idée de réalisation de l'Etat de droit domine le droit constitutionnel moderne* »[282]. Et ce n'est pas un hasard si le *Précis de droit constitutionnel* qu'il a coordonné – véritable concentré des thèses de l'école d'Aix-en-Provence – s'articule tout entier autour de l'idée d'Etat de droit. Cela s'expliquerait par le fait que le droit constitutionnel aurait changé : « *aujourd'hui c'est l'intérêt des individus, et donc l'Etat de droit, qui est pris en compte dans le droit constitutionnel moderne et plus seulement l'organisation des pouvoirs* »[283]. Il s'agit là d'une modification profonde de l'approche traditionnelle du droit constitutionnel qui tendait à se limiter à sa seule dimension formelle. L'Etat de droit irradie donc l'ensemble du droit constitutionnel et lui assigne une direction. La manière de concevoir le pouvoir des gouvernants s'en trouve ainsi bouleversée « *car reconnaître constitutionnellement des droits et libertés aux individus a pour conséquence une sérieuse limitation des pouvoirs des gouvernants. Ceux-ci n'ont pas seulement à respecter des règles de forme et de procédure mais aussi des règles de fond ou droit substantiel* »[284]. L'Etat de droit, objet du droit constitutionnel moderne, se définit ainsi tant par sa dimension *formelle* que *matérielle* : pour Louis Favoreu, seul l'Etat qui respecte les droits fondamentaux et qui dispose d'une justice constitutionnelle peut être qualifié d'Etat de droit.

Une telle approche est loin d'être isolée au sein de la doctrine constitutionnaliste française : elle s'articule autour de deux idées.

Tout d'abord, le principe de l'Etat de droit est conçu comme le paradigme organisationnel du droit constitutionnel moderne[285]. A cet égard, l'ascension progressive au sein de la doctrine de l'expression « *Etat de droit constitutionnel* » en constitue une parfaite illustration[286]. Jean Gicquel s'inscrit parfaitement dans cette lignée. Pour lui, l'Etat de droit constitue la trame centrale du droit constitutionnel contemporain : « *la plus belle expression prononcée par un juriste* »[287] sous-tend l'ensemble de son ouvrage *Droit constitutionnel et institutions politiques* qui « *se veut un hommage [...] à l'Etat de droit* »[288].

---

[282] L. FAVOREU, « Le droit constitutionnel, droit de la Constitution et constitution du droit », *RFDC*, n°1, 1990, p. 79.
[283] L. FAVOREU (coord.), *Droit constitutionnel*, *op.cit.*, p. 45.
[284] L. FAVOREU, « *Le droit constitutionnel, ...* », *op.cit.*, p.77.
[285] L. HEUSCHLING, *op.cit.*, p. 507.
[286] E. ZOLLER, *Droit constitutionnel*, 2ème éd., Paris, PUF, 1999, p. 41; C.GREWE et H. RUIZ-FABRI, *Droits constitutionnels Européens*, Paris, PUF, 1995, p. 21.
[287] J. GICQUEL, *Droit constitutionnel et institutions politiques*, 11èmeéd., Paris, Montchrestien, 1991, p. 8
[288] J. GICQUEL, *Droit constitutionnel et institutions politiques*, 12èmeéd., Paris, Montchrestien, 1993, p.IX :

Ensuite, le principe de l'Etat de droit se définit principalement aujourd'hui par son contenu. Philippe Ardant ne dit pas autre chose lorsqu'il estime qu'un Etat de droit ne saurait se réduire à un simple système de légalité mais renvoie inéluctablement à un « *certain contenu* »[289] qui s'identifie aujourd'hui avec l'exigence de protection des droits fondamentaux. Il en va de même pour Dominique Rousseau pour qui « *l'Etat de droit n'est pas, en effet l'Etat de n'importe quel droit ; il est celui d'un droit exprimant les valeurs de liberté, d'égalité, de tolérance, faisant des individus des sujets titulaires de droit opposables à l'Etat, et leur reconnaissant les moyens institutionnels, juridictionnels notamment, de les faire prévaloir* »[290]. L'Etat de droit s'articulerait ainsi autour de deux principes fondamentaux : le « *droit au(x) droit(s)* » et le « *droit au juge* »[291].

171. Majoritaire il est vrai, cette conception n'est pas pour autant unanimement partagée. Tandis que certains s'en tiennent à une conception purement formelle de l'Etat de droit[292], d'autres s'interrogent sur la validité épistémologique d'un tel concept. Pour Michel Troper, cette conception moderne de l'Etat de droit conçu comme un Etat « *soumis à la constitution et aux déclarations des droits de l'homme* »[293] manquerait de clarté. Ainsi, « *un tel Etat doit-il être appelé Etat de droit formel dans la mesure où ces droits sont conçus non comme des droits naturels, mais comme l'expression de la volonté d'un constituant, ou au contraire Etat de droit matériel, parce que les organes de l'Etat auraient non seulement l'obligation d'agir dans le cadre de compétences dérivées de la constitution, mais aussi celle de donner aux normes qu'ils émettent un contenu spécifique ?* »[294]. De plus, il dénonce l'inutilité de cette théorie dans la mesure où elle ne saurait constituer une garantie pour la liberté. Dans le prolongement de la conception kelsénienne de l'Etat, M. Troper considère que l'expression Etat de droit est « *ou bien une contradiction dans les termes, ou bien une tautologie* »[295].

« *Selon la conception de mon maître André Hauriou [...] ce manuel se veut un hommage, en toute humilité, à l'Etat de droit, né de la Déclaration des droits de l'homme et du citoyen et, à la démocratie proclamée, il y a deux siècles, par la Constitution du 24 juin 1793 [...].* ».

289 Ph. ARDANT, *Institutions politiques et droit constitutionnel*, 10ème éd., Paris, LGDJ, 1988, p.12.

290 D. ROUSSEAU, *Droit du contentieux constitutionnel*, 5ème éd., Paris, Montchrestien 1998, p. 460.

291 D. SIMON, « Y a-t-il des principes généraux du droit communautaire », Droits, 14, 1991, pp. 73-86, sp. 84. Cette distinction est reprise par B. OPPETIT, in *Philosophie du droit*, Paris, Dalloz, 1999, p. 96.

292 Voir la définition d'Otto Pfersmann *in*, L. FAVOREU (coord.), *Droit constitutionnel*, *op.cit.*, p. 107 : « *Ici, on désignera par « Etat de droit » un système juridique présentant les propriétés suivantes ; 1) des formulations de normes suffisamment précises pour que leur application a) permette une orientation claire aux destinataires, b) ne laisse que la plus faible place possible à l'arbitraire et c) que l'on puisse vérifier la conformité de l'application aux normes de référence ; 2) des procédures permettant de contrôler effectivement la conformité des normes d'application aux normes de rang supérieur selon le rapport de production. Il s'agit, là encore, de caractéristiques strictement formelles et non du contenu souhaité de ces normes* ».

293 M.TROPER, « Le concept d'Etat de droit », *Droits*, 15, 1992, p. 52.

294 *Ibid.*

295 *Ibid.*, p. 55.

C'est une *contradiction dans les termes*, dans la mesure où ni la conception jusnaturaliste de l'Etat, ni la conception positiviste de l'Etat ne permettent de trouver un réel fondement à la soumission de l'Etat au droit. Dans la première hypothèse, si l'on considère un Etat soumis à un prétendu droit supérieur, la découverte et l'interprétation de ces règles supérieures dépendront du jugement relatif de certains hommes (les juges) de telle sorte que « *l'Etat de droit ainsi conçu n'est donc pas un Etat soumis au droit, mais un Etat soumis au juge* »[296]. Même dans la seconde hypothèse où l'Etat est soumis à un droit positif antérieur, il appartiendra toujours à des hommes d'interpréter ces règles parfois imprécises et/ou ambiguës, en recourant, le cas échéant, à des notions de droit naturel « *d'où il résulte que les gouvernants ne seront en définitive soumis qu'au contrôleur, donc à des hommes* ». Par conséquent, un Etat soumis au droit s'avère tout à fait impossible.

Si l'on entend par Etat de droit, un Etat agissant au moyen du droit, l'expression « Etat de droit » s'avère, par ailleurs, tautologique, dans la mesure où, selon une conception kelsenienne de l'Etat, l'Etat se confond avec l'ordre juridique qu'il incarne : dès lors, un Etat – à savoir une hiérarchie de normes – ne saurait être « *soumis au droit, donc à une hiérarchie de normes juridiques* »[297] ! Pire, l'Etat de droit ne saurait garantir la liberté des citoyens, « *car réaliser l'Etat de droit, c'est-à-dire la hiérarchie des normes, ne suffit pas à garantir que la loi présentera les qualités souhaitées* »[298]. A cet égard, « *l'institution d'un contrôle juridictionnel sur les actes administratifs et même celle d'un contrôle de constitutionnalité, dont on imagine parfois qu'ils pourraient renforcer l'Etat de droit et assurer le règne de la loi, ne constituent pas non plus des garanties* »[299]. Apparaît ainsi en filigrane la profonde dichotomie entre l'Etat de droit et la démocratie. Si en effet toute démocratie est un Etat de droit, tout Etat de droit n'est pas forcément une démocratie. Pour Michel Troper, la liberté politique dans un Etat de droit se résume au droit d'être soumis aux lois, fixes et connaissables, synonymes de sécurité juridique. Ainsi, la liberté dans un Etat de droit se confond avec l'obéissance à la loi. Dès lors, il importe peu que cette loi garantisse des droits fondamentaux ou non, tout comme la manière dont elle est élaborée. Il en résulte que le despotisme éclairé peut parfaitement être compris comme un Etat de droit. Au total donc, la théorie de l'Etat de droit se révèle inutile.

C'est à la même conclusion qu'aboutit Luc Heuschling dans sa thèse. Selon lui, « *la théorie, et en particulier le discours actuel de l'Etat de droit, assimilant le droit et le juge, est hautement contestable : elle aboutit soit à des conclusions dévastatrices, soit à des apories insolubles* »[300]. Cette théorie de l'Etat de droit serait infondée à plusieurs égards : d'une part, il serait impossible de lier l'Etat par le

---

296 *Ibid.*, p. 57.
297 *Ibid.*, p. 63.
298 *Ibid.*
299 *Ibid.*, p. 62.
300 L. HEUSCHLING, *op.cit.*, p. 532.

droit ; d'autre part, l'assimilation du droit et du juge reposerait sur des présupposés erronés ; enfin, la soumission du juge au droit se révélerait impossible d'un point de vue logique. Au mieux, le concept d'Etat de droit se révélerait inutile ; au pire, il constituerait un « *concept perturbateur* » comme l'avait souligné dès 1907 Luigi Raggi[301].

D'autres auteurs ont mis en garde contre les dangers du « tout juridique » que le *mythe* de l'Etat de droit véhiculerait[302]. La rationalisation à l'extrême de l'ordre étatique auquel l'Etat de droit entend procéder serait impossible. Elle reposerait sur une « *représentation idéalisée* » de l'ordre juridique dans la mesure où le droit n'est pas en mesure de contrôler entièrement l'ordre social. En voulant subordonner à son emprise l'ensemble des rapports sociaux, l'Etat de droit participerait ainsi à la destruction du tissu social. Cela est encore accentué par l'inflation normative qui en découle. Elle entraînerait à terme une dévalorisation du droit de telle sorte qu'il ne serait plus apte à réguler les rapports sociaux[303]. Il en résulterait ainsi la « *fin de l'Etat de droit* »[304].

172. Si comme le rappelle Carré de Malberg « *en toute matière juridique, la terminologie ne peut être satisfaisante qu'à la condition de comporter un terme propre pour chaque concept spécial. Le danger du mot à double sens, c'est d'amener la confusion dans les idées* »[305], alors l'emploi de l'expression « Etat de droit » serait à proscrire de la dogmatique juridique. Car force est de constater que l'emploi du terme « Etat de droit » varie sensiblement non seulement selon les époques mais également selon les courants de pensée. Mais n'est-ce pas là le propre de tous les concepts politico-juridiques soumis à l'épreuve des faits et de l'histoire[306] ? Les concepts de *démocratie* et de *république* n'ont-il pas eux aussi

---

[301] L. RAGGI, « La parabola di un concetto », *Annuario della Università degli Studi di Camerino*, 1907-1908, p. 35.

[302] Voir en ce sens les critiques acerbes formulées par B. LUISIN, « Le mythe de l'Etat de droit », in *Mélanges en l'honneur de François Borella, Etat, Société et Pouvoir à l'aube du XXIe siècle*, Presse Universitaire de Nancy, 1998, p 251 et ss. Plus ancien, mais néanmoins tout aussi critique, voir J-P HENRY, « Vers la fin de l'Etat de droit ? », *RDP*, 1977, pp. 1207-1234.

[303] Cette critique n'est pas nouvelle. Déjà G. Ripert avait soutenu il y a plus de cinquante ans la thèse du « déclin du droit » (G. RIPERT, *Le déclin du droit*, Paris, LGDJ, 1949. ; *Les forces créatrices du droit*, Paris, LGDJ, 1955). Depuis lors cette thèse a été constamment reprise par la doctrine (B. OPPETIT, « L'hypothèse du déclin du droit », *Droits*, 4-1986, p 9 ; « La résurgence du prescrit », *Rec. Dalloz*, 1991, Chr., p. 105 ; R. SAVATIER, « L'inflation législative et l'indigestion du corps social », *Rec. Dalloz*, 1977, Chr., p. 43 . Pour une critique de ces thèses, A. JEAMMAUD, « Le droit au musée ? Les avocats du déclin », *Economie et Humanisme*, n°318, 1991, pp. 7-14)

[304] J-P HENRY, « Vers la fin de l'Etat de droit ? », *RDP*, 1977, pp. 1207-1234.

[305] Cité par M. WALINE, « Le positivisme juridique de Carré de Malberg », *Relations des Journées d'études en l'honneur de Carré de Malberg (1861-1935), Annales de la Faculté de droit et des sciences économiques de Strasbourg*, t XV, 1966, p.31.

[306] W.B. GALLIE, « Essentialy Contested Concepts », *Proceedings of Aristotelian Society*, 1955-56, p. 169.

connu de telles variations[307] ? Sa richesse ne proviendrait-elle pas justement de sa surcharge symbolique et de la force évocatrice qu'il véhicule ? Il nous semble ainsi qu'en rassemblant sur son nom les valeurs les plus fondamentales de notre société démocratique, le concept d'Etat de droit, en perpétuelle évolution, constitue un instrument dynamique indispensable au développement et à l'approfondissement de l'ordre juridique. A cet égard, l'exemple espagnol ne peut que venir renforcer cette constatation.

SECTION III
LA RECEPTION DE LA THEORIE DE L'ETAT DE DROIT PAR LA DOCTRINE ESPAGNOLE

173. Sans doute nulle part ailleurs en Europe occidentale *la lutte pour l'Etat de droit*[308] n'a revêtu une telle intensité qu'en Espagne. Objet d'une véritable lutte politique sous l'ère de la dictature franquiste (1939-1975), celle-ci trouva son apogée au lendemain de la chute de Franco avec l'inscription du principe de l'Etat de droit au frontispice de la Constitution de 1978. Irradiée tout à la fois par les doctrines allemande, française et surtout italienne en la matière, la doctrine espagnole a contribué de manière décisive au renouvellement de la théorie de l'Etat de droit.

174. Pourtant, la réception de la théorie de l'Etat de droit en Espagne (1933) est relativement récente eu égard à l'Italie (1880) et à la France (1901). En effet, le discours sur l'Etat de droit va véritablement se formaliser au milieu des années 1930 à l'aube de l'avènement de la dictature franquiste. Avant cela, la doctrine de l'Etat de droit est largement méconnue en Espagne. Au cours du 19ème siècle, le concept de *Rechtsstaat* est apparemment ignoré par la doctrine espagnole de droit public[309]

---

[307] Par exemple, C. NICOLET, *L'idée républicaine en France (1789-1924). Essai d'histoire critique*, Paris, Gallimard, 1994.

[308] P. LUCAS VERDU, *La lucha por el Estado de derecho*, Publicaciones del Real Colegio de España, Bolonia, 1975. Notons par ailleurs que Elías Díaz a vu en 1966 son ouvrage *Estado de derecho y Sociedad democrática*, Taurus, Madrid, 1998, 9ème éd. saisi. Voir en particulier sur ce dernier point, E. DIAZ, « Estado de derecho versus Estado franquista », *Pergola*, 1989, pp. 107-114.

[309] Jusque vers la fin du 19ème siècle, la doctrine administrativiste espagnole est encore largement influencée par les auteurs français dont les ouvrages sont largement diffusés et traduits. L'influence de la doctrine allemande est plus tardive et s'exercera en particulier à travers la philosophie Krausiste. Voir en particulier, A. NIETO, « Influencias extranjeras en la evolución de la ciencia jurídico-administrativa española » *Anales de la Universidad de La Laguna*, 1966, p. 101. Pour une approche complète de la doctrine espagnole de droit public au 19ème siècle, voir F. SOSA WAGNER, *La Construcción del Estado y del derecho administrativo*, Marcial Pons, Madrid, 2001, pp. 39-51 ; A. BAENA, « La generación primitiva de administrativistas y la moderna ciencia de la Administración », in *La configuración jurídico-política del Estado liberal en España*, Huesca, Madrid, 1997, p. 145 et ss ; A. GALLEGO ANABITARTE « Las asignaturas de derecho Derecho público y administrativo : el destino del Derecho público español », *RAP*, n°100-102, vol. I.

même si l'idée d'une limitation de l'Etat par le droit est déjà en germe dans l'œuvre de certains auteurs comme don Francisco Giner de los Rios[310]. La théorie du *Rechtsstaat* n'est pas plus traitée par la doctrine espagnole du début du 20ème siècle : s'il est vrai toutefois, qu'ici ou là, on trouve des références éparses au concept d'Etat de droit, celles-ci restent, somme toute, très sommaires et ne renvoient pour l'essentiel qu'à la doctrine allemande[311]. Ainsi, à la différence de l'Italie avec Orlando ou de la France avec Duguit, la théorie de l'Etat de droit n'a pas encore à l'époque fait l'objet d'une autonomisation au sein de la doctrine espagnole. Aucune étude systématique de la question n'est alors encore proposée[312].

175. Il faut attendre 1914 pour qu'un premier pas soit franchi dans ce sens. Mais paradoxalement, loin d'adhérer aveuglement à cette théorie, la doctrine espagnole préfère en stigmatiser les limites révélées par la crise de l'Etat libéral, préfigurant ainsi l'alternative franquiste du « *Estado nuevo* » de la fin des années 1930. Dans une longue étude publiée en 1914 en introduction de la version espagnole de l'ouvrage de G. Jellinek, *Allgemeine Staatslehre*, Fernando de los Rios souligne les limites de la théorie de l'Etat de droit libéral telle qu'elle a pu être conçue par la doctrine allemande du 19ème siècle[313]. Pour lui en effet, « *le principe de « l'Etat de droit » [...] se présente pour la pensée moderne comme le problème insoluble d'une soumission absolue au droit* »[314]. En 1925, Adolfo Posada reprendra une partie de ces observations dans un ouvrage intitulé *La crisis del constitucionalismo*[315]. Retraçant l'histoire du constitutionnalisme libéral et de l'Etat de droit dont il est le produit, il estime que la crise du constitutionnalisme prend ses racines dans le caractère conservateur du libéralisme qui servit de cadre à son développement et dans la philosophie positiviste allemande de l'Etat[316]. Pour lui, « *le bolchevisme et le fascisme, [...] en ce qu'ils entraînent la suppression ou la suspension du régime juridique de l'Etat, constituent la démonstration claire et évidente de ce que la crise de l'Etat constitutionnel affecte l'essence même de son idée* »[317].

---

[310] J-L CASCAJO CASTRO, « La voz « Estado social y democratico de derecho » : materiales para un lexico constitucional espanol », *Revista del Centro de Estudios Constitucionales*, n°12, 1992, p. 11.
[311] Par exemple, GIL Y ROBLES, *Tratado de derecho politico*, Salamanca, 1902, sp 19 ; A. POSADA, *Tratado de derecho politico*, Madrid, 1907, p. 102 ; GASCON Y MARIN, *La garantias jurídicas del ciudadano y la evolución del recurso contencioso administrativo*, Madrid, 1917, p. 18.
[312] En 1921 une première monographie lui est consacrée. Il s'agit d'une thèse de Doctorat, soutenue en 1921 par Gil-Robles y Quinones, intitulée *El Estado y El Derecho. El Estado de derecho (Rechtsstaat)*, Salamanca, 1922. Mais malgré un titre évocateur, cette étude ne consacre, sur les 96 pages que comporte l'ouvrage, que les quatre dernières pages au concept d'Etat de droit. Autant dire qu'une telle étude ne saurait être considérée comme une véritable étude systématique de la question.
[313] F. DE LOS RIOS URRUTTI, *La teoría estatal alemana*, in introducion a G. JELLINEK, *La teoría General del Estado*, Librería General de Victoriano Suárez, Madrid, 1914 . Plus généralement sur la pensée de Fernando de los Rios, voir F. BALAGUER CALLEJON, « Un constitucionalista del período de entreguerras. El pensamiento constitucional de Fernando de los Ríos », *Sistema* 152-153/1999, pp. 77-89.
[314] *Ibid.*, p. 78.
[315] A. POSADA, *La crisis del constitucionalismo*, Librería General de Victoriano Suárez, Madrid, 1925. Du même auteur, *La crisis del Estado y el Derecho Político*, C. Bermejo Impresor, 1934.
[316] *Ibid.*, p. 36.
[317] *Ibid.*, p. 55.

176. Il en résultait donc pour ces auteurs un nécessaire changement de paradigme constitutionnel à la veille de la seconde république espagnole (1931). Or, celle-ci ne fit qu'entériner les valeurs traditionnelles du constitutionnalisme libéral. Certains virent ainsi dans l'Etat totalitaire la seule alternative possible au dépassement de l'Etat de droit libéral. La crise politique et constitutionnelle qui s'ouvrit en 1936 et qui devait mener à l'instauration de la dictature franquiste fut l'occasion pour certains auteurs de rejeter en bloc les fondements de l'Etat de droit libéral pour construire, sur ces ruines, un « *Estado nuevo* » totalitaire, qu'incarna l'Etat franquiste (**§1**). Ce rejet massif de la théorie de l'Etat de droit dans les premières années du régime s'estompa progressivement et, à partir des années 1950, on vit réapparaître, sous l'effet conjugué de certains administrativistes d'une part et du gouvernement franquiste d'autre part, un discours sur l'Etat de droit tendant à présenter, pour des besoins évidents de légitimation, l'Etat franquiste comme un Etat de droit. Il s'ensuivit une controverse doctrinale tant à l'intérieur qu'à l'extérieur du pays qui participa au renouvellement profond de la théorie de l'Etat de droit en Europe (**§2**). Ce renouveau de la théorie de l'Etat de droit, à partir du milieu des années 1960, n'alla qu'en s'accentuant jusqu'au retour à la démocratie (1975-1978) qui érigea le principe de l'Etat de droit en principe constitutionnel de l'ordre juridique positif (**§3**).

§1 - UNE THEORIE REJETEE : L'ETAT TOTALITAIRE FRANQUISTE COMME TENTATIVE DE DEPASSEMENT DE L'ETAT DE DROIT LIBERAL

177. C'est à cette entreprise que Luis Legaz Lacambra (1906-1980) s'attachera à partir de 1933. Son œuvre mérite ici une attention toute particulière en ce qu'elle illustre le parcours intellectuel d'une grande partie de la doctrine juridique espagnole qui la conduira à un ralliement massif à la conception franquiste de l'Etat[318]. Le discours doctrinal sur l'Etat de droit de l'époque peut nous aider à en retracer l'évolution.

178. Il convient de relever que le professeur Legaz y Lacambra est le premier à avoir tenté d'exposer de manière systématique la théorie de l'Etat de droit en Espagne. Ses différentes contributions, publiées tout d'abord dans la *Revista General de Legislacion y Jurisprudencia* sous le titre « *El Estado de derecho* » puis éditées en 1934 sous la forme d'un ouvrage intitulé *El Estado de derecho en la actualidad,* ont constitué pendant longtemps les seuls points de référence doctrinale pour toute une génération de juristes espagnols[319].

---

[318] Pour une approche complète de la question, voir, J.A. LOPEZ GARCIA, *Estado y derecho en el Franquismo. El nacionalsindicalismo : F.J. Conde y Luis legaz Lacambra*, Centro de Estudios constitucionales, Madrid,1996.

[319] L. LEGAZ Y LACAMBRA, *El Estado de derecho en la actualidad,* Madrid, Reus, 1934. Il convient de signaler que cette première étude fera l'objet de plusieurs mises à jour dans les années qui suivirent. Ce texte sera repris et modifié quelques années plus tard après la victoire de la dictature franquiste en 1941

Pourtant son histoire personnelle et professionnelle ne le rattache en rien aux idées libérales qui sous-tendent l'ensemble de la doctrine de l'Etat de droit. Philosophe du droit dont l'œuvre est saluée par tous[320], il apparaît en effet – aux côtés de Javier Conde – comme l'un des grands théoriciens du national-syndicalisme ce qui lui valut d'occuper d'importants postes au sein de l'administration du nouveau régime. La première partie de sa vie intellectuelle est pourtant marquée par Hans Kelsen dont il a suivi les cours au début des années 1930 à l'université de Vienne[321] ; il contribua d'ailleurs à la diffusion de sa pensée dans l'ensemble du monde hispanique en traduisant et commentant la *Reine Rechtslehre* et la *Allgemeine Staatlehre*[322]. Après la guerre civile (1936-1939) qu'il vécut comme un « traumatisme », il épousera pleinement les thèses du nouveau régime national-syndicaliste tout en maintenant un dialogue continu avec Kelsen. Trois contributions importantes publiées dans les années 1940 marquent ce revirement intellectuel : « *Introducción al Estado Nacional-Sindicalista* » (1940); *« Estudios de Doctrina Jurídica y Social »* (1940) et *« Horizontes del Pensemiento Jurídico* » (1946)[323] .

179. Legaz y Lacambra entendait participer à la construction idéologique du nouveau régime en lui proposant de nouveaux fondements théoriques[324]. Pour lui, le nouvel ordre juridique devait se fonder sur « *les principes de la religion catholique* » dans la mesure où « *seule l'idée jus-naturaliste de la scolastique catholique se révèle appropriée au Nouvel Etat national-syndicaliste* ». Au début tout au moins,

---

dans un ouvrage consacré à la théorie de l'Etat national syndicaliste. L. LEGAZ Y LACAMBRA, « El Estado de derecho », *in Introduccion a la teoria del Estado nacionalsindicalista*, Barcelona, Bosh, 1941 ; puis, en 1951, dans une livraison spéciale de la *Revista de Administracion Publica* consacrée à l'Etat de droit, L. LEGAZ Y LACAMBRA, « El Estado de derecho », *RAP* 1951, n°6, pp.13-33. Ces différentes publications reflètent l'évolution de la pensée de Legaz comme nous le verrons ci-après. Voir en ce sens l'analyse de J.P. RODRIGUEZ, *La filosofia politica de Luis Legaz Lacambra*, Madrid, Marcial Pons, 1997, p. 97 et ss.

[320] Si l'on osait une comparaison, il serait possible de comparer la stature de Luis Legaz Lacambra à celle de Carl Schmitt en Allemagne dont la pensée est aujourd'hui récupérée par une partie de la doctrine italienne et espagnole (J.A. LOPEZ, « La presencia de Carl Schmitt en España », *REP*, n°91, 1996, p. 112). La pensée de Luiz Legaz Lacambra fait l'objet aujourd'hui d'une récupération de même nature. Voir par exemple, A. SANCHEZ DE LA TORRE, « El Universalismo del pensamiento jurídico de Legaz Lacambra », in *Luis Legaz Lacambra : figura y pensamiento*, Univ. Complutense, 1993, p. 12 et ss ; J.A. LOPEZ GARCIA, *op.cit.*, pp. 219-222.

[321] Ce séjour viennois fut motivé par ses recherches doctorales. Il soutint en effet en 1933 une thèse de doctorat intitulée *Estudio crítico de la Teoría Pura del Derecho y del Estado de la Escuela de Viena*, Barcelona, Bosch, 1933.

[322] A titre indicatif, L. LEGAZ Y LACAMBRA, « La influencia di Kelsen y el pensamiento jurídico español », in *Law, State and International legal order, Essays in Honor of Hans Kelsen*, The University of Tennessee Press, Knoxville, 1964, p. 173 ; « La validez del derecho internacional », *Universidad*, 1931, p. 431 ; « Notas sobre el valor actual de la teoría pura del derecho », *R.G.L.J.*, 1942 ; « La teoria pura del derecho y Jose Antonio Primo de Rivera », *R.G.L.J.*, 1943 ; « Kelsen Hoy », *Anuario de filsofía del derecho* , Tome XVI, 1972, p. 122.

[323] L. LEGAZ Y LACAMBRA, *Introducción al Estado Nacional-Sindicalista*, Bosch, Barcelone,1940 ; *Estudios de Doctrina Jurídica y Social*, Bosch Barcelone, 1940 ; *Horizontes del Pensemiento Jurídico*, Bosch, Barcelone, 1946.

[324] Cette démarche se rapproche de celle entreprise par la doctrine italienne sous l'impulsion d'Alfredo Rocco à l'aube de l'arrivée au pouvoir de Mussolini (*Cf. supra*, n°136).

Legaz admettait ouvertement que cette nouvelle forme juridique « *appelée à élever la dignité humaine passe par le totalitarisme national-syndicaliste* ». Selon lui, il fallait en finir avec la conception libérale de l'ordre juridique qui reposerait sur une représentation formelle et individualiste de la société qui annihilerait la dignité de la personne humaine. Il opposait ainsi à l'individu, la personne humaine qui devenait le sujet unique du nouveau droit national-syndicaliste.

Ce revirement intellectuel ne fut pourtant pas soudain. Dès 1933, influencé par Carl Schmitt, Legaz y Lacambra avait entrepris cette critique du libéralisme politique. Dans « *El Estado de derecho*» il se proposait d'étudier les fondements historiques et sociologiques à l'origine de l'avènement et du développement de l'Etat de droit libéral. Pour lui l'Etat de droit n'est « *ni plus ni moins que l'Etat libéral : une traduction juridique de la démocratie libérale* »[325]. Or il voyait dans les développements contemporains de l'Etat de droit libéral un processus qui devrait mener à la destruction des fondements ontologiques de l'Etat lui-même[326]. En effet, pour cet auteur, « *le conflit se pose en ces termes : l'Etat de droit se pense comme une forme juridico-politique pour une réalité individualiste, bourgeoise et éloignée des masses ; dès lors qu'aujourd'hui le phénomène ascendant est celui de « la masse », de « la communauté », l'Etat de droit a perdu son sens, il ne s'adapte plus à ce nouveau contenu qui tend à le déborder et à l'absorber. A l'empire de la loi impersonnelle succède ainsi l'empire de la « volonté populaire ». Et cette volonté est autre chose que la vieille idée de « volonté de la nation » qui ne traduisait que celle d'une classe sociale qui guidait la société à savoir la bourgeoisie libérale et individualiste. [...] Le phénomène actuel de la démocratie est donc un phénomène sociologique : mais il était fatal qu'il se produisît. A la volonté morte de la loi il fallait qu'il lui succédât la volonté vive d'un commandant (caudillo) : une communauté politique ne se constitue pas de normes mais d'actes de volonté ; les actes de commandement sont ceux qui maintiennent unis les membres d'une communauté* »[327]. Rejetant tout à la fois le libéralisme et le positivisme juridique, Legaz y Lacambra rejetait également le concept d'Etat de droit. En fait, pour lui, « *l'Etat de droit n'a d'autre valeur que celle de constituer l'instrument de son dépassement* »[328]. La seule issue possible à la crise du libéralisme politique et juridique serait selon lui le totalitarisme.

La philosophie juridique du national-socialisme allemand sera un point de départ pour le développement ultérieur de sa pensée totalitaire. Tout en reconnaissant que «*le national-socialisme est digne de toutes les louanges en ce qu'il rejette vigoureusement l'individualisme et affirme de manière énergique les*

---

[325] L. LEGAZ Y LACAMBRA, « El Estado de derecho », *op.cit*, p. 753.

[326] Voir également en ce sens les critiques de A. E. SAMPAY, *La crisis del Estado de derecho liberal-burgues*, Buenos Aires, Losada, 1942.

[327] L. LEGAZ Y LACAMBRA, « El Estado de derecho », *op.cit*, pp.754-755.

[328] *Ibid.*, p. 788.

valeurs nationales, historiques et plus largement de la communauté »[329], il considérait qu'une transposition de cette philosophie politico-juridique en Espagne était vaine dans la mesure où « *elle ne fait que refléter une vision typiquement allemande du monde et des valeurs. Ainsi, elle ne prétend qu'à une validité limitée. Nous, les espagnols, souhaitant imiter l'exemple allemand, sommes dans l'obligation d'élaborer une conception intégralement « espagnole », à l'intérieur de laquelle se développera notre nouvelle philosophie juridique et sociale* »[330]. Précisant sa pensée dans un article consacré au juriste allemand Rudolf Stammer tenant d'une approche formaliste de l'ordre juridique et grand apôtre de la théorie de l'Etat de droit[331], Legaz y Lacambra, rompant définitivement avec sa formation formaliste viennoise, reconnaissait qu'il n'y avait point de salut hors du totalitarisme. Ainsi écrivait-il, en 1936, que «*la situation sociologique réelle oblige à admettre la solution totalitaire comme la seule possible et préférable* »[332]. Legaz Lacambra verra donc dans la prise du pouvoir par les militaires l'occasion de rompre définitivement avec l'échec du libéralisme espagnol et de revenir aux prétendues valeurs classiques et traditionnelles du peuple espagnol. Le recours à la tradition contre la pensée moderne et libérale constituera d'ailleurs le ressort idéologique essentiel du Nouvel Etat national syndicaliste.

Avec le national-syndicalisme se développera une nouvelle conception de la nation – inspirée par la doctrine fasciste italienne[333] – dans laquelle Legaz y Lacambra verra le rejet de l'Etat de droit libéral. En effet, « *un peuple qui vit ou revit pour l'histoire à travers une « mythologie nationale » ne peut s'organiser dans la forme d'un « Etat de droit », comme une démocratie libérale juridiquement organisée, qui présuppose la discussion et qui n'admet aucun mythe national et principe du droit naturel. Si de plus, la mythologie nationale est « vraie », la rébellion contre l'Etat de droit exacerbe sa justification politique, éthique, métaphysique et surtout théologique* »[334]. Il en résulterait une nouvelle conception de l'Etat (*Nuevo Estado*) qui devrait mener au développement d'un « *homme nouveau* » rejoignant ici les conceptions fasciste et national socialiste en la matière. Ainsi, « *le nouvel Etat espagnol, clairement totalitaire, ouvertement national, qui ne sera pas un Etat de droit libéral, sera sans aucun doute un Etat qui garantira mieux les valeurs humaines fondamentales et le droit de tous les espagnols à être respectés en tant que tels et, par conséquent, à être aidés dans la réalisation de leurs plus hautes destinées* »[335]. Cette notion de « destin » est extrêmement importante pour

---

[329] L.LEGAZ Y LACAMBRA, *Filosfia jurídica del Nacionalsocialismo, Revista Universidad*, 1934, p. 47.
[330] *Ibid.*, p. 47.
[331] Pour un aperçu des idées développées par Rudolf Stammler, voir S. HILLERS DE LUQUE, « El Estado de derecho como garantía de las libertades públicas : el Estado « formal de derecho y el Estado « justo » de derecho », *Revista de la facultad de Derecho de la Universidad Complutense*, n°65, 1982, pp. 21-43.
[332] L. LEGAZ Y LACAMBRA, « Stammler », *Revista Universidad*, 1936, p. 103.
[333] *Cf. supra*, n°136 et ss.
[334] L. LEGAZ Y LACAMBRA, *Introducción a la teoría del Estado Nacionalsindicalista*, Bosch, Barcelona, 1941, p. 116.
[335] *Ibid.*, p126. Plus généralement, sur le recours à la notion de « valeurs humaines fondamentales »

bien comprendre la conception de ce « Estado nuevo». En effet, pour le nouveau régime, l'Etat n'était ni un mal inévitable, ni une structure juridique parfaite[336] : l'Etat n'était qu'un instrument au service du « *destin commun national*»[337]. A cette fin, le droit ne saurait jamais être un obstacle à sa réalisation[338]. La décision politique devrait primer le droit en toute circonstance[339]. Seul importerait le maintien de ce que Legaz appelait une « *juridicité essentielle* »[340]. Ainsi, « *dès lors que la « juridicité essentielle » est sauvée, la « juridicité habituelle », à savoir le régime juridique positif, peut être suspendu quand l'instinct politique l'exige afin d'éviter de plus grands maux et surtout chaque fois que l'exige la sauvegarde des hautes destinées nationales* ». En effet, « l'idéal juridique » du national-syndicalisme ne correspondait pas au droit formel et abstrait de l'Etat de droit. Tout l'enjeu était, rappelait-il, de « *créer une forme plus moderne d'Etat, adaptée à la situation socio-politique actuelle , qui encadre le destin de la patrie et qui en même temps, respecte les valeurs humaines et sauvegarde la juridicité essentielle et non pas la juridicité formelle de l'Etat de droit jusqu'ici connue* »[341]. Cette « *forme plus moderne d'Etat* » est dénommée, selon les cas, « *Etat-église* » ou « *Etat éthique* ». On rejoint là la conception de l'Etat des théoriciens fascistes qui, de Gentile à Panunzio, affirmaient la supériorité de l'*Etat éthique* sur l'*Etat de droit*[342].

180. Au total donc, l'Etat national-syndicaliste, conçu comme un Etat éthique reposant sur les principes du droit naturel catholique, entendait rompre avec la systématisation juridico-formaliste de l'Etat de droit libéral. Il s'agissait là d'une rupture totale avec la pensée libérale européenne du 19ème siècle. L'Etat national

---

comme instrument de légitimation du pouvoir franquiste, voir, R. GARCIA MANRIQUE, « El franquismo y los derechos humanos (uso y abuso de una idea) », *Sistema*, n°154, 2000, pp.73-91.

[336] R. FERNANDEZ CUESTA, « El concepto falangista de Estado », *R.E.P.*, n°14, 1944, p. 368.

[337] La notion de « destin » constitue un principe générateur de l'unité organique du « Nuevo Estado ». Pour J. Condé, il ne s'agit pas d'un concept instrumental ou positif mais d'un concept théologique qui cristallise « *toute l'essence spirituelle de l'idée politique national-syndicaliste* » (J. CONDE, *La idea nacionalsindicalista de Nación*, Arriba, 1939, p. 5).

[338] Certains auteurs ont montré combien le droit avait été mis à l'écart de la vie sociale durant la première période du régime franquiste (1939-1945). Voir en particulier M. BARBERO SANTOS, *Política y Derecho penal en España*, Tucar, Madrid, 1977, p. 68 et ss. De manière plus générale, L. FERRAJOLI, *La separazione tra diritto e morale*, Milan, Angelli, 1985, p. 75-86.

[339] Là encore, cette analyse rejoint celle des théoriciens fascistes. Comme le rappelle H. Heller en 1929 dans une étude sur la fascisme italien, « *il s'agit de substituer au règne des normes le règne de la volonté* », in H. HELLER, *Europa y el Fascismo* (1929), in *Escritos políticos*, Alianza editorial, Madrid, 1985, p. 74.

[340] Il convient de signaler ici que nulle part l'auteur ne donne une définition de la notion de « *juridicité essentielle* ». Son propos reste très vague et il l'élève souvent à un haut degré d'abstraction, en s'appuyant sur l'idée de « *préservation juridique des attributs essentiels de la personne humaine* ». Voir J.A. LOPEZ GARCIA, *Estado y derecho en el Franquismo. El nacionalsindicalismo : F.J. Conde y Luis legaz Lacambra*, Centro de Estudios constitucionales, Madrid,1996, pp. 139-147.

[341] L. LEGAZ Y LACAMBRA, *Introducción a la teoria del Estado Nacionalsindicalista*, Bosch, Barcelona, 1941, p. 99.

[342] Cette conception de l'Etat éthique ne se cantonna pas au niveau abstrait de la réflexion politico-juridique, mais a influencé également la jurisprudence du *Tribunal Supremo*. Voir C. PEREZ RUIZ, *La argumentación moral del Tribunal Supremo* (1940-1975), Madrid, Tecnos, 1987, pp. 71-75.

syndicaliste s'est ainsi construit en opposition à l'Etat de droit libéral[343]. La théorie de l'Etat de droit a, par conséquent, servi dans les premières années du régime franquiste de contre modèle constituant en creux un instrument de légitimation du nouveau pouvoir[344]. Il était donc logique qu'une fois les assises du nouveau régime posées, le concept d'Etat de droit disparût (*provisoirement*) du paysage doctrinal espagnol. Il faudra attendre les années 1950 pour que le concept d'Etat de droit réapparaisse dans la littérature juridique franquiste à la faveur d'une quête de reconnaissance internationale[345] et d'un « assouplissement » idéologique du régime se concrétisant notamment dans une certaine libéralisation idéologique au sein du monde universitaire à l'instigation de Joaquím Ruiz Giménez[346].

§2 - UNE THEORIE RENOUVELEE : LA CONTROVERSE FERTILE AUTOUR DU RECOURS A LA THEORIE DE L'ETAT DE DROIT COMME INSTRUMENT DE LEGITIMATION DE L'ETAT FRANQUISTE

181. « *L'hypocrisie est un hommage que rend le vice à la vertu* » pourrait-on se dire au vu de la récupération que l'Etat franquiste fera de la théorie de l'Etat de droit à partir des années 1950, théorie pourtant si critiquée durant la genèse idéologique du national-syndicalisme. En effet, le thème de l'Etat de droit délaissé dans les premières années noires du régime par une doctrine asservie au pouvoir franquiste[347], resurgira au début des années 1950 sous l'impulsion de la doctrine administrativiste qui participa de manière indirecte à la récupération idéologique de la théorie de l'Etat de droit par le pouvoir franquiste (**A**). Mais paradoxalement, cette récupération/dénaturation franquiste exacerba les réactions de la doctrine qui en profita pour redessiner et repenser profondément la théorie de l'Etat de droit (**B**).

A. La récupération franquiste de la théorie de l'Etat de droit

182. La *Revista de Administración Pública* (*ci-après*, RAP), créée en 1949 sous l'égide de l'*Instuto de Estudios Politicos* de l'Université de Madrid, fut le théâtre de ce renouveau du discours de l'Etat de droit et plus généralement de la science administrative[348]. Malgré un contexte politique peu enclin à favoriser la liberté

---

[343] On consultera également sur ce thème, J. BENEYTO, *El nuevo Estado español*, Madrid, Bilblioteca nueva, 1939 ; F. JAVIER CONDE, *Introducción a la teoria al Derecho político actual*, Madrid, Escorial, 1942 ; J. CORTS GRAU, « Sentido español de democracia », *REP*, n°25, 1946, pp 1-41 ; C. RUIZ DEL CASTILLO, *Lo vivo y lo muerto en la idea liberal*, Real Academia de Ciencias Morales y Políticas, Madrid, 1947 ; M. FRAGA, *La crisis del Estado*, Madrid, Aguilar, 1955 ; L. SANCHEZ AGESTA, *Cara y cruz del liberalismo*, Madrid, Editora Nacional, 1961.

[344] Voir en ce sens l'opinion de J.A. LOPEZ GARCIA, *op.cit.*, p. 147.

[345] En 1955, l'Espagne est, rappelons-le, admise comme membre de plein droit de l'ONU.

[346] E. DIAZ, *Pensamiento Espanol 1939-1975*, Madrid, Edicusa, 1978, pp. 62-86.

[347] A l'instar de l'Italie où parmi l'ensemble des professeurs de droit public seul V-E. Orlando refusa de prêter serment à Mussolini, les professeurs de droit politique espagnols succombèrent dans leur grande majorité, à tout le moins au début , aux sirènes du franquisme. E. DIAZ, *op.cit.*, p. 25.

[348] Sur la contribution de la *RAP* au développement de l'Etat de droit en Espagne, on peut consulter l'article commémoratif publié à l'occasion du 50ème anniversaire de la revue par l'un de ses fondateurs, le

d'expression, l'Institut duquel dépendait la *RAP* fonctionnait de manière relativement indépendante vis-à-vis du pouvoir[349]. C'est dans ce cadre qu'en septembre 1951 la *RAP* sortit sous la forme d'un numéro spécial consacré entièrement à l'Etat de droit sous le titre « *Problemas actuales del Estado de derecho* »[350]. On y recense une dizaine d'importantes contributions toutes centrées sur le thème de l'Etat de droit[351]. Il ressort toutefois de l'ensemble de ces contributions une conception purement technique et administrativiste de l'Etat de droit : l'Etat de droit est perçu comme un instrument de rationalisation de l'activité administrative ou, pour reprendre les mots d'un auteur, comme un « *instrument de gestion juridique* » de l'administration[352]. Purgée de sa dimension politique, la théorie de l'Etat de droit redevient « fréquentable ». Le meilleur exemple nous est fourni par la contribution du professeur Legaz y Lacambra qui, nous l'avons vu, entendait dépasser ce modèle issu du libéralisme.

183. Cet article marque un tournant dans la pensée de ce théoricien du national syndicalisme. Pour autant celui-ci n'abandonne pas complètement ses positions antérieures. Si désormais, il rejette apparemment l'Etat totalitaire, il reste néanmoins fidèle à sa conception jus-naturaliste et éthique de l'ordre juridique reposant sur les principes de la « *scolastique catholique* ». Pour cet auteur, toute théorie strictement juridique de l'Etat de droit est vaine. Elle doit s'inscrire dans la sphère de l'existence individuelle et transcendantale. Ainsi le concept d'Etat de droit est inéluctablement lié à la valeur fondamentale du primat de la personne humaine et non de l'individu, résidu de la pensée libérale du 19ème siècle. Il en résulte que le droit doit assurer et protéger les droits « fondamentaux » inaliénables de l'homme. Dans ce contexte, l'Etat de droit est l'Etat limité par un droit naturel transcendantal dans lequel s'inscrivent les droits inaliénables de l'homme[353]. A cet égard, l'Etat de droit peut revêtir différentes formes et ne saurait être lié à aucune idéologie politique. Seule compte cette limitation du pouvoir de l'Etat dans le respect de la personne humaine.

Professeur, Eduardo Garcia de Enterria. Eduardo GARCIA DE ENTERRIA, « Para una historia interna de la RAP », *RAP*, 1999, n°150, pp. 611-621.

349 *Ibid.*, p. 617.

350 Eduardo Garcia de Enterria considère que ce numéro spécial consacré à l'Etat de droit a eu des répercussions considérables sur la doctrine juridique de l'époque. Ainsi écrit-il que « *l'influence effective de [ce numéro] se fit remarquer, de telle sorte qu'il a contribué à augmenter la rationalité de notre société et à renouveler les problèmes d'organisation administrative* », *Ibid.* p. 619.

351 Au sommaire de la RAP, n°6 de l'année 1951 on trouve ainsi : L. LEGAZ Y LACAMBRA, « El Estado de derecho », p13-34 ; J.F. FUERO ALVAREZ, « Legitimitad, validez y eficacia. La significacion juridica y politica del sistema de produccion de normas », pp. 35-88 ; F. MURILLO, « Administracion y politica », p89-98 ; R. GOMEZ-ACEBO SANTOS, « El ejercio de la funcion legislativa por el Gobierno : leyes delegadas y decretos-Leyes », pp. 99-124 ; F. GARRIDO FALLA, « La administracion y la Ley », pp. 125-143 ; E. SERBANNO GUIRADO, « La justicia administrativa », pp. 163-176 ; J.I. TENA YBARRA, « Desarrollo y perspectivas del principio de responsabilidad civil de la Administratcion », pp. 177-192 ; F. SAINZ DE BUJANDA, « Estado de derecho y Hacienda publica », pp. 193-212 ; F. RODRIGUEZ, « Seguridad juridica y politica social », pp. 213-222

352 F. SAINZ DE BUJANDA, « Estado de derecho y hacienda publica », in *RAP*, 1951, p. 203

353 L.LEGAZ Y LACAMBRA *op.cit.*, pp. 24-25.

En d'autres mots, « *l'Etat de droit est l'Etat qui réalise une conception déterminée de la justice au moyen de techniques spécifiques* »[354].

A partir de ce constat, il en déduit les caractéristiques essentielles de tout Etat de droit et ce quelle que soit sa forme : 1) un ordonnancement juridique hiérarchisé au sommet duquel figure la loi norme générale ; 2) la reconnaissance des droits de l'homme fondamentaux ; 3) la consécration de la personnalité juridique de tout individu sans laquelle il ne peut être titulaire de droits subjectifs indispensables à la protection de sa liberté et de sa dignité ; 4) un système de responsabilité de l'administration et de recours administratifs contentieux dans la limite des exigences liées à la préservation de « l'ordre public » ; 5) un système de contrôle juridictionnel des lois là encore limité, le cas échéant, à des exigences liées à la préservation de l'ordre public. Les deux dernières exigences ne sont pas pour Legaz absolues au risque sinon, selon lui, de tomber dans un « Etat de justice » soumis au gouvernement des juges à l'image du système américain[355]. Et de conclure que l'Etat de droit est « *sans doute, la forme d'Etat qui mérite le plus d'être valorisée* »[356]. Aurait-il ainsi renoncé à ses critiques formulées dix ans auparavant quand il voyait dans l'Etat de droit un obstacle au développement de l'Etat éthique ? Pas si sûr.

En effet, à l'image de Panunzio par exemple, il rappelle que l'Etat de droit est la seule forme possible de l'Etat éthique dans la mesure où le droit plonge ses racines dans l'ordre moral. Legaz y Lacambra ne peut s'empêcher de revenir ainsi à sa conception éthique de l'ordre juridique au nom de laquelle il tire une curieuse conclusion tendant à légitimer la rupture de la légalité républicaine qui suivit l'accession au pouvoir du Général Franco. En effet, selon lui, le recours à la violence peut s'avérer nécessaire au rétablissement d'un ordre plus juste « *dès lors qu'il a pour objectif l'instauration d'un nouvel Etat de droit car c'est seulement dans le droit que peut se réaliser la justice* »[357]. Que signifie au juste cette dernière affirmation ? Legaz nous en donne la réponse sous la forme d'une question: « *qu'arriverait-il s'il se produisait une inadéquation insupportable entre les formes de vies sociales et la détermination positive des normes et de l'organisation juridique, entre la conscience qui aspire à une justice plus progressive et la légalité qui est au service d'un ordre établi accentuant les injustices, entre l'attachement à des valeurs fondamentales de la personne humaine et leur méconnaissance par un Etat de droit au service des seuls intérêts d'une classe privilégiée, entre la dissolution d'une communauté nationale et le maintien d'une légalité qui n'est plus en mesure de produire son intégration* ? » Pour lui, il n'y a aucun doute, la rupture même violente avec l'ordre existant est justifiée dès lors que la période transitoire « illégale » est temporaire et mène à l'instauration

---

354 *Ibid.*, p. 28.
355 *Ibid..*, p. 28.
356 *Ibid.*, p. 32.
357 *Ibid..*, p. 33.

d'un nouvel Etat de droit. Legaz y Lacambra rejoint ainsi ses positions initiales lorsqu'il voyait dans le totalitarisme la seule issue possible à la crise du libéralisme. Du même coup, il légitime *a posteriori* la conquête du pouvoir franquiste. Mais il ne dit rien sur la situation actuelle de l'Espagne. Suite à cet « intermède » totalitaire, l'Espagne serait-elle redevenue un Etat de droit ?

184. Pour certains, cela ne faisait aucun doute. Quelques années après la publication de cet article, et tandis que certaines voix commençaient à s'élever pour critiquer le régime en place[358], Rafael Entreña Cuesta entreprit une telle démonstration. Dans un article paru en 1960 à la *RAP* sous le titre anodin de « *Notas sobre el concepto y clases de Estado de derecho* »[359], l'auteur prétendait démontrer, d'une part, que le concept d'Etat de droit ne constituait pas, comme le soutenaient certains, un concept polysémique frappé d'incertitude et d'indétermination[360] et, d'autre part, que l'Espagne respectait tous les principes constitutifs du modèle de l'Etat de droit[361]. Après une étude comparative des différents modèles formalisés par les auteurs allemands et italiens, l'auteur définit l'Etat de droit comme « *l'Etat au sein duquel sont reconnus et protégés les droits publics subjectifs des citoyens au moyen de la soumission de l'administration à la loi* »[362] tout en prenant la précaution de préciser que l'application de ce modèle pouvait varier en intensité selon les Etats et l'idéologie politique en vigueur. Concrètement, la soumission de l'administration à la loi implique, d'une part, sa soumission aux lois formelles et matérielles ; d'autre part, le respect de l'ordonnancement hiérarchique des normes ; ensuite, l'impossibilité de déroger au moyen d'une norme particulière à une règle générale ; enfin, l'obligation de la part de l'administration d'exercer son pouvoir dans le respect de l'intérêt public[363]. Et de constater qu'à un degré « *plus ou moins avancé* » (!) l'Etat espagnol répondait à toutes ces exigences[364].

Cette tentative de présenter l'Etat franquiste non plus comme un « *Etat autoritaire de démocratie organique* », mais comme un véritable Etat de droit, avait commencé en fait dès le milieu des années 1950[365]. Il apparaît avec le recul que

---

[358] *Cf. infra*, n°186.

[359] R. ENTRENA CUESTA, « Notas sobre el concepto y clases de Estado de derecho », *RAP*, 1960, pp. 31-45.

[360] L'auteur renvoie pour l'essentiel à la littérature italienne précédemment étudiée (*Cf. supra*, n°134 et ss). *Ibid.*, p. 32.

[361] *Ibid.*, p. 43.

[362] *Ibid.*, p. 36.

[363] *Ibid.*, pp. 41-42.

[364] C'est à cette même entreprise que se livrera Maria Carolina Rovira quelques années plus tard in « Seguridad y Estado de derecho (a propósito del ordenamiento positivio español) », *Anales de la cátedra Francisco Suárez*, n°11/1, 1971, pp. 69-90. Voir également le discours du ministre de la Justice Ruiz Jarabo prononcé le 27 novembre 1974 devant les Cortes : « *Nous vivons sans aucun doute dans un Etat de droit qui tire son origine dans l'acte historique fondateur du 18 juillet 1936.* », in Discours prononcé lors de la présentation aux Cortes de la Loi « Orgánica de la Justicia », le 27 novembre 1974, publié par la Secretaría General Técnica del Ministerio de Justicia, Madrid, 1974, p. 9.

[365] José Castán, alors président du *Tribunal Supremo*, est sans doute le premier à affirmer que l'Etat espagnol constitue *« un authentique Etat de droit »*, in J. CASTAN, *Perspectivas filosófico-juridicas del*

l'instauration des Communautés européennes a accéléré le processus de « normalisation externe» du régime[366]. Rappelons qu'au début des années 1960, l'Espagne, par l'intermédiaire du ministre Ullastres, déposa une demande formelle d'adhésion aux Communautés européennes. Sachant pertinemment qu'une telle demande ne pouvait être acceptée en l'état actuel des choses, le régime franquiste entendait néanmoins, suite à son admission comme membre de plein droit au sein de l'ONU, poursuivre sa quête de reconnaissance internationale.

Toutefois, cette démarche eut un effet inverse. Elle cristallisa une opposition politique très forte à son encontre. En effet, en juin 1962, l'opposition démocratique espagnole en exil se réunît à Munich pour dénoncer une telle demande d'adhésion en insistant sur l'incompatibilité fondamentale entre le régime franquiste et les principes démocratiques qui sous-tendent la construction européenne. Cette même année, la Commission internationale des juristes siégeant à Genève publia un rapport qui dénonçait la volonté de l'Etat franquiste de se présenter comme un Etat de droit[367]. Dans ce rapport, la Commission constatait que les principes constitutifs d'un Etat de droit démocratique n'étaient aucunement respectés : la loi n'était pas élaborée par un parlement démocratiquement élu et représentatif des différents partis politiques ; l'ordre juridique en vigueur n'assurait pas une garantie effective des droits fondamentaux etc. Et le rapport de conclure que « *l'Espagne de Franco n'est pas un Etat de droit* »[368]. Ce rapport se diffusa très rapidement de manière clandestine au sein du monde universitaire et politique. Son succès fut tel que le gouvernement espagnol estima nécessaire de publier, en 1964, une étude contestant point par point les conclusions de la Commission de Genève[369].

Cette étude au titre évocateur « *España, un Estado de derecho* » fut publiée par le *Servicio informativo Español* sous l'égide du Ministère de l'information et du tourisme, et dirigée vraisemblablement par le professeur Fraga Iribarne alors ministre de l'information[370]. Son objectif était simple : il s'agissait de démontrer que le *Estado Nuevo* constituait un Etat de droit, assimilation dont il tirait une partie de

---

pensamiento contemporáneo y de la Ley fundamental de 17 de mayo de 1958, Reus, Madrid, 1958, p. 109.

366 E. DIAZ, « Estado de derecho versus Etado franquista », *Pergola*, 1989, p. 108.

367 COMMISION INTERNACIONAL DE JURISTAS, *El imperio de la ley en España*, Geneve, 1962, 160p. Quelques années plus tard, cette même commission publia un nouveau rapport critique sur l'évolution du régime franquiste dans ce domaine : « Aspectos del imperio de la ley : España, desde el último informe de la Comisión », in *Boletín de la Comisión Internacional de Juristas*, Genève, n°23, août 1965, pp. 15-26.

368 *Ibid.*, p. 143.

369 Cette réponse avait été annoncée dès le lendemain de la publication rapport de la Commission de Genève, rapport présenté par les autorités espagnoles comme « *une illustration de plus de la campagne anti-espagnole, orchestrée et dirigée par Moscou* ». Le quotidien « YA » de Madrid du 7 décembre 1962 annonçait ainsi que le « *ministre de la justice, don Antonio Iturmendi, répondra lors du Club International de la Presse à ces calomnies afin de démontrer les fondements juridiques du régime espagnol comme Etat de droit* » (p. 14).

370 SERVICIO INFORMATIVO ESPAÑOL, « España, un Estado de derecho », Madrid, 1964, 200p.

sa légitimité[371]. Ce manifeste s'articulait autour de trois parties bien distinctes dédiées aux trois pouvoirs de l'Etat, dénommés très prudemment ici « fonctions ». Rappelons en effet que la doctrine franquiste de l'Etat rejetait traditionnellement l'idée de la séparation des pouvoirs[372]. En recourant à la notion de séparation des fonctions, les auteurs de l'étude pouvaient ainsi en contourner l'obstacle, conscients qu'elle constituait une des caractéristiques essentielles de l'Etat de droit. De manière plus générale cela illustre la démarche tronquée menée par les auteurs de cette étude qui, pour arriver à leurs fins, n'hésitèrent pas à recourir à des « *interprétations déviantes des caractéristiques du régime politique espagnol [...] et à s'affranchir de certains des éléments essentiels du concept d'Etat de droit* »[373]. Mais loin de taire la polémique, ce manifeste ne fit, face à de telles approximations, que relancer le discours de l'Etat de droit en Espagne.

185. Toutefois, compte tenu du contexte politique de l'époque, il ne s'agissait pas pour la doctrine espagnole de s'opposer de manière frontale au régime franquiste. La critique fut ici plus subtile. La contribution du jeune Elías Díaz à celle-ci fut la plus remarquable au point que ses idées imprégneront profondément toute une génération de juristes et de politologues parmi lesquels nombre d'entre eux participeront à l'élaboration de la constitution de 1978[374].

B. La réaction de la doctrine : la contribution d'*Elías Díaz* au renouvellement politico-juridique de la théorie de l'Etat de droit

186. Spécialiste des régimes totalitaires[375], Elías Díaz entreprit en 1963 dans le prolongement du rapport genevois, une étude théorique du concept d'Etat de droit[376]. Mais loin de se cantonner aux nouvelles positions franquistes en la matière, celui-ci entendait démontrer, comme ses premiers mots le soulignaient, que « *tout Etat n'est*

---

[371] Les auteurs de l'étude soutenaient en effet que la République espagnole (1931-1936) était dépourvue de toute légitimité à la différence du *Estado Nuevo* qui tirait celle-ci d'une part du référendum de 1947 par lequel furent adoptées les cinq lois fondamentales, et d'autre part de ce que cet Etat se constituait en un Etat de droit, reconnaissant ainsi ouvertement que la théorie de l'Etat de droit constituait un précieux instrument de légitimation du pouvoir.

[372] Voir en ce sens, J. CASTAN, *op.cit.*, p 65.

[373] R. GARCIA MANRIQUE, « El franquismo y los derechos humanos (uso y abuso de una idea) », *Sistema*, n°154, 2000, p. 83, auquel il conviendra de se référer pour une étude approfondie de la question. Egalement, G. PECES-BARBAS, *La democracia en España. Experiencias y reflexiones*, Temas de hoy, Madrid, 1995, pp. 70-82. L'auteur livre ici son témoignage d'avocat durant l'ère franquiste sur les violations continues et répétées des garanties procédurales les plus élémentaires.

[374] Voir les commentaires sur ce point de E. FERNANDEZ GARCIA, in « Hacia un concepto restringido de Estado de derecho », *Sistema*, n°138, 1997, pp. 104-105.

[375] E.DIAZ, « Sustanciación de lo colectivo y Estados totalitarios », *Anuario de Filosofia del Derecho*, Tome VIII, 1961 ; « Sentido politico del iusnaturalismo », *REP*, n°124, 11962 ; « Fascismo y neofascismo », *Boletín informativo del Seminario de derecho Político de la Universidad de Salamanca*, n°28, 1963.

[376] E. DIAZ, « Teoria general del Estado de derecho », *REP*, 1963, pp. 21-47.

pas un Etat de droit »[377]. Cette formule, que Legaz y Lacambra avait déjà usitée en 1933 avant de se convertir au national-syndicalisme, prend ici toute sa force eu égard à la volonté de l'Etat franquiste de se présenter comme un Etat de droit. Se gardant bien de viser nommément le régime franquiste[378], Elías Díaz relève que « *désigner comme tel n'importe quel Etat, du simple fait qu'il recourt à un système normatif, constitue une imprécision terminologique et conceptuelle qui ne fait que mener – parfois intentionnellement – à des confusions* »[379]. Il rejoint sur ce point certains auteurs italiens comme Caristia ou Trèves[380] qui, sous le régime fasciste, entendaient dénoncer cette récupération idéologique du concept d'Etat de droit. Il rappelle à cet égard que l'Etat de droit s'oppose à l'Etat absolu ou totalitaire en ce qu'il est limité par le droit, à savoir par la loi positive « *expression de la volonté populaire* ». Ainsi, un Etat (comme l'Etat franquiste) qui serait seulement limité par des principes « *religieux, éthiques ou jusnaturalistes ne saurait constituer un authentique Etat de droit* »[381]. Aussi selon lui, un authentique Etat de droit repose sur quatre principes essentiels : le règne de la loi ; la séparation des pouvoirs ; la légalité de l'administration ; et le respect des droits et libertés fondamentaux.

187. Ces développements seront repris et approfondis dans un ouvrage publié en 1966 sous le titre *Estado de derecho y Sociedad democrática*[382]. Si l'article précité n'avait pas éveillé la censure de l'époque, il n'en fut pas de même pour cet ouvrage publié juste après le manifeste du gouvernement franquiste « *España, un Estado de derecho* ». Dès sa publication, il fut en effet saisi et séquestré : le fait qu'un livre sur l'Etat de droit, et en défense de l'Etat de droit, fût saisi par un Etat qui se présentait comme un Etat de droit en disait long sur la conviction du régime en la matière. Diffusé tout d'abord clandestinement puis finalement autorisé par voie judiciaire (sursaut de l'Etat de droit ?), le livre eut un succès considérable en Espagne et ce jusqu'à aujourd'hui[383]. Sur le fond, cet ouvrage apparaît comme la première entreprise de systématisation de la théorie de l'Etat de droit depuis l'article publié en 1933 par Legaz y Lacambra. L'ouvrage intègre deux grandes dimensions[384] : une dimension statique qui reprend pour l'essentiel l'article précité tendant à définir

---

[377] *Ibid.*, p. 21.
[378] Trente ans plus tard, cet auteur portera ce jugement sur le régime franquiste de l'époque : « *Il est clair que l'Etat franquiste (dictatorial, totalitaire, despotique, autoritaire) fut dès le début et jusqu'à sa fin [...] un Etat antidémocratique, niant l'idée même de démocratie et de liberté, à savoir l'opposé de l'Etat de droit, tant dans sa forme libérale que sociale* ». E. DIAZ, « Tuñon de Lara : la oposición a la dictadura, la transición a la democracia », in *Los viejos maestros. La reconstrucción de la razón*, Alianza, Madrid, 1994, p. 83.
[379] Souligné par nous. *Ibid.*, p. 22.
[380] *Cf. supra*, n°137
[381] *Ibid.*, p. 23.
[382] E. DIAZ, *Estado de derecho y Sociedad Democratica*, Madrid, Taurus, 9ème ed., 1998, 203p.
[383] Depuis la première édition publiée en 1966, le livre fut réédité à neuf reprises, la dernière en date remontant à 1998. Pour une histoire de cet ouvrage, on consultera la préface de la neuvième édition rédigée par l'auteur lui-même, in E. DIAZ, *Estado de derecho y Sociedad Democratica, Taurus*, Madrid, 9ème ed., 1998, 203p.
[384] L'ouvrage est divisé en quatre grandes parties intitulées respectivement : (1) L'Etat de droit libéral, (2) Fascisme et Etat totalitaire, (3) L'Etat de droit social, et (4) L'Etat de droit démocratique.

l'Etat de droit selon les principes du libéralisme démocratique ; et une dimension dynamique tendant à différencier les trois grandes phases de la construction de l'Etat de droit. Selon lui, le modèle d'Etat de droit se développerait ainsi en trois étapes successives : 1) L'Etat droit libéral ; 2) L'Etat de droit social ; 3) L'Etat de droit démocratique. Si les deux premiers modèles correspondent à des « modèles réels » en ce qu'ils sanctionnent respectivement et chronologiquement l'institutionnalisation juridico-politique, d'une part, de l'Etat libéral au 19ème siècle et, d'autre part, de l'Etat providence au lendemain de la seconde guerre mondiale[385], le modèle de l'Etat de droit démocratique, destiné à dépasser les insuffisances des deux premiers modèles[386], constitue en revanche un « *modèle idéal* »[387] « *en gestation à l'heure actuelle [...] qui prétend transformer en profondeur le mode de production capitaliste en y substituant une organisation sociale d'inspiration socialiste pour donner naissance à une société reposant sur des valeurs supérieures d'égalité et de liberté 'réelles', où la démocratie et le socialisme ne seraient pas simplement compatibles mais où ils se renforceraient et se consolideraient mutuellement* »[388]. L'auteur entend ainsi ici concilier l'Etat de droit avec une conception socialiste de la société[389], indispensable selon lui pour *« la constitution d'une véritable démocratie»*[390]. Cette référence à une structure socialiste de la société disparaîtra progressivement de ses écrits ultérieurs. Il n'en reste pas moins

[385] Voir l'article très complet de P. LUCAS VERDU, *Estado liberal de derecho y Estado social de derecho*, Acta Salmanticensia, Universidad de Salamanca, Tome II, n°3, 1955. Pablo Lucas Verdú fut le premier en Espagne à s'intéresser aux mutations du modèle de l'Etat de droit dans le monde occidental en s'appuyant sur les exemples américain, allemand, français, italien et suisse pour illustrer ce changement de nature de l'Etat de droit. De libéral, l'Etat de droit se muerait en Etat de droit social. Selon lui, «*l'Etat de droit doit conserver en son sein les postulats les plus nobles découverts par le mouvement libéral comme les droits fondamentaux ; mais s'il ne veut pas se révéler anachronique, il doit abandonner son étiquette libérale pour une autre plus actuelle et surtout plus juste : celle d'Etat de droit social* » (p. 13) Ce modèle issu de la Constitution de Weimar (1919) apparaît comme une correction de l'Etat de droit libéral classique en consacrant les droits sociaux et en affirmant comme objectif la réalisation de la justice sociale. Ainsi, « *la notion d'Etat de droit social est une heureuse expression qui désigne [...] l'incorporation des droits sociaux au sein des constitutions européennes. Il s'agit de l'intention louable de convertir en droit positif les vieilles aspirations sociales, érigées en principes constitutionnels protégés par les garanties de l'Etat de droit* » (p.70).

[386] E. DIAZ, *Estado de derecho y sociedad democratica*, *op.cit*, p. 32.

[387] Selon l'expression de E. FERNANDEZ GARCIA, *op.cit.*, p. 108. Voir également A.E. PEREZ LUÑO qui le qualifie « *d'utopique* », in *Derechos Humanos, Estado de derecho y Constitucion*, Tecnos, Madrid, 1984, p. 231.

[388] E. DIAZ, « El Estado democratico de derecho en la Constitucion espagnola », *in E. Diaz, Socialismo en Espana : el partido y el Estado, Mezquita, Madrid, 1982*, pp. 179-180.

[389] Il convient de préciser ici que l'auteur n'assimile pas l'Etat de droit démocratique aux démocraties populaires des pays de l'Est. Il le rappelle à plusieurs reprises, celles-ci ne sauraient constituer des Etats de droit. E. DIAZ, *Estado de derecho y sociedad democratica*, *op.cit*, p. 176. Par ailleurs, pour les tenants d'une conception marxiste de la société et, plus généralement, de l'Etat, la théorie de l'Etat de droit (symbole du libéralisme) était traditionnellement rejetée au profit de la notion de « légalité socialiste ». (B. MIRKINE-GUETZEVITCH, « L'Etat soviétique et l'Etat de droit », *RDP*, 1927, pp. 308-326 ; M. LESAGE, « L'URSS : de la légalité socialiste à l'Etat de droit », *RDP*, 1989, p. 1) . Ici, Elías Díaz est le premier à vouloir concilier l'Etat de droit et une conception socialiste de la société. Pour un exposé détaillé de ce renouvellement doctrinal, E. DIAZ, « El Estado democrático de derecho y sus críticos izquierdistas », *Sistema*, 1978, pp. 51-70.

[390] E. DIAZ, *Estado de derecho y sociedad democratica*, *op.cit*, p. 177.

que le dépassement de l'Etat de droit social reste pour lui indispensable. Comment cette dimension politique de l'Etat de droit se concrétise-t-elle sur le plan juridique ?

Tout d'abord, il en résulte une certaine conception de la séparation des pouvoirs. Conformément à sa conception du « règne de la loi expression de la volonté populaire », le pouvoir législatif se trouve doté d'une certaine primauté vis-à-vis des autres pouvoirs[391]. Il devrait logiquement en découler le rejet de tout contrôle du pouvoir législatif et partant du contrôle de constitutionnalité des lois. Toutefois la position de cet auteur est plus nuancée sur ce point. En effet, sa conception de la souveraineté populaire ne se limite pas à un principe formel : celle-ci est imprégnée de justice sociale. Il estime ainsi que les décisions adoptées par la majorité ne doivent pas faire abstraction des droits des minorités ni porter atteinte à la liberté individuelle. Si malgré tout tel devrait être le cas, il reconnaît que « *ces décisions devraient être annulées une fois prouvée leur inconstitutionnalité par le tribunal suprême compétent* »[392].

Ensuite, et cela s'inscrit dans ce qui vient d'être dit, ce modèle implique une conception très large des droits fondamentaux conçus « *comme une réalisation matérielle effective des exigences éthiques et politiques, publiques et privées [...] constituant la base pour une dignité réelle et une égalité progressive de tous les êtres humains* »[393]. Ces droits fondamentaux revêtent deux caractéristiques : en premier lieu, outre les droits traditionnels consacrés par la plupart des déclarations (dignité, droit à la vie, liberté de pensée, liberté de réunion, liberté de circulation, inviolabilité du domicile *etc.*), il convient de reconnaître certains nouveaux droits tendant à un nivellement et à une égalité socio-économique comme le droit de tous les hommes à une participation égalitaire aux rendements de la propriété ; en second lieu, ce catalogue de droits est par définition ouvert de telle sorte que de nouveaux droits peuvent être reconnus au fur et à mesure de l'évolution de la société[394].

188. Le contexte historique dans lequel les thèses d'Elías Díaz furent développées, ainsi que le soubassement politique qui les a inspirées, ont déterminé une certaine dimension utopique de l'horizon idéal de l'Etat de droit démocratique. Cela explique que son discours insiste toujours sur la nécessité de dépasser les formules empiriques de l'Etat de droit (libéral et social) pour une forme plus parfaite bien qu'inexistante actuellement. Il s'agissait en somme, comme dans tout programme théorique destiné à susciter une action politique, d'une proposition d'objectifs

---

[391] E. DIAZ, « Estado de derecho : exigencias internas, dimensiones sociales », *Sistema*, n°125, 1995, p. 9.
[392] E. DIAZ, *Etica contra política. Los intelctuales y el poder*, Centro de estudios Constitucionales, Madrid, 1990, p. 37.
[393] E. DIAZ, « Estado de derecho : exigencias internas, dimensiones sociales », *op.cit.*, p. 5.
[394] Ainsi aux droits précités, E. Diaz a ajouté récemment « *les droits des minorités ethniques, sexuelles, linguistiques, les droits des immigrants, des personnes âgées, des enfants, des femmes, les droits relatifs à la protection de l'environnement, à la paix, au développement économique des peuples, etc...* », *Ibid.* p. 12. Pour une critique de cette conception extensive de l'Etat de droit, E. FERNANDEZ GARCIA, *op.cit.*, p.109.

finalistes[395]. L'œuvre d'Elías Díaz apparaît ainsi comme essentiellement *prescriptive*. Il n'en reste pas moins qu'elle aura eu un triple mérite : d'une part, elle aura constitué un instrument de clarification des possibles confusions face aux diverses tentatives du régime franquiste de s'auto-légitimer comme un Etat de droit ; d'autre part, elle aura participé à la prise de conscience de la nécessité d'un changement profond de la société de sorte à conformer le système politico-juridique de l'Espagne d'alors aux principes structurels d'un Etat de droit ; enfin, elle aura servi d'étendard à toute une génération de juristes dans la lutte pour l'édification d'un véritable Etat de droit sur la base d'une société complètement démocratique qu'entérinera la Constitution de 1978.

§3 - L'INSTITUTIONNALISATION DE LA THEORIE DE L'ETAT DE DROIT

189. Suite à la brèche ouverte par Elías Díaz, les dernières années du régime de Franco furent marquées par une inflation des contributions portant sur le thème de l'Etat de droit[396] s'accentuant même durant la période dite de « transition démocratique » (1975-1978) : le ministre de la justice de l'époque lui-même, Landelino Lavilla, insista régulièrement dans ses discours sur la nécessité de « rétablir l'Etat de droit »[397]. Au total, l'ensemble de ces contributions participèrent à la gestation intellectuelle de la Constitution de 1978 qui y puisa nombre de ses principes structurels. Le principe de l'Etat de droit en constitue, à cet égard, le principe axiologique comme nous le verrons au chapitre suivant. Mais pour le moment, il convient ici de nous intéresser au seul discours doctrinal qui accompagna la constitutionnalisation du concept d'Etat de droit sous le principe de l'« *Etat de droit social et démocratique* ». Force est de constater que la formule complexe retenue par les constituants fut une source de confusion pour la doctrine[398] comme l'atteste l'abondante littérature s'y référant[399]. Si à l'évidence celle-ci s'inspire de la

---

[395] A.E. PEREZ LUÑO„ *op.cit.*, p. 231.

[396] Voir à titre indicatif les contributions suivantes : J.R. CAPPELA, *Sobre el Estado de derecho y la democracia*, 1967 ; J.M . GIL-ROBLES Y QUINONES, *Por un Estado de derecho*, Barcelona, Ariel, 1969; J. y M BECERRIL, *Etiologia conceptual del Estado de derecho*, Madrid, Real Academia de Jurisprudencia y Legislacion, 1971; J.L CASCAJO CASTRO,« Consideraciones sobre el Estado de derecho », Revista de Estudios Politicos, n°189, 1973; P. LUCAS VERDU, *La lucha por el Estado de derecho*, Bolonia, Publicaciones del Real Colegio de Espana, 1975.

[397] Voir son discours intitulé « La justicia en el Estado de derecho » prononcé le 18 avril 1976 in P. ANDRES IBAÑEZ, « Poder judicial y Estado de derecho . La experiencia de « Justicia democrática » », *Sistema*, 1980, p193 et ss.

[398] Il en fut de même pour les juges constitutionnels. Sur ce point voir, E. CARMONA CUENCA, *El Estado social de derecho en la Constitución*, CES, Madrid, 2000, pp. 119-189. (*Cf. infra*, n°223 et ss).

[399] E. DIAZ, « El Estado democratico de derecho y sus criticos izquierdistas », in DIAZ E., *Legalidad-Legitimadad en el socialismo democratico*, Madrid, Civitas, 1978 ; C. CABO MARTIN, « Estado y Estado de derecho en el capitalismo dominante : aspectos significativos del planteamiento constitucional espanol », *Revista de Estudios Politicos*, n°9, 1979 ; L. LOPEZ GUERRA, « Las dimensiones del Estado social de derecho », *Sistema*, n°38, 1980 ; A. GARRORENA, El Estado Espanol como Estado social y democratico de derecho, Universidad de Murcia, 1980 ; E. DIAZ, « El Estado de derecho en la

Loi fondamentale allemande (1949) qui consacre le principe de l'« *Etat de droit républicain, démocratique et social* » (article 20 al 1), on ne saurait ignorer ici l'apport considérable de la doctrine espagnole en la matière qui n'a cessé, depuis Pablo Lucas Verdú et surtout Elías Díaz, de s'interroger sur l'articulation dialectique du modèle de l'Etat de droit social et de l'Etat de droit démocratique. En tentant de concilier ces deux dimensions, la Constitution ne fait semble-t-il que complexifier le problème[400]. Pour en prendre toute la mesure, il convient ici de rappeler le contexte politique qui entoura l'adoption de cette formule lors de la constituante.

190. Le principe de l'Etat de droit fut introduit dans l'avant-projet de Constitution par le professeur Gregorio Peces-Barba, alors député socialiste, sous la formule « *Etat de droit démocratique* »[401]. Faisant sienne la conception développée par Elías Díaz, Peces-Barbas considérait qu'il était nécessaire de dépasser le concept néocapitaliste de l'Etat de droit social pour une conception de l'Etat de droit reposant sur le socialisme démocratique[402]. Cette proposition fut relayée dans un premier temps par la Commission constitutionnelle du Parti socialiste ouvrier espagnol (PSOE). Mais face à l'opposition de certains groupes parlementaires du centre droit, il fut convenu d'y ajouter le terme « social ». La commission constitutionnelle du PSOE accepta cet amendement sous réserve que le terme social fût placé avant le terme démocratique rompant ainsi avec la formule retenue par la Loi fondamentale de Bonn. Il s'agissait, par là même, de mettre en évidence que le terme « démocratique » adjacent à l'expression « Etat de droit » constituait un développement ultérieur et supérieur de l'Etat de droit social comme le soutenait Elías Díaz. La formule ainsi retenue apparaît pour l'essentiel comme une solution de compromis comme le fit remarquer le député Cisneros Laborda : « *il sera possible par la suite d'élaborer des positions doctrinales sur le passage de l'Etat de droit social à l'Etat de droit démocratique, mais cela ne doit pas menacer pour le moment*

Constitucion de 1978 », in DIAZ E., *Socialismo en Espana : el partido y el Estado*, Madrid, Mezquita, 1981 ; A.E. PEREZ-LUNO, *Derechos humanos, Estado de derecho, Constitucion, Tecnos*, Madrid, 1984 ; ACTAS DEL IV CONGRESSO NACIONAL DE CIENCIA POLITICA, *Problemas actuales del Estado social y democratico de derecho*, Universidad de Alicante, 1985 ; R. BAYOD Y SERRAT, *Estado de derecho y Poder Politico*, Grefol, Madrid, 1987 ; J. L. CASCAJO CASTRO, « La voz « Estado social y democratico de derecho » : materiales para un lexico constitucional espanol », *Revista del Centro de Estudios Constitucionales*, n°12, 1992, p 11.

[400] Perez Luño relevait ainsi que « *prétendre réunir sous la définition de l'Etat de droit le modèle « social » et le modèle « démocratique » est aussi contradictoire que de l'avoir proclamé libéral et social à la fois[...]* ». A.E. PEREZ LUNO, « Estato de derecho y derechos fundamentales », *in* JL. CASCAJO, B. de CASTRO, y C. GOMEZ TORRES, *Los derechos humanos. Significacion, estatuto juridico y sistema, Publicacionees de la Universidad de Sevilla, 1979*, pp161-162, n°36.

[401] Le texte initial de l'article 1.1 du projet de constitution fut proposé en ces termes : « *L'Espagne se constitue en un Etat de droit démocratique qui défend comme valeurs supérieures de son ordre juridique la justice dans la liberté et l'égalité* ».

[402] Sur sa conception de « l'Etat de droit démocratique », voir G. PECES-BARBA, « Socialismo y Libertad », *Sistema*, n°9, 1975 ; « Socialismo y Estado de derecho », *Sistema*, n°15, 1976 ; *Libertad, poder, socialismo*, Civitas, Madrid, 1978 ; *Teoría de los derechos fundamentales*, Ed. latina Universtaria, Madrid, 3ème ed., 1980, pp. 46-47, 52 et 177.

le compromis auquel nous sommes parvenus »[403]. Et effectivement, la doctrine fut très divisée par la suite sur le sens à donner à une telle formule. On peut distinguer ici deux groupes d'auteurs distincts.

1) Pour les premiers (la doctrine majoritaire), comme Pablo Lucas Verdú[404], Elías Díaz[405], Gregrorio Peces-Barba[406], Antonio E. Pérez Luño[407] ou Ramón García Cotarelo[408], l'expression « *Etat de droit social et démocratique* » doit être comprise comme la *formule politique* de la Constitution[409] intégrant le processus devant mener au dépassement de l'Etat de droit social, ou en d'autres mots comme *« un Etat de droit social en transition vers l'Etat de droit démocratique »*[410]. Une telle interprétation serait, qui plus est, confirmée par le fait que ce principe fut introduit dans l'avant-projet de Constitution par Peces-Barba qui a toujours soutenu dans ses écrits une telle conception[411]. Ces auteurs privilégient ainsi une lecture dynamique de la dite formule qui doit servir de cadre à la transformation de la société. Pour autant cela ne signifie pas qu'en l'état actuel des choses la Constitution consacre une telle transformation. Comme le relève Pablo Lucas Verdú, « *l'Etat de droit démocratique exige la socialisation des moyens de production, l'autogestion sociale à tous les niveaux et le passage d'une représentation politique à la participation politique. Cette mutation ne se réalise pas automatiquement, mais à travers un processus de transformations politiques et économiques réfléchies et regulées par le droit. Ceci signifie que [la Constitution] se trouve encore à des années lumières d'un tel objectif* »[412].

En revanche, certains, comme Elías Díaz, constatent que la Constitution offre toutes les potentialités pour une telle transformation. En effet, s'il est vrai que certains principes constitutionnels « *nient toute possibilité de dépasser l'horizon étroit du mode de production néocapitaliste et de l'Etat de droit social* » [413], il existe, en même temps, « *une autre série de préceptes, d'égale valeur normative et de toute autre orientation, d'orientation résolument plus socialisante ou disons le*

---

403 DSC, *Comisión de Asuntos Constitucionales y Libertades Públicas*, n°64, Sesión 11-V-1978, p. 2176.

404 P. LUCAS VERDU, « Artículo 1°. Estado social y democrátcio de derecho », en O. ALZAGA (dir.) *Comentarios a la Constitución española de 1978*, Tome 1, Cortes Generales-Edersa, Madrid, 1996, p. 98.

405 E. DIAZ, « El Estado de derecho en la Constitucion de 1978 », en DIAZ E., *Socialismo en Espana : el partido y el Estado*, Madrid, Mezquita, 1980.

406 G. PECES-BARBA, « La nueva Constitución española desde la Filosofía del Derecho », en Documentación Administrativa, n°180, Madrid, 1978.

407 A.E. PEREZ LUNO, « Estato de derecho y derechos fundamentales », *in* JL. CASCAJO, B. de CASTRO, y C. GOMEZ TORRES, *Los derechos humanos. Significacion, estatuto juridico y sistema, Publicacionees de la Universidad de Sevilla, 1979*, pp.161 et ss.

408 R. GARCIA COTARELO, « El régimen económico-social de la Constitución española de 1978 », en Lecturas sobre la Constitución española, UNED, Madrid, 1978.

409 P. LUCAS VERDU, *op.cit.*, p. 104.

410 A.E.PEREZ LUNO, *op.cit.* ,pp. 161-162, n°36.

411 E. DIAZ, *op.cit.*, p. 60.

412 P. LUCAS VERDU, *op.cit.*, p. 112.

413 E. DIAZ, *op.cit.*, p. 73. Voir par exemple l'article 33.1 qui consacre le droit à la propriété privée et à l'héritage ; l'article 38 qui reconnaît la liberté d'entreprendre dans une économie de marché.

carrément, de caractère ouvertement socialiste »[414]. Et de recenser l'ensemble des principes qui en constituent l'essence. Partant du constat que si la Constitution est bien une norme juridique désormais à part entière dont l'effectivité est assurée par un juge constitutionnel, il n'y aurait aucune raison que certains droits proclamés par la Constitution (et trop souvent considérés par d'autres constitutions comme purement symboliques[415]) ne soient pas pleinement mis en œuvre et garantis: tel est le cas par exemple du droit de réunion et de manifestation (art. 21), du droit de grève (art. 28), du droit à l'égalité et la progressivité du système fiscal, du droit au travail (art. 35), du principe du plein emploi (art. 40), du droit à la sécurité sociale (art. 41), du droit à la santé (art. 43), du droit à l'accès à la culture (art. 44) *etc.* Par ailleurs, plusieurs articles peuvent être interprétés comme tendant vers la socialisation des moyens de production : il en va ainsi de l'article 128 qui reconnaît le pouvoir d'initiative des autorités publiques dans l'activité économique et de l'article 129.2 qui prévoit que les pouvoirs publics « *établiront les moyens qui faciliteront l'accès des travailleurs à la propriété des moyens de production* ». Confrontés à l'article 33 (droit à la propriété privé), il appartiendra aux gouvernements successifs ainsi qu'à l'interprète de ces dispositions de faire prévaloir, le cas échéant, une disposition sur l'autre, dessinant ainsi les contours du modèle de l'Etat de droit qui sera retenu (Etat de droit social ou Etat de droit démocratique). Ramón Tamames considère, à cet égard, que grâce à la combinaison de ces différentes formules « *un développement croissant du niveau de socialisation est parfaitement possible dans la Constitution de 1978 sans qu'il soit nécessaire de la réformer. Tout dépendra des rapports de force qui prédomineront au Parlement* »[416].

En conclusion, pour ces auteurs, aucun obstacle juridique de nature constitutionnelle n'empêche d'interpréter de manière progressive et dynamique le principe de « l'Etat de droit social et démocratique ». Tout dépendra ainsi de la volonté politique des gouvernants et des juges constitutionnels « *de telle sorte que si la rédaction de la norme fondamentale ne pose pas un postulat rhétorique, notre Etat de droit sera social ou démocratique selon l'idéologie des forces politiques majoritaires, mais en aucun cas les deux en même temps* »[417]. Mais au regard des développements constitutionnels et politiques postérieurs, force est de constater que l'interprétation progressive ne fut retenue ni par les gouvernements ni par les juges constitutionnels chargés d'interpréter la constitution[418].

---

[414] *Ibid.*, p 73.

[415] Par exemple en ce qui concerne le « droit au travail » consacré par la constitution française, A. JEAMMAUD et M. LE FRIANT, « L'incertain droit à l'emploi », *Travail, Genre et Sociétés*, n°2, 1999, p 29.

[416] R. TAMAMES, *Introducción a la Constitución española*, Alianza Editorial, Madrid, 1980, p. 180.

[417] A.E. PEREZ LUNO, « Estato de derecho y derechos fundamentales », *in JL. CASCAJO, B. de CASTRO, y C. GOMEZ* TORRES, *Los derechos humanos. Significacion, estatuto juridico y sistema, Publicacionees de la Universidad de Sevilla, 1979,* pp161-162,n°36.

[418] Par exemple, le Tribunal Constitutionnel a procédé à une véritable assimilation des différents modèles contenus dans la formule de l'article 1.1 : « *L'Etat de droit social ou l'Etat de droit social et démocratique, selon notre Constitution [...]* », Sentencia del TC, de 14.07.1981, n°25/1981. Voir en particulier l'étude détaillée de la jurisprudence constitutionnelle menée par E. CARMONA CUENCA, in *El Estado social de derecho en la Constitución*, CES, Madrid, 2000, sp 119-189. Nous reprendrons plus en détail ce point dans la suite de notre étude (*Cf. infra*, n°223 et ss).

2) Pour les autres, au contraire, comme Manuel García Pelayo[419], Luis López Guerra[420], Angel Garrorena[421] ou José Luis Cascajo[422], cette formule ne saurait consacrer un modèle socialiste de l'Etat de droit et renverrait tout simplement à l'idée de démocratie. L'analyse du Professeur García Pelayo est sans doute ici la plus éclairante. L'élucidation conceptuelle qu'il entreprend le conduit à isoler les trois dimensions contenues dans la formule, étant entendu que celles-ci doivent être interprétées de manière globale : 1) l'objectif social ; 2) la conception démocratique du pouvoir ; et 3) la soumission des deux premières dimensions à la discipline du droit. Aucun de ces trois éléments ne peut être appréhendé, selon lui, de manière indépendante de telle sorte que l'Etat de droit est celui qui respecte les principes démocratiques et consacre les droit sociaux fondamentaux. En définitive, cette approche permettrait de dépasser les oppositions stériles entre libéraux et marxistes sur la portée de ces différentes notions. Selon lui, « *le rattachement du principe démocratique aux données sociales et au principe de la primauté du droit conduit à : 1) l'élimination de l'opposition entre la démocratie formelle et la démocratie sociale ; 2) l'élimination du vieil antagonisme entre libéralisme et démocratie ; 3) ce que les décisions de la majorité ne se situent pas au-dessus du droit mais soient soumises au droit ; 4) ce que les décisions prises par la majorité parlementaire ne soient pas ipso facto justes et constitutionnelles* »[423].

D'autres auteurs ont eu une démarche différente, procédant à une *déconstruction* des thèses de la doctrine majoritaire tendant à une interprétation de type socialiste de la dite formule. Pour Luis López Guerra, il convient de rejeter l'idée selon laquelle l'article 1.1 de la Constitution utiliserait l'expression « Etat de droit social et démocratique » dans le sens d'un dépassement de l'Etat de droit social dans la mesure où « *il ne s'agit pas, d'une constitution de type socialiste, ni même dans ses intentions (à la différence de la Constitution portugaise de 1976), mais tout au plus d'une Constitution socialement progressiste, en ce qu'elle permet une action des pouvoirs publics (en particulier une action législative) en matière économique et sociale en vue d'une transformation de la réalité sociale* »[424].

C'est à la même conclusion que parvient Angel Garrorena. Tout en admettant que la rédaction de la formule « *Etat de droit social et démocratique* » a pu être influencée par des présupposés socialistes, il estime que « *l'article 1 ni ne constitutionnalise ni ne pourrait constitutionnaliser le passage de « l'Etat de droit social » à un type historiquement postérieur et supérieur d'Etat à savoir « l'Etat de*

---

[419] M. GARCIA PELAYO, « El Estado social y democrático de derecho en la Constitución española », en *Obras Completas*, vol II, CEC, Madrid, 1992, p. 1656 et ss.
[420] L. LOPEZ GUERRA, *El régimen constitucional español*, Tome 1, Barcelona, 1980, p. 338 et ss.
[421] A. GARRORENA, *El Estado español como Estado social y democrático de derecho*, Tecnos, Madrid, 1984, p. 201 et ss.
[422] J. L. CASCAJO CASTRO, « La voz « Estado social y democratico de derecho » : materiales para un lexico constitucional espanol », *Revista del Centro de Estudios Constitucionales*, n°12, 1992, p. 12 et ss.
[423] M. GARCIA PELAYO, *op.cit*, p. 1660.
[424] L. LOPEZ GUERRA, *op.cit.*, p. 350.

droit démocratique » conçu comme la réponse institutionnelle à une conception socialiste et solidaire de la démocratie ». En effet, pour lui « *il ne s'agit pas ici d'un problème théorique mais d'une question d'adéquation à la réalité : « constitutionnaliser » c'est précisément cela. Or, ni la structure sociale espagnole qui sert de référence à ce modèle n'est caractérisé par son haut degré de socialisation, ni la lecture de la suite de l'article nous situent dans un schéma organique et idéologique cohérent avec ce que la dite interprétation exigerait* »[425]. Au total donc, l'expression « *Etat de droit social et démocratique* » ne ferait qu'exprimer les tensions internes de l'Etat de droit matériel par opposition à l'Etat de droit formel produit de l'Etat de droit libéral. Elle ne saurait en aucun cas traduire un quelconque dépassement de l'Etat de droit social. Il convient ainsi de rejeter toute interprétation dite « intégrale » et/ou « dialectique » d'une telle formule[426] pour lui préférer une interprétation « analytique» comme le soutient Eduardo García de Enterría[427] : « *l'Etat de droit social et démocratique* » revêt, d'une part, les caractères de l'Etat de droit social en ce qu'il consacre un certain nombre de droits sociaux fondamentaux et, d'autre part, les caractères de l'Etat de droit démocratique compris comme l'Etat de droit assurant le respect des principes démocratiques. Telle fut d'ailleurs la conception retenue par le juge constitutionnel[428].

191. Au fur et à mesure de la maturation constitutionnelle et démocratique du régime, la polémique autour de l'interprétation de la formule *« Etat de droit social et démocratique* » s'estompa quelque peu. La littérature portant sur le thème de l'Etat de droit ne diminua pas pour autant. Bien au contraire, les années 1980 et 1990 furent marquées par une véritable inflation en la matière[429]. La doctrine revint alors à des considérations plus concrètes, qu'il s'agisse d'établir un lien consubstantiel entre la justice constitutionnelle et la théorie de l'Etat de droit[430] ou encore de

---

[425] A. GARRORENA, *op.cit.*, p. 225.
[426] *Ibid.*, p. 201 et ss.
[427] En ce sens, E. GARCIA DE ENTERRIA, « Los fundamentos constitucionales del estado », REDC, ,°52, 1998, p30-32. Voir également, E. ALVAREZ CONDE, *Curso de derecho Constitucional*, Vol. 1, Tecnos, Madrid, 1992, p. 114 et ss.
[428] *Cf. infra*, n°223.
[429] Citons à titre indicatif, A.E. PEREZ-LUNO, *Derechos humanos, Estado de derecho, Constitucion, Tecnos*, Madrid, 1984 ; ACTAS DEL IV CONGRESSO NACIONAL DE CIENCIA POLITICA, *Problemas actuales del Estado social y democratico de derecho*, Universidad de Alicante, 1985 ; BAYOD Y SERRAT, R., *Estado de derecho y Poder Politico*, Grefol, Madrid, 1987 ; E. DIAZ, « Estado de derecho : exigencias internas, dimensiones sociales », *Sistema*, 125, 1995 ; P. ANDRES IBANEZ, *Corrupcion y Estado de derecho. El papel de la jurisdiccion*, Madrid, Trotta, 1996 ; F. DE CARRERAS, *El Estado de derecho como sistema*, Centro de Estudios Constitucionales, Madrid, 1996 ; A.M PENA FREIRE, *La garantia en el Estado constitucional de derecho*, Madrid, Trotta, 1997 ; E. FERNANDEZ, « Hacia un concepto restringido de Estado de derecho », *Sistema*, n°138, 1997 ; M. ATIENZA, « Estado de derecho, argumentacion e interpretacion », *Anuario de Filosofia del Derecho*, XIV, 1997 ; A. BARATTA, « El Estado de derecho. Historia de un concepto y problematica actual », *Sistema*, 17-18, 1997 ; G. PISARELLO, « Por un concepto exigente de Estado de derecho », *Sistema*, n°144, 1998 ; R. DE ASIS, *Una aproximacion a los modelos de Estado de derecho*, Madrid, Dykinson, 1999.
[430] P. LUCAS VERDU, « Estado y justicia constitucional. Aspectos históricos, ideológicos y normativo-institucionales de su interrelación », *REP*, n°33, 1983, pp. 7-48 ; F. CARRERAS, DE, *El Estado de derecho*

réfléchir plus largement à la fonction juridictionnelle dans un Etat de droit[431]. S'il persiste encore quelques polémiques doctrinales quant au contenu de la théorie de l'Etat de droit elle-même[432], force est d'admettre que le principe même de l'Etat de droit ne souffre plus d'aucune contestation pour la doctrine espagnole. Il apparaît ainsi tout à la fois comme un principe axiologique de l'ordre juridique et de la dogmatique juridique espagnols.

*

*   *

192. Au terme de ce voyage par-delà les Alpes et les Pyrénées à travers l'histoire politico-juridique du 20ème siècle, il ressort de cette « histoire interne » de la théorie de l'Etat de droit un constat amer et édifiant à la fois. Amer dans la mesure où une telle étude ne peut être que partielle : il ne fait aucun doute que de nombreux écrits nous ont échappé. Mais comment en aurait-il pu être autrement ? La théorie de l'Etat de droit touche en effet à l'essence même de la science du droit public. Autant dire qu'elle est partout et nulle part à la fois. Aucune étude exhaustive en la matière ne se révèle réellement envisageable. Toutefois, la modeste étude entreprise se révèle en même temps édifiante à plusieurs égards. Il apparaît en premier lieu que la problématique de la soumission de l'Etat au droit fut posée dans les mêmes termes par la doctrine de tous les Etats respectivement étudiés. Qui plus est, celle-ci y apporta les mêmes réponses. La théorie de l'Etat de droit apparaît à cet égard comme un instrument privilégié à la disposition des juristes savants pour organiser dans un ensemble logique des phénomènes épars et parfois contradictoires, servant tout à la fois d'instrument de légitimation du pouvoir et de structuration de l'ordre juridique. En second lieu, en dépit des frontières et des barrières linguistiques (que certains considèrent comme insurmontables), une véritable communication inter-étatique et inter-culturelle entre les différentes doctrines nationales s'est établie : l'Europe du droit s'est ainsi construite bien avant sa concrétisation formelle. La consécration doctrinale du principe de l'Etat de droit fait figure à cet égard d'exemple paradigmatique. Le modèle de l'Etat de droit constituerait-il ainsi un modèle commun unanimement accepté susceptible de servir de catalyseur au

---

como sistema, Centro de Estudios Constitucionales, Madrid, 1996 ; A.M. PENA FREIRE, *La garantia en el Estado constitucionalde derecho*, Madrid, Trotta, 1997.

431 BAYOD Y SERRAT, R., *Estado de derecho y Poder Politico*, Grefol, Madrid, 1987 ; ANDRES IBANEZ, P., *Corrupcion y Estado de derecho. El papel de la jurisdiccion*, Madrid, Trotta, 1996.

432 Voir par exemple la polémique entre Elías Díaz et Eusebio Fernández García sur le concept d'Etat de droit. Ce dernier considère en effet qu'il convient de revenir à une conception étroite du concept d'Etat de droit tant son instrumentalisation politique (Elías Díaz) en dévoya le sens. E. FERNANDEZ,« Hacia un concepto restringido de Estado de derecho », *Sistema*, n°138, 1997, pp. 101-114. *Contra,* voir G. PISARELLO,« Por un concepto exigente de Estado de derecho », *Sistema*, n°144, 1998, pp. 97-106.

processus d'intégration juridique ? La consécration constitutionnelle du principe de l'Etat de droit par un certain nombre d'Etats en constitue déjà la première étape.

CHAPITRE 2
LA CONSECRATION CONSTITUTIONNELLE DU PRINCIPE DE L'ETAT DE DROIT

L' *Etat de droit* n'est pas qu'un concept abstrait réservé aux seuls juristes savants. C'est aussi un principe normatif : tel est notamment le cas en Allemagne, en Espagne, au Portugal et dans un certain nombre d'Etats d'Europe de l'Est qui font du principe de l'Etat de droit un principe normatif axiologique de l'ordre constitutionnel en vigueur. Le principe de l'Etat de droit est alors tout à la fois la « *formule politique* » de la constitution et un principe directeur du droit constitutionnel participant au développement et à l'approfondissement du système juridique (**I**). Cette consécration en droit constitutionnel positif du principe de l'Etat de droit illustre, d'une manière plus générale, le processus de constitutionnalisation des principes constitutifs de l'Etat de droit et de l'Etat de droit lui-même, marquant l'avènement d'un modèle constitutionnel de l'Etat de droit rompant avec les figures traditionnelles de la théorie de l'Etat de droit (légal) telle que la doctrine libérale classique avait pu la concevoir (**II**).

SECTION I
LA CONSTITUTIONNALISATION DU PRINCIPE DE L'ETAT DE DROIT

193. Le syntagme « *Etat de droit* », que d'aucuns jugeaient polysémique et protéiforme[1], a pourtant été érigé, dans certains Etats, en principe constitutionnel de l'ordre juridique. Si cette consécration constitutionnelle n'a pas pour autant suffi à faire taire les critiques vis-à-vis d'un concept qu'une partie de la doctrine considère toujours comme une coquille vide[2], elle permet toutefois, nous semble-t-il, de mieux

[1] *Cf. supra*, n°91, 104, 134, 171.
[2] Pour l'Allemagne, Ph. KUNIG, *Das Rechtsstaatprinzinp. Überlegungen zu seiner Bedeutung für das Verfassungsrecht der Bundesrepublik Deutschland*, Tübingen, Mohr, 1986 ; K. SOBOTA, *Das Prinzip Rechtsstaat, Verfassungs- und verwaltungsrechtliche Aspekt*, Tübingen, Mohr, 1997 ; R. BÄULMIN & H. RIDDER, « Art. 20 Abs. 1-3 III Rechtsstaat », *in Alternativkommentar zum GG*, Luchterhand, 1987, sp.1369 ; Pour l'Espagne, ATIENZA, M., « Estado de derecho, argumentacion e interpretacion », Anuario de Filosofia del Derecho, XIV, 1997 ; J. L. CASCAJO CASTRO, « La voz « Estado social y democratico de

cerner ces contours par la confrontation des différentes conceptions normatives de l'Etat de droit retenues par les constituants et les juges constitutionnels allemands, autrichiens, espagnols, portugais et de plusieurs pays d'Europe centrale et orientale. Pourtant, les textes constitutionnels n'en donnent aucune définition[3]. C'est au juge, éclairé le cas échéant par la doctrine, d'en préciser le contenu à la lumière du texte constitutionnel lui-même : le principe de l'Etat de droit est, comme nous le verrons, un principe ancré dans la constitution et irradie toute la constitution (*principe immanent*). A ce titre, il constitue un gigantesque « *réservoir normatif* » dans lequel le juge peut puiser pour fonder et développer de nouveaux droits et principes constitutionnels. Il apparaît comme un principe mouvant offrant au juge la possibilité d'adapter l'ordre juridique à l'évolution de la société. Il fait partie de « *ces concepts élastiques indispensables au droit qui, institués pour discipliner la matière vivante, sont tenus d'épouser la plasticité de la vie et qui ne peuvent le faire que grâce à l'existence d'une définition large* »[4]. Mieux, ces concepts sont « *indispensables pour maintenir l'équilibre entre l'ordre juridique et le milieu social* »[5]. Par ailleurs, ces concepts ont une force logique interne très forte qui permet d'assurer la cohérence de l'ordre juridique. Chaque nouveau principe créé sur la base du principe général de l'Etat de droit pourra trouver un ancrage logique dans le principe qui le sous-tend[6].

194. Pour en apprécier toute la mesure, il convient maintenant de procéder à l'examen du statut normatif du principe de l'Etat de droit au sein des ordres juridiques qui l'érigent en principe constitutionnel. Notre propos sera ici double. Dans un premier temps nous essaierons de nous attacher à identifier les différentes conceptions du principe de l'Etat de droit retenues respectivement par les constitutions allemande, espagnole, portugaise et celles des Etats d'Europe centrale, orientale et balte (**§1**). Puis, dans un second temps, nous essaierons de délimiter ses contours et de mesurer son intensité normative en étudiant la manière dont il est appréhendé par le juge constitutionnel au sein de ces ordres juridiques (**§2**).

§1 - L'ETAT DE DROIT, *UN PRINCIPE CONSTITUTIONNEL*

195. Un double constat s'impose. Premièrement, le nombre d'Etats faisant du principe de l'Etat de droit un principe constitutionnel ancré au sein même de leur

---

derecho » : materiales para un lexico constitucional espanol », *Revista del Centro de Estudios Constitucionales*, n°12, 1992, p 12 et ss.

[3] Sauf peut-être l'article 16 de la Déclaration des droits de l'homme du citoyen (1789) qui pourrait constituer la définition la plus claire de l'Etat de droit jamais formulée par un texte constitutionnel alors même qu'elle n'en connaît pas le nom ! (*Cf. infra*, n°237)

[4] J-F. BERGEL, *op. cit.*, p. 214.

[5] P. ROUBIER, *Théorie générale du droit*, 2è ed., Paris, Sirey, 1951, n°13.

[6] Voir par exemple le rattachement du principe de confiance légitime au principe de l'Etat de droit dans la jurisprudence de la Cour constitutionnelle allemande (*Cf. infra*, n°218 et ss). Sur ce point, O. PFERSMANN, « Regard externe sur la protection de la confiance légitime en droit constitutionnel allemand », *RFDA*, 2000, pp. 236-245.

constitution ne cesse de grandir. Ensuite, il est intéressant de relever que plus les constitutions sont récentes plus la proclamation du principe de l'Etat de droit est solennelle et fréquente au sein de ces textes constitutionnels. En effet, tandis que le principe de l'Etat de droit est énoncé dès les préambules des textes constitutionnels ibériques, celui-ci n'apparaît que de manière *apparemment* marginale dans la Loi fondamentale allemande (1949). En Europe occidentale, seuls l'Allemagne, l'Espagne et le Portugal consacrent formellement ce principe (**A**). En revanche, il est tout à fait remarquable de constater que la plupart des constitutions récentes des Etats d'Europe centrale, orientale et balte font du principe de l'Etat de droit un principe fondamental de leur ordre juridique respectif (**B**).

A. L'ancrage constitutionnel du principe de l'Etat de droit dans les constitutions d'Europe occidentale

196. En gestation sous la République de Weimar, le principe de l'Etat de droit fut inséré pour la première fois dans un texte constitutionnel au lendemain de la barbarie nazie dans la Loi fondamentale allemande de 1949 (**1**). C'est dans une moindre mesure dans les mêmes conditions historiques que le principe de l'Etat de droit a été intégré au sein des constitutions portugaise et espagnole au lendemain des régimes totalitaires salazariste et franquiste (**2**).

1) Le principe de l'« *Etat de droit républicain, démocratique et social* » selon la Loi fondamentale de Bonn

197. C'est l'article 28 de la Loi fondamentale allemande (*ci-après*, LF) qui fait du principe de l'Etat de droit (*Rechtsstaat*) une source directe de la normativité constitutionnelle, en l'érigeant en principe constitutionnel fondamental de l'ordre juridique[7] qui s'impose aux unités fédérées à côté des principes de démocratie, de fédéralisme et d'Etat social: « *l'ordre constitutionnel des Länder doit être conforme aux principes d'un Etat de droit républicain, démocratique et social, au sens de la présente Loi fondamentale [...]* ». Eu égard au succès de l'expression « *Rechtsstaat* » en Allemagne, l'observateur ne peut être que surpris de son absence des articles 1 et 20 LF qui jettent les bases de l'ordre constitutionnel fédéral. Par ailleurs, l'article 28 LF, qui seul reprend le terme (voir également article 23 LF)[8], ne semble concerner en apparence que les seuls *Länder*. Les travaux préparatoires de la constitution avait pourtant multiplié les références au principe de l'Etat de droit. Il fut même rédigé une version du futur article 20 LF en ce sens : « *La République*

[7] Voir sur ce point, M. FROMONT, *Introduction au droit allemand*, Tome 1, Paris, Cujas, 1977, p155 ; C. GREWE, « L'Etat de droit sous l'empire de la Loi fondamentale », in O. JOUANJAN (dir.), *Les figures de l'Etat de droit..., op.cit.*, pp. 385-393.

[8] Depuis la révision constitutionnelle du 21 décembre 1992, le principe est également repris par le nouvel article 23 LF relatif à l'Union Européenne qui dispose que « *pour l'édification d'une Europe unie, la RFA concourt au développement de l'Union européenne qui est attachée aux principes fédératifs, sociaux, d'Etat de droit et de démocratie ainsi qu'au principe de subsidiarité et qui garantit une protection des droits fondamentaux substantiellement comparable à celle de la présente Loi fondamentale [...]* ».

fédérale est un Etat de droit démocratique et social, avec un régime parlementaire et une configuration fédérale »[9]. Cela étant, force est de constater que l'article 28 LF a une portée beaucoup plus large que semble le laisser croire une première lecture. En effet, non seulement il impose aux Etats fédérés de respecter le modèle du *Rechtsstaat* mais, en même temps, il rétroagit sur l'ordre juridique fédéral en le qualifiant en creux d'Etat de droit. Pour autant, il n'existe pas à proprement parler de définition de l'Etat de droit dans la constitution[10]. Cependant, l'article 28 LF mentionne « *l'Etat de droit [...] au sens de la présente Loi fondamentale* » ce qui signifie que la Loi fondamentale elle-même véhicule une certaine conception de l'Etat de droit. A ce titre, le principe de *Rechtsstaat* serait « *immanent* » à la Loi fondamentale[11] et son idée se trouverait au cœur de plusieurs dispositions comme celles relatives aux droits fondamentaux (art. 1 à 19, 101, 103), au contrôle juridictionnel de l'administration (art. 19 al. 4), à l'indépendance de la justice (art. 97), à l'instauration d'un contrôle de constitutionnalité des lois (art. 93, 94, 100), à la hiérarchie des normes (art. 31, 80), etc.[12]. Cela serait d'ailleurs confirmé par la Cour constitutionnelle qui considère que le principe de l'Etat de droit découle de plusieurs dispositions constitutionnelles (art. 1 al. 3, 19, 20 al. 3, 28 al. 1) ainsi que d'une conception d'ensemble de la Loi fondamentale[13]. Pour autant, constitue-t-il un élément autonome « non-écrit » de l'article 20 comme l'affirment certains[14] ? Si tel était le cas, le pouvoir constituant dérivé se trouverait enfermé dans des limites considérables puisque l'article 79 al. 3 LF interdit toute modification de la Loi fondamentale qui toucherait notamment aux principes énoncés aux articles 1 et 20. Compte tenu par ailleurs des contours fluctuants du principe de l'Etat de droit, qui sont déterminés par le seul juge constitutionnel, le champ d'application de l'article 79 al. 3 serait illimité[15]. Dans l'affaire des écoutes téléphoniques, la Cour constitutionnelle a considéré que le principe du *Rechtsstaat* n'est pas énoncé dans l'article 20 en tant que principe général mais seuls certains de ses éléments constitutifs le sont, de telle sorte qu'il ne serait pas visé dans son intégralité par l'article 79 al. 3[16]. Sont donc intangibles, seuls certains « *éléments fondamentaux* » de l'Etat de droit qui se trouvent expressément consacrés à l'article 20 (séparation

[9] L. HEUSCHLING, *op.cit.*, p. 182.

[10] Le juge constitutionnel lui-même n'en donne aucune définition, se contentant simplement d'énoncer, au cas par cas, les exigences qu'il entend faire découler du principe de l'Etat de droit. *Cf. infra*, n°221

[11] K. HESSE, « Der Rechtsstaat in Verfassungssystem des Grundgesetzes », i*n Staatsverfassung und Krichenordnung. Festgabe für R. Smend*, Tübingen, Mohr, 1962, sp.73.

[12] En ce sens, L. HEUSCHLING, *op.cit.*, p. 183.

[13] *BVerfGE*, 2, 380 (403), *Cf. infra*, n°217.

[14] R. HERZOG, « Artikel 20 VII : art 20 und die Frage der Rechtsstaatlichkeit », in T. MAUNZ & G. DÜRIG (dir.), *Grundgesetz Kommentar*, München, Beck, 18ème ed., 1980, p. 271.

[15] L'on peut ici se risquer à un parallèle prospectif avec le droit constitutionnel français. L'article 89 al. 5 de la Constitution française interdit qu'une révision constitutionnelle porte atteinte à la « *forme républicaine du gouvernement* ». Toute la question est ici de savoir ce que recouvre exactement la « *forme républicaine du gouvernement* » : doit-on retenir une conception formelle (république/monarchie) ou matérielle (principes et valeurs républicains) de la formule de l'article 89 al. 5 C ? Si cette dernière interprétation était retenue le champ d'application de l'article 89 al. 5 serait alors également considérable (*Cf. infra*, n° 244).

[16] *BVerGE*, 30, 1, (24).

des pouvoirs, soumission du pouvoir législatif à la constitution, primauté de la loi etc.)[17]. En résumé, si le principe de l'Etat de droit en tant que principe général autonome de l'ordre constitutionnel n'est pas dans son intégralité intangible, en revanche le principe de l'Etat de droit irradie l'ensemble de l'ordre constitutionnel et conditionne la constitutionnalité des lois.

198. La dimension formelle de l'Etat de droit est posée par l'article 20 LF relatif aux fondements de l'ordre étatique. Outre la démocratie et la séparation des pouvoirs, l'article 20 al. 3 LF pose le principe de la soumission de l'ensemble des organes de l'Etat au droit, principe qui constitue l'essence même du concept d'Etat de droit : « *le pouvoir législatif est lié par l'ordre constitutionnel, les pouvoirs exécutif et judiciaire sont liés par la loi et le droit* ». De ce point de vue, il convient de relever que le concept juridique d'Etat de droit constitue, au plan constitutionnel, un principe mobilisable liant le législatif, l'exécutif et les tribunaux[18].

199. A cette conception purement formelle de l'Etat de droit, à savoir la soumission de l'administration à la règle de droit, se juxtapose une conception matérielle ou substantielle de l'Etat de droit qui le finalise en « *Etat de droit républicain, démocratique et social* ». Néanmoins, il convient de souligner que l'expression « *Etat de droit républicain, démocratique et social* » n'a pas eu la même connotation politique qu'en Espagne ou au Portugal, où l'on rattachait l'Etat de droit démocratique au socialisme. Rien de tel ici. La formule semble plutôt renvoyer aux valeurs fondamentales reconnues par la Loi fondamentale à l'image de l'article premier de la Constitution française qui proclame que « *la France est une république indivisible, laïque, démocratique et sociale* ». En d'autres termes, l'Etat se définit substantiellement comme un Etat social. Cette notion d'Etat social et plus particulièrement celle d'Etat de droit social appellent ici quelques observations.

L'interprétation de ce concept a fait l'objet de nombreuses controverses tant il véhiculait une dimension idéologique très forte. Pour en apprécier toute la mesure, il est nécessaire de rappeler l'évolution de ce débat[19]. Le concept d'Etat de droit social fait son apparition dans les constitutions de certains *Länder* au lendemain de la seconde guerre mondiale[20]. La Loi fondamentale allemande de 1949 entérinera définitivement le concept d'Etat de droit social dans son article 28 LF. La paternité de ce concept semble devoir être attribuée à Herman Heller dans un essai devenu célèbre « *Rechtsstaat oder Diktatur* ? » paru en 1930[21]. L'Etat de droit y est conçu

---

[17] *BVerfGE*, 85, 90 (121) ; *BVerfGE*, 94, 49, (104).

[18] K.STERN, *Das Staatsrecht der Bundesrepublik Deutschland*, Band I, C.H. Beck'Sche VerlagsbuchhAndlung, München, 1977, para 20, II ; W. GÖTZ, « Legislative and Executive power under the constitutional requirements entailed in the principle of the rule of law », *in C. STARCK (ed.), New Challenges to the German Basic Law*, Nomos Verlagsgesellschaft, Baden Baden, 1991, p 144 et ss.

[19] W. ABENDROTH, *Sociedad antagonica y democratica politica*, Ed, Grijalbo, Barcelona, 1973, p. 268.

[20] Voir l'article 3 de la Constitution de Bavière ; l'article 43 de la Constitution de Würtemberg-Baden ; l'article 50 de la Constitution de Baden.

[21] H. HELLER, *Rechtsstaat oder Diktatur*, Tübingen, 1930, pp. 9-10 et 26 (Cf. *Supra*, n°108).

comme un Etat de droit social en opposition, d'une part, à l'Etat de droit libéral considéré comme caduc tel qu'il avait été conçu par la doctrine libérale du 19ème siècle et, d'autre part, à l'Etat totalitaire. L'adjectif 'social' entend faire valoir le contenu original de la théorie de l'Etat de droit en y intégrant les valeurs fondamentales qui y étaient associées lorsqu'elle servit d'instrument de lutte contre l'absolutisme. Ainsi, l'Etat de droit social se propose, d'une part, d'intégrer les idées originelles de justice sociale et d'égalité et, d'autre part, d'ordonner l'économie en fonction des aspirations existentielles de l'homme. C'est cette formule forgée par Heller que la Loi fondamentale de Bonn reprendra en 1949. Une fois constitutionnalisée, elle donna lieu à une multitude d'interprétations. Deux tendances se dessinent[22] : d'un côté, les tenants d'une interprétation dite conservatrice ; de l'autre les tenants d'une interprétation dite progressiste.

La ligne 'conservatrice' est principalement tenue par Ernst Forsthoff[23]. Selon cette approche, la distinction entre Etat de droit et Etat social correspond à deux espèces d'Etats, radicalement opposées, qui répondent à deux conceptions opposées de la société : d'un côté, la société bourgeoise qui, préoccupée à garantir la liberté individuelle par la loi, pense l'Etat en Etat de droit afin de réaliser cet objectif ; de l'autre, la société industrielle qui pose comme fonction essentielle de l'Etat la réalisation des « besoins existentiels » des citoyens. Il en découle deux types opposés de relation Etat/société civile : la société bourgeoise libérale postule le dualisme Etat/société civile, où l'Etat est guidé par l'intérêt général, défini comme la transcendance des intérêts particuliers contradictoires de la société civile, alors que la société industrielle conduit à la confusion de l'Etat et de la société civile, puisque l'Etat devient lui-même producteur de biens. La conception libérale de l'Etat a commencé à s'effriter en Allemagne sous la Constitution de Weimar qui consacre pour la première fois au plan constitutionnel des droits dits sociaux[24]. Le mouvement s'est accentué avec la Loi fondamentale de Bonn pour se concrétiser dans l'avènement du concept d'Etat de droit social. Or il existe selon Forsthoff une incompatibilité conceptuelle entre ces deux notions. L'Etat de droit et l'Etat social ne sauraient se concilier sous une même expression dans la mesure où d'un point de vue logico-normatif ils se situent à des niveaux différents. En effet, d'un côté l'Etat de droit se propose de garantir constitutionnellement la liberté des citoyens face à l'ingérence de l'Etat par la séparation des pouvoirs, le principe de légalité et l'indépendance des juges afin de préserver le *statu quo* économico-social ; de l'autre, l'Etat social refuse le *statu quo* économico-social en assurant la protection des classes les moins favorisées à travers une politique tendant à la redistribution équitable des richesses. En d'autres termes, pour Forsthoff, le domaine de la

---

22 Gerardo Meil LANDWERLIN, « El Estado social de derecho : Forsthoff y Abendroth, dos interpretaciones teoricas para dos posiciones politicas », *REP*, 1984, n°42, p. 211. *Cf. infra*, n°22 et ss.

23 E. FORSTHOFF, *Problemas actuales del Estado social de derecho en Alemania*, Aclalà de Hernares, Madrid, 1966 ; « Verfassungsprobleme de Sozialstaates », in E. FORSTHOFF (dir), *Rechtsstaatlichkeit und Sozialistaatlichkeit*, Darmstadt, 1968, p.116.

24 *Cf. supra*, n° 100 et ss.

réalisation des programmes économiques relève de l'administration et du législateur mais pas des normes constitutionnelles. Ainsi, l'« *Etat de droit social* » est un concept *a-juridique* qui prétend réunir deux éléments (social et droit) non assimilables sur un plan constitutionnel : il en résulte qu'une telle formulation ne saurait limiter ou encadrer de quelque manière que ce soit le législateur. Il va même plus loin. Selon lui, le concept d'Etat de droit social serait un non-sens ; pire, il détruirait les fondements de l'Etat de droit. L'Etat social ne saurait se réaliser dans les conditions de l'Etat de droit au niveau constitutionnel. Proclamer au niveau constitutionnel l'Etat de droit social reviendrait en effet à reconnaître aux droits sociaux un rang équivalent aux droits et libertés qui constituent le fondement de l'Etat de droit dans sa formation historique. Or, comme le souligne E-W Böckenförde, « *des garanties constitutionnelles visant des prestations sociales et des droits créances et qui seraient de la même manière immédiates, inviolables et self-executing sont impossibles sans la destruction des protections libérales de l'Etat de droit* »[25]. F.A. Hayek va même plus loin en considérant qu'une telle mission sociale ne saurait en aucun cas être confiée au législateur dans la mesure où la réalisation de l'égalité matérielle implique nécessairement une discrimination entre les individus ou entre les groupes sociaux, discrimination incompatible par essence avec l'idée d'Etat de droit[26]. A l'origine de ce jugement sur l'incompatibilité de l'Etat de droit et de l'Etat social, on trouve le postulat politique suivant lequel l'idée d'Etat de droit est par définition libérale et protégerait « par essence » la liberté bourgeoise comme par exemple celle du commerce et de l'industrie et le droit de propriété, de telle sorte que la consécration constitutionnelle d'un « droit au travail » porterait atteinte à ses fondements ontologiques[27]. S'il est vrai qu'historiquement la théorie de l'Etat de droit a été élaborée dans le cadre d'une pensée libérale en vue de la conquête du pouvoir par la bourgeoisie, rien n'interdit de penser un modèle de l'Etat de droit reposant sur des principes différents[28] à moins que « *l'on confère* – comme le remarque très judicieusement Habermas – *un privilège normatif au modèle libéral de la séparation entre Etat et société* »[29]. « *En effet* - ajoute-t-il - *le paradigme libéral du droit n'est pas une description simplificatrice d'une situation de départ historique que nous pourrons prendre pour argent comptant ; ce paradigme énonce plutôt la manière dont les principes de l'Etat de droit pourraient être réalisés dans les conditions hypothétiques supposées d'une société d'économie libérale. [...] En d'autres termes, les principes de l'Etat de droit ne doivent pas être confondus avec l'une de leurs versions historiques liées à un contexte déterminé* »[30]. On avoue en effet ne pas trop comprendre en quoi le « droit de propriété » serait une caractéristique propre du concept d'Etat de droit : l'Etat de droit n'est rien d'autre

---

[25] E-W. BÖCKENFÖRDE, *op.cit.*, p. 141.
[26] F.A. HAYEK, *op.cit.*, p. 167.
[27] *Ibid.*
[28] En ce sens, le modèle de l'Etat de droit démocratique défendu notamment par E. DIAZ, *Estado de derecho y Sociedad Democratica, Taurus*, Madrid, 9ème éd., 1998, 203p.
[29] J. HABERMAS, *Droit et démocratie. Entre faits et normes*, Paris, Nrf, Gallimard, 1997, p. 272.
[30] *Ibid.*, pp. 272-273.

qu'un Etat limité et encadré par le droit au service des individus. La suite n'est qu'une question de choix politique : l'Etat de droit sera ainsi libéral ou social selon que l'on fasse primer les droits individuels classiques ou les droits sociaux.

La ligne progressiste est tenue par W. Abendroth. A la différence de Forsthoff, Abdendroth considère que la formule « Etat de droit social » constitue une norme fondamentale de l'ordre juridique en ce sens qu'elle constitue « *le soubassement logique pour l'interprétation de toutes les normes de droit* »[31]. Selon cette conception, tous les organes de l'Etat sont tenus de participer à la construction de l'Etat social et sont, à ce titre, soumis à ces règles conçues en terme de planification démocratique centralisée et de contrôle démocratique de la reconstruction économique et sociale. L'Etat de droit social se définit ainsi comme « *l'Etat qui a comme fonction essentielle la concrétisation de certaines valeurs fondamentales de la société démocratique moderne de telle manière à assurer à tous les membres de la société une même protection juridique et sociale* »[32]. Ainsi, pour doter la notion d'Etat de droit d'un statut précis et, par conséquent, pour comprendre sa pertinence dans la théorie et la pratique politique, les tenants d'une ligne progressiste considèrent qu'il est nécessaire de reconnaître un lien consubstantiel entre les garanties formelles qui l'intègrent et les exigences matérielles de justice qui la présentent comme un élément de légitimation.

Ainsi conçu, l'Etat de droit social « *est un Etat dont le but est l'instauration et le maintien d'un ordre juridique qui soit juste* »[33]. La notion d'Etat de droit social apparaît en creux dans l'article premier de La loi fondamentale :

> « *1/ La dignité de l'être humain est intangible. Tous les pouvoirs publics ont l'obligation de la respecter et la protéger.*
> *2/ En conséquence, le peuple allemand reconnaît à l'être humain des droits inviolables et inaliénables, comme fondement de toute communauté européenne, de la paix et de la justice dans le monde.*
> *3/ Les droits fondamentaux énoncés ci-après lient les pouvoirs législatif, exécutif et judiciaire à titre de droit directement applicable* » .

200. Le *Rechtsstaat* n'est pas ainsi un Etat limité par n'importe quel droit. Cet article premier constitue, comme le notent M. Fromont et A. Rieg, « *tout à la fois un programme pour le législatif et l'exécutif et un principe d'interprétation pour le juge* »[34]. Toutefois, à la différence des constituants espagnols ou portugais, les

---

[31] W. ABENDROTH, « Zum Begriff des demokratischen und sozialen Rechtsstaat im GG der BRD », in E. FORSTHOFF (dir), *Rechtsstaatlichkeit und Sozialistaatlichkeit*, Darmstadt, 1968, p.116.
[32] *Ibid.*
[33] W. ABENDROTH, *op.cit.*, p. 117.
[34] M. FROMONT et A. RIEG, *Introduction au droit allemand*, Tome 1, Cujas, Paris, 1977, p. 157.

rédacteurs de la loi fondamentale allemande ont « *renoncé à consacrer l'existence de droits fondamentaux à caractère social, car ils ont eu conscience de la difficulté de concevoir ceux-ci comme de véritables droits subjectifs opposables à l'Etat* »[35]. Cependant, trois exceptions notables sont à relever : d'une part, l'article 3 al. 1 dispose que « *tous les êtres humains sont égaux devant la loi* » ; d'autre part, la Loi fondamentale met l'accent sur la fonction sociale du droit de propriété qui « *doit contribuer [...] au bien de la collectivité* » (art. 14.al. 2 LF) ; enfin, l'article 102 al. 2 LF précise que « *dans leur politique budgétaire, la Fédération et les Länder doivent tenir compte des exigences de l'équilibre global de l'économie* ». La Cour constitutionnelle en a déduit que *« combiné avec l'article 3 al. 1 de la Loi fondamentale et le principe de l'Etat social, l'article 12 de la Loi fondamentale reconnaît à quiconque remplit les conditions d'aptitude le droit d'entrer dans l'établissement d'enseignement de son choix* »[36]. Néanmoins, il faut bien reconnaître que la notion d'Etat de droit social n'est pas aussi opérationnelle que celle d'Etat de droit. A. Bleckmann observe ainsi que la notion d'Etat de droit social « *ne donne pas encore lieu à une déduction de principes concrets, comme c'est le cas pour la notion d'Etat de droit* »[37]. Et Olivier Jouanjan de constater en définitive que « *la révolution des droits sociaux n'a pas eu lieu* »[38].

201. La dimension substantielle de l'Etat de droit se résume en fait principalement à la reconnaissance d'un catalogue de droits fondamentaux, relayé par un système efficace de protection juridictionnelle. La question de la protection et garantie juridictionnelle des droits fondamentaux occupe en effet une place centrale au sein de l'ordre juridique allemand[39]. Placés au sommet de la hiérarchie des normes sous la tutelle de l'article 79 al. 3, les droits fondamentaux lient l'ensemble des pouvoirs publics (y compris le pouvoir constituant) sous le contrôle de la Cour constitutionnelle et la vigilance des justiciables qui peuvent directement saisir la Cour constitutionnelle (*Verfassungsbeschwerde*). Il en résulte que *« cette suprématie traduit évidemment le déclin de la loi : celle-ci n'est plus considérée comme la meilleure garantie des droits des individus, et elle a cessé d'exprimer l'idée de droit. Elle a perdu de fait sa souveraineté. L'Etat de droit n'est plus l'Etat légal. L'interprète ultime des droits fondamentaux, le tribunal constitutionnel fédéral,*

---

[35] M. FROMONT, « La RFA : l'Etat de droit », *op. cit*, p.1212.

[36] *BverfGE*, 33, 303.

[37] A. BLECKMANN, *op. cit.*, p. 12.

[38] O. JOUANJAN, « La théorie allemande des droits fondamentaux », *AJDA*, n° spécial, 1998, sp.47.

[39] Notons au passage que la Cour constitutionnelle allemande s'était opposée à la primauté du droit communautaire justement en ce que le droit communautaire n'assurait pas une protection des droits fondamentaux aussi efficace que celle accordée par le droit allemand. Sur ce point particulier voir les décisions dites « so lange», *BverfGE*, 29 mai 1974, *Internationale Handelsgesellschaft* (so lange I) ; 26 juillet 1979, *Vielleicht-Beschluss* ; 22 octobre, 1986, *Wünsche* (so lange II). Sur cette jurisprudence, v. V. CONSTANTINESCO, *RTDE*, 1987, p. 537 et ss. De manière plus générale sur la protection des droits fondamentaux en Allemagne, voir D. CAPITANT, *Les effets juridiques des droits fondamentaux en Allemagne*, Thèse, Paris 2, 1996 ; O. JOUANJAN, «La théorie allemande des droits fondamentaux », *AJDA*, 1998, sp. 47.

devient la clef de voûte de l'édifice allemand »[40]. Cette conception de l'Etat de droit, marquerait ainsi l'avènement du modèle de l'Etat de droit constitutionnel. A cet égard, le constitutionnalisme allemand a exercé une influence décisive en Espagne et au Portugal.

2) Le renouveau du principe de l'Etat de droit dans les constitutions ibériques.

202. A la sortie des dictatures salazariste et franquiste, les constituants portugais et espagnols étaient soucieux de rétablir l'ordre démocratique en encadrant strictement les pouvoirs des gouvernants dans le cadre d'une constitution rigide, assurant une protection pleine et entière des droits fondamentaux. La proclamation du principe de l'Etat de droit comme principe fondateur de l'ordre juridique répond à cette exigence : l'Etat de droit est *démocratique* dans la Constitution portugaise (**a**) ; l'Etat de droit est *social et démocratique* dans la Constitution espagnole (**b**).

a) Le principe de l'« *Etat de droit démocratique* » selon la Constitution portugaise

203. Le texte constitutionnel renvoie à trois reprises à l'*Etat de droit* : outre le préambule, on retrouve l'expression « Etat de droit » aux articles 2 et 9 al. 2 de la Constitution. Pourtant le texte originel de la Constitution de 1976 ne contenait l'expression « Etat de droit » que dans le préambule. Il a fallu attendre que le texte constitutionnel soit débarrassé de certaines des références idéologiques issues de la *Révolution des Œillets* pour que le principe de l'Etat de droit y occupe une place centrale[41]. La révision constitutionnelle de 1982 a introduit en effet le principe de l'Etat de droit démocratique (*Estado de direito democratico*) aux articles 2 et 9 al. 2 de la Constitution. A l'image du principe démocratique *(principio democràtico)* qui constitue une norme constitutionnelle positive en droit portugais[42], le principe de l'Etat de droit est « *fondamentalement un principe constitutif, de nature matérielle, procédurale et formelle, qui vise à donner une réponse à la question du contenu, de l'extension et du mode de fonctionnement de l'activité de l'Etat. Pour un Etat qui se déclare Etat de droit, la Constitution vise à soumettre les structures du pouvoir politique et l'organisation de la société au moyen du droit* »[43]. Le principe de l'Etat de droit démocratique est en effet érigé par l'article 2 de la Constitution en principe

---

[40] M. FROMONT, « Les droits fondamentaux dans l'ordre juridique de la République fédérale d'Allemagne », in *Recueil d'études en Hommage à Charles Eisenmann*, Paris, Cujas, 1977, p. 64.

[41] La première révision constitutionnelle de 1982 a supprimé tous les articles faisant référence au socialisme sauf aux articles 1 (« *société sans classes* ») et 2 (« *transition vers le socialisme* »). Ces mentions seront définitivement supprimées dans la révision ultérieure de 1989. J. MIRANDA, « La Constitution portugaise : du texte de 1976 à la révision de 1989 », *RFDC*, 1990, pp. 363-371.

[42] Sur l'efficacité juridique du principe démocratique, M. ARAGON, « La eficacia juridica del Principo Democratico », *REDC*, 24, 1988, p. 9.

[43] J.J GOMES CANOTILHO, *Direito Constitucional e teoria da Constituiçao*, Coimbra, Livraria Almedina, 2ème éd., 1998, p. 277.

fondamental de l'ordre constitutionnel portugais : « *la République portugaise est un Etat de droit démocratique fondé sur la souveraineté populaire, sur le pluralisme de l'expression et de l'organisation politique démocratiques et sur le respect des droits fondamentaux et des libertés essentielles et la garantie de leur exercice et de leur usage* ». Par ailleurs, l'article 9 al. 2 impose « *le respect des principes de l'Etat de droit démocratique* » comme une des tâches fondamentales de l'Etat. D'autres dispositions se réfèrent implicitement au principe de l'Etat de droit[44], dont notamment l'article 3 al. 3 qui dispose que « *l'Etat obéit à la Constitution et se fonde sur la légalité démocratique* », très proche dans l'esprit de l'article 20 al. 3 de la Loi fondamentale allemande évoquée précédemment.

204. La Constitution ne se contente pas ainsi d'affirmer que l'Etat portugais est un Etat de droit : c'est également un « *Etat de droit démocratique* ». Mais que signifie au juste cette formule? Il existe en fait deux niveaux de lecture.

L'expression Etat de droit démocratique renverrait tout d'abord à une conception socialiste de la société. A l'appui de cette thèse, la doctrine portugaise a mobilisé la théorie de l'Etat de droit démocratique développée par Elías Díaz en Espagne que l'on a évoquée précédemment[45]. Rappelons simplement que, selon lui, le modèle d'Etat de droit se développe en trois étapes successives : 1) L'Etat de droit libéral ; 2) L'Etat de droit social ; 3) L'Etat de droit démocratique (d'inspiration socialiste). L'Etat de droit social marquerait le début d'un processus de « *transition vers l'Etat de droit démocratique (socialiste)* »[46]. C'est ce que pouvait laisser entendre la formule « *transition vers le socialisme* ». Néanmoins, plusieurs révisions constitutionnelles ont « purgé » le texte constitutionnel de ces références idéologiques. Qui plus est, le ralliement de la société à l'idéologie libérale démocratique rend désormais ces analyses obsolètes.

Dans ce contexte, il semble donc que la notion d'Etat de droit démocratique doive être interprétée comme l'Etat qui respecte la démocratie. Mais cela signifie-t-il que « *l'Etat de droit est démocratique dans la mesure où il est un Etat de droit ou que l'Etat démocratique est un Etat de droit dans la mesure où il est démocratique* »[47]? Les liens entre Etat de droit et démocratie ont toujours été complexes. Souvent les deux sont assimilés. Parfois, l'Etat de droit est même présenté comme une limite à la démocratie[48]. Or, « *si tout Etat de droit n'est pas*

---

[44] Par exemple, le principe de constitutionnalité (article 3), le principe du contrôle de constitutionnalité des actes normatifs (article 277), le principe de légalité de l'administration (article 266), le principe de la responsabilité de l'Etat (article 22), le principe de l'indépendance des juges (article 218), le principe de proportionnalité (article 272), le principe du droit au juge (articles 20 et 268), et l'ensemble des articles relatifs à la protection des droits fondamentaux (articles 24 à 79).

[45] *Cf. supra*, n°187.

[46] E.DIAZ, « El Estado democrático de derecho en la Constitucíon española », *op. cit.*, p. 220.

[47] J.J GOMES CANOTILHO, *op cit*, p. 224.

[48] B. LUSIN, « Le mythe de l'Etat de droit », *in Mélanges en l'honneur de F. Borella, Etat, Société et Pouvoir à l'aube du XXIe siècle*, Presse Universitaire de Nancy, 1998, pp. 249-266. L'auteur met l'accent

nécessairement une démocratie, tout démocratie doit être un Etat de droit. L'Etat de droit peut exister sans démocratie, puisque la liberté est l'obéissance à la loi, quel que soit le contenu de cette loi ou la manière dont elle a été abordée [...] En revanche, il n'y a pas de démocratie sans Etat de droit. Dans une démocratie, en effet, le peuple - ou ses représentants - fait la loi et l'autorité administrative ne peut agir qu'en exécution d'une loi. La réalité du pouvoir démocratique dépend donc étroitement de l'existence d'une hiérarchie des normes»[49]. En effet *« loin de contrarier la démocratie, l'Etat de droit en est la base »*[50]. Ici, l'Etat de droit apparaît non plus seulement comme une fin en soi mais également comme l'instrument de la démocratie puisqu'il a, selon les propres termes de la Constitution, « *pour objectif la réalisation de la démocratie économique, sociale et culturelle et l'intensification de la démocratie participative* ». Plus largement, cette formule réconcilie les deux dimensions de l'Etat de droit, à savoir la dimension formelle et la dimension matérielle, conciliant ainsi les deux grands mythes de la pensée politique moderne que sont le « *constitutionnalisme* » et le «*libéralisme démocratique* »[51]. La Constitution portugaise en est une parfaite illustration : à bien des égards, elle apparaît comme l'archétype de la constitution moderne ayant vocation à régir l'ensemble des aspects de la vie sociale[52]. Outre le nombre considérable d'articles (près de 300) qui la composent, elle dresse un catalogue *exhaustif* mais *ouvert*[53] de droits fondamentaux sans équivalent en Europe[54]. La protection des droits fondamentaux est même intégrée à la définition de l'Etat de droit démocratique constituant ainsi « *l'un des ses axes structurels* »[55]. En effet, l'article 2 de la Constitution dispose que la République portugaise est un « *Etat de droit*

---

sur les effets dévastateurs auxquels conduit le « tout juridique » de l'Etat de droit, compromettant ainsi la réalisation de la démocratie.

[49] M. TROPER, « Le concept d'Etat de droit », *op. cit*, pp. 59-60.

[50] C. GOYARD, « Etat de droit et démocratie », in *Mélanges R. Chapus, Droit administratif*, Paris, Montchrestien, p. 301.

[51] S. HOLMES, « Precommitment and the Paradox of Democracy », *in J. Elster and R. Slagstadt, Constitutionalism and Democracy, op.cit* p197 ; F. SEJERSTEDT, « Democracy and the Rule of law : some historical experiences of contradictions in the striving for good government », *in J. Elster and R. SLAGSTADT, Constitutionalism and Democracy, op.cit* p.131. Cette problématique a été parfaitement mise en évidence par N. BOBBIO, « Governo degli uomini o governo delle leggi ? », in *Il Futuro della democrazia,* Torino, Einaudi, 1995, p. 169 et ss.

[52] P. LUCAS VERDU, « Dimension axiologica de la constitucion portuguesa », *in Perspectivas Constitucionais - Nos 20 anos da Constituiçao de 1976,* Coimbra Editora, 1996, p. 89 et ss

[53] En effet, l'article 16 al. 1 de la Constitution précise que les droits qu'elle consacre *« n'excluent aucun des autres droits provenant des lois et des règles propres au droit international* ». Voir, H. MOTA, « Le principe de la liste ouverte en matière de droits fondamentaux *», in La justice constitutionnelle au Portugal*, Economica, Paris, 1989, p. 192. Pour une approche plus générale de la question de la protection des droits fondamentaux au Portugal voir l'étude de J. CASALTA NABAIS, « Rapport Portugais/ Droits fondamentaux », *in Etudes de droit constitutionnel Franco-Portugais - A propos de la révision de la constitution portugaise,* Economica, Paris, 1992, pp.13-33.

[54] Notons cependant, qu'elle se rapproche, d'une part, de la Constitution espagnole de 1978 qui y puise largement son inspiration et, d'autre part, de la Loi fondamentale allemande. A l'image de cette dernière, le titre relatif à la protection des droits fondamentaux précède dans l'ordre du texte constitutionnel ceux relatifs à l'organisation économique et politique de l'Etat. J. MIRANDA, « Os direitos fundamentais na ordem constitucional portuguesa », *Revista Espanola de Derecho Constitucional,* n°18, 1986, p. 111 et ss.

[55] J. CASALTA NABAIS, *op. cit,* p.13.

démocratique fondé [...] sur le respect et la garantie de la mise en œuvre des droits et libertés fondamentales » ; quant à l'article 9 al. 3, il fixe, au titre des tâches fondamentales de l'Etat, « *la garantie des droits fondamentaux et des libertés essentielles et le respect des principes de l'Etat de droit démocratique* ». La nature des droits fondamentaux consacrés par la Constitution formant le corps de l'Etat de droit démocratique finalise cet Etat de droit en *Etat de droit démocratique et social*. En effet, en plus des droits fondamentaux dits classiques relatifs aux grandes libertés et à la participation politique, la Constitution énumère différents droits économiques, sociaux et culturels[56]. Cette conception de l'Etat de droit imprégnera profondément les constituants espagnols qui la formaliseront sous le concept d' « *Etat de droit social et démocratique*».

b) Le principe de l' « *Etat de droit social et démocratique* » dans la Constitution espagnole

205. La Constitution espagnole opère une synthèse des deux textes constitutionnels précédemment évoqués[57]. Selon l'alinéa premier de l'article premier de la Constitution du 27 décembre 1978, « *l'Espagne se constitue en un* Etat de droit social et démocratique *qui défend comme valeurs supérieures de son ordre juridique la liberté, la justice, l'égalité et le pluralisme* ». Cet article doit également être mis en perspective avec le préambule de la Constitution qui dispose que «*la nation espagnole, désireuse d'établir la justice, la liberté et la sécurité et de promouvoir le bien de tous ceux qui la composent, proclame, en faisant usage de souveraineté, sa volonté de [...] consolider un* Etat de droit *qui assurera le règne de la loi, en tant qu'expression de la volonté populaire [...]* »[58]. La notion d'Etat de droit se trouve ici enrichie de deux adjectifs « social » et « démocratique », déjà évoqués dans les textes constitutionnels allemand et portugais. L'expression « *Etat de droit social et démocratique* » mérite que l'on s'y attarde quelque peu.

206. La proximité sémantique des formules consacrées par les constitutions allemande et espagnole peut nous aider ici à mieux appréhender cette idée d'Etat de droit social et démocratique. Le professeur Díaz considère qu'il existe une différence fondamentale entre les deux versions évoquées : l'ordre des principes « démocratique » et « social » du texte allemand réduit l'idée de démocratie - entendue comme une règle du jeu de la société libérale et pluraliste - à un

---

[56] J. CASALTA NABAIS, *op. cit*, p. 16 ; voir également, BARROS MOURA, « A constituiçao portuguesa e os trabalhadores », in BAPTISTA COELHO (dir.), *Portugal, Sistema Politico-Constitutcional*, Lisboa, 1989, p820. Plus généralement, sur le concept de « *Constitution sociale* », voir BALDASSARE, *Diritti sociali*, in *Enciclopedia Giuridica*, vol XI.

[57] Pour une étude détaillée des différentes influences qui ont façonné la Constitution espagnole de 1978, on se reportera à l'ouvrage de A.L. ALONSO DE ANTONIO et J.A. ALONSO DE ANTONIO, *Derecho constitucional Español*, Madrid, Ed. Universitas S.A., 1996, pp. 48-57.

[58] Sur la valeur juridique du préambule de la Constitution espagnole, R. MORODO, « El preambulo de la Constitucion Espagnola de 1978 », », *in Perspectivas Constitucionais - Nos 20 anos da Constituiçao de 1976, Coimbra Editora*, 1996, p. 140.

présupposé de l'Etat social conçu comme un Etat interventionniste et néocapitaliste ; à l'inverse, l'ordre dans lequel ces principes sont énoncés dans la Constitution espagnole signifie que « *du point de vue politique, l'Etat réel est l'Etat de droit social (néocapitaliste), mais l'Etat possible pourrait être pour la gauche – en vertu toujours de la Constitution – l'Etat de droit démocratique (socialiste)* »[59].

207. Néanmoins, la doctrine espagnole fut très divisée sur le sens à donner à la formule « *Etat de droit social et démocratique* » comme nous l'avons vu au chapitre précédent[60]. Le principal reproche formulé était l'incongruité de l'article premier alinéa premier de la Constitution qui tentait d'établir une continuité entre des modèles différents d'Etat de droit. Perez Luño relevait ainsi que « *prétendre réunir sous la définition de l'Etat de droit le modèle « social » et le modèle « démocratique » est aussi contradictoire que de l'avoir proclamé libéral et social à la fois. [...] La relation entre l'Etat de droit social et l'Etat de droit démocratique [...] ne peut être cumulative, mais disjonctive, de telle sorte que si la rédaction de la norme fondamentale ne pose pas un postulat rhétorique, notre Etat de droit sera social ou démocratique selon l'idéologie des forces politiques majoritaires, mais en aucun cas les deux en même temps. [...] Sans doute, la formulation correcte aurait été de concevoir l'Etat espagnol comme un Etat de droit social en transition vers l'Etat de droit démocratique, par la création des conditions nécessaires à l'exercice démocratique du pouvoir par tout le peuple* »[61]. C'est la thèse que soutenait le professeur Díaz[62]. Or, les constituants espagnols n'ont pas, à la différence de leurs homologues portugais, retenu dans le texte de la loi fondamentale cette idée de « *transition vers le socialisme* ». En effet, pour certains auteurs, l'adjonction des termes « *social et démocratique* » répond plus à la nécessité d'assurer un compromis entre les différentes forces en présence aux *Cortes* dominées par les forces de gauche, qu'à la recherche d'une nouvelle forme d'Etat de droit[63]. Ce débat illustre, une fois de plus, les difficultés d'appréhender le concept d'Etat de droit, difficultés qui, comme le rappelle Perez Luñoz, « *plongent leurs racines dans le contexte historique, doctrinal et pratique dans lequel s'est forgé le concept d'Etat de droit, et qui a atteint sa problématique la plus aboutie dans la transition de l'Etat libéral à l'Etat de droit social* »[64].

208. Plus récemment, d'autres Etats ont été confrontés à cette question. Cette problématique est en effet partagée par les pays de l'ex-bloc communiste pour qui

---

[59] E. DIAZ, *op.cit.*, p. 180.
[60] *Cf. supra*, n°190.
[61] A.E. PEREZ LUÑOZ, « Estado de derecho y derechos fundamentales », *in* J-L. CASCAJO, B. de CASTRO, y C. GOMEZ TORRES, *Los derechos humanos. Significacion, estatuto juridico y sistema, Publicaciones de la Universidad de Sevilla, 1979*, pp. 161-162, n°36.
[62] *Cf. supra*, n°21.
[63] P. LUCAS VERDU, « El Titulo I del Anteproyecto constitucional », in *Estudios sobre el proyecto de Constitucion,* Madrid, CEC, 1978, p. 13.
[64] A.E. PEREZ LUÑOZ, *Derechos Humanos, Estado de derecho y Constitucion*, Madrid, Tecnos, 1984, p. 237.

l'accession à la démocratie s'est accompagnée de l'intégration du principe de l'Etat de droit au sein de leur constitution.

B. L'ancrage constitutionnel du principe de l'Etat de droit dans les constitutions des Etats d'Europe centrale, orientale et balte

209. L'Etat de droit n'est plus le seul privilège des pays d'Europe occidentale. La plupart des Etats d'Europe de l'Est, anciennement communistes, se réclament aujourd'hui de l'Etat de droit, nouveau credo du discours politique universel accompagnant inévitablement le retour à la démocratie[65]. Mieux, la plupart de ces Etats inscrivent le principe de l'Etat de droit au frontispice de leur constitution[66]. A cet égard, on ne peut que saluer les propos visionnaires de Michel Miaille qui, dès 1987, avait vu dans la théorie de l'Etat de droit un instrument susceptible de transformer en profondeur l'organisation juridico-politique de ces régimes. Ainsi, avait-il pu écrire que « *la théorie de l'Etat de droit se présente à point nommé pour à la fois rendre compte des insuffisances des pratiques prétendument communistes, et pour proposer un modèle de relations politiques* »[67].

210. Le mouvement a été en fait amorcé en 1988[68]. La formule a été lancée pour la première fois au sein du bloc communiste par M. Gorbatchev lors de la XIXème Conférence du Parti Communiste de l'Union Soviétique à l'issue de laquelle la Conférence a conclu que « *la formation d'un* Etat socialiste de droit *[...] exige impérativement que soient pleinement garantis les droits et libertés des Soviétiques [...] et que soit assuré un fonctionnement efficace des organes judiciaires. [...] La loi doit protéger de façon sûre la dignité personnelle du citoyen, l'inviolabilité du domicile, le secret de la correspondance [...]. La démocratie sociale n'est compatible ni avec l'arbitraire ni avec l'irresponsabilité*»[69]. Depuis, la formule a eu un succès considérable non seulement en Russie[70] mais aussi ailleurs[71] suite à

---

[65] S. MILACIC, « A l'Est, l'Etat de droit pour induire la démocratie ? Quelques vues sur le temps fort institutionnel de la transition démocratique », *Revue d'études comparatives Est-Ouest*, 1992, pp. 23-40 ; S. MILACIC (dir.), *La réinvention de l'Etat. Démocratie politique et ordre juridique en Europe centrale et orientale*, Bruxelles, Bruylant, 2003.

[66] R. ARNOLD, « Le principe de l'Etat de droit dans les nouvelles constitutions de l'Europe centrale et orientale », *in Mélanges à la mémoire de Rolv Ryssdal*, Berlin/Bonn/Munich, Carl Heymanns Verlag KG, 2000, pp. 65-78.

[67] M. MIAILLE, « Le retour de l'Etat de droit . Le débat en France », in D. COLAS (dir.), *L'Etat de droit*, Paris, Puf, 1987, p. 221.

[68] Déjà, en 1927, certains s'interrogeaient sur les relations qu'entretiennent l'Etat communiste et l'Etat de droit. B. MIRKINE-GUETZEVITCH, « L'Etat soviétique et l'Etat de droit », *RDP*, 1927, Tome XLIV, pp. 309-326, sp 310. Rappelons, à ce propos, que le concept d'Etat de droit était écarté au profit de celui de « légalité socialiste ». Sur ce concept, M. LESAGE, « L'URSS : de la légalité socialiste à l'Etat de droit », *RDP*, 1989, p. 1 et ss.

[69] « La XIXème conférence du Parti Communiste de l'Union Soviétique, 28 juin – 1er juillet 1988 », reproduit, in M. LESAGE (dir.), *L'URSS. Vers un Etat de droit*, Paris, Documentation française, 1988, p. 3, et ss.

[70] S. Milacic a relevé l'ensemble des articles parus sur le thème de l'Etat de droit dans la revue fédérale « l'Etat et le droit soviétique » (SGIP). Il a dénombré plus d'un article par numéro trimestriel au cours de

l'effondrement du bloc de l'Est. Il convient à cet égard de noter l'influence décisive du Conseil de l'Europe dans la diffusion du modèle de l'Etat de droit en Europe de l'Est. Des « *pèlerins constitutionnels* », spécialisés en « *ingénierie constitutionnelle* »[72], financés par les institutions et les organisations européennes, ont ainsi porté le discours de l'Etat de droit dans les pays en transition démocratique[73]. La Conférence sur la sécurité et la coopération Europe (CSCE) en constitue sans aucun doute le point de départ[74]. C'est en 1990, dans le cadre de la CSCE, que l'Etat de droit est explicitement consacré par les organes européens : selon la déclaration de Copenhague du 29 juin 1990, les Etats participants « *reconnaissent que la démocratie pluraliste et l'Etat de droit sont essentiels pour garantir le respect de tous les droits de l'homme et de toutes les libertés fondamentales* »[75].

211. Aussi n'est-ce pas un hasard si la rédaction de nouvelles constitutions (Slovénie, Bulgarie, Roumanie, Estonie etc.) a été l'occasion d'insérer formellement le principe de l'Etat de droit au sein des textes constitutionnels, au détriment des termes « *socialisme* », « *communisme* » ou « *démocratie populaire* ». Neuf des quatorze Etats d'Europe de l'Est font ainsi de l'Etat de droit un principe fondamental de leur ordre juridique. Si certains Etats se contentent de la formule « *Etat de droit* »[76], d'autres préfèrent lui ajouter les adjectifs « *démocratique* »[77], « *social* »[78] ou les deux à la fois[79]. Allant même plus loin que la Loi fondamentale de Bonn, certaines constitutions interdisent que le principe de l'Etat de droit puisse être remis en cause par une quelconque révision constitutionnelle[80].

212. Comment expliquer un tel succès[81] ? L'incidence de la pensée austro-allemande dans cette partie de l'Europe n'est sans doute pas totalement étrangère au

---

la période 1990-1992. V. S. MILACIC, « A l'Est, l'Etat de droit pour induire la démocratie ? Quelques vues sur le temps fort institutionnel de la transition démocratique », *Revue d'études comparatives Est-Ouest*, 1992, 4, p. 26.

71 Au cours des dix dernières années, le Tribunal polonais a rendu près de 100 décisions visant la notion d'Etat de droit.

72 Y. MENY (dir), *Les politiques du mimétisme institutionnel. La greffe et le rejet*, L'Harmattan, Paris, 1993.

73 J. CHEVALLIER, « La mondialisation de l'Etat de droit », *Mélanges Philippe Ardant*, Paris, LGDJ, 1999, p. 333.

74 E. DECAUX, *La Conférence sur la sécurité et la coopération en Europe*, Paris, PUF, Que sais-je, 1992.

75 Voir également, La Charte de paris du 21 novembre 1990 et la déclaration d'Helsinki de juillet 1992. Sur l'ensemble de la question, *Cf. infra*, n°254.

76 Constitutions de l'Estonie (art. 10), de la Lituanie (Préambule) et de la Macédoine (Préambule).

77 Constitutions de la Hongrie (Préambule et art. 2.1), de la Pologne (art. 1), de la République tchèque (Préambule et art 1) et de la Slovaquie (art. 1 et art. 134.4).

78 Constitution de la Slovénie (art. Préambule et art 2).

79 Constitutions de la Bulgarie (Préambule et art. 4.1) et de la Roumanie (art. 1.3 et art 37.2).

80 Article 9.2 de la Constitution de la République tchèque du 16 décembre 1992 : « *La modification des attributs essentiels de l'Etat de droit démocratique est interdite* ».

81 A tout le moins sur le plan des principes. Comme le rappelle J. Chevallier, « *entre le discours et la pratique, la marge est souvent considérable ; faute de réunion des conditions qui, en Occident, ont rendu possible son épanouissement, l'affirmation de l'Etat de droit risque fort de rester purement rhétorique et*

succès de cette notion dans la région. Il ne faudrait pas non plus minimiser le rôle fondamental joué par le Conseil de l'Europe qui a déployé des efforts considérables pour faciliter leur transition démocratique[82]. Reste à s'interroger sur la pertinence de la diffusion d'un tel modèle de par le monde[83]. Nous avons montré au cours de ces développements que la promotion du modèle de l'Etat de droit était lente, progressive et s'enracinait au plus profond de la culture juridique européenne. Que l'Etat de droit s'enracine progressivement dans certains pays de l'Europe de l'Est avec lesquels l'Europe occidentale fut reliée par une communauté d'esprit et de destin pendant des décennies, cela ne semble *a priori* pas poser trop de problème à moyen terme : l'Etat de droit ne s'impose pas, il doit s'enraciner à la base ; pour cela il faut un certain terreau idéologique commun. Toute tentative de transposition du modèle de l'Etat de droit[84] au sein d'un terreau inapproprié provoquerait un rejet de greffe immédiat[85], compromettant par-là même l'avènement à terme d'une véritable démocratie libérale présentée par certains comme la seule alternative possible à l'organisation politique des sociétés humaines[86].

213. En résumé, le caractère quelque peu conservateur du modèle traditionnel de l'Etat de droit conçu comme un Etat de droit libéral a conduit les rédacteurs des différentes constitutions étudiées ici à rattacher la notion d'Etat de droit à des valeurs sociales et démocratiques représentatives des aspirations profondes des sociétés modernes. L'idée d'Etat de droit est désormais consubstantielle à l'idée de démocratie et de protection des droits fondamentaux. Néanmoins, il est difficile de cerner précisément les différences substantielles existant aujourd'hui entre les notions d'*Etat de droit républicain, démocratique et social*, d'*Etat de droit démocratique* et d'*Etat de droit social et démocratique*. Ces différentes formules se limitent, en fin de compte, à symboliser sémantiquement la dimension substantielle de l'Etat de droit. L'étude des jurisprudences constitutionnelles en la matière ne révèle à cet égard aucune véritable différence conceptuelle fondamentale entre ces différentes formules.

---

les dispositifs qui s'en réclament d'être vidés de toute substance », J. CHEVALLIER, « La mondialisation de l'Etat de droit », *op.cit.*,p.336. Voir par exemple pour le cas de la Russie, M. LESAGE, « La Russie et l'Etat de droit : la règle juridique et les arrangements politiques », *Mélanges Braibant*, Paris, Dalloz, 1996, p. 426 et ss.

[82] J-Y MORIN, « L'Etat de droit », *op.cit.*, p 245 et ss.

[83] Pour l'exemple de la Pologne, voir la remarquable étude de E. LETOWSKA, « L'Etat de droit, principal facteur de la transformation constitutionnelle », *in* M. LESAGE et J. LETOWSKI (ed.), *L'Etat de droit et la sécurité juridique*, Wydawnictwo Naukowe, Scholar, Paris, Varsovie, 1996, pp.11-32.

[84] Sur la diffusion du modèle de l'Etat dans le monde, voir J-Y MORIN, « L'Etat de droit », *op.cit.*, p. 245 et ss ; P. COSTA & D. ZOLLO, *Lo Stato di diritto. Storia, teoria, critica*, Feltrinelli, Milano, 2002, sp 537-814 ; J. CHEVALLIER, « La mondialisation de l'Etat de droit », *op.cit.*, pp. 325-337.

[85] Y. MENY (dir), *Les politiques du mimétisme institutionnel. La greffe et le rejet*, L'Harmattan, Paris, 1993

[86] F. FUKUYAMA, *La fin de l'histoire et le dernier homme*, trad. Flammarion, Paris, 1992.

§2 - L'INTENSITE NORMATIVE DU PRINCIPE DE L'ETAT DE DROIT : *UN PRINCIPE DIRECTEUR*

214. Il ne suffit pas de relever que le principe de l'Etat de droit est inscrit dans la constitution d'un Etat pour en conclure à sa normativité. En effet, les constitutions regorgent de déclarations de principes dont les implications normatives ne sont pas évidentes a priori. Le droit à l'emploi proclamé par le préambule de la Constitution française de 1946 en constitue une illustration[87]. Aussi est-il nécessaire de procéder à un rapide survol des jurisprudences constitutionnelles des pays d'Europe occidentale (**A**) et d'Europe centrale, orientale et balte (**B**) pour vérifier que le principe de l'Etat de droit est bien doté d'un contenu normatif susceptible à son tour de nous éclairer sur le contenu exact des différentes variantes retenues par les constituants respectifs de chaque pays.

A. L'Etat de droit comme principe directeur de la jurisprudence constitutionnelle en Europe occidentale

215. Le principe de l'Etat de droit, consacré au plan constitutionnel par certains Etats, joue un rôle de première importance au sein des jurisprudences constitutionnelles de ceux-ci. Toutefois, il convient, avant d'en prendre la mesure, d'ajouter quelques précisions. Tout d'abord, nous nous sommes attachés ici aux seules jurisprudences constitutionnelles : il n'est pas exclu qu'ici où là certains tribunaux administratifs ou judiciaires recourent également à ce principe. Ensuite, nous nous sommes intéressés aux seuls Etats dans lesquels le principe de l'Etat de droit occupe une place axiologique au sein de l'ordre constitutionnel: là encore, il n'est pas exclu que certaines juridictions constitutionnelles recourent également à la notion d'Etat de droit sans que celle-ci ne constitue toutefois un principe directeur de la jurisprudence constitutionnelle. Tel est le cas de l'Italie, par exemple, où certaines décisions de la Cour constitutionnelle mentionnent expressément ce principe[88] ; tel n'est pas le cas de la France où le Conseil constitutionnel s'est toujours gardé de s'y référer[89]. En revanche, il se peut que certaines cours constitutionnelles érigent le principe de l'Etat de droit en principe axiologique de l'ordre constitutionnel sans que pour autant celui-ci ne soit consacré expressément par la Constitution : le cas le plus typique est celui de l'Autriche où la Cour constitutionnelle autrichienne fait du principe de l'Etat de droit, un « principe

---

[87] A. JEAMMAUD et M. Le FRIANT, « L'incertain droit à l'emploi », *Travail, Genre et Sociétés*, n°2, 1999, p. 29.

[88] Evoquée simplement à plusieurs reprises (cf. Sentence n. 41, 1990), le principe de l'Etat de droit n'a pendant longtemps fait l'objet d'aucun développement normatif propre par la Cour constitutionnelle. Une décision récente, rédigée par le professeur Zagrebelsky, va un peu plus loin en renvoyant aux « *principes de l'Etat de droit* » à l'appui de son raisonnement. Cf. Sentence, 22 mars 2001, n. 73.

[89] *Cf. infra*, n°237 .

directeur » de la Constitution fédérale[90]. Au total, on se trouve donc en présence de deux cas de figure différents : d'un côté, les Etats où le principe de l'Etat de droit, consacré par le texte constitutionnel, est *développé* par le juge constitutionnel qui en tire toute les conséquences normatives (**1**) ; de l'autre, les Etats où le principe de l'Etat de droit, ignoré par la constitution, est *déduit* de la constitution par le juge constitutionnel (**2**).

1) L'Etat de droit, un principe constitutionnel *développé* par le juge constitutionnel

216. Il s'agit là, somme toute, de l'hypothèse première : 1) la constitution fait du principe de l'Etat de droit un principe constitutionnel de l'ordre juridique ; 2) le juge en tire toutes les conséquences normatives. On retrouve cette configuration dans trois Etats : en Allemagne (a), au Portugal (b) et en Espagne (c).

a) L'Etat de droit, un principe directeur de la jurisprudence constitutionnelle allemande

217. La Cour constitutionnelle a déduit du principe de l'Etat de droit un certain nombre d'autres principes s'imposant aux organes législatifs, exécutifs et judiciaires[91]. Selon A. Bleckmann, il constitue un principe directeur comprenant « *un certain nombre de principes inscrits dans d'autres parties de la Constitution fédérale auxquels il donne une cohérence et un sens précis ainsi que d'autres principes qui ne se trouvent pas expressément énoncés dans la Constitution mais qui se déduisent de ce principe directeur* »[92]. Il constitue pour la Cour une « *idée directrice* », un « *principe* »[93] du droit constitutionnel allemand prenant sa source dans différentes dispositions constitutionnelles. Ainsi la Cour a-t-elle estimé que « *le droit constitutionnel n'est pas uniquement composé des différentes dispositions de la constitution écrite, mais aussi de certains principes généraux et idées directrices qui les relient et les unissent intrinsèquement, que le constituant, partant de cette vision globale pré-constitutionnelle, n'a pas concrétisés dans une disposition particulière. Parmi ces idées directrices [...] figure le principe de l'Etat de droit ; il découle d'un*

[90] En effet, en dépit du fait que le principe de l'Etat de droit n'est pas consacré expressément par le texte constitutionnel autrichien, celui-ci fait figure de « principe directeur » de la jurisprudence constitutionnelle autrichienne. Dès 1952, la Cour constitutionnelle autrichienne a ainsi pu considérer que la révision totale de la constitution constituait un changement de telle nature que « *l'un des principes directeurs de la Constitution fédérale en est affecté. Le principe démocratique, le principe de l'Etat de droit et le principe fédéral peuvent être considérés comme [...]* » de tels principes (VfSlg 2455), cité par O. PFERSMANN, in « Autriche », Chron., *AIJC*, VII, 1991, p. 391 ; également du même auteur, « La révision constitutionnelle en Autriche et en Allemagne fédérale. Théorie, pratique, limites », in ASSOCIATION FRANÇAISE DES CONSTITUTIONNALISTES, *La révision de la constitution*, Journées d'études des 20 mars et 16 mars 1992, Paris, Economica, 1993, p. 40 et ss.

[91] P. KUNIG, *op.cit.*, p 417 et ss.

[92] A. BLECKMANN, « L'Etat de droit dans la Constitution de la République fédérale d'Allemagne », *Pouvoirs*, 22, 1982, p5.

[93] Notamment, *BVerfGE*, 7, 92; 11, 72 ; 74, 152.

aperçu global des dispositions de l'article 20 al. 3 [...] et des articles 1 al. 3, 19 al. 4, 28 al. 1, ainsi que de la conception d'ensemble de la Loi fondamentale »[94]. De fait, les juges constitutionnels ne retiennent aucune définition précise de ce principe, ce qui leur permet, du fait de sa polysémie, de disposer d'un large pouvoir normatif : certains auteurs ont parlé de « *réservoir normatif* » du *Rechtsstaat*[95].

218. Dès 1953, la Cour constitutionnelle a considéré que **le principe de sécurité juridique** constituait un des principes structurels de l'Etat de droit[96]. Etait en cause dans cette affaire une loi westphalienne qui autorisait le ministère de l'intérieur de Westphalie à intenter une action juridictionnelle en révision d'une décision finale rendue par des comités administratifs accordant une compensation financière à des personnes ayant été privées de leur liberté pour des raisons politiques. La Cour constitutionnelle a déclaré cette loi inconstitutionnelle au motif qu'elle constituait une violation du principe de l'Etat de droit en ce qu'elle introduisait une trop grande insécurité juridique dans le déclenchement de la procédure de révision[97]. C'est également au nom de la « *sécurité juridique dans un Etat de droit* » que la Cour constitutionnelle a étendu **le principe de non rétroactivité** des lois pénales[98] au domaine fiscal[99]. La Cour constitutionnelle a également estimé que le **principe de la publicité** des lois constituait un principe fondamental de l'Etat de droit : « *le principe de l'Etat de droit exige que les normes juridiques établies formellement soient rendues publiques, dans la mesure où la promulgation constitue une partie intégrante du processus formel d'élaboration législative et est, par conséquent, une condition de la mise en œuvre d'une loi. La promulgation signifie que les normes juridiques en question doivent en tant que règles générales être accessibles formellement à l'ensemble de la population de telle sorte que toute personne concernée par celles-ci puisse être en mesure de s'informer sur le contenu des normes en vigueur* »[100]. Enfin, « *le principe de sécurité juridique dans un Etat de droit* » impose que soit respecté le **principe de confiance légitime**[101]. Comme le relève Otto Pfersmann, la Cour considère « *que la sécurité juridique constitue l'une des composantes principales de l'Etat de droit. [...] La confiance légitime serait, quant à elle, l'un des aspects fondamentaux de la sécurité juridique, mais elle est aussi, en tant que telle, ancrée directement dans l'Etat de droit* »[102]. Par exemple, la

---

[94] *BVerfGE*, 2, 403 ; 25, 290 ; 49, 163.

[95] E. SCHMIDT-ASSMANN, « Der Rechtsstaat », in J. INSENSEE & P. KIRCHHOF (dir.), *Handbuch des Staatsrechts der BRD*, T1, Heidelberg, Müller, 1987, p. 990.

[96] Voir également, *BVerfGE*, 7, 92 ; 10, 331 ; 22, 239 ; 35, 47 ; 49, 164.

[97] *BVerfGE*, 1, 380.

[98] L'article 103 al. 2 énonce qu'un acte « *n'est passible d'une peine que s'il était punissable selon la loi en vigueur avant qu'il ait été commis* ».

[99] *BVerfGE* 13, 261.

[100] *BVerfGE*, 65, 283 (291).

[101] *BVerfGE*, 30, 403 ; 50, 250 ; 59, 164.

[102] Otto PFERSMANN, « Regard externe sur la protection de la confiance légitime en droit constitutionnel allemand », *RFDA*, 2000, p. 243. Voir également *BVerfGE*, 30, 403 ; 50, 250 ; 59, 164. Néanmoins, il convient de relever que cet auteur émet des doutes quant à la réalité d'un rattachement du principe de confiance légitime au concept d'Etat de droit : « *Il paraît assez peu plausible de dériver ce principe*

Cour constitutionnelle a estimé que le principe de l'Etat de droit interdit que les autorités publiques adoptent toute mesure nouvelle qui porterait atteinte à la confiance que les citoyens sont en droit de mettre dans la stabilité des situations créées ou reconnues par celles-ci[103].

219. L'autre grand principe que la Cour constitutionnelle a déduit du principe de l'Etat de droit est le **principe de proportionnalité**. Pour la Cour, « *le principe de proportionnalité est inclus dans la Constitution de la République fédérale allemande. Il émane du principe de l'Etat de droit et, plus largement, de l'essence même des droits fondamentaux qui, dans la mesure où ils constituent l'expression du droit général à la liberté de l'individu contre l'Etat, ne sauraient être limités par une autorité au-delà de ce qui est indispensable à la protection de l'intérêt général* »[104]. Le principe de proportionnalité contribue ainsi à la protection des droits fondamentaux. En raison de sa nature constitutionnelle, il lie tant l'exécutif, le législatif que le judiciaire.

219 *bis*. De plus, la Cour constitutionnelle a eu tendance, au cours de ces dernières années, à élargir le catalogue des droits fondamentaux en déduisant par exemple du principe de l'Etat de droit, le principe du droit à un **procès équitable**[105]. Par ailleurs la Cour constitutionnelle a considéré que le principe de l'Etat de droit n'impose pas seulement à l'Etat l'obligation d'établir des juridictions chargées de veiller au respect de la primauté du droit, mais également l'obligation de veiller à ce que toute personne puisse, quels que soient ses revenus, accéder aux tribunaux (**principe de l'aide judiciaire**)[106]. Plus généralement, la Cour constitutionnelle reconnaît ouvertement que la Loi fondamentale de 1949 a poussé à l'extrême la logique de l'Etat de droit en renforçant de manière exemplaire le pouvoir des juges. Ainsi, dans une décision rendue le 17 août 1956, la Cour a estimé « *qu'il apparaît clairement un autre trait spécifique de la Loi fondamentale, qui la distingue nettement au sein des constitutions libérales et démocratiques, à savoir le renforcement du « troisième pouvoir », du pouvoir juridictionnel, autrement dit la volonté de subordonner également, dans une mesure inhabituellement large, les actes de la vie politique et les actions des organes politiques au contrôle de juridictions indépendantes, et de réaliser ainsi, sur le plan procédural, les postulats de l'Etat de droit* »[107].

---

directement du concept d'Etat de droit (si l'Etat de droit est garanti, la protection de la confiance qui en est une composante essentielle est également garantie), car cela suppose qu'il soit indubitablement établi que le concept d'Etat de droit comportait cet élément au moment de l'édiction de la loi fondamentale ou que la Cour ait été investie de l'habilitation de substituer librement d'autres concepts à ceux originairement introduits dans le texte »(pp. 243-244). Nous ne partageons pas cette analyse. L'auteur semble en effet considérer que le concept d'Etat de droit aurait été figé définitivement par le Constituant. Or, on ne trouve aucune définition de l'Etat de droit dans la Loi fondamentale. Il faut bien garder à l'esprit que le propre du principe de l'Etat de droit est d'être un principe évolutif et dynamique.

[103] *BVerfGE*, 47, 198 .

[104] *BVerfGE*, 19, 342, 348.

[105] *BVerfGE*, 76, 423, (444).

[106] *BVerfGE*, 81, 347.

[107] *BVerfGE*, 5, 85 (139).

220. Il ressort de ce survol de la jurisprudence de la Cour deux observations. Tout d'abord, il convient de souligner que le principe de l'Etat de droit revêt une dimension normative en droit allemand : il ne s'agit pas simplement d'un principe descriptif qui tendrait à définir et décrire le contenu et les qualités d'un ordre juridique donné ; il comporte des implications normatives très fortes que la Cour constitutionnelle n'a pas hésité à tirer. Le principe de l'Etat de droit apparaît ainsi comme un principe structurant de l'ordre juridique autour duquel s'articulent les principes généraux du droit qu'elle dégage : non seulement le principe de l'Etat de droit permet de préciser le contenu normatif de certains principes constitutionnels, mais en plus, le juge déduit de ce principe certains autres principes qui ne sont pas expressément reconnus par la Constitution. Ensuite, il est possible de s'étonner de ce que, à aucun moment, la Cour constitutionnelle n'esquisse une quelconque définition de l'Etat de droit : au fil de sa jurisprudence, apparaissent les critères de sa conception de l'Etat de droit, révélant le caractère dynamique du concept d'Etat de droit. Même en Allemagne où la théorie de l'Etat de droit est peut-être la plus achevée, l'Etat de droit est en perpétuelle « *refondation* ».

b) L'Etat de droit démocratique, un principe directeur de la jurisprudence constitutionnelle portugaise

221. Le principe de l'Etat de droit est conçu par la jurisprudence constitutionnelle portugaise comme « *un principe fondamental de la Constitution [...] doté d'un minimum normatif* »[108]pouvant justifier l'inconstitutionnalité des actes normatifs violant ses principes constitutifs[109]. Quel est ce « *minimum normatif* » ? Force est de constater que l'abondante jurisprudence du Tribunal est, en la matière, assez vague. En effet, le contenu normatif de ce principe est extrêmement large comme l'illustre la décision du 27 novembre 1996 du Tribunal constitutionnel : « *le principe de l'Etat de droit repose sur l'idée de protection de la confiance des citoyens et [...] sur un ensemble de règles et de principes dispersés dans le texte constitutionnel sous-tendant l'idée de soumission du pouvoir aux principes et aux règles juridiques qui garantissent aux citoyens la liberté, l'égalité et la sécurité* »[110]. Seul un examen de la jurisprudence du Tribunal constitutionnel permet d'en donner un aperçu.

222. Le principe de l'Etat de droit tel qu'appréhendé par le juge constitutionnel s'articule autour de trois principes essentiels : le principe de sécurité juridique, le principe de proportionnalité et le principe de protection juridictionnelle. Le **principe de sécurité juridique** est, de loin, le principe le plus mobilisé par les juges

[108] Par exemple, TC, n°11/83 du 12 octobre 1982, DR, p. 22 ; TC, n°23/83 du 20 juillet 1983, DR, p. 187.
[109] E.A.B. MARQUES, « O Principio constitucional do Estado de direito democràtico como fundamento de decisao do tribunal constitucional portugês : un caso de interpretaçao inconstitucional », *Direito, Estado e Sociedade*, n°15, 1999, pp. 181-187.
[110] TC, n°1204/96, du 27 novembre 1996, DR I, p. 130

constitutionnels portugais. Selon une formule constante, le Tribunal constitutionnel estime que les principes de sécurité juridique et de confiance des citoyens dans la protection juridique (confiance légitime), « *inhérents à l'idée d'Etat de droit démocratique* »[111] ou « *insérés dans le principe de l'Etat de droit démocratique* »[112], exigent par exemple que les actes normatifs répondent aux exigences de précision et de prévisibilité des lois[113]. Sur la base d'une argumentation similaire, le Tribunal constitutionnel a procédé à un encadrement strict de la possibilité pour les pouvoirs publics d'adopter des lois fiscales rétroactives[114]. Enfin, relevons que les juges constitutionnels ont estimé que le principe de l'autorité de la chose jugée, qui n'est pas expressément reconnue par la Constitution, est « *inhérent au principe de l'Etat de droit en ce qu'il contribue à garantir la sécurité juridique des décisions juridictionnelles* »[115]. Le **principe de proportionnalité** (*principio da proibiçao de excesso*) est, en revanche, érigé par la Constitution en principe constitutionnel de l'ordre juridique portugais[116]. Là encore, à l'image de la Cour constitutionnelle allemande, les juges portugais ont estimé que « *le principe de proportionnalité [...] constituait une composante essentielle du principe de l'Etat de droit démocratique*» dont la violation pouvait justifier l'inconstitutionnalité d'une loi[117]. Enfin, le Tribunal constitutionnel a intégré dans sa conception de l'Etat de droit démocratique « *le pilier fondamental de l'Etat de droit* »[118], à savoir **le principe d'une protection juridictionnelle effective des justiciables**. Ce principe constitutionnel revêt une double dimension : une dimension formelle tout d'abord qui pose les conditions d'accès au juge ; une dimension matérielle ensuite qui porte sur l'étendue des garanties juridictionnelles dont est titulaire tout justiciable. Concernant la dimension formelle du principe de protection juridictionnelle, le Tribunal constitutionnel a estimé que tout individu avait droit, en vertu du principe de l'accès au droit et aux tribunaux posé par l'article 20 de la Constitution, à ce que sa cause soit entendue par un tribunal indépendant, « *condition inhérente au principe de l'Etat de droit*

---

[111] TC, n°9/84, du 1er février 1984, DR, p. 283.
[112] TC, n°11/83, du 20 octobre 1983, DR, p. 132.
[113] TC, n°285/92, du 17 janvier 1992, DR, p. 120 ; TC, n°458/93,du 17 septembre 1993 DR, I-A, p. 27.
[114] TC, n°11/83, du 20 octobre 1983, DR, p. 132 : TC, n°93/84, du 16 novembre 1984, DR, I, p. 49 ; TC, n°141/85, du 25 juillet 1985, DR I, p. 39 ; Dans l'affaire n°11/83, le Tribunal constitutionnel a considéré ainsi que « *si le principe de sécurité juridique, inséré dans l'idée d'Etat de droit démocratique, n'exclut pas de manière absolue la possibilité de lois fiscales rétroactives, il les exclut en revanche dès lors que cette rétroactivité est intolérable dans la mesure où elle affecte de manière disproportionnée et arbitraire les droits et les attentes légitimes des contribuables* ».
[115] TC, n°1010/96 du 8 octobre 1996, DR, p. 185.
[116] Voir les articles 18 alinéa 2, 19 alinéa 4, 265, 266 alinéa 2 et 272 alinéa 2 de la Constitution. V. W. SANTIAGO GUERRA FILHO, « O principo Constitucional da Propocionalidade », *in (Coll), Ensaios de teoria constitucional, Fortalez, UFC, 1989*, p. 69 et ss ; du même auteur, « Notas em torno ao principio da proporcionalidade », in *in Perspectivas Constitucionais - Nos 20 anos da Constituiçao de 1976, Coimbra Editora*, 1996, p. 249 et ss.
[117] Parmi une jurisprudence abondante, on peut citer l'affaire dite « *Caso dos técnicos de contas* » où le Tribunal constitutionnel a annulé les articles 160 et 161 du code du *Contribuiçao Industrial* relatifs à la suspension et à l'annulation de l'inscription officielle de comptables ayant commis certaines Infractions au motif que ces dispositions violaient le principe constitutionnel de proportionnalité. TC, n°282/86, du 21 octobre 1986, DR I, p. 207 ; TC, n°103/87, du 6 mai 1987, DR I, p. 122.
[118] Selon l'expression de GOMES CONTHELLO, *op.cit.*, p. 265.

démocratique ». Par ailleurs, le principe de protection juridictionnelle implique également que le « *procès pénal dans un Etat de droit [...] offre aux citoyens les garanties nécessaires pour les protéger contre les abus que peut commettre l'Etat dans l'exercice de son pouvoir répressif, et notamment contre l'éventualité d'une décision juridictionnelle injuste* »[119]. Ainsi, dans une décision du 20 novembre 1996, le Tribunal constitutionnel a déclaré inconstitutionnel l'alinéa 5 de l'article 571 du code de procédure pénal au motif qu'il violait « *le principe de garantie des droits de la défense (article 32 alinéa 1 de la Constitution) et le principe du contradictoire (article 32 alinéa 5), inhérents au principe de l'Etat de droit démocratique* ». Au total, la jurisprudence constitutionnelle portugaise relative au principe de l'Etat de droit démocratique est très proche de la celle de la Cour constitutionnelle allemande ; celle du juge constitutionnel espagnol également.

c) L'Etat de droit social et démocratique, un principe directeur de la jurisprudence constitutionnelle espagnole

223. La jurisprudence espagnole sur l'interprétation du principe de l'« *Etat de droit social et démocratique* » est extrêmement riche. Pour le Tribunal constitutionnel, ce principe constitue en effet un principe axiologique de l'ordre constitutionnel « *qui s'inscrit dans la réalité même du monde occidental de notre époque et qui irradie l'ensemble de nos valeurs juridiques* »[120]. En revanche, le Tribunal constitutionnel ne fait pas grand cas des controverses politico-juridiques relatives à la signification du concept d'« *Etat de droit social et démocratique* » qui, on s'en souvient, avait profondément divisé la doctrine[121]. En effet, dès 1981, le Tribunal constitutionnel a tranché cette polémique en procédant à une assimilation conceptuelle des différents modèles contenus dans cette formule : si les juges constitutionnels conviennent que l'*Etat de droit social* constitue un stade de développement ultérieur de l'Etat de droit, en revanche, les concepts d'*Etat de droit social* et d'*Etat de droit social et démocratique* sont pour eux équivalents[122]. Ainsi, confrontés au règlement quotidien des questions constitutionnelles, ceux-ci ont privilégié une approche pragmatique plutôt que dogmatique de ce principe, alternant tour à tour entre une *conception intégrale* et une *conception analytique* de celui-ci, confirmant la thèse selon laquelle le concept d'*Etat de droit social et démocratique* ne constituerait que la synthèse des différents modèles qui le composent[123] : tantôt le Tribunal constitutionnel recourra au principe de l'Etat de droit social et démocratique pris dans sa globalité, tantôt il recourra à une décomposition analytique de ses éléments, utilisant alternativement,

[119] TC, n°1183/96, du 20 novembre 1996, p. 461.
[120] TC, 18/1984, du 7 février 1984, n°3, p. 324.
[121] *Cf. supra*, n°190.
[122] « *L'Etat de droit social ou l'Etat de droit social et démocratique, selon notre Constitution [...]* », TC, de 14.07.1981, n°25/1981.
[123] En ce sens, E. GARCIA DE ENTERRIA, « Los fundamentos constitucionales del estado », *REDC*, ,°52, 1998, pp. 30-32 ; E. ALVAREZ CONDE, *Curso de derecho Constitucional*, Vol. 1, Tecnos, Madrid, 1992, p. 114 et ss.

et parfois même cumulativement[124], les principes de l'« *Etat de droit* », l'« *Etat de droit social* », et l'« *Etat de droit démocratique* ». De la sorte, le juge constitutionnel pourra insister, selon les cas, sur l'un ou l'autre des aspects de la formule qu'il entend mettre en évidence[125]. Au total, l'abondante jurisprudence du Tribunal constitutionnel sur le principe de l'Etat de droit social et démocratique couvre tant la dimension formelle (i) que matérielle (ii) de l'Etat de droit.

i) La dimension formelle de l'Etat de droit

224. Au risque sinon de sortir du cadre de notre étude, il est impossible ici de retracer l'ensemble de la jurisprudence du Tribunal constitutionnel sur la dimension formelle de l'Etat de droit[126]. Il suffit de rappeler que la jurisprudence du Tribunal recoupe largement celle des tribunaux allemands et portugais notamment en matière de droit à une protection juridictionnelle effective et d'obligation de motivation et de sécurité juridique. L'ensemble de ces principes constitutionnels prennent leur source, pour le Tribunal, selon une formule désormais rituelle, dans « *l'idée d'Etat de droit social et démocratique* ». A l'occasion même, le Tribunal se référera uniquement au principe de *l'Etat de droit* stricto sensu, notamment pour rappeler que « *le principe de légalité est inhérent à l'idée d'Etat de droit* »[127].

ii) La dimension matérielle de l'Etat de droit

225. Il convient de nous attarder plus longuement sur cette dimension matérielle de l'Etat de droit en ce que le Tribunal constitutionnel a doté les principes d'Etat de droit social et d'Etat de droit démocratique d'un véritable contenu normatif.

226. L'idée de protection des droits fondamentaux se trouve au cœur du principe matériel de l'Etat de droit véhiculé par la Constitution. Pour le juge constitutionnel, « *les droits fondamentaux sont des droits subjectifs, des droits des individus non seulement en ce qu'ils constituent des droits des citoyens au sens strict, mais aussi en ce qu'ils garantissent un statut juridique ou de liberté dans la sphère existentielle. Mais en même temps, ils sont des éléments essentiels d'un ordonnancement objectif d'une communauté nationale en ce qu'ils constituent la marque d'une cohabitation humaine juste et pacifique, façonnée historiquement dans l'Etat de droit, et plus tard, dans l'Etat de droit social ou l'Etat de droit social et démocratique selon la formule de notre Constitution* ». La protection des droits fondamentaux constitue à cet égard une « *composante structurelle essentielle* »[128] de

---

124 Par exemple, TC, 25/1981, du 14 juillet 1981.

125 J.L. CASCAJO CASTRO, « La voz « *Estado social y democrático de Derecho* » : materiales para un lexico constitucional español », *RCEC*, n°12, 1992, p. 22.

126 Pour une étude détaillée de la jurisprudence du Tribunal constitutionnel, voir, PENA FREIRE, A.M., *La garantia en el Estado constitucional de derecho*, Madrid, Trotta, 1997.

127 TC, 67/1989, du 15 septembre 1989.

128 TC, 53/1985, du 11 avril 1985.

l'Etat de droit, un Etat de droit conçu ici comme un Etat de droit matériel, et plus spécialement comme un Etat de droit social[129].

227. Cet Etat de droit social se caractérise par une limitation de certains droits classiques de l'Etat de droit libéral et par le renforcement de certains droits sociaux des travailleurs.

Tout d'abord, conformément à certaines dispositions de la Constitution (art. 35, art. 40), le Tribunal a procédé, sur la base du principe de *l'Etat de droit social et démocratique,* à un encadrement de l'autonomie contractuelle dans le cadre des relations de travail. Par exemple, le Tribunal a considéré que la fixation par l'Etat d'un salaire minimum obligatoire répondait aux « *finalités d'un Etat de droit social et démocratique* »[130]. Sur cette même base, le Tribunal a estimé « *qu'aucune discrimination en raison du sexe ne peut être tolérée dans un Etat qui se prétend de droit social et démocratique* »[131]. Il en va de même pour les droits de propriété et de liberté d'entreprendre. Ainsi, dans une décision rendue le 19 juillet 1985, le Tribunal constitutionnel a estimé que « *toutes les manifestations d'un « féodalisme industriel » (à savoir la domination des organisations patronales) contredisent le principe de l'Etat de droit social et démocratique et les valeurs supérieures de liberté, de justice et d'égalité à travers lesquelles cet Etat prend forme et se réalise* »[132]. A cet égard, le droit de propriété est interprété à la lumière de sa fonction sociale. Pour le juge constitutionnel, « *la détermination du contenu du droit à la propriété privée ne peut pas se faire à partir d'une seule considération subjective de ce droit ou des intérêts individuels qui le sous-tendent, mais doit intégrer également la nécessaire référence à sa fonction sociale, comprise non pas comme une simple limite externe à sa définition ou à son exercice, mais comme partie intégrante du droit lui-même. Le droit de propriété apparaît ainsi tout à la fois comme une institution et comme un droit individuel dont la mise en œuvre doit s'inscrire dans la perspective de l'Etat de droit social et démocratique* »[133].

Ensuite, le Tribunal a considéré que certains droits des travailleurs dans leurs relations de travail découlaient de la logique de l'Etat de droit social et démocratique. Par exemple, dans un jugement rendu le 20 juin 1981, le Tribunal constitutionnel a estimé, après avoir relevé que le droit de grève fut introduit dans la Constitution « *comme un élément de réalisation de la démocratie sociale et du principe d'égalité* », que « *l'article 28.2 proclame dans notre ordre juridique le droit de grève comme un droit subjectif fondamental dont le contenu essentiel consiste dans la cessation du travail, quelles que soient les manifestations ou les modalités qu'elle peut revêtir. En plus d'être un droit subjectif, le droit de grève*

---

[129] E. CARMONA CUENCA, *El Estado social de Derecho en la Constitución*, CES, Madrid, 2000, p. 117.
[130] TC, 31/1984, du 7 mars 1984.
[131] TC, 7/1983 ; 8/1983, 58/1984.
[132] TC 88/1985.
[133] TC, 37/1987, du 26 mars 1987.

constitue un droit constitutionnel, ce qui est cohérent avec l'idée de l'Etat de droit social et démocratique établie dans l'article 1.1 de notre Constitution qui entre autres significations revêt celle de légitimer les moyens de défense des intérêts des groupes de la population socialement dépendants ». Par ailleurs, il apparaît que le principe de l'Etat de droit social et démocratique agit comme un « *principe cliquet* » interdisant toute régression sociale : le Tribunal a affirmé, sur la base du principe de l'Etat de droit social et démocratique, « *l'irréversibilité des conquêtes sociales déjà consenties* »[134].

228. Il apparaît ainsi que les principes de liberté et d'égalité sont désormais replacés dans leur contexte social rompant avec une conception purement formelle de l'Etat de droit que dénonça en son temps Hermann Heller[135]. Dans cette perspective, le juge constitutionnel a rappelé dans un jugement du 24 juillet 1984 son attachement à une égalité réelle plus que formelle qui constitue selon lui « *l'essence même de l'Etat de droit social et démocratique*». Il estime même que l'Etat de droit social et démocratique « *exige un minimum d'inégalité formelle pour progresser vers l'instauration d'une égalité substantielle* »[136].

229. Par conséquent, la thèse selon laquelle le principe de l'*Etat de droit social et démocratique* revêtirait un caractère normatif n'est pas non plus démentie par l'étude de la jurisprudence constitutionnelle espagnole. Là encore, le concept d'Etat de droit occupe une place axiologique au sein de l'ordre juridique espagnol : il ordonne, structure et finalise celui-ci. Pour la première fois même, le concept d'Etat de droit social est décliné (explicitement) par un juge constitutionnel. Le principe de l'Etat de droit apparaît ainsi non seulement comme un principe juridique d'ordonnancement systémique mais également comme un principe politique d'organisation de la vie sociale.

2) L'Etat de droit, un principe déduit de la Constitution par le juge constitutionnel : le cas de l'Autriche

230. A la différence des textes constitutionnels allemand, espagnol ou portugais, la Constitution autrichienne ne comporte aucune référence au principe de l'Etat de droit (*Rechtsstaat*). Pourtant, la Cour constitutionnelle autrichienne considère que le principe de l'Etat de droit constitue un principe directeur de l'ordre constitutionnel ne pouvant faire l'objet d'aucune modification. En effet, il s'agit tant pour la doctrine que pour la jurisprudence d'un principe fondamental du droit constitutionnel autrichien dont la modification exigerait une révision totale de la Constitution. Dans une décision de 1952, la Cour a défini la révision totale de la

[134] TC, 81/1982.
[135] *Cf. supra*, n°108.
[136] TC 114/1983, du 6 décembre 1983.

Constitution[137] comme un changement de telle nature que « *l'un des principes directeurs de la Constitution fédérale en est affecté. Le principe démocratique, le principe de l'Etat de droit et le principe fédéral peuvent être considérés comme [...]* » de tels principes[138]. Le principe de l'Etat de droit apparaît ainsi comme un principe structurel de l'ordre juridique tout entier. Il convient de relever à cet égard que la Cour ne désigne jamais une norme de référence précise lorsqu'elle y recourt. Le principe de l'Etat de droit constitue ainsi un principe immanent au droit constitutionnel fédéral.

231. La jurisprudence constitutionnelle portant sur la mise en œuvre du principe de l'Etat de droit en Autriche se rapproche étroitement de celle de son homologue allemande[139]. En effet, la Cour déduit du principe de l'Etat de droit l'exigence d'une structure normative précise et hiérarchisée ainsi que celle d'une protection juridique efficace par des institutions appropriées[140]. Les principes de légalité et de sécurité juridique se trouvent ainsi au cœur du principe général de l'Etat de droit[141].

B. L'Etat de droit, un principe directeur de la jurisprudence constitutionnelle des pays d'Europe centrale, orientale et balte

232. La plupart des Etats de cette région ont mis en place des cours constitutionnelles chargées du contrôle de la constitutionnalité des lois dont le rôle a été déterminant dans le processus de transition démocratique[142]. A cet égard, le principe constitutionnel de l'Etat de droit constitue non seulement une norme de référence mais également un principe matériel duquel les juges constitutionnels, à l'instar de leurs homologues occidentaux, déduisent un certain nombre de droits et de devoirs.

233. Tout d'abord, le principe de l'Etat de droit apparaît comme une norme de référence axiologique de l'ordre constitutionnel ne pouvant faire l'objet normalement d'une quelconque dérogation. Ainsi, la Cour constitutionnelle

---

[137] Article 44 al. 3 : « *Toute révision totale de la Constitution fédérale doit, la procédure de l'article 42 une fois terminée, toutefois avant sa promulgation par le Président fédéral, être soumise au référendum, de la population fédérale tout entière. Il en est de même des révisions partielles, lorsque le tiers des membres du Conseil national ou du Conseil fédéral en fait la demande* ».

[138] VfSlg 2455, cité par O. PFERSMANN, in « Autriche », Chron., *AIJC*, VII, 1991, p391 ; également du même auteur, « La révision constitutionnelle en Autriche et en Allemagne fédérale. Théorie, pratique, limites », in ASSOCIATION FRANÇAISE DES CONSTITUTIONNALISTES, *La révision de la constitution*, Journées d'études des 20 mars et 16 mars 1992, Economica, Paris, 1993, p 40 et ss.

[139] Et ce même si l'objet et la portée de la fonction exercée par la Cour constitutionnelle autrichienne s'en différencient sur de nombreux points. Voir en ce sens les observations de T. OHLINGER, « Objet et portée de la protection des droits fondamentaux. Cour constitutionnelle autrichienne », in L. FAVOREU (dir.), *Cours constitutionnelles européennes et droits fondamentaux*, PUAM, 1981, sp. 346.

[140] G.315/89 du 28 juin 1990.

[141] O. PFERSMANN, « Constitution et sécurité juridique. Autriche », *AIJC*, XV, 1999, p. 112.

[142] J-P MASSIAS, « Chronique constitutionnelle des Etats d'Europe de l'Est (1989-1998) », *RDP*, 2000, pp. 1343-1409, sp. 1396.

hongroise a-t-elle considéré dans une décision du 3 mars 1992 que si « *la situation historique spécifique liée au changement du système politique [...] peut-être prise en considération dans le cadre de l'Etat de droit dans l'intérêt du développement ultérieur de celui-ci* », en revanche « *les garanties fondamentales de l'Etat de droit ne seront jamais mises à l'écart en faisant référence à la situation historique* »[143].

234. Ensuite, le principe de l'Etat de droit fait figure de principe normatif dynamique à l'origine d'une abondante construction jurisprudentielle. Cette dimension est parfaitement résumée par le Tribunal constitutionnel polonais : « *le contenu de la clause d'Etat démocratique de droit comporte toute une série de règles lesquelles, mêmes si elle ne sont pas expressément énoncées dans le texte de la Constitution, peuvent être déduites de l'essence même et de l'axiologie de cette clause* »[144]. En d'autres termes, le principe constitutionnel de l'Etat de droit joue le rôle de supplément par rapport au texte écrit de la Constitution et constitue un instrument à la disposition du juge pour compléter le droit constitutionnel écrit[145]. Deux points méritent ici tout particulièrement notre attention.

Premièrement, les cours constitutionnelles ont précisé le contenu exact de la notion d'Etat de droit. Par exemple, la Cour constitutionnelle hongroise a déclaré inconstitutionnelle une loi annulant la prescription des crimes commis durant les 45 dernières années et ignorés pour des raisons politiques au motif que « *un Etat de droit ne peut être constitué contre lui-même et la sécurité juridique basée sur des principes objectifs et formels prévaudra toujours sur une justice qui est nécessairement toujours partiale et subjective. L'exigence de justice matérielle dans un Etat de droit ne pourra se réaliser que dans le cadre des institutions et garanties servant la sécurité juridique* »[146]. A l'inverse, la Cour constitutionnelle tchèque – à l'image des Cours constitutionnelles allemande[147] et polonaise[148] - fait prévaloir une conception matérielle de l'Etat de droit. Ainsi, la Cour constitutionnelle tchèque a autorisé que soient poursuivis les auteurs de crimes politiques, pour certains déjà prescrits, commis entre janvier 1948 et décembre 1989, au motif que *« l'Etat de droit ne peut rester neutre sur le plan des valeurs démocratiques après la chute du régime totalitaire. Il n'est pas basé exclusivement sur une conception formelle mais aussi sur une conception matérielle* »[149]. Cette conception matérielle de l'Etat de droit trouve sa concrétisation dans les notions d'Etat de droit *social* et/ou *démocratique* que certaines constitutions consacrent expressément.

---

[143] CC hongroise, décision n°11/1992 (III.25) AB du 3/03/1992, *AIJC*, VIII-1992, p. 583.
[144] TC polonais, 4 janvier 1999, AIJC, 1999, p. 854.
[145] Voir dans le même sens la jurisprudence de la Cour constitutionnelle allemande, *Cf. supra*, n°197 et 217.
[146] CC hongroise, décision n°11/1992 (III.25) AB du 3/03/1992, AIJC, VIII-1992, p 583.
[147] La CC allemande a autorisé l'application rétroactive du droit pénal ouest allemand dans l'affaire des « tireurs du mur ». M. FROMONT, « RFA : la jurisprudence constitutionnelle en 1996 et 1997 », *RDP*, 1999, n°2, p527. Sur la position de la CourEDH, *Cf. infra*, n°303.
[148] TC Polonais, S6/91, du 25 septembre 1991, OTK, 1992, p 9. Voir J-P MASSIAS, *op.cit.*, p. 1402.
[149] CC Tchèque, décision PI.US 19/93 du 21 décembre 1993, EEC Reporter, 1997, vol 4. N°2, p 149-174

Deuxièmement, les cours constitutionnelles nationales ont déduit du principe de l'Etat de droit divers principes contenus ou non dans un texte écrit : principe de non-rétroactivité[150], protection de la confiance des citoyens[151], principe de la sécurité juridique[152], protection des droits acquis[153], principe de la séparation des pouvoirs[154] etc. Au total donc, le principe de l'Etat de droit apparaît comme l'expression collective de plusieurs principes et règles constitutionnels. Ce faisant, ces jeunes Cours constitutionnelles s'inscrivent dans la droite lignée des juges constitutionnels allemands, autrichiens, espagnols et portugais appelant ainsi des conclusions identiques.

235. L'étude du principe constitutionnel de l'Etat de droit, tel qu'il est véhiculé par certaines constitutions nationales et développé par les juges constitutionnels, nous a permis d'identifier ce que le droit positif entendait par « *Etat de droit* ». A l'évidence, il y a, en la matière, au-delà des différences culturelles, une nette convergence des jurisprudences constitutionnelles européennes, preuve encore s'il en était besoin que l'européanisation du droit constitutionnel, et plus largement du droit public, progresse pas à pas. Dans tous ces Etats, le principe de l'Etat de droit, en tant que principe constitutionnel de l'ordre juridique, contribue au développement et à l'approfondissement de l'ordre juridique. Sous ce principe, se cristallisent un certain nombre de valeurs (la dignité humaine, l'autonomie individuelle, la justice sociale etc.), d'institutions (le juge, le législateur etc.), de principes (la sécurité juridique, la séparation des pouvoirs, la proportionnalité etc.) et de procédures (la protection juridictionnelle des droits fondamentaux, le droit à un procès équitable etc.) dessinant progressivement les contours d'un modèle européen exigeant de l'Etat de droit. Le principe de l'Etat de droit apparaît ainsi comme un « *méta-principe* », un « *sur-principe* », un « *principe fédérateur* » ou encore « *un principe parapluie* », coiffant sous son nom un ensemble de valeurs, d'institutions, de principes et de procédures auxquels il donne un sens et qu'il ordonne de manière

---

[150] CC tchèque, décision, IV. US, 215/94, du 8 juin 1995, EECR, 1997, vol 4, n°1, p 27-33 ; Tribunal polonais, 15 septembre 1998, AIJC, 1998, p. 906.

[151] TC polonais, 4 janvier 1999, AIJC, 1999, p. 854 : « *le contenu de la clause d'Etat démocratique de droit comporte toute une série de règles lesquelles, même si elle ne sont pas expressément énoncées dans le texte de la Constitution, peuvent être déduites de l'essence même et de l'axiologie de cette clause. Parmi celles-ci, citons notamment la règle de protection de la confiance des citoyens à l'égard de l'Etat et du droit qu'il édicte* ».

[152] CC hongrois, décision n°9/1992, du 28 décembre 1992.

[153] CC slovène, décision U-I-204/98 du 30 septembre 1998, BJC, 1998 ; Tribunal polonais, Décision K 3/91 du 25 février 1992, OTK, 1992, p. 9 ; CC hongroise, décision 43/1955, du 30/01/1995, EECR, vol 4, n°1, p. 64-81.

[154] CC slovaque, PL. US, 29/95, n°8 du 29 novembre 1995, Bulletin de Jurisprudence Constitutionnelle (BJC), Commission de Venise, 1995. Dans cette affaire, la Cour a, en l'absence de toute consécration explicite du principe de la séparation des pouvoirs au sein de la Constitution, rattaché directement ce principe à celui de l'Etat de droit.

logique et cohérente. En tant que principe constitutionnel formellement consacré par le droit positif, il ordonne, structure et finalise l'ordre juridique contribuant ainsi à sa dynamique, confirmant la thèse selon laquelle l'Etat de droit constituerait le paradigme organisationnel du droit constitutionnel moderne.

SECTION II
LA CONSTITUTIONNALISATION DU MODELE DE L'ETAT DE DROIT

236. L'approche « discursive » du principe de l'Etat de droit, nous a permis d'identifier certaines caractéristiques communes que les juges constitutionnels européens rattachaient au principe de l'Etat de droit. Une étude comparative beaucoup plus large révèlerait également que la plupart des principes rattachés au principe constitutionnel de l'Etat de droit en Allemagne, en Autriche, en Espagne ou au Portugal sont également consacrés, sous une forme ou une autre, dans les Etats ne reconnaissant pas au principe de l'Etat de droit un statut normatif constitutionnel[155]. Sans qu'il soit possible de procéder ici à une étude détaillée de tous ces principes, pour tous les Etats, nous voudrions montrer dans cette section que l'idée d'« Etat de droit » constitue à cet égard le paradigme organisationnel du droit constitutionnel moderne : la consécration matérielle du principe de l'Etat de droit et de ses principes constitutifs (§1) illustre, d'une manière plus générale, l'avènement d'un modèle constitutionnel de l'Etat de droit (§2).

§1 – LA CONSECRATION CONSTITUTIONNELLE MATERIELLE DU PRINCIPE DE L'ETAT DE DROIT ET DE SES PRINCIPES CONSTITUTIFS (LE CAS DE LA FRANCE)

237. A partir de l'exemple français, nous nous proposons ici d'essayer de voir dans quelle mesure le principe de l'Etat de droit constitue un principe matériel de l'ordre constitutionnel français. Une telle proposition peut apparaître singulière dans la mesure où le Conseil constitutionnel s'est toujours refusé à faire du principe de l'Etat de droit un principe constitutionnel[156]. Pour autant, l'on ne saurait déduire de l'absence de l'expression « Etat de droit » du droit constitutionnel français, la non reconnaissance constitutionnelle, à tout le moins matérielle, du principe de l'Etat de droit. Il nous paraît même au contraire que l'article 16 de la Déclaration des droits

---

[155] Nous verrons même dans la deuxième partie de cette étude que certains de ces principes ont pu être consacrés dans ces Etats par le prisme du Droit européen. *Cf. infra*, Seconde partie, Titre II, Chap. 1.

[156] Le principe de l'Etat de droit a pourtant été invoqué à plusieurs reprises par des requérants devant le Conseil constitutionnel. Par exemple, dans une Décision n°89-261 DC du 28 juillet 1989, les requérants considéraient que la mesure législative contestée constituait « *une négation de l'Etat de droit* ». Le Conseil constitutionnel reprendra dans l'exposé des griefs cette formule en mettant des guillemets comme pour prendre ses distances vis-à-vis de cette notion. Au fond, cela n'a rien de surprenant compte tenu du fait que ni le constituant ni le législateur n'ont consacré un tel principe. Qui plus est, on se souvient des réticences de la doctrine française à l'égard de l'emploi de cette expression. *Cf. supra*, n°145

de l'homme et du citoyen de 1789 (*ci-après*, DDHC)[157] constitue l'une des définitions les plus claires de l'Etat de droit[158] jamais consacrées par un texte constitutionnel[159], en ce qu'il implique, d'une part, une exigence formelle relative à l'organisation des pouvoirs et, d'autre part, une exigence matérielle relative à la protection des droits, qui sous-entend au préalable la reconnaissance de tels droits[160]. C'est à ce titre que Bertrand Mathieu estime que le principe de l'Etat de droit a été implicitement consacré par le Conseil constitutionnel à travers la constitutionnalisation de l'article 16 de la DDHC[161]. L'article 16 serait donc la formule fondatrice de l'Etat de droit, voire même de l'Etat de droit constitutionnel[162]. On pourrait assurément le reformuler ainsi « *tout Etat dans lequel la garantie des droits n'est pas assurée, [notamment par la séparation des pouvoirs]*[163]*, n'est point un Etat de droit [constitutionnel]*»[164], sans que son sens n'en soit substantiellement modifié.

238. L'article 16 DDHC serait également refondateur de l'Etat de droit en ce que les principes constitutionnels que le juge constitutionnel dégage de cet article contribuent au développement de l'Etat de droit. Il en constituerait la « *matrice* »[165]. A cet égard, il est tout à fait significatif de constater la convergence des principes dégagés par le Conseil constitutionnel sur la base de l'article 16 DDHC avec les principes rattachés par certaines cours constitutionnelles européennes (mais aussi par la doctrine) au principe constitutionnel de l'Etat de droit. Prenons comme exemple le « droit au juge » et le « principe de sécurité juridique ».

---

157 Article 16 DDHC : « *Toute société, dans laquelle la garantie des droits n'est pas assurée, ni la séparation des pouvoirs déterminée, n'a point de Constitution* ».

158 M. MIAILLE, « L'Etat de droit dans la Constitution », *1791, La première constitution française*, Paris, Economica, 1993, p. 23 ; A. BARATTA, « El Estado de derecho. Historia de un concepto y problematica actual », *Sistema*, 1997, p. 67.

159 Rappelons pour mémoire que la Déclaration des droits de l'homme et du citoyen fait partie intégrante du bloc de constitutionnalité (Décision 73-51 DC, *Taxation d'office*). Qui plus est, l'ensemble de ses articles ont pleine valeur constitutionnelle. B. MATHIEU et M. VERPEAUX, *Contentieux constitutionnel des droits fondamentaux*, Paris, LGDJ, 2002, pp. 264-266.

160 B. MATHIEU et M. VERPEAUX, *op.cit.*, sp. 720.

161 B. MATHIEU, « Liberté contractuelle et sécurité juridique : les oracles ambigus des sages de la rue de Montpensier (A propos de la décision 96-385 DC du Conseil constitutionnel du 30 décembre 1996) », *LPA*, 1997, n°29. Toutefois, Bertrand Mathieu voit surtout dans l'article 16 l'expression du principe de sécurité juridique qui constitue, selon lui, l'un des « principes matriciels » du droit constitutionnel français et de l'Etat de droit, fondant notamment le droit au recours (B. MATHIEU et M. VERPEAUX, *op.cit.*, sp.424).

162 B. MATHIEU et M. VERPEAUX, *op.cit.*, sp. 720.

163 *Ibid.*, p. 467 : pour ces auteurs, la protection des droits fondamentaux est garantie non seulement par la séparation des pouvoirs mais aussi et surtout par l'existence d'un pouvoir juridictionnel.

164 Toutefois, pour les normativistes, une telle définition serait doublement tautologique : d'abord, parce que l'Etat, se confondant avec l'ordre juridique qu'il incarne, ne peut être que « de droit » ; ensuite, parce que l'idée de garantie des droits est consubstantielle à l'idée d'ordre juridique et partant d'Etat, de telle sorte que là où la garantie des droits n'est pas assurée, il n'y a point d'ordre juridique, donc point d'Etat.

165 Sur le concept de « *principes matriciels* », voir B. MATHIEU et M. VERPEAUX, *op.cit.*, pp. 421-424. S'agissant de l'article 16 DDHC, *Ibid.*, sp. 424.

S'agissant du «droit au juge » - L'ancrage constitutionnel, via l'article 16 DDHC, du « *droit au juge* », dont on a pu déjà voir sa consubstantialité avec l'idée d'Etat de droit et dont tout le monde s'accorde à considérer qu'il constitue « *l'un des tous premiers corollaires de l'Etat de droit aujourd'hui* »[166], en est une première illustration. Il convient de rappeler que, à la différence de la Loi fondamentale de Bonn (art. 19-4), de la Constitution italienne (art. 24) ou de la Constitution espagnole (art. 24-1), la Constitution française de 1958 ne contient aucune disposition fondant constitutionnellement le « *droit au juge* ». Pourtant, pour la doctrine, l'idée de « droit au juge » est « *incluse dans notre conception générale du droit* »[167], qu'elle soit consacrée implicitement par des principes écrits ou non écrits[168]. Il faudra attendre 1994 pour que l'article 16 DDHC soit clairement rattaché d'une manière générale au « droit au recours »[169] : dans une décision 96-335 DC du 21 janvier 1994, le juge constitutionnel a considéré que la limitation à six mois de la possibilité d'invoquer une exception d'illégalité à l'encontre de « schémas directeurs » et de « plan d'occupation des sols » ne porte pas atteinte substantiellement « *au droit des intéressés d'exercer un recours* » et « *qu'ainsi le moyen tiré d'une méconnaissance de l'article 16 de la Déclaration des droits de l'homme et du citoyen manque en fait* »[170]. Mais c'est en 1996 que le Conseil constitutionnel va expressément consacrer, sur le fondement de l'article 16 DDHC, le « *droit des personnes intéressées d'exercer un recours effectif devant une juridiction* », ce qui va bien au delà du simple « *droit au recours* » en ce qu'il consacre un véritable « *droit d'agir en justice* »[171]. Par la suite, le Conseil précisera qu'il résulte de l'article 16 DDHC « *qu'il ne doit pas être porté d'atteintes substantielles au droit des personnes intéressées d'exercer un recours effectif devant une juridiction* »[172]. Ajoutons enfin, que c'est encore sur la base de l'article 16 DDHC que le Conseil constitutionnel a fondé l'exigence de la force exécutoire des décisions de justice[173]. A cet égard, la doctrine considère que « *cet article constitue le nouveau fondement de l'existence d'un pouvoir juridictionnel* »[174]. L'ancrage du

---

166 L. FAVOREU *et alii*, *Droit des libertés fondamentales*, 2e éd., Paris, Dalloz, 2002, sp. 271. Sur le « droit au juge », *Cf. infra*, n° 390 et ss.

167 L. FAVOREU, *Du déni de justice en droit public français*, Paris, LGDJ, 1964.

168 En ce sens, Ph. TERNEYRE, « Le droit constitutionnel au juge », *LPA*, 1991,n°145, p. 6 ; T.S. RENOUX, « Le droit au recours juridictionnel », *JCP*, 1993, sp. 213.

169 Ce droit au recours avait été consacré en 1993 sans que le Conseil constitutionnel n'en indique le fondement constitutionnel, Décision n°93-325 DC du 13 août 1993 *RJC*, I-539.

170 Décision n°93-335 DC du 21 janvier 1994, *RJC* , I-576.

171 En ce sens, L. FAVOREU *et alii*, *Droit des libertés fondamentales*, *op.cit.*, p. 271. Notons toutefois que Elisabeth Zoller considère que le Conseil constitutionnel n'aurait consacré que le « droit au recours(non juridictionnel) » comme droit fondamental, alors que le « droit au recours juridictionnel » ne serait pas un droit fondamental en ce qu'il pourrait faire l'objet de restrictions (E. ZOLLER, *Droit constitutionnel*, 2e éd., Paris, PUF, 1999, p. 596). Sur la distinction « droit au recours » / « droit au recours juridictionnel » (à propos des articles 6.1 et 13 de la ConvEDH), *Cf. infra*, n°394.

172 Décision n° 99-416 DC du 23 juillet 1999, *RJC*, I-838. Voir également, Décision n°2000-437 DC du 19 décembre 2000, §44.

173 Décision n° 98-403 DC du 29 juillet 1998, *Loi d'orientation relative à la lutte contre les exclusions*, Recueil, p. 276 .

174 B. MATHIEU et M. VERPEAUX, *op.cit.*, p. 363.

« *droit au recours [juridictionnel]* » dans l'article 16 DDHC s'explique aisément compte tenu de la conception contemporaine de la garantie des droits qui s'identifie pour l'essentiel avec leur garantie juridictionnelle au terme d'une assimilation du droit et du juge selon laquelle seul le juge est en mesure d'assurer une protection effective des droits. Le processus de « juridictionnalisation » de l'Etat de droit, constaté partout en Europe et accéléré par le Droit européen, conduisant à l'identification de l'Etat de droit à l' « Etat des juges » (*Richterstaat*) en est la conséquence[175]. Le Conseil constitutionnel s'inscrit clairement dans ce mouvement.

S'agissant du « principe de sécurité juridique » - Là encore, l'article 16 DDHC semble servir de point d'ancrage à la notion de « sécurité juridique » en droit constitutionnel français. Selon certains, le principe de sécurité juridique serait implicitement exprimé par l'article 16 DDHC et constituerait même un des principes matriciels de l'ordre constitutionnel[176]. S'il est vrai que le Conseil constitutionnel n'a pas pour l'instant procédé à une consécration expresse d'un droit fondamental à la sécurité juridique, on serait tenter de dire que non seulement il ne l'a pas exclu, mais qu'en plus, au vu des données du droit comparé et des exigences européennes en la matière, il a constitutionnalisé largement le principe dans sa substance.

En effet, la doctrine admet, dans sa grande majorité, que le Conseil constitutionnel « *progresse vers la reconnaissance du caractère constitutionnel du principe de sécurité juridique* »[177]. Formellement parlant, il est indéniable que le Conseil constitutionnel hésite encore à prendre position. En effet, alors que le Conseil a par deux fois expressément refusé de reconnaître toute valeur constitutionnelle au principe de confiance légitime[178], celui-ci n'a en revanche jamais dénié explicitement toute valeur constitutionnelle au principe de sécurité juridique pourtant également régulièrement invoqué par les requérants[179]. Certes, comme le relève Franck Moderne, le fait que le ton des formulations jurisprudentielles soit moins sévère à l'égard du principe de sécurité juridique qu'en ce qui concerne le principe de confiance légitime ne suffit pas pour pouvoir augurer d'une promotion du principe de sécurité juridique au rang des principes de valeur constitutionnelle[180]. Il n'en reste pas moins vrai que les silences réitérés du Conseil constitutionnel sur cette question sont troublants et ce d'autant plus que la « chose » (l'exigence de sécurité juridique) est au cœur de certaines décisions du Conseil constitutionnel[181]. En effet, si l'on considère à la lumière du droit comparé et du droit européen que le principe de sécurité juridique traduit les impératifs de la

---

[175] *Cf. infra*, n°390 et 562.

[176] B. MATHIEU et M. VERPEAUX, *op.cit.*, sp. 424.

[177] B. MATHIEU, *Chronique du GECAC, LPA*, 1996, p.7. Dans le même sens, L. FAVOREU *et alii, Droits des libertés fondamentales*, 2ème édition, Dalloz, 2002, pp. 284-285.

[178] Décision 96-385 DC du 30 décembre 1996, *Loi de finances pour 1997*, RJC I-691 ; Décision 97-391 DC du 7 novembre 1997, *Principe de sécurité juridique*, RJC I-719.

[179] L. FAVOREU *et alii*, *op.cit.*, p. 284.

[180] F. MODERNE, « Actualité des principes généraux du droit », *RFDA*, 1998, p. 506.

[181] B. MATHIEU, *op.cit.*

qualité du droit et de la prévisibilité du droit[182], force est alors de constater que le Conseil constitutionnel s'est, dans un passé relativement récent, montré tout particulièrement réceptif à ces exigences[183] : c'est ainsi que le Conseil constitutionnel a posé des limites constitutionnelles à la rétroactivité de la loi, notamment en matière fiscale[184], aux atteintes portées à l'économie des conventions et des contrats en cours[185] et, surtout, a affirmé que la clarté, l'accessibilité et l'intelligibilité de la loi était une exigence constitutionnelle[186]. Or, sur ce dernier point, il s'agit précisément d'une spécification du principe de sécurité juridique. Il est même possible de constater une nette convergence avec la jurisprudence de la Cour européenne des droits de l'homme qui considère que la notion de « loi », au sens de la Convention européenne des droits de l'homme, implique qu'elle soit *accessible* et *prévisible*[187]. Et là encore, le Conseil constitutionnel relie cette exigence dérivée du principe de sécurité juridique aux articles 6 et surtout 16 de la Déclaration des droits de l'homme et du citoyen[188], rejoignant une partie de la doctrine qui considère que l'article 16 peut être utilisé pour fonder l'insertion du principe de sécurité juridique au sein de l'ordre constitutionnel[189].

239. L'idée d'Etat de droit serait ainsi non seulement tout entière contenue dans l'article 16 DDHC constitutionnalisé par le Conseil constitutionnel, mais en plus, certains de ses principes constitutifs les plus fondamentaux auraient même été, sur cette même base, consacrés par le juge constitutionnel français. L'article 16 serait, par conséquent, tout à la fois fondateur et refondateur de l'Etat de droit et de ses principes constitutifs. A cet égard, l'ancrage constitutionnel des principes de l'Etat droit est une illustration de l'avènement du modèle constitutionnel de l'Etat de droit.

---

[182] *Cf. infra*, n°354.

[183] Pour un examen détaillé, F. LUCHAIRE, « La sécurité juridique en droit constitutionnel français », *Les Cahiers du Conseil Constitutionnel*, n°11, 2001, p. 67 et ss.

[184] Décision 97-390 DC, *RFDA*, 1999, p. 89.

[185] Décision 98-401 DC du 10 juin 1998, *Loi d'orientation et d'incitation relative à la réduction du temps de travail*, Rec., p. 258.

[186] Décision 98-407 DC du 14 janvier 1999, *Loi relative au mode d'élection des conseillers régionaux et des conseillers à l'Assemblée de Corse et au fonctionnement des Conseils régionaux*, Rec., p. 21.

[187] M-A FRISON-ROCHE et W. BARANES, « Le principe constitutionnel de l'accessibilité et de l'intelligibilité de la loi », D. 2000, n°23, Chr., p. 361 et ss. Ces auteurs relèvent le lien de filiation entre la formule retenue par le Conseil constitutionnel et la CourEDH, la notion d'intelligibilité n'étant rien d'autre que la condition de la prévisibilité.

[188] Pour le Conseil constitutionnel, « *l'égalité devant la loi énoncée par l'article 6 de la Déclaration des droits de l'homme et du citoyen et la « garantie des droits » énoncée par son article 16 pourraient ne pas être effectives si les citoyens ne disposaient pas d'une connaissance suffisante des normes qui leur sont applicables...* ».

[189] En ce sens, B. MATHIEU, *Chronique de jurisprudence constitutionnelle, LPA*, 1996, n°32 ; « La sécurité juridique : un produit d'importation dorénavant « made in France » », *Recueil Dalloz*, 2000, n°4, *Point de vue*, p. VII ; D. TURPIN, *Memento de la jurisprudence du Conseil constitutionnel*, Hachette supérieur, 1997.

§2 – L'AVENEMENT DU MODELE CONSTITUTIONNEL DE L'ETAT DE DROIT

240. Depuis le milieu du 20ème siècle, les systèmes juridiques européens connaissent une mutation sans précédent sous l'effet de la constitutionnalisation progressive du droit : en cessant « *d'être seulement une « idée » pour devenir une norme, c'est-à-dire une règle juridique obligatoirement sanctionnée dont les effets se font sentir sur les citoyens et sur les juges* »[190], la constitution est devenue la norme axiologique de l'ordre juridique tout entier en ce qu'il s'unifie et s'organise désormais autour d'elle entraînant dans son sillage un changement complet de *paradigme* juridique comme le souligne Gustavo Zagrebelsky[191]. La forme institutionnelle de l'Etat de droit s'en trouverait bouleversée : on assisterait ainsi à l'émergence d'un *Etat [de droit] constitutionnel*[192].

241. Depuis Carré de Malberg, il est habituel de distinguer l'Etat de droit de l'Etat légal, ce dernier ne s'étant pas élevé « *jusqu'à la perfection de l'Etat de droit* » en raison de l'impossibilité de contrôler la constitutionnalité des lois : autrement dit, dans l'Etat de droit, la constitution est la norme axiologique de l'ordre juridique ; dans l'Etat légal, ce rôle est confié avant tout à la loi. C'est ainsi que la doctrine avait salué le développement du contrôle de constitutionnalité en France comme « *le parachèvement de l'Etat de droit* »[193]. Nous ne partageons que partiellement cette opinion. Il nous semble en effet que l'Etat légal n'est qu'une des versions du modèle de l'Etat de droit[194]. Le modèle qualifié par Carré de Malberg d'*Etat de droit* renverrait à ce que nous appellerons *Etat de droit constitutionnel* à l'instar de Louis Favoreu ou Luigi Ferrajoli.

242. Dans l'Etat de droit constitutionnel, la loi perd son statut axiologique au profit de la constitution. Il en résulte plusieurs conséquences que l'on peut résumer sommairement à quatre propositions : a) les droits subjectifs inviolables sont indépendants de la loi : ils précédent et priment la loi, et sont protégés contre la loi en raison de leur source constitutionnelle (droits fondamentaux)[195] ; b) les principes de justice inscrits dans la constitution sont également indépendants de la loi, ils la

---

[190] L. FAVOREU, « Le droit constitutionnel, droit de la Constitution et constitution du droit », *RFDC*, 1990, 1, p.72.

[191] G. ZAGREBELSKY, *Il diritto mite, op.cit.*, p. 39.

[192] Signalons au passage que l'expression « Etat de droit constitutionnel » connaît aujourd'hui au sein de la littérature juridique une ascension fulgurante. Citons à titre indicatif, E. ZOLLER, *Droit constitutionnel*, 2ème éd., Paris, PUF, 1999, p. 41; C.GREWE et H. RUIZ-FABRI, *Droits constitutionnels Européens*, Paris, PUF, 1995, p. 21 ; L. FERRAJOLI, « El Estado constitucional de Derecho hoy : el modelo y su divergencia de la realidad », trad. P. Andrés Ibañez, in *Corrupcion y Estado de derecho. El papel de la jurisdicción*, Trotta, Madrid, 1996, . 24 et ss ; A.M. PEÑA FREIRE, *La garantía en el Estado constitutional de derecho*, Trotta, Madrid, 1997.

[193] J. RIVERO, « Fin d'un absolutisme », *Pouvoirs*, 1980, n°13, p. 5.

[194] Cf. *Supra*, n°156.

[195] G. ZAGREBELSKY, *op.cit.*, p. 57.

précèdent et la priment, et ne peuvent être violés par le législateur[196] ; c) la loi n'est plus considérée comme infaillible et intouchable, et est soumise en conséquence au contrôle de constitutionnalité[197] ; d) la figure du juge dans sa fonction constitutionnelle tend à supplanter celle du législateur dans la détermination substantielle des normes[198].

243. Face à une telle transformation de l'ordre étatique, certains n'ont pas hésité à considérer que c'était le principe même de l'Etat de droit qui était remis en cause. Ainsi, pour Gustavo Zagrebelsky, l'Etat de droit s'identifiait traditionnellement avec l'Etat légal en ce que la loi – expression de la volonté générale – constituait le paradigme organisationnel de l'ordre juridique[199]. Avec la constitutionnalisation croissante de l'ordre juridique, il en résulterait un nouveau type de *Droit* caractérisé par sa dilution et, à cet égard, « *incertain* »[200], incompatible avec les structures traditionnelles de l'Etat de droit[201]. Il conviendrait de parler désormais d'Etat constitutionnel et non plus d'Etat de droit ni même d'Etat de droit constitutionnel.

Sur ce point, il nous semble que le professeur de Turin commet la même erreur que Forsthoff ou Böckenförde en tenant pour permanente une forme historique de l'Etat de droit (libéral/légal)[202]. En réalité, comme nous l'avons vu, l'Etat de droit revêt une pluralité de formes : l'Etat de droit constitutionnel en est l'une d'entre elles. L'Etat de droit constitutionnel constituerait même, selon nous, une exacerbation de l'idée d'Etat de droit comme le rappelle le Doyen Favoreu pour qui « *l'idée de réalisation de l'Etat de droit domine le droit constitutionnel moderne* »[203]. Bien plus qu'un abandon de l'idée d'Etat de droit, l'Etat de droit constitutionnel est un approfondissement de l'Etat de droit[204] dans la mesure où il représente « *une sorte de synthèse entre positivisme juridique et droit naturel* » et constitue « *la tentative la plus ingénieuse qui ait jamais été faite pour donner un caractère positif à des valeurs données, sans pour autant reconnaître un caractère absolu à ces valeurs ou les abandonner aux caprices changeants des majorités du moment* »[205]. Ainsi, l'inscription des droits et libertés fondamentaux que l'Etat reconnaît aux individus dans la constitution limite et encadre considérablement le pouvoir des gouvernants. Avec l'Etat de droit constitutionnel, « *les conditions de validité des normes de l'Etat incorporent non seulement des exigences de régularité*

---

[196] *Ibid.*, p. 123.
[197] *Ibid.*, p. 142.
[198] *Ibid.*, p. 150.
[199] *Ibid.*, p. 24.
[200] R. GUASTINI, « Diritto mite, Diritto incerto », *Materiali per una storia della cultura giuridica*, n°2, 1996, p. 513.
[201] Pour un exposé détaillé de cette thèse, *Cf. supra*, n°140.
[202] *Cf. supra*, n° 199 pour les critiques de J. Habermas.
[203] L. FAVOREU, *op.cit.*, p. 79.
[204] En ce sens, HÄBERLE, « Derecho constitucional comun europeo », in A.E. PEREZ-LUÑO (dir), *Derechos humanos y constitucionalismo ante el tercer milenio*, Marcial Pons, Madrid, 1996, p 192.
[205] M. CAPPELLETTI, *Le Pouvoir des juges*, trad. R. David, PUAM, Economica, 1990, p. 278.

formelles mais également les normes substantielle déduites de la constitution»[206]. Ainsi, au respect des règles constitutionnelles formelles s'ajoute désormais le respect des règles de fond. Dès lors, « *toutes les institutions (y compris le parlement) sont soumises au respect des règles de droit et notamment à celles qui protègent les droits fondamentaux : en sorte qu'elles ne peuvent limiter ceux-ci ou leur porter atteinte qu'en utilisant les voies normatives appropriées, et donc, en fait, en obtenant les majorités exigées pour adopter telle ou telle limitation* »[207]. Ce modèle serait-il en même temps vecteur de démocratie?

244. Sur ce dernier point, la doctrine est très divisée quant à savoir si le principe de la justice constitutionnelle – consubstantiel à l'idée d'Etat de droit constitutionnel – est compatible avec le principe démocratique, à défaut d'en être le vecteur[208]. Ce débat est trop connu pour que l'on y revienne longuement. La question qui nous intéresse plus particulièrement ici est celle de savoir dans quelle mesure l'Etat de droit constitutionnel, en ce qu'il s'articule autour de l'existence d'une justice constitutionnelle, peut être compatible avec une certaine conception de l'Etat démocratique. En effet, à l'image du concept d'Etat de droit, le concept de démocratie, largement polysémique et protéiforme, donne lieu par essence à diverses interprétations : la démocratie des anciens n'a rien à voir avec le concept moderne de démocratie. « *Si l'on définit la démocratie comme la forme de gouvernement dans lequel les lois sont faites par le peuple ou ses élus* »[209], alors il faut bien convenir avec Michel Troper que l'Etat de droit constitutionnel est incompatible avec la démocratie. Or nul ne saurait contester le caractère démocratique des Etats dans lesquels sont instaurés des mécanismes de contrôle de constitutionnalité ; l'inverse est tout aussi vrai[210]. Aussi convient-il au préalable de définir ce que l'on entend par démocratie.

La doctrine contemporaine s'accorde à identifier deux modèles de démocratie : la *démocratie moniste* (démocratie majoritaire) et la *démocratie dualiste* (démocratie constitutionnelle). Dans la première, dont le modèle type est celui de la démocratie britannique, il est laissé au parlement – élu démocratiquement par les gouvernés – une complète liberté de légiférer sans qu'aucun contrôle institutionnel ne puisse s'opposer à cette volonté ; dans la seconde, au contraire, cette liberté est enfermée dans les limites de la constitution, les « gouvernés » se

---

[206] L. FERRAJOLI, *op.cit*, p. 24.
[207] L. FAVOREU, *op.cit.*, p. 79.
[208] Parmi une abondante littérature, on retiendra tout particulièrement M. CAPPELLETTI, *op.cit.*, pp. 215-279 ; M. TROPER, «Justice constitutionnelle et démocratie », *RFDC*, 1990, pp. 31-48 ; « Démocratie continue et justice constitutionnelle », in D. ROUSSEAU (dir.), *La démocratie continue*, Paris, Bruxelles, LGDJ, Bruylant, 1995, p. 125 et ss ; L. FAVOREU, « La légitimité du juge constitutionnel », *RIDC*, 1994, pp. 557-581 ; G. DRAGO, B. FRANÇOIS et N. MOLFESSIS (dir.), *La légitimité de la jurisprudence du Conseil Constitutionnel*, Paris, Economica, 1998 ; A.M. PEÑA FREIRE, *La garantia en el Estado constitutional de derecho*, Trotta, Madrid, 1997, p. 195 et ss.
[209] M. TROPER, « Démocratie continue et justice constitutionnelle », *op.cit.*, p. 125.
[210] Il suffit à cet égard de penser à des Etats comme la Grande-Bretagne, les Pays-Bas ou la Suisse.

réservant le droit de confronter la volonté de la majorité à la volonté exprimée par le peuple dans la constitution au travers de mécanismes institutionnels tels que le contrôle juridictionnel des lois[211]. En d'autres termes, la démocratie majoritaire, reposant sur la souveraineté du Parlement, se différencie de la démocratie constitutionnelle, reposant sur la souveraineté de la Constitution, en ce que dans l'hypothèse la plus radicale, dans la première, le dernier mot appartient au parlement et, dans la seconde, au juge constitutionnel et/ou au pouvoir constituant souverain.

Avec la question du « *dernier mot* », nous touchons au point de rencontre de la démocratie et de la justice constitutionnelle, dont la problématique se concentre dans l'idée de « *supraconstitutionnalité* »[212] à l'origine du discours sur le spectre du « *gouvernement des juges* »[213]. Selon la formule de Georges Vedel, « *si les juges ne gouvernent pas, c'est parce que, à tout moment, le souverain, à la condition de paraître en majesté comme constituant peut, dans une sorte de lit de justice, briser leurs arrêts* »[214]. Autrement dit, à tout moment, le peuple souverain pourrait revenir changer ce que le peuple a fait, et refaire ce que le juge a défait, de telle sorte que « *la légitimité du juge constitutionnel tient à ce qu'il n'a pas le dernier mot* »[215]. Dès lors que le législateur perd toute capacité de contribuer politiquement à la formation de l'ordre juridique, « *il en est fini de l'Etat constitutionnel démocratique* »[216]. A cet égard, reconnaître aux juges le droit de contrôler les lois constitutionnelles reviendrait à nier le caractère souverain du peuple dans la mesure où sa volonté serait désormais enfermée dans des limites constitutionnelles déterminées, selon les cas, par le texte constitutionnel lui-même et/ou le juge constitutionnel : ce serait du même coup donner le « *dernier mot* » au juge chargé de se prononcer sur le respect de ces limites matérielles constitutionnelles fixées par le constituant originaire.

Cette question a fait l'objet en France d'une controverse au sein de la doctrine au lendemain des décisions Maastricht II et Maastricht III. Bien que celle-ci semble aujourd'hui définitivement réglée depuis que le Conseil constitutionnel a explicitement affirmé dans sa décision 2003-469 du 26 mars 2003 qu'il ne tenait ni de l'article 61 de la Constitution, ni de l'article 89, ni d'aucune autre disposition

---

[211] B. ACKERMAN, « La démocratie dualiste », in M. TROPER et L. JAUME (dir), *L'invention de la Constitution*, Paris, Bruxelles, LGDJ, Bruylant, 1994, p. 191 et ss ; également, L. FAVOREU *et alii.*, *Droit constitutionnel*, Paris, Dalloz, 2000, pp. 45-46.

[212] Sur la notion de « supraconstitutionnalité », S.ARNE, « Existe-t-il des normes supra-constitutionnelles ? Contribution à l'étude des droits fondamentaux et de la constitutionnalité », *RDP*, 1993, pp. 459-512 ; voir également, le numéro spécial de la RIDC/JSLC consacré au thème de la supraconstitutionnalité et les contributions de notamment de G. Drago, M. Troper, A. Baldassare, G. Zagrebelsky et L. Favoreu, RIDC, JSLC, n° spécial, vol 15., 1993.

[213] S. BRONDEL, N. FOULQUIER et L. HEUSCHLING (dir.), *Gouvernement des juges et démocratie*, Paris, Publication de la Sorbonne, 2001.

[214] G. VEDEL, « Schengen et Maastricht », *RFDA*, 1992, p. 180.

[215] L. FAVOREU *et alii.*, *Droit constitutionnel*, *op.cit.*, p. 352.

[216] ZAGREBELSKY, *op.cit.*, p. 213.

constitutionnelle, le pouvoir de se prononcer sur une révision de la Constitution, il peut être utile de rappeler les termes du débat.

La majorité de la doctrine française considérait que le peuple étant par définition souverain, aucune limitation ne saurait le limiter. La décision Maastricht II du Conseil constitutionnel en constituerait la confirmation. Dans cette décision, le Conseil constitutionnel aurait, selon ces auteurs, décliné sa compétence sur le contrôle des lois constitutionnelles en reconnaissant notamment que « *le pouvoir constituant est souverain* »[217] : à cet égard, la souveraineté du pouvoir de révision serait totale, les limites procédurales (articles 89 et 11), *ratione temporis* (articles 7, 16, 89 al. 4) et matérielles (forme républicaine) prévues par la Constitution ne seraient pas « *intangibles* »[218] soit, pour certains, parce qu'elles sont sans fondement et donc inexistantes[219], soit que ces limites sont modifiables en respectant les formes prévues via notamment le mécanisme de la double révision[220]. Il en résulterait que le peuple aurait toujours le dernier mot comme l'illustrerait la décision du 23 septembre 1992 (Maastricht III) par laquelle le Conseil confirme sa jurisprudence de 1962 en déclinant sa compétence juridictionnelle à l'égard des lois référendaires en ce qu'elles sont « *l'expression directe de la souveraineté nationale* ». L'exclusion du contrôle des révisions adoptées par le peuple[221] de la tutelle juridictionnelle du Conseil constitutionnel semble devoir être étendue également aux cas de révisions parlementaires en raison de l'absence de dispositions explicites d'attribution de compétence en ce sens[222]. Pourtant, une doctrine minoritaire déplore cette situation constitutionnelle. Certains avaient vu dans la décision Maastricht II une reconnaissance par le Conseil constitutionnel du « *principe de sa compétence sur les lois constitutionnelles* »[223]. D'autres, après une opinion en ce sens, durent revenir sur cette position initiale. Mais l'ensemble de ces auteurs ont pour point commun de s'inscrire en faux vis-à-vis de l'opinion dominante selon laquelle le pouvoir de révision constitutionnelle serait sans limite. L'hypothèse de la double révision qui permettrait de contourner l'obstacle de la clause de limitation de révision cristallise ici toutes les critiques ; ce serait là un « détournement de procédure »[224] ébranlant l'idée même de droit puisque cela équivaudrait à considérer que le souverain peut

---

[217] En ce sens, G. VEDEL, « Souveraineté et supraconstitutionnalité », *op.cit.*, p. 86 et s ; B. GENEVOIS, « Les limites d'ordre juridique à l'intervention du pouvoir constituant », *RFDA*, 1998, p909 et s ; R BADINTER « Le conseil constitutionnel et le pouvoir constituant », *in Libertés. Mélanges J. Robert*, Paris, Montchrestien, 1998, p. 217 ; G. GONDOUIN, « Des mystères de la supra-constitutionnalité à la logique fédéraliste. Réflexions sur la jurisprudence du Conseil constitutionnel" » *Mélanges G. Peisier*, Grenoble, PUG, 1995, p. 301. Parmi les grands manuels de droit constitutionnel, on retiendra en ce sens en particulier, J. GICQUEL, *Droit constitutionnel et institutions politiques*, *op.cit.*, p. 180 et 519 ; G. BURDEAU, F. HAMON et M. TROPER, *Droit constitutionnel*, 25e éd., Paris, LGDJ, 1997, p. 52 et 454.

[218] B. GENEVOIS, *op.cit.*, p. 913.

[219] G. VEDEL, *op.cit.*, p. 90 ; J. GICQUEL, *op.cit.*, p. 198.

[220] R. BADINTER, *op.cit.*, p. 219.

[221] Que ce soit sur la base de l'article 89 ou de l'article 11.

[222] Sur ce point, R. BADINTER, *op.cit.*, p. 223.

[223] D. ROUSSEAU, *op.cit.*, p. 206 ; O. BEAUD, « Maastricht et la théorie constitutionnelle » (2ème partie), *op.cit.*, p. 9.

[224] L. FAVOREU, *op.cit.*, p. 76.

s'affranchir des limites juridiques qui sont censées encadrer sa toute puissance[225]. Seul le pouvoir constituant originaire est souverain : le pouvoir constituant dérivé ou constitué doit lui être subordonné[226]. Le pouvoir constituant dérivé ne saurait ainsi porter atteinte à « *la forme républicaine du gouvernement* ». Mais que faut-il entendre par cette formule ? Faut-il s'en tenir à une lecture stricte de la notion de *République* (forme de gouvernement/ mode de désignation du président etc.)[227] ou faut-il en avoir une conception beaucoup plus large incluant les droits de l'homme, la démocratie, la séparation des pouvoirs etc.[228] ? L'inclusion dans le bloc de « *supraconstitutionnalité* » de principes tels que les droits de l'homme ou la démocratie est la solution retenue par l'Allemagne et l'Italie[229].

En Allemagne et en Italie, le juge constitutionnel se reconnaît compétent pour contrôler la constitutionnalité d'une révision constitutionnelle. C'est en Allemagne que cette logique a été poussée le plus loin[230]. Sur la base de l'article 79 al. 3, la Cour constitutionnelle s'est reconnue le droit de veiller au respect de limites tant explicites qu'implicites de révision constitutionnelle[231], allant même jusqu'à lier le « pouvoir constituant originaire » au respect *« des principes constitutionnels fondamentaux qui sont si élémentaires et qui reflètent à un tel point un droit préexistant même à la Constitution »*[232]. La radicalité d'une telle position est toutefois largement contrebalancée par la retenue avec laquelle la Cour constitutionnelle a effectué ce contrôle[233] au point que certains commentateurs ont pu considérer que « *la montagne avait accouché d'une souris* »[234]. En Italie, la Constitution interdit seulement les révisions portant atteinte à la nature républicaine du gouvernement, à l'instar de la France. Mais comme en Allemagne, la Cour constitutionnelle italienne est allée bien au-delà du texte constitutionnel en se

---

225 En ce sens la démonstration d'Otto Pfersmann pour qui la révision de la clause de révision déboucherait « *sur une régression à l'infini. S'il était licite de réviser d'abord l'article 89 (5), le constituant pourrait directement interdire de le modifier. S'il était alors licite de réviser cette interdiction, on pourrait interdire de réviser cette interdiction de réviser etc. L'argument se réduit donc à l'affirmation que le texte peut être considéré comme non écrit* », in L. FAVOREU *et alii. Droit constitutionnel, op.cit.*, p. 138. Voir également, O. PFERSMANN, « La révision constitutionnelle en Allemande et en Autriche », *op.cit.*, p. 53.

226 O. BEAUD, *La puissance de l'Etat, op.cit.* p. 322-324.

227 En ce sens, B. GENEVOIS, *op.cit.*, p. 912 et ss.

228 En ce sens par exemple, D. MAUS, « Sur la forme républicaine du gouvernement », *RFDC*, 1992, p. 412.

229 Sans aller jusqu'à confier au juge la mission de contrôler le respect par le pouvoir constituant de certains principes fondamentaux de l'ordre constitutionnel, il est possible, à l'instar de l'Espagne, de prévoir dans la Constitution que certaines dispositions constitutionnelles touchant à certains droits fondamentaux ne puissent être révisées que par le pouvoir constituant lui-même, à savoir le peuple par la voie du référendum. Sur ce point, voir les observations de B. MATHIEU et M. VERPEAUX, *op.cit.*, sp. 308

230 L. FAVOREU, « Souveraineté et supraconstitutionnalité », *Pouvoirs*, n°67, 1993, p. 74 ; E. ZOLLER, *Droit constitutionnel*, 2e éd., Paris, PUF, p. 85.

231 *Cf. supra*, n°197.

232 *Bay VerfGH*, 3, 28 ; voir également en ce sens, *Bay VerfGH*, 4, 51 ; *Bay VerfGH*, 11, 127 ; *BverfGE*, 3, 225 (égalité des sexes).

233 Voir en ce sens, L. HEUSCHLING, *op.cit.*, pp. 783-788.

234 M. FROMONT, « RFA La jurisprudence constitutionnelle en 1990 et 1991 », *RDP*, 1993, p. 1554.

reconnaissant compétente pour veiller à l'inviolabilité de certains droits (article 2) et à l'intangibilité des principes fondamentaux (titre I) dans l'hypothèse d'une révision constitutionnelle[235]. Toutefois, tout comme en Allemagne, la Cour constitutionnelle italienne n'a jamais invalidé une révision constitutionnelle. Il semble à cet égard que le juge, conscient de sa faible assise démocratique et sociale - et ce en dépit du haut niveau de juridiciarisation de la vie politico-constitutionnelle allemande et italienne - hésite à s'opposer au pouvoir majoritaire. Ainsi, la crainte d'un gouvernement des juges se révèle bien plus théorique qu'effective.

245. Au total donc, l'Etat de droit constitutionnel n'implique pas la renonciation à la démocratie. Elle change tout simplement de nature : la démocratie devient une *démocratie constituée*[236]. A bien des égards, il est même possible de voir dans l'Etat de droit constitutionnel un instrument de consolidation de la démocratie dans la mesure où, comme le souligne Louis Favoreu, « *l'exigence de constitutionnalité accroît considérablement l'importance du débat démocratique et renforce le niveau des majorités nécessaires pour adopter des changements affectant la vie de chacun : ce qui montre bien que dans le droit constitutionnel moderne tout est lié : les institutions, les normes et les droits fondamentaux* »[237]. « *En passant de la légalité à la constitutionnalité* »[238], le centre de gravité de l'Etat de droit se déplace. Du même coup, l'Etat de droit se consolide, s'unifie et s'étend dans un cadre normatif plus large, plus souple et plus protecteur, sous le contrôle de gardiens chargés de veiller à la cohérence de l'ensemble. Si le juge constitutionnel ne pourra sans doute jamais empêcher le suicide de la démocratie ou arrêter une révolution, il peut à tout le moins éviter la dégénérescence progressive et subversive de ses structures.

246. L'Etat de droit constitutionnel serait ainsi une synthèse des exigences formelles et matérielles de l'Etat de droit : les structures formelles de l'Etat de droit sont mises au service des valeurs matérielles (liberté, égalité et justice sociale) de la société démocratique au travers du principe de constitutionnalité. Certes, à ce jour, le modèle de l'Etat de droit constitutionnel n'a pas conquis toute l'Europe. Ainsi, le modèle britannique de l'Etat de droit (Etat légal) ne s'est pas encore élevé jusqu'à la « perfection » de l'Etat de droit constitutionnel. L'absence de constitution écrite et l'immunité constitutionnelle de la loi en sont une illustration. Mais, on peut noter une évolution du fait notamment de l'influence du Droit européen tendant à un rapprochement du modèle anglais vers le modèle continental du constitutionnalisme écrit comme nous le verrons dans la seconde partie de cette étude.

---

[235] Sentence 1146/1988.
[236] C. GREWE & H. RUIZ FABRI, *op.cit.*, p. 59 et ss.
[237] L. FAVOREU *et alii.*, *Droit constitutionnel*, *op.cit.*, p. 358.
[238] *Ibid.*

247. Au terme de cette double approche, historique et comparative, de l'Etat de droit en Europe, plusieurs constats s'imposent. Tout d'abord, on ne peut être que frappé par la vigueur d'un concept qui, formalisé au début du 18ème siècle par la doctrine allemande, a su traverser les années en se renouvelant en permanence, au point d'apparaître aujourd'hui comme un élément du « patrimoine spirituel commun » des Etats européens. Le concept d'Etat de droit s'ancre dans un même terreau commun européen, produit du siècle des Lumières, constitué de la primauté de l'individu et du droit, et constituant les paradigmes de la science juridique européenne (de droit public). En même temps, l'avènement de l'Etat de droit ne s'est pas fait sans heurts : l'histoire de l'Etat de droit se confond avec l'histoire politique européenne des 19ème et 20ème siècles. Tout à la fois instrument d'autonomisation et de développement du droit public, de légitimation du pouvoir et d'étendard de la liberté, l'Etat de droit a véhiculé une profusion de discours qui loin d'en affaiblir la signification en ont, selon nous, enrichi le sens : les débats dont a été l'objet le concept d'Etat de droit sous les régimes fasciste, franquiste et nazi n'ont que mieux mis en lumière les valeurs fondamentales qui lui sont attachées. L'on ne saurait parler d'Etat de droit sans une protection effective de droits fondamentaux que tout individu tient de sa qualité d'être humain et qui lui sont reconnus par l'ordre juridique. La Déclaration des droits de l'homme et du citoyen de 1789 ne disait pas déjà substantiellement autre chose. Se dessine ainsi, par-delà l'unité et la diversité des différents modèles institutionnels de l'Etat de droit que la doctrine et le droit positif ont pu véhiculer, un modèle commun de l'Etat de droit (un modèle *exigeant* de l'Etat de droit) tourné tout entier vers la protection de l'individu *dans* et *contre* la société, et intégrant en son sein les valeurs les plus fondamentales de la société démocratique, qu'il encadre et structure. Ce modèle « *exigeant*» de l'Etat de droit serait alors capable d'organiser « *en un ensemble relativement cohérent non seulement des représentations (le pouvoir, le droit, la liberté), mais également des pratiques qui confortent et renouvellent en même temps l'organisation moderne des dominations sociales* »[239]. Reste à étudier la manière dont ce modèle « *exigeant* » de l'Etat de droit est appréhendé, voire consolidé par le Droit européen.

---

[239] M. MIAILLE, « Le retour de l'Etat de droit. Le débat en France », in D. COLAS (dir.), *L'Etat de droit*, Paris, PUF, 1987, p. 216.

SECONDE PARTIE

LA CONSOLIDATION EUROPEENNE DU MODELE DE L'ETAT DE DROIT

248. L'étude de l'évolution du modèle de l'Etat de droit en Europe a révélé que l'Etat de droit constituait tout à la fois un principe commun des Etats européens et le paradigme organisationnel du droit public européen. Dans cette seconde partie, nous nous proposons d'approfondir cette première approximation d'un modèle européen de l'Etat de droit en étudiant la manière dont le Droit européen lui-même véhicule un certain modèle de l'Etat de droit autour duquel se structurent certains principes fondamentaux et à partir desquels il sera possible de systématiser le processus d'européanisation du droit public. Emergerait ainsi un modèle européen commun de l'Etat de droit (**Titre I**) dont la rétroaction au sein des systèmes juridiques nationaux contribuerait à l'homogénéisation des figures nationales de l'Etat de droit et à la consolidation des droits publics nationaux européens (**Titre II**).

Titre I – L'émergence d'un modèle européen de l'Etat de droit
Titre II – La diffusion du modèle européen de l'Etat de droit

TITRE I
L'EMERGENCE D'UN MODELE EUROPEEN DE L'ETAT DE DROIT

248. L'objet de ce titre est d'essayer de dessiner les contours d'un modèle européen de l'Etat de droit tel qu'il serait véhiculé par le Droit européen. Compte tenu de l'ampleur de la recherche entreprise, il convient au préalable de délimiter quelque peu le champ d'investigation de la recherche.

249. Précisons tout d'abord qu'il ne s'agit pas d'évaluer le fonctionnement des systèmes juridiques communautaire et de la ConvEDH à l'aune d'un modèle de l'Etat de droit. Autrement dit, il n'est pas de notre propos de répondre à la question de savoir si, par exemple, le fonctionnement du système juridique communautaire satisfait aux exigences d'un « Etat de droit ». Rappelons en effet que l'objet principal de cette étude est de chercher à identifier un modèle européen de l'Etat de droit à partir duquel il sera possible de systématiser le processus d'européanisation du droit public. Aussi cette étude se limitera à identifier les valeurs et les principes « *rechtsstaatlich* » constitutifs d'une certaine conception européenne de l'Etat de droit que véhicule le droit produit par ces systèmes juridiques.

250. Encore faut-il au préalable disposer d'un modèle institutionnel de l'Etat de droit nous permettant d'identifier les valeurs et les principes qui sont susceptibles de s'y rattacher. Nous considérons à cet égard qu'il n'est pas possible de déterminer *a priori* un tel modèle. S'il existe bien une idée commune de l'Etat de droit en Europe (assurer la primauté de l'individu par le droit), en revanche, il existe plusieurs modèles de l'Etat de droit. Il serait alors possible de partir de ce concept commun de l'Etat de droit pour reconstruire, à travers le prisme du Droit européen, les principes et les valeurs qui en sont la spécification. Il nous semble toutefois qu'une telle approche laisserait trop de place à l'interprétation subjective du chercheur si elle était conduite sans un ancrage positif. Pour plus d'objectivité, il convient ainsi de la conjuguer avec une deuxième approche ayant pour point de départ ce que dit le droit positif européen de l' « Etat de droit ».

251. De l'étude du discours de l' « Etat de droit » tel qu'il est relayé par le Droit européen (**Chapitre 1**), nous dégagerons une certaine conception européenne de l'Etat de droit à partir de laquelle nous pourrons identifier les principes normatifs européens qui en sont la concrétisation (**Chapitre 2**).

Chapitre 1 – L'assimilation européenne du discours de l'Etat de droit
Chapitre 2 – L'autonomisation d'un modèle européen exigeant de l'Etat de droit

CHAPITRE 1
L'ASSIMILATION EUROPEENNE DU DISCOURS DE L'ETAT DE DROIT
première approximation d'un modèle européen de l'Etat de droit

253. Ce chapitre se propose de présenter une première approximation d'un modèle européen de l'Etat de droit à travers le discours qu'en véhicule le Droit européen. Autrement dit, il s'agit d'étudier ce que le Droit européen *dit* de l'« *Etat de droit* ». Le modèle que nous voulons dégager ici, via le discours de l'Etat de droit, n'est pas prospectif ou normatif mais simplement *descriptif*. Nous voudrions savoir comment le Droit européen a intégré le discours national de l'Etat de droit et comment celui-ci est retranscrit par les textes « constitutionnels » européens et la jurisprudence de la CourEDH et de la CJCE.

Il conviendra dans un premier temps d'étudier la manière dont la notion d' « *Etat de droit* » proprement dite a été relayée par le Droit européen (**I**). Mais l'on ne saurait pour autant s'arrêter au simple discours portant sur l'expression elle-même « *Etat de droit* ». L'« *Etat de droit* » a depuis longtemps en Droit européen trouvé son équivalent conceptuel dans les notions de « *prééminence du droit* » et de « *Communauté de droit* ». Il conviendra aussi dans un second temps d'étudier la manière dont sont appréhendés ces concepts (**II**).

SECTION I
L'ASSIMILATION EUROPEENNE DE LA NOTION D' « ETAT DE DROIT »

254. Le discours de l'Etat de droit a connu, on le sait, une ascension fulgurante en Europe au tournant des années 1980[1]. Très rapidement, déferlant telle une lame de fond, il vint submerger les rives traditionnelles de la pensée politico-juridique pour devenir le nouveau credo du discours politico-constitutionnel[2], tant à l'ouest qu'à

---

[1] *Cf. infra*, Première Partie.

[2] Notamment sur cette promotion du modèle de l'Etat de droit, J. CHEVALLIER, « Le discours de l'Etat de droit », *Politiques*, 1993, pp. 13-20 ; M. TROPER, « Le concept d'Etat de droit », *Droits*, 15, p. 51 ; P. COSTA, « Lo Stato di diritto : un'introduzione storica », in P. COSTA & D. ZOLLO, *Lo Stato di diritto. Storia, teoria, critica*, Milan, Feltrinelli, 2002, p. 89.

l'est de l'Europe[3], marquant de son sceau la victoire et le règne sans partage du modèle de la *démocratie libérale* en Europe[4]. Désormais, l'Europe doit se penser sous le signe du triptyque, peut-être d'ailleurs redondant[5], **droits de l'homme / démocratie / Etat de droit**[6], comme le souligne la *Charte de Paris pour une nouvelle Europe* qui fut sans doute le premier texte européen à réactiver le thème de l'Etat de droit[7].

En d'autres lieux, il serait assurément intéressant d'entreprendre une véritable archéologie de l'idée d'Etat de droit dans le discours européen. Une telle étude, qui ne pourrait être qu'interdisciplinaire, se proposerait de remonter aux origines de l'introduction de la notion d'Etat de droit dans les enceintes des organisations européennes en étudiant le cadre sociologique, politique et philosophique qui a présidé à son succès. On y découvrirait sans doute que l'effondrement du bloc communiste a précipité la nécessité de véhiculer et d'installer les structures de la démocratie libérale à l'Est et qu'à cet égard la notion d'Etat de droit pouvait servir d'instrument privilégié pour en relayer le discours[8]. On y rencontrerait un certain nombre d'experts ou de « *pèlerins constitutionnels* » spécialistes de « *l'ingénierie constitutionnelle* »[9] chargés de propager ce discours, financés par les organisations européennes[10]. Mais on percevrait également derrière cette soudaine et

---

[3] M. LESAGE, « L'URSS : de la légalité socialiste à l'Etat de droit », *RDP*, 1989, p 1 et ss. ; S. MILACIC, « A l'Est, l'Etat de droit pour induire la démocratie ? Quelques vues sur le temps fort institutionnel de la transition démocratique », *Revue d'études comparatives Est-Ouest*, 1992, 4, pp. 23-40. Sur la problématique de la réception du principe de l'Etat de droit dans les pays de l'ex-bloc soviétique, *Cf. supra*, n°209 et ss.

[4] J. CHEVALLIER, « La mondialisation de l'Etat de droit », *Mélanges Philippe Ardant*, Paris, LGDJ, 1999, sp. 333. Plus généralement, JJ ROCHE, *Un empire sans rival. Essai sur la* pax democratica, Paris, Vinci, 1996, sp. 202 et 419. Certains vont même jusqu'à voir dans l'avènement du modèle libéral la fin de l'histoire, F. FUKUYAMA, *La fin de l'histoire et le dernier homme*, Paris, Flammarion, 1992. Pour une analyse critique juridique de cette thèse, voir S. MARKS, « The end of history ? Reflections on some international legal theses », *EJIL*, Vol. 8, 1997, pp. 449-477 ; MACEY & MILLER, « The end of history and the new legal order : the triumph of capitalism and the competition between liberalism and democracy », *Cornell Int' L. J.*, 1992, p. 277 et ss.

[5] *Cf. infra*, n°263 et 280.

[6] Voir exemple L. JIMENA QUESADA, *La Europa social y democrática de derecho*, Madrid, Dykinson, 1997, 370p.

[7] La Charte de Paris adoptée le 21 novembre 1990 dans le cadre de la CSCE souligne que « *les droits de l'homme, la démocratie et l'Etat de droit* » constituent, en tant que conditions de « *la liberté, de la justice et de la paix* », la clef de voûte de la « *nouvelle Europe* ». *Cf. Charte de Paris pour une nouvelle Europe*, Paris, 21 novembre 1990.

[8] Sur le pouvoir attractif du concept d'Etat de droit, M. MIAILLE, « Le retour de l'Etat de droit. Le débat en France », *in D. COLAS (dir), L'Etat de droit*, Paris, PUF, coll 'Questions', 1987, p. 216 et ss.

[9] Y. MENY (dir.), *Les politiques de mimétisme institutionnel. La greffe et le rejet*, Paris, L'Harmattan, 1993.

[10] On se souvient notamment des nombreux colloques organisés dans ces pays par le Conseil de l'Europe. (par exemple, « Le rôle du pouvoir judiciaire dans un Etat de droit », *Actes, Table ronde des ministres de la Justice des pays d'Europe centrale et orientale organisée par le Conseil de l'Europe en coopération avec le ministre de la Justice de la République de Pologne, Varsovie, 4 avril 1995*, Ed. Conseil de l'Europe, 126p.) Voir également les programmes de financement de la Commission européenne (TAIEX : bureau d'assistance technique et d'échange d'informations) ou le rôle décisif de la *Commission pour la démocratie par le droit*, dite *Commission de Venise*, créée sous l'égide du Conseil de l'Europe. G.

conjoncturelle réactivation de la notion d'Etat de droit, un discours de l'Etat de droit beaucoup plus ancien et discret au sein des organisations européennes[11], soutenu d'abord par la CourEDH et le Conseil de l'Europe, puis, plus tardivement, par la CJCE, avant que les institutions communautaires elles-mêmes n'en prennent toute la mesure : le discours relatif à la protection des droits fondamentaux ou à l'approfondissement démocratique des structures européennes n'en est qu'une des multiples illustrations.

255. Alors, face à une telle unanimité, on aurait pu s'attendre à retrouver l'expression « *Etat de droit* » consacrée le plus largement possible au niveau européen. Or les textes « *constitutionnels* » fondamentaux européens ignoraient jusqu'à peu la notion. Qui plus est, lorsqu'elle est consacrée, elle est non seulement limitée, mais elle soulève en plus d'innombrables difficultés conceptuelles et terminologiques (**§1**), expliquant sans doute largement la méfiance du juge européen à son égard (**§2**).

§1 – L'ASSIMILATION *CONSTITUTIONNELLE* DE LA NOTION D' « *ETAT DE DROIT* »

256. Jusqu'au début des années 1990, les textes constitutifs des organisations européennes ignoraient l'expression « *Etat de droit* ». Plusieurs raisons peuvent l'expliquer : premièrement, l'expression « *Etat de droit* » ne semble pas, par sa construction sémantique, très appropriée pour décrire une organisation internationale ; deuxièmement, à l'époque où ces textes fondateurs ont été rédigés, l'expression « *Etat de droit* » n'était pas autant à la mode qu'aujourd'hui, de telle sorte que l'idée d'Etat de droit avait pu trouver à s'exprimer au travers d'autres notions comme celle par exemple de « *prééminence du droit (rule of law)* ». Si les constituants de l'Union européenne ont fini par céder aux sirènes de l' « *Etat de droit* » au tournant des 1990 (**B**), en revanche l'expression se fait beaucoup plus discrète dans le droit du Conseil de l'Europe (**A**).

MALINVERNI, « L'expérience de la Commission européenne pour la démocratie par le droit (Commission de Venise) », *RUDH*, 1995, pp. 386-394 ; G. BUQUICCHIO et P. GARRONE, « L'harmonisation du droit constitutionnel européen : la contribution de la Commission européenne pour la démocratie par le droit », *RDU/ULR*, 1998-2/3 (n° spécial, *A la mémoire de Malcom Evans*), pp. 323-338.

[11] La contribution des organisations européennes, comme le Conseil de l'Europe ou l'Organisation sur la Sécurité et la Coopération en Europe (OSCE, ex-CSCE), à la promotion du modèle de l'Etat de droit fut à cet égard déterminante. J-Y MORIN, « L'Etat de droit : émergence d'un principe du droit international », *RCADI*, 1995, Tome 254, p. 202 et ss. Il suffit pour s'en convaincre de rappeler les positions très radicales de l'Assemblée du Conseil de l'Europe à l'égard du régime des Colonels en Grèce (A. MANIN, « La Grèce et le Conseil de l'Europe (12 décembre 1969-28 novembre 1974) », *AFDI*, n°20, 1974, pp. 875 et ss) ; ou encore des recommandations que celle-ci a posées dans le raffinement des dispositions constitutionnelles en vue du rétablissement de l'Etat de droit en Espagne (résolution 575 (1974), 25 septembre 1974 ; résolution 599 (1975) ; 2 octobre 1975 ; résolution 640 (1976), 22 septembre 1976 ; plus généralement, *Rapport sur la situation en Espagne*, 1er octobre 1977, doc. 4037). Sur le rôle du OSCE / CSCE, voir notamment, E. DECAUX, *La conférence sur la sécurité et la coopération en Europe*, Paris, Puf, coll. Que sais-je ?, 1992.

A . Le silence relatif du droit du Conseil de l'Europe sur l'« *Etat de droit* »

257. Face à l'avènement du discours de l'Etat de droit, le juriste, habitué à voir dans la ConvEDH « *l'instrument constitutionnel de l'ordre public européen des droits de l'homme* »[12], peut s'étonner de n'y trouver aucune référence à l'expression « *Etat de droit* ». Le Statut du Conseil de l'Europe n'en fait d'ailleurs pas plus mention. En revanche, l'on trouve un concept similaire sous le nom de « *prééminence du droit* »[13] qui irradie toute la Convention et plus largement l'esprit du droit du Conseil de l'Europe[14] et dont la CourEDH elle-même a mis en exergue la consubstantialité avec le concept d'Etat de droit[15]. Avant d'y revenir plus amplement dans notre deuxième section, il convient dès à présent de s'arrêter quelques instants sur cette notion de « *prééminence du droit* ».

Il s'agit là de la traduction pure et simple des versions anglaises du Statut de Londres et de la Convention européenne des droits de l'homme qui parlent de « *Rule of law* », expression empruntée à la tradition juridique anglaise[16]. Il faut donc partir de la version anglaise pour comprendre à quoi renvoie la notion de « *prééminence du droit* ». Ce concept de « *Rule of law* » – puisque c'est de cela qu'il s'agit – soulève d'innombrables difficultés. Déjà, la doctrine anglaise est très divisée sur la nature et la mesure d'un tel concept[17]. En traduire l'essence et la portée devient dès lors extrêmement difficile pour le juriste continental. Il suffit pour s'en convaincre de recenser certaines traductions du concept de « *Rule of law* » au sein de la littérature juridique européenne mais également au sein des versions française, allemande, italienne ou espagnole de documents officiels internationaux dont la version anglaise mentionne l'expression « *Rule of law* ».

---

[12] CourEDH, 23 mars 1995, *Loizidou c. Autriche*, Série A, n°310.

[13] Le préambule de la Convention européenne des droits de l'homme énonce que « *[les] gouvernements [des] Etats européens [sont] animés d'un même esprit et [possèdent] un patrimoine commun d'idéal et de traditions politiques, de respect de la liberté et de la* ***prééminence du droit****[...]* ». Rappelons par ailleurs que l'article 3 du Statut de Londres du 5 mai 1949 fait du respect de ce principe une condition d'appartenance au Conseil de l'Europe. La CourEDH considère quant à elle qu'il constitue « *un des éléments du patrimoine spirituel commun aux Etats membres du Conseil de l'Europe, auxquels ceux-ci ont déclaré leur attachement sincère* » (CourEDH, 21 juillet 1975, *Golder*, Série A, n°18, pp16-17, §34). *Cf. infra*, n°282 et ss.

[14] P. WACHSMANN, « La prééminence du droit dans la jurisprudence de la Cour européenne des droits de l'homme », *in Le droit des organisations internationales, Recueil d'études à la mémoire de J. Schwob*, Bruylant, Bruxelles, 1997, pp. 241-285, sp. 244. Egalement, J-Y. MORIN, « La 'prééminence du droit' dans l'ordre juridique européen », *Essays in honour of Krysztof Skubiszewski*, Kluwer, 1997, p. 643 ; G.J. WIARDA, « La Convention européenne des droits de l'homme et la prééminence du droit », *Rivista di studi politici internazionali*, 1984, p. 452 ; G. SPERDUTI, « Il principio della preminenza del diritto e sua garanzia nella Convenzione europea dei diritti dell'uomo », *in Judicial Protection of Human Rights at the national and international level*, Milano, Giuffrè, 1991, vol. 2, p. 521.

[15] CourEDH, 22 mars 2001, *K.-H.W. c. Allemagne*, §37 et 38 (*Cf. infra*, n°303).

[16] D'ailleurs, ce n'est pas un hasard si c'est le représentant du Royaume-Uni à la Commission des questions juridiques de l'Assemblée qui est à l'origine de l'insertion de l'expression « *Rule of law* » dans le préambule de la ConvEDH. Sur ce point, J-Y. MORIN, *op.cit.*, p. 669.

[17] *Cf. infra*, n°283-292.

A parcourir toute cette littérature, l'on est frappé par la polyphonie entourant les traductions de cette expression. Qui plus est, ces traductions évoluent au gré des modes juridiques et des courants de pensée. Signifiant littéralement « règle de droit », l'expression « *Rule of law* » peut être traduite en français par « prééminence du droit », « primauté du droit », « principe de droit », « régime de droit », « principe de légalité », « règne du droit » ou encore « règne de la loi ». Quelques exemples suffiront à donner une illustration de cette profusion sémantique. Dans le préambule de la Déclaration universelle des droits de l'homme, adoptée le 10 décembre 1948, il est énoncé dans la version française « *qu'il est essentiel que les droits de l'homme soient protégés par un* régime de droit *pour que l'homme ne soit pas contraint, en suprême recours, à la révolte contre la tyrannie et l'oppression* » alors que dans la version anglaise il est dit que « *it is essential if man is not compelled to have recourse as a last resort, to rebellion against tyranny and oppression, that human rights should be protected by the* Rule of law ». En 1955, la Commission internationale des juristes fut établie avec pour objectif de supporter et de faire avancer le « *Rule of law* » partout à travers le monde ; l'expression « *Rule of law* » fut traduite en français par « *principe de légalité* ». Enfin, la Charte canadienne des droits et libertés consacre, dans son préambule, le principe du *Rule of law* comme principe fondamental de l'ordre constitutionnel canadien ; la version française officielle de ce texte retient quant à elle l'expression « *Primauté du droit* »[18].

Depuis quelques années, la doctrine va même jusqu'à traduire « *Rule of law* » par « *Etat de droit* »[19] sans qu'il soit possible de savoir s'il s'agit d'une véritable uniformisation des deux concepts ou si l'on s'accommode, par facilité de langage, de quelques entorses à la rigueur terminologique et conceptuelle. Telle est d'ailleurs l'option dominante désormais retenue par la plupart des textes officiels internationaux.

Cette assimilation conceptuelle et terminologique des termes « *Rule of law* » et « *Etat de droit* » apparaît sans doute pour la première fois dans un document officiel dans l'avis consultatif de la Cour permanente de justice internationale (*ci-après*, CPIJ) relatif à *la compatibilité de certains décrets-lois dantzikois avec la Constitution de la Ville libre* du 4 décembre 1935 : la CPIJ y reprend le terme

---

[18] Sur la portée du principe de « Primauté du droit / Rule of Law » en droit canadien, L. HUPPE, « La concrétisation de la primauté du droit dans l'ordre juridique », *Les Cahiers de droit* (Québec), Vol. 38, n°4, 1997, pp. 805-830 .

[19] Pour une assimilation conceptuelle par la doctrine, A-J ARNAUD (Dir.), *Dictionnaire encyclopédique de théorie et de sociologie du droit*, Paris, LGDJ, 1993, p. 535 ; P. COSTA & D. ZOLLO, *Lo Stato di diritto, op.cit.* . Sur la question, J. Y MORIN, « The *Rule of law* and the *Rechtsstaat* concept : a comparison », in, E. Mc WHINNEY, J. ZASLOVE et W. WOLF, *Federalism-in-the-making. Contemporary Canadian and German Constitutionalism, National and Transnational*, Dordrecht, Kluwer, 1992, p. 62 ; L. HEUSCHLING, *op.cit.*, p. 205 et ss ; N.D. MACCORMICK, « Der Rechtsstaat und die *Rule of law* », *JZ*, 1984, p. 65 et ss. Plus largement, *Cf. infra*, n°283 et ss.

« *Rechtsstaat* » traduit respectivement dans les versions française et anglaise par « *Etat de droit* » et « *Rule of law* »[20]. Mais il faudra attendre le début des années 1990 pour que ces assimilations terminologiques se répandent dans la plupart des textes fondamentaux des droits de l'homme : il en va ainsi des résolutions de l'Assemblée générale des Nations Unies relatives au « *renforcement de l'état de droit* »[21] (« *reinforcement of the Rule of law* ») ; de la Charte de Paris pour une nouvelle Europe adoptée le 21 novembre 1990 ; de l'article 6§1 du traité sur l'Union Européenne; de la Charte des droits fondamentaux de l'Union européenne *etc.*

Il semble donc y avoir aujourd'hui un consensus quasi général pour considérer les expressions « *Rule of law* » et « *Etat de droit* » comme étant équivalentes en ce qu'elles insistent sur la nécessité de couler les relations individus-pouvoirs publics dans un rapport de droit afin de préserver l'autonomie des individus et d'empêcher l'arbitraire des autorités publiques[22].

258. Une question se pose alors. Si le Statut de Londres et la Convention européenne des droits de l'homme devaient être réécrits aujourd'hui, ne traduirait-on pas l'expression « *Rule of law* » par « *Etat de droit* » ? En d'autres termes, ne faut-il pas voir dans l'expression « *prééminence du droit* » un aléa linguistique de l'histoire du Droit européen ?

A l'évidence, l'avènement du terme « *Etat de droit* » dans les textes internationaux doit beaucoup à un effet de mode. En même temps, il n'est pas sûr que l'expression « *Etat de droit* » constitue une traduction opportune du terme « *Rule of law* » surtout au sein de textes instituant des organisations régionales. En effet, si l'expression « *Rule of law* » peut être transposée sans trop de difficultés conceptuelles de l'ordre interne à l'ordre international ou régional, il n'en va pas de même pour l'expression « *Etat de droit* » tant celle-ci, de par sa structure sémantique et sa construction conceptuelle, renvoie à l'ordre interne des Etats et à l'idée même d'Etat[23]. Toutefois, il est vrai que sous l'effet de la diffusion très large du discours de l'Etat de droit et de la généralisation des instruments de protection des droits de l'homme, l'expression « *Etat de droit* » a sans doute aujourd'hui perdu beaucoup de son rattachement aux structures étatiques pour devenir un principe générique de régulation du pouvoir.

259. Que faut-il en conclure ? Tout d'abord, il apparaît qu'il ne faut pas s'arrêter au mot tant il est vrai que son usage est parfois approximatif : derrière chaque signe il

---

[20] CPJI, 4 décembre 1935, série. A/B n°65, pp. 39 et ss.

[21] Remarquons au passage que la notion d'Etat de droit est écrite ici incorrectement avec un e minuscule (état de droit).

[22] Nous discuterons de la pertinence d'une telle assimilation un peu plus loin dans cette étude, *Cf. infra*, n° 283 et ss.

[23] Sur ce point, voir J-Y MORIN, « L'Etat de droit. Emergence d'un principe de droit international », *op.cit.*, p. 26 ; également, L. HEUSCHLING, *op.cit.*, p. 382.

faut découvrir le concept qui l'anime. Tel sera notre tâche dans la deuxième section de ce chapitre où nous essaierons de comprendre ce qui différencie ou ce qui rapproche le concept de prééminence du droit du concept d'Etat de droit. Ensuite, nul ne saurait contester le caractère « *Rechtsstaatlich* » de la Convention européenne des droits de l'homme : il ne suffit donc pas de nommer une chose pour qu'elle le soit ; à l'inverse, elle peut exister sans être nommée à l'identique, puisqu'au fond tout est affaire de convention. Nous en voulons pour preuve la substitution des termes « *prééminence du droit* » retenus dans le préambule du Traité de Maastricht par les termes « *Etat de droit* » dans le préambule du Traité d'Amsterdam sans que le contenu de ce même préambule n'ait été substantiellement modifié[24]. D'ailleurs, il est fort probable que dans un futur proche, succombant à l'effet de mode à l'instar de l'Union européenne, l'expression viendra à son tour irradier l'ensemble du droit du Conseil de l'Europe[25] comme il a commencé à le faire dans la jurisprudence de la CourEDH[26].

B. L'« *Etat de droit* » dans l'Union européenne : une consécration textuelle récente et ambivalente

260. La plupart des observations faites à propos du silence des textes fondateurs de la ConvEDH sur l'« *Etat de droit* » valent également pour la Communauté européenne. En effet, aucun des traités fondateurs ne mentionne l'expression « *Etat de droit* », même si, là encore, l'idée de primauté du droit qui la sous-tend imprègne profondément l'ordre juridique communautaire depuis son origine[27]. Ce silence durera jusqu'en 1992. Ni les élargissements successifs et l'intégration de jeunes *Etats de droit démocratique*[28], ni les réformes démocratiques entreprises[29], ni le développement d'une jurisprudence audacieuse de la CJCE en matière de droits fondamentaux[30] ne conduisirent les constituants à reprendre à leur compte la notion

---

[24] *Cf. infra*, n°262.

[25] Comme c'est d'ailleurs déjà le cas pour un certain nombre de résolutions du Conseil de l'Europe. Par exemple, la Résolution du Conseil relative au *rôle du pouvoir judiciaire dans un Etat de droit*, 4 avril 1995.

[26] *Cf. infra*, n°266-270.

[27] On pense en particulier ici à l'article 220 TCE (ex-article 164 du Traité de Rome) au terme duquel il est rappelé que la CJCE a pour mission d'assurer « *le respect du droit dans l'interprétation et l'application du présent traité* ». P. PESCATORE, « Article 164 », in V. CONSTANTINESCO, J-P. JACQUE, R. KOVAR et D. SIMON (sous la Dir.), *Traité instituant la CEE. Commentaire article par article*, Paris, Economica, 1992, pp. 941-971. Sur l'idée de primauté du droit en droit communautaire, D. SIMON, « La Communauté de droit », in F. SUDRE et H. LABAYLE (dir.), *Réalité et perspectives du droit communautaire des droits fondamentaux*, Bruylant, Bruxelles, 2000, p. 86.

[28] On pense tout particulièrement à l'Espagne et au Portugal, *Cf. supra*, n°202 et ss.

[29] Par exemple, l'élection au suffrage universel direct de l'Assemblée conformément à la décision et à l'Acte du 20 septembre 1976. JOCE, n° L278 du 8 octobre 1976. Sur le développement du principe démocratique au sein des Communautés européennes et de l'Union européenne, voir J. GERKRATH, *L'émergence d'un droit constitutionnel pour l'Europe*, Bruxelles, Editions de l'Université de Bruxelles, 1997, pp 329-345. Plus généralement, voir, M. TELO (dir.), *Démocratie et construction européenne*, Bruxelles, Editions de l'Université de Bruxelles, 1995, 368p. Pour plus de détails, *Cf. infra*, n°472 et ss.

[30] *Cf. infra*, n°436 et ss.

d'« *Etat de droit* ». Ce n'est qu'avec la signature du traité sur l'Union européenne de Maastricht (1992) que le syntagme « *Etat de droit* » se trouvera consacré par le droit communautaire.

261. Deux observations préalables s'imposent. Tout d'abord, il faut rappeler que, dès 1986, la Cour de justice avait procédé à une transposition *mutatis mutandis* du concept d'Etat de droit au sein de l'ordre juridique communautaire, en recourant à la notion de « *Communauté de droit* »[31]. Ensuite, il convient d'observer que cette activation du thème de l'Etat de droit au sein de la Communauté européenne et de l'Union européenne est concomitante avec l'avènement d'un discours de l'Etat de droit en Europe au tournant des années 1990 dont l'ampleur n'avait cessé de croître depuis la chute du bloc de l'Est. Le traité de 1992 ne fait ainsi que suivre un mouvement général amorcé en 1991 par la Charte de Paris (CSCE) à laquelle renvoie d'ailleurs le traité de Maastricht (article J.1).

262. L'expression « *Etat de droit* » n'apparaît donc que très tardivement en droit communautaire. Le Traité sur l'Union européenne (*ci-après*, TUE), signé le 7 février 1992 à Maastricht, y fait allusion à trois reprises : de manière solennelle tout d'abord, en proclamant au troisième alinéa du préambule que les parties contractantes confirment « *leur attachement aux principes de la liberté, de la démocratie et du respect des droits de l'homme et des libertés fondamentales et de l'Etat de droit* » ; de manière incidente ensuite, en fixant comme objectif de la politique étrangère et de sécurité commune « *le développement et le renforcement de la démocratie et de l'Etat de droit, ainsi que le respect des droits de l'homme et des libertés fondamentales* » (article J.1 al. 2, TUE)[32], ce même objectif étant assigné dans des termes très semblables à la politique de Communauté dans le domaine de la coopération au développement (article 130 U§2 TCE, devenu art. 177.2 TCE)[33].

L'article 6§1 du Traité sur l'Union européenne, tel que modifié par le traité d'Amsterdam - signé le 2 octobre 1997 et entré en vigueur le 1er mai 1999 -, confirme cette consécration par une quatrième référence à l'« *Etat de droit* », en substituant au principe de la « *prééminence du droit* » énoncé par l'ex-article F du Traité de Maastricht celui de l'« *Etat de droit* » : « *l'Union est fondée sur les principes de la liberté, de la démocratie, du respect des droits de l'homme et des libertés fondamentales, ainsi que de l'Etat de droit, principes qui sont communs aux Etats membres* ». Et de préciser dans un second alinéa que « *l'Union respecte les droits fondamentaux, tels qu'ils sont garantis par la Convention [...} et tels qu'ils résultent des traditions constitutionnelles communes aux Etats membres, en tant que*

---

[31] CJCE, 23 avril 1986, *« Les Verts » c/ Parlement*, aff. 294/83, *Rec.* 1339. *Cf. infra*, n°305 et ss.

[32] Devenu article 11 al. 1 selon la nouvelle numérotation retenue par le traité d'Amsterdam.

[33] « *La politique de la Communauté ... contribue à l'objectif général de développement et de consolidation de la démocratie et de l'Etat de droit, ainsi qu'à l'objectif du respect des droits de l'homme et des libertés fondamentales* ».

principes généraux du droit communautaire », confirmant et constitutionnalisant ainsi la jurisprudence de la CJCE en la matière.

L'on retrouve ce principe de l'*Etat de droit* dans la Charte des droits fondamentaux de l'Union européenne, adoptée solennellement lors du sommet de Nice, mais dont la portée juridique est encore très limitée[34]. Le deuxième alinéa de son préambule déclare ainsi que *« consciente de son patrimoine spirituel et moral, l'Union se fonde sur les valeurs indivisibles et universelles de dignité humaine, de liberté, d'égalité et de solidarité ; elle repose sur le principe de la démocratie et le principe de l'Etat de droit. Elle place la personne au cœur de son action en instituant la citoyenneté de l'Union et en créant un espace de liberté, de sécurité et de justice »*.

Signalons enfin, à titre prospectif, que le projet de Traité constitutionnel pour l'Europe rappelle, dans son article 2, que « *l'Union est fondée sur les valeurs de respect de la dignité humaine, de liberté, de démocratie, de l'état de droit, ainsi que du respect des droits de l'homme. Ces valeurs sont communes aux Etats membres dans une société caractérisée par le pluralisme, la tolérance, la justice, la solidarité et la non-discrimination* ». Sans qu'il soit possible de s'attarder plus avant sur cette disposition, on remarquera, premièrement, que l' « *Etat de droit* » est improprement orthographié (« état de droit »), ce qui révèle, au-delà d'une question formelle, une approximation conceptuelle, et deuxièmement, que l' « *Etat de droit* » n'est plus érigé en « *principe* » mais en « *valeur* », ce qui est inconsistant avec le préambule de la Charte des droits fondamentaux qui est intégrée au projet de Traité constitutionnel (Partie II) et qui distingue d'un côté les « *valeurs* » sur lesquelles se fonde l'Union (dignité humaine, liberté, égalité et solidarité) et les « *principes* » sur lesquels repose l'Union (démocratie et Etat de droit)[35].

---

[34] En principe, la Charte n'est appelée à produire aucun effet normatif à l'égard des tiers : il ne s'agit que d'un *accord interinstitutionnel* et d'un engagement politique des Etats membres. Voir cependant l'utilisation jurisprudentielle de la Charte par le TPI, 30 janvier 2002, *max.mobil Telekommunication service GmbH*, T-54/99, Chr. D. SIMON, « Une théorie de l'intensité du contrôle juridictionnel est-elle possible », *Europe*, Chr., avril 2002, p. 3. J-P. JACQUE, « La protection juridictionnelle des droits fondamentaux de l'Union européenne. Dialogue entre le juge et le « constituant » », *AJDA*, 2002, p. 509.

[35] A cet égard, il faudrait se demander si la substitution du terme « principe » par celui de « valeur » emporte des conséquences sur le plan juridique. Un rapide survol du projet de texte constitutionnel révèle que là où le traité d'Amsterdam parlait de « *principe* », le projet de Traité constitutionnel parle de « *valeur* ». Par exemple, l'article 49 TUE dispose que « *tout Etat européen, qui respecte les principes énoncés à l'article 6§1 peut demander à devenir membre de l'Union* » ; en revanche, l'article 57 du projet de Constitution dispose que « *l'Union est ouverte à tous les Etats qui respectent les valeurs visées à l'article 2 et s'engagent à les promouvoir en commun* ». De même, l'article 7 TUE prévoit que le Conseil peut « *constater l'existence d'une violation grave et persistante par un Etat membre de principes énoncés à l'article 6§1* » ; en revanche, l'article 58 du projet de Traité constitutionnel parle de « *violation grave et persistante par un Etat membre des valeurs énoncées à l'article 2* ». A priori donc, la substitution du terme « principe » par celui de « valeur » n'emporte pas de conséquences sur le plan juridique. Une telle substitution est-elle opportune ? Il ne nous le semble pas dans la mesure où si l'on peut sanctionner juridiquement la violation d'un « principe », il nous paraît plus délicat de sanctionner la violation d'une « valeur » compte tenu de sa dimension transcendantale. *Contra*, S. MILLNS, « Unraveling the ties that bind : general questions and particular responses using the example of fundamental rights », in J. ZILLER

263. Ces différentes proclamations appellent plusieurs observations.

1) Tout d'abord, il convient de relever que si les révisions successives des traités constitutifs ont intégré la jurisprudence « constitutionnelle » de la CJCE sur certains points[36], la notion de « *Communauté de droit* », telle qu'elle a été forgée par la CJCE dans l'arrêt « *Les Verts* »[37], n'y figure nulle part, alors que l'article 6§1 renvoie directement au principe de l'Etat de droit. Comment l'expliquer ? L'explication principale est sans doute de nature politique. Proclamer l'Union «*Union de droit* » comme le fait Joël Rideau[38] ou la Communauté « *Communauté de droit* » comme le fait la CJCE aurait d'un point de vue politique assimilé l'Union ou la Communauté à une structure étatique en insistant sur sa spécificité structurelle et fonctionnelle. Or si la Cour de justice a pu aller aussi loin dans l'approfondissement de l'ordre juridique communautaire[39], nul doute que les Etats membres, qui ont l'entière maîtrise du pouvoir constituant[40], ont entendu freiner les ardeurs « fédéralistes » de la CJCE comme cela est déjà arrivé dans le passé[41]. Ainsi, cet article se révèle beaucoup moins innovant que l'on aurait pu le penser[42]. Au lieu de fonder l'Union sur les principes propres de celle-ci ou sur ceux développés par la Cour de justice dans le cadre communautaire, les constituants entendent rappeler, d'une part, que l'Union se fonde sur les valeurs partagées par l'ensemble des Etats membres, prenant acte au passage de « *la convergence des droits constitutionnels*

(dir.), *L'européanisation du droit constitutionnel à la lumière du Traité constitutionnel pour l'Union*, Paris, L'Harmattan, 2003.

[36] On pense en particulier « constitutionnalisation » dans le traité de Maastricht de la jurisprudence de la CJCE relative à la « légitimation passive » du Parlement européen (CJCE, 23 avril 1986, *« Les Verts » c. Parlement*, aff. 294/83, *Rec.*, 1339) et à la « constitutionnalisation » dans le traité d'Amsterdam de la jurisprudence de la CJCE relative à la protection des droits fondamentaux (art. 6§2 TUE).

[37] CJCE, 23 avril 1986, *« Les Verts » c/ Parlement*, aff. 294/83, *Rec.* 1339.

[38] J. RIDEAU, *Droit institutionnel de l'Union et des Communautés européennes*, Paris, LGDJ, 3ème éd., 1999 ; également, J. RIDEAU (dir.), *De la Communauté de droit à l'Union de droit. Continuités et avatars européens*, Paris, LGDJ, 2000.

[39] R. KOVAR, « La contribution de la Cour de justice à l'édification de l'ordre juridique communautaire », *RCADE*-IV, 1, 1993, pp. 15-109.

[40] Voir néanmoins, J-L DA CRUZ VILACA & N. PICARRA, « Y a-t-il des limites matérielles à la révision des traités instituant les CE ? », *CDE*, 1993, sp.10.

[41] Voir en se sens l'étude des relations entre la *souveraineté normative* et la *souveraineté décisionnelle* menée par J.H.H. Weiler dans ses nombreux travaux. L'auteur démontre que chaque avancée jurisprudentielle notable manifestant l'émergence d'une « *souveraineté normative* » a été suivie d'une réaction politique des gouvernements qui ont cherché à reprendre le contrôle du processus décisionnel (« *souveraineté décisionnelle* »), J.H.H. WEILER, « The transformation of Europe », *The Yale Law Journal*, vol 100, 1991, pp. 2405-2483.

[42] F. SUDRE, « La Communauté européenne et les droits fondamentaux après les traité d'Amsterdam : Vers un nouveau système européen de protection des droits de l'homme ? », *JCP. Ed G*, 1998, I-100, p. 14.

nationaux »[43] et, d'autre part, que l'Union ne saurait en aucun cas se substituer aux Etats dans la définition de la *qualité constitutionnelle* de leur ordre juridique[44].

2) Ensuite, il est possible de s'interroger sur la pertinence du recours à l'expression « *Etat de droit* » dans le cadre de l'Union européenne. A qui s'adresse l'expression « *Etat de droit* » ? Tant qu'elle renvoie aux Etats membres, cela ne pose pas de problème. Tel est le sens du préambule lorsqu'il rappelle l'attachement des Etats au principe de l'Etat de droit. De même, lorsque l'article J.1 al. 2 parle d' « *Etat de droit* », il s'agit pour l'Union de promouvoir à l'extérieur de l'Union européenne le modèle de l'Etat de droit démocratique. En revanche, la formulation de l'article 6§1 est plus problématique en ce qu'elle laisse entendre que l'Union européenne est fondée sur le principe de l'Etat de droit. De là à considérer que l'Union européenne est un Etat de droit, il y a un pas que l'on ne saurait franchir au risque de nier d'une part la notion même d'Etat et d'autre part la nature juridique de l'Union européenne. Il semble qu'il faille ici appréhender la formule de l'article 6§1 de manière autonome. Il en résulte trois conséquences. Tout d'abord, il faut écarter l'idée selon laquelle le renvoi au principe de l'Etat de droit signifierait le renvoi à l'Etat membre (de droit) : une telle thèse est inconsistante avec les autres éléments de l'article 6§1 et n'apporterait rien de nouveau par rapport au préambule. Ensuite, il faut également écarter l'hypothèse selon laquelle l'article 6§1 signifierait que l'Union européenne est un Etat de droit. Selon nous, le renvoi au principe de l'Etat de droit est un renvoi à un principe autonome de régulation du pouvoir, indépendant des formes étatiques qui ont vu son développement originel[45] : on pourrait à cet égard parler aussi bien de « *Rule of law* », de « *prééminence du droit* » ou encore de « *primauté du droit* ». Le traité d'Amsterdam s'inscrit ainsi dans le prolongement de nombreux autres textes fondamentaux internationaux érigeant le principe de l'Etat de droit en principe fondamental de régulation du pouvoir. La formulation retenue par le projet de Traité constitutionnel pour l'Europe qui parle de l' « *Etat de droit*» en tant que « *valeur* » sur laquelle est fondée l'Union européenne est, à cet égard, bien plus appropriée.

Il n'en reste pas moins vrai que même conçu comme un concept autonome de régulation du pouvoir, la mobilisation du principe de l'Etat de droit n'est pas sans soulever quelques interrogations notamment quant à son contenu. Nous avons

---

[43] C. GREWE, « Les conflits de normes entre droit communautaire et droits nationaux en matière de droits fondamentaux », in . S. LECLERC *et alii* (dir.), *L'Union européenne et les droits fondamentaux*, Bruylant, Bruxelles, 1999, p. 61.

[44] L'intégration d'un patrimoine constitutionnel commun des Etats européens dans le traité est ainsi « *de nature à désamorcer les réserves de constitutionnalité relatives aux droits fondamentaux émises par les cours constitutionnelles nationales* ». (F. SUDRE, « Introduction », in F. SUDRE et H. LABAYLE (dir.), *Réalité et perspectives du droit communautaire des droits fondamentaux*, Bruylant, Bruxelles, 2000, p. 15). Les Etats membres ne sont ainsi liés par les principes fondateurs de l'Union qu'en ce qu'ils sont les leurs.

[45] En ce sens, A. SCHMITT GLAESER, *Grungesetz und Europarecht als Elemente Europaïschen Verfassungsrechts*, Berlin, Duncker & Humblot, 1996. De manière plus générale, voir également la thèse défendue par J-Y MORIN, *op.cit.*, p. 27.

montré au cours de la première partie que l'Etat de droit s'était développé à partir d'une conception libérale de la société : en d'autres termes, l'Etat de droit c'est, historiquement, la forme juridique du libéralisme. Il en résulte que l'idée de liberté et de droits de l'homme est consubstantielle à l'idée même d'Etat de droit. Mieux, nous avons montré que les droits de l'homme et la démocratie sont deux principes consubstantiels de telle sorte que l'un est la condition de l'autre, même si leur développement ne fut pas concomitant mais successif. Il existerait ainsi un lien ontologique, circulaire et conditionnel entre la liberté, les droits de l'homme et la démocratie dont la conception moderne et exigeante de l'Etat de droit serait l'expression.

Or, l'article 6§1 isole ces quatre éléments à l'image notamment de la Charte de Paris. Faut-il en conclure qu'il s'agit de quatre principes différents et indépendants les uns des autres ? Une telle thèse semblerait être confirmée par l'article 7 du Traité sur l'Union européenne qui prévoit que le Conseil peut, sous certaines conditions, « *constater l'existence d'une violation grave et persistante par un Etat membre de principes énoncés à l'article 6§1* » et suspendre, le cas échéant, certains des droits découlant de l'application du présent traité à l'Etat membre en question. Suffit-il qu'un seul des principes soit violé ou faut-il au contraire que plusieurs d'entre eux le soient ? Pour Patrick Wachsmann la marque du pluriel (principes) signifierait que s'il n'est pas nécessaire que l'Etat viole l'ensemble des quatre principes, en revanche la violation d'au moins deux principes serait nécessaire[46]. Pour d'autres, au contraire, la violation d'un seul de ces principes suffirait[47]. Quoi qu'il en soit, il nous semble que la question est, si ce n'est sans objet, du moins mal posée. Nous avouons ne pas comprendre en quoi il serait possible de violer *un* voire même *deux* des principes de l'article 6§1 sans porter atteinte aux autres principes, sauf à considérer chacun de ces principes comme indépendant des autres. Le problème se pose avec d'autant plus d'acuité pour le principe de l'Etat de droit. Il nous semble en effet que la violation d'un quelconque de ces principes porterait *ipso facto* atteinte au principe de l'Etat de droit si l'on en retient une conception exigeante.

Il en résulte selon nous deux hypothèses: soit les articles 6§2 et 7 sont mal formulés ; soit la rédaction reflète effectivement l'intention des constituants et, dans ce cas, on doit en induire une conception restrictive du concept d'Etat de droit.

Selon la première hypothèse, les articles en question seraient mal formulés. La redondance des principes énoncés sous la forme d'un catalogue très large s'expliquerait simplement par la volonté d'insister sur ces principes et sur la dimension « *rechsstaatlich* » de l'Union européenne . A cet égard, la rédaction du préambule de la Charte des droits fondamentaux de l'Union européenne est bien

[46] P. WACHSMANN, « Les droits de l'homme », *RTDE*, 1997, p. 187.
[47] Par exemple, H. SCHMITT VON SIDOW, « Liberté, démocratie, droits fondamentaux et Etat de droit : analyse de l'article 7 du traité UE », *Revue du droit de l'Union européenne*, 2001, pp. 285-328, sp. 290.

mieux formulée puisqu'elle distingue, d'un côté, les valeurs fondamentales (dignité humaine, liberté, égalité, solidarité) sur lesquelles se fonde l'Union européenne et, de l'autre, les principes structurels (démocratie et Etat de droit) sur lesquels repose l'Union européenne.

Selon la seconde hypothèse, la formulation de l'article 6§1, éclairée par l'article 7, dénoterait la volonté du constituant de ne retenir qu'une conception limitée de l'Etat de droit. En d'autres termes, l'Etat de droit se limiterait à l'Etat de droit purement formel (hiérarchie des normes, sécurité juridique, contrôle juridictionnel *etc.*) sans considération pour l'Etat de droit matériel (protection des droits de l'homme, démocratie, liberté, égalité, justice sociale *etc.*), ces principes étant énumérés par ailleurs de manière autonome. Une telle interprétation pouvait être confirmée par l'interprétation que la Cour de justice donnait du principe de *Communauté de droit* dont on sait qu'il s'agit d'une transposition *mutatis mutandis* du concept d'Etat de droit. En effet, jusqu'à l'arrêt *Unión de los pequeños agricultores* (UPA) du 25 juillet 2002, la Cour de justice n'avait jamais invoqué *directement* le principe de la *Communauté de droit* pour justifier la protection des droits fondamentaux[48] ou le respect du principe démocratique[49]. Selon une formule rituelle, la Cour de justice considérait que « *la Communauté économique européenne [était] une Communauté de droit en ce que ni ses Etats membres ni ses institutions n'échappent au contrôle de la conformité de leurs actes à la charte constitutionnelle de base qu'est le traité* ». Le principe de la Communauté de droit développé par la Cour de justice se limitait ainsi à la consécration des principes de la hiérarchie des normes (primauté de « *la charte constitutionnelle* ») et du contrôle juridictionnel permettant d'en garantir le respect[50], autrement dit à un concept formel de la *Communauté de droit*. Il y avait là un retour en arrière par rapport aux données contemporaines de la théorie de l'Etat de droit qui de l'Allemagne, à l'Espagne en passant par le Portugal situent l'Etat de droit dans un cadre matériel et social très fort. Le concept d'Etat de droit ou par extension de Communauté de droit est vidé ainsi de son potentiel normatif si l'on s'en tient à une conception purement formelle. Certes, une conception formelle de l'Etat de droit ne signifie pas l'abandon de ses principes matériels : la liberté, les droits fondamentaux de la personne

---

[48] Voir toutefois par extension, CJCE, avis du 28 mars 1996, avis 2/94, *Rec.* p. I-1759 ainsi que CJCE, 17 février 1998, *Grant*, aff. C-249/96, *Rec.* p. I-621, où la Cour a souligné que *« le respect des droits de l'homme constitue [...] une condition de la légalité des actes communautaires »*.

[49] Voir toutefois, CJCE, 22 mai 1990, *Parlement européen c. Conseil*, aff. 70/78, *Rec.* 2041, où les principes de Communauté de droit et de démocratie se côtoient sans être pour autant reliés. Sur ce point, voir D. Simon, « La Communauté de droit », in F. SUDRE et H. LABAYLE (Dir.), *Réalités et perspectives du droit communautaire des droits fondamentaux*, Bruxelles, Bruylant, 2000, pp. 100-101.

[50] En ce sens, J-P. JACQUE, « Cours général de droit communautaire », *RCADE*, I-1, 1990, sp. 277 ; C. CHARRIER, « La Communauté de droit, une étape sous-estimée de la construction européenne », *RMCUE*, n°400, 1996, p. 527. Fabrice Picod estimait, à cet égard, que *« la définition de la Communauté de droit sera élargie au substrat de l'Etat de droit lorsque la Cour de justice en éprouvera la nécessité et que l'affaire qui lui sera soumise lui en donnera l'occasion. Le temps où la Cour de justice faisait de la théorie du droit paraît révolu, la Cour dégage et interprète des notions de manière fonctionnelle, aux strictes fins du règlement du litige »*, F. PICOD, *« Le développement de la juridictionnalisation »*, in J. RIDEAU (dir), *op.cit.*, p. 262.

humaine survivent bien entendu à ce formalisme qui n'est qu'une construction dogmatique ; cependant, en n'étant plus rattachées à un « système » tel que l'Etat de droit peut le véhiculer en proposant une interprétation cohérente et globale du triptyque *liberté/droits de l'homme/démocratie*, les valeurs fondamentales ainsi proclamées perdent quelque peu de leur ancrage conceptuel et systémique, et partant, de leur cohérence[51].

Cette lacune a été, récemment, partiellement comblée[52] par la Cour de justice : elle considère, désormais, que « *la Communauté européenne est une communauté de droit dans laquelle ses institutions sont soumises au contrôle de la conformité de leurs actes avec le traité et les principes généraux du droit dont font partie les droits fondamentaux* »[53]. Ce faisant, le juge communautaire adopte une conception matérielle de l'Etat de droit conforme aux exigences contemporaines de la théorie de l'Etat de droit selon laquelle les droits fondamentaux constituent le fondement de l'Etat de droit[54].

3) Enfin, il convient de s'interroger sur la portée de la consécration de la notion d'Etat de droit sein de l'Union européenne. Celle-ci revêt une portée tout à la fois juridictionnelle et politique.

A priori, les principes énoncés par l'article 6§1 ne sont pas mobilisables devant un juge puisque l'article 46 al. d) ne prévoit une compétence de la CJCE que pour l'article 6§2 (ex-article F§2[55]), à savoir pour le contrôle du respect de droits fondamentaux « *en ce qui concerne l'action des institutions, dans la mesure où la Cour est compétente en vertu des traités instituant la Communauté européenne et du présent traité* ». En revanche, les principes directeurs sur lesquels se fonde l'Union européenne sont exclus de la compétence juridictionnelle de la CJCE. En d'autres termes, le principe de l'Etat de droit serait dépourvu de toute sanction juridictionnelle *per se*. Il convient cependant de relativiser quelque peu ce constat.

Tout d'abord, il faut remarquer que, de manière incidente, la CJCE pourrait être amenée indirectement à participer à l'appréciation du respect des principes de l'article 6§1 à la suite notamment du contrôle politique de ces principes mis en place

---

[51] Voir dans le même sens, M. MIAILLE, « Le retour de l'Etat de droit. Le débat en France », *in D. COLAS (dir), L'Etat de droit*, Paris, PUF, coll 'Questions', 1987, p. 216 ; D. SIMON, « Y a-t-il des principes généraux du droit communautaire », *Droits*, 1991, sp. 84. Egalement, E. DIAZ, *Estado de derecho y sociedad democratica*, Taurus, Madrid, 9ed, 1998, p. 70 et ss.

[52] Partiellement, car si les droits fondamentaux sont désormais inscrits dans la problématique de la Communauté de droit, le juge n'a toujours rien dit à propos du principe démocratique.

[53] CJCE, 25 juillet 2002, *UPA*, aff. C-50/00, pt. 38.

[54] E. PICARD, « L'émergence des droits fondamentaux », *AJDA*, spécial, 1998, p. 15 et ss.

[55] Rappelons que l'ex-article F§2 du traité de Maastricht était exclu du champ de compétence juridictionnelle de la Cour de justice. Voir toutefois, TPI, 23 février 1995, *F c. Conseil*, aff. T-535/93, *Rec.* II-163.

par les articles 7 TUE et 309 CE [56]. En effet, il est prévu que la CJCE ait compétence pour interpréter l'article 309 CE relatif à la suspension des droits de vote concernant le traité CE et la suspension de certains droits découlant de l'application du traité décidées par le Conseil à l'issue de la procédure prévue à l'article 7 TUE. La CJCE est également compétente pour interpréter l'article 49 TUE relatif à l'adhésion des nouveaux Etats membres dont on sait que parmi les conditions exigées des Etats candidats à l'adhésion figurent les principes de l'article 6§1. Ensuite, il convient de relativiser l'absence de compétence directe de la CJCE à l'égard de l'article 6§1. En effet, comme le relève très justement Vlad Constantinesco, la plupart de « *ces principes qui régissent l'Union ont des équivalents dans l'ordre juridique communautaire, dégagés par la Cour* »[57]. On pense en particulier ici au principe de *libre circulation*, au *principe démocratique*, à la jurisprudence de la Cour de justice concernant la protection des *droits fondamentaux* et au principe de *Communauté de droit*. Enfin, même si la compétence de la CJCE n'est pas expressément consacrée à l'égard de l'article 6§1, on sait que les juridictions communautaires n'hésitent pas à flirter avec les limites de leurs compétences, allant parfois bien au-delà de la lettre du texte. Par exemple, on se souvient que le Tribunal de première instance avait fait référence à l'ex-article F§2 en rappelant qu'il assurait la sauvegarde des droits fondamentaux alors même que celui-ci était en principe retiré de la compétence du juge[58]. Plus récemment, le Tribunal toujours, rejoignant sur ce point nombre d'avocats généraux[59], n'a pas

---

[56] Voir sur ces points les développements de J. RIDEAU, « Les limites de la protection juridictionnelle des droits de l'homme », *in* F. SUDRE et H. LABAYLE (dir.), *Réalité et perspectives du droit communautaire des droits fondamentaux*, *op.cit.*, p. 408.

[57] V. CONSTANTINESCO, « La constitutionnalisation de l'Union européenne », *in* J. RIDEAU (dir), *op.cit.*, p. 142.

[58] TPI, 23 février 1995, *F c. Conseil*, aff. T-535/93, *Rec*. II-163.

[59] Conclusions A.G. Tizzano, CJCE, 26 juin 2001, *BECTU c. Secretary of State for Trade and Industry*, C-173/99 : « *dans un litige portant sur la nature et la portée d'un droit fondamental, il est impossible d'ignorer les énonciations pertinentes de la Charte ni surtout son évidente vocation à servir, lorsque ses dispositions le permettent, de paramètre de référence substantiel pour tous les acteurs - Etats membres, institutions, personnes physiques et morales - de la scène communautaire. En ce sens, donc, nous estimons que la Charte fournit la confirmation la plus qualifiée et définitive de la nature de droit fondamental que revêt le droit au congé annuel payé* ». Egalement, Conclusions A.G. Jacobs CJCE, 9 octobre 2001, *Royaume des Pays-Bas c. Parlement européen et Conseil de l'Union européenne*, C-377/98, points 197, 210, 211 : « *Il ne saurait faire aucun doute, selon nous - déclare-t-il -, que les droits invoqués par le Royaume des Pays-Bas sont effectivement des droits fondamentaux, dont l'ordre juridique communautaire doit assurer le respect. Le droit à la dignité est peut-être le droit le plus fondamental de tous, et il se trouve à présent consacré à l'article 1er de la Charte des droits fondamentaux de l'Union européenne, qui énonce que la dignité humaine est inviolable et doit être respectée et protégée. Le respect du consentement libre et éclairé, à la fois des donneurs d'éléments du corps humain et des bénéficiaires de soins médicaux peut également et à juste titre être considéré comme un droit fondamental; c'est ce que reflète à présent l'article 3, paragraphe 2, de la Charte UE qui impose que soit respecté, dans le cadre de la médecine et de la biologie, "le consentement libre et éclairé de la personne concernée, selon les modalités définies par la loi". Il convient dès lors de constater que tout instrument communautaire portant atteinte à ces droits serait illégal* » (point 197) ; ou encore A.G. Léger, CJCE, *Conseil c. Hautala et a.*, C-353/99 P, conclusions présentées le 10 juillet 2001 : « *Certes, il convient de ne pas ignorer la volonté clairement exprimée des auteurs de la Charte de ne pas la doter de force juridique obligatoire. Mais toute considération relative à sa portée normative mise à part, la nature des droits énoncés dans la Charte des droits fondamentaux interdit de la considérer comme une simple énumération sans conséquence de principes*

hésité à viser dans plusieurs affaires la *Charte des droits fondamentaux de l'Union européenne* alors même que, là encore, celle-ci est en principe dépourvue de toute portée juridique effective, consacrant ainsi indirectement la productivité juridique de la Charte[60].

Si le principe de l'Etat de droit, tel que consacré par l'article 6§1 TUE, n'est pas formellement justiciable, les principes qui l'inspirent et le structurent le sont en revanche, à tout le moins dans le cadre communautaire[61]. En effet, les articles 6§2 et 46 al. d) du traité confèrent à la Cour de justice le soin d'assurer le respect des droits fondamentaux au sein de l'ordre communautaire, principes dont on a montré qu'ils étaient consubstantiels à l'idée d'Etat de droit. Il ne s'agit là au fond que de la constitutionnalisation d'un état de fait puisque la Cour de justice s'est reconnue depuis longtemps la possibilité d'exercer un tel pouvoir[62]. Toutefois, l'article 46 d) ne lui confère pas un pouvoir illimité en la matière. La juridiction de la Cour est applicable à l'article 6§2 « *en ce qui concerne l'action des institutions, dans la mesure où la Cour est compétente en vertu des Traités instituant les Communautés européennes et le présent traité* ». Certains domaines dits « non justiciables » (Pesc) restent par conséquent exclus de la juridiction de la CJCE. Pire, en limitant le contrôle de la CJCE aux seuls actes des institutions, le traité opère une régression dans le système de protection des droits fondamentaux. Il faut rappeler en effet que la Cour de justice s'autorise à contrôler, à l'aune des droits fondamentaux, certaines mesures nationales d'exécution du droit communautaire[63]. Or cette hypothèse semble être exclue par l'article 46 d) qui ne vise que « l'action des institutions ».

---

purement moraux. Il importe de rappeler que ces valeurs ont en commun d'être partagées par les Etats membres, qui ont choisi de les rendre visibles en les consignant dans une charte, afin de renforcer leur protection. La Charte a indéniablement placé les droits qui en font l'objet au plus haut niveau des valeurs communes aux Etats membres (point 80)(...). Comme le laissent supposer la solennité de sa forme et de la procédure qui a conduit à son adoption, la Charte devrait constituer un instrument privilégié servant à l'identification des droits fondamentaux. Celle-ci est porteuse d'indices qui contribuent à révéler la véritable nature des normes communautaires de droit positif» (point 83).

[60] TPI, 30 janvier 2002, *max.mobil. Telekommunication*, aff. T-54/99 ; également, TPI, 3 mai 2002, *Jégo-Quéré et Cie c. Commission*, aff. T-177/01. J-P. JACQUE, « La protection juridictionnelle des droits fondamentaux dans l'Union européenne. Dialogue entre le juge et le « constituant » », *AJDA*, 2000, p. 509.

[61] K. LENAERTS, « Le respect des droits fondamentaux en tant que principe constitutionnel de l'Union européenne », *Mélanges M. Walbroeck*, vol. I. p. 423.

[62] CJCE, 14 mai 1974, *Nold*, Aff. 4/73, *Rec.* 491.

[63] Voir par exemple, CJCE, 30 septembre 1987, *Demirel*, aff. 12/86, *Rec.* 3719 ; CJCE, 18 juin 1991, *ERT*, aff. 260/89, *Rec.* I-2925 ; CJCE, 4 octobre 1991, *Grogan*, aff. C-159/90, *Rec.* 4685 ; CJCE, 29 mai 1997, *Kremzow*, Aff. C-299/95, *Rec.* I-2629. Voir F. ZAMPINI, « La Cour de justice des Communautés européennes, gardienne des droits fondamentaux "dans le cadre du droit communautaire" », *RTDE*, 1999, p. 659 ; J.TEMPLE LANG, « The sphere in which member states are obliged to comply with the general principle of law and community fundamental rights principles », *LIEI*, 2, 1991, pp. 23-35 ; F.G JACOB, « The protection of human rights in the member states of the EC », *in Human rights and constitutionalism, Essays in Hounour of Brian WALSH*, The Round Hall Press, London, 1992, pp. 293-317.

Cette disposition a également une double portée politique. Le respect du principe de l'Etat de droit ainsi proclamé est non seulement une condition *d'adhésion* à l'Union européenne[64], mais aussi une condition de *maintien* dans l'Union européenne[65]. L'Etat de droit – à l'instar des autres principes énoncés à l'article 6§1 – apparaît par conséquent comme une condition existentielle de l'Union européenne et de la vie dans l'Union européenne : tout comme l'Union se doit de respecter ces principes, chaque Etat candidat à son entrée dans l'Union doit s'y soumettre et s'y tenir à l'image de tous les Etats déjà membres.

Le respect du principe de l'Etat de droit est tout d'abord une des conditions préalables d'adhésion à l'Union européenne. Selon l'article 49 TUE, « *tout Etat européen, qui respecte les principes énoncés à l'article 6, paragraphe 1, peut demander à devenir membre de l'Union* ». Bien que nouvelle dans les traités, cette idée imprégnait déjà depuis l'origine le processus d'adhésion de tout nouvel Etat européen : la Grèce, l'Espagne et le Portugal ne purent rejoindre les Communautés européennes qu'à la sortie de la dictature et après le rétablissement définitif de leurs structures démocratiques[66]. Cette codification d'une pratique déjà ancienne appelle deux questions : pourquoi avoir décidé maintenant l'insertion d'une telle clause ? Quelle est la portée d'une telle exigence ?

Concernant la première question, l'observateur l'aura remarqué, cette clause d'adhésion dite de «*conditionnalité politique* »[67] intervient à la veille d'une grande vague d'adhésion à l'Union européenne qui pourrait porter le nombre d'Etats membres à près d'une trentaine d'ici quelques années. Ces futurs Etats membres n'ont adhéré au principe de la démocratie-libérale que très récemment et pour certains d'entre eux dans la douleur. Leurs pratiques démocratiques sont à cet égard très récentes, et parfois même balbutiantes[68]. Pourtant, la plupart d'entre eux ont été admis au Conseil de l'Europe au prix, il est vrai, de l' « *abaissement des standards* » requis traditionnellement par celui-ci, le Conseil de l'Europe devenant ainsi une

---

[64] M-F. CHRISTOPHE TCHAKALOFF, « Les conditions d'adhésion à l'Union européenne », *in* J. RIDEAU (dir.), *De la Communauté de droit à l'Union de droit, op.cit.*, pp. 287-298.

[65] I. PINGEL-LENUZZA, « La garantie politique », *in* F. SUDRE et H. LABAYLE (Dir.), *Réalités et perspectives du droit communautaire des droits fondamentaux*, Bruxelles, Bruylant, 2000, pp. 429-461. Egalement, P-Y MONJAL, « Le traité d'Amsterdam et la procédure de constatation politique de manquements aux principes de l'Union », *LPA*, 10 juin 1998, n°69, p.8 ; D. SIMON « The Sanction of Member States' Serious Violations of Community Law », *in* D. O'KEEFE and A. BAVASSO (eds), *Judicial Review in European Union Law, Liber Amicorum in Honour of Lord Slynn of Hartley*, La Haye, Kluwer, 2000.

[66] Par exemple, voir la déclaration solennelle de Stuttgart sur l'Union européenne du 19 juin 1983 où les chefs d'Etat et de gouvernement soulignent que *« le respect et le maintien de la démocratie représentative et des droits de l'homme dans chacun des Etats membres constituent des éléments essentiels de l'appartenance aux Communautés* », *Bull. CE*, 6/83, pt. 1.6.1

[67] Selon l'expression de M. Bulterman, M. BULTERMAN, « European Union Membership and Political Conditionnality », in M. BULTERMAN et J. SMITH (ed.), *To Baehr in Our Minds*, SIM Special, n°21, 1998, p. 129.

[68] E. DECAUX, « Les PECO et l'idéologie des droits de l'homme *», in Quelle Europe pour les droits de l'homme ?* Bruxelles, Bruylant, 1996, p. 341.

« *école de la démocratie* »[69]. Or, l'on considérait traditionnellement qu'une admission au Conseil de l'Europe valait sauf-conduit démocratique et ouvrait *de facto* les portes des Communautés européennes[70]. Tel n'est plus vraisemblablement le cas depuis que le Conseil de l'Europe a opté pour une position plus laxiste en la matière : si l'adhésion à la ConvEDH est sans doute une condition préalable[71], elle n'en constitue pas pour autant l'unique condition. L'Union européenne entend à cet égard poser ses propres standards[72].

Concernant la question de la portée d'une telle clause, il convient de relever que si le respect des principes fixés à l'article 6§1 est une condition préalable à toute négociation d'adhésion, elle ne suffit pas à elle seule à ouvrir les portes de l'Union européenne[73]. Par ailleurs, la rédaction très vague et parfois redondante de ces dispositions ouvre la voie à toute sorte d'interprétation quant au respect ou non de ces conditions[74] même si la Commission européenne a d'ores et déjà fourni quelques indications sur la portée et la manière d'appréhender cette question[75]. A cet égard, on se souvient que le Conseil de l'Europe a fait preuve d'un certain laxisme quant à l'appréciation des conditions d'admission de certains Etats[76]. Cette critique vaut

---

[69] H. KLEBES et D. CHATZIVASSILIOU, « Problèmes d'ordre constitutionnel dans le processus d'adhésion d'Etats de l'Europe centrale et orientale au Conseil de l'Europe », *RUDH*, 1996, p. 283.

[70] Conseil de l'Europe, Avis sur la situation de l'Espagne, « Le chemin de Bruxelles passe par Strasbourg », Doc. n° 4037, 1er octobre 1977, §70. J-Y. MORIN, « Institutions internationales et droits de l'homme : vers de nouvelles exigences de légitimité de l'Etat », *in L'Etat souverain à l'aube du XXIe siècle*, Coll. SFDI, Nancy, Pédone, 1994, p. 273 ; N. VALTICOS, « Droits de l'homme et démocratie : la crise grecque », C. TEITGEN-COLLY (éd.), *Cinquantième anniversaire de la Convention européenne des droits de l'homme,* Bruxelles, Bruylant, 2002, pp. 97-106 ; J-A CARRILLO-SALCEDO, « La transition démocratique espagnole », C. TEITGEN-COLLY (éd.), *op.cit.*, pp. 107-114.

[71] Pour la Commission, « *le respect des droits fondamentaux est en principe garanti dans la plupart des pays candidats. Tous ont adhéré à la convention de sauvegarde des droits de l'homme et des libertés fondamentales du Conseil de l'Europe et au protocole autorisant les citoyens à saisir la Cour européenne des droits de l'homme* », Agenda 2000, *op.cit.*, note 15, p. 43.

[72] I. PINGEL-LENUZZA, *op.cit.*, pp. 438-439 ; également, K. LEANAERTS, « Le respect des droits fondamentaux en tant que principe constitutionnel de l'Union européenne », in *Mélanges en hommage à M. Waelbroeck*, Vol. 1, Bruylant, Bruxelles, 1999, p.428 et ss.

[73] Voir également les conditions économiques et juridiques posées par les traité d'adhésion.

[74] Par exemple, faut-il inclure les droits économiques, sociaux et culturels dans « les droits de l'homme et les libertés fondamentales » ? Faut-il s'en tenir aux droits de la première, deuxième ou troisième génération ? Sur ce point, v. ROSAS & BRANDTNER, « Human rights and the External relations of the European Community : a Conceptual Perspective », *EJIL*, 1998, p. 17.

[75] Au lendemain du Conseil européen de Copenhague de juin 1993, au terme duquel le Conseil européen s'est prononcé sur les conditions politiques d'adhésion à remplir par les pays candidats de l'Europe centrale et orientale, la Commission avait été chargée de procéder sur les critères établis (démocratie, Etat de droit, droits de l'homme et protection des minorités) à l'évaluation des 10 pays candidats sur la base d'un questionnaire envoyé aux autorités compétentes, de réunions bilatérales, d'évaluations internationales (OSCE, Conseil de l'Europe) et de rapports des ONG. Le rapport d'évaluation des conditions politiques est divisé en trois parties : « la démocratie et l'Etat de droit », « les droits de l'homme et la protection des minorités » et « évaluation générale ». Le deuxième chapitre est sans doute celui qui a fait l'objet d'un contrôle plus poussé. Au total, concernant les seuls critères politiques relatifs à la démocratie et aux droits de l'homme, la Commission estime que seules la Slovaquie et la Turquie ne remplissent pas pleinement ces exigences. (COM (97) 200 final, Vol. I et II, Agenda 200 ; COM (97) 2001-2010, final (avis de la Commission aux pays candidats à l'adhésion)).

[76] Sur cette question, voir M. NOWAK, « La conditionnalité relative aux droits de l'homme en ce qui concerne l'adhésion et la pleine participation à l'Union européenne », *in* P. ALSTON (dir.), *L'Union*

également pour les autorités communautaires qui après avoir constaté que certaines déficiences du système judiciaire en Pologne, en République tchèque, en Slovénie et en Estonie soulevaient un problème « *particulièrement sérieux* », n'en continuaient pas moins à négocier leur entrée dans l'Union[77]. Autant dire, qu'à ces critères politiques, les autorités communautaires apporteront une réponse largement politique…

L'article 7 du traité permet par ailleurs au Conseil de « *constater l'existence d'une violation grave et persistante par un Etat membre* » des principes énoncés précédemment qui constituent le « *patrimoine commun* » de l'Europe et de suspendre, le cas échéant, l'Etat fautif. Une procédure similaire existe dans le cadre du Conseil de l'Europe (article 8) qui permet au Comité des ministres d'expulser un Etat membre qui enfreindrait les principes fondamentaux posés par l'article 3 du Statut de Londres. La question de la mise en œuvre de cette disposition soulève d'innombrables difficultés dont beaucoup ont déjà été évoquées précédemment. Nous ne reviendrons pas par conséquent sur la question de la nature de la violation qui a fait l'objet de plusieurs développements. Concernant l'intensité de cette violation, il faut que celle-ci soit « grave et persistante », ce qui veut dire, en d'autres termes, qu'il doit s'agir de comportements à la fois « *durables et gravement attentatoires* »[78] aux principes énoncés par l'article 6§1[79]. Par ailleurs, la complexité de la procédure devant mener à une éventuelle constatation de manquement est telle[80] que cette procédure apparaît « *de nature largement décorative* ». Il n'en reste pas moins vrai qu'elle a le mérite de sceller dans le marbre de la charte constitutionnelle de l'Union européenne, les « *valeurs* » et les « *principes* » fondamentaux de l'Union en interdisant tout retour en arrière. Elle marque l'avènement d'un modèle européen de l'Etat de droit démocratique appelé à se diffuser partout en Europe.

264. Ainsi, la consécration « constitutionnelle » du principe de l'Etat de droit au sein des textes européens n'est pas sans poser de nombreuses difficultés. Aussi n'est-il pas très étonnant de constater que le juge européen est très circonspect face à sa mobilisation en justice.

---

européenne et les droits de l'homme, Bruylant, Bruxelles, 2001, pp. 718-719, qui rappelle notamment que l'ancien secrétaire général adjoint du Conseil de l'Europe a démissionné en 1997 au motif que le Conseil de l'Europe serait devenu une organisation « faible et molle » dans la protection et la défense de la démocratie et de l'Etat de droit.

[77] I. PINGEL-LENUZZA, *op.cit.*, p. 446.

[78] *Ibid.*, p. 449.

[79] F. AKANDJI-KOMBE, « Le développement des droits fondamentaux dans les traités », in *L'Union européenne et les droits fondamentaux*, *op.cit.*, p. 50.

[80] Pour un exposé détaillé de cette procédure, D. SIMON, *Le système juridique communautaire*, Paris, PUF, 2001, sp. 59.

§2 – L'ASSIMILATION JURISPRUDENTIELLE DE LA NOTION D'« ETAT DE DROIT » : UNE MOBILISATION DENUEE D'EFFET NORMATIF ?

265. A l'instar de ce qui vient d'être dit sur la consécration textuelle du principe de l'Etat de droit en Droit européen, les jurisprudences européennes ne réservent qu'une place très limitée pour le moment au principe de l'Etat de droit à la différence de certaines juridictions constitutionnelles nationales qui font du principe de l'Etat de droit un principe directeur de leur jurisprudence[81]. Rien de tel ici. S'il n'est pas totalement absent des arrêts de la CourEDH (**A**) et, à un degré moindre, de ceux des juridictions communautaires(**B**), force est de constater qu'il est dénué *a priori* de tout effet normatif.

A. L'« *Etat de droit* » dans la jurisprudence de la Cour européenne des droits de l'homme

266. Nous avons émis l'hypothèse précédemment que l'absence de la notion d'Etat de droit des textes fondateurs du Conseil de l'Europe et de la Convention européenne des droits de l'homme relevait principalement d'un accident de l'histoire juridico-linguistique européenne : la promotion de la notion d'Etat de droit en Europe est relativement récente. Mais qu'en est-il au juste de la jurisprudence de la CourEDH caractérisée par sa grande adaptabilité aux évolutions de la société[82] ? Face à la montée en puissance du discours de l'Etat de droit à la fin des années 1980, on aurait pu légitimement s'attendre à une invasion de la notion d'Etat de droit au sein de la jurisprudence de la CourEDH. Il n'en fut rien. Pour autant, le terme n'est pas absent de la jurisprudence européenne des droits de l'homme ; mais son invocation marginale n'est que rhétorique.

267. A partir des bases de données existantes[83], nous avons identifié une quinzaine d'affaires mentionnant, dans la version française de l'arrêt, l'expression « *Etat de droit* »[84]. Une telle recherche mérite quelques explications. Tout d'abord, nous

---

[81] *Cf. supra*, n°214 et ss.

[82] Le juge Ganshof van Der Meersch soulignait à cet égard que « *le droit de la convention n'est pas statique. Son objet ne le permet pas. Le milieu social dans lequel l'accord international a puisé son inspiration et sa justification vit et réagit directement sur le système normatif conventionnel. Les objectifs de la Convention sont solidaires du rythme de l'évolution de la société. Il y a là, dans une large mesure, une jurisprudence constante dont le principe même trouve sa justification dans « l'objet et le but » de la Convention .*», W. GANSHOF VAN DER MEERSCH, « Le caractère autonome des termes et la marge d'appréciation des gouvernements dans l'interprétation de la Convention européenne des droits de l'homme », *Mélange Wiarda, op.cit.*, p. 202.

[83] Moteur de recherche de la Cour européenne des droits de l'homme accessible via Internet à l'adresse : http://www.dhcour.coe.fr/hudoc.

[84] La recherche a été arrêtée au 1er juin 2002, CourEDH, 22 mars 2001, *K.-H.W. c. Allemagne*, §37 et 38 ; CourEDH, 20 juillet 2000, *Antonetto c. Italie* ; CourEDH, 8 décembre 1999, *Pellegrin c. France* ; CourEDH, 20 mai 1998, *Schopfer c. Suisse* ; CourEDH, 25 février 1997, *Hornsby c. Grèce* ; CourEDH, 27 janvier 1997, *De Haes et Gijsels c. Belgique* ; CourEDH, 22 mars 1995, *Prager et Oberschlick c.*

n'avons retenu que les affaires où le syntagme « *Etat de droit* » apparaissait dans les motifs (en droit) de la décision. En revanche nous avons pris en compte les éventuelles opinions dissidentes émises en relation avec ces questions[85]. Ensuite, nous avons systématiquement comparé les versions anglaise et française des arrêts – les deux faisant en principe foi sauf décision contraire de la Cour (article 27, paragraphe 5, du Règlement de la Cour)[86] – afin d'identifier la manière dont le concept d'Etat de droit était traduit en anglais. Rappelons en effet que l'expression « *Rule of law* » inscrite dans la version anglaise de la ConvEDH apparaît dans la version française de ce même texte sous l'expression « *prééminence du droit* ». Traduire « *Etat de droit* » par « *Rule of law* » risquerait de conduire à de nombreuses confusions dans la mesure où l'on sait que le principe de « *Rule of law* » entendu comme « *prééminence du droit* » constitue un principe normatif directeur de la jurisprudence de la CourEDH[87]. En revanche tel ne semble pas être le cas de celui d'« *Etat de droit* ». Aussi, afin d'éviter toute confusion terminologique et par extension conceptuelle, l'expression « *Etat de droit* » est-elle traduite en anglais par « *State governed by the Rule of law* » ou « *State subject to the Rule of law* »[88], contrairement à une tendance actuelle au sein des documents internationaux tenant pour équivalentes les expressions « *Rule of law* » et « *Etat de droit* »[89]. Ces précisions étant faites, quelle est l'exacte mesure de cette invocation soudaine[90] ?

268. A quelques rares exceptions près[91], la notion d'Etat de droit est systématiquement invoquée à l'appui d'un discours relatif au juge et plus largement à l'administration de la justice, preuve encore s'il en était besoin que la figure du juge est désormais étroitement liée à l'idée d'Etat de droit[92]. Par exemple, dans

---

Autriche ; CourEDH, 26 mars 1992, *Castells c. Espagne* ; CourEDH, 25 octobre 1989, *Allan Jacobson* ; CourEDH, 6 décembre 1988, *Colak* ; CourEDH, 25 août 1987, *Lutz* ; CourEDH, 8 juillet 1987, *Baraona*

[85] Par exemple, opinion dissidente commune à Mme Tulkens, M. Fischbach, M. Casadevallet et Mme Thomassen dans l'affaire *Pellegrin c. France*, du 8 décembre 1999.

[86] Pour un aperçu des questions pratiques posées par la rédaction bilingue des arrêts de la Cour, M. DE SALVIA, « Questions pratiques à l'orée de la nouvelle Cour : vieux problèmes, nouvelles solutions ? », *in* J-F. FLAUSS et M. DE SALVIA (ed.), *La Convention européenne des droits de l'homme : développement récents et nouveaux défis*, Bruylant, Bruxelles, 1997, pp. 55-67.

[87] P. WACHSMANN, « La prééminence du droit dans la jurisprudence de la Cour européenne des droits de l'homme », *in Le droit des organisations internationales, Recueil d'études à la mémoire de J. Schwob*, Bruylant, Bruxelles, 1997, pp. 241-285, sp. 244 ; J-Y. MORIN, « La 'prééminence du droit' dans l'ordre juridique européen », *Essays in honour of Krysztof Skubiszewski* , Kluwer, 1997, p. 643 (*Cf. infra*, n°293 et ss).

[88] Voir également la formule « *Community governed by the Rule of law* » pour traduire « *Communauté de droit* » dans les versions anglaises des arrêts de la Cour de justice des Communautés européennes.

[89] *Cf. supra.*

[90] Toutes les affaires comportant l'expression « *Etat de droit* » sont postérieures à la chute du bloc de l'Est.

[91] Par exemple, CourEDH, 26 mars 1992, *Castells c. Espagne*, Série A, n°236. Dans cette affaire relative à la liberté d'expression, la Cour a rappelé qu'il « *ne [fallait] pas oublier le rôle éminent de la presse dans un Etat de droit. Si elle ne doit pas franchir certaines limites fixées en vue notamment de la défense de l'ordre et de la protection de la réputation d'autrui, il lui incombe néanmoins de communiquer des informations et des idées sur les questions politiques ainsi que sur les autres thèmes d'intérêt général* ».

[92] *Cf. infra*, n° 390-433 et 550 et ss.

l'affaire *Prager et Oberschlick c. Autriche* du 22 mars 1995, la Cour a estimé « *qu'il convient de tenir compte de la mission particulière du pouvoir judiciaire dans la société. Comme garant de la justice, valeur fondamentale dans un Etat de droit, son action a besoin de la nécessaire confiance des citoyens pour prospérer* ». De même, dans l'affaire *De Haes et Gilsels c. Belgique* du 27 janvier 1997, la Cour a rappelé que « *l'action des tribunaux, qui sont garants de la justice et dont la mission est fondamentale dans un Etat de droit, a besoin de la confiance du public* ». Ailleurs, la Cour considère que « *l'administration constitue un élément de l'Etat de droit et que son intérêt s'identifie donc avec celui d'une bonne administration de la justice* »[93]. Point n'est besoin d'en dire plus nous semble-t-il tant la formule retenue par la Cour est claire : la bonne administration de la justice constitue une valeur fondamentale dans un Etat de droit.

269. Est-ce dire pour autant que le principe de l'Etat de droit constitue un principe directeur de la jurisprudence de la Cour ? Il est évident que l'idée d'Etat de droit en tant que méta-principe inspire silencieusement et indirectement toute la jurisprudence de la Cour : il fait figure à cet égard de *paradigme* au sens où l'entend Edgard Morin[94]. Mais concrètement, sur le plan des principes mobilisés par le juge dans son travail juridictionnel, il faut bien avouer que le principe de l'Etat de droit n'y occupe quasiment aucune place. Il convient à cet égard de bien faire attention à la formulation de la Cour : celle-ci ne dit jamais que l'Etat de droit constitue une valeur fondamentale comme elle a pu le faire pour le principe de « *prééminence du droit* » par exemple dans l'affaire *Brogan et autres* du 29 novembre 1988 ; elle se contente d'affirmer que la mission de la justice est fondamentale dans un Etat de droit. Le principe de l'Etat de droit n'est pas ainsi érigé par le juge en principe fondamental du système juridique de la ConvEDH[95].

---

[93] En ce sens, CourEDH, 20 juillet 2000, *Antonetto c. Italie*, Rec. 2000-II ; CourEDH, 25 février 1997, *Hornsby c.Grèce*, *Rec.* 1997-II.

[94] Selon Edgar Morin, « *le paradigme institue les relations primordiales qui constituent les axiomes, déterminent les concepts, commandent les discours et/ou les théories. Il organise l'organisation et il en génère la génération ou la régénération* », E. MORIN, *La Méthode : les idées, leur habitat, leur vie, leurs mœurs, leur organisation*, Paris, Le Seuil 1991, sp. 217.

[95] Nous avons relevé toutefois une affaire (allemande) dans laquelle la Cour affirmait que la principe de l'Etat de droit constituait une des pierres angulaires de la Convention. Il convient cependant de préciser que cette affaire était très symbolique en ce qu'elle soulevait la question de savoir si les crimes commis par des gardes frontières de l'ex-RDA devaient être sanctionnés à l'aune des principes de l'Etat de droit d'aujourd'hui. Qui plus est, elle faisait écho à la décision de la Cour constitutionnelle allemande qui avait fondé sa décision sur le principe du *Rechtsstaat* (affaire des « tireurs du mur », M. FROMONT, « RFA : la jurisprudence constitutionnelle en 1996 et 1997 », *RDP*, 1999, n°2, p. 527) . La Cour a considéré qu'il « *est légitime pour un Etat de droit d'engager des poursuites pénales à l'encontre de personnes qui se sont rendues coupables de crimes sous un régime antérieur ; de même, on ne saurait reprocher aux juridictions d'un tel Etat, qui ont succédé à celles existant antérieurement, d'appliquer et reprocher les dispositions légales existantes à l'époque des faits à la lumière des principes régissant un Etat de droit. [...] Certes cette notion [interprétation judiciaire] s'applique en principe à l'évolution progressive de la jurisprudence dans un même Etat de droit et sous un régime démocratique, éléments qui constituent les pierres angulaires de la Convention, comme l'atteste son préambule, mais elle garde toute sa valeur lorsque, comme en l'espèce, il y a eu succession de deux Etats* » (souligné par nous), CourEDH, 22 mars

Ainsi, le principe de l'Etat de droit ne saurait être la source de nouveaux droits comme il peut l'être, par exemple, dans la jurisprudence de la Cour constitutionnelle allemande qui n'a pas hésité à déduire du principe du *Rechtsstaat* le principe de proportionnalité. Par ailleurs, si l'on observe d'un peu plus près les arrêts de la CourEDH dans lesquels est invoquée la notion d'Etat de droit, on constate que le principe de l'Etat de droit n'est jamais décisoire. Par exemple, dans l'affaire *Hornsby c. Grèce* du 25 février 1997, les requérants reprochaient à l'administration grecque de ne pas se conformer aux décisions du Conseil d'Etat en leur faveur et estimaient en conséquence que leur droit à une protection juridictionnelle effective telle que protégé par l'article 6§1 de la ConvEDH n'était pas respecté. La Cour a considéré dans cette affaire que « *la protection effective du justiciable et le rétablissement de la légalité impliquent l'obligation pour l'administration de se plier à un jugement ou arrêt prononcé par une telle juridiction* ». Et d'ajouter que « *l'administration constitue un élément de l'Etat de droit et que son intérêt s'identifie donc avec celui d'une bonne administration de la justice* ». En conséquence de quoi, « *si l'administration refuse ou omet de s'exécuter, ou encore tarde à le faire, les garanties de l'article 6 dont a bénéficié le justiciable pendant la phase judiciaire de la procédure perdraient toute raison d'être* ». En l'espèce, le juge ne se prononce pas directement sur le respect ou non de l'Etat de droit, mais sur le respect des garanties de l'article 6, même s'il est vrai qu'elles puisent leur origine dans l'idée d'Etat de droit.

270. La notion d'Etat de droit telle que mobilisée par CourEDH se révèle ainsi bien plus rhétorique que normative. L'Etat de droit ne fait pas partie des principes autonomes d'interprétation du texte de la ConvEDH à la différence des principes de « *prééminence du droit* » ou de « *société démocratique* »[96]. A cet égard, la CJCE partage largement ce point de vue.

B. L' « *Etat de droit* » dans la jurisprudence communautaire

271. Le juge communautaire intégré (CJCE et TPICE) n'est pas plus prolixe sur la question. Il est même possible d'affirmer que la CJCE, qui s'est forgée son propre concept d'Etat de droit (*Communauté de droit*), ignore presque totalement l'expression « *Etat de droit* »[97]. Si on en trouve ici ou là quelques traces, c'est presque toujours dans le cadre de l'exposé des prétentions des parties (**1**). En revanche, il est possible de se demander si, en faisant référence « *aux principes généraux de l'Etat de droit* » dans ses décisions les plus récentes, le Tribunal de

2001, *K.-H.W. c. Allemagne*, §37 et 38, *RTDH*, 2001, p. 1142, obs. Tavernier. (Sur cette affaire, *Cf. infra*, n°303).

[96] *Cf. infra*, n°293 .

[97] Sur ce point voir l'étude détaillée de R. HOFMANN, « Rechtsstaatsprinzip und Europäisches Gemeinschaftsrecht », *in* R. HOFMANN *et alii* (dir.), *Rechtsstaatlichkeit in Europa*, Müller, Heidelberg, 1996, p. 323.

première instance n'ouvre pas une nouvelle voie vers l'avènement de la notion d'Etat de droit en droit communautaire.(2)

1) Une invocation discrète et sans effet

272. *Questions de méthodologie* - Une première interrogation générale des bases de données existantes révèle près de 60 occurrences des termes « *Etat de droit* » dans les décisions des juridictions communautaires[98]. Mais à y regarder de plus près, on s'aperçoit que les occurrences pertinentes sont beaucoup moins nombreuses : dans certains cas l'expression « *Etat de droit* » ne renvoie pas au concept de « *Rechtsstaat* » mais à l'*état* *du* droit[99] ; parfois, l'expression « Etat de droit » apparaît de manière incidente à l'occasion de la citation par la Cour d'un texte où il est fait mention de l'« *Etat de droit* » sans pour autant que ce principe n'ait été visé expressément par le juge ou par une partie[100] ; enfin, il est parfois renvoyé par les avocats généraux à des articles de doctrine portant sur l'Etat de droit[101]. Nous avons décidé d'écarter tous ces renvois de notre étude.

Au total, il reste une quarantaine de décisions ou conclusions mentionnant le principe de l'Etat de droit. Encore faut-il apporter un certain nombre de précisions pour en comprendre toute la portée. Tout d'abord, il faut noter que ce sont les avocats généraux qui usent le plus du syntagme « *Etat de droit* »[102] : vingt-cinq conclusions d'avocats généraux, dix arrêts de la CJCE et neuf décisions du TPICE reprennent l'expression. Relevons au passage que l'invocation de la notion d'Etat de droit est concomitante avec sa promotion en Europe au tournant des années 1990 : en effet sur la quarantaine de documents étudiés, plus de trente-cinq sont postérieurs à 1990, la majorité d'entre eux étant précisément postérieurs à 1996.

273. Pour autant, cela ne veut pas dire que l'« *Etat de droit* » est visé par le juge communautaire comme un principe normatif. Si les avocats généraux n'hésitent pas

[98] Cette recherche a été menée à partir de la base de données CELEX, le 22 mai 2002.

[99] CJCE, 25 février 1969, *Johannes Gerhardus Klomp*, aff. 23/68, *Rec.* 43 ; CJCE, 16 février 1978, *Commission c. Royaume-Uni*, aff. 804/79, *Rec.* 1045 ; CJCE, 2 décembre 1997, *Fantask*, aff. C-188/95, *Rec.* I-6783 Notons à l'inverse que certains avocats généraux utilisent l'expression « état de droit » pour signifier improprement « Etat de droit » / « Rechtsstaat ». En ce sens par exemple, Conclusions de l'avocat général Van Gerven présentées le 16 mars 1989, *Brother International GmbH c. Hauptzollamt Giessen*, aff. C-26/88, *Rec.* 4253 ; Conclusions A.G. La Pergola présentées le 18 mai 1999, *Angela Maria Sirdar c. The Army Board et Secretary of State for Defence*, aff. C-273/97, *Rec.* I-7403 ; Conclusions A.G. Alber présentées le 16 mai 2000, *Emsland-Stärke GmbH c. Hauptzollamt Hamburg-Jonas*, Aff. C-110/99, *Rec* I-11569 (pt. 82).

[100] CJCE, 3 décembre 1996, *République portugaise c. Conseil*, Aff. C-268/94, *Rec.* I-6177 (référence à l'article 130 U, §2 du traité de Maastricht).

[101] Conclusions A.G. Léger présentées le 4 novembre 1997, *Lopex Export Gmnbh c. Hauptzollamt Hamburg-Jonas*, aff. C-315/96, *Rec.* I-317.

[102] Cela n'a au fond rien d'étonnant compte tenu de la nature peu formaliste des conclusions des avocats généraux. A. BARAV, « Le commissaire du gouvernement devant le Conseil d'Etat français et l'avocat général près la CJCE », *RIDC*, 1974, p. 809 ; P. GORI, « L'avocat général à la CJCE », *CDE*, 1976, p. 375.

à rattacher une construction juridique et dogmatique au principe de l'Etat de droit[103], le juge communautaire quant à lui s'en méfie : dans la plupart des cas, le syntagme « *Etat de droit* » est invoqué exclusivement par les parties ou par le juge national à l'occasion d'une question préjudicielle sans que ce moyen (« *violation du principe de l'Etat de droit* »[104], « *principe inhérent à l'Etat de droit* »[105]) ne soit repris par le juge communautaire dans son appréciation en droit[106]. Il apparaît en effet que ce sont les parties – presque toutes d'ailleurs d'origine allemande – qui se réfèrent le plus à l'Etat de droit afin d'inviter le juge à user de son pouvoir normatif. Par exemple, dans l'affaire *Wirtschaftsvereinigung Stahl et autres*, la partie allemande s'appuyait sur le principe de l'Etat de droit pour inviter les juges à formuler un nouveau principe général du droit qui obligerait la Commission à consulter tous les intéressés avant de prendre une décision[107] ; de même, dans l'affaire *Aloys Schröder et autres*, les requérants allemands invitaient les juges à créer un nouveau principe général – le principe de précision (!) – sur la base du principe de l'Etat de droit afin d'obliger la Commission à préciser l'ensemble des mesures qu'elle entend prendre en application d'une réglementation spéciale[108]. A cet égard, il convient de relever que le juge ne reprend jamais à son compte de telles argumentations.

274. Si l'on porte maintenant une attention plus particulière aux principes invoqués par les parties et les avocats généraux sur la base de l'Etat de droit, le droit au juge[109], le principe de légalité[110], la protection des droits fondamentaux[111] et l'exigence de respect des droits de la défense[112] reviennent le plus souvent. Mais

---

[103] Par exemple, l'avocat général La Pergola se réfère au principe de l'Etat de droit dans l'affaire *Wilhelm Mecklenburg* pour exprimer l'exigence d'un contrôle juridictionnel de l'administration, Conclusions A.G. La Pergola, présentées le 15 janvier 1998, aff. C-321/96, *Rec.* I-3809. Voir également les conclusions de l'avocat général Darmon sous l'affaire Johnston à propos de la relation "droit au juge" / "Etat de droit", CJCE, 15 mai 1986, *Johnston*, aff. 222/84, *Rec.* 1651.

[104] CJCE, 15 juillet 1970, *Boehringer Mannheim GmbH contre Commission*, aff. 45/69, *Rec.* 769.

[105] CJCE, 4 mars 1982, *H.P. Gauff Ingenieure GmbH & Co. KG c. Commission*, aff. 182/80, *Rec.* 799;

[106] Voir toutefois, CJCE, 10 décembre 1999, *Josef Köllensperger*, aff. C-103/97, (pt 24), *Rec.* I-551 : « *La lecture combinée de ces règles s'oppose ainsi à la conclusion selon laquelle l'article 6, paragraphe 4, du Tir VerG ne garantirait pas l'indépendance des membres du Landesvergabeamt. Il n'appartient pas à la Cour de supposer qu'une telle disposition serait appliquée de manière contraire à la Constitution autrichienne et aux principes d'un Etat de droit* ». Voir également, TPI, 30 janvier 2002, *max.mobil Telekommunikation service GmbH*, T-54/99 (*Cf. infra*, n°275).

[107] TPI, 24 octobre 1997, *Wirtschaftsvereinigung Stahl et autres / Commission*, pt 168.

[108] CJCE, 10 décembre 1998, *Schröder et autres c/ Commission*, aff. C-221/97P, point 41.

[109] Conclusions A.G. Tesauro, présentées le 7 mai 1991, *Commission c. République française*, aff. C-294/89, *Rec.* 3591 (pt. 9) ; également, Conclusions A.G. La Pergola, présentées le 15 janvier 1998, *Wilhelm Mecklenburg c. Kreus Pinneberg – Der Landrat*, aff. C-321/96, *Rec.* I-3809 ; Conclusions A.G. Lenz, présentées le 4 février 1997, *République française c. Parlement européen*, aff. C-345/95, *Rec.* I-5215.

[110] Conclusions A.G. Cosmas, présentées le 23 novembre 1999, *République française c. Ladbroke Racing Ltd et Commission*, aff. C-83/98P., *Rec.* I-3271 (pt. 16) ; Conclusions A.G. Cosmas présentées le 15 juillet 1997, *Commission c. Anic Partecipazioni SpA*, aff. C-49/92P, *Rec.* I-4125.

[111] Conclusions A.G. Gulmann, présentées le 20 avril 1993, *The Queen c. Ministry of Agriculture, Fisheries and Food, ex parte Dennis Clifford Bostock*, aff. C-2/92, *Rec.* I-955.

[112] Conclusiosn A.G. Lenz, présentées le 21 mai 1988, *Pretura unificata di Torino c. X*, aff. 228/87, *Rec.* 5099 ; CJCE, 4 mars 1982, *H.P. Gauff Ingenieure GmbH & Co. Kg c. Commission*, aff. 182/80, *Rec.* 799

encore une fois, l'Etat de droit s'identifie très largement avec le droit au juge comme le rappelle l'avocat général Cosmas pour qui « *dans le cadre d'un ordre juridique s'affirmant régi par le principe de l'Etat de droit, la protection juridictionnelle vise à garantir les droits et les intérêts que cet ordre juridique reconnaît aux sujets de droit* »[113]. Il n'en reste pas moins vrai que la mobilisation de la notion d'Etat de droit dans les décisions juridictionnelles communautaires relève plus d'un effet rhétorique que normatif : le juge communautaire ne lui attache aucun effet juridique particulier. Le principe de l'Etat de droit ne relève pas des principes d'interprétation du juge communautaire, celui-ci préférant recourir, dans son travail juridictionnel quotidien, à des principes plus concrets[114].

2) Une nouvelle promotion dans la jurisprudence du TPICE ?

275. Comparée à l'attitude très réservée de la CJCE vis-à-vis de la notion d' « *Etat de droit* », pourtant consacrée désormais par le traité sur l'Union européenne, la décision du TPICE rendue le 30 janvier 2002[115] est exemplaire à plus d'un titre : d'une part, le juge communautaire relie pour la première fois les principes généraux du droit au principe de l'Etat de droit, couronnant ainsi un certain nombre de constructions doctrinales en la matière ; d'autre part, il participe à l'ébauche des contours de l'Etat de droit ; enfin, il ancre les principes de l'Etat de droit au cœur de la Charte des droits fondamentaux de l'Union européenne.

276. *Les principes généraux de l'Etat de droit communs aux traditions constitutionnelles des Etats membres : une formule de plus ?* – On le sait, le juge communautaire n'hésite pas à recourir à différentes formules pour identifier les principes généraux auxquels il fait appel. Avant de dégager des principes généraux communautaires propres, la Cour de justice s'est inspirée notamment des principes du droit international et du droit interne[116]. A partir de la formule consacrée par l'article 288 al. 2 CE (ex-article 215 al. 2 CEE) aux termes duquel la responsabilité extracontractuelle de la Communauté est fixée « *conformément aux principes généraux communs aux droits des Etats membres* », le juge communautaire a très rapidement reconnu la nécessité de s'inspirer *« des règles reconnues par les législations, la doctrine et la jurisprudence des pays membres »*[117]. Par la suite, la Cour s'est référée, successivement ou alternativement, « *aux principes généralement admis dans le droit des Etats membres* »[118], «*aux traditions constitutionnelles*

[113] Conclusions A.G. Cosmas, présentées le 23 septembre 1997, *Stichting Greenpeace Council e.a. c. Commission*, *Rec.* I-1651.
[114] En ce sens, L. HEUSCHLING, *op.cit.*, p. 378.
[115] TPI, 30 janvier 2002, *max.mobil Telekommunication service GmbH*, T-54/99, Chr. D. SIMON, « Une théorie de l'intensité du contrôle juridictionnel est-elle possible », *Europe*, Chr., avril 2002, p. 3-5.
[116] Voir D. SIMON, « Y a-t-il des principes généraux du droit communautaire ? », *Droits*, 1991, p. 73 et ss ; du même auteur, *Le système juridique communautaire*, 3e éd., Paris, Puf, 2001, pp. 358-373.
[117] CJCE, 12 juillet 1957, *Algera*, aff. 7§56 et 3 à 7/57, *Rec.* 81.
[118] CJCE, 21 juin 1958, *Hauts fourneaux et aciéries belges*, aff. 8/57, *Rec.* 225 ; CJCE, 8 février 1968, *IGF Van leeuwen*, aff. 32/67, *Rec.* 63 ; CJCE, 25 février 1969, *Klomp*, aff. 23/68, *Rec.* 43.

communes aux Etats membres »[119], « *aux principes généraux communs aux droits des Etats membres* » pour identifier les principes généraux communautaires. Par ailleurs, elle a estimé que « *le respect des droits fondamentaux fait partie intégrante des principes généraux du droit dont la Cour de justice assure le respect* » considérant à cet effet que « *les instruments internationaux auxquels les Etats membres ont coopéré ou adhéré peuvent également fournir des indications dont il convient de tenir compte dans le cadre du droit communautaire* » [120], la Convention européenne des droits de l'homme revêtant « *une signification particulière* », à tel point que la Cour n'hésite plus, désormais, à la mobiliser sans passer par le filtre des principes généraux du droit communautaire[121].

277. En renvoyant aux « *principes généraux de l'Etat de droit communs aux traditions constitutionnelles des Etats membres* », le Tribunal semble franchir un pas supplémentaire dans l'approfondissement de l'ordre juridique communautaire. Encore faut-il pour en évaluer toutes les implications élucider un certain nombre de questions.

Tout d'abord, il convient de s'interroger sur le sens de cette formule : quels sont les « *principes généraux de l'Etat de droit* » ? S'agit-il d'une nouvelle catégorie de principes ? Tous les principes généraux du droit relèvent-il de l'Etat de droit ? Y aurait-il des principes généraux plus fondamentaux que d'autres méritant en tant que tels d'être rattachés à l'Etat de droit? Le Tribunal nous fournit dans son arrêt quelques éléments de réponse. Pour le juge communautaire, « *le droit à une bonne administration* » et le « *droit à un recours juridictionnel effectif* » relèvent des principes généraux de l'Etat de droit.

Il n'y a rien de très surprenant à ce que le « *droit à un recours juridictionnel effectif* » soit considéré comme un principe général de l'Etat de droit : selon la doctrine dominante d'ailleurs, le « *droit au juge* » est considéré comme le pilier même de l'Etat de droit[122] sur la base d'une assimilation largement répandue

---

[119] CJCE, 17 décembre 1970, *Internationale Handelgesellschaft*, aff. 11/70, *Rec.* p. 1125. Dès 1959, l'avocat général Lagrange avait encouragé la Cour à s'inspirer des règles constitutionnelles nationales « *pour y voir l'expression d'un principe général de droit susceptible d'être pris en considération pour l'application du traité* », Conclusions de l'Avocat général M. Lagrange, CJCE, 4 février 1959, Stork, 1/58, *Rec.* 910.

[120] CJCE, 14 mai 1974, *Nold*, aff. 1/73, *Rec.* 491, sp. 508.

[121] Le juge Puissochet considère ainsi que désormais « *tout se passe comme si la Cour de justice appliquait directement la Convention* » , J-P. PUISSOCHET, « Conclusions », in J. RIDEAU (dir), *De la Communauté de droit à l'Union de droit, op.cit.*, p. 497. Pour une illustration, CJCE, 8 juillet 1999, *Montecatini SpA c. Commission*, aff. C-236/92 P, pt. 137 : « *Il convient de rappeler que la liberté d'expression et celle de réunion pacifique et d'association, consacrées respectivement, entre autres, aux articles 10 et 11 de la Convention [...] du 4 novembre 1950, font partie des droits fondamentaux qui selon la jurisprudence constante de la Cour, par ailleurs réaffirmées par le préambule de l'Acte unique européen et l'article F §2 du traité sur l'Union européenne (devenu, après modification, l'article 6§2, UE), sont protégés dans l'ordre juridique communautaire* ».

[122] D. SIMON, *op.cit* ; J. RIDEAU « Le droit au juge : conquête et instrument de l'Etat de droit », in J. RIDEAU (dir.), *Le droit au juge dans l'Union européenne*, Paris, LGDJ, 1998, p. 3 et ss.

aujourd'hui entre le droit et le juge ; il constitue, à cet égard, la clé de voûte de la *Communauté de droit*[123] ainsi que de la *Société démocratique de droit* véhiculée par la ConvEDH[124].

La consécration du droit à une « *bonne administration* » comme principe général de l'Etat de droit – « *droit à une bonne administration* » qui, soit dit en passant, est pour la première fois nous semble-t-il qualifié de *principe général* par le juge communautaire[125] – mérite en revanche quelques éclaircissements en ce qu'il révèle en creux une forme de régulation juridique bouleversant les structures traditionnelles de l'Etat de droit, dessinant pas à pas les contours d'un véritable *Etat de droit procédural*[126].

Derrière ce principe se cachent en vérité une pluralité de principes parmi lesquels on peut citer les principes d'impartialité, de célérité, d'équité, l'obligation de motivation des décisions, le droit d'audition, le droit à réparation et, plus largement, l'ensemble des droits de la défense inhérents à la procédure administrative[127] : autrement dit, il intègre l'ensemble des garanties du procès équitable[128]. A cet égard, on peut dire du principe de bonne administration qu'il est un principe parapluie (*umbrella term*) à l'image du principe de l'Etat de droit dont la fonction et le contenu se réduiraient à résumer en un seul terme diverses institutions, règles et procédures[129]. D'ailleurs, Jürgen Schwarze ne qualifie-t-il pas lui-même ces différents principes (droits de la défense, obligation de motivation, principe d'impartialité *etc.*) de « *principes de la procédure administrative inhérents à l'Etat de droit* »[130] ? Ce principe de bonne administration répond en effet à la nécessité de parvenir à un équilibre entre le respect des droits des administrés, les obligations et

---

[123] A. PLIAKOS, *Le principe général de la protection juridictionnelle efficace en droit communautaire*, Bruxelles, Bruylant, 1997, pp. 74-135.
[124] *Cf. infra.*
[125] Le juge communautaire parlait jusqu'à présent de « principe de bonne administration » (TPI, 6 juillet 2000, *Alsace international Car Service / Parlement*, T-139/99, Rec II-2849), « d'obligation de bonne administration » (TPI, 6 juillet 2000, *Volkswagen / Commission*, T-46/98, *Rec.* II-2707), de « devoir de bonne administration » (TPI, 10 mai 2000, *SIC / Commission*, T-46/97, *Rec.* II-2125), ou encore « d'exigence de bonne administration » (CJCE, 30 mars 2000, *VBA / Florimex e.a.*, Aff. C-266/97 P, *Rec.* I-2135). Voir néanmoins les conclusions de l'A.G. Van Gerven sous CJCE, 12 février 1992, *PB c/ Commission*, Aff. C-48/90 et C-66/90, *Rec.* I-627 : « *l'absence de garanties écrites n'empêche pas la Commission d'être liée, dans ses interventions, par les principes généraux du droit communautaire, [dont] le principe de bonne administration* ». A cet égard, il faut rappeler toutefois que l'adjonction ou l'omission du terme « général » dans la qualification des principes du droit n'emportent pas de conséquences juridiques. Sur ce point, F. MODERNE, « La légitimité des principes généraux et théorie du droit », *RFDA*, 1999, p.723.
[126] Voir en particulier sur cette question la thèse de Loic Azoulay à qui nous emprunterons ici certains de nos développements. L. AZOULAY, *Les garanties procédurales en droit communautaire. Recherches sur la procédure et le bon gouvernement*, Thèse, IUE, Florence, 2000, 639p.
[127] En ce sens, l'article 41, paragraphe 1, de la charte des droits fondamentaux de l'Union européenne proclamée le 7 décembre 2000 à Nice (JO 2000, C 364, p. 1, ci-après, la Charte des droits fondamentaux).
[128] *Cf. infra*, n°420 et ss.
[129] G. MARSHALL, « The *Rule of law*. Its Meaning and Scope », *CPPJ*, n°24, 1993, p. 43.
[130] J. SCHWARZE, *Droit administratif européen*, *op.cit.*, pp. 1233-1501.

les missions de l'administration, la promotion de l'unité communautaire et la préservation du bon fonctionnement du système communautaire dans son ensemble[131]. En d'autres termes, il s'agit de « *contrôler l'administration, sans la contraindre dans son action* »[132]. Le principe de bonne administration s'inscrit ainsi dans la problématique générale des *garanties procédurales* et des *droits procéduraux*.

Cette question n'est pas nouvelle en droit communautaire[133] : dès 1957, la Cour de justice imposa à la Haute Autorité, au nom d'une « *saine administration* », le respect d'un *délai raisonnable* dans le cadre d'une procédure administrative d'octroi de concours malgré l'absence de toute disposition en la matière[134]. Mais longtemps cantonné au contentieux de la fonction publique[135], le principe de bonne administration connaît depuis peu une nouvelle promotion dans le cadre du contentieux économique en raison notamment du développement considérable des pouvoirs administratifs de l'exécutif communautaire dans ce domaine.

En effet, les figures de la normativité juridique en matière économique et sociale connaissent une mutation sans précédent depuis plusieurs années : le droit de l'intégration économique cède progressivement le pas à un « *droit de la régulation économique et sociale* », de plus en plus ouvert à la société civile, sous la surveillance de l'exécutif communautaire faisant office de « *régulateur* »[136]. Désormais, l'intégration économique européenne ne repose ainsi plus seulement « *sur l'individu, son autonomie privée et sa liberté absolue ; elle repose sur l'organisation juridique et l'administration des activités économiques et sociales* »[137]. Du coup, c'est le point de gravité du droit de l'administration qui en est bouleversé, celui-ci se déplaçant « *du contenu de l'acte vers sa procédure d'édiction* » [138], révélateur d'une transformation plus profonde de la société libérale. Ainsi, c'est par la procédure – instrument de « dialogue » formalisé et rationalisé – que s'établissent les relations entre l'administration, les personnes intéressées et les

---

[131] En ce sens, R-E PAPADOPOULOU, *Principes généraux du droit et droit communautaire. Origines et consécration*, Bruxelles/Athènes, Bruylant/Sakkoulas, 1996, p.127.
[132] L. AZOULAY, *op.cit.*, p. 23.
[133] D. SIMON, « Violation du principe de bonne administration », *Europe*, 1999, n°333 : TPI, 9 juillet 1999, *New europe consulting et Brown / commission*, aff. T-231/97, *Rec.* II-2415.
[134] CJCE, 10 décembre 1957, *Société des usines à tubes de la Sarre* / H.A., aff. 1/57 et 14/57, *Rec.* 209.
[135] Par exemple, CJCE, 11 juillet 1974, *Guillot / Commission*, aff. 53/72, *Rec.* 791 ; CJCE, 28 mai 1980, *Kuhner / Commission*, aff. jtes 33 et 75/7, *Rec.* 1692 ; CJCE, 5 mai 1983, *Ditterich / Commission*, aff. 207/81, *Rec.* 1359 ; TPI, 8 novembre 1990, *Barbi / Commission*, aff. T-73/89, *Rec.* II-620 ; CJCE, 31 mars 1002, *Burban / Commission*, aff. C-255/90 P., *Rec.* I-2268.
[136] Art. 211 CE :« *En vue d'assurer le fonctionnement et le développement du marché commun, la Commission veille à l'application des dispositions du présent traité ainsi que des dispositions prises par les institutions* ». Sur cette question voir en particulier, G. MAJONE, *La Communauté européenne : un Etat régulateur*, Paris, Montchrestien, 1996.
[137] L. AZOULAY, *op.cit.*, p. 12.
[138] *Ibid.*

activités régulées[139]. En amont, les procédures constituent ainsi un moyen juridique rationnel et légitime pour atteindre les objectifs de la régulation en associant notamment les différents intéressés à la prise de décision. En aval, la consécration de « *droits procéduraux* » en faveur des particuliers dans la procédure administrative constitue un moyen d'assurer le respect des principes de l'Etat de droit[140] en ce qu'elles permettent « *une mise en œuvre anticipée de la protection juridique* »[141] inhérente à l'Etat de droit[142]. En d'autres termes, il s'agit d'assurer la protection juridique des personnes affectées par la régulation économique sans pour autant mettre en danger l'efficacité de la régulation : telle est, entre autres, l'objectif auquel répond le principe de bonne administration[143]. Le principe de bonne administration se révèle ainsi aussi fondamental pour le développement de l'Etat de droit que le principe d'une protection juridictionnelle effective. Il en est le complément inévitable : le premier tend à protéger l'individu dans ses relations avec l'administration et constitue un rempart contre tout comportement arbitraire de celle-ci ; le second vient protéger l'individu – devenu alors justiciable – une fois que les mécanismes de prévention de protection des droits individuels n'ont pas fonctionné correctement.

278. Il faut donc considérer que le juge communautaire a entendu rattacher l'ensemble des principes généraux du droit tendant à la protection des droits individuels au principe de l'Etat de droit. Ce faisant, le juge communautaire participe à la complétude et la cohérence du système de construction des principes généraux du droit[144] dont certains n'avaient pas manqué de stigmatiser « *le bricolage casuistique* »[145]. Ce n'est que par une reconstruction doctrinale de cette abondante et hétérogène jurisprudence que l'on avait pu y voir plus clair, grâce notamment à l'entreprise menée par Denys Simon en 1991 pour qui, derrière cet impressionnisme caractérisant la jurisprudence de la CJCE en la matière, il y aurait « *une cohérence, qui, pour n'être pas toujours très clairement perçue, est à l'œuvre dans une construction originale tendant à faire de la Communauté européenne une*

---

[139] En effet, on a vu se multiplier ces dernières années les procédures administratives destinées à accompagner la complexification des processus de décision de régulation sociale, économique et administrative afin d'offrir toutes les garanties possibles d'équité et de sécurité des décisions. On a parlé à cet égard de « *démocratie procédurale* », S. GUINCHARD, « Vers une démocratie procédurale », *Justices*, 1999, pp. 91-130.

[140] J. SCHWARZE, *op.cit.*, p. 1248 et ss.

[141] H. SIEDENTOPF, « Rapport pour la RFA », in F. DELPEREE (dir), *Citoyen et Administration*, Cabay/ Bruylant, Bruxelles, 1985, p. 248.

[142] J. CHEVALLIER, *L'Etat de droit, op.cit.*, p. 58 et ss.

[143] W. VAN GERVEN, « The legal dimension : the constitutionnal incetives and constraints on bargained administration », *in* F. SNYDER (ed.), *Constitutionnal dimensions of european economic integration*, Kluwer Law International, La haye, 1996, pp, 75-90, sp. 83 ; L. AZOULAY, *op.cit.*

[144] En ce sens, F. MODERNE, *op.cit.*, pp. 730 et 740.

[145] D. SIMON, *op.cit.*, p. 75. Il convient de remarquer que cette hétérogénéité des principes généraux n'est pas propre au droit communautaire. Noberto Bobbio parle par exemple de «*famille nombreuse et plutôt hétérogène* », N. BOBBIO, « Principali generali di diritto », *in Contributi ad un dizionario giuridico*, Giappichelli, Turin, p. 263.

« Communauté de droit » »[146], confirmant ainsi la conviction que les principes généraux du droit expriment les *« exigences de la conscience juridique du temps et [...] celles de l'Etat de droit »*[147].

279. Reste à voir s'il ne s'agit là que d'une formule sans lendemain ou si elle est appelée à un avenir plus radieux. La consécration « constitutionnelle » du principe de l'Etat de droit, principe sur lequel l'Union se fonde rappelons-le, tendrait à laisser penser que tel est le sens de l'histoire. A cet égard, la CJCE – si tant est qu'elle accepte de reprendre à son compte cette formulation – pourrait même aller encore plus loin dans le processus de constitutionnalisation et d'autonomisation de l'ordre juridique communautaire en invoquant les « *principes généraux de la Communauté de droit* » dont la Charte des droits fondamentaux de l'Union européenne pourrait constituer une source autonome comme l'a déjà laissé entendre le Tribunal. Pour y arriver, le chemin est sans doute encore long si l'on en reste à l'article 6§1 qui rappelle que l'Union se fonde sur les principes *communs aux Etats membres* : des principes communs aux principes propres de l'Union, il y a un fossé que l'irréductible structure de la construction européenne risque sans doute de ne jamais laisser franchir. Il n'en reste pas moins vrai que « *la systématisation des principes généraux de droit par la jurisprudence de la Cour de justice des Communautés européennes dessine progressivement les contours d'une vision européenne de l'Etat de droit* »[148]. Cette vision européenne de l'Etat de droit se traduit par la construction d'un concept autonome de l'Etat de droit qu'il faut maintenant identifier.

SECTION II
L'ASSIMILATION EUROPEENNE DU CONCEPT D'ETAT DE DROIT

280. L'idée de primauté du droit qui sous-tend le principe même de l'Etat de droit est exprimée dans le cadre européen par les concepts de « *prééminence du droit* » dans le système juridique de la ConvEDH et de « *Communauté de droit* » dans le système juridique communautaire. Ces deux expressions dénotent une commune aspiration à assurer, d'une part, la primauté du droit en encadrant et limitant l'action des gouvernants (qu'ils soient nationaux ou européens) et, d'autre part, la protection juridictionnelle des droits subjectifs que les individus tirent du Droit européen. L'idée de primauté du droit occupe, en effet, une place centrale au sein de ces deux systèmes juridiques, de sorte que l'on a pu dire que « *le droit [n'était] pas seulement un instrument de l'intégration européenne, [mais qu'il était] l'instrument*

---

[146] *Ibid.*
[147] R. CHAPUS, *Droit administratif général*, 15e éd., Paris, Montchrestien, 2001, p. 95.
[148] D. SIMON, *op.cit.*, pp. 85-86.

du processus d'intégration européenne »[149]. L'intégration européenne est ainsi avant tout une intégration juridique reposant sur la primauté du droit. JHH Weiler l'a bien montré en mettant en évidence la primauté de la *souveraineté normative* (intégration juridique) sur la *souveraineté décisionnelle* (intégration politique) dans le cadre communautaire[150]. A cet égard, la *justiciabilité* du Droit européen[151] par l'instauration de juridictions supranationales européennes auxquelles les Etats ne sauraient se soustraire a constitué l'un des piliers du processus d'intégration européenne. L'œuvre jurisprudentielle de la CJCE a contribué non seulement à combler les carences des traités mais également à accélérer et approfondir la construction européenne[152], au point que certains n'ont pas hésité à dénoncer le risque d'un gouvernement des juges[153]. De même, grâce à une lecture dynamique et évolutive de la ConvEDH[154], la CourEDH a fait de la Convention *«l'instrument constitutionnel de l'ordre public européen* »[155]. C'est ainsi que l'on a pu écrire qu'en Europe *« le fédérateur c'est le droit. Il existe un vrai pouvoir supranational en Europe : celui des juges. Le droit apparaît comme l'un des moteurs de l'Europe* »[156].

281. Aussi n'est-il pas étonnant de voir le principe de la *prééminence du droit* être consacré par le droit européen des droits de l'homme comme un des principes fondamentaux de la société démocratique européenne[157] (**§1**). C'est ce qu'exprime

---

[149] A. EASSON, « Legal approaches to European integration : the role of the Court and legislator in the completion of the European common market », *Journal of European Integration*, Vol XII, n2/3, p101, sp 115-116.

[150] Voir en ce sens, JHH WEILER, « The Community System : the dual character of supranationalism », YEL, 1981, p 267 ; du même auteur, *Supranational law and Supranational system : legal structure and political process in the European Community*, Florence, Thèse, IUE, 1982 ; « The transformation of Europe », *The Yale Law Journal*, Vol 100, p 2403 et ss.

[151] En effet, « *il ne suffit pas* [...] *considérer le droit comme un ensemble de règles organisant les rapports entre les sujets de droit, entre les institutions de la Communauté et entre sujets et institutions pour avoir une vision exacte de ce qu'est le droit dans la Communauté. Encore faut-il ajouter que ces règles sont justiciables, c'est-à-dire que leur respect peut être contrôlé par un tiers impartial. Faute de quoi, on réduirait le droit à un système de commandements, les sujets devant obéir à des règles dont ils ne pourraient faire contrôler la conformité par rapport à des normes supérieures* [...] ». J-P. JACQUE, « Le rôle du droit dans l'intégration européenne », *Philosophie Politique*, n°1/1991, p. 119.

[152] Il suffit de rappeler que la Cour de justice a posé elle-même les grands principes fondamentaux structurant l'ensemble du droit communautaire (primauté, effet direct, autonomie de l'ordre juridique, protection des droits fondamentaux, etc.). La littérature est très abondante en la matière. On peut citer à titre indicatif, R. DEHOUSSE, *La Cour de justice des Communautés européennes*, Paris, Montchrestien, 1995 ; A.W. GREEN, *Political integration by jurisprudence. The Work of the CJEC in European political integration*, Leyden, Sijthoff, 1969 ; K. KOVAR, «La contribution de la Cour de justice des Communautés européennes à l'édification de l'ordre juridique communautaire », *RCADE*, 1993, Vol IV, Book 1, pp. 15-109.

[153] J-P.COLIN, *Le gouvernement des juges dans les Communautés européennes*, Paris, LGDJ, 1964. La critique la plus virulente à l'égard de l'activisme de la Cour a sans doute été professée par H. RASMUSSEN, *On law and Policy in the European Court of justice*, La Haye, Nijhoff, 1986.

[154] La Cour parle « *d'instrument vivant à interpréter à la lumière des conditions de vie actuelles* ».

[155] CourEDH, 18 décembre 1996, *Loizidou*, Série A, §75.

[156] A. CHALANDON, « Le droit moteur de l'Europe », *Revue Administrative*, 1986, p. 427.

[157] Pour la CourEDH, « *la prééminence du droit constitue l'un des principes fondamentaux d'une société démocratique* », CourEDH, 29 novembre 1988, *Brogan*, Série A, n°145-B.

également la notion de « *Communauté de droit* » telle qu'envisagée par le juge communautaire[158], à savoir une Communauté (constituée des institutions et de ses Etats membres) dont l'action est soumise au droit et qui agit et légitime sa propre existence à travers le droit (§2).

§1 – L'ASSIMILATION DU CONCEPT D'ETAT DE DROIT DANS LE SYSTEME JURIDIQUE DE LA CONVENTION EUROPEENNE DES DROITS DE L'HOMME : *LA PREEMINENCE DU DROIT / LE RULE OF LAW*

282. Nous avons vu que le droit européen des droits de l'homme ignorait presque totalement la notion d'Etat de droit bien que son idée irradie l'ensemble de la ConvEDH. Cette idée d'Etat de droit est exprimée par le principe de prééminence du droit[159] et signifie, entre autres, que « *le respect des droits [de la Convention] est imposé à toutes les instances de l'Etat (le législateur comme le juge ou l'administrateur), dans toutes les branches du droit* »[160]. Nous savons que ce principe de prééminence du droit n'est que la traduction du principe britannique de *Rule of law*[161]. Avant d'en délimiter les contours (**B**), il convient au préalable de s'arrêter quelques instants sur ce concept de *Rule of law* dont les liens avec celui d'Etat de droit sont nombreux (**A**).

A. La prééminence du droit, un concept *importé*: retour sur le concept anglais de *Rule of law*

283. A l'image du concept d'Etat de droit, celui de *Rule of law* est sans doute l'un des plus contestés et des plus discutés de la littérature anglo-saxonne[162]. Formalisé pour la première fois semble-t-il au début du 16ème siècle sous la plume de Philemon Holland à l'occasion d'une traduction en anglais de l'œuvre de Tite-Live[163],

---

[158] CJCE, 23 avril 1986, *Parti écologiste Les Verts c/ Parlement Européen*, aff. 294/83, *Rec.* 1339.
[159] En ce sens, P. WACHSMANN, *op.cit.*, p. 244.
[160] M. DELMAS-MARTY, « Légalité pénale et prééminence du droit selon la Convention européenne de sauvegarde des droits de l'homme et des libertés fondamentales », *in Mélanges en l'honneur d'André Vitu*, Paris, Cujas, 1989, p. 154.
[161] *Cf. supra*, n°257.
[162] Parmi une abondante littérature, on retiendra tout particulièrement, G. de Q. WALKER, *The Rule of law. Foundation of Constitutional Democracy*, Melbourne University Press, 1988 ; P. CRAIG, « Formal and Substantive Conceptions of the Rule of law : Analytical Framework », *Public Law*, 1997, pp. 467-487 ; R. DWORKIN, *A Matter of Principle*, Cambridge, Harvard University Press, 1985 ; L.L. FULLER, *The morality of Law*, New Haven, Yale University Press, 1966 ; M.P. GOLDING, « Transitionnal Regimes and the Rule of law », *Ratio Juris*, vol 9, n°4, 1994, p. 387 ; R. GROTE, « Rule of law, Rechtsstaat and Etat de droit », in C. STARCK (ed), *Constitutionalism, Universalism and Democracy – A comparative analysis*, Baden-Baden, Nomos Verlagsgesellschaft, 1999 ; A. HUTCHINSON & P. MONAHAN (eds), *The* Rule of law, Toronto, Carswell, 1987 ; G. MARSCHALL, « The Rule of law », *CPPJ*, 24, 1993 ; R.S. Summers « A formal theory of the Rule of law », *Ratio Juris*, vol. 6, n°2, 1993, p. 127; J. WALDRON, « The Rule of law in Contemporary Liberal Theory », *Ratio Juris*, vol 2, n°1, 1989, p. 7 ; B.R. Weingast, « The Political foundations of democracy and the Rule of law », *American Political science Review*, 1997, pp. 245-263.
[163] *Cf. supra*, n°30.

l'expression *Rule of law* ne connut une véritable promotion doctrinale qu'avec A.V. Dicey à la fin du 19ème siècle[164] même si, là encore, l'idée qui la sous-tend remonte à l'époque médiévale[165]. Mais la conceptualisation du *Rule of law* par Dicey fut l'objet d'une vive controverse au sein de la doctrine anglaise contemporaine au 20ème siècle : on la juge, faute d'une théorie claire et cohérente, inutile, redondante ou purement rhétorique. Le concept tombe alors en disgrâce. Il faudra attendre le début des années 1980 et l'avènement d'un nouveau discours libéral sur les droits de l'homme pour que l'expression retrouve une place au sein de la doctrine[166].

284. Aux fins de l'élucidation conceptuelle entreprise (« *comprendre le concept de prééminence du droit/Rule of law selon la Convention européenne des droits de l'homme* »), nous nous proposons ici d'identifier, à partir d'un modèle originel du *Rule of law* dont les contours ont été tracés par A.V. Dicey (**1**), les différents modèles du *Rule of law* développés par la doctrine (**2**).

1) Le modèle originel : le *Rule of law* selon A.V. Dicey (1835-1922)

285. Pour Dicey, les principes de *souveraineté du Parlement* et de *Rule of law* constituent les deux principes fondamentaux de la « constitution anglaise »[167]. Ces deux principes ne se confondent pas mais se superposent l'un à l'autre. D'un point de vue légal, la souveraineté du Parlement est, selon Dicey, illimitée, absolue et incontrôlable[168] : en d'autres termes, nul ne saurait contester, contrôler ou écarter une loi du parlement[169]. Le juge se trouve donc inféodé au Parlement : il doit appliquer la loi du Parlement et la faire primer sur toutes les autres règles. Pour le reste, règne, « *dans la sphère de la loi* »[170], le principe du *Rule of law* selon lequel

[164] A.V. DICEY, *Introduction to the study of the law of the constitution* (1889), 9ème édition, introduction by E.C.S. Wade, London, Macmillan & Co LTD, 1959 (ci-après, *Law of the Constitution*).

[165] W.S. HOLDSWORTH, *History of English Law*, vol. ii, Oxford, 1923, pp. 121. *Cf. supra.*

[166] Sur l'histoire du *Rule of law*, L. HEUSCHLING, *op.cit.*, pp. 205-400.

[167] A.V. DICEY, *Introduction to the law of the Constitution*, 10ème éd., Préf. E.C.S. Wade, Londres, Macmillan and Co ltd, 1959, p. 183: « *Deux traits ont depuis la conquête normande (1066) caractérisé les institutions politiques de l'Angleterre. Le premier de ces traits est l'omnipotence ou la suprématie incontestée à travers tout le pays du gouvernement central. [...] Le second de ces traits, qui est intimement lié au premier, est le* rule or supremacy of law». Relevons au passage que son ouvrage *The law of the Constitution* est divisée en deux parties respectives : *Part I – The sovereignty of Parliament ; Part II – The Rule of law.*

[168] A tout le moins d'un strict point de vue légal. En effet, il existe des limites morales et politiques à cette toute puissance du Parlement : l'opinion publique, le rôle de l'opposition, les conventions de la constitution (ex : le principe démocratique) ou encore le droit international. Sur ce point, L. HEUSCHLING, *op.cit.*, pp. 319-325.

[169] « *Le Parlement [...] a sous la Constitution anglaise, le droit de faire et de défaire n'importe quelle loi ; et, en outre, aucune personne ou autorité ne se voit reconnaître, en droit anglais, le droit de censurer ou d'écarter la législation faite par le parlement* », A.V. DICEY, *op.cit.*, pp. 39-40.

[170] L. HEUSCHLING, *op.cit.*, p. 305.

« *l'administration est soumise à la common law dans sa forme modifiée par les lois parlementaires* »[171].

286. Ce principe du *Rule of law* est l'expression même du libéralisme juridique : il est l'expression de la liberté et doit constituer un rempart contre l'arbitraire des pouvoirs publics. Le *Rule of law* signifierait dans un sens large « *la garantie accordée aux droits des individus sous l'empire de la Constitution anglaise* ». C'est tout d'abord, selon Dicey, un concept purement anglais, spécifique à la culture juridique et à l'ordre constitutionnel anglais. C'est ensuite un principe libéral tourné tout entier vers la protection de l'individu. Plus précisément, le *Rule of law* revêt plusieurs significations, interdépendantes les unes des autres. Il convient, à cet égard, de reprendre dans leur intégralité les trois propositions développées par Dicey :

Le *Rule of law* repose sur le principe de légalité : « *Il signifie, en premier lieu, la suprématie ou à la prééminence absolue du droit régulier par opposition à l'influence d'un pouvoir arbitraire ; elle exclut l'existence de l'arbitraire, de la prérogative et même des pouvoirs discrétionnaires étendus dans le chef du gouvernement. Les anglais sont gouvernés par la loi et seulement par la loi ; chez nous, un homme peut-être puni pour avoir violé la loi, mais il ne peut être puni pour rien d'autre* »

Le *Rule of law* repose sur le principe d'égalité : « *Il signifie, en outre, l'égalité devant la loi, ou la soumission égale de toutes les classes au droit ordinaire du pays, administré par les juridictions ordinaires* ». En d'autres termes, tout agent de l'Etat, ministre ou fonctionnaire, doit être soumis à des règles identiques aux particuliers. A cet égard, le modèle français du « droit administratif » est considéré par Dicey comme incompatible avec le principe du *Rule of law*.

Le *Rule of law* repose sur le juge : « *Le Rule of law enfin, peut être utilisé comme une formule pour exprimer le fait que chez nous le droit de la constitution est le résultat de décisions judiciaires qui déterminent les droits des personnes privées dans des cas pendants devant les cours de justice, alors que sous de nombreuses constitutions étrangères la garantie (qui vaut ce qu'elle vaut) conférée aux droits des individus résulte, ou semble résulter, des principes généraux de la constitution* ». Autrement dit, les principes généraux de la constitution résultent des décisions judiciaires déterminant les droits des particuliers dans les affaires soumises aux tribunaux.

Ce triptyque **légalité/égalité/juge** est traversé tout entier par une idée : **la liberté**.

---

[171] J. SCHWARZE, *op.cit.*, p. 233 ; voir également H.W.R. Wade pour qui le *Rule of law* signifie notamment que « *everything must be done according to the law. Applied to the powers of government, this requires that every government authority which does some act which would otherwise be a wrong (such as taking a man's land) or which infringes a man's liberty (as by refusing him planning permission), must be able to justify its action as authorised by law – and in nearly every case this will mean authorised by Act of Parliament* », in *Administrative Law*, 5ème éd., Oxford, 1982, p. 22.

287. Finalement, la mise en exergue des principes de légalité, d'égalité et de liberté n'est pas nouvelle. Le principe révolutionnaire du « règne de la loi » en était déjà l'expression[172]. En revanche, le *Rule of law* tel que dessiné par Dicey se distingue nettement des principes continentaux du « *règne de la loi* » ou même du « *Rechtsstaat* », en ce qu'il repose tout entier sur le juge. Dicey procède à une véritable assimilation du droit et du juge : pour lui, il ne saurait y avoir de droit sans un juge pour l'appliquer[173]. Le concept de *Rule of law* implique par essence l'existence d'un pouvoir juridictionnel rejoignant ainsi le modèle de *Rechtsstaat* développé par Otto Bähr en Allemagne[174]. Ce rôle axiologique joué par le juge dans le développement de l'ordre juridique avait déjà été mis en évidence par Edward Coke. Il s'inscrit dans la perspective de la pensée classique de la *common law* où le droit est révélé par le juge.

2) Aperçu des différents modèles de *Rule of law*

288. A partir de ce modèle originel du *Rule of law*, la doctrine anglo-saxonne a développé différentes conceptions du *Rule of law*[175]. Que ce soit dans sa version formelle (**a**) ou matérielle (**b**) [176], le *Rule of law* est désormais conçu comme un « *idéal politique* », comme « *un standard auquel la loi devrait se conformer* »[177].

a) Le modèle formel du *Rule of law*

289. Parmi les tenants d'une conception formelle du modèle du *Rule of law*, on trouve des auteurs comme Herbert Hart[178], Lon Fuller[179] ou Joseph Raz[180]. Mais

---

[172] On pense ici en particulier à la séparation de l'ordre administratif et judiciaire qui est rejetée en droit anglais : il ne saurait y avoir de droit administratif ou de juge administratif pour lui. Son injuste hostilité à l'égard du droit administratif français n'en sera que la manifestation. Voir les critiques de DICEY, *Law of the Constitution*, *op.cit.*, pp. 331-405.

[173] A.V. DICEY, *Law & Public Opinion*, *op.cit.*, p. 487.

[174] *Cf. supra*, n°94.

[175] Voir article de P.P. CRAIG, « Formal and Substantive Conceptions of the Rule of Law : An Analytical Framework », *Public Law*, 1997, pp. 467-487 ; R.S. SUMMER, « The Ideal Socio-legal Order. Its « Rule of Law » Dimension », *RJ*, vol1, n°2, 1988, p. 154 ; J. WALDRON, « The Rule of Law in Contemporary Liberal Theory », *RJ*, vol 2, n°1, 1989, p. 79 ; S. SUMMER, « A Formal Theory of the Rule of Law », *RJ*, vol 6, n°2, 1993, p. 127 ; M. P. GOLDING, « Transitional Regimes and the Rule of law », *RJ*, vol 9, n°4, 1994, p. 387.

[176] Nous écartons le modèle dit strict du *Rule of law* évoqué par Joseph Raz et I. Jennings selon lequel le concept de *Rule of law* exprimerait simplement l'existence d'un ordre juridique. Sur ce point, J. RAZ, « The Rule of Law and Its Virtue », in J. RAZ, *The Authority of Law. Essays on Law and Morality*, Oxford, Clarendon Press, 1979, p. 212 ; I. JENNINGS, *The Law and the Constitution*, London, 1933, p. 42.

[177] J. RAZ, « The Rule of Law and Its Virtue », in J. RAZ, *The Authority of Law*, Clarendon Press, Oxford, 1979, p. 210.

[178] H. HART, *The Concept of Law*, Oxford, 1961, pp. 97-107.

[179] L. FULLER, *The Morality of Law*, 4th ed., Yale University Press, New Haven & London, 1969, pp. 33-91.

[180] J. RAZ, « The Rule of Law and its Virtue », in J. RAZ, *The authority of law*, Clarendon Press, Oxford, 1979, pp. 210-229.

c'est sans doute chez Joseph Raz que l'on trouve la mise en exergue la plus radicale d'un modèle formel (ou instrumental[181]) du *Rule of law*.

Joseph Raz rejette vigoureusement toutes les interprétations substantielles ou matérielles du concept de *Rule of law* qui auraient conduit selon lui à sa « *perversion* »[182] et à sa dénaturation comme concept autonome de la science juridique. Toute interprétation substantielle du concept du *Rule of law* conduirait inévitablement à une interrogation philosophique et sociale relevant de la théorie politique. Or une telle approche ne saurait être appréhendée d'un strict point de vue juridique[183]. Pour lui, *« le Rule of law n'est qu'une des vertus d'un système juridique à l'aune duquel il doit être jugé. Il ne doit pas être confondu avec la démocratie, la justice, l'égalité, les droits de l'homme ou le respect de la dignité humaine. Un système non démocratique niant les droits de l'homme, frappé d'une grande pauvreté, pratiquant la ségrégation raciale, encourageant les inégalités sexuelles et procédant à des persécutions religieuses pourrait, en principe, répondre aux exigences d'un Etat de droit mieux que n'importe quel système juridique de la plupart des démocraties occidentales »*[184].

Disciple de Herbert Hart, et rejoignant sur certains points Lon Fuller, Raz développe une conception du *Rule of law* « *formaliste* » et « *instrumentale* »[185] : le *Rule of law* impliquerait, selon lui, une soumission des pouvoirs publics et politiques au droit, étant entendu que le droit doit respecter certaines « *qualités* »[186] formelles indispensables pour être en mesure de réguler effectivement les rapports sociaux. Lon Fuller parle, à cet égard, de « *moralité interne du droit* »[187]. Nous touchons là à la pierre de touche de l'édifice de la pensée juridique libérale. Le droit doit permettre à chaque individu de planifier de manière autonome sa vie comme le souligne Friedrich von Hayek[188]. Pour que le droit règne, à savoir que tous les

---

[181] En ce sens, M. J. RADIN, « Reconsidering the Rule of law », *Boston University Law Review*, 1989, p. 784.

[182] *Ibid.*, p. 210.

[183] *Ibid.*, pp. 212-213 ; P. CRAIG, *op.cit.*, p. 468.

[184] *Ibid.*, p. 211.

[185] *Ibid.*, p. 226 ; M. J. RADIN, « Reconsidering the Rule of law », *Boston University Law Review*, 1989, p. 784.

[186] Comme le dira la Cour européenne des droits de l'homme à propos de la « qualité de la loi », *Cf. infra*, n°361 et ss.

[187] Le Chapitre II de son ouvrage s'intitule ainsi « *the morality that makes law possible* ». Sa conception « instrumentale » du *Rule of law* est présentée dans ce chapitre à travers la parabole du Roi Rex (pp. 33-38) qui ignorant les huit principes du *Rule of law* n'arrive pas à se faire obéir. Ces huit principes constitutifs du *Rule of law* sont : 1) la généralité des lois ; 2) la publicité des lois ; 3) le caractère prospectif des lois ; 4) la clarté des lois ; 5) la non contrariété des lois ; 6) la capacité à se conformer aux lois ; 7) la stabilité des lois ; 8) la congruence des lois.

[188] Le *Rule of law* signifie que « *le gouvernement est lié dans toutes ses actions par des règles fixées et proclamées d'avance, règles qui permettent de prévoir, avec une relative certitude, comment l'autorité publique usera de son pouvoir coercitif dans les circonstances données, et de planifier ses propres affaires individuelles sur la base de ces connaissances* », F.A. HAYEK, *The Road of Serfdom*, London, 1994, p. 54, cité par J. RAZ, *op.cit.*, p. 210.

hommes soient soumis au droit, il faut que ceux-ci soient en mesure d'y obéir : en d'autres termes, « *le droit doit être tel que les hommes soient en mesure d'être guidés par lui* »[189]. Ce n'est qu'à cette condition que le droit peut être en mesure de remplir sa fonction sociale[190]. Il identifie huit *qualités* que le système juridique doit comporter pour satisfaire cette exigence et répondre ainsi au principe du *Rule of law* : 1) non-rétroactivité, publicité et clarté des lois ; 2) stabilité des lois ; 3) généralité des lois ; 4) indépendance de la justice ; 5) respect des principes de la « *natural justice* » ; 6) contrôle juridictionnel de la conformité des normes au principe du *Rule of law*[191] ; 7) le droit au juge doit être facilité en raison de la « *position centrale* » des tribunaux dans la garantie du *Rule of law*[192] ; et 8) interdiction faite aux autorités de répression du crime de pervertir la loi.

Joseph Raz le reconnaît lui-même, cette liste est incomplète. D'autres principes pourraient être ajoutés ou explicités[193]. La doctrine s'y est d'ailleurs largement employée[194]. Par exemple, si le *Rule of law* s'identifie avec l'exigence d'« *efficience-ability* » de la règle de droit, ne faudrait-il pas alors reconnaître l'exigence de congruence de la règle de droit avec la réalité sociale ? Comment une règle de droit pourrait-elle être en mesure de régler effectivement les comportements humains si les normes qu'elle prescrit ne sont pas en adéquation avec la réalité sociale[195] ? John Rawls ne dit pas autre chose lorsqu'il écrit que « *les législateurs et les juges, ainsi que les autres autorités du système, doivent être convaincus qu'il est possible d'obéir aux lois ; et ils doivent admettre que tous les ordres donnés, quels qu'ils soient, peuvent être exécutés. [...] Les lois et les ordres sont acceptés en tant que tels seulement si l'opinion publique pense qu'on peut y obéir et les exécuter* »[196]. Il semble donc difficile de vouloir résoudre la question de l'efficacité fonctionnelle de la règle de droit en termes exclusivement formels. Par ailleurs, une conception formelle du *Rule of law* ne veut pas dire neutre politiquement. Certes, formelle, la conception du *Rule of law* telle que développée par Joseph Raz l'est assurément : elle ne proscrit rien quant à la manière de produire la règle de droit, ni quant à au contenu de celle-ci. Pour autant, elle n'en est pas moins politique. Celui-ci le reconnaît lui-même en qualifiant le *Rule of law* d'« *idéal politique* »[197]. Pour être conforme au *Rule of law*, la règle de droit est soumise à des exigences d'ordre moral

---

[189] J. RAZ *op.cit.*, p. 213.
[190] *Ibid.*, p. 226.
[191] Joseph Raz y inclut également le contrôle juridictionnel des lois parlementaires même s'il reconnaît que celui-ci doit être limité à un contrôle formel de la « constitutionnalité » des lois. *Ibid.*, p. 217.
[192] *Ibid.*, p. 217.
[193] *Ibid.*, p. 218. Il reconnaît notamment qu'il faudrait s'interroger sur les raisons pour lesquelles le juge est le plus à même à contrôler la conformité des normes aux exigences du *Rule of law*.
[194] G. DE Q. WALKER, *op.cit.*, p. 23 et ss ; GOLDING, *op.cit.*, p. 389 ; J. FINIS, *Natural law and natural rights*, Oxford, Clarendon Press, 1980, p. 270.
[195] En ce sens, G. De Q. WALKER, *op.cit.*, p. 26.
[196] J. RAWLS, *Théorie de la justice*, Trad. C. Audard, Seuil, Paris, 1997, sp.273.
[197] J. RAZ, *op.cit.*, p. 213.

tirées de l'idéal libéral[198]. D'ailleurs ne considère-t-il pas lui-même, dans ses travaux les plus récents, qu'il faut concevoir le *Rule of law* comme partie intégrante de la culture démocratique ayant pour objet la protection des valeurs libérales[199]. Ce sont donc bien des considérations de philosophie politique qui ont conduit au développement de ce modèle formel du *Rule of law* avec en point de mire l'idée de liberté et d'autonomie individuelle[200]. Autant dire qu'une conception formelle du *Rule of law* est largement conditionnée par une certaine conception de la société[201].

b) Le modèle matériel du *Rule of law*

290. Certains auteurs ont essayé de dépasser le modèle formel du *Rule of law* pour y inclure un certain nombre de valeurs fondamentales liées à la justice, la liberté et aux droits de l'homme. Selon cette conception, le *Rule of law* imposerait que le droit positif véhicule une certaine vision de la justice sociale, structurée autour de certains droits et devoirs moraux que les citoyens ont les uns envers les autres et envers l'Etat[202]. Dans sa déclaration de New Delhi de 1959, la Commission internationale des juristes a retenu une telle définition substantielle du *Rule of law* : « *la fonction du pouvoir législatif dans une société libre fondée sur le Rule of law est de créer et de maintenir les conditions qui assureront la dignité de l'homme en tant qu'individu. Cette dignité impose non seulement la reconnaissance de ses droits civils et politiques mais aussi l'établissement de conditions sociales, économiques, éducatives et culturelles essentielles au plein développement de sa personnalité* ». Il y est rappelé, par ailleurs, que le concept de *Rule of law* véhicule deux idéaux : premièrement que tout pouvoir étatique repose sur une base légale ; deuxièmement que le droit lui-même est basé sur le respect des valeurs fondamentales de la personne humaine[203]. Cette approche substantielle du *Rule of law*, critiquée par certains[204], transparaît largement de l'œuvre de Ronald Dworkin et de Trevor Allan.

291. Ces deux auteurs ont en commun la volonté d'inscrire la démocratie dans un socle de valeurs et de principes[205], limitant la souveraineté absolue du Parlement et protégeant les droits individuels contre la tyrannie de la majorité : la démocratie est désormais pensée comme une forme de gouvernement assujettie à des principes

---

[198] La jurisprudence de la Cour européenne des droits de l'homme relative à la prééminence du droit s'inscrit dans ce cadre. P. WACHSMANN, *op.cit.*, p. 245.

[199] J. RAZ, « The Politics of the Rule of Law », *RJ*, 1990, p. 331.

[200] En ce sens, les critiques de T.R.S. ALLAN, *Law, Liberty and Justice. The Legal Foundations of British Constitutionalism,* Oxford, Clarendon,1993, sp. 28 et ss; D. MOCKLE, « L'Etat de droit et la théorie de la rule of law », *Les Cahiers de Droit (Québec),* 1994, sp. 897.

[201] T.R. S. ALLAN, *op.cit.*, p. 39. Pour Allan, il est irréaliste de vouloir séparer la forme du fond.

[202] A.C. HUTCHINSON & P. MONAHAN, « Democracy and The Rule of Law », *in A.C. HUTCHINSON & P. MONAHAN (ed.), The Rule of Law. Ideal or Ideology*, Carswell, Toronto, Calgary, Vancouver, 1987, sp. 102.

[203] INTERNATIONAL COMMISSION OF JURISTS, *The Rule of Law in a Free Society*, Genève, 1960, p. 313.

[204] Voir notamment, J. RAZ, *op.cit.*, pp. 210-211 ; G. DE Q. WALKER, *op.cit.*, p. 7.

[205] Allan parle de « *communauté de principes* », T.R.S. ALLAN, *op.cit.*, p. 112 ; R. DWORKIN, *A Bill of Rights for Britain*, London, Chatto & Windus, 1990, p. 36.

substantiels (libertés fondamentales) et formels (suffrage universel). Du même coup, ce sont les concepts de démocratie et de *Rule of law* qui doivent être repensés. Dans la logique diceyenne, il était affirmé la souveraineté absolue du Parlement. Désormais, on ose penser l'impensable en Angleterre, à savoir l'enfermement de la souveraineté du Parlement dans les limites du *Rule of law* qui se charge alors d'un contenu matériel (les droits fondamentaux) ou moral[206].

Pour T.R.S. Allan, l'idéal du *Rule of law* ne saurait se concevoir sans référence aux principes de liberté, d'égalité et de justice, principes qui se trouvent au cœur de la *common law*[207]. Pour lui, le *Rule of law* signifie ainsi le *rule of common law*. Cette interprétation est lourde de conséquences : d'une part, elle conduit à faire du juge la tête de pont de ce modèle en ce qu'il apparaît comme le meilleur gardien des libertés telles que véhiculées dans la *common law* ; d'autre part, sans pourtant aller jusqu'à reconnaître un pouvoir général d'annulation des lois par les juges, Allan admet que le principe de démocratie *« ne saurait être sans limites »*[208] de telle sorte que les juges pourraient être amenés à refuser d'appliquer la loi en cas d'atteinte aux valeurs fondamentales que sont notamment le suffrage universel et le *Rule of law*[209].

On retrouve également cette idée de prééminence des valeurs, et partant du juge qui en est le médiateur, dans la conception du *Rule of law* développée par Dworkin[210]. Pour Dworkin, le droit ne saurait se réduire aux règles posées par le législateur. Il existerait, selon lui, « *un droit derrière le droit* » (*a law behind law*), à savoir des principes de nature axiologique et éthique soumis à l'interprétation permanente du juge selon le double critère de convenance et de moralité qu'impose, à un moment donné, le développement de la société. C'est à travers le juge que le *Rule of law* trouve sa concrétisation en répondant aux demandes démocratiques d'une justice objective et aux besoins populaires d'équité politique[211]. Ainsi conçu, le *Rule of law* « *enrichit la démocratie en lui ajoutant un ensemble indépendant de principes [...] où la justice est en fin de compte une question de droit individuel et*

---

[206] En ce sens, T.R.S. ALLAN, *op.cit.*, p. 2.

[207] T.R.S. ALLAN, « Legislative Supremacy and the Rule of Law : Democracy and Constitutionalism », *CLJ*, 1985, pp. 117 et 142.

[208] T.R.S. ALLAN, *Law, Liberty..., op.cit.*, p. 282.

[209] *Ibid.*, pp. 282 et 269.

[210] Dworkin identifie deux conceptions de *Rule of law* : la première, dénommée « *rule book conception* », renvoie au concept formel du *Rule of law* ; la seconde, dénommée « *rights conception* », renvoie au concept matériel du *Rule of law*. La « *rights conception* » du *Rule of law* reconnaît que « *les citoyens ont des droits et devoirs moraux les uns envers les autres et envers l'Etat. Elle insiste sur le fait que ces droits politiques et moraux doivent être reconnus par le droit positif de telle manière à ce qu'ils puissent être mis en œuvre à la demande des citoyens par un tribunal ou toute autre institution judiciaire du même type. Le Rule of law est, selon cette conception, l'idéal d'une règle conçue par une conception publique exigeante des droits individuels. Elle ne distingue pas, comme le fait la « rule book conception », entre le Rule of law et la justice substantielle ; au contraire, elle exige (...) que les règles de droit capturent et mettent en œuvre les droits moraux* », DWORKIN, « Political Judges and The Rule of Law », *in A Matter of principle*, 1985, p. 12.

[211] *Ibid.*, p. 31.

non de bien public ». Il voit, à cet égard, dans la Cour suprême des Etats-Unis l'institution constitutionnelle centrale du système juridique à travers laquelle la citoyenneté s'exprime, débat et met en œuvre ses standards collectifs de justice sociale.

292. Nous retrouvons ainsi la dialectique Etat de droit/démocratie que l'on a déjà rencontrée dans cette étude. Une conception substantielle de l'Etat de droit et/ou du *Rule of law* conduit inévitablement à une conception consubstantielle de l'Etat de droit et de la démocratie[212]. Ronald Dworkin n'observe-t-il pas lui-même que « *le Rule of law est tout à la fois le parent et le gardien de la démocratie* »[213]. Nous verrons que la Cour européenne des droits l'homme s'inspire également directement de cette conception de la démocratie et du *Rule of law* dans son interprétation de la « *Société démocratique* » qu'elle définit, entre autres, comme la société qui respecte la prééminence du droit[214].

B. La « *prééminence du droit / Rule of law* », un concept *autonomisé* en droit européen des droits de l'homme

293. Ce principe de « *prééminence du droit* », inspiré du *Rule of law*, consacré par le Statut de Londres et la Convention européenne des droits de l'homme, a été développé dans la jurisprudence de la CourEDH (**1**) au sein de laquelle elle constitue un instrument de développement du droit européen des droits de l'homme (**2**).

1) Le contenu du principe de prééminence du droit

294. Le principe de la prééminence du droit occupe une place de premier plan au sein de la jurisprudence de la Cour européenne des droits de l'homme[215]. Ce n'est pourtant qu'à partir de l'arrêt *Golder* du 21 février 1975 que la notion de *prééminence du droit* fait son apparition dans les arrêts de la CourEDH comme principe d'interprétation « *sous-jacent à la Convention* »[216]. Ce principe de prééminence du droit renvoie implicitement à l'idée d'Etat de droit : il en a d'ailleurs les principaux attributs en ce qu'il se présente comme un rempart contre l'arbitraire. Cependant, la Cour ne se limite à pas cette conception purement formelle du *Rule of law* en reliant la notion de prééminence du droit à celle de société démocratique.

---

[212] A.C. HUTCHINSON & P. MONAHAN, *op.cit.*, p. 106 ; D. MOCKLE, *op.cit.*, p. 889 et ss.

[213] R. DWORKIN, *Law's Empire*, 1986, p. 399.

[214] *Cf. infra*.

[215] Après interrogation de la base de données HUDOC (http://hudoc.echr.coe.int/hudoc/), nous avons identifié au 25 juin 2002 près de 80 références explicites et pertinentes au principe de la prééminence du droit dans les arrêts de la CourEDH.

[216] Il convient néanmoins de signaler que la Commission européenne des droits de l'homme avait, dès 1961, dans l'affaire *Lawless*, mobilisé le principe de la prééminence du droit pour démontrer que la décision du gouvernement irlandais de déchoir les terroristes de leur droit d'invoquer la Convention était contraire à l'esprit de celle-ci.

295. Concrètement, le principe de la *prééminence du droit* constitue pour la Cour un instrument privilégié pour lutter contre l'arbitraire des autorités publiques dont on sait, depuis son tout premier arrêt rendu (*Lawless*), qu'il est l'un des buts mêmes de la Convention[217]. L'arrêt *Malone* du 2 août 1984 en est une illustration. En l'espèce, un citoyen britannique se plaignait d'avoir fait l'objet d'écoutes téléphoniques illégales contraires aux articles 8 et 13 de la Convention. On sait que la Cour n'interdit pas *per se* le recours aux écoutes téléphoniques ; il faut toutefois que celles-ci entrent dans un cadre légal très strict[218]. Pour la Cour, « *la loi irait à l'encontre de la prééminence du droit si le pouvoir d'appréciation accordé à l'exécutif ne connaissait pas de limites. En conséquence, elle doit définir l'étendue et les modalités d'exercice d'un tel pouvoir avec une netteté suffisante pour fournir à l'individu une protection adéquate contre l'arbitraire* »[219]. Or elle constate que le droit interne pertinent est en l'espèce assez obscur et sujet à des analyses divergentes, de telle sorte que le degré minimal de protection juridique voulu par le principe de la prééminence du droit fait défaut[220]. La Cour relie ainsi le principe de prééminence du droit aux principes de **prévisibilité du droit** et de **sécurité juridique.** Le droit doit revêtir certaines « qualités » pour éviter tout arbitraire et permettre l'autodétermination libre de chaque individu. La parenté avec le principe anglais du *Rule of law* est sur ce point patente. On se souvient des caractéristiques du modèle formel du *Rule of law* posées par la doctrine anglo-saxonne. La Cour en reprend l'essentiel. Citons par exemple l'affaire *Sunday Times* du 26 avril 1979 où la Cour a estimé que l' « *on ne peut considérer comme une 'loi' qu'une norme énoncée avec assez de précision pour permettre au citoyen de régler sa conduite ; en s'entourant au besoin de conseils éclairés, il doit être à même de prévoir, à un degré raisonnable dans les circonstances de la cause, les conséquences de nature à dériver d'un acte déterminé* »[221] ; ou encore l'affaire *Eglise Métropolitaine de Bessarabie et autres c. Moldova* du 13 décembre 2001 où la Cour rappelle que l'expression « *prévue par la loi* » vise notamment « *la qualité de la loi, qui doit être suffisamment accessible et prévisible, c'est-à-dire énoncée avec assez de précision pour permettre à l'individu de régler sa conduite* ». La Cour déduit également du principe de prééminence du droit, le **principe d'égalité des individus devant la loi.** Dans la très importante affaire *Parti de la prospérité c. Turquie* du 31 juillet 2001, la Cour a pu considérer que « *la prééminence du droit signifie que tous les êtres*

---

[217] CourEDH, 1er juillet 1961, *Lawless c. Irlande*, Serie A n°3 : La Cour rappelle que le but de la Convention est « *de protéger la liberté et la sûreté de la personne contre des arrestations et détentions arbitraires* » (v. R. PELLOUX, « L'arrêt de la Cour européenne des droits de l'homme dans l'affaire Lawless (fond) », *AFDI*, 1961, p. 251-266. De même, dans l'arrêt *Affaire linguistique belge* du 23 juillet 1968, la Cour a précisé que l'objet de l'article 8 était de « *protéger l'individu contre des ingérences arbitraires des pouvoirs publics dans sa vie privée et familiale* », CourEDH, 23 juillet 1968, *Affaire « Linguistique Belge »*, Série A, n°6.

[218] CourEDH, 6 septembre 1978, *Klass et autres*, Série A, n°28.

[219] CourEDH, 2 août 1984, *Malone*, Série A, n°82, §68.

[220] *Ibid.*, §78.

[221] CourEDH, 26 avril 1979, *Sunday Times*, Série A, n°30.

humains sont égaux devant la loi, en droits comme en devoirs. Toutefois, la loi doit tenir compte des différences, étant entendu qu'il s'agit de distinctions entre les personnes et les situations qui ont une justification objective et raisonnable, visent un but légitime, sont proportionnées et conformes aux principes qui règnent normalement dans les sociétés démocratiques. Or on ne saurait dire que la prééminence du droit règne sur le plan laïque lorsque des groupes de personnes subissent une discrimination au seul motif qu'ils représentent des sexes différents ou des convictions politiques et/ou religieuses différentes. Il ne règne pas non plus lorsque des systèmes juridiques entièrement différents sont créés pour de tels groupes »[222].

296. Plus généralement, la Cour considère que dès lors qu'une liberté publique est en jeu, l'administration doit perdre tout pouvoir discrétionnaire et être soumise à un contrôle étroit. C'est le sens de l'arrêt *Silver* du 25 mars 1983 dans lequel la Cour estime que le principe de prééminence du droit « *veut qu'une immixtion des autorités dans les droits d'un individu puisse subir un contrôle efficace* »[223]. Il en va de même dans l'affaire *Brogan et autres* du 29 novembre 1988 où la Cour considère que la prééminence du droit impose l'intervention diligente d'un juge dès lors que l'exécutif porterait atteinte à un droit aussi fondamental que celui de la liberté dont on découvre ainsi qu'il constitue la pierre angulaire de la Convention, confirmant ainsi le caractère fondamentalement libéral (*rechtsstaatlich* pourrait-on même dire) de celle-ci[224]. Ainsi, « *le contrôle judiciaire de pareille ingérence de l'exécutif [dans le droit à la liberté] constitue un élément essentiel de la garantie de l'article 5§3, conçue pour réduire au minimum le risque d'arbitraire. Il va de pair avec la prééminence du droit, l'un des « principes fondamentaux » d'une « société démocratique », auquel « se réfère expressément le préambule de la Convention » [...] et « dont s'inspire la Convention tout entière »* »[225]. En d'autres termes, l'individu – vers qui est tournée toute la Convention – doit disposer d'un **« recours effectif » concret**[226] pour faire valoir ses droits contre de telles immixtions. En effet, « *le principe de la prééminence du droit implique entre autres, qu'une ingérence de l'exécutif dans les droits d'un individu soit soumise à un contrôle efficace que doit normalement assurer, au moins en dernier ressort, le pouvoir judiciaire, car il offre les meilleures garanties d'indépendance, d'impartialité et de procédure régulière* »[227]. Le rôle du juge se révèle si ce n'est indispensable[228] à tout le moins

---

222 CourEDH, 31 juillet 2001, *Parti de la prospérité c. Turquie*, §43, JCP 2002-I-105, p. 16, obs. Sudre.
223 CourEDH, 25 mars 1983, *Silver et autres*, Série A, n°61, p 34, §90.
224 Sur ce point, voir P. WACHSMANN, *op.cit.*, p. 254.
225 CourEDH, 29 novembre 1988, *Brogan et autres*, Série A, n°145-B.
226 CourEDH, 9 octobre 1979, *Airey*, Série A, n°32 (à propos de l'aide juridictionnelle).
227 CourEDH, 6 septembre 1978, *Klass et autres*, Série A, n°28, §55.
228 Si l'article 13 n'impose pas que le droit à un recours effectif soit mis en œuvre devant une institution judiciaire au sens strict, il n'en reste pas moins vrai que la Cour exige que « *les pouvoirs de l'instance en question et les garanties procédurales qu'elle présente entrent en ligne de compte pour déterminer si le recours est effectif* », Arrêt *Klass et autres, précité*, §67.

primordial dans la conception développée par la Cour du principe de prééminence du droit[229].

297. Elle l'a souligné notamment dans l'affaire *Golder* du 21 février 1975 où elle a indiqué « *que la prééminence du droit ne se conçoit guère sans la possibilité d'accéder aux tribunaux* »[230]. D'ailleurs, cette exigence de « *recours devant un tribunal* » est imposée par l'article 5, paragraphe 4, de la Convention qui va plus loin que l'article 13[231] en énonçant que « *toute personne privée de sa liberté par arrestation ou détention a le droit d'introduire un recours devant un tribunal, afin qu'il statue à bref délai sur la légalité de sa détention et ordonne sa libération si la détention est illégale* ». Dans l'affaire *Kurt c. Turquie* du 25 mai 1998, la Cour a pu considérer que « *les exigences de l'article 5 §3 et 4, qui mettent l'accent sur la rapidité et le contrôle juridictionnel, revêtent une importance particulière. [...] Une prompte intervention judiciaire peut conduire à la détection et à la prévention de mesures présentant une menace pour la vie ou de sévices transgressant les garanties fondamentales énoncées aux articles 2 et 3 de la Convention. Sont en jeu ici la protection de la liberté physique des individus ainsi que la sûreté de la personne dans une situation qui, faute de garanties, pourrait saper la prééminence du droit et soustraire les détenus de l'empire des formes les plus rudimentaires de la protection juridique* ». L'assimilation conceptuelle du droit et du juge sous la bannière de la prééminence du droit rejoint ainsi celle effectuée en Allemagne par Otto Bähr ou en Angleterre par A.V. Dicey : plus généralement, elle s'inscrit dans le prolongement du processus de juridictionnalisation croissante de la vie politico-juridique des sociétés libérales où le juge est considéré comme le meilleur gardien des droits individuels[232].

C'est pourquoi le principe du **droit à un procès équitable** occupe une telle place au sein de la jurisprudence de la Cour[233]. A cet égard, la Cour ne cesse de rappeler « *la place centrale occupée [...] par l'article 6, qui consacre le principe fondamental de la prééminence du droit* »[234]. Dans l'affaire *Salabiaku* du 7 octobre 1988, la Cour a considéré que le principe de la prééminence du droit est consacré par

---

[229] Sur ce point, J-F. RENUCCI, « Le droit au juge dans la Convention européenne des droits de l'homme », in J. RIDEAU (dir), *Le droit au juge dans l'Union européenne*, Paris, LGDJ, 1998, p. 131 ; L. SERMET, *Convention européenne des droits de l'homme et contentieux administratif français*, Paris, Economica, 1996, p. 25.

[230] Arrêt *Golder c. Royaume-Uni, précité.*

[231] Article 13 de la ConvEDH : « *Toute personne dont les droits et libertés reconnus dans la présente Convention ont été violés a droit à l'octroi d'un recours effectif devant une instance nationale* ».

[232] *Cf. infra*, n°390.

[233] G.J. WIARDA, « La Convention européenne des droits de l'homme et la prééminence du droit », *Rivista di studi politici internazionali*, 1984, p. 457. Celui-ci relève qu'il « *n'y a pas un seul autre article [article 6] de la Convention où le rapport entre le principe de la prééminence du droit et les droits de l'homme saute aussi clairement aux yeux* ». Voir plus généralement sur cette question, *Les nouveaux développements du procès équitable au sens de la Convention européenne des droits de l'homme*, Bruxelles, Bruylant, 1996.

[234] Par exemple, CourEDH, 29 août 1997, *Worm c. Autriche*, §94.

l'article 6 de la Convention dont la fonction est de protéger « *le droit de chacun à un procès équitable et notamment au bénéfice de la présomption d'innocence* »[235]. De nombreuses autres affaires opèrent ce rapprochement. Il en va ainsi de l'arrêt *Fayed c. Royaume-Uni* du 21 septembre 1994 qui rappelle que le droit d'accès aux tribunaux découle de l'exigence de prééminence du droit[236]. Il en va également de l'affaire *Bellet c. France* du 4 décembre 1995 où la Cour rappelle que le principe de prééminence du droit impose la nécessité d'assurer à un degré suffisant le droit d'accès à un tribunal[237]. Au total, sur les quatre-vingt références au principe de la prééminence du droit, ce sont plus de cinquante affaires qui portent sur le droit au juge.

Pour autant, le principe de prééminence du droit ne signifie pas que le juge constitue le seul rempart contre l'arbitraire. Le juge peut lui-même mal faire. A cet égard, la fonction juridictionnelle doit être protégée et le pouvoir juridictionnel encadré.

Il faut tout d'abord que l'office du juge soit protégé contre toute immixtion des autorités publiques. Ainsi, la Cour a jugé, dans l'arrêt *Raffineries grecques Stran et Stratis Andradis* du 9 décembre 1994, que « *le principe de la prééminence du droit et la notion de procès équitable consacrés par l'article 6 s'opposent à toute ingérence du pouvoir législatif dans l'administration de la justice dont le but est d'influer sur le dénouement judiciaire* »[238]. Preuve s'il en était encore besoin de toute l'attention que le droit de la Convention porte à la fonction juridictionnelle, les rédacteurs de la Convention ont même prévu une disposition spéciale[239] permettant aux autorités publiques d'intervenir dans l'exercice de la liberté d'expression afin de protéger l'autorité et l'impartialité du pouvoir judiciaire[240].

Il faut ensuite que l'effectivité des décisions juridictionnelles soit assurée. Par exemple, dans l'affaire *Hornsby c. Grèce* du 25 février 1997, la Cour a considéré que « *la protection effective du justiciable et le rétablissement de la légalité impliquent l'obligation pour l'administration de se plier à un jugement ou arrêt prononcé par une telle juridiction* ». Et d'ajouter que « *l'administration constitue un élément de l'Etat de droit et que son intérêt s'identifie donc avec celui d'une bonne administration de la justice* ». En conséquence de quoi, « *si l'administration refuse ou omet de s'exécuter, ou encore tarde à le faire, les garanties de l'article 6 dont a*

---

235 CourEDH, 7 octobre 1988, *Salabiaku* Série A, n°141-A, §28.
236 CourEDH, 21 septembre 1994, *Fayed c. Royaume-Uni*, Série A, n°294-B.
237 CourEDH, 4 décembre 1995, *Bellet c. France*, Série A, n°333-B.
238 CourEDH, 9 décembre 1994, *Raffineries grecques Stran et Stratis Andradis*, Série A, n°301-B.
239 Article 10 §2 de la Convention : « *L'exercice de ces libertés comportant des devoirs et des responsabilités peut être soumis à certaines formalités, conditions, restrictions ou sanctions prévues par la loi, qui constituent des mesures nécessaires, dans une société démocratique, à la sécurité nationale, à l'intégrité territoriale ou à la sûreté publique, à la défense de l'ordre et à la prévention du crime, à la protection de la santé ou de la morale, à la protection de la réputation ou des droits d'autrui, pour empêcher la divulgation d'informations confidentielles ou pour garantir l'autorité et l'impartialité du pouvoir judiciaire* ».
240 CourEDH, 26 avril 1995, *Prager et Oberschlick*, Série A, n°313.

bénéficié le justiciable pendant la phase judiciaire de la procédure perdraient toute raison d'être »[241].

Il faut également que les décisions de justice soient connues : telle est notamment la fonction de l'obligation de motivation des décisions de justice[242]. Il faut enfin que la fonction jurisprudentielle du juge soit encadrée : le principe de la prééminence du droit exige ainsi que le pouvoir d'appréciation du juge soit enfermé dans certaines limites comme la Cour l'a rappelé dans l'affaire *Huvig* du 24 avril 1990[243].

298. Nul mieux que Gérard J. Wiarda, ancien président de la Cour, n'a résumé l'essence même du concept de prééminence de droit au sens de la Convention : « *Si la prééminence du droit dans une société démocratique présuppose d'abord que, notamment dans le domaine des droits de l'homme, les droits des citoyens ne puissent subir d'autres ingérences de la part des autorités publiques que celles prévues par la loi, les principes d'un Etat de droit impliquent aussi que le droit interne d'un tel Etat doit offrir des remèdes efficaces, de préférence juridictionnels, contre toute atteinte à ces droits* »[244]. A cet égard, le juge apparaît comme le meilleur garant de la *prééminence du droit*. Se dessine ainsi un modèle européen de l'Etat de droit, centré sur le juge, où le droit à un recours effectif et le droit à un procès équitable occupent une place privilégiée et contribuent plus largement à la défense et au développement de la société démocratique.

2) La portée du principe de prééminence du droit : un principe directeur pour une « *interprétation progressiste* » de la Convention

299. La Cour ne se contente pas de faire du principe de prééminence un « *principe descriptif* » de l'ordre public européen des droits de l'homme. Elle va plus loin en lui reconnaissant une certaine intensité normative destinée à développer et à approfondir le système de la Convention. Il constitue en effet un principe directeur (explicite ou implicite) de la jurisprudence de la Cour lui permettant de refuser une interprétation restrictive de la Convention[245]. Dans la mesure où ce principe est inséré dans le préambule de la Convention, il fait partie du « contexte » pertinent pour l'interprétation de la Convention au sens de l'article 31§2 de la Convention de Vienne[246], susceptible « *de servir de directive pour la solution des problèmes*

---

[241] Voir également, CourEDH, 16 septembre 1996, *Akdivar et autres c. Turquie*, *Rec.* 1996, 1191.

[242] CourEDH, 16 décembre 1992, *Hadjianastassiou*, Série A, n°252.

[243] Le principe de la prééminence du droit exige « *un degré minimal de protection à l'encontre duquel on irait si le pouvoir d'appréciation accordé à l'exécutif – ou au juge – ne connaissait pas de limites* », CEDH, 24 avril 1990, *Huvig*, Série A, n°176-B, §29.

[244] G. J WIARDA, *op.cit.*, p. 456.

[245] En ce sens, P. WACHSMANN, *op.cit.*, pp. 247-262.

[246] En ce sens, L-E PETTITI, E. DECAUX et P-H IMBERT (dir.), *La Convention européenne des droits de l'homme. Commentaire article par article*, Paris, Economica, p. 131.

d'interprétation »[247] ou de « *concept amplificateur* » permettant « *une interprétation progressiste* »[248] de la Convention « *destinée à sauvegarder et promouvoir les idéaux et valeurs d'une société démocratique* ».[249]

300. C'est dans son arrêt *Golder* du 21 février 1975 que la Cour a retenu pour la première fois le principe de prééminence du droit comme un principe d'interprétation de la Convention. Pour la Cour, il ne faut pas voir dans le principe de prééminence du droit *« un simple 'rappel plus ou moins rhétorique' dépourvu d'intérêt pour l'interprète de la Convention. Si les Gouvernements signataires ont décidé de 'prendre les premières mesures propres à assurer la garantie collective de certains des droits énoncés dans la Déclaration universelle', c'est en raison notamment de leur attachement sincère à la prééminence du droit. Il paraît à la fois naturel et conforme au principe de la bonne foi (article 31§1 de la Convention de Vienne) d'avoir égard à ce motif, hautement proclamé, en interprétant le termes de l'article 6 §1 dans leur contexte et à la lumière de l'objet du but de la Convention* »[250]. A l'évidence, pour la Cour, le principe de la prééminence du droit apparaît tout d'abord comme le paradigme organisationnel du système juridique de la Convention[251] : les juges diront par la suite que « *le principe fondamental de la prééminence du droit* »[252] irradie *« la Convention tout entière* »[253] et est « *[inhérent] à l'ensemble des articles de la Convention* »[254]. Plus généralement, « *la Convention européenne des Droits de l'Homme doit se comprendre et s'interpréter comme un tout. Les droits de l'homme constituent un système intégré visant à protéger la dignité de l'être humain ; la démocratie et la prééminence du droit (rule of law) tiennent à cet égard un rôle clé* »[255]. Le principe de prééminence du droit constitue ainsi un instrument dynamique participant au développement du système de la Convention[256] : il permet à la Cour de procéder à une interprétation progressiste de la Convention soit en retenant une interprétation extensive de certaines de ses dispositions soit en adoptant une interprétation restrictive de celles-ci au profit de la pleine réalisation des droits fondamentaux.

---

[247] G. SPERDUTI, « Il principio della preminenza del diritto e sua garanzia nella Convenzione europea dei diritti dell'uomo », in *Judicial protection of human rights at the national and international level*, Vol II, Milan, Giuffrè, 1991, p. 522.
[248] J-P MARGENAUD, *La Cour européenne des droits de l'homme*, Paris, Dalloz, 1997, p. 36.
[249] CourEDH, 7 décembre 1976, *Kjeldsen, Busk Madsen et Pedersen c. Danemark*, Série A., n°23, §57.
[250] Arrêt *Golder*, précité § 34.
[251] Une telle conception ne fait pas toutefois l'unanimité au sein même de la Cour. Sir Gerald Fitzmaurice considéra dans une opinion séparée jointe à l'arrêt *Golder* que « *l'importance que le paragraphe 34 de la Cour attache à la « prééminence du droit » est très exagérée. Si grand qu'en soit le poids, cet élément ne se trouve mentionné qu'incidemment dans le préambule de la Convention. Ce sont surtout des considérations humanitaires, et non le souci d'assurer la prééminence du droit, qui ont animé les Etats contractants* ».
[252] Arrêt *Salabiaku précité.*
[253] Arrêt *Engel, précité.*
[254] Arrêt *Amuur c. France, précité.*
[255] Arrêt *Parti de la Prospérité, précité* §43.
[256] Pour une étude très complète de la question, voir P. WACHSMANN, *op.cit.*, pp. 248-263.

301. *Une interprétation extensive* - Dans l'affaire *Golder* tout d'abord, les juges vont retenir sur la base du principe de la prééminence du droit, une interprétation extensive de l'article 6§1. Il s'agissait de savoir si l'article 6 ne portait que sur les garanties procédurales indispensables à une bonne administration de la justice ou s'il concernait également un droit au juge. En l'espèce, un prévenu britannique (M. Golder) condamné à quinze années de réclusion criminelle s'était vu identifié par un gardien comme l'un des meneurs d'une mutinerie en prison. Après avoir été disculpé deux jours plus tard par un autre gardien, M. Golder souhaitait poursuivre le premier gardien en diffamation et demandait à consulter un avocat. Cela lui fut refusé. Il déposa alors une plainte à la Commission européenne des droits de l'homme au motif que le refus de l'autoriser à consulter un avocat l'avait empêché d'introduire une instance et ainsi enfreint l'article 6§1 de la Convention lequel garantirait un droit d'accès aux tribunaux en matière civile. Le Gouvernement britannique prétendait que les garanties offertes par l'article 6 ne jouaient qu'après que l'instance ait été engagée. Pour la Cour, il ne fait aucun doute que si « *l'article 6§1 passait pour concerner exclusivement le déroulement d'une instance déjà engagée devant un tribunal, un Etat contractant pourrait, sans l'enfreindre, supprimer ses juridictions ou soustraire à leur compétence le règlement de certaines catégories de différends de caractère civil pour le confier à des organes dépendant du gouvernement. Pareilles hypothèses inséparables d'un risque d'arbitraire, conduiraient à de graves conséquences* ». Sur la base du principe de prééminence du droit – qui constitue un rempart contre l'arbitraire – la Cour va considérer qu'il faut donc donner une interprétation plus large de l'article 6§1 de telle sorte que « *l'on ne saurait interpréter la Convention européenne des droits de l'homme d'une manière qui permettrait à l'Etat de déterminer à sa guise dans quelle mesure il serait soumis aux obligations stipulées* »[257] comme l'a très justement souligné Patrick Wachsmann. En conséquence de quoi, la Cour va décider qu' « *en matière civile, la prééminence du droit ne se conçoit guère sans la possibilité d'accéder aux tribunaux* ». Ainsi, l'article 6 n'implique pas seulement le droit à un procès équitable, mais également le droit d'accéder à un tribunal compétent dans le respect des conditions fixées par cet article pour décider des contestations sur des droits et obligations de caractère civil ou du bien fondé d'une accusation en matière pénale.

De même que les garanties de l'article 6 protégent l'accès aux tribunaux, la Cour a considéré, dans l'affaire *Hornsby* du 25 février 1997, sur la base du principe de prééminence du droit, que l'article 6 couvrait également l'exécution d'un jugement. En effet, « le droit à un procès équitable » serait « *illusoire si l'ordre juridique interne d'un Etat contractant permettait qu'une décision judiciaire définitive et obligatoire reste inopérante au détriment d'une partie. En effet, on ne comprendrait pas que l'article 6-1 décrive en détail les garanties de procédure - équité, publicité et célérité - accordées aux parties et qu'il ne protège pas la mise en œuvre des décisions judiciaires ; si cet article devait passer pour concerner*

[257] *Ibid.*, p. 250.

exclusivement l'accès au juge et le déroulement de l'instance, cela risquerait de créer des situations incompatibles avec le principe de prééminence du droit que les Etats contractants se sont engagés à respecter en ratifiant la Convention »[258]. Autrement dit, les garanties de l'article 6 doivent protéger l'individu avant, pendant et après le « procès ».

302. *Une interprétation restrictive* - Si les affaires *Golder* et *Hornsby* offrent deux parfaits exemples d'une interprétation extensive de la Convention sur la base du principe de la prééminence du droit, à l'inverse l'affaire *Engel* nous fournit un exemple tout aussi significatif d'une interprétation restrictive de la Convention toujours sur la base du principe de la prééminence du droit en vue de la protection des droits individuels. L'article 5 §1 de la Convention fixe une liste des exceptions au droit à la liberté : parmi celles-ci, figure le cas d'une privation de liberté « *en vue de garantir l'exécution d'une obligation prescrite par la loi* ». En l'espèce, le gouvernement néerlandais prétendait s'appuyer sur cette disposition pour justifier la mise aux arrêts provisoire d'un appelé du service militaire qui s'était absenté sans autorisation de son domicile. La Cour va rejeter cet argument et rappeler que les exceptions au droit à la liberté prévues par la Convention doivent être interprétées de manière restrictive conformément à l'idée de prééminence du droit : ainsi « *la Cour estime que les mots 'garantir l'exécution d'une obligation prescrite par la loi' concernent seulement les cas où la loi autorise à détenir quelqu'un pour le forcer à exécuter une obligation spécifique et concrète qu'il a négligé de remplir. Une interprétation extensive entraînerait des résultats incompatibles avec l'idée de prééminence du droit dont s'inspire la Convention tout entière* ».

303. Enfin, le principe de prééminence du droit, relayé par celui de « société démocratique », peut également être utilisé pour consolider dans le temps et dans l'espace « *l'ordre public européen des droits de l'homme* ».

L'affaire *K.-H.W. c. Allemagne* du 22 mars 2001 soulevait en creux la question suivante[259] : peut-on invoquer les principes de l'Etat de droit pour se disculper d'un crime contre l'Etat de droit ? En l'espèce, un ancien soldat frontalier de l'ex-RDA s'était vu condamné par des tribunaux de l'Allemagne réunifiée pour avoir tué un fugitif tentant de passer la frontière entre la RDA et la RFA conformément aux ordres militaires en vigueur à l'époque des faits. Or le requérant soutenait qu'une telle condamnation n'était pas prévisible eu égard aux données tant légales que politiques de l'époque. La question était ici de savoir dans quelle mesure le requérant, en tant que simple soldat, savait ou devait savoir que tirer sur des personnes qui voulaient simplement franchir la frontière constituait une infraction d'après le droit de la RDA. Après avoir clairement mis en évidence que le droit en

---

[258] Voir également dans le même sens, CourEDH, 14 décembre 1999, *Antonakopoulos, Vortsela et Antonakopoulou c. Grèce*. §25.

[259] P. TAVERNIER, « L'affaire du « Mur de Berlin » devant la Cour européenne. La transition vers la démocratie et la non-rétroactivité en matière pénale », *RTDH*, 2001, pp.1159-1181.

vigueur à l'époque proscrivait de manière définitive et non équivoque toute atteinte à la vie de quelque nature que ce soit, la Cour considère qu'il « *est légitime pour un Etat de droit d'engager des poursuites pénales à l'encontre de personnes qui se sont rendues coupables de crimes sous un régime antérieur ; de même, on ne saurait reprocher aux juridictions d'un tel Etat, qui ont succédé à celles existant antérieurement, d'appliquer et d'interpréter les dispositions légales existantes à l'époque des faits à la lumière des principes régissant un Etat de droit* ». Si d'un point de vue éthique une telle acception se comprend aisément (le droit à la vie est un principe fondamental et permanent), en revanche d'un point de vue strictement politico-juridique cette argumentation n'est pas sans soulever quelques questions. Convenons avec la Cour que, eu égard au droit en vigueur à l'époque, un tel acte constituait manifestement une infraction. Or, il est acquis que la RDA - à l'instar des autres « démocraties populaires » mais aussi des régimes fasciste, franquiste et nazi - ne reposait pas sur le principe de la prééminence du droit en ce que le droit ne constituait pas l'unique instrument d'ordonnancement des relations sociales au sein de l'Etat dans la mesure où au *droit* - parfois très progressiste et protecteur - se juxtaposait le *politique* incarné dans la toute puissance du Parti dont les décisions prévalaient sur toute règle de droit. Dès lors, interpréter le droit en vigueur à l'époque à la lumière des exigences d'un Etat de droit alors même que la RDA en méconnaissait le principe existentiel, à savoir le principe de la primauté de la règle de droit, relève d'une logique systémique quelque peu contestable. Derrière cette argumentation se cache en vérité une volonté de faire prévaloir les principes fondamentaux de la Convention en toute circonstance et en toute époque : parmi ces principes, ceux de la démocratie et de la prééminence du droit - assimilé en l'espèce à l'Etat de droit par la Cour - *« constituent les pierres angulaires de la Convention* ». Et la Cour de conclure qu'un raisonnement *« contraire irait à l'encontre des principes mêmes sur lesquels est bâti tout le système de protection mis en place par la Convention* » et affirmés notamment dans le préambule. La Cour rejette ainsi une interprétation extensive de l'article 7§1 aux termes duquel « *nul ne peut être condamné pour une action ou une omission qui, au moment où elle a été commise, ne constituait pas une infraction, d'après le droit national ou international [...]* ». Ce faisant, la Cour renforce considérablement la portée temporelle de la Convention dont les principes fondamentaux doivent s'interpréter et s'appliquer de manière permanente. Se dessine ainsi un ordre public européen des droits de l'homme constituant l'architecture du modèle européen de l'Etat de droit dont les contours ne cessent, page après page, de s'affiner.

304. Le recours au principe de prééminence du droit dans la jurisprudence de la Cour européenne des droits de l'homme revêt ainsi une signification fondamentale eu égard l'économie générale de la Convention. Il ne s'agit pas simplement d'une formule purement rhétorique mais bien d'un principe fondateur et structurant dont le potentiel normatif participe à l'approfondissement de l'ordre public européen des droits de l'homme. La Cour ne s'est pas limitée sur ce point à une conception purement formelle de l'Etat de droit. Ainsi, en mobilisant toutes les ressources normatives de la Convention, la Cour a su faire du principe de la prééminence du droit un principe consubstantiel au principe de la Société démocratique. Et sur ce point, elle va bien au-delà de la conception traditionnelle anglaise du *Rule of law*. A cet égard, la jurisprudence de la Cour de justice des Communautés européennes relative au principe de la Communauté de droit peut apparaître quelque peu en retrait vis-à-vis de cette jurisprudence audacieuse et constructive.

§2 – L'ASSIMILATION DU CONCEPT D'ETAT DE DROIT DANS L'ORDRE JURIDIQUE COMMUNAUTAIRE : *LA COMMUNAUTE DE DROIT*

305. Nous avons vu dans la première section de ce chapitre que, pour la Cour de justice des Communautés européennes, le principe de l'Etat de droit ne recouvrait aucune véritable intensité normative. En fait, la Cour de justice s'est forgée son propre concept d'Etat de droit en proclamant *« la Communauté économique européenne »* de *« Communauté de droit »* dans son arrêt *Les Verts*. Cette assimilation conceptuelle du principe de l'Etat de droit dans l'ordre juridique communautaire n'a que peu suscité l'intérêt de la doctrine tant il est vrai qu'il ne s'agissait au fond que d'une confirmation d'un sentiment largement partagé : comme le relève Denys Simon, « *la reconnaissance de la qualité de Communauté de droit est perçue, pour employer un vocabulaire sacramentel, comme une « confirmation », consacrant le renouvellement de l'acte de foi inscrit dans la Charte fondamentale de la Communauté et qui fait l'objet d'une communion solennelle de tous les fidèles* »[260]. Voilà qui expliquerait pourquoi la notion de *Communauté de droit* est encore finalement peu commentée par la doctrine[261] qui

---

[260] D. SIMON, « La Communauté de droit », in F. SUDRE et H. LABAYLE (dir.), *Réalité et perspectives du droit communautaire des droits fondamentaux*, Bruylant, Bruxelles, 2000, p. 86.

[261] On consultera en langue française, C. CHARRIER, « La Communauté de droit, une étape sous-estimée de la construction européenne », *RMC*, 1996, p. 521 ; J. RIDEAU, «Communauté de droit et Etat de droit », *in Mélanges René Jean DUPUY, Humanité et droit international*, Padone, Paris, 1991, pp. 249-270 ; J. RIDEAU (dir.), *De la Communauté de droit à l'Union de droit, op.cit.* ; D. SIMON, « La Communauté de droit », *op.cit.*, pp. 85-123. On trouvera également certains développements intéressants dans des monographies ne portant pas exclusivement sur la Communauté de droit : J. GERKRATH, *L'émergence d'un droit constitutionnel pour l'Europe*, Ed. de l'Université de Bruxelles, 1997 ; B. LEBAUT FERRARESE, *La Communauté européenne et l'autonomie institutionnelle et procédurale*, Thèse, Lyon 3, décembre 1996 ; J-P JACQUE, « Cours général de droit communautaire », *RCADE*, I-1, p. 237. En Allemand, la littérature est naturellement plus abondante : on consultera tout particulièrement, R. HOFMANN *et alii* (dir.), *Rechtsstaatlichkeit in Europa*, Müller, Heidelberg, 1996 ; E-W FUSS, « Zur Rechtsstaalichkeit der Europäischen Gemeinschaften », *DöV*, 1964, p. 577 ; R. SCHOLZ, « Der eurpäische Rechtsstaat » *in Festschrift für Ernst Steindorff*, W. de Gruyter, Berlin, 1990, p. 1413 ; J. SCHWARZE, « Rechtsstaatlichkeit und Grundrechtsschutz als Ordnungspostulate der Europäischen Gemeinschaft », *in Festschrift Werner Maihofer*, Klostermann, Frankfurt am Aim, 1988, p. 529 ; M. ZULEEG, « Die Europäische Gemeinschaft als Rechtsgemeinschaft » *in Hacia un nuevo orden internacional y europeo, Estudios en homenaje al professor Don Manuel Diez de Velasco*, Tecnos, Madrid, 1993, pp. 1317-1325. En langue anglaise, le concept de Communauté de droit n'est pas traité directement en tant que tel: on trouve néanmoins un certain nombre d'études portant sur le principe de *rule of law* : voir notamment, M-L FERNANDEZ ESTEBAN, *The Rule of law as a constitutional principle of community law*, Thèse, EUI, Florence, 1996 ; J-L DA CRUZ VILACA , « The Court of first instance of the european communities : a significant step towards the consolidation of the European community as a community governed by the rule of law », *YEL*, .p 1-56 ; G. BEBR, « CJ : Judicial Protection and the rule of law », *in Institutional*

bien souvent la tient pour une vérité dont nul ne saurait contester la pertinence tant l'unanimité dont elle fait l'objet est générale. Il s'agirait d'un simple « *label* »[262] dont on ne voit pas bien quelles en seraient les implications matérielles. Qui plus est, à l'image de l'Etat de droit dont elle serait une transposition *mutatis mutandis*, la notion de *Communauté de droit* est largement polysémique, protéiforme et ambivalente de telle sorte que son appréhension se révèle extrêmement difficile. Au fond, on se demande quelle serait la valeur ajoutée de la référence à l'idée de Communauté de droit pour le développement de l'ordre juridique communautaire dans la mesure où elle ne fait que couvrir un certain nombre de principes déjà existants comme le droit à une protection juridictionnelle effective ou le principe de sécurité juridique par exemple. Voilà qui expliquerait aussi les réticences du juge communautaire à s'y référer alors qu'il en fut lui-même l'instigateur[263]. Et pourtant, nous avouons partager l'opinion selon laquelle la Communauté de droit constitue « *une étape sous-estimée de la construction européenne* »[264]. Certes le contenu matériel du principe de la Communauté de droit reste encore limité (**A**) ; mais il faut bien reconnaître que les potentialités normatives qu'il recouvre sont considérables ainsi que le démontre sa contribution au développement de l'ordre juridique communautaire (**B**).

A. La Communauté de droit, une consécration matérielle encore limitée

306. A l'image de la notion d'Etat de droit, la notion de Communauté de droit est peu mobilisée par les juridictions communautaires. Si les avocats généraux y recourent plus volontiers[265], en revanche la Cour de justice et le Tribunal semblent en user avec parcimonie. Sur les 54 occurrences relevées des termes « *Communauté de droit* », nous avons identifié moins de dix affaires pertinentes renvoyant au principe de la Communauté de droit[266]. Un tel silence concernant une notion

---

Dynamics of European Integration, *Essays in honour of Henry G Schermers*, Vol II, Martinus Nijhoff Punlishers, Dordorecht/Boston/London, 1994, p303-333 ; D. CURTIN, « Constitutionnalism in the European Community : the right to fair procedures in administrative law », *in J. O'REILLY (ed.), Human rights and constitutionnal law, Essays in honour of Brian Walsh*, The Round Hall Press, Dublin, 1992, p. 293 ; S.A. SCHEINGOLD, *The Rule of law in European integration*, Greenwood Press Publishers, Westport, Connecticut, 1976. En italien, P. MENGOZZI, « La Rule of law e il diritto comunitario di formazione giurisprudenziale », *JUS*, 3, 1994, pp.279-294. Enfin, en Espagnol, il est possible de trouver quelques indications intéressantes dans l'ouvrage de L. JIMENA QUESADA, *La Europa social y democratica de derecho*, Dykinson, Madrid, 1997, 366p.

262 B. LUISIN, « Le mythe de l'Etat de droit », *op.cit.*, p. 250.

263 Il semble que la paternité de l'expression doive être attribuée à W. Hallstein, président de la Commission européenne de 1958 à 1967, dans un exposé du 17 juin 1965 devant le Parlement européen, Débats, p. 220. Voir également, W. HALLSTEIN, *Die Europäische Gemeinschaft*, 5e éd., 1979, pp. 51-77

264 C. CHARRIER, *op.cit.*, p. 521.

265 Par exemple, Concl A.G. Cosmas, 8 octobre 1998, *Lilli Schröder et alii c. Deutsche Bundespost Telekom*, Aff. jtes C-50/96, C-234/96, C-270/97, C-271/97, pt. 80.

266 CJCE, 23 avril 1986, *Parti écologiste « Les Verts »*, aff. 294/83, *Rec.* 1353 ; CJCE, Ord. 13 juillet 1990, *Zwartveld*, aff. C-2/88, *Rec.* I-3365 ; CJCE, Avis., 14 décembre 1991, *Espace économique européen*, avis 1/91, *Rec.* I-6079 ; CJCE, 23 mars 1993, *Beate Weber*, aff. C-314/91, *Rec.* I-1093 ; CJCE,

pourtant érigée par la Cour de justice en « *principe* »[267], et qualifiée par une partie de la doctrine de « *principe structurant* »[268] de l'ordre juridique communautaire, appelle plusieurs remarques.

Sans que l'on puisse parler d'un âge d'or de l'expression *« Communauté de droit »*, il convient tout d'abord de relever que c'est au tournant des années 1990 que l'expression fut la plus invoquée par les juges communautaires. On ne peut que constater que cette promotion du modèle de l'Etat de droit sous la forme acculturée de la Communauté de droit est concomitante à l'avènement en Europe d'un discours croissant de l'Etat de droit. Par ailleurs, il est tout aussi significatif d'observer que le discours de la Communauté de droit s'inscrit dans un discours plus général relatif à l'approfondissement des garanties offertes par l'ordre juridique communautaire : au cours de cette période va être dessiné un certain modèle de la protection juridictionnelle communautaire où la Cour de justice va contribuer de manière significative à l'octroi de nouvelles garanties juridictionnelles et procédurales au profit des justiciables[269].

Mais tout cela n'explique pas pourquoi le juge communautaire n'use pas plus de la notion de Communauté de droit. Il faut sans doute voir dans la dimension polysémique de la notion de Communauté de droit une première explication de ce phénomène. A l'image du concept d'Etat de droit, le concept de Communauté de droit échappe à toute entreprise modélisante. Il s'agit d'une notion à contenu variable, utile pour fonder exceptionnellement le pouvoir normatif et jurisprudentiel du juge mais plus délicat à utiliser dans une mission juridictionnelle quotidienne, le juge préférant recourir à des principes plus concrets pour résoudre des questions litigieuses. Qui plus est, le principe de Communauté de droit constitue un principe parapluie résumant en un seul mot une multitude d'institutions, de mécanismes et de règles juridiques. Il est plus aisé de mobiliser directement le principe pertinent (comme le droit à une protection juridictionnelle effective) que d'invoquer un

---

30 juin 1993, *Parlement européen c/ Conseil et Commission*, aff. C-181/81 et C-248/91, *Rec.* I-3685 ; TPI, 2 octobre 2001, *Jean-Claude Martinez, Charles de Gaulle, Front national et Emma Bonino et autres contre Parlement européen*, aff. jtes T-222/99, T-327/99 et T-329/99 ; TPI, 3 mai 2002, *Jégo-Quéré et Cie S. A. / Commission*, aff. T-177/01, *Rec.* II-2365 ; CJCE, 25 juillet 2002, *UPA*, aff. C-50/00, *Rec.* I-6677.

[267] CJCE, ord. 13 juillet 1990, *Zwartveld*, aff. C-2/88, *Rec.* I-3365

[268] En ce sens par exemple, D. SIMON, *Le système juridique communautaire*, *op.cit.*, p. 96 ; J-P. JACQUE, « Cours général de droit communautaire », *RCADE*, I-1, p. 237 et ss ; J. GERKRATH, *L'émergence d'un droit constitutionnel pour l'Europe*, Bruxelles, Ed. de l'Université de Bruxelles, 1997, pp. 347-358.

[269] Quelques jours après l'arrêt *Les Verts*, la Cour de justice va consacrer le « droit au juge » comme principe général du droit, CJCE, 15 mai 1986, *Johnston*, aff. 222/85, *Rec.* 1664. A partir de là, la Cour de justice va procéder à une véritable concrétisation des implications de la Communauté de droit : on pense ici en particulier au droit à une protection provisoire (CJCE, 19 juin 1990, *Factortame*, C-213/89, *Rec.* I-2433 ; CJCE, 21 février 1991, *Zuckerfabrik Südderdithmarschen*, aff. C-143/88 et C-92/89, *Rec.* I-415 ; CJCE, 9 novembre 1995, *Atlanta*, aff. 465 et 466/93, *Rec.* I-3799 ; CJCE, 17 juillet 1997, *Krüger*, aff. C-334/95, *Rec.* I-4517) et au droit à une réparation effective (CJCE, 19 novembre 1991, *Francovich et Bonifaci*, aff. C-6/90 et C-9/90, *Rec.* I-5357 ; CJCE, 5 mars 1996, *Brasserie du pêcheur et Factortame II*, C-46/93 et C-48/93, *Rec.* I-1029).

« *méta-principe* » dont les contours sont souvent abstraits. Comme le note Luc Heuschling, l'expression « *Communauté de droit* » proscrit tout « *usage abusif : il vaut mieux s'en servir le moins possible, en essayant de résoudre les litiges d'interprétation grâce à des sous-principes, plutôt que de recourir à un principe trop abstrait pour commander une solution concrète* »[270]. Telle est sans doute l'esprit de la Cour de justice tant il est vrai que *« le temps où la Cour de justice faisait de la théorie du droit paraît révolu »*, celle-ci préférant dégager et interpréter *« des notions de manière fonctionnelle, aux strictes fins du règlement du litige »*[271].

307. Peu utilisée, la notion de Communauté de droit a longtemps été peu développée par le juge. Selon une formule plus ou moins invariable, le juge communautaire considérait « *que la Communauté économique européenne (était) une Communauté de droit en ce que ni ses Etats membres ni ses institutions n'échappent au contrôle de la conformité de leurs actes à la charte constitutionnelle de base qu'est le traité* ». Ainsi définie, la Communauté de droit signifiait, d'une part, que l'action des Etats membres et des institutions communautaires s'exerce dans le respect de la hiérarchie des normes communautaires au sommet desquelles trône la « charte constitutionnelle » et, d'autre part, que l'action des Etats membres et des institutions est soumise à un contrôle juridictionnel effectif. En d'autres termes, le principe de la Communauté de droit se subdivise en deux sous-principes : le droit au droit et le droit au juge[272].

Se dessinait ainsi une conception purement formelle de la Communauté de droit, axée uniquement sur la hiérarchie des normes et le contrôle juridictionnel[273]. Jusqu'à l'arrêt *Unión de los Pequeños Agricultores*, la Cour de justice retenait en effet une conception exclusivement formelle de la Communauté de droit, la Cour de justice n'ayant jamais rattaché explicitement la Communauté de droit à la protection des droits fondamentaux ou à la démocratie à l'inverse de l'interprétation progressiste du principe de prééminence du droit retenue par la Cour européenne des droits de l'homme. La Cour de justice semblait ainsi s'en tenir à une conception restrictive du modèle de l'Etat de droit. Cela était d'autant plus surprenant que la Cour de justice est à l'origine de la construction du « système communautaire » de protection des droits fondamentaux. De plus, une interprétation « substantielle » de la Communauté de droit aurait pu servir de fondement explicite à la Cour de justice pour approfondir plus encore sa jurisprudence en matière de droits fondamentaux en affirmant l'autonomie et la spécificité communautaire de ceux-ci, comme le souligne très justement Frédéric Sudre pour qui la Communauté de droit « *pouvait*

---

[270] L. HEUSCHLING, *op.cit.*, pp. 379-380.

[271] F. PICOD, « Le développement de la juridictionnalisation », in J. RIDEAU (dir), *op.cit.*, p. 262.

[272] En ce sens D. SIMON, « Y a-t-il des principes généraux du droit communautaire », *op.cit.* ; C. CHARRIER, *op.cit.*, p.522.

[273] Sur le caractère incomplet de la Communauté de droit, J-P. JACQUE, *Cours général de droit communautaire, op.cit.*, p. 277.

constituer la passerelle appropriée » pour établir la compétence juridictionnelle de la Cour en matière de droits fondamentaux[274].

Ce n'est qu'implicitement que l'idée des droits fondamentaux irradiait la notion de Communauté de droit. Pour la doctrine, il ne faisait aucun doute que le renvoi à la « Charte constitutionnelle » de cette Communauté de droit intégrait les principes généraux et partant les droits fondamentaux en ce qu'ils font partie du bloc de légalité communautaire[275]. La Cour de justice l'avait elle-même rappelé dans l'affaire *Grant* du 17 février 1998 en soulignant que « *le respect des droits de l'homme constitue [...] une condition de la légalité des actes communautaires* »[276]. D'ailleurs, l'avocat général G. Cosmas n'évoquait-il pas « *une Communauté de droit qui respecte et sauvegarde les droits de l'homme* » fondée sur les « *principes de la dignité de la personne humaine et l'égalité des hommes et des femmes* »[277]. La Cour de justice a fini par retenir une telle conception matérielle de la Communauté de droit. Dans son arrêt *UPA* précité, elle va rattacher pour la première fois la problématique de la protection des droits fondamentaux au principe de la Communauté de droit : désormais, la notion de Communauté de droit doit s'entendre comme une Communauté « *dans laquelle ses institutions sont soumises au contrôle de la conformité de leurs actes avec le traité et les principes généraux du droit dont font partie les droits fondamentaux* »[278]. Voilà enfin consacré un modèle matériel de la Communauté de droit. Reste à mesurer l'intensité normative de ce principe.

B. L'intensité normative du principe de la Communauté de droit : une fonction ouverte et dynamique

308. Nous avons déjà eu l'occasion de le rappeler à plusieurs reprises, la notion de *Communauté de droit* ne figure nulle part au sein de la « *charte constitutionnelle* » communautaire. Inventée semble-t-il par W. Hallstein, reprise par la doctrine[279], la

---

[274] F. SUDRE, « Introduction », in F. SUDRE et H. LABAYLE (dir.) *op.cit.*, p. 18.

[275] En ce sens par exemple, D. SIMON, *Le système juridique communautaire, op.cit.*, p. 96-97 ; M. ZULEEG, « Die Europäische Gemeinschaft als Rechtsgemeinschaft », *NJW*, 1994, p. 545.

[276] CJCE, 17 février 1998, *Grant*, aff C-249/96, *Rec.* I-621.

[277] Conc A.G. Cosmas, 8 octrobre 1998, *Lilli Schröder et alii c. Deutsche Bundespost Telekom*, Aff. jtes C-50/96, C-234/96, C-270/97, C-271/97, pt. 80.

[278] CJCE, 25 juillet 2002, *UPA*, aff. C-50/00, pt. 38.

[279] Voir notamment, R. LECOURT, *L'Europe des juges*, Bruylant, Bruxelles, 1976, p. 221 ; L. N. BROWN et F.G. JACOBS, *The Court of Justice of the European Communities*, Londres, 1977, p. 2241 ; voir encore le rapport TINDEMANS, Bull. CE, supplément 1-76, p. 33. Sans recourir formellement à l'expression Communauté de droit, certains auteurs avaient qualifié la Communauté *d'Etat de droit* : voir par exemple, M. ZULEEG, « La Communauté et ses Etats membres », in Actes du sixième Colloque de l'IEJE , Liège 10-12 janvier 1973, 1973, pp. 277 et 279 (« *Rechtsstaat* ») ; D. SIMON, « Ordre Public et Libertés publiques dans les CE : à propos de l'arrêt RUTILI », *RMC*, 1976, p. 207 ; Josse MERTENS DE WILMAR, « La jurisprudence de la CJ comme instrument de l'intégration communautaire », CDE, n°2-3, 1976, p 137. D'autres préfèrent parler de « principe de droit », H.P. IPSEN, « Integrationskonzepte auf dem Prüfstand », *Arbeitskreis Europäische Integration* (éd.), 1983, pp. 9, 13 et ss, cité par M. ZULEEG, « Le Parlement face à la Cour », *in J-V. LOUIS et D. WAELBROECK, Le Parlement européen dans l'évolution institutionnelle*, Ed. Université de Bruxelles, Bruxelles, 1988, sp.177

notion de Communauté de droit doit sa concrétisation *normativo-sémantique* à la Cour de justice des Communautés européennes qui, depuis l'arrêt « *Les Verts* »[280], en a fait un principe structurel de la jurisprudence communautaire[281].

309. Denys Simon considère, en effet, que la «*notion de Communauté de droit a permis à la Cour de justice de fonder la construction jurisprudentielle des droits fondamentaux et d'étendre son contrôle juridictionnel à la totalité des actes des institutions* »[282]. Selon lui, « *la construction jurisprudentielle des principes généraux du droit dans l'ordre juridique communautaire se trouve ainsi progressivement systématisée de façon à établir une Communauté de droit (Rechtsgemeinschaft) [...]. Les principes généraux de droit dans l'ordre communautaire, loin d'apparaître comme des règles ponctuelles dégagées pour des raisons conjoncturelles, se structurent par conséquent autour de deux axes impliqués par la « Rechtstaatlichkeit », à savoir le droit au juge et le droit au droit.* »[283]. Or, à notre avis, il ne faut pas surestimer la force d'attraction de la notion de Communauté de droit. En effet, à bien des égards, la thèse de Denys Simon mélange la dimension normative et la dimension descriptive de la Communauté de droit et fait un amalgame entre sa normativité effective et potentielle. Force est constater que le juge ne recourt que rarement à cette notion. Il l'invoque encore moins pour créer des nouveaux principes généraux. Quant aux développements de la jurisprudence relative aux droits fondamentaux, ceux-ci se sont faits en dehors du cadre normatif du principe de la Communauté de droit[284], même si, d'un point de vue théorique, on peut considérer qu'ils en constituent une des dimensions essentielles[285]. En revanche, il est vrai que, sur un plan doctrinal, la notion de Communauté de droit constitue un instrument d'observation scientifique très utile puisqu'il permet

---

[280] CJCE, 23 avril 1986, Parti écologiste « *Les Verts* », aff. 294/83, *Rec.* 1353

[281] D. SIMON, *Le système juridique communautaire, op.cit.*, p50, n°39 ; Voir également , Maria Luisa FERNANDEZ ESTEBAN, *The Rule of law as a constitutional principle of community law*, PHD, EUI, Florence, 1996.

[282] D. SIMON, *Le système juridique communautaire ,op.cit.*, p. 50 et ss.

[283] D. SIMON, « Y a-t-il des principes généraux du droit communautaire », *Droits*, 1991, p. 82 .

[284] Voir toutefois, CJCE, 25 juillet 2002, *UPA, précité.*

[285] L'affirmation selon laquelle ni les institutions ni les Etats membres ne sauraient échapper au contrôle de la conformité de leur actes à la « charte constitutionnelle » renvoie directement à la notion de hiérarchie des normes qui se trouve au cœur de la théorie de l'Etat de droit. On considère depuis Kelsen (*Théorie pure du droit*, Trad. C. Eisenmann, 2éd, Paris, Dalloz, 1962) que cette hiérarchie des normes renvoie non seulement à une hiérarchie dynamique mais également à une hiérarchie statique des normes. L'idée de hiérarchie dynamique renvoie à l'idée selon laquelle « *une norme juridique n'est pas valable parce qu'elle a un certain contenu, mais parce qu'elle est créée d'une certaine façon* » (p. 261) ; l'idée de hiérarchie statique renvoie à l'idée selon laquelle « *c'est en vertu de leur fond que les normes sont valables* »(p. 258), c'est-à-dire que le contenu de la norme inférieure se déduit du contenu de la norme supérieure. Dans ce contexte, les actes des institutions doivent non seulement respecter les conditions de forme d'édiction des normes posées par les normes supérieures mais plus largement ceux-ci doivent être conformes aux normes de référence par rapport auxquelles la Cour de justice exerce le contrôle de ces actes. Or ce « bloc de constitutionnalité » intègre depuis le traité d'Amsterdam les droits fondamentaux « *tels qu'ils sont garantis par la ConvEDH, signée à Rome le 4 novembre 1950* ». Sur ce dernier point, F. SUDRE, « La Communauté européenne et les droits fondamentaux après les traité d'Amsterdam : Vers un nouveau système européen de protection des droits de l'homme ? », *JCP. Ed G*, 1998, I-100, sp. 14.

d'ordonner une construction jurisprudentielle parfois chaotique et lui assigne ainsi un sens.

310. Ainsi, le principe de Communauté de droit assure la cohérence et la structuration du système juridique communautaire en participant à son approfondissement (**1**), à sa constitutionnalisation (**2**) et sa légitimation(**3**)

1) La Communauté de droit, instrument d'approfondissement du système juridictionnel communautaire : l'instauration d'un système complet et effectif de voies de recours

311. Un constat s'impose. Il ne saurait y avoir d'Etat de droit sans un contrôle de légalité effectif. Il incombe au juge « *veiller à ce que, dans un Etat de droit, l'illégalité reste en soi un tort* »[286]. Le recours en annulation revêt à cet égard une signification toute particulière. La qualité de l'Etat de droit dépendra en grande partie du degré d'ouverture des conditions de recevabilité du recours en annulation[287] comme le laissait déjà entendre Carré de Malberg[288] et comme l'a confirmé implicitement à plusieurs reprises la Cour de justice des Communautés européennes[289]. Sur la base de la Communauté de droit, le juge communautaire a procédé à un approfondissement du contrôle de légalité dans deux directions : en amont, la Cour de justice a considéré que tout acte visant à produire un effet juridique devait pouvoir faire l'objet d'un contrôle de légalité (**a**) ; en aval, le Tribunal est revenu, avant d'être désavoué par la CJCE, sur l'interprétation restrictive des conditions d'accès des particuliers au prétoire communautaire en considérant que nul ne saurait être privé d'un droit de recours effectif pour contester la légalité d'un acte communautaire (**b**).

a) La Communauté de droit et le contrôle de la légalité des actes du Parlement européen

312. Tout d'abord, le principe de la Communauté de droit a permis à la Cour de justice d'approfondir la qualité de l'ordre juridique communautaire en étendant son contrôle juridictionnel à la totalité des actes des institutions. Tel est, entre autres, le sens de la formule retenue dans l'arrêt *Les Verts* : « *il y a lieu de souligner [...] que*

---

[286] S. WAELBROECK et A-M. VERHEYDEN, «Les conditions de recevabilité des recours en annulation des particuliers contre les actes normatifs communautaires : à la lumière du droit comparé et de la Convention des droits de l'homme», *CDE*, 1995, p. 440.

[287] A. ARNULL, « Private applicants and the action for annulment under Article 173 of the EC Treaty », *CMLR*, 1995, p. 8.

[288] Rappelons la définition de l'Etat de droit proposée par Carré de Malberg : il faut entendre par Etat de droit, un ordre juridique « *qui – en même temps qu'il formule les prescriptions relatives à l'exercice de la puissance administrative – assure aux administrés, comme sanction de ces règles, un pouvoir juridique d'agir devant une autorité juridictionnelle* », R. CARRE DE MALBERG, *Contribution*..., *op.cit.*, p. 489.

[289] CJCE, 31 mars 1970, *Commission c. Conseil*, aff. 22/70, *Rec.* 263 ; CJCE, 23 avril 1996, *Parti écologiste « Les Verts » c/ PE*, aff. 294/83, *Rec.* 1350.

la Communauté économique européenne est une Communauté de droit en ce que ni ses Etats membres ni ses institutions n'échappent au contrôle de la conformité de leurs actes à la charte constitutionnelle de base qu'est le traité ». En affirmant la complétude et la cohérence du système de protection juridictionnelle communautaire, la Cour de justice entend reconnaître aux justiciables la possibilité de contester par la voie juridictionnelle tout acte *« visant à produire un effet juridique »*. Or, en l'espèce, les traités constitutifs limitaient le contrôle direct de légalité aux seuls actes adoptés par le Conseil ou la Commission dans la mesure où, à l'origine, le Parlement européen ne disposait que de pouvoirs consultatifs de telle sorte qu'il ne semblait pas en mesure d'adopter des actes susceptibles de produire des effets juridiques à l'égard des tiers. L'accroissement progressif des pouvoirs du Parlement a conduit la Cour de justice à revenir sur sa jurisprudence[290] et à procéder à ce que l'on a pu qualifier de « révision judiciaire »[291] du traité en ce qu'elle conduisait à reconnaître un droit de recours non prévu par les traités. La Cour a ainsi considéré « *qu'une interprétation de l'article 173 du traité qui exclurait les actes du Parlement européen de ceux qui peuvent être attaqués aboutirait à un résultat contraire tant à l'esprit du traité tel qu'il a été exprimé dans l'article 164 qu'à son système[...]. Il convient dès lors de considérer que le recours en annulation peut être dirigé contre les actes du Parlement européen destinés à produire des effets juridiques à l'égard des tiers* », ce qu'entérinera le Traité de Maastricht (art. 230 (ex-art. 173), al. 1 CE)[292].

313. Ce dernier considérant appelle quelques observations. La Cour de justice se réfère ici expressément à l'article 220 (ex-art. 164) du traité qui confie à la Cour de justice la mission d'assurer « *le respect du droit dans l'interprétation et l'application du traité* ». Cet article n'exprime pas autre chose que l'idée selon laquelle la Communauté et ses institutions sont soumises au droit. Or le principe de

---

[290] CJCE, 3 février 1977, *De Lacroix c. Parlement*, aff. 91/76, *Rec.* 255. La Cour avait considéré comme irrecevable un recours fondé sur l'article 173 et dirigé contre une institution autre que le Conseil et la Commission.

[291] Selon l'expression de J.P. JACQUE, « Note – *Les Verts* », *RTDE*, 1986, p. 503.

[292] Il est tout à fait remarquable de constater que le raisonnement suivi par la Cour de justice dans cette affaire avait été tracé dans des termes identiques par le Juge Pierre Pescatore dans un article publié en 1978. Il s'y exprimait ainsi : «*à supposer que, dans la vie communautaire, émergent de nouvelles catégories d'actes juridiques ou disons mieux, de nouvelles catégories d'actes à prétention juridique, qui n'auraient pas pour auteur le Conseil ou la Commission, mais le Parlement, il serait conforme à l'idée du respect du droit dans la vie communautaire que ces actes fussent assujettis aux mêmes contrôles que ceux visés expressément par l'article 173. Il apparaîtrait ainsi que la mention du Conseil et de la Commission comme auteurs d'actes soumis à contrôle de légalité selon l'article 173 ne constitue d'aucune manière une catégorie fermée ; tout acte ayant la prétention de déployer ses effets dans le cadre du système juridique de la Communauté serait, selon cette conception, justiciable du recours en annulation, quel que soit son auteur, le Parlement ou même l'un des organes subsidiaires de la Communauté. Trancher autrement ce problème de juridiction, ce serait précisément créer* [en italiques dans le texte original] *des lacunes dans le système de protection juridique et mettre en cause l'idée même de légalité qui est l'une des bases constitutives de l'ensemble communautaire. Ce serait admettre, dans le système de la Communauté, la naissance d'un pouvoir juridiquement incontrôlé et incontrôlable.* », P. PESCATORE, « Reconnaissance et contrôle judiciaire des actes du Parlement européen », *RTDE*, 1978, p. 587.

la prééminence du droit tel qu'énoncé par l'article 220 CE implique que l'ensemble des institutions en respectent le principe. L'article 220 CE serait vidé de sa substance si la Cour de justice n'était pas en mesure de contrôler la légalité d'actes produisant des effets juridiques à l'égard des tiers. Par conséquent, le pouvoir normatif de la Cour de justice, tel qu'il s'exprime dans cette affaire à travers la notion de Communauté de droit, prend sa source dans l'article 220 du traité et signifie qu'il lui est interdit de se soustraire à son devoir de dire le droit au risque sinon de commettre un « *déni de justice* ». C'est en substance ce que rappelait l'avocat général Mancini dans cette affaire : « *l'obligation de respecter le droit [...] prévaut sur les étroitesses de la loi écrite ; à chaque fois que la protection des justiciables l'exige, la Cour est prête à corriger ou à compléter les dispositions qui délimitent sa compétence au nom du principe qui consacre sa mission* »[293]. En d'autres termes, le principe de la Communauté de droit puise sa source dans l'article 220 CE et légitime le pouvoir normatif qui lui est associé en le finalisant : assurer la primauté du droit. C'est ce même souci d'assurer la primauté du droit qui a conduit le Tribunal à vouloir élargir les conditions de recevabilité du recours en annulation sur la base du principe de la Communauté de droit.

b) La Communauté de droit et l'ouverture du contrôle de légalité

314. A la différence des droits administratifs de la plupart des Etats membres de l'Union européenne[294], le système communautaire de contrôle de légalité ne fait en principe qu'une place limitée aux requérants particuliers. Le Tribunal est revenu, dans l'affaire *Jégo-Quéré*, sur cette conception restrictive avant de se faire indirectement désavouer par la Cour de justice quelques mois plus tard dans l'affaire *UPA*.

315. Traditionnellement, le recours en annulation n'est ouvert à une personne physique et morale que « *contre les décisions dont elle est le destinataire, et contre les décisions qui, bien que prises sous l'apparence d'un règlement ou d'une décision adressée à une autre personne, la concernent directement et individuellement* » (art. 230 al. 4). Un requérant individuel devra donc premièrement se prévaloir d'un intérêt à agir[295] ; et deuxièmement, d'une qualité pour agir, celle-ci étant appréciée à l'aune de critères objectifs (la nature de l'acte contesté) et de critères subjectifs (lien direct et individuel avec l'acte contesté)[296]. « *C'est dans l'appréciation faite par le*

---

[293] Concl. s/CJCE, 23 avril 1996, Parti écologiste « *Les Verts* » c/ PE, aff. 294/83, *Rec.* 1350

[294] Pour un aperçu, voir S. WAELBROECK et A-M. VERHEYDEN, «Les conditions de recevabilité des recours en annulation des particuliers contre les actes normatifs communautaires : à la lumière du droit comparé et de la Convention des droits de l'homme», *CDE*, 1995, pp. 399-441.

[295] M. CANEDO, « L'intérêt à agir dans le recours en annulation du droit communautaire », *RTDE*, 2000, n°3, p. 451.

[296] D. SIMON, *Le système juridique communautaire, op.cit.*, p. 527 et ss

juge de ce lien direct et personnel que réside la clé du prétoire »[297]. Or, le juge communautaire retient une interprétation restrictive de ce lien direct et individuel. Si la preuve du lien direct est relativement facile à rapporter, il en va tout autrement du lien individuel. Pour la Cour, « *les sujets autres que les destinataires d'une décision ne sauraient prétendre être concernés individuellement que si cette décision les atteint en raison de certaines qualités qui leur sont particulières ou d'une situation de fait qui les caractérise par rapport à toute autre personne et de ce fait les individualise d'une manière analogue à celle du destinataire* »[298]. Cette jurisprudence restrictive fut très critiquée par la doctrine[299] et certains avocats généraux[300]. Face à ces critiques, et consciente que l'approfondissement de la protection juridictionnelle des justiciables constituait une étape indispensable à la promotion de l'intégration communautaire dans une Communauté de droit[301], la Cour a progressivement assoupli les exigences relatives à ce lien individuel tendant vers un accès plus large des particuliers aux juridictions communautaires au titre de

---

[297] J. BOULOUIS et R-M. CHEVALLIER, *Grands arrêts de la CJCE*, 6ème éd., Paris, Dalloz, 1994, p. 306, n°59.

[298] CJCE , 15 juillet 1963, *Plaumann*, aff. 25/62, *Rec.* 305.

[299] Parmi ces auteurs, nombre d'entre eux sont actuellement, ou ont été, juges ou avocats généraux au sein des juridictions communautaires. Citons à titre indicatif, F. SCHOCKWEILER, «L'accès à la justice dans l'ordre juridique communautaire», *Journal des tribunaux, Droit européen*, n° 25, 1996, p. 1 ; J. MOITINHO DE ALMEIDA, «Le recours en annulation des particuliers (article 173, deuxième alinéa, du traité CE): nouvelles réflexions sur l'expression 'la concernent ... individuellement'», *Festschrift für Ulrich Everling*, Vol. I, (1995) p. 849 ; G. MANCINI, «The role of the supreme courts at the national and international level: a case study of the Court of Justice of the European Communities», *The Role of the Supreme Courts at the National and International Level*, P. Yessiou-Faltsi (ed.), (1998), p. 421; K. LENAERTS, «The legal protection of private parties under the EC Treaty: a coherent and complete system of judicial review?», *Scritti in onore di Giuseppe Federico Mancini*, Vol. II, (1998), p. 591 ; A. SAGGIO, «Appunti sulla ricevibilità dei ricorsi d'annullamento proposti da persone fisiche o giuridiche in base all'Art. 173, quarto comma, del Trattato CE», *Scritti in onore di Giuseppe Federico Mancini*, Vol. II, (1998), p. 879; M. JACOBS «Access to justice as a fundamental right in European Law», *Mélanges en hommage à Fernand Schockweiler* (1999), p. 197. A. ARNULL, «Private applicants and the action for annulment under Article 173 of the EC Treaty», *Common Market Law Review* 1995, p. 7 ; «Private applicants and the action for annulment since *Codorniu*», *Common Market Law Review* 2001, p. 7; H. RASMUSSEN, « Why is Article 173 interpreted against private plaintifs ? », *ELR*, 1980, p. 112 ; D. WAELBROECK et A.-M. VERHEYDEN, «Les conditions de recevabilité des recours en annulation des particuliers contre les actes normatifs communautaires: à la lumière du droit comparé et de la Convention des droits de l'homme», *Cahiers de droit européen* 1995, p. 399 ; G. VANDERSANDEN, «Pour un élargissement du droit des particuliers d'agir en annulation contre des actes autres que les décisions qui leur sont adressées», *Cahiers de droit européen* 1995, p. 535 ; D. BONI, «Il ricorso di annullamento delle persone fisiche e giuridiche», in *Il ricorso di annullamento nel Trattato istitutivo della Comunità* (1998), p. 53 ; M. ORTEGA, *El acceso de los particulares a la justicia comunitaria* (1999), pp. 225-230.

[300] Conclusions de l'avocat général Slynn présentées le 6 mai 1982, dans l'affaire 246/81, *Bethel*, *Rec.* p. 2277, à la p. 2299 ; Conclusions de l'avocat général Jacobs présentées le 8 avril 1992 dans l'affaire *Extramet/Conseil*, C-358/89, *Rec.* p. I-3813, aux points 71 à 74 ; Conclusions de l'avocat général Jacobs présentées le 15 septembre 1993 dans l'affaire *TWD Textilwerke Deggendorf*, C-188/92, *Rec.* p. I-833, aux points 20 à 23 ; Conclusions de l'avocat général Ruiz-Jarabo Colomer présentées le 12 septembre 1996 dans l'affaire *Associazione agricoltori della provincia di Rovigo e.a.*, C-142/95 P, *Rec.* p. I-6669, aux points 40 et 41.

[301] R. DEHOUSSE, *La Cour de justice des Communautés européennes*, Paris, Montchrestien, 1994, p. 81.

l'article 230 CE. Sans entrer dans le détail de cette complexe jurisprudence[302], relevons simplement que la Cour de justice a accepté, d'une part, que l'association du requérant au processus de préparation de la décision l'individualisait à la manière d'un destinataire et, d'autre part, que « *la portée générale d'un acte n'excluait pas pour autant qu'il puisse concerner directement et individuellement certains opérateurs économiques intéressés* »[303] dès lors que la mesure n'affecte qu'un cercle restreint de particuliers auquel le requérant appartient, mais également lorsqu'en raison d'une situation de fait qui le caractérise par rapport à toute autre personne, le requérant peut être considéré comme individuellement concerné[304].

316. Dans sa contribution à la conférence intergouvernementale qui a conduit à l'adoption du traité d'Amsterdam, la Cour avait indiqué d'ailleurs que « *l'on peut toutefois se demander si le recours en annulation prévu par l'article 173 du traité CE et par les dispositions correspondantes aux autres traités, qui n'est ouvert aux particuliers qu'à l'égard des actes qui les concernent directement et individuellement, est suffisant pour leur garantir une protection juridictionnelle effective contre les atteintes à leurs droits fondamentaux pouvant résulter de l'activité législative des institutions* »[305]. Malgré cette belle unanimité, ni le constituant ni les juges communautaires n'avaient procédé à une révolution en la matière. La décision *Jégo-Quéré* du Tribunal de première instance du 3 mai 2002 prend acte de cette nécessaire évolution sur la base du principe de la *Communauté de droit*[306]. Un bref rappel des faits s'impose.

Un règlement communautaire interdit l'utilisation de filets de pêche d'un maillage de 80mm. La Société Jégo-Quéré qui possède quatre navires de pêche utilisant ce type de filets demande au Tribunal l'annulation de deux dispositions de ce règlement qui imposent aux navires de pêche opérant dans certaines zones déterminées un maillage minimal pour les différentes techniques de pêche au filet. Or, sur la base des critères jusqu'à présent dégagés par la jurisprudence communautaire, la requérante ne pouvait pas être considérée comme étant individuellement concernée au sens de l'article 234 CE. En effet, selon la jurisprudence actuelle, un particulier ne peut attaquer un acte de portée générale que si cet acte l'atteint en raison de certaines qualités qui lui sont particulières ou d'une situation de fait qui le caractérise par rapport à toute autre personne. Le Tribunal constate que cette jurisprudence aboutit à priver de nombreux particuliers de tout moyen de demander l'annulation de dispositions de portée générale affectant directement leur situation juridique.

---

[302] Pour une étude complète de la question, P. CASSIA, *L'accès des personnes physiques et morales au juge de la légalité des actes communautaires*, Paris, Dalloz, 2002.

[303] CJCE, 18 mai 1994, *Codorníu*, aff. C-309/89, *Rec.* I-1853 ; CJCE, 22 novembre 2001, *Antillean Rice Mills*, aff. C-451/98.

[304] *Ibid.*

[305] Rapport de la Cour de justice sur certains aspects de l'application du traité sur l'Union européenne, Luxembourg, mai 1995, p. 18.

[306] TPI, 3 mai 2002, *Jégo-Quéré et Cie. S.A. c. Commission*, aff. T-177/01.

Qui plus est, le Tribunal estime que les autres voies de droit possibles ne sont pas adaptées aux fins de faire constater l'illégalité d'un acte communautaire. Pour le Tribunal, ni le renvoi préjudiciel en validité ni le recours en responsabilité non contractuelle de la Communauté ne garantissent, en l'espèce, à la lumière des articles 6 et 13 de la CEDH et de l'article 47 de la Charte des droits fondamentaux, *un droit de recours effectif* permettant de contester la légalité de dispositions communautaires de portée générale qui affectent directement la situation juridique du requérant.

En ce qui concerne le renvoi préjudiciel en validité, le tribunal observe « *que, dans un cas comme celui de l'espèce, il n'existe pas de mesures d'exécution susceptibles de constituer le fondement d'une action devant les juridictions nationales. Il faudrait pour cela qu'un particulier affecté par une mesure communautaire puisse en contester la validité devant les juridictions nationales, en violant les dispositions prévues par ladite mesure et en se prévalant de l'illégalité de celles-ci dans le cadre de procédures judiciaires ouvertes à son encontre, ne lui offre pas une protection juridictionnelle adéquate. En effet, il ne peut être demandé à des particuliers d'enfreindre la loi afin de pouvoir accéder à la justice* ».

Quant au recours en responsabilité extracontractuelle, le Tribunal considère qu'il «*ne peut [...] aboutir à faire écarter de l'ordre juridique communautaire un acte pourtant considéré, par hypothèse, comme illégal. Présupposant la réalisation d'un dommage directement causé par l'application de l'acte litigieux, elle est soumise à des conditions de recevabilité et de fond différentes de celles régissant le recours en annulation et elle ne place donc pas le juge communautaire en situation d'exercer, dans toute sa dimension, le contrôle de légalité qu'il a la mission de mener à bien. En particulier, lorsqu'une mesure de portée générale, telle que les dispositions attaquées en l'espèce, est mise en cause dans le contexte d'une telle action, le contrôle exercé par le juge communautaire ne s'étend pas à tous les éléments susceptibles d'affecter la légalité de cette mesure, mais se borne à sanctionner les violations suffisamment caractérisées de règles de droit ayant pour objet de conférer des droits aux particuliers* ».

En conséquence de quoi, l'irrecevabilité du recours en annulation priverait la requérante, compte tenu de l'ineffectivité des autres voies de droit, du droit à un recours effectif.

Or une telle situation est jugée incompatible avec les exigences d'une *Communauté de droit*. Le Tribunal rappelle, à cet égard, que « *la Cour elle-même a affirmé que l'accès au juge est un des éléments constitutifs d'une communauté de droit et qu'il est garanti dans l'ordre juridique fondé sur le traité CE du fait que celui-ci a établi un système complet de voies de recours et de procédures destiné à confier à la Cour de justice le contrôle de la légalité des actes des institutions (arrêt de la Cour du 23 avril 1986, Les Verts/Parlement, 294/83, Rec. p. 1339, point 23). La Cour fonde sur les traditions constitutionnelles communes aux États membres et sur les articles 6 et 13 de la CEDH le droit à un recours effectif devant une juridiction compétente (voir arrêt de la Cour du 15 mai 1986, Johnston, 222/84, Rec. p. 1651, point 18)* ». Ce droit est par ailleurs réaffirmé par l'article 47 de la Charte des droits fondamentaux de l'Union européenne.

Au risque sinon d'aboutir à une situation incompatible avec les exigences d'une Communauté de droit, le Tribunal estime en conséquence qu'il est nécessaire de « *reconsidérer l'interprétation stricte, jusqu'à présent retenue, de la notion de personne individuellement concernée au sens de l'article 230, quatrième alinéa, CE* », tout en ayant pris soin auparavant de se prémunir contre toute critique tendant à identifier cette proposition de revirement de jurisprudence à une « *révision judiciaire* » des traités. En effet, pour le tribunal, il ne s'agit pas d'une « *modification du système des voies de recours et des procédures établi par le traité* »[307] mais d'un assouplissement de l'interprétation des conditions prévues par l'article 230 al. 4 CE qui ne saurait imposer que la notion de personne individuellement concernée « *comporte l'obligation pour un particulier désireux de contester une mesure de portée générale d'être individualisé d'une manière analogue à celle d'un destinataire* »[308]. En conséquence de quoi, le Tribunal décide que « *afin d'assurer une protection juridictionnelle effective des particuliers, une personne physique ou morale doit être considérée comme individuellement concernée par une disposition communautaire de portée générale qui la concerne directement, si la disposition en question affecte, d'une manière certaine et actuelle, sa situation juridique en restreignant ses droits ou en lui imposant des obligations. Le nombre et la situation d'autres personnes également affectées par la disposition ou susceptibles de l'être ne sont pas, à cet égard, des considérations pertinentes* »[309]. Le Tribunal rejoint ici les conclusions de l'avocat général Jacobs dans l'affaire *Unión de los Pequeños Agricultores* qui soutenait la thèse d'une évolution de la jurisprudence sur la notion de particulier individuellement concerné en considérant « *qu'un particulier est individuellement concerné par une mesure communautaire lorsque la mesure nuit, ou est susceptible de nuire à ses intérêts, de manière substantielle* ». Nous ne sommes plus très loin de l'intérêt à agir comme seule condition d'accès au prétoire tant réclamée par la doctrine[310]. On sait cependant que la Cour de justice a sanctionné ce raisonnement dans l'affaire *UPA* en considérant que l'interprétation de l'article 230 al 4 CE à la lumière du droit à une protection juridictionnelle effective « *ne saurait aboutir à écarter la condition en cause [être individuellement concerné], qui est expressément prévue par le Traité, sans excéder les compétences attribuées par celui-ci aux juridictions communautaires* »[311]. Ce serait là une « révision judiciaire » des traités alors que, conformément aux dispositions combinées des articles 7§1 al. 2 et 222 CE, la Cour de justice et le Tribunal ne sont compétents que pour interpréter les dispositions du Traité et ne

---

[307] *Ibid.*, § 48.
[308] *Ibid.*, § 49.
[309] *Ibid.*, § 51.
[310] D. SIMON, *op.cit.*, p. 542 .
[311] CJCE, 25 juillet 2002, *UPA*, aff. C-50/00, pt. 44.

peuvent se substituer au constituant communautaire : c'est pourquoi, « *si un système de contrôle de la légalité des actes communautaires de portée générale autre que celui mis en place par le Traité originaire et jamais modifié dans ses principes est certes envisageable, il appartient, le cas échéant, aux Etats membres, conformément à l'article 48 UE, de réformer le système actuellement en vigueur* »[312]. Toutefois, on se souvient que, dans le passé, la Cour de justice ne s'était pas privée de procéder à de telles « révisions judiciaires » des traités, ne serait-ce que dans son arrêt « *les Verts* »... Qui plus est, la Cour de justice va même jusqu'à mobiliser le principe de la Communauté de droit pour justifier son refus de revoir l'exigence d'une qualité individuelle pour agir en annulation comme pour légitimer sa position[313] !

317. Il n'en reste pas moins vrai que, même désavoué par la Cour de justice, le raisonnement du Tribunal dans l'affaire *Jégo-Quéré* constitue une preuve supplémentaire des potentialités normatives du principe de la Communauté de droit. Le Tribunal reprend ainsi à son compte la logique qui avait prévalu dans l'arrêt *Les Verts*. De même que nul acte faisant grief ne doit pouvoir échapper au contrôle de la Cour, nul justiciable ne doit pouvoir être privé d'un droit de recours effectif pour contester la légalité d'un acte communautaire. Le principe de la *Communauté de droit* révèle toute sa « *productivité intrinsèque* »[314] et sa dimension normative : l'idée de primauté du droit qui sous-tend le principe de Communauté de droit serait privée de toute effectivité si elle n'était pas relayée par un système complet de voies de recours permettant d'en assurer le respect[315]. De par sa cohérence systémique, la Communauté de droit véhicule ainsi une dynamique participant au développement de l'ordre juridique communautaire. A l'image du principe de prééminence du droit qui permet à la CourEDH de procéder à une interprétation progressiste de la Convention, le principe de Communauté de droit permet ici d'éviter de retenir une « *interprétation stricte* » du traité et de proposer à l'inverse une lecture plus libérale de la « *Charte constitutionnelle* ».

---

312 *Ibid.*, pt. 45.

313 *Ibid.*, pt. 38 et ss . Inversant le raisonnement de *Jégo-Quéré*, la CJCE considère que dans la mesure où la Communauté est une Communauté de droit, il existe un système complet de voies de recours garantissant au justiciable une protection juridictionnelle effective de ses droits. Autrement dit, la CJCE postule la complétude du système de protection juridictionnelle communautaire !

314 Selon l'expression de D. SIMON, « La Communauté de droit », *op.cit.*, p. 115.

315 Se dessine également en creux la conception très juridictionnelle que le juge communautaire se fait de la Communauté de droit. V. A. PLIAKOS, *Le principe général de la protection juridictionnelle efficace en droit communautaire*, Athènes, Sakkoulas, Bruxelles, Bruylant, 1997. *Cf. infra*, Chapitre 6.

2) La Communauté de droit, un instrument de constitutionnalisation du système juridique communautaire

318. Le terme constitutionnalisation décrit « *un processus circulaire ou mieux en « spirale », dans lequel le traité est interprété par la Cour de justice selon une méthode systématique, téléologique et surtout dynamique, similaire à celles utilisées par les juges constitutionnels des Etats membres. [...] Le traité assume progressivement les caractéristiques d'une « loi supérieure » inhérentes à toute constitution, comme cause et effet simultanés de ce processus in fieri.* »[316]. L'assimilation des traités à une « charte constitutionnelle » en constitue l'aboutissement[317]. Cette assimilation n'est pas nouvelle. Dès 1976, dans un avis relatif au *Fonds européen d'immobilisation de la navigation intérieure*, la Cour de justice faisait référence à la « *constitution interne de la Communauté* »[318]. Cependant, elle n'en tirait aucune conséquence pratique[319]. En revanche, avec l'arrêt « *Les Verts* », la Cour de justice franchit un pas supplémentaire en hissant le traité au rang de *norme fondamentale* de l'ordre juridique communautaire dont le respect s'impose non seulement aux institutions mais également aux Etats membres.

319. D'un point de vue politique, l'association des expressions « *Communauté de droit* » et « *Charte constitutionnelle* » n'est pas innocente. La transposition dans le cadre communautaire de ces notions liées aux constitutionnalismes nationaux constitue « *une invitation à un rapprochement conceptuel* » entre les structures étatiques et communautaires[320]. Cela est encore plus net dans l'avis relatif à *l'Espace économique européen* dans lequel la Cour de justice a estimé que « *le traité CEE, bien que conclu sous la forme d'un accord international, n'en constitue pas moins la Charte constitutionnelle d'une Communauté de droit* »[321]. Cette phrase est riche de sens et renvoie inexorablement à l'autonomie de l'ordre juridique communautaire telle qu'elle avait été affirmée avec force dans l'arrêt *Van Gend en Loss*[322]. Renouvelant l'analyse « autonomiste », le juge s'appuie ici sur la notion de Communauté de droit pour fonder la distinction entre le système international et le système communautaire. En même temps, il systématise sous la notion de

---

[316] J-L. DA CRUZ VILACA et N. PICARRA, « Y a-t-il des limites matérielles à la révision des traités instituant les CE ? », *CDE*, 1993, sp. 10.

[317] En ce sens, D. SIMON, *op.cit.*, p. 121. Egalement, V. CONSTANTINESCO, « La Constitutionnalisation de l'Union européenne », in J. RIDEAU (dir.), *De la Communauté de droit à l'Union de droit, op.cit.*, p. 133 et ss. Pour une étude complète de la question, D. BLANCHARD, *La constitutionnalisation de l'Union européenne*, Rennes, Apogée, 2001.

[318] CJCE, avis, 26 avril 1977, *Fonds européen d'immobilisation de la navigation intérieure*, avis 1/76, *Rec.* 741.

[319] M-L. FERNANDEZ ESTEBAN, « La nocíon de constitucion en la jurisprudencia del TJCE », *REDC*, 14, n°40, 1994, sp. 245 et ss.

[320] C. CHARRIER, « La Communauté de droit, une étape sous-estimée de la construction européenne », *RMCUE*, n°400, 1996, sp. 531.

[321] CJCE, avis du 14 décembre 1991, *Espace Economique Européen*, avis 1/91, *Rec.* I-6079.

[322] CJCE, 5 février 1963, *Van Gend en Loss*, aff. 26/62, *Rec.* 1.

Communauté de droit l'ensemble de la construction jurisprudentielle de la Cour de justice qui a conduit à affirmer l'autonomie, la primauté et l'effet direct du droit communautaire[323].

320. Cette constitutionnalisation de l'ordre juridique communautaire s'accompagne ainsi d'un processus d'autonomisation de ce même ordre juridique[324]. En fondant l'ordre juridique communautaire sur le principe de *Communauté de droit*, la Cour de justice veut indiquer également que l'ordre juridique communautaire repose sur ses propres principes de garantie[325]. L'évolution de la jurisprudence de la Cour de justice en matière de protection des droits fondamentaux en est sans aucun doute la plus parfaite illustration. Ce n'est qu'en tant que sources matérielles cristallisées dans *« les principes généraux du droit communautaire »* que la Cour de justice s'est appuyée sur *« les traditions constitutionnelles des Etats membres »* ou sur *« les instruments internationaux de protection des droits fondamentaux »* pour imposer le respect des droits fondamentaux dans l'ordre juridique communautaire. Si matériellement les droits peuvent trouver leur origine dans des textes extra-communautaires, formellement en revanche, ils trouvent leur application en tant que *«principes généraux du droit communautaire »*. D'ailleurs, l'article 6§2 du traité d'Amsterdam ne rappelle-t-il pas que « *l'Union respecte les droits fondamentaux, tels qu'ils sont garantis par la Convention (...) et tels qu'ils résultent des traditions constitutionnelles communes aux Etats membres, en tant que principes généraux du droit communautaire* », confirmant ainsi la « *prééminence de la logique communautaire* »[326] ? On retrouve cette « *prééminence de la logique communautaire* » dans l'interprétation que la Cour de justice retient de certaines dispositions extra-communautaires comme celles de la Convention européenne des droits de l'homme. En principe, la Cour de justice procède à une interprétation autonome des dispositions de la Convention[327] même s'il est vrai que l'on observe une certaine tendance à l'uniformisation de l'application de la ConvEDH par la Cour de justice, celle-ci n'hésitant plus à se référer aux dispositions de la ConvEDH *telles qu'interprétées* par la CourEDH[328].

3) La Communauté de droit, instrument de légitimation du système juridique communautaire

321. Le principe de la Communauté de droit apparaît enfin comme un instrument de légitimation du système juridique communautaire. La Communauté de droit légitime, d'une part, la jurisprudence constructive de la Cour de justice ; la

[323] En ce sens l'étude systématique menée par R. KOVAR, « La contribution de la CJCE à l'édification de l'ordre juridique communautaire », *RCADE*, IV-1, 1995, p21 et ss.
[324] J-C GAUTRON, « Un ordre juridique autonome et hiérarchisé », *in J. RIDEAU (dir), op.cit.*, p. 25 et ss.
[325] D. SIMON, « La Communauté de droit », *op.cit.*, p. 103.
[326] F. PICOD, « Le juge communautaire et l'interprétation européenne », *op.cit.*, p. 305.
[327] F. ZAMPINI, « La CJCE gardienne des droits fondamentaux « dans le cadre du droit communautaire » », *RTDE*, 1999, p. 684 et ss.
[328] CJCE, 17 décembre 1998, *Baustahlgewebe GmbH*, C-185/95 P, *Rec.* I-8417.

Communauté de droit fournit, d'autre part, une ébauche de réponse à la question du déficit démocratique des institutions.

322. On sait que l'activisme jurisprudentiel de la Cour a suscité non seulement l'hostilité de certaines juridictions nationales mais aussi celle de toute une partie de la doctrine[329]. Pourtant, dans l'ensemble, ce renforcement jurisprudentiel du processus d'intégration juridique a été globalement accepté. Comment l'expliquer ?

Premièrement, l'association des juridictions nationales – par le mécanisme du renvoi préjudiciel – au processus d'intégration juridique communautaire a sans aucun doute facilité l'acceptation par celles-ci de la jurisprudence de la Cour. D'une part, ce mécanisme a permis de pallier la complexité de ce nouveau corps de règles en assurant une division du travail juridictionnel entre la Cour et les juridictions nationales : à la Cour l'interprétation du droit communautaire, aux juges nationaux son application. D'autre part, le juge national a été élevé au niveau du juge communautaire en dehors de toute relation hiérarchique. D'ailleurs, le juge national a pris conscience du rôle qu'il pouvait jouer au sein de ce processus d'intégration : l'augmentation croissante, jusqu'à l'engorgement, des renvois de la part des juridictions nationales inférieures le démontre[330]. De même, en confiant au juge national la qualité de juge communautaire de droit commun, la Cour de justice a conféré de nouveaux pouvoirs au juge national qu'il ne détenait pas en vertu du seul droit national : les exigences de la primauté imposent par exemple l'obligation de suspendre au provisoire une norme nationale que l'on prétend contraire au droit communautaire et ce, même en l'absence d'une telle habilitation nationale pour le faire[331]. Ces nouveaux pouvoirs ont vraisemblablement contribué à favoriser l'acceptation de la jurisprudence communautaire par les juges nationaux[332].

Deuxièmement, la jurisprudence de la Cour s'est dotée d'une *légitimité sociale* qui a levé les derniers obstacles que les juridictions nationales opposaient à la primauté du droit communautaire. D'une part, sa jurisprudence en matière de droits fondamentaux a permis de combler le déficit originel des traités constitutifs en

---

[329] Parmi une littérature abondante, R. RASMUSSEN, *On law and Politics in the European Court of Justice*, Martinus Nijhoff, Doredrecht, Boston, Lancaster, 1986, 526p ; T. TRIDIMAS, « The Court of Justice and Judicial Activism », *ELR*, 21, 1996, pp. 199-210.

[330] A. BARAV, « Le renvoi préjudiciel communautaire », *Justices*, n°6, 1997, pp. 1-14

[331] CJCE, 19 juin 1990, *Factortame*, aff C-213/89, *Rec.* I-2433.

[332] Au cours de ces dernières années, la littérature juridique a considérablement augmenté en la matière. Voir A-M. BURLEY and W. MATTLI, « Europe Before Court: a Political Theory of Legal Integration », *International Organization*, 47, 1993, pp. 41-76; W. MATTLI and A-M. SLAUGHTER, « Constructing the European Community Legal System from the Groung Up: The Role of Individual Litigants and National Courts », *EUI Working Paper*, RSC No 96/56 ; K. ALTER, « Explaining National Court Acceptance of European Court Jurisprudence », EUI, RSC, *WP* n°95/27; J. KOKOTT, « The ECJ and National courts - Doctrine and Jurisprudence: Legal change in its Social Context -Report on Germany », EUI, RSC, WPn°95/25, p11; L. POTVIN-SOLIS, *L'effet des jurisprudences européennes sur la jurisprudence du Conseil d'Etat français*, LGDJ, Paris, 1999; J. ANDRIANTSIMBAZOVINA, *L'autorité des décisions de justice constitutionnelle et européennes sur le juge administratif français*, LGDJ, Paris, 1998.

la matière. D'autre part, la consécration de nombreux droits directement au profit des particuliers a placé le justiciable communautaire au cœur du processus d'intégration juridique. Ainsi, l'acceptation de la jurisprudence de la Cour a été en grande partie due aux valeurs d'intégration qu'elle véhiculait[333] systématisées autour de la notion de Communauté de droit comme l'illustre l'avis de la Cour de justice relatif à l'Espace économique européen. Mieux, la légitimité sociale de la jurisprudence de la Cour de justice aurait, par ricochet, contribué à accroître la légitimité des organes politiques et décisionnels communautaires.

323. L'œuvre jurisprudentielle de la Cour de justice se trouve ainsi tout entière systématisée à travers l'idée de Communauté de droit qui participe à sa légitimation. La question de la légitimité du processus d'intégration communautaire s'est concentrée principalement sur le « déficit démocratique » des institutions. Or Laurent Cohen-Tanugi soutient que pour combattre cet argument dit du déficit démocratique il existe « *d'autres modes de contrôle démocratique que ceux du suffrage universel et du parlementarisme : la théorie de l'Etat de droit* »[334]. La théorie de l'Etat de droit - et *mutatis mutandis* celle de Communauté de droit - repose sur le culte du règne du droit. Or « *cette dimension symbolique donne à l'Etat de droit une portée équivoque : si elle a contribué à doter la règle de droit d'une force particulière et à ancrer chez les gouvernants comme dans l'ensemble de la société le respect du droit, elle a, en retour, constitué un puissant vecteur de légitimation de leur autorité : bénéficiant de la caution du droit, celle-ci obtient du même coup comme l'a montré P. Legendre, le « passeport du sacré »* »[335]. Cette conception normativiste de la légitimité s'appuie sur l'idée de raison et rejoint le mode de légitimation « légal-rationnel » esquissé au début du siècle dernier par Max Weber : le pouvoir des gouvernants est légitime puisqu'il s'inscrit dans un ordre normatif abstrait et objectif assurant la primauté du droit, lui-même produit rationnellement. De ce point de vue, en qualifiant la Communauté de Communauté de droit, la Cour de justice ne ferait que tirer les conséquences de la nature même du processus d'intégration communautaire – un processus coulé tout entier dans le moule du droit – et bénéficie ainsi par ricochet de la symbolique « *légitimatrice* » traditionnellement reconnue au concept d'Etat de droit.

324. Les potentialités normatives et politiques du concept de Communauté de droit pourtant très grandes sont encore largement sous-exploitées. D'ailleurs, on peut s'étonner du désintéressement du constituant à son égard. A moins que ce ne soit justement cette surcharge normative et politique qui l'effraie, les Etats membres craignant de voir le juge communautaire s'en emparer pour accroître son pouvoir normatif et prendre le pas sur ce que J.H.H Weiler appelait « *la souveraineté*

---

[333] P. PESCATORE, « Les exigences de la démocratie et la légitimité de la CE », *CDE*, 1974, p. 499-514 ; R. DEHOUSSE, *op.cit.*, p. 111.
[334] L. COHEN-TANUGI, *L'Europe en danger*, Paris, Fayard, 1992, p. 117.
[335] J. CHEVALLIER, *L'Etat de droit* 2ème éd., Paris, Montchrestien, 1994, p. 63.

décisionnelle »[336]. Et en la matière, on sait combien le spectre du *gouvernement des juges* est évocateur. Peut-être est-ce justement pour cela que le juge communautaire n'use de la productivité normative de la *Communauté de droit* qu'avec parcimonie. Car à y regarder de plus près, le principe de la Communauté de droit pourrait constituer une arme redoutable entre les mains du juge communautaire pour asseoir sa suprématie tant il est vrai qu'il contribue tout à la fois à l'accroissement de son pouvoir normatif (productivité intrinsèque de la Communauté de droit) et à sa légitimation (défense des droits individuels). Sa polysémie ouvre en effet la voie à toute sorte d'interprétation. Il suffit de se souvenir de l'utilisation extensive que la Cour suprême des Etats-Unis a faite de la clause de *Due process of law* dans la lutte contre la législation sociale américaine au début du 20ème siècle[337] pour recommander au juge la plus grande prudence en la matière. Cette invitation à la prudence vaut également pour la Cour européenne des droits de l'homme tant les principes de prééminence du droit et de Communauté de droit remplissent une fonction comparable.

325. Ainsi, se dessine pas à pas une *Europe démocratique de droit*[338] dont les expressions « *Etat de droit* », « *Prééminence du droit* » et « *Communauté de droit* » ne sont qu'une des formalisations possibles. Au-delà de ces variantes terminologiques, ces principes expriment la même idée d'assurer en Europe le règne du droit dans un espace de liberté, la Convention européenne des droits de l'homme en constituant l'épine dorsale. Emerge ainsi une certaine conception du rôle du droit, de la démocratie et des droits de l'homme, qu'il faut essayer maintenant de systématiser à travers l'identification de ce modèle européen de l'Etat de droit.

---

[336] JHH WEILER,« The transformation of Europe », *The Yale Law Journal*, vol 100, 1991, pp. 2405-2483.

[337] La doctrine américaine a relevé qu'entre 1899 et 1937 près de 185 décisions de la Cour suprême ont déclaré inconstitutionnelles des législations nationales sur la base du principe de « *Due process of law* ». Nombre d'entre elles concernaient des législations nationales octroyant de nouveaux droits sociaux aux travailleurs. L'affaire *Lochner* en constitue sans doute l'exemple le plus connu (*Lochner v. New York*, 198 US 45 (1905). Dans cette affaire, la Cour suprême a déclaré inconstitutionnelle une loi de l'Etat de New York qui interdisait aux employés de boulangerie de travailler plus de dix heures par jour ou soixante heures par semaine au motif qu'elle violait le principe de liberté et par extension celui de liberté contractuelle contenue dans la clause de « due process of law ». Dans la même lignée, la Cour suprême a déclaré inconstitutionnelle, sur la base du « due process of law », une loi interdisant les contrats de travail dans lesquels les employés devaient s'engager à ne pas adhérer à un syndicat dans la mesure où elle portait atteinte au principe de liberté contractuelle (*Coppage v. Kansas*, 236 US 1 (1915)). Il en fut de même pour une loi établissant un revenu minimum pour les femmes (*Adkins v. Children's Hospital*, 261 US 525 (1923)). Sur cette question voir notamment, E. LAMBERT, *Le gouvernement des juges et la lutte contre la législation sociale aux Etats-Unis*, 1921, p. 51 et ss ; C. TIXIER, « La clause de « Due process of law » et la jurisprudence récente de la Cour suprême des Etats-Unis », *RDP*, 1961, p. 797 ; L.G. RATNER « The Function of the Due process Clause », *University of Pennsylvania Law Review*, 1968, p. 1070 et ss ; W.J. BROCKELBANK, « The role of Due process in American Constitutional Law », *Cornell Law Quaterly*, 1954, p. 568.

[338] R. BADINTER,« L'Europe du droit », *European Journal of International Law*, vol. 4, n°1, 1993 ; L JIMENA QUESADA, *La Europa social y democrática de derecho*, Dykinson, Madrid, 1997 ; V. GÖTZ, « Auf dem Weg zur Rechtseinheit in Europa ? », *Juristen Zeitung*, 6, 1994.

CHAPITRE 2
L'*AUTONOMISATION* D'UN MODELE EUROPEEN *EXIGEANT* DE L'ETAT DE DROIT

326. L'étude du discours européen de l'Etat de droit nous a d'ores et déjà donné des indications très précieuses quant à la formalisation d'une certaine idée européenne de l'Etat de droit : les principes de légalité, de liberté, de droits de l'homme, de démocratie et de justice en constituent le noyau dur. Il convient désormais d'approfondir cette première approximation en étudiant la manière dont ce modèle de l'Etat de droit est décliné par le Droit européen. Tel est l'objet de ce chapitre.

327. Toutefois, le problème de l'identification des critères permettant de définir un modèle européen de l'Etat de droit reste entier. On sait que l'on ne peut se contenter de ce que dit le droit positif et les juges européens de l'« *Etat de droit* » pour identifier un tel modèle : le véritable discours sur l'Etat de droit est bien souvent innomé et traverse, voire même innerve, discrètement car silencieusement, le Droit européen[1]. Il faut donc (re)construire un modèle de l'Etat de droit puisque le droit positif européen ne nous dit que partiellement ce qu'est ce modèle. Notre propos n'est pas de dire ici ce qu'*est* le modèle européen de l'Etat de droit, ni ce qu'il *devrait être*, mais ce que *pourrait être* un modèle européen de l'Etat de droit. Autrement dit, il s'agit avant tout d'un *essai* (au sens premier du terme) de *modélisation* de l'Etat de droit.

Il faut donc avant de réfléchir au contenu du modèle s'interroger sur la forme du modèle. A parcourir la littérature portant sur la théorie de l'Etat de droit, il est possible d'isoler quatre approches possibles pour définir l'Etat de droit[2] : certains définiront l'Etat de droit en termes de *valeurs* (ex : autonomie individuelle, dignité humaine), d'autres en termes de *principes* (ex : légalité, sécurité juridique, égalité), d'autres encore en termes *d'institutions* (ex : un juge, un parlement) et d'autres enfin en termes de *procédures* (ex : audience juridictionnelle publique, publicité, recours juridictionnel). Loin d'être antinomiques et indépendantes les unes des autres, ces

[1] L'idée d'Etat de droit constituerait un véritable paradigme (invisible, invérifiable, incontesté, *etc.* (E. Morin)) structurant clandestinement (car innomé et non avoué) la plupart des logiques juridiques et jurisprudentielles européennes.
[2] Voir en ce sens la présentation de G. DE Q. WALKER, *The Rule of Law. Foundation of Constitutional Democracy*, Melbourne University Press, 1988, p. 9 et ss.

différentes approches sont en vérité liées entre elles. Prenons par exemple le principe de sécurité juridique. Ce principe n'est que la conséquence juridique d'un postulat initial fondateur de la société libérale, à savoir l'autonomie de l'individu[3]. Autonome, l'individu doit pouvoir déterminer librement ses choix. Pour cela, il doit pouvoir connaître le droit en vigueur afin de prévoir avec suffisamment de précision ce que ses choix impliqueront sur un plan normatif. Le droit se doit d'être donc prévisible. Pour cela, il doit revêtir un certain nombre de qualités formelles et être édicté selon des procédures spécifiques *etc.* Se constitue ainsi un ensemble cohérent conditionné par une valeur fondamentale originelle ayant valeur de *paradigme*, informant et structurant l'ordre juridique dans son ensemble.

Pour (re)construire ce modèle européen de l'Etat de droit, il convient donc d'abord d'identifier ce *paradigme* structurant. Notre postulat de départ est le suivant : il n'existerait qu'un seul *concept* d'Etat de droit (limiter le pouvoir étatique par le droit pour assurer la primauté de l'individu) mais différentes *formes* (institutionnelles) de celui-ci. La primauté de l'individu et plus généralement de l'être humain doté de la plénitude de ses capacités et de ses droits (droits fondamentaux) est au cœur du concept d'Etat de droit. *Il s'agit donc de passer au crible le Droit européen à l'aune de ce concept général d'Etat de droit pour identifier la forme institutionnelle du modèle européen de l'Etat de droit à la lumière du discours jurisprudentiel et doctrinal européen de l'Etat de droit.*

328. Dans la mesure où l'Etat de droit n'est donc que l'expression institutionnelle et juridique d'un ensemble de valeurs fondamentales (*au sommet desquelles trône celle de la dignité humaine de laquelle dérive l'ensemble des droits fondamentaux, droits fondamentaux qui « fondent » l'Etat de droit*[4]), une conception exigeante de l'Etat de droit impose de retenir une conception tout à la fois formelle et matérielle de celui-ci[5]. A cet égard, l'Etat de droit doit se penser tout autant en termes d'institutions que de valeurs sans quoi l'on viderait « *le concept d'Etat de droit des significations politiques et idéologiques qu'il a historiquement revêtues*»[6] et l'on nierait ainsi le « *socle de valeurs et de croyances qui lui donnent une dimension très spécifique* »[7]. Le modèle européen de l'Etat de droit que nous proposons s'inscrit dans cette perspective : il s'agit d'un modèle « *exigeant* » de l'Etat de droit[8].

---

[3] E. SANTORO, *Autonomia individuale, libertà e diritti. Una critica dell'antropologia liberale*, Pisa, Ets, 1999, p. 9.

[4] E. PICARD, « L'émergence des droits fondamentaux en France», *AJDA*, 1995, p. 37 ; dans le même sens, M. FROMONT, « Les droits fondamentaux dans l'ordre juridique de la République fédérale d'Allemagne », *Mélanges Einsenman, op.cit.*, p. 51 ; L. FERRAJOLI, *Derecho y razón*, Prólogo N. Bobbio, trad. P. Andrés Ibáñez y otros, Madrid, Trotta, 1995, p. 851 et ss. Plus généralement, voir F.J. ANSUATEGUI, « La deficiones del Estado de derecho y los derechos fundamentales », *Sistema*, 2000, pp. 91-114.

[5] G. PISARELLO, « Por un concepto exigente del Estado de derecho », *Sistema*, n°144, 1998, p. 14.

[6] J. CHEVALLIER, « L'Etat de droit », *RDP*, 1988, p. 363.

[7] *Ibid.*, p. 365.

[8] G. PISARELLO, *op.cit.* ; C. GREWE et H. RUIZ-FABRI, *op.cit.*, p. 179.

329. Ce modèle exigeant de l'Etat de droit, plaçant la primauté de la personne humaine au cœur de son dispositif normatif et éthique[9], peut être systématisé autours de trois principes[10] : le *droit au droit* (**I**), le *droit au juge* (**II**) et enfin le *droit à la liberté* (ou plus largement le droit aux droits) (**III**).

SECTION I
LE DROIT AU DROIT

330. Une des premières caractéristiques du modèle européen de l'Etat de droit est celle de garantir pour chaque individu que le pouvoir des autorités publiques est enfermé dans un cadre de droit. Le *principe de légalité* apparaît ainsi comme le *principe constitutif* de l'Etat de droit en ce qu'il conduit à couler tout entier le pouvoir dans le moule du droit (**§1**). Mais le principe de la légalité ne saurait suffire à lui seul à établir un véritable Etat de droit dont l'objet est la protection des individus. Il faut que le droit ainsi produit permette effectivement aux individus de se déterminer librement et, par conséquent, de prévoir les conséquences normatives de leurs actes. Cette idée de prévisibilité de la règle de droit se trouve cristallisée dans le principe de *sécurité juridique* qui apparaît ainsi comme un *principe régulateur* de l'Etat de droit en ce qu'il jette un pont entre les exigences liées au respect de l'autonomie individuelle et celles découlant de l'application du principe de légalité (**§2**). Enfin, parce qu'une application rigide et aveugle du principe de légalité pourrait conduire à des atteintes fondamentales à l'autonomie individuelle, il faut que l'ingérence des autorités publiques dans la sphère individuelle soit limitée à ce qui est strictement nécessaire aux objectifs poursuivis. Le *principe de proportionnalité* en est l'expression et remplit une fonction de modération dans l'application de la règle de droit : il fait figure ainsi de *principe modérateur* de l'Etat de droit (**§3**).

§1 – LE PRINCIPE DE LEGALITE, PRINCIPE CONSTITUANT DU MODELE EUROPEEN DE L'ETAT DE DROIT

331. Il est habituel de voir dans le principe de légalité le fondement de l'Etat de droit en ce qu'il limite le pouvoir des autorités publiques[11]. En cela, il est la « *pièce*

---

[9] F. SUDRE, « L'Europe des droits de l'homme », *Droits*, n°14, 1991, p. 110.

[10] Nous avons délibéremment écarté une division bipartite de ce chapitre articulée autour de la dimension formelle et substantielle de l'Etat de droit. Selon nous, la division formelle/matérielle est largement artificielle : les principes de proportionnalité et du droit au juge sont tout autant des principes formels que substantiels.

[11] Par exemple, A. DE LAUBADERE, J-C. VENEZIA, Y. GAUDEMET, *Traité de droit administratif*, Tome 1, 15ème éd., Paris, LGDJ, 1999, sp.637 ; J-M. DE FORGES, *Droit administratif*, Paris, Puf, 1991, p. 223 ; S. FLOGAÏTIS, « La notion de principe de légalité », *EPLR/REDP*, 1998, p. 654 ; J. SCHWARZE, *Droit administratif européen*, Bruxelles, Bruylant, 1994, p. 219 ; J. CHEVALLIER, « La dimension symbolique

maîtresse de l'architecture juridique et politique dans les pays se réclamant du libéralisme. Il signifie tout d'abord que le droit se présente sous la forme d'un ordre structuré et hiérarchisé, comportant des niveaux superposés et subordonnés les uns aux autres [...]. Mais le principe de légalité implique aussi, et plus généralement l'assujettissement de la puissance d'Etat : l'activité des divers organes de l'Etat va se trouver encadrée et régie par le droit ; ayant besoin d'un titre juridique pour agir, ils sont soumis à un ensemble de règles qui s'imposent à eux de façon contraignante et constituent tout à la fois le fondement, le cadre et les limites de leur action. »[12]. Le respect de la légalité est ainsi une garantie contre l'arbitraire des pouvoirs publics.

332. Le principe de légalité a connu une mutation sans précédent au cours du 20ème siècle. La loi formelle et démocratique, adoptée par le parlement, a perdu sa place axiologique au sein des systèmes juridiques européens contemporains. Le principe de légalité s'est ainsi progressivement doté d'une nouvelle signification plus étendue : du « règne de la loi » auquel il était identifié, le principe de légalité s'entend désormais comme « le règne du droit » ou « principe de droit », en ce que les pouvoirs publics ne sont plus seulement tenus de respecter la loi expression de la volonté générale, mais également l'ensemble des règles de droit produites par l'administration elle-même. Pire, le principe de légalité est progressivement transfiguré dans le principe de constitutionnalité[13] : la constitution est devenue la norme axiologique de l'ordre juridique ; le juge constitutionnel est le gardien de la constitutionnalité des lois. La hiérarchisation des normes s'en trouve bouleversée.

333. A l'exigence de légalité se substitue ainsi progressivement une exigence plus large de « *juridicité* »[14] tendant à soumettre l'ensemble des autorités publiques au règne du droit sous toutes ses formes. Cette notion de « *juridicité* » est plus à même de décrire la réalité européenne que la notion de légalité. En effet, comme le souligne très justement Jürgen Schwarze, « *le principe de légalité doit être adapté conceptuellement aux conditions* » du Droit européen[15]. Le Droit européen ne connaît pas encore le concept de loi au sens formel, expression du principe démocratique : inexistant en droit communautaire du fait de l'absence d'une nette distinction entre pouvoir exécutif et pouvoir législatif[16], le concept de loi est doté par la CourEDH d'une signification autonome et matérielle distincte des conceptions

du principe de légalité », *RDP*, p. 1651 ; O. BEAUD, « L'honneur perdu de l'Etat ? », *Droits*, n°15, 1992, p. 3 et ss.

[12] J. CHEVALLIER, *op.cit.*, p. 1651.

[13] L. FAVOREU *et alii, Droit constitutionnel*, 3ème éd., Paris, Dalloz 2000, pp. 357-358 ; L. FAVOREU, « Légalité et constitutionnalité », *Cahiers. Cons. Constit*, 1997, n°3, p. 73.

[14] J. MOREAU, *Droit administratif*, Paris, Puf, 1989, p. 19 ; G. DUPUIS, M-J GUEDON et P. CHRETIEN, *Droit administratif*, Paris, Armand Colin, 1999, p. 74 et ss ; S. FLOGAÏTIS, *op.cit.*, p. 654 . *Lexique des termes juridiques*, 8ème éd., Paris, Dalloz, 1990 : « *Caractère de ce qui est placé sous l'empire du droit, par opposition aux normes de la vie sociale* ».

[15] J. SCHWARZE, *op.cit.*, sp. 246.

[16] J. DUTHEIL DE LA ROCHERE, « Le principe de légalité », *AJDA, n° Spécial*, 20 juin 1996, sp. 161.

traditionnelles en la matière (**A**). Qui plus est, l'idée de « légalité » ne permet pas de prendre toute la mesure du processus de constitutionnalisation communautaire qui tend à favoriser l'émergence d'un véritable principe de constitutionnalité dont la « Charte constitutionnelle » placée au sommet de la hiérarchie des normes constitue la norme de référence (**B**).

A. La notion de légalité en droit européen des droits de l'homme

334. Le principe de la prééminence du droit[17], véritable principe axiologique de l'ordre européen des droits de l'homme irradiant tout le système de la ConvEDH, est une expression plus générale du principe de légalité. Ce principe de légalité est par ailleurs inscrit expressément dans la Convention et certains des protocoles qui la complètent à travers la notion de « loi » : par exemple, les articles 8 à 11 al. 2 de la Convention imposent que toutes restrictions aux droits garantis par la Convention le soient selon des conditions « prévues par la loi » ; par ailleurs, la « loi » protège « le droit de toute personne à la vie » (art. 2) ou « définit les infractions mineures » (art. 2 al. 2 Protocole n° 7) ; l'article 5 al. 1 soumet quant à lui toute privation de liberté au respect des « *voies légales* ». La loi apparaît ainsi comme le garant des droits protégés par la ConvEDH. A cet égard, la CourEDH n'a eu de cesse de rappeler toute l'importance qu'elle accordait au principe de légalité qui est le fondement de la société démocratique et fait partie du patrimoine commun des Etats parties à la Convention[18].

335. Pour être « *prévue par la loi* », donc pour satisfaire au principe de légalité, une mesure étatique doit avoir une base juridique en droit interne et être accessible et prévisible. Encore faut-il s'accorder sur ce que la Cour entend par la notion de « loi ». Si pour l'essentiel la Cour a retenu en la matière une conception autonome et unitaire de la légalité (**1**), ses derniers arrêts marquent un net infléchissement de sa jurisprudence tendant vers l'adoption d'une conception distributive de la légalité (**2**).

1) D'une conception unitaire de la légalité...

336. La CourEDH retient une conception fonctionnelle et matérielle de la loi. La Convention reconnaît la possibilité de restreindre l'étendue de certains droits et libertés garantis dans des conditions très précises prévues « par la loi »[19]. Cette expression « prévue par la loi » ne vise pas uniquement la loi formelle adoptée par le parlement, loi qui, dans la pensée libérale classique, était jugée seule autorisée à limiter une liberté[20]. En principe, la plupart des constitutions européennes reconnaissent au législateur un domaine réservé dont le contenu et les contours ne

---

[17] *Cf. supra*, n°294 et ss.
[18] CourEDH, 25 mars 1983, *Silver et autres*, Série A, n°61.
[19] Voir en particulier l'article 2 (peine capitale) ; l'article 5 (privation de liberté) ; l'article 6 (tribunal établi par la loi) ; les articles 8 à 11 al. 2(licéité des restrictions aux droits).
[20] G. ZAGREBELSKY, *Il diritto mite*, *op.cit.*

peuvent être méconnus ni par les autres autorités, ni par lui-même : on parle de « réserve de la loi ». Cette réserve de la loi est généralement renforcée en matière de droits fondamentaux. Ainsi, toute restriction aux libertés et droits fondamentaux doit être prévue *dans* et *par* une loi votée par les représentants du peuple, à savoir le parlement en raison de la confiance dont il jouit en ce qu'il exprime la volonté générale[21]. Dans certains cas, cette réserve de la loi est absolue, ce qui signifie que le parlement ne peut déléguer son pouvoir législatif en la matière. De manière générale, dans le domaine des droits fondamentaux, le pouvoir exécutif se voit subordonné au pouvoir législatif[22] : on peut même dire qu'il s'agit d'une règle fondamentale relevant du « *patrimoine commun des traditions politiques* » auquel se réfère la Convention[23].

337. Mais à la différence des traditions constitutionnelles des Etats parties et même de la Cour interaméricaine des droits de l'homme[24], la Cour ne retient pas une telle acception formelle de la loi. Le concept de « loi » au sens de la Convention peut couvrir aussi bien une norme constitutionnelle[25], une norme parlementaire[26], un règlement d'une autorité administrative[27], une norme d'origine professionnelle[28], une norme internationale[29], une coutume[30] ou une norme jurisprudentielle[31] dès lors

---

[21] J. TREMEAU, *La réserve de la loi. Compétence législative et Constitution*, Paris, PUAM-Economica, 1997, p. 13 et ss ; L. FAVOREU *et alii*, *op.cit.*, pp. 329 et 828 .

[22] M. CAPPELLETTI, « Loi et règlement en droit comparé : partage des compétences et contrôle de constitutionnalité », *in* L. FAVOREU (éd.), *Le domaine de la loi et du règlement*, Paris, PUAM-Economica, 1981, pp. 247-255, sp. 248.

[23] E. KASTANAS, *Unité et diversité : notions autonomes et marges d'appréciation des Etats dans la jurisprudence de la Cour européenne des droits de l'homme*, Bruxelles, Bruylant, 1996, sp.29 ; C. GREWE et H. RUIZ-FABRI, *op.cit.*, sp. 155.

[24] Dans son avis consultatif du 9 mai 1986, (Inter-american Court of Human Rights, opinion consultative OC-1986 du 9 mai 1986, *The World « Laws » in Article 30 of the American Convention on Human Rights*, Series A, n°6) la Cour interaméricaine des droits de l'homme (ci-après, CourADH) a souligné l'importance de la loi adoptée par le pouvoir législatif dans le système de protection des droits et libertés individuels. Elle constitue un obstacle à l'exercice arbitraire du pouvoir (§22). Pour la CourADH, les lois visées par l'article 30 CADH sont des actes normatifs édictés dans l'intérêt général, adoptés par un corps législatif démocratiquement élu et promulgués par le pouvoir exécutif. Seule la loi formelle peut restreindre la jouissance et l'exercice des droits reconnus par la Convention (§35). La rigueur de l'interprétation de la notion de « loi » retenue par la CourADH eu égard au « laxisme » de la CourEDH s'expliquerait, selon certains, par la faible assise démocratique de nombreux Etats relevant du système de la CADH comparée aux traditions constitutionnelles communes des Etats membres de la ConvEDH. La CourEDH pourrait ainsi retenir une conception moins rigoureuse de la loi sans craindre que les autorités internes fassent un usage déraisonnable de leur pouvoir. G. MALINVERNI, « La réserve de la loi dans les conventions internationales de sauvegarde des droits de l'homme », *RUDH*, 1990, sp. 408

[25] CourEDH, 29 octobre 1992, *Open door et Dublin Well Woman c. Irlande*, Série A, n°246 A.

[26] CourEDH, 25 mai 1993, *Kokkinakis c. Grèce*, Série A, n°260.

[27] CourEDH, 21 février 1975, *Golder c. Royaume-Uni*, Série A, n°18 (règlement pénitentiaire) ; CourEDH, 18 juin 1971, *De Wilde, Ooms et Versyp c. Belgique*, Série A, n°12 (arrêté royal) ; CourEDH, 9 février 1995, *Vereiningung Weekblad Bluf ! c. Pays-Bas*, Série A, n°306 (circulaire ministérielle).

[28] CourEDH, 25 mars 1985, *Barthold c. Allemagne*, Série A, n°90.

[29] CourEDH, 28 mars 1990, *Groppera Radio AG et autres c. Suisse*, Série A, n°173.

[30] CourEDH, 26 juin 1992, *Drozd et Janousek c. France et Espagne*, Série A, n°240.

qu'elle a une base *légale* et qu'elle est *accessible* et *prévisible*[32]. Dans l'affaire *Sunday Times c. Royaume-Uni* du 26 avril 1979, la Cour a ainsi considéré « *que dans « prévue par la loi », le mot « loi » englobe à la fois le droit écrit et le droit non écrit. [La Cour] n'attache donc pas ici d'importance au fait que le contempt of court est une création de la common law et non de la législation. On irait manifestement à l'encontre de l'intention des auteurs de la Convention si l'on disait qu'une restriction imposée en vertu de la common law n'est pas « prévue par la loi » au seul motif qu'elle ne ressort d'aucun texte législatif : on priverait un Etat de common law partie à la Convention de la protection de l'article 10 par. 2 et l'on frapperait à la base de son système juridique* »[33]. Il faut donc comprendre l'expression « *prévue par la loi* » comme « *selon les voies légales* » ou encore « *droit en vigueur dans un Etat donné* »[34], étant entendu que cela vise également le droit jurisprudentiel comme la Cour l'a rappelé dans l'affaire *Kruslin et Huvig* du 24 avril 1990 en admettant que la jurisprudence puisse combler les lacunes de la législation[35].

338. Certains auteurs se sont vivement opposés à une telle conception en considérant qu'elle était dangereuse pour le respect du principe de l'Etat de droit puisque des actes administratifs de nature incertaine pouvaient servir de base à la limitation de droits et libertés conventionnels[36]. Qui plus est, une telle acception marquerait le recul du droit légiféré et partant du principe de légalité expression du principe démocratique[37]. Mais c'est oublier là que la place de la loi formelle attachée au concept traditionnel de la légalité[38] est en crise dans la plupart des Etats européens[39] . On assiste en effet à une dilution et à une érosion du pouvoir législatif. La Cour ne fait au fond que s'inscrire dans cette tendance générale en s'abstenant de hiérarchiser les différents producteurs de normes et en refusant d'imposer la loi formelle comme base légale des restrictions aux droits et libertés fondamentaux. Si

---

[31] CourEDH, 26 avril 1979, *Sunday times c. Royaume-Uni*, Série A, n°30 ; CourEDH, 22 octobre 1981, *Dugeon c. Royaume-Uni*, Série A, n°45 ; CourEDH, 24 avril 1990, *Kruslin et Huvig c. France*, Série A, n°176 A et B.

[32] Arrêt *Sunday Times*, précité.

[33] *Ibid.*

[34] Arrêt *Kruslin*, précité §29 .

[35] *Ibid.* ; CourEDH, 29 juillet 1998, *Omar c. France, Rec.* 1998-V, p. 1829. M. KOERING-JOULIN, « De l'art de faire l'économie d'une loi (à propos de l'affaire Kruslin et de ses suites », *Recueil Dalloz*, 1990, pp. 187-189.

[36] F. SUDRE, « Le principe de légalité et la jurisprudence de la Cour européenne des droits de l'homme », *Actes du XIVème congrès de l'Association française de droit pénal*, Bordeaux, 25-26 mars 1999 ; S. VAN DROOGHENBROECK, *La proportionnalité dans le droit de la Convention européenne des droits de l'homme. Prendre l'idée simple au sérieux*, Bruxelles, Bruylant, 2001, sp. 672.

[37] M. KOERING-JOULIN, *op.cit.*, p. 247. Pour une opinion contraire, M. DELMAS-MARTY, « Légalité pénale et prééminence du droit selon la Convention européenne de sauvegarde des droits de l'homme et des libertés fondamentales », in *Droit pénal contemporain. Mélanges en l'honneur d'André Vitu*, Paris, Cujas, 1989, p. 154.

[38] J. CHEVALLIER, « La dimension symbolique du principe de légalité », *RDP*, 1990, pp. 1651-1677 . Plus généralement, C-A MORAND (éd.), *Figures de la légalité*, Paris, Publisud, 1992.

[39] D. LOSCHAK, « Le principe de légalité, mythes et mystifications », *AJDA*, 1981, pp. 387-392.

la Cour ne porte aucune attention au « *nom de la loi* », en revanche elle fait preuve d'une certaine exigence quant à « *la qualité de loi* » dessinant les contours d'une conception « matérielle » de la loi reposant sur les exigences de sécurité juridique expression du principe de l'Etat de droit[40].

339. Ainsi, la Cour fait une nouvelle fois preuve d'un grand pragmatisme en s'intéressant plus à la substance de l'Etat de droit qu'à sa forme institutionnelle, celle-ci relevant, dans la limite des exigences européennes, du libre choix des Etats. Reste à savoir si le concept de légalité ainsi entendu impose que la norme limitant une liberté se rattache à une norme supérieure à défaut de se rattacher à une loi formelle. En d'autres termes, le caractère de « loi » au sens de la Convention est-il aussi conféré par son lien avec une règle écrite ou non écrite située en haut de la pyramide normative ? La Cour estime que la notion européenne de légalité implique que toute mesure privative de liberté soit conforme à la « législation » nationale en vigueur. Pour la Cour, la régularité d'une mesure privative de liberté suppose la conformité de l'adoption et de l'exécution de cette mesure aux règles nationales de procédure et de fond[41]. L'expression « *prévue par la loi* » implique également une telle exigence de conformité[42] comme l'illustre plus clairement la version anglaise du texte qui énonce que les restrictions doivent être prises « *in accordance with law* ». Cependant, la Cour se refuse en principe d'apprécier le respect de la légalité interne : il incombe en effet « *au premier chef aux autorités nationales, et notamment aux cours et tribunaux, d'interpréter et d'appliquer le droit interne* »[43]. Et lorsqu'elle est amenée à se prononcer sur le respect de la légalité interne, force est de constater qu'elle fait preuve de la plus grande « *retenue*»[44] se contentant d'observer par exemple que l'on ne saurait douter de la validité constitutionnelle de la loi[45] ou que l'ingérence litigieuse est conforme à la législation nationale[46].

340. En résumé, le principe de légalité implique que la norme interne restrictive de liberté soit suffisamment accessible et prévisible et qu'elle soit conforme à une norme supérieure – dès lors que le Gouvernement défendeur admet que la mesure litigieuse est contraire au droit national, la Cour constate immédiatement la

---

[40] *Cf. infra*, n°361 et ss.

[41] CourEDH, 24 octobre 1979, *Winterwerp*, Série A, n°33, §39 ; CourEDH, 6 septembre 1978, *Klass et autres c. Allemagne*, Série A, n°28 § 43.

[42] Sans doute une ingérence ne saurait-elle passer pour « prévue par la loi », au sens de l'article 10 par. 2 de la Convention si la décision dont elle découle n'a pas respecté la législation en vigueur. Mais l'économie du système de sauvegarde instauré par la Convention assigne des limites à l'ampleur du contrôle de la Cour en la matière. Il incombe au premier chef aux autorités nationales, et notamment aux cours et tribunaux, d'interpréter et d'appliquer le droit interne (voir *mutatis mutandis*, les arrêts *Winterwerp* du 24 octobre 1979, série A n° 33, p. 20, par. 46; *X contre Royaume-Uni* du 5 novembre 1981, série A n° 46, pp. 19-20, par. 43).

[43] Arrêt, *Barthold*, précité, §48.

[44] S. VAN DROOGHENBROECK, *op.cit.*,, sp. 673.

[45] Arrêt, *Kokkinakis*, précité, §40.

[46] Arrêt, *Chappel*, précité, §54.

violation[47] – cette appréciation de conformité étant confiée en priorité aux juridictions nationales, la Cour se refusant d'exercer un contrôle sur l'autonomie constitutionnelle et institutionnelle des Etats Parties à la Convention.

2) .... à une conception distributive de la légalité ?

341. Cette conception unitaire de la « loi », et en l'occurrence autonome par rapport aux conceptions existantes au sein des Etats européens, est peut-être en voie d'être remise en cause par le juge européen.

342. Dans l'affaire *Cöeme et autres c. Belgique* du 22 juin 2000 était soulevée la question de savoir si la Cour de cassation belge était un tribunal « établi par la loi », au sens de l'article 6 de la Convention, pour juger un ministre et ses co-prévenus dans la mesure où aucune disposition légale en vigueur ne déterminait à l'époque la procédure à suivre pour juger des ministres devant cette Cour. Aux termes d'une argumentation non dépourvue d'ambiguïtés, la Cour a considéré que « *selon la jurisprudence, l'introduction du terme « établi par la loi » dans l'article 6 de la Convention « a pour objet d'éviter que l'organisation du système judiciaire ne soit laissée à la discrétion de l'exécutif et de faire en sorte que cette matière soit régie par une loi du parlement ». [...] Dans les pays de droit codifié, l'organisation du système judiciaire ne saurait pas davantage être laissée à la discrétion des autorités judiciaires, ce qui n'exclut cependant pas de leur reconnaître un certain pouvoir d'interprétation de la législation nationale en la matière* ». Ce dictum de la Cour semble remettre en cause doublement l'autonomie conceptuelle jusqu'alors reconnue au principe de légalité : d'une part, il tend à confirmer que certaines matières ne peuvent relever que de la compétence du parlement et donc de la loi parlementaire (organisation du système judiciaire) ; d'autre part, en précisant que « *dans les pays de droit codifié* » cette obligation est renforcée, le juge européen semble vouloir signifier, a contrario, que, dans un pays de *common law*, l'organisation judiciaire pourrait relever tant de la loi que de la jurisprudence. Ce faisant, la Cour semble abandonner sa jurisprudence *Kruslin* dans laquelle elle avait marqué son indifférence vis-à-vis du rôle assigné à la jurisprudence dans les traditions juridiques de *common law* et dans les traditions juridiques de « droit continental »[48].

343. Cette remise en cause de l'unité conceptuelle du principe de légalité semble confirmée par l'affaire *Belvedere Albeghiera SRL c. Italie* du 30 mai 2000. Il s'agissait en l'espèce de savoir si la règle de l' « expropriation indirecte » d'origine purement jurisprudentielle pouvait constituer la « base légale » d'une expropriation au sens de l'article premier du Protocole additionnel n°1. En l'espèce, la Cour n'a pas estimé « *utile de juger in abstracto si le rôle qu'un principe jurisprudentiel, tel*

---

[47] CourEDH, 22 juin 1989, *Eriksson c. Suède*, Série A, n°156, §65.
[48] En ce sens, S. VAN DROOGHENBROECK, *op.cit.*, p. 673.

que celui de l'expropriation indirecte occupe dans un système de droit continental, est assimilable à celui occupé par des dispositions législatives ». Un tel refus d'interprétation ne peut que surprendre. En effet, dans l'affaire *Kruslin*, la Cour ne s'était pas embarrassée de ces considérations particulières en reconnaissant, au nom d'une conception matérielle de la loi, qu'un principe jurisprudentiel, à l'instar des textes de rang infralégislatif, pouvait être considéré comme une « loi ». Qui plus est, le fait que le juge prenne soin d'insérer l'incise « *dans un système de droit continental* » revêt une signification toute particulière et semble répondre en écho à la jurisprudence *Cöeme et autres c. Belgique.* Il est possible alors que la Cour s'oriente dans l'avenir vers une appréciation à géométrie variable ou distributive de la légalité, appréciant le principe de légalité à l'aune des principes constitutifs propres de chacun des systèmes juridiques des Etats Parties à la Convention. Un tel changement de paradigme, s'il aurait incontestablement de nombreux avantages (rendre plus effective la protection des droits fondamentaux en imposant que toute restriction repose sur une base légale conforme aux spécificités nationales) et mettrait un terme aux critiques dont a fait l'objet la jurisprudence européenne[49], risquerait toutefois d'ouvrir une brèche dans l'unité du système européen de protection des droits fondamentaux en introduisant un paramètre de variabilité pouvant conduire à la « nationalisation » de l'interprétation conventionnelle. Il y aurait là un risque que des Etats réclament à leur tour que l'on interprète certains droits fondamentaux à la lumière des particularismes nationaux. On peut craindre alors que ne se développe une jurisprudence à géométrie variable qui modulerait le respect des droits de la Convention en fonction des parties en cause. Cette solution irait à l'évidence à l'encontre des principes d'uniformité et d'universalité de la protection juridictionnelle des droits de l'homme en Europe qui sont la marque de sa spécificité[50]. L'obligation de la Cour « *de protéger des droits non pas théoriques ou illusoires mais concrets et effectifs* »[51] sans « *négliger les caractéristiques de fond et de procédure des droits internes respectifs* »[52] signifie-t-elle que la Cour pourra moduler l'application de la Convention? Il s'agit là d'une question fondamentale touchant à l'idée même d'un modèle commun européen de l'Etat de droit.

344. Quel que soit le concept de « légalité » retenu par la CourEDH, on comprend bien, au terme de ces développements, la fonction constitutive qu'il remplit dans un Etat de droit. L'idée de légalité est le corollaire dans la jurisprudence de la CourEDH du principe de prééminence du droit. Sous une forme différente, la CJCE ne dit pas autre chose.

---

[49] Par exemple, M. KOERING-JOULIN, « Pour un retour à une interprétation stricte ... », *op.cit.*, p. 247.
[50] C. LEBEN, « Y a-t-il une approche européenne des droits de l'homme », in P. ALSTON (éd.), *op.cit.*, p. 71-98.
[51] CourEDH, 9 octobre 1979, *Airey c.Irlande*, Série A, n° 32.
[52] Arrêt *Sunday Times*, précité.

B. Le principe de légalité en droit communautaire

345. Il est surprenant de constater que la Cour de justice n'a jamais qualifié le principe de légalité de principe général du droit communautaire comme si la place axiologique du principe de légalité était évidente[53], tellement évidente d'ailleurs que certains omettent de l'intégrer parmi les principes découlant de la *Communauté de droit*, à savoir les « *principes inhérents à tout système juridique organisé selon le modèle du respect du droit* »[54]. Il faut dire qu'il est de l'essence même d'un Etat de droit (*mutatis mutandis* Communauté de droit) de reposer sur le principe de légalité avec lequel il se confond[55] comme le souligne la Cour de justice[56] et certaines juridictions constitutionnelles nationales[57]. Le principe de légalité serait bien ainsi un principe constituant de l'Etat de droit.

L'arrêt *Granaria* du 13 février 1979 nous en fournit une parfaite illustration en raison des interrelations linguistico-conceptuelles existantes entre les notions de légalité et d'Etat de droit qui révèlent en creux leur consubstantialité[58]. La doctrine allemande considère traditionnellement que le principe du *Rechtsstaat* a été expressément consacré pour la première fois par la Cour de justice dans cet arrêt et qu'il « *constitue l'un des fondements du Traité CEE* »[59]. A première vue, une telle affirmation ne peut qu'éveiller la curiosité du juriste francophone dans la mesure où l'on ne trouve aucune mention de l'expression « *Etat de droit* » dans la version française de cet arrêt. Ce n'est que par une lecture comparée des différentes versions linguistiques de cette décision que l'on peut mieux comprendre le sens de telles affirmations.

---

[53] S. FLOGAÏTIS, *op.cit.*, p. 668.

[54] D. SIMON, *op.cit.*, p. 366. A l'inverse, M. SCHWEITZER & W. HUMMER, *Europarecht*, 4ème éd., Metzner, Neuwied, sp. 198 ; J. BOULOUIS, M. DARMON, et J-G HUGLO, *Contentieux communautaire*, Paris, Dalloz, 2001, p.210.

[55] Rappelons à cet égard que l'existence d'un principe de légalité très fortement développé en droit français fut l'une des causes du faible succès de la notion d'Etat de droit au sein de la doctrine française. Sur la redondance du concept d'Etat de droit vis-à-vis du principe de légalité (*Cf. supra*, n°147). Cependant, on ne saurait réduire l'Etat de droit à la seule légalité, en ce sens, E-W FUSS, *Die Europäischen Gemeinschaften und der Rechtsstaatsgedanke*, Heule, 1967, pp. 13-17.

[56] Selon une formule rituelle, la Cour de justice considère en effet que « *Il y a lieu de souligner [...] que la Communauté économique européenne est une Communauté de droit en ce que ni ses Etats membres ni ses institutions n'échappent au contrôle de la conformité de leurs actes à la charte constitutionnelle de base qu'est le traité* »

[57] La jurisprudence constitutionnelle autrichienne considère par exemple que le principe de légalité (art. 18 de la constitution) constitue une spécification explicite et formelle du principe de l'Etat de droit. Voir en ce sens, O. PFERSMANN, « Autriche », Chroniques, *AIJC*, 1991, p. 391 et ss.

[58] CJCE, 13 février 1979, *Granaria*, aff. 101/78, *Rec.* 623.

[59] Il est symptomatique que les seuls auteurs francophones que nous avons rencontrés au cours de nos recherches qui considèrent que la CJCE a consacré le principe de l'Etat de droit dans l'affaire *Granaria* sont tous également germanophones, soit à titre principal (J. Gerkrath), soit à titre secondaire (S. Fogliatis). Pour ce qui est de la doctrine germanophone *stricto sensu*, R. HOFMANN « Rechtsstaatsprinzip und Europäisches Gemeinschaftsrecht », in R HOFMANN *et alii*, *Rechtsstaatlichkeit in Europa*, Müller, Heidelberg, 1996, p. 323 ; T. OPPERMANN, *Europarecht*, München, Beck, 1991, n°207 ; D. BUCHWALD, « Zur Rechtsstaalichkeit der Europäischen Union », *Der Staat*, 1998, p. 189 ; J. SCHWARZE, *op.cit.*, p. 757.

La version française de cette décision renvoie au «*principe de la légalité communautaire*», traduit respectivement et fidèlement en italien par « *principio della legitimità comunitaria* » et en néerlandais par «*communautaire wettigheidsbeginsez* ». En revanche, la version allemande renvoie à la notion de « *Rechtsstaatlichkeit* » et la version anglaise à celle de « *rule of law* »[60]. La notion de « *Rechtsstaatlichkeit* » – construite à partir du syntagme « *Rechtsstaat* » – est plus large que les notions de légalité au sens strict (soumission à la loi – *Gesetzmässigkeit*) et au sens large (soumission au droit – *Rechtsmässigkeit*), en ce qu'elle implique une dimension plus générale de constitutionnalité et s'inscrit directement dans la problématique de l'Etat de droit[61] ; quant à la notion de « *rule of law* », on l'a déjà dit, elle dépasse celle de légalité[62], mais peut s'apparenter par sa généralité à la notion de « *Rechsstaatlichkeit* ». C'est pourquoi la doctrine francophone n'a jamais tenu cet arrêt comme consacrant le principe de l'Etat de droit à la différence de la doctrine germanophone. Ces questions terminologiques, que d'aucuns pourraient considérer comme anecdotiques, nous prouvent, au contraire, combien la notion de légalité est étroitement attachée à l'idée d'Etat de droit[63].

346. Cela étant dit, il reste à prendre toute la mesure du principe de légalité en droit communautaire.

Le principe de légalité signifie tout d'abord que l'exercice de tout pouvoir au sein de la Communauté doit avoir une base légale comme l'énonce l'article 7 CE au terme duquel « *chaque institution agit dans la limite des attributions qui lui sont conférées par le présent traité* ». Elle constitue le fondement des compétences et des pouvoirs des institutions et fait ainsi obstacle à l'arbitraire des autorités publiques. Il s'agit là d'un principe commun aux Etats membres comme le souligne la Cour de justice qui rappelle que « *dans tous les systèmes juridiques des Etats membres, les interventions de la puissance publique dans la sphère d'activité privée de toute personne, qu'elle soit physique ou morale, doivent avoir un fondement légal* »[64]. En vertu de ce principe « *tout acte visant à créer des effets juridiques [doit] emprunt[er] sa force obligatoire à une disposition du droit communautaire qui doit être expressément indiquée comme base légale et qui prescrit la forme juridique dont l'acte doit être revêtu* »[65]. Il incombe à la Cour de justice de veiller à ces exigences en vertu notamment de l'article 220 CE. A cet effet, il a été prévu un certain nombre de voies de droit destinées à assurer le respect de la

---

[60] Voir également, CJCE, 7 juin 1988, *Commission c. Grèce*, aff. 63/87, *Rec.* 2875.

[61] Luc Heuschling souligne que l'on peut tenir pour synonyme les expressions *Rechtsstaat*, *Rechtsstaatlich*, *Rechtsstaalichkeit*. L. HEUSCHLING, *op.cit.*, p. 377.

[62] *Cf. supra*, n°283.

[63] D'ailleurs, la confusion linguistico-conceptuelle est telle que dans certains arrêts récents de la Cour, le principe de « Rechtsstaatlichkeit » invoqué par des parties allemandes est traduit en français par « *Etat de droit* » et en anglais par « *rule of law* ». Voir en ce sens, CJCE, 4 février 1999, *Josef Köllensperger*, aff. C-103/97, §24.

[64] CJCE, 21 septembre 1989, *Hoechst*, aff. 46/87, et 227/88, *Rec.* 2859.

[65] CJCE, 16 juin 1993, *France c. Commission*, aff. C-325/91, *Rec.* I-3283.

légalité communautaire : il en va ainsi des recours en annulation et en carence, de l'exception d'illégalité, du renvoi préjudiciel en validité et des actions en manquement et en responsabilité extracontractuelle de la Communauté[66].

Le principe de légalité impose en conséquence une certaine structuration de l'ordre juridique. L'existence d'une hiérarchie des normes est traditionnellement présentée comme une exigence fondamentale de l'Etat de droit. Selon une telle vision, l'ordre juridique de l'Etat de droit se présenterait comme une superposition de niveaux normatifs subordonnés les uns aux autres, le niveau supérieur habilitant le niveau inférieur[67]. Or il est habituel de critiquer l'incomplétude[68] ou la fragmentation[69] de la hiérarchie normative du droit communautaire, hiérarchie que l'on pourrait identifier[70] à ce que Paul Amselek appelait « *une hiérarchie complexe ou enchevêtrée*»[71]. Car s'il existe bien une hiérarchie très nettement affirmée entre traités constitutifs et droit dérivé, pour le reste règne un certain « *désordre normatif* » que la Cour de justice n'a réussi à restructurer qu'imparfaitement[72].

1) « *L'ordre* » : la primauté de la « *Charte constitutionnelle* » communautaire

347. Le droit originaire revêt incontestablement une supériorité hiérarchique normative tant pour la doctrine que pour le juge communautaire qui tend à systématiser cette prévalence du traité constitutif en l'identifiant à une « constitution »[73]. Dès le début des années 1950, la doctrine évoquait l'idée de constitution communautaire[74]. La Cour constitutionnelle allemande elle-même désigna dans une décision de 1967 le traité CEE comme « *représentant en quelque sorte la constitution de cette Communauté* »[75]. La Cour de justice ne manqua pas l'occasion de suivre ce mouvement[76]. Ce fut d'abord l'avocat général Lagrange qui

---

[66] Sur l'ensemble de la question, F. BERROD, *La systématique des voies de droit communautaire*, Paris, Dalloz, 2003 ; P. CASSIA, *L'accès des personnes physiques et morales au juge de la légalité des actes communautaires*, Dalloz, Paris, 2001.

[67] J. CHEVALLIER, *L'Etat de droit*, *op.cit.*, p. 44.

[68] H. GAUDIN, « Amsterdam : l'échec de la hiérarchie des normes ? », *RTDE*, 1999, p.1.

[69] J-L GAUTRON, « Un ordre juridique autonome et hiérarchisé », *in* J. RIDEAU *(dir.)*, *De la Communauté de droit à l'Union de droit. Continuités et avatars européens*, Paris, LGDJ, 1999, sp. 42.

[70] En ce sens, P-Y MONJAL, *op.cit.*, p. 686.

[71] P. AMSELEK, « Réflexions critiques autour de la conception kélsénienne de l'ordre juridique », *RDP*, n°1, 1978, p. 5-19.

[72] Pour une étude détaillée de la fonction structurante de la Cour de justice dans l'émergence d'une hiérarchie des normes, P-Y MONJAL, *op.cit.*, p. 692-695.

[73] J. GERKRATH, *op.cit.*

[74] U. SAHM, « Die Verfassung der Europäischen Gemeinschaft für Kohle und Stahl », *Europa Archiv*, 1951, p. 397. Voir également, L. CARTOU, « Le marché commun et la technique du droit public », *RDP*, 1958 ; F. MÜNCH, « Prolégomènes à une théorie constitutionnelle des Communautés européennes », *Riv. Dir. Eur.*, 1961, p. 127 ;; M. WAELBROECK, *Peut-on parler d'un droit constitutionnel européen ?*, Travaux et conférences de la faculté de droit de l'ULB, 1964, II, p. 75.

[75] Décision du 18 octobre 1967, *BverfGE* 22, 296. Voir également la Décision du 12 octobre 1993 (Maastricht) où la Cour parle de « *Constitution de la Communauté* ».

[76] M-L. FERNADEZ ESTEBAN, « La nocion de constitucion en la jurisprudencia del TJCE », *REDC*, 14, n°40, 1994, pp. 241-289.

souligna que « *le traité dont la Cour a pour mission d'assurer l'application, s'il a bien été conclu dans la forme des traités internationaux (...) n'en constitue pas moins, d'un point de vue matériel, la charte de la Communauté, les règles de droit qui s'en dégagent constituant le droit interne de cette Communauté* »[77] ; puis ce fut au tour de la Cour de justice elle-même d'identifier, dans un premier temps, le traité à une « *constitution interne* » ou à la « *Constitution de la Communauté* »[78] et, dans un second temps, à la « *charte constitutionnelle d'une communauté de droit* »[79]. Cette idée de subordination normative du droit communautaire dérivé aux traités constitutifs a été soulignée très clairement par la Cour de justice dans l'arrêt « *Les Verts* » où, en rappelant que « *ni les Etats membres ni ses institutions n'échappent au contrôle de la conformité de leurs actes à la charte constitutionnelle de base qu'est le traité* »[80], elle a forgé un véritable principe de constitutionnalité[81]. Cette exigence hiérarchique fut même consacrée expressément par le TPI dans l'affaire *Tetra Pak* du 10 juillet 1990 : le Tribunal y a indiqué que « *au regard des principes régissant la hiérarchie des normes, l'octroi d'une exemption au moyen d'un acte de droit dérivé ne pourrait, en dehors de toute disposition du traité l'y autorisant, déroger à une disposition du traité* »[82]. Certains considèrent même que le principe de la hiérarchie des normes constituerait un principe général du droit communautaire[83]. La suprématie de la « *Charte constitutionnelle* » communautaire s'affirme non seulement à l'égard du droit dérivé mais également dans une certaine mesure à l'égard du droit conventionnel dont la procédure de l'article 300, paragraphe 6, du traité CE (ex-article 228 CEE) relatif au contrôle de compatibilité *a priori* des projets d'accord international constitue une illustration[84].

348. Qui plus est, l'affirmation de la primauté de la « *charte constitutionnelle* » est corroborée par l'interdiction de toute révision des traités en dehors des procédures de révision prévues à cet effet[85] : en d'autres termes, toute révision du traité doit se faire selon les modalités prévues pour l'exercice du pouvoir constituant dérivé conformément aux exigences relatives à toute constitution rigide[86]. Mieux, il existerait un noyau dur de principes ne pouvant faire l'objet d'aucune révision

---

[77] Conclusions A.G. Lagrange, CJCE, 16 juillet 1956, *Fédération charbonnière de Belgique*, aff. 8/55, *Rec.* 1955-56, vol. II, 199.
[78] CJCE, 26 avril 1977, *Fonds européen d'immobilisation de la navigation intérieure*, Avis 1/76, *Rec.* 758.
[79] CJCE, 23 avril 1986, *Parti écologiste Les Verts c. Parlement*, aff. 294/93, *Rec.* 1357.
[80] *Ibid.*
[81] J. DUTHEIL DE LA ROCHERE, « Le principe de légalité », *AJDA, n° Spécial*, 20 juin 1996, sp. 161.
[82] TPI, 10 juillet 1990, *Tetra Pak c. Commission*, aff. T-51/89, *Rec.* II-309.
[83] J. BOULOUIS, *Droit institutionnel des Communautés européennes*, Paris, Montchrestien, 1993, p. 209.
[84] En revanche, le droit conventionnel prime le droit dérivé. CJCE, 7 février 1973, *Schroeder*, aff. 40/72, *Rec.* 125.
[85] CJCE, 8 avril 1976, *Defrenne*, aff. 43/75, *Rec.* 455 ; CJCE, 3 février 1976, *Manghera*, aff. 59/75, *Rec.* 91. Voir sur la question, M. DELIEGE-SEQUARIS, « Révision des traités européens en dehors des procédures prévues », *CDE*, 1980, p. 539. Sur la « *révision judiciaire des traités* », *Cf. supra*, n° 312 et 316.
[86] En ce sens, D. SIMON, *Le système juridique communautaire*, *op.cit.*, p. 104 ; J-P JACQUE, *op.cit.*, p. 269.

comme il semblerait en résulter de l'avis consultatif de la Cour de justice relatif à la conclusion de l'accord sur la création de l'Espace économique européen[87]. Dans cet avis, la Cour de justice a en effet estimé, en réponse à la question de savoir s'il était possible de remédier à l'incompatibilité du système juridictionnel institué par l'accord avec l'article 164 CEE (devenu article 220 CE) par la voie d'une révision de l'article 228 CEE (devenu, après modification, article 300 CE), que « *l'article 228 ne fournit aucune base pour instituer un système juridictionnel qui porte atteinte à l'article 164 de ce traité et, plus généralement aux fondements mêmes de la Communauté. Pour les mêmes raisons, une modification de cette disposition dans le sens indiqué par la Commission ne saurait remédier à l'incompatibilité du système juridictionnel de l'accord avec le droit communautaire* ». En d'autres termes, sauf à changer la nature de la Communauté, certains points ne pourraient faire l'objet de révision en ce qu'ils touchent aux « *fondements mêmes de la Communauté* »[88]. On a pu ainsi parler de « *supraconstitutionnalité communautaire* »[89]. Reste à déterminer les contours de cette éventuelle « supraconstitutionnalité ».

La Cour de justice a mis en évidence un critère pouvant peut-être servir de référent à cet usage. Il s'agit de tous les principes se rattachant aux « *fondements de la Communauté* »[90]. Il en va ainsi de l'article 220 CE (ex-article 164), mais aussi des principes d'effet direct et de primauté qui constituent « *les bases mêmes de la Communauté* »[91] selon la Cour ; il en va également des principes d'égalité des Etats membres, de solidarité, et de loyauté communautaire[92] ; il en va aussi des principes

---

[87] CJCE, 14 décembre 1991, *Accord sur la création de l'EEE*, Avis 1/91, *Rec.* I-6079.

[88] Le professeur Boulouis avait soulevé cette hypothèse dès 1978 à propos de l'avis 1/76 de la Cour de justice. Il estimait que « *les incompatibilités peuvent ainsi conduire à une révision du traité ou, si celle-ci se révèle aléatoire ou trop malaisée, à l'abandon du projet. Lorsque pour fonder son avis négatif, la Cour invoque des motifs aussi fondamentaux qu'une « modification de la constitution interne de la Communauté » (avis 1/76), et qu'elle évoque le risque de désintégration progressive et irréversible de l'œuvre communautaire, on est justifié à se demander si une révision du traité est encore envisageable ou si l'avis négatif, prenant valeur d'un véritable veto, ne fait pas échec tout autant à une révision du traité qu'à l'entrée en vigueur de l'accord.* », J. BOULOUIS, « La jurisprudence de la CJCE relative aux relations extérieures des Communautés », *RCADI*, 1978, p. 355.

[89] J. DUTHEIL DE LA ROCHERE, « L'EEE sous le regard des juges de la CJCE », *RMC*, 1992, p. 607 ; F-O MASSON, « Les incidences de l'existence d'un bloc de supraconstitutionnalité aux contours incertains », *in Droit communautaire et supraconstitutionnalité », RIDC, JSLC, n°special*, Vol 15, 1993, p. 422.

[90] En ce sens par exemple les observations de Hélène Gaudin in « Chronique de jurisprudence communautaire. Année 2001 », *RDP*, 2002, p.1059 : pour cet auteur, le qualificatif « fondamental » « *permet d'abord à la juridiction communautaire de souligner que les règles dotées de cette qualité ont des conséquences à la fois transversales et plus générales, dans le sens de la soumission la plus large des Etats. Il lui permet ensuite d'établir une double distinction au sein même du droit originaire d'une part entre les règles « constitutionnelles » et les règles techniciennes, d'autre part à l'intérieur des premières celles précisément qui revêtent le caractère de règles fondamentales et qui visent les libertés du traité. Il lui permet aussi d'affirmer avec solennité le caractère élevé de la protection accordée. Enfin, ce qualificatif ne semble réservé qu'aux droits, notions et statuts se rattachant à la personne humaine* ».

[91] CJCE, 15 juillet 1964, *Costa c. Enel*, aff. 6/64, *Rec.* 1141 ; CJCE, 9 mars 1978, *Simmenthal*, aff. 106/77, *Rec.* 629.

[92] CJCE, 7 février 1973, *Commission c. République italienne*, aff. 39/72, *Rec.* 101. Sur l'ensemble de cette question, V. CONSTANTINESCO, « L'article 5 CEE, de la bonne foi à la loyauté communautaire », in

d'égalité hommes-femmes[93] et du principe de libre circulation des travailleurs[94], véritables « *fondements de la communauté* ». Plus largement, il faudrait y inclure l'ensemble des principes se rattachant « *au noyau dur de l'identité constitutionnelle communautaire* »[95], comme les éléments constitutifs de la Communauté de droit[96] mais également les principes énoncés par l'article 6, paragraphe 1, du traité d'Amsterdam qui, malgré leur non-justiciabilité de principe, n'en constituent pas moins les principes fondateurs de l'intégration européenne[97]. De plus, certains de ces principes sont eux-mêmes inscrits au frontispice de certaines constitutions nationales dont l'intangibilité est solidement établie[98]. Ainsi, se dégagerait une certaine hiérarchie au sein même du droit originaire[99].

L'existence de limites matérielles à la révision du traité résulterait également du traité lui-même. Même s'il n'existe aucune « clause d'éternité » à la différence de certaines constitutions contemporaines[100], il est possible de trouver, au deuxième paragraphe de l'article N du traité de Maastricht, une clause dite « de rendez-vous » qui prévoyait l'obligation de procéder à une révision en 1996 en enfermant cette révision dans certaines limites comme « *maintenir intégralement l'acquis communautaire et de le développer afin d'examiner (...) dans quelle mesure les politiques et formes de coopération instaurées par le présent traité devraient être révisées en vue d'assurer l'efficacité des mécanismes et institutions communautaires* » (article B al. 1). Cette limite, dont la portée est difficilement mesurable tant ses termes sont très larges, constitue avant tout « un principe de non-retour » en arrière (*principe cliquet*)[101]. Au fond, l'idée de principes intangibles au sein de l'ordre constitutionnel communautaire refléterait une volonté de continuer toujours plus avant le processus d'intégration communautaire en soustrayant aux Etats membres tout pouvoir discrétionnaire en la matière[102].

Liber amicorum Pierre Pescatore, Du droit international au droit de l'intégration, Nomos Verlargsgesellschaft, Baden-Baden, 1987, sp. 114.

[93] CJCE, 8 avril 1976, *Defrenne*, aff. 43/75, *Rec.* 455.

[94] CJCE, 17 octobre 1995, *Olivieri-Coenen*, aff. C-227/94, *Rec.* I-16.

[95] D. SIMON, *op.cit.*, p. 105.

[96] J.L. DA CRUZ VILAÇA et N. PIÇARRA, « Y a-t-il des limites matérielles à la révision des traités instituant les Communautés européennes ? », *CDE*, 1993, p. 3 ; R. BIEBER, « Les limites matérielles à la révision des traités établissant la Communauté européenne », *RMC*, 1993, p. 343 ; J-C. GAUTRON, *op.cit.*, p. 50 ; D. SIMON, *op.cit.*, p. 105.

[97] J-C. GAUTRON, *op.cit.*, p. 50 ; V. CONSTANTINESCO, *op.cit.*, p. 140.

[98] Voir par exemple, articles 23 et 79 § 3 de la Loi fondamentale allemande. R. BIEBER, *op.cit.*, p. 348.

[99] Cette hiérarchie au sein du droit communautaire primaire est également liée à une hiérarchie des procédures. Par exemple, dans le cadre du contentieux de la base légale, la Cour de justice tend à faire prévaloir les dispositions des traités qui nécessitent un vote du Conseil à la majorité qualifiée sur celles nécessitant un vote à l'unanimité, CJCE, 26 mars 1987, *Commission c. Conseil*, aff. 45/86, *Rec.* 1493. Sur la question, J-C GAUTRON, *op.cit.*, p. 48.

[100] On pense ici en particulier à l'article 79 § 3 de la Loi fondamentale de Bonn ou l'article 89 §4 de la Constitution française de la Ve République. C. GREWE et H. RUIZ-FABRI, *op.cit.*, p. 55-59. Plus généralement, M-F. RIGAUX, *La théorie des limites matérielles à l'exercice de la fonction constituante*, Bruxelles, Larcier, 335p. (*Cf. supra*, n°244).

[101] Selon l'expression de D.SIMON, *op.cit.*, p. 48.

[102] J. GERKRATH, *op.cit.*, p. 189.

349. Il faut également s'arrêter quelques instants sur la place des principes généraux du droit au sein de cet édifice constitutionnel en construction. La doctrine considère unanimement que les principes généraux du droit ont une valeur juridique supérieure à celle du droit dérivé[103] et font partie intégrante de la « charte constitutionnelle de la Communauté » comme le relève Jean Boulouis qui estime que « *ces principes sont revêtus d'une autorité qui les place sur le même rang que les traités eux-mêmes dans la hiérarchie des règles de droit communautaire* »[104]. Ils feraient ainsi partie de ce que Denys Simon appelle la « *super-légalité* »[105] communautaire comme le confirme dans une certaine mesure la jurisprudence de la Cour de justice dans le cadre du contentieux de légalité et de l'indemnité : par exemple, la Cour de justice a pu juger que l'adoption d'un règlement communautaire qui portait atteinte au principe général de confiance légitime était fautive et violait une règle supérieure de droit protégeant les particuliers[106]. Si les principes généraux du droit font bien partie intégrante du bloc de constitutionnalité communautaire, on peut s'interroger sur la place qu'ils occupent au sein de ce bloc de constitutionnalité. En d'autres termes, existerait-il une hiérarchie entre ces différents principes généraux du droit ? Par exemple, la Cour de justice estime que le principe d'équilibre institutionnel, qui constituait d'après elle « *une garantie fondamentale accordée par le traité, notamment aux entreprises et aux associations d'entreprises auxquelles il s'applique* »[107], ne constitue plus une garantie pour les justiciables et, qu'à ce titre, sa violation ne saurait suffire à engager la responsabilité de la Communauté[108]. Pour autant, il serait extrêmement hasardeux d'y voir l'expression d'une quelconque hiérarchie. En revanche, la question peut légitimement se poser à l'égard des droits fondamentaux protégés au sein de l'ordre juridique communautaire en tant que principes généraux du droit comme l'a entériné et codifié l'article 6§2 du traité d'Amsterdam. D'ailleurs, la Cour de justice, confrontée à une question d'articulation entre le principe de la libre circulation des marchandises garantie par le traité et le principe de la liberté d'expression et de réunion, n'a pas hésité à faire prévaloir la seconde sur la première[109].

---

[103] Une chose est sûre, pour qu'un principe entre dans le bloc de constitutionnalité, il faut que sa « *fondamentalité* » soit affirmée : la Cour de justice a pu ainsi considérer que le principe de cohésion économique et sociale consacré par le traité ne constituait qu'un « objectif » de la Communauté pouvant servir tout au plus dans l'interprétation du droit communautaire sans que son respect ne soit pour autant une condition de validité. CJCE, 23 novembre 1999, *Portugal c. Conseil*, C-149/96, *Rec.* I-8395.

[104] J. BOULOUIS, « Principes généraux », *Encyclopédie Dalloz, Droit communautaire* (65).

[105] D. SIMON, *op.cit.*, p. 369.

[106] CJCE, 14 mai 1975, *CNTA*, aff. 74/74, *Rec.* 533. Pour une violation du principe de non-rétroactivité, CJCE, 15 mai 1975, *Nederlands Vereniging voor de Fruit en Groeten-Importhandel*, aff. 71/74, *Rec.* 1063 ; principe de proportionnalité, CJCE, 13 novembre 1973, *Werhahn*, aff. 63 et 69/72, *Rec.* 1246 ; principe de non-discrimination et d'égalité de traitement, CJCE, 25 mai 1978, *Bayersche HNL*, aff. 83 et 94/76 et aff. 4,15,40/77, *Rec.* 1209.

[107] CJCE, 13 juin 1958, *Meroni*, aff. 9/56, *Rec.* 9.

[108] CJCE, 13 mars 1992, *Vreugdenil*, aff. C-282/90, *Rec.* I-1997. Plus généralement sur l'évolution de la jurisprudence de la Cour de justice concernant le principe d'équilibre institutionnel, R-E PAPADOPOULOU, *op.cit.*, 118-132.

[109] CJCE, 12 juin 2003, *Eugen Schmidberger*, aff. C-112/00.

En revanche, il très difficile de distinguer, au regard du droit positif communautaire, une quelconque hiérarchie entre les droits fondamentaux. On sait que la doctrine tend à considérer, dans sa grande majorité, qu'il n'existerait aucune hiérarchie entre les droits fondamentaux[110]. La distinction traditionnelle entre droits de la « première », « seconde » et « troisième » génération n'emporterait sur le plan hiérarchique aucune conséquence normative notable[111]. Il n'en reste pas moins vrai qu'il existerait des « *principes matriciels* » constitutifs du concept même de droits de l'homme qui, à ce titre, sont porteurs des valeurs les plus fondamentales de la société[112] : il en va ainsi du respect de la dignité humaine dont l'article premier de la Loi fondamentale de Bonn consacre l'intangibilité[113]. On a également parlé d'intangibilité à propos des droits individuels de la personne humaine (droit à la vie, prohibition des tortures et traitements inhumains ou dégradants, esclavage etc.) dont la méconnaissance affecterait directement d'autres droits fondamentaux[114]. Certains d'entre eux ne pourraient d'ailleurs faire l'objet d'aucune révision constitutionnelle. En effet, certains droits fondamentaux occupent une place privilégiée au sein de l'édifice constitutionnel national, soit qu'ils sont soustraits à toute révision constitutionnelle[115], soit qu'ils sont protégés contre toute « *révision constitutionnelle clandestine* »[116] par des exigences procédurales très strictes imposant une

---

[110] En ce sens, L. FAVOREU *et alii*, *op.cit.*, pp. 813-814 ; D. ROUSSEAU, *Droit du contentieux constitutionnel*, Paris, Montchrestien, 4ème éd., 1995, p. 111 ; G. ISRAËL, *Droit des libertés fondamentales*, LGDJ, 1998, p. 52 . *Contra*, D. BREILLAT, « La hiérarchie des droits de l'homme », *Droit et politique à la croisée des cultures, Mélanges Philippe Ardant*, LGDJ, 1999, p. 275. Sur l'ensemble de la question, voir F. MODERNE, « La notion de droit fondamental dans les traditions constitutionnelles des Etats membres de l'Union européenne », in F. SUDRE et H. LABAYLE (dir.), *Réalité et perspectives du droit communautaire des droits fondamentaux*, *op.cit.*, pp. 78-81.

[111] D. BREILLAT, *op.cit.*, sp. 353.

[112] B. MATHIEU, « Pour une reconnaissance de 'principes matriciels' en matière de protection constitutionnelle des droits de l'homme », *Recueil Dalloz*, 1995, Chr. , p. 211.

[113] En droit français, voir la Décision du Conseil du 27 juillet 1994, 343-344 DC, GD, n°47 : « *La sauvegarde de la dignité de la personne humaine contre toute forme d'asservissement et de dégradation est un principe à valeur constitutionnelle* ». La Constitution espagnole dans son article 10 place la dignité humaine en tête de chapitre des droits fondamentaux : « *La dignité de la personne, les droits inviolables qui lui sont inhérents, le libre développement de la personnalité, le respect de la loi et des droits d'autrui sont le fondement de l'ordre politique et de la paix sociale* ». La Constitution polonaise énonce de même dans son article 30 que « *la dignité inhérente et inaliénable de l'homme constitue la source des libertés et des droits de l'homme et du citoyen* ». Sur la fondamentalité du principe de « dignité humaine », voir S. ARNE, *op.cit.*, p. 474 ; B. MAURER, *Le principe du respect de la dignité de la personne humaine et la Convention européenne des droits de l'homme*, Doc. franç., 1999 ; F. MODERNE, « La dignité de la personne comme principe constitutionnel dans les Constitutions portugaise et française », *Perspectivas constitucionais, 20 anos de Constituição de 1976*, Coimbra Editora, 1996, p. 197 et ss .

[114] F. MODERNE, *op.cit.*, p. 81 ; F. SUDRE, « Droits intangibles et/ou droits fondamentaux : y a-t-il des droits prééminents dans la Convention européenne des droits de l'homme », *Liber Amicorum M.A. Eissen*, Bruxelles, Paris, Bruylant, LGDJ, 1995, p. 381.

[115] Ces limites peuvent procéder de la Constitution elle-même comme en Allemagne (art. 79.3), en Irlande, au Portugal (art. 288), en Grèce (art. 110 al. 6), en Norvège ou de la jurisprudence constitutionnelle comme en Italie (Sentence, n°252, 1983) Voir C. GREWE et H. RUIZ-FABRI, *op.cit.*, p. 164 et ss.

[116] Selon l'expression de C. GREWE et H. RUIZ-FABRI, *op.cit.*, p. 166.

confrontation du projet de révision aux valeurs fondamentales du régime[117]. Le statut particulier qui leur est réservé au sein de l'ordre constitutionnel leur confère ainsi une valeur hiérarchique particulière dessinant les contours d'une supraconstitutionnalité s'imposant au constituant[118] et consolidant ainsi l'Etat de droit constitutionnel[119].

Qu'en est-il au juste au sein de l'Union européenne ? Il convient tout d'abord de rappeler que le principe de la protection des droits fondamentaux a été consacré par le constituant et intégré au sein du traité d'Amsterdam (article 6§2) : à ce titre, il constitue l'un des fondements de l'Union européenne. Toutefois, il faut rappeler également que les droits fondamentaux ne sont pas appréhendés par le juge communautaire comme des « *prérogatives absolues* », mais « *en vue de la fonction sociale des biens et activités protégés* », c'est-à-dire sous réserve des « *limites justifiées par les objectifs d'intérêt général poursuivis par la Communauté dès lors qu'il n'est pas porté atteinte à la sauvegarde de ces droits* »[120]. En d'autres termes, la conception communautaire des droits fondamentaux obéit à la « *prééminence de la logique communautaire* »[121], ce qui signifie que l'effective « fondamentalité » d'un droit est appréciée par le juge à l'aune des exigences fonctionnelles du système communautaire[122].

Certes, il paraîtrait logique de considérer que certains principes fondamentaux de la personne humaine « indérogeables » ou « intangibles », tel que le respect de la dignité humaine[123], soient placés au sommet des droits fondamentaux. L'avocat général Jacobs n'a-t-il pas lui-même considéré à propos de la dignité humaine que « *le droit à la dignité humaine est peut-être le droit le plus fondamental de tous, et il se trouve à présent consacré à l'article 1er de la Charte [...], qui énonce que la dignité humaine est inviolable et doit être respectée et protégée* »[124] ? En réalité, ce n'est pas tant en termes de hiérarchie qu'il faut analyser le système de protection communautaire des droits fondamentaux qu'en termes de priorité dans la reconnaissance de certains droits eu égard au système

---

117 Lorsque la constitution ne prévoit aucune limite matérielle, celle-ci peut en revanche enfermer la révision touchant au régime des droits fondamentaux dans des limites formelles et procédurales très strictes : la Constitution espagnole impose ainsi une procédure particulière (art. 168) pour la révision des droits fondamentaux et des libertés publiques ; en Autriche, la modification du régime des droits fondamentaux est soumise à la procédure de « la révision totale », (art. 44.3, majorité qualifiée et approbation populaire). Voir O. PFERSMANN, « La révision constitutionnelle en Autriche et en Allemagne fédérale. Théorie, pratique, limites », *op.cit.*, p 40 et ss.

118 S. ARNE, *op.cit.*, p. 461.

119 C. EMERI, « L'Etat de droit dans les systèmes polyarchiques européens », *RFDC*, 1992, p. 31.

120 CJCE, 14 mai 1974, *Nold*, 4/73, *Rec.* 508.

121 F. PICOD, « Le juge communautaire et l'interprétation européenne », *in F. SUDRE (dir.), L'interprétation de la CEDH*, Bruxelles, Bruylant, 1998, p. 305.

122 CJCE, 13 décembre 1979, *Hauer*, aff. 44/79, *Rec.* 3727.

123 CJCE, 9 octobre 2001, *Pays-Bas c PE et Conseil de l'UE*, aff. C-377/98, *Rec.* I-7069. La Cour de justice souligne pour la première fois qu'il lui appartient de « *veiller au respect du droit fondamental à la dignité humaine et à l'intégrité de la personne* » (pt. 70).

124 Conclusions sous CJCE, 9 octobre 2001, *Pays-Bas c PE et Conseil de l'UE*, aff. C-377/98, *Rec.* I-7069.

communautaire dans son ensemble. La Cour de justice a ainsi donné la priorité à la reconnaissance de droits libéraux classiques tels que les droits de propriété, de libre exercice des activités économiques, de liberté d'expression, de protection du secret des affaires, au respect de la vie privée et familiale, du domicile et de la correspondance. A l'inverse la reconnaissance des droits sociaux reste encore très en retrait : si la Cour de justice a effectivement reconnu le principe de non discrimination et d'égalité de traitement notamment entre les hommes et les femmes, il faut reconnaître toutefois que ce principe répond avant tout à des objectifs de concurrence économique plutôt qu'à des objectifs sociaux[125]. Plus généralement, ce sont l'ensemble des droits sociaux et culturels fondamentaux qui sont largement ignorés par la Cour de justice[126], confirmant ainsi la nature profondément économique du processus d'intégration communautaire[127] et la conception fonctionnelle retenue par la Cour de justice des droits fondamentaux[128].

Peut-on alors voir dans la source des droits fondamentaux un facteur de structuration ? Là encore la réponse doit être négative. Si la Cour de justice privilégie certaines sources par rapport aux autres (traditions constitutionnelles des Etats membres et ConvEDH), on ne peut en inférer aucune hiérarchie. Il convient de rappeler que ce ne sont là que des sources matérielles et aucunement formelles des droits fondamentaux : la ConvEDH ne s'applique pas au sein de l'ordre juridique communautaire ; elle constitue simplement une source d'inspiration privilégiée pour l'identification matérielle des principes généraux du droit au titre desquels sont protégés les droits fondamentaux[129].

Si l'on doit écarter l'hypothèse de toute structuration hiérarchique interne des droits fondamentaux, en revanche il est possible de se demander si ceux-ci n'entreraient pas dans l'éventuel bloc de supraconstitutionnalité. Si l'on admet la thèse selon laquelle il existerait des limites matérielles à la révision des traités tenant aux fondements de la Communauté, il suffit alors de prouver que les droits fondamentaux font partie des fondements de la Communauté. Or il n'y a aucun doute possible en la matière surtout depuis le traité d'Amsterdam qui prévoit dans son article 6§1 que « *l'Union est fondée sur les principes de la liberté, de la*

[125] Pour une critique de cette interprétation « *concurrentielle* » et « *économique* » des droits fondamentaux, E. MAZUYER, *Le traitement juridique des normes du travail dans les intégrations régionales*, Thèse, IUE, 2002, p. 405 et ss.

[126] M. BONNECHERE, «Quelle garantie des droits sociaux fondamentaux en droit européen ? », *Europe*, juillet 2000, Chr. 7.

[127] E. MAZUYER, *op.cit.* ; S. ROBIEN-OLIVIER, *Le principe d'égalité en droit communautaire. Etude à partir des libertés économiques*, Aix-Marseille, PUAM, 1999.

[128] F. SUDRE, « Introduction », *in* F. SUDRE et H. LABAYLE (dir.), *op.cit.*, p. 9.

[129] Cette source privilégiée d'identification des droits fondamentaux est illustrée par l'arrêt *X c. Commission* du 5 octobre 1995. La Cour de justice juge que le droit au respect de la vie privée est « *consacré par l'article 8 CEDH et découle des traditions constitutionnelles communes aux Etats membres* », CJCE, 5 octobre 1998, *X c. Commission*, *Rec.* I-4737. En d'autres termes, la ConvEDH donne à la CJCE une indication pertinente de l'existence d'une tradition constitutionnelle commune aux Etats membres. En ce sens, J. ANDRIANTSIBAZOVINA, « La CEDH et la Cour de justice des Communautés européennes après le traité d'Amsterdam : de l'emprunt à l'appropriation ? », *Europe*, oct. 1998, chr. 7.

démocratie, du respect des droits de l'homme et des libertés fondamentales, ainsi que de l'Etat de droit, principes qui sont communs aux Etats membres ». Cette disposition constitue même une condition statutaire et formelle d'adhésion à l'Union (art. 49). Qui plus est, l'attachement de l'Union au principe de la primauté des droits fondamentaux trouve également une manifestation dans la proclamation solennelle à Nice, en décembre 2000, d'une Charte des droits fondamentaux de l'Union européenne. Les droits fondamentaux trouvent ainsi progressivement un fondement exclusif sans avoir à passer par la médiation des principes généraux du droit[130] : ne peut-on pas voir là l'amorce d'un processus d'autonomisation des droits fondamentaux au sein de l'ordre juridique communautaire et plus largement de l'Union européenne ? Autant dire, qu'au-delà de la valeur juridique de ces différentes dispositions, l'Union européenne entend bien signifier son attachement profond à « *un patrimoine commun de valeurs* » dont on imagine mal qu'il ne figure pas au sommet de l'édifice normatif communautaire.

2) « *Le désordre agencé* » : la hiérarchisation des normes communautaires « *infra-constitutionnelles* »

350. Il n'est pas aisé de déceler dans les traités constitutifs une quelconque hiérarchie entre les différents actes prévus par les traités[131]. Les traités n'établissent expressément aucune forme de hiérarchie entre les actes des institutions. S'il est vrai qu'il est rare qu'un texte indique clairement la supériorité normative d'une norme juridique sur une autre[132], il ressort en général de l'économie même d'une constitution une certaine structure hiérarchique des normes pouvant découler d'une hiérarchie des organes[133], des procédures ou des fonctions[134]. Or, dans le cadre communautaire, il est extrêmement difficile de s'appuyer sur l'une ou l'autre de ces approches pour identifier une quelconque hiérarchie des normes[135]. Les traités ne procèdent à aucune détermination précise des organes créateurs de normes en isolant clairement un législateur et un pouvoir exécutif distinct : le Conseil, qualifié de « *législateur communautaire* »[136], partage de plus en plus son pouvoir législatif avec d'autres institutions ; quant au pouvoir exécutif, il n'appartient pas exclusivement à

---

[130] CJCE, 8 juillet 1999, *Montecatini Spa c. Commission*, aff. C-235/92 P, *Rec.*I-4539.

[131] P-Y MONJAL, « Structure et structuration du système normatif communautaire », *TDP*, 1997, n°1, p. 74.

[132] J-M. AUBY, « Sur l'étude de la hiérarchie des normes en droit public : éléments de problématique », *Mélanges Eisenmann*, *op.cit.*, p. 23.

[133] Selon cette acception dominante au sein de la doctrine, la supériorité de la loi sur le règlement ne serait que le reflet de la primauté absolue de l'organe législatif sur l'administration. En ce sens, CARRE DE MALBERG, *Confrontation de la théorie de la formation du droit par degrés avec les idées et institutions consacrées par le Droit public français relativement à sa formation*, Paris, Sirey, 1933 ; G. VEDEL, « Les bases constitutionnelles du Droit administratif », *EDCE*, n°8, p. 21 ; R. CHAPUS, « De la soumission au droit des règlements autonomes », *Recueil Dalloz*, 1969, p. 119.

[134] D. DE BECHILLON, *Hiérarchie des normes et hiérarchie des fonctions normatives de l'Etat*, Economica, Paris, 1996.

[135] A. TIZZANO, *op.cit.*, p. 223.

[136] CJCE, 17 décembre 1970, *Otto Scheer*, aff. 30/70, *Rec.* 1197.

la Commission puisque le Conseil peut se réserver ce pouvoir d'exécution dans « *certains cas spécifiques* ». Les différentes procédures prévues pour l'adoption des actes sont, elles aussi, sans importance pour déterminer une éventuelle hiérarchisation des normes communautaires dans la mesure où elles varient selon les matières et non selon le type d'actes ou selon la fonction exercée par l'organe créateur. Enfin, il n'existe pas non plus de distinction clairement établie entre les différents actes communautaires : comme le souligne A. Tizzano, « *ces actes sont définis quant à leur structure et à leurs effets, mais non quant à leur rang respectif ou quant au degré de leur force normative* » et « *le choix de l'un ou l'autre type d'actes n'est pas lié à la différence éventuelle de leurs degrés de force normative, mais est fonction des finalités que l'on entend poursuivre* »[137]. Au total donc, il s'avère impossible au regard du traité d'établir une différence de rang des normes communautaires selon les critères de leur fonction, de leur contenu ou de la procédure présidant à leur adoption.

351. Toutefois, la CJCE, confrontée à la question de l'articulation de ces différentes normes entre elles, a procédé à une ébauche de hiérarchisation de celles-ci. Tout d'abord, la CJCE a opéré une différenciation entre la norme individuelle et la norme générale et impersonnelle dans le cadre du contentieux de l'annulation sans s'attacher à la dénomination de l'acte : elle a pu ainsi estimer qu'un règlement pouvait s'analyser comme « *un faisceau de décisions individuelles* »[138]. Par ailleurs, la CJCE a également opéré une distinction non prévue par les traités constitutifs entre le règlement de base et le règlement d'exécution sur une base exclusivement matérielle ou fonctionnelle. En d'autres termes, au règlement de base le soin de régler « *les éléments essentiels de la matière* », au règlement d'exécution le soin de le mettre en œuvre, celui-ci pouvant faire l'objet « *d'une délégation à la Commission* »[139]. Cette distinction opérée par le juge s'applique non seulement aux directives mais également aux règlements ou aux directives adoptés par le seul Conseil. Autrement dit, la détermination de la hiérarchie de l'acte en cause ne dépend pas de l'organe qui l'adopte mais de sa fonction.

352. Une fois encore, c'est la CJCE qui a contribué à l'approfondissement de l'ordre juridique communautaire en dessinant les contours d'une hiérarchie des normes, même encore embryonnaire, et d'un véritable pouvoir exécutif. Il n'en reste pas moins vrai qu'elle n'a pallié que très imparfaitement le désordre normatif originel. Le système normatif communautaire reste encore marqué par un foisonnement d'actes normatifs, typiques et atypiques, et par la multiplication des foyers de droit dont les effets normatifs ne sont pas aisés à identifier. L'amenuisement de la distinction directive / règlement n'en étant qu'un des avatars.

---

[137] *Ibid.* p. 158.

[138] CJCE, 13 mai 1971, *International Fruit*, aff. 41 à 44/70, *Rec.* 411.

[139] CJCE, 17 décembre 1970, *Köster*, aff. 25/70, *Rec.* 1161.

Au total donc, on assisterait à une certaine dilution de la structuration de la normativité communautaire.

353. L'ordre juridique communautaire ignore largement la distinction entre pouvoir législatif et pouvoir exécutif ; le concept de « loi » lui est étranger. La légalité communautaire se déploie en dehors des schèmes traditionnels de la légalité « législative » étatique. Pire, le droit communautaire – au nom de sa primauté absolue et inconditionnelle – supplante même la loi nationale au sein des ordres juridiques nationaux y compris dans ceux où celle-ci constitue la norme suprême de l'ordre étatique. Cette tendance est encore plus nette en droit européen des droits de l'homme. La CourEDH a retenu une conception extrêmement large et informelle de la légalité. Le principe de légalité se trouve ainsi largement « *dé-légalisée* »[140]. D'aucuns s'indigneront d'une atteinte grave au modèle traditionnel de l'Etat de droit identifié au règne sans partage de la légalité. Pourtant, cette image doit être nuancée. Le Droit européen ne ferait que cristalliser une évolution en cours depuis plusieurs décennies au sein des ordres juridiques nationaux, caractérisée par une multiplication des foyers de droit, la dilution du pouvoir symbolique de la loi et le rôle croissant des tribunaux chargés d'interpréter, de contrôler, voire même de compléter la loi. En s'intéressant aux qualités de la règle de droit plutôt qu'aux formes qu'elle peut revêtir, la CourEDH se préoccupe avant tout de l'effectivité de la protection des droits fondamentaux ; en encadrant l'autonomie institutionnelle et procédurale des Etats membres, la CJCE privilégie également le fond (l'effectivité de la mise en œuvre de la norme) à la forme. Comme le souligne Elias Kastanas, le Droit européen mettrait « *l'accent sur les failles de la pyramide normative, au lieu de s'intéresser au perfectionnement de son architecture* »[141]. Finalement, domine la volonté d'assurer *effectivement* la primauté de la règle de droit dans le respect de l'équité. Le formalisme rigoriste que le modèle formel de l'Etat de droit véhiculait traditionnellement cède progressivement le pas à un modèle complexe de l'Etat de droit traversé par des logiques contradictoires mais restant « ordonné » autour de valeurs éthiques ou d'objectifs économiques fondamentaux.

§2 - LA SECURITE JURIDIQUE, UN PRINCIPE *REGULATEUR* DU MODELE EUROPEEN DE L'ETAT DE DROIT

354. Le principe de sécurité juridique fait figure de véritable paradigme organisationnel de l'ordre juridique libéral[142], et donc de l'Etat de droit[143], en ce

---

[140] Selon l'expression de Mireille Delmas-Marty, in M. DELMAS-MARTY, *Pour un droit commun, op.cit.*, p. 77.

[141] E. KASTANAS, *op.cit.*, p. 68.

[142] G. ROBLES MORCHON, « La Cour de justice des Communautés européennes et les principes généraux du droit », *WP*, n°88/350, IUE, Florence, 1988, p. 15.

[143] P. KUNIG, *Das Rechtsstaatsprinzip*, *op.cit.*, p. 195 et les références citées ; W. ZIMMER, « Allemagne », Table ronde Constitution et sécurité juridique, *AIJC*, XV, 1999, p. 91 ; A.E. PEREZ LUÑOZ, *La seguridad juridica*, Barcelona, Ariel, 1991, p. 7.

qu'il permettrait, d'une part, à chaque individu, *réputé* libre et autonome[144], de se déterminer en toute liberté en lui permettant de prendre la mesure des implications normatives de ses actes et, d'autre part, de limiter l'arbitraire des autorités publiques[145]. Le droit dans un Etat de droit doit ainsi comporter certaines « *qualités* »[146] formelles fondamentales assurant ces exigences[147]. Lon Fuller parle de la « *moralité interne du droit* » qui seule peut rendre le droit possible (*the morality that makes law possible*)[148]. En ce que le principe de sécurité juridique assure à chaque citoyen lisibilité et confiance dans ce qui constitue le droit en un moment donné et ce qui, selon toute probabilité, sera le droit dans l'avenir, il assure la prévisibilité de la règle de droit et, par extension, la stabilité de l'ordre juridique. Il constitue ainsi un principe stabilisant et régulateur de l'Etat de droit[149].

355. A l'image de l'Etat de droit dont il est le corollaire comme le soulignent les cours constitutionnelles allemande, espagnole et portugaise[150], le discours relatif à la sécurité juridique a connu un regain d'actualité ces dernières années[151] à l'heure où

---

[144] « *Réputé* » car il ne s'agit que d'un postulat - voire d'une fiction - de la société libérale. En réalité, l'autonomie de l'individu est toute relative dans la mesure où elle est évidemment fonction d'un contexte culturel, économique et social (E. SANTORO, *Autonomia individuale, libertà e diritti. Una critica dell'antropologia liberale*, Pisa, Ets,1999, p. 25 et ss ; également, E. DIAZ, *Estado de derecho y Sociedad democrática*, 9ème éd., Madrid, Taurus, 1998, p. 123 et ss). Prenons par exemple l'interprétation libérale du principe du *Due process of law* retenue par la Cour suprême des Etats-Unis. Les juges de la Cour suprême ont considéré que l'imposition d'une durée maximale du travail contrevenait à la clause du *Due process of law* en ce qu'elle portait atteinte au principe de l'autonomie individuelle dont l'une des manifestations est l'autonomie contractuelle. Or à l'évidence la mesure de l'autonomie contractuelle est toute relative : il n'est pas sûr que l'employé et l'employeur disposent à cet égard d'une « autonomie » équivalente...

[145] Il suffit de rappeler la société décrite par G. Orwell dans *1984* pour se rendre compte que le « changement des règles du jeu en cours de partie » est l'arme suprême du totalitarisme (G. HAARSCHER, « Owell et la rétroactivité », *Mélanges offerts à R. Van der Elst*, Bruxelles, Nemesis, t.I, 1986, p. 367). Plus généralement, M. FROMONT, « RFA : L'Etat de droit », *RDP* 1984, sp. 1212-1213 ; O. PFERSMANN, « Regard externe sur la protection de la confiance légitime en droit constitutionnel allemand », RFDA, 2000, sp. 243 ; « Prolégomènes pour une théorie normativiste de « l'Etat de droit » », *in* O. JOUANJAN (dir.), *Les figures de l'Etat de droit, op.cit.*

[146] La CourEDH parle de « *qualité de la loi* », CourEDH, 2 août 1984, *Malone c. Royaume-Uni*, Série A, n°82.

[147] En ce sens, la définition de l'Etat de droit proposée par Otto Pfersmann : « « 1) des formulations de normes suffisamment précises pour que leur application a) permette une orientation claire aux destinataires, b) ne laisse que la plus faible place à l'arbitraire et c) que l'on puisse vérifier la conformité de l'application aux normes de référence ; 2) des procédures permettant de contrôler effectivement l'application aux normes du rang supérieur selon le rapport de production », in L. FAVOREU *et alii*, *op.cit.*, pp. 107-108.

[148] L. FULLER, *The Morality of the Law*, revised ed., New Haven/londres, Yale University Press, 1969

[149] S. CALMES, *Du principe de protection de la confiance légitime en droits allemand, communautaire et français*, Paris, Dalloz, 2001,sp. 163.

[150] *Cf. supra*, n°216.

[151] Au cours de ces dernières années, la sécurité juridique a fait l'objet d'une soudaine et abondante littérature. On citera en particulier, J. BOULOUIS, « Quelques observations à propos de la sécurité juridique », *Liber amicorum P. Pescatore, op.cit.*, pp. 53-58 ; M. HEERS, « La sécurité juridique en droit administratif français : vers une consécration du principe de confiance légitime », *RFDA*, 1995, p. 963 ; M. FROMONT, « Le principe de sécurité juridique », *AJDA, spécial*, 1996, pp. 178-184 ; B. PACTEAU, « La sécurité juridique : un principe qui nous manque ? », *AJDA, spécial*, 1995, p. 151 et ss ; G.

l'évolution de la normativité juridique contemporaine est marquée par une plus grande flexibilité dans la régulation juridique[152]. La réactivation du thème de la sécurité juridique répondrait ainsi à l'insécurité croissante d'un droit contemporain marqué par le foisonnement anarchique des textes juridiques, la socialisation de l'espace public juridique ou la prévalence d'exigences éthiques dans la régulation juridique[153] : certains y ont vu la marque du « *déclin du droit* »[154] , voire la « *fin de l'Etat de droit* »[155]. L'idée de sécurité juridique doit être reconsidérée[156].

356. Il reste que l'autonomie d'un tel concept est sujette à caution[157]. Qualifié de « *principe matriciel* » (Zimmer), de « *principe fédérateur* » (Mathieu) ou encore de « *sur-principe* » (Zagrebelsky), la doctrine voit dans le principe de sécurité juridique un principe parapluie (*umbrella term*) en passe de devenir un « *fourre-tout* »[158] dont la définition ne peut être donnée que par le catalogue des principes (sous-principes[159]) qui en seraient les composants ou les différentes « *facettes* »[160], catalogue lui-même largement indéterminé : derrière le principe de sécurité juridique se cache en vérité une pluralité d'exigences (la stabilité, la prévisibilité, la certitude et/ou la clarté des règles et des situations juridiques), formalisées dans différents principes tels que les principes de confiance légitime, de bonne foi, de non-rétroactivité, de publicité, de respect des droits acquis *etc.* variant selon les auteurs et les système juridiques. Qui plus est, la délimitation des contours du principe de sécurité juridique est difficile à déterminer tant ils se chevauchent avec d'autres principes connexes comme la légalité, l'équité ou encore la confiance légitime[161]. Le

---

PELISSIER, « Développements récents de l'impératif de sécurité juridique », *LPA*, 20 février 1998, n°22, p. 6 ; D. LABETOULLE, « Principe de légalité et principe de sécurité », *Mélanges en l'honneur de G. Braibant, op.cit.*, p. 403 et ss ; B. MATHIEU, « La sécurité juridique un produit d'importation désormais « made in France », *Recueil Dalloz*, 2000, n°4 ; « La sécurité juridique, un principe clandestin mais efficient », *Mélanges Gélard*, 1999 ; F. TULKENS, « Accélération du temps et sécurité juridique : poison et contre-poison », P. GERARD, F. OST et M. VAN DE KERCHOVE (dir.), *L'accélération du temps juridique*, Bruxelles, Publication des Facultés universitaires Saint-Louis, 2000, pp. 469-488 ; « La sécurité juridique : un idéal à reconsidérer », *RIEJ*, 1990, p. 25 et ss ; L. VALPAILLE, « Le principe de sécurité juridique, réalité et avenir en droit administratif français », *LPA*, 10 août 1999, n°158, p. 21 ; Table ronde « Constitution et sécurité juridique », *Annuaire international de justice constitutionnelle*, XV, 1999 ; Rapport public du Conseil d'Etat, *De la sécurité juridique*, EDCE, 1991, n°43, p. 15 et ss.

[152] J. CHEVALLIER, « Vers un droit post-moderne ? Les transformations de la régulation juridique », *RDP*, 1998, sp.677 et ss.

[153] A.E. PEREZ LUÑO, *La seguridad juridica*, Barcelona, Ariel, 1991, p. 7

[154] G. RIPERT, *Le déclin du droit. Etudes sur la législation contemporaine*, Paris, LGDJ, 1949.

[155] J-P. HENRY, « Vers la fin de l'Etat de Droit ? », *RDP*, 1977, pp.1207-1235.

[156] F. TULKENS, « La sécurité juridique : un idéal à reconsidérer », *RIEJ*, 1990, p. 25.

[157] Le professeur Chapus considère que « *le principe général de sécurité juridique », « réduit à lui-même [...] a une portée tellement générale qu'il est frappé d'insignifiance* », R. CHAPUS, *Droit administratif général, op.cit.*, p. 96.

[158] Par exemple, F. OST, *Le temps du droit, op.cit.*, p. 151.

[159] P. KUNIG, *op.cit.*, p. 34.

[160] R. CHAPUS, *op.cit.*, p. 97.

[161] Otto Pfersmann observe que « *s'il convenait d'éliminer tous les domaines concernés par la hiérarchie qualifiée des normes [...] par la rétroactivité et ses spécifications [...], par la légalité [...] et par les qualités épistémiques de la loi [...], l'on voit mal ce qui resterait à un éventuel principe de sécurité juridique.* », *AIJC*, 1999, sp. 112.

droit comparé vient, à cet égard, largement appuyer ce double constat de variabilité et d'indétermination du concept de sécurité juridique[162]. Inconnu en tant que tel en droit français[163], le principe de sécurité juridique n'est consacré expressément que par la Constitution espagnole de 1978[164]. Mais c'est en Allemagne que le principe de sécurité juridique a fait l'objet des développements jurisprudentiels constitutionnels les plus importants : le juge constitutionnel allemand le considère comme un impératif de valeur constitutionnelle dérivé du principe général de l'Etat de droit et comme la condition de base de la constitution fédérale ainsi que la condition préalable pour l'exercice de la liberté[165].

357. Imprégné de cette conception allemande[166], le Droit européen consacre largement le principe de la sécurité juridique[167] comme l'a souligné la Cour européenne des droits de l'homme dans l'affaire *Marckx c. Belgique* du 13 juin 1979 en rappelant que « *le principe de sécurité juridique [est] nécessairement inhérent au droit de la Convention comme au droit communautaire* »[168]. Il contribuerait même en retour à sa promotion et sa consolidation en Europe[169]. L'objet de ce paragraphe est d'essayer de tracer les contours du concept européen de sécurité juridique en tant que principe fondamental du modèle européen de l'Etat de droit[170].

Mais même en Droit européen où le principe de sécurité juridique fait l'objet d'une abondante jurisprudence, la systématisation de ce principe n'est pas aisée en

---

[162] J. SCHWARZE, *op.cit.*, p 913 et ss.

[163] Ni le droit administratif français ni le droit constitutionnel français n'ont formellement consacré le principe de sécurité juridique, même si certains principes de droit administratif en découlent largement tels que le respect des droits acquis et le principe de non-rétroactivité, B. PACTEAU, *op.cit.*, p. 151 ; M. FROMONT, *op.cit.*, p. 178 ; B. MATHIEU, « La sécurité juridique un produit d'importation désormais « made in France » », *Recueil Dalloz*, 2000, n°4, Point de vue p. VII ; J. SCHWARZE, *op.cit.*, p. 920.

[164] Art. 9 al. 3 de la Constitution espagnole : « *La Constitution garantit le principe ... de la sécurité juridique...* ».

[165] *BverfGE*, 72, 200 (257).

[166] J. SCHWARZE, *op.cit.*, p. 985.

[167] Sur l'approche européenne du principe de sécurité juridique, I. FOURNOL, *Le principe de sécurité juridique en droit communautaire et en droit administratif français*, Thèse, Paris II, 1999, 470p ; J. SCHWARZE, *op.cit.*, p. 985 et ss ; J. BOULOUIS, *op.cit.*, pp. 53-58 ; M. FROMONT, « Le principe de sécurité juridique », *AJDA, spécial*, 1996, pp. 178-184 ; Fr. HUBEAU, « Le principe de protection de la confiance légitime dans la jurisprudence de la CJCE », *CDE*, 1983, p. 143 ; J. MERTENS DE WILMARS et J. STEENBERGEN, « La notion de sécurité juridique dans la jurisprudence de la CJCE », *Mélanges R. Legros*, éd. ULB, Bruxelles, 1985, p. 449 ; C. NAOME, « La notion de sécurité juridique dans la jurisprudence de la Cour de justice et du Tribunal de première instance des Communautés européennes », *Rivista di diritto europeo*, n°2, 1993, pp. 223-258 ; R-E PAPADOPOULOU, *Principes généraux du droit et droit communautaire. Origines et concrétisations*, Sakkoulas/Athènes, Bruylant/Bruxelles, 1996, pp.197-242 ; M-H. PLANCHON, « Le principe de confiance légitime devant la CJCE », *RRJ*, 1994, p. 459 ; L. SERMET, « Rétroactivité et Convention européenne des droits de l'homme », *RFDA*, 1998, p. 995.

[168] CouEDH, 13 juin 1979, *Marckx c. Belgique*, Série A, n°31.

[169] *Cf. infra*, n°512 et ss.

[170] Notons cependant que la Cour de justice ne fait pas dériver le principe de sécurité juridique du principe de l'Etat de droit (*mutatis mutandis*, Communauté de droit) à la différence de la Cour constitutionnelle allemande (*BverGE* 13, 261 (271)), même s'il constitue à ses yeux un « *principe général (...) inhérent à l'ordre juridique communautaire* » (CJCE, 27 mars 1980, *Denkavit*, aff. 61/79, *Rec.* 1205).

raison de la « *fluidité* »[171] de ses contours : d'abord, parce que le juge européen n'en donne aucune définition très précise et n'en tirerait surtout aucune conséquence déterminante, ce qui conduit une partie de la doctrine à le considérer comme vide de contenu[172] ou comme une « *directive de conduite dont la méconnaissance ne saurait, à elle seule, justifier l'imposition de sanctions* »[173]; ensuite, parce que son autonomie vis-à-vis de notions connexes telles que la légalité[174] ou la confiance légitime[175] n'est pas clairement établie ; de plus, parce qu'il n'est pas rare qu'il serve à justifier des décisions étrangères à sa logique et soit invoqué à l'appui de solutions totalement contradictoires[176] ; enfin, parce que le Droit européen s'accommode lui-même d'une certaine « insécurité juridique »[177] en raison notamment de la prolifération de notions « molles » à contenu variable constitutives d'une « logique floue »[178].

358. Si l'on veut essayer alors de reconstruire un principe de sécurité juridique à partir des jurisprudences européennes, il faut donc procéder pas à pas. On peut tout d'abord partir des exigences que le juge européen fait dériver *expressis verbis* du principe de sécurité juridique.

---

[171] C. NAOME, *op.cit.*, p. 223.

[172] J. BOULOUIS, « Quelques observations à propos de la sécurité juridique », *op.cit.*, p. 57 ; J. BOULOUIS et R-M CHEVALLIER, *Grands arrêts de la Cour de justice des Communautés européennes*, Dalloz, t.1, 6ème éd., 1994, n°15, p. 76.

[173] R-E. PAPADOPOULOU, *op.cit.*, p. 208.

[174] Cela est vrai tant en droit européen des droits de l'homme qu'en droit communautaire. On sait que la Cour européenne des droits de l'homme a dégagé un principe de sécurité juridique en creux à partir d'une conception matérielle de la légalité. Quant à la question de savoir lequel du principe de sécurité juridique ou de légalité doit l'emporter, la Cour de justice des Communautés européennes retient une conception très pragmatique de la question : pour elle, « *le principe de sécurité juridique, tout important qu'il soit, ne saurait s'appliquer de façon absolue, mais [...] son application doit être combinée avec celle du principe de légalité ; [...] la question de savoir lequel de ces deux principes doit l'emporter dans chaque cas d'espèce dépend de la confrontation de l'intérêt public avec les intérêts privés en cause [...]* », CJCE, 22 mars 1961, *SNUPAT*, aff. 42 et 49/59, *Rec.* 159.

[175] J-P. PUISSOCHET, « Vous avez dit confiance légitime ? (le principe de confiance légitime en droit communautaire) », in *Mélanges Braibant*, *op.cit.*, sp.585-586 ; J. SCHWARZE, *op.cit.*, p. 995 ; D. SIMON, « La confiance légitime en droit communautaire : vers un principe général de limitation de la volonté de l'auteur de l'acte ? », *Etudes à la mémoire du Professeur Alfred Rieg*, Bruxelles, Bruylant, 2000. Cette question n'est d'ailleurs pas propre au droit européen. La question de l'autonomie du principe de confiance légitime à l'égard du principe de sécurité juridique divise la doctrine allemande en raison des importantes difficultés qu'elle soulève. Voir sur ce point, W. ZIMMER, « Rapport Allemagne », *AIJC*, 1999, pp. 96-98 ; M. BULLINGER, « Vertauenschutz im deutschen Verwaltungsrecht in historische-kritischer Sicht », *JZ*, 1999, p. 907 et ss. Cf. *Infra*.

[176] Voir les exemples donnés par S. CALMES, *op.cit.*, p. 157. L'auteur souligne par exemple que le principe de sécurité juridique, présenté comme un facteur de stabilité du système des voies de recours (CJCE, 12 octobre 1978, aff. 156/77, *Rec.* 1881), a également servi de justification à un raisonnement conduisant à méconnaître la structure et l'équilibre de ce même système (CJCE, 15 octobre 1980, *Roquette*, aff. 138/79, *Rec.* 3333).

[177] S. VAN DROOGHENBROECK, *op.cit.*, pp. 653-705. Cet auteur montre combien la mise en œuvre du principe de proportionnalité par la Cour européenne des droits de l'homme peut porter atteinte au principe de sécurité juridique.

[178] M. DELMAS-MARTY, « Vers une autre logique juridique : à propos de la jurisprudence de la Cour européenne des droits de l'homme », *Recueil Dalloz*, Chr. XXXV, 1988, p. 223.

La jurisprudence de la CourEDH est bien pauvre en la matière. En effet, la Cour n'use de la notion de « *sécurité juridique* » qu'avec parcimonie[179]. Si la Cour a pu, à l'occasion, affirmer que « *le principe de sécurité juridique* » est « *inhérent au droit de la convention* »[180], qu' « *un impératif de sécurité juridique se reflète dans la Convention* »[181] ou encore que la prééminence du droit exige « *la sécurité dans les rapports juridiques* »[182], l'essentiel de la jurisprudence « *sécuritaire* » de la Cour réside ailleurs, à savoir dans son interprétation qualitative de la légalité (accessibilité et prévisibilité de la « *loi* ») dont la Cour a toutefois expressément affirmé le lien avec la sécurité juridique[183]. Mis à part le rattachement du principe de non-rétroactivité au principe de sécurité juridique clairement affirmé par la Cour dans l'affaire *Marckx contre Belgique*, il est presque impossible d'identifier un principe de sécurité juridique *à partir de ce qu'en dit* la Cour.

La jurisprudence de la CJCE est en revanche plus éclairante sur ce point. Qualifié selon les cas de « *principe général inhérent à l'ordre juridique communautaire* »[184] ou « *d'exigence fondamentale* »[185] et identifié à une « *règle de droit supérieure* » dont la violation est susceptible d'entraîner la responsabilité extracontractuelle de la Communauté[186], le principe de sécurité juridique occupe une place « *axiomatique* »[187] au sein d'un ordre juridique communautaire prétendant au titre de *Communauté de droit*[188]. Le juge communautaire rattache directement au principe de sécurité juridique un certain nombre d'exigences. La première de celles-ci est la clarté et la prévisibilité des règles juridiques : la Cour de justice souligne, par exemple, que « *le respect du principe de sécurité juridique* » implique que « *la législation communautaire* » soit « *claire et prévisible pour les justiciables* »[189]. Le principe de non-rétroactivité dérive également directement du principe de sécurité juridique dont il constitue une spécification comme l'a rappelé la Cour de justice dans l'affaire *Racke* du 25 janvier 1979[190]. De même, la Cour de justice considère, à l'instar de la Cour constitutionnelle allemande[191], qu'il existe « *un rapport interne*

---

[179] M. DE SALVIA, « La place de la notion de sécurité juridique dans la jurisprudence de la Cour européenne des droits de l'homme », *Les Cahiers du Conseil Constitutionnel*, n°11, 2001, p. 93 et ss.
[180] Arrêt, *Marckx c. Belgique* , précité, §58.
[181] CourEDH, 15 décembre 1992, *De Geouffre de la Pradelle c. France*, Série A, n°253-B, §26.
[182] CourEDH, 28 octobre 1999, *Brumarescu c. Roumanie*, JCP, 2000, I, p. 203, obs. Sudre.
[183] Dans l'affaire *Sunday Times* (précit.), la Cour a proclamé qu'à ses yeux « *la loi n'est pas tout texte ou norme juridique, il faut y inclure nécessairement un principe de sécurité juridique. Cette philosophie de la loi dérive de la conception de la démocratie qu'entend promouvoir la Convention* ».
[184] CJCE, 10 février 2000, *Schröder*, aff. C-50/96, *Rec.* I-743.
[185] CJCE, 14 juillet 1972, *Imperial Chemical Industries*, aff. 48/69, *Rec.* 619.
[186] CJCE, 14 mai 1975, *CNTA*, aff. 74/74, *Rec.* 533.
[187] R-E PAPADOPOULOU, *op.cit.*, p. 208.
[188] L'importance attachée par le juge communautaire au principe de sécurité juridique peut s'expliquer par la nature largement économique du droit communautaire qui impose une certaine souplesse de la normativité et surtout l'utilisation d'un large pouvoir discrétionnaire étant susceptibles d'instaurer une certaine instabilité juridique. L. IDOT, « L'insécurité dans le droit communautaire », *Entretiens de Nanterre, 16-17 mars 1990, JCP, Entr.*, 24 nov. 1990, supplément 6, p. 33.
[189] CJCE, 12 novembre 1981, *Salumi*, aff. 212-217/80, *Rec.* 2735.
[190] CJCE, 25 janvier 1979, *Racke*, aff. 98/78, *Rec.* 69.
[191] *BverfGE* 2, 280 (403).

de dérivation »[192] entre les principes de sécurité juridique et de confiance légitime[193] même si le principe de la protection de la confiance légitime peut être appliqué sans référence au principe de sécurité juridique, voire même conçu de manière autonome[194]. La productivité normative du principe de sécurité juridique se déploie enfin à travers l'exigence du respect des droits acquis même si la Cour de justice n'établit pas expressément un lien direct entre les deux. Au total donc, les exigences de non-rétroactivité, de clarté et prévisibilité, de protection de la confiance légitime et de respect des droits acquis constituent des spécifications du principe général de sécurité juridique selon la Cour de justice[195].

359. Se dégage ainsi une certaine idée de la sécurité juridique que l'on peut résumer pour l'essentiel à une exigence de prévisibilité de la règle de droit.[196]. De cette première approximation du principe de sécurité juridique tel qu'entendu par le juge européen, il est possible de systématiser, à partir des jurisprudences européennes, l'ensemble des principes qui peuvent se rattacher à cette exigence générale de prévisibilité, en distinguant les exigences cognitives de la prévisibilité exprimant la dimension qualitative de la sécurité juridique (**A**) de celles dérivant de sa dimension temporelle (**B**).

A. La sécurité juridique en tant que prévisibilité cognitive de la règle de droit : la qualité du droit

360. La CourEDH et la CJCE attachent toutes deux une attention toute particulière à la qualité de la règle de droit : il s'agit d'assurer la détermination du droit, avec le plus de précision possible, en vue de la prévisibilité et la calculabilité de l'action des pouvoirs publics. Cependant, le fondement conceptuel de cette exigence qualitative de la règle de droit diffère dans les deux systèmes européens : la CourEDH fait dériver cette exigence du principe de légalité (**1**) ; la CJCE quant à elle, rattache pour l'essentiel cette exigence au principe de sécurité juridique (**2**).

1) Le « qualité de la loi » au sens de la Convention européenne des droits de l'homme

361. *Le principe* - Nous avons déjà dit que la CourEDH ne s'attachait pas à la nature de la règle de droit mais à ses qualités : son unique souci est celui de savoir si

---

[192] J. SCHWARZE, *op.cit.*, p. 996.

[193] La Cour de justice recourt souvent à la formule suivante : « *le principe de sécurité juridique en vertu duquel la confiance légitime des intéressés mérite protection (Vertauensschutz)* », CJCE, 4 juillet 1973, *Westzucker*, aff. 1/73, *Rec.* 723.

[194] Voir, J-P. PUISSOCHET, *op.cit.*, sp.585-586 ; J. SCHWARZE, *op.cit.*, p. 995.

[195] R-E PAPADOPOULOU, *op.cit.*, p. 198 ; J. SCHWARZE, *op.cit.*

[196] B. MATHIEU, « Rapport France », *AIJC*, 1999, p. 157 ; W. ZIMMER, « Rapport Allemagne », *AIJC*, 1999, p. 99 ; M. HEERS, *op.cit.*, p. 963 ; M. FROMONT, *op.cit.*, p. 179.

la règle de droit pertinente est suffisamment *accessible*, *claire et précise* pour les individus[197].

Tout d'abord, la « loi » doit être suffisamment accessible. En d'autres termes, le citoyen doit pouvoir « *disposer de renseignements suffisants, dans les circonstances de la cause, sur les normes juridiques applicables à un cas donné* »[198]. En pratique, cette exigence d'accessibilité se confond pour l'essentiel avec une exigence de publication de la règle de droit. Par exemple, dans l'affaire *Amuur c. France* du 25 juin 1996, la Cour a estimé que le maintien d'étrangers en zone de transit avec pour seul fondement « légal » une circulaire non publiée ne répondait pas aux exigences d'accessibilité de la « loi ». En revanche, dans l'affaire *Groppera Radio AG et autres* du 28 mars 1990, la Cour a jugé que le fait qu'un règlement international de radiocommunication de plus de 1000 pages ne soit pas publié *in extenso* dans le Recueil officiel suisse ne portait pas atteinte à l'accessibilité de la loi dès lors que ce document, en raison de la haute technicité de la matière, s'adressait à des spécialistes qui pouvaient aisément se le procurer à partir des indications fournies par le Recueil officiel suisse[199]. Ainsi, l'accessibilité de la norme n'est pas mise en défaut lorsque celle-ci n'est « consultable » que par un groupe restreint de personnes[200].

Ensuite, il faut que la « loi » soit suffisamment *claire* et *précise* pour être *prévisible*. La Cour considère en effet que l'on « *ne peut considérer comme une loi qu'une norme énoncée avec assez de précision pour permettre au citoyen de régler sa conduite, en s'entourant au besoin de conseils éclairés, il doit être à même de prévoir, à un degré raisonnable dans les circonstances de la cause, les conséquences de nature à dériver d'un acte déterminé»* [201]. La « loi » doit ainsi « *user de termes assez clairs pour indiquer à tous de manière suffisante en quelles circonstances et sous quelles conditions* »[202] elle habilite la puissance publique à porter atteinte à un droit protégé par la Convention. En d'autres termes, la « loi » doit indiquer avec assez de clarté l'étendue et les modalités d'exercice du pouvoir d'appréciation des autorités publiques en la matière : toute « *loi conférant un pouvoir d'appréciation doit en fixer la portée* »[203]. Cela veut dire également que toute infraction « *doit être clairement définie par la loi* » de telle sorte que « *l'individu peut savoir, à partir du libellé de clause pertinente, et au besoin à l'aide*

---

[197] P. WACHSMANN, *op.cit.*, p. 270 ; M. DELMAS-MARTY, « Légalité pénale et prééminence du droit selon la CEDH », *op.cit.*, p. 154.

[198] En ce sens, CourEDH, 26 avril 1979, *Sunday Times*, Série A, n°30, § 47 ; CourEDH, 25 mars 1983, *Silver et autres*, Série A, n°61, §88 ; CourEDH, 2 août 1984, *Malone*, Série A, n° 82, §66.

[199] CourEDH, 28 mars 1990, *Groppera Radio AG et autres*, Série A, n°173 ; dans le même sens, CourEDH, 22 mai 1990, *Autronic AG c. Suisse*, Série A, n°178.

[200] *Ibid.* ; également, CourEDH, 19 décembre 1994, *Vereinigung Demokratischer Soldaten Östereichs et Gubi c. Autriche*, Série A, §31.

[201] Arrêt *Sunday Times*, précité, § 47 ; CourEDH, 20 mai 1999, *Rekvény c. Hongrie*, §35.

[202] Arrêt *Malone*, *précité* §67.

[203] Arrêt *Silver et autres*, précité.

de son interprétation par les tribunaux, quels actes et omissions engagent sa responsabilité »[204]. Ainsi, la jurisprudence doit être comprise comme permettant de prévoir l'interprétation de la règle de droit. La définition d'une infraction par la jurisprudence remplit les conditions de prévisibilité du droit dès lors qu'elle est publiée et accessible.

362. *Un principe relatif* - Pour autant, ces exigences ne sont pas absolues comme la Cour le souligne très précisément dans l'affaire *Sunday Times* : « *[les conséquences] n'ont pas besoin d'être prévisibles avec une certitude absolue : l'expérience la révèle hors d'atteinte. En outre la certitude, bien que hautement souhaitable, s'accompagne parfois d'une rigidité excessive ; or le droit doit savoir s'adapter aux changements de situation. Aussi beaucoup de lois se servent-elles, par la force des choses, de formules plus ou moins vagues dont l'interprétation et l'application dépendent de la pratique* »[205]. Ce passage appelle plusieurs observations.

Tout d'abord, la Cour ne retient pas une conception « démagogique » de la transparence du droit[206]. Elle prend ici acte de l'évolution de la normativité juridique et de la haute technicité du droit que seul un individu « éclairé » par des spécialistes peut appréhender dans toute sa complexité[207]. La règle de droit est ainsi réputée prévisible non pas *in abstracto* pour tout individu, mais pour tout individu s'étant entouré des conseils appropriés. Il incombe à chacun de prendre toutes les précautions nécessaires afin d'être en mesure de connaître la loi. L'individu est ainsi pensé plus comme un être responsable que comme un être doté d'une raison pure : l'individu raisonnable est d'abord un individu responsable. Ce n'est qu'à partir de ce moment que la prévisibilité de la loi pourra être appréciée.

De plus, la Cour rejette également toute idée de certitude absolue du droit. La Cour semble admettre tout d'abord que la nature juridique de l'instrument en cause peut conditionner le niveau de prévisibilité exigé. Ainsi, dans l'affaire *Rekvényi contre Hongrie*, la Cour a jugé que compte tenu de « *la nature générale des dispositions constitutionnelles, le niveau de précision requis de ces dispositions peut être inférieur à celui exigé d'une législation* »[208] rejoignant sur ce point la jurisprudence traditionnelle de la Cour constitutionnelle allemande[209]. Du même coup, la Cour semble introduire une différenciation *ratione instrumentis* remettant en cause l'autonomie et l'unité conceptuelle de la « loi » au sens de la Convention[210].

De manière plus générale, il faut que la loi soit « *raisonnablement prévisible* »[211] ou « *prévisible à un degré raisonnable* »[212]. Autrement dit, la

---

[204] Arrêt *Kokkinakis c. Grèce*, précité.
[205] Arrêt *Sunday Times, précité* ; Arrêt *Rekvényi c. Hongrie*, précité.
[206] P. WACHSMANN, *op.cit.*, p. 272.
[207] En ce sens, J. CHEVALLIER, *op.cit.*, p. 688 ; M. DELMAS-MARTY, *op.cit.*, p. 203.
[208] Arrêt *Rekvényi c. Hongrie, précité*, §34.
[209] W. ZIMMER, *op.cit.*, sp. 99.
[210] *Cf. supra*, n°336.
[211] CourEDH, 29 octobre 1992, *Open Door et Dublin Well Woman c. Irlande*, Série A, n°246-A.

réalisation des « *éventualités envisageables* » doit pouvoir se rattacher raisonnablement à la norme ou aux normes applicables. Comme le souligne Patrick Wachsmann, « *seules les solutions surprenantes et inattendues iraient à l'encontre de ce que commande la prééminence du droit* »[213]. Un revirement de jurisprudence par exemple ne doit pas être considéré comme imprévisible au regard des exigences de sécurité juridique. L'affaire *S.W. c/ Royaume-Uni* du 22 novembre 1995 nous en fournit une parfaite illustration. En l'espèce le requérant avait été condamné pour le viol de sa femme alors qu'il soutenait qu'en vertu d'une jurisprudence anciennement et solidement établie (1736) la *common law* ne condamnait pas le viol entre époux. En cassation, le juge Lord Keith of Kinkel expliqua que la *common law* peut et doit évoluer pour refléter les changements survenus quant à la place des femmes dans la société et à l'institution du mariage. La Cour suivit ce même raisonnement et considéra que « *la jurisprudence, en tant que source du droit, contribue nécessairement à l'évolution progressive du droit pénal. On ne saurait interpréter l'article 7 de la Convention comme proscrivant la clarification graduelle des règles de la responsabilité pénale par l'interprétation judiciaire d'une affaire à l'autre, à condition que le résultat soit cohérent avec la substance de l'infraction et raisonnablement prévisible* [214]». La Cour a ainsi considéré que cette décision était raisonnablement prévisible en ce qu'elle ne faisait que suivre une tendance perceptible dans l'évolution de la jurisprudence à l'égard de l'immunité du mari au sein de l'institution du mariage. De plus, ce revirement de jurisprudence s'inscrivait dans un cadre de valeurs cohérent avec les principes fondamentaux de la société démocratique reposant sur le respect de la dignité et de la liberté de la personne humaine. On voit bien ici que la Cour s'attache plus au fond de l'affaire et aux valeurs fondamentales de la Convention qu'à une conception rigoureuse de la légalité criminelle[215]. Car si cette décision est sur le plan éthique parfaitement en accord avec les valeurs fondamentales d'une société démocratique, en revanche il est possible d'émettre quelques doutes quant à son adéquation avec les principes formels de l'Etat de droit et notamment quant à son respect de l'article 7 de la Convention en vertu duquel « *nul ne peut être condamné pour une action ou une omission qui, au moment où elle a été commise, ne constituait pas une infraction d'après le droit national ou international* ». Nous voyons là encore cet effritement progressif d'une conception rigide et formelle de la légalité dans un Etat de droit au profit d'une conception matérielle et éthique de celle-ci[216].

363. La prévisibilité de la règle de droit ne doit donc pas s'apprécier *in abstracto* mais dans le cadre mouvant de l'évolution de la société. La « *souplesse* » et

---

[212] CourEDH, 19 décembre 1994, *Vereinigung Demokratiscger Soldaten Österreichs et Gubi c. Autriche*, Série A, n°302.
[213] P. WACHSMANN, *op.cit.*, p. 274.
[214] Cour EDH, 22 novembre 1995, *S.W. c. Royaume-Uni*, Série A, n°335-C.
[215] R. KOERING-JOULIN, « Pour un retour à une interprétation stricte...du principe de légalité criminelle », *Liber amicorum Marc-André Eissen*, Bruylant, LGDJ, 1995, p. 247.
[216] M. DELMAS-MARTY, « Légalité pénale et prééminence du droit selon la CEDH », *op.cit.*, p. 154 .

« *l'adaptabilité* » font désormais partie des caractéristiques du droit *post-moderne* conçu essentiellement comme un droit pragmatique, sous-tendu par une volonté d'action sur le réel en fonction de principes éthiques exigeants[217]. La Cour fait sienne cette conception « évolutive » et « flexible » du droit en rappelant que « *le droit doit savoir s'adapter aux changements de situation* », cette adaptation incombant notamment au juge chargé de l'interprétation et de l'application du droit[218]. Et à cet égard, l'utilisation de termes peu précis n'est pas forcément de nature à porter préjudice à l'accessibilité et la prévisibilité du droit[219]. De même la prévisibilité de la loi n'est pas remise en cause par le fait que le droit est déterminé par des principes généraux du droit comme le rappelle la Cour dans l'affaire *Open Door et Dublin Well Woman c. Irlande* du 29 octobre 1992 qui a estimé qu'au regard de la conception que le droit irlandais se faisait en général de l'enfant à naître, la requérante pouvait prévoir raisonnablement qu'elle s'exposait à des poursuites en fournissant aux femmes enceintes des informations sur les possibilités de se faire avorter à l'étranger[220].

2) La qualité de la règle de droit au sens du droit communautaire

364. *Le principe* - La CJCE rappelle régulièrement, rejoignant en ce sens la CourEDH et la plupart des jurisprudences nationales en la matière[221], que « *la législation communautaire doit être certaine et son application prévisible pour les justiciables* »[222]. Il s'agit là d'une qualité fondamentale du « *principe de sécurité juridique qui exige que les règles de droit soient claires et précises, et vise à garantir la prévisibilité des situations et des relations juridiques relevant du droit communautaire* »[223].

L'accessibilité de la règle de droit s'identifie pour l'essentiel avec l'exigence de publicité. Dans le cadre du contrôle de l'effectivité de la mise en œuvre nationale du droit communautaire, la Cour de justice exige que les mesures nationales de transposition des directives satisfassent aux exigences de sécurité juridique en ce qu'elles remplissent notamment les conditions de publicité. Ainsi, la transposition d'une directive par voie de circulaire ou d'instruction de service interne à l'administration est jugée insuffisante pour remplir les conditions de publicité, de sécurité juridique et d'opposabilité aux administrés imposées pour l'application effective d'une directive[224]. Cette exigence de publicité s'applique bien entendu également au droit communautaire et conditionne même son opposabilité aux

---

[217] J. CHEVALLIER, *op.cit.*, p. 677.
[218] Cour EDH, 25 mai 1993, *Kokkinakis c. Grèce*, Série A, n°260 A.
[219] Cour EDH, 25 mars 1985, *Barthold c. Allemagne*, Série A, n°90.
[220] Cour EDH, 29 octrobre 1992, *Open Door et Dublin Well Woman c. Irlande*, Série A, n°246-A.
[221] J. SCHWARZE, *op.cit.*, p. 920 et ss.
[222] CJCE, 22 février 1984, *Kloppenburg c. Finanzamt Leer*, aff. 70/83, *Rec.* 1075 ; TPI, 7 février 1991, *Tagaras c. Cour de justice*, aff. jtes T-18/89 et T-24/89, *Rec.* II-55.
[223] CJCE, 15 février 1996, *Fintan Duff e.a.*, aff. C-63/93, *Rec.* I-569, §20.
[224] CJCE, 2 décembre 1986, *Commission c. Belgique*, aff. 239/85, *Rec.* 3645.

administrés : en effet, selon la Cour de justice, « *un principe fondamental dans l'ordre juridique communautaire exige qu'un acte émanant des pouvoirs publics ne soit pas opposable aux justiciables avant que n'existe pour ceux-ci la possibilité d'en prendre connaissance* »[225]. D'ailleurs, cette obligation de publication est inscrite dans les traités eux-mêmes : l'article 254 CE impose la publication des règlements et de tous les actes adoptés selon la procédure de codécision ; quant aux autres actes, ils doivent faire l'objet d'une notification à leurs destinataires, voire le cas échéant être publiés au Journal officiel[226].

Il faut ensuite que la règle de droit soit suffisamment claire et précise. Tout d'abord, le droit communautaire doit être « *lisible* »[227]. La réglementation communautaire doit être rédigée en termes non équivoques même si cette exigence est souvent appréhendée par la Cour de justice dans la perspective d'une application uniforme du droit communautaire[228]. Cette clarté « linguistique » vaut également lorsque qu'un Etat membre met en œuvre le droit communautaire[229] ; mieux, celui-ci est tenu de veiller à « *ce que la sécurité juridique ne soit pas compromise par une échéance résultant de l'incapacité du travailleur de comprendre la langue dans laquelle une décision lui est communiquée* »[230]. La diversité linguistique européenne peut soulever d'ailleurs d'innombrables difficultés du point de vue de la clarté des situations juridiques. Par exemple, la Cour de justice a estimé qu'une interprétation visant à tout prix à éliminer les divergences entres plusieurs versions linguistiques d'un texte communautaire en donnant la préférence à l'une de celles-ci peut s'avérer contraire au principe de sécurité juridique « *dans la mesure où un ou plusieurs des textes concernés sont susceptibles d'être interprétés d'une manière qui diffère du sens propre et usuel des mots* »[231].

L'exigence de clarté et de précision implique également que toute application d'un texte se réfère à l'état du droit en vigueur[232]. Cette obligation découle tout à la fois du principe de légalité et de sécurité juridique. Dans l'affaire, *France c. Commission* du 16 juin 1993, la Cour a souligné que « *cet impératif de sécurité juridique requiert que tout acte visant à créer des effets juridiques emprunte sa force obligatoire à une disposition du droit communautaire qui doit expressément être indiquée comme base légale et qui prescrit la forme juridique dont l'acte doit être revêtu* »[233]. Ainsi, l'exigence de clarté et de précision impose que tout acte normatif communautaire indique formellement la disposition du droit communautaire dont procède sa force obligatoire.

---

[225] CJCE, 25 janvier 1979, *Racke*, aff. 98/78, *Rec.* 69.
[226] CJCE, 15 décembre 1994, *A.G. Bayer*, aff. C-195/91 P, *Rec.* I-5619.
[227] D. SIMON, « La lisibilité du droit communautaire », *in* J. RIDEAU (dir.), *La transparence dans l'Union européenne, mythe ou principe juridique*, Paris, LGDJ, 1999, p. 79.
[228] CJCE, 9 juillet 1981, *Gondrand*, aff. 169/80, *Rec.* 1931.
[229] CJCE, 15 mars 1983, *Commission c. Italie*, aff. 145/82, *Rec.* 3119.
[230] CJCE, 18 février 1975, *Farrauto*, aff. 66/74, *Rec.* 157.
[231] CJCE, 3 mars 1977, *North Kerry Milk Products ltd*, aff. 80/76, *Rec.* 425.
[232] CJCE, 14 juillet 1971, *Henck*, aff. 12/72, *Rec.* 743.
[233] CJCE, 16 juin 1993, *France c. Commission*, aff. C-325/91, *Rec.* I-3283.

Cette exigence de clarté et de précision de la règle de droit revêt une importance toute particulière lorsque les réglementations en cause imposent des charges au contribuable. La Cour de justice estime à cet égard que « *le principe de sécurité juridique exige qu'une réglementation imposant des charges au contribuable soit claire et précise, afin qu'il puisse connaître sans ambiguïté ses droits et obligations et prendre ses dispositions en conséquence* »[234]. La Cour de justice dira même que, s'agissant d'une réglementation susceptible de comporter des conséquences financières, cet impératif s'impose « *avec une rigueur particulière* » afin « *de permettre aux intéressés de connaître avec exactitude l'étendue des obligations qu'elle leur impose* »[235].

Ce principe vaut également pour les Etats membres lorsqu'ils mettent en œuvre le droit communautaire. La Cour de justice rappelle régulièrement que lorsque les Etats membres transposent des directives, il doivent leur donner « *une exécution qui corresponde pleinement aux exigences de clarté et de certitude des situations juridiques voulues* »[236] dans la mesure où « *ce n'est qu'au moment de cette transposition qu'est créée la sécurité juridique nécessaire pour exiger des justiciables qu'ils fassent valoir leurs droits.* »[237]. D'une manière plus générale, les règles de droit adoptées par les Etats membres dans le cadre communautaire doivent être formulées de manière non équivoque[238] pour permettre aux particuliers de connaître de manière claire et précise leurs droits et obligations et aux juridictions d'en assurer le respect[239].

365. *Un principe relatif* - Si le principe de sécurité juridique constitue un principe axiomatique de l'ordre juridique communautaire, il ne revêt pas pour autant une intensité normative absolue. Il s'agirait même pour certains d'une simple « *directive de conduite dont la méconnaissance ne saurait à elle seule justifier l'imposition de sanctions* »[240].

Il en va ainsi de l'exigence de publication : ainsi, dans l'affaire *AKZO Chemie* du 23 septembre 1986, la Cour de justice a jugé que « *si le principe de la sécurité juridique et la nécessaire transparence des décisions administratives* » imposent à la Commission de publier la décision par laquelle elle habilite un de ses membres à ordonner aux entreprises de se soumettre à des vérifications, ce principe n'est pas violé lorsque la non-publication d'une telle décision « *n'a pas pour effet de priver les requérantes de la possibilité de contester la régularité ni de cette décision*

---

[234] Arrêt *Gondrand, précité*. pt. 26.
[235] CJCE, 15 décembre 1987, *Irlande c. Commission*, aff. 325/85, *Rec.* 5083 ; CJCE, 15 décembre 1987, *Pays-Bas c. Commission*, aff. 326/85, *Rec.* 5109 ; CJCE, 15 décembre 1987, *RFA c. Commission*, aff. 332/85, *Rec.* 5163.
[236] CJCE, 9 juin 1993, *Commission c. Italie*, aff. C-95/92, *Rec.* I-3126.
[237] CJCE, 25 juillet 1991, *Emmott c. Minister for Social Welfare et Attorney General*, aff. C-208/90, *Rec.* I-4292.
[238] CJCE, 22 février 1989, *Commission c. France et Royaume-Uni*, aff. jtes 92 et 93/87, *Rec.* 437.
[239] CJCE, 21 juin 1988, *Commission c. Italie*, aff. 257/86, *Rec.* 3263.
[240] R-E PAPADOPOULOU, *op.cit.*, p. 208.

ni de la décision prise en vertu de l'habilitation accordée »[241]. La Cour de justice a ainsi estimé à propos de l'admissibilité du retrait d'un acte administratif illégal ayant engendré des droits que « *cette allégation qui méconnaît le principe du respect de la sécurité juridique, tout important qu'il soit, ne saurait s'appliquer de façon absolue, mais que son application doit être combinée avec celle du principe de légalité* »[242]. La dialectique légalité/sécurité juridique se trouve inscrite au cœur de la problématique de l'Etat de droit et son articulation n'est possible qu'au prix de certains accommodements réciproques[243].

L'exigence de sécurité juridique ne doit pas entraver excessivement l'action des institutions. Il s'agit de trouver le juste équilibre entre l'efficacité administrative et l'effectivité de la protection individuelle, ce qui exclut toute conception rigide de la sécurité juridique. Dès lors que la Commission dispose d'une marge d'appréciation dans un domaine particulier, la Cour considère que « *le fait qu'elle utilise cette marge sans expliquer en détail et à l'avance les critères qu'elle envisage d'appliquer dans chaque situation concrète ne viole pas le principe de sécurité juridique* »[244].

366. Pour conclure ces développements relatifs à la « qualité » de la règle de droit européenne, il faut dire quelques mots sur la prolifération en Droit européen de notions « floues », au contenu indéterminé, susceptibles de brouiller la lisibilité et la prévisibilité de la règle de droit. « *Dans un ordre social caractérisé par la sécurité juridique, où chacun est censé connaître ses droits et obligations, d'où sont éliminés les controverses et les conflits résultant de l'ambiguïté de la loi et de l'indétermination de la loi* »[245], le recours à des notions indéterminées ou à des principes directeurs ne peut qu'effrayer le juriste. Les standards, en même temps qu'ils contribuent à l'affaiblissement de la prévisibilité de la norme, renforcent son adaptabilité en ce qu'en « *intégrant à la norme juridique d'autres normes, ils enrichissent le droit d'une prise directe sur les réalités vivantes du milieu professionnel ou social* »[246]. La norme juridique ainsi enrichie prend pied dans une réalité sociale évitant ainsi la clôture des systèmes juridiques sur eux-mêmes[247].

Ces standards et autres notions indéterminées, facteurs de désordre et d'imprévisibilité, ont investi le Droit européen[248] : notions de bonne foi, de nécessité

---

[241] CJCE, 23 septembre 1986, *AKZO Chemie*, aff. 5/85, *Rec.* 2585.

[242] CJCE, 22 mars 1961, *SNUPAT c. Haute Autorité*, aff. 42/59 et 49/59, *Rec.* 1961, vol. VII, p101.

[243] A. LABETOULLE, « Principe de légalité et principe de sécurité », *Mélanges G.BRAIBANT,op.cit.*, 1996, sp 404.

[244] CJCE, 5 octobre 1988, *Brother Industries Ltd c. Conseil*, aff. 250/85*Rec.* 1988 ; CJCE, 7 mai 1991, *Nakajima All Precision c. Conseil*, aff. C-69/89, *Rec.* I-2069.

[245] C. PERELMAN, « Les notions à contenu variable en droit, essai de synthèse », in C. PERELMAN et R. VANDER ESLT (dir.) , *Les notions à contenu variable en droit*, Bruylant, Bruxelles, 1984, p. 363.

[246] M. DELMAS-MARTY, *Pour un droit commun*, Paris, Seuil, p.124.

[247] *Ibid.*, p. 122.

[248] M. MELCHIOR, « Notions vagues ou indéterminées et lacunes dans la Convention européenne des droits de l'homme », *Mélanges Wiarda*, Carl Heymanns Verlag, 1989, p. 411 et ss ; H. BAUER-BERNET, « Notions indéterminées et droit communautaire », in C. PERELMAN et R. VANDER ESLT (dir.) , *Les notions à contenu variable en droit*, Bruxelles, Bruylant, 1984, p. 267 et ss ; D. SIMON, , « L'usage de

démocratique, de raisonnable etc. Ce « désordre » apparent, créé par un droit plus souple, plus flexible et moins déterminé, est compensé par l'existence de « principes directeurs » - parfois tout aussi indéterminés - mêlés de droit et de valeurs métajuridiques assignant un sens à l'évolution de la normativité juridique. Le renvoi aux exigences de « *la société démocratique* » en constitue sans doute l'exemple le plus significatif. La ConvEDH autorise qu'il soit porté atteinte à certains droits fondamentaux lorsque cela est « *nécessaire dans une société démocratique* »[249]. Or l'appréciation de ce qui est nécessaire dans une société démocratique fait appel à une grille d'évaluation dont chacun des éléments qui la constitue est largement indéterminé : « besoin social impérieux », « motifs pertinents et suffisants », « dangerosité » *etc.* La doctrine a pu ainsi montrer la relativité du critère de dangerosité, critère que le juge apprécie en fonction de son propre socle de valeurs[250]. Quant à la définition de la société démocratique, les éléments qui la composent sont tout aussi difficilement identifiables : prééminence du droit, pluralisme, tolérance, esprit d'ouverture *etc.*[251]. La Cour elle-même reconnaît que « *l'idée, que les Etats contractants se font des exigences [de la protection de la morale] varie dans le temps et dans l'espace, spécialement à notre époque* »[252]. Eu égard à une conception formaliste de l'Etat de droit et exigeante de la sécurité juridique, de telles indéterminations ne peuvent que faire craindre l'arbitraire. Dès lors que l'on introduit un paramètre éthique dans un jugement juridique, il est extrêmement difficile de distinguer ce qui relève d'une normativité éthique commune européenne de ce qui relève des valeurs éthiques individuelles du juge. Certains estiment que le désordre et l'indétermination des critères employés par le juge ne sont qu'apparents et relatifs puisque l'on se trouverait dans une autre logique juridique, dite non formelle ou « logique floue », permettant de prendre en compte la complexité du droit contemporain[253]. Le jugement de la Cour sur ce qui est nécessaire dans une société démocratiqué s'appuie sur des notions de référence qu'elle s'efforce de déterminer le plus possible : nous avons vu par exemple comment la Cour avait délimité les contours du principe de prééminence du droit[254]. Son raisonnement relève donc d'une certaine logique dans la mesure où il repose sur des critères identifiables. En revanche, son raisonnement relève de la logique du flou en ce que, notamment, les critères employés sont, en raison de leur faible détermination, évolutifs. Le raisonnement qui s'ensuit ne peut donc être strictement syllogistique en exigeant une stricte identité entre une situation juridique et le

---

concepts élastiques dans la jurisprudence internationale : impressionnisme ou réalisme ? », in *Rechtsverleigchung, Europarecht und Staatenintegration, Gedachtnisschrift fur Léontin-Jean Constantinesco*, Carl Heyman Verlag KG, Koln, Berlin, Bonn, Munchen, 1983, pp. 707-719

[249] Pour qu'une restriction d'un droit conventionnel soit acceptable aux termes de la Convention, il faut qu'elle 1)soit prévue par la loi ; 2) entre dans les cas visés aux article 8 à 11 et 3) nécessaire dans une société démocratique.

[250] M. DELMAS-MARTY, *op.cit.*, p. 153.

[251] Cour EDH, 26 avril 1979, *Sunday Times*, Série A, n°30, §65.

[252] Arrêt, *Handisyde c. Royaume-Uni, précité.*

[253] M. DELMAS-MARTY, « Vers une autre logique juridique : à propos de la jurisprudence de la Cour européenne des droits de l'homme », *Recueil Dalloz*, Chr. XXXV, 1988, p. 223.

[254] *Cf. Supra*, Chapitre précédent, Section II, §1.

modèle déterminé : entre l'appartenance (principe d'identité) et la non-appartenance (principe du tiers exclu), il y a place pour des situations intermédiaires correspondant à des degrés d'appartenance divers. Ce qui est nécessaire dans une société démocratique n'est plus apprécié en termes exclusifs d'identité mais en termes de compatibilité. La logique floue admet ainsi le principe de l'appartenance partielle d'une situation juridique à un modèle donné. En deçà d'un certain degré d'appartenance à la notion d'Etat-société démocratique, la mesure restrictive fera l'objet d'une condamnation. Elle offre ainsi une plus grande flexibilité et adaptabilité dans l'appréciation des phénomènes normatifs.

Le droit communautaire, qui pourtant est par ailleurs très détaillé au point d'affaiblir sa lisibilité, n'échappe pas à cette « logique floue » même si l'exigence d'uniformité propre à l'intégration communautaire implique un degré de flou moins élevé. Il n'en reste pas moins vrai que les concepts indéterminés et autres concepts élastiques expressions « *d'une normalité molle* »[255] sont légions en droit communautaire : il suffit d'évoquer à cet égard les concepts de « confiance légitime », « proportionnalité », de « raisonnable », « bonne foi communautaire », « équilibre » etc. La doctrine a pu depuis longtemps mettre en évidence le rôle fondamental de ces différentes notions dans le processus d'intégration juridique communautaire. La Cour de justice a su ainsi exploiter toutes les virtualités des concepts indéterminés des traités de Paris et de Rome pour consolider l'acquis communautaire et favoriser une lecture évolutive et dynamique de la « constitution » européenne[256]. Qui plus est, le flou des notions indéterminées permet d'introduire une certaine flexibilité jurisprudentielle permettant de combler la distance inévitable entre le droit et le fait[257]. Au total donc, ce que l'ordre juridique a perdu en certitude, il le gagne en flexibilité et adaptabilité. A cet égard, le Droit européen est un cas paradigmatique.

B. La sécurité juridique en tant que prévisibilité temporelle de la règle de droit

367. Nous viserons dans ce paragraphe l'ensemble des principes reliés à la sécurité juridique en tant que spécification de celle-ci dont la fonction principale est de vaincre les incertitudes liées à l'application du droit dans le temps[258]. Il en va ainsi des principes de non-rétroactivité (**1**) et de confiance légitime[259] (**2**) même si,

[255] D. SIMON, « L'usage de concepts élastiques dans la jurisprudence internationale : impressionnisme ou réalisme ? », *in Rechtsverleigchung, Europarecht und Staatenintegration, Gedachtnisschrift fur Léontin-Jean Constantinesco,* Carl Heyman Verlag KG, Koln, Berlin, Bonn, Munchen, 1983, sp. 709

[256] D. SIMON, *op.cit.*, p. 717 ; P. PESCATORE, « Aspects judiciaires de l'acquis communautaire » *RTDE*, 1981, p. 617 ; R. DEHOUSSE, *La Cour de justice des Communautés européennes*, Paris, Montchrestien, 1994, p 69 et ss

[257] D. SIMON, *op.cit.*, p. 718

[258] B. MATHIEU, *op.cit.*, p. 157 ; W. ZIMMER, *op.cit.*, p. 99

[259] Bien que considéré par le juge comme un principe général du droit communautaire(CJCE, 12 octobre 1978, *Belbouab*, aff. 10/78, *Rec.* 1915), nous écarterons de notre étude le principe des droits acquis en ce que le principe de confiance légitime l'intègre largement (J SCHWARZE, *op.cit.*, p. 913). Comme le souligne Sylvia Calmes, « *lorsque le concept de protection de la confiance légitime a trouvé une*

comme nous aurons l'occasion de le souligner, une telle catégorisation peut paraître artificielle en raison de la complémentarité et l'interdépendance de ces différents principes.

1) Le principe de non-rétroactivité

368. ***S'agissant du droit européen des droits de l'homme*** - La prévisibilité de la règle de droit implique que la règle de droit ne soit pas rétroactive. Le principe de la non-rétroactivité des lois en matière pénale est expressément consacré par la Convention elle-même (art. 7§1) et est considéré par la CourEDH comme un « *élément essentiel de la prééminence du droit* » occupant même « *une place primordiale dans le système de la protection de la Convention, comme l'atteste le fait que l'article 15 n'y autorise aucune dérogation en temps de guerre ou autre danger public* »[260]. Afin de protéger les individus, le principe de non-rétroactivité ne s'applique pas pour la loi pénale plus douce dès lors que son application « *est favorable au requérant* »[261]. En revanche, la Convention ne comporte aucune disposition relative à la rétroactivité des lois non pénales à la différence par exemple de l'article 2 du code civil français selon lequel « *la loi ne dispose que pour l'avenir ; elle n'a point d'effet rétroactif* ».

Cependant, la Cour a pu prendre en considération la rétroactivité d'une loi non pénale en ce qu'elle pouvait avoir des incidences sur le respect des obligations conventionnelles des Etats contractants : ainsi dans l'affaire *Pressos Compania Naviera S.A. et autres* du 20 novembre 1995, la Cour a condamné la Belgique au motif que la loi belge était rétroactive et ne ménageait pas « *un juste équilibre entre les intérêts en présence* »[262]. Par ailleurs, dans l'affaire *Zielinski et Pradal c. France* du 29 octobre 1999, la Cour s'est prononcée sur les effets d'une loi rétroactive sur une procédure judiciaire en cours au regard de l'article 6§1. Ainsi, la Cour a affirmé la prohibition de principe, fondée sur l'article 6 § 1 de la Convention, de l'intervention du pouvoir législatif tendant à instituer ou modifier de façon rétroactive un certain état de droit en vue d'influencer la solution judiciaire d'un litige ; mais elle réserve, par exception, le cas où une telle intervention serait justifiée par d'impérieux motifs d'intérêt général[263]. Enfin, la Cour a admis la

---

expression en droit positif, il n'y a pas lieu de l'évoquer [le principe des droits acquis] en tant que principe indépendant », S. CALMES, *Du principe de protection de la confiance légitime en droits allemand, communautaire et français*, Paris, Dalloz, 2001, p. 5, note 19. Egalement dans le même sens, F. PREVEDOUROU, *Le principe de confiance légitime en droit public français*, Institut d'histoire constitutionnelle hellénique et de droit constitutionnel, études 8, Droit et économie, P.N. Sakkoulas, 1998, sp. 89. Nous n'étudierons pas ici non plus les principes de « bonne foi » ou de « délai raisonnable » que la doctrine donne parfois comme une spécification du principe général de sécurité juridique. (I. FOURMOL, *op.cit.*, p. 209).

[260] CourEDH, 22 novembre 1995, *S.W et C.R. c. Royaume-Uni*, obs. P. TAVERNIER, *JDI*, 1996, pp. 267-269 ; J-P. COSTA, « Le principe de non-rétroactivité des peines devant la CEDH », *AJDA*, 1996, pp. 445-447.

[261] CourEDH, 27 septembre 1995, *Gragnic c. France*, Série A, n°325-A, §24.

[262] CourEDH, 20 novembre 1995, *Pressos Compania Naviera S.A. & autres c. Pays-Bas*, Série A, n°332.

[263] CourEDH, 28 octobre 1999, *Zielinski et autres c. France*, JCP, I, p.2203, obs. Sudre.

nécessité d'aménager les effets de ses arrêts dans le temps afin de préserver la sécurité des situations juridiques antérieurement constituées. En effet, déclarer dans une affaire donnée l'incompatibilité d'une règle interne avec la Convention peut porter atteinte aux situations juridiques constituées légalement en vertu de cette règle antérieurement à la condamnation de la Cour. Dans l'affaire *Marckx* du 13 juin 1979, la Cour a condamné la Belgique en raison des règles discriminatoires de son droit de la filiation[264]. Or une telle déclaration d'incompatibilité du droit national avec la Convention remettrait en cause la plupart des partages successoraux dans lesquels des enfants naturels avaient été inégalement traités si la portée de l'arrêt était rétroactive. La Cour a estimé qu'au nom du principe de sécurité juridique l'Etat belge était dispensé de remettre en cause les actes ou les situations juridiques antérieurs à la condamnation de la Cour. L'affaire *Vermeire* du 29 novembre 1991 en est une application[265]. La requérante belge s'appuyait sur la jurisprudence *Marckx* pour contester son exclusion de la succession de ses grand-parents en raison du « caractère naturel » de son lien de parenté. Ses grand-parents étaient décèdés l'un en 1975, l'autre en 1980. La Cour estime qu'il convient d'examiner les successions du grand-père et de la grand-mère, ouvertes respectivement avant et après la date du prononcé de l'arrêt *Marckx*. Dans le premier cas, s'agissant d'une situation juridique constituée antérieurement à l'arrêt *Marckx*, la requérante ne peut faire valoir ses droits successoraux ; dans le second cas, l'Etat belge doit se conformer aux conclusions de l'arrêt *Marckx* .

Mais la consécration du principe de non-rétroactivité résulte également de l'interprétation prétorienne extensive du domaine d'application de l'article 7 de la Convention. On sait que la Cour retient une conception autonome de « la matière pénale » envisagée à l'article 6§1 de la Convention ; par extension, il en va de même pour la Cour de la notion de « peine » figurant à l'article 7 : « *pour rendre efficace la protection offerte par l'article 7, la Cour doit demeurer libre d'aller au-delà des apparences et d'apprécier elle-même si une mesure particulière s'analyse au fond en une « peine » au sens de cette clause* »[266]. Il en résulte que la non rétroactivité des peines peut couvrir des hypothèses qui, selon le droit pénal interne, ne relèveraient pas de la matière pénale. Il en va ainsi, par exemple, de la contrainte par corps qui, au regard du droit français, ne s'analyse pas comme une peine mais comme une mesure d'exécution[267].

369. ***S'agissant du droit communautaire*** - Le principe de non-rétroactivité est rattaché directement au principe de sécurité juridique en droit communautaire[268]. En

---

[264] Arrêt *Marckx*, précité.
[265] Arrêt *Vermeire*, précité.
[266] CourEDH, 9 février 1994, *Welch c. Royaume-Uni*, Série A, n°307.
[267] CourEDH, 8 juin 1995, *Jamil c. France*, Série A, n°317-B .
[268] M. LETEMENDIA, « La rétroactivité en droit communautaire », *CDE*, 1977, p. 518 et ss ; F. LAMOUREUX, « The retroactivity of Community acts in the case law of the Court of justice », *CMLR*, 1983, pp. 269 et ss. ; D. WAELBROECK, « Le principe de la non-rétroactivité en droit communautaire à la lumière des arrêts « isoglucose » », *RTDE*, 1983, p. 363 ; M-A HERMITTE, « De la non-rétroactivité des lois à la confiance légitime », *RTDE*, 1984, p. 455.

règle générale, « *le principe de sécurité des situations juridiques s'oppose à ce que la portée dans le temps d'un acte communautaire voie son point de départ fixé à une date antérieure à sa publication* »[269]. Ce principe couvre tout d'abord le principe de non-rétroactivité des dispositions pénales : dans l'affaire *Regina c. Kent Kirk* du 10 juillet 1984, la Cour de justice a estimé que « *le principe de non-rétroactivité des dispositions pénales est un principe commun à tous les ordres juridiques des Etats membres, consacré par l'article 7 de la convention européenne de sauvegarde des droits de l'homme et des libertés fondamentales comme un droit fondamental, qui fait partie intégrante des principes généraux du droit dont la Cour assure le respect* » [270]. Cette règle de non-rétroactivité s'applique également aux actes administratifs communautaires même si la Cour de justice n'en a pas fait expressément un « *principe général* »[271]. Ainsi, « *le fait de reporter la date d'entrer en vigueur d'un acte ayant une portée générale, alors que la date initialement prévue est déjà dépassée, est en soi susceptible de porter atteinte à ce principe [sécurité juridique]* »[272].

En principe donc, les règles communautaires ne peuvent produire des effets juridiques qu'à partir de leur entrée en vigueur. Mais la Cour de justice a accepté un certain nombre d'exceptions à ce principe général. La Cour de justice estime en effet que « *le droit communautaire n'exclut pas toute possibilité de réglementations rétroactives* »[273]. Ainsi, si *« le principe de sécurité juridique s'oppose à ce qu'il soit fait une application rétroactive d'un règlement, que cette application ait des effets favorables ou défavorables pour les intéressés* », il peut en être autrement s'il « *résulte clairement, soit de son texte soit de ses objectifs, qu'il ne dispose pas uniquement pour l'avenir* »[274]. La Cour de justice se réserve le droit d'apprécier la rétroactivité éventuelle d'un acte communautaire à l'aune des objectifs, de l'économie générale et du contenu de la règle en cause : autrement dit, la Cour de justice dispose en la matière d'une marge d'appréciation, rendant dans les faits, la reconnaissance d'une violation du principe de non-rétroactivité assez aléatoire et très souvent dépendante de considérations d'ordre économique[275]. La reconnaissance éventuelle d'un effet rétroactif d'un acte communautaire n'a pas systématiquement pour conséquence d'entraîner l'illégalité de l'acte. Dans l'affaire *Racke* du 25 janvier 1979, la Cour de justice a ainsi défini les conditions générales de la « *rétroactivité légale* » des actes communautaires : « *si, en règle générale, le principe de la sécurité des situations juridiques s'oppose à ce que la portée dans le temps d'un acte communautaire voie son point de départ fixé à une date antérieure à sa publication, il peut en être autrement, à titre exceptionnel, lorsque le but à*

---

[269] CJCE, 25 janvier 1979, *Racke*, aff. 97/78, *Rec.*, 69 ; CJCE, 9 janvier 1990, *Società agricola fattoria alimentare*, aff. C-337/88, *Rec.* I-1.
[270] CJCE, 10 juillet 1984, *Kent Kirk*, 63/83, *Rec.* 2689.
[271] F. LAMOUREUX, *op.cit.*, pp. 269 et ss.
[272] CJCE, 22 février 1984 *Kloppenburg c. Finanzamt Leer*, aff. 70/83, *Rec.* 1075.
[273] CJCE, 15 février 1982, *Ferriera Padan*, aff. 276/80, *Rec.* 517.
[274] CJCE, 10 février 1982, *Ministère Public c. Bout*, aff. 21/81, *Rec.* 3811.
[275] R-E PAPADOPOULOU, *op.cit.*, p.212.

atteindre l'exige et lorsque la confiance légitime des intéressés est dûment respectée »[276]. Autant dire que ces exceptions confèrent aux institutions une certaine latitude pour adopter des actes ayant une portée rétroactive surtout dans le domaine économique, là où les institutions disposent d'un large pouvoir discrétionnaire pour déterminer les objectifs à atteindre sans que la Cour de justice ne puisse effectuer un contrôle approfondi au risque sinon de basculer dans un contrôle d'opportunité. Quant à au respect de la « *confiance légitime* » des intéressés, il ne constitue pas non plus une limite infranchissable, la Cour de justice estimant le plus souvent que celle-ci n'a pas été violée dans la mesure où, s'agissant d'opérateurs économiques confirmés opérant sur un marché économique fluctuant et évolutif, ils peuvent s'attendre légitimement à des changements normatifs[277]. D'une manière générale, la Cour de justice considère que la prévisibilité de la politique communautaire pour un opérateur prudent et avisé ne peut justifier l'invocation du principe de confiance légitime[278] ; il en va de même dans des domaines comme la politique agricole commune où les institutions sont contraintes à une adaptation permanente de la politique économique suivie[279]. Donc là encore, la Cour de justice fait prévaloir les exigences d'efficacité économique au détriment de la sécurité juridique.

La prévalence des exigences économiques peut aussi conduire la Cour de justice, sous couvert d'exigences tirées du principe de sécurité juridique, à limiter dans le temps l'effet rétroactif de ses jugements. Lorsque la Cour de justice est saisie d'une question préjudicielle en interprétation, elle peut être amenée à limiter l'effet rétroactif de son interprétation, nonobstant la nature déclaratoire de telles appréciations qui, par nature, sont censées produire un effet *ex tunc*[280]. En effet, en principe « *le propre de l'interprétation donnée par la Cour, comme de toute interprétation, est d'éclairer et de préciser la signification et la portée que la règle interprétée est censée avoir eu depuis le moment de sa mise en vigueur* »[281]. D'ailleurs telle est la règle générale appliquée par la Cour de justice en la matière[282]. Ce principe de rétroactivité de la décision interprétative peut toutefois être mis en échec en raison de « *considérations impérieuses de sécurité juridique, tenant à l'ensemble des intérêts en jeu, tant publics que privés* »[283]. Dans son arrêt *Defrenne-II* du 8 avril 1976, la Cour de justice a ainsi décidé que l'interprétation qu'elle donnait de l'article 141 CE concernant l'égalité des rémunérations entre les

---

[276] CJCE, 25 janvier 1979, *Racke*, aff. 98/78, *Rec.* 70 ; CJCE, 12 novembre 1981, *Salumi e.a.* , aff. 212/80 à 217/80, *Rec.* 2751 ; CJCE, 9 novembre 1990, *Società agricola fattoria alimentare SpA*, aff. C-337/88, *Rec.* 14.

[277] CJCE, 9 novembre 1990, *Società agricola fattoria alimentare SpA*, aff. C-337/88, *Rec.* 20.

[278] CJCE, 26 mars 1998, *Petridi*, aff. C-324/96, *Rec.* I-1333.

[279] CJCE, 15 avril 1997, *The Irish Farmers Association*, aff. C-22/94, *Rec.* I-1809 ; TPI, 21 Juin 2000, *Tromeur*, aff. T-537/93, *Rec.* II-2457 ; CJCE, 6 juillet 2000, *Agricola Tabacchi Bonavicina*, aff. C-402/98, *Rec.* I-5501.

[280] J. RIVERO, « Sur la rétroactivité de la règle jurisprudentielle », Recueil Dalloz, 1968, p. 16 ; D. SIMON, *op.cit.*, p. 703 ; J. MERTENS DE WILMARS et J. STEENBERGEN, *op.cit.*, p. 451.

[281] M. WAELBROECK, « La Cour de justice.Les actes. Les institutions », *op.cit.*, p. 157.

[282] CJCE, 27 mars 1980, *Denkavit*, aff. 61/79, *Rec.* 1205.

[283] CJCE, 8 avril 1976, *Defrenne II*, aff. 43/75, *Rec.* 455.

travailleurs masculins et féminins ne pouvait être invoquée à l'appui de revendications relatives à des périodes de rémunérations antérieures à la date de l'arrêt en ce qui concerne les travailleurs qui n'avaient pas introduit antérieurement un recours en justice ou soulevé une réclamation équivalente. Le principe de non rétroactivité de sa décision interprétative s'explique notamment par le fait que, ayant entraîné des changements radicaux, cette décision a eu « *un effet constitutif aussi prononcé que celui d'une nouvelle disposition légale* »[284], exigeant ainsi le respect du principe de sécurité juridique. Relevons toutefois que « *ce n'est qu'à titre exceptionnel que la Cour [...] pourrait, par application d'un principe général de sécurité juridique inhérent à l'ordre juridique communautaire, en tenant compte des troubles graves que son arrêt pourrait entraîner pour le passé dans les relations juridiques établies de bonne foi, être amenée à limiter la possibilité pour tout intéressé d'invoquer la disposition interprétée en vue de remettre en cause ces relations juridiques* »[285].

Cette jurisprudence relative aux effets des décisions interprétatives de la Cour de justice tend à prouver que le principe de sécurité juridique déploie une certaine productivité normative propre. En mobilisant le principe de sécurité juridique, la Cour de justice construit de toute pièce un régime concernant l'effet de ses décisions préjudicielles. En effet, les traités étaient silencieux sur l'effet des arrêts préjudiciels de la Cour de la justice[286]. D'ailleurs, ce régime a été étendu aux décisions constatant l'invalidité d'un acte communautaire rendu sur renvoi préjudiciel sur le double fondement du principe de sécurité juridique et de l'article 231 CE. La Cour de justice a ainsi estimé que la possibilité de limiter l'effet de ses décisions préjudicielles d'annulation constituait une « *application par analogie de l'article 174, deuxième alinéa du traité* » application qui « *s'impose pour les mêmes motifs de sécurité juridique que ceux qui sont à la base de cette disposition* »[287]. L'analogie mise en avant ici se justifie non seulement en raison de la nature du contentieux en cause (contentieux de l'annulation) mais aussi en raison de l'exigence de sécurité juridique qui doit s'imposer.

D'une manière générale, si l'on regarde de plus près les véritables exigences qui commandent l'application du principe de non rétroactivité en tant que spécification du principe de sécurité juridique, l'on découvre la prévalence d'intérêts économiques ou financiers[288]. La sécurité juridique sert donc plus généralement de justification au maintien de l'ordre économique[289] et plus largement de l'ordre

---

[284] W. VAN GERVEN, « Contribution de l'arrêt Defrenne au développement du droit communautaire », *CDE*, 1977, sp. 137.

[285] CJCE, 27 mars 1980, *Denkavit*, aff. 61/79, *Rec.* 1205.

[286] L'article 231 (ex-article 174 CE) permet seulement à la Cour de limiter l'effet dans le temps d'un arrêt d'annulation.

[287] CJCE, 15 octobre 1980, *Roquette*, aff. 4/79, *Rec.* 2823.

[288] Voir les exemples données par R-E PAPADOPOULOU, *op.cit.*, p.219.

[289] M-C. Bergerès relève à ce propos qu'« *il est bien connu que les principes, fussent-ils juridiques, résistent assez mal à certaines contingences financières* », M-C. BERGERES, Note sous l'arrêt Fantask, *LPA*, n°141, 25 novembre 1998, p. 26.

juridique. La protection des justiciables cède ici le pas devant les exigences propres de stabilité de l'ordre juridique[290]. On le voit donc, le principe de sécurité juridique peut également servir à garantir et à protéger l'ordre juridique lui-même[291].

2) Le principe de protection de la confiance légitime

370. La question du fondement conceptuel du principe de la protection de la confiance légitime pose des problèmes considérables tant au sein des ordres juridiques nationaux qu'au sein de l'ordre juridique communautaire. C'est en Allemagne, là où le principe de confiance légitime plonge ses racines (*Vertrauenschutz*), que la question a été le plus discutée. Sylvia Calmes, dans une stimulante étude sur la protection de la confiance légitime, a parfaitement mis en évidence les difficultés à faire dériver ce principe de ceux de l'Etat de droit, des droits fondamentaux ou de la sécurité juridique[292]. Une partie de la doctrine allemande semble même aujourd'hui admettre, contrairement à la Cour constitutionnelle allemande, que le principe de confiance légitime ne se confond pas avec le principe de sécurité juridique : tandis que le principe de confiance légitime protégerait l'intérêt des particuliers, celui de la sécurité juridique préserverait l'intérêt de l'ordre juridique lui-même[293].

371. Cette question du fondement se pose dans des termes plus ou moins identiques en droit communautaire[294]. Il suffit pour s'en convaincre de parcourir l'abondante jurisprudence de la Cour de justice en la matière (plus de 300 arrêts) et de constater les différents rattachements conceptuels du principe de confiance légitime auxquels procède le juge communautaire. Si le principe de confiance légitime est rattaché principalement au principe de sécurité juridique (« *le principe de sécurité juridique en vertu duquel la confiance légitime des intéressés mérite protection* »[295] ou encore « *[le principe de confiance légitime] est le corollaire du principe de sécurité juridique* »[296]), on le trouve également associé, comme le rappelle le juge Jean-Pierre Puissochet, « *au respect des droits acquis, au devoir de sollicitude, au devoir de bonne administration, à la protection des droits de la défense, voire aux principes d'égalité ou de proportionnalité* »[297] et même au principe de non-rétroactivité[298]. Le principe de confiance légitime se trouve ainsi au cœur d'une « *nébuleuse* » de principes venant complexifier son appréhension

---

[290] J. BOULOUIS et R-M CHEVALLIER, *op.cit.*, t.1, p. 82.
[291] W. ZIMMER, *op.cit.*, p. 95 ; O. PFERSMANN, *op.cit.*, p. 111.
[292] S. CALMES, *op.cit.* ; également dans le même sens, O. PFERSMANN, « Regard externe sur la protection de la confiance légitime en droit constitutionnel allemand », *RFDA*, 2000, sp.243 .
[293] W. ZIMMER, *op.cit.*, p. 96-98.
[294] J-P. PUISSOCHET, « Vous avez dit confiance légitime ? (le principe de confiance légitime en droit communautaire) », *in Mélanges Braibant*, *op.cit.*, sp.585-586 ; J. SCHWARZE, *op.cit.*, p. 995.
[295] CJCE, 4 juillet 1973, *Westzucker*, aff 1/73, *Rec.* 731.
[296] CJCE, 15 février 1996, *Fintan Duff e.a.*, aff. C-63/93, *Rec.* I-569.
[297] J-P PUISSOCHET, *op.cit.*, p. 585.
[298] CJCE, 25 janvier 1979, *Racke*, aff. 98/78, *Rec.* 69.

conceptuelle[299]. On peut toutefois essayer de se risquer à une élucidation conceptuelle.

Il est manifeste tout d'abord que le principe de confiance légitime se rattache à l'idée de sécurité juridique dont il constitue le pendant subjectif : la confiance légitime ne serait rien d'autre que « *la sécurité juridique vue sous l'angle du particulier* »[300]. Ensuite, si la notion de droits acquis peut être couverte par le principe de confiance légitime, en ce que *acquis* ces droits peuvent légitimement susciter la confiance de leurs titulaires[301], la confiance légitime a « *un champ d'application plus vaste puisqu'elle concerne des droits qui ne sont pas encore acquis mais simplement en cours de constitution [...] ou susceptibles d'être constitués [...]* »[302], ce qui fait dire à certains que « *le fait que le principe du respect de la confiance légitime est néanmoins perçu comme un prolongement naturel, sinon un synonyme du principe des droits acquis, indique qu'il n'y a pas entre sécurité juridique et équité, l'antinomie dont on a si souvent discutée, mais qu'il y a entre ces deux objectifs de l'ordre juridique des relations beaucoup plus complexes* »[303]. Enfin, le principe de confiance légitime se distingue du principe de non-rétroactivité en ce qu'il permet d'écarter ou de limiter les conséquences de la rétroactivité d'un acte administratif. En résumé, le principe de confiance légitime doit être conçu comme une spécification subjective du principe de sécurité juridique en faveur des particuliers pouvant palier l'absence de *droit acquis* ou limiter les conséquences d'un acte rétroactif. Il apparaît ainsi comme « *la réaction du juge sanctionnant l'utilisation, en soi régulière, par l'auteur de la norme juridique critiquée, de ses pouvoirs dans des conditions qui surprennent toutefois la confiance que les destinataires de la norme en cause pouvaient légitimement avoir que l'état du droit ne serait pas modifié sans mesure provisoire* »[304]. On le voit, le principe de confiance légitime dénote une certaine conception de l'équilibre nécessaire dans un Etat de droit entre la sécurité juridique et la légalité.

372. Ces précisions faites, il est possible de dessiner les caractéristiques propres du principe de confiance légitime en droit communautaire. Relevons tout d'abord, qu'il est considéré par la Cour de justice comme un « *principe général du droit communautaire* »[305] qualifié même de « *fondamental* »[306] dont la violation peut

---

[299] F. HUBEAU, « Le principe de la confiance légitime dans la jurisprudence de la Cour de justice des Communautés européennes », *CDE*, 1983, p. 143.
[300] J-P. PUISSOCHET, *op.cit.*, p. 586.
[301] C'est en ce sens que la Cour de justice utilise parfois les deux concepts comme synonymes (CJCE, 19 janvier 1984, *Advernier* e.a, aff. 211/80, *Rec.* 131). Voir, J. MERTENS DE WILMARS et J. STEENBERGEN, *op.cit.*, p. 452.
[302] *Ibid.*, p. 587 ; P. FRAISSEIX, « La notion de confiance légitime dans la jurisprudence administrative française », *RRJ*, 1999-2, p. 405. Sur la conciliation du principe de confiance légitime avec l'absence de droit acquis au maintien de la situation réglementaire existante, TPI, 21 février 1995, *Campo Ebro*, aff T-472/93, *Rec.*, II-421.
[303] J. MERTENS DE WILMARS et J. STEENBERGEN, *op.cit.*, p. 453.
[304] F. HUBEAU, *op.cit.*, p. 144.
[305] CJCE, 4 février 1974, *Soc. Continentale France*, aff. 169/73, *Rec.* 117.
[306] CJCE, 5 mai 1981, *Dürbeck*, aff. 112/80, *Rec.* 1095.

invalider les actes des institutions et engager la responsabilité extracontractuelle de la Communauté[307]. L'avocat général Trabucchi relevait ainsi qu'il constitue l' « *une des règles supérieures de l'ordre juridique communautaire destinée à protéger les particuliers* »[308] confirmant au passage la dimension subjective de cette spécification du principe de sécurité juridique.

Pour qu'un acte administratif communautaire porte atteinte à la confiance légitime des particuliers, il faut, tout d'abord, que l'administration fasse naître dans le chef d'un particulier des « *espérances fondées* »[309]. Il en va ainsi lorsque une autorité compétente[310] fait des promesses ou prend des engagements[311] d'adopter ou non un acte administratif unilatéral ou de conclure un contrat. Il en va également en matière de changement de réglementation lorsque l'administration décide de faire entrer en vigueur un acte à une date antérieure à sa publication[312] ou lorsqu'elle a recours au procédé de la mise en œuvre immédiate[313]. Notons au passage que la confiance légitime peut être violée lorsque l'administration change brusquement la réglementation en vigueur, même en l'absence de tout engagement, dès lors que la réglementation revêt en elle-même un caractère de stabilité prévisible, notamment quand elle est instaurée pour une durée déterminée[314].

Mais il faut également que cette confiance dans le maintien d'une situation juridique donnée soit légitime. La Cour de justice apprécie très strictement ce critère. L'imprévisibilité d'un changement de réglementation peut s'apprécier eu égard au comportement de l'intéressé : ainsi la prévisibilité est présumée lorsque le requérant est de mauvaise foi ou a violé de façon manifeste la réglementation en vigueur[315]. De manière plus générale, la Cour de justice recourt au standard de l'« *opérateur averti* » pour mesurer l'éventuelle imprévisibilité de la modification de la situation juridique opérée. Ainsi, la Cour de justice a pu considérer que « *même s'il n'était pas certain que la modification proposée par la Commission serait adoptée par le Conseil, il devait au moins être évident à ces dates, pour un opérateur averti, que l'introduction d'une nouvelle méthode de calcul était imminente* »[316]. La doctrine constate à cet égard que dans la grande majorité des décisions « *la Cour se borne à relever, pour écarter l'application en l'espèce du principe de confiance légitime, que la mesure critiquée était prévisible pour tout opérateur économique averti ou qu'elle n'était pas entrée en vigueur de façon*

---

307 Par exemple, CJCE, 14 mai 1975, *CNTA*, aff. 74/74, *Rec.* 533.

308 Concl. AG. Trabucchi sous CJCE, 25 juin 1975, *Deuka*, aff. 5/75, *Rec.* 759. CJCE, 19 mai 1992, *Mulder*, aff. C-104/89, *Rec.* I-3061 : le principe de confiance légitime constitue « *un principe général de droit communautaire, de rang supérieur, visant la protection des particuliers* ».

309 CJCE, 19 mai 1983, *Mavridis*, aff. 289/81, *Rec.* 1731.

310 CJCE, 15 mai 1975, *Frubo*, aff. 71/74, *Rec.* 563 ; CJCE, 6 février 1986, *Vlachou*, aff. 162/84, *Rec.* 481.

311 CJCE, 4 mai 1976, *République fédérale d'Allemagne*, aff. 47/75, *Rec.* 569.

312 CJCE, 25 janvier 1979, *Racke*, aff. 98/78, *Rec.* 69.

313 CJCE, 16 mai 1979, *Tomadini*, aff. 84/78, *Rec.* 1801.

314 CJCE, 18 mars 1975, *Deuka*, aff. 78/74, *Rec.* 421.

315 CJCE, 12 décembre 1985, *Sideradria*, aff. 67/84, *Rec.* 3983 ; CJCE, 16 mai 1991, *Commission c. Pays-Bas*, aff. C-96/89, *Rec.* I-2461.

316 CJCE, 10 décembre 1972, *Coopératives agricoles de céréales*, aff. 95-98/74, 15 et 100/75, *Rec.* 1615.

abrupte et immédiate, mais après un laps de temps raisonnable et suffisant pour permettre aux intéressés de prendre les dispositions nécessaires »[317].

373. D'une portée théorique certaine, le principe de confiance légitime par l'interprétation restrictive dont il fait l'objet par le juge communautaire revêt au total une portée relativement limitée[318]. Mais n'est-ce pas là paradoxalement le prix de la stabilité de l'ordre juridique ? Car « *si la violation du principe de la confiance légitime était largement et facilement admise sans discernement, tous les autres principes de droit seraient mis en échec et l'insécurité règnerait* »[319]. Il incombe au juge de veiller à ce difficile équilibre entre les exigences de légalité, de sécurité juridique mais aussi d'équité dont la garantie est indispensable au maintien d'un ordre juste conforme à l'idée d'un modèle exigeant de l'Etat de droit tourné tout entier vers la protection des droits fondamentaux des individus.

374. La sécurité juridique est une composante essentielle de tout Etat de droit en ce qu'elle protège tout à la fois l'intégrité du système juridique et les droits des particuliers. Ce n'est pas un hasard si les juges européens considèrent qu'elle est une caractéristique « *inhérente* » aux systèmes juridiques communautaire et de la ConvEDH, confirmant ainsi l'opinion de certains selon laquelle le principe de sécurité juridique serait une qualité « *immanente* » du constitutionnalisme moderne[320]. En même temps, le principe de sécurité juridique revêt une véritable autonomie fonctionnelle en Droit européen, démentant la thèse selon laquelle il ne serait qu'un « sur-principe » sans productivité aucune et dépendant de la mobilisation de ses « sous-principes » : la jurisprudence communautaire nous en a fourni une parfaite illustration. En même temps, il est vrai que le principe de sécurité juridique est encore largement relativisé par des exigences économiques et de stabilité de l'ordre juridique. Il n'en reste pas moins vrai que l'autonomisation fonctionnelle d'un concept européen de sécurité juridique peut contribuer à la consolidation de l'Etat de droit notamment dans un certain nombre d'ordres juridiques ignorant encore largement ce principe[321].

---

[317] J-P. PUISSOCHET, *op.cit.*, p. 591.
[318] *Ibid.*, p.593 ; R-E PAPADOPOULOU, *op.cit.*, p.242 ; J. MERTENS DE WILMARS et J. STEENBERGEN, *op.cit.*, p. 454 ; F. HUBEAU, *op.cit.*, p. 162.
[319] F. HUBEAU, *op.cit.*, p. 161.
[320] Voir en ce sens les opinions de Otto Pfersmann et D. Maus in « Compte rendu des discussions et débats. Table ronde : constitution et sécurité juridique », *AIJC*, 1999, p. 311.
[321] *Cf. infra*, n°512.

§3 - LE PRINCIPE DE PROPORTIONNALITE, UN PRINCIPE *RELATIVISANT* DU MODELE EUROPEEN DE L'ETAT DE DROIT

375. Plongeant ses racines en Allemagne[322] et en Suisse[323], transposé dans les pays de langue germanique comme l'Autriche et les Pays-Bas[324], acculturé dans les pays du sud de l'Europe notamment au Portugal[325] et en Espagne[326], le principe de proportionnalité semble connaître une promotion sans précédent en Europe[327]. A l'instar du principe de sécurité juridique, et plus spécifiquement du principe de protection de la confiance légitime, la doctrine allemande, suivie en ce sens par la Cour constitutionnelle[328], ancre la source du principe de proportionnalité dans le principe de l'Etat de droit dont il constitue un élément « *relativisant* »[329] ou « *modérateur* »[330], en ce que, garant d'une justice de proportion tendant à protéger l'individu des ingérences superflues de la puissance publique[331], il contribue tout à la fois à la limitation du pouvoir des gouvernants et à la protection des droits

---

[322] Voir en langue Française, H. MAURER, *Droit administratif allemand*, Trad. M. Fromont, Paris, LGDJ, 1995, p. 272 et ss ; E. FORSTHOFF, *Traité de droit administratif allemand*, Trad. M. Fromont, 1969, p. 130. Cf. *Supra*, Partie I, Titre II, Chapitre 2, Section I, §2.

[323] P. MULLER, « Le principe de proportionnalité », *Zeitschrift für Schweizerisches Recht*, 1978, p. 210

[324] M. FROMONT, « Le principe de proportionnalité », *AJDA*, 1995, p. 158 .

[325] Le principe de proportionnalité est expressément consacré par la Constitution portugaise (art. 19 VI (Etat de de siège) ; article 28 II (détention préventive) ; activités de police (art. 272 II)). Le juge constitutionnel le rattache directement au principe de l'Etat de droit. *Cf. supra*, Partie I, Titre II, Chapitre 2, Section I, §2.

[326] Voir en particulier la décision du Tribunal constitutionnel du 15 octobre 1982 (référence à la jurispruence de la Cour européenne des droits de l'homme). Cf. *supra*, Partie I, Titre II, Chapitre 2, Section I, §2.

[327] Voir le tableau comparatif dressé par J. SCHWARZE, *op.cit.*, pp.724-726 ; également, J. ZILLER, « Le principe de proportionnalité », *AJDA*, 1996, p. 185. En France, le principe de proportionnalité n'a pas été élévé au rang de principe général du droit. Cependant, il se manifeste depuis longtemps dans la jurisprudence du Conseil d'Etat, de manière implicite, notamment à propos de l'exercice du pouvoir de police mais également dans la jurisprudence du Conseil constitutionnel (Sur ce point, G. BRAIBANT, « Le principe de proportionnalité », *Mélanges Marcel Waline, Le juge et le droit public*, 1994, p. 297 ; J-P. COSTA, « Le principe de proportionnalité dans la jurisprudence deu Conseil d'Etat », *AJDA*, 1988, p. 434 ; X. PHILIPPE, *Le contrôle de proportionnalité dans les jurisprudences constitutionnelle et administrative françaises* , PUAM-Economica, 1990). Sur la question de savoir si la jurisprudence dite du bilan coût-avantages du Conseil d'Etat constitue une application du principe de proportionnalité, voir les développements critiques de M. FROMONT, « Le principe de proportionnalité », *AJDA*, 1995, sp. 163-164 ; *contra*, G. BRAIBANT, *op.cit.*, p. 297 ; R. CHAPUS, *Droit administratif général, op.cit.*, n°1264 ; S. CALMES, *Du principe de protection de la confiance légitime en droits allemand, communautaire et français*, Paris, Dalloz, 2001, pp. 257-259. Sur l'influence éventuelle du droit européen sur l'émergence d'un principe général de proportionnalité en droit français, *Cf. Infra*, Titre II, Chapitre I.

[328] *BverfGE* 19, 343 [348 et s], I. Cela est également valable pour l'Espagne et le Portugal, *Cf. Supra*, Partie I, Titre II, Chapitre 2, Section I, §2.

[329] En ce sens, Sylvie Calmes reprennant à son compte la doctrine allemande. S CALMES, *op.cit.*, p. 86 et ss et p. 246 et ss.

[330] M. FROMONT, *op.cit.* ; A-N. GEORGIADOU, « Le principe de proportionnalité dans le cadre de la jurisprudence de la Cour de justice des Communautés européennes », *Archiv für Rechts- und Sozialphilosophe*, 1995, p. 533.

[331] C. AUTEXIER, *Introduction au droit public allemand*, Paris, PUF, 1997, p. 108.

individuels[332]. Le principe de proportionnalité sert donc avant tout à rendre actuelle et efficace l'idée de protection des libertés et des droits comme le souligne avec une grande justesse Jürgen Schwarze[333]. Ainsi conçu, il participe à la réalisation de la justice et constitue un principe fondamental de tout modèle *exigeant* de l'Etat de droit.

376. Ce principe de proportionnalité est également largement consacré par la Convention européenne des droits de l'homme et le droit communautaire en tant que principe axiomatique du Droit européen (**A**). Sa nature, sa portée et sa fonction s'inscrivent dans le prolongement des développements nationaux du principe de proportionnalité (**B**).

A. La consécration du principe de proportionnalité en Droit européen

377. Le principe de proportionnalité a un double fondement en Droit européen : inscrit en «*filigrane*»[334] dans les textes européens (**1**), il fut développé par le juge en tant que principe général inhérent à l'idée même de droit (*principe axiomatique*[335]), voire même pourrons-nous dire, à l'instar des juges constitutionnels allemands, espagnols et portugais, inhérent à l'Etat de droit (**2**).

1) Un principe inscrit en filigrane dans les textes européens

378. La ConvEDH contient un certain nombre de dispositions renvoyant au principe de proportionnalité : l'alinéa 2 des articles 8 à 11, 14 et 17 de la Convention, ainsi que l'alinéa 3 de l'article 2 du Protocole 4 prévoient, en termes plus ou moins identiques, qu'il ne saurait y avoir d'ingérences dans l'exercice d'un droit ou de restrictions apportées à une liberté que si celles-ci constituent des mesures « nécessaires » dans une société démocratique, à la sécurité publique, à la protection de l'ordre, de la santé et de la morale publiques, ou à la protection des droits et libertés d'autrui. Il faut également citer l'article 15 de la Convention qui autorise les Etats Parties à déroger « *en cas de guerre ou [...] d'autre danger public menaçant la vie de la nation* » à leurs obligations conventionnelles sous certaines conditions et « *dans la stricte mesure où la situation l'exige* ». Dans chacune de ces hypothèses les organes de la Convention ont exercé un véritable contrôle de proportionnalité des mesures qui leur étaient soumises[336].

---

[332] J. SCHWARZE, *op.cit.*, sp. 728-736 ; P. KUNIG, *Das Rechtsstaatsprinzip, op.cit.*, p. 143 et ss.
[333] *Ibid.*, p. 723.
[334] Selon l'expression de M-A. EISSEN, « Le principe de proportionnalité dans la jurisprudence de la Cour européenne des droits de l'homme », in L-E. PETTITI, E. DECAUX et P.H. IMBERT, *La Convention européenne des droits de l'homme. Commentaire article par article*, Paris, Economica, 1995, sp. 65.
[335] En ce sens, R-E. PAPADOPOULOU, *op.cit.*, sp. 248.
[336] Pour un examen systématique de cette jurisprudence, M-A. EISSEN, *op.cit.*, p. 65 et ss.

379. En revanche, cette exigence de proportionnalité était à l'origine inscrite plus discrètement dans la « *Charte constitutionnelle* » communautaire au travers notamment de l'ex-article article 40, paragraphe 3, du traité CEE (nouvel article 34§2 CE) au terme duquel une organisation commune de marché « *peut comporter toutes les mesures nécessaires pour atteindre les objectifs définis à l'article 39* [nouvel article 33CE]», mais « *doit se limiter à poursuivre [ces] objectifs* ». L'avocat général Dutheillet de Lamothe y voyait là l'expression écrite du principe de proportionnalité entendu comme le « *droit fondamental [...] pour l'individu de ne voir limiter sa liberté d'agir que dans la meure nécessaire à l'intérêt général* »[337]. Selon Hans Kutscher, ancien président de la CJCE, le principe de proportionnalité procèderait plus largement « *d'une déduction des seules dispositions des traités*» : en évoquant des mesures qui sont « *indispensables* » ou « *justifiées* » ou « *nécessaires* », les articles 36, 40§3, 48§3, 115 al. 2 et 3 du traité CEE ne seraient qu'une « *une expression spécifique* »[338] d'un principe général de proportionnalité[339]. Dans l'affaire *Sandoz* du 14 juillet 1983, la Cour de justice avalisera en quelque sorte ce jugement en soulignant que « *le principe de proportionnalité, qui est à la base [...] de l'article 36, exige que la faculté des Etats membres d'interdire les importations de produits en provenance d'autres Etats soit limitée à ce qui est nécessaire pour atteindre les objectifs de protection de la santé légitimement poursuivis* »[340]. Signalons enfin, que le traité de Maastricht constitutionnalisera le principe de proportionnalité dans son article 3B (devenu avec le traité d'Amsterdam article 5 CE) en l'associant au principe de subsidiarité, en affirmant que « *l'action de la Communauté n'excède pas ce qui est nécessaire pour atteindre les objectifs du présent traité* ». Mais c'est en dehors de toute base textuelle expresse que le principe de proportionnalité a été largement consacré en droit communautaire en tant que principe général de l'ordre juridique communautaire liant tout à la fois le législateur et l'administration.

2) Un principe axiomatique inhérent à l'idée d'Etat de droit

380. Le principe de proportionnalité constitue surtout un principe général irradiant le Droit européen et ce, même en l'absence de texte : il procéderait de la notion même de droit. Sur ce point, il existe une véritable convergence des jurisprudences des organes de la Convention et de la Cour de justice.

---

[337] Concl. A.G. Dutheillet de Lamothe sous CJCE, 17 décembre 1970, *Internationale Handesgesellschaft*, aff 11/70, *Rec.* 1149 et ss.

[338] Selon l'expression de la Cour de justice dans l'affaire *Ruckdeschel* du 19 octobre 1977 où elle a considéré l'interdiction spécifique des discriminations énoncée à l'article 40§3 CEE comme « *une expression spécifique du principe général d'égalité qui appartient aux principes fondamentaux du droit communautaire* ».

[339] H. KUTSCHER, *Der Grundsatz der Verhältnismäßigkeit in europäischen Rechtsordnungen*, Heidelberg, 1985, p. 91, cité par J. SCHWARZE, *op.cit.*, p. 760 et M. FROMONT, *op.cit.*, p. 160.

[340] CJCE, 14 juillet 1983, *Sandoz*, aff. 174/82, *Rec.* 2463.

381. En droit européen des droits de l'homme, et pour ne s'en tenir qu'à la jurisprudence de la Cour[341], le caractère axiomatique du principe de proportionnalité est révélé notamment par sa mobilisation en dehors des cas prévus expressément par la Convention et les protocoles[342] : il s'agirait d'un principe sous-jacent à la Convention, conçu comme un corollaire de la société démocratique[343], que la Cour a tiré « *de l'état latent pour le sortir au grand jour*»[344]. Comme la Cour l'a souligné dans l'affaire *Sporrong et Lönnroth contre Suède* du 23 septembre 1982, le principe de proportionnalité fait partie de « *ces principes [qui] traduisent le processus, inhérent à la mission que la Convention assigne à la Cour, consistant à maintenir un juste équilibre entre les exigences de l'intérêt général de la communauté et les impératifs de la sauvegarde des droits fondamentaux de l'individu* »[345]. C'est en 1968, dans l'importante affaire *Linguistique belge*, que la Cour a pour la première fois recouru expressément à la notion de « *proportionnalité* » dans le cadre de l'interprétation de l'article 14 de la Convention qui interdit toute discrimination dans la jouissance des droits et libertés reconnus par la Convention[346]. Afin d'éviter qu'une application rigide de cette disposition conduise à des résultats absurdes, la Cour s'est efforcée de « *rechercher les critères qui permettent de déterminer si une distinction de traitement* » revêt un caractère discriminatoire. Elle a ainsi considéré qu' une « *distinction de traitement dans l'exercice d'un droit consacré par la Convention ne doit pas seulement poursuivre un but légitime : l'article 14 est également violé s'il est clairement établi qu'il n'existe pas de rapport raisonnable de proportionnalité entre les moyens employés et le but visé* »[347]. Depuis lors, selon une jurisprudence constante, une différence de traitement est justifiée lorsque la différenciation poursuit un but légitime et qu'il existe un rapport *adéquat* entre le but poursuivi et les moyens employés[348].

Cette consécration de la portée générale du principe de proportionnalité n'est pas restée cantonnée au domaine de l'article 14. Le juge européen a tout d'abord appliqué la formule retenue dans l'affaire *Linguistique belge* au droit de propriété. L'article premier du Protocole n°1 permet de priver une personne physique ou morale de sa propriété notamment pour « cause d'utilité publique ». Or, pour la Cour, « *il ne suffit pas qu'une mesure privative de propriété poursuive [...] un objectif d'utilité publique* » : « *il doit aussi exister un rapport raisonnable de proportionnalité entre les moyens employés et le but visé* »[349]. De manière plus générale, le principe de proportionnalité a pu être appliqué par la Cour pour

---

[341] Nous n'aborderons pas ici la jurisprudence de l'ancienne Commission européenne des droits de l'homme. Sur ce point, J. SCHWARZE, *op.cit.*, p. 749.

[342] G. COHEN-JONATHAN, *La Convention européenne des droits de l'homme*, Paris, 1989, p. 551 ; M-A. EISSEN, *op.cit.*, p. 69.

[343] Arrêt *Handyside*, précité, §49.

[344] M-A. EISSEN, *op.cit.*, p. 69.

[345] CourEDH, 23 septembre 1982, *Sporrong et Lönnroth*, Série A, n°52, §69.

[346] Sur l'article 14 ConvEDH, *Cf. infra*, n°455.

[347] Arrêt *Marckx*, précité §33 (souligné par nous).

[348] *Ibid.* ; Arrêt *Rasmussen*, précité §38 ; CourEDH, 28 mai 1985, *Abdulaziz, Cabales et Balkandali c. Royaume-Uni*, Série A, n°92, §72.

[349] En ce sens, Arrêt *James et autres*, précité ; Arrêt *Lithgow et autres*, précité .

apprécier la licéité d'une limitation aux droits et libertés protégés ou pour préciser les contours de l'un d'entre eux ou d'une obligation positive de l'Etat[350]. Il constitue ainsi un principe général permettant de « moduler » l'étendue du contrôle exercé par la Cour sur les pouvoirs d'appréciation des Etats et spécialement de leurs législateurs[351].

382. L'exigence de proportionnalité est apparue très tôt dans la jurisprudence communautaire sans pour autant que celle-ci ne soit rattachée à un texte spécifique ou formalisée sous la forme d'un principe général. Dès 1956, la Cour de justice a souligné dans l'arrêt *Fédéchar* qu' « *en application d'une règle de droit généralement admise, une réaction indirecte de la Haute Autorité à un acte illicite des entreprises devrait être proportionnée à l'envergure de celui-ci* »[352]. Cette exigence de proportionnalité a pu également être qualifiée par la Cour de justice de « *principe de justice* » comme par exemple dans l'affaire *Mannesmann* du 13 juillet 1962[353]. Il faudra attendre l'arrêt *Köster* du 17 décembre 1970 pour que la Cour de justice admette pour la première fois que le principe de proportionnalité compte parmi les « *droits de caractère fondamental dont le respect doit être assuré dans l'ordre juridique communautaire* »[354]. C'est également par le prisme de la ConvEDH que le principe de proportionnalité a pu acquérir en droit communautaire une place privilégiée. Dans l'affaire *Ruttili* du 28 octobre 1975, la Cour de justice s'est fondée sur le principe général « *consacré par les articles 8, 9, 10 et 11 de la Convention [...] et de l'article 2 du Protocole n°4 [...] qui disposent en des termes identiques que les atteintes portées, en vertu de besoins de l'ordre et de la sécurité publics, aux droits garantis par les articles cités ne sauraient dépasser le cadre de ce qui est nécessaire à la sauvegarde de ces besoins dans une société démocratique* »[355]. Depuis lors, la Cour de justice n'a cessé de rappeler toute l'importance qu'elle attachait au principe de proportionnalité[356]

En tant que principe général du droit[357], il constitue une règle supérieure de droit protégeant les particuliers applicable même en l'absence de textes tant à l'égard du législateur communautaire[358] que national[359], tant à l'égard de

---

[350] M-A. Eissen, *op.cit.*, p. 69.

[351] M. FROMONT, *op.cit.*, p. 16.

[352] CJCE, 29 novembre 1956, *Fédéchar*, aff. 8/55, *Rec.* 1955-56, vol. II, p. 291 ; voir également pour une formulation identique de l'exigence de proportionnalité, CJCE, 12 juin 1958, *Compagnie des hauts fourneaux de Chasse*, *Rec.* 1958, vol IV, p. 155 ; CJCE, 17 décembre 1959, *Société de fonderies de Pont-à-Mousson*, aff. 14/59, *Rec.* 1958-59, volV, p. 445 ; CJCE, 13 juillet 1961, *Niederrheinische Bergwerks-Aktiengesellschaft Unternehmensverband des aachener Steinkohlenbergbaues*, aff. 2 et 3/60, *Rec.* 267.

[353] CJCE, 13 juillet 1962, *Mannesmann*, aff. 19/61, *Rec.* 681.

[354] CJCE, 17 décembre 1970, *Köster*, aff. 25/70, *Rec.* 1161.

[355] CJCE, 28 octobre 1975, *Ruttili*, aff. 36/75, *Rec.* 1219.

[356] Par exemple, CJCE, 19 juin 1980, *Testa, Maggio et Vitale*, aff., *Rec.* 1997 ; CJCE, 15 mai 1986, Johnston, aff. 222/84, *Rec.* 1651 ; CJCE, 27 octobre 1993, *Enderby*, aff. C-127/92, *Rec.* I-5535 ; CJCE, 13 mai 1997, *Allemagne c. Parlement et Conseil*, aff. C-233/94, *Rec.* I-2405.

[357] Par exemple, dans l'affaire *Schräder*, la Cour de justice a affirmé que « *le principe de proportionnalité est reconnu par un jurisprudence constante comme faisant partie des principes généraux du droit communautaire* », CJCE, 11 juillet 1989, *Schräder*, aff. 265/87, *Rec.* 2237.

[358] CJCE, 13 décembre 1979, *Hauer*, aff. 44/79, *Rec.* 3727.

l'administration communautaire[360] que nationale[361], et dont la violation est susceptible d'entraîner l'annulation de tout acte communautaire[362] et la responsabilité extracontractuelle de la Communauté[363]. Le principe de proportionnalité apparaît ainsi comme un principe de « *rang constitutionnel* » comme le soulignait déjà l'avocat général Capotorti dans ses conclusions sous les affaires jointes *Bayerische HNL*[364] : l'article 5 CE ne fait finalement que le confirmer.

D'une manière générale, le principe de proportionnalité est considéré comme une norme objective visant à protéger les particuliers, « *lesquels en tirent un droit subjectif de caractère fondamental* »[365]. Ses effets seraient même assimilables à celui d'un droit fondamental[366] ; Gérard Cohen-Jonathan va même plus loin en considérant que le principe de proportionnalité constitue « *un principe structurel trouvant son origine dans le droit communautaire lui-même et correspondant à un droit fondamental de l'individu* »[367]. Sans aller jusqu'à le qualifier de droit fondamental, on peut considérer que le principe de proportionnalité joue un rôle fondamental dans la protection juridique de l'individu en ce qu'il remplit une fonction « *modératrice* »[368] ou « *relativisante* »[369] dans l'exercice du pouvoir. Mieux, le principe de proportionnalité permet de « *garantir la substance* » de certains droits fondamentaux en évitant que les limites imposées à l'exercice de ces droits finissent par les vider de leur contenu comme la Cour de justice l'a souligné dans les affaires *Nold*[370] *et Hauer*[371]. Dans cette dernière affaire, la Cour de justice a admis que des restrictions puissent être apportées au droit de propriété sous réserve que celles-ci « *répondent effectivement à des objectifs d'intérêt général poursuivis par la Communauté et qu'elles ne constituent pas, au regard du but poursuivi, une intervention démesurée et intolérable dans les prérogatives du propriétaire, qui porterait atteinte à la substance même du droit de propriété* »[372].

---

[359] CJCE, 20 février 1979, *Rewe-Zentral* (Cassis de Dijon), aff. 120/78, *Rec.* 649.

[360] CJCE, 23 novembre 1971, *Bock* (affaire des champignons chinois), aff., 62/70, *Rec.* 897.

[361] CJCE, 15 décembre 1976, *Donckerwolcke*, aff. 41/76, *Rec.* 1921 ; CJCE, 27 octobre 1993, Enderby, aff. C-127/92, *Rec.* I-5566 : « *Le principe de proportionnalité s'impose aux autorités nationales lorsqu'elles ont à appliquer le droit communautaire* ».

[362] Pour l'annulation sur la base du principe de proportionnalité d'un règlement du Conseil relatif à l'achat obligatoire de lait écrémé en poudre par les éleveurs, CJCE, 20 février 1979, *Buitoni*, aff. 122/78, *Rec.* 677.

[363] CJCE, 13 novembre 1973, *Verhahn*, aff. 63 et 60/72, *Rec.* 1246.

[364] Concl. AG Capotorti sous CJCE, 25 mai 1978, *Bayerische HNL*, Aff. 83/76, 94/76, 4/77, 15/77 et 40/77, *Rec.* 1231.

[365] *Ibid.*.

[366] J. SCHWARZE, *op.cit.*, p. 764.

[367] G. COHEN-JONATHAN, « La Cour de justice des Communautés européennes et les droits de l'homme », *RMC*, 1978, sp. 86.

[368] M. FROMONT, *op.cit.*, p. 159.

[369] S. CALMES, *op.cit.*, p. 247.

[370] CJCE, 14 mai 1974, *Nold*, aff. 4/73, *Rec.* 491.

[371] CJCE, 13 décembre 1979, *Hauer*, aff. 44/79, *Rec.* 3727.

[372] *Ibid.*

383. On comprend mieux ainsi les raisons pour lesquelles la doctrine et le juge constitutionnel allemands font dériver le principe de proportionnalité du principe de l'Etat de droit. Il permet de compléter, modérer et relativiser l'application du principe de légalité en fonction d'exigences tirées d'une justice générale et objective de proportion. Cette idée d'adéquation des moyens employés au but poursuivi n'est finalement rien d'autre que la concrétisation de l'aspiration de limiter autant que possible le pouvoir des autorités publiques afin de préserver au mieux l'autonomie des individus. Il s'agit là de l'expression la plus fondamentale de l'idée d'Etat de droit. Il reste maintenant à prendre toute la mesure de la portée du principe de proportionnalité en Droit européen.

B. La mesure de la portée du principe de proportionnalité en Droit européen

384. Il faut tout d'abord souligner que l'application du principe de proportionnalité est parfois innommée en Droit européen. Le juge européen peut, en effet, faire référence à un large catalogue lexical pour exprimer cette exigence de proportionnalité : il peut être fait référence au caractère « nécessaire » (voire « strictement nécessaire »), « raisonnable » ou « opportun » d'une mesure ou même à l'idée de « juste équilibre » ou de « justice ». Il s'agit dans chaque cas d'une spécification du principe général de proportionnalité exprimant cette idée d'adéquation entre les moyens mis en œuvre et les buts poursuivis par l'autorité publique. Mais au-delà de ces questions terminologiques, il semble exister une conception commune de la proportionnalité en Droit européen, voire peut-être même, par extension, en Europe[373]. Le principe de proportionnalité est défini respectivement par les juges de Strasbourg et de Luxembourg en des termes plus ou moins identiques : une mesure répond à l'exigence de proportionnalité lorsqu'elle est « *appropriée* », « *nécessaire* » et demeure dans de « *justes proportions* »[374].

---

[373] Le professeur Michel Formont remarque à cet égard que « *parti de l'Allemagne et de la Suisse, le principe de proportionnalité a gagné à la fois les autres pays de langue germanique, l'Autriche et les Pays-Bas, et les deux grandes branches du droit européen, le droit du Conseil de l'Europe et celui de l'Union européenne. Cette extension ne s'est pas accompagnée d'un changement appréciable de son contenu (adéquation, nécessité, proportionnalité stricto sensu) ; partout, le principe a pour objet de modérer le pouvoir des autorités publiques dans le souci d'assurer le respect d'un minimum d'autonomie des individus, autonomie qui trouve généralement son expression dans des droits subjectifs opposables aux pouvoirs publics* » (M. FROMONT, *op.cit.*, p. 161). Si le principe de proportionnalité remplit une fonction équivalente dans les ordres juridiques qui le reconnaissent directement ou indirectement, en revanche il faut avouer que s'il est une « *notion européenne, le droit comparé montre que c'est une notion européenne hétérogène* » (J. ZILLER, *op.cit.*, p. 187) dont le contenu et les conditions de mise en œuvre peuvent varier sensiblement d'un Etat à l'autre (J. SCHWARZE, *op.cit.*, pp. 724-746). Plus généralement, sur l'incidence du principe européen de proportionnalité au sein des ordres juridiques nationaux, *Cf. infra*, n°507.

[374] En ce sens, J. SCHWARZE, *op.cit.*, p. 900 et ss ; A.N. GEORGIADOU, « Le principe de proportionnalité dans le cadre de la jurisprudence de la CJCE », *Archiv für Rechts- und Sozialphilosophie*, 1995, p. 532 ; M. FROMONT, *op.cit.*, p. 161 ; S. CALMES, *op.cit.*, p. 254 . Jacques Ziller relève toutefois qu'une telle systématisation en droit communautaire « *témoigne autant de la façon dont la Cour de justice a reçu la*

385. *Une mesure appropriée* – Il faut que la mesure soit appropriée au résultat voulu. Autrement dit, l'autorité ayant adopté la mesure en cause doit pouvoir justifier de sa potentielle efficacité. Ici, c'est la pertinence de la mesure qui est appréciée : il faut qu'elle réponde aux exigences de légalité[375] et qu'elle permette d'atteindre l'objectif poursuivi[376]. Telle est la signification de l'arrêt *Internationale Handelsgesellschaft* lorsque la Cour de justice estime qu'une mesure doit être « *à la fois nécessaire et appropriée en vue de permettre aux autorités compétentes de déterminer de la manière la plus efficace leurs interventions* »[377]. La Cour de justice laisse à cet égard une certaine marge d'appréciation au législateur. C'est ainsi que « *s'agissant en l'occurrence de mesures économiques complexes impliquant nécessairement un large pouvoir d'appréciation quant à leur opportunité et comportant, par ailleurs, très fréquemment une marge d'incertitude quant à leurs effets, il suffit qu'au moment où elles sont édictées, il n'apparaisse pas avec évidence qu'elles sont inaptes à concourir à la réalisation de l'objectif visé* ». La Cour de justice se limite donc à vérifier si, au moment de leur adoption, les mesures n'étaient pas manifestement inaptes à atteindre le but fixé[378]. Pour preuve de cette relative souplesse dans l'appréciation de cette adéquation, le juge utilise parfois des notions plus souples comme, par exemple, celle de l'opportunité[379].

386. *Une mesure nécessaire* – Ce critère de la nécessité est celui qui est mis le plus en avant dans la concrétisation jurisprudentielle du principe de proportionnalité. La mesure appropriée n'est nécessaire que s'il n'existe pas d'autres moyens moins rigoureux pour atteindre l'objectif visé. Autrement dit, parmi toutes les mesures appropriées possibles, l'autorité publique doit retenir la moins préjudiciable pour les personnes concernées comme la Cour de justice l'a rappelé dans l'affaire *Mannesmann* : il faut veiller à ce que « *les buts poursuivis puissent être atteints [...], avec les moindres sacrifices possibles pour les entreprises assujetties* »[380]. Selon une formule type, la Cour de justice vérifie que la mesure « *ne dépasse pas ce qui est approprié et nécessaire pour atteindre le but recherché* ». Mais encore faut-il préciser ce que l'on entend par « *nécessaire* ». La ConvEDH contient un certain nombre de dispositions renvoyant à ce critère de la nécessité[381]. La CourEDH a estimé que « *si l'adjectif nécessaire au sens de l'article 10§2 n'est pas synonyme d'indispensable (comparé aux articles 2§2 et 6§1 les mots « absolument*

---

doctrine allemande de la proportionnalité que de la façon dont la doctrine allemande lit la jurisprudence de la Cour », *op.cit.*, p. 188.

[375] *Cf. supra*, n°334.

[376] CourEDH, 29 février 2000, *Fuentes Bobo c. Espagne*. Cependant la Cour considère en principe que « *les autorités nationales demeurent libres de choisir les mesures qu'elles estiment appropriées dans les domaines régis par la Convention. Le contrôle de la Cour ne porte que sur la conformité de ces mesures avec les exigences de la Convention* », Arrêt *Linguistique belge*, précité, §10.

[377] CJCE, 17 décembre 1970, *Internationale Handelsgesellschaft*, aff. 1/70, *Rec.*, 1125, pt. 12.

[378] J. SCHWARZE, *op.cit.*, p. 902.

[379] CJCE, 13 juillet 1961, *Niederrheinische Bergwerks*, aff. 2 et 3/60, *Rec.* 267.

[380] CJCE, 13 juillet 1962, *Mannesmann*, aff. 19/61, *Rec.* 681.

[381] *Cf.* Articles 8 à 11 §2, 14§2, 17§2, 2§3 du Protocole n°4.

nécessaires » et « strictement nécessaires », et à l'article 15§1 le membre de phrase « dans la stricte mesure où la situation l'exige »), il n'a pas non plus la souplesse des termes tels qu'admissible, normal (art. 4§3), utile (1er alinéa, Protocole n°1), raisonnable (art. 5§3 et 6§1) ou opportun »[382]. En d'autres termes, le caractère nécessaire d'une mesure restrictive de liberté se situe entre le caractère « indispensable » (*pas exigé*) et le caractère « acceptable », parce que normal, utile, raisonnable ou opportun (*pas suffisant*)[383]. Cette exigence de nécessité est souvent identifiée par la CourEDH à l'exigence d'un « *besoin social impérieux* »[384]. Cette formule rappelle celle employée par la CJCE qui considère que l'article 30 CE (ex-article 36 CEE) ne saurait justifier que des mesures « *nécessaires pour satisfaire à des exigences impératives* » et « *strictement nécessaires* » pour atteindre l'objectif visé[385].

Mais ce contrôle de la nécessité connaît certaines restrictions du fait que les juges européens admettent au profit des Etats ou des institutions communautaires un certain pouvoir d'appréciation dans la mesure de la « nécessité ». Cette question est bien connue en droit européen des droits de l'homme où le principe de la « marge d'appréciation » a pu faire l'objet de très vives critiques par la doctrine[386], voire même par certains membres de la CourEDH[387] en ce qu'il conduit à un « *self-restraint* » du juge. La Cour admet que l'intensité du contrôle de la « nécessité » d'une ingérence peut varier selon la marge d'appréciation laissée aux autorités nationales. Dans l'arrêt *Buckley* du 25 septembre 1996, la Cour a précisé sa démarche en la matière : « *l'ampleur de la marge d'appréciation n'est pas la même*

[382] Arrêt *Handyside, précité.*

[383] M. DELMAS-MARTY, « Fécondité des logiques juridiques sous-jacentes », in M. *Delmas-Marty* (dir.), *Raisonner la raison d'Etat. Vers une Europe des droits de l'homme*, PUF, Paris, 1989, p. 476.

[384] Arrêts, *Handyside, Dudgeon, Silver, Chappell, Funke, Fuentes bobo,* précités.

[385] CJCE , 15 décembre 1976, *Donckerwolcke e.a.*, aff. 41/76, *Rec.* 1921.

[386] W-J. VAN DER MEERSCH, « Le caractère autonome des termes et la marge d'appréciation des gouvernements dans l'interprétation de la Convention européenne des droits de l'homme », *Mélanges G.J. Wiarda*, Carl Heymans Verlag K.G., Cologne, 1988, p. 201 ; R.St-J. MAC DONALLD, « The Margin of Appreciation in the Jurisprudence of the European Court of Human Rights », *The European System of The Protection of Human Rights*, Dordrecht, Martinus Nijhoff, 1993, p. 83 ; E. KASTANAS, *Unité et diversité : notions autonomes et marge d'appréciation des Etats dans la jurisprudence de la Cour européenne des droits de l'homme*, Bruxelles, Bruylant, 1996 ; A-D. OLINGA et C. PECHERAL, « La théorie de la marge d'appréciation dans la jurisprudence récente de la Cour européenne des droits de l'homme », *RTDH*, 1995, p. 567 ; P. LAMBERT, « Marge nationale d'appréciation et contrôle de proportionnalité », F. SUDRE (dir.), *L'interprétation de la Convention européenne des droits de l'homme*, Bruxelles, Bruylant, 1998, p. 63.

[387] Dans une opinion dissidente sous l'arrêt *Z contre Finlande du* 27 février 1997, le juge De Meyer a estimé que « *lorsqu'il s'agit des droits de l'homme, il n'y a pas de place pour une marge d'appréciation qui permettrait aux Etats de déterminer ce qui est acceptable et ce qui ne l'est pas. En cette matière, la limite à ne pas franchir doit être aussi nette et claire que possible. Ce n'est pas aux Etats qu'il peut appartenir d'en décider, chacun en ce qui le concerne, mais à nous et ce que nous pensons doit valoir pour toutes les personnes relevant de la juridiction de chacun d'entre eux. Les formules creuses que nous répétons dans nos arrêts depuis déjà trop longtemps au sujet de la marge d'appréciation des Etats ne sont que des circonlocutions inutiles qui ne nous servent qu'à indiquer de manière abstruse que les Etats peuvent faire tout ce que nous considérons pas comme incompatible avec les droits de l'homme. Il est urgent d'abandonner cette phraséologie aussi fausse sur le plan des principes que vaine dans la pratique* ».

pour toutes les affaires mais varie en fonction du contexte. Parmi les éléments pertinents figurent la nature du droit conventionnel en jeu, son importance pour l'individu et le genre des activités en cause »[388]. C'est ainsi que dans certains domaines comme ceux relevant de l'article 15 par exemple[389], les autorités nationales se verront reconnaître un large pouvoir d'appréciation[390] ; dans d'autres au contraire, celle-ci sera très réduite[391] voire même parfois inexistante[392].

Cette doctrine de la marge d'appréciation se retrouve également dans la jurisprudence de la Cour de justice. Le juge communautaire considère traditionnellement que les institutions doivent disposer d'un large pouvoir d'appréciation pour les mesures normatives qu'elles adoptent dans le domaine de la politique économique[393], en particulier dans le domaine de la politique agricole commune[394]. Ainsi, la Cour de justice a-t-elle jugé que « *dans une situation impliquant la nécessité d'évaluer une réalité économique complexe, comme c'est le cas en matière de politique agricole commune, le législateur communautaire jouit d'un large pouvoir d'appréciation quant à la nature et à la portée des mesures à prendre* »[395]. Dans ce contexte, les autorités communautaires apparaissent comme les seuls juges de la nécessité des règles à adopter[396].

En résumé, le caractère « nécessaire » d'une mesure s'apprécie en principe à l'aune du caractère plus ou moins « préjudiciable » de la mesure en cause par comparaison avec d'autres mesures appropriées équivalentes. Toutefois, la prise en compte d'une certaine marge d'appréciation consentie à l'autorité publique conduit trop souvent le juge à refuser de se prononcer sur la « justification »[397] de la mesure contestée.

387. *Une mesure adéquate* – Enfin, le juge européen procède à une mise en balance de l'utilité d'une mesure pour la collectivité ou l'intérêt public et la

---

[388] Arrêt, *Buckley* précité, §74.

[389] Art. 15 CEDH : « *En cas de guerre ou en cas d'autre danger public menaçant la vie de la nation, toute Haute partie contractante peut prendre des mesures dérogeant aux obligations prévues par la présente Convention, dans la stricte mesure où la situation l'exige et à la condition que ces mesures ne soient pas en contradiction avec les autres obligations découlant du droit international* ».

[390] Arrêt *Lawless*, précité.

[391] L'étendue de certains droits peut toutefois être limitée. Par exemple, s'agissant du droit à la vie, l'article 2§2 dispose que « *la mort n'est pas considérée comme infligée en violation de cet article dans les cas où elle résulterait d'un recours à la force rendu absolument nécessaire* ». La Cour a précisé que les termes « absolument nécessaire» signifiaient un critère de nécessité strict et impérieux au but poursuivi, ce qui exclut toute marge d'appréciation nationale.

[392] Il en va ainsi des droits dits intangibles ne pouvant faire l'objet d'aucune dérogation même en temps de guerre.

[393] J-P. SPITZER, « Les principes généraux du droit communautaire dégagés par la CJCE », *Gaz. Pal.*, 1986, p.735 ; J. SCHWARZE, *op.cit.*, p. 904 .

[394] S. NERI, « Le principe de proportionnalité dans la jurisprudence de la Cour relative en matière agricole », *RTDE*, 1981, sp. 653 et ss.

[395] CJCE, 17 mai 1988, *Erpelding*, aff. , *Rec.* 2673 ; CJCE, 8 avril 1992, aff. C-256/90, *Migni*, *Rec.* I-2678.

[396] R-E. PAPADOPOULOU, *op.cit.*, p. 255.

[397] CJCE, 8 novembre 1979, *Denkavit*, aff. 251/78, *Rec.* 3369.

restriction apportée aux droits protégés. Il s'agit là de ce que l'on pourrait appeler « *un contrôle de proportionnalité au sens strict* »[398]. Cette idée a été parfaitement résumée par la CourEDH dans l'affaire *Spörong et Lönnroth* où elle a affirmé que « *la Cour doit rechercher si un juste équilibre a été maintenu entre les exigences de l'intérêt général de la communauté et les impératifs de la sauvegarde des droits fondamentaux* »[399]. On retrouve également ce souci dans la jurisprudence communautaire. Ainsi, dans l'affaire *Hauer*, la Cour de justice a exigé, après avoir reconnu la nécessité de certaines restrictions à l'exercice d'une profession et au droit de propriété du fait de l'interdiction de plantation de vignes nouvelles, que « *ces restrictions répondent effectivement à des objectifs d'intérêt général poursuivis par la Communauté et qu'elles ne constituent pas, au regard du but poursuivi, une intervention démesurée et intolérable dans les prérogatives du propriétaire qui porterait atteinte à la substance même du droit de propriété* »[400]. Il faut donc qu'il y ait une véritable adéquation entre les moyens mis en œuvre et le but poursuivi. Il convient toutefois de relever que la Cour de justice tend plus à protéger les intérêts de la Communauté que les droits des individus : en effet, si elle reconnaît d'un côté qu'il faut essayer de concilier les différents intérêts « *de manière à entraîner un minimum de sacrifices pour l'ensemble des sujets de la Communauté* [401]», elle veille surtout à ce que la mesure en cause « *porte le moins possible atteinte au fonctionnement du marché commun* »[402] et que les moyens utilisés sauvegardent « *les intérêts essentiels* » de la Communauté[403]. Il en résulte que la violation du principe de proportionnalité est très rare dans la jurisprudence communautaire[404]. C'est ainsi que l'on a pu dire que « *le rôle qui est reconnu en pratique au principe de proportionnalité est inversement proportionnel à l'importance de la finalité qu'ont pour vocation d'atteindre les règles incriminées, la Cour ne souhaitant pas remettre en cause les choix opérés sur la base d'appréciations complexes et compromettre la réalisation des objectifs fixés dans les domaines sensibles de la construction communautaire* »[405].

388. Nous sommes donc confrontés à un certain paradoxe : d'un côté le principe de proportionnalité est considéré comme un droit fondamental dont le respect doit être assuré dans l'ordre juridique communautaire ; de l'autre, le juge communautaire tient compte des larges pouvoirs d'appréciation ou discrétionnaires reconnus aux institutions exerçant ainsi un contrôle restreint, sauf à l'égard des Etats membres et en matière de sanctions où la Cour de justice fait preuve d'une plus grande hardiesse[406]. Ces réflexions valent également *mutatis mutandis* pour la jurisprudence

---

[398] J. SCHWARZE, *op.cit.*, p. 904.
[399] Arrêt *Spörong et Lönnroth*, précité.
[400] CJCE, 13 décembre 1979, *Hauer*, aff. 44/79, *Rec.* 3727.
[401] CJCE , 11 juillet 1989, *Schräder*, aff 256/87, *Rec.* 2263.
[402] CJCE, 13 mai 1971, *NV International Fruit Company*, aff. 41-44/70, *Rec.* 411.
[403] CJCE, 13 juillet 1961, *Niederrheinische Bergwerks*, aff. 2 et 3/60, *Rec.* 267.
[404] Voir les exemples donnés par, R-E. PAPADOPOULOU, *op.cit.*, p. 264.
[405] *Ibid.*, pp.260-265.
[406] J-F. RENUCCI, *op.cit.* p. 509 ; R-E. PAPADOPOULOU, *op.cit.*, p. 264 ; J. SCHWARZE, *op.cit.*, p.883.

de la CourEDH dont la doctrine la plus récente n'a pas hésité à critiquer l'utilisation en « *trompe l'œil* » du principe de proportionnalité[407]. Il faut admettre toutefois que la position des juges est délicate malgré les essais de rationalisation du test de proportionnalité (penser le juste n'est pas chose aisée) : en effet, soit le juge procède à un contrôle poussé des mesures qui lui sont soumises risquant ainsi de tomber dans le « *contrôle de l'opportunité* » ; soit il se limite à un contrôle restreint et se verra reprocher son « *self-restraint* ». La consécration d'un modèle exigeant de l'Etat de droit implique donc que le juge européen trouve lui-même un « *juste milieu* » dans l'application du principe de proportionnalité (« *un juste milieu du juste milieu* » pourrait-on dire) afin que ce dernier puisse effectivement remplir pleinement sa fonction relativisante dans l'Etat de droit et son rôle de « *régulateur de l'équilibre démocratique* »[408]. En tout cas, la promotion du principe de proportionnalité en Droit européen - et par son prisme en Europe - marque la place toujours plus importante qu'occupe la figure du juge au sein de nos systèmes juridiques contemporains traversés par l'idée d'Etat de droit. La consécration d'un droit au juge en Droit européen en est là encore une illustration.

389. Au terme de l'étude de cette première composante (le droit au droit) d'un modèle exigeant de l'Etat de droit, tel qu'il serait véhiculé par le Droit européen, un constat s'impose : le droit allemand exerce une influence déterminante sur le droit public européen et en retour sur les droits nationaux[409] ; certains juristes français peuvent en être surpris, ceux en tout cas qui ont vécu avec l'idée que le droit communautaire avait pris comme modèle le droit administratif français[410]. Dans cette étude, nous nous sommes attachés à l'examen de trois principes, dont deux sont spécifiquement allemands, (sécurité juridique / confiance légitime et proportionnalité) qui nous paraissaient les plus illustratifs de cette exigence (droit au droit). Notre propos n'était pas ici d'étudier la conformité des systèmes juridiques communautaire et de la ConvEDH à ces exigences. Nous l'avons dit à plusieurs reprises, bien que largement consacrées sur le plan des principes, ces différentes exigences sont parfois malmenées en Droit européen. Il suffit de rappeler à cet égard l'accès encore restrictif des particuliers au contrôle de la légalité communautaire ou

---

[407] F. RIGAUX, *La loi des juges*, Paris, Odile-Jacob, 1997, sp. 222. Pour une critique radicale de la mise en œuvre du principe de proportionnalité par le juge européen des droits de l'homme, voir la remarquable étude de S. VAN DROOGHENBROECK, *op.cit.* ,sp. 672.

[408] P. MARTENS, « L'irresistible ascension du principe de proportionnalité », *Mélanges Velu*, Bruxelles, Bruylant, 1992, p. 66.

[409] G. NOLTE, « General Principles of German and European Administrative Law – A comparison in Historical Perspective », *Modern Law Review*, 1994, n°2, p. 191.

[410] On consultera par exemple les différentes contributions in *Les Communautés européennes et le droit administratif français*, colloque Strasbourg, 15-16 octobre 1971, Paris, LGDJ, 1972 ; CONSEIL D'ETAT, « Droit communautaire et droit français », *EDCE*, n°33, 1981/82, p. 360 ; J. DUTHEIL DE LA ROCHERE, « Influence du droit français en droit communautaire / droit de l'Union européenne », *RFDA*, 2001, pp. 909-917.

l'insécurité juridique due à la profusion des normes communautaires[411]. Mais tel n'était pas l'objet de cette étude. Il s'agissait simplement d'étudier de manière systématique autour de quels principes pouvait se structurer un modèle européen exigeant de l'Etat de droit : (1) nous avons vu que le juge européen érigeait ces différents principes (légalité, sécurité juridique et proportionnalité) en principes axiomatiques du Droit européen ; (2) nous avons montré que s'ils entretenaient entre eux des relations dialectiques complexes, ils remplissaient chacun une fonction complémentaire (*constituante*, *régulante* et *relativisante*) dans la logique de ce modèle exigeant de l'Etat de droit ; (3) nous avons procédé à leur examen respectif afin de prendre toute la mesure de leur signification et leur potentielle influence sur les ordres juridiques nationaux[412]. Il convient maintenant de procéder à l'identique avec l'étude du « *droit au juge* », deuxième composante principale de ce modèle européen exigeant de l'Etat de droit.

SECTION II
LE DROIT AU JUGE

390. L'*Etat de droit* est aujourd'hui souvent identifié à l'*Etat des juges* (*Richterstaat*[413]) au terme d'une assimilation du droit et du juge selon laquelle il ne saurait y avoir de *droit* sans un *juge* pour le *sanctionner*[414]. Bien que contestée et contestable[415], cette assimilation est largement répandue et on la retrouve tant au sein de la doctrine européenne[416] que dans la jurisprudence des cours

---

[411] B. OPPETTIT, « L'Eurocratie ou le mythe du législateur suprême », *D.* 1990, Chr. XIII, p. 75 ; D. SIMON et A. RIGAUX, « Le Conseil d'Etat saisi par le droit communautaire : quelques réflexions sur le rapport public de 1992 », *Europe*, 1993, p.1.

[412] *Cf. infra*, Titre II, Chapitre 1.

[413] Sur le thème du « *Richterstaat* » dont certains considèrent même qu'il est l'aboutissement du « *Rechtsstaat* », voir R. MARCIC, *Vom Gestzesstaat zum Richterstaat. Recht und Mass der Macht. Gedanken über demokratischen Rechts- und Sozialstaat*, Wien, Springer, 1957, 548p. *Contra*, E. FORSTHOFF, « Rechtsstaat oder Richterstaat ? », in E. FORSTHOFF, *Rechtsstaat in Wandel*, 2e éd., München, 1976, p. 243ss.

[414] Selon R. Marcic, « *la liberté n'est garantie que grâce au règne du droit – voilà l'idée européenne ! Le règne du droit, d'un droit qui est antérieur à l'Etat, ne peut se concrétiser et se réaliser qu'à travers la sentence du juge. L'Etat libre est l'Etat de droit, les Anglo-saxons l'appellent the Rule of law. L'Etat de droit est l'Etat des juges* », *op.cit.*, p. 89, cité et traduit par L. HEUSCHLING, *op.cit.*, p. 199.

[415] Pour un exposé clair d'une critique radicale de cette thèse, L. HEUSCHLING, *op.cit.*, p. 526 et ss : cet auteur montre tour à tour que cette définition est dévastatrice pour l'Etat de droit, erronée quant au statut du juge et contradictoire quant à la possibilité logique de soumettre le juge au droit. O. PFERSMANN, « A quoi bon un 'pouvoir judiciaire' » ?, *in O. CAYLA et M-F. RENOUX-ZAGAME, L'office du juge : part de souveraineté ou puissance nulle ?*, Publications de l'Université de Rouen, n°298, LGDJ, Paris, 2001, p181 et ss.

[416] Deux exemples suffiront à illustrer cette large assimilation du droit et du juge. Tout d'abord, Jean-François Renucci note dans son manuel que « *la nouvelle Cour [européenne des droits de l'homme] présente de nombreux avantages, d'autant plus qu'elle traduit une juridictionnalisation du système européen de contrôle : c'est dire que l'on est désormais en présence d'un authentique droit européen des droits de l'homme* », (J-F. RENUCCI, *Droit européen des droits de l'homme*, Paris, LGDJ, 3ème éd., 2002, p. 576). Quant à Fabrice Picod, il relève que « *constituées par le droit, les Communautés se sont consolidées et développées principalement au moyen du droit. Ayant pour mission de dire le droit, le juge a été, plus que dans toute autre organisation internationale, le principal moteur de l'enracinement et du*

européennes[417]. L'aboutissement de cette logique (*doit=juge* donc *Etat de droit=Etat des juges)* est la consécration d'un *droit au juge* aussi large que possible offrant à chaque individu la possibilité d'agir en justice pour faire respecter ses droits : il en va de *l'effectivité* des droits des individus et partant de l'Etat de droit[418]. Le droit au juge apparaît ainsi comme le fer de lance du droit au droit[419].

391. Cette logique est au cœur du modèle européen de l'Etat de droit[420] comme le souligne avec force la CourEDH pour qui les tribunaux sont « *garants de la justice* » et remplissent une mission « *fondamentale dans un Etat de droit* »[421]. Force est de constater en effet que la figure du juge est exacerbée en Droit européen[422]. Le juge occupe une place si importante dans le développement du droit européen des droits de l'homme[423] ou de l'intégration européenne[424] que l'on a même pu parler d'une « *Europe des juges* »[425] – que l'on doit comprendre comme synonyme d'une

---

développement de l'intégration communautaire », F. PICOD, « Le droit au juge en droit communautaire », in J. RIDEAU (dir.), *Le droit au juge dans l'Union européenne*, Paris, LGDJ, 1998, p. 141.

417 Cette assimilation est patente dans la jurisprudence de la Cour européenne des droits de l'homme : pour une assimilation de la prééminence du droit et du juge, CourEDH, 21 février 1975, *Golder c. Royaume-Uni*, Série A, n°18 ; CourEDH, 6 septembre 1978, *Klass et autres*, Série A, n°28, §55. Par ailleurs, dès lors que le juge européen des droits de l'homme mobilise la notion d'Etat de droit, le discours de l'Etat de droit est alors systématiquement associé au droit au juge (CEDH, 20 juillet 2000, *Antonetto c. Italie* ; CEDH, 25 février 1997, *Hornsby c.Grèce*).

418 J. RIDEAU, « Le droit au juge : conquête et instrument de l'Etat de droit », in J. RIDEAU (dir.), *Le droit au juge dans l'Union européenne*, Paris, LGDJ, 1998, sp. 3 ; T.S. RENOUX, « Le droit au recours juridictionnel », *JCP. Ed. G.*, 1993, n°19, p. 212

419 J. RIDEAU (dir.), *op.cit.*, p. 3.

420 Conclusions de l'A.G. Darmon sous CJCE, 15 mai 1986, *Johnston*, aff. 222/84, *Rec.*, 1651.

421 Arrêt *De Haes et Gijsels*, précité .

422 Bruno Oppetit relevait ainsi que « *le droit à procès équitable apparaît comme la pièce maîtresse de « l'instrument constitutionnel d'un ordre public européen » qu'est devenue la Convention ; il traduit l'ascension d'un pouvoir judiciaire qui entend s'affirmer face aux pouvoirs législatifs et exécutifs des Etats nationaux* », B. OPPETIT, *Philosophie du droit*, Paris, Dalloz, 1999, p. 124. Dans le même sens, F. SUDRE, « L'office du juge national au regard de la Convention européenne des droits de l'homme », *Mélanges en hommage à Pierre Lambert*, Bruxelles, Bruylant, 2000, p. 822. Pour le droit communautaire ; O. DUBOS, *Les juridictions nationales, juge communautaire . Contribution à l'étude des transformations de la fonction juridictionnelle dans les Etats membres*, Paris, Dalloz, 2001.

423 Parmi une littérature abondante, M. DE SALVIA, « L'élaboration d'un « *ius comune* » des droits de l'homme et des libertés fondamentales dans la perspective de l'unité européenne : l'œuvre accomplie par la Commission et la Cour européenne des droits de l'homme », *Protecting human rights : the European Dimension*, Cologne, Carl Heymanns, 1988, pp. 555-563 ; F. MATSCHER, « Quarante ans d'activités de la Cour européenne des droits de l'homme », *RCADI*, Tome 270, 1997, pp. 241-397 ; J-P MARGUENAUD, *La Cour européenne des droits de l'homme*, Paris, Dalloz, 1997, 147p.

424 Voir R. KOVAR, «La contribution de la CJCE à l'édification de l'ordre juridique communautaire », *RCADE*, IV-1, 1995, p. 21 et ss ; A.W. GREEN, *Political integration by jurisprudence. The work of the CJEC in European political integration*, Leyden, Sijthoff, 1969 ; J. MERTENS DE WILMARS, « La jurisprudence de la Cour de Justice comme instrument de l'intégration communautaire », *CDE*, n°2-3, 1976, p 135-148 ; D. SIMON, *L'interprétation judiciaire des traités internationaux, morphologie des conventions et fonction juridictionnelle*, Paris, Pedone, 1981.

425 R. LECOURT, *L'Europe des juges*, Bruxelles, Bruylant, 1976. R. DEHOUSSE, *La Cour de justice des Communautés européennes*, Paris, Montchrestien, 1994, p. 103 et ss . Voir également pour une étude en profondeur du rôle du juge en droit européen et en droit américain, K. LENAERTS, *Le juge et la constitution aux Etats-Unis d'Amérique et dans l'ordre juridique européen*, Bruxelles, Bruylant, 1988.

« *Europe du droit* »[426] – réveillant au passage le « *spectre* »[427] d'un « *gouvernement des juges* »[428]. Il n'en reste pas moins vrai que les juges européens disposent d'un réel pouvoir normatif[429] allant parfois bien au-delà de ce qui est habituellement accepté au sein des ordres juridiques nationaux[430]. A cet égard, il faut reconnaître que la nature même du Droit européen appelle une implication plus grande du juge que ce soit par exemple pour combler les lacunes d'un droit originaire incomplet comme en droit communautaire[431] ou développer, adapter et spécifier des prescriptions conventionnelles très larges comme dans la ConvEDH[432].

---

426 Pour preuve de cette assimilation conceptuelle au sein de la doctrine du droit et du juge en Europe, l'ancien garde des Sceaux français, M. Albin Chalandon, s'exprimait dans la *Revue administrative* ainsi : « *[En Europe] le fédérateur c'est le droit. Il existe un vrai pouvoir supranational en Europe : celui des juges. Le droit apparaît comme l'un des moteurs de l'Europe* », A. CHALANDON, « Le droit, moteur de l'Europe », *Revue Administrative*, 1986, p. 426.

427 Selon l'expression de Michel Troper, in M. TROPER et O. PFERSMANN, « Existe-t-il un concept de gouvernement des juges ? », *in* S. BRONDEL, N. FOULQUIER, et L. HEUSCHLING (dir.), *Gouvernement des juges et démocratie*, Paris, Publications de la Sorbonne, 2001, p.21.

428 C'est sans doute à Rasmussen que l'on doit la critique la plus radicale de l'activisme jurisprudentiel de la Cour de justice, H. RASMUSSEN, *On law and policy in the European Court of Justice*, La Haye, Nijhoff, 1986. Voir également, D. SIMON, « La CJCE : un gouvernement des juges », in *Démocratiser la Communauté*, Paris, Etudes et perspectives européens, 1977.

429 M. BETTATI, « Le law-making power de la Cour », Pouvoirs, n°49, 1989, p. 56 et s ; R. DEHOUSSE, *op.cit.*, p. 70 et ss.

430 Il suffit de rappeler ici la décision de la Cour européenne des droits de l'homme dans l'affaire *Open Door* à propos de laquelle Frédéric Sudre se demandait « *quelle est la légitimité du juge européen quand il sanctionne la décision d'une Cour constitutionnelle fondée sur une disposition constitutionnelle adoptée par référendum ?* », F. SUDRE, « L'interdiction de l'avortement : le conflit entre le juge constitutionnel irlandais et la Cour européenne des droits de l'homme », *RFDC*, 1993, sp. 222. Le juge communautaire n'hésite pas lui non plus à aller bien au-delà de sa mission que ce soit en procédant à ce que Jean-Pierre Jacqué a appelé une « *révision judiciaire* » des traités comme dans l'affaire « *Les Verts* » ou en fixant des limites matérielles à la révision du traité. Il faut toutefois remarquer qu'il semble qu'en la matière le juge communautaire fasse désormais preuve d'un certain « *Self-Restraint* » comme l'illustre une récente décision de la Cour de justice dans laquelle les juges de Luxembourg se sont refusés de procéder à une extension des conditions de recevabilité du recours en annulation en rappelant qu'une telle mission appartenait au seul constituant, contrairement à ce que la Cour de justice avait fait dans l'arrêt « *Les Verts* » (CJCE, 25 juillet 2002, *Unión de los Pequeños Agricultores*, Aff C-50/00P, pt.45).

431 Lord Denning constatait ainsi dans l'affaire *H.P. Bulmer Ltd v. J. Bollinger S.A.* devant la House of Lords de Londres que le traité CEE « *énonce des principes généraux. Il exprime ses buts et ses objectifs. Tout cela au moyen de phrases brèves, d'un style remarquable. Mais il est dépourvu de précision. Il utilise des mots et des expressions sans définir leur sens. Un juriste anglais s'efforcerait d'y trouver une clause d'interprétation, mais en vain. Il n'y a en a pas. Le traité est parsemé d'omissions et de lacunes. Celles-ci doivent être comblées par les juges, ou par des règlements et des directives. C'est la manière de faire européenne...* », cité et traduit par R. DEHOUSSE, *op.cit.*, p. 72. Voir également sur cette question des lacunes, P. PESCATORE, « La carence du législateur communautaire et le devoir du juge », *in Rechtsverleigchung, Europarecht und Staatenintegration, Gedachtnisschrift fur Léontin-Jean Constantinesco*, Carl HeymannVerlag KG, Koln, Berlin, Bonn, Munchen, 1983, pp. 559-580 ; « Les objectifs de la CE comme principes d'interprétation dans la jurisprudence de la CJ », *in Studia ab discipulis amicisque in honorem egregii professoris edita a Miscellanea W.J.GANSHOF VAN DER MEERSCH* , Tome 2, Bruylant, Bruxelles, 1972, pp. 325-363 ; D.SIMON, « L'usage de concepts élastiques dans la jurisprudence internationale : impressionnisme ou réalisme ? », *Gedachtnisschrift fur Léontin-Jean Constantinesco, op.cit.*, pp.707-719.

432 Rappelons à cet égard que la Convention est considérée comme la Cour comme un « *instrument vivant* » devant se « *lire à la lumière des conditions de vie d'aujourd'hui* » (CourEDH, 9 octobre 1979, *Airey*, Série A, n°32, §36). Il en résulte une plus grande intervention du juge dont l'interprétation des

392. Plus généralement, on assiste en Droit européen à un développement sans précédent au niveau international de la « *juridictionnalisation* » de la sphère juridique[433]. L'approfondissement de la *Communauté de droit,* se muant progressivement en *Union de droit,* s'inscrit dans ce processus[434]. L'entrée en vigueur du Protocole additionnel n°11 à la Convention européenne des droits de l'homme instituant notamment une Cour unique et un droit de saisine individuel direct de la Cour constitue également une illustration de ce mouvement : désormais, le système de contrôle européen des droits de l'homme est entièrement « juridictionnalisé », ce qui fait dire à certains, au terme d'une assimilation pure et simple du droit et du juge, que l'on assisterait à l'avènement « *d'un authentique droit européen des droits de l'homme* »[435].

393. Jour après jour, l'européanisation du droit au juge devient ainsi une réalité ne serait-ce parce que le juge national est le juge commun du Droit européen. Mais encore faut-il pour en prendre toute la mesure avoir conscience que sa portée et sa signification diffèrent quelque peu selon que l'on s'attache au droit communautaire ou à la ConvEDH : tandis que dans la ConvEDH le droit au juge est lié de manière spécifique à la protection des droits et des libertés protégés par elle et ses protocoles additionnels, le droit au juge est plus large en droit communautaire en ce qu'il se rattache à l'ensemble des droits que les citoyens de l'Union européenne peuvent tirer du droit communautaire ; tandis que le droit communautaire fournit au droit au juge un véritable véhicule normatif (primauté et effet direct) contribuant à la modélisation européenne du procès national, la Convention revêt une intensité normative plus aléatoire dépendant de l'autorité normative que lui reconnaissent les Etats parties ; tandis enfin que la ConvEDH développe une conception éthique du droit au juge, la CJCE n'en retient qu'une conception instrumentale ou fonctionnelle.

Mais, au-delà de ces divergences formelles et fonctionnelles, de nombreuses convergences peuvent être observées, ne serait-ce parce que la ConvEDH constitue une source d'inspiration privilégiée en la matière pour la Cour de justice du fait de l'absence de toute reconnaissance écrite du principe du droit au juge dans le système

---

textes est « évolutive » et « dynamique ». En ce sens, F. RIGAUX, « Interprétation consensuelle et interprétation évolutive », in *F. SUDRE (dir.), L'interprétation de la Convention européenne des droits de l'homme*, Bruxelles, Bruylant, 1998, p. 41 et s ; F. SUDRE, « A propos du dynamisme interprétatif de la Cour européenne des droits de l'homme », *JCP, ed. G*, 2001, I-335, n°3 ; J-F RENUCCI, *Droit européen des droits de l'homme*, 3ème éd., Paris,LGDJ, 2002, p. 36 et ss.

[433] F. PICOD, « Le développement de la juridictionnalisation », in J. RIDEAU (dir.), *De la Communauté de droit vers l'Union de droit, op.cit.*, p. 203 et ss ; F. SUDRE, *Droit international et européen des droits de l'homme*, 5ème éd., Paris, Puf, 2001, p. 379.

[434] *Ibid.*

[435] J-F. RENUCCI, *op.cit.*, p. 576.

communautaire[436]. Mieux, les deux jurisprudences seraient complémentaires en ce que le juge européen de Strasbourg serait le plus souvent appelé à imposer l'accès à la justice dans un contexte pénal ou civil, alors que l'intervention de la Cour de justice permettrait d'étendre le champ d'application du droit au juge dans les litiges administratifs présentant une dimension communautaire[437]. Il est alors possible de reconstruire un principe commun européen du droit au juge articulé autour de deux idées : un « *droit à un recours juridictionnel effectif* » (**§1**) et un « *droit à un procès équitable* » (**§2**)[438].

§1 - LE DROIT A UN RECOURS JURIDICTIONNEL EFFECTIF

394. Le droit à un recours juridictionnel effectif a pu être défini par la doctrine comme « *le droit pour toute personne physique ou morale [...] d'accéder à la justice pour y faire valoir ses droits* »[439] ou le droit de « *qui s'estime lésé par un acte qui le prive d'un droit ou d'un avantage tiré de la réglementation [...] de pouvoir disposer d'un recours contre cet acte et bénéficier d'une protection juridictionnelle complète* »[440]. Il faut ici distinguer le droit à un recours (effectif) du droit à un recours juridictionnel : le second n'est qu'un des aspects du droit à un recours qui, plus général, signifie le droit de toute personne de pouvoir contester une mesure prise à son encontre, devant une instance quelle qu'elle soit, investie d'un pouvoir de réformation de cette mesure et/ou de réparation de ses conséquences dommageables[441]. Plus général, le droit à un recours peut viser ainsi des recours non juridictionnels tels que des recours gracieux ou hiérarchiques. On retrouve cette distinction en droit européen des droits de l'homme avec les articles 6 et 13 de la

---

[436] R. BIEBER et I. SALOME, « Accès à la justice », *in R. BIEBER et alii, Au nom des peuples européens, op.cit.*, p. 282 et ss ; C. HARLOW, « L'accès à la justice comme droit de l'homme », *in P. Alston (dir.), L'Union européenne et les droits fondamentaux, op.cit.*, p. 189 et ss.

[437] K.S.C. BRADLEY, « Administrative justice : a developping human right ? », *European Public Law*, 1995, p. 348 ; G. DELLIS, « Le droit au juge comme élément de la problématique sur la protection des droits fondamentaux au sein de l'ordre juridique communautaire », *ERPL/REDP*, vol. 13, n°1, 2001, sp. 307. Cette observation est à relativiser doublement : d'une part, la modélisation communautaire du procès national peut concerner également le juge judiciaire (C. NOURISSAT, « Le juge judiciaire des référés et le droit communautaire », *Les Cahiers du CDRE (Lyon 3)*, n°1, avril 1999, pp.73-92) ; d'autre part, il serait faux de croire que le contentieux administratif n'est pas concerné par la Convention européenne des droits de l'homme sous prétexte que les litiges de droit public *stricto sensu* sont exclus du champ d'application de la Convention (L. SERMET, *op.cit.*).

[438] En ce sens, C. HAUGUENAU, *op.cit.* ; Th. RENOUX, *op.cit.* ; J-F. RENUCCI, *op.cit.*. En revanche, certains auteurs retiennent d'autres catégorisations. C'est ainsi que Serge Guinchard *et alii.* retiennent comme principe parapluie le droit à un procès équitable dont le droit au juge n'est qu'une des composantes : ce droit à un procès équitable intègrerait les *garanties d'accès à un tribunal*, les *garanties procédurales* et la *garantie de l'exécution de la décision de justice*. (S. GUINCHARD *et alii, op.cit.*, p. 286). Laurent Sermet distingue, quant à lui, le *droit à un tribunal* du *droit à un procès équitable* (L. SERMET, *op.cit.*).

[439] L. FAVOREU et Th. RENOUX, « Le contentieux constitutionnel des actes administratifs », *Rep. Dalloz du contentieux administratif*, Sirey, 1992, sp. 90 ; M. BANDRAC, « L'action en justice, droit fondamental », *Mélanges Perrot*, Paris, Dalloz,1995, p.1.

[440] *Ibid.*

[441] E. ZOLLER, *Droit constitutionnel*, Paris, Puf, 2ème éd., 1999, n°299 ; S. GUINCHARD *et alii, op.cit.*, p. 292.

Convention, même si la Cour a eu tendance à marginaliser l'article 13 au profit d'une interprétation extensive de l'article 6 tendant vers une « *juridictionnalisation* » du droit à un recours[442]. Conformément à cette approche, et sans pour autant nier le rôle fondamental du droit à un recours (tout court) dans la consolidation de l'Etat de droit[443], nous axerons notre propos en priorité sur l'étude du droit à un recours juridictionnel en ce qu'il est une des spécifications du principe général du *droit au juge*. Après avoir étudié son fondement en Droit européen (**A**), nous nous attacherons à déterminer ses contours (**B**).

A. Le fondement du droit à un recours juridictionnel effectif en Droit européen

395. ***Le droit à un recours juridictionnel effectif comme conséquence de la primauté du droit ou l'assimilation du droit et du juge* -** Le droit à un recours juridictionnel effectif serait la conséquence de la *prééminence du droit*[444] comme le souligne la CourEDH : « *la prééminence du droit implique, entre autres, qu'une ingérence de l'exécutif dans les droits de l'individu soit soumise à un contrôle efficace que doit normalement assurer, au moins en dernier ressort, le pouvoir judiciaire, car il offre les meilleures garanties d'indépendance, d'impartialité et de procédure régulière* »[445]. Autrement dit, le juge est le meilleur gardien des droits individuels[446]. Une déclaration aussi générale du droit à un recours juridictionnel dérive également en droit communautaire de l'idée de primauté du droit. Le principe de la *Communauté de droit* – expression communautaire du principe de prééminence du droit et plus largement du principe de l'Etat de droit – tel que développé par la Cour de justice sert de point d'ancrage au principe du droit à un recours juridictionnel : rappelons que la Cour de justice a, dans l'arrêt « *les Verts* », reconnu le droit d'introduire un recours contre une décision du Parlement sur la base du principe de la Communauté de droit alors qu'une telle hypothèse n'était pas prévue par les textes ; quelques jours plus tard, la Cour de justice consacrait dans son arrêt

---

442 Voir toutefois, CourEDH, (Gr. Ch.), 26 août 2000, *Kudla c. Pologne*, JCP 2001-I-291, n°40, Obs F. Sudre.

443 En ce sens, J-F. FLAUSS, « Le droit à un recours effectif : l'article 13 de la Convention européenne des droits de l'homme », *RUDH*, 1991, sp. 325. Par ailleurs, la doctrine française considère que pour le Conseil constitutionnel français, c'est le droit à un recours (tout court) qui est premier (droit à un recours hiérarchique par exemple) alors que le droit à un recours juridictionnel « *n'a pas de valeur absolue, n'est pas un droit fondamental, sauf dans l'hypothèse où la liberté individuelle au sens de l'article 66 de la Constitution est en cause* », E. ZOLLER, *op.cit.*, p. 598 ; *contra*, M-A. FRISON-ROCHE et W. BARANES, D. 1996, chr. 301.

444 L. SERMET, *op.cit.*, p. 25 et ss ; F. SUDRE, « Rapport introductif », *in Les principes communs d'une justice des Etats de l'Union européenne*, Colloque, 4 et 5 décembre 2000, Cour de Cassation, Paris, p. 30. Certains considèrent plus spécifiquement que les garanties du procès équitable constituent « *« l'expression judiciaire » de la prééminence du droit* », J. PRADEL et G. CORSTENS, *Droit pénal européen*, Paris, Dalloz,1999, n°340.

445 CourEDH, 6 septembre 1978, *Klass c. RFA*, Série A, n°28, §55.

446 P. WACHSMANN, « La prééminence du droit dans la jurisprudence de la Cour européenne des droits de l'homme », *Mélanges Jacques Schwob*, Bruxelles, Bruylant, 1997, p. 251 ; F. SUDRE, « Rapport introductif », *in Les principes communs ...*, *op.cit.*, p. 32.

Johnston « le droit à un recours juridictionnel effectif » après que son avocat général Darmon ait, dans ses conclusions, rattaché directement le « droit au juge » au principe de l'*Etat de droit* et *mutatis mutandis* de la *Communauté de droit*[447] ; signalons enfin, que c'est sur cette double motivation (Communauté de droit et « droit au juge ») que le Tribunal de première instance a « *tenté* », dans l'affaire *Jégo-Quéré,* d'ouvrir plus largement les conditions de recevabilité du recours en annulation introduit par les particuliers[448]. Le droit au juge, compris comme le droit à un recours juridictionnel, constitue bien ainsi en Droit européen le prolongement du principe de la prééminence du droit : la doctrine le considère, à cet égard, comme « *le corollaire existentiel des droits individuels*»[449].

396. ***A la recherche d'un fondement textuel explicite d'un droit à un recours juridictionnel effectif en Droit européen*** **-** Si le droit à recours juridictionnel dérive directement de l'idée de primauté du droit, aucun texte ne consacre en Droit européen un droit général à un recours juridictionnel[450].

Le droit communautaire est presque muet sur cette question[451] : en dehors des dispositions peu significatives des traités relatives aux voies de recours communautaires et à la mission générale de la Cour de justice, il existe quelques rares textes de droit dérivé, et en particulier des directives, imposant des formes de contrôle juridictionnel dans des domaines particuliers (droit des étrangers[452], égalité de traitement entre les hommes et les femmes[453], marchés publics[454] *etc.*), mais ne valant pas la reconnaissance officielle d'un principe général d'un droit à un recours juridictionnel effectif.

En droit européen des droits de l'homme cette consécration textuelle est indirecte car, ou limitée à un domaine particulier, ou trop générale : en effet, l'article 5§4 de la Convention garantit un recours devant un tribunal mais contre la seule détention arbitraire ; de même, l'article 13 de la Convention impose un recours effectif en cas de violation des droits reconnus dans la Convention mais il s'agit là d'un recours de toute nature non spécifiquement juridictionnel ; quant à l'article 6, il

---

[447] CJCE, 15 mai 1986, *Johnston*, aff. 222/84, *Rec.* 1651 .

[448] On pourrait rapprocher la méthode employée ici par la juge communautaire de celle suivie par la Cour européenne des droits de l'homme dans l'affaire *Golder* où, en s'appuyant tout à la fois sur le principe de la prééminence du droit et sur l'article 6§1, elle a étendu la portée de l'article 6§1 au droit à un recours juridictionnel.

[449] F. ZAMPINI, obs. in *RTDH*, 1998, p. 685.

[450] T.S.RENOUX, *op.cit.*, p. 212 ; J. VELU et R.ERGEC, *La Convention européenne des droits de l'homme*, Bruxelles, Bruylant, 1990, n°449.

[451] L'article 47 de la Charte des droits fondamentaux de l'Union européenne consacre toutefois « le droit à recours effectif et à accéder à un tribunal impartial ». Sur la force juridique de la Charte, *Cf. Supra*, Chapitre précédent, Section I.

[452] Directive 64/221/CEE du 25 février 1964.

[453] Directives 76/207 et 86/378 du 4 février 1976.

[454] Directive 86/665 du 21 décembre 1989; Directive 92/13 du 25 février 1992. Pour une étude du « droit au juge » consacré par ces deux directives, C. HAGUENAU, *L'application effective du droit communautaire en droit interne. Analyse comparative des problèmes rencontrés en droit français, anglais et allemand*, Bruxelles, Bruylant, 1995, pp. 498-537 ; B. LE BAUT-FERRARESE, *La Communauté européenne et l'autonomie institutionnelle et procédurale*, Thèse, Lyon 3, 1996, p. 738 et ss.

ne fait que consacrer le droit à un procès équitable sans évoquer directement la question de l'accès au juge proprement dite. Ce n'est donc que par une interprétation extensive et constructive de la Convention, combinée avec le principe directeur de la prééminence du droit et « *les principes fondamentaux de droit universellement reconnus* » (comme la prohibition du déni de justice), que le juge européen des droits de l'homme a pu forger un principe général du droit à un recours juridictionnel. Comme la Cour l'a souligné dans l'affaire *Golder*, « *on ne comprendrait pas que l'article 6§1 décrive en détail les garanties de procédure accordées aux parties à une action civile en cours et qu'il ne protège pas d'abord ce qui seul permet d'en bénéficier en réalité : l'accès au juge* »[455]. Le droit au juge est ainsi considéré par la Cour comme inhérent à l'article 6§1 en ce que le caractère équitable d'un procès n'a de sens que s'il y a un procès. Il s'agit par ailleurs bien d'un « droit » dans la mesure où la Cour considère, depuis l'affaire *Airey*, que l'obligation d'assurer un droit d'accès à la justice est une obligation positive de l'Etat, indispensable à la bonne exécution par l'Etat de ses engagements conventionnels[456] et à la garantie de l'Etat de droit[457].

397. A priori, il peut être étonnant que la CourEDH ait préféré s'appuyer sur l'article 6§1 pour consacrer « *un droit à un recours juridictionnel* » plutôt que sur l'article 13 dont les termes plus généraux[458] semblaient plus à même d'offrir les bases pour la consécration d'un tel droit[459]. Mais force est de constater que l'article 13 a fait l'objet en la matière « *d'une politique jurisprudentielle résolument restrictive* » qui a conduit à sa marginalisation[460]. La Cour a considéré en effet pendant longtemps que les exigences de l'article 13, plus générales et non spécifiquement juridictionnelles, étaient absorbées par celles de l'article 6§1 plus strictes définissant les contours d'un procès européen[461]. La mobilisation de l'article 13 n'intervient que dans les cas où la Convention n'offre pas un recours plus solide, soit un recours judiciaire. Lorsque l'article 6§1 garantit formellement un recours judiciaire, l'article 13, qui garantit un recours beaucoup plus faible, ne saurait être

---

455 Arrêt *Golder*, précité.
456 Arrêt *Airey c. Irlande*, précité ; CourEDH, 4 décembre 1995, *Bellet c. France*, Série 333-B.
457 Arrêt *Antonetto c. Italie*, précité.
458 Tellement généraux que certains juges de la Cour considèrent même cet article comme obscur. Les juges Matscher et Pinheiro Farinha ont ainsi estimé dans une opinion partiellement dissidente dans l'affaire *Malone* du 2 août 1984, Série A, n°82, que « *l'article 13 constitue l'une des dispositions les plus obscures de la Convention et son application soulève des problèmes d'interprétation très délicats et très compliqués. Telle est probablement la raison pour laquelle les organes ont évité de prendre parti sur cette clause, en avançant dans la plupart des cas des motifs peu convaincants...* ». Egalement, J. RAYMOND, « A contribution to the interpretation of article 13 of the European convention on human rigths », *Human Rights Review*, vol. V, 1980, p. 161.
459 D. DE BUYER, « le droit à un recours effectif », *Mélanges P. Lambert, op.cit.*, p. 183.
460 J-F. FLAUSSS, « Le droit à un recours effectif : l'article 13 de la Convention européenne des droits de l'homme », *RUDH*, 1991, p. 325.
461 Sur la modélisation européenne du procès, voir en particulier, S. GUINCHARD *et alii, op.cit.*, p. 280 et ss.

appliqué simultanément[462]. Comme la doctrine l'a souligné, « *l'article 13 est une lex generalis, peu contraignante, qui s'applique à défaut d'applicabilité d'un lex specialis, incarnée par l'article 6* »[463]. Cependant, cette thèse de l'absorption qui a obéré significativement la mise en œuvre de l'article 13 semble avoir été quelque peu ébranlée par l'arrêt *Kudla* du 26 août 2000 où la Cour distingue clairement l'article 6 et l'article 13 et rejette la thèse de l'absorption lorsque le grief fondé sur la Convention que l'individu souhaite porter devant une instance nationale est celui tiré d'une méconnaissance du droit à faire entendre sa cause dans un délai raisonnable, au sens de l'article 6§1. Autrement dit, il appartient à chaque Etat de garantir une voie de recours effective contre toute violation supposée du non respect du « délai raisonnable ». Il s'agit là d'une petite révolution jurisprudentielle pouvant conduire à l'approfondissement de la protection juridictionnelle des individus et redonner à l'article 13 la place primordiale qui lui revient dans le système de la Convention[464].

En l'absence de toute reconnaissance écrite du principe du droit à un recours juridictionnel en droit communautaire[465], la Cour de justice s'est inspirée, d'une part, des traditions constitutionnelles communes aux Etats membres et, d'autre part, des dispositions de la Convention telles qu'interprétées par la CourEDH pour forger un tel droit[466], même si, comme le souligne Denys Simon, ce « *droit au juge* » découle à titre principal des « *nécessités inhérentes au fonctionnement du système juridique communautaire* »[467]. Il n'en reste pas moins vrai qu'en la matière la ConvEDH et la jurisprudence de la CourEDH[468] sont, pour la CJCE, une source privilégiée d'inspiration. Mais à la différence de la CourEDH, la Cour de justice n'opère aucune distinction entre l'article 6 et l'article 13[469] de la Convention. Mieux, par une jonction des deux articles, la Cour de justice a élaboré le principe du « droit à un recours juridictionnel effectif ». Dans la plupart des cas, les arrêts de la Cour de justice se réfèrent ainsi aux deux articles indistinctement[470], aucun d'eux ne

---

[462] En ce sens, opinion séparée de M. Fowein sur req. n°7151/75 et 7152/75, *Sporrong et Lönnroth*, rapport. Com., 8 octobre 1980.

[463] L. SERMET, *op.cit.*, p. 135.

[464] J-F. FLAUSS, « Le droit à un recours effectif au secours de la règle du délai raisonnable : un revirement de jurisprudence historique », *RTDH*, 2002, sp. 181.

[465] R. BIEBER et I. SALOME, « Accès à la justice », *in R. BIEBER et alii, Au nom des peuples européens, op.cit.*, p. 282 et ss ; C. HARLOW, « L'accès à la justice comme droit de l'homme », *in P. Alston (dir.), L'Union européenne et les droits fondamentaux, op.cit.*, p. 189 et ss ; J-F. RENUCCI, *op.cit.*, p. 421.

[466] CJCE, 15 mai 1986, *Johnston*, aff. 222/84, *Rec.* 1663 ; CJCE, 15 octobre 1987, *Heylens*, aff. 222/86, *Rec.* 4087 ; CJCE, 13 décembre 1991, *RTT*, aff. C-18/88, *Rec.* I-5941.

[467] D. SIMON, « La Communauté de droit », in F. SUDRE et H. LABAYLE (dir.), *Réalité et perspectives du droit communautaire des droits fondamentaux*, Bruylant, Nemesis, Bruxelles, Athènes, 2000, sp. 120 ; également en ce sens, Ph. LEGER, « Le droit à un recours juridictionnel effectif », in F. SUDRE et H. LABAYLE (dir.), *op.cit.*, p. 201.

[468] Par exemple, CJCE, 17 décembre 1998, *Baustahlgewebe*, aff. C-185/95 P, *Rec.* I-8417.

[469] La Cour de justice serait même beaucoup plus réceptive aux potentialités de l'article 13 de la Convention comme le prouverait sa jurisprudence dynamique « *favorisant à la fois l'extension du contentieux de pleine juridiction devant le juge national et le renforcement de l'intensité du contrôle de l'excès de pouvoir* », J-F. FLAUSS, « Le droit à un recours effectif : l'article 13 de la Convention européenne des droits de l'homme », *RUDH*, 1991, p. 326.

[470] Voir toutefois, CJCE, 22 septembre 1998, *Coote*, aff. C-185/97, *Rec.* I-5199 (article 6).

semblant contribuer davantage que l'autre à la définition ou à l'étendue du principe d'un droit à un recours juridictionnel effectif[471]. Selon une formule désormais rituelle, la Cour de justice considère que « *les particuliers doivent pouvoir bénéficier d'une protection juridictionnelle effective des droits qu'ils tirent de l'ordre juridique communautaire, le droit à une telle protection faisant partie des principes généraux qui découlent des traditions constitutionnelles communes aux Etats membres. Ce droit a également été consacré par les articles 6 et 13 de la Convention européenne de sauvegarde des droits de l'homme et des libertés fondamentales* »[472].

398. Malgré une origine commune, la portée d'un droit à un recours juridictionnel effectif en droit communautaire ne recoupe que partiellement celle du droit de la Convention notamment en ce que dans l'ordre juridique communautaire il est étroitement lié au champ de compétence du droit communautaire[473] et que sa finalité première n'est pas la protection des droits et libertés fondamentaux, mais d'assurer la mise en œuvre effective des droits que les citoyens de l'Union tirent de ce système juridique[474]. D'ailleurs, ce n'est pas un hasard si, dans la majorité des cas, la Cour de justice se réfère à l'obligation des autorités juridictionnelles nationales d'assurer la primauté et le plein effet de la règle communautaire et non pas au « droit au juge » *stricto sensu*[475]. Il existerait ainsi une différence fonctionnelle quant à la nature du droit au juge en droit européen des droits de l'homme et en droit communautaire : en droit conventionnel, le droit au juge est conçu comme un droit substantiel fondamental[476] ; en droit communautaire, le droit au juge est conçu avant tout comme un droit procédural fonctionnel[477]. De ce point de vue, la protection offerte par la Cour de justice semble moins complète que celle garantie par la

---

[471] Ph. LEGER, *op.cit.*, p.204 ; A. PLIAKOS, *Le principe général de la protection juridictionnelle efficace en droit communautaire*, Sakkoulas/Bruylant, Athènes/Bruxelles, 1997, p. 66.

[472] Par exemple, CJCE, 15 mai 1986, *Johnston*, aff. 222/85, *Rec.* 1651 ; CJCE, 15 octobre 1987, *Heylens*, aff. 222/87, *Rec.* 4097 ; CJCE, 3 décembre 1992, *Borelli*, aff. C-97/91, *Rec.* I-6313 ; CJCE, 22 septembre 1998, *Coote*, aff. 185/97, *Rec.* I-5199.

[473] CJCE, 29 mai 1997, *Kremsow*, aff. C-299/95, *Rec.* I-2629. Dans cette affaire, la Cour de justice a refusé de répondre à une question préjudicielle sur la compatibilité d'une réglementation autrichienne avec le droit à un procès équitable dans la mesure où cette réglementation ne concernait pas une situation relevant du champ d'application du droit communautaire. Plus généralement, voir F. ZAMPINI, « La Cour de justice des Communautés européennes, gardienne des droits fondamentaux « dans le cadre du droit communautaire » », *RTDE*, 1999, p. 659. Néanmoins, il convient de relever que l'avocat général Cosmas a proposé dans ses conclusions dans l'affaire *ED* (Conclusions M. Cosmas du 21.1.1999 sous l'affaire *ED*, aff. C-412/91, *Rec.* I-3847) d'étendre le champ d'application du droit au juge en n'exigeant pas que celui-ci soit directement lié à l'exercice d'une liberté reconnue par l'ordre communautaire mais qu'il soit simplement rattaché *in abstracto* à l'interdiction des discriminations que prévoit l'article 12 CE.

[474] A. PLIAKOS, *op.cit.*, p. 196 et ss ; S. GUINCHARD *et alii.*, *op.cit.*, p. 308.

[475] G. DELLIS, « Le droit au juge comme élément de la problématique sur la protection des droits fondamentaux au sein de l'ordre juridique communautaire », *ERPL/REDP*, vol. 13, n°1, 2001, sp.307 ; B. LE BAUT-FERRARESE, *op.cit.*, sp. 601.

[476] J-F. FLAUSS, « Les nouvelles frontières du procès équitable », *in Les nouveaux développements du procès équitable au regard de la CEDH*, Bruxelles, Bruylant, 1996, sp. 85 ; S. GUINCHARD, « Le procès équitable, garantie formelle ou droit substantiel ? », *Mélanges Farjat*, *op.cit.*, 1999 ; « Le procès équitable, droit fondamental ? Vers une démocratie procédurale », Justice, 1999-1, p. 22 .

[477] A. PLIAKOS, *op.cit.*, p. 128 ; G. DELLIS, *op.cit.*, p. 308.

CourEDH dans la mesure où le droit à un recours juridictionnel, et plus largement le droit au juge, n'est pas consacré en tant que tel en droit communautaire mais uniquement comme un complément de l'application d'autres règles. Il reste maintenant à étudier si une telle différence emporte des conséquences sur le contenu de ce droit.

B. Le contenu du droit à un recours juridictionnel effectif

399. Le droit à un recours juridictionnel effectif implique d'une part le droit à un accès effectif à un tribunal (**1**), d'autre part le droit à une décision juridictionnelle effective (**2**)

1) Le droit d'accéder à un tribunal

400. Le droit à un recours juridictionnel signifie tout d'abord le droit d'accéder à un juge pour faire sanctionner le respect de ses droits. Il faut distinguer ici l'accès au juge européen supranational (**a**) de l'accès au juge national en tant que juge européen de droit commun (**b**).

a) L'accès aux juridictions européennes supranationales

401. Depuis l'entrée en vigueur le 1er novembre 1998 du Protocole n°11 adopté le 11 mai 1994[478], toutes les personnes estimant que leurs droits garantis par ConvEDH n'ont pas été respectés peuvent saisir directement la CourEDH de leurs prétentions après épuisement des voies de recours internes[479]. Cette juridictionnalisation complète du système de protection des droits fondamentaux devant la seule CourEDH contribue indéniablement au renforcement de la protection juridictionnelle des particuliers[480]. Le droit de saisine de la Cour est extrêmement large pour toute personne physique ou morale, toute organisation non gouvernementale ou tout groupe de particuliers se prétendant victime d'une violation des droits garantis par la Convention : il n'y a pas de condition de nationalité, de résidence, d'état civil, de capacité. Il faut simplement que le requérant se prétende « victime » d'une violation des droits garantis par la Convention. Autrement dit, il doit avoir un intérêt personnel à agir[481], cet intérêt étant interprété très largement par la Cour puisque celle-ci admet même la notion de victime

---

[478] Sur le Protocole n°11, , G. COHEN-JONATHAN, « Le protocole n°11 et la réforme du mécanisme international de contrôle de la Convention européenne des droits de l'homme », *Europe*, 1994, Chr. 8 ; F. SUDRE, « La réforme du mécanisme de contrôle de la Convention européenne des droits de l'homme : le Protocole n°11 à la Convention », *JCP* 1995-I-2849 ; L. PETTITI, « Le Protocole 11, son historique et son avenir », *Justices*, 1997, p. 71.

[479] La Cour en a précisé la nature et la portée dans une abondante jurisprudence. Voir pour un aperçu de cette question, J-F. RENUCCI, *op.cit.*, p. 604 et ss.

[480] J-P. MARGUENAUD, « La Cour européenne des droits de l'homme renouvelée », *D.* 1999, Chr. 221.

[481] Arrêt *De Wilde et autres*, précité.

potentielle ou éventuelle[482], se contentant alors d'un préjudice simplement hypothétique[483]. Quant aux conditions de recevabilité de la requête individuelle, celles-ci restent très souples : il faut, d'une part, que la requête soit dirigée contre un Etat Partie et relative à des faits relevant de la juridiction de l'Etat en cause[484] ; d'autre part, que la violation alléguée porte sur l'un des droits garantis par la Convention ; ensuite, le requérant doit apporter la preuve de l'épuisement des voies de recours internes « utiles » au cours desquels il a invoqué en « substance », devant les juges nationaux, la violation du droit garanti par la Convention dont il prétend être victime devant la Cour ; enfin, la requête doit être présentée dans un délai de six mois à partir de la date de la décision interne définitive. L'ensemble de ces conditions de recevabilité sont en règle générale interprétées de manière relativement souple par la Cour dans le prolongement de la jurisprudence de l'ancienne Commission. Signalons enfin que l'accès au juge européen des droits de l'homme est facilité par le principe de gratuité de la procédure et l'instauration d'un système d'assistance judiciaire qui donnent toute sa portée au mécanisme conventionnel de garantie des droits fondamentaux[485].

402. Eu égard à la souplesse des conditions d'accès à la juridiction européenne des droits de l'homme pour les particuliers, l'accès au juge communautaire apparaît en revanche beaucoup plus restrictif. La question étant bien connue et ayant été abondamment commentée[486], l'on se contentera de quelques observations.

L'accès au juge communautaire est présenté comme une condition inhérente à l'Etat de droit et partant à la Communauté de droit[487]. Le principe du droit au juge impliquerait qu'un particulier « *qui s'estime lésé par un acte qui le prive d'un droit ou d'un avantage tiré de la réglementation communautaire [puisse] disposer d'un recours contre cet acte et bénéficier d'une protection juridictionnelle complète* »[488]. En effet, « *dans une Communauté de droit quiconque a la capacité d'exercer des droits doit aussi pouvoir, lui-même et selon son jugement, les faire valoir devant le juge* »[489]. Ainsi, le droit d'accès au juge signifie que tout acte susceptible de porter

---

[482] Arrêts *Marckx, Dugeon, Klass, Soering*, précités.
[483] Arrêt *Open Door*, précité.
[484] CourEDH, 26 juin 1992, *Drozd et Janouzek c. France et Espagne*, Série A, 240, obs. G. Cohen-Jonathan et J-F. Flauss, *RTDH*, 1994, p. 98.
[485] F. SUDRE, *Droit international et européen des droits de l'homme*, 5ème éd., Paris, Puf, 2001 p. 406.
[486] Pour une étude complète de la question, P. CASSIA, *L'accès des personnes physiques et morales au juge de la légalité des actes communautaires*, Paris, Dalloz, 2002, 1045p.
[487] En ce sens, les conclusions de l'avocat général Darmon sous *Jonhston*. Notons cependant que le juge communautaire ne s'est pas appuyé sur le principe de la Communauté de droit pour consacrer le principe général du droit à un recours juridictionnel effectif (*Johnston* et *Heylens*) mais sur les traditions constitutionnelles des Etats membres et la Convention européenne des droits de l'homme, peut-être parce que le fondement de l'Etat de droit/ Communauté de droit était trop général et indéfini pour offrir une base juridique sûre, voir A. PLIAKOS, *op.cit.*, p. 74.
[488] *Ibid.*
[489] Conclusions A.G. Van Gerven sous CJCE, 15 juin 1989, *Stute Nahrungsmittelwerke / Bundesamt für Ernährung und Forstwirtschaft*, aff. C-77/88, *Rec.* 1755.

atteinte aux intérêts d'un particulier doit être soumis à un contrôle juridictionnel rigoureux.

Or un constat préalable s'impose. Eu égard à la modélisation communautaire du procès national entreprise par la Cour de justice sur la base du principe général du droit à un recours juridictionnel effectif[490], force est de constater que le droit à un recours juridictionnel, en ce qu'il vise la protection juridictionnelle des justiciables par les juridictions communautaires intégrées, n'a pas fait l'objet, en tant que principe général du droit, d'un développement extensif, même si, à l'occasion, la Cour de justice a pu accepter de vérifier si une décision du Tribunal de première instance se conciliait avec « *le principe du droit au recours juridictionnel* »[491]. En fait, dans la mesure où le traité a établi « *un système complet de voies de recours et de procédures destiné à confier à la Cour de justice le contrôle de la légalité des actes des institutions* », le juge communautaire considère que « *les règles procédurales, pour être utilisées par les justiciables, doivent être expressément prévues par un texte et ne sauraient être déduites par le Tribunal, alors surtout que la protection juridictionnelle des justiciables est déjà assurée dans des conditions appropriées* »[492]. La Cour de justice considère même que le système existant fonctionne de manière satisfaisante et offre « *une protection juridictionnelle complète et effective* »[493]. Autrement dit, le juge communautaire tient pour suffisamment assuré, en vertu des textes, l'accès au juge communautaire et la protection juridictionnelle devant lui[494].

Une telle affirmation nous paraît largement contestable. S'il est vrai que le traité a établi un système complet et cohérent de voies de recours intégrées devant les juridictions communautaires ouvertes aux particuliers leur offrant ainsi des voies de droit appropriées pour faire sanctionner les violations du droit communautaire qui les affectent[495], il faut en même temps reconnaître que les conditions de recevabilité de certaines voies de droit sont telles que l'on peut s'interroger notamment sur l'effectivité de « *l'accès des personnes physiques ou morales au juge de la légalité des actes communautaires* »[496]. S'il est légitime que toute action en justice soit soumise à des conditions de recevabilité, encore faut-il que celles-ci soient raisonnables et ne remettent pas en cause l'existence même du droit à un recours juridictionnel effectif[497]. C'est ce que la Cour de justice a admis en considérant que « *les dispositions du traité concernant le droit d'agir du justiciable ne sauraient être*

490 *Cf. infra*, point suivant.
491 CJCE, 18 mars 1997, *Guérin Automobiles*, aff. C-282/95P, *Rec.* I-1503.
492 TPI, 20 mars 1991, *Perez-Minguez Casariego*, aff. T-1/90, *Rec.* II-143.
493 CJCE, ord., 29 janvier 1997, *Antonissen*, aff. C-393/96P, *Rec.* I-441.
494 F. PICOD, *op.cit.*, p. 146.
495 P. CASSIA, *op.cit.*
496 *Ibid.*
497 CJCE, 15 avril 1997, *Woodspring district council et Bakers*, aff. C-27/95, Rec I-1847 ; Com EDH, avis *Société Divigsa c. Espagne*, DR 74, p. 274.

interprétées restrictivement »[498]. Néanmoins, la Cour de justice reconnaît par ailleurs que le recours en annulation intenté par une personne privée en vertu de l'article 230 CE « *est soumis à des conditions spécifiques plus restrictives que celles posées pour des recours de la même nature introduits devant les juridictions nationales* »[499]. En effet, un particulier ne peut former un recours que contre les décisions dont il est le destinataire et contre les décisions qui, bien que prises sous l'apparence d'un règlement ou d'une décision adressée à un autre personne, le concernent directement et individuellement. En principe donc, un règlement, en tant qu'acte de portée générale, ne peut pas être attaqué par un requérant individuel[500]. La Cour de justice a toutefois quelque peu infléchi la rigueur d'un tel énoncé en considérant qu'un acte de portée générale peut, dans certaines circonstances, concerner individuellement certaines personnes physiques et morales, revêtant alors un caractère décisionnel à leur égard[501]. De là à « *reconsidérer l'interprétation stricte, jusqu'à présent retenue, de la notion de personne individuellement concernée au sens de l'article 230, quatrième alinéa CE* »[502] au nom du droit à une protection juridictionnelle effective et de la Communauté de droit, il y a un pas que la Cour de justice ne saurait laisser le Tribunal de première instance franchir au risque de procéder à une « *révision judiciaire* » des traités[503]. Relevons au passage que la Cour de justice ne s'était pas privée de procéder à une telle « *révision judiciaire* » des traités en reconnaissant au profit du Parlement européen le droit d'introduire un recours alors qu'il n'était pas prévu par les textes[504] ; curieusement, les particuliers n'ont pas bénéficié de la même latitude de la Cour de justice[505]. En attendant une éventuelle révision du traité par le constituant sur ce point, l'interprétation restrictive des conditions de recevabilité des recours en annulation des particuliers reste de mise, la possibilité pour le justiciable d'être protégé par le biais d'un recours devant les juridictions nationales constituant alors la source principale du système de protection juridictionnelle du droit communautaire[506].

b) L'accès au juge national, juge européen de droit commun

403. Les jurisprudences de la CourEDH et de la CJCE visent à accorder aux justiciables un droit d'accès au juge national aussi large que possible, juge national considéré comme le juge européen de droit commun.

---

[498] CJCE, 15 juillet 1962, *Plauman*, aff. 25/62, *Rec.* 197 ; TPI, 6 juillet 1995, *AITEC*, aff-jtes T-447/93, *Rec.* II-1971.
[499] CJCE, 28 octobre 1982, *Groupement des agences de voyages asbl*, aff. 135/81, *Rec.* 3799 .
[500] CJCE, ord. 24 avril 1996, *CNPAP*, aff. C-87/95, *Rec.* I-2003.
[501] CJCE, 16 mai 1991, *Extramet Industrie*, aff. C-358/89, *Rec.* I-2501 ; CJCE, 18 mai 1994, *Codorniu*, aff. C-309/89, *Rec.* I-1853 ; CJCE, 31 mai 2001, *Sadam Zuccherifici e.*a., aff. C-41/99P, *Rec.* I-4239.
[502] TPI, 3 mai 2002, *Jégo-Quéré et Cie. S.A.*, aff. T-177/01, *Rec.*II-2365.
[503] CJCE, 25 juillet 2002, *UPA*, aff. C-50/00P, *Rec.* I-6677.
[504] CJCE, 22 mai 1990, *Parlement c/ Conseil*, aff . C-70/88, *Rec.* I-2040.
[505] Sur ce point, les critiques de S. GUINCHARD et alii, *op.cit.*, p. 311 ; H. RASMUSSEN, « Why is article 173 interpreted against private plaintiffs ? », *ELR*, 1980, p. 112.
[506] CJCE, ord. 1er fev. 2000, *Area Cova SA*, aff. C-300/99P et C-388/99P , *Rec.* I-983.

i) Un juge

404. Pour la CourEDH, un juge (ou un « tribunal » au sens de la Convention) se caractérise, d'une part, par la fonction (juridictionnelle) qu'il remplit (« *trancher, sur la base de normes de droit et à l'issue d'une procédure organisée, toute question relevant de sa compétence* »[507]) et, d'autre part, par son établissement « *par la loi* » au sens de la Convention[508]. Par « tribunal », la Convention entend un organe, établi par la loi, indépendant et impartial qui, en suivant une procédure de caractère judiciaire, est habilité et obligé de rendre des décisions contraignantes au sujet de controverses ou des affaires qui lui ont été soumises[509]. Cette conception du tribunal va parfois au-delà des qualifications nationales en la matière et peut, le cas échéant, viser des organes qui ne sont pas intégrés aux structures judiciaires ordinaires du pays[510].

405. En revanche, la Cour de justice n'a pas entrepris de définir *in abstracto* ce que l'on devait entendre par un juge ou un tribunal. Par exemple, la Cour de justice a toujours refusé de se prononcer à l'aune des exigences du droit au juge sur le statut du juge national quant au respect des principes d'impartialité et d'indépendance[511]. Mais en toute logique, les critères dégagés par la Cour de justice dans l'interprétation de l'article 234 CE quant à la qualification d'une « juridiction » habilitée à poser une question préjudicielle devraient servir de référence pour déterminer la notion de juge, de juridiction ou de tribunal au sens de l'exigence du principe du droit au juge[512]. A cet égard, la Cour de justice a retenu une définition équivalente à celle développée par la Cour de Strasbourg quant à la notion de « tribunal ». A côté des « juridictions » désignées comme telles par le droit national, la Cour de justice admet que certains organes remplissant un ensemble de conditions

---

[507] CourEDH, 22 octobre 1983, *Sramek*, Série A, n°84, §36. Il faut que la procédure suivie devant l'organe national pertinent réponde aux garanties institutionnelles (indépendance et impartialité) et procédurales (publicité, célérité et équité) du procès équitable (*Cf. infra*, §2). Par ailleurs, il doit être compétent en pleine juridiction afin d'examiner l'affaire tant en droit qu'en fait. Sur la notion de tribunal, voir F. MATSCHER, « La notion de « tribunal au sens de la Convention européenne des droits de l'homme », *in Les nouveaux développements du procès équitable au sens de la Convention européenne des droits de l'homme*, Bruxelles, Bruylant, 1996, pp. 29-47.

[508] Sur la notion de légalité en droit européen des droits de l'homme, *Cf. supra*, n°336.

[509] Selon la définition proposée par Franz Matscher, in F. MATSCHER, « La notion de « tribunal » au sens de la Convention européenne des droits de l'homme », *op.cit.*, p. 29.

[510] CourEDH, 28 juin 1984, *Campbell et Fell c. Royaume-Uni*, Série A, n°80 (à propos du « Comité des visiteurs » anglais).

[511] CJCE, 26 janvier 1990, *Entreprise Falciola*, aff. C-286/88, *Rec.* I-191. De manière générale, la Cour de justice n'a jusqu'à présent que très partiellement encadré l'office du juge national à l'aune des exigences du procès équitable. Sur cette question, voir C. HAUGENAU, *op.cit.*, p. 336 ; J-P. SPITZER, « Le procès équitable devant la Cour de justice des Communautés européennes », *in Les nouveaux développements du procès équitable au sens de la Convention européenne des droits de l'homme*, Bruxelles, Bruylant, 1996, p. 101 et ss.

[512] F. PICOD, *op.cit.*, p. 152 ; F. GREVISSE et J-C. BONICHOT, « Les incidences du droit communautaire sur l'organisation et l'exercice de la fonction juridictionnelle dans les Etats membres », *in Mélanges Jean Boulouis, op.cit.*, p. 303.

puissent être qualifiés de « juridiction » au sens du droit communautaire sans qu'ils soient pour autant reconnus expressément comme juridictionnels par le droit national : la Cour de justice utilise à cet égard la technique du faisceau d'indices en tenant compte notamment de l'établissement de l'organe par la loi, de la permanence et du caractère obligatoire de l'organe, du caractère contradictoire de la procédure et de l'application des règles de droit, ou encore de l'indépendance des membres de l'organe[513]. Cette définition communautaire de la notion de juridiction appelle deux observations. Tout d'abord, il convient de relever que certains critères considérés comme déterminants par la CourEDH dans la définition d'un tribunal, et repris un temps par la Cour de justice, ne semblent plus jouer un rôle aussi fondamental dans la jurisprudence de cette dernière : il en va ainsi du respect du principe du contradictoire[514] et du principe de l'indépendance des membres de l'organe saisi[515], alors qu'en 1971, elle estimait que les lacunes dans le contradictoire devaient être compensées par un degré élevé d'indépendance et d'impartialité[516]. Par ailleurs, il faut relativiser quelque peu la portée de la définition communautaire d'un tribunal dans la mesure où la Cour de justice n'entend pas ici définir les contours d'un tribunal dans la perspective de la délimitation des contours d'un droit à un tribunal, mais uniquement déterminer quel organe national peut saisir la Cour de justice à titre préjudiciel. Sa définition est donc encore une fois essentiellement fonctionnelle.

ii) Un accès à un juge

406. Il convient maintenant d'étudier les hypothèses dans lesquelles les individus peuvent se prévaloir du droit d'accès à un tribunal en vertu du Droit européen. Force est de constater que ces hypothèses sont nombreuses et visent un nombre considérable de situations juridiques[517].

407. En droit européen des droits de l'homme, et pour ne s'en tenir qu'au seul article 6§1 de la Convention[518], toute personne peut se prévaloir d'un **droit à un tribunal** dès lors qu'est en cause soit une contestation sur ses droits et obligations de caractère civil, soit une accusation en matière pénale[519]. Grâce à une interprétation

---

[513] Sur la notion de juridiction en droit communautaire, voir C. NIZZIO « La notion de juridiction au sens de l'article 177 : la portée de l'arrêt Job Centre », *RIDE*, 1995, pp 335-343 ; D. SIMON, *Le système juridique communautaire*, *op.cit.*, pp.665-668.

[514] CJCE, 17 septembre 1997, *Dorsch Consult*, aff. C-54/96, *Rec.* I-4961 ; CJCE, 18 juin 1998, *Corsica Ferries*, aff. C-266/96, *Rec.* I-3981.

[515] CJCE, 21 mars 2000, *Gabalfrisa et AEAT*, aff. C-110/98 à C-147/98, *Rec.* I-1577.

[516] CJCE, 14 décembre 1971, *Politi*, aff. 43/71, *Rec.* 1039.

[517] J-F. RENUCCI, *op.cit.*, p. 134.

[518] Voir également par ailleurs l'article 5§4 au terme duquel toute personne privée de sa liberté a le droit d'introduire un recours devant un tribunal afin qu'il statue, dans un bref délai, sur la légalité de sa détention et ordonne sa libération si la détention est illégale. Sur cette question, R. KOERING-JOULIN, « Article 5 », in L-E PETTITI *et alii* (dir.), *La Convention européenne des droits de l'homme*, *op.cit.*, p. 229 et ss.

[519] Parmi une littérature abondante, on consultera avec intérêt la brève synthèse entreprise par F. SUDRE, « L'application de l'article 6§1 de la Convention européenne des droits de l'homme. Rapport

autonome (à savoir matérielle[520]) et *extensive*[521] de ces notions[522], la Cour a pu élargir considérablement les hypothèses dans lesquelles les individus disposent d'un droit à un tribunal[523], celles-ci couvrant presque tous les litiges sauf d'une manière générale ceux relatifs au seul droit public strictement entendu[524]. Par conséquent, contrairement à ce que l'on a pu soutenir, le droit d'accès à un tribunal n'est pas exclusivement consacré pour la seule protection des droits et libertés substantiels énoncés par la Convention[525] ; au contraire, il serait même possible de soutenir que le droit à un tribunal tel qu'il est protégé par la Cour ne couvre paradoxalement que partiellement les droits et libertés garantis par la Convention dans la mesure où, en dehors de l'article 13 (qui ne prévoit pas spécifiquement un recours juridictionnel) et de l'article 5§4 (droit à un tribunal pour contester la légalité d'une arrestation), ne seront couverts par l'article 6§1 que les droits et libertés entrant dans la catégorie des « *droits et obligations de caractère civil* » ou de celle des « *accusations en matière pénale* ». Il pourrait en résulter que des « droits civils » puissent être mieux

---

introductif », *in Les Principes communs d'une justice des Etats de l'Union européenne*, Cour de Cassation, Paris, 4 et 5 décembre 2000, pp. 20-50.

520 Dans l'affaire *König* du 28 juin 1978, la Cour a ainsi considéré à propos de la « *matière civile* » que « *c'est en effet au regard non de la qualification juridique mais du contenu matériel et des effets que lui confère le droit interne de l'Etat en cause qu'un droit doit être considéré ou non comme étant de caractère civil au sens de cette expression dans la Convention* », CourEDH, 28 juin 1978, *König*, Série A, n°27, §89. De même pour la matière pénale, la Cour a confirmé cette analyse en considérant dans l'affaire *Deweer* du 27 février 1980 que « *la place éminente que le droit à un procès équitable occupe dans une société démocratique conduit toutefois la Cour à opter pour une conception « matérielle » et non « formelle » de l' « accusation » visée à l'article 6§1* », CourEDH, 27 févier 1980, *Deweer*, Série A, n°35, § 44.

521 On consultera avec intérêt sur cette question l'article de F. OST, « Originalité des méthodes d'interprétation de la Cour européenne des droits de l'homme », *in* M. DELMAS-MARTY (dir.), *Raisonner la raison d'Etat*, Paris, Puf, 1989, sp. 461.

522 Certains considèrent même que la jurisprudence des organes de la Convention a étendu à outrance les notions « civil » et « pénal », au point que l'on « *pourrait avoir des doutes d'ordre dogmatique et de politique législative au sujet du bien-fondé de cette approche* », F. MATSCHER, *op.cit.*, p. 31.

523 Certains auteurs soulignent ainsi qu'« *en procédant, par le biais des notions « autonomes » de « droits et obligation de caractère civil » et de « matière pénale » à une extension tous azimuts du droit à un procès équitable, la Cour européenne à « judiciarisé » de nombreux domaines et accru l'exigence de l'intervention d'un tribunal au sens de la Convention* », F. SUDRE, « L'office du juge national au regard de la Convention européenne des droits de l'homme », *Mélanges Pierre Lambert, op.cit.*, sp.826

524 Sont ainsi exclus en principe du champ d'application de l'article 6§1 le contentieux des étrangers (ComEDH, 2 mai 1979, *Sing Uppal*, DR 17, p. 165), celui des obligations militaires (Rapp. 19 juillet 1974, p. 69), le contentieux de la fonction publique (ComEDH, 8 octobre 1980, *X. c Royaume-Uni*, DR 21, p. 174), le contentieux électoral (CourEDH, 21 octobre 1997, *Pierre Bloch c. France*, *JCP*, 1998-II-10079), le droit de siéger dans une Assemblée législative (ComEDH, 7 décembre 1978, req. N°8208-78, DR 16, p. 162) ou le contentieux des immunités parlementaires (ComEDH, 17 décembre 1976, req. n° 7729-76, DR 7, p. 164). Cependant, il existe de nombreuses exceptions à cette règle, dès lors notamment que sont en jeu des revendications ayant à trait à un droit patrimonial par exemple. Sur l'ensemble de la question, L. SERMET, *Convention européenne des droits de l'homme et contentieux administratif français*, Economica, Paris, 1996, p. 107 et ss.

525 En ce sens, J. RIDEAU, « Le droit au juge : conquête et instrument de l'Etat de droit », *in J. RIDEAU (dir), Le droit au juge dans l'Union européenne, op.cit.*, sp. 5. Pour cet auteur, « *le droit au juge est lié de manière spécifique dans la Convention européenne des droits de l'homme à la protection des droits et des libertés consacrés par la Convention et ses protocoles additionnels* ». Cela n'est vrai que pour l'article 13 de la Convention, étant entendu que l'article 13 de la Convention ne consacre qu'un droit à un recours (tout court) sans imposer spécifiquement un recours de nature juridictionnelle.

protégés que des droits ou libertés substantiels conventionnels puisque les premiers profiteraient des garanties de l'article 6§1, à commencer par le droit à un tribunal, alors que les seconds ne pourraient se contenter que d'une protection non juridictionnelle en vertu de l'article 13 de la Convention[526]. Autrement dit, le droit à un tribunal au sens de la Convention peut bénéficier à un justiciable se plaignant de la violation de droits substantiels étrangers à la Convention dès lors qu'ils peuvent être qualifiés de « droits civils » conformément à l'article 6§1[527].

408. Eu égard à la jurisprudence de la CourEDH en la matière, la jurisprudence de la Cour de justice est tout à la fois plus exigeante et plus limitée. Elle est plus limitée car elle ne vise qu'un droit à un tribunal « situé », à savoir limité aux contestations relatives au droit communautaire. En revanche, elle est plus exigeante en ce qu'elle impose que chaque Etat membre accorde une voie de recours de nature juridictionnelle contre toute décision d'une autorité nationale refusant le bénéfice d'un droit (quel qu'il soit) tiré du droit communautaire[528] : en effet, comme le soulignait l'avocat général Ruiz-Harabo dans l'affaire *Shingara*, « *la jurisprudence de la Cour (CJCE) a élevé le droit des citoyens à une protection juridictionnelle au rang de garantie essentielle de l'ordre juridique communautaire. A la différence de l'article 6 de la Convention [...], l'exigence d'une protection juridictionnelle effective dans le domaine communautaire ne se limite pas aux simples « droits civils », mais s'étend à tous les droits dérivés des dispositions du droit communautaire* »[529]. Toute violation d'une disposition de droit communautaire d'effet direct, par tout acte de portée individuelle ou générale, produisant des effets juridiques, doit pouvoir être ainsi soumise à un juge[530]. Ce droit à un tribunal doit être reconnu « *même si les règles de la procédure interne ne le prévoient pas* »[531] ce qui peut entraîner un extension certaine des compétences juridictionnelles nationales[532].

409. Mais il ne suffit pas de consacrer un droit d'accès à un tribunal ; encore faut-il s'assurer de son effectivité. La CourEDH se plaît à souligner que « *la Convention a pour but de protéger des droits non pas théoriques et illusoires, mais concrets et effectifs* ». Cela vaut également pour le droit à un tribunal. L'Etat doit prendre des mesures positives pour veiller à la « *bonne administration de la justice* ». Doivent être ainsi levés tous les obstacles de nature financière ou juridique à l'accès au juge.

---

[526] Cela reste purement théorique dans la mesure où l'interprétation extensive de la notion de « droits civils » ne semble pas laisser de place à une telle hypothèse.
[527] J-F. FLAUSS, « Les nouvelles frontières du procès équitable », *op.cit.*, p. 99.
[528] CJCE, 15 octobre 1987, *Unectef/Heylens*, aff. 222/86, *Rec.* 4097.
[529] Conclusions A.G. Ruiz-Harabo présentées le 26 novembre 1996 sur l'affaire, CJCE, 17 juin 1997, *Shingara*, aff. C-65/95, *Rec.* I-3343, pt75.
[530] F. PICOD, *op.cit.*, p. 151.
[531] CJCE, 3 décembre 1992, *Oleificio Borelli*, aff. C-97/91, *Rec.* I-6313.
[532] E. GARCIA DE ENTERRIA, « The extension of the Jurisdiction of National Administrative Court by Community Law : the Judgement of the Court of Justice in Borelli and article 5 of the EC treaty », *YEL*, 1993, p. 19.

Il appartient à cet égard aux ordres juridiques internes d'organiser l'effectivité de cet accès à la justice. Mais ce droit d'accès à un tribunal ne saurait pour autant être absolu. La Cour accepte que les Etats puissent légitimement conditionner l'exercice du droit d'accès à un tribunal à des exigences fondées sur un but légitime qui correspondent le plus souvent à la sauvegarde du bon fonctionnement de la justice. Il faut que ces restrictions ne réalisent pas d'atteintes substantielles au droit au juge, qu'elles soient proportionnées au but poursuivi et qu'elles ne privent pas le justiciable d'une possibilité claire et concrète de soumettre sa contestation au juge[533].

En droit communautaire, l'effectivité du droit à un recours juridictionnel consacré dans l'arrêt *Johnston*[534] impose non seulement que « *tout type d'action prévu par le droit national doit pouvoir être utilisé pour assurer le respect des règles communautaires [...] dans les mêmes conditions de recevabilité et de procédure que s'il s'agissait d'assurer le respect du droit national* » (principe d'équivalence) mais aussi que les lois de procédure nationale ne doivent pas « *rendre pratiquement impossible ou effectivement difficile l'exercice des droits conférés par l'ordre juridique communautaire* »[535] (principe d'effectivité stricto sensu). En vertu de la jurisprudence *Simmenthal*, le juge national est autorisé à s'affranchir des règles nationales procédurales faisant obstacle à l'effectivité du droit d'accès à un juge saisi d'une violation du droit communautaire[536]. Mieux, la Cour de justice impose une obligation de nature positive au juge national, celle d'interpréter les règles du contentieux interne « *à la lumière du droit communautaire* »[537]. La CourEDH considère également que le juge doit s'efforcer de lever les obstacles juridiques susceptibles d'entraver l'accès à la justice : le juge doit faire une interprétation des règles procédurales telle que le justiciable « *jouisse d'une possibilité claire et concrète de contester un acte constituant un ingérence dans ses droits* »[538].

410. L'influence du Droit européen sur le droit d'accès au juge national se manifeste avec une vigueur toute particulière en matière de délais de recours. C'est ainsi qu'en droit européen des droits de l'homme, il a été souligné que l'accès effectif à un tribunal imposait que l'on puisse avoir une connaissance effective du point de départ du délai de recours pour contester une mesure administrative[539] ou encore que les délais de recours ne devaient pas être d'une excessive brièveté au risque sinon de compromettre la protection juridictionnelle effective des

---

[533] CourEDH, 16 décembre 1992, *Geouffre de La Pradelle*, Série. A, n°253-B.
[534] CJCE, 15 mai 1986, *Johnston*, aff. 222/84, *Rec.* 1651 : « *toute personne a droit à un recours effectif devant une juridiction compétente contre les actes dont elle estime qu'ils portent atteinte à l'égalité de traitement entre hommes et femmes prévue par la directive* ».
[535] CJCE, 7 juillet 1981, *Rewe*, aff. 155/80, *Rec.*1805.
[536] CJCE, 9 mars 1978, *Simmenthal*, aff. 106/77, *Rec.* 629.
[537] CJCE, 13 novembre 1990, *Marleasing*, aff. 106/89, *Rec.* I-4135.
[538] Arrêts *Geouffre de La Pradelle, Bellet, Potrimol*, précités.
[539] Arrêt *Geouffre de La Pradelle*, précité.

justiciables[540]. Mais c'est sans doute en droit communautaire que la question des délais de recours a fait l'objet des développements les plus importants. La Cour de justice considère qu'à défaut d'harmonisation en la matière, « *les droits conférés par le droit communautaire doivent être exercés devant les juridictions nationales selon les modalités déterminées par la règle nationale* » sous réserve que ces modalités et délais n'aboutissent pas à rendre, en pratique, excessif voire impossible l'exercice des droits que les juridictions nationales ont l'obligation de sauvegarder[541]. C'est ainsi que dans les affaires *Rewe-Zentralfinanz* et *Comet*, le juge communautaire a considéré que le délai d'un mois mis en place par le droit national pour exercer un recours ou un appel contre l'imposition d'une franchise à l'importation (*Rewe*) ou de droits de douane à l'exportation (*Comet*) était « *raisonnable* »[542]. En revanche, la Cour de justice a considéré dans l'affaire *Emmott* que les délais de recours étaient inopposables au demandeur tant que l'Etat n'avait pas transposé correctement la directive invoquée en droit interne[543]. Il est des cas toutefois où la Cour de justice accepte que les conditions d'accès à la justice administrative soient limitées par le biais de délais exclusifs de recours afin d'éviter, pour des raisons de sécurité juridique, que la légalité des décisions administratives ne soit indéfiniment remise en cause[544] : ainsi, la Cour de justice a pu juger que « *le droit communautaire ne s'oppose pas à l'application d'une règle de droit national qui se borne à limiter la période, préalable à l'introduction de la demande, pour laquelle des arriérés de prestations peuvent être obtenus, quand bien même la directive en question n'a pas été transposée correctement dans les délais dans l'Etat membre en cause* »[545].

Là encore, on note une certaine différence entre la jurisprudence de la Cour européenne des droits de l'homme et celle de la Cour de justice : tandis que la Cour développe une conception « éthique » de l'accès au juge, la Cour de justice en retient quant à elle une conception fonctionnelle ; dans le premier cas, il s'agit de garantir l'effectivité du droit au juge conformément à une certaine conception commune européenne de la justice, alors que dans le second cas, il s'agit avant tout d'assurer l'application effective du droit communautaire à travers le juge, considéré comme le meilleur gardien des droits individuels communautaires. On retrouve cette

---

[540] Un délais de 24h pour pouvoir contester une mesure préfectorale de reconduite à la frontière a été considéré d'une excessive brièveté. ComEDH, 5 septembre 1991, *V et P c. France*, Req. 17.550/90 et 17.825/91. Dans son arrêt la Cour n'a pas examiné l'affaire au fond quant à la brièveté du délai dans la mesure où elle a considéré que les requérants n'avaient pas la qualité de victime au sens de l'article 25 de la Convention, CourEDH, 27 août 1992, , *V et P c. France*, Série A, n°241-B.

[541] CJCE, 16 décembre 1976, *Rewe*, aff. 33/76, *Rec.* 1989 ; CJCE, 16 décembre 1976, *Comet*, aff. 45/76, *Rec.* 2043.

[542] *Ibid.*

[543] CJCE, 25 juillet 1991, *Emmott*, aff. C-208/90, *Rec.* I-4269. Toutefois, voir l'arrêt Fantask où la Cour de justice semble considérer qu'il s'agissait là d'un cas d'espèce (CJCE, 2 décembre 1997, Fantask, aff. C-188/95, *Rec.* I-6783).

[544] CJCE, 27 octobre 1993, *Steenhorst-Neering*, aff. C-333/91, *Rec.* 5475 ; CJCE, 6 décembre 1994, *Elsie Rita-Johnson*, aff. C-410/92, *Rec.* 5483.

[545] *Ibid.*

dichotomie également dans l'encadrement européen de la fonction juridictionnelle nationale.

2) Le droit à une décision juridictionnelle effective

411. Le droit à un recours juridictionnel effectif implique également le droit à une décision juridictionnelle effective[546]. Les termes de la ConvEDH sont à cet égard très clairs : l'article 6§1 dit que le tribunal « décidera » soit des contestations sur des droits et obligations de caractère civil, soit du bien fondé de toute accusation en matière pénale ; de même, l'article 5§4 souligne que toute personne privée de sa liberté a le droit d'introduire un recours devant un tribunal « afin qu'il statue ». Dès lors qu'il est saisi, le juge a l'obligation de se prononcer sous peine de déni de justice[547]. Comme la CourEDH l'a rappelé dans l'affaire *Benthem*, « *la compétence de décider est inhérente à la notion même de tribunal au sens de la Convention* »[548]. C'est ainsi que dans son arrêt *Beaumartin c. France* du 24 novembre 1994, la Cour à condamné le mécanisme de renvoi préjudiciel du juge administratif au ministre des affaires étrangères pour l'interprétation d'un traité international au contenu ambigu[549]. Autrement dit, le juge a l'obligation de rendre une décision et, dans une certaine mesure, de trancher au fond le litige[550]. Cela revient à dire que le justiciable a droit à un jugement : d'une part, le juge doit exercer un contrôle juridictionnel plein et effectif (**a**) ; d'autre part, il doit user de toute la gamme d'instruments et de procédures (sursis à exécution, mesures provisoires etc.) à sa disposition pour accorder une protection juridictionnelle effective aux justiciables (**b**) ; et enfin, le justiciable dispose d'un véritable droit à ce que la décision juridictionnelle ainsi rendue soit effectivement exécutée (**c**).

---

546 L. SERMET, *op.cit.*, p179 et ss.

547 Arrêt *Golder*, précité.

548 CourEDH, 23 octobre 1985, *Benthem c. Pays-Bas*, Série A, n°97, §40.

549 CourEDH, 24 novembre 1994, *Beaumartin*, Série A, n°296-B.

550 Cela ne veut pas pour autant dire que le justiciable a un droit absolu à une décision au fond : le juge peut également envisager les conditions procédurales de l'action et peut mettre, le cas échéant, définitivement fin à l'instance sans juger la matière du litige (décision d'irrecevabilité, exception de procédure etc.).

a) Le droit à un contrôle juridictionnel effectif

412. La question du droit à un contrôle juridictionnel effectif se pose avec une acuité toute particulière à l'égard du contrôle de la légalité des décisions administratives. La doctrine a pu ainsi considérer que « *ce qui est exigé par l'article 6, à l'égard des décisions administratives [...], c'est un recours de pleine légalité ou un contrôle complet de la légalité* »[551]. En fait, la jurisprudence de la CourEDH est encore à l'heure actuelle assez imprécise, voire ambiguë sur l'étendue du contrôle nécessaire pour satisfaire aux exigences de l'article 6§1[552]. On le sait, la Cour entend par un tribunal « un organe judiciaire de pleine juridiction ». Cette exigence de « pleine de juridiction » soulève d'innombrables difficultés surtout si l'on essaye de la comprendre à l'aune de son acception en contentieux administratif français[553]. Selon la jurisprudence européenne, elle impose que soit exercé un contrôle complet de la légalité et que le juge national soit compétent « *pour des points de fait comme pour les questions de droit* ». Reste à déterminer l'intensité du contrôle devant être exercé par le juge (contrôle *restreint* ou contrôle *normal*). En « matière civile », la Cour a estimé dans l'affaire *Obermeier* du 28 juin 1990 qu'un contrôle restreint limité à l'examen de la motivation des faits et au détournement de procédures était insuffisant[554]. En matière pénale, la Cour est allée plus loin en considérant dans des affaires de sanctions administratives pour infractions routières ou d'urbanisme que la sanction administrative pénale doit pouvoir être contrôlée par un « *organe judiciaire de pleine juridiction* » ce qui implique qu'il ait compétence pour « *examiner l'ensemble des faits de la cause* » et qu'il détienne « *le pouvoir de réformer en tous points, en fait comme en droit, la décision entreprise* »[555]. Malgré tout, il reste encore une certaine marge d'incertitude quant à l'étendue concrète du contrôle que doit exercer le juge national.

413. A cet égard, le droit communautaire est beaucoup plus précis. En imposant aux juridictions nationales d'assurer la primauté et l'effet utile du droit communautaire[556], la Cour de justice impose *ipso facto* à ces juridictions d'exercer

---

[551] M. MELCHIOR, « La notion de compétence de pleine juridiction en matière civile dans la jurisprudence de la Cour européenne des droits de l'homme », *Mélanges Velu, op.cit.*, p. 1345.
[552] Sur ce point, R. ABRAHAM, « Les incidences de la CEDH sur le droit constitutionnel et administratif des Etats parties », *RUDH*, 1992, p. 415.
[553] En ce sens, les développements de L. SERMET, *op.cit*, p. 180 et ss ; F. SUDRE, « L'office du juge national au regard de la Convention européenne des droits de l'homme », *in Mélanges Lambert, op.cit.*, p.827 ; R. ABRAHAM, *op.cit.*, p. 416.
[554] CourEDH, 28 juin 1990, *Obermeier c. Autriche*, Série A, n°179.
[555] Cour EDH, 23 octobre 1995, *Schmautzer c. Autriche*, Série A, n°328-A. Cependant, voir Cour EDH 23 septembre 1998, *Malige c. France*, JCP, éd. G. 1999, II, 10086, obs. F. Sudre : dans cette affaire, la Cour a jugé que le système français du retrait de points du permis de conduire satisfait aux exigences de l'article 6§1 alors que le juge pénal exerce un contrôle sur la culpabilité de l'intéressé et non sur l'ampleur de la pénalité du retrait de points.
[556] CJCE, 28 juin 1978, *Simmenthal*, aff. 106/77, *Rec.* 1453.

un contrôle plein et entier des mesures nationales ayant des implications pour les droits que les particuliers tirent du droit communautaire .

L'arrêt *Johnston* semble même reconnaître au juge national un pouvoir d'appréciation très étendu en la matière puisqu'il relève qu' « *il lui appartient également de veiller au respect du principe de proportionnalité et de vérifier si le refus de renouveler le contrat de Mme Johnston ne pouvait pas être évité par l'attribution, à des femmes, de tâches qui peuvent, sans risques pour les buts poursuivis, être effectuées sans armes* »[557]. La Cour de justice estime de manière plus générale qu'un recours de nature juridictionnelle visant une décision des autorités nationales doit permettre de « *vérifier sa légalité par rapport au droit communautaire* »[558]. L'effectivité du contrôle juridictionnel implique que celui-ci puisse porter « *sur la légalité des motifs de la décision attaquée* », ce qui implique que le « *juge saisi puisse exiger de l'autorité compétente la communication de ces motifs* »[559]. Par ailleurs, le juge national doit pouvoir apprécier d'office la compatibilité d'un acte de droit interne avec une disposition communautaire même lorsque une règle procédurale nationale le lui interdit sous prétexte que cette question n'aurait pas été invoquée dans un certain délai par le justiciable[560]. Plus précisément, concernant le contrôle juridictionnel de la marge d'appréciation d'une autorité nationale, la Cour de justice a considéré que « *dès lors que, en vertu du droit national, une juridiction a l'obligation ou la faculté de soulever d'office les moyens de droit tirés d'une règle interne de nature contraignante qui n'auraient pas été avancés par les parties, il lui incombe de vérifier d'office, dans le cadre de sa compétence, si les autorités législatives ou administratives de l'Etat membre sont restées dans les limites de la marge d'appréciation fixées aux articles 2, paragraphe 1, et 4, paragraphe 2, de la directive, et d'en tenir compte, dans le cadre de l'examen du recours en annulation* »[561]. En revanche, il a été jugé qu'une règle nationale qui interdit d'invoquer pour la première fois en cassation un moyen de droit communautaire impliquant le changement de l'objet du litige et l'examen des faits est compatible avec le droit communautaire[562]. De manière générale donc, le juge national doit faire ce qui est nécessaire dans le cadre de son ordre juridique afin de garantir un contrôle juridictionnel sérieux du respect des droits que confère aux particuliers l'ordre juridique communautaire. Il en va de la protection juridictionnelle effective des particuliers.

---

[557] CJCE, 15 mai 1986, *Johnston*, aff. 222/84, *Rec.* 1651.
[558] CJCE, 7 mai 1991, *Vlassopoulou*, aff. C-340/89, *Rec.* I-2357.
[559] CJCE, 15 octobre 1987, *Unectef/Heylens*, aff. 222/86, *Rec.* 4097. De même, la ComEDH a consacré un droit d'accès aux documents administratifs classés « secret défense » dès lors que ces documents permettaient d'étayer utilement une action en justice qui sinon serait vouée à l'échec. ComEDH, avis 29 novembre 1996, *Mc Ginley et EE c. R-U*, AJDA, 1997, p. 986, obs. J-F. Flauss.
[560] CJCE, 14 décembre 1995, *Peterbroeck*, aff. C-312/93, *Rec.*, I-4599.
[561] CJCE, 24 octobre 1996,. *Kraaijeveld* BB, aff.C-72/95, *Rec.* I-5403.
[562] CJCE, 14 décembre 1995, *Van Schijndel*, aff. C-430/93 et C-431/93, *Rec.* I-4705.

414. Reconnaître au juge une plénitude de compétence pour apprécier librement la conformité d'une mesure nationale prétendue contraire aux règles communautaires implique également de lui reconnaître un certain nombre de pouvoirs pour accorder au justiciable une protection effective.

b) Le droit à une protection juridictionnelle efficace

415. Le droit à une protection juridictionnelle efficace est consubstantiel à l'idée de droit au juge et plus spécifiquement au droit à un recours juridictionnel effectif[563]. Il ne servirait à rien de reconnaître aux justiciables la possibilité de saisir un juge si ce dernier n'était pas en mesure d'assurer une protection efficace des droits qui sont invoqués devant lui[564]. Le droit de la ConvEDH est de peu d'utilité en la matière[565] à la différence du droit communautaire qui a mis en place un véritable standard de protection juridictionnelle des droits que les citoyens tirent du droit communautaire[566]. Le système de protection juridictionnelle construit par la Cour de justice s'appuie, d'une part, sur l'instauration d'un droit à une protection provisoire et, d'autre part, sur la consécration d'un droit à une réparation adéquate des violations du droit communautaire.

La Cour de justice est à l'origine d'un véritable « *système de protection juridictionnelle provisoire* » dont la « *cohérence* »[567] impose que le juge national puisse prendre des mesures intérimaires, similaires à celles que la Cour de justice peut être amenée à adopter dans le cadre des articles 242 et 243 CE (ex-articles 185 et 186 CEE)[568]. Concrètement, il s'agit de permettre à une juridiction nationale, d'une part, d'accorder le sursis à exécution d'une norme nationale quelle qu'elle soit (y compris une loi) présumée incompatible avec le droit communautaire même lorsque le droit national s'y oppose[569] ; d'autre part, de suspendre une mesure nationale prise en exécution d'une disposition communautaire suspectée d'illicéité[570] et/ou de prendre, le cas échéant, dans l'attente d'une décision

[563] CJCE, 3 mai 1996, *Allemagne c. Commission*, aff. C-399/95, *Rec.* I-1996, p. 2441.
[564] F. PICOD, *op.cit.*, p. 146.
[565] H. LABAYLE, « L'effectivité de la protection juridictionnelle des particuliers », *RFDA*, 1992, p. 619 et ss. Sur la modeste contribution de la Cour européenne des droits de l'homme au développement du sursis à exécution par exemple, voir L. SERMET, *op.cit.*, p. 152 et ss.
[566] B. LE BAUT-FERRARESE, *op.cit.*, p. 559 et ss ; A. PLIAKOS, *op.cit.*, pp. 137 et ss ; J. MERTENS DE WILMARS, « L'effectivité des différentes techniques nationales de protection juridique contre les violations du droit communautaire par les autorités nationales et les particuliers », *CDE*, 1981, p. 379.
[567] CJCE, 21 février 1991, *Zuckerfabrick*, aff. C-143-88, *Rec.* I-1143.
[568] Sur la systématique du système de protection juridictionnelle provisoire, voir B. LE BAUT-FERRARESE, *op.cit.*, p. 571 et ss ; «Arrêts récents de la CJCE en matière de mesures provisoires : réflexions sur l'effet de « modèle » des procédures issues de la Communauté européenne », *Recueil Dalloz*, 1998, Chr. , pp. 306-310.
[569] CJCE, 19 juin 1990, *Factortame*, aff. C-213/89, *Rec.* I-2494.
[570] CJCE, 21 février 1991, *Zuckerfabrick*, aff. C-143/88 e C-92/89, *Rec.* I-415.

préjudicielle quant à la validité d'une réglementation communautaire, au profit du justiciable, une mesure provisoire « positive » pour protéger ses intérêts[571].

A côté de ce « système de protection juridictionnelle provisoire », la Cour de justice a mis en place un système de réparation adéquate des conséquences dommageables pour les justiciables des violations du droit communautaire par les autorités nationales en encadrant l'autonomie procédurale des Etats membres en la matière. D'un part, les autorités nationales ont l'obligation de rembourser les sommes irrégulièrement perçues en violation du droit communautaire (répétition de l'indu)[572] ; d'autre part, les juridictions nationales ont l'obligation d'assurer la réparation par les Etats membres des dommages causés par une violation du droit communautaire (responsabilité de l'Etat)[573].

c) Le droit à l'exécution des décisions de justice

416. Le droit à un recours juridictionnel n'aurait pas de sens si la décision juridictionnelle à laquelle doit donner lieu la saisine du juge n'était pas exécutée : autrement dit, l'effectivité du droit à un recours juridictionnel suppose un droit à l'exécution des décisions de justice[574]. A cet égard, tant la CourEDH que la CJCE portent une attention toute particulière à la garantie de l'exécution des décisions de justice.

417. C'est sur la base de l'article 6§1, que la CourEDH a, dans l'arrêt de principe *Hornsby* du 19 mars 1997, considéré que l'exécution d'un jugement doit être considérée comme faisant partie intégrante du procès au sens de l'article 6§1 de la Convention . De même que le droit à un procès équitable n'aurait pas de sens sans un droit d'accès à un tribunal (Golder), la Cour considère que le droit à un procès équitable serait « *illusoire si l'ordre juridique interne d'un Etat contractant permettait qu'une décision définitive et obligatoire reste inopérante au détriment d'une partie* », et la Cour de transposer le raisonnement qu'elle avait tenu dans l'affaire Golder : « *on ne comprendrait pas que l'article 6§1 décrive en détail les garanties de procédure (équité, publicité et célérité) à accorder aux parties et qu'il ne protège pas la mise en œuvre des décisions judiciaires ; si cet article devait passer pour concerner exclusivement l'accès au juge et le déroulement de l'instance, cela risquerait de créer des situations incompatibles avec le principe de*

---

[571] CJCE, 9 février 1995, *Atlanta*, aff. C-465/93, *Rec.* I-3761 ; voir également, CJCE, 26 novembre 1996, *T. Port*, aff. C-65/95, *Rec.* I-6065 ; CJCE, 17 juillet 1997, *Krüger*, aff. C-334/95, *Rec.* I-4290 ; CJCE, 17 juillet 1997, *Giloy*, aff. C-130/95, *Rec.* I-4517.

[572] Sur l'ensemble de la question, D. SIMON, « Répétion de l'indu », *Rép. Dalloz dr. com.*, §12 .

[573] CJCE, 19 novembre 1991, *Francovich et Bonifaci*, aff. C-6/90 et C-9/90, *Rec.* I-5337 ; CJCE, 5 mars 1996, *Brasserie du Pêcheur et Factortame III*, C-46/93 et C-48/93, *Rec.* I-1029 ; 26 mars 1996, *British Telecommunications*, C-392/93, *Rec.*, I-1631 ; 23 mai 1996, *Hedley Thomas*, aff. C-5/94, *Rec.* I-2553. D. SIMON, « La responsabiltié de l'Etat saisie par le droit communautaire », *AJDA*, 1996, p. 489.

[574] K.D. KERAMEUS, « Organs of enforcement and enforceable instruments in a comparative perspective », *ILR*, 1991, p. 43.

prééminence du droit que les Etats contractants se sont engagés à respecter en ratifiant la Convention ». En conséquence, « *l'exécution d'un jugement ou arrêt, de quelque juridiction que ce soit, doit être considérée comme faisant partie intégrante du procès au sens de l'article 6* »[575]. La Cour attache une telle importance au droit à l'exécution des décisions de justice qu'elle a également rattaché cette obligation au droit à un recours tel qu'entendu par l'article 13 de la Convention[576]. Le droit à l'exécution des décisions de justice est même considéré par la Cour comme une exigence fondamentale de l'Etat de droit ce qui compte tenu de la réticence de la Cour à user de cette expression est particulièrement révélateur de l'importance qu'elle entend lui accorder[577]. D'ailleurs, la Cour n'a pas hésité à franchir un pas supplémentaire en étendant le droit à l'exécution aux procédures d'exécution des actes notariés[578] et des actes de conciliation[579]. Mieux, cette obligation d'exécution des décisions de justice vise également les décisions rendues par les juridictions communautaires.

418. En effet, la solution initiée par la jurisprudence *Hornsby* est d'autant plus importante qu'elle vient renforcer l'effectivité du droit communautaire, en sanctionnant, sur le terrain de l'article 6§1, la carence des autorités nationales grecques à prendre les mesures d'exécution impliquées par un arrêt de manquement ayant autorité de chose jugée à leur égard. Autrement dit, l'obligation des Etats membres d'exécuter effectivement un arrêt en manquement est désormais triplement encadrée : d'une part, la Commission européenne, au titre de sa fonction de « gardienne des traités » peut saisir la Cour de justice d'un nouveau « *recours en manquement sur manquement* » (article 228 CE) et/ou saisir la Cour de justice afin que celle-ci condamne l'Etat concerné à des amendes forfaitaires ou à des astreintes (art. 228 al. 2 CE) ; d'autre part, le juge national pourrait, sur la base de la jurisprudence *Brasserie du pêcheur*, mettre en œuvre la responsabilité de l'Etat membre pour non exécution d'une décision de justice communautaire en ce qu'elle constitue une « violation suffisamment caractérisée » d'une obligation communautaire ; enfin, la CourEDH pourra elle-même, une fois les voies de recours internes épuisées, condamner l'Etat fautif à verser une indemnité à la victime en guise de « satisfaction équitable » (article 50 de la Convention). Notons enfin, que cette obligation d'exécution des décisions de justice vaut également pour les institutions communautaires comme le TPI l'a admis dans une décision rendue le même jour que l'affaire *Hornsby* à l'encontre du refus de la Commission d'exécuter un arrêt d'annulation sur le fondement de l'article 233 CE[580].

---

[575] CourEDH, 19 mars 1997, *Hornsby c. Grèce, AJDA*, 1997, p. 986, obs. J-F. Flauss. Voir également, CourEDH, 28 juillet 1999, *Immobiliare Saffi c. Italie, JCP* 2000-I-203, n°12, obs. F. Sudre.
[576] CourEDH, 25 mars 1999, *Iatridis c. Grèce*, §58.
[577] Arrêt *Hornsby*, précité.
[578] CourEDH, 21 avril 1998, *Estima Jorge, JCP* 1999-I-105, n°21, obs. Sudre.
[579] CourEDH, 28 octobre 1998, *Perez de Rada Cavamilles c. Espagne, JCP* 1999-I-105, n°21, obs. Sudre.
[580] TPI, 19 mars 1997, *Establicimentos Isidoro M. Oliveira*, aff. T-73/95, *Rec.* II-381.

419. Il ne suffit pas d'accéder à un « *vrai juge* », doté de la plénitude de ses compétences, pour que l'effectivité du droit au juge soit assurée et permette la réalisation de l'Etat de droit. Il faut également que chaque justiciable puisse accéder à un « *bon juge* » ou à un « *bon procès* » lui garantissant un traitement diligent, impartial et équitable de sa cause afin que *Justice* soit faite. Autrement dit, l'effectivité d'un recours juridictionnel ne peut se comprendre que dans le cadre plus général du droit à un procès équitable[581].

§2 - LE DROIT A UN PROCES EQUITABLE

420. Nous entendrons ici la notion de « procès équitable » comme renvoyant à l'ensemble des garanties institutionnelles et procédurales garantissant l'équité du procès. Si le droit à procès équitable a fait l'objet d'une abondante jurisprudence en droit européen des droits de l'homme, en revanche le juge communautaire n'en a traité jusqu'à présent qu'à titre incident. Nous distinguerons ici les garanties institutionnelles (**A**) des garanties procédurales du procès équitable (**B**).

A. Les garanties institutionnelles du procès équitable

421. Les « garanties institutionnelles » du procès équitable désignent l'ensemble des exigences auxquelles obéit l'organisation de l'institution judiciaire en vue de garantir la qualité de la justice rendue[582]. Parmi celles-ci, nous ne retiendrons que celles relatives à l'indépendance et à l'impartialité du juge[583].

422. La jurisprudence communautaire n'est pas très développée en la matière. Pour autant, peut-on soutenir que l'exigence d'indépendance et d'impartialité des juges n'aurait pas été transposée en droit communautaire[584] ? Il convient tout d'abord de rappeler que le traité lui-même fait de l'indépendance et de l'impartialité des critères fondamentaux pour la nomination de juges (art. 222 et 223 Traité de Nice) et l'exercice de leurs fonctions[585]. Il faut ensuite souligner que les critères d'indépendance et d'impartialité font partie des « *indices* » permettant à la Cour de justice de déterminer si une instance nationale peut être qualifiée de « *juridiction* » au sens de l'article 234 CE, même si, il est vrai, la Cour de justice semble y porter aujourd'hui une importance moindre[586]. Au fond, la prudence de la Cour de justice à cet égard n'est pas surprenante si l'on considère que l'autonomie institutionnelle des Etats membres n'est encadrée par la Cour de justice que pour assurer la primauté et

---

[581] J-F. RENUCCI, *op.cit.*, p. 227.
[582] S. GUINCHARD *et alii, op.cit.*, p. 429 et ss.
[583] Voir également les exigences de laïcité, de collégialité ou encore d'accessibilité de la langue utilisée devant le tribunal. *Ibid*, p. 429 et ss.
[584] C. HAUGUENAU, *op.cit.*, p. 336.
[585] La Cour de justice l'a rappelé avec insistance dans son ordonnance dans l'affaire *Emesa Sugar*. CJCE, ord., 4 février 2000, *Emesa Sugar*, aff. C-17/98, *Rec.* I-675.
[586] CJCE, 21 mars 2000, *Gabalfrisa et AEAT*, aff. C-110/98 à C-147/98, *Rec.* I-1577. *Cf. Supra*.

l'effectivité du droit communautaire ; or, l'absence d'indépendance et d'impartialité du juge ne semble pas constituer, a priori, un obstacle absolu à la primauté du droit communautaire. Elle pourrait toutefois ériger clairement les exigences d'impartialité et d'indépendance au titre des principes généraux du droit surtout depuis leur inscription dans la Charte des droits fondamentaux de l'Union européenne (art. 47).

423. En revanche, la CourEDH est à l'origine d'une jurisprudence abondante en la matière qu'il est impossible dans le cadre restreint de cette étude de rappeler en détail[587]. Nous nous contenterons ici de quelques observations essentielles.

Tout d'abord, la Cour a contribué de manière décisive à consolider l'indépendance du juge tant à l'égard du pouvoir exécutif[588] que du pouvoir législatif[589] qui ne doivent ni l'un ni l'autre empiéter sur la fonction du juge[590]. Pour déterminer si un organe est indépendant, la Cour prend en compte le mode de désignation[591] et la durée du mandat de ses membres[592], l'existence d'une protection contre des oppressions extérieures[593] et le point de savoir s'il y a ou non apparence d'indépendance[594]. Cette question de l'indépendance ne soulève pas de problèmes particuliers.

La question de l'impartialité du juge – considérée par la Cour comme une exigence fondamentale de toute société démocratique de droit – a donné lieu, en revanche, à une jurisprudence plus abondante et plus complexe, notamment en ce que le concept même d'« impartialité » n'est pas exempt d'ambiguïté et de polysémie[595]. L'impartialité d'un tribunal s'analyse à un double niveau : d'une part, il faut tenir compte de la conviction et du comportement personnels du juge (impartialité subjective ou impartialité personnelle) et, d'autre part, rechercher si ce juge offrait des garanties suffisantes pour exclure tout doute légitime à cet égard

---

[587] R. KOERING-JOULIN, « La notion européenne de « tribunal indépendant et impartial », au sens de l'article 6§1 de la CESDH », *Rev. Sc. Crim.*,1990, p. 765 ; J-F. RENUCCI, *op.cit.*, pp. 260-275 ; S. GUINCHARD *et alii, op.cit.*, pp. 441-511.

[588] CourEDH, 10 février 1995, *Allenet de Ribemont c. France*, Série A, n°308.

[589] CourEDH, 9 décembre 1994, *Raffineries Grecques Stran et Stratis Andeadis* c. Grèce, Série A, n°301-B.

[590] F. SUDRE, « L'office du juge national au regard de la Convention européenne des droits de l'homme », *op.cit.*, p. 823.

[591] CourEDH, 22 octobre 1984, *Sramek c. Autriche,* Série A, n°84 ; CourEDH, 16 décembre 1999, *T. et V.. c. Royaume-Uni, Dr. fam.*, comm. n°46, obs. Gouttenoire-Cornut.

[592] CourEDH, 28 juin 1984, *Campbell et Fell c. Royaume-Uni*, Série A, n°80.

[593] CourEDH, 23 avril 1987, *Ettl c. Autriche*, Série A, n°117.

[594] CouEDH, 22 juin 1989, *Langhorger c. Suède*, Série A, n°155 ; CourEDH, 29 avril 1988, *Belilos c. Suisse*, Série A, n°132.

[595] Ch. GOYER , « Remarques sur l'impartialité du tribunal », *Rec. Dalloz*, 2001, Chr. p. 328 ; M. FRISON-ROCHE, « L'impartialité du juge », *Rec. Dalloz*, 1999, Chr. 53 ; R. KOERING-JOULIN, « Le juge impartial », *Justices*, 1998, n°10, p. 1 ; V. MAGNIER, « La notion de justice impartiale », *JCP*-2000-I-252 ; J. VAN COMPERNOLLE, « Impartialité du juge et cumul de fonctions au fond et au provisoire : réflexions sur des arrêts récents », *Mélanges Lambert, op.cit.*, p. 935 ; S. GUINCHARD *et alii, op.cit.*, p. 460.

(impartialité objective ou impartialité fonctionnelle)[596]. L'impartialité subjective du tribunal se présume jusqu'à preuve du contraire[597], ce qui explique que sa violation soit très rarement constatée. Pour ce qui est de l'impartialité objective ou fonctionnelle, il faut se demander « *lorsqu'une juridiction collégiale est en cause, si indépendamment de l'attitude personnelle de tel ou tel de ses membres, certains faits vérifiables autorisent à mettre en cause l'impartialité de celle-ci. En la matière même les apparences peuvent revêtir de l'importance. Il en résulte que pour se prononcer sur l'existence, dans une espèce donnée, d'une raison légitime de craindre d'une juridiction un défaut d'impartialité, le point de vue du ou des intéressés entre en ligne de compte mais ne joue pas un rôle décisif. L'élément déterminant consiste à savoir si les appréhensions de ceux-ci peuvent passer pour objectivement justifiées* »[598]. Le grief de la partialité se fonde ici sur la théorie de l'apparence empruntée à l'adage du droit anglais souvent mobilisé par la Cour[599] selon lequel « *Justice must not only be done, it must also be seen to be done* ». Dans les faits, il n'est pas aisé de dégager une ligne jurisprudentielle claire quant à la définition de la partialité objective ou fonctionnelle tant il est vrai que la jurisprudence de la Cour est très largement casuistique. Jusqu'à l'arrêt *Hauschildt* du 24 mai 1989, la Cour retenait une approche excessivement sévère de l'impartialité en considérant que le simple cumul de fonctions par un même magistrat dans la même cause était, en lui-même, condamnable[600]. La Cour a rompu avec cette conception « *abstraite* » de l'impartialité objective au profit d'une conception « *concrète* » de celle-ci. Selon cette nouvelle approche, le simple fait qu'un juge ait exercé des fonctions antérieures dans la même cause ne suffit pas pour créer un manquement à l'impartialité. Il faudra analyser la nature et la portée des décisions antérieurement prises par le juge concerné afin d'apprécier le degré de préjugé qu'elles pourraient objectivement comporter : la Cour considère à cet égard qu'il y aura partialité si, dans l'exercice de fonctions antérieures, le juge s'est déjà forgé une opinion sur les points de fait et de droit qu'il lui appartient de trancher[601]. C'est ainsi qu'il peut il y avoir partialité du juge lorsque celui-ci exerce successivement et cumulativement des fonctions administratives et des fonctions juridictionnelles[602] ; il en va de même dans les cas où un même juge exerce, successivement et

---

[596] CourEDH, 1er octobre 1982, *Persack c. Belgique*, Série A, n°53, §30.

[597] CourEDH, 23 juin 1981, *Le Compte, Ban Leuven et De Meyere c. Belgique*, Série A, n°43 ; CourEDH, 24 mai 1989, *Hauschildt c. Autriche*, Série A, n°154, §41 ; CourEDH, 6 juin 2000, *Morel c. France*, §41, JCP 2001, I, p. 291, obs. Sudre.

[598] Arrêt *Morel*, précité.

[599] A partir de CourEDH, 17 janvier 1970, *Delcourt*, Série A, n°11, §31.

[600] CourEDH, 26 octobre 1984, *Deccuber*, Série A, n°124-B.

[601] CourEDH, 16 décembre 1992, *Sainte-Marie c. France*, Série A, n°253 ; CourEDH, 26 septembre 1995, *Diennet c. France*, Série A, n°325 ; P. LAMBERT, « Vers un assouplissement de la notion d'impartialité objective », *JT*, 1993, p 390 ; J. VAN COMPERNOLLE, « Evolution et assouplissement d'impartialité objective », *RTDH*, 1994, p. 437 et ss.

[602] CourEDH, 28 septembre 1995, *Procola c. Luxembourg*, Série A, n°326 (à propos du Conseil d'Etat luxembourgeois). Pour une extension de la jurisprudence Procola au Conseil d'Etat français, voir R. ABRAHAM et J.C. BONICHOT, « Le commissaire du gouvernement et la Convention européenne des droits de l'homme », JCP, 1998, I, p. 176.

cumulativement pour la même affaire et au cours de la même instance, des fonctions judiciaires distinctes au sein de l'organe exerçant la fonction juridictionnelle ; il en va enfin également ainsi lorsque le juge a connaissance des mêmes faits pour les mêmes parties mais à des instances différentes. Il convient toutefois de relever que chacune des hypothèses évoquées de partialité recouvre en vérité une grande multiplicité et une certaine gradation de situations de partialité qu'il est parfois encore difficile à appréhender à partir de critères clairement établis[603]. En fait, l'impartialité objective se mesurera *in concreto* au terme d'une démarche de nature casuistique, facteur d'imprévisibilité[604] et d'« insécurité juridique » risquant à tout moment de verser dans une « *tyrannie de l'apparence* »[605].

B. Les garanties procédurales du procès équitable

424. La doctrine a pu identifier trois grands principes autour desquels se structurent les garanties procédurales du procès équitable : l'exigence de publicité (**1**), l'exigence de célérité (**2**), et l'exigence d'équité (**3**).

1) La publicité (des décisions de justice)

425. Dans un Etat de droit, l'action des tribunaux a, comme l'affirme la CourEDH, « *besoin de la confiance du public* »[606]. L'exigence de publicité judiciaire y contribue largement. Elle vise à protéger les justiciables contre une justice secrète échappant au contrôle du public et à préserver en même temps la confiance dans les cours et tribunaux[607]. La publicité des débats et du prononcé du jugement est considérée, en tant que composante du procès équitable, comme un principe fondamental de la société démocratique[608]. La Cour veille à son respect avec une attention toute particulière : c'est ainsi, par exemple, qu'elle a considéré, dans l'affaire *Diennet c. France* du 26 septembre 1995, que l'absence de publicité des débats devant le Conseil de l'ordre des médecins était constitutive d'une violation du procès équitable[609].

426. Pour autant, le droit à la publicité des débats n'est pas un droit absolu et fait l'objet de nombreux tempéraments[610] : l'article 6§1 prévoit notamment que l'accès à

---

[603] En ce sens S. GUINCHARD, *op.cit.*

[604] J. VAN COMPERNOLLE, « Impartialité du juge et cumul de fonctions au fond et au provisoire : réflexions sur des arrêts récents », op.cit, p. 937.

[605] P. LAMBERT, « La tyrannie de l'apparence », *RTDH*, 1996, p. 640 et ss.

[606] Arrêt *Gijsels*, précité.

[607] CourEDH, 8 décembre 1983, *Pretto c. Italie*, Série A, n°71, §21 ; CourEDH, 29 octobre 1991, *Helmers c. Suède*, Série A, n°212 A, §33.

[608] CourEDH, 24 novembre 1997, *Werner c. Autriche*, JCP, 1998-I-107 ; CourEDH, 20 mai 1998, *Gautrin et autres c. France*, JCP 1999-I-109, n°34, obs. F. Sudre.

[609] Arrêt *Diennet*, précité.

[610] Relevons au passage que ces tempéraments ne concernent que la publicité des débats et non la publicité du prononcé du jugement. CourEDH, 28 juin 1984, *Campbell et Fell c. Royaume-Uni*, Série A, n°80.

la salle d'audience peut être interdit à la presse et au public pendant la totalité ou une partie du procès dans l'intérêt de la moralité, de l'ordre public ou de la sécurité nationale dans une société démocratique, lorsque les intérêts des mineurs ou la protection de la vie privée des parties au procès l'exigent, ou dans la mesure jugée strictement nécessaire par le tribunal, lorsque dans des circonstances spéciales, la publicité serait de nature à porter atteinte aux intérêts de la justice. A ces restrictions prévues expressément par la Convention, la Cour en a ajouté d'autres. Tout d'abord, elle a admis qu'un plaideur puisse renoncer de son plein gré et de manière non équivoque à la publicité des débats[611]. Ensuite, elle considère que l'exigence de publicité doit s'apprécier dans l'ensemble du procès en prenant en compte la spécificité des différentes phases de la procédure, ce qui peut, le cas échéant, en fonction des circonstances propres à la procédure litigieuse, justifier l'absence de débat public : si le procès ne sera pas réputé équitable si la publicité devant la juridiction supérieure ne permet pas de réparer la violation alléguée[612], en revanche il le sera s'il apparaît qu'antérieurement (en première ou en deuxième instance) l'exigence de publicité a été respectée[613].

2) La célérité : le droit d'être jugé dans un délai raisonnable[614]

427. A l'heure de la *juridictionnalisation* et *procéduralisation* des ordres juridiques contemporains, l'exigence de célérité constitue une des attentes majeures des justiciables. En même temps, elle est une condition de l'efficacité et de la crédibilité de la justice[615]. A ce titre, elle contribue à l'effectivité de l'Etat de droit. Longtemps ignoré et bafoué par les ordres juridiques internes, le droit d'être jugé dans un délai raisonnable fait désormais l'objet d'une large consécration en Europe grâce en premier lieu à la jurisprudence exigeante de la CourEDH. Le caractère raisonnable de la durée d'une procédure est devenu ainsi une exigence du modèle européen du procès. Mieux, celle-ci se diffuse également aux procédures administratives non juridictionnelles. La célérité est au cœur de ce que l'on a appelé la « *démocratie procédurale* »[616].

428. Et pourtant, si le principe de célérité – et en particulier ici le droit d'être jugé dans un délai raisonnable – est largement consacré tout particulièrement en Droit européen (article 6§1 de la CEDH et article 47 de la CDFUE), force est de constater en même temps qu'il est souvent malmené, à commencer par les cours européennes qui se refusent à se l'appliquer à elles-mêmes[617], ce qui, compte tenu de la lenteur

---

[611] Arrêt, *Albert et le Compte*, précité ; CourEDH, 30 novembre 1987, *H. c. Belgique*, Série A, n°127 B. J-F. FLAUSS, « De la renonciation à la publicité des débats judiciaires », *RTDH*, 1991, p. 529.
[612] *Ibid.*
[613] Arrêt *Sutter*, précité.
[614] S. BUISSON, *L'exigence du délai raisonnable dans la jurisprudence de la Cour européenne des droits de l'homme*, Th. Aix-Marseille III, 2001.
[615] Cour EDH, 24 octobre 1989, *H. c. France*, Série A, n°162.
[616] S. GUINCHARD, « Vers une démocratie procédurale », *Justices*, 2000, p. 91 et ss.
[617] CJCE, 18 mai 1994, *Codorniu*, aff. C-309/89, *Rec.* I-1853.

des procédures juridictionnelles européennes, ne peut qu'affaiblir un peu plus la protection juridictionnelle à laquelle ont droit les justiciables dans un Etat de droit[618]. Les multiples condamnations dont font l'objet les Etats parties à la Convention sur ce point en constituent par ailleurs une autre illustration. Le contentieux du délai raisonnable est devenu si important devant la CourEDH que l'on a craint pour son bon fonctionnement : le contentieux du délai raisonnable serait l'une des causes de son encombrement et partant de son incapacité à en faire respecter le principe pour le traitement de ses propres affaires ! La décision *Kudla* du 26 octobre 2000 rendue par la Cour en constitue un des palliatifs : redécouvrant les vertus de la subsidiarité, la Cour considère désormais que la sanction du non respect de la règle du délai raisonnable doit incomber en premier lieu aux instances nationales, le justiciable devant pouvoir disposer, conformément à une nouvelle lecture de l'article 13 de la Convention, d'un « recours effectif » contre une telle violation. Il s'agit ici d'évacuer du prétoire de la Cour un contentieux de plus en plus lourd et peu gratifiant pour les juges : cette jurisprudence amorce l'élaboration d'une véritable politique judiciaire destinée à rendre la justice européenne plus efficace et plus rapide[619].

429. La CJCE, dans la lignée de son homologue strasbourgeoise, y attache désormais également une attention toute particulière[620], bien qu'à l'instar de cette dernière[621], elle refuse de se l'appliquer à elle-même : en revanche, elle veille à ce que le TPI en respecte le principe. Plus généralement, il convient de relever la remarquable convergence des jurisprudences luxembourgeoise et strasbourgeoise en la matière, la Cour de justice n'ayant pas hésité à faire sienne la jurisprudence de la CourEDH pour apprécier le délai raisonnable d'une procédure. Là encore, la jurisprudence de la CourEDH sert de véritable courroie de transmission au développement de la Communauté de droit. La Cour de justice n'hésite plus désormais à appliquer directement la Convention sans même passer par le prisme des principes généraux du droit . En effet, dans l'affaire dite « *des treillis soudés* », malgré une référence au « *principe général de droit communautaire selon lequel toute personne a droit à un procès équitable* », la Cour de justice se fonde exclusivement sur l'article 6 de la Convention tel qu'interprété par la CourEDH pour se prononcer sur la question du délai raisonnable de la procédure devant le TPI et applique purement et simplement les critères dégagés par la CourEDH. Selon la jurisprudence de la CourEDH, l'appréciation du délai raisonnable se fait *in concreto* « *en fonction des circonstances particulières de la cause* » à la lumière de quatre

[618] D. SIMON et A. RIGAUX, « La réforme du système juridictionnel communautaire », *V. Constantinesco, Y. Gautier et D. Simon (dir.), Le traité de Nice, premières analyses*, Strasbourg, PUStrasbourg, 2001, pp. 133-172 ; R. MEHDI (Dir.), *L'avenir de la justice communautaire. Enjeux et perspectives*, La Documentation française, Paris, 1999.

[619] J-F. FLAUSS, « Le droit à un recours effectif au secours de la règle du délai raisonnable : un revirement de jurisprudence historique », *RTDH*, 2002, p. 179 et ss.

[620] CJCE, 17 décembre 1998, *Baustahlgewebe Gmbh*, aff. C-185/95, *Rec.* I-8417

[621] J.M. COULON, « L'effectivité de l'accès à la justice et le contrôle de la durée des procédures », *Mélanges Soyer*, Paris, LGDJ, 2001.

critères : l'enjeu et la nature du litige pour l'intéressé, la complexité de l'affaire, le comportement des autorités nationales et le comportement des parties. Autrement dit, le caractère raisonnable de la durée d'une procédure n'est pas « standardisé » mais doit être apprécié de façon concrète, mesurée et réaliste[622]. Encore faut-il au préalable déterminer la computation du délai dans le procès dont il s'agit. Le point de départ de la période à considérer pour apprécier le caractère raisonnable d'une procédure est en principe, en matière civile, la date de la saisine de la juridiction et, en matière pénale, le jour où le requérant s'est trouvé en situation d' « accusé » à la suite d'une arrestation, de l'ouverture d'une enquête préliminaire, d'une inculpation ou d'une mise en examen[623]. Cette période ne s'achève qu'à la date du prononcé de la décision qui « *vide la contestation d'une manière définitive et irrévocable* »[624], étant entendu qu'il doit être également pris en compte « *la complète exécution* » du jugement[625].

430. Sous l'influence grandissante de la jurisprudence de la CourEDH, il faut reconnaître que la plupart des Etats européens ont pris des mesures radicales pour, si ce n'est accélérer les procédures (largement dépendantes de contingences structurelles mais aussi conjoncturelles), à tout le moins sanctionner leur dépassement. Plus généralement, on assiste dans beaucoup de pays à une constitutionnalisation de l'exigence du délai raisonnable. Il serait de bon ton que les instances européennes elles-mêmes prennent toute la mesure de cette exigence : à cet égard, il est peu probable que les réformes introduites par le Protocole n°11 d'un côté et le Traité de Nice de l'autre aient une véritable incidence sur la durée des procédures juridictionnelles européennes.

3) L'équité de la procédure

431. Avec l'exigence d'équité, nous touchons là à l'essence même de la notion de procès équitable[626]. Il s'agit ici d'une équité procédurale et non matérielle. L'objet de l'équité procédurale n'est pas d'aboutir à une décision juste et/ou équitable pour les deux parties (équité matérielle / *equity*). En fait, l'équité procédurale vise à garantir l' équilibre des droits des parties pendant la procédure (*fair trial*). Autrement dit, les garanties procédurales établies en vue de garantir l'équité ne visent qu'à l'équilibre de la procédure afin que toutes les parties se trouvent sur un

---

[622] A. VALERY, « Qu'est-ce qu'un délai raisonnable au regard de la jurisprudence de la Cour européenne des droits de l'homme », *Le procès équitable et la protection juridictionnelle du citoyen*, Bruxelles, Bruylant, 2001, p. 93.

[623] CourEDH, 27 juin 1968, *Wemhoff c. Allemagne*, Série A, n°7 ; CourEDH, 15 juillet 1982, *Eckle c. Allemagne*, Série A, n°51.

[624] CourEDH, 26 octobre 1988, *Martins Moreira c. Portugal*, Série A, n°143.

[625] CourEDH, 7 décembre 1999, *Bouilly c. France*, précité.

[626] J.F RENUCCI, *op.cit.*, p. 278.

pied d'égalité durant la procédure[627]. Il s'agit là d'un *pré réquisit* fondamental indispensable pour parvenir à l'idéal de justice inscrit au cœur du modèle européen de l'Etat de droit. Sans « bon procès », il n'y aura pas de « bonne décision ».

432. En réalité, il est possible de ranger sous cette exigence d'équité procédurale une multitude de garanties spécifiques dont certaines ont été dégagées par la CourEDH à partir de la clause générale sur le procès équitable : on pense en particulier à l'obligation de motivation des décisions de justice ou au principe d'égalité des armes et du contradictoire (voir également droits de la défense *etc.*). La Cour de justice en a repris certaines et les a développées surtout dans le cadre des procédures administratives non contentieuses. On peut ranger également dans cette catégorie l'ensemble des droits de la défense dont l'importance n'a cessé de croître au cours de ces dernières années pour constituer aujourd'hui un critère de tout bon gouvernement administratif[628]. Nous ne reviendrons pas sur ces questions abondamment traitées par ailleurs.

433. Avec le droit au juge, « *on se trouve [...] au cœur de l'une de ces « zones frontières » qui n'appartiennent ni au droit interne ni au droit européen, mais constituent le fonds commun des Etats de droit* »[629]. Se dessine ainsi un modèle universel du procès, saisi par le Droit européen, contribuant à la consolidation d'un modèle commun de l'Etat de droit centré sur la figure du juge. Le droit au juge, en ce qu'il permet à chaque individu victime d'une violation de ses droits de saisir un juge et d'obtenir, au terme d'une procédure équitable, une décision juridictionnelle effective, apparaît comme le premier « *bouclier des droits fondamentaux* »[630]. Ces droits fondamentaux, « *fondateurs* » de l'Etat de droit, contribuent à leur tour au développement de l'idée de Justice qui se trouve au cœur du modèle européen exigeant de l'Etat de droit que nous entendons ici proposer.

---

[627] Arrêt *Delcourt*, précité. Sur les rapports en l'égalité et l'équité, B. FAVREAU, « Aux sources du procès équitable. Une certaine idée de la qualité de la justice », *in Le procès équitable et la protection juridictionnelle du citoyen*, Bruxelles, Bruylant 2001, p. 13.
[628] L. AZOULAY, *op.cit.*
[629] T.S. RENOUX, « Le droit au recours juridictionnel », *JCP. Ed. G.*, 1993, n°19, p. 212.
[630] T.S. RENOUX, *op.cit.*, p. 215.

SECTION III
LE DROIT A LA LIBERTE
Les droits fondamentaux et la démocratie ou la reconstruction d'un modèle démocratique européen de l'Etat de droit

434. Nous avons montré au cours de cette étude que l'idée d'Etat de droit était consubstantielle à l'idée de droits de l'homme et de démocratie[631]. On peut résumer cette idée au moyen des deux syllogismes suivants :

Syllogisme 1 – L'Etat de droit, en tant qu'expression de l'idée de liberté, est une condition fonctionnelle de la démocratie :

1) L'Etat de droit, c'est la forme juridique du libéralisme fondée sur l'idée d'autonomie individuelle : le pouvoir de l'Etat doit être encadré afin d'éviter tout arbitraire et permettre le développement libre et autonome de chacun.
2) La démocratie, c'est-à-dire, d'un point de vue purement formel, l'autodétermination du peuple (votation), dépend de la liberté et de l'autodétermination de ses membres individuels (ex : liberté d'expression ou liberté de pensée)
3) Donc la liberté est la condition fonctionnelle de la démocratie.

Syllogisme 2 – La démocratie gardienne de l'Etat de droit

1) La démocratie c'est l'autodétermination du peuple.
2) Si l'individu est considéré comme libre et autonome, l'on doit considérer que tous les individus sont libres, autonomes et égaux. Les individus libres, autonomes et égaux en droit ne peuvent donc que s'auto-administrer sans quoi ils courraient le risque que certains d'entre eux portent atteinte à l'intégrité de leurs droits respectifs.
3) La démocratie est donc la meilleure gardienne de la liberté.

435. C'est sans doute E.W. Böckenförde qui a le mieux exprimé cette idée : « *la combinaison, dans laquelle les principes de la démocratie et de l'Etat de droit sont entrés dans le cadre du système de l'« ordre fondamental démocratique et libéral », consiste précisément en ceci que la démocratie et la liberté, telle qu'elle est assurée dans un Etat de droit ne s'abolissent pas, en partie, l'une l'autre, mais au contraire se complètent mutuellement. Le principe de la démocratie s'avère même important dans le cadre de la garantie « démarcatrice » de la liberté propre à l'Etat de droit. En effet, en tant que principe constitutionnel fondamental, il constitue une limite immanente à l'exercice et à l'extension des libertés. On peut ainsi suffisamment*

---

[631] P.W. AKKERMANS, « « Rule of law, Rechtsstaat » et droits de l'homme : clef de voûte de la démocratie », *ERPL/REDP*, vol. 13, 2001, pp.55-67.

prévenir les dangers réels qui peuvent menacer la démocratie du fait de l'expansion de la liberté et de puissance revendiquée au nom des droits fondamentaux »[632]. Ce constat développé dans le cadre du constitutionnalisme allemand est valable pour la plupart des démocraties libérales européennes. D'ailleurs, cette consubstantialité de l'Etat de droit / droits de l'homme / démocratie est désormais consacrée par de nombreux textes officiels solennels européens[633] et internationaux[634]. Le modèle européen de l'Etat de droit en est l'expression : il est « fondé » par les droits fondamentaux (**§1**) ; il repose sur le principe démocratique (**§2**).

§1 – LES DROITS FONDAMENTAUX, « *FONDATEURS* » DU MODELE EUROPEEN DE L'ETAT DE DROIT : UN MODELE LIBERAL EN MUTATION

436. Les droits fondamentaux[635] dont la source est la dignité humaine[636] sont « *fondateurs* », voire même « *refondateurs* »[637] de l'Etat de droit nous dit avec raison Etienne Picard[638] : c'est le droit fondamental qui pose l'Etat en tant qu'Etat de droit, et celui-ci n'a pour fonction que de le concrétiser et le garantir en même temps. Il s'agit là de l'expression la plus essentielle de l'idée même d'Etat de droit. La source matérielle de la fondamentalité d'un droit ne réside dans aucune norme :

---

632 E.W. BÖCKENFÖRDE, « Théorie et interprétation des droits fondamentaux », *in Le droit, l'Etat et la Constitution démocratique, Trad.* O. Jouanjan, Bruxelles, Bruylant, Paris, LGDJ, 2000, sp. 277.

633 *Cf. Supra*, Partie II, Chapitre 1, Section 1.

634 Voir par exemple la Déclaration et Programme d'action adoptés par la Conférence mondiale sur les droits de l'homme, réunie à Vienne en 1993. Article 8 : « *La démocratie, le développement et le respect des droits de l'homme et des libertés fondamentales sont interdépendants et se renforcent mutuellement. La démocratie est fondée sur la volonté, librement exprimée, du peuple qui détermine le système politique, économique, social et culturel qui sera le sien et sur sa pleine participation à tous les aspects de la vie de la société* ».

635 Sur le concept de droits fondamentaux, voir tout particulièrement la livraison spéciale de l'*Actualité Juridique – Droit Administratif* (AJDA) du 20 juillet / 20 août 1998 consacrée aux Droits fondamentaux, et tout spécialement la contribution de E. PICARD, « L'émergence des droits fondamentaux en France », *AJDA, n°Spécial*, 1998, pp. 6-42 ; P. FRAISSEIX, « Les droits fondamentaux, prolongement ou dénaturation des droits de l'homme ? », *RDP*, n°2, 2001, pp. 531-553 ; L. FAVOREU *et alii, Droit constitutionnel*, Dalloz, Paris, 3ème éd., 2000, pp. 809-915 ; J. FAVRE et B. TARDIVEL, « Recherches sur la catégorie jurisprudentielle de « libertés et droits fondamentaux de valeur constitutionnelle », *RDP*, 2000, n°5, p. 1427 ; M. FROMONT, « Les droits fondamentaux dans l'ordre juridique de la RFA », *Recueil d'Etudes en hommage à Charles Eisenmann*, Paris, Cujas, 1977, pp. 49-64 ; E.W. BÖCKENFÖRDE, « Théorie et interprétation des droits fondamentaux », *in Le droit, l'Etat et la Constitution démocratique, Trad.* O. Jouanjan, Bruxelles, Bruylant, Paris, LGDJ, 2000, pp. 253-277 ; D. CAPITANT, *Les effets juridiques des droits fondamentaux en Allemagne*, Paris, LGDJ, 2001 ; F. MODERNE, « La notion de droit fondamental dans les traditions constitutionnelles des Etats membres de l'Union européenne», in F. SUDRE et H. LABAYLE (dir.), *op.cit.*, pp. 35-84.

636 E. PICARD, *op.cit.* ; B. MATHIEU, « Pour une reconnaissance de 'principes matriciels' en matière de protection constitutionnelle des droits de l'homme », *Recueil Dalloz*, 1995, Chr. , p. 211 ; J-F. RENUCCI, *op.cit.*, p. 7.

637 En ce qu'ils contribuent à son évolution et son approfondissement..

638 E. PICARD, *op.cit.*, 37 ; dans le même sens, M. FROMONT, « Les droits fondamentaux dans l'ordre juridique de la République fédérale d'Allemagne », *Mélanges Einsenman, op.cit.*, p. 51 ; L. FERRAJOLI, *Derecho y razón*, Prólogo N. Bobbio, trad. P. Andrés Ibáñez y otros, Madrid, Trotta, 1995, p 851 et ss. Plus généralement, voir F.J. ANSUATEGUI, « La deficiones del Estado de derecho y los derechos fundamentales », *Sistema*, 2000, pp. 91-114 .

celle-ci ne fait que la révéler. Le principe de la dignité humaine n'a besoin d'aucune norme pour exister[639] : c'est une donnée de l'être (sans quoi l'on ruinerait le statut même d'être humain dans ce qui fait son humanité) qui conditionne de ce fait une certaine forme de droit (produit par l'homme, il est un instrument de direction publique des conduites humaines[640]) et donc de régulation juridique. Dès lors que l'on pense un individu autonome, libre et doté de raison, le pouvoir ne peut s'exercer que d'une certaine manière conforme à ces postulats existentiels fondamentaux[641] : l'encadrement du pouvoir par le droit en est l'expression. Les droits fondamentaux dans leur dimension matérielle constituent des *paradigmes* qui informent, structurent et conditionnent l'ordre juridique tout entier. Ainsi, les droits fondamentaux remplissent une fonction objective faisant office de « *principes directeurs de toute activité de l'Etat* » orientant « *l'action de l'ensemble de ces organes* » et imprégnant « *de leurs valeurs tout son ordre juridique* »[642], marquant « *la prééminence des droits fondamentaux en tant que valeurs sociales de l'Etat* »[643]. Les droits fondamentaux sont alors bien fondateurs de l'Etat de droit. Leur consécration normative et formelle ne fait que renforcer leur effectivité en les identifiant et en les ancrant au sein d'une hiérarchie formelle, d'où l'importance d'un strict de point de vue pratique de leur « justiciabilité ». Sous ce point de vue, les droit fondamentaux sont alors largement consacrés en Droit européen.

437. Il est acquis que le principe de la protection des droits fondamentaux est largement mis en œuvre par le Droit européen[644], droits dont la CourEDH souligne

---

[639] Etienne Picard rappelle justement que la fondamentalité d'un droit ne s'épuise dans aucune norme. Par exemple, on a pas eu besoin d'attendre la décision Bioéthique du Conseil constitutionnel français pour savoir que la dignité de la personne humaine, « *fondamentalement sinon formellement, est la vraie source des droits fondamentaux* », *Ibid.*, p. 37.

[640] P. AMSELEK, « Le droit, technique de direction publique des conduites humaines », *Droits*, 10, 1989, p 7-10.

[641] Les Etats totalitaires ne sauraient être des Etats de droit en ce qu'ils ne reposent pas sur ces postulats fondamentaux, *Cf. Supra*, Partie I, Titre II, Chapitre 3.

[642] G. MALINVERNI, « Les fonctions des droits fondamentaux dans la jurisprudence de la Commission et de la Cour européenne des droits de l'homme », in *Im Dienst an der Gemeinschaft*, Helbing et Lichtenhahn, 1989, p. 542.

[643] C. GREWE et H. RUIZ-FABRI, *op.cit.*, p. 176.

[644] Parmi une abondante littérature, on retiendra tout particulièrement, J. ANDRIANTSIMBAZOVINA, « L'enrichissement mutuel de la protection des droits fondamentaux au niveau européen et au niveau national. Vers un contrôle de « fondamentalité » ? », *RFDA*, 2002, pp.124-138 ; M. DAUSES, « La protection des droits fondamentaux dans l'ordre juridique des Communautés européennes », *RAE*, 1992-4, p. 9 ; K. LENAERTS , « Le respect des droits fondamentaux en tant que principe constitutionnel de l'Union européenne », *Mélanges en l'honneur de Michel Walbroeck*, Bruxelles, Bruylant, 1999, Vol. I, p. 423 ; F. MANCINI et V. DI BUCCI, « Le développement des droits fondamentaux en tant que partie du droit communautaire », *RCADE* I-1991, p. 34 ; H. LABAYLE, « Droits fondamentaux et droit européen », *AJDA*, n°spécial, 1998, pp. 75-91 ; C. LEBEN, « Y a-t-il une approche européenne des droits de l'homme », in P. Alston (éd.), *op.cit.*, pp. 71-98 ; S. LECLERC, J-F. AKANDJI-KOMBE et M-J REDOR (dir.), *L'Union européenne et les droits fondamentaux*, Bruxelles, Bruylant, 1999 ; M. DE SALVIA, « L'élaboration d'un 'ius commune' des droits de l'homme et des libertés fondamentales dans la perspective de l'unité européenne : l'œuvre accomplie par la Commission et la Cour européenne des droits de l'homme », *in Mélanges en l'honneur de G.J. Wiarda*, Köln, Carl Heymans Verlag, 1988, p. 555 ; F. SUDRE, « La Communauté européenne et les droits fondamentaux après le traité d'Amsterdam,

qu'ils sont « *non pas théoriques ou illusoires mais concrets et effectifs* »[645]. Point n'est besoin d'y revenir longuement. Nous rappellerons simplement que ce sont des droits ancrés « constitutionnellement » au niveau européen et « justiciables »[646]. Leur consécration « constitutionnelle » n'appelle que peu de commentaires tant il est vrai que la doctrine en a déjà beaucoup discuté[647]. La ConvEDH et les protocoles qui l'ont complétée font figure de textes de référence en la matière. Au sein de l'ordre juridique communautaire, c'est la CJCE qui, en l'absence de dispositions communautaires spécifiques, a développé un système de protection des droits fondamentaux en aspirant les « *traditions constitutionnelles communes aux Etats membres* » et en s'inspirant tout particulièrement de la ConvEDH[648]. On a dit à cet égard que la Convention constituait la courroie de transmission de la protection des droits fondamentaux au sein de l'ordre juridique communautaire[649]. L'article 6§2 du traité sur l'Union européenne constitutionnalise cette construction largement jurisprudentielle. Cette protection des droits fondamentaux est consolidée par la Charte des droits fondamentaux de l'Union européenne qui, bien qu'encore réduite à une fonction largement symbolique, pourrait très prochainement constituer le texte de référence[650]. Ces droits fondamentaux sont par ailleurs largement justiciables en ce qu'ils peuvent être invoqués devant les juges nationaux et européens et conditionnent la légalité des actes nationaux et communautaires.

---

vers un nouveau système de protection des droits de l'homme », *JCP, Ed. G.*, 1998, I, 100 ; F. SUDRE et H. LABAYLE (dir.), *Réalité et perspectives du droit communautaire des droits fondamentaux*, Bruylant, Bruxelles, 2000 ; F. SUDRE, *Droit international et européen des droits de l'homme*, Paris, Puf, 3ème éd., 1997 ; J.H.H. WEILER et N.J.S. LOCKHARDT, « Taking Rights Seriously : The European Court and Its Fundamental Rights Jurisprudence », *CMLR*, 1995, p. 274 ; F. ZAMPINI, « La Cour de justice des Communautés européennes, gardienne des droits fondamentaux « dans le cadre du droit communautaire » », *RTDE*, 1999, p. 659.

645 CourEDH, 9 octobre 1979, *Airey*, Série A, n°32 (à propos des droits et libertés fondamentaux protégés par la Convention).

646 J-P. COSTA, « La Protection des droits de l'homme par le juge européen », *ERLP/REDP*, vol. 13, 2001, pp. 69-84.

647 Pour une étude récente, H. DUMONT et S. VAN DROOGHENBROECK, « La Contribution de la Charte à la constitutionnalisation du droit de l'Union européenne », in J-Y CARLIER et O. DE SCHUTTER (dir.), *La Charte des droits fondamentaux de l'Union européenne. Son apport à la protection des droits de l'homme en Europe*, Bruylant, Bruxelles, 2002, pp. 61-96 .

648 Point n'est besoin ici de rappeler cette jurisprudence fort connue. Parmi la littérature la plus récente, on consultera spécialement L. DUBOUIS, « Les principes généraux du droit communautaire, un instrument périmé de protection des droits fondamentaux ? », *in Mélanges en l'honneur B. Jeanneau*, Paris, Dalloz, 2002, pp. 77-90 ; F. PICOD, « Les sources », in F.SUDRE et H. LABAYLE (dir.), *op.cit.*, pp. 134 et ss ; J. RIDEAU, « Le rôle de l'Union européenne en matière de protection des droits de l'homme », *RCADI*, t. 265, 1997, pp. 76 et ss ; « Le développement de la protection juridictionnelle des droits de l'homme dans l'Union européenne, symboles et effectivité », in R. MEHDI (dir.), *L'avenir de la justice communautaire*, Paris, 1999, pp. 90 et ss ; F. SUDRE, « L'apport du droit international et européen à la protection communautaire des droits fondamentaux », *in Droit international et droit communautaire, perspectives actuelles*, Paris, Pédone, 2000, pp. 192 et ss ; T. TRIDIMAS, *The general principles of EC Law*, Oxford, EC Law Library, 2000, pp. 202 et ss.

649 J. ANDRIANTSIMBAZOVINA, « La CEDH et la CJCE après le traité d'Amsterdam, de l'emprunt à l'appropriation », *Europe*, oct. 1998, chr. 10.

650 Sur la Charte, voir en particulier J-Y CARLIER et O. DE SCHUTTER (dir.), *La Charte des droits fondamentaux de l'Union européenne. Son apport à la protection des droits de l'homme en Europe*, Bruylant, Bruxelles, 2002. Cf. *supra*, Chapitre précédent, Section I.

438. Notre propos sera ici d'essayer d'identifier la manière dont ces droits fondamentaux définissent les contours d'un modèle européen de l'Etat de droit. Il convient de rappeler qu'ils ne peuvent être pensés que dans le cadre de la démocratie et de l'Etat de droit. La liberté et l'égalité, inhérentes à l'idée de dignité humaine fondement de tous les droits fondamentaux, imprègnent profondément le Droit européen et contribuent à la définition d'un modèle libéral de l'Etat de droit (**A**). Mais à côté de ce modèle libéral, se dessine progressivement un modèle social de l'Etat de droit à travers le développement de ce que l'on appelle les « *droits sociaux fondamentaux* », expressions d'un principe fondamental de solidarité qui contribuent à rétablir un équilibre là où « *la liberté et l'égalité formelles ne permettent pas à la dignité humaine de s'accomplir concrètement* »[651] (**B**).

A. Le modèle libéral de l'Etat de droit solidement établi

439. Le modèle européen de l'Etat de droit est un modèle avant tout libéral reposant sur la liberté (**1**) et l'égalité (**2**) dont on a vu dans la première partie de cette étude qu'elles constituaient les principes axiologiques de l'Etat de droit.

1) La liberté

440. L'idée de liberté est consubstantielle à celle d'Etat de droit selon une relation symétrique et discursive : « *il n'y a pas de libertés sans Etat de droit et il n'y a pas d'Etat de droit sans libertés* »[652]. L'Etat de droit c'est la forme juridique du libéralisme comme la doctrine allemande du *Rechtsstaat* dans le prolongement de la conception kantienne de l'Etat a pu le mettre en évidence[653] et ce, même si l'on s'en tient à une conception formelle de l'Etat de droit : identifier principalement l'Etat de droit à la sécurité juridique comme le font Otto Pfersmann[654] et Joseph Raz[655], revient en effet à postuler l'autonomie de l'individu, fondement de la société libérale[656]. La liberté dans l'Etat de droit est tout à la fois son fondement et sa fin.

441. La déclaration des droits de l'homme et du citoyen de 1789 – première expression de l'idée d'Etat de droit – a constitué à travers l'Europe tout entière l'expression même de l'idée de liberté[657]. Aujourd'hui, la liberté fait partie du

---

651 E. PICARD, *op.cit.*, p. 38.
652 F. JULIEN-LAFERRIERE, « L'Etat de droit et les libertés », in *Mélanges J. Mourgeon, op.cit.*, p. 154.
653 *Cf. supra*, Première Partie, Titre I, Chapitres 1 et 2.
654 O. PFERSMANN, *in* L. FAVOREU *et alii, op.cit.*, pp. 107-108.
655 J. RAZ, « The Rule of Law and its Virtue », in J. RAZ, *The authority of law*, Clarendon Press, Oxford, 1979, pp. 210-229.
656 En ce sens, les critiques de T.R.S. ALLAN, *Law, Liberty and Justice. The Legal Foundations of British Constitutionalism,* Oxford, Clarendon,1993, p. 28 et ss; D. MOCKLE, « L'Etat de droit et la théorie de la rule of law », *Les Cahiers de Droit (Québec),* 1994, sp. 897.
657 Sur l'influence du concept de liberté tel que véhiculé par la DDHC de 1789 en Europe, E. GARCIA DE ENTERRIA, *La lengua de los derechos. La formación del Derecho público europeo tras la Revolución Francesca,* Madrid, Alianza Universidad, 1994.

« *patrimoine commun d'idéal et de traditions politiques* » de l'Europe et est largement protégée : l'Union européenne se fonde sur la liberté (article 6§1) ; la CourEDH veille au respect des droits de l'homme et des libertés fondamentales ; la plupart des ordres constitutionnels nationaux lui accorde une protection renforcée *etc.* Comme le souligna Pierre-Henri Teitgen lors de son intervention devant l'Assemblée consultative du Conseil de l'Europe à l'occasion des travaux préparatoires de la Convention européenne des droits de l'homme, l'Europe est « *la terre de la liberté* ». Aussi n'est-il pas étonnant de voir le Droit européen consacrer largement l'idée de liberté, celle-ci se conjuguant d'ailleurs au pluriel : le Droit européen reprend la plupart des libertés protégées au sein des ordres constitutionnels nationaux (**a**). L'exemple du traitement européen de la liberté d'expression – mère de toutes les libertés pourrait-on dire – nous en fournira un exemple paradigmatique (**b**).

a) Le droit européen et l'idée de liberté(s)

442. L'idée de liberté irradie le Droit européen tout entier. Si la notion de « liberté » est présente en filigrane dans l'ensemble des textes « constitutionnels » européens, force est de constater qu'elle n'est expressément consacrée sous sa forme abstraite et générale (la liberté) que rarement et est presque toujours associée à un contenu concret (la liberté d'établissement, la liberté d'expression etc.).

443. ***La liberté*** - De manière assez paradoxale, ce n'est que dans les traités constitutifs de la Communauté européenne et de l'Union européenne que l'on trouve les principaux renvois à la notion abstraite de liberté, mise à part bien entendu la mention générale « libertés fondamentales » largement consacrée par le Statut de Londres (1949) et la Convention européenne des droits de l'homme et le « *droit à la liberté et à la sûreté* » envisagé par l'article 5 de la Convention. L'idée abstraite de liberté figure tout d'abord dans le préambule du traité de la Communauté européenne : les Etats membres se déclarent « *résolus à affermir par la constitution de cet ensemble de ressources, les sauvegardes de la paix et de la liberté* ». Par ailleurs, le traité CE prévoit dans son article 61 un certain nombre de mesures que le Conseil pourra adopter « *afin de mettre en place progressivement un espace de liberté, de sécurité et de justice* ». Le renvoi à la notion abstraite de liberté est plus significative dans le traité sur l'Union européenne : les Etats membres proclament dans le préambule « *leur attachement aux principes de la liberté, de la démocratie et du respect des droits de l'homme et des libertés fondamentales et de l'Etat de droit* » ; l'article 6§1 UE rappelle à cet égard que l'Union est « *fondée* » sur ces principes, « *principes qui sont communs aux Etats membres* »[658] et qui constituent une condition d'appartenance (article 7§1 UE) et d'adhésion à l'Union européenne (article 49 UE). Enfin, la Charte des droits fondamentaux de l'Union européenne (*ci-*

[658] Voir également des dispositions renvoyant à « *un espace de liberté, de sécurité et de justice* » (Préambule, articles 2, 29, 40 UE).

après, CDFUE), va sans doute le plus loin en inscrivant expressément « *la liberté* » dans la problématique générale de la démocratie et de l'Etat de droit : « *l'Union se fonde sur les valeurs indivisibles et universelles de dignité humaine, de liberté, d'égalité et de solidarité ; elle repose sur le principe de la démocratie et le principe de l'Etat de droit. Elle place la personne au cœur de son action en instituant la citoyenneté de l'Union et en créant un espace de liberté, de sécurité et de justice* » (préambule). Par ailleurs, son article 6 sous le Chapitre II intitulé « Libertés » reconnaît à toute personne « *le droit à la liberté et à la sûreté* ».

La notion abstraite de liberté ainsi proclamée ne fait cependant l'objet d'aucune définition générique comme avait pu le proposer la Déclaration des droits de l'homme et du citoyen de 1789 dans ses articles 4 (« *la liberté consiste à pouvoir faire tout ce qui ne nuit pas à autrui* ») et 5 (« *tout ce qui n'est pas défendu par la loi ne peut être empêché* »)[659]. Autrement dit, le Droit européen ne formule pas de définition générale de la liberté, sans doute parce que par la liberté est déclinée et concrétisée dans différentes libertés. Le Droit européen s'inscrit, à cet égard, dans la lignée de la plupart des constitutions nationales[660]. La liberté se définit en effet au pluriel.

444. ***Les libertés*** – Pour éviter que la liberté ne se réduise à une simple idée philosophique en l'absence de toute définition juridique générale, « *la liberté doit être concrétisée et être associée à une activité humaine et sociale* »[661] : on parle alors de « *libertés* ». Le Droit européen décline l'idée de liberté sous différentes formes de libertés que l'on peut essayer de classer selon la typologie suivante :

---

[659] Pour une analyse de ces deux articles voir S. RIALS, *La déclaration des droits de l'homme et du citoyen*, Paris, Hachette, coll. « Pluriel », 1988.
[660] Pour la France, M. VERPEAUX, « La liberté », *AJDA*, 1998, pp.144-151.
[661] *Ibid.*, p. 146.

TYPE DE LIBERTE	**SOURCES DES LIBERTES**				
	Source textuelle				Source jurisprudentielle
	CEDH	TCE	TUE	CDFUE	CJCE
Liberté individuelle					
Liberté Physique	Art 4 et 5 Art.1 P. n°4			Art. 6	
Liberté d'aller et venir	Art 2 P.n°4	Art. 18			
Liberté de fonder une famille	Art. 12			Art. 9	
Droit à la vie privée, familiale et inviolabilité du domicile	Art 8			Art. 7 et 8	222/86 C-97/91 C-23/93 C-249/86
Liberté d'association	Art. 11			Art. 12	C-415/93 C-235/92P
Liberté de conscience et d'opinions	Art. 9			Art. 10	130/75
Liberté d'expression et de communication	Art. 10			Art. 11	43 et 63/82 C-100/88 C-260/89 C-23/93 C-23/93 C-368/95 C-235/92P
Liberté de commerce et de travail	Art. 4	Art. 3, 14, 23, 28, 30, 39, 49, 56		Art. 15 et 16	1/58 85/76 234/85 265/87 C-370/88 C-84/95
Droit de propriété	*Art. 1. P.n°1*			*Art. 17*	*57/69* *44/79* *C-84/95*

Il ne fait aucun doute que le Droit européen consacre la plupart des libertés fondamentales reconnues et protégées par les ordres constitutionnels nationaux. Mais force est de constater qu'il s'agit là d'une consécration à *géométrie variable*. Si la Convention européenne des droits de l'homme couvre les principales libertés fondamentales, il n'en va pas de même au sein de l'ordre juridique communautaire. Rappelons tout d'abord que la Charte des droits fondamentaux de l'Union européenne ne revêt pour l'instant aucune valeur juridique à l'égard des particuliers : il ne s'agit que d'un accord inter-institutionnel et d'un engagement politique des Etats membres[662]. Par ailleurs, les traités instituant la Communauté européenne et sur l'Union européenne ne comportent que peu de dispositions en la matière : les traités se contentent de reconnaître les libertés de commerce et de travail relatives à la libre circulation des personnes, des travailleurs, des marchandises, des capitaux, à la liberté d'établissement et à la libre prestation de services. Autant dire, que les libertés ainsi consacrées sont envisagées principalement sous leur angle fonctionnel : la liberté n'est instaurée que parce que et dans la mesure où elle sert les impératifs de la construction européenne ce qui n'empêche pas la Cour de justice de qualifier ces différentes libertés de circulation de « *libertés fondamentales de la Communauté* »[663]. D'ailleurs, il suffit de parcourir l'abondante jurisprudence de la Cour de justice en la matière pour comprendre que le principe de libre circulation a permis une interprétation extensive et constructive des règles communautaires, et a contribué, ainsi, indéniablement au développement de l'ordre juridique communautaire[664]. Aussi, si l'idée de liberté imprègne le droit communautaire, c'est en grande partie grâce à l'œuvre prétorienne de la Cour de justice qui, en s'inspirant « *des traditions constitutionnelles communes aux Etats membres ainsi que des indications fournies par les instruments internationaux concernant la protection des droits de l'homme auxquels les Etats membres ont coopéré ou adhéré* » au titre desquels « *la Convention européenne des droits de l'homme revêt [...] une signification particulière* », a reconnu, au titre des principes généraux du droit communautaire, les libertés suivantes : Droit au respect de la vie privée et familiale, du domicile et de la correspondance[665], la liberté d'expression et d'information[666], la liberté de pensée, de conscience et de religion[667], la liberté d'association[668], la liberté syndicale[669], la liberté de commerce[670], le droit de propriété[671] etc. Relevons enfin que cette jurisprudence constructive a été constitutionnalisée dans le Traité sur l'Union européenne (article 6§2).

---

662 Néanmoins sur la productivité juridique de la Charte, voir Chapitre précédent, Section I.

663 CJCE, 11 novembre 1981, *Casati*, aff. 203/80, *Rec.* 2611.

664 R-E. PAPADOPOULOU, *op.cit.*, p. 83.

665 CJCE, 12 novembre 1969, *Stauder*, 29/69, *Rec.* 419 ; CJCE, 26 juin 1980, *National Panasonic*, aff. 136/79, *Rec.* 2033 ; CJCE, 8 avril 1992, *Commission c. Allemagne*, aff. C-62/90, *Rec.* I-2575.

666 CJCE, 17 janvier 1984, *VBVB et VBBB*, aff. 43 et 63/82, *Rec.* 19.

667 CJCE, 27 octobre 1976, *Prais*, aff. 130/75, *Rec.* 1589.

668 CJCE, 15 décembre 1995, *Bosman*, aff. C-415/93, *Rec.* I-4921 ; CJCE, 8 juillet 1999, *Montecatini SpA*, Aff. C-235/92P, *précité*.

669 CJCE, 28 octobre 1975, *Rutili*, aff. 36/75, *Rec.* 1219.

670 Par exemple, CJCE, 10 juillet 1990, *Neu*, aff. C-90 et 91/90, *Rec.* I-3618 ; CJCE, 30 juillet 1996, *Bosphorus Hava Yollari Turizm ve Ticaret AS c. Minister of Transport, Energy and Communications e.a.*, aff. C-84/95, *Rec.* I-3953.

671 CJCE, 14 mai, *Nold*, aff. 4/73, *Rec.* 117 ; CJCE, 13 décembre 1979, *Hauer*, aff. 44/79, *Rec.* 3727

445. Reste à savoir comment sont appréhendées par le Droit européen ces différentes libertés. Une première question se pose : revêtent-elles toutes la même intensité normative ? Autrement dit, certaines libertés seraient-elles « plus fondamentales » que d'autres ? On a parlé à cet égard de libertés de « premier rang » ou de « second rang », la liberté individuelle et la liberté de la presse entrant dans la première catégorie, le droit de propriété relevant de la seconde[672]. La Constitution espagnole de 1978 semble consacrer une telle distinction en accordant une protection différenciée selon les droit et libertés en cause : on parle alors de « *libertés à forte protection ou à protection atténuée* »[673]. Il ressortirait de cette différenciation une certaine idée de hiérarchie des droits et libertés qui, bien que formellement et normativement de même niveau, pourraient prévaloir les uns sur les autres dans certaines configurations conflictuelles concrètes à juger[674]. Examinons maintenant si le Droit européen retient une telle distinction ou si le juge européen privilégie certaines libertés à d'autres.

Si l'on s'en tient au seul droit écrit positif européen, seule la Convention européenne des droits de l'homme semble opérer une telle distinction. L'article 15 §2 de la Convention n'autorise aucune dérogation à l'article 2 (droit à la vie – sauf pour le cas de décès résultant d'actes licites de guerre), l'article 3 (interdiction de la torture et des peines ou traitements inhumains ou dégradants), l'article 4§1 (interdiction de l'esclavage et de la servitude) et l'article 4 du Protocole n°7 (règle *non bis ibidem* en matière pénale). Mireille Delmas-Marty parle, à cet égard, de « *droits à protection absolue* »[675]. La liberté individuelle dans sa dimension la plus élémentaire (article 3) entre ainsi dans cette catégorie. Pour les autres libertés, la Convention autorise 1) que l'on y déroge exceptionnellement en cas de guerre ou de danger public menaçant la vie de la nation dans la stricte mesure où la situation l'exige (article 15§1), et/ou 2) qu'on les soumette à certaines formalités, conditions, restrictions ou sanctions prévues par la loi, qui constituent des mesures nécessaires, dans une société démocratique (articles 8§2, 9§2, 10§2, 11§2). Autant dire qu'aucune liberté – mise à part celle de l'article 3 – n'est en soi absolue : chacune d'entre elles peut être aménagée dans les limites de ce qui est nécessaire dans une société démocratique. Une solution identique a été retenue par la Charte des droits fondamentaux de l'Union européenne (article 52). Même la sacro-sainte *liberté de circulation* érigée par le juge communautaire en « *liberté fondamentale de la Communauté* »[676] peut faire l'objet de restrictions (article 30 CE).

---

[672] L. FAVOREU et L. PHILIP, *Les Grandes décisions du Conseil constitutionnel*, *op.cit.*, p. 598 ; L. FAVOREU *et alii*, *op.cit.*, p. 813.
[673] L. FAVOREU *et alii*, *op.cit.*, p. 814.
[674] E. PICARD, *op.cit.*, p. 21.
[675] M. DELMAS-MARTY, « Légalité pénale et prééminence du droit ... », *op.cit.*, p. 156. Voir également dans le même sens F. GÖLCÜKLÜ, « La hiérarchie des normes constitutionnelles et sa fonction dans la protection des droits fondamentaux », *RUDH*, 1990, Vol. 2, n°6-8, p. 291.
[676] CJCE, 11 novembre 1981, *Casati*, aff. 203/80, *Rec.* 2611.

446. Si les textes « constitutionnels » européens n'établissent aucune véritable hiérarchie matérielle entre les différentes libertés fondamentales (à l'exception de l'article 3 CEDH), on peut s'interroger sur la manière dont le juge européen appréhende ces différentes libertés. A cet égard, le sort réservé à la liberté d'expression dans les jurisprudences européennes – à l'instar des jurisprudences constitutionnelles nationales[677] – illustre la place privilégiée qu'elle occupe au sein du modèle européen de l'Etat de droit démocratique.

b) La liberté d'expression et d'information, pierre de touche de toutes les libertés

447. Il est habituel de voir dans la liberté d'expression une des pierres angulaires du concept matériel de l'Etat de droit en ce qu'il contribue à l'autodétermination libre de chaque individu[678]. En cela, elle constituerait même « *la pierre de touche* » de toutes les libertés[679] comme le laissait déjà entendre l'article 12 de la déclaration des droits de l'homme et du citoyen de 1789 qui en faisait « [l']*un des droits les plus précieux de l'homme* ». L'un des pères fondateurs de la théorie du *Rechtsstaat* estimait d'ailleurs que « *l'opinion publique, qui signifie presque la même chose que la volonté générale rationnelle, doit partout se déployer sans obstacle (...). La publicité des décisions gouvernementales et celles des débats parlementaires ainsi que la liberté de la presse, sont des articles essentiels de la constitution de l'Etat constitutionnel* »[680]. Mais c'est sans doute la Cour interaméricaine des droits de l'homme qui a le mieux mis en exergue le rôle de la liberté d'expression dans une société démocratique :

> « *Lorsque la liberté d'expression d'un individu est illégalement restreinte, ce n'est pas seulement le droit de cet individu qui est violé, mais aussi le droit des autres de recevoir des informations et des idées. [...]. Le concept d'ordre public dans une société démocratique requiert la garantie d'une circulation aussi large que possible des informations et des opinions aussi bien que l'accès le plus large à l'information par la société prise dans son ensemble. La liberté d'expression constitue l'élément premier et fondamental de l'ordre public d'une société démocratique, qui n'est pas concevable sans un libre débat et la possibilité pour des voix dissidentes de se faire entendre pleinement [...]. Il est aussi de l'intérêt de l'ordre public démocratique inhérent à la Convention américaine que le droit de tout individu de s'exprimer librement et de la société prise dans son*

---

[677] La position du Conseil constitutionnel français est typique : Décision n°84-181 DC des 10 et 11 octobre 1984, *Entreprises de presse* GD, 583 : la liberté d'expression est « *une liberté fondamentale, d'autant plus précieuse que son existence est l'une des garanties essentielles du respect des autres droits et libertés et de la souveraineté nationale* ». Voir également Décision n°82-141 du 27 juillet 1982, *Communication audiovisuelle*, *RJC*-I, p. 126.

[678] M-L. PAVIA, « Eléments de réflexion sur la notion de droit fondamental », *LPA*, 6 mai 1994, pp. 6-13 ; M. SAAVEDRA LOPEZ, *La libertad de expresión en el Estado de derecho*, Barcelona, Ariel, 1987 ; également en ce sens, CourEDH, 23 avril 1992, *Castells c. Espagne*, Série A, n°236 .

[679] Résolution 59 (1) de l'Assemblée générale des Nations Unies, 1946.

[680] ROTTECK, « Constitution », *op.cit.*, p. 767, cité par . J. HUMMEL, *op.cit.*, p. 132.

> *ensemble de recevoir l'information soient scrupuleusement respectés. La liberté d'expression est une pierre d'angle sur laquelle repose l'existence même d'une société démocratique.[...]. Elle représente, en bref, le moyen qui permet à la communauté, lorsqu'elle exerce ses choix, d'être suffisamment informée. En conséquence, on peut dire d'une société mal informée qu'elle n'est pas une société vraiment libre* »[681].

En d'autres termes, aucun espace de liberté ne saurait exister sans *liberté de pensée* dont la *liberté d'expression* est l'extériorisation et *la liberté d'information/de communication* l'instrument[682].

448. La liberté d'expression et d'information est largement consacrée et protégée par le Droit européen[683]. Elle l'est avant tout par l'article 10§1 de la ConvEDH au terme duquel « *toute personne a droit à la liberté d'expression. Ce droit comprend la liberté d'opinion et la liberté de recevoir ou de communiquer des informations ou des idées sans qu'il puisse y avoir ingérence d'autorités publiques et sans considération de frontières. Le présent article n'empêche pas les Etats de soumettre les entreprises de radiodiffusion, de cinéma ou de télévision à un régime d'autorisation* » et dont la CJCE assure également le respect au sein de l'ordre juridique communautaire au titre des principes généraux du droit[684]. D'ailleurs, l'article 11 de la *Charte des droits fondamentaux de l'Union européenne* en reprend l'essentiel de la rédaction. A côté de ces dispositions spécifiques, l'on trouve un certain nombre de textes normatifs européens touchant plus ou moins directement la liberté d'expression et d'information. Le Conseil de l'Europe a adopté plusieurs textes en ce sens : citons simplement, la *Convention européenne sur la télévision transfrontière* du 5 mai 1989 et la *Déclaration sur la liberté d'expression et*

---

[681] Avis 5/85 du 13 novembre 1985, Adhésion obligatoire à une association prescrite par la loi pour la pratique du journalisme, *Human Rights Law Journal*, 1986, vol. 7, n°1, p. 74.

[682] L. FAVOREU *et alii, op.cit.*, p. 861.

[683] M. OETHEIMER, *L'harmonisation de la liberté d'expression en Europe. Contribution à l'étude de l'article 10 de la CEDH et de son application en Autriche et au Royaume-Uni*, Paris, Pédone, 2001.

[684] CJCE, 18 juin 1991, *Elliniki Radiophonia Tileorassi AE*, aff. C-260/89, *Rec.* I-2925. La Cour estime à cet égard que «*s'agissant de l'article 10 de la convention européenne des droits de l'homme, [...] il y a lieu de rappeler, à titre liminaire, que selon une jurisprudence constante les droits fondamentaux font partie intégrante des principes généraux du droit dont la Cour assure le respect[...]. Il en découle que [...]ne sauraient être admises dans la Communauté des mesures incompatibles avec le respect des droits de l'homme ainsi reconnus et garantis[...]. Dès lors qu'une réglementation entre dans le champ d'application du droit communautaire, la Cour, saisie à titre préjudiciel, doit fournir tous les éléments d'interprétation nécessaires à l'appréciation, par la juridiction nationale, de la conformité de cette réglementation avec les droits fondamentaux dont la Cour assure le respect, tels qu'ils résultent, en particulier, de la Convention européenne des droits de l'homme* ». Voir également pour une consécration directe de l'article 10 CEDH par la Cour de justice sans passer par le prisme des principes généraux du droit, CJCE, 8 juillet 1999, *Montecatini SpA c. Commission*, aff. C-236/92 P, pt. 137 : « *Il convient de rappeler que la liberté d'expression et celle de réunion pacifique et d'association, consacrées respectivement, entre autres, aux articles 10 et 11 de la Convention [...] du 4 novembre 1950, font partie des droits fondamentaux qui, selon la jurisprudence de constante de la Cour, par ailleurs réaffirmées par le préambule de l'Acte unique européen et l'article F §2 du traité sur l'Union européenne (devenu, après modification, l'article 6§2, UE), sont protégés dans l'ordre juridique communautaire* ».

d'information du 29 avril 1982 adoptée par le Comité des Ministres du Conseil de l'Europe. Dans le cadre communautaire, en dehors des dispositions générales relatives aux régimes juridiques des monopoles étatiques (art. 31 et 86 CE), des aides d'Etat (art. 87, 88 et 89 CE), de la concurrence (art. 81 et 82 CE) et surtout de la libre circulation des marchandises (art. 28 CE) , des prestations de service (art. 49 CE) et de la liberté d'établissement (art. 43 CE) pouvant avoir une incidence sur la circulation des informations et la liberté d'expression et d'information dans le domaine des communications[685], il existe peu de textes spécifiques concernant directement la liberté d'information, à l'exception[686] de la Directive du Conseil CEE 89/553 du 3 octobre 1989, modifiée en 1997, dite « *Télévision sans frontières* »[687] qui fait expressément référence à l'existence d'un « *principe général* », « *la liberté d'expression* » telle qu'elle est consacrée par l'article 10 ConvEDH.

449. A partir de là, il convient de s'interroger sur la manière dont le droit du Conseil de l'Europe et le droit communautaire appréhendent la liberté d'expression et de communication. Il existe une grande convergence en la matière entre les jurisprudences de la CourEDH et la CJCE, cette dernière n'hésitant pas à mobiliser directement la jurisprudence de la Cour de Strasbourg sans même passer par le prisme des principes généraux du droit[688].

450. *Une conception large de la liberté d'expression* - Tout d'abord, le Droit européen retient une conception relativement large de la liberté d'expression et d'information, considérée comme le fondement de la société démocratique[689] et de l'Etat de droit[690] : sont protégées au titre de la liberté d'expression et d'information, les personnes physiques et morales[691], privées et publiques[692] ; les informations ou opinions commerciales et publicitaires[693], culturelles[694] et politiques[695] qu'elles

---

685 C. ESTEVA MOSSO, « La compatibilité des monopoles de droit du secteur des télécommunications avec les normes de concurrence du Traité CEE », *CDE*, 3-4, 1993 ; L. JIMENA QUESADA, « Los monopolios radiotelevisivos y la libertad de comunicación audiovisual en el marco europeo », *Revista General de Derecho*, n°627, 1996.

686 Voir également la Directive 95/46 CE du 23 novembre 1995 « *relative à la protection des personnes physiques à l'égard du traitement des données à caractère personnel et à la libre circulation de ces données* » même si sa portée est restreinte.

687 Directive TSF 97/36 CE du 30 juin 1997, JOCE, n° L202 du 30 juillet 1997.

688 CJCE, 6 mars 2001, *Bernard Connolly*, aff. C-274/99, *Rec.* I-1611. Voir également, CJCE, 8 juillet 1999, *Montecatini SpA c. Commission*, aff. C-236/92 P, pt. 137 .

689 CourEDH, 7 décembre 1976, *Handyside c. Royaume-Uni*, Série A, n°24. Voir également en creux, CJCE, 28 octobre 1975, *Rutili*, aff. 36/75, *Rec.* 1232 ; CJCE, 6 mars 2001, *Bernard Connolly*, aff. C-274/99, *Rec.* I-1611 ; CJCE, 13 décembre 2001, *Michael Cwik*. Aff. C-340/00 P., *Rec.* I-10269.

690 CourEDH, 23 avril 1992, *Castells c. Espagne*, Série A, n°236.

691 CourEDH, 22 mai 1990, *Autronic A.G.*, Série A, n°178 ; CJCE, 18 juin 1991, *Elliniki Radiophonia Tileorassi AE*, aff. C-260/89, *Rec.* I-2925.

692 CourEDH, 28 août 1986, *Glasenapp c. Allemagne*, Série A, n°104 (liberté d'expression d'un fonctionnaire) ; CourEDH, 26 septembre 1995, *Vogt c. Allemagne*, Série A, n°323.

693 CJCE, 18 mars 1980, *Debauve*, aff. 52/79, *Rec.* 856 ; CJCE, 7 mars 1990, *GB-Inno-BM*, aff. C-362/88, *Rec.* I-667 ; à l'inverse voir, CJCE, 4 octobre 1991, *Society for the Protection of Unborn Children Ireland Ltd. C. S. Grogan*, aff. C-159/90, *Rec.* I-4685 ; CourEDH, 25 mars 1985, *Barthold c.*

soient corrosives ou non[696]. La liberté d'expression et de communication concerne également les moyens de transmission ou de captage des informations : pour la CourEDH il s'agit là d'une manifestation de la liberté d'expression[697] ; la CJCE déduit quant à elle cette liberté de création de moyens de transmission du droit de s'établir librement et de la libre circulation des marchandises. Les règles communautaires de concurrence et de libre circulation s'appliquent aux entreprises de radiodiffusion même lorsque ce sont des organismes publics exploitant un service public et disposant d'un monopole ou de tout autre privilège juridique[698].

451. *Une conception relative de la liberté d'expression* – La liberté d'expression ne saurait être un droit absolu sans restriction aucune.

La directive dite « TSF » en comporte certaines. Elle a prévu certaines mesures pour protéger les téléspectateurs comme notamment les mineurs. La directive opère une distinction classique entre les émissions susceptibles de nuire gravement à l'épanouissement des mineurs comme ceux « *comprenant des scènes de pornographie ou de violence gratuites* » et les autres émissions moins néfastes : les premières sont soumises à une interdiction absolue de diffusion en clair ; les secondes peuvent être diffusées sous réserve que des mesures de sauvegarde suffisantes soient adoptées (heure de l'émission, signalisation, avertissement *etc.*).

Par ailleurs, le Droit européen n'impose pas l'abolition des monopoles publics en matière de diffusion malgré le fait que l'existence de tels monopoles peut entraîner une restriction « radicale » de la liberté de communication[699]. L'article 10, paragraphe 1, de la ConvEDH prévoit, à cet égard, la possibilité de soumettre « *les entreprises de radiodiffusion, de cinéma ou de télévision à un régime d'autorisations* ». La Cour de justice considère de même que « *que rien dans le traité ne s'oppose à ce que les Etats membres, pour des considérations d'intérêt public de nature non économique, soustraient les émissions de radiotélévision, y compris les émissions par câble, au jeu de la concurrence, en conférant le droit exclusif d'y procéder à un ou plusieurs établissements.* »[700]. Le Droit européen rejoint sur ce point le droit interne de certains Etats européens qui considèrent que la liberté de communication audiovisuelle relève de « *ces libertés qui ne sont ni générales, ni absolues* » et « *qui ne peuvent exister dans le cadre d'une*

Allemagne, Série A, n°90 ; CourEDH, 20 novembre 1989, *Mark Intern Verlag GmbH et Klaus Beermann c. Allemagne*, Série A, n° 165.

[694] CourEDH, 24 mai 1988, *Müller et autres c. Suisse*, Série A, n°133.

[695] CourEDH, 8 juillet 1986, *Lingens c. Autriche*, Série A, n°103, *obs*. J. ANDREWS, « Freedom of speech and Politicians », *ELR*, 1986, p. 491-492

[696] CourEDH, 23 avril 1992, *Castells c. Espagne*, Série A, n°236 (condamnation d'un parlementaire pour injures au gouvernement) ; CJCE, 13 décembre 2001, *Michael Cwik*. aff. C-340/00 P., *Rec.* I-10269.

[697] CourEDH, 22 mai 1990, *Autronic A.G.*, Série A, n°178.

[698] CJCE, 30 avril 1974, *Sacchi*, aff. 155/73, *Rec.* 419 .

[699] CourEDH, 24 novembre 1993, *Informationsverein Lentia et autres c. Autriche*, Série A, n°276.

[700] *Ibid.* ; CJCE, 16 juin 1991, *ERT*, aff. C-260/89, *Rec.* I-2957.

réglementation instituée par la loi »[701] : en conséquence de quoi, son exercice est en général soumis à un régime d'autorisation préalable et elle est garantie par une autorité administrative indépendante[702]. L'instauration d'un monopole de radiodiffusion est toutefois enfermée dans certaines limites relatives au principe de non-discrimination : l'article 7 du traité CE interdit que l'octroi de monopole soit instauré selon un critère de nationalité[703] ; l'exercice du droit d'exclusivité ne doit pas avoir pour conséquence d'entraîner des « *effets discriminatoires au détriment des émissions en provenance d'autres Etats membres* »[704]. La CourEDH va même plus loin en considérant que ces autorisations doivent être prévues par la loi et se révéler être nécessaires dans une société démocratique, le critère de « *nécessité démocratique* » devant se comprendre comme une « *nécessité impérieuse* » en raison du rôle fondamental de la liberté d'expression dans une société démocratique et de la radicalité de la restriction opérée par l'instauration d'un monopole à l'égard de la liberté d'expression.

Plus généralement, les traités communautaires eux-mêmes prévoient des dispositions dérogatoires aux libertés communautaires pouvant par extension concerner la liberté d'expression et d'information. On pense en particulier ici à l'article 30 CE qui autorise les Etats membres à prendre des mesures d' « *interdictions ou [de] restrictions, d'importation, d'exportation ou de transit justifiées par des raisons de moralité publique, d'ordre public, de sécurité publique [...]* ». A cet égard, la Cour de justice considère que ces restrictions à la liberté « *se présentent comme la manifestation spécifique d'un principe plus général consacré par les articles 8, 9, 10 et 11 de la CEDH [...] qui disposent en des termes identiques que les atteintes portées, en vertu des besoins d'ordre public, de la sécurité publique et de la santé publique, aux droits garantis par les articles cités ne sauraient dépasser le cadre de ce qui est nécessaire à la sauvegarde de ces besoins dans une société démocratique* »[705]. Faisant sienne la jurisprudence de la CourEDH, la Cour de justice a même souligné que « *l'article 10 de la convention de sauvegarde des droits de l'homme et des libertés fondamentales admet que des dérogations soient apportées à cette liberté [d'expression] en vue d'assurer le maintien du pluralisme de la presse, pour autant qu'elles soient prévues par la loi et nécessaires dans une société démocratique (voir arrêt de la Cour européenne des droits de l'homme du 24 novembre 1993, Informationsverein Lentia e.a. c. Autriche, A n° 276)*»[706]. Dans l'affaire *Bernard Connoly* du 6 mars 2001, la Cour de justice a considéré à cet égard que « *ces restrictions appellent toutefois une interprétation étroite. Selon la Cour européenne des droits de l'homme, l'adjectif «nécessaire», au*

---

[701] Décisions du Conseil constitutionnel n°82-141 DC et 86-217 DC.

[702] L. DUBOUIS (dir.), *Droit communautaire et protection des droits fondamentaux dans les Etats membres*, Economica, Paris, 1995, pp. 93-165.

[703] CJCE, 30 avril 1974, *Sacchi*, aff. 155/73, *Rec.* 419 .

[704] CJCE, 16 juin 1991, *ERT*, aff. C-260/89, *Rec.* I-2957.

[705] CJCE, 28 octobre 1975, *Ruttili*, aff. 36/75, *Rec.* 1232.

[706] CJCE, 26 juin 1997, *Vereinigte Familiapress Zeitungsverlags- und vertriebs GmbH c. Heinrich Bauer Verlag*, aff. C-368/95, *Rec.* I-3689.

sens de l'article 10, paragraphe 2, implique un «besoin social impérieux» et, si «[l]es États contractants jouissent d'une certaine marge d'appréciation pour juger de l'existence d'un tel besoin», l'ingérence doit être «proportionnée au but légitime poursuivi» et «les motifs invoqués par les autorités nationales pour la justifier» doivent être «pertinents et suffisants» (voir notamment arrêt Vogt c. Allemagne, précité, § 52; Wille c. Liechtenstein du 28 octobre 1999, requête n° 28396/95, § 61 à 63). En outre, toute restriction préalable requiert un examen particulier (voir arrêt Wingrove c. Royaume-Uni du 25 novembre 1996, Recueil des arrêts et décisions 1996-V, p. 1957, § 58 et 60) ». C'est donc toute la jurisprudence de la CourEDH qui a été intégrée dans l'appréciation par la Cour de justice des restrictions à la liberté d'expression. Ainsi, « *en exerçant son contrôle, le juge communautaire doit vérifier, eu égard à l'ensemble des circonstances de l'espèce, si un juste équilibre a été respecté entre le droit fondamental de l'individu à la liberté d'expression et l'intérêt légitime de l'institution à veiller à ce que ses fonctionnaires et agents œuvrent dans le respect des devoirs et des responsabilités liés à leur charge* »[707]. Le juge doit donc effectuer un véritable contrôle de proportionnalité finalisé pour apprécier la légitimité de la restriction opérée par l'Etat à l'encontre d'une liberté fondamentale protégée par le Droit européen[708].

Quant à l'appréciation des limites admises à la liberté d'expression, force est de constater que l'attitude de la CourEDH varie selon que l'Etat ait entendu limiter la liberté d'expression de la presse ou celle des autres[709]. La liberté de la presse semble occuper une place privilégiée au sein de la conception européenne de l'Etat de droit démocratique : il s'agirait, à l'instar du droit constitutionnel français, d'une liberté constitutionnelle de premier rang[710]. La Cour l'a même expressément rappelé en soulignant « *le rôle éminent de la presse dans un Etat de droit* »[711], ce qui est particulièrement significatif compte tenu de la retenue avec laquelle le juge européen use de l'expression « *Etat de droit* »[712]. De manière plus générale, la Cour érige la presse en « *chien de garde* » de la société démocratique[713]. La liberté de la presse est presque totale, le juge européen considérant qu'il doit se livrer en la matière « *à un contrôle des plus stricts* »[714] : elle peut porter atteinte à la réputation ou aux droits d'autrui[715], à l'honneur des hommes politiques[716], et même à la protection des données personnelles dès lors que, rendues publiques, elles ont perdu tout caractère confidentiel[717]. Notons cependant que les juges européens voient d'un

---

[707] CJCE, 6 mars 2001, *Bernard Connolly*, aff. C-274/99, *Rec.* I-1611.

[708] A. MEYER-HEINE, « La liberté d'expression, droit fondamental communautaire », in F. SUDRE et H. LABAYLE, *op.cit.*, sp. 330.

[709] J-P. MARGUENAUD, *La Cour européenne des droits de l'homme*, Paris, Dalloz, sp. 80 et ss.

[710] L. FAVOREU *et alii*, *op.cit.*, p. 864.

[711] CourEDH, 23 avril 1992, *Castells c. Espagne*, Série A, n°236.

[712] *Cf. supra*, Chapitre précédent.

[713] CourEDH, 26 novembre 1991, *Oberver et Guardian c. Royaume-Uni*, Série A, n°216.

[714] Arrêt *Castells*, précité.

[715] Arrêt *Thorgeir Thorgeirson*, précité.

[716] Arrêts *Lingens* et *Castells*, précités.

[717] Arrêt *Vereniging Weekblad Bluf !*, précité.

très mauvais œil toute entreprise de diffamation intentée par voie de presse à l'encontre du pouvoir judiciaire[718]... même s'il faut le reconnaître la Cour a par ailleurs largement admis que la liberté d'expression de la presse s'appliquait également au domaine de l'administration de la justice[719]. En revanche, dès lors que la presse n'est plus en cause, les Etats semblent retrouver un pouvoir d'appréciation plus large : ainsi, la liberté d'expression des militaires peut être limitée pour des raisons de sécurité nationale ; la protection de la morale légitime l'interdiction d'exposer des tableaux obscènes ou des livres scolaires traitant de questions sexuelles etc. Signalons enfin que la Commission européenne des droits de l'homme avait déclaré irrecevables toutes les requêtes tendant à faire entrer le négationnisme sous la protection de la liberté d'expression en se référant notamment à l'article 17[720] de la Convention[721] ; la Cour elle-même considère qu'il « *importe au plus haut point de lutter contre la discrimination raciale sous toutes ses formes et manifestations* » et que des propos racistes particulièrement insultants à l'égard d'un groupe déterminé « *ne bénéficiaient pas de la protection de l'article 10* »[722].

452. Il n'est point besoin d'en dire plus tant il apparaît que le principe de la liberté d'expression imprègne profondément le Droit européen et constitue une des pierres angulaires du modèle européen de l'Etat de droit démocratique, en ce qu'il contribue d'une part, à la formation d'une opinion publique sans laquelle il ne saurait y avoir de société démocratique, d'autre part, à l'encadrement du pouvoir des autorités de l'Etat par le contrôle que l'opinion publique exerce sur l'activité des autorités publiques et, enfin, à garantir à chaque individu les moyens de sa libre autodétermination. La garantie d'une liberté d'expression aussi large que possible est ainsi la condition existentielle de toute société vraiment libre[723].

---

[718] Cour EDH, 26 avril 1995, *Prager et Oberschlick*, Série A, n°313.

[719] Par exemple, Arrêt *Sunday Times*, précité.

[720] Article 17 CEDH : « *Aucune des dispositions de la présente Convention ne peut être interprétée comme impliquant pour un Etat, un groupement ou un individu, un droit quelconque de se livrer à une activité ou d'accomplir un acte visant à la destruction des droits ou libertés reconnus dans la présente Convention ou à des limitations plus amples de ces droits et libertés que celles prévues à ladite Convention* ».

[721] P. WACHSMANN, « La jurisprudence récente de la Commission européenne des droits de l'homme en matière de négationnisme », in J-F. FLAUSS et M. DE SALVIA (ed.), *La Convention européenne des droits de l'homme : développements récents et nouveaux défis*, Bruylant, Bruxelles, 1997, pp. 101-112.

[722] Cour EDH, 23 septembre 1994, *Jersild c. Danemark*, Série A, n°298.

[723] Avis 5/85 de la CourADH, précité.

2) L'égalité

453. Le modèle européen de l'Etat de droit se structure également autour du principe d'égalité. Il s'agit là encore d'une caractéristique *essentielle* du modèle de l'Etat de droit en ce qu'il fait figure à la fois de principe structurel et de principe substantiel de l'ordre juridique : en tant que principe structurel, il conditionne l'application des droits fondamentaux (droit à l'égalité des droits)[724] ; en tant que principe substantiel, il impose de traiter chaque individu de manière égalitaire. Le Droit européen en consacre largement le principe.

454. Pourtant, le mot « égalité » ne figure que de manière résiduelle dans les textes européens. On n'en trouve aucune trace dans la ConvEDH. Le traité CE ne mentionne quant à lui le terme « égalité » qu'au travers d'une de ses implications, à savoir l'égalité hommes / femmes (art. 141 CE)[725]. Finalement, c'est la Charte des droits fondamentaux de l'Union européenne qui y recourt le plus largement en lui consacrant notamment un chapitre entier (Chapitre III) intitulé simplement « Egalité » à l'intérieur duquel il est proclamé, entre autres, que « *toutes les personnes sont égales en droit* » (article 20). On ne saurait néanmoins s'arrêter à ce constat superficiel. Car à y regarder de plus près, force est de convenir que le Droit européen est irradié par l'idée d'égalité même s'il est vrai que celle-ci ne s'exprime pas avec la même intensité au sein de la ConvEDH et de l'ordre juridique communautaire. L'idée d'égalité en Droit européen se traduit principalement à travers le principe de *non-discrimination*[726].

a) Le principe de non-discrimination dans la Convention européenne des droits de l'homme : un « *principe amplificateur* »

455. L'article 14 la ConvEDH énonce que « *la jouissance des droits et libertés reconnus dans la présente Convention doit être assurée, sans distinction aucune, fondée notamment sur le sexe, la race, la couleur, la langue, la religion, les opinions politiques ou toutes autres opinions, l'origine nationale ou sociale, l'appartenance à une minorité nationale, la fortune, la naissance ou toute autre situation* ». Le fait que ce principe ne soit énoncé qu'à la fin des dispositions relatives aux droits substantiels protégés par la Convention (articles 2 à 13) a fait l'objet de nombreuses critiques par la doctrine[727] alors que la plupart des déclarations internationales des

---

[724] La Cour constitutionnelle autrichienne le considère comme une « méta-norme ».

[725] Seul l'article 3, point b, du traité CECA établissait une obligation spécifique d'égalité de traitement.

[726] En ce sens, N. BELLOUBET-FRIER, « Le principe d'égalité », *AJDA*, 1998, sp.154 ; R. HERNU, *Le principe d'égalité et non-discrimination dans la jurisprudence de la Cour de justice des Communautés européennes*, Thèse, Amiens, juin 2001 ; K. LEANAERTS, « L'égalité de traitement en droit communautaire. Un principe unique aux apparences multiples », *CDE*, 1991, p 3 et ss.

[727] Voir en particulier, A. CHUECA SANCHO, « No discriminación en la Convención Europea de Derechos Humanos », *Revista de Instituciones Europeas*, vol. 6, n°1, 1979, p. 39 et ss.

droits de l'homme le place en tête de ces droits[728]. A cet égard, il a été discuté la question de savoir quelle était sa place au sein de l'économie générale du système de protection des droits fondamentaux de la Convention[729]. Toute la question est ici de savoir si la ConvEDH protège *per se* le principe d'égalité ou si au contraire elle ne le protège qu'en tant que droit connexe à un droit protégé par la Convention. Il faut admettre que l'article 14 est dépourvu d'existence indépendante : en d'autres termes, la Convention ne consacre pas un principe général d'égalité pouvant servir de base pour traquer toutes formes de discriminations ; il n'est protégé par la Convention qu'en ce qu'il garantit la jouissance des autres droits. La Cour résume ainsi la fonction du principe de non-discrimination : « *d'après la jurisprudence constante de la Cour, l'article 14 de la Convention complète les autres clauses normatives de la Convention et des Protocoles. Il n'a pas d'existence indépendante puisqu'il vaut uniquement pour « la jouissance des droits et libertés qu'elles garantissent ». Certes, il peut entrer en jeu même sans un manquement à leurs exigences et, dans cette mesure, il possède une portée autonome, mais il ne saurait trouver à s'appliquer si les faits du litige ne tombent pas sous l'emprise de l'une au moins desdites clauses (de la Convention)* »[730]. La Cour recourt d'ailleurs systématiquement à la formule « *l'article 14 combiné avec l'article [...]* »[731] . Il fait partie des principes dits « *amplificateurs* » de la Convention[732]. Autrement dit, le principe de non-discrimination ne saurait être invoqué devant la Cour s'il ne se rattache pas à un droit déjà protégé par la Convention[733] ; en revanche, si on peut le placer sous la tutelle d'un autre droit consacré par la Convention, il peut permettre d'en étendre le champ d'application[734].

456. A ce dernier égard, la Cour a pu, sur la base de l'article 14 combiné avec l'article 1 du Protocole n°1, censurer la législation belge sur la filiation qui opérait une discrimination entre filiation légitime et filiation naturelle, alors même qu'il s'agissait *a priori* d'une matière n'entrant pas dans le champ d'application de la

---

[728] Art. 2 de la Déclaration universelle des droits de l'homme de 1946 ; art. 2 du Pacte international de 1966 ; art. 1 de la Convention américaine de 1969 ; art 2. de la Charte africaine de 1981.

[729] M.A. EISSEN, « L'autonomie de l'article 14 de la Convention européenne des droits de l'homme dans la jurisprudence de la Commission », *Problèmes des droits de l'homme et de l'unification européenne, Mélanges offerts à Polys Modinos*, Paris, Pedone, 1968, sp. 131.

[730] CourEDH, 16 septembre 1996, *Gaygusuz* c. Autriche, Série A, §36.

[731] Par exemple, CourEDH, 26 mars 1985, *X et Y contre Pays-Bas*, Série A, n°91 ; CourEDH, 28 mai 1985, *Abdulaziz, Cabales et Balkandali c. Royaume-Uni*, Série A, n° 94.

[732] J-P. MARGUENAUD, *op.cit.*, p. 38.

[733] Des objecteurs de conscience danois entendaient faire condamner le Danemark pour discrimination sur la base de l'article 14 CEDH au motif qu'en tant qu'objecteurs de conscience ils bénéficiaient d'un salaire inférieur à ceux qui effectuaient un service militaire régulier. La Commission a rejeté cette requête au motif que la Convention ne prévoyait aucune disposition relative à un droit à un salaire ni pour les militaires et ni pour les objecteurs de conscience, en conséquence de quoi la requête ne pouvait être examinée sur la base de l'article 14. ComEDH, 7 mars 1997, *Groupe des objecteurs de conscience contre Danemark*, Req. N° 7565/76.

[734] CourEDH, 23 juillet 1968, *Affaire Linguistique Belge*, Série A, n° 6.

Convention[735]. L'affaire *Gaygusuz* du 16 septembre 1996 est encore sans doute plus significative. L'Etat autrichien refusait de verser une allocation sociale dite d'urgence à un ressortissant turc ayant travaillé et vécu en Autriche pendant plus de dix ans et vivant désormais en Turquie. Arrivé en fin de droit, le requérant avait sollicité une allocation d'urgence. Sa demande a été rejetée au motif qu'il n'avait pas la nationalité autrichienne. Par une lecture combinée des articles 14 de la Convention et de l'article 1 du Protocole n°1, la Cour a estimé que de le droit à l'allocation d'urgence était un droit patrimonial au sens de l'article 1 du Protocole n°1 et dès lors que le requérant remplissait toutes les conditions pour bénéficier de la prestation, celle de la nationalité ne pouvait lui être imposée en vertu du principe de non-discrimination. Ce n'est que par une interprétation extensive de l'article 1 du Protocole n°1 que la Cour a pu se prononcer sur la non-discrimination. Rappelons en effet, qu'en principe, les droits sociaux ne sont pas protégés par la Convention et ne relèvent pas de la compétence de la Cour. En vertu de la nature connexe du principe d'égalité en droit européen des droits de l'homme, le juge européen n'aurait pas pu se prononcer sur la discrimination dans la mesure où elle n'était couverte par aucun droit protégé par la Convention. Une lecture extensive de ces dispositions respectives a permis non seulement de sanctionner cette discrimination mais aussi faire du droit à une prestation sociale un droit subjectif patrimonial de la personne relevant à ce titre des droits fondamentaux confirmant ainsi la «perméabilité » de plus en plus grande de la ConvEDH aux droits sociaux[736].

457. Si l'article 14 de la Convention est enfermé dans certaines limites *ratione materiae*, sa productivité n'en est pas moins diminuée. Pour preuve de l'attachement de la Cour au principe d'égalité, il suffit de rappeler que, dans *l'affaire linguistique belge,* la Cour a considéré qu'en cas de conflit d'interprétation entre les versions française (*sans distinction aucune*) et anglaise (*without discrimination*) de l'article 14, il convenait de retenir l'interprétation la plus progressiste (la seconde), à savoir celle la plus favorable à la protection des droits et libertés protégés par la Convention. Qui plus est, la Cour considère que la liste énumérative des discriminations de l'article 14 n'était pas exhaustive[737]. Quant à l'interprétation de la nature de la discrimination, la Cour retient une approche similaire à celles retenues par les juridictions constitutionnelles et la CJCE : 1) le principe de non-discrimination n'interdit pas toute distinction de traitement dans l'exercice des droits et libertés reconnus, mais impose qu'elle soit légitime à savoir objective et raisonnable ; 2) cette légitimité s'apprécie par rapport au but et aux effets de la mesure considérée, eu égard aux principes qui prévalent dans les sociétés

---

[735] CourEDH, 13 juin 1979, *Marckx*, Série A, n°31 ; CourEDH, 29 novembre 1991, *Vermeire*, Série A, n°214-C. Sur ce point, G. COHEN-JONATHAN, *La Convention européenne des droits de l'homme, op.cit.*, p. 539.

[736] Selon l'expression de F. SUDRE, « La perméabilité de la Convention européenne des droits de l'homme aux droits sociaux », in *Etudes offertes à J. Mourgeon, Pouvoir et libertés*, Bruxelles, Bruylant 1998, p. 467.

[737] CourEDH, 8 juin 1976, *Engel*, Série A, n°22 ; CourEDH, 28 novembre 1984, *Rasmussen*, Série A, n°87.

démocratiques ; 3) l'article 14 est violé lorsqu'il est établi qu'il n'existe pas de rapport raisonnable de proportionnalité entre les moyens employés et le but visé[738].

458. Certes, le principe d'égalité n'est pas protégé en tant que tel par la Convention mais seulement au travers de l'application des différentes dispositions de la Convention : en d'autres termes, la Convention consacre un « droit à l'égalité des droits ». Toutefois, la Cour peut user de l'article 14 pour procéder à une interprétation extensive de la Convention et approfondir l'étendue de la protection de certains droits et libertés. Il ne serait pas étonnant que la Cour soit amenée à accentuer, dans les années qui viennent, ce rôle amplificateur de l'article 14 notamment dans la perspective d'une plus grande justice sociale.

b) Le principe de non-discrimination et le droit communautaire. Vers l'émergence d'un principe général d'égalité ?

459. Le droit communautaire a érigé quant à lui le principe de non-discrimination en principe axiologique de l'ordre juridique communautaire. Ce principe général de non discrimination est décliné sous différentes formes :

- l'article 12 CE rappelle, au titre des « principes » régissant l'action de la Communauté, que « *dans l'application du présent traité, et sans préjudice des dispositions particulières qu'il prévoit, est interdite toute discrimination exercée en raison de la nationalité* » ;
- l'article 30 CE, qui autorise sous certaines conditions les Etats membres à prendre des mesures d'interdictions ou de restrictions d'importation, d'exportation ou de transit, interdit que de telles mesures constituent « *un moyen de discrimination arbitraire* » dans le commerce entre Etats membres ;
- l'article 31 CE exige l'aménagement des monopoles nationaux à caractère commercial afin d'exclure « toute discrimination » entre les ressortissants des Etats membres ;
- l'article 34 al. 2 CE souligne que la Communauté doit, dans le cadre de la politique agricole commune « exclure tout discrimination entre producteurs ou consommateurs » ;
- l'article 39 al. 2 CE rappelle que la libre circulation des travailleurs implique « *l'abolition de toute discrimination, fondée sur la nationalité, entre les travailleurs des Etats membres, en ce qui concerne l'emploi, la rémunération, et les autres conditions de travail* » ;
- l'article 87 al. 2 b) CE considère comme compatibles avec le droit communautaire les aides d'Etat « *à caractère social*

[738] CourEDH, 23 juin 1993, *Hoffmann c. Autriche*, Série A, n°255-C.

octroyées aux consommateurs individuels, à condition qu'elles soient accordées sans discrimination liée à l'origine des produits » ;
- l'article 90 CE interdit aux Etats membres de frapper les produits des autres Etats d'impositions intérieures supérieures à celles qui frappent les produits nationaux similaires ;
- l'article 141 CE invite les Etats membres à assurer l'application du principe d'égalité des rémunérations » entre les femmes et les hommes, égalité de rémunération devant s'entendre comme l'interdiction de toute discrimination fondée sur le sexe.

460. La liste, loin d'être exhaustive, illustre toute l'importance que revêt le principe d'égalité au sein de l'ordre juridique communautaire[739]. Elle appelle plusieurs observations.

Tout d'abord, le principe de non-discrimination est une expression du principe d'égalité : la Cour de justice l'a expressément et solennellement reconnu pour la première fois dans l'affaire *Ruckdeschel* du 19 octobre 1977 en considérant que « *le principe de non-discrimination de l'article 40 du traité CEE, entre producteurs ou consommateurs de produits agricoles, n'est que l'expression spécifique du principe général d'égalité qui appartient aux principes fondamentaux du droit communautaire* »[740]. Il faut noter ici la spécificité de l'approche communautaire en la matière : tandis que les droits nationaux de la plupart des Etats de l'Union européenne consacrent un principe général d'égalité que le juge et la législation déclinent dans des domaines particuliers (égalité hommes/femmes), en droit communautaire au contraire le cheminement est inverse, à savoir que la règle particulière de non-discrimination est exprimée de façon spécifique dans les traités et le juge en tire un principe général d'égalité[741]. On assiste ainsi à une reconstruction d'un principe général d'égalité.

Il s'agit également d'un principe fondamental (*structurel* selon certains[742]) de l'ordre juridique communautaire qui s'applique même en l'absence de texte[743]. Il a même acquis une importance significative en droit administratif communautaire en

---

[739] Pour un recensement complet et détaillé, K. LEANAERTS, *op.cit.*, p. 3.

[740] CJCE, 19 octobre 1977, *Rückdeschel*, aff. 117/76 et 16/77, *Rec.* 1753. Voir également CJCE, 15 juin 1978, *Defrenne*, aff. 149/77, *Rec.* 1365 (non-discrimination en raison du sexe); CJCE, 8 octobre 1980, *Überschär*, aff. 810/79, *Rec.* 2747 (non-discrimination en raison de la nationalité) ; CJCE, 6 octobre 1982, *Williams*, aff. 9/81, *Rec.* 3301 (non-discrimination entre fonctionnaires de même catégorie).

[741] S. ROBIN-OLIVIER, *op.cit.*, p. 551 ; J-P. JACQUE, « Le principe d'égalité en droit économique », *op.cit.*, p. 6.

[742] D. SIMON, « Y a-t-il des principes généraux du droit communautaire », *Droits*, 1991, p. 79 .

[743] CJCE, 20 mars 1984, *Razzouk et Beydoun*, aff. jtes 75 et 117/82, *Rec.* 1509. Sur ce point, F. CAPOTORTI, « Le principe d'égalité en droit économique : Rapport général », *in Le principe d'égalité en droit économique, FIDE*, Rapports, 2ème volume, La Haye, 1984, p. 10 ; J-P SPITZER, « Les principes généraux de droit communautaire dégagés par la Cour de justice des Communautés européennes », *Gaz. Pal.*, 27 nov. 1986, sp. 734 ; J. SCHWARZE, *op.cit.*, p. 673 ; R-E PAPADOPOULOU, *op.cit.*, p. 63

ce qu'il exprimerait l'idée d'autolimitation de l'administration selon laquelle l'administration serait liée par ses propres concepts interprétatifs abstraits[744]. Lorsque la Cour de justice recourt au principe d'égalité, elle renvoie systématiquement à sa jurisprudence sur la notion de discrimination en vertu de laquelle « *la discrimination consiste à traiter de manière différente des situations qui sont identiques, ou de manière identique des situations qui sont différentes* »[745]. Il apparaît tout d'abord que toute application du principe de non discrimination constitue pour la Cour de justice un cas d'application du principe d'égalité. Ensuite, la Cour de justice se fait « *une conception relative* »[746] du principe de non-discrimination puisque seules les différenciations de traitement « arbitraire» sont considérées comme une discrimination interdite de telle sorte qu'il y aurait différenciation « arbitraire » lorsque le traitement litigieux n'est pas « *objectivement justifié* »[747]. Nous sommes loin du caractère absolu de l'idée d'égalité proclamé par les déclarations des droits de l'homme. Certains soutiennent même que le principe d'égalité en droit communautaire se « *situerait aux antipodes de l'obligation d'assurer une égalité de fait entre les individus. La non-discrimination porte la marque d'une égalité passive là même où c'est une égalité active qui est attendue* »[748]. Nous ne partageons que partiellement ce point de vue.

En effet, il nous semble que l'application du principe de non-discrimination hommes/femmes a conduit à une jurisprudence allant bien au-delà d'une perception passive de l'égalité[749]. Par ailleurs, il serait faux de réduire le principe d'égalité en droit communautaire au seul principe de non-discrimination. La Cour de justice a dégagé un véritable principe d'égalité en droit administratif communautaire en le

---

[744] Par exemple, la Cour de justice a considéré « *que si une directive interne ne saurait être qualifiée de règle de droit à l'observation de laquelle l'administration serait en tout cas tenue, elle énonce toutefois une règle de conduite indicative de la pratique à suivre, dont l'administration ne peut s'écarter sans donner les raisons qui l'y ont amenées, sous peine d'enfreindre les principes d'égalité de traitement* », CJCE, 30 janvier 1974, *R. Louwage et M-T Moriame, épouse Louwage c. Commission*, aff. 148/73, *Rec.* 81. Sur ce point, les commentaires détaillées de J. SCHWARZE, *op.cit.*, p. 682.

[745] CJCE, 23 février 1983, *Wagner*, aff. 8/82, *Rec.* 371.

[746] Concl. A.G. Lagrange sous CJCE, 17 juillet 1963, *Italie c. Commission*, aff. 13/63, *Rec.* 341. Le Conseil constitutionnel français considère, quant à lui, que « *le principe d'égalité ne s'oppose ni à ce que le législateur règle de façon différente des situations différentes ni à ce qu'il déroge à l'égalité pourvu que, dans l'un et l'autre cas, la différence de traitement qui en résulte soit en rapport direct avec la loi qui l'établit.* », DC 96-375, *Transferts d'entreprises publiques au secteur privé, RJC* I-668.

[747] CJCE, 15 juillet 1982, *Edeka Zentrale*, aff. 245/81, *Rec.* 2746 ; CJCE, 15 janvier 1985, *Finsider*, aff. 250/83, *Rec.* 142 ; CJCE, 21 février 1990, *Wuidart*, aff. C-285/88, *Rec.* I-467 . Par exemple, lorsque les différences de traitement sont conditionnées par des différences naturelles, la Cour de justice juge ces différences de traitement « objectivement justifiées », CJCE, 13 novembre 1973, *Wilhelm Werhahn Hansamühle*, aff 63 à 68/72, *Rec.* 1229 ; CJCE, 18 mars 1980, *Debauve*, aff. 52/79, *Rec.* 833.

[748] N. BELLOUBET-FRIER, *op.cit.*, p. 152.

[749] P. FIESCHI-VIVET et C. PHILIP (dir.), *L'égalité entre les hommes et les femmes et le droit social communautaire, Les Cahiers du Centre d'Etudes Européennes* (Lyon3), n°2, novembre 1999, 125p. ; P. RAMBAUD, « L'égalité des sexes en droits social communautaire », *Recueil Dalloz*, 1998, Chr. p. 111 ; E. SAULNIER, « L'Egalité professionnelle femmes-hommes en France et en Europe », *LPA*, 9 octobre 1998, n°121, pp. 8-15 ; E. MAZUYER, *Le traitement juridique des normes du travail dans les intégrations régionales*, Thèse, IUE, Florence, juin 2002 ; L. DUBOUIS, *Droit communautaire et protection des droits fondamentaux dans les Etats membres*, Economica, Paris, 1995, pp. 21-89.

déclinant précisément sous différents aspects comme celui de l'égalité devant les charges publiques par exemple[750]. De manière plus générale, le principe d'égalité a contribué de manière significative à l'établissement d'une Communauté de droit protectrice des libertés individuelles par la limitation du pouvoir auquel il contraint[751] : d'une part, le principe d'égalité en tant que principe structurel de l'ordre juridique communautaire intégré au « bloc de légalité » s'impose aux institutions dans l'adoption des actes normatifs qu'elles adoptent ; d'autre part, en ce que pris comme un principe d'égalité formelle dans l'application du droit, il impose aux Etats membres d'appliquer le droit communautaire de manière uniforme au risque sinon de mettre « *en cause l'égalité des Etats membres devant le droit communautaire et cré[er] des discriminations à la charge de leurs ressortissants* »[752] ; enfin, par l'obligation de justification que le principe d'égalité impose, il permet de rationaliser l'exercice du pouvoir. Il est même possible de se demander si le droit communautaire ne véhiculerait pas une nouvelle conception plus exigeante de l'égalité, tendant vers une égalité réelle et non plus seulement formelle. Facteur d'intégration dans une perspective d'unification, l'égalité est appréciée de manière constructive par le juge communautaire, celui-ci n'hésitant pas à apprécier celle-ci concrètement, au-delà des apparences formelles d'égalité de traitement et à imposer, le cas échéant, la mise en œuvre d'une obligation de faire tendant à l'établissement d'une égalité réelle[753].

461. Cette quête de l'égalité réelle est sans aucun doute le critère principal de tout modèle matériel exigeant de l'Etat de droit comme l'avait parfaitement expliqué Elías Díaz dans l'identification de son modèle de l'Etat de droit démocratique[754]. Une telle approche qui obligerait l'Etat à prendre des mesures positives pour établir une réelle égalité entre les individus peut se traduire par l'adoption de mesures entraînant des inégalités de droit : tel est le cas par exemple de ce que l'on appelle communément les discriminations positives[755]. Après quelques hésitations jurisprudentielles[756], et ce malgré l'existence d'une directive de 1976 qui déclarait que l'égalité de traitement ne fait pas obstacle « *aux mesures visant à promouvoir l'égalité des chances des femmes* »[757], la Cour de justice a fini par accepter, sous certaines conditions il est vrai, que les femmes puissent se voir accorder une priorité

---

[750] CJCE, 13 juillet 1961, *Meroni e.a.*, aff. 14/60, 16/60, 17/60, 20/60, 24/60, 26/60, 27/60, 1/61, Rec VII-319.

[751] Sur ce point, voir les développements éclairants de S. ROBIN-OLIVIER, *op.cit.*, pp. 339-362.

[752] CJCE, 7 février 1978, *Commission c. Royaume-Uni*, aff. 128.78, *Rec.* 419.

[753] M-F. CHRISTOPHE-TCHAKALOFF, « Le principe d'égalité en droit européen », *AJDA*, 1996, n° spécial, p. 168 ; C. VROOM, « Principe d'égalité et affirmative action aux Etats-Unis », *RFDC*, 1995, p. 805.

[754] *Cf. supra*, n°187.

[755] M-F. CHRISTOPHE-TCHAKALOFF, « Egalité et action positive en droit européen », *Pouvoirs*, n°82, 1997.

[756] CJCE, 17 octobre 1995, *Kalanke*, aff. C-450/92, *Rec.* 351. LANQUETIN, « De l'inégalité des chances. A propos de l'arrêt Kalanke », *Droit social*, 1996, p. 494.

[757] Directive 76/207/CEE du Conseil du 9 février 1976 relative à la mise en œuvre du principe de l'égalité de traitement entre hommes et femmes en ce qui concerne l'accès à l'emploi, à la formation et à la promotion professionnelles, et les conditions de travail.

à l'embauche[758]. D'ailleurs, le traité d'Amsterdam lui-même consacre désormais cette possibilité de tendre vers une égalité réelle au moyen d'actions positives inégalitaires en droit[759]. Progressivement, on passe ainsi d'une égalité formelle à une « *égalité située* »[760] caractérisée par un traitement des situations juridiques reposant sur l'équité[761] en vue de la réalisation d'une égalité réelle et d'une certaine conception de la justice[762], seule garantie pour que chaque individu puisse jouir effectivement de tous ses droits et libertés. Ce faisant, on réintroduit l'idée de justice sociale et des finalités du droit dans un modèle de l'Etat de droit longtemps pensé exclusivement en termes formels et libéraux.

B. L'émergence d'un modèle social de l'Etat de droit ? (éléments de problématique)

462. « *Droit des pauvres, pauvre(s) droit(s)* » a-t-on dit des droits sociaux[763]. Les droits sociaux ont un statut à part au sein de la problématique générale de l'Etat de droit comme nous l'avons déjà montré dans la première partie de cette étude[764]. Ce sont des droits mal aimés ; ce sont des droits mal protégés. Mal aimés, ils le sont par la doctrine libérale qui voit dans le développement des droits sociaux un obstacle à la liberté[765] et par voie de conséquence un danger pour l'Etat de droit[766]. Ils sont également mal protégés : aux contours flous (mais n'en va-t-il pas de même de la liberté ?), imposant souvent des obligations positives à la charge des autorités publiques (comme d'ailleurs pour les autres droits[767]), les droits sociaux sont peu « *justiciables* » ce qui conduit une partie de la doctrine à rejeter leur « *fondamentalité* » [768] et ne voir là que des directives à l'intention du législateur ne

---

[758] CJCE, 11 novembre 1997, *Marschall*, aff. C-409/95, *Rec.* 1997.

[759] L'article 141 al. 4 dispose ainsi que « *pour assurer concrètement une pleine égalité entre hommes et femmes dans la vie professionnelle, le principe de l'égalité de traitement n'empêche pas un Etat membre de maintenir ou d'adopter des mesures prévoyant des avantages spécifiques destinés à faciliter l'exercice d'une activité professionnelle par le sexe sous-représenté ou à prévenir ou compenser des désavantages dans la carrière professionnelle* ». Voir également l'article 23 de la Charte des droits fondemantaux de l'Union européenne.

[760] N. BELLOUBET-FRIER, *op.cit.*, p. 162.

[761] Idée d'équité que l'on retrouve également dans le principe de « procès équitable ».

[762] La Charte des droits fondamentaux de l'Union européenne intègre largement cette nouvelle dimension de l'égalité en reconnaissant par exemple dans son article 26 « *le droit des personnes handicapées à bénéficier de mesures visant à assurer leur autonomie, leur intégration sociale et professionnelle et leur participation à la vie de la communauté* ».

[763] Ph. IMBERT, « Droits des pauvres, pauvre(s) droit(s) », *RDP*, 1989, p. 739.

[764] *Cf. supra*, n°108 et 199.

[765] F.A. HAYEK, *op.cit.*, p. 167. Sur ce point, voir également T.R.S. ALLAN, *Constitutional Justice. A Liberal Theory of the Rule of law*, Oxford University Press, 2001, p. 15.

[766] E. FERNANDEZ GARCIA, « Hacia un concepto restringido de Estado de derecho », *Sistema*, n°138, 1997, pp.101-114 ; E.W. BÖCKENFÖRDE, « Naissance et développement de la notion d'Etat de droit », in E-W. BÖCKENFÖRDE, *Le droit, l'Etat et la constitution démocratique*, (trad. O. Jouanjan), Bruxelles, Paris, Bruylant, LGDJ, 2001, p. 141.

[767] Arrêts *Marckx, X et Y c/ PB, Lopez Ostra*, précités.

[768] M. AUTEXIER, *op.cit.*, sp. 197.

constituant « *au mieux [qu']une finalité assignée à l'action de l'Etat* »[769]. L'expérience du droit positif en constituerait la preuve[770] : malgré tous les efforts de la doctrine pour penser le *sozialer Rechtsstaat*, « *la révolution des droits sociaux* » n'aurait pas eu lieu, même en Allemagne où la Loi fondamentale consacre la notion d' « *Etat de droit républicain, démocratique et social* » (art. 28 LF)[771]. De manière générale, ce serait ainsi la possibilité même de penser l'Etat de droit en *Etat de droit social* qui devrait être écartée[772].

463. Nous l'avons déjà dit, nous ne partageons pas cette position. Les droits sociaux fondamentaux font partie intégrante du principe de l'Etat de droit. Dès lors que l'on admet que la dignité humaine constitue le fondement de tous les droits fondamentaux et que ces droits fondamentaux fondent l'Etat de droit, on ne voit pas pourquoi les droits sociaux 1) ne relèveraient pas des droits fondamentaux dans la mesure où la négation des droits sociaux bafoue tout autant la dignité de la personne humaine que celle des droits civils et politiques libéraux classiques et 2) ne participeraient pas par conséquent à cette refondation de l'Etat de droit.

464. On présente souvent par ailleurs ces droits comme « *injusticiables* »[773]. La Commission européenne des droits de l'homme s'était elle-même fait l'écho de cette thèse dans l'affaire *Botta contre Italie* du 15 octobre 1996 en estimant que la protection des droits de « *caractère social* » appelle des mécanismes « *souples* » de protection dans la mesure où, en raison du caractère contingent des obligations des Etats dans le domaine de nature sociale, le respect de ces obligations « *dépend d'un ensemble de facteurs, notamment de nature financière* », leurs modalités d'application supposent une « *large marge d'appréciation* » laissée aux autorités nationales[774]. Les droits sociaux – que l'on qualifie généralement de *droits-créances*[775] – appellent en effet souvent l'intervention positive de l'Etat et par

---

[769] *Ibid.* ; F.A. HAYEK, *op.cit.*, p. 167 ; E.W. BÖCKENFÖRDE, *op.cit.*, p. 141. Le professeur Mengoni soutient, par exemple, que les droits sociaux sont un développement du principe d'égalité et sont liés à l'émergence des besoins de la société civile, alors que les libertés fondamentales sont censées protéger l'individu contre le pouvoir politique. Les droits sociaux n'entraînent pas une applicabilité directe comme les droits subjectifs individuels, mais lient objectivement le pouvoir législatif. L. MENGONI, « I diritti sociali », *Argomenti di diritto del Lavoro*, 1998, p.1.

[770] Et pourtant, la proclamation de certains droits sociaux avait historiquement précédé celle de nombreux droits civils et politiques grâce à la création de l'OIT en 1919. N. VALTICOS, « Droits de l'homme et droits du travail sur le plan international. Questions anciennes et problèmes nouveaux », *Mélanges J-M Verdier, op.cit.*, p. 473.

[771] O. JOUANJAN, « La théorie allemande des droits fondamentaux », *AJDA*, n° spécial, 1998, sp.47.

[772] Le concept même d'Etat de droit social est nié par une grande partie de la doctrine comme l'illustre la distinction opérée entre Etat de droit / Etat social : l'Etat de droit se confondant exclusivement avec l'Etat libéral, il ne saurait être qualifié d'Etat de droit social ; ce serait là un non-sens. O. JOUANJAN, *op.cit.*, sp.47.

[773] Pour un exposé des différentes thèses en la matière, J-M VERDIER, « Protection et justiciabilité des droits sociaux », *Affari Sociali Internazionali*, n°1, 1992, p. 45.

[774] ComEDH, 15 octobre 1996, *Botta c. Italie*, §35.

[775] L. FERRY et A. RENAUT, « Droits-libertés et droits-créances », *Droits*, n°2, 1985, pp. 75-84 ; J. RIVERO, *Les libertés publiques, T.1, Les droits de l'homme*, Paris, Puf, 8ème éd. , 1997, pp. 97-101.

conséquent sont rarement d'applicabilité directe : il peut être alors délicat pour un juge de se substituer au législateur afin de donner un contenu concret et précis aux droits sociaux invoqués devant lui. Toutefois, l'effectivité d'un droit social fondamental peut être largement garanti par le juge comme ont pu le montrer de nombreux auteurs[776]. Par ailleurs, l'obligation d'intervention positive de l'Etat n'est pas une caractéristique propre des droits sociaux. Il est acquis que la protection des droits fondamentaux puissent exiger l'intervention de l'Etat : la CourEDH considère les obligations positives comme « *inhérentes* » aux droits garantis par la Convention et admet que la responsabilité des pouvoirs publics soit engagée en raison de leur passivité[777]. Dans l'affaire *Airey* du 9 octobre 1979, la Cour a même considéré que « *nulle cloison étanche* » ne sépare « *la sphère des droits économiques et sociaux* » du domaine de la Convention et constate que si la Convention « *énonce pour l'essentiel des droits civils et politiques nombre d'entre eux ont des prolongements d'ordre économique et social* »[778], ce qui se traduit par l'imposition à l'Etat d'obligations positives impliquant l'engagement de certaines ressources budgétaires. La Cour s'inscrit là dans un mouvement international général tendant à affirmer *l'indivisibilité* et *l'interdépendance* des droits civils et politiques et des droits sociaux fondamentaux[779].

465. Force est cependant de constater que le droit positif européen ne semble pas, *prima facie,* entériner cette idée de consubstantialité des droits sociaux/droits fondamentaux civils et politiques, au point que l'on peut légitimement se demander si le Droit européen « *prend les droits sociaux au sérieux* ».

---

[776] J-P. COSTA, « Vers une protection juridictionnelle des droits économiques et sociaux en Europe », *Mélanges en hommage à Pierre Lambert*, Bruxelles, Bruylant, 2000, pp.141-154 ; J. MOULY, « Les droits sociaux à l'épreuve des droits de l'homme », *Droit social*, 2002, pp. 799-805 ; O. DE SCHUTTER, « La garantie des droits et principes sociaux dan la Charte des droits fondamentaux de l'Union européenne », in J-Y. CARLIER et O. DE SCHUTTER, *op.cit.*, p. 117 et ss.

[777] Voir par exemple, CourEDH, 26 mars 1985, *X et Y c. Pays-Bas*, Série A, n°91 ; CourEDH, 9 décembre 1995, *Lopez Ostra c. Espagne*, Série A, n°303 C. F. SUDRE, « Les obligations positives dans la jurisprudence européenne des droits de l'homme », *RTDH*, 1995, p. 363.

[778] CourEDH, 9 octobre 1979, *Airey*, Série A, n°32.

[779] Comité des Nations Unies pour les droit économiques, sociaux et culturels, General Comment n°9 : The domestic application of the Covenant, adopté lors de la 51ème réunion, le 1er décembre 1998 (19ème session) (UN Doc. E/C/12/1998/24) : « *Il est important [...] de distinguer entre la justiciabilité (qui renvoie aux matières pouvant être correctement résolues par les tribunaux) et les normes qui sont self-executing (pouvant être appliquées directement par les tribunaux) [...]. Il n'y a aucun droit conventionnel qui ne pourrait pas, dans la grande majorité des systèmes juridiques nationaux, être considéré comme possédant au moins une certaine justiciabilité. Il est parfois considéré que les matières impliquant une allocation de ressources devraient être laissées aux autorités politiques plutôt qu'aux tribunaux. Si les compétences respectives des différents pouvoirs dans l'Etat doivent être respectées, il convient de souligner que les tribunaux connaissent généralement déjà d'un nombre considérable d'affaires ayant d'importantes implications budgétaires. L'adoption d'une classification rigide de droits économiques, sociaux et culturels qui les exclurait de la compétence des tribunaux serait par conséquent arbitraire et incompatible avec le principe selon lequel les deux ensembles de droits de l'homme sont indivisibles et interdépendants* »(§10).

En effet, un premier constat s'impose. Les droits sociaux fondamentaux reçoivent un traitement spécifique[780] et sont consacrés dans des instruments conventionnels dont la portée juridique est relativement limitée. Ni la ConvEDH (voir toutefois les articles 3, 11 et 14), ni les traités de la Communauté européenne (voir toutefois article 136 CE) et de l'Union européenne (préambule) ne consacrent *expressis verbis* un catalogue de droits sociaux. Dans le cadre du Conseil de l'Europe, c'est la Charte sociale européenne adoptée à Turin le 18 octobre 1961, révisée le 3 mai 1996 qui constitue l'instrument de référence. Cependant, celle-ci est soustraite au contrôle de la CourEDH et les mécanismes de contrôle mis en place sont largement insuffisants pour assurer la pleine effectivité des droits protégés[781]. Dans le cadre communautaire, le Conseil a adopté en 1989 une « *Charte des droits sociaux fondamentaux des travailleurs* » considérée par la doctrine comme « *une déclaration sans portée juridique précise* »[782]. On peut cependant se demander si la mention de ces deux chartes dans l'article 136 CE ne leur conférerait pas un nouveau statut normatif au sein de l'ordre juridique communautaire. Seule la Charte des droits fondamentaux de l'Union européenne consacre au milieu des droits civils et politiques un certain nombre de droits sociaux, étant entendu là encore que la Charte a encore, pour le moment, une portée juridique limitée[783].

Malgré la faiblesse congénitale de la consécration normative des droits sociaux dans le cadre européen, il est toutefois possible de commencer à déceler un mouvement tendant vers l'affirmation d'un modèle social européen de l'Etat de droit.

Tout d'abord, il convient de se demander si les droit sociaux [« fondamentaux »] sont considérés par le Droit européen comme des droits « fondamentaux » à part entière malgré leur traitement particulier. Si tel est le cas, alors ils seront pleinement protégés au sein de l'ordre juridique communautaire par la Cour de justice au titre de l'article 6§2 UE[784]. Le préambule du traité sur l'Union européenne rappelle dans les mêmes termes « *l'attachement* » des Etats membres « *au respect des droits de l'homme et des libertés fondamentales* » (point 3 du Préambule UE) et aux « *droits sociaux fondamentaux tels qu'ils sont définis* » (point

780 Ce constat ne se limite pas au seul Droit européen. Voir également le Pacte international relatif aux droit civils et politiques et le Pacte international relatif aux droits économiques sociaux et culturels adoptés par l'Assemblée générale des Nations Unies le 16 décembre 1966, Résolution 2200 A (XXI).

781 F. SUDRE, « Le Protocole additionnel à la CSE prévoyant un système de réclamations collectives », *RGDIP*, 1996, p.715 ; M. BONNECHERE, « Quelle garantie des droits sociaux fondamentaux en droit européen ? », *Europe*, Juillet 2000, p. 7 ; C. PETTITI, « La Charte sociale européenne révisée », *RTDH*, 1997, p. 3 ; D. GOMIEN, D. HARRIS, L. ZWAAK, *Convention européenne des droits de l'homme et Charte sociale européenne : droit et pratique*, Strasbourg, Ed. du Conseil de l'Europe, 1997, sp. 402.

782 P. RODIERE, *Droit social de l'Union européenne*, Paris, LGDJ, 1998, n°99 ; W. DÄUBLER, « Les droits sociaux dans l'Union européenne : de la symbolique à la pratique politique », *in M. TELO (dir.), Démocratie et construction européenne*, Ed. université de Bruxelles, p.313.

783 S. ROBIN-OLIVIER, « La référence aux droits sociaux fondamentaux dans le traité d'Amsterdam », *Dr. Soc.*, 1999, p. 609 et ss.

784 *Ibid.*

4 du Préambule UE) dans la Charte sociale européenne et la Charte communautaire des droits fondamentaux des travailleurs. Il est vrai cependant que l'article 136 aurait mérité une rédaction plus prescriptive, laissant ainsi planer le doute quant à la volonté de leur accorder un statut renforcé. Il y est en effet simplement déclaré que la Communauté et ses Etats membres sont « *conscients des droits sociaux fondamentaux* », alors que l'article 6 UE proclame que l'Union est « *fondée* » sur le respect des droits et libertés fondamentales (art. 6§1) et « *respecte les droits fondamentaux* » (article 6§2). Qui plus est, le renvoi aux « *droits sociaux fondamentaux* » dans l'article 136 CE s'inscrit dans le cadre des objectifs sociaux de la Communauté, semblant ainsi confirmer la thèse selon laquelle les droits sociaux ne sauraient constituer des droits subjectifs mais simplement des directives à l'intention du législateur. Ainsi, les chartes sociales pourraient faire figure, à défaut de source matérielle de nouveaux droits, de directives d'interprétation pour la Cour de justice[785], celle-ci ayant déjà reconnu par ailleurs qu'une interprétation utile et cohérente des dispositions du traité pouvait conduire à faire prévaloir les impératifs de politique sociale[786]. A cet égard, il faut rappeler que le Tribunal de première instance a pu énoncer un « *principe général du droit du travail* » selon lequel « *un employeur ne peut retirer unilatéralement un avantage financier qu'il a librement accordé à ses employés de manière continue*»[787], formulation dont la philosophie est très proche de l'article 27 de la Charte des droits fondamentaux de l'Union européenne[788], preuve encore de la productivité potentielle de la Charte en matière de droits sociaux[789]. De même, la Cour de justice s'est sûrement inspirée de l'article 31§2 de cette même Charte[790] pour considérer que « *le droit au congé annuel payé de chaque travailleur doit être considéré comme un principe du droit social communautaire revêtant une importance particulière, auquel il ne saurait être dérogé et dont la mise en œuvre par les autorités nationales compétentes ne peut être effectuée que dans les limites expressément énoncées par la directive 93/104 elle-même* »[791].

La protection des droits sociaux fondamentaux peut également résulter d'une interprétation extensive de droits dits civils. La CourEDH n'est pas censée connaître

---

785 CJCE, 15 juin 1978, *Defrenne*, aff. 149/77, *Rec.* 1365 (Réf. Charte sociale européenne pour déterminer la portée du principe de non discrimination hommes/ femmes). Notons par ailleurs que la Cour d'appel de Versailles a, dans l'affaire Renault-Vilvorde, recouru à l'un des principes directeurs de la Charte communautaire des droits fondamentaux pour dégager le sens de la directive 94/45 du 22 septembre 1994. CA Versailles, 7 mai 1997, *Sté Renault SA c. CGE*, *Droit Social* 1997, p. 506, note A. Lyon-Caen, p. 509.

786 CJCE, 21 septembre 1999, aff. C-67/96 Rec I-6025.

787 TPI, 6 mars 2001, *R. Dunnett, th. Hackett et autres c. BEI*, aff. T-192/99, *Rec.* II-813 .

788 Article 27 : « *Les travailleurs ou leurs représentants doivent se voir garantir aux niveaux appropriés, une information et une consultation en temps utile, dans les cas et conditions prévus par le droit communautaire et les législations et pratiques nationales.* ».

789 D. SIMON, *op.cit.*, p. 364.

790 Article 31§2 : « *Tout travailleur a droit à une limitation de la durée maximale du travail et à des périodes de repos journalier et hebdomadaire, ainsi qu'à une période annuelle de congés payés* ».

791 CJCE, 26 juin 2001, *BECTU*, aff. C-173/99, *Rec.* I-4881 .

des droits sociaux en ce qu'ils ne font pas partie « *en tant que tel[s]* » des droits protégés par la Convention ou ne figurent pas « *quant à son principe* » parmi les droits et libertés garantis[792]. On sait cependant que la Cour a estimé dans l'affaire *Airey* qu'il n'existait « *nulle cloison étanche* » entre « *la sphère des droits économiques et sociaux* » et le domaine de la Convention. C'est ainsi qu'elle a considéré que les garanties du procès équitable s'appliquaient à la « matière sociale » en considérant que le licenciement d'un salarié mettait en jeu un droit de « *caractère civil* »[793], de même que le droit à des prestations sociales en ce qu'il s'agit de contestations ayant un objet « patrimonial »[794]. Ce n'est que par la bande que la Convention appréhende ici la sphère sociale : le droit social n'est que « l'objet » du droit à un procès équitable ; il ne saurait être invocable « *en tant que tel* » au titre de la Convention[795]. La Cour peut également appréhender la sphère sociale en creux. Dans l'affaire *James et autres* du 21 février 1986, la Cour a affirmé qu' « *éliminer ce que l'on ressent comme des injustices sociales figure parmi les tâches d'un législateur démocratique* » acceptant ainsi que des exigences de justice sociale puissent constituer un but légitime dans la limitation de certains droits fondamentaux protégés par la Convention[796]. Mais c'est sûrement sur la base de l'article 14 (non-discrimination) que les droits sociaux pourront dans l'avenir affluer dans la jurisprudence de la Cour comme l'illustre l'affaire *Gaygusuz* déjà évoquée précédemment : à partir de l'article 14 combiné avec l'article 1§2 du Protocole 1, la Cour a retenu une conception extensive du « droit patrimonial » en considérant qu'une prestation sociale (« une allocation d'urgence ») était un droit patrimonial au sens de l'article premier du Protocole n°1. Une interprétation aussi large du droit patrimonial est susceptible de fournir dans l'avenir un champ d'application beaucoup plus étendu au principe de non-discrimination dont on sait que sa mobilisation est fonction de l'existence d'un droit garanti par la Convention, et pourrait ainsi être le véhicule du développement des droits sociaux par la CourEDH. Il faut toutefois reconnaître que cette jurisprudence sociale de la CourEDH n'est encore que balbutiante dans la mesure où, en l'absence de dispositions spécifiques en la matière, la protection des droits sociaux par la Cour relève de son inventivité. Qui plus est, le système de « protection » mis en place par la Charte sociale européenne souffre d'un grave déficit de juridictionnalisation confirmant plus largement le « déficit juridique » dont souffrent les droits sociaux dans le cadre de la CSE. Quant à la protection des droits sociaux au sein de l'ordre juridique communautaire, force est de constater que celle-ci reste encore pour le moment à un

---

[792] F. SUDRE, « La protection des droits sociaux par la Convention européenne des droits de l'homme », in UNION DES AVOCATS EUROPEENS (éd.), *Les nouveaux droits de l'homme*, Bruylant, Bruxelles, 1999, sp.104 ; A-D. OLINGA, « Les droits économiques, sociaux et culturels dans Convention européenne des droits de l'homme », *Cahiers de l'IDEHDH*, n°4, 1995, p. 62.

[793] CourEDH, 28 juin 1990, *Obermeier*, Série A, n°179.

[794] CourEDH, 29 mai 1986, *Feldbrugge*, Série A, n°99 ; CourEDH, 12 octobre 1992, *Salerno*, Série A, n°242 D.

[795] F. SUDRE, *op.cit.*, p. 114.

[796] CourEDH, 21 février 1986, *James et autres*, Série A, n°98.

stade embryonnaire[797] malgré leur consécration « constitutionnelle » expresse et un appareil juridictionnel potentiellement efficace en la matière.

466. Une (r)évolution s'impose donc pour que la proclamation de la dimension sociale des droits fondamentaux soit effective. Il ne faudrait pas oublier que les droits sociaux fondamentaux ont aussi vocation à être protégés comme des « *droits non pas théoriques ou illusoires mais concrets et effectifs* »[798] en ce qu'ils se trouvent au cœur même de l'idée de dignité de la personne humaine.

467. Le modèle européen de l'Etat de droit est avant tout un modèle libéral de l'Etat de droit. La liberté constitue le principe matriciel du Droit européen. Mais cette liberté n'est pas non plus absolue. Combinée avec les exigences d'effectivité de la régulation juridique et de la justice sociale, la liberté se trouve enfermée dans certaines limites indispensables au développement d'un ordre juridique plus juste. Progressivement, se dessinent les contours d'un modèle européen d'Etat de droit social dont il faudrait en d'autres lieux essayer de prendre plus largement toute la mesure[799]. Libéral, social, le modèle européen de l'Etat de droit est également démocratique.

§ 2 - Un modele democratique de l'Etat de droit

468. Le Droit européen véhicule un modèle démocratique de l'Etat de droit, révélant en creux le lien consubstantiel existant entre l'Etat de droit et la démocratie. Cette consubstantialité est patente dans la jurisprudence de la CourEDH (**A**) et dans celle de la CJCE (**B**).

---

[797] M. Bonnechere, *op.cit.*, p. 5 ; S. Sciarra, « De Strasbourg à Amsterdam : perspectives de convergence de la politique européenne des droits sociaux », in P. Alston, *op.cit.*, pp. 491-510. Plus généralement sur la question, E. Mazuyer, *Le traitement juridique des normes du travail dans les intégrations régionales*, Thèse, IUE, Florence, juin 2002, p. 423.

[798] Cour EDH, 9 octobre 1979, *Airey*, Série A, n°32 (à propos des droits et libertés fondamentaux protégés par la Convention).

[799] Certains auteurs s'y sont déjà largement employés . Voir E. Mazuyer, *Le traitement juridique des normes du travail dans les intégrations régionales*, Thèse, IUE, Florence, juin 2002 ; L-J Quesada, *La Europa Social y Democrática de Derecho*, Dykinson, Madrid, 1997 ; J. Vogel, « Déclin du modèle social européen ? », in *M. Telo (dir.), Quelle Union sociale européenne*, Bruxelles, Editions de l'Université de Bruxelles, 1994, pp.194-209.

A. La *« société démocratique » de droit* au sens de la Convention européenne des droits de l'homme

469. Le Préambule de la ConvEDH affirme que le maintien des libertés fondamentales, qui « *constituent les assises même de la justice et de la paix dans le monde* », « *repose essentiellement sur un régime politique véritablement démocratique, d'une part, et, d'autre part, sur une conception commune et un commun respect des droits de l'Homme* ». Autrement dit, il ne saurait y avoir de libertés fondamentales pleinement protégées hors de la démocratie. Encore faut-il s'entendre sur le concept de démocratie mis ici en avant. Force est de constater qu'il revêt plusieurs significations.

470. A parcourir la ConvEDH, on ne trouve que deux types de référence au principe démocratique : le préambule renvoie à l'idée de « *régime politique démocratique* » ; les articles 8 à 11 de la Convention évoquent l'idée de « *société démocratique* ». Il n'y a en revanche aucune définition générique de la démocratie. Il est possible de voir dans ces références l'expression des deux facettes du principe démocratique. Le « *régime démocratique* » renverrait à une conception formelle ou procédurale de la démocratie désignant une forme particulière de gouvernement : l'article 3 du Protocole n°1 en serait l'expression[800] comme la Cour l'a solennellement reconnu dans l'affaire *Mathieu-Mohin* et *Clerfayt* contre Belgique du 2 mars 1987[801]. En revanche, la clause « société démocratique » renverrait quant à elle à une conception matérielle de la démocratie se confondant pour l'essentiel avec les valeurs de liberté, d'égalité et de solidarité qui structurent la Convention. La Cour n'hésite pas à parler d'« *esprit démocratique* » comme pour insister sur la dimension transcendantale de ce concept de démocratie[802] en renvoyant aux « *structures mentales en général, autrement dit [à la] mentalité politique de base ayant imprégné ou devant imprégner, en tant que source d'inspiration l'ensemble de la société* »[803]. La Société démocratique ainsi considérée devient alors le « *véritable lieu de convergence idéologique des droits de l'homme* »[804] et constitue le véritable fondement idéologique de la jurisprudence de la Cour[805]. Selon une telle acception de la démocratie ou plus précisément de la « *société démocratique* », l'imbrication des droits de l'homme et de la démocratie est totale au point qu'il est impossible de

---

[800] Article 3, Protocole n°1 : « *Les hautes parties contractantes s'engagent à organiser, à des intervalles raisonnables, des élections libres au scrutin secret, dans les conditions qui assurent la libre expression de l'opinion du peuple sur le choix du corps législatif* ».

[801] CourEDH, 2 mars 1987, *Mathieu-Mohin et Clerfayt contre Belgique*, Série A, n° 113 ; également, CourEDH, 18 février 1999, *Matthews c. Royaume-Uni*, *RTDE*, 1999, p. 793.

[802] CourEDH, 7 décembre 1976, *Kjeldsen, Busk Madsen et Pedersen*, Série A, n°23.

[803] H. TENEKIDES, « Rapports entre démocratie et droits de l'homme », *Démocratie et droits de l'homme*, Engel, 1990, p. 37.

[804] O. JACOD-GUILLERMOT, « Rapports entre démocratie et droits de l'homme », *Démocratie et droits de l'homme*, Engel, 1990, p. 70.

[805] P. VELGERIS, « Valeur et signification de la clause 'dans une société démocratique' dans la CEDH », *RDH*, 1968, n°2, p 241 ; O. JACOD-GUILLERMOT, *op.cit.*, p. 49.

penser l'un sans l'autre. A y regarder de plus près, on se rend compte que le concept formel de démocratie occupe une place résiduelle au sein de la jurisprudence de la Cour : la Cour retient plus une « *conception éthique* »[806] de la démocratie, inspirée par le pluralisme, l'esprit de tolérance et la prééminence du droit, qu'une conception technique, dominée par le règne de la majorité. Autrement dit, au règne de la majorité, le droit européen des droits de l'homme préfère le règne du droit en ce qu'il incarne un certain nombre de valeurs fondamentales. Frédéric Sudre définit d'ailleurs la société démocratique telle qu'entendue par la Cour comme « *une société pluraliste soumise à la prééminence du droit et garantissant à l'individu des droits concrets* »[807]. On le voit, le principe démocratique pris dans sa dimension matérielle est consubstantiel à l'idée d'Etat de droit : à partir de cette « conception éthique » de la démocratie, la Cour a « *imposé une définition exigeante de l'Etat de droit* »[808]. On pourrait parler ainsi de *Société démocratique de droit*.

471. L'examen attentif de la jurisprudence de la Cour révèle le lien que la Cour reconnaît entre le principe démocratique et le principe de la prééminence du droit. L'Etat de droit est tout à la fois l'instrument de la réalisation de la société démocratique et sa fin.

Dans l'arrêt *Sunday Times* du 26 avril 1979, la Cour propose une définition de cette « *société démocratique* » s'articulant notamment autour du principe de la prééminence du droit. Pour la Cour, il n'est pas de société démocratique « *sans que le pluralisme, la tolérance et l'esprit d'ouverture se traduisent effectivement dans son régime institutionnel, que celui-ci soit soumis à la prééminence du droit, qu'il comporte essentiellement un contrôle efficace de l'exécutif, exercé sans préjudice du contrôle parlementaire, par un pouvoir judiciaire indépendant, et qu'il assure le respect de la personne humaine* »[809]. A cet égard, « *la prééminence du droit constitue l'un des principes fondamentaux d'une société démocratique* »[810]. Dans l'affaire *Vereiniging Weekblas Bluf ! c. Pays-Bas* du 9 février 1995, le Cour va même jusqu'à considérer qu'une « *société démocratique [est] fondée sur la prééminence du droit* ». En d'autres termes, la société démocratique est celle qui respecte le droit. Aussi n'est-ce pas un hasard de voir la Cour associer systématiquement les concepts de « *prééminence du droit* » et de « *société démocratique* »[811].

---

[806] F. SUDRE, « L'Europe des droits de l'homme », *Droits*, n°14, 1991, sp. 110.

[807] F. SUDRE, « Existe-t-il une idée de droit commune ? Les libertés protégées par la Cour européenne des droits de l'homme », *in D. ROUSSEAU et F. SUDRE (dir.), Conseil constitutionnel et Cour européenne des droits de l'homme*, Paris, ed. STH, 1990, p. 19. Voir également, F. OST, « Originalité des méthodes d'interprétation de la Cour européenne des droits de l'homme », *in M. DELMAS-MARTY (dir.), Raisonner la raison d'Etat*, Paris, Puf, 1989, sp. 442.

[808] C. GREWE et H. RUIZ-FABRI, *op.cit.*, p. 179.

[809] CourEDH, 26 avril 1979, *Sunday Times*, Série A, n°30, §65.

[810] CourEDH, 29 novembre 1988, *Brogan*, Série A, n°145-B, §58 ; CourEDH, 6 juin 2002, *Katsaros, c. Grèce*.

[811] Dès lors que la Cour renvoie au principe de prééminence du droit, elle l'associe désormais systématiquement à celui de « *société démocratique* » selon la formule, « *la prééminence du droit, l'un*

Mieux, pour la Cour, la démocratie serait la condition de l'Etat de droit. Ainsi dans l'affaire *Parti de la prospérité et autres c. Turquie* du 31 juillet 2001, la Cour a considéré qu'« *il existe un lien très étroit entre la prééminence du droit et la démocratie. La loi ayant pour fonction d'établir des distinctions sur la base de différences pertinentes, il ne saurait y avoir de réelle prééminence du droit sur une longue période si les personnes soumises aux mêmes lois n'ont pas le dernier mot au sujet de leur contenu et de leur mise en œuvre* »[812]. Cette dernière affaire est tout à fait remarquable. Pour la première fois, nous semble-t-il, le lien entre la prééminence du droit et la démocratie est explicitement mis en évidence par la Cour. Mais surtout, le concept de démocratie qui est mobilisé en l'espèce n'est pas le concept matériel de la démocratie (qui s'identifie à un système de valeurs) auquel recourt traditionnellement le juge européen, mais bien un concept formel ou procédural : la démocratie, c'est le pouvoir du peuple, par le peuple, pour le peuple. De même qu'il ne saurait y avoir de démocratie sans Etat de droit, il ne saurait y avoir d'Etat de droit sans démocratie dans la mesure où pour que chacun puisse disposer librement de ses droits, il doit pouvoir participer à la détermination de leur contenu.

Cette consubstantialité est illustrée par les principes que la Cour tire de cette notion de société démocratique qui se recoupent à de nombreux égards avec ceux qu'elle avait dégagés au nom de la prééminence du droit. Par exemple, dans l'arrêt *Kostovski* du 20 novembre 1989, la Cour a estimé que dans une société démocratique « *le droit à une bonne administration de la justice occupe une place si éminente qu'on ne saurait le sacrifier à l'opportunité* »[813] ; dans l'arrêt *Andersonn* du 29 octobre 1991, l'exigence d'un procès équitable et public visé à l'article 6§1 est élevé par la Cour « *en principe fondamental de toute société démocratique* »[814]. A cet égard, il convient de remarquer que, dès l'origine, le principe de la « *société démocratique* » fut rattaché à l'existence d'un contrôle juridictionnel. Dans l'affaire *Lawless*, la Cour avait souligné que « *dans toute société démocratique [...] la procédure devant un organe judiciaire doit avoir un caractère contradictoire et public* ». De même, dans l'arrêt *Delcourt* du 17 janvier 1970, la Cour avait précisé que « *dans une société démocratique au sens de la Convention, le droit à une bonne administration de la justice occupe une place si éminente qu'une interprétation*

---

des principes fondamentaux d'une société démocratique ». CourEDH, 6 juin 2002, *Katsaros c. Grèce*, §3 ; CourEDH, 5 février 2002, *Conka c. Belgique*, §8 ; CourEDH, 27 septembre 2001, *Günay et autres c. Turquie*, §17 ; CourEDH, 20 juillet 200, *Antonetto c. Italie*, §57. Depuis le 1er janvier 1997, nous n'avons relevé que quelques rares arrêts dans lesquels la Cour renvoie au principe de la prééminence du droit sans l'accompagner du principe de la « société démocratique », CourEDH, 17 juillet 2001, *Association Ekin c. France*, §19 ; CourEDH, 22 octobre 1997, *Papageorgiou c. Grèce*, § 91 ; CourEDH, 25 février 1997, *Hornsby*, §40.

812 CourEDH, 31 juin 2001, *Refah Partisi – Parti de la Prospérité c. Turquie*, *RTDH*, 2002, p. 983, obs.S. SOTTIAUX et D. DE PRINS.

813 CourEDH, 20 novembre 1989, *Kostovski* Série A, n°166, §44.

814 CourEDH, 29 octobre 1991, *Andersonn*, Série A, n°212-B, §24.

restrictive de l'article 6§1 ne correspondrait pas au but et à l'objet de cette disposition ». La notion de démocratie est ainsi *juridicisée* ce qui a fait dire à certains auteurs que la Cour réduisait l'Etat démocratique à l'Etat de droit[815]. Or il semble que le problème ne se pose pas en ces termes. Au contraire, la Cour entend dépasser la notion d'Etat de droit en lui substituant le concept de société démocratique beaucoup plus large et plus à même de décrire la dynamique juridique contemporaine en y intégrant un certain nombre de valeurs que le « juridisme » inhérent à l'Etat de droit ne saurait véhiculer[816]. En résumé, « *on assiste ainsi à l'élargissement de l'Etat de droit au profit de la* Société démocratique. *Inscrite dans la Convention européenne des droits de l'homme, cette notion plus souple et plus ouverte comporte non seulement la légalité et la garantie judiciaire, les piliers de l'Etat de droit, mais aussi d'autres exigences, comme le respect de la proportionnalité, du pluralisme, de l'esprit de tolérance* »[817]. Autrement dit, le droit de la ConvEDH consacrerait une *Société démocratique de droit*. Malgré quelques avancées en la matière, le droit communautaire reste encore très en retrait de ce modèle exigeant de l'Etat de droit démocratique.

B. La conception communautaire du « principe démocratique »

472. La doctrine qui n'eut de cesse de mettre en exergue le «déficit démocratique » chronique dont était frappée la construction européenne[818] s'est finalement peu intéressée à la manière dont le principe démocratique était conçu par l'ordre juridique communautaire[819]. A cet égard, notre propos n'est pas tant ici d'analyser la conformité du système institutionnel communautaire au principe démocratique que d'étudier la conception communautaire du principe démocratique[820]. Il apparaît, d'une part, que le principe démocratique tel que

[815] M-J REDOR, « La société démocratique européenne », in *Questions sur le droit européen*, Presses Universitaire de Caen, 1996, p 91.

[816] Voir en ce sens les critiques formulés par B. LUSIN, « Le mythe de l'Etat de droit », *in Mélanges en l'honneur de F. Borella, Etat, Société et Pouvoir à l'aube du XXIe siècle*, Presse Universitaire de Nancy, 1998, pp. 249-266 ; A. BARILARI, *L'État de droit : réflexion sur les limites du juridisme*, Paris, LGDJ, 2000, 119 p.

[817] M. DELMAS-MARTY, « Entretien accordé à Anne Chemin et Edwy Plenel », *Le Monde*, 23 mai 1993.

[818] Parmi une littérature abondante, on consultera tout particulièrement, R. REICH, « Qu'est-ce que ... le déficit démocratique ? », *RMC*, 1991, p. 14 ; J.H.H WEILER, « Parlement européen, intégration européenne, démocratie et légitimité », in J-V LOUIS et WAELBROECK (éd.), *Le Parlement européen, op.cit.*, p. 325.

[819] Voir toutefois J-P JACQUE, « La Constitution de la Communauté européenne », *RUDH*, 1995, pp. 397-423 ; E.O. ERIKSEN & J.E. FOSSUM (ed.), *Democracy in the European Union. Integration through deliberation ?*, Londres, Routledge, 2000 ; R. BELLAMY & D. CASTIGLIONE, « Costituzionalismo e democrazia in una prospettiva europea », *Teoria Politica*, 1996, pp. 47-70 ; A.D. CHRYSSOCHOU , *Democracy in the European Union*, Londres, Taurus, 1998 ; A. MORAVCSIK, « Preferences and Power in the European Community : a liberal intergovernmentalist approach », JCMS, 1993, pp. 473-524 ; P. MAGNETTE, *L'Europe, l'Etat et la démocratie*, Bruxelles, Complexe, 2000.

[820] Sur la question du « jeu démocratique » dans l'Union européenne, M. CHAUCHAT, *Le contrôle politique du Parlement européen sur les exécutifs communautaires*, Paris, LGDJ, 1989 ; K. DREXL *et alii* (dir.), *Europäische Demokratie*, Baden Baden, Nomos, 1999 ; J. GERKRATH, *L'émergence d'un droit constitutionnel pour l'Europe*, Bruxelles, Ed. de l'Université de Bruxelles, 1997, p. 339 ; J. LODGE,

« *revisité* » par la CJCE constitue un principe fondamental de l'ordre juridique communautaire (**1**), et, d'autre part, que ce principe démocratique ainsi « *revisité* » entretient des liens très étroits avec le principe de l'Etat de droit (**2**).

1) La reconnaissance du principe démocratique comme principe fondamental de l'intégration européenne : un principe « *revisité* »

473. Un constat s'impose. Le principe démocratique fut pendant très longtemps occulté au sein de l'ordre juridique communautaire[821]. Au fond, il n'y avait rien de surprenant à cela tant il était vrai que le Parlement européen disposait de pouvoirs délibératifs et de contrôle réduits au début[822]. Qui plus est, la « *pensée démocratique* » se heurtait à la spécificité de la construction communautaire qui en bouleversait les schèmes traditionnels[823] : comme le rappelait la Cour constitutionnelle allemande dans sa décision « *Maastricht* » du 12 octobre 1993, « *la légitimation démocratique ne peut être mise en œuvre dans la même forme que dans un ordre étatique régi de manière cohérente et exhaustive par une Constitution* »[824].

474. C'est en avril 1978 lors du Conseil européen de Copenhague que les chefs d'Etat et de gouvernement affirmeront, pour la première fois de manière solennelle, leur attachement au principe démocratique : les Etats membres déclarent que « *le respect et le maintien de la démocratie représentative et des droits de l'homme dans chacun des Etats membres constituent des éléments essentiels de l'appartenance aux Communautés européennes* »[825]. Cet engagement sera réaffirmé lors du Conseil européen de Stuttgart (1983) et entériné par l'Acte unique européen (1986) qui rappelle, dans son préambule, que les Etats membres sont « *décidés à promouvoir ensemble la démocratie en se fondant sur les droits fondamentaux* » et précise que « *l'idée européenne, les résultats acquis dans les domaines de l'intégration économique et de la coopération politique ainsi que la nécessité de nouveaux développements répondent aux vœux des peuples démocratiques européens pour qui le Parlement européen, élu au suffrage universel, est un moyen d'expression indispensable* ». Le traité de Maastricht confirmera cette consécration progressive du principe démocratique en soulignant l'attachement des Etats membres « *aux*

« Transparency and Democratic legitimacy », *JCMS*, 1994 ; P. PESCATORE, « Les exigences de la démocratie et la légitimité de la Communauté européenne », *CDE*, 1974, p. 499 ; J-C. PIRIS, « Après Maastricht, les institutions communautaires sont-elles plus efficaces, plus démocratiques, et plus transparentes », *RTDE*, 1994, p. 1 ; F. SCHOCKWEILER, « Le prétendu déficit démocratique de la Communauté, », *JTDE*, 18 février 1984, p. 1 ; M. ZULEEG, « Der Verfassungsgrundsatz der Democratie und die Europäischen Gemeinschaften », *Der Staat*, 1978, pp. 27-47.

[821] P. PESCATORE, *op.cit.*, p. 499 ; J-P. JACQUE, *op.cit.*, p. 409.

[822] Sur l'ensemble de la question voir tout particulièrement parmi une littérature abondante, J-V. LOUIS et D. WAELBROECK (ed.), *Le Parlement Européen*, Bruxelles, Ed. Université de Bruxelles, 1988.

[823] M. TELO, « Démocratie internationale et démocratie supranationale en Europe », in M. TELO (dir.), *Démocratie et construction européenne*, Bruxelles, Ed. Université Bruxelles, 1995, pp 1-70.

[824] Décision Maastricht 12 octobre 1993, *RUDH*, 1993, p. 288.

[825] Bull. CE 3/1978, p. 5.

principes de liberté, de la démocratie et du respect des droits de l'homme et des libertés fondamentales et de l'Etat de droit » et leur volonté de renforcer le « *caractère démocratique et l'efficacité du fonctionnement des institutions* ». Il est précisé également que « *l'Union respecte l'identité nationale de ses Etats membres, dont les systèmes de gouvernement sont fondés sur les principes démocratiques* » (article F), ce qui revient à imposer la démocratie comme fondement de l'appartenance à l'Union européenne[826]. Le traité d'Amsterdam ira même plus loin en disposant que « *l'Union est fondée sur les principes de la liberté, de la démocratie, du respect des droits de l'homme et des libertés fondamentales, ainsi que de l'Etat de droit, principes qui sont communs aux Etats membres* ». Autrement dit, le principe démocratique s'impose non seulement aux Etats membres en ce qu'il constitue une condition d'adhésion mais aussi d'appartenance à l'Union (articles 7 et 49)[827] mais également aux institutions européennes. La Charte des droits fondamentaux de l'Union européenne ne fait que le confirmer en soulignant dans son préambule que « *l'Union se fonde sur les valeurs indivisibles de dignité humaine, de liberté, d'égalité et de solidarité ; elle repose sur le principe de la démocratie et le principe de l'Etat de droit* ». Enfin, s'il fallait encore une preuve de l'attachement de l'Union européenne au principe démocratique, il convient de rappeler que le développement et le renforcement de la démocratie et de l'Etat de droit constituent des objectifs de la PESC. Au total donc, le principe démocratique trouve sa source tant dans l'ordre juridique communautaire que dans les ordres juridiques nationaux contribuant ainsi à sa consolidation constitutionnelle européenne : à cet égard, il est significatif de constater que l'article 23 de la Loi fondamentale allemande qui dispose que « *l'Union européenne est tenue de respecter les principes de la démocratie [...]* » trouve son pendant dans l'article 7 du traité d'Amsterdam qui impose aux Etats membres le respect du principe démocratique sous peine de suspension des droits découlant de l'application du traité. Le principe démocratique constitue, à l'évidence un principe fondamental du constitutionnalisme européen ; le juge communautaire le considère comme un « *élément fondateur de l'Union européenne* »[828].

475. Il convient maintenant de s'attarder un instant sur la manière dont est appréhendé ce principe au sein de l'ordre juridique communautaire : si à l'instar des conceptions classiques en la matière le principe démocratique s'identifie avec la participation du peuple à l'exercice du pouvoir par l'intermédiaire d'une assemblée représentative (**a**), force est d'admettre que le juge communautaire est allé bien au-delà de cette conception traditionnelle en admettant que la participation du peuple à l'exercice du pouvoir pouvait s'exprimer également par l'intermédiaire des partenaires sociaux (**b**).

---

826 D. SIMON, « Article F », in V. CONSTANTINSCO, R. KOVAR, D. SIMON (dir.), *Traité sur l'Union européenne, commentaire article par article*, Paris, Economica, 1995, sp.81.

827 Cf. *supra*, Chapitre précédent.

828 TPI, 2 octobre 2001, *Jean-Claude Martinez et autres c. PE*, aff. jtes. T-222/99, T-327/99, *Rec.* II-2823, pt 200.

a) Une conception classique du principe démocratique : la participation du peuple à l'exercice du pouvoir par l'intermédiaire d'une *assemblée représentative*

476. Selon la conception traditionnelle de la démocratie représentative, le peuple ne pouvant exercer matériellement lui-même directement le pouvoir, celui-ci est confié à ses représentants qu'il aura préalablement désignés. Le parlement est traditionnellement l'expression institutionnelle de cette délégation. Pour la Cour de justice, il en va de même[829]. A ce titre, les prérogatives du Parlement européen, même limitées, doivent être préservées afin de sauvegarder le principe démocratique. Ainsi, dans l'affaire *Isoglucose* du 29 octobre 1980, la Cour de justice a estimé que « *la consultation (...) est le moyen qui permet au Parlement de participer effectivement au processus législatif de la Communauté. Cette compétence représente un élément essentiel de l'équilibre institutionnel voulu par le traité.* ***Elle est le reflet, bien que limité, au niveau de la Communauté, d'un principe démocratique fondamental, selon lequel les peuples participent à l'exercice du pouvoir par l'intermédiaire d'une assemblée représentative.*** *La consultation régulière du Parlement dans les cas prévus par le traité constitue dès lors une formalité substantielle dont le non respect entraîne la nullité de l'Acte concerné. Il y a lieu de préciser à cet égard que le respect de cette exigence implique l'expression, par le Parlement, de son opinion ; on ne saurait considérer qu'il est satisfait par une simple demande d'avis de la part du Conseil* »[830]. Ce jugement de la Cour de justice appelle plusieurs observations.

Tout d'abord, le juge communautaire prend acte de la nature fondamentale du principe de la démocratie représentative. Le peuple doit pouvoir participer à l'exercice du pouvoir par l'intermédiaire d'une assemblée représentative. Rappelons au passage que la première élection des membres du Parlement européen au suffrage universel direct eut lieu en 1979, soit un an avant l'arrêt *Isoglucose*. La Cour de justice entérine de cette évolution tendant vers la démocratisation du système institutionnel communautaire. Cependant, la Cour de justice ne manque pas de relever le caractère encore « *limité* » de l'expression de ce principe démocratique. En effet, comme le soulignait l'avocat général Reischl dans cette affaire, « *on ne peut absolument pas comparer la consultation du Parlement européen dans le cadre de la procédure législative communautaire à la consultation, qui est connue de manière générale dans les droits internes des Etats membres, de certaines personnes intéressées ou parties à une procédure administrative. En soi, les parlements des*

---

[829] Jean-Paul Jacqué souligne que le principe de démocratie « *est reconnu en droit communautaire sous la forme de la démocratie représentative, c'est-à-dire du droit des citoyens de participer à la gestion des affaires publiques par l'intermédiaire de leurs représentants élus* ». J-P. JACQUE, *Droit institutionnel de l'Union européenne*, Paris, Dalloz, Cours, 2001, sp. 57.

[830] CJCE, 29 octobre 1980, *Roquette frères et Maïzena c. Conseil (Isoglucose)*, aff. 138 et 139/79, *Rec.* 3333.

Etats membres participent de manière décisive à la législation en vertu des constitutions démocratiques de ces Etats »[831]. On en était encore loin à l'époque au sein de l'ordre juridique communautaire. Le Parlement ne disposait alors que de pouvoirs limités, ceux-ci se limitant sur le plan législatif à un rôle consultatif. Il faudra attendre l'Acte unique européen et surtout les traités de Maastricht, d'Amsterdam et de Nice pour que le Parlement se voie plus étroitement associé à l'élaboration et à l'adoption des actes normatifs communautaires[832]. De là à parler d'un « *corps législatif* » à l'instar de la CourEDH[833], il y a un pas que la confrontation des faits ne saurait laisser franchir. Néanmoins, la Cour de justice a tenu compte de cette évolution comme le prouve la disparition de sa jurisprudence ultérieure des termes « *bien que limité* »[834]: faut-il en induire que la Cour de justice considère désormais que le principe représentatif constitutif du principe démocratique est pleinement réalisé dans le cadre communautaire ? En tout cas, il est certain que la Cour de justice veille avec une attention toute particulière au respect des prérogatives du Parlement au nom du principe de l'équilibre institutionnel et plus largement en ce qu'il est l'expression même du principe démocratique[835] comme le juge l'a rappelé dans l'affaire *UEAPME* du 17 juin 1998 en soulignant que « *la légitimité démocratique des actes adoptés par le Conseil* », dans le cadre de l'*Accord sur la politique sociale*, était subordonnée à l'intervention du Parlement[836].

Mais ce serait une erreur de croire que la légitimité démocratique de l'Union européenne ne trouve son fondement que dans le seul Parlement européen comme la Cour constitutionnelle allemande l'a souligné dans sa décision sur la conformité du traité de Maastricht : « *dans l'association d'Etats de l'Union européenne, la légitimation démocratique s'effectue [...] nécessairement par le rattachement de l'agissement des organes européens aux parlements des Etats membres ; s'ajoute –*

[831] Conclusions A.G. Reischl sous affaire *Isoglucose* (*op.cit.*), p. 3375.
[832] C. BLUMANN, *La fonction législative communautaire*, Paris, LGDJ, 1995 ; J-C PIRIS, « Après Maastricht, les institutions communautaires sont-elles plus efficaces, plus démocratiques et plus transparentes ? », *RTDE*, 1994, p. 1 ; L. DESCOT, « L'affermissement du Parlement européen par le traité d'Amsterdam, l'exemple de la codécision », *TDP*, 1998, n° spécial, p. 37 et ss.
[833] CourEDH, 18 février 1999, *Matthews c. Royaume-Uni*, *Rec.* 1999-I, p. 307.
[834] En ce sens, CJCE, 11 juin 1991, *Commission c. Conseil*, aff. C-300/89, *Rec.* I-2867 ; CJCE, 30 janvier 1995, *Parlement européen c. Conseil*, aff. C-65/93, *Rec.* I-643 ; CJCE, 5 juillet 1994, *Parlement européen c. Conseil*, aff. C-21/94, *Rec.* I-827 ; TPI, 17 juin 1998, *UEAPME*, aff. T-135/96, *Rec.* II-2335, pt. 88.
[835] G. GUILLERMIN, « Le principe de l'équilibre institutionnel dans la jurisprudence de la CJCE », *JDI*, 1992, p. 319 ; J-P JACQUE, « La Constitution communautaire », *RUDH*, 1995, sp. 410 ; ZULEEG, « Le Parlement face à la Cour », *in J-V. LOUIS et D. WAELBROECK (ed.), Le Parlement Européen, Ed. Université de Bruxelles, Bruxelles, 1988*, p. 177. La Cour de justice rejoint sur ce point la Cour européenne des droits de l'homme pour qui le Parlement européen est « *la partie de la structure de la Communauté européenne qui reflète le mieux le souci d'assurer au sein de celle-ci un « régime véritablement démocratique* », CourEDH, 18 février 1999, *Matthews c. Royaume-Uni*, *Rec.* 1999-I p. 307.
[836] TPI, 17 juin 1998, *UEAPME*, aff. T-135/96, *Rec.* II-2335, pt. 88. Sur cette question, E. MAZUYER, *op.cit.*

au fur et à mesure de l'accroissement des liens entre les Nations européennes – la légitimation démocratique procurée, au sein du système institutionnel de l'Union européenne, par le Parlement européen élu par les citoyens des Etats membres »[837]. Au total donc, pour la Cour constitutionnelle, la légitimation procède d'abord des parlements nationaux et accessoirement du Parlement européen[838]. Cette « prévalence » de la légitimité démocratique nationale repose notamment sur l'idée selon laquelle le Parlement européen ne saurait contribuer à lui seul à la légitimation démocratique du système européen tant qu'un certain nombre de conditions extra-juridiques de la démocratie ne se trouveront pas préalablement réalisées au niveau européen[839]. La Cour constitutionnelle allemande semble transposer le modèle d'une société démocratique étatique dans le cadre de l'intégration européenne en considérant que les conditions préalables de la démocratie doivent être les mêmes dans l'Union que dans les Etats membres[840]. Autrement dit, il ne saurait y avoir de légitimité démocratique européenne sans au préalable l'instauration d'un véritable *espace public* européen[841]. La Cour de Karlsruhe insiste à ce propos largement sur le rôle des partis politiques, des syndicats et des médias dans la formation d'une opinion publique européenne en ce qu'ils permettent une confrontation permanente et libre des forces sociales, des intérêts et des idées. A cet égard, la décision *UEAPME* du Tribunal de première instance permet de franchir un pas supplémentaire dans la constitution d'un espace public européen et dans l'autonomisation européenne du principe démocratique en dessinant les contours d'une « *démocratie économique et sociale* ». Surtout, elle contribue au renouvellement du principe démocratique en reconnaissant que la participation des peuples à l'exercice du pouvoir par l'intermédiaire des partenaires sociaux est une des expressions du principe de démocratie.

---

[837] Décision du 12 octobre 1993, *BverfGE* 89, p. 155 ; *RUDH*, 1993, p. 289.

[838] G. SCOFFONI, « Les relations entre le Parlement européen et les parlements nationaux et le renforcement de la légitimité démocratique de la Communauté », *CDE*, 1992, pp. 22-41. Pour un exposé des différentes thèses relatives à la légitimité démocratique de la construction européenne, voir notamment, J.H.H. WEILER, « Parlement européen, intégration européenne, démocratie et légitimité », *in J-V. LOUIS et D. WAELBROECK (ed.), Le Parlement Européen, op.cit.*, pp. 325-348.

[839] J. GERKRATH, *L'émergence d'un droit constitutionnel pour l'Europe*, Bruxelles, Ed. de l'Université de Bruxelles, 1997, sp.339 ; F. SCHOCKWEILER, « Le prétendu déficit démocratique de la Communauté, », *JTDE*, 18 février 1984, p. 1 .

[840] J. GERKRATH, *op.cit.*, p. 341.

[841] Sur ce point, voir le débat passionnant accueilli dans les colonnes du *European Law Journal*, J. HABERMAS, « Remarks on Dieter Grimm's « Does europe need constitution ? » », *ELJ*, 1995, p 303-307 ; D. GRIMM, « Does Europe need a constitution ? », *ELJ*, 1995, pp. 281-302 ; J.H.H. WEILER, « Does Europe need a constitution ? Reflections on demos, telos and the german Maastricht decision », *ELJ*, 1995 pp. 219-258. Voir également sur nécessité d'un espace public comme condition préalable à la démocratie, J. HABERMAS, *Droit et démocratie. Entre faits et normes*, Paris, Nrf, Gallimard, 1997, p. 272 ; E.W. BÖCKENFÖRDE, « Demokratie als Verfassungprinzip », in *ISENSEE & KIRCHHOF, Handbuch des Staatsrechts*, Bd.1, C.F. Müller, 1987, pp. 887-952 ; T. MEYER, « European Public Sphere and Societal Politics », in M. TELO (dir.), *Démocratie et construction européenne, op.cit.*, p. 123.

b) Une « *expression alternative* »[842] du principe démocratique : la participation du peuple à l'exercice du pouvoir par l'intermédiaire des *partenaires sociaux*

477. Dans l'arrêt *UEAPME/Conseil*, le Tribunal de première instance va développer un concept alternatif du principe démocratique[843]. Le juge communautaire y affirme que la participation des partenaires sociaux au processus décisionnel est une expression du principe démocratique.

478. Il convient de s'arrêter un instant sur cette affaire pour en saisir toute la portée. En l'espèce, le Parlement était exclu de la procédure décisionnelle. Nous nous trouvions dans le cadre très spécifique de la politique sociale communautaire qui, depuis le Protocole social annexé au traité de Maastricht (*ci-après*, ASM)[844], reconnaît aux partenaires sociaux la possibilité de conclure des accords collectifs et introduit un double cadre normatif pour l'élaboration des normes du travail communautaires[845]. C'est dans ce cadre normatif que les partenaires sociaux (UNICE, CEEP et CES) avaient conclu un accord-cadre sur le congé parental suivant la procédure de l'article 4§2 de l'ASM qui prévoit que, sur proposition de la Commission, les partenaires sociaux consultés peuvent décider d'engager seuls un processus menant à un accord sous le contrôle de la Commission qui peut le proposer à l'adoption par le Conseil. L'accord cadre sur le congé parental fut mis en œuvre par la directive 96/34 sur le congé parental sur la base de l'article 4§2 de l'ASM.

479. Le Parlement ne participe donc pas ici au processus décisionnel. Le Tribunal va considérer qu'à défaut de participation du Parlement européen dans la procédure législative devant mener à l'adoption de la directive sociale la légitimité démocratique des actes adoptés par le Conseil, sur proposition de la Commission, était conférée par la participation des partenaires sociaux à ce processus. Ainsi, « *le respect du principe de la démocratie, sur lequel l'Union est fondée, requiert – en l'absence de participation du Parlement européen au processus d'adoption d'un acte législatif – que la participation des peuples à ce processus soit assurée de manière alternative, en l'occurrence par l'intermédiaire des partenaires sociaux ayant conclu l'accord auquel le Conseil, statuant à la majorité qualifiée, sur proposition de la Commission, confère une assise législative au niveau communautaire* »[846]. Il s'agit

---

[842] Selon l'expression de D. GADBIN, « L'association des partenaires économiques et sociaux … », *op.cit.*, sp. 34.

[843] TPI, 17 juin 1998, *UEAPME c/ Conseil*, aff. T-135/96, *Rec* II-2335. Un pourvoi a été introduit contre cet arrêt mais l'affaire a été radiée par Ordonnance du président de la Cour de justice le 2 février 1999. F. BERROD & D. RITLENG, « Le Tribunal développe une conception extensive du principe démocratique… », *Europe*, 1998, n°268.

[844] Le protocole a été intégré au traité par le Traité d'Amsterdam (articles 136 CE et ss).

[845] Pour une étude exhaustive de la question, voir E. MAZUYER, *Le traitement juridique des normes du travail dans les intégrations régionales*, Thèse, IUE, 2002, p.104 et ss.

[846] pt. 89 .

là d'un renouvellement complet du principe démocratique qui loin d'être limité à sa seule dimension « politique » est étendu désormais à une dimension « économique et sociale »[847].

2) L'insertion du principe démocratique dans la problématique générale de l'Etat de droit

480. Lorsque le juge communautaire « parle » de « démocratie », il ne renvoie en principe qu'à une conception formelle ou procédurale de celle-ci : le « *principe démocratique* » ne signifie rien d'autre que la participation du peuple à l'exercice du pouvoir par l'intermédiaire d'une assemblée représentative ou des partenaires sociaux. Formel, le concept de Communauté de droit l'était tout autant jusqu'à ce que la Cour de justice reconnaisse que la protection des droits fondamentaux constituait l'un des fondements de la Communauté de droit[848] ; le principe démocratique reste en revanche pour l'instant en dehors de la définition communautaire de la Communauté de droit. Apparemment donc, nous sommes en présence de deux concepts relativement cloisonnés puisque 1) la Cour de justice n'a jamais donné de contenu substantiel au « principe démocratique » ; 2) la Cour de justice n'a jamais intégré *expressis verbis* l'idée démocratique dans la construction de la Communauté de droit.

481. Un tel constat doit être relativisé. Car à bien regarder la jurisprudence de la Cour de justice, on voit clairement se dessiner une relation conditionnelle – à défaut d'être encore consubstantielle – entre la théorie de l'Etat de droit et la théorie démocratique[849].

Il convient tout d'abord de relever que la Cour de justice n'hésite plus à évoquer un concept matériel de la démocratie en reprenant à son compte le principe de « *société démocratique* » développé par la CourEDH : c'est ainsi que le juge communautaire considère que la liberté d'expression « *constitue l'un des fondements essentiels d'une société démocratique* »[850], liberté d'expression dont on a montré précédemment qu'elle constituait la pierre de touche du modèle européen de l'Etat de droit.

---

[847] L. AZOULAY, *Les garanties procédurales en droit communautaire. Recherches sur la procédure et le bon gouvernement*, Thèse, IUE, Florence, 2000, sp. 510.
[848] *Cf. supra*, n°306.
[849] En ce sens par exemple, J-F AKANDJI-KOMBE, « La question des rapports entre principe de droit et démocratie dans le système communautaire », *Questions sur le droit européen*, Actes du colloque de Caen (23 février 1996), Université de Caen, 1996, p. 51 et ss.
[850] Par exemple, CJCE, 13 décembre 2001, *Michael Cwik*. aff. C-340/00 P. I-10269, pt. 18 : « *En effet, dès lors que ladite disposition permet aux institutions de refuser l'autorisation de publication et prévoit ainsi la possibilité d'une ingérence sérieuse dans la liberté d'expression, qui constitue l'un des fondements essentiels d'une société démocratique, elle doit être interprétée limitativement, de telle sorte que l'autorisation ne puisse être refusée que si la publication en cause est de nature à causer un grave préjudice aux intérêts des Communautés (arrêt de la Cour Connolly/Commission, précité, point 53)* ».

Ce lien entre la théorie de l'Etat de droit et la démocratie est révélé également par la jurisprudence de la Cour de justice relative à la place du Parlement européen dans le système contentieux communautaire[851].

La démocratie doit s'exercer dans le cadre de l'Etat de droit – C'est ce qu'il ressort du contentieux de la légalité des actes du Parlement. Jusqu'à l'arrêt « *Les Verts* » du 23 avril 1986, la Cour de justice considérait comme irrecevable tout recours fondé sur l'ex-article 173 CEE et dirigé contre une institution autre que le Conseil ou la Commission[852]. Les actes du Parlement se voyaient ainsi soustraits au contrôle de légalité[853].

Au fond, un tel état de fait pourrait se révéler logique eu égard à la théorie constitutionnelle classique selon laquelle les actes du parlement ne peuvent faire l'objet d'un contrôle juridictionnel en ce qu'il est l'expression de la souveraineté nationale et qu'il exerce la forme la plus élevée de pouvoir, à savoir le pouvoir législatif : on parle alors d'Etat légal. Néanmoins, le Parlement européen ne saurait être comparé aux parlements nationaux : il n'en a ni la légitimité ni les pouvoirs. En ce qui concerne la légitimité, si le Parlement européen est élu au suffrage universel direct depuis 1979 et est, à ce titre, l'expression du principe démocratique selon lequel « *les peuples participent à l'exercice du pouvoir par l'intermédiaire d'une assemblée représentative* », il ne saurait être l'incarnation d'*un* peuple européen encore inexistant[854] : le traité sur l'Union européenne et la Cour de justice prennent bien soin de ne parler que de « *peuples* » européens. Quant à ses pouvoirs, limités pendant longtemps à de simples pouvoirs de consultation, ce n'est qu'à partir de l'Acte unique européen qu'ils ont été accrus à l'occasion des réformes successives des traités pour culminer dans la procédure dite de « *codécision législative* » instituée par le traité de Maastricht et généralisée par le traité d'Amsterdam. Dès lors que le Parlement ne disposait pas de pouvoirs normatifs très étendus, il n'était pas besoin de soumettre les actes qu'il adoptait au contrôle de la légalité. Une telle attitude est paradoxale car de deux choses l'une : ou le Parlement représente le pouvoir suprême au sein de la Communauté, et alors on comprendrait que le juge

---

851 Sur cette question, voir M. DARMON, « Le statut contentieux du Parlement européen », *Mélanges Boulouis, op.cit.*, pp. 75-96 ; H. GAUDIN, *Le Parlement européen devant la Cour de justice*, thèse, Bordeaux, 1994 ; G. ISAAC, « L'insertion du Parlement européen dans le système juridictionnel des Communautés européennes », *AFDI*, 1986, p. 794 ; J-P. JACQUE, « La légitimation active du Parlement européen, ou il n'est pas nécessaire d'espèrer pour entreprendre », *RTDE*, 1990, p. 620 ; J-V. LOUIS et D. WAELBROECK, *Le Parlement européen dans l'évolution institutionnelle*, Ed. Université de Bruxelles, 1988, sp.175 ; K. ST. CLAIR BRADLEY, « Maintening the Balance : The Role of the Cour of Justice in Defining the Institutionnal Position of the European Parliament », *CMLR*, 1987, p. 41 ; « The Variable Evolution of the Standing of the European Parliament in Proceedings before the Cour of Justice », *YEL*, 1989, p. 27.

852 CJCE, 3 février 1977, *De Lacroix c. Parlement*, aff. 91/76, *Rec.* p. 255. La Cour avait considéré comme irrecevable un recours fondé sur l'article 173 et dirigé contre une institution autre que le Conseil et la Commission.

853 Toutefois, CJCE, 10 février 1983, *Luxembourg c/ Parlement européen*, aff. 230/81, *Rec.* 255, note J-C. MASCLET, RMC, 1983, p. 525.

854 J-V LOUIS, « La constitution de l'Union européenne », in M. TELO (dir.), *op.cit.*, p. 332.

dont la légitimité peut être contestable ne puisse contrôler la légalité des actes du Parlement ; ou le Parlement n'est qu'une institution symbolique, et alors on ne voit pas ce qui empêcherait de contrôler ses actes.

Mais à y regarder de plus près, on se rend compte qu'il existe un lien très fort entre l'idée démocratique et l'idée d'Etat de droit. En reconnaissant que les « *actes visant à produire un effet juridique* » puissent faire l'objet d'un contrôle juridictionnel, la Cour de justice procède à ce que l'on a appelé « *une légitimation passive* » du Parlement européen. Il s'agit là en fait d'une consécration en creux du statut du Parlement et par extension du principe démocratique. Il est tout à fait remarquable d'observer que c'est la théorie de la Communauté de droit qui a permis d'aboutir à ce résultat. En effet, sur la base de la complétude du système juridictionnel inhérente à la Communauté de droit, la Cour de justice va considérer, dans l'affaire « *Les Verts* », « *qu'une interprétation de l'article 173 du traité qui exclurait les actes du Parlement européen de ceux qui peuvent être attaqués aboutirait à un résultat contraire tant à l'esprit du traité tel qu'il a été exprimé dans l'article 164 qu'à son système. Les actes que le Parlement européen adopte dans la sphère du traité CEE pourraient en effet, sans que la possibilité soit ouverte de les déférer au contrôle de la Cour, empiéter sur les compétences des Etats membres ou des autres institutions et outrepasser les limites qui sont tracées aux compétences de leur auteur. Il convient dès lors de considérer que le recours en annulation peut être dirigé contre les actes du Parlement européen destinés à produire des effets juridiques à l'égard des tiers* »[855], ce qu'entérinera le Traité de Maastricht (article 230 , al.1 CE, ex-article 173 CEE).

La Communauté de droit, qui indirectement concourt à la reconnaissance du Parlement européen et du principe démocratique, contribue également à l'encadrement du principe démocratique. En effet, et la Cour de justice est très claire là-dessus, il faut que les actes du Parlement soient soumis au contrôle de la légalité afin d'éviter que le Parlement n'empiète sur les compétences des autres institutions ou qu'il ne dépasse les limites de sa compétence. Le fait que le Parlement européen soit le dépositaire principal de la légitimité démocratique revêt ici une signification toute particulière[856]. Certains auteurs ont considéré à cet égard qu' « *un contrôle judiciaire des activités du Parlement [peut] empêcher le déploiement de l'idée démocratique dans le cadre du système constitutionnel de la Communauté* »[857]. C'est oublier là que la plupart des Etats européens connaissent aujourd'hui un système de contrôle de constitutionnalité sans que la démocratie ne soit en danger. Mieux, nous avons montré au cours de cette étude que le modèle constitutionnel de l'Etat de droit renforçait la démocratie : le contrôle de constitutionnalité n'est finalement qu'un moyen d'indiquer que telle ou telle réforme requiert une majorité

---

[855] CJCE, 23 avril 1986, *Parti écologiste « Les Verts »*, aff. 294/83, *Rec.* 1353.
[856] K. ST. CLAIR BRADLEY, « Maintening the Balance : The Role of the Cour of Justice in Defining the Institutionnal Position of the European Parliament », *CMLR*, 1987, p. 41.
[857] M. ZULEEG, *op.cit.*, p. 178.

renforcée[858]. En enfermant l'activité normative du Parlement dans le cadre de la Communauté de droit, la Cour de justice se comporte en véritable cour constitutionnelle chargée de veiller à l'équilibre institutionnel au sein du système communautaire. C'est au nom de cet équilibre institutionnel qu'elle va reconnaître le pouvoir du Parlement d'agir en justice pour défendre ses prérogatives.

L'Etat de droit garantit la démocratie – De même que les actes du Parlement ne pouvaient faire l'objet d'un contrôle juridictionnel, le Parlement ne s'était pas vu reconnaître le statut de « requérant privilégié » au titre de l'ex-article 173, ce qui le privait du droit d'introduire un recours en annulation à l'encontre des actes du Conseil ou de la Commission[859]. Or, il existe un lien consubstantiel entre la légitimité active du Parlement et le principe démocratique[860]. En effet, le principe démocratique ne saurait être assuré si le Parlement ne peut agir en justice pour protéger ses propres prérogatives comme l'exprimera très clairement l'avocat général Darmon dans ses conclusions dans l'affaire « *Comitologie* »[861]. C'est ce que dira en substance la Cour de justice dans l'affaire *Parlement européen contre Conseil* du 22 mai 1990[862] sans pour autant mobiliser ni la notion de Communauté de droit ni le principe démocratique. Il n'en reste moins pas vrai que cette décision est structurée dans son ensemble autour de ces deux idées[863], cristallisées dans le principe d'équilibre institutionnel qui constitue ici le principe décisoire de l'arrêt de la Cour de justice. Les juges communautaires vont ainsi considérer que « *l'existence de [...] diverses voies de droit* » existantes « *ne suffit pas à garantir, de façon certaine, en toutes circonstances, la censure d'un acte du Conseil ou de la Commission qui méconnaîtrait les prérogatives du Parlement. [...] Or, ces prérogatives sont l'un des éléments de l'équilibre institutionnel créé par les traités [...]. Le respect de l'équilibre institutionnel implique que chacune des institutions exerce ses compétences dans le respect de celles des autres. Il exige aussi que tout manquement à cette règle, s'il vient à se produire, puisse être sanctionné. [...] Par conséquent, le Parlement est recevable à saisir la Cour d'un recours en annulation dirigé contre un acte du Conseil ou de la Commission, à la condition que ce recours ne tende qu'à la sauvegarde de ses prérogatives et qu'il ne se fonde que sur des moyens tirés de la violation de celles-ci* ».

C'est la Communauté de droit qui vient une nouvelle fois au secours de la démocratie. En effet, l'interprétation systémique des voies de recours

---

[858] L. FAVOREU *et alii*, *op.cit.*, p. 358.

[859] J-P. JACQUE, « La légitimation active du Parlement européen, ou il n'est pas nécessaire d'espérer pour entreprendre », *RTDE*, 1990, p. 620 .

[860] Voir en ce sens les conclusions de l'avocat général Lenz sous CJCE, 22 mai 1985, *PE c. Conseil*, 13/83, *Rec.* 25.

[861] CJCE, 27 septembre 1988, *Parlement européen c. Conseil, (Comitologie)*, aff. 302/97, *Rec.* 5615, note : J. BOULOUIS, *RMC*, 1989, p. 119.

[862] CJCE, 22 mai 1990, *Parlement européen c. Conseil*, aff. 70/78, *Rec.* 2041.

[863] D. SIMON, « La Communauté de droit », in F. SUDRE et H. LABAYLE (dir.), *Réalité et perspectives du droit communautaire des droits fondamentaux*, Bruxelles, Bruylant, 2000, sp. 101.

communautaires, combinée avec le principe d'équilibre institutionnel, permet à la Cour de justice de reconnaître au Parlement le pouvoir de défendre ses prérogatives devant le juge communautaire. En d'autres termes, le Parlement se voit reconnaître la possibilité de faire respecter par la Cour de justice l'intégrité du respect du principe démocratique dans la Communauté. Le traité de Maastricht viendra consacrer cette évolution jurisprudentielle en reconnaissant la « *légitimation active* » du Parlement pour la défense de ses prérogatives dans les mêmes conditions que celles fixées par le juge communautaire. Le traité de Nice va même plus loin en faisant du Parlement européen un requérant privilégié à part entière à l'instar du Conseil, de la Commission et des Etats membres : le Parlement peut désormais agir en justice même en dehors de la défense de ses prérogatives.

482. ***L'émergence d'un modèle constitutionnel européen de l'Etat de droit ?*** – La dialectique Etat de droit/démocratie qui a sous-tendu ces quelques observations s'insère dans la problématique générale de la justice constitutionnelle[864]. En même temps que la Cour de justice nie en partie la spécificité de la justice constitutionnelle nationale[865], elle exerce dans une large mesure une mission constitutionnelle comparable à celle exercée par la Cour suprême des Etats-Unis[866] et nombre de juridictions constitutionnelles européennes[867]. La doctrine n'hésite d'ailleurs plus à qualifier la Cour de justice de « *juridiction constitutionnelle* »[868].

---

[864] *Cf. supra*, n°240 et ss.

[865] O. DORD, *Cours constitutionnelles et normes européennes*, Thèse, Paris X- Nanterre,1996, pp. 562-655. Cf. *supra*, section 1.

[866] Voir en ce sens, la remarquable étude de K. LENAERTS, *Le juge et la constitution aux Etats-Unis d'Amérique et dans l'ordre juridique européen*, Bruxelles, Bruylant, 1988 ; M. CAPPELLETTI et D. GOLAY, « Le pouvoir judiciaire dans un Etat fédéral ou une Union transnationale. Son rôle d'interaction », *in M. Cappelletti, Le pouvoir des juges*, Trad. R. David, PUAM-Economica, 1990, pp. 281-377.

[867] H. GAUDIN, « La Cour de justice, juridiction constitutionnelle ? », *RAE*, 2000, p. 209.

[868] *Ibid* ; D. SIMON, Le système juridique communautaire, 3ème éd., Paris, Puf, 2001, sp.483 ; D. BARRINGTON, « The emergence of a Constitutional Court », *in Human Rigths and Constitutionalism, Essays In honour of Brian WALSH*, The Round Hall Press, London, 1992, pp. 251-261 ; O. DUE, « A Constitutional Court for the eruopean Communities », *in Constitutional adjudication in European Community and National Law, Essays for the Hon. Mr Justice T.F.O'Higgins*, Butterworth, Ireland , 1992, pp. 3-24 ; F.G JACOBS, « Is the Court of justice a Constitutional Court ? », *in Constitutional adjudication in European Community and National Law, Essays for the Hon. Mr Justice T.F.O'Higgins, op.cit.*, pp. 25-32. Contra, voir L. FAVOREU, « Vers une justice constitutionnelle communautaire ?», *in J-V. LOUIS et D. WAELBROECK* (dir.), *op.cit.*, pp. 233-245 ; « Quel(s) modèle(s) constitutionnel(s) ? », *in Colloque 18 et 19 juin 1993, Vers un droit constitutionnel européen. Quel droit constitutionnel européen ?, RUDH*, 1995, p 357. Louis Favoreu exprime trois réserves quant à l'assimilation de la Cour de justice à une cour constitutionnelle : 1) le propre d'une cour constitutionnelle est d'exercer un contrôle sur le pouvoir suprême, à savoir le pouvoir législatif ; or le Parlement européen, bien qu'il soit élu au suffrage universel, ne participe qu'indirectement à la fonction législative ; 2) la Cour de justice ne saurait bénéficier de la même légitimité qu'une cour constitutionnelle en ce que le Parlement européen ne participe ni directement ni indirectement à la nomination de ses membres ; 3) enfin, même si le Parlement européen devenait le législateur à part entière communautaire, se poserait la question de la légitimité du contrôle de la Cour de justice dans l'hyptohèse où la Cour contrôlerait les actes législatifs du Parlement à l'aune de la « Constitution » dans la mesure où la révision de la Constitution communautaire échappe au Parlement ; une décision d'incompabilité entraînerait un blocage institutionnel.

La Cour de justice est chargée tout d'abord du contrôle de la « constitutionnalité » des actes communautaires à l'aune de la « *Charte constitutionnelle de base qu'est le traité* »[869]. Qui plus est, en affirmant que la Communauté est une *Communauté de droit* dont elle assure le respect au sein de l'ordre juridique communautaire, la Cour de justice reprend à son compte l'idée principale du constitutionnalisme moderne selon laquelle celui-ci est tout entier dominé par l'idée de « *réalisation de l'Etat de droit*»[870]. Les valeurs qui le fondent (*les droits fondamentaux*) sont à cet égard au cœur de la jurisprudence de la Cour de justice. La Cour de justice exerce également une mission constitutionnelle en ce qu'elle veille non seulement à la répartition des compétences entre la Communauté et ses Etats membres, mais aussi au respect de la séparation des pouvoirs et à l'équilibre institutionnel au sein de l'ordre constitutionnel communautaire[871]. A la manière d'une juridiction constitutionnelle, la Cour de justice remplit ici un rôle de régulation du fonctionnement des pouvoirs d'autant plus important compte tenu de la complexité du système institutionnel en la matière[872]. L'avocat général Lenz a reconnu lui-même le « *caractère constitutionnel* » de ces questions[873]. La Cour de justice s'apparente également à une juridiction constitutionnelle par les méthodes d'interprétation et les techniques de contrôle qu'elle utilise[874]. Enfin, la procédure consultative prévue par l'article 300 CE, qui permet à la Cour de justice de se prononcer sur la compatibilité des accords internationaux avec les traités, n'est pas sans rappeler l'article 54 de la Constitution française qui confère au Conseil constitutionnel le pouvoir de contrôler la constitutionnalité des engagements internationaux. A cet égard, la Cour de justice a reconnu, à l'occasion d'une telle procédure, l'existence de limites matérielles à la révision des traités, dessinant ainsi les contours d'une véritable *supraconstitutionnalité*[875].

Le droit communautaire se construit ainsi progressivement autour de nouvelles exigences de « *constitutionnalité* » conditionnant et renforçant l'Etat de droit et la démocratie (« *la démocratie continue* »[876]). La CourEDH partage

[869] CJCE, 23 avril 1986, *Parti écologiste « Les Verts »*, aff. 294/83, *Rec.* 1353.

[870] L. FAVOREU, « Le droit constitutionnel, droit de la Constitution et constitution du droit », *RFDC*, 1990, 1, p. 79.

[871] CJCE, 22 mai 1990, *Parlement européen c. Conseil*, 70/78, *Rec.* 2041 : « *La Cour, chargée, en vertu des traités, de veiller au respect du droit dans leur interprétation et dans leur application, doit ainsi pouvoir assurer le maintien de l' équilibre institutionnel et, par conséquent, le contrôle juridictionnel du respect des prérogatives du Parlement, lorsqu' elle est saisie à cette fin par ce dernier, par une voie de droit adaptée à l' objectif qu' il poursuit* ».

[872] D. SIMON, *op.cit.*, sp. 484.

[873] CJCE, 26 mars 1987, *Commission c. Conseil*, aff. 45/86, *Rec.* 1517.

[874] G. ISAAC, « La portée du contrôle de la Cour : méthode et intensité du contrôle », Table ronde, Strasbourg, 10 avril 1987, Le Parlement européen et la Cour de justice des Communautés européennes, p. 12 ; D. SIMON, *L'interprétation judiciaire des traités internationaux, morphologie des conventions et fonction juridictionnelle*, Paris, Pedone, 1981.

[875] CJCE, avis 1/92, 14 décembre 1991, *Création de l'Espace économique européen*, *Rec.* I-6079.

[876] D. ROUSSEAU (dir.), *La démocratie continue*, Paris, Bruxelles, LGDJ, Bruylant, 1995.

également largement les caractéristiques d'une cour constitutionnelle[877] et fait même de la Convention européenne des droits de l'homme « *l'instrument constitutionnel de l'ordre public européen* »[878]. L'avènement d'un modèle constitutionnel de l'Etat de droit tel que nous l'avions esquissé à la fin de notre première partie semble s'étendre au-delà des frontières nationales à l'intérieur desquelles la doctrine la plus traditionnelle voulait l'y confiner, marquant ainsi le « *triomphe du constitutionnalisme européen* »[879].

483. Beaucoup de choses ont été dites dans ce chapitre, trop peut-être, au risque d'affaiblir la cohérence et la lisibilité de l'ensemble. Mais n'est-ce pas là le risque de tout essai de modélisation dans un environnement complexe[880] ? Aussi, en guise de conclusion, nous voudrions nous essayer à une très brève synthèse tendant à présenter les principaux éléments d'un modèle européen de l'Etat de droit tel que nous avons cru pouvoir l'identifier[881]. Il s'agit d'un « *modèle exigeant* »[882] de l'Etat de droit, structuré autours de valeurs fondamentales qui le « *fondent* » et le « *refondent* » dans le temps et l'espace[883]. Ces valeurs fondamentales sont la dignité de la personne humaine et les droits fondamentaux qui lui sont attachés, la démocratie (qui ne peut se concevoir en dehors de l'Etat de droit, même dans sa dimension formelle[884]) et la justice sociale sans laquelle la dignité de la personne humaine ne saurait être respectée. Elles font figure, à des degrés divers il est vrai, de *principes matriciels ou fondateurs* du modèle européen de l'Etat de droit. Le Droit européen – à l'instar du droit des sociétés démocratiques et libérales européennes – est conditionné par ces valeurs. Les exigences de légalité et de sécurité juridique en sont l'expression en ce qu'elles sont la condition de l'autodétermination individuelle et constituent ainsi un rempart contre l'arbitraire. Le droit au juge, qui occupe une place axiologique en Droit européen, en est le complément indispensable, en ce qu'il

---

[877] I. CAMERON, « Protocol 11 to the european convention on human rights : the european court of human rights as a constitutional court », *YEL*, 1995, p 219-260.P.A. FERNDANDEZ-SANCHEZ, « Towards a European Constitutional Court ? », *Revue de droit international*, 1995, pp. 71-97 ; J-F. FLAUSS, « La Cour européenne des droits de l'homme est-elle une cour constitutionnelle ? », *in J-F FLAUSS et M. De SALVIA (ed.), La Convention européenne des droits de l'homme : développements récents et nouveaux défis*, Bruylant, Bruxelles, pp. 69-91 ; « La contribution de la jurisprudence des organes de la Convention européenne des droits de l'homme à la formation d'un droit constitutionnel européen », *RUDH*, 1995, p373 ; R. RYSSDAL, « Vers une Cour constitutionnelle européenne », *Conférence W. Chruchill, Académie de droit européen de Florence (IUE)*, 21 juin 1991, Doc Cour (91) 181, 12p.

[878] CourEDH, arrêt du 23 mars 1995, *Loizidou c/ Turquie*, Série A, n°310, §75.

[879] F.B. VASILESCU, « Fin du millénaire : triomphe du constitutionnalisme européen », *AIJC*, XII, 1996, pp. 49-67.

[880] E. MORIN, *La Méthode : les idées, leur habitat, leur vie, leurs mœurs, leur organisation*, Paris, Le Seuil 1991.

[881] Nous l'avons suffisamment répété tout au long de cette étude, il existe une pluralité de conceptions en la matière. Le modèle d'Etat de droit ici mis en évidence n'est – avouons-le – que l'une d'entre elles. Toutefois, celle-ci a été construite de manière rigoureuse à partir de l'histoire des idées politiques et d'une analyse détaillée et systématique du droit positif européen.

[882] C. GREWE et H. RUIZ-FABRI, *op.cit.*, p. 179.

[883] E. PICARD, « L'émergence des droits fondamentaux en France », *AJDA, n°Spécial*, 1998, sp. 37.

[884] L. HEUSCHLING, *op.cit.*, p. 724 et ss.

constitue le « *bouclier des droits fondamentaux* ». Ces principes (légalité, sécurité juridique et droit au juge) constituent les principes axiologiques du modèle européen de l'Etat de droit. Enfin, l'ensemble du système ainsi mis en place est articulé autour de principes dits régulateurs que sont le principe de proportionnalité et le principe de non-discrimination.

484. Largement consacré le principe de l'Etat de droit l'est tout autant dans sa forme que dans sa substance par le Droit européen dont les effets pénétrants ne cessent de se déployer. Il convient à cet égard d'étudier la manière dont ce modèle contribue à modeler en retour les figures nationales de l'Etat de droit.

TITRE II
LA DIFFUSION DU MODELE EUROPEEN DE L'ETAT DE DROIT

485. Nous avons montré au cours de cette étude que si l'idée d'Etat de droit faisait partie du « patrimoine spirituel commun » de l'Europe, il existait en revanche différents modèles de l'Etat de droit. Malgré cette diversité, une nette convergence entre ces différents modèles a pu cependant être mise en évidence. Le modèle européen de l'Etat de droit que nous avons essayé de reconstruire à partir des données du Droit européen, refléterait lui-même cette convergence des modèles nationaux de l'Etat de droit. Il convient maintenant de s'interroger sur les possibles répercussions de ce modèle sur les systèmes juridiques nationaux et, à travers celles-ci, de mesurer l'effectivité de l'européanisation des droits publics nationaux. Nous verrons que si le Droit européen a contribué directement ou indirectement aux transformations des figures nationales de l'Etat de droit (**Chapitre 1**), les systèmes juridiques nationaux ne semblent pas encore prêts à renoncer à certaines de leurs spécificités qui font leur identité et fondent une configuration nationale particulière de l'Etat de droit (**Chapitre 2**).

CHAPITRE 1
LES TRANSFORMATIONS EUROPEENNES DES FIGURES NATIONALES DE L'ETAT DE DROIT

486. Les figures de l'Etat de droit ont connu au cours des cinquante dernières années une mutation sans précédent. Le développement de la justice constitutionnelle, considérée comme le « *parachèvement de l'Etat de droit*»[1], en constitue sans doute l'évolution la plus remarquable. L'Etat légal a cédé la place à l'Etat [de droit] constitutionnel[2] marqué par la constitutionnalisation croissante des ordres juridiques nationaux, l'émergence des droits fondamentaux et la promotion de la justice constitutionnelle. Ce faisant, c'est une certaine conception de la place et du rôle de l'Etat, des individus et du juge qui est bouleversée. Le modèle européen de l'Etat de droit dont nous avons essayé de dessiner les contours au titre précédent reflète sans aucun doute cette évolution. Toute la question est désormais de savoir si, en retour, ce modèle contribue à la consolidation, voire même à l'évolution des figures nationales de l'Etat de droit et, par voie de conséquence, à leur homogénéisation.

487. Il faut toutefois se garder en la matière de tout « *euro-fanatisme* ». Les mutations des droits publics internes constatées partout en Europe ne sont pas dues, pour la plupart d'entre elles, à l'influence du Droit européen, mais procèdent de la raison juridique propre à chaque système[3]. Il en va de même pour les modèles nationaux de l'Etat de droit. Certes, le Droit européen exerce une influence croissante sur les systèmes juridiques nationaux. Mais comme le relevait très justement Gérard Marcou, « *il ne suffit pas que le droit change pour que le système juridique se transforme* »[4]. Le sens unitaire d'un ordre juridique s'exprimerait non pas tant dans ses normes particulières que dans un ensemble de principes fondamentaux qui le structurent en profondeur : l'ordre juridique n'est affecté que

---

[1] J. RIVERO, « Fin d'un absolutisme », *Pouvoirs*, 1980, n°13, p. 5.
[2] G. ZAGREBELSKY, *Il diritto mite, op.cit.*
[3] G. MARCOU (dir.), *Les mutations du droit de l'administration en Europe. Pluralisme et convergences*, Paris, L'Harmattan, 1995, p. 14.
[4] *Ibid.*

lorsque ces « *principes structurels* »[5] ou « *éléments déterminants* »[6] ou encore « *éléments essentiels de permanence* »[7] changent. Ces observations peuvent être transposées au modèle de l'Etat de droit. Tout modèle s'articule en effet autour de principes fondamentaux qui l'ordonnent, le structurent et lui donnent un sens[8]. Si « transformer » c'est « *faire passer d'une forme à une autre, donner un autre aspect, d'autres caractères formels* », il faudrait, pour qualifier ainsi l'évolution européenne des modèles nationaux de l'Etat de droit, prouver que ces différents modèles sont passés « *d'une forme à une autre* » et/ou auraient « *un autre aspect* », « *d'autres caractères formels* » sous l'influence de la construction européenne. Il conviendrait donc d'apporter des preuves concrètes du changement substantiel de certains éléments constitutifs de ce modèle susceptible de le faire changer de nature[9].

488. Par conséquent, on ne pourra considérer que les modèles nationaux de l'Etat de droit se transforment sous l'emprise du Droit européen qu'à la condition que celui-ci entraîne – directement ou indirectement – des mutations fondamentales de certaines des structures constitutives de ces modèles. Encore faut-il au préalable identifier ces structures. Or il existe différents modèles institutionnels de l'Etat de droit, chacun d'entre eux reposant sur des « principes matriciels » qui lui sont parfois spécifiques. Il faut donc déterminer un cadre d'analyse suffisamment large nous permettant d'y intégrer ces spécificités nationales. Quelles que soient ses spécificités, tout Etat de droit, en tant que système, se constitue autour de certains « *principes structurels* » que l'on peut ramener à deux types principaux : les principes structurels normatifs et les principes structurels institutionnels (principalement juridictionnels). A partir de cette catégorisation, nous étudierons successivement l'incidence du Droit européen sur les structures normatives (**I**) et juridictionnelles (**II**) constitutives des modèles nationaux de l'Etat de droit.

SECTION I
L'INCIDENCE DU DROIT EUROPEEN SUR LES STRUCTURES NORMATIVES CONSTITUTIVES DES MODELES NATIONAUX DE L'ETAT DE DROIT

489. Les structures normatives, formelles et matérielles, constitutives des modèles nationaux de l'Etat de droit sont saisies par le Droit européen : la hiérarchie des normes s'en trouve affectée ; la substance des droits consacrés par le système juridique enrichie. Cette double influence affecte tant les structures de la *légalité*

---

[5] E. GARCIA DE ENTERRIA et T. RAMON FERNANDEZ, *Curso de derecho administrativo*, Madrid, Civitas, 6ème éd, Tome 1, 1993, p. 60 et ss.
[6] L-J. CONSTANTINESCO, *Introduction au droit comparé*, Tome 1, Paris, LDGJ, 1972, p. 213 et ss.
[7] G. MARCOU, *op.cit.*, p. 16.
[8] N. MACCORMICK et O. WEINEBERGER, *An institutional theory of law*, Kluwer Academic Publisher Group, Dordrecht / Boston/ Lancaster/ Tokyo, 1986, sp. 52-54.
[9] Constitue un tel changement substantiel le passage de l'Etat légal à l'Etat de droit constitutionnel. L'avènement du contrôle de constitutionnalité a conduit une remise en cause de la place axiologique de la loi au sein de l'ordre juridique et a entraîné une mutation substantielle du modèle de l'Etat de droit.

(**§1**) que celles de la *constitutionnalité* (**§2**). La configuration du droit public en est bouleversée.

§1 – LES TRANSFORMATIONS DE LA LEGALITE

490. Le principe de légalité a connu au cours du 20ème siècle une évolution considérable. La loi, à laquelle il était identifié, a perdu, dans la plupart des Etats européens, sa place centrale au sein du système juridique, concurrencée tout à la fois par les normes constitutionnelles, les normes réglementaires et, désormais, par le Droit européen. A cet égard, force est de constater que le Droit européen est venu accélérer la « *démonétisation* »[10] du statut de la loi (**A**). Toutefois, le principe de légalité ne s'identifie plus seulement au « règne de la loi » formelle. Il signifie également, d'une manière plus large, le « règne du droit » et, dans une perspective plus administrativiste, la soumission de l'administration aux règles de droit du système juridique. La doctrine n'hésite pas d'ailleurs à parler de « *principe de juridicité* »[11]. Et en la matière, le Droit européen aurait contribué à renforcer les exigences de cette légalité élargie(**B**).

A. La « *démonétisation* » du statut de la loi accélérée par le droit européen : vers la fin de l'Etat légal ?

491. La doctrine européenne salue, depuis une vingtaine d'années, l'avènement de l'Etat [de droit] constitutionnel. L'Etat de droit se confondrait aujourd'hui avec l'Etat constitutionnel[12]. Il marquerait la fin de l'Etat légal caractérisé par son « *légicentrisme* » qui faisait de la loi la norme axiologique de l'ordre juridique[13]. Une telle vision « *constitutionnaliste* » de l'Etat de droit ne reflète pourtant à l'heure actuelle qu'encore imparfaitement la réalité des droits positifs européens. D'abord, parce qu'un certain nombre d'Etats ont conservé le principe de légalité (entendu au sens formel comme la primauté de la loi) comme principe de base de l'ordonnancement juridique interne : il en va ainsi de la Finlande, des Pays-Bas et du Royaume-Uni qui ne sont pas dotés d'une justice constitutionnelle proprement dite[14]. Ensuite, parce que bien que dotés d'un tel système, certains Etats réservent encore à la loi une place centrale du fait de l'absence d'effectivité de leur système de

---

[10] Selon l'expression de Jacques Chevallier, « La dimension symbolique du principe de légalité », *RDP*, 1990, sp. 1665. La Loi serait aujourd'hui « *désacralisée* », « *oppressive* », « *injuste* », « *concurrencée* » et « *subordonnée* ».

[11] J. MOREAU, *Droit administratif*, Paris, Puf, 1989, p. 19 ; G. DUPUIS, M-J GUEDON et P. CHRETIEN, *Droit administratif*, Paris, Armand Colin, 1999, p.74 et ss ; S. FLOGAÏTIS, « La notion de principe de légalité », EPLR/REDP, 1998,p. 654. *Lexique des termes juridiques*, 8ème éd., Paris, Dalloz, 1990 : « *Caractère de ce qui est placé sous l'empire du droit, par opposition aux normes de la vie sociale* ».

[12] *Cf. supra*, n°240 et ss.

[13] G. ZAGREBELSKY, *op.cit.*

[14] En Finlande et aux Pays-Bas, il existe toutefois une certaine forme de contrôle de constitutionnalité. Il s'agit d'un contrôle non juridictionnel confié en Finlande à un organe parlementaire, et aux Pays-Bas à un organisme consultatif du gouvernement, le Conseil d'Etat. C. GREWE et H. RUIZ-FABRI, *Droits constitutionnels européens*, Paris, Puf, 1995, sp. 67.

justice constitutionnelle : on pense ici en particulier au Danemark[15] et à la Suède[16]. Enfin et surtout, parce que le *mythe* de la loi[17], qui a imprégné la plupart des démocraties libérales européennes depuis la révolution française[18], continue à perdurer malgré le développement du constitutionnalisme, de telle sorte qu'il persiste ici ou là des vestiges de l'« Etat légal » : le régime de la responsabilité de l'Etat du fait des lois parlementaires en constitue sans doute une parfaite illustration. Au total donc, l'avènement de l'Etat constitutionnel n'est ni général (puisque tous les Etats ne reposent pas sur le « *principe de constitutionnalité* »[19]), ni total (puisqu'il subsiste encore des vestiges de l'« Etat légal » même dans les Etats ayant adopté le « *principe de constitutionnalité* »).

492. A cet égard, le Droit européen peut venir contribuer, si ce n'est au développement de l'Etat constitutionnel[20], tout au moins au recul de l'Etat légal[21]. En effet, le Droit européen vient consolider, et parfois accélérer, le déclin du **statut de la loi** au sein du système juridique national, y compris dans les Etats soumis au « *principe de légalité* »[22]. L'accroissement des compétences normatives des institutions européennes, la prolifération des normes européennes en résultant et l'affirmation de la primauté absolue du droit communautaire sont autant de facteurs contribuant à cette évolution. La loi formelle et démocratique, adoptée par le parlement et expression de la volonté générale, se trouve ainsi tout à la fois **concurrencée** (1) et **subordonnée** (2) au Droit européen.

---

[15] Il existe un contrôle diffus de la constitutionnalité des lois au Danemark, mais il est resté théorique, aucune loi n'ayant jamais été censurée par les juridictions (C. GREWE et H. RUIZ-FABRI, *op.cit.*, p. 73), celles-ci faisant preuve d'un « self restraint » dès lors qu'il s'agit d'apprécier un acte du Parlement (P. GERMER, « Danish Report », *in* J. SCHWARZE (ed.), *Le droit administratif sous l'influence de l'Europe. Une étude sur la convergence des ordres juridiques dans l'Union européenne,* Nomos Verlagsgesellschaft, Baden-Baden, Bruylant, Bruxelles, 1996, sp. 383).

[16] L. MARCUSSON, « The Principle of Legality. Its Uses and Its Limitations From a Swedish Perspective », *ERPL/REDP*, vol. 10, n°3, 1998, pp. 683-692.

[17] J. CHEVALLIER, « La dimension symbolique du principe de légalité », *op.cit.*, sp 1653 ; D. LOSCHAK, « Le principe de légalité : mythes et mystifications », *AJDA*, 1981, p. 387 .

[18] E. GARCIA DE ENTERRIA, *La lengua de los derechos. La formación del Derecho público europeo tras la Revolución Francesca*, Madrid, Alianza Universidad,1994.

[19] Selon l'expression de Charles Eisenmann (C. EISENMANN, *La justice constitutionnelle et la Haute cour constitutionnelle d'Autriche*, Paris, LGDJ, 1928, sp. 21), reprise et développée par Louis Favoreu (L. FAVOREU, « Le principe de constitutionnalité. Essai de définition d'après la jurisprudence du Conseil constitutionnel », *Recueil d'études en hommage à Charles Eisenmann*, Paris, Cujas, *1977*, pp.33-48).

[20] Nous verrons dans le deuxième paragraphe de cette section que le modèle de l'Etat de droit constitutionnel est également affecté par le Droit européen. *Cf. infra*, n°516 et ss.

[21] Il ne s'agit pas ici de porter un jugement de valeur sur l'un ou l'autre de ces modèles de l'Etat de droit. Prenant acte du déclin du modèle de l'Etat légal en Europe au profit du modèle de l'Etat constitutionnel, notre propos se limite ici à constater que le Droit européen saisit cette évolution et l'accentue.

[22] On pense en particulier ici au Royaume-Uni, *Cf. infra*, n°499.

1) La loi concurrencée

493. La loi n'est plus le foyer exclusif de toute normativité[23]. Elle est concurrencée en aval par la croissance d'un pouvoir réglementaire devenu source autonome de normativité et en amont par les normes constitutionnelles dont les effets ne cessent de se déployer. Elle l'est également par les normes européennes.

494. La loi est tout d'abord concurrencée par le *déploiement* des normes communautaires. Les normes communautaires, dont le nombre n'a cessé de croître[24], s'insèrent au sein des systèmes juridiques nationaux sans que des lois de réception soient nécessaires[25](*application immédiate*). Ce faisant, les mécanismes de « réception » inhérents à la logique dualiste (Allemagne, Italie, Royaume-Uni) sont « *neutralisés* »[26]. Il en résulte que les normes communautaires[27] n'ont plus besoin du médium de la loi pour être valables au sein de l'ordre juridique interne[28]. La loi perd dans les systèmes dualistes son pouvoir de « *validation* » des normes internationales en droit interne[29]. Ce déploiement des normes communautaires au sein de l'ordre juridique vient ainsi directement concurrencer les normes internes et en particulier la loi en se substituant, pour celles dotées de l'effet direct, aux règles internes ayant le même objet.

495. Le *développement* des normes communautaires est une source supplémentaire de concurrence. En effet, le processus d'intégration communautaire s'est traduit par un accroissement considérable des compétences normatives et

---

[23] J. CHEVALLIER, *op.cit.*, p. 1671.

[24] Le rapport Manuel Garcia Amigo relevait dès 1989 qu' « *avec une production annuelle de 4000 à 5000 mesures publiées au JO et plus 25 000 actes mémorisés dans le système CELEX, l'univers juridique communautaire s'est considérablement développé » et que le bloc normatif de droit dérivé avait atteint « des dimensions comparable à celles d'un système juridique national de tradition séculaire* » (PE Doc A2-152/89 du 28 avril 1989). Le Conseil d'Etat constatait également à la fin de l'année 1992 qu'étaient en vigueur au sein de l'ordre juridique communautaire 22445 règlements, 1675 directives, 1198 accords et protocoles, 5880 décisions etc. (Rapport public 1992, *EDCE*, n°44, 1993, sp. 15). Pour une critique radicale de cette profusion normative communautaire, B. OPPETTIT, « L'Eurocratie ou le mythe du législateur suprême », *Recueil Dalloz*, 1990, Chr XIII, p. 73-76.

[25] CJCE, 9 mars 1978, *Simmenthal*, aff. 106/77, *Rec.*, 609.

[26] D. SIMON, *Le système juridique communautaire*, 3ème éd., Paris, Puf, 2001, sp. 385. Il convient toutefois de remarquer que la distinction classique dualisme/monisme ne correspond que très partiellement à la réalité et aucun des deux systèmes ne pousse sa logique interne jusqu'à son terme. Bien au contraire, de nombreuses situations intermédiaires coexistent. M. VIRALLY, « Sur un pont aux ânes : les rapports entre droit international et droits internes », *Mélanges Henri Rollin*, Paris, Pédone, 1964, pp. 488-505.

[27] Y compris les directives puisque celles-ci sont susceptibles de produire des effets juridiques même en l'absence de transposition (sur l'effet direct des directives, CJCE, 4 décembre 1974, *Van Duyn*, aff. 41/74, *Rec.*, 1337). Pierre Pescatore relevait, à cet égard, que la Directive ne peut pas être considérée comme « *un non-être juridique du point de vue interne* », P. PESCATORE, « L'effet des directives communautaires, essai de démythification », *Recueil Dalloz*, 1980, Chr. p. 171.

[28] S. CASSESE et G. DELLA CANANEA, « L'esecuzione del diritto comunitario », *RIDPC*, 1991, p. 901.

[29] M. VIRALLY, *op.cit.*, sp.457.

matérielles des institutions européennes[30]. Il s'en est suivi un dessaisissement corrélatif des compétences législatives des parlements nationaux[31]. Le domaine de la loi s'en trouve réduit d'autant. Certaines matières relevant traditionnellement du domaine de la loi sont désormais « *réglementées* » exclusivement, ou plus généralement concurremment, par le droit communautaire. Certes, la plupart des Etats ont introduit des procédures en droit constitutionnel interne ayant pour objet d'associer plus étroitement les parlements nationaux à la définition de la norme communautaire notamment pour les actes comportant des dispositions de nature législative[32]. Mais l'effectivité d'un tel contrôle parlementaire reste somme toute très relative dans la mesure où les résolutions adoptées par les parlementaires ne sauraient, en général, lier le gouvernement[33]. En réalité, ce dessaisissement des pouvoirs législatifs des parlements nationaux s'expriment surtout dans la mise en œuvre du droit communautaire. Rappelons en effet qu'un certain nombre d'actes communautaires ne nécessitent aucune intervention étatique. Il en va bien entendu de la plupart des règlements mais aussi dans certains cas des directives. La Cour de justice a rappelé, à cet égard, que « *la transposition d'une directive n'exige pas nécessairement une action législative dans chaque Etat membre lorsque en particulier l'existence de principes généraux de droit constitutionnel ou administratif peut rendre superflue la transposition par des mesures législatives ou réglementaires spécifiques* »[34]. L'obligation de transposition posée par l'article 249 CE peut ainsi être contournée. Mais même dans l'hypothèse où la directive doit faire l'objet d'une transposition formelle en droit interne, le parlement perd une partie de son pouvoir législatif[35]. Tout d'abord, l'exécutif peut se substituer au législateur en transposant lui-même la directive par la voie réglementaire ou en recourant au mécanisme de la législation déléguée. Et même lorsque le législateur est saisi d'un texte de transposition, l'opération législative est le plus souvent purement formelle, soit qu'il s'agisse d'intégrer purement et simplement une directive sans qu'il lui soit possible d'exercer son pouvoir d'amendement[36], soit que le parlement en reprenne les principes et confie à l'administration les mesures d'application. En toute hypothèse, les parlements nationaux voient là leur fonction législative considérablement encadrée voire même entamée. Cela ne fait qu'illustrer la subordination croissante de la loi aux normes européennes.

---

[30] K. BOSKOVITS, *L'articulation des compétences normatives entre la Communauté et ses Etats membres*, Athènes, Sakkoulas, Bruxelles, Bruylant, 1999.

[31] L. FAVOREU *et alii*, *Droit constitutionnel*, *op.cit.*, sp. 675 ; T. LARZUL, *Les mutations des sources du droit administratif*, Paris, L'Hermès, 1994, sp. 171.

[32] E. CARPANO, « La transformation des régimes parlementaires dans les Etats membres de l'Union européenne», in J. ZILLER (dir.), *L'européanisation du droit constitutionnel à la lumière du Traité constitutionnel pour l'Union*, Paris, L'Harmattan, 2003, p. 161 et ss.

[33] *Ibid.*

[34] CJCE, 23 mai 1985, *Commission c. RFA*, aff. 29/84, *Rec.*, 1661.

[35] E. CARPANO, *La transposition des directives communautaires. Etude de droit comparé*, Mémoire DEA, CDRE, Lyon 3, 1995, sp. 45-64.

[36] Du fait de la maîtrise des débats parlementaires par l'exécutif ou du fait de la grande précision de certaines directives.

2) La loi subordonnée

496. La loi n'apparaît plus comme placée au-delà de tout jugement critique[37]. Jugée par le juge constitutionnel et le juge européen[38], elle l'est désormais également par les juridictions ordinaires. A cet égard, la loi, en ce qu'elle est subordonnée à la primauté du Droit européen, peut être écartée par le juge ordinaire (**a**) ; elle peut même être source de responsabilité (**b**).

a) La loi inconventionnelle écartée

497. La loi formelle et démocratique, adoptée par le parlement, a perdu sa place axiologique au sein de la plupart des ordres juridiques européens[39]. A la primauté de la loi, s'est progressivement substituée la primauté de la constitution[40] ; désormais, il faut lui ajouter la primauté du droit communautaire et, dans une moindre mesure, celle du droit européen des droits de l'homme[41]. Après quelques résistances, la primauté du droit communautaire sur la loi postérieure est aujourd'hui admise dans la plupart des Etats membres de l'Union européenne[42]. Seules les juridictions danoises semblent encore aujourd'hui réticentes à accepter de sanctionner la primauté du droit communautaire sur la loi nationale[43].

---

[37] J. CHEVALLIER, *op.cit.*, sp.1671.

[38] *Cf. infra*, n°528 et ss.

[39] G. ZAGREBELSKY, *op.cit.*, sp. 24.

[40] Il convient toutefois de relativiser quelque peu ce point de vue. Au Royaume-Uni tout d'abord où, en l'absence de constitution formelle, c'est la loi – acte du Parlement souverain – qui règne sans partage. Il en va de même aux Pays-Bas où, malgré l'existence d'une constitution formelle, le constituant s'est refusé à instaurer un système de contrôle juridictionnel des lois. Au Danemark ensuite où, malgré l'existence en théorie d'un contrôle diffus de la constitutionnalité des lois, la doctrine relève qu'en pratique le législateur n'est jamais censuré par les juges (C. GREWE et H. RUIZ-FABRI, *op.cit.*, p. 73, n°58). Et dans une certaine mesure, l'on pourrait évoquer également le cas français puisque s'il existe bien contrôle de constitutionnalité des lois, celui-ci est encore largement lacunaire en ce qu'une loi qui aurait échappé au contrôle *a priori* du Conseil constitutionnel ne pourrait plus être contestée ou écartée dans un litige, si ce n'est pour *inconventionnalité* (*Cf. infra*, n°541).

[41] Si les dispositions de la Convention européenne des droits l'homme priment sans conteste la loi nationale en droit néerlandais (valeur supraconstitutionnelle), en droit autrichien (valeur constitutionnelle), en droit français (art. 55 C), en Belgique, en Espagne et au Luxembourg (valeur supralégislative attribuée par le juge), en revanche, en Allemagne, au Danemark, en Finlande, en Suède, en Italie, au Royaume-Uni et en Irlande, la ConvEDH n'a qu'une valeur législative. En principe donc, il devrait s'appliquer la règle *lex posterieur legi priori derogat*. Il semble toutefois que les juges nationaux réservent un statut spécifique à la ConvEDH en raison de sa nature (protection des droits fondamentaux). J. POLAKIEWICZ, « La mise en œuvre de la Convention européenne des droits de l'homme en Europe de l'ouest : aperçu du droit et de la pratique nationaux », *RUDH*, 1992, p. 359 et ss ; P. TAVERNIER, C. GREWE et H. RUIZ-FABRI, « Interprétation et application par les organes de Strasbourg et par les organes nationaux », *Juris-Classeurs, Fascicule 155-E, n°55-157.*

[42] Voir le tableau très complet dressé par Olivier Dubos, in *Les juridictions nationales, juge communautaire. Contribution à l'étude des transformations de la fonction juridictionnelle dans les Etats membres*, Paris, Dalloz, 2001, sp. 725-748.

[43] T. DE BERRANGER, « Danemark », in J. RIDEAU (dir.), *Les Etats membres de l'Union européenne. Adaptations, Mutations, Résistances*, LGDJ, Paris, 1997, sp. 133 ; H. VON HOLSTEIN, « Le droit communautaire dans le système juridique danois », *RFDA*, 1990, sp. 963.

498. L'acceptation de la primauté du droit communautaire sur la loi nationale emporte un certain nombre de conséquences. Celles-ci sont différentes selon les Etats. Pour les Etats connaissant déjà un contrôle de constitutionnalité des lois, il ne s'agit au fond que de la confirmation de la perte de souveraineté de la loi. Certes, certaines juridictions nationales se voient investies d'une nouvelle mission (*juger la loi*)[44], d'autres voient leur fonction juridictionnelle consolidée[45], mais cela ne change pas grand chose au *statut de la loi*. La loi n'est pas intouchable : contestable devant le juge constitutionnel ou le juge ordinaire (Portugal, Grèce) pour inconstitutionnalité, la loi l'est également désormais devant le juge ordinaire pour inconventionnalité. En revanche, dans les systèmes juridiques ignorant le contrôle juridictionnel de la constitutionnalité des lois, l'évolution est considérable puisque la loi peut désormais faire l'objet d'une évaluation juridictionnelle critique.

499. C'est au Royaume-Uni que les effets de la primauté du droit communautaire sont, sous ce point de vue, les plus remarquables. Le Royaume-Uni n'a pas de constitution formelle et ne connaît pas, par extension, de contrôle de constitutionnalité des lois. Le principe de la suprématie du Parlement interdit à tout juge de contrôler les lois adoptées par le Parlement à l'aune de normes supérieures[46]. La loi est intouchable car elle est l'expression de la souveraineté du Parlement. Notons ici que ce n'est pas loi en tant que telle qui est protégée (comme dans la pensée révolutionnaire française (*règne de la loi*)[47]), mais la loi en tant qu'acte du Parlement et expression de sa souveraineté. Autrement dit, la puissance inégalée du Parlement a pour corollaire de placer ses actes à l'abri de toute contestation[48]. Or, en vertu du *European Communities Act* de 1972 qui réglemente le statut du droit communautaire au Royaume-Uni, les juges anglais doivent régler toutes les questions de droit concernant le sens à donner à une norme communautaire, en accord avec la jurisprudence de la CJCE (article 3). Combiné à l'article 2(1) qui consacre l'applicabilité immédiate et directe du droit communautaire et à l'article 2(4) qui dispose que « *toute législation en vigueur ou à venir (...) devra être interprétée et prendre effet sous réserve des dispositions [de l'article 2 (1)]* », il ressort du *European Communities Act* que les juges ordinaires doivent sanctionner la primauté du droit communautaire sur la loi nationale postérieure conformément à la

---

[44] *Cf. infra*, n°541.

[45] O. DUBOS, *op.cit.*, p. 756.

[46] On se souvient que les tentatives de Sir Edward Coke pour soumettre la loi à la Common law (*Bonham's Case*, 1610) restèrent lettres mortes même si les juges anglais s'efforcent dans la mesure du possible d'interpréter les lois au regard de celle-ci (*Cf. supra*, n°37).

[47] Sur la « *nomophilie*» des révolutionnaires français, voir J. CARBONNIER, « La passion des lois au siècle des Lumières », *Essais sur les Lois*, Paris, Defrénois, 1979, pp. 203-223 ; E. GARCIA DE ENTERRIA, *La lengua de los derechos. La formación del Derecho público europeo tras la Revolución Francesca*, Madrid, Alianza Universidad, 1994, pp. 126 et ss ; B. GROETHUYSEN, *Philosophie de la révolution française*, Gonthier, Paris, 1956, pp. 191-193 (*Cf. supra*, n°47).

[48] O. BEAUD, *Etat et souveraineté. Eléments pour une théorie de l'Etat*, Thèse, Paris II, 1989 (dacty), pp. 9-11 : O. Beaud montre que la souveraineté est à la fois prérogative juridique et principe politique. En tant que telle, elle développe des effets dans la sphère politique (responsabilité gouvernementale) et juridique (suprématie de la loi).

jurisprudence *Costa v. Enel* de la CJCE. La *House of Lords* l'a confirmé dans l'arrêt *Factortame II*. Selon Lord Bridge, « *si au sein de la Communauté européenne, le principe de primauté du droit communautaire sur les droits internes des Etats membres n'a pas été inscrit de façon parfaitement expresse par le Traité de Rome, il a été établi avec certitude par la jurisprudence de la CJCE bien avant que le Royaume-Uni ne rejoigne la CEE. Ainsi, quelle que soit la limitation de souveraineté que le Parlement a pu accepter quand il a voté l'European Communities Act de 1972 il a toujours été clair qu'il est du devoir d'une juridiction du Royaume-Uni lorsqu'elle rend un jugement définitif, de passer outre toute règle de droit national qui se trouverait être en conflit avec toute règle de droit communautaire directement applicable* »[49]. Cette solution sera confirmée et amplifiée par la *House of Lords* dans l'arrêt *Equal Opportunities Commission vs. Secretary of State for Employment*[50]. Dans cette affaire, la *House of Lords* a considéré que les arrêts *Factortame* fondaient le droit d'obtenir, dans le cadre du contentieux de la légalité (*judicial review*), une déclaration établissant l'incompatibilité d'une loi parlementaire avec le droit communautaire[51]. Selon Eduardo García de Enterría, le juge britannique se reconnaît ici le pouvoir de « *décider par un prononcé direct et général sans qu'il s'agisse d'une application concrète, qu'une loi du Parlement britannique est contraire au droit communautaire, soit aux traités, soit aux normes secondaires ou dérivées de ceux-ci* »[52]. Certes, le juge ne dispose pas d'un pouvoir d'invalidation de la loi ; la décision du juge n'a qu'un caractère déclaratoire. Mais cette décision d'incompatibilité de la loi avec le droit communautaire est dotée d'un effet *erga omnes*. Autrement dit, ce nouveau recours se caractérise par un contrôle abstrait et diffus de la conventionnalité des lois devant les tribunaux ayant une compétence de *judicial review*. Il s'agit là d'une véritable « *hybridation juridique* »[53] combinant le modèle américain et le modèle européen de contrôle juridictionnel des lois[54]. Même au Royaume-Uni, la loi en tant qu'expression de la souveraineté du Parlement n'est plus intouchable.

Toutefois, on peut regretter que cette solution n'ait pas été reprise par le *Human Rights Act* de 1998 (*ci-après*, HRA) qui incorpore la ConvEDH dans l'ordre juridique britannique[55]. En effet, alors que la jurisprudence *Factortame* permet au

---

[49] HL, 1991, *Factortame LtD v. Secretary of State for Transport*, AC, p. 603

[50] HL, 1994, *Equal Opportunities Commission vs. Secretary of State for Employment, CLM Rep. 1995, 1, p. 391*, obs. S. Moore, *ELR*, 1995, p. 425.

[51] J. DUTHEIL DE LA ROCHERE et M. JARVIS, « Royaume-Uni », *in* J. RIDEAU (dir.), *Les Etats membres de l'Union européenne. Adaptations, Mutations, Résistances, op.cit.*, p. 434

[52] E. GARCIA DE ENTERRIA, « Un pas décisif dans le droit constitutionnel britannique : le pouvoir des juges de juger de façon abstraite et générale les lois du Parlement en contradiction avec le droit communautaire », *Liber Amicorum Marc-André Eissen*, Bruxelles, Bruylant, Paris, LGDJ, 1995, sp. 166

[53] O. DUBOS, *op.cit.*, p. 766.

[54] E. GARCIA DE ENTERRIA, *op.cit.*, sp.173.

[55] Il convient toutefois de relever qu'avant l'adoption du *HRA* le droit de la Convention n'était pas dépourvu de tout effet malgré le caractère dualiste de l'ordre juridique britannique. Lord Scarman observait ainsi en 1977 dans l'affaire Ahmad qu'il « *n'est pas possible de soutenir plus longtemps, que*

juge d'écarter l'application d'une loi incompatible avec le droit communautaire, le *HRA* n'autorise le juge qu'à interpréter et appliquer « *dans la mesure du possible* » « *les lois d'une façon qui est compatible avec les droits de la Convention* » (art. 3 al. 1 *HRA*). Et ce n'est que si cette interprétation conforme est impossible que le juge britannique pourra, tout en appliquant la loi (!), faire une « *déclaration d'incompatibilité* » (art. 4 al. 2 *HRA*). Sur le plan juridique, cette déclaration « *n'affecte pas la validité* » de la loi, celle-ci continuant à produire ses effets juridiques (art. 4 al. 6 *HRA*) ; cette déclaration n'a pour seule conséquence que de permettre au ministre compétent de proposer au Parlement une modification de la législation : il ne s'agit là que d'une faculté car il n'y est pas légalement obligé (art. 10 al. 2 *HRA*). Le juge ne peut donc ni écarter ni *a fortiori* annuler de sa propre autorité la loi incompatible avec la ConvEDH telle qu'intégrée par le *HRA* (art. 3 al. 2 *HRA*).

Cette solution, qui semble très en retrait par rapport à la jurisprudence *Factortame*, doit être relativisée à plusieurs points de vue. Tout d'abord, le juge pourra recourir aux pouvoirs qui lui sont conférés par la jurisprudence *Factortame* lorsque le litige entrera dans le champ d'application du droit communautaire par le truchement de l'application des principes généraux du droit communautaires au titre desquels sont protégées les dispositions de la Convention[56]. Dans cette hypothèse, le juge pourra alors se passer du mécanisme complexe institué par le *HRA* et « censurer » la loi contraire aux droits fondamentaux[57]. Ensuite, le pouvoir d'interprétation qui est conféré au juge dans le cadre de l'article 3 al. 1 est ambigu[58]. Le juge doit interpréter la loi conformément aux droits de la Convention. Toute la question est ici de savoir jusqu'où s'étend le pouvoir d'interprétation du juge. De deux choses l'une : ou le juge fera preuve de « *self-restraint* » en présumant la compatibilité de la loi avec la Convention[59] ; ou le juge fera preuve d'un certain

---

parce que les obligations du Royaume-Uni découlant d'un traité international ne deviennent pas du droit à moins qu'elles aient été adoptées par le Parlement, nos cours ne portent aucune attention à nos obligations internationales. Elles leur portent une attention très sérieuse ; en particulier, elles interpréteront le langage de la loi et appliqueront les principes de la common law, autant que possible afin de parvenir à une conclusion compatible avec nos obligations internationales », *Ahmad v. Inner London Education Authority* [1978] QB 76, 36, 48. Voir A. BRADLEY, « Le Human Rights Act de 1998 et le contrôle judiciaire de l'action administrative au Royaume-Uni », *Mélanges Michel Fromont, op.cit.*, sp. 82 et ss.

[56] N. GRIEF, « The domestic impact of the European convention on human rights as mediated through community law », *Public Law*, 1991, pp. 555-567 ; A. DRZEMCZEWSKI, « The domestic application of the european convention as european community law », *ICLQ*, 1981, pp. 118-140.

[57] Convenons avec Jean-François Flauss que ce « *dédoublement de la protection des droits fondamentaux « européens »* » a quelque chose de choquant. Selon que le litige se situera ou non dans l'orbe du droit communautaire, le juge disposera de pouvoirs plus ou moins étendus. Il s'ensuit une asymétrie préjudiciable dans la protection juridictionnelle des droits fondamentaux. J-F. FLAUSS, « Human Rights Act 1998 : kaléidoscope », *RFDC*, 2001, sp. 699.

[58] G. MARSHALL, « Interpreting Interpretation in the Human Rights Bill », *PL*, 1998, p. 167 ; « Two Kinds of Compatibility : more about Section 3 of Rights Act : The Right Interpretation ? », *PL*, 1999, pp. 377-383.

[59] P. MABAKA, « L'incorporation de la Convention européenne des droits de l'homme dans l'ordre juridique britannique », *RTDH*, 2000, sp. 39.

« *activism* » en s'efforçant d'interpréter « *la législation de manière à maintenir les droits de la convention, à moins que la législation aille si clairement à l'encontre de la Convention que tout essai en ce sens s'avère impossible* »[60]. Dans cette dernière hypothèse, c'est la volonté de l'interprète qui risque de l'emporter sur la lettre même du texte. Autrement dit, l'article 3 al. 1 semble admettre que « *le juge puisse faire violence aux mots de la loi en vertu d'un pouvoir d'interprétation dont il est difficile d'appréhender les limites* »[61]. Enfin, il faut compter également avec le contrôle de la CourEDH qui exerce, dans certaines hypothèses, un véritable contrôle de conventionnalité des lois internes[62]. Qui plus est, la CourEDH, en contrôlant *de facto* la déclaration de compatibilité opérée par le juge national, pourra s'ériger en arbitre des conflits entre le juge et le législateur britanniques[63]. La loi, en tant qu'acte d'un Parlement souverain, a manifestement perdu de sa superbe.

b) La loi inconventionnelle, source de responsabilité : la responsabilité de l'Etat-législateur

500. L'émergence d'un régime de responsabilité du législateur sous l'impulsion du droit communautaire est un autre signe du déclin du statut de la loi. L'affirmation du principe de la responsabilité de l'Etat législateur pour violation du droit communautaire dans la jurisprudence récente de la CJCE[64] représente, eu égard à la conception classique de la souveraineté du parlement, « *une véritable révolution juridique* »[65] susceptible de bouleverser la structure et la cohérence de plusieurs systèmes juridiques nationaux[66]. Il convient en effet de rappeler que, traditionnellement, la loi, expression de la volonté générale, réputée juste, infaillible et intouchable, ne peut mal faire ; ce faisant, elle ne saurait être la source de la mise en cause pour faute de la responsabilité de l'Etat-législateur. Ce mythe de la souveraineté absolue de la loi et du parlement, hérité des Lumières et de la révolution française, a structuré et conditionné pendant longtemps la plupart des démocraties libérales européennes[67]. On a parlé à ce propos d' « Etat légal ». Bien

---

[60] Lord IRVINE OF LAIRG, « The Development of Human Rights in Britain under an Incorporated Convention on Human Rights », *PL*, 1998, sp. 228.

[61] L. HEUSCHLING, *op.cit.*, p. 399.

[62] Sur ce point, *Cf. infra*, n°534.

[63] J-F. FLAUSS, *op.cit.*, p. 698.

[64] CJCE, 5 mars 1996, *Brasserie du pêcheur et Factortame III*, aff. C-46/93 et C-48/93, *Rec.* I-1029. La Cour de justice considère que le principe du droit à réparation en cas de violation du droit communautaire « *est valable en toute hypothèse de violation du droit communautaire par un Etat membre, et quel que soit l'organe de l'Etat membre dont l'action ou l'omission est à l'origine du manquement* » ; à cet égard, « *la circonstance que le manquement est, au regard des règles internes, imputable au législateur n'est pas de nature à remettre en cause les exigences inhérentes à la protection des droits particuliers qui se prévalent du droit communautaire et, en l'occurrence, le droit d'obtenir réparation du préjudice causé par ledit manquement devant les juridictions nationales* » A. RIGAUX, « L'arrêt Brasserie du pêcheur-Factortame III : le Roi peut mal faire en droit communautaire », *Europe*, mai 1996, ch. 5

[65] P. SENKOVIC, *L'évolution de la responsabilité de l'Etat législateur sous l'influence du droit communautaire*, Bruxelles, Bruylant, 2000, sp.2.

[66] *Cf. infra*, n°623.

[67] E. GARCIA DE ENTERIA, *op.cit.* ; G. ZAGREBELSKY, *op.cit.*

que battu en brèche notamment par l'avènement du contrôle de constitutionnalité et, dans une moindre mesure, par le développement du contrôle de conventionnalité, ce dogme de l'incontestabilité et de l'infaillibilité de la loi persiste dans de nombreux Etats européens.

501. En effet, aujourd'hui encore, la plupart des systèmes juridiques nationaux rejettent le principe même de la responsabilité du législateur du fait des lois[68]. C'est évidemment le cas en Grande-Bretagne où le principe de la souveraineté du Parlement interdit de considérer que le législateur puisse être à l'origine d'un quelconque dommage[69]. Mais c'est aussi le cas dans une large mesure aux Pays-Bas[70], en Belgique[71] et au Luxembourg[72]. En France et en Italie, si l'hypothèse d'une indemnisation d'un dommage causé par une loi est envisagée, il ne s'agit pas toutefois d'une véritable hypothèse de responsabilité du législateur au sens strict conduisant le juge à porter une appréciation sur un acte législatif[73]. Dans les autres Etats (Allemagne, Grèce, Portugal), si un système de responsabilité du législateur a bien été envisagé, force est de constater que ce principe n'est jamais concrètement appliqué[74]. Seul le juge espagnol semble avoir sérieusement envisagé la responsabilité du législateur[75].

502. Ces différents régimes de responsabilité de l'Etat législateur sont susceptibles d'évoluer sous l'influence du droit communautaire[76]. Certes, à l'heure actuelle, la plupart des juridictions nationales sont encore réticentes à tirer toutes les conséquences de la jurisprudence *Brasserie du Pêcheur*[77]. Toutefois, une évolution se dessine.

---

[68] O. DUBOS, *op.cit.*, sp. 791 et ss.

[69] F. FINES, *Etude de la responsabilité extracontractuelle de la Communauté économique européenne*, Paris, LGDJ, 1990, sp. 115.

[70] F. SCHOCKWEILER *et alii*, « Le régime de la responsabilité extra-contractuelle du fait d'actes juridiques dans la Communauté européenne », *RTDE*, 1990, p. 47.

[71] M. LEROY, « Responsabilité des pouvoirs publics du chef de méconnaissance des normes supérieures de droit national par un pouvoir législatif », *in La responsabilité des pouvoirs publics,* Bruxelles, Bruylant, , sp. 303 et ss.

[72] F. SCHOCKWEILER *et alii, op.cit.*, p. 45.

[73] Bien que l'on parle en droit français de « responsabilité du fait des lois », il ne s'agit pas réellement d'une hypothèse de responsabilité aquilienne. Le système français, à l'image du système italien, s'apparente en réalité davantage à un système jurisprudentiel d'indemnisation.

[74] O. DUBOS, *op.cit.*, pp. 798-801.

[75] E. BRIBOSIA et M.C. ARAGONES, « Le droit espagnol », in G. VANDERSANDEN et M. DONY (dir.), *La responsabilité des Etats membres en cas de violation du droit communautaire. Etudes de droit communautaire et de droit comparé*, Bruylant, Bruxelles, 1997, p. 183 et ss ; O. DUBOS, *op.cit.*, p. 801. ; J-L. MARTINEZ LOPEZ MUNIZ, « L'influence du droit communautaire sur le droit administratif espagnol », *AJDA*, 1996, n° spécial, juin, sp. 123.

[76] P. SENKOVIC, *op.cit.*; O. GOHIN, « La responsabilité de l'Etat en tant que législateur », *RIDC*, 1998, p. 595 et ss.

[77] *Ibid.*. ; A. BARAV, « State Liability in Damages for Breach of Community Law », *in* T. Heukels et A. McDonnell (ed.), *The Action for Damages in Community Law,* Kluwer International, La Hayer-Londres-Boston, 1997, sp. 376 ; J-M. FAVRET, *Les influences réciproques du droit communautaire et du droit national de la responsabilité publique extracontractuelle*, Paris, Pedone, 2000, sp.284 ; O. DUBOS, *op.cit.*, p. 803.

Au Royaume-Uni, l'influence du droit communautaire s'est déjà révélée déterminante[78] ce qui, compte tenu du dogme de la souveraineté absolue du Parlement[79], est d'autant plus remarquable. C'est ainsi que la *Divisionnal Court* a directement fondé, dans une décision confirmée par la *Court of Appeal*, le droit à réparation d'un préjudice imputable à la violation du droit communautaire par le législateur sur la jurisprudence de la CJCE[80].

On relève une tendance également en ce sens en France même si le Conseil d'Etat français hésite encore à franchir le pas : marqué « *historiquement par le « credo constitutionnel » en vertu duquel la loi est l'expression de la volonté générale, [il] développe naturellement un « réflexe conservateur » qui le pousse à résister à toute évolution qui aurait pour effet d'ébranler le statut de la loi, y compris sur le terrain de la responsabilité* »[81]. Pourtant, certaines juridictions administratives françaises s'y sont osées. On se souvient, en effet, que la Cour administrative d'appel de Paris n'avait pas hésité, dans l'affaire *Dangeville*, à mettre en cause la responsabilité de l'Etat du fait de la « *situation illicite* » créée par l'incompatibilité des dispositions du code général des impôts avec les objectifs fixés par la sixième directive, en situant le fait générateur de la responsabilité dans le comportement du législateur[82]. Elle s'était ainsi engagée sur la voie d'une responsabilité pour faute du législateur. Récemment, le Tribunal administratif de Paris est allé encore bien plus loin en appliquant le régime de responsabilité pour faute du législateur en dehors même du champ d'application du droit communautaire[83]. Tirant toutes les conséquences de la jurisprudence *Nicolo* et transposant au droit européen des droits de l'homme la solution dégagée par la Cour de justice dans l'affaire *Brasserie du Pêcheur* et *Factortame III*, le juge administratif a considéré que l'inconventionnalité d'une loi pouvait constituer une faute susceptible d'engager la responsabilité de l'Etat du fait du législateur[84]. Cette solution est d'autant plus intéressante qu'elle illustre la force d'attraction du modèle communautaire de responsabilité extracontractuelle qui déploie ses effets au-delà

---

[78] A. VALLERY, « Le droit anglais », in G. VANDERSANDEN et M. DONY (dir.), *La responsabilité des Etats membres en cas de violation du droit communautaire. Etudes de droit communautaire et de droit comparé*, Bruxelles, Bruylant, 1997, pp. 95 et ss.

[79] H.W.R. WADE, « What has Happened to the Sovereignty of Parliament ? », *LQR*, vol. 107, 1991, p. 4 ; G. MARSHALL, « Parliamentary Sovereignty : the News Horizons », *PL*, 1997, pp. 1-5.

[80] DC de Londres, 31 juillet 1997, cité par J. DUTHEIL DE LA ROCHERE, N. GRIEF et M.A. JARVIS, « L'application du droit communautaire par les juridictions britanniques (19961997) », *RTDE*, 1998, p. 94.

[81] J-M FAVRET, *Les influences réciproques du droit communautaire et du droit national de la responsabilité publique extracontractuelle*, Paris, Pedone, 2000, sp.284 . Sur les raisons des réticences du Conseil d'Etat vis-à-vis de la reconnaissance d'un régime de responsabilité pour faute de l'Etat législateur, *Cf. infra*, n°628.

[82] CAA, 1er juillet 1992, *Société Jacques Dangeville*, *Recueil Lebon*, p. 558, obs. X. PRETOT, AJDA, 1992, p. 770.

[83] TA de Paris, 11 octobre 2002, *Société Fipp*, *AJDA*, 2003, pp. 955-958, obs. C. Deffigier.

[84] Relevons toutefois qu'en l'espèce le juge conclut à la conventionnalité de la loi et partant à l'absence de responsabilité de l'Etat.

même de son champ d'application[85]. Il reste à savoir l'accueil qui sera réservé au Palais Royal à cette audacieuse mais néanmoins logique construction.

503. C'est donc le statut même de la loi et sa place symbolique dans l'ordonnancement juridique des rapports sociaux qui s'en trouvent bouleversés. Son déclin, initié dans la plupart des systèmes juridiques européens antérieurement au développement du processus d'intégration européenne, est saisi voire même accéléré par celui-ci, marquant ainsi le recul du modèle de l'Etat légal. Le « *principe de légalité* » se trouve donc désormais encadré cumulativement ou alternativement par le « *principe de constitutionnalité* » d'une part et le « *principe de conventionnalité* » d'autre part. Mais loin de signifier la fin du « *principe de légalité* », ce processus marque au contraire un renforcement des exigences de légalité compris cette fois dans un sens plus large, à savoir la soumission de l'administration aux règles de droit de valeur supérieure. La loi formelle n'est plus la norme suprême et exclusive de référence, mais un élément parmi d'autres d'un ensemble normatif plus large au sein duquel elle occupe désormais une position subordonnée[86]. L'Etat de droit s'en trouve renforcé. A cet égard, le Droit européen peut venir renforcer ces exigences d'une légalité élargie.

B. Le renforcement des exigences d'une légalité élargie

504. Prétendre que le Droit européen peut venir renforcer les exigences de légalité peut apparaître paradoxal à ceux pour qui la profusion et le flou des normes juridiques européennes est, au contraire, un facteur de désordre dans l'ordre juridique[87] et plus largement un signe du « *déclin du droit* »[88] affectant du même coup la réalisation de l'*Etat de droit*[89]. L'on ne saurait nier le manque de « *lisibilité* » du droit communautaire[90] ou encore la faible détermination du droit européen des droits de l'homme qui affecte l'idée traditionnelle de légalité[91]. Pourtant, à bien des égard, il nous semble que le Droit européen dans son ensemble

---

[85] J. RIDEAU, *op.cit.*, p. 118. De même, rappelons que la jurisprudence *Factortame*, autorisant les juridictions britanniques à prononcer des injonctions à l'encontre de la Couronne lorsque les droits d'un individu garantis par des dispositions communautaires risquent d'être bafoués, a été étendue aux situations purement internes. *(M/ Home office*, W.L.R., 1993, 3, p. 433 ; All E. R., 1993, 3, p. 537, per Lord Woolf).

[86] J. CHEVALLIER, *op.cit.*, p. 1672.

[87] B. OPPETTIT, « L'Eurocratie ou le mythe du législateur suprême », *Recueil Dalloz*, 1990, Chr XIII, pp. 73-76.

[88] Sur ce thème, G. RIPERT, *Le déclin du droit : études sur la législation contemporaine*, LDGJ, Paris, 1949. Pour une critique de la thèse du « déclin du droit », voir A. JEAMMAUD, « Le droit au Musée ? », *Economie et Humanisme*, n°318, 1991, pp. 265-273.

[89] B. OPPETTIT, *op.cit.*, p. 74 ; J-P. HENRY, « Vers la fin de l'Etat de Droit ? », *RDP*, 1977, p. 1207-1235 ; B. LUSIN, « Le mythe de l'Etat de droit », *in Mélanges en l'honneur de F. Borella, Etat, Société et Pouvoir à l'aube du XXIe siècle*, Presse Universitaire de Nancy, 1998, pp. 249- 266.

[90] D. SIMON, « La lisibilité du droit communautaire », *in* J. RIDEAU (dir.), *La transparence dans l'Union européenne, mythe ou principe juridique*, Paris, LGDJ, 1999, p. 79.

[91] M. DELMAS-MARTY, *Pour un droit commun*, Paris, Seuil, p. 124.

peut venir renforcer la réalisation de l'Etat de droit en augmentant les exigences de légalité.

1) L'enrichissement quantitatif de la légalité

505. Cet enrichissement de la légalité du fait du Droit européen est d'abord d'ordre quantitatif. Le bloc de la légalité ne se limite plus aux seules normes internes. Les normes européennes inondent le droit interne d'un flot ininterrompu de normes qui viennent enrichir la légalité interne par le jeu combiné de la primauté et de l'effet direct[92]. Cette augmentation quantitative de la légalité a plusieurs conséquences. Premièrement, l'administration se trouve de plus en plus liée par la règle de droit. En effet, « *au fur et à mesure qu'augmente la sphère de la législation, l'activité administrative est chaque fois plus liée* »[93]. Il y aurait ainsi un recul de la compétence discrétionnaire de l'administration en raison d'un phénomène quantitatif constitué par l'arrivée dans la sphère de la légalité du nouvel ensemble normatif européen[94]. Deuxièmement, cet élargissement de la légalité a également pour conséquence de renforcer le contrôle de la légalité en ce que ces nouvelles normes européennes font désormais partie du droit applicable au litige. Il s'ensuit que le juge peut puiser dans cette légalité élargie, d'une part, pour enrichir le droit interne par le jeu de l'interprétation conforme[95] ou par la combinaison des normes internes

---

[92] LARZUL, *op.cit.*, p. 158 ; G. MARCOU, « Introduction », in G. MARCOU (dir.), *Les mutations du droit de l'administration en Europe. Pluralisme et convergences*, Paris, L'Harmattan, 1995, p. 20 et ss ; S. BRACONNIER, *Jurisprudence de la Cour européenne des droits de l'homme et droit administratif français*, Bruylant, Bruxelles, 1997, sp.327.

[93] L. LOPEZ-RODO, « Le pouvoir discrétionnaire de l'administration. Evolution doctrinale et jurisprudentielle », *RDP*, 1953 ; également, C. EISENMAN, « Le droit administratif et le principe de légalité », *EDCE*, 1957, p. 26.

[94] J-F. FLAUSS, « Les incidences du droit européen sur les théories du droit administratif français », *LPA*, 1989, n°143, p. 23 ; S. BRACONNIER, *op.cit.*, p. 316 et ss.

[95] La méthode suivie par le Conseil d'Etat dans l'affaire *Mableu* – à l'origine du revirement jurisprudentiel relatif à l'application de l'article 6§1 de la Convention aux juridictions disciplinaires – illustre cette neutralisation du droit interne. Depuis plus de 18 ans, le Conseil d'Etat refusait, en application de sa jurisprudence *Debout*, d'appliquer l'article 6§1 de la Convention aux juridictions disciplinaires et donc de reconnaître le principe de la publicité des débats devant celles-ci au motif que celles-ci « *ne statuent pas en matière pénale et ne tranchent pas de contestations sur des droits et obligations de caractère civil* ». Le Conseil d'Etat affichait là son opposition à une conception extensive de l'article 6§1 de la Cour qui entendait dépasser le clivage droit privé/droit public en proposant une lecture autonome de cet article (CourEDH, 16 juillet 1971, *Ringesein*, Série A, §94). Cette position avait été confirmée en 1984 dans l'affaire *Subrini* et ce, malgré l'opposition de son commissaire du gouvernement qui appelait à une « *discipline juridictionnelle* » encourageant ainsi le respect de la jurisprudence de la Cour. D'ailleurs, c'est sans surprise qu'en 1995 la France a été condamnée par la Cour pour violation de l'article 6§1 en ce que cet article impose la publicité des débats devant les juridictions disciplinaires (affaire *Diennet*). C'est dans ce contexte que le Conseil d'Etat était amené dans l'affaire *Mableu* à se prononcer sur la légalité du décret du 27 novembre 1991 organisant la procédure disciplinaire devant l'ordre des avocats au regard de l'article 6§1 de la Convention. En acceptant de contrôler la légalité de l'article 192 du décret litigieux avec la Convention, le Conseil d'Etat met fin à plus de 18 ans d'opposition avec la Cour, même s'il conclut en l'espèce à la compatibilité des deux textes. En fait, le Conseil d'Etat a procédé à une *interprétation conforme* du texte litigieux à la lumière de la Convention. Après avoir visé le texte de l'article 6§1 de la Convention, le Conseil d'Etat relève que l'article 192 du texte contesté pose le principe de la non publicité des débats devant le Conseil de l'ordre,

et européennes[96], et d'autre part pour compléter un droit interne parfois lacunaire[97]. Dans certains cas, il substituera même à la norme interne contraire la norme européenne[98].

2) L'enrichissement qualitatif de la légalité

506. Cet enrichissement de la légalité du fait du Droit européen est aussi et surtout d'ordre qualitatif. La doctrine a montré comment le droit européen des droits de l'homme avait pu contribuer en France à démocratiser les rapports administratifs entre l'individu et l'administration et à rendre le droit administratif moins autoritaire en exigeant notamment une plus grande soumission de l'administration au droit[99]. C'est notamment par le prisme des principes généraux du droit qui expriment les *« exigences de la conscience juridique du temps et [...] celles de l'Etat de droit »*[100] que la légalité peut se trouver substantiellement enrichie par le Droit européen[101]. On pense ici en particulier à l'influence directe[102] ou indirecte[103] de certains principes

---

le Conseil de l'ordre étant libre d'en décider autrement à la demande de l'avocat concerné. Le Conseil d'Etat considère donc que la disposition litigieuse n'est pas contraire à la Convention dans la mesure où « *l'avocat concerné a droit, dès lors qu'il en fait la demande, à ce que sa cause soit entendue publiquement* ».

[96] Le cas typique est celui où la juridiction nationale énonce un principe de droit interne et constate qu'il est confirmé par une disposition de la Convention. Par exemple, dans l'arrêt *Didier* du 3 décembre 1999, le Conseil d'Etat a considéré que la participation du rapporteur « *aux débats et au vote [de la formation disciplinaire du Conseil des marchés financiers] à l'issue desquels il a été décidé d'infliger une sanction à M. Didier [n'entraîne] aucune méconnaissance du principe d'impartialité rappelé à l'article 6§1 de la* Convention EDH ».

[97] Par exemple, à la suite de condamnations de la France par la Cour pour violation de la vie privée (écoutes téléphoniques et changement d'Etat civil des transsexuels), la Cour de cassation s'est efforcée de rendre compatible le droit interne avec les exigences européennes.

[98] Exceptionnellement, le juge national accepte d'appliquer le droit européen contre la norme nationale pour écarter l'application d'un texte national considéré comme incompatible avec le droit européen. En droit communautaire, on parle d'invocabilité d'exclusion ou de substitution (D. SIMON, *Le système juridique communautaire*, 3ème éd., Paris, Puf, 2002, p. 437 et ss). Cela vaut également pour le droit de la Convention européenne des droits de l'homme. Notons toutefois que nous sommes ici en présence de l'hypothèse la plus rare pour plusieurs raisons : tout d'abord, il faut bien admettre que les cas de conflits directs sont relativement peu fréquents ; ensuite, le juge national est encore réticent à faire prévaloir en pratique la seule Convention sur le droit interne même si le principe de la primauté n'est plus aujourd'hui contesté (M. Genevois note à cet égard que « *la tendance naturelle d'un juge national est de chercher à légitimer sa propre législation* », *RFDA*, 1989, p832) ; enfin, le juge n'a pas toujours les moyens d'assurer la prévalence de la Convention, notamment lorsqu'il incombe à l'Etat une obligation de faire.

[99] S. BRACONNIER, *op.cit.*, pp. 309-358 ; J-F. FLAUSS, *op.cit.*, p. 23.

[100] R. CHAPUS, *Droit administratif général*, Paris, Montchrestien, 15ème éd., 2001, p. 95.

[101] J-M. MAILLOT, *La théorie administrativiste des principes généraux du droit. Continuité et modernité*, Paris, Dalloz, 2003, pp.140-335. L'auteur montre comment les normes européennes et internationales sont susceptibles de contribuer à l'enrichissement de la théorie administrativiste française des principes généraux du droit par la réception directe de principes généraux du droit supranationaux et par l'influence indirecte des exigences supranationales.

[102] En vertu du principe de primauté, les principes généraux du droit communautaire s'imposent prioritairement au sein des ordres juridiques nationaux lorsque le litige entre dans le champ d'application du droit communautaire : la CJCE considère, d'une part, que « *toute autorité chargée d'appliquer les règlements communautaires est tenue au respect des principes généraux du droit communautaire* » (CJCE, 27 septembre 1979, *Eridiana*, aff. 230/78, *Rec.* 2749), et, d'autre part, que le contrôle du respect

généraux du droit communautaire[104] comme le principe de sécurité juridique ou de proportionnalité dont on a vu qu'ils constituaient respectivement des principes *régulateur* et *modérateur* du modèle européen exigeant de l'Etat de droit.

a) Le principe de proportionnalité

507. L'idée d'un contrôle de proportionnalité *lato sensu* semble se retrouver dans la plupart des systèmes juridiques européens[105]. Consacré expressément par la constitution au Portugal et par le juge en Allemagne, en Autriche, en Espagne, en Irlande, en Italie et même désormais au Royaume-Uni, le principe de proportionnalité apparaît comme « *une notion européenne* »[106]. Qui plus est, sans être explicitement invoqué en droit écrit ou en jurisprudence, l'existence d'un « *contrôle de proportionnalité* » a été mise en évidence en Belgique, en Grèce et bien entendu en France sans que cela passe forcément par sa formalisation sous la forme d'un principe normatif. Toute la question est ici celle de savoir quelle a pu (ou pourrait) être l'influence du Droit européen dans la promotion du principe de

---

des principes généraux du droit communautaire ne se conçoit que dans le champ d'application du droit communautaire (CJCE, 18 juin 1991, *ERT*, aff. C-260/89, *Rec.* I-2925). Dès lors que le litige est purement interne, les normes communautaires y compris les principes généraux du droit n'ont pas vocation à être appliquées. Dans l'affaire *Demirel* par exemple, la Cour de justice a considéré qu'il ne lui « *appartenait pas de vérifier la compatibilité avec la Convention européenne des droits de l'homme et des libertés fondamentales d'une réglementation nationale qui ne se situe pas dans le cadre du droit communautaire* » (CJCE, 30 septembre 1987, *Demirel*, aff. 12/86, *Rec.* 3719).

[103] L'influence est indirecte lorsque le principe général du droit communautaire vient à être consacré formellement ou matériellement par le juge national dans un litige n'ayant aucun rattachement « *à l'une quelconque des situations envisagées par le droit communautaire* » (CJCE, 29 mars 1979, *La Reine c. Saunders*, aff. 175/78, *Rec.* 1129). Il s'agit alors d'une application volontaire des principes extérieurs. L'application du principe de confiance légitime en droit anglais en constitue une illustration (*Cf. infra*, n°514). Mais l'influence peut également être indirecte lorsque l'existence d'un principe général du droit communautaire ou d'une norme européenne contribue à l'émergence ou au renouvellement d'un principe général du droit national. Sur le principe d'impartialité, *Cf. infra*, n°586.

[104] Y. GALMOT, « L'apport des principes généraux du droit communautaire à la garantie des droits dans l'ordre juridique français », *CDE*, 1997, pp. 67-79 ; F. MODERNE, « Actualité des principes généraux du droit », *RFDA*, 1998, pp. 495-518 ; D. SIMON, « Y a t-il des principes généraux du droit communautaire ? », *Droits*, 1991, pp. 73-86 ; M-F. CHRISTOPHE TCHAKALOFF, « Les principes généraux du droit communautaire », *Droits nationaux, droit communautaire : influences croisées, En hommage à Louis Dubouis*, La documentation française, 2000, pp.83-95 ; A-L. VALEMBOIS, « La prévalence des principes généraux du droit communautaire sur la loi nationale », *AJDA*, 2002, pp. 1219-1225.

[105] Frank Moderne observe ainsi que « *le principe de proportionnalité fait partie du fonds commun aux sanctions pénales et aux sanctions administratives* » (F. MODERNE, « Le pouvoir de sanction administrative au confluent du droit interne et des droits européens », *RFDA*, 1997, p. 9 et ss). Jacques Ziller relève de son côté que s'il s'agit bien d'une « notion européenne » que l'on retrouve dans la plupart des systèmes juridiques européens, en revanche celle-ci est hétérogène en ce que le principe se présente sous des « formes diverses », « de nature variable » et sous des contenus hétérogènes (J. ZILLER, « Le principe de proportionnalité », *AJDA*, 1996, spécial, sp. 185-187). D'une manière plus générale, voir E. ELLIS (ed.), *The Principle of Proportionality in the Laws of Europe*, Oxford, Hart Publishing, 1999 ; J. SCHWARZE, *Droit administratif européen*, Bruxelles, Bruylant, 1994, pp. 724-747 ; N. EMILIOU, *The principle of Proportionnality in European Law. A comparative Study*, London, Kluwer Law International, 1996.

[106] J. ZILLER, *op.cit.*, p. 187.

proportionnalité ou, à défaut, d'une exigence de proportionnalité au sein de ces systèmes juridiques.

508. En **Espagne**, c'est en référence à la jurisprudence de la CourEDH que le principe de proportionnalité a connu sa première formalisation en droit espagnol[107] même s'il est possible d'en trouver les traces dans la Constitution de 1978[108] ou dans certains actes normatifs antérieurs[109]. En **Irlande**, le principe de proportionnalité est utilisé par les tribunaux lorsqu'il s'agit d'incorporer le droit communautaire en droit irlandais[110]. Mais plus largement, ce principe est également mobilisé en dehors du champ d'application du droit communautaire[111]. Et à cet égard, l'influence de la ConvEDH semble avoir été décisive[112]. En **Italie**, c'est au début des années 1970 que le principe de proportionnalité a fait l'objet de ses premiers développements explicites. Selon la doctrine, il faudrait y voir là l'influence de la jurisprudence de la CJCE[113].

509. C'est sans doute au **Royaume-Uni** que l'influence du Droit européen sur la promotion du principe de proportionnalité est susceptible d'être la plus remarquable compte tenu de la retenue avec laquelle le juge britannique contrôle la légalité des actes administratifs (*Wednesbury test*[114])[115]. Dès 1984, Lord Diplock avait proposé que la violation du principe de proportionnalité « *tel qu'il existe dans plusieurs autres Etats membres de la Communauté économique européenne* »[116] puisse constituer un quatrième cas d'ouverture d'une action en *Judicial Review*[117]. A ce jour, les espoirs de Lord Diplock n'ont pas encore été pleinement réalisés. Il existe

---

[107] Tribunal constitutionnel, 15 octobre 1982, RA-70, 185/1980 et 402/1981, pp. 919 cité par J. SCHWARZE, *op.cit.*, p. 746.

[108] Comme par exemple dans l'article 9.2 de la Constitution qui oblige l'Etat à réunir toutes les conditions pour l'exercice des libertés de l'individu, dans l'article 14 relatif à l'interdiction de l'arbitraire et au droit à l'égalité à l'interdiction de toute discrimination non légitime et non raisonnable.

[109] En ce sens, E. MALARET I GARCIA, « Le droit administratif espagnol entre l'ordre juridique national et l'ordre juridique communautaire », *in* G. MARCOU (dir.), *op.cit.*, sp. 112.

[110] J. SCHWARZE, *op.cit.*, p. 744.

[111] G. HOGAN et A. SCHUSTER, *Administrative Law in Ireland*, Londres, 1991, pp. 541-542.

[112] Sur l'application du principe de proportionnalité tel que développé par la CourEDH, voir Hight Court, *Heny v. Ireland* ([1994] 2 ILRM). Voir G. HOGAN et A. SCHUSTER, « Irish Report », in J. SCHWARZE (éd.), *Le droit administratif sous l'influence de l'Europe…*, *op.cit.*, p. 468 et ss.

[113] En ce sens, G.M. UMBERTAZZI, « Le principe de proportionnalité en droit italien », in H. Kutscher (ed.), *Der Grundsatz der Verhältnismäßigkeit in europäischen Rechtsordnungen*, Heidelberg, 1985, p. 79 ; J. SCHWARZE, *op.cit.*, p. 736 ; J. ZILLER, *op.cit.*, p. 186.

[114] Traditionnellement, les juges anglais considèrent qu'ils n'ont à se prononcer sur le bien-fondé d'une mesure administrative de politique que si la décision administrative est si irraisonnable ou irrationnelle qu'aucune autorité décisionnelle n'aurait pu adopter une telle mesure (*Wednesbury unreasonableness test*).

[115] G. DE BURCA, « Proportionality and Wednesbury Unreasonableness : The Influence of European Legal Concepts on UK Law », *EPL*, 1997, p. 561 ; Lord HOFFMANN, « The Influence of The European Principle of Proportionality upon UK Law », in E. ELLIS (ed.), *op.cit.*, p. 107.

[116] *Council of Civil Service Unions v/ Minister for the Civil Service*, 1984, 3 WLR, p. 1182 (HL)

[117] W. LEWIS, « L'influence du droit communautaire sur le droit administratif anglais », *AJDA*, 1996, sp. 125.

d'ailleurs sur ce point une controverse pour savoir si le principe de proportionnalité a réellement été développé par les tribunaux anglais[118], et plus largement sur l'opportunité d'une telle consécration[119]. Si le principe de proportionnalité a pu être directement appliqué par les juges anglais dans les litiges entrant dans l'orbe du droit communautaire[120], il en va tout autrement dans les litiges purement internes. Dans l'affaire *R.v. Secretary of State for the Home Department, ex parte Brind and Others*[121], la *House of Lords* a clairement refusé de faire du principe de proportionnalité un motif de *Judicial Review* puisque la ConvEDH, n'ayant pas été incorporée dans le droit interne, ne pouvait être source de droits et d'obligations. Il semble que pour le moment le « *Wednesbury test* » constitue la ligne frontière du *Judicial Review* au-delà de laquelle les juges anglais ne sont pas disposés à aller[122]. Toutefois, une évolution est à terme inévitable. L'intégration de la ConvEDH en droit anglais (*HRA* 1998) devrait accélérer ce processus de reconnaissance du principe de proportionnalité et renforcer le pouvoir de contrôle des juges en leur permettant de contrôler certains aspects des décisions discrétionnaires qui demeuraient en dehors du champ de contrôle pour motif « d'irrationalité » (*Wednesbury test*)[123]. Dans l'affaire *Attorney-General v. Gardian Newspapers Ltd. (No. 2)*, Lord Goff avait déjà rappelé qu'il « *est établi dans la jurisprudence de la Cour européenne des droits de l'homme que (...) toute atteinte à la liberté d'expression doit être proportionnée au but légitime poursuivi. Je n'ai aucune raison de croire que le droit anglais, tel qu'appliqué par les tribunaux, conduise à une conclusion différente* »[124]. Et dans l'affaire *Brind*, Lord Ackner considérait que l'incorporation de la ConvEDH pourrait constituer la base juridique appropriée pour l'importation en droit anglais du principe de proportionnalité[125]. Sous l'effet cumulatif du droit communautaire et de la ConvEDH, les juges anglais devront se faire au « nouveau langage » de la proportionnalité, ce qui devrait même à terme conduire à une évolution substantielle du rôle du juge dans le contrôle juridictionnel de la légalité[126].

---

[118] G. ANTHONY, « Community Law and the Development of UK Administrative Law : Delimiting the 'Spill-Over ' Effect », *EPL*, 1998, sp. 268 et ss

[119] Sur les termes de cette controverse, R. THOMAS, *Legitimate Expectations and Proportionality in Administrative Law*, Oxford, Hart, 2000, sp. 86-94.

[120] *R. v. Minister of Agriculture, Fisheries and Food, ex parte Roberts and Others* [1991] 1 CMLR 555 ; *Thomas v. Adjudication Officer* [1991] 3 All ER 315 (CA) ; *Stoke-on-Trent City Council v B&Q plc* [1991] 4 All ER 221. La doctrine relève toutefois que l'application qui est faite du principe de proportionnalité est encore très en deçà des exigences européennes. Sur ce point, G. ANTHONY, *op.cit.*, p. 268.

[121] *R.v. Secretary of State for the Home Department, ex parte Brind and Other,*(1991) 2 WLR 588.

[122] G. DE BURCA, *op.cit.*, p. 561.

[123] A. BRADLEY, « Le Human Rights Act de 1998 et le contrôle judiciaire de l'action administrative au Royaume-Uni », *op.cit.*, sp. 92.

[124] (1990) 1 A.C. 109.

[125] *Brind Case, op.cit.*, 605-6.

[126] R. THOMAS, *op.cit.*, p. 100.

510. Reste le cas de la **France**. Comme le soulignait très justement Jacques Ziller « *il n'y a pas d'exception française* » en la matière. « *La France fait simplement partie des pays encore nombreux où ce principe est appliqué en droit administratif, du moins sous certains aspects, sans que la jurisprudence ni la loi ne consacrent formellement un principe général de proportionnalité* »[127]. En effet, si le principe de proportionnalité n'a pas fait l'objet d'une consécration formelle explicite par le juge administratif[128], force est de constater que cette notion est loin d'être étrangère au droit administratif français[129]. Dès 1909, le Conseil d'Etat a posé la règle selon laquelle l'autorité publique ne peut limiter une liberté publique que dans la stricte mesure nécessaire au maintien de l'ordre (*contrôle de la nécessité*)[130]. Cette jurisprudence a été largement étendue pour s'appliquer également à la protection de certains droits sociaux comme le droit de grève ou la protection des délégués du personnel. Certains auteurs voient même dans la jurisprudence dite du « *bilan coût-avantages* » une application du principe de proportionnalité[131]. Pour autant, le juge administratif n'a pas, pour l'instant, accepté de consacrer le principe de proportionnalité au titre des principes généraux du droit. Certes, le Conseil d'Etat accepte d'appliquer le principe de proportionnalité dans le cadre du champ d'application du droit communautaire au titre des principes généraux du droit communautaire[132]. Le Tribunal administratif de Caen a même reconnu la primauté de principe communautaire de proportionnalité sur la loi nationale[133]. En revanche,

---

[127] J. ZILLER, *op.cit.*, p. 185.

[128] On peut toutefois se demander si le Conseil constitutionnel n'a pas consacré formellement le principe de proportionnalité. Dans sa décision n°97-395 du 30 décembre 1997, le Conseil constitutionnel a ainsi considéré que « *lorsqu'une sanction administrative est susceptible de se cumuler avec une sanction pénale, **le principe de proportionnalité** implique qu'en tout état de cause, le montant global des sanctions éventuellement prononcées ne dépasse pas le montant le plus élevé de l'une des sanctions encourues* », CC, décision n°97-395 DC du 30 décembre 1997, *Loi de finances pour 1998*, *Rec.* p. 333.

[129] G. BRAIBANT, « Le principe de proportionnalité », *Mélanges offerts à Marcel Waline, Le juge et le droit public*, 1974, p. 297 ; M. GUIBAL « De la proportionnalité » *AJDA*, 1978, p. 477 ; J-P COSTA, « Le principe de proportionnalité dans la jurisprudence du Conseil d'Etat », *AJDA*, 1988, p. 435 ; X. PHILIPPE, *Le contrôle de proportionnalité dans les jurisprudences constitutionnelle et administrative françaises*, Economica, Paris, 1990.

[130] CE, 19 février 1909, *Abbé Olivier*, *Rec.* p. 181 ; *Rec. Dalloz*, 1910.3.121, concl. Chardenet ; *RDP* 1910, p. 69, note Jèze (A propos de la liberté de culte). Cette jurisprudence constante a été étendue aux mesures restreignant la liberté d'aller et de venir (CE, 8 décembre 1972, *Ville de Dieppe*, *Rec.* p. 794), ou aux mesures limitant la liberté d'expression (CE, 24 janvier 1975, *Ministre de l'information c. Société Rime-Paris-Films*, *Rec.* p. 57) ou la liberté de commerce et de l'industrie (CE, 13 mars 1968, *Ministre de l'intérieur c. Epoux Leroy*, *Rec.* p. 179.

[131] R. CHAPUS, *Droit administratif général, op.cit.*, p. 1074 et ss . Notons cependant que la doctrine est divisée sur ce point. Pour d'autres auteurs, cette jurisprudence ne met en œuvre qu'un contrôle de l'intérêt public, alors que le contrôle de proportionnalité repose sur la mesure de l'adéquation entre objectifs et moyens. En ce sens, G. VEDEL et P. DEVOLVE, *Droit administratif, op.cit.*, p. 685 ; M. FROMONT, *op.cit.*, p. 164 ; J. ZILLER, *op.cit.*, p. 187.

[132] CE, 29 décembre 2000, *Ministre de l'intérieur c. M. Oteiz Olazabal, précit.*

[133] Même si, en l'espèce, le juge administratif a conclu à la compatibilité de la loi au regard du principe de proportionnalité (TA de Caen, 8 avril 1997, *SA Périmédical, RFDA*, 1997, pp. 389-394, note J-M Favret). Cependant la Cour d'Appel de Nantes est revenue sur cette position en considérant que la disposition litigieuse n'était pas « *disproportionnée au but recherché* », considérant « *par suite et en tout état de cause* » que la société requérante ne pouvait pas se prévaloir d'un moyen tiré de la méconnaissance

le juge administratif se refuse toujours à retenir un moyen tiré de la violation du principe de proportionnalité en dehors du champ d'application du droit communautaire[134]. D'ailleurs, la doctrine est divisée quant à l'opportunité d'une telle consécration. Certains, considérant que le « *contrôle effectué est manifestement équivalent* » à celui effectué dans les ordres juridiques connaissant un principe général de proportionnalité, estiment que l'apparition d'un tel principe en droit français « *n'amènerait pas grand chose à l'Etat de droit* »[135]. Pour d'autres, au contraire, la reconnaissance d'un principe général de proportionnalité permettrait de renforcer le contrôle exercé par le juge administratif sur les actes de l'administration, en imposant, par sa généralité, à toute mesure administrative, réglementaire ou individuelle, de ne pas excéder ce qui est nécessaire pour atteindre l'objectif poursuivi[136] ; elle permettrait par ailleurs une plus grande « *rationalisation* » et « *objectivisation* » du contrôle juridictionnel[137]. Le juge français aurait ainsi tout intérêt à s'inspirer du principe européen de proportionnalité tel qu'il est véhiculé par les jurisprudences de la CourEDH et de la CJCE. Il reste toutefois que la conception européenne de proportionnalité a déjà exercé une influence décisive sur la pratique du contrôle de proportionnalité du juge administratif français. Dans le domaine du droit des étrangers, la pression de la jurisprudence de la CourEDH a sans aucun doute joué un rôle déterminant dans le développement du contrôle de proportionnalité[138]. Par exemple, dans l'affaire *Touami* du 25 juillet 1980, le Conseil d'Etat avait estimé que l'article 8 de la Convention n'était pas applicable à l'encontre d'un arrêté d'expulsion. Le Conseil d'Etat refusait ainsi d'apprécier la proportionnalité d'une décision d'expulsion à l'égard de la protection de la vie privée. Sous la pression de la CourEDH[139] le Conseil d'Etat est finalement revenu sur sa position traditionnelle dans les arrêts *Belgacem* et *Babas* de 1991, en acceptant de mettre en balance la gravité des mesures que les étrangers font peser sur l'ordre public et celle des atteintes à leur vie privée et familiale pour apprécier la légalité de la mesure d'expulsion[140]. D'une manière générale, les exigences européennes ont en réalité abouti à une plus grande homogénéité de l'intensité du contrôle juridictionnel des mesures de police administrative[141]. Joël Rideau relève à cet égard que « *dans la mesure où, en effet de nombreuses polices spéciales entrent dans le champ d'application soit du Traité instituant la Communauté européenne, soit de la Convention de Rome, soit des deux*

« *d'un principe de proportionnalité* ». CAA de Nantes, 29 décembre 2000, *SA Périmédical, AJDA*, 2001, pp. 270-274, note Millet.

134 CE , ass. 28 mars 1997, *Société Baxter et a.*, *Recueil Lebon*, p. 115, *RFDA*, 1997, n°3, pp. 450-458

135 J-M MILLOT, *op.cit.*, p. 307.

136 Y. GALMOT, « L'apport des principes généraux du droit communautaire à la garantie des droits dans l'ordre juridique français », *CDE*, n°1-2, 1997, pp. 67-80.

137 J. MEKHANTAR, *Le contrôle juridictionnel de la proportionnalité dans l'action administrative unilatérale*, Thèse, Paris II, 1990, sp. 655-659.

138 Sur ce point, S. BRACONNIER, *op.cit.*, p. 92 et ss.

139 CourEDH, 21 juin 1988, *Berrehab*, Série A, n°138.

140 Pour un exemple d'annulation d'un arrêté d'expulsion, CE, 25 juillet 1991, *Préfet de la Moselle c/ Mlle Hadad, AJDA*, 1991, p 551, note F. Julien-Laferrière.

141 J-M. MILLOT, *op.cit.*, p. 303.

à la fois », cette évolution « *devrait conduire à une extension du contrôle de proportionnalité proprement dit dans le contentieux de l'excès de pouvoir en général, mais aussi dans le contentieux de la cassation* »[142].

511. Au total, il apparaît clairement que le Droit européen a contribué à la promotion et au développement du contrôle de proportionnalité. Il contribue ainsi au renforcement de l'Etat de droit en ce que le principe de proportionnalité permet de rendre actuel et efficace l'idée de protection des libertés et des droits fondamentaux[143]. Un même constat doit être dressé s'agissant de la rétroaction du principe de sécurité juridique.

b) Le principe de sécurité juridique

512. Pour mesurer la portée de son influence, il faut distinguer selon que le principe était déjà existant ou non *en tant que tel* au sein des ordres juridiques nationaux.

513. Pour les systèmes juridiques ayant déjà consacré un tel principe que ce soit par la constitution (Espagne et Portugal) ou par la jurisprudence (Allemagne, Autriche, Italie, Pays-Bas), l'influence du principe européen de sécurité juridique peut a priori se révéler résiduelle et ce d'autant plus qu'il est acquis que le principe communautaire de sécurité juridique s'inspire directement de certaines conceptions nationales en la matière[144]. Pourtant, la doctrine est unanime pour considérer que cette rétroaction du principe de sécurité juridique n'est pas sans incidence en droit interne que celle-ci soit positive ou négative.

La consolidation du principe de sécurité juridique - En Espagne et en Italie, il semble que le Droit européen ait consolidé l'ancrage du principe de sécurité juridique au sein du système juridique national. En **Espagne**, où le principe de sécurité juridique fait l'objet d'une consécration constitutionnelle (article 9.3 de la Constitution), la rétroaction du principe européen de sécurité juridique a contribué au renouvellement du principe en droit espagnol[145]. Cette influence du Droit

---

[142] J. RIDEAU, *Encyclopédie Dalloz – Contentieux administratif*, « La juridiction administrative au regard du droit communautaire », n° 105.
[143] J. SCHWARZE, *op.cit.*, p. 723.
[144] M. FROMONT, « Le principe de sécurité juridique », *AJDA*, n° spécial, 1996, pp. 178-184.
[145] J. GARCIA LUENGO, *El principio de proteccion de la confianza en el derecho administrativo*, Madrid, Marcial Pons, 1998, 516p ; F.A. CASTILLO BLANCO, « El principio europeo de confianza legitima y su incorporación al ordenamiento jurídico español », *Noticias de la Unión Europea*, 2002, n°205, pp. 29-54 ; F. GONZALES BOTIJA, « Los principios de la jurisprudencia comunitaria y su influencia en la reciente doctrina del Tribunal Supremo sobre la responsabilidad del Estado legislador », *Revista de derecho comunitario europeo*, 1999, n°6, pp. 347-374 ; MARIN RIAÑO, « La recepción del principio de confianza legítima en la jurisprudencia del Tribunal Supremo », *La Ley*, 1989-2, p. 604 ; E. VALLEJO LOBETE, « El respeto a la confianza legimita », *Gazetta Jurídica de la CEE*, 1988, boll. 27, pp. 2-9.

européen se manifeste en particulier à l'égard du principe de confiance légitime[146]. Le *Tribunal Supremo* considère que ce principe est une expression du principe de sécurité juridique, et que s'il appartenait déjà à l'ordre juridique espagnol sous l'étiquette de *bona fe*, il faut désormais l'appliquer conformément aux critères établis par la jurisprudence de la CJCE[147]. De même, en **Italie**, la doctrine admet que la notion de sécurité juridique a connu au cours des vingt dernières années une évolution considérable sous l'influence du droit communautaire[148]. Traditionnellement conçue comme une « *exigence* » (« *première* », « *fondamentale* » ou « *générale* ») du système juridique, la sécurité juridique est conçue depuis le début des années 1990 comme un « principe » par les juridictions judiciaires et administratives[149]. L'influence du droit communautaire est ici patente. Les juges administratifs[150] et judiciaires[151] ont en effet établi un lien direct entre la reconnaissance du principe de sécurité juridique au niveau communautaire et sa reconnaissance dans l'ordre juridique italien[152].

La fragilisation du principe de sécurité juridique - Mais il se peut également que le droit communautaire ait une influence négative sur la conception nationale de la sécurité juridique. La doctrine admet que le droit communautaire pourrait avoir une influence restrictive sur le droit allemand de la protection de la confiance légitime[153]. En effet, l'exigence de primauté du droit communautaire pourrait, dans certaines hypothèses, conduire le juge allemand à écarter les règles protégeant la confiance légitime des citoyens afin d'assurer une application effective du droit communautaire[154]. Nous serions donc ici dans l'hypothèse où la rétroaction du modèle européen de l'Etat de droit au sein des ordres juridiques nationaux fragiliserait les structures nationales de l'Etat de droit[155].

---

[146] E. MALARET I GARCIA, « Le droit administratif espagnol entre l'ordre juridique national et l'ordre juridique communautaire », in . G. MARCOU (dir.), *op.cit.*, p. 135.
[147] Tribunal Supremo, 28 février 1989, obs : MARIN RIAÑO, « La recepción del principio de confianza legítima en la jurisprudencia del Tribunal Supremo », *La Ley*, 1989-2, p. 604
[148] L.LORELLO, *La tutela dell'affidamento tra diritto interno e diritto comunitario*, Turin, 1998, p. 217.
[149] En ce sens, A. PIZZORUSSO, « Italie », *Table ronde Constitution et sécurité juridique, AIJC*, 2000, p. 220.
[150] Consiglio di Stato, 2ème sec., avis du 13 mai 1992, n°598, *Foro It.*, 1992, III, 425.
[151] Corte di Cassazione, sec. 3e penale, 26 juin 1997, *Foro It.*, 1998, II, 531.
[152] *Ibid.*
[153] M. FROMONT, « Le principe de sécurité juridique », *AJDA*, n° spécial, 1996, sp. 182 ; C. HAUGENAU, *L'application effective du droit communautaire en droit interne. Analyse comparative des problèmes rencontrés en droit français, anglais et allemand*, Bruylant, Bruxelles, 1995, sp. 401.
[154] Notamment dans le cadre du contentieux de la répétition de l'indu. *Ibid.*
[155] Il ne s'agit pas tant ici de l'influence du principe communautaire de sécurité juridique sur le principe allemand de sécurité juridique / confiance légitime que de l'influence du droit communautaire sur les règles allemandes assurant la sécurité juridique. Autrement dit, il n'y a pas de substitution d'un principe à un autre. L'hypothèse envisagée ici est celle où l'application du principe de sécurité juridique se révèle incompatible avec le principe de la primauté du droit communautaire.

514. S'agissant des Etats ne connaissant pas un principe général de sécurité juridique autonome, la question de l'influence du Droit européen en la matière revêt une acuité toute particulière.

Au **Royaume-Uni**, il est aujourd'hui acquis que le Droit européen a eu une influence considérable dans la consécration et le développement du principe de confiance légitime (« *legitimate expectations* »)[156]. Même si historiquement on a pu le rapprocher de l'« *estoppel* »[157], le principe de confiance légitime, et plus généralement le principe de sécurité juridique, était, en tant que principe général de l'ordonnancement juridique, inconnu du juge anglais[158]. Or, en moins de 20 ans, le principe de confiance légitime est devenu un principe général du droit public anglais[159]. Là encore il est difficile d'apporter la preuve certaine d'une incidence directe du droit communautaire sur le droit administratif anglais en la matière[160]. L'intégration de ce principe en droit anglais n'est pas, il est vrai, le résultat d'une confrontation directe du droit anglais avec le droit communautaire comme cela a pu être le cas pour le pouvoir d'injonction (*Factortame*). Lord Denning, qui fut semble-t-il le premier à utiliser le principe de *legitimate expectations* en droit anglais[161], se

[156] Un constat similaire doit être dressé pour l'Irlande. La Cour suprême d'Irlande a en effet consacré dans l'affaire *Webb v. Ireland* le principe de « legitimate expectations ». La doctrine considère que la consécration de ce principe en droit irlandais résulte de la double influence du droit communautaire et de la décision de la *House of Lords* dans l'affaire *GCHQ* ([1985] AC 374) dans laquelle Lord Diplock reconnaissait expressément l'inspiration communautaire du principe de « legitimate expectations » ! Sur la consécration du principe de « legitimate expectations » en Irlande, voir D. DELANY, « The Doctrine of Legitimate Expectations in Irish Law », DULJ, 1990, 12, p.1 et ss ; G. HOGAN et A. SCHUSTER, « Irish Report », *in J. SCHWARZE (éd.), Le droit administratif sous l'influence de l'Europe..., op.cit.*, sp. 446.

[157] O. MORETEAU, *L'estoppel et la protection de la confiance légitime : éléments d'un renouveau du droit de la responsabilité, droit anglais et droit français*, Thèse, Lyon 3, 1989, 855p. ; LORD MACKENZIE STUART, « Legitimate Expectations and Estoppel in Community Law and English Administrative law », *LIEI*, 1983, pp. 53-66.

[158] Si le principe de confiance légitime n'était pas en tant que tel connu du juge anglais, l'expression en revanche a parfois été utilisée par certains juges dans un sens quelque peu différent du concept contemporain. Par exemple, dès 1881, la *Court of Appeal* considéra que l'on devait présumer qu'un *Act of Parliament* ne devait pas être considéré comme interférant avec les droits et les « expectations légitimes » des individus (*re Barker* (1881) 17 Ch. D241, 243 ; voir également, *Re Lord Penrhyn's Settlement Trusts, Penbryn v. Robarts* [1923] 1 Ch. 143, 147). L'expression a pu également être utilisée par la doctrine pour dénoncer l'extension des compétences de l'Etat providence (G.G. BUTLER, *The Tory Tradition : Bolingbroke, Burke, Disreali, Salisbury*, London, 1914, p. 45, cité par R. THOMAS, *Legitimate Expectations and Proportionality in Administrative Law*, Oxford, Hart, 2000, p. 47 ; voir également F.A. HAYEK, *The Constitution of Liberty*, Routledge, London, 1960, p. 217-218).

[159] S. J. SCHONBERG, *Legitimate expectations in administrative law*, Oxford University Press, 2000 ; L. COLLINS, *European Community law in the United Kingdom*, 3ème édition, London, 1984, p. 210 ; J. SCHWARZE, *Droit administratif européen, op.cit.*, p. 949 ; R. THOMAS, « Continental Principles in English Public Law », in A. HARDING & E. ÖRÜCÜ (ed.), *Comparative Law in the 21st Century*, Kluwer, London / The Hague/ New York, 2002, p. 121 et ss. Cet auteur relève même que le vademecum rédigé par le gouvernement britannique à l'intention des justiciables souhaitant contester les actes adoptés par l'administration (*The Judge Over Your Shoulder. A Guide to Judicial Review for UK Government Administrators*, 3rd ed., Treasury Solicitor's Office, London, 2000, §2.44-2.48) consacre de nombreux développements au principe de confiance légitime qui s'impose à l'administration.

[160] C.F. FORSYTH, « The Provenance and Protection of Legitimate Expectations », *CLJ*, 1988, p. 238 ; P.P. CRAIG, « Legitimate Expectations. A conceptual Analysis », *LQR*, 1992, p. 79.

[161] *Schmidt v. Secretary of State for Home Affairs* [1969] 2 Ch. 149.

plaît d'ailleurs à souligner que la référence au principe de confiance légitime venait de son propre esprit et non d'une quelconque influence extérieure[162] ! A parcourir la littérature juridique anglaise en la matière, l'on pourrait également être tenté de considérer qu'il s'agit d'une création pure et simple de la *common law* tant il est vrai que la doctrine évite d'évoquer les origines continentales du concept[163]. On peut à tout le moins, comme le relève Jürgen Schwarze, « *présumer de l'existence d'une influence lorsque des juridictions nationales appliquent des principes juridiques, qui tout en ayant été consacrés en droit communautaire, n'étaient cependant pas encore reconnus en droit national ou du moins ne l'étaient pas sous cette forme jusqu'alors* »[164]. Le principe de confiance légitime ferait partie de ces principes juridiques parallèles à ceux du droit communautaire qui ont fait leur apparition en droit administratif anglais[165]. La contribution de Lord Diplock au développement du principe de confiance légitime en droit anglais nous conduit même à penser que le droit communautaire a, si ce n'est servi de modèle, au moins constitué un stimulant dans sa promotion : en effet, dès 1977, Lord Diplock considérait à partir de l'expérience communautaire que les principes de confiance légitime et de proportionnalité constituaient deux principes indispensables à la protection des droits fondamentaux et estimait que ces principes, qui venaient tout juste d'être assimilés par le droit anglais, devaient y être plus développés[166]. Et c'est sous l'autorité de Lord Diplock que la *House of Lords* consacrera de manière explicite pour la première fois le principe de confiance légitime en 1984. Il est vrai cependant que le plupart des juridictions anglaises ont refusé de reconnaître ses origines continentales. Il en résulte un concept parfois vague et obscur dont les juges n'ont pas tiré toutes les implications[167] de telle sorte que sa portée diffère quelque peu de celle que lui confère la Cour de justice des Communautés européennes[168].

---

[162] « *[It] came out of my own Head and not from any continental or other source* », Lord Denning, cité par C.F. FORSYTH, *op.cit.*, p. 241.
[163] Il est tout à fait stupéfiant d'observer que Paul Craig, dans son article « Legitimate expectations : a conceptual analysis », *LQR*, 1992, p. 79 et ss, n'évoque ni les origines allemandes du concept ni la jurisprudence de la Cour de justice des Communautés européennes. Voir également, R.E. RIGGS, « Legitimate Expectation and Procedural Fairness in English law », *AJCL*, 1988, pp. 395-436.
[164] J. SCHWARZE, *Droit administratif européen*, *op.cit.*, p. 1509.
[165] AJ. MACHENZIE STUART, « Recent developments in English administrative law – the Impact of Europe ? », *Liber Amicorum Pierre Pescatore*, Baden-Baden, 1987, p. 441 et ss ; J.A. USHER, « General Principles Derived from the Law of the Member States as a Source of Community Law – The Interaction between Community Law and National Law », *FIDE Rapports*, 12ème congrès I, Paris, 1986, pp. 312 et ss.
[166] *Hansard*, H.L. Deb., Vol. 379, col. 994, 3 february 1977.
[167] Le principe de confiance légitime est consacré en droit anglais. De nombreux arrêts y font référence (Déjà en 1988, Robert E. Riggs près de 130 arrêts y faisant référence. R.E. RIGGS, « Legitimate expectation and procedural fairness in English Law », *AJCL*, 1988, p. 395 et ss.) Mais il ne suffit pas de constater que les juges anglais emploient l'expression « *legitimate expectations* » pour conclure à l'intégration en droit anglais du principe de confiance légitime tel qu'il serait véhiculé notamment par le droit communautaire : parfois, l'expression « *legitimate expectations* » ne renvoie pas au concept de confiance légitime tel que le droit continental et le droit communautaire ont pu le développer ; parfois, le concept de confiance légitime est là sans être pour autant nommé.
[168] Il n'est pas possible ici d'entrer dans le détail de cette jurisprudence abondante et complexe. Pour une confrontation des exigences communautaires et anglaises relatives à la confiance légitime, voir l'étude

En **France**, ce n'est que très récemment que la doctrine a commencé à s'intéresser à cette problématique[169] notamment sous l'influence croisée de l'évolution contemporaine de la normativité juridique, du droit comparé et des jurisprudences européennes supranationales[170]. Cet engouement pour le thème de la sécurité juridique n'est pas le fruit du hasard. Elle dénote, au-delà de l'influence éventuelle du Droit européen, une évolution du système juridique dominée par la problématique des « *droits fondamentaux* »[171] et marquée par l'institution d'un « *nouvel équilibre entre les intérêts publics et ceux de l'individu* » et la « *promotion du rôle du juge* »[172]. Au fond, le Droit européen n'est lui-même que le produit de cette évolution et, en tant que catalyseur de l'évolution de la normativité européenne, agit comme un stimulant dans la promotion de cette nouvelle exigence cognitive de la légalité. A cet égard, le Droit européen a sans aucun doute accéléré le mouvement.

Pourtant, pendant longtemps, le juge français est resté sourd à l'invocation par les plaignants du respect du principe de sécurité juridique. Il semble qu'il soit aujourd'hui un peu plus réceptif à cette problématique sans qu'il soit possible de relever une incidence directe du Droit européen sur cette. Toute la question est ici de savoir si le principe de sécurité juridique constitue, sous l'influence du Droit européen, un principe normatif de l'ordre juridique français. Il faut ici distinguer deux hypothèses

Le juge français qu'il soit judiciaire ou administratif accepte assez facilement aujourd'hui d'appliquer le principe de sécurité juridique et/ou son corollaire, le principe de confiance légitime, au titre des principes généraux du droit communautaire qu'il est tenu de faire respecter en tant que juge communautaire de

---

très complète de R. THOMAS, *Legitimate Expectations and Proportionality in Administrative Law*, Oxford, Hart, 2000.

[169] M. FROMONT, « Le principe de sécurité juridique », *AJDA*, 1996, n°spécial, p. 178 ; D. LABETOULLE, « Principe de légalité et principe de sécurité », *Mélagnes Guy Braibant*, Dalloz, 1996, p. 403 ; B. MATHIEU, « La sécurité juridique : un principe constitutionnel clandestin mais efficient », *Mélanges Patrice Gérard*, Paris, Montchrestien, 2000, p. 301 ; B. PACTEAU, « La sécurité juridique, un principe qui nous manque ? », *AJDA*, 1995, n° spécial, p.151 ; M. HEERS, « La sécurité juridique en droit français ; vers une consécration du principe de confiance légitime ? », *RFDA*, 1995, p. 963 ; C. LEPAGE, « Le principe de sécurité juridique est-il devenu un principe de valeur constitutionnelle ? », *Gaz. Pal.*, 1999, n°178 ; I. VARPAILLE, « Le principe de sécurité juridique : réalité et avenir en droit administratif français », *LPA*, 1999, n°158.

[170] Sophie Boissard relève ainsi que « *sous l'influence du droit communautaire et du droit européen, le juge administratif [français] est aujourd'hui en mesure de renouveler son approche de l'impératif de sécurité juridique, d'une part, en incitant l'administration à mieux protéger les situations juridiques individuelles, d'autre part, en veillant à prévenir les effets parfois déstabilisateurs que peut avoir sa propre action* », S. BOISSARD, « Comment garantir la stabilité des situations juridiques individuelles sans priver l'autorité administrative de tous moyens d'action et sans transiger sur le respect du principe de légalité ? Le difficile dilemme du juge administratif », *Les Cahiers du Conseil Constit.*, n°11, 2001 p. 2001.

[171] E. PICARD, « L'émergence des droits fondamentaux », *op.cit.*, p. 6.

[172] B. MATHIEU, « Réflexions en guise de conclusion sur le principe de sécurité juridique », *Les Cahiers du Conseil Constitutionnel*, n°11, 2001, p. 106.

droit commun dans l'exécution nationale du droit communautaire[173]. Il s'agit là d'une conséquence du principe de primauté du droit communautaire[174]. C'est ainsi que dans l'affaire *FNSEA et autres*, le Conseil d'Etat a jugé opérant le moyen tiré de l'atteinte au principe de confiance légitime lorsqu'il est invoqué au soutien d'un recours dirigé contre un décret modifiant le régime de soutien direct aux agriculteurs français dans le cadre tracé par les règlements régissant la politique agricole commune[175]. Dans l'arrêt *Syndicat national de l'industrie pharmaceutique et autres*, le Conseil d'Etat a même affirmé que ces principes ont une valeur supra-législative mais infra-constitutionnelle[176]. La Cour de cassation partage également cette position. Par exemple, dans l'affaire *Société Kraft Jacobs Suchard France* du 22 octobre 2002, la chambre commerciale de la Cour de cassation a apprécié la rétroactivité d'un règlement communautaire à l'aune du principe de la sécurité juridique appliquant même à la lettre la jurisprudence de la Cour de justice en la matière : ainsi, la Cour de cassation a considéré que « *le principe de sécurité juridique s'oppose à ce qu'un règlement soit appliqué rétroactivement à des faits nés sous le régime antérieur, cela indépendamment des effets favorables ou défavorables qu'une telle application pourrait avoir pour l'intéressé, sauf en raison d'une indication claire, soit dans ces termes, soit dans ces objectifs, permettant de*

---

[173] Il faut rappeler que cette position est parfaitement conforme à la jurisprudence de la CJCE qui considère, d'une part, que « *toute autorité chargée d'appliquer les règlements communautaires est tenue au respect des principes généraux du droit communautaire* » (CJCE, 27 septembre 1979, *Eridiana*, aff. 230/78, *Rec.* 2749), dont le principe de confiance légitime (CJCE, 26 avril 1988, *Hauptzallamt Hamburg-Jonas*, aff. C-6/86, *Rec.* 2333), et, d'autre part, que le contrôle du respect des principes généraux du droit communautaire ne se conçoit que dans le champ d'application du droit communautaire (CJCE, 18 juin 1991, *ERT*, Aff. C-260/89, *Rec.* I-2925).

[174] Y. GALMOT, « L'apport des principes généraux du droit communautaire à la garantie des droits dans l'ordre juridique français », *CDE*, 1997, pp. 67-79 ; F. MODERNE, « Actualité des principes généraux du droit », *RFDA*, 1998, pp. 495-518 ; D. SIMON, « Y a-t-il des principes généraux du droit communautaire ? », *Droits*, 1991, pp. 73-86 ; M-F. CHRISTOPHE TCHAKALOFF, « Les principes généraux du droit communautaire », *Droits nationaux, droit communautaire : influences croisées, En hommage à Louis Dubouis*, La documentation française, 2000, pp. 83-95 ; A-L. VALEMBOIS, « La prévalence des principes généraux du droit communautaire sur la loi nationale », *AJDA*, 2002, pp. 1219-1225.

[175] CE, ass., 11 juillet 2001, *Fédération nationale des syndicats d'exploitants agricoles et autres, RFDA*, 2002, p. 33 et ss, Concl. Seners, note L. Dubouis.

[176] Le Conseil d'Etat considère que la contribution instaurée par la loi de financement pour 2000 ne constitue pas une validation législative car ne « *concerne [..] pas les mêmes assujetis, retient une assiette différente [...] et ne prévoit pas les mêmes exonérations que la précédente* » ; que par suite il n'y a pas d'atteinte à l'autorité de la chose jugée par la Cour de Luxembourg ou par lui-même, et que dans ces conditions « *l'argumentation des requêtes qui s'efforce de rattacher la prétendue atteinte à la chose jugée [...] à la violation des traités régulièrement introduits dans l'ordre juridique interne ne peut qu'être écartée ; qu'ainsi les requérants ne peuvent utilement se prévaloir d'une incompatibilité de [cette] loi servant de support au décret attaqué [...] avec des principes généraux de l'ordre juridique communautaire déduits du traité instituant la Communauté européenne et ayant la même valeur juridique que ce dernier, qu'il s'agisse du principe de la confiance légitime et du principe de sécurité juridique applicables aux situations régies par le droit communautaire, du principe de loyauté qui se confond d'ailleurs avec le respect de l'article 10 du traité CE ou encore du principe de primauté, lequel au demeurant ne saurait conduire, dans l'ordre interne, à remettre en cause la suprématie de la Constitution* ». CE, 3 décembre 2001, *Syndicat national de l'industrie pharmaceutique et autres, RFDA*, 2002, p. 166 ; note P. Cassia, Droit administratif, mars 2002, p.28 ; A-L. VALEMBOIS, *op.cit.*, p. 1219.

conclure que ce règlement dispose autrement que pour l'avenir » ; il s'agit là d'une reprise fidèle de la jurisprudence de la Cour de justice[177].

Admettons donc que le juge français applique, en tant que juge communautaire de droit commun, le principe de sécurité juridique dans les litiges de droit communautaire qui lui sont soumis. Reconnaissons toutefois que cela ne saurait constituer une preuve de la consécration par le juge français d'un principe de sécurité juridique en droit français du fait du Droit européen. Pour cela, il faudrait prouver que le juge français 'décloisonne' le principe de sécurité juridique et l'applique à des situations étrangères au droit communautaire. Or, il n'en est rien. Le Conseil d'Etat considère que les requérants ne peuvent utilement soutenir le moyen tiré de la violation du principe de sécurité juridique et du principe de confiance légitime lorsque l'acte attaqué n'est pas au nombre des actes pris par les autorités nationales pour la mise en œuvre du droit communautaire[178]. Autrement dit, le Conseil d'Etat considère que la mise en œuvre du principe de sécurité juridique doit être écartée dès lors que la situation soumise au juge est régie par le droit interne et ne relève pas du droit communautaire. Toutes les juridictions administratives inférieures ayant voulu procéder à une extension du champ d'application de ces principes ont été désavouées par le Conseil d'Etat : c'est ainsi notamment que dans l'affaire *Entreprise Freymuth* le Conseil d'Etat n'a suivi ni le tribunal administratif de Strasbourg qui avait admis en droit français l'existence d'un principe général de « *confiance légitime [des particuliers] dans la clarté et la prévisibilité des règles juridiques et de l'action administrative* », ni la Cour administrative d'appel de Nancy qui, refusant la solution du tribunal administratif, considérait que le principe de confiance légitime tel qu'il était consacré par le droit communautaire pouvait être invoqué dans un litige « indirectement » régi par le droit communautaire, comme c'était le cas en l'espèce.

La position du juge judiciaire est toutefois moins explicite. Il semble même que ce dernier s'oriente vers la consécration d'un principe de sécurité juridique. Quelques affaires récentes peuvent nous en fournir ici l'illustration. En effet, en dehors de toute communautarisation du contexte juridique, le juge judiciaire a pu, ici ou là, invoquer le « principe de sécurité juridique » dans son raisonnement sans que l'on puisse toutefois déduire la portée réelle de cette consécration et le contenu effectif de ce principe. C'est ainsi que dans une décision rendue le 2 mai 2000, la chambre sociale de la Cour de cassation a soulevé d'office le moyen tiré de l'invalidité d'un acte administratif (règlement du personnel de la SNCF) au regard du « principe de la sécurité juridique », pour inviter les parties à saisir le Conseil d'Etat de cette question préjudicielle[179]. Cette décision est d'autant plus remarquable que le Conseil d'Etat ne reconnaît aucune portée au principe de sécurité juridique en

---

[177] Par exemple, CJCE, 29 janvier 1985, *Gesamthoschule Duisburg*, Aff. 234/83, *Rec.* 333.

[178] CE, 30 décembre 1998, *Entreprise Chagnaud SA*, *AJDA*, 1999, p. 96.

[179] Cass, soc., 2 mai 2000, Bull. Civ, V, n°162, p. 127, cité par J-G HUGLO, « La Cour de cassation et le principe de sécurité juridique », *Les Cahiers du Conseil Constitutionnel*, n°11, 2001, p.86.

dehors du champ d'application du droit communautaire. Doit-on y voir la consécration d'un principe général du droit ? La doctrine privatiste la plus autorisée semble en douter[180]. Le doute est d'autant plus grand qu'en général, lorsque la Cour de cassation mobilise le principe de sécurité juridique, elle se contente simplement d'évoquer « la sécurité juridique » sans la qualifier de principe. Par exemple, dans un arrêt rendu le 21 novembre 2002, la chambre sociale de la Cour de cassation a estimé que « *les délais impartis par la loi à peine d'irrecevabilité, de forclusion, de déchéance ou de caducité sont nécessaires au bon déroulement des procédures et contribuent au procès équitable, dès lors qu'ils assurent la sécurité juridique, le respect des droits de la défense et du principe de la contradiction et du délai raisonnable* ». De même, dans plusieurs arrêts, la Cour de cassation a affirmé que « *la sécurité juridique, invoquée sur le fondement du droit à un procès équitable prévu par l'article 6 de la Convention [...], ne saurait consacrer un droit acquis à une jurisprudence immuable, l'évolution de la jurisprudence relevant de l'office du juge dans l'application* »[181]. Dans les deux cas, il est tout à fait remarquable d'observer que la « sécurité juridique » est rattachée au droit européen des droits de l'homme. Plus précisément, la Cour de cassation semble situer l'impératif de sécurité juridique dans le procès équitable ce qui au regard de la jurisprudence de la Cour européenne des droits de l'homme peut surprendre. Cet impératif semble en tout cas puiser sa source dans le Droit européen. Toutefois, la Cour de cassation n'en fait pas pour autant un « *principe général du droit* »[182]. Il s'agit tout au plus d'un impératif ou d'une exigence. Cet impératif ne saurait d'ailleurs selon la Cour de cassation limiter l'effet rétroactif de la jurisprudence[183] alors que la CourEDH et la CJCE n'hésitent pas, « *pour des raisons de sécurité juridique* », à limiter dans le temps la portée de leurs arrêts[184]. Il est évident que tout revirement de jurisprudence est facteur d'insécurité juridique dans la mesure où l'interprétation nouvelle de la règle va s'appliquer à des situations juridiquement constituées en toute bonne foi sur la base de l'interprétation passée de cette même règle de droit[185]. Par essence, le revirement de jurisprudence est rétroactif[186]. Aussi, pour des raisons de sécurité

---

[180] J-P. GRIDEL, « La Cour de cassation française et les principes généraux du droit privé », *Recueil Dalloz*, 2002, Chr., sp. 229 ; F. POLLAUD-DULIAN, « A propos de la sécurité juridique », *RTDciv*. 2001, p . 487.

[181] Cass, 1ère civ., 2 mars 2000, Bull n°97, note C. Atias, D. 2000, p. 593 et ss ; Cass 1ère civ., 9 octobre 2001, D. 2001, p. 3470, rapport P. Sargos et note D. Thouvenin ; Cass. soc, 7 janvier 2003, non publié, n° de pouvoi 00-46476

[182] Sur la notion de principe général en droit privé, M. DE BECHILLON, *La notion de principe général en droit privé*, PUAM, 1998

[183] Cette interdiction dérive de l'article 5 du Code civil qui interdit à la Cour de cassation de prononcer des arrêts de règlement. En conséquence, la Cour de cassation n'a pas la possibilité lorsqu'elle procède à un revirement ou à une interprétation nouvelle de fixer la date à laquelle sa décision s'appliquera.

[184] Voir les jurisprudences *Marckx* de la CourEDH et *Defrenne* de la CJCE (*Cf. supra*, n°368). Relevons au passage que le juge allemand peut également limiter l'effet rétroactif de sa jurisprudence pour protéger la confiance légitime des justiciables.

[185] A. HERVIEU, « Observations sur l'insécurité de la règle jurisprudentielle », *RRJ*, 1989-2, pp. 257-319.

[186] J. RIVERO, « Sur la rétroactivité de la règle jurisprudentielle », *AJDA*, 1968, p. 15 ; *contra*, T. BONNEAU, « Brèves remarques sur la prétendue rétroactivité des arrêts de principe et des arrêts de revirement », *Recueil Dalloz* 1995, Chr., p. 24-26.

juridique, il peut être souhaitable, dans certaines hypothèses, de limiter cet effet rétroactif[187]. Les lois de validation législative constituent en droit français le seul moyen pour neutraliser la rétroactivité jurisprudentielle et ses effets négatifs[188]. Encore faut-il rappeler que les lois de validation législative doivent elles-mêmes, selon la CourEDH, respecter le principe de sécurité juridique[189]. Autrement dit, la sécurité juridique permettrait de limiter les lois de validation législative dont l'objet est de limiter l'insécurité juridique résultant des revirements jurisprudentiels[190] !

On voit donc comment peu à peu la sécurité juridique devient en droit français un impératif de plus en plus important comme semble le confirmer la jurisprudence du Conseil constitutionnel rappelée dans la première partie de cette étude[191]. Contentons-nous simplement de prendre acte de la convergence des jurisprudences européennes et françaises sur ce point et de l'émergence, d'une manière plus générale, d'une conception commune de la sécurité juridique en Europe.

515. Les structures de la légalité, constitutives d'un certain modèle de l'Etat de droit, se voient ainsi directement affectées par le Droit européen. Partout, la loi formelle et démocratique est désormais concurrencée par les normes européennes, le Droit européen accélérant, à cet égard, le déclin de l'Etat légal. Mais en même temps, le Droit européen véhicule une nouvelle conception de l'équilibre entre les intérêts publics et ceux de l'individu, imposant de nouvelles exigences de légalité et consolidant les structures normatives de l'Etat de droit. L'incidence du Droit européen sur celles-ci ne s'arrêtent d'ailleurs pas là : le modèle de l'Etat de droit constitutionnel est également affecté par le Droit européen.

---

[187] C. MOULY, « Les revirements de jurisprudence de la Cour de cassation », in *L'image doctrinale de la Cour de cassation*, La documentation française, 1994, p. 123 et ss. ; « Le revirement pour l'avenir », *JCP*, 1994, I, n°3776 ; « Comment limiter la rétroactivité des arrêts de principe et de revirement ? », *LPA*, 4 mai 1994, n°53.

[188] F. TERRE, « Rapport de synthèse », *L'image doctrinale de la Cour de cassation, op.cit.*, p. 247.

[189] B. MATHIEU, « Validations législatives : un nouvel équilibre entre les considérations liées à l'intérêt général et celles relatives à la garantie des droits », *RFDA*, 1998, p. 148 ; « Les validations législatives devant le juge de Strasbourg : une réaction rapide du Conseil constitutionnel mais une décision lourde de menace pour l'avenir de la juridiction constitutionnelle », *RFDA*, 2000, p. 289 et ss.

[190] B. MATHIEU, « La sécurité juridique : un principe constitutionnel clandestin mais efficient », *op.cit.*, p. 302.

[191] *Cf. supra*, n°238.

§2 – LES TRANSFORMATIONS DE LA CONSTITUTIONNALITE : LES MUTATIONS DU MODELE DE L'ETAT DE DROIT CONSTITUTIONNEL

516. Le modèle de l'Etat [de droit] constitutionnel[192], structuré autour du *principe de constitutionnalité*[193], dont nous avons montré dans la première partie de cette étude qu'il constituait aujourd'hui la forme dominante de l'Etat de droit en Europe[194], n'échappe pas à l'emprise du Droit européen. D'abord parce que le Droit européen lui-même se « *constitutionnalise* »[195], mais aussi et surtout parce que le Droit européen vient en retour influencer, renforcer et parfois concurrencer le droit constitutionnel national[196]. Désormais, l'Etat de droit ne se développe plus exclusivement dans le cadre du constitutionnalisme national. La question de la protection des droits fondamentaux, qui se trouve au cœur d'une conception exigeante de l'Etat de droit et qui, à ce titre, domine le droit constitutionnel moderne[197], nous en offre une illustration exemplaire. La fondamentalité des droits ne s'épuise plus dans la seule constitution ; la protection des droits fondamentaux n'est plus un attribut exclusif de la souveraineté étatique[198]. A côté d'une fondamentalité constitutionnelle nationale, se développe une fondamentalité conventionnelle européenne côtoyant ou se juxtaposant à celle-là. Cette fondamentalité se diffuse même parfois en-dehors de toute relation pyramidale hiérarchique : pour expliquer ce nouveau mode de « production des droits », la doctrine évoque le modèle des « *hiérarchies enchevêtrées* »[199], le paradigme du « *réseau* »[200], ou encore l'idée de « *circularité* »[201] ou « *d'internormativité* »[202]. Se

---

[192] La doctrine parle tantôt d'Etat de droit constitutionnel (L. Ferrajoli) tantôt d'Etat constitutionnel (L. Favoreu, C. Emeri, G. Zagrebelsky), ce dernier se confondant avec l'Etat de droit (L. Favoreu, C. Emeri, R. Carré de Malberg) ou constituant une nouvelle forme d'Etat dépassant le modèle de l'Etat de droit (G. Zagrebelsky) (*Cf. supra*, Partie I). Pour notre part nous considérons qu'il existe deux modèles bien distincts de l'Etat de droit : l'Etat [de droit] légal (primauté de la loi) et l'Etat [de droit] constitutionnel (primauté de la constitution) ; chacun à sa manière et selon des modalités différentes contribue à la soumission de l'Etat au droit. Nous tiendrons pour synonymes les notions d'Etat de droit constitutionnel et d'Etat constitutionnel.

[193] L. FAVOREU, « Le principe de constitutionnalité. Essai de définition d'après la jurisprudence du Conseil constitutionnel », *Recueil d'études en hommage à Charles Eisenmann, Cujas, Paris, 1977*, pp.33-48.

[194] *Cf. supra*, n°240 et ss.

[195] Par « constitutionnalisation » du Droit européen, nous entendons ici le processus par lequel le droit européen revêt une forme et une substance constitutionnelles. D. BLANCHARD, *La Constitutionnalisation de l'Union européenne*, Rennes, Apogée, 2001.

[196] J. ZILLER (dir.), *L'européanisation du droit constitutionnel à la lumière du Traité constitutionnel pour l'Union*, Paris, L'Harmattan, 2003.

[197] L. FAVOREU, « La constitutionnalisation du droit », *Mélanges Drago, L'unité du droit*, Paris, Economica, 1996, p. 37 et ss.

[198] M. VERDUSSEN, « La protection des droits fondamentaux en Europe : subsidiarité et circularité », F. DELPEREE (dir.), *Le principe de subsidiarité*, Bruxelles, Paris, Bruylant, LGDJ, 2002, sp. 311.

[199] M. DELMAS-MARTY, *Pour un droit commun*, Paris, Le Seuil, 1994, p. 101.

[200] F. OST et M. VAN DE KERCHOVE, « De la pyramide au réseau ? Vers un nouveau mode de production du droit ? », *RIEJ*, 2000, p. 1.

[201] M. VERDUSSEN, *op.cit.*, sp. 325.

développent ainsi de nouvelles figures de la normativité par opposition au modèle hiérarchique classique[203]. Entre les différents systèmes européens (systèmes juridiques nationaux, système juridique conventionnel, système juridique communautaire) s'instaurent, selon un modèle pluraliste de l'ordonnancement juridique[204], des influences mutuelles ou croisées (*cross-fertilization*) tant dans la formulation des droits fondamentaux que dans l'interprétation qui en est donnée par les juges[205]. Emergerait ainsi un constitutionnalisme transnational[206] axé sur la protection des individus (droits fondamentaux). On assisterait alors à une mutation du modèle de l'Etat de droit constitutionnel *initiée* sinon *accélérée* par le Droit européen[207].

517. L'objet de ce paragraphe est d'essayer d'appréhender la mesure de cette mutation. Encore faut-il préciser que « *mutation* » ne veut pas dire « *disparition* » ou « *démantèlement* ». Bien au contraire, il nous semble que l'européanisation du modèle de l'Etat de droit constitutionnel opère une consolidation de ce dernier. En effet, le Droit européen vient, dans un certain nombre d'hypothèses, *renforcer* les structures du constitutionnalisme national **(A)**. Mais en même temps, il opère un *bouleversement* de ces mêmes structures en encourageant la mutation du système de justice constitutionnelle **(B)**. Progressivement, la constitutionnalité se voit supplantée par la conventionnalité **(C)**.

A. La constitutionnalité renforcée par le Droit européen

518. Entendons-nous bien : le Droit européen n'impose aucune hiérarchisation interne des normes nationales entre elles. Il n'oblige pas les Etats à se doter d'une constitution et d'une justice constitutionnelle **(1)**. Toutefois, là où le principe de constitutionnalité est établi, le Droit européen peut venir le renforcer **(2)**.

---

[202] B. DE SOUSA SANTOS, « Droit : une carte de lecture déformée ; pour une conception post-moderne du droit », *Droit et société*, 1988, 10, pp. 363-389 ; J. CARBONNIER, « Internormativité », in *A.J. ARNAUD, Dictionnaire encyclopédique de théorie et de sociologie du droit*, Paris, LGDJ, 1993, p. 313 ; G. ROCHER, « Les phénomènes d'internormativité : faits et obstacles », in J.G BELLEY, *Le droit soluble, contributions québécoises à l'étude de l'internormativité*, Paris, LGDJ, 1996, pp. 25-42.

[203] M. DELMAS-MARTY, *op.cit.*, p. 102.

[204] Sur l'application du modèle pluraliste au droit européen des droits de l'homme, voir E. LAMBERT, *Les effets des arrêts de la Cour européenne des droits de l'homme. Contribution à une approche pluraliste du droit européen des droits de l'homme*, Bruxelles, Bruylant,1999.

[205] Ces influences croisées concernent tant les relations verticales cours constitutionnelles nationales–cours européennes que les relations horizontales cours constitutionnelles nationales–cours constitutionnelles nationales et/ou CourEDH–CJCE . Sur cette question, voir L. BURGORGUE-LARSEN (dir.), « Chronique de jurisprudence européenne comparée », *RDP*, 2002, pp.1011-1049 ; J. RIDEAU, « La coexistence des systèmes de protection des droits fondamentaux dans la Communauté européenne et ses Etats membres », *AIJC*, 1991, pp. 11-64 ; G. COHEN-JONATHAN, « La protection des droits fondamentaux dans l'Union européenne et la Convention européenne des droits de l'homme », *Mélanges Benoît Jeanneau*, 2002, Paris, Dalloz, pp.3-31.

[206] M. CAPPELLETTI, *Le pouvoir des juges*, trad. R. David, Economica, Paris, 1990, pp330 et ss . La doctrine parle aussi de « *multilevel constitutionalism* ».

[207] D. THÜRER, «Der Verfassungsstaat als Glied einer europäischen Gemeinschaft », *VVDStRL*, 50, 1991, pp. 97.

1) Le principe de constitutionnalité n'est pas imposé par le Droit européen

519. ***Le principe de constitutionnalité et le droit européen des droits de l'homme*** – Le droit de la ConvEDH n'impose aucune condition de hiérarchisation des normes. Nous avons montré au titre précédent que le principe de la prééminence du droit constituait une des pierres angulaires du système européen de protection des droits de l'homme. La règle de droit doit s'imposer aux autorités publiques. A cet égard, la ConvEDH ne se prononce pas sur la place hiérarchique de cette règle de droit au sein de l'ordre juridique interne.

Le principe de prééminence du droit n'impose aucune obligation relative à l'ordonnancement des normes juridiques internes entre elles[208]. La question de l'articulation de la constitution et de la loi peut nous en fournir une illustration à travers la question du contrôle de constitutionnalité des lois caractéristique de l'Etat de droit contemporain . L'article 13 de la Convention consacre en faveur de chaque individu le droit à un recours en vue de faire valoir ses droits. Cette garantie implique-t-elle également la possibilité de contester la validité d'une loi devant une juridiction ? Autrement dit, le droit de la Convention consacre-t-il le principe du contrôle (juridictionnel) des lois? Dans l'affaire *James et autres* du 21 février 1986, la Cour a clairement affirmé que « *l'article 13 ne va pas jusqu'à exiger un recours par lequel on puisse dénoncer, devant une autorité nationale, les lois d'un Etat contractant* »[209]. Il suffit que le droit national prévoie la possibilité d'un recours destiné à vérifier la conformité des mesures d'application à la loi. En d'autres termes, comme le soulignait très justement Rony Abraham, « *l'article 13 garantit un recours visant à assurer le respect de la loi, mais non un recours tendant à critiquer la loi* »[210]. Il en va de même pour l'article 6§1. Il en résulte que la Convention n'impose concrètement aucune hiérarchie effective entre la constitution et la loi. Ainsi, c'est le principe même du constitutionnalisme[211] qui est ignoré par la Cour

[208] P. WACHSMANN, « La prééminence du droit dans la jurisprudence de la Cour européenne des droits de l'homme », *in Le droit des organisations internationales, Recueil d'études à la mémoire de Jacques Schwob*, Bruylant, Bruxelles, 1997, p. 265 ; également, R. ABRAHAM, « Les incidences de la CEDH sur le droit constitutionnel et administratif des Etats parties », *RUDH*, 1992, p. 410.

[209] Le Conseil d'Etat français partage cette position. Dans l'affaire *Hoffer et autres* du 8 décembre 2000, le Conseil d'Etat a ainsi considéré que « *les stipulations l'article 13 de [la CEDH] relatives au droit au recours, [...] n'exigent ni n'impliquent que les Etats parties instaurent un mécanisme de contrôle de constitutionnalité des lois, lequel, au demeurant, relève en droit interne du pouvoir constituant* », CE, 8 décembre 2000, *Hoffer et autres*, concl. C. Maugüe, *RFDA*, 2001, p. 458. A l'inverse, la Cour constitutionnelle autrichienne considère que « *l'accès à la Cour constitutionnelle correspond au système de la protection des droits fondamentaux garantis par la Constitution, et au droit à un recours juridictionnel effectif consacré par l'article 13 CEDH* », CC Autriche, décision du 2 juillet 1994, aff. B-2233/93, *Bull. J.C.*, 1994-2, p. 112.

[210] R. ABRAHAM, *op.cit.*, p. 411.

[211] O. DORD, *Cours constitutionnelles nationales et normes européennes*, Thèse, Paris X, janvier 1996, p. 565 et ss.

alors même qu'aujourd'hui nombre de droits fondamentaux sont protégés par la constitution elle-même et qu'ils revêtent pour certains d'entre eux un caractère civil au sens de l'article 6 de la Convention[212]. La doctrine n'a eu, à cet égard, de cesse de critiquer cette « *théorie de l'écran législatif* »[213] qui ne permet de critiquer la loi qu'à travers l'application qui en est faite[214]. Reprenant la formule de Carré de Malberg[215], il serait ainsi possible de dire que la Convention « *ne s'est pas élevée jusqu'à la perfection de l'Etat de droit* »[216] ou, à tout le moins, de l'Etat de droit constitutionnel . Pourtant, l'Assemblée parlementaire du Conseil de l'Europe n'a pas hésité à conditionner l'adhésion de l'Ukraine et de la Croatie à la modification de la compétence et de la composition des Cours constitutionnelles de ces deux Etats. De plus, la Commission européenne pour la démocratie par le droit (dite Commission de Venise), établie sous l'égide du Conseil de l'Europe en 1990[217], a contribué de manière exemplaire à la diffusion et à l'instauration du modèle de justice constitutionnelle dans les pays d'Europe centrale et orientale, contribuant ainsi à l'émergence d'un constitutionnalisme européen[218]. Alors pourquoi, la CourEDH reste-t-elle en retrait à l'égard de ce modèle ?

Plusieurs explications peuvent être trouvées. Tout d'abord, il convient de souligner que la spécificité de la justice constitutionnelle n'est pas niée par la Cour. En effet, au titre de l'article 26 de la Convention, la Cour considère, sous certaines conditions, que l'existence d'un recours constitutionnel entre dans le cadre de « *l'épuisement des voies de recours internes* »[219]. De même, dans le contentieux relatif au délai raisonnable, la Cour a admis un « *traitement préférentiel* »[220] à l'égard des procédures juridictionnelles constitutionnelles[221]. Par ailleurs, si la Cour n'impose pas l'exigence d'un contrôle de constitutionnalité des lois, elle ne l'interdit pas pour autant. N'oublions pas qu'un tel contrôle est inexistant dans certains Etats[222], à commencer au Royaume-Uni. Chaque Etat est libre de prévoir ou non un

---

[212] R. ABRAHAM, *op.cit.*, p. 411.
[213] J-F FLAUSS, « Le droit à un recours effectif : l'article 13 de la Convention européenne des droits de l'homme dans la jurisprudence de la Commission et de la Cour », *in* A.G. BEAUDOIN (dir.), *Vues canadiennes et européennes des droits et libertés*, Québec, éd. Yvon Blais inc., 1989, p. 275.
[214] M. VERDUSSEN, « La Convention européenne des droits de l'homme et le juge constitutionnel », *La mise en œuvre interne de la Convention européenne des droits de l'homme*, 1994, p. 60.
[215] R. CARRE DE MALBERG, *Contribution à la théorie générale de l'Etat*, Sirey, Paris, 1920, t. I, p. 492.
[216] En ce sens, P. WACHSMANN, *op.cit.*, p. 265.
[217] Résolution (90), 6, adoptée par le Comité des Ministres, le 10 mai 1990 lors de 86ème session.
[218] Pour un aperçu des réalisations de la Commission de Venise, voir G. MALINVERNI, « L'expérience de la Commission européenne pour la démocratie par le droit », *RUDH*, 1995, pp. 386-396.
[219] M. VERDUSSEN, « L'épuisement des voies de recours internes devant les juridictions constitutionnelles », *J.T.*, 1991, p. 157.
[220] Selon l'expression de J-F. FLAUSS in « Droit constitutionnel et Convention européenne des droits de l'homme. 1ère Partie », *RFDC*, 1996, sp. 384.
[221] CourEDH, 16 septembre 1996, *Süssmann c. Allemagne, op.cit.*.
[222] Si la Finlande, les Pays-Bas et le Luxembourg n'ignorent pas l'idée de contrôle de constitutionnalité, en revanche ils ont retenu un contrôle de nature non juridicitionnelle.

tel contrôle et, dans l'affirmative, d'en définir les modalités comme il l'entend[223]. Enfin, l'absence de consécration explicite d'un contrôle de constitutionnalité des lois, et partant d'une hiérarchie des normes constitutionnelles et législatives, peut également trouver une explication dans la conception même que la Cour se fait de la loi (définition matérielle de la loi)[224].

520. ***Le principe de constitutionnalité et le droit communautaire*** - L'émergence d'un constitutionnalisme supranational européen s'accompagne en retour d'une négation du constitutionnalisme national au regard du droit communautaire[225]. L'idée de prééminence de la constitution est en effet inconciliable avec l'affirmation de la primauté *générale* et *absolue* du droit communautaire[226]. Sans qu'il soit besoin d'y revenir très longuement, rappelons que pour la Cour de justice l'ensemble du droit communautaire (originaire et dérivé) prime l'ensemble du droit national, y compris les normes constitutionnelles[227]. Pour le juge communautaire, « *l'invocation d'atteintes portées soit aux droits fondamentaux tels qu'ils sont formulés par la constitution d'un Etat membre soit aux principes d'une structure constitutionnelle ne saurait affecter la validité d'un acte de la Communauté ou son effet sur le territoire de cet Etat* »[228]. Ce faisant, la Cour de justice dénie aux juridictions constitutionnelles nationales le pouvoir d'effectuer un contrôle de constitutionnalité des normes communautaires et donc le pouvoir d'assurer la primauté de la constitution. Mais cette remise en cause des éléments constitutifs du modèle européen de justice constitutionnelle va plus loin puisque est également remis en cause le monopole du juge constitutionnel pour contrôler la loi. Dans le modèle européen de justice constitutionnelle[229], on sait que le juge constitutionnel est seul compétent pour écarter une loi contraire à la constitution ; dans les Etats où le contrôle concret par voie d'exception est admis, lorsqu'un juge ordinaire est confronté à une question de constitutionnalité d'une loi, il doit, en raison du monopole dont dispose le juge constitutionnel en la matière, surseoir à statuer et

---

[223] En ce sens, l'opinion partiellement dissidente du juge Pettiti dans l'affaire *Ruiz-Mateos c. Espagne* du 23 juin 1993 (Série A, n° 262) : « *Plusieurs Etats membres du Conseil de l'Europe ne se sont pas dotés d'une cour constitutionnelle, ce qui n'est pas contraire à la Convention. Chaque Etat est souverain pour se doter ou non d'une cour constitutionnelle. Chaque Etat est souverain pour déterminer les modes de saisine de celle-ci. Les auteurs et les Etats signataires de la Convention européenne* ».

[224] *Cf. supra*, n°334 et ss.

[225] O. DORD, *op.cit.*, p. 577 et ss.

[226] D. SIMON, *Le système juridique communautaire*, 3ème éd., Paris, Puf, 2001, p. 410.

[227] Sur l'ensemble de la question, on consultera avec intérêt V. CONSTANTINESCO, «La primauté du droit communautaire, mythe ou réalité », *Mélanges L.J. Constantinesco, op.cit.*, p. 109 ; R. KOVAR, « La contribution de la Cour de justice à l'édification de l'ordre juridique communautaire », *RCADE*, IV-1, p. 15 et ss ; J. MERTENS DE WILMARS, « Réflexions sur le système d'articulation du droit communautaire et du droit des Etats membres », *Mélanges Boulouis, op.cit.*, p. 391.

[228] CJCE, 17 décembre 1970, *Internationale Handelsgesellschaft*, aff. 11/70, *Rec.* 1125.

[229] Sur la distinction *modèle américain* et *modèle européen* de justice constitutionnelle, L. FAVOREU, « Modèle américain et modèle européen de justice constitutionnelle », *AIJC*, vol. IV, 1988, pp. 51-66 ; « Le modèle européen de la cour constitutionnelle », *Cahiers français*, 1994.

saisir ce dernier pour qu'il se prononce sur la constitutionnalité de cette loi[230]. Or, à bien des égards, la jurisprudence *Simmenthal* de la Cour de justice vient quelque peu ébranler ce modèle. Au terme de cette jurisprudence, tout juge interne quel qu'il soit est habilité, pour veiller à la primauté du droit communautaire, à écarter toute norme nationale, législative ou constitutionnelle, « *sans qu'il ait à demander ou à attendre l'élimination préalable de celle-ci par la voie législative* ***ou par tout autre procédé constitutionnel*** »[231]. Autrement dit, le juge ordinaire peut, sans même saisir le juge constitutionnel, écarter une loi parlementaire qui serait contraire au droit communautaire. De la sorte, le juge constitutionnel perd son monopole dans le contrôle de la loi, monopole constitutif du modèle européen de justice constitutionnelle. Il en résulte une relativisation complète de la spécificité de la justice constitutionnelle, puisque n'importe quel juge pourrait écarter une loi, voire une norme constitutionnelle, qui ferait obstacle à l'application du droit communautaire.

En revanche, en dehors des hypothèses relevant de la primauté absolue et inconditionnelle du droit communautaire à l'égard des droits nationaux, le droit communautaire laisse une certaine marge de manœuvre aux Etats membres quant au choix de l'instrument et à sa place au sein de la hiérarchie des normes dans le cadre de la mise en œuvre nationale du droit communautaire : on parle d'*autonomie institutionnelle et procédurale*[232]. Toutes les directives reprennent en général dans leurs « *dispositions finales* » la formule suivante : « *les Etats membres mettent en vigueur les dispositions législatives, réglementaires et administratives nécessaires pour se conformer à la présente directive dans un délai [...] à compter de sa notification et en informent immédiatement la Commission* ». Ainsi, en laissant le choix à l'Etat membre entre des dispositions nationales « *législatives, réglementaires ou administratives* » conformément à la logique de l'article 249 CE, le droit communautaire autorise la détermination par l'Etat du rang de la mesure de mise en conformité adoptée et ceci en fonction de la hiérarchie des normes nationales[233].

Cependant, afin d'assurer « *l'effet utile des directives* »[234], la Cour de justice a encadré cette autonomie constitutionnelle. Mais même dans cette

---

[230] En Autriche, en Espagne, en Italie et dans certaines limites en Allemagne, le juge ordinaire peut, de sa propre initiative ou à la demande des parties, saisir le juge constitutionnel pour qu'il se prononce sur la constitutionnalité d'une loi dont dépend l'issue du procès. Ce « renvoi préjudiciel » a pour effet de suspendre l'instance en cours jusqu'à ce le juge constitutionnel ait rendu sa décision. Notons cependant qu'au Portugal coexiste à côté d'un contrôle concentré, un contrôle diffus de constitutionnalité habilitant toute juridiction à soulever l'inconstitutionnalité d'une norme. Sur la question, voir. D. ROUSSEAU, *La justice constitutionnelle en Europe*, 2ème éd., Paris, Montchrestien, 1996, p. 83 et ss ; C. GREWE et H. RUIZ FABRI, *Droits constitutionnels européens*, Paris, Puf, 1995, pp. 66-97.

[231] CJCE, 9 mars 1978, *Simmenthal*, aff. 106/77, *Rec.* 629.

[232] B. LE BAUT-FERRARESE, *La Communauté européenne et l'autonomie institutionnelle et procédurale des Etats membres*, Thèse, Lyon 3, 1996.

[233] *Ibid.*, p. 47.

[234] CJCE, 8 avril 1976, *Royer*, aff. 48/75, *Rec.* 497.

hypothèse, la Cour de justice n'impose pas une solution hiérarchique particulière. Par exemple, dans l'affaire *Commission c. Belgique* du 6 mai 1980, la Cour de justice a estimé que les directives devaient être traduites en droit national « *dans des dispositions internes ayant la même valeur juridique que celles qui s'appliquent dans les Etats membres* »[235] pour la même matière. Autrement dit, la transposition doit être réalisée au moyen d'un acte équivalent à celui qui aurait été pris en droit interne pour réaliser spontanément un objectif analogue. Robert Kovar parle d'« *équipollence* »[236]. Le traitement national du droit communautaire doit ainsi se faire conformément à la hiérarchie des normes nationales : ni plus, ni moins. La Cour de justice a estimé, à cet égard, que dès lors que la transposition d'une directive impose la modification d'un dispositif normatif existant, celle-ci doit être effectuée au moyen « *de dispositions internes à caractère contraignant ayant la même valeur juridique que celles qui doivent être modifiées* »[237]. Il faut tout d'abord que la transposition soit effectuée au moyen d'un acte contraignant normatif : pour la Cour de justice « *de simples pratiques administratives, par nature modifiables au gré de l'administration et dépourvues d'une publicité adéquate, ne sauraient être considérées comme constituant une exécution valable des obligations du traité* »[238]. Il faut ensuite que l'instrument national de transposition de la directive produise, dans le domaine concerné, des effets juridiques similaires à ceux qu'une mesure exclusivement nationale produirait dans la même matière. En d'autres termes, si la transposition d'une directive nécessite la modification ou l'abrogation de dispositions législatives existantes, il devra être procédé à une transposition par la voie législative ou au moyen de la législation déléguée[239]. Il s'agit ainsi d'éviter « *toute incertitude sur la situation juridique existante en raison de la substitution de nouvelles normes conformes à la directive à celles qui s'appliquaient jusqu'alors* »[240]. La Cour de justice entend à ce que la mise en œuvre nationale du droit communautaire revête une efficacité formelle au moins équivalente à celle qui vaut lorsqu'en dehors de toute contrainte communautaire le droit national comparable est sollicité[241]. Au total donc, la mise en œuvre du droit communautaire n'exige pas un traitement juridique national différent de celui ayant cours pour des besoins d'ordonnancement juridique purement interne. L'autonomie et la spécificité de la hiérarchie des normes nationales de chaque système juridique sont ainsi préservées dans le cadre de la mise en œuvre national du droit communautaire sous réserve par ailleurs que le droit communautaire prime en toute circonstance le droit national y compris constitutionnel.

---

[235] CJCE, 6 mai 1980, *Commission c. Belgique*, aff. 102/78, *Rec.*1473.
[236] R. KOVAR, « Réflexions sur l'intensité normative des directives », *in Du droit international au droit de l'intégration, Liber Amicorum Pierre Pescatore*, Baden-Baden, Nomos, 1987, sp. 369.
[237] CJCE, 15 octobre 1986, *Commission c/ Italie*, aff. 168/85, *Rec.* 2945.
[238] *Ibid* ; également, CJCE, 2 décembre 1986, *Commission c. Belgique*, aff. 239/85, *Rec.* 3645.
[239] Sur le recours à la législation déléguée comme moyen privilégié par les Etats membres pour la mise en œuvre du droit communautaire, E. CARPANO, *La transposition des directives communautaires. Etude de droit comparé*, Mémoire DEA, CDRE, Lyon 3, 1995.
[240] R. KOVAR, *op.cit.*, p. 371.
[241] B. LE BAUT-FERRARESE, *op.cit.*, p. 289.

2) Le Droit européen en renfort du principe de constitutionnalité

521. Le Droit européen a également constitué une incitation au développement et/ou au perfectionnement de la justice constitutionnelle nationale[242] participant ainsi à la consolidation de l'Etat [de droit] constitutionnel en Europe[243]. Si l'incidence du droit de la ConvEDH sur la création d'un système de justice constitutionnelle en droit interne est quasiment nulle[244], en revanche le droit de la Convention, relayé par la jurisprudence de la CourEDH, a contribué à l'approfondissement du contrôle de constitutionnalité dans un certain nombre d'Etats, ne serait-ce qu'en réaction au développement d'une justice « *supraconstitutionnelle* » européenne exposant les cours constitutionnelles nationales à la « *censure* » du juge européen. La protection constitutionnelle des droits fondamentaux en a été renforcée.

522. Soulignons tout d'abord que, paradoxalement, la jurisprudence de la CourEDH a eu pour conséquence d'accroître à certains égards la légitimité des cours constitutionnelles. Certes, en refusant d'accorder à la justice constitutionnelle un statut spécifique, la CourEDH remet en cause une certaine conception de la justice constitutionnelle. Certains ont parlé d'une « *banalisation de la justice constitutionnelle* »[245]. Mais en même temps la sujétion croissante du contentieux constitutionnel national aux garanties procédurales posées par la ConvEDH contribue à la légitimation du juge constitutionnel[246].

---

[242] F. COCCOZZA, « Les droits fondamentaux en Europe entre justice constitutionnelle « transfrontière » de la CEDH et justice constitutionnelle nationale. Les lignes incertaines d'une relation structurée », *RFDC*, 28, 1996, pp. 707-724 ; O. DORD, *Cours constitutionnelles et normes européennes*, Thèse, Paris X-Nanterre, 1996, pp. 413 et ss ; J-F. FLAUSS, « Des incidences de la Convention européenne des droits de l'homme sur le contrôle de constitutionnalité des lois », *LPA*, 1988, n°148, pp. 3-7.

[243] D. THÜRER, *op.cit.*, p97.

[244] Certes, on peut voir dans le développement d'une justice constitutionnelle transnationale ou supranationale européenne exposant notamment le Royaume-Uni à l'inconventionnalité de certaines de ses lois, la cause en creux de l'intégration de la ConvEDH en droit anglais (*Human Rights Acts* de 1998). Ne s'agissait-il pas en effet de « *ramener les droits à la maison* » comme l'affirmait le gouvernement britannique pour justifier l'incorporation de la ConvEDH en droit interne (S. FREDMAN, « Bringing Rights Home », *LQR*, vol. 114, 1998, p. 538 et ss) ? Beaucoup espéraient ainsi l'instauration, sinon l'ébauche, d'un véritable contrôle de constitutionnalité/fondamentalité des lois (N.H. ANDREWS, « L'Angleterre doit-elle adopter une Déclaration des droits assortie d'un contrôle juridictionnel des lois ? », *AJIC*, vol. V, 1989, pp. 35-56). Toutefois, force est de constater que l'intégration de la ConvEDH en droit anglais par le *Human Rights Act* de 1998 ne constitue nullement un premier élément de constitution formelle en Grande-Bretagne dans la mesure où le législateur reste libre de produire des lois limitant les droits ainsi garantis et parce que les lois contraires aux dispositions du HRA prévalent en dernier lieu sur ce dernier. (P. MABAKA, « L'incorporation de la Convention européenne des droits de l'homme dans l'ordre juridique britannique », *RTDH*, 2000, p.11 et ss ; LORD IRVINE OF LAIRG, « The development of Human Rights in Britain under an Incorporated Convention on Human Rights », *PL*, 1998, pp. 221-236).

[245] J-F. FLAUSS, « La contribution de la jurisprudence des organes de la Convention européenne des droits de l'homme à la formation d'un droit constitutionnel européen », *RUDH*, 1995, sp. 381.

[246] En ce sens, G. MALINVERNI, « Droit à un procès équitable et cours constitutionnelles », *RUDH*, 1994, pp. 389-395 ; M. VERDUSSEN, « Le juge constitutionnel face à l'article 6§1 », *RBDC*, 1994, pp. 131-146.

523. C'est sans doute en Autriche – berceau de la justice constitutionnelle en Europe faut-il le rappeler – que l'influence du droit européen des droits de l'homme sur le contrôle de constitutionnalité a été la plus significative du fait de la valeur constitutionnelle de la Convention en droit autrichien[247]. Traditionnellement, dans la logique de la doctrine positiviste et kelsénienne, la Cour constitutionnelle autrichienne se réfugiait dans une interprétation textuelle et historique des normes constitutionnelles et des droits fondamentaux se refusant à toute interprétation constructive de ceux-ci[248]. Progressivement, au tournant des années 1980, la Cour constitutionnelle a inauguré, sous l'influence européenne, une « *nouvelle jurisprudence* »[249] en matière de protection des droits fondamentaux. Désormais, la Cour constitutionnelle considère que « *l'ordre constitutionnel est un système de valeurs ; et que le législateur ordinaire doit conférer à ces valeurs, et notamment aux droits fondamentaux, effet et réalité* »[250]. Cette évolution serait, selon la doctrine, le fait de « *l'introduction en droit autrichien du standard européen* »[251] défini à partir de la ConvEDH et de la jurisprudence de la CourEDH. La Cour constitutionnelle autrichienne a ainsi été conduite à réduire la portée de certaines spécificités du droit constitutionnel autrichien qui entraient manifestement en contradiction avec les droits consacrés par la Convention[252]. L'intégration des concepts de proportionnalité et d'intérêt général dans la jurisprudence de la Cour constitutionnelle de Vienne relève également de cette influence européenne. C'est ainsi que la Cour constitutionnelle a pu considérer à propos de la liberté de l'industrie et du commerce garantie par l'article 6 de la loi fondamentale de 1867 que « *les règles législatives restreignant la liberté d'exercice d'une profession ne sont acceptables que si elles sont exigées par l'intérêt public, qu'elles sont aptes à atteindre le but et proportionnées à celui-ci et qu'en outre elles peuvent être justifiées objectivement* »[253].

524. Mais même dans les Etats où en principe les normes européennes ne sont pas des « *normes de constitutionnalité* »[254], celles-ci peuvent, dans certains cas autorisés par la constitution ou dans la majorité des cas décidés par le juge constitutionnel,

---

[247] Signalons que la ConvEDH et ses protocoles additionnels bénéfient en droit autrichien d'un rang constitutionnel. Qui plus est, la Cour constitutionnelle se considère comme tenue par l'interprétation de la CourEDH.

[248] R. MACHACEK, *Austrian contribution to the rule of law : constitutional court, administrative court, European prospectives*, N.E. Engel Publischer, 1994 ; T. ÖHLINGER, « Objet et portée de la protection des droits fondamentaux: la Cour constitutionnelle autrichienne », *in* L. FAVOREU (dir.), *Cours constitutionnelles européennes et droits fondamentaux*, Paris, Economica,1982, pp.335-381.

[249] Selon l'expression de Rudolf Machacek (R. MACHACEK, *op.cit.*, p. 16).

[250] P. JANN, « Protection constitutionnelle et protection internationale des droits de l'homme : concurrence ou complémentarité », *op.cit.*, p. 29.

[251] R. MACHACEK, *op.cit.*, p. 16.

[252] O. DORD, *op.cit.*, p. 418.

[253] Cité par M. FROMONT, *op.cit.*, p. 159.

[254] *Cf. infra*, n°603 et ss.

servir d'aide auxiliaire à l'interprétation des droits fondamentaux et principes nationaux constitutionnels de l'Etat de droit[255].

Certaines constitutions nationales accordent un statut privilégié aux normes internationales pour la seule interprétation des droits fondamentaux. Il en va ainsi notamment des Constitutions espagnole, portugaise et roumaine[256]. C'est sans doute la Constitution espagnole de 1978 qui fait la place la plus importante au droit européen des droits fondamentaux[257]. L'article 10§2 de la Constitution dispose en effet que « *les normes relatives aux droits fondamentaux et aux libertés que la Constitution reconnaît seront interprétées conformément à la Déclaration universelle des droits de l'homme et aux traités et conventions internationaux portant sur les mêmes matières ratifiés par l'Espagne* ». Pour le Tribunal constitutionnel, cet article constitue un simple outil interprétatif des droits fondamentaux consacrés par la Constitution et ne saurait en aucun cas transformer les instruments internationaux visés en canon autonome de validité des normes (« *canon autonómo de la validez de las normas* »)[258]. Il convient en effet de rappeler que la Constitution espagnole contient déjà un catalogue complet de droits fondamentaux, relayé par des procédures juridictionnelles spécifiques de protection de ceux-ci (recours d'*amparo*), établissant et consolidant l'Etat de droit démocratique et social espagnol[259]. L'article 10§2 aurait pu ainsi apparaître aux yeux du juge constitutionnel comme surabondant par rapport aux instruments nationaux de protection des droits fondamentaux existants. Il n'en fut rien, bien au contraire. Si naturellement la ConvEDH fut très tôt l'instrument de référence à partir duquel le juge constitutionnel a enrichi et interprété les droits fondamentaux constitutionnels espagnols[260], il convient de remarquer qu'il a également pris en compte ce que l'on pourrait appeler les « droits fondamentaux communautaires » tels qu'ils ont été dégagés par la CJCE[261]. Dans l'arrêt n°64/1991 du 22 mars 1991,

---

[255] Sur cette question, F. COCOZZA, « Les droits fondamentaux en Europe entre justice constitutionnelle « transfrontière » de la CEDH et justice constitutionnelle nationale. Les lignes incertaines d'une relation structurée », *RFDC*, 28, 1996, pp. 707-723 ; O. DORD, *op.cit.*, pp. 358-398

[256] L'article 16§2 de la Constitution portugaise dispose que *« les normes constitutionnelles et légales se rapportant aux droits fondamentaux doivent être interprétées et appliquées conformément à la Déclaration universelle des droits de l'homme »*. Néanmoins, compte tenu du catalogue des droits fondamentaux très détaillé dans la Constitution et de sa nature « ouverte », le Tribunal constitutionnel ne recourt que très rarement aux normes de la Convention pour interpréter les droits fondamentaux constitutionnels. Voir cependant, arrêt n°99/1988 du 28 avril 1988, D.R., II, obs. J. MIRANDA, « Chroniques : Portugal », *AIJC*, IV-1988, pp. 527-528 ; arrêt n°222/90 du 20 juin 1990, D.R., II, 17 septembre 1990, obs. J. MIRANDA, « Chroniques : Portugal », *AIJC*, VI-1990, pp. 842-843.

[257] A. S. ARNAIZ, *La apertura constitucional al derecho internacional y europeo de los derechos humanos. El articulo 10.2 de la Constitución española*, Consejo General del Poder Judicial, Madrid, 1998, sp. 172-203 ; J-R. RAMON, « Contrôle du droit interne contraire au droit communautaire et portée de l'article 10.2 de la Constitution espagnole dans la jurisprudence du Tribunal constitutionnel », *REDP*, 1993, pp. 177-199.

[258] STC n°51/96 du 26 mars 1996.

[259] *Cf. supra*, première partie.

[260] J. DELGADO BARRIO, « Proyección de las decisiones del Tribunal Europeo de Derechos Humanos en la jurisprudencia española », *RAP*, 1989, p. 233 ; E. GARCIA DE ENTERRIA, *op.cit.*

[261] Voir sur ce point les développements de M. BARBIER-LE BRIS, *op.cit.*, p. 209 et ss.

le Tribunal constitutionnel a pu ainsi ranger parmi « *les textes et accords internationaux constituant une source interprétative [contribuant] à la meilleure identification du contenu des droits dont la protection est attendue de ce Tribunal constitutionnel* », les traités constitutifs communautaires. Le Tribunal constitutionnel observe ainsi que « *l'on doit tenir compte de ce que le droit fondamental invoqué – l'égalité – trouve bon accueil dans les traités constitutifs des Communautés, et plus concrètement, eu égard à la nature des actes attaqués, dans l'article 40.3§2 du traité CEE qui exclut « toute discrimination entre producteurs et consommateurs de la Communauté ». Ce principe [...] présente actuellement un contenu, et en conséquence une protection similaire à celle garantie dans le domaine interne de chaque Etat communautaire, ainsi que l'ont signalé, à plusieurs reprises, tant la Cour de justice que les tribunaux constitutionnels des Etats membres* »[262]. Ce faisant, le Tribunal consacre expressément la valeur interprétative de la jurisprudence de la Cour de justice en matière de protection des droits fondamentaux. Certains ont ainsi pu considérer que « *le juge constitutionnel fai[sait] de cette jurisprudence le paramètre interprétatif suprême dans le domaine des droits fondamentaux* »[263]. Sans aller jusque là, il est certain que, sous réserve d'une éventuelle évolution jurisprudentielle du type « *so lange*» en germe dans la jurisprudence du Tribunal[264], les droits fondamentaux communautaires se voient dotés, à l'instar de la Convention européenne des droits de l'homme, d'une valeur interprétative certaine dans la détermination des droits fondamentaux constitutionnels. Nul doute que la future constitutionnalisation de la Charte des droits fondamentaux de l'Union européenne renforcera la place de ceux-ci au sein de l'ordre juridique espagnol.

Malgré l'absence dans la loi fondamentale allemande d'une clause interprétative similaire à celle existant en droit constitutionnel espagnol, la Cour constitutionnelle de Karlsruhe s'est engagée dans une voie similaire en reconnaissant que la ConvEDH et la jurisprudence de ses organes pouvaient servir d'aide à l'interprétation des droits fondamentaux consacrés par la Loi fondamentale. Cette jurisprudence est d'autant plus remarquable compte tenu de la place qu'occupent les droits fondamentaux au sein de l'ordre constitutionnel allemand[265]. La Cour constitutionnelle a ainsi considéré dans un arrêt de principe du 26 mars 1987, confirmé plusieurs fois par la suite, que « *la présomption d'innocence est une manifestation du principe de l'Etat de droit et partant, a valeur constitutionnelle. Elle fait aussi partie, en vertu de l'article 6§2 CEDH, du droit positif de la*

---

[262] STC n°64/1991 du 22 mars 1991, n°4 a) 7.

[263] J.R. FERNANDEZ, « Contrôle du droit interne contraire au droit communautaire européen et portée de l'article 10.2 de la Constitution espagnole dans la jurisprudence du Tribunal constitutionnel », *REDP*, 1993, sp. 1991.

[264] *Cf. infra*, n°615.

[265] D. CAPITANT, *Les effets juridiques des droits fondamentaux en Allemagne*, Paris, LGDJ, 2001, 368p. ; M. FROMONT, « Les droits fondamentaux dans l'ordre juridique de la République fédérale d'Allemagne », *Mélanges Eisenmann*, Paris, Cujas, 1975, p. 49 et ss ; O. JOUANJAN, « La théorie allemande des droits fondamentaux », *AJDA*, 1998, n° spécial, pp. 137-142 .

République fédérale d'Allemagne avec le rang d'une loi fédérale [...]. Lors de l'interprétation de la loi fondamentale, le contenu et le niveau de développement de la Convention européenne des droits de l'homme sont également à prendre en compte, à moins que cela ait pour effet de limiter ou d'amoindrir la protection des droits fondamentaux de la loi fondamentale, une conséquence que la Convention elle-même prétend exclue (art. 60 CEDH). C'est aussi pour cela que la jurisprudence de la Cour européenne des droits de l'homme sert comme aide à l'interprétation du contenu et de la portée des droits fondamentaux et des principes de l'Etat de droit de la loi fondamentale »[266]. La formulation de la Cour constitutionnelle allemande est d'une grande clarté ; elle met même en exergue la consubstantialité de la protection des droits fondamentaux et de l'Etat de droit.

La Cour d'arbitrage belge pratique également, de sa propre initiative, « *l'application auxiliaire* »[267] de la Convention pour interpréter les dispositions constitutionnelles relatives aux droits fondamentaux dont elle assure le respect (articles 10 et 11 sur la non discrimination et 24 sur la liberté d'enseignement)[268]. Ce faisant, la Convention constitue pour la Cour d'arbitrage un véritable modèle d'interprétation de normes constitutionnelles, ainsi qu'une source d'inspiration comme « *valeur de référence des normes constitutionnelles* »[269]. C'est ainsi que dans un arrêt du 13 juillet 1989, la Cour d'arbitrage a interprété la fonction du principe constitutionnel de non-discrimination dans le contrôle des lois, à la lumière de la jurisprudence de la CourEDH relative au contrôle de proportionnalité, en reprenant telle quelle la formule de la CourEDH dans l'affaire *Linguistique belge* du 23 juillet 1968 : la Cour d'arbitrage a considéré que « *le principe d'égalité est violé lorsqu'il est établi qu'il n'existe pas de rapport raisonnable de proportionnalité entre les moyens employés et le but visé* »[270]. De manière générale, la Cour d'arbitrage considère que « *parmi les droits et libertés garantis aux Belges par l'article 6bis de la Constitution figurent bien les droits et libertés résultant de dispositions conventionnelles liant la Belgique* »[271] comme la ConvEDH et ses protocoles additionnels[272] ou les traités communautaires[273]. Pour autant, la Cour

---

[266] *BverfGE* 75, p. 358, 370.

[267] M. VERDUSSEN, « La Cour d'arbitrage belge et l'application de la Convention européenne des droits de l'homme », *RFDC*, 1994.

[268] Pour une étude récente, voir L. BURGORGUE-LARSEN, « L'autonomie constitutionnelle aux prises avec la Convention européenne des droits de l'homme », *Revue belge de droit constitutionnel*, 2001, pp. 31-64.

[269] Certains considèrent même que la Cour d'arbitrage procèderait à une application directe de la Convention fondée sur la combinaison de normes. En ce sens, O. DORD, *op.cit.*, p. 365.

[270] C.A., arrêt n°21/89 du 13 juillet 1989, pt. B.A.5.b., obs : X. DELGRANGE, « Quand la Cour d'arbitrage s'inspire de la Cour de Strasbourg », *R.R.D.*, 1989, pp. 619-621. Dans l'*affaire linguistique belge*, la CourEDH avait considéré que « *l'article 14 est également violé lorsqu'il est clairement établi qu'il n'existe pas de rapport raisonnable de proportionnalité entre les moyens employés et le but visé* », CourEDH, 23 juillet 1968, *Affaire linguistique belge*, Série A, n°8, §10.

[271] CA, arrêt n018/90 du 23 mai 1990.

[272] CA, arrêt n°25/92 du 7 mai 1992, M.B. Du 19 juin 1992, pt 4.B.5 (Article 2 du premier protocole additionnel de la CEDH).

d'arbitrage ne fait pas une application autonome des droits fondamentaux européens à la différence du cas autrichien dans la mesure où notamment la Convention ne bénéficie pas d'un statut constitutionnel. En conséquence, la Cour d'arbitrage n'est pas compétente pour annuler une loi qui serait contraire à une disposition européenne. Tout au plus, se sert-elle des normes européennes pour interpréter et compléter, le cas échéant, les droits fondamentaux reconnus par la Constitution belge à l'instar de la Cour constitutionnelle italienne qui accepte également, dans une moindre mesure, de recourir au droit de la Convention pour « *interpréter et actualiser* » la protection des droits fondamentaux en Italie. La Cour constitutionnelle italienne admet en effet que « *les conventions internationales auxquelles l'Italie est partie* » puissent aider à déterminer le sens de certains principes constitutionnels[274]. A bien des égards, on pourrait également considérer que la prise en compte implicite de la Convention par le Conseil constitutionnel français participe également de ce mouvement[275].

525. Dans la plupart des Etats de droit constitutionnel européens, la ConvEDH constitue une donnée importante dont le juge constitutionnel tient compte pour interpréter et, le cas échéant, compléter les droits fondamentaux dont il doit assurer la protection. Que le juge constitutionnel autrichien mobilise la ConvEDH, cela n'a rien de surprenant compte tenu du fait que la ConvEDH occupe un rang constitutionnel au sein du système juridique autrichien. De même, il n'y a rien d'étonnant à ce que le juge espagnol s'inspire de la ConvEDH dans la mesure où il s'agit là d'une obligation constitutionnelle imposée par l'article 10§2 de la Constitution de 1978. En revanche, il est plus surprenant que les juges constitutionnels allemands, belges et italiens recourent à la ConvEDH alors même qu'elle ne constitue pas une norme de constitutionnalité. Nous avons là encore une preuve exemplaire de l'attractivité horizontale du droit européen des droits de l'homme qui déploie ses effets bien au-delà de son strict cadre normatif : en matière de droits de l'homme, il semble que l'analyse classique fondée sur une interprétation hiérarchique des relations entre systèmes juridiques doive être abandonnée au profit d'une approche pluraliste[276] seule à même de mettre en évidence l'émergence d'une fondamentalité européenne transnationale. Les figures de la constitutionnalité s'en trouvent à leur tour bouleversées.

---

[273] Dans un arrêt du 15 juillet 1993, la Cour d'arbitrage a ainsi considéré que les droits et libertés visés aux article 6 et 6bis de la Constitution pouvaient également être contenus dans un traité communautaire (ex-article 119 CE), CA, arrêt n°63/93 du 15 juillet 1993, point B.1.

[274] CCI, arrêt n°10/93 des 12 et 19 janvier 1993, Bull. J.C. 1993-1, p. 20 ; voir également, CCI, arrêt n°168/94 des 27 et 28 avril 1994, Bull. J.C. 1994-1, p. 40.

[275] P. GAIA, « Les interactions entre les jurisprudences de la Cour européenne des droits de l'homme et du Conseil constitutionnel », *RFDC*, 28, 1996, p. 725 et ss. *Cf. infra*, n°606.

[276] En ce sens, la thèse de E. LAMBERT, *Les effets des arrêts de la Cour européenne des droits de l'homme. Contribution à une approche pluraliste du droit européen des droits de l'homme*, Bruxelles, Bruylant, 1999.

B. La constitutionnalité transfigurée par la fondamentalité conventionnelle européenne

526. L'émergence de cette fondamentalité européenne transnationale emporte deux conséquences pour le modèle de l'Etat de droit constitutionnel : premièrement, la constitution nationale n'est plus la source exclusive des droits fondamentaux (**1**) ; deuxièmement, le juge constitutionnel national n'est plus le seul juge de la fondamentalité des lois parlementaires (**2**).

1) La constitution n'est plus la source exclusive des droits fondamentaux

527. La « *fondamentalité* » des droits « dits » fondamentaux ne s'épuise plus dans la constitution. Pendant longtemps, la doctrine majoritaire considérait que l'expression « *droits fondamentaux* » ne désignait que les « *droits et libertés constitutionnellement protégés* »[277]. Le professeur Auer écrivait encore en 1987 que « *par « droits fondamentaux », on désigne un ensemble de droits et de garanties que l'ordre constitutionnel reconnaît aux particuliers dans leurs rapports avec les autorités étatiques* »[278]. Aujourd'hui, la dimension internationale et européenne de la fondamentalité des droits est largement acceptée. Ainsi, le professeur Louis Favoreu considère-t-il désormais que sont « fondamentaux », « *les droits et libertés protégés par des normes constitutionnelles ou (et) européennes et internationales* »[279]. Force est en effet de constater qu'à côté des catalogues constitutionnels nationaux de droits fondamentaux (Allemagne, Espagne, Portugal) coexistent aujourd'hui des catalogues européens de droits fondamentaux faisant l'objet d'un mécanisme spécifique de garanties. Citons simplement la Convention européenne des droits de l'homme et la Charte des droits fondamentaux de l'Union européenne qui devrait être intégrée dans la future Constitution européenne. Rappelons par ailleurs que la CJCE a développé un catalogue jurisprudentiel des droits fondamentaux de la personne humaine via les principes généraux du droit en s'inspirant des traditions constitutionnelles des Etats membres et de la ConvEDH. Ces droits fondamentaux européens, à l'instar des droits fondamentaux constitutionnels, fixent des limites matérielles à la loi. Ainsi, même la doctrine la plus formaliste en la matière s'accorde à reconnaître *aujourd'hui* qu'à côté des « *droits fondamentaux constitutionnels* » consacrés par la constitution, coexistent des « *droits fondamentaux conventionnels* »[280] consacrés par les textes internationaux et en particulier européens. Ces droits fondamentaux « constitutionnels » et « conventionnels » sont l'expression d'une même

[277] L. FAVOREU, « Rapport général introductif », *in Cours constitutionnelles européennes et droits fondamentaux*, Economica, PUAM, 1982, p. 41.
[278] A. AUER, « Les droits fondamentaux et leur protection », *Pouvoirs*, 1987, p. 87.
[279] L. FAVOREU *et alii*, *Droit constitutionnel*, *op.cit.*, p. 812 et ss.
[280] Selon l'expression d'Otto Pfersmann, *in* L. FAVOREU *et alii*, *Droits des libertés fondamentales*, 2ème éd., Paris, Dalloz, 2002, pp. 88-91.

fondamentalité même si substantiellement leur contenu peut plus ou moins varier. La constitution n'est plus ainsi la source exclusive des droits fondamentaux[281] ; et le juge constitutionnel n'est plus la seule autorité juridictionnelle compétente pour contrôler la fondamentalité des lois parlementaires.

2) Le juge constitutionnel n'est plus le gardien exclusif de la fondamentalité des lois parlementaires

528. La fonction de justice constitutionnelle, confiée pour l'essentiel en Europe à des juridictions spécialisées[282], et constitutive d'une certaine conception de l'Etat de droit, est susceptible de connaître une mutation sans précédent sous l'influence du Droit européen. On le sait, la protection des droits fondamentaux de nature constitutionnelle n'incombe pas seulement au juge constitutionnel : le juge ordinaire peut également y pourvoir[283]. En revanche, seul le juge constitutionnel est habilité à contrôler la conformité d'une loi parlementaire à l'aune des droits fondamentaux constitutionnels. Or, sur ce dernier point, compte tenu du développement parallèle des « droits fondamentaux conventionnels », les cours constitutionnelles nationales,

---

[281] En ce sens, la démonstration éclairante de S. DEFIX, *Le concept de droits fondamentaux. Contribution à la détermination d'un droit constitutionnel européen des droits fondamentaux*, Thèse, Université Clermont-Ferrand I, 1999, sp. 90-117. Nous avouons même partager l'idée selon laquelle, en matière de « fondamentalité », la distinction « droits fondamentaux constitutionnels » / « droits fondamentaux conventionnels » reposant sur un critère purement formel ne permet qu'imparfaitement de prendre en compte la « transervalité » des droits fondamentaux (J. ANDRIANTSIMBAZOVINA, « L'enrichissement mutuel de la protection des droits fondamentaux au niveau européen et au niveau national. Vers un contrôle de fondamentalité ? », *RFDA*, 2002, sp. 135 ; E. PICARD, « Les rapports entre le droit international public et la Constitution selon la jurisprudence du Conseil d'Etat », *RA*, n°spécial, n°1, 1999, p. 15-46). Comme l'a fort bien montré le professeur Etienne Picard, « *les droits fondamentaux forment une catégorie hors normes en ce qu'aucune d'elles ne les contient ni exclusivement ni entièrement, et qu'ils peuvent même, le cas échéant, s'imposer en dépit de leur hiérarchie formelle* » (E. PICARD, « L'émergence des droits fondamentaux », *op.cit.*, p. 25). Et à cet égard, il nous semble que la doctrine ne peut faire l'économie d'une réflexion sur le caractère fondamental des droits. Seule une définition matérielle des droits fondamentaux permet de prendre en compte cette idée de fondamentalité en ce qu'elle est l'expression des valeurs relatives à la personne humaine. (X. BIOY, *Le concept de personne humaine en droit public. Recherche sur le sujet des droits fondamentaux*, Dalloz, Paris, 2003, sp. 775 et ss ; W. SABETE, *De l'obligation de la reconnaissance constitutionnelle des droits fondamentaux. A la recherche d'un fondement de l'obligation*, Thèse, Bordeaux, 1994).

[282] D. ROUSSEAU, *La justice constitutionnelle en Europe*, 2ème éd., Paris, Montchrestien, 1996, pp. 49-110 ; C. GREWE et H. RUIZ-FABRI, *Droits constitutionnels européens, op.cit.*, pp. 66-97 ; Il y a toutefois deux exceptions notables : au Portugal tout d'abord, où coexiste à côté d'un contrôle centralisé de la constitutionnalité des lois confié au Tribunal constitutionnel, un contrôle diffus de la constitutionnalité des lois autorisant les juridictions ordinaires à écarter l'application d'une loi inconstitutionnelle (P. BON *et alii*, *La justice constitutionnelle au Portugal*, Paris, Economica, PUAM, 1989) ; en Grèce ensuite, où il a été institué un système exclusif de contrôle de la constitutionnalité des lois par voie d'exception devant les juridictions ordinaires sous le contrôle d'une Cour suprême spéciale chargée de « corriger » les divergences de jurisprudence entre les différents ordres de juridiction (judiciaire, administratif et financier) sur une question de constitutionnalité ; ce contrôle de constitutionnalité est calqué sur le modèle américain (A. MANITAKIS, « Fondement et légitimité du contrôle juridictionnel des lois en Grèce », *RIDC*, 1988, pp. 39-55 ; E. SPILIOTOPOULOS, « Judicial Review of Legislative Acts in Greece », *Temple Law Quaterly*, 1983, pp. 463-500).

[283] B. MATHIEUX et M. VERPEAUX, *Contentieux constitutionnel des droits fondamentaux*, LGDJ, Paris, 2002, p. 116 et ss.

ayant pour la plupart refusé d'intégrer parmi leurs normes de contrôle le droit européen des droits fondamentaux, sont susceptibles d'être doublement concurrencées dans leur fonction de contrôle juridictionnel de la fondamentalité des lois, d'une part, *en amont* par les cours européennes supranationales (CourEDH et CJCE) et, d'autre part, *en aval* par les juridictions ordinaires nationales.

a) La concurrence des cours européennes supranationales

529. La question n'est pas tant ici de savoir si les cours européennes supranationales s'apparentent dans leurs fonctions à des cours constitutionnelles au sein de leur propre ordre juridique[284] que celle de savoir si celles-ci sont susceptibles de venir *concurrencer* voire peut-être même *supplanter*[285] dans certaines circonstances les cours constitutionnelles nationales dans l'exercice de leur fonction de justice constitutionnelle au plan interne.

530. Il est habituel de considérer que le juge européen n'est pas *en principe* compétent pour contrôler directement la « légalité » d'une loi nationale[286]. Et lorsque le juge européen est amené à se prononcer sur la compatibilité d'une loi nationale avec le Droit européen, ni la CourEDH, ni la CJCE n'ont le pouvoir de prononcer l'annulation des lois nationales inconventionnelles[287]. Nous serions en présence de cours sans objet constitutionnel, ni autorité constitutionnelle : elles ne pourraient donc revendiquer le statut de cour constitutionnelle[288]. La réalité est plus complexe. Nous voudrions montrer ici que dans certaines circonstances, la CourEDH et la CJCE sont amenées à exercer un véritable contrôle de la loi nationale

---

[284] La question est ici largement débattue au sein de la doctrine. La CourEDH et la CJCE exercent chacune au sein de leur ordre juridique respectif une mission de justice constitutionnelle. A propos de la CourEDH, voir P.A. FERNANDEZ-SANCHEZ, « Towards a European Constitutional Court ? », *Revue de droit international*, 1995, n°2, pp. 71-97 ; D. ROUSSEAU, *Droit du contentieux constitutionnel*, *op.cit.*, pp. 81-82 ; E. GARCIA DE ENTERRIA, « Valeur de la jurisprudence de la Cour européenne des droits de l'homme en droit espagnol », *Mélanges Wiarda*, *op.cit.*, p. 221. Contra L. FAVOREU, « Les Cours de Luxembourg et Strasbourg ne sont pas des cours constitutionnelles », *Mélanges en l'honneur de Louis Dubouis*, Paris, Dalloz, 2002, pp.35-45 ; J-F. FLAUSS, « La Cour européenne des droits de l'homme est-elle une Cour constitutionnelle ? », *RFDC*, 1998, pp. 711-728 : cet auteur conclut que « *sauf à retenir une conception fortement élastique des définitions préétablies et reconnues, force est de conclure qu'en l'état actuel, la CourEDH n'est pas, d'un point de vue technique, vraiment assimilable à une Cour constitutionnelle. Mais il n'est pas totalement inconcevable qu'à l'avenir, elle puisse encore se rapprocher davantage de cette variété de juridiction constitutionnelle* ».

[285] O. DORD, *op.cit.*, p. 589.

[286] La Cour de justice a précisé qu'elle « *s'interdit de s'ingérer directement dans la législation ou l'administration des Etats membres* » (CJCE, 16 décembre 1960, *Humblet*, aff. 6/60, *Rec.*, 1125). De son côté, la CourEDH rappelle qu'il ne lui appartient pas d'« *examiner dans l'abstrait la compatibilité des dispositions législatives ou constitutionnelles nationales avec les exigences de la Convention* » (CourEDH, 6 septembre 1978, *Klass et autres c. Allemagne*, Série A, n°28, §33 ; CourEDH, 27 septembre 1995, *Mc Cann et autres c. Royaume-Uni*, Série A, n°239, §153).

[287] Elles ne disposent pas, à l'instar d'un juge fédéral par exemple, d'un pouvoir de « nullification » des normes nationales d'un Etat qui seraient incompatibles avec le Droit européen.

[288] L. FAVOREU, « Les Cours de Luxembourg et de Strasbourg ne sont pas des cours constitutionnelles », *Mélanges Louis Dubouis*, *op.cit.*, sp. 43.

à l'aune du Droit européen emportant même l'obligation pour l'Etat membre d'abroger ou de modifier la loi en cas de constat d'inconventionnalité.

i) La CJCE, juge de la loi nationale

531. Dans l'arrêt *les Verts*, la Cour de justice a clairement établi un lien entre l'existence de la Communauté de droit et le contrôle des actes des Etats membres par rapport à la « *charte constitutionnelle de base* » qu'est le traité[289]. En dépit des efforts des Etats membres pour marginaliser le contrôle que la CJCE peut exercer sur certains de leurs actes à l'aune des droits fondamentaux « communautaires »[290], la CJCE a clairement intégré les droits fondamentaux dans la charte constitutionnelle de la Communauté de droit. Elle l'a rappelé de manière exemplaire dans l'affaire *Unión de los pequeños agricultores* du 25 juillet 2002. Il ne fait aucun doute que le bloc de la légalité communautaire au regard duquel la CJCE peut être amenée à contrôler la légalité des actes des Etats membres comprend également les droits fondamentaux via les principes généraux du droit communautaire.

532. C'est dans le cadre du *recours en constatation de manquement* (articles 226 à 228 CE) [291] que la CJCE peut être amenée à se prononcer directement sur la

---

[289] CJCE, 23 avril 1986, *Les Verts c. Parlement*, aff. 294/83, *Rec.*, 1339.

[290] (*Cf. supra*, n°263). L'article 46d) du traité d'Amsterdam reconnaît la compétence de la CJCE pour contrôler le respect des droits fondamentaux au sein de l'ordre juridique communautaire seulement « *en ce qui concerne l'action des institutions* ».

[291] En principe, il s'agit là de la seule hypothèse où la Cour de justice peut être conduite à statuer directement sur la compatibilité d'une norme nationale avec le droit communautaire. Comme la Cour de justice l'a rappelé « *en dehors du recours en constatation de manquement, il n'appartient pas à la Cour de statuer sur la compatibilité d'une disposition nationale avec le droit communautaire* » (CJCE, 22 mars 1990, *Triveneta Zuccheri*, C-347/87, *Rec.*, I-1083). En principe, la Cour de justice ne peut à l'occasion d'un renvoi préjudiciel (article 234 CE) se prononcer sur l'interprétation du droit national (CJCE, 19 mars 1964, *Unger*, aff. 75/63, *Rec.* 347) sauf quand celui-ci fait explicitement référence au droit communautaire (CJCE, 25 juin 1992, *Federconsorzi*, aff. C-88/91, *Rec.* I-4035). De même, la CJCE ne peut a fortiori vérifier la compatibilité d'une législation nationale avec le droit communautaire : elle doit se limiter à fournir au juge national les éléments nécessaires à l'appréciation par la juridiction nationale de la conformité d'une réglementation interne avec le droit communautaire dont elle assure le respect (CJCE, 15 juillet 1964, *Costa*, aff. 6/64, *Rec.* 1141). Mais il est vrai que l'interprétation donnée par la Cour de justice ne laisse bien souvent aucun doute quant à la validité de la norme nationale et que la décision de la CJCE préjuge en fait la solution finale qui sera donnée au litige par le juge national et ce d'autant plus que la CJCE rappelle régulièrement qu'en cas d'incompatibilité, c'est le droit communautaire qui doit primer (CJCE, 1er décembre 1965, *Dekker*, aff. 33/65, *Rec.* 116). C'est pourquoi, certains voient dans le mécanisme du renvoi préjudiciel en interprétation un contrôle indirect de légalité communautaire des actes étatiques (en ce sens, F. BERROD, *La systématique des voies de droit communautaires*, Paris, Dalloz, 2002, p. 126 et ss) Mais en tout état de cause, la Cour de justice refuse de se prononcer directement sur la légalité communautaire du droit interne (CJCE, 16 décembre 1960, *Humblet*, aff. 6/60, *Rec.* 1125). Rappelons qu'il appartient en premier lieu au juge national de veiller à la compatibilité des lois nationales avec le droit communautaire. En cas de contrariété entre le droit national, y compris législatif ou constitutionnel, et le droit communautaire, le juge national doit sinon annuler la disposition nationale contraire, du moins l'écarter pour assurer l'effectivité de la norme communautaire (CJCE, 9 mars 1978, *Simmenthal*, aff. 106/77, *Rec.* 629).

compatibilité d'une loi nationale avec le droit communautaire[292]. Cette action a pour objet de sanctionner « *le fait pour un Etat membre d'édicter ou de maintenir une législation ou une réglementation incompatible avec le traité ou le droit communautaire dérivé, soit l'inexécution par cet Etat, voire l'exécution incomplète ou tardive, d'obligations qui lui sont imposées par les règles communautaires* »[293]. Le manquement peut résulter d'un comportement positif ou d'une abstention illicite des autorités nationales et ce, quel que soit l'organe de l'Etat à l'origine de la violation[294]. L'hypothèse la plus fréquente est celle d'un manquement retenu à la charge de l'Etat du fait de l'action ou de l'inaction de l'organe parlementaire[295]. Et lorsque la CJCE doit examiner le comportement illicite du législateur (du fait de son activité normative (législative)), elle sera nécessairement conduite à se prononcer sur la compatibilité de la loi adoptée avec le droit communautaire. Dans ce contexte, la CJCE opère bien « *un jugement de la loi nationale* »[296].

533. Reste à déterminer la portée de cette déclaration indirecte d'inconventionnalité de la loi nationale. Il est vrai que les arrêts en manquement n'ont qu'un « *caractère déclaratoire* »[297]. La Cour de justice ne dispose pas de pouvoir d'annulation de la disposition nationale en cause ni d'un pouvoir d'injonction à l'égard des autorités nationales. En effet, la Cour de justice « *ne peut, de sa propre autorité, annuler ou abroger des lois nationales d'un Etat membre ou des actes administratifs de ses autorités qui violeraient le traité* »[298]. Pour autant, l'arrêt en manquement n'est pas dépourvu **d'autorité normative**. En effet, au terme de l'article 228 CE, l'Etat condamné « *est tenu de prendre les mesures que comporte l'exécution de l'arrêt* ». Lorsque le manquement résulte de l'incompatibilité de la loi avec le droit communautaire, l'Etat membre condamné devra modifier sa législation interne pour la rendre conforme aux exigences communautaires, au risque, sinon, d'être condamné de nouveau (devant la Cour de justice au titre de l'article 228 ou devant ses propres juridictions nationales au titre de la jurisprudence *Brasserie du Pêcheur et Factortame III*[299]). A cet égard, la CJCE a explicitement reconnu que « *dans le cas où l'arrêt constate l'incompatibilité avec le traité de certaines dispositions législatives d'un Etat membre, il entraîne, pour les autorités participant à l'exercice du pouvoir législatif, l'obligation de modifier les dispositions en cause* »[300]. Qui plus est, la condamnation par la Cour de justice de la norme

---

[292] Rappelons toutefois que le juge communautaire ne peut pas connaître de la légalité des mesures étatiques appartenant au domaine réservé des Etats membres.
[293] Concl. AG Mayras, CJCE, 8 février 1973, *Commission c. Italie*, aff. 60/72, *Rec.* 117.
[294] La Cour de justice a ainsi rappelé que le manquement est constitué « *quel que soit l'organe de l'Etat dont l'action ou l'inaction est à l'origine du manquement, même s'il s'agit d'une institution constitutionnellement indépendante* », CJCE, 5 mai 1970, *Commission c. Belgique*, aff. 77/69, *Rec.* 237.
[295] D. SIMON, *Le système juridique communautaire*, 3ème édition, Paris, PUF, 2001, sp. 618.
[296] D. DE BECHILLON, « Conflits de sentences entre les juges de la loi », *Pouvoirs*, n°96, 2001, sp. 114
[297] CJCE, 16 décembre 1960, *Humblet*, aff. 6/60, *Rec.* 1125.
[298] *Ibid.*
[299] Au terme de la jurisprudence de la CJCE, l'existence d'un manquement constaté est une condition suffisante pour que soit engagée la responsabilité de l'Etat du fait de la violation du droit communautaire.
[300] CJCE, 14 décembre 1982, *Waterkeyn*, aff. 314 et 316/82 et 3/82, *Rec.* 4337.

législative contraire au droit communautaire implique, en vertu du parallélisme des actes et des compétences, une régularisation par voie législative[301]. Le constat d'inconventionnalité de la loi nationale dans le cadre du recours en manquement emporte donc bien pour le législateur national l'obligation juridique d'abroger ou de modifier la loi et, le cas échéant, de reconstruire les situations juridiques antérieurement affectées par ce manquement. Ce faisant, la CJCE se présente bien comme un « *juge de la loi nationale* » dont le jugement lie indirectement mais effectivement *l'Etat-législateur*.

ii) La CourEDH, juge de la loi nationale

534. La CourEDH peut également s'ériger en « *juge de la loi nationale* ». Elle peut en effet être amenée à exercer un « *contrôle abstrait* » de la conventionnalité des lois nationales comparable à celui qu'exercerait une cour constitutionnelle nationale.

535. Elle le fait tout d'abord dans le cadre du contrôle qu'elle exerce au titre de l'article 33 de la ConvEDH (ex-article 24) au terme duquel un Etat peut dénoncer en *tant que telle* l'inconventionnalité d'une disposition législative d'un autre Etat partie à la Convention[302]. Dans la mesure où l'Etat requérant n'a pas à prouver qu'il est victime d'une violation de la Convention, la CourEDH ne peut exercer qu'un contrôle *in abstracto* de la compatibilité d'une loi nationale avec les dispositions conventionnelles. L'on peut alors rapprocher ce contrôle du contrôle de constitutionnalité déclenché au plan national sur demande des autorités politiques[303].

536. Elle peut également être amenée à procéder à un tel contrôle dans le cadre du contrôle déclenché sur saisine individuelle (article 34, ex-article 25). A priori, une telle possibilité est contraire à l'esprit du système conventionnel de protection des droits fondamentaux instauré par la ConvEDH. En effet, en dehors de l'article 33 de la ConvEDH, et à la différence des cours constitutionnelles nationales, la CourEDH n'est pas saisie de l'invalidité d'une norme de portée générale et impersonnelle, mais de l'inconventionnalité d'une situation ou d'une décision individuelle (*contrôle concret*). Il s'agit là d'un contentieux subjectif où un individu conteste devant la CourEDH l'incompatibilité du traitement de sa situation juridique avec les dispositions de la Convention. Autrement dit, il ne s'agit pas pour la CourEDH de porter un jugement de conventionnalité de la loi nationale mais simplement de l'application qui en est faite à un particulier et donc de sanctionner *intuitu personnae*

---

[301] M-F. BUFFET-TCHAKALOFF, *La France devant la Cour de justice des Communautés européennes*, Economica, PUAM, 1985, sp. 335.

[302] Il est vrai cependant que les requêtes étatiques, qui n'ont jamais été nombreuses, ont aujourd'hui pratiquement disparu (moins de 20 requêtes étatiques à ce jour). Voir, H. LABAYLE, « Article 24 », in L.E. PETTITI *et alii, op.cit.*, p. 571 et ss ; L.E. PETTITI, « Les recours étatiques dans le système de la CEDH », in D. BARDONNET (dir.), *Le règlement pacifique des différents internationaux en Europe*, Académie de droit international de La Haye, Nijhoff, 1991, p. 331.

[303] J-F. FLAUSS, *op.cit.*, p. 721.

la violation d'un droit subjectif[304]. A cet égard, la CourEDH rappelle régulièrement que son rôle, dans le cadre des requêtes individuelles, « *ne consiste pas à examiner dans l'abstrait la compatibilité des dispositions législatives ou constitutionnelles nationales avec les exigences de la Convention* »[305].

537. En réalité, on assiste à une véritable « *objectivisation du contentieux européen des droits de l'homme* »[306], la CourEDH n'hésitant plus dans ses arrêts à mettre en cause des normes générales de l'Etat et plus seulement l'application dont elles font l'objet[307]. Il s'agit des cas où « *la norme générale a violé, du fait de son existence même, les droits du requérant individuel étant donné que celui-ci en a subi ou a risqué d'en subir directement les effets en l'absence de toute mesure individuelle d'application de la norme* »[308]. Par exemple, dans l'affaire *Dudgeon c. Royaume Uni* du 22 octobre 1981, la CourEDH a pu considérer que c'est « *l'article 11 de la loi [...] qui viole par lui-même le droit au respect de la vie privée [et que c'est] par son maintien en vigueur que la législation attaquée représente une ingérence permanente dans l'exercice [de ce droit]* »[309]. De même, dans l'affaire *Van de Hurk c. Pays-Bas* du 19 avril 1994, la CourEDH a estimé que « *la seule existence de l'article 174 de la loi sur la justice en matière économique qui permet à l'exécution d'un arrêt du Conseil d'Etat, constitue en soi une violation de l'article 6§1 de la Convention, bien que l'exécutif n'ait pas fait usage de cette prérogative [...]* »[310]. Citons enfin l'affaire *Manoussakis et autres c. Grèce* du 26 septembre 1996 où la CourEDH a déclaré expressément la loi hellénique de 1938 sur l'église orthodoxe et la pratique du culte contraire à l'article 9 de la ConvEDH[311]. L'Etat défendeur peut donc voir sa propre législation condamnée lorsque c'est elle qui induit ou constitue une violation de la Convention. Dans certaines hypothèses, l'on peut alors considérer que la CourEDH opère un véritable contrôle *in abstracto* de la conventionnalité des lois emportant un *jugement* et une *condamnation* de la loi[312].

538. Certes, la déclaration d'inconventionnalité n'emporte pas l'invalidation de la loi nationale contrairement aux jugements d'inconstitutionnalité prononcés par les

---

[304] Pour une analyse détaillée, voir notamment F. SUDRE, *Droit international et européen des droits de l'homme*, 4ème édition, Paris, PUF, 1999, p. 407.

[305] Cour EDH, 6 septembre 1978, *Klass et autres c. Allemagne*, Série A, n°28, §33 ; Cour EDH, 27 septembre 1995, *Mc Cann et autres c. Royaume-Uni*, Série A, n°239, §153.

[306] Selon l'expression de Jean-François Flauss, J-F. FLAUSS, *op.cit.*, p. 721.

[307] E. LAMBERT, *Les effets des arrêts de la Cour européenne des droits de l'homme. Contribution à une approche pluraliste du droit européen des droits de l'homme*, Bruylant, Bruxelles, 1999, sp. 124 et ss ; D. DE BECHILLON, « Conflits de sentences entres les juges de la loi », *Pouvoirs*, n°96, sp. 116.

[308] Cour EDH, 26 octobre 1988, *Norris c. Irlande*, Série A, n°142, §38 (souligné par nous).

[309] Cour EDH, 22 octobre 1981, *Dugeon c. Royaume-Uni*, Série A, n°45 (souligné par nous).

[310] Cour EDH, 19 avril 1994, *Van de Hurk c. Pays-Bas*, Série A, n°288 (souligné par nous).

[311] Cour EDH, 26 septembre 1996, *Manoussakis et autres c. Grèce*, Série A, § 45.

[312] Pour une critique, voir l'opinion séparée des juges Homlbäck, Rodenbourg, Ross, Favre et Bilge sous Cour EDH, 18 juin 1971, *De Wilde, Ooms et Versyp c. Belgique*, Série A, n°12.

cours constitutionnelles nationales[313] ; de même, la CourEDH se refuse d'enjoindre aux Etats « condamnés » d'abroger les prescriptions nationales contraires à la Convention[314]. Il n'en reste pas moins vrai que l'obligation d'exécuter les arrêts de « *bonne foi* » et de faire cesser l'illicite implique de purger l'inconventionnalité constatée. Selon la Cour, « *un arrêt constatant une violation entraîne pour l'Etat défendeur l'obligation juridique au regard de la Convention de mettre un terme à la violation et d'en effacer les conséquences de manière à rétablir autant que faire se peut la situation antérieure à celle-ci* »[315]. Dans l'hypothèse où la Cour opèrerait un contrôle *in abstracto* de la norme, seule une modification du droit interne permet à l'Etat de faire face à son obligation internationale[316]. La doctrine semble unanime pour considérer ici que l'Etat est tenu d'abroger la loi déclarée inconventionnelle, cette obligation découlant « *sinon du dispositif de l'arrêt du moins de la motivation sans équivoque qu'il comporte* »[317]. D'ailleurs, dans l'affaire *Vermeire* du 29 novembre 1991, la CourEDH a considéré qu'en vertu de son arrêt *Marckx* du 13 juin 1979 la Belgique était tenue d'abroger les lois discriminatoires à l'encontre des enfants nés hors mariage[318]. Mieux, dans l'affaire *Modinos c. Chypre* du 22 avril 1993, la CourEDH a condamné Chypre qui a laissé subsister dans son droit interne des dispositions législatives similaires à celles qui avaient valu au Royaume-Uni, dans l'affaire *Dudgeon* du 22 octobre 1981, un constat de violation de la Convention. Autant dire que la CourEDH n'entend pas limiter au seul cas d'espèce et au seul Etat condamné les effets d'un arrêt constatant une violation trouvant son origine dans une loi contraire à la Convention.

539. En exerçant dans certaines hypothèses un contrôle direct ou indirect de la conventionnalité des lois nationales, la CourEDH peut ainsi « *réduire pour le moins de façon subreptice, les angles morts des systèmes nationaux de justice constitutionnelle, voire même d'y suppléer* »[319].

Cela est tout particulièrement vrai lorsqu'il n'existe pas en droit national de contrôle de constitutionnalité des lois. Dans ce cas, le contrôle exercé par la

---

[313] L. FAVOREU, « Les Cours de Luxembourg et de Strasbourg ne sont pas des cours constitutionnelles », *Mélanges en l'honneur de Louis Dubouis*, Dalloz, Paris, 2002, sp. 43.

[314] Cour EDH, 31 octobre 1995, *Papamichapoulous c. Grève*, Série A, n°330-B.

[315] *Ibid.*

[316] En effet, « *à partir du moment où la Cour y pointe que la situation faite au requérant n'est illicite que parce que l'Etat lui a fait application d'une loi ou d'un règlement illicites, l'exécution de son arrêt ne sera jamais ni totale, ni correcte, ni menée de bonne foi tant que la norme en cause n'aura pas été modifiée* », D. DE BECHILLON, *op.cit.*, sp. 117.

[317] , G. COHEN-JONATHAN, *La Convention européenne des droits de l'homme*, Paris, Economica, 1989, sp. 209 ; dans le même sens, J. CALLEWAERT, « Article 53 », in L.E. PETTITI, P.H. IMBERT, E. DECAUX (dir.), *La Convention européenne des droits de l'homme. Commentaire article par article*, Paris, Economica, 1995, sp. 849 ; E. LAMBERT, *op.cit.*, sp. 125 ; D. DE BECHILLON, *op.cit.*, sp. 117.

[318] Et d'une manière générale, les Etats ayant vu leur législation condamnée *en tant que telle* par la CourEDH se conforment globalement aux exigences européennes, acceptant même, le cas échéant, des modifications législatives d'une ampleur considérable. Pour un panorama complet, voir E. LAMBERT, *op.cit.*, pp. 128-136.

[319] J-F FLAUSS, *op.cit.*, p. 711.

CourEDH peut être assimilé, « *toutes proportions gardées* »[320], à un contrôle de constitutionnalité ; le juge européen assumerait alors « *une fonction de juge constitutionnel par défaut* »[321]. Ainsi, en l'absence de juridiction constitutionnelle au Royaume-Uni, la saisine des organes de la ConvEDH pour contrôler le respect par le Parlement des droits fondamentaux a pu constituer un palliatif. Le justiciable anglais pouvait faire prévaloir ses droits à l'encontre des lois votées par le Parlement en saisissant la CourEDH. Dans l'affaire *Lithgow* du 8 juillet 1986, la CourEDH s'est par exemple prononcée sur la conformité d'une loi de nationalisation votée par le Parlement à la Convention dans des termes qui montrent que la CourEDH s'est comportée « *exactement à l'égard du législateur, comme le ferait une juridiction constitutionnelle* »[322]. En effet, pour déterminer les modalités d'indemnisation des actionnaires à la suite de la nationalisation, la CourEDH a précisé qu'elle « *respectera le jugement du législateur en ce domaine, sauf s'il se révèle manifestement dépourvu de base raisonnable* »[323]. Pour ce faire, elle a procédé à un contrôle de la méthode d'évaluation utilisée par les parlementaires britanniques tout en concluant que la décision du Parlement n'était pas « *en principe* » inconventionnelle. On peut également citer l'affaire *Modinos c. Chypre* du 22 avril 1993 où était en cause l'article 171 du code pénal sur la prohibition des relations homosexuelles entre adultes consentants en privé[324]. Le gouvernement défendeur reconnaissait ouvertement que cette disposition était contraire à l'article 15 de la Constitution chypriote relatif au droit au respect de sa vie privée et familiale ainsi qu'à l'article 8 CEDH mais que « *la prohibition de pareilles relations ne se trouverait en réalité plus en vigueur* »[325]. Il n'en reste pas moins vrai que cette disposition était toujours formellement en vigueur au sein de l'ordre juridique chypriote. La CourEDH a condamné Chypre au motif que cette prohibition atteignait en permanence et directement le requérant dans sa vie privée. Seule l'abrogation de cette loi permettrait ainsi à l'Etat chypriote de se mettre en conformité avec ses obligations internationales : l'inapplication de la loi ne suffit pas[326]. En l'espèce, le contrôle de conventionnalité fait office *mutatis mutandis* de contrôle de constitutionnalité notamment en ce que, substantiellement, la norme de référence du contrôle est identique (article 15 de la Constitution et article 8 CEDH)[327].

---

[320] *Ibid.*

[321] J. ANDRIANTZIMBAZOVINA, «*La contribution ....* », *op.cit.*, p. 677. Voir également, J. FROWEIN, « The European Convention on Human Rights as the Public Order of Europe », *RCADE* I-2, 1992, pp.267 et ss.

[322] L. FAVOREU, « La protection juridictionnelle des droits de l'homme (au plan interne et international) », *op.cit.*, p. 177.

[323] Cour EDH, 8 juillet 1986, *Lithgow et autres c/ Royaume-Uni*, Série A, n°102, §122. A rapprocher de la décision du Conseil cosntitutionnel français sur les nationalisations dans laquelle le Conseil a considéré que « *l'appréciation portée par le législateur sur la nécessité des nationalisations décidées par la loi soumise au Conseil constitutionnel ne saurait, en l'absence d'erreur manifeste, être récusée par celui-ci [...]* », Décision n°81-132 DC du 16 janvier 1982, *Loi sur les nationalisations* (n°20).

[324] CourEDH, 22 avril 1993, *Modinos c. Chypre*, Série A, n°259.

[325] *Ibid.*, §17.

[326] E. LAMBERT, *op.cit.*, p. 125.

[327] J-F. FLAUSS, « Droit constitutionnel et Convention européenne des droits de l'homme. 1ère Partie », RFDC, 1996, sp.379.

Mais cela est aussi vrai lorsqu'il existe déjà en droit national un système de contrôle de constitutionnalité. Et dans cette hypothèse, le contrôle de conventionnalité des lois nationales, tel qu'exercé par la CourEDH dans les circonstances évoquées précédemment, peut venir pallier les lacunes du contrôle de constitutionnalité existant en droit interne. Jean-François Flauss identifie au moins trois hypothèses, en droit constitutionnel français, où le contrôle opéré par CourEDH peut avoir ainsi une telle « *portée correctrice* »[328]. Le recours à la CourEDH pourrait en premier lieu remédier à l'absence en France d'un contrôle par voie d'exception. L'absence d'accès direct des justiciables français au Conseil constitutionnel peut être suppléée par la saisine de la CourEDH surtout lorsque les normes de référence du contrôle de conventionnalité exercé par la CourEDH sont substantiellement similaires à celles utilisées par le Conseil constitutionnel. En second lieu, l'immunité juridictionnelle dont bénéficient certains actes législatifs non parlementaires pourrait être compensée par une vérification de leur conformité à la Convention : on pense ici en particulier aux lois référendaires de nature législative ou de manière plus marginale aux mesures prises par le Président de la République dans le cadre de l'article 16 de la Constitution. Enfin, le contrôle exercé par la CourEDH pourrait venir compléter le faible développement du contrôle de constitutionnalité des omissions législatives. Une inertie coupable du législateur pour mettre en œuvre des droits garantis pourrait valoir alors une condamnation de la France par la CourEDH[329].

540. Ainsi, dans un certain nombre d'hypothèses, les juges européens peuvent opérer un véritable contrôle de fondamentalité des lois parlementaires à l'aune du droit européen des droits fondamentaux complétant et concurrençant les systèmes nationaux de justice constitutionnelle. Il s'agit là d'un changement complet de paradigme : progressivement, l'Etat de droit se consolide dans un cadre normatif plus large de telle sorte qu'aux exigences de constitutionnalité se superposent des exigences de conventionnalité.

---

[328] J-F. FLAUSS, « Des incidences de la Convention européenne des droits de l'homme sur le contrôle de la constitutionnalité des lois », *LPA*, 1988, n°148, pp. 3-7 ; O. DORD, *op.cit.*, pp. 429-433.

[329] *Ibid.*

b) le contrôle de *fondamentalité* des lois parlementaires nationales par les juges ordinaires

541. Les cours constitutionnelles peuvent également être concurrencées dans l'exercice de leur fonction de justice constitutionnelle par les juridictions ordinaires, à tout le moins dans le cadre du contentieux des droits fondamentaux.

542. Nous avons montré précédemment que la catégorie des droits fondamentaux était constituée par des droits fondamentaux constitutionnels et des droits fondamentaux conventionnels. L'on sait par ailleurs que les juges ordinaires ont reçu la mission de contrôler la conventionnalité des lois[330]. A cet égard, le « *contrôle de fondamentalité* »[331] conventionnelle fait partie intégrante du contrôle de conventionnalité[332]. Il en résulte, par conséquent, que le « *contrôle de fondamentalité d'une loi parlementaire* »[333] ne relève plus exclusivement de la compétence du seul juge constitutionnel[334]. Cette mission est dès lors partagée par le juge constitutionnel (*contrôle de fondamentalité constitutionnelle*) et le juge ordinaire (*contrôle de fondamentalité conventionnelle*). L'on peut ainsi affirmer avec le professeur Etienne Picard que « *toute question de fondamentalité, même si elle peut évidemment se poser le cas échéant au niveau constitutionnel et à l'encontre d'une norme législative, n'est pas nécessairement la seule affaire du juge constitutionnel en tant qu'organe juridictionnel chargé du contrôle de la constitutionnalité des lois* »[335]. Autrement dit, le contentieux de la fondamentalité ne saurait se résoudre aujourd'hui au seul contentieux de la constitutionnalité comme le laisse entendre une partie de la doctrine[336].

543. Par son *objet* donc (contrôle de la loi parlementaire à l'aune des droits fondamentaux), le *contrôle de fondamentalité conventionnelle* s'apparente à un

---

[330] La plupart des cours constitutionnelles nationales se sont déclarées incompétentes pour exercer un contrôle de conventionnalité des lois en matière européenne. Ce sont donc les juridictions ordinaires qui sont chargées d'assurer le respect de la légalité européenne au sein de l'ordre juridique interne. Pour un panorama complet de la question en droit comparé, voir O. DORD, *op.cit.*, pp. 261-304 ; O. DUBOS, *Les juridictions nationales, juge communautaire. Contribution à l'étude des transformations de la fonction juridictionnelle dans les Etats membres de l'Union européenne*, Paris, Dalloz, 2001, pp.725-769 ; J. RIDEAU (dir.), *Les Etats membres de l'Union européenne. Adaptations – Mutations – Résistance,* Paris, LGDJ, 1997.

[331] Il n'existe pas en droit français une procédure spécifique pour assurer la protection des droits fondamentaux.

[332] Même s'il n'a pas pour unique et exclusive fonction de protéger les droits fondamentaux européens. Le juge ordinaire peut très bien contrôler la conventionnalité d'une loi à l'aune d'une directive communautaire sans que cette dernière ne comporte de droits fondamentaux.

[333] L'on entend par contrôle de la fondamentalité d'une loi parlementaire, le contrôle d'une loi parlementaire effectué par un juge quel qu'il soit à l'aune des droits fondamentaux.

[334] E. PICARD, « L'émergence des droits fondamentaux en France », *AJDA*, *n° spécial*, 1998, sp. 38-42

[335] *Ibid..*, p. 40.

[336] A. AUER, *op.cit.*, p. 87 ; D. TURPIN, *Contentieux constitutionnel*, Paris, Puf, pp. 506-508.

contrôle de constitutionnalité[337] et ce d'autant plus que la teneur des droits protégés est pour l'essentiel identique (*équipollence substantielle*)[338]. Par les « *jeux combinés et convergents* »[339] des juridictions européennes et des juridictions constitutionnelles européennes[340], on assiste « *à une homogénéisation de fait des principes gouvernant la détermination des droits fondamentaux* »[341]. Au plan matériel donc, « *la sphère des normes opposables sur le fond à la loi [...] se compose d'un groupe d'origine constitutionnelle à peu près complètement inclus au cœur d'un ensemble international plus vaste et plus complet* »[342]. Louis Favoreu lui-même admet que « *les normes internationales, dégagées par les juridictions nationales, tendent à se substituer aux constitutions nationales, du moins en ce qui concerne la protection des droits fondamentaux* »[343]. Cela sera d'autant plus vrai demain lorsque la Charte des droits fondamentaux de l'Union européenne sera pleinement intégrée dans la future Constitution de l'Union européenne. Autrement dit, par son objet et sa teneur, le contrôle de fondamentalité conventionnelle vient concurrencer le contrôle de fondamentalité constitutionnelle. A côté d'un contrôle de fondamentalité concentré

---

337 Jean-François Flauss parle de « « quasi contrôle » de constitutionnalité ». J-F. FLAUSS, « Contrôle de conventionnalité et contrôle de constitutionnalité devant le juge administratif », *RDP*, 1999, sp. 943. Olivier Gohin considère de même que le contrôle de conventionnalité est un moyen indirect de contrôler la constitutionnalité des lois. En effet, dès lors que le juge ordinaire est conduit à écarter l'application d'une loi en raison de son incompatibilité avec une disposition conventionnelle dont le contenu est identique à une disposition constitutionnelle, cette opération est hautement assimilable à un contrôle indirect de constitutionnalité de la loi par voie d'exception. O. GOHIN, « Le Conseil d'Etat et le contrôle de la constitutionnalité de la loi », *RFDA*, 2000, sp . Denys De Béchillon relève par ailleurs que « *la sentence d'inconventionnalité s'apparente de très près à une sentence constitutionnelle* », en ce qu'il s'agit tout à la fois d'un « *contrôle de licéité de la loi* », d'une « *sanction indirecte d'une violation de la constitution* » et d'un examen s'apparentant à « *un contrôle de constitutionnalité matérielle* », D. DE BECHILLON, *Hiérarchies de normes et des fonctions normatives de l'Etat*, Paris, Economica, 1996, sp. 297-300.

338 Les « actes » juridiques porteurs des droits fondamentaux sont certes distincts, mais les normes qui sont véhiculées par ces actes qui constituent les droits fondamentaux protégés ne le sont pas. D. DE BECHILLON, «De quelques incidences du contrôle de la conventionnalité internationale des lois par le juge ordinaire (Malaise dans la Constitution) », *RFDA*, 1998, p. 227 ; O. DORD, *Cours constitutionnelles nationales et normes européennes, op.cit.*, pp. 516-560 ; C. GREWE, « Les conflits de normes entre droit communautaire et droits nationaux en matière de droits fondamentaux », *op.cit.*, sp.59-67 ; D. ROUSSEAU, « Les convergences constitutionnelles en matière de droits fondamentaux », *in* H. Gaudin (dir.), *Droit constitutionnel, Droit communautaire. Vers un respect constitutionnel réciproque ?, op.cit.*, pp. 159-168.

339 E. PICARD, *op.cit.*, p. 39.

340 En dehors de toute relation hiérarchique normative de type formelle, les différences jurisprudences européennes et constitutionnelles s'enrichissent mutuellement les unes des autres. On parle de « Cross-fertilization », « fécondations croisées » ou de « références croisées » (M. DELMAS-MARTY, *Pour un droit commun, op.cit.*, p. 102 et ss.). Ce phénomène est très bien décrit dans la *Chronique de fond* dirigée par le professeur Laurence Burgorgue-Larsen dans la *Revue de droit public* intitulée « *Chronique de jurisprudence européenne comparée*». Ces interactions européennes et constitutionnelles sont l'illustration d'un « pluralisme juridique » mieux à même de décrire la complexité de ces différents ordres juridiques distincts mais substantiellement enchevêtrés. Pour une application du modèle pluraliste au droit européen des droits de l'homme, voir E. LAMBERT, *op.cit.*

341 E. PICARD, *op.cit.*, p. 39.

342 D. DE BECHILLON, *op.cit.*, p. 227.

343 L. FAVOREU, « La protection juridictionnelle des droits de l'homme (au niveau interne et international) », *Le nouveau droit constitutionnel*, 1991, p. 172.

exercé par les cours constitutionnelles nationales, se développe ainsi, comme en France (qui ne connaît pas de contrôle diffus de constitutionnalité), un contrôle de fondamentalité diffus autorisant les juridictions ordinaires à faire prévaloir sur les dispositions législatives des droits fondamentaux d'origine conventionnelle sans que la règle législative ne soit éliminée de l'ordre juridique. Par conséquent, il faut bien avouer que « *matériellement parlant* », « *un équivalent de contrôle de constitutionnalité diffus a posteriori se surajoute aujourd'hui à notre système officiel de contrôle concentré a priori* »[344]. Certes sa nature est différente, puisqu'elle n'est pas « *constitutionnelle* »[345] ; mais son objet et sa teneur sont similaires, puisqu'il s'agit de faire prévaloir des droits fondamentaux sur la loi parlementaire.

544. Ce contrôle de fondamentalité conventionnelle exercé par les juridictions ordinaires vient ainsi suppléer le contrôle de fondamentalité constitutionnelle exercé par les cours constitutionnelles, en particulier dans les Etats où il n'existe aucun contrôle concret par voie d'exception de la loi parlementaire comme en France. A cet égard, les juridictions ordinaires disposent ainsi « *d'un système normatif complet et sophistiqué* »[346] qui échappe au juge constitutionnel. Pire, le juge constitutionnel est même supplanté dans la détermination de la licéité de la loi au regard des droits fondamentaux puisqu'une loi déclarée constitutionnelle par le Conseil constitutionnel ne vaut à cette loi aucun brevet de licéité dans la mesure où elle pourra être « *censurée* » par le juge européen (*affaire Zielinski*) mais aussi par le juge national qui pourra vraisemblablement arguer de son inconventionnalité[347]. A ce dernier égard, la Cour de cassation semble considérer que la déclaration de constitutionnalité d'une loi par le Conseil constitutionnel ne fait pas obstacle à un contrôle de conventionnalité de cette même loi[348] rejoignant ainsi la Cour d'appel de Paris qui avait expressément affirmé que la constitutionnalité d'une disposition de validation législative « *ne suffit pas à établir la conformité de cette disposition avec les dispositions de la Convention européenne des droits de l'homme* »[349]. Mais une telle éventualité se heurte à certains obstacles constitutionnels : d'une part, la primauté de la Constitution sur les traités[350] devrait imposer au juge ordinaire de faire prévaloir la constitutionnalité de la loi sur son inconventionnalité ; d'autre part, le juge ordinaire devrait, en vertu de l'article 62 de la Constitution, appliquer une loi

---

[344] *Ibid.*. ; dans le même sens, O. GOHIN, *op.cit.*
[345] En ce sens, O. PFERSMANN, *op.cit.*, p. 91.
[346] B. MATHIEU, « Les validations législatives devant le juge de Strasbourg : une réaction rapide du Conseil constitutionnel mais une décision lourde de menaces pour l'avenir de la juridiction constitutionnelle », *RFDA*, 2000, p. 287.
[347] Cette question se pose dans la plupart des Etats européens. Il semble par exemple qu'en Belgique la doctrine considère qu'une loi déclarée conforme à la Constitution par la Cour d'arbitrage ne pourra être écartée pour cause d'inconventionnalité par le juge ordinaire.
[348] Cass. soc., 25 avril 2001, *Association Etre enfant au Chesnay c/ Terki*, *RFDA*, 2001, 1055, obs. J-Y FROUIN et B. MATHIEU.
[349] CA Pars, 17 octobre 2000, Juris-Data, n°134376.
[350] Primauté affirmée tant par le Conseil d'Etat (CE, 30 octobre 1998, *Sarran et Levacher*, RFDA, 1999, p. 57) que par le Cour de cassation (Cass. ass. plén., 2 juin 2000, *Fraisse*, D. 2000, *Jur.* p. 865).

déclarée conforme à la Constitution par le Conseil constitutionnel, nonobstant son éventuelle inconventionnalité. En d'autres termes, reconnaître la possibilité pour un juge ordinaire de mettre en cause la conventionnalité d'une loi alors même que le juge constitutionnel lui a délivré un brevet de constitutionnalité (étant entendu que ce dernier se déclare par ailleurs incompétent pour contrôler la conventionnalité d'une loi) serait remettre en cause l'autorité des décisions du Conseil constitutionnel[351]. On le voit, le système de justice constitutionnelle français est inadapté à ce nouveau contentieux de la fondamentalité. Sans doute, l'instauration de l'exception d'inconventionnalité devant le juge constitutionnel permettrait de résoudre ce dilemme[352].

545. Se dessine là un « système des droits fondamentaux » s'appuyant sur des sources différenciées (sources européennes, sources constitutionnelles nationales, sources internationales) et des organes juridictionnels pluriels (juge constitutionnel, juge européen, juge ordinaire) traduisant « *un prolongement logique, naturel et nécessaire des exigences de l'Etat de droit* »[353]. On le voit, penser l'Etat de droit en termes purement constitutionnels est aujourd'hui trop réducteur et ne permet pas de prendre en compte la complexité de son développement. La conventionnalité vient ainsi enrichir la constitutionnalité ; elle peut même la supplanter lorsque le juge européen s'érige en juge des normes et des décisions constitutionnelles nationales.

C. La constitutionnalité supplantée par la conventionnalité : le juge européen, juge des normes et décisions constitutionnelles

546. Le juge européen peut se présenter également comme une juridiction « *supraconstitutionnelle* » dès lors qu'il peut être amené à exercer, directement ou indirectement, un contrôle de conventionnalité des normes ou des décisions constitutionnelles nationales[354]. Le Doyen Favoreu lui-même a pu parler, à cet égard, du développement d'une « *supraconstitutionnalité externe* » relayé par un « *contrôle supranational de supraconstitutionnalité* »[355]. Si la question peut s'avérer

---

[351] *Contra*, D. DE BECHILLON, « Conflits de sentence entre les juges de la loi », *Pouvoirs*, n°96, 2001, sp118 et ss.
[352] A. ANDRIANTSIMBAZOVINA, *op.cit.*, p. 136 et ss ; D. DE BECHILLON, *op.cit.*, p. 241 ; G. CARCASSONNE, « Faut-il maintenir la jurisprudence issue de la décision 74-54 DC du 15 janvier 1975 ? », *Les cahiers du Conseil constitutionnel*, 1999, n°7, p. 97 ; B. MATHIEU, *op.cit.*, p. 299 ; D. ROUSSEAU, *Droit du contentieux constitutionnel*, *op.cit.*, p. 199.
[353] B. MATHIEU et M. VERPEAUX, *op.cit.*, p. 117.
[354] J-F-FLAUSS, *op.cit.*, pp. 711-712 ; J-F. FLAUSS, « La contribution de la jurisprudence des organes de la Convention européenne des droits de l'homme à la formation d'un droit constitutionnel européen », *RUDH*, 1995, p. 373 et ss. Sur le thème contesté de la supraconstitutionnalité, S. ARNE , « Existe-t-il des normes supra-constitutionnelles ? Contribution à l'études des droits fondamentaux et de la constitutionnalité », *RDP*, 1993, pp. 459-512. M. TROPER, « Le problème de l'interprétation et la théorie de la supralégalité constitutionnelle », *in* Michel TROPER, *Pour une théorie juridique de l'Etat*, PUF, Paris, 1993, pp. 293-315 ; le numéro spécial de la RIDC/JSLC consacré au thème de la supraconstitutionnalité et les contributions notamment de G. Drago, M. Troper, A. Baldassare, G. Zagrebelsky, et L. Favoreu, *RIDC*, *JSLC*, n°special, Vol 15, 1993.
[355] L. FAVOREU, « Souveraineté et supraconstitutionnalité », *Pouvoirs*, n°67, 1993, sp. 76 et 77.

encore pour le moment largement théorique au sein de l'ordre juridique communautaire, elle reflète en revanche une réalité bien concrète dans l'ordre européen des droits de l'homme.

547. ***La CJCE, « juge supraconstitutionnel »*** – A l'instar de la CourEDH[356], la doctrine de « *l'exception constitutionnelle* » est écartée par le juge communautaire. Il n'est ainsi réservé aucun statut spécifique au droit constitutionnel national. Ce dernier doit céder le pas en toute circonstance face au droit communautaire. La CJCE l'a très clairement affirmé dans l'affaire *Internationale Handelsgesellschaft* en considérant que « *l'invocation d'atteintes portées soit aux droits fondamentaux tels qu'ils sont formulés par la constitution d'un Etat membre soit aux principes d'une structure constitutionnelle nationale ne saurait affecter la validité d'un acte de la Communauté ou son effet sur le territoire de cet Etat* »[357]. De plus, il est de jurisprudence constante qu'un « *Etat membre ne saurait exciper de difficultés internes ou des dispositions de son ordre juridique national, même constitutionnelles* », pour justifier le non respect de ses obligations communautaires[358]. En bref, la nature constitutionnelle d'une norme nationale ne saurait faire obstacle à l'effectivité du droit communautaire[359]. Toutefois aucune juridiction nationale n'accepte pleinement cette solution[360]. Il n'empêche, dans l'ordre juridique communautaire, pour la CJCE, c'est le droit communautaire qui doit l'emporter. A cet égard, il faut se demander si le juge communautaire s'est déjà érigé – au-delà de la pétition de principe consistant à affirmer la primauté du droit communautaire sur le droit constitutionnel national – en juge de la conventionnalité des normes constitutionnelles nationales (et par extension en *juge supraconstitutionnel*).

Rappelons tout d'abord qu'il s'agit là d'une hypothèse relativement rare pour plusieurs raisons. Tout d'abord, le champ matériel couvert par les constitutions nationales a été pendant longtemps très éloigné des domaines couverts par le droit communautaire. Il est vrai toutefois qu'aujourd'hui le droit communautaire connaît une expansion considérable, investissant tous les domaines. Ensuite, la plupart des Etats membres ont dû réviser leur constitution pour la rendre « *eurocompatible* » avec les exigences des traités communautaires et de l'Union européenne, soit à la suite de leur adhésion soit à la suite de l'adoption de nouveaux traités[361]. Enfin, d'un point de vue procédural, c'est principalement dans le cadre du contentieux de

---

[356] CourEDH, 30 janvier 1998, *Parti communiste unifié de Turquie et autres c. Turquie*.

[357] CJCE, 17 décembre 1970, *Internationale Handelsgesellschaft*, aff. 11/70, *Rec.*, 1125.

[358] CJCE, 11 avril 1978, *Commission c. Belgique*, aff. 100/77, *Rec.*, 879 ; CJCE, 6 mai 1980, *Commission c. Belgique*, aff. 102/79, *Rec.*, 1473 ; CJCE, 13 décembre 1991, *Commission c. Italie*, aff. C-33/90, *Rec.*, I-5987.

[359] CJCE, 13 juillet 1972, *Commission c. Italie*, aff. 48/71, *Rec.* 533.

[360] *Cf. infra*, Chapitre suivant.

[361] T. DE BERRANGER, *Constitutions nationales et construction communautaire*, LGDJ, Paris, 1995 ; J. RIDEAU (dir.), *Les Etats membres de l'Union européenne. Adaptations-Mutations-Résistances*, LGDJ, Paris, 1997.

l'action en constatation de manquement que la CJCE peut être directement amenée à se prononcer sur la compatibilité d'une disposition constitutionnelle nationale avec le droit communautaire[362]. A cet égard, on peut citer l'affaire *Commission c. Luxembourg* du 2 juillet 1996 où la CJCE a pu considérer que les restrictions posées par l'article 11 alinéa 1 de la Constitution luxembourgeoise relatives à l'exigence de nationalité luxembourgeoise pour l'accès à un emploi dans l'administration publique était incompatible à l'ex-article 48§4 du traité CE (devenu article 39 CE)[363]. Certains se sont inquiétés de ce que le pouvoir de révision de la Constitution était *de facto* transféré à la CJCE en ce que la révision de la Constitution sera imposée par la condamnation de la CJCE[364].

De même, en théorie, il serait envisageable que la CJCE puisse être amenée à sa prononcer sur la compatibilité au droit communautaire d'une décision d'une cour constitutionnelle nationale dans le cadre d'une action en manquement. En effet, il est imaginable compte tenu des formulations larges retenues par la CJCE quant à l'imputabilité du manquement, que la responsabilité de l'Etat membre puisse être engagée du fait du comportement de ses organes juridictionnels[365]. Il ne pourrait

---

[362] Relevons toutefois que, dans le cadre du renvoi préjudiciel, la CJCE a été saisie à plusieurs reprises de questions qui de manière incidente interrogeaient la compatibilité au droit communautaire du « droit constitutionnel national ». Par exemple, CJCE, 4 octobre 1991, *SPUC c. Stephen Grogan e.a.*, aff. C-159/90, *Rec.*, 4733 : question de la *High Court* de Dublin sur le point de savoir si le droit communautaire protégeait la liberté d'information sur l'interruption volontaire de grossesse (interdit par l'article 40§3 de la Constitution irlandaise), sous l'angle de la libre prestation de services. La CJCE a esquivé la question : d'une part, elle a considéré que l'interdiction constitutionnelle de diffuser des informations à propos de ce service ne constituait pas en l'espèce une entrave à la libre prestation de services et, d'autre part, elle a rappelé qu'elle n'était pas compétente pour apprécier si l'interdiction précitée entrait en contradiction avec les droits fondamentaux (art. 10 CEDH) dans la mesure où, premièrement, elle doit se contenter de fournir les éléments nécessaires à l'appréciation par la juridiction nationale de la conformité d'une réglementation interne avec les droits fondamentaux dont elle assure le respect et, deuxièmement, elle ne disposait de cette compétence qu'à l'égard d'une réglementation nationale qui se situe dans le champ d'application du droit communautaire. Or tel n'était pas le cas en l'espèce. Voir également, CJCE, 19 juin 1990, *Factortame e.a.*, aff. C-213/89, *Rec.*, I-2433. Dans cette affaire, la CJCE a reconnu au juge anglais le droit de suspendre à titre de mesure provisoire l'application d'une loi susceptible d'être reconnue contraire au droit communautaire nonobstant l'existence d'un « principe matériellement constitutionnel » du droit anglais selon lequel des mesures provisoires ne peuvent pas être prises contre la couronne. Notons enfin que les cours constitutionnelles sont encore très réticentes à saisir la CJCE de questions préjudicielles. Pour le moment, seules la Cour d'Arbitrage de Belgique (CJCE, 16 juillet 1998, *Fédération belge des chambres syndicales de médecins*, aff. C-93/97, *Rec.*, I-4837) et la Cour constitutionnelle autrichienne (CJCE, 8 novembre 2001, *Adira-Wien Pipeline e.a.*, aff. C-143/99, *Rec.*, I-8365 ; CJCE, 20 mai 2003, *Österreichischer Rundfunk e.a.*, C-450/00 ; CJCE, 8 mai 2003 , *Wählergruppe Gemeinsam*, C-171/01) ont procédé à un tel renvoi.

[363] CJCE, 2 juillet 1996, *Commission c. Luxembourg*, aff. C-473/93, *Rec.* I-3248 ; voir également dans le même sens, CJCE, 2 juillet 1996, *Commission c. Grèce*, aff. C-290/94, *Rec.*, I-3285.

[364] En ce sens les remarques de Louis Favoreu qui se demande « quelle est la légitimité de la Cour de justice comme pouvoir de révision ? », in H. GAUDIN (dir.), *Droit constitutionnel, droit communautaire. Vers un respect constitutionnel réciproque ?*, PUAM, Economica, 2001, sp. 152.

[365] D'ailleurs, la CJCE a déjà admis que la jurisprudence des juridictions nationales puisse être à l'origine d'une violation du droit communautaire, CJCE, 13 octobre 1993, *CMC Motorradcenter*, aff. C-93/92, *Rec.*, I-5009. Notons que la Commission avait introduit une action en constatation de « manquement judiciaire » contre l'Allemagne à propos de la jurisprudence du Bundesfinanzhof (QE, n°190/85, JOCE, n° C137 du 4 juin 1986, p. 7). Cette procédure a toutefois été interrompue avant saisine de la CJCE.

s'agir bien entendu que d'une violation constante et répétée du droit communautaire et non d'une décision isolée. Il en irait ainsi par exemple d'une jurisprudence constante d'une cour constitutionnelle nationale mettant en échec la primauté du droit communautaire. Reste à savoir si les instances européennes se risqueront à un affrontement direct avec les cours constitutionnelles. Autant dire qu'il s'agit là avant tout d'une question politique.

548. ***La CourEDH, juge « supraconstitutionnel »*** - En réalité, l'ampleur de ce phénomène est fonction du niveau de constitutionnalisation de l'ordre juridique national de telle sorte que « *plus [...] la constitution régira matériellement ou procéduralement des situations susceptibles d'interférer avec le champ d'application de la Convention, plus ce contrôle de conventionnalité des normes constitutionnelles a des chances d'être fréquent* »[366]. Et c'est là tout le paradoxe : plus l'Etat de droit constitutionnel est développé, plus il a de risques d'être concurrencé par le Droit européen. La CourEDH peut à cet égard être tout à la fois juge des normes et/ou des décisions constitutionnelles nationales[367].

La CourEDH, juge des normes constitutionnelles nationales – La CourEDH ne fait preuve d'aucune révérence particulière vis-à-vis des normes constitutionnelles nationales. Le constitutionnalisme national ne saurait constituer pour le juge européen un obstacle à la prévalence de la Convention et de son contrôle. La CourEDH l'a affirmé avec une vigueur toute particulière dans l'affaire *Parti communiste unifié et autres c. Turquie* du 30 janvier 1998. Etait en cause en l'espèce la conventionnalité au regard des articles 10 et 11 de la ConvEDH de la dissolution d'un parti politique par la Cour constitutionnelle de Turquie. Le gouvernement turque avançait pour contester la compétence de la CourEDH la thèse de « *l'exception constitutionnelle* » en soutenant que les normes et les institutions constitutionnelles ne pouvaient être soumises au contrôle de la CourEDH. En s'appuyant sur l'article 1er de la ConvEDH, la CourEDH affirme que la Convention « *ne fait aucune distinction quant au type de normes ou de mesures en cause et ne soustrait aucune partie de la « juridiction » des Etats membres à l'empire de la Convention. C'est donc par l'ensemble de leur « juridiction » laquelle, souvent, s'exerce d'abord à travers la Constitution, que lesdits Etats répondent de leur respect de la Convention. [...] Aussi l'organisation institutionnelle et politique des Etats membres doit-elle respecter les droits et principes inscrits dans la convention. Il importe peu, à cet égard, que se trouvent en cause des dispositions constitutionnelles [...] ou simplement législatives [...]. Du reste, il peut parfois*

Même en admettant que les cours constitutionnelles ne sont pas de véritables « juridictions », la formulation « *quel que soit l'organe de l'Etat dont l'action ou l'inaction est à l'origine du manquement, même s'il s'agit d'une institution constitutionnellement indépendante* » (aff. 77/69, *op.cit.*) permettrait à l'évidence d'englober les cours constitutionnelles.

[366] J-F. FLAUSS, *op.cit.*, p. 711.

[367] La CourEDH peut même être conduite à contrôler la conventionnalité du droit communautaire primaire. CourEDH, 18 février 1999, *Matthews c. Royaume-Uni*, précité.

s'avérer malaisé de distinguer ce qui relève des structures institutionnelles d'un Etat de ce qui concerne les droits fondamentaux stricto sensu [...] »[368]. Cela revient pour la CourEDH à affirmer la primauté de la Convention sur les constitutions nationales. Sans aller jusqu'à affirmer que la CourEDH procède à la mise sous tutelle conventionnelle des constitutions nationales, il est clair que l'ordre constitutionnel national se trouve désormais encadré par les exigences conventionnelles. A l'occasion, le contrôle exercé par la Cour EDH est de nature à conduire à la mise en cause directe ou indirecte de règles constitutionnelles. Il semble même que ce phénomène gagne en « *ampleur et en intensité* »[369].

Ce refus de prendre en compte la spécificité du constitutionnalisme national se manifeste tout d'abord dans le développement du contrôle de validité et/ou d'applicabilité des réserves émises par les Etats parties ayant pour objet la protection d'une disposition constitutionnelle en la soustrayant du contrôle conventionnel. C'est ainsi que la CourEDH a mis en échec l'applicabilité de la réserve à l'article 6 de la ConvEDH posée par l'Autriche destinée à « protéger » l'article 90 de la Constitution autrichienne qui prévoyait des exceptions au principe d'oralité et de publicité des débats. Dans l'affaire *Fischer c. Autriche* du 26 avril 1993, était en cause le refus de tenir des débats devant les juridictions administratives sur la base d'une loi de 1982 prise en application de l'article 90 de la Constitution. L'Autriche entendait invoquer pour sa défense la réserve émise sur ce point. La CourEDH a toutefois écarté l'applicabilité de celle-ci au motif que l'article 64 de la Convention n'accepte que les réserves concernant les lois en vigueur au moment de la ratification de la Convention (1958 pour l'Autriche) alors qu'en l'espèce le refus de tenir des débats devant la Cour administrative était fondé sur une loi de 1982. En conséquence, la CourEDH a considéré que « *le grief tiré de l'absence de débats devant la Cour administrative ne saurait échapper à son contrôle du fait de la réserve précitée* »[370]. De même, la doctrine semble admettre que la réserve émise par la France à l'article 15§1 de la Convention en vue de sauvegarder les prérogatives de crise exercées par le chef de l'Etat dans le cadre de l'article 16 de la Constitution française pourrait être menacée en ce qu'elle est « trop générale »[371], de telle sorte qu'il ne serait pas exclu que la CourEDH se reconnaisse un certain pouvoir de contrôle sur les décisions adoptées par le Président de la République française[372]. Par

---

[368] CourEDH, 30 janvier 1998, *Parti communiste unifié de Turquie et autres c. Turquie*, *RTDH*, 1999, p. 301.

[369] J-F. FLAUSS, « Droit constitutionnel et Convention européenne des droits de l'homme. 1ère partie. Le droit constitutionnel national devant les instances de contrôle de la Convention européenne des droits de l'homme (1994-1995-1996) », *RFDC*, 30, 1996, sp. 379.

[370] CourEDH, 26 avril 1995, *Fischer c. Autriche*, Série A, n°312, § 41.

[371] V. COUSSIRAT-COUSTERE, « La réserve française à l'article 15 de la Convention européenne des droits de l'homme », *JDI*, 1975, p. 269 et ss.

[372] R. ERGEC, *Les droits de l'homme à l'épreuve des circonstances exceptionnelles. Etude sur l'article 15 de la Convention européenne des droits de l'homme*, Bruylant, Bruxelles, 1987, pp. 374-375 ; J-F. FLAUSS, « La contribution de la jurisprudence des organes de la Convention européenne des droits de l'homme à la formation d'un droit constitutionnel européen », *RUDH*, 1995, sp. 378 ; O. DORD, *op.cit.*, pp. 431-432.

le truchement de l'invalidité ou l'inapplicabilité d'une réserve destinée à protéger une disposition constitutionnelle, la CourEDH est donc en mesure de contester certaines spécificités constitutionnelles nationales.

Parfois, la CourEDH va jusqu'à examiner directement ou indirectement la conventionnalité d'une disposition constitutionnelle nationale. Dans l'affaire *Kokkinakis* par exemple, la CourEDH a examiné directement la compatibilité de l'article 13 de la Constitution hellénique avec l'article 9 de la Convention (droit à la liberté de pensée, de conscience et de religion). En l'espèce, les juges européens ont délivré un brevet de conventionnalité aux dispositions constitutionnelles grecques en constatant que « *les impératifs de l'article 9 [de la Convention] se reflètent dans la Constitution hellénique dans la mesure où elle proclame, en son article 13, que « la liberté de la conscience religieuse est inviolable » et que « toute religion connue est libre »* »[373]. Force est d'ailleurs de constater que, la plupart du temps, la CourEDH constate la conventionnalité des dispositions constitutionnelles. En revanche, dans l'affaire *Open Door et Dublin Well Woman c. Irlande* du 29 octobre 1992, la CourEDH n'a pas hésité à toucher à une valeur constitutionnelle essentielle d'un Etat Partie à la Convention[374] au point que certains y ont vu « *un mépris de la constitution nationale* »[375].

La CourEDH, juge des décisions constitutionnelles nationales – Le contrôle de la conventionnalité des règles constitutionnelles nationales vise en réalité le plus souvent l'interprétation donnée par le juge constitutionnel national de la constitution[376]. Les cours constitutionnelles nationales peuvent ainsi être indirectement « condamnées » à travers leurs décisions par la CourEDH. Il y aurait là « *l'instauration d'une véritable supervision des cours constitutionnelles nationales par les instances européennes* »[377]. Il s'agit de l'hypothèse où une cour constitutionnelle nationale, saisie dans le cadre du contrôle de constitutionnalité, retient une interprétation particulière de la constitution, interprétation qui sera remise en cause par la CourEDH. Autrement dit, un brevet de constitutionnalité ne vaut pas automatiquement un brevet de conventionnalité. Dans l'affaire *Ruiz Torija* du 9 décembre 1994, la CourEDH a par exemple condamné l'Espagne pour violation du principe d'obligation de motivation des décisions de justice alors même

---

[373] Arrêt *Kokkinakis*, précité §32.

[374] Etait ici en cause l'interdiction de fournir aux femmes enceintes des informations relatives à l'avortement en Grande Bretagne, interdiction basée sur l'article 40§3 de la Constitution irlandaise interdisant l'avortement. La CourEDH ne s'est pas prononcée directement sur la compatibilité de ces dispositions constitutionnelles avec l'article 2 CEDH mais a tout de même estimé que l'interdiction de diffuser des informations sur les possibilités de pratiquer l'avortement en dehors de l'Irlande était contraire à la liberté d'expression garantie par l'article 10 de la Convention.

[375] F. SUDRE, « L'interdiction de l'avortement : le conflit entre le juge constitutionnel irlandais et la Cour européenne des droits de l'homme », *RFDC*, 1993, sp. 218.

[376] Nous ne reviendrons pas ici sur l'application des normes conventionnelles procédurales au contentieux constitutionnel national. Rappelons simplement qu'en principe les procédures de contrôle de constitutionnalité in concreto sont soumises aux garanties de l'article 6§1 de la Convention.

[377] L. FAVOREU, « Quel(s) modèle(s) constitutionnel(s) ? », *RUDH*, 1995, sp. 360.

que le Tribunal constitutionnel espagnol avait rejeté un recours d'*amparo* du requérant tendant à contester l'insuffisance de la motivation d'un arrêt de *l'Audiencia Provincial* de Madrid[378]. Dans l'affaire *Karlheinz Schmidt c. Allemagne* du 18 juillet 1994, la CourEDH n'a pas hésité à remettre en cause l'interprétation donnée par la Cour constitutionnelle allemande de l'article 3 de la loi fondamentale en matière d'égalité des sexes[379]. Plus édifiant encore, dans l'affaire *Vogt c. Allemagne*, la CourEDH a condamné l'Allemagne pour violation de la liberté d'expression à l'occasion d'une affaire de révocation d'une enseignante en raison de ses activités politiques remettant ainsi en cause l'interprétation constante donnée par la Cour constitutionnelle allemande à l'obligation de loyauté politique des fonctionnaires[380]. Enfin, l'affaire *Zielenski c. France* du 28 octobre 1999 nous en fournit encore un dernier exemple. Dans cette affaire, la CourEDH va censurer une validation législative opérée par le législateur français sur la base de l'article 6§1 de la Convention alors même que cette loi de validation avait été auparavant jugée à titre principal par le Conseil constitutionnel français conforme à la Constitution et accessoirement par la Cour de Cassation non contraire aux articles 6§1 et 13 de la Convention européenne des droits de l'homme. A l'évidence, « *la censure d'une loi de validation déclarée conforme à la Constitution et censurée comme contraire à la Convention européenne, alors que les principes invoqués, séparation des pouvoirs et garantie des droits, sont similaires, représente un camouflet pour le Conseil constitutionnel* »[381]. D'ailleurs, le Conseil constitutionnel a très rapidement pris la mesure de cette « censure » conventionnelle en intégrant très largement les exigences conventionnelles en matière de validation législative en s'appuyant sur le droit constitutionnel national. Cette nationalisation des exigences conventionnelles n'est qu'un artifice : substantiellement, c'est bien la CourEDH qui a posé la règle que le Conseil constitutionnel a intégrée et nationalisée en la rattachant à l'article 16 de la DDHC. Se faisant, la CourEDH se présente dans cette hypothèse comme une cour supraconstitutionnelle externe. Il y a là assurément un risque de voir la justice constitutionnelle supplantée par la justice conventionnelle dont on peut par ailleurs interroger la « légitimité »[382]. Certes, la plupart du temps la CourEDH conforte la

---

[378] CourEDH, 9 décembre 1994, *Ruiz Torija c. Espagne*, Série A, n°303-A.

[379] CourEDH, 18 juillet 1994, *Karlheinz Schmidt c. Allemagne*, Série A, n°291-B.

[380] CourEDH, 26 septembre 1995, *Vogt c. Allemagne*, Série A, n°323.

[381] B. MATHIEU, « Les validations législatives devant le juge de Strasbourg : une réaction rapide du Conseil constitutionnel mais une décision lourde de menaces pour l'avenir de la juridiction constitutionnelle », *RFDA*, 2000, p. 289.

[382] J-F. FLAUSS, « La Cour européenne des droits de l'homme est-elle une Cour constitutionnelle ? », *op.cit.*, sp. 87-91 ; L. FAVOREU, « Les Cours de Strasbourg et de Luxembourg ne sont pas des Cours constitutionnelles », *op.cit.*, sp. 38 ; « La légitimité de la justice constitutionnelle et la composition des juridictions constitutionnelles », *Legitimidade e Legitimição da justiça constitucional*, Coïmbra, 1995, pp. 229 et ss ; « La notion de Cour constitutionnelle », *De la Constitution. Etudes en l'honneur de J-F. Aubert*, Helbing & Lichtenhahn, Bâle, 1996, p. 15-27. La doctrine constitutionnaliste considère que la légitimité politique d'une « cour constitutionnelle » habilitée à sanctionner les normes adoptées par le législateur (expression du principe démocratique) tient, d'une part, à son mode de désignation (désignation par les forces politiques que ses membres sont appelés à contrôler selon des modalités qui garantissent le respect du pluralisme) et, d'autre part, à la réversibilité des décisions adoptées par une « cour constitutionnelle » (selon une expression bien connue, la « légitimité du juge constitutionnel tient

jurisprudence constitutionnelle[383] preuve encore s'il en était besoin de la convergence des jurisprudences constitutionnelles et européennes[384]. Il n'en reste pas moins vrai que, même confortée, la jurisprudence des cours constitutionnelles se trouve indirectement sous la tutelle de la CourEDH.

549. Sous l'influence du Droit européen, les structures normatives des modèles nationaux de l'Etat de droit connaissent ainsi une réelle mutation. Aux exigences de légalité et de constitutionnalité s'ajoutent des exigences de conventionnalité. L'Etat de droit s'en trouve profondément renforcé dans sa forme et dans sa substance. Du même coup, en s'européanisant, les figures nationales de l'Etat de droit s'uniformisent laissant ainsi entrevoir l'avènement d'un modèle européen commun de l'Etat de droit. Les structures juridictionnelles nationales de l'Etat de droit n'échappent pas à ce mouvement.

SECTION II
L'INCIDENCE DU DROIT EUROPEEN SUR LES STRUCTURES JURIDICTIONNELLES CONSTITUTIVES DES MODELES NATIONAUX DE L'ETAT DE DROIT

550. Nous avons montré au titre précédent comment, aujourd'hui, l'Etat de droit se confondait de plus en plus avec l'Etat des juges. Le Droit européen a largement intégré cette évolution contemporaine en faisant du juge une des figures centrales de l'Etat de droit. Il est même possible de considérer que celui-ci a, en retour, renforcé la fonction juridictionnelle nationale, contribuant ainsi au processus de « *juridictionnalisation* » de l'Etat de droit[385]. Cette juridictionnalisation de l'Etat de droit, du fait du Droit européen, se traduit premièrement par la promotion de la fonction juridictionnelle (**§1**) et deuxièmement par une extension du pouvoir des juridictions nationales(**§2**).

---

en ce qu'il n'a pas le dernier mot », le constituant pouvant toujours surmonter une décision d'une cour constitutionnelle en révisant la constitution (sauf hypothèse allemande prévue à l'article 79 LF)). Or, en l'espèce, la CourEDH ne semble répondre pleinement à aucune de ces deux conditions.

383 CourEDH, 13 février 2001, *Lietzow c. Allemagne*, §47 ; CourEDH, Gde. Ch., 22 mars 2001, *Streletz, Kessler et Krenz c. Allemagne* ; CourEDH, 2 août 2001, *ELIA SrL c. Italie* ; CourEDH, 31 juillet 2001, *Refah Partisi c. Turquie*, §72 ; CourEDH, DPR, 17 mai 2001, *Hesse-Anger et Anger c. Allemangne* : « *Pour ce qui est de l'absence de distinction entre cotisations obligatoires et cotisations volontaires dans le calcul de la pension de réversion, alors que dans le régime de retraite des fonctionnaires une telle distinction est faite, il y a lieu de rappeler, comme l'a fait la Cour constitutionnelle fédérale, la nature différente des régimes de retraite des fonctionnaires et des autres salariés, différence que la Commission a par ailleurs reconnue à plusieurs reprises* » (souligné par nous).

384 L. BURGORGUE-LARSEN, *op.cit.*, p. 1021.

385 En ce sens par exemple, A. BLECKMANN, « L'Etat de droit dans la constitution de la RFA », *Pouvoirs*, n°22, 1982, pp. 5-27.

§1 – La promotion de la fonction juridictionnelle nationale

551. Le juge occupe une place de plus en plus importante au sein de nos sociétés contemporaines sous l'influence de la *juridiciarisation* de la vie sociale[386]. Il est aujourd'hui présenté comme le meilleur gardien des *Droits* et donc de l'Etat de droit. Certes le Droit européen n'est pas l'unique source de cette évolution. Mais à l'évidence il y a contribué ne serait-ce qu'en raison de l'attention qu'il porte à l'exigence d'effectivité de la protection juridictionnelle des droits individuels. Du coup, la fonction juridictionnelle se développe et emporte avec elle deux conséquences : premièrement, l'office du juge, tout à la fois valorisé et légitimé, se consolide (**A**) ; deuxièmement, le recours à la forme juridictionnelle se généralise et la fonction juridictionnelle conquiert de nouveaux territoires (**B**).

A. La consolidation de la fonction juridictionnelle nationale

1) La valorisation de la fonction juridictionnelle

552. Le développement de l'idée d'un « droit au juge » traduit bien cette promotion de la figure juridictionnelle en même temps qu'elle l'enrichit : c'est parce que nos sociétés ont fait du juge le bouclier des droits fondamentaux que le « droit au juge » doit être aussi large que possible[387] ; et en retour, l'expansion du « droit au juge » vient renforcer la stature du juge au sein de l'ordre juridique qui devient le relais des aspirations politiques et sociales de la société. A bien des égards, le Droit européen entretient cette stature, ne serait-ce parce qu'il fait du « droit au juge » l'un des piliers de la société démocratique de droit[388].

553. L'européanisation de son office emporte à cet égard plusieurs conséquences que l'on rappellera très brièvement. D'une manière générale, le juge national devient l'un des pivots du processus de l'intégration européenne chargé de veiller, en tant que juge européen de droit commun[389], à l'application effective de la ConvEDH et du droit communautaire. A ce titre, tout juge national, quelle que soit sa place au sein de l'architecture juridictionnelle nationale, accède à une stature européenne pouvant dialoguer, le cas échéant, avec le juge communautaire (renvoi préjudiciel)[390]. Il se voit même reconnaître de nouveaux pouvoirs réservés le plus souvent à des juridictions suprêmes ou constitutionnelles (*contrôle de la fondamentalité conventionnelle des lois*). Au total, la jurisprudence de la CJCE « *relativise la dépendance hiérarchique des juridictions inférieures* »[391] au sein de

---

[386] J. CHEVALLIER, «Vers un droit post-moderne ? Les transformations de la régulation juridique », *RDP*, 1998, sp. 687 ; du même auteur, *L'Etat de droit*, Paris, Montchrestien, coll. Clefs., 2ème éd., 1994, sp. 145

[387] T.S. RENOUX, « Le droit au recours juridictionnel », *JCP. Ed. G.*, 1993, n°19, p. 212.

[388] *Cf. supra*, n° 395.

[389] CourEDH, 27 août 1992, *Tomasi c/ France*, Série A, n°241 ; Arrêt *Kruslin*, précité.

[390] R. DEHOUSSE, *La Cour de justice des Communautés européennes*, Paris, Montchrestien, 1995, sp. 123.

[391] J. BOULOUIS, commentaire sous CJCE, 16 janvier 1974, *Rheunmühlen-Düsserldorf*, *AFDI*, 1974, p. 425.

l'ordre juridictionnel interne et contribue ainsi à leur émancipation. L'européanisation de sa fonction entraîne ainsi une promotion de son statut. Comme le soulignent Fernand Grevisse et Jean-Claude Bonichot, la CJCE a donné « *à la fonction juridictionnelle, par le truchement de l'effet direct, un rôle de premier plan dans l'intégration européenne* »[392]. Par ailleurs, en faisant du juge national le « *relais* » d'une jurisprudence exigeante en matière de droits fondamentaux, à l'écoute des droits nouveaux que l'individu est à même de revendiquer[393], et protectrice de l'effectivité des droits garantis par la CEDH[394], le droit européen des droits de l'homme fait bénéficier au juge national de sa plus-value sociale contribuant ainsi à renforcer sa légitimité[395].

554. Cette valorisation du juge s'accompagne également d'une valorisation du produit de son activité : d'une part, l'autorité des décisions juridictionnelles est renforcée, et, d'autre part, la valeur normative de la jurisprudence se trouve expressément consacrée.

En premier lieu, l'intégration de la décision juridictionnelle dans la définition du procès équitable (article 6§1 ConvEDH) a eu pour conséquence de renforcer son effectivité. En effet, en considérant que « *l'exécution d'un jugement ou arrêt, de quelque juridiction que ce soit, doit [...] être considérée comme faisant partie intégrante du procès au sens de l'article 6* »[396], la CourEDH crée au profit des justiciables un véritable « *droit à l'exécution des décisions de justice* ».

En second lieu, le Droit européen consacre la valeur normative de la jurisprudence. La jurisprudence se voit attribuer en effet par la CourEDH une « *fonction complétive du droit écrit [...] exorbitante* »[397] au nom d'une conception extensive de la légalité[398]. Dans l'affaire *Sunday Times* du 26 avril 1979, la CourEDH a ainsi considéré que le mot « loi » tel que visé par la ConvEDH « *englobe à la fois le droit écrit et le droit non écrit* » afin de prendre en compte les différences entre les systèmes continentaux et de *common law*[399]. La jurisprudence, au même titre que le droit écrit, constitue « *une source du droit* »[400] et peut, en tant que telle (à condition qu'elle soit constante), constituer la base légale d'une ingérence des autorités dans l'un des droits garantis par la ConvEDH[401]. La

---

[392] F. GREVISSE et J-C BONICHOT, « Les incidences du droit communautaire sur l'organisation et l'exercice de la fonction juridictionnelle dans les Etats membres », *Mélanges Boulouis, op.cit.*, p. 298

[393] Rappelons que la ConvEDH constitue un instrument vivant devant être utilisé « *à la lumière des conditions d'aujourd'hui* » (*Marckx* du 13 juin 1979). A ce titre, la CourEDH n'a pas hésité à consacrer de nouveaux droits au profit des homosexuels (*Dugeon, Modinos*) ou des transexuels (*B c. France*, 25 mars 1992).

[394] Arrêt *Airey*, précité.

[395] Sur la légitimation sociale du juge par les droits fondamentaux, voir P. PESCATORE, « Les exigences de la démocratie et la légitimité de la Communauté européenne », *CDE*, 1974, pp. 499-514.

[396] CourEDH, 19 mars 1997, *Hornsby c. Grèce*, *JCP* 1997, II, 22949, note O. Dugrip et F. Sudre.

[397] F. SUDRE, *op.cit.*, sp. 829.

[398] *Cf. supra*, n°334.

[399] Arrêt *Sunday Times*, précité.

[400] Arrêt *SW c. Royaume-Uni*, précité.

[401] Arrêt *Vogt*, précité.

jurisprudence semble même être parée de toutes les vertus[402] puisque la CourEDH voit dans celle-ci le moyen de combler les lacunes du droit écrit et d'accroître la qualité de la « loi »[403]. Il apparaît toutefois que l'assimilation normative de la jurisprudence au droit écrit n'est pas totale puisque la CourEDH, dans ses derniers arrêts, a semblé admettre, contrairement à sa position dans l'affaire Kruslin, que la jurisprudence pourrait être appréhendée de manière différente par le juge européen selon que l'on se trouve dans un système de droit codifié ou de *common law*[404].

Le droit communautaire semble également véhiculer une conception normative de la jurisprudence. La question n'est pas tant ici celle de savoir si la jurisprudence de la Cour de justice revêt une valeur normative[405] que celle de savoir si la Cour de justice reconnaît le pouvoir jurisprudentiel des juridictions nationales. La position de la Cour de justice est ambiguë. Premièrement, elle considère qu'un Etat membre ne peut pas se dispenser de son obligation de transposition des directives au motif qu'il existerait une jurisprudence constante conforme aux exigences de la directive en cause dans la mesure où une telle jurisprudence ne saurait présenter les garanties de stabilité et de publicité nécessaires à la pleine efficacité de la directive[406]. Autrement dit, la Cour de justice semble considérer, à la différence de la CourEDH, que la jurisprudence ne remplit pas les exigences de prévisibilité propres à la règle de droit. Mais en même temps, elle admet qu'un Etat peut s'exonérer de son obligation de transposition « *lorsque [...] l'existence de principes généraux du droit constitutionnel ou administratif peut rendre superflue la transposition par des mesures législatives ou réglementaires spécifiques* »[407]. Or les principes généraux du droit sont par essence une création jurisprudentielle du juge !

---

402 F. SUDRE, *op.cit.*, sp. 829.

403 CourEDH, 24 avril 1990, *Kruslin c. France*, Série A, n0176, §29. M. KOERING-JOULIN, « De l'art de faire l'économie d'une loi (à propos de l'afaire Kruslin et de ses suites », *Recueil Dalloz*, 1990, pp. 187-189. Cette conception est toutefois contestable dans la mesure où il n'est pas certain que la jurisprudence elle-même remplisse pleinement les exigences de prévisibilité (A. HERVIEU, « Observations sur l'insécurité de la règle jurisprudentielle », *RRJ*, 1998, pp. 257-319). Rappelons en effet que la jurisprudence est par essence « rétroactive » (J. RIVERO, « Sur la rétroactivité de la règle jurisprudentielle », *AJDA*, 1968, pp. 15-18 ; C. MOULY, « Le revirement pour l'avenir », *JCP* ed. G, n°27, 1994, 3776, p. 326) même si la CourEDH et la CJCE acceptent, pour des exigences de sécurité juridique, de limiter dans le temps l'effet de leurs décisions (CourEDH, 13 juin 1979, *Marckx c. Belgique*, Série A, n°31 ; CJCE, 8 avril 1976, *Defrenne*, aff. 43/75, *Rec.*, 455). Signalons à cet égard que le juge judiciaire français refuse de limiter l'effet dans le temps de ses décisions et considère que les exigences de sécurité juridique ne sauraient consacrer un droit acquis à une jurisprudence immuable (Cass. 1ère civ., 2 mars 2000, bull, n.97, note : C. Atias, D. 2000, p. 593 et ss ; Cass. 1ère civ., 9 octobre 2001, D. 2001, p. 3470, rapport P. Sargos et note D. Thouvenin).

404 CourEDH, 22 juin 2000, *Cöeme et autres c. Belgique* ; CourEDH, 30 mai 2000, *Belvedere Albeghiera SRL c. Italie*. (*Cf. supra*, n°341).

405 Sur la valeur normative de la jurisprudence de la CJCE, J. BOULOUIS, « A propos de la fonction normative de la jurisprudence – Remarques sur l'œuvre jurisprudentielle de la Cour de justice des Communautés européennes », *Mélanges Marcel Waline*, op.cit, pp. 149-161 ; R. DEHOUSSE, *La Cour de justice des Communautés européennes*, Paris, Montchrestien, 1994, sp.70-77.

406 CJCE, 19 septembre 1996, *Commission c. Grèce*, aff. C-236/95, *Rec.*, I-4459.

407 CJCE, 23 mai 1985, *Commission c. RFA*, aff. 29/84, *Rec.*, 1661.

Deuxièmement, il résulte de la jurisprudence de la Cour de justice tout à la fois une reconnaissance de la réalité du pouvoir normatif de la jurisprudence et un encadrement de l'autonomie jurisprudentielle des juges nationaux. Plusieurs affaires récentes relatives aux conséquences qu'il y a lieu d'attacher à une jurisprudence nationale qui ne se conforme pas aux dispositions du droit communautaire sont susceptibles de nous donner des indications sur ce point[408]. Il convient d'évacuer d'emblée la question de la responsabilité de l'Etat pour violation du droit communautaire lorsque la violation du droit communautaire résulte non pas d'une jurisprudence constante mais d'une décision isolée[409]. Cette question ne concerne pas, nous semble-t-il, la valeur normative de la jurisprudence (en tant qu'ensemble normatif) mais tout simplement la valeur normative d'une décision juridictionnelle[410]. Qu'une décision juridictionnelle produise des effets normatifs dans le chef des parties au litige et qu'elle puisse porter atteinte aux droits de l'une d'entre elles qu'elle tire du droit communautaire, cela ne fait aucun doute[411].

En revanche, est beaucoup plus intéressante du point de vue de notre étude la question soulevée par l'affaire *Commission contre Italie* en ce qu'elle saisit d'une manière plus générale le « *phénomène jurisprudentiel* »[412]. Le problème est ici de savoir si une jurisprudence constante d'une juridiction d'un Etat membre qui serait contraire au droit communautaire est susceptible de constituer un manquement au sens de l'article 226 CE. Autrement dit, l'Etat membre pourrait-il se voir condamner par la Cour de justice pour manquement à ses obligations communautaires du fait de l'activité jurisprudentielle de ses juridictions ? Ce serait admettre là que la

---

408 A cet égard, il nous semble que les questions de la responsabilité de l'Etat du fait du comportement de ses juridictions d'une part et du manquement d'un Etat à ses obligations communautaires du fait de ses juridictions d'autre part ne se posent pas dans les mêmes termes. Dans le premier cas, il s'agit de condamner l'Etat à indemniser le préjudice subi par les justiciables du fait de la violation du droit communautaire par ses juridictions. Ce système ne pose pas trop de difficultés d'un point de vue conceptuel. Un tel système existe déjà devant la CourEDH. Les particuliers peuvent directement mettre en cause devant elle la responsabilité de l'Etat du fait d'une juridiction nationale, à raison d'un manquement aux exigences du procès équitable *in procedendo* , mais aussi à raison de la violation d'une règle de fond *in iudicando* de nature à affecter le contenu même de la décision de justice. À la faveur d'une telle procédure, les justiciables sont susceptibles de bénéficier d'une indemnité sous la forme d'une «*satisfaction équitable*». De même, dans la plupart des Etats membres, il existe un système plus ou moins développé de responsabilité de l'Etat du fait de la justice. A l'inverse, dans le second cas, le problème se pose en des termes différents. Il s'agit de condamner l'Etat afin qu'il se conforme à ses obligations communautaires. Dans cette hypothèse, il devra donc prendre des mesures afin de remédier à une interprétation jurisprudentielle contraire au droit communautaire. Cela implique donc pour l'Etat condamné d'imaginer des procédures permettant de contraindre ses juridictions au respect des obligations communautaires de l'Etat sans pour autant porter atteinte aux principes de l'autorité de la chose jugée, de la séparation des pouvoirs et de l'indépendance du pouvoir judiciaire, indépendance à laquelle est par ailleurs très attachée la CourEDH comme le révèle sa jurisprudence relative aux « validations législatives » (*Cf. infra*).

409 CJCE, 30 septembre 2003, *Köbbler*, aff. C-224/01

410 D. De Bechillon, *Hiérarchie des normes et hiérarchie des fonctions normatives de l'Etat*, Paris, Economica, 1995, sp.. 119 et ss.

411 Hans Kelsen considérait à cet égard qu'une décision juridictionnelle pouvait s'analyser comme une « norme individuelle ». H. Kelsen, *Théorie pure du droit*, 2ème éd, Paris, Dalloz, 1962, p. 318 et ss.

412 CJCE, 9 décembre 2003, *Commission contre Italie*, aff. C-129/00

production jurisprudentielle est susceptible d'enfreindre la légalité communautaire, et reconnaître donc la réalité du pouvoir normatif des juridictions nationales. C'est ce semble avoir reconnu la Cour de justice dans l'affaire *Commission contre Italie* précitée. Après avoir rappelé qu' « *un manquement d'un État membre peut être en principe constaté au titre de l'article 226 CE quel que soit l'organe de cet État dont l'action ou l'inaction est à l'origine du manquement, même s'il s'agit d'une institution constitutionnellement indépendante* », la Cour de justice a estimé que pour déterminer si l'Italie avait manqué à ses obligations communautaires il convenait de prendre en compte l'interprétation des textes nationaux contestés par les juridictions nationales. A cet égard, elle a considéré que « *des décisions de justice isolées ou fortement minoritaires dans un contexte jurisprudentiel marqué par une autre orientation, ou encore une interprétation démentie par la juridiction suprême nationale, ne sauraient être prises en compte. Il n'en est pas de même d'une interprétation jurisprudentielle significative non démentie par ladite juridiction suprême, voire confirmée par celle-ci* ». Autrement dit, le Cour de justice semble considérer qu'une jurisprudence constante incompatible avec des dispositions ou principes du droit communautaire pourrait constituer un manquement au titre de l'article 226 CE. L'on peut toutefois se demander s'il n'y a pas là une remise en cause de *l'autonomie* du pouvoir jurisprudentiel des juridictions nationales[413] : en même temps que la Cour de justice reconnaît la réalité du pouvoir jurisprudentiel des juridictions nationales, elle remet en cause son autonomie. Qui plus est, outre la question de l'indépendance du pouvoir judiciaire évoquée précédemment, on peut se demander si la Cour de justice ne s'érige pas alors *de facto* en juridiction de 4ème instance, censurant, via l'action en manquement, les décisions des juridictions nationales[414]. A l'encadrement du pouvoir jurisprudentiel s'ajouterait alors une subordination juridictionnelle !

2) La légitimation de la fonction juridictionnelle

555. Valorisée, la fonction juridictionnelle voit également sa légitimité renforcée. Les garanties du procès équitable (équité, publicité, célérité, impartialité, indépendance, égalité des armes etc.) contribuent à une bonne administration de la justice dans un Etat de droit[415] et plus largement à la légitimation de la fonction juridictionnelle[416] en ce qu'elles répondent notamment au besoin de « *confiance que les tribunaux d'une société démocratique se doivent d'inspirer au justiciable* »[417]. Certains considèrent même à ce titre que les garanties et les droits procéduraux des

---

[413] Sur cette question, *Cf. infra*, n°584 et ss.

[414] Et là encore, aucun parallèle avec la CourEDH n'est possible, puisque si cette dernière peut effectivement être amenée à « censurer » indirectement des décisions juridictionnelles nationales, cette censure n'emporte que l'obligation pour l'Etat condamné d'indemniser (satisfaction équitable) la victime.

[415] Arrêts *De Haes et Gijsels* et *Hornsby*, précités.

[416] En ce sens, R. SARGOS, « Le devoir d'impartialité, fondement de la légitimité et de la crédibilité du juge dans un Etat démocratique », Gaz. Palais, 24625 mai 1992, p. 11.

[417] CourEDH, 23 avril 1996, *Remli c. France*, *Rec.*, 1996-II, p. 559.

individus représentent la face la plus importante de l'Etat de droit[418]. Pour que justice soit rendue, il faut non seulement qu'elle puisse être pleinement rendue (droit à un vrai juge) mais aussi qu'elle puisse être bien rendue (droit à un bon juge) et que soit ainsi dissipé tout risque d'arbitraire dans le règlement du litige. Donc en même temps que les garanties du procès équitable protègent le juge contre les pouvoirs exécutifs et législatifs (indépendance, validations législatives), contre les tiers (diffamation : article 10§2) et contre lui-même (impartialité), elles préservent également le justiciable contre un mauvais procès et même contre la perception d'un mauvais procès (*Justice must not only be done, it must also be seen to be done*).

556. A cet égard, il ne saurait y avoir de bon procès si le procès ne se déroule pas dans un délai raisonnable sans quoi l'Etat manquerait « *à son devoir de protection juridictionnelle de l'individu* »[419]. On se souvient que la CourEDH attache une attention toute particulière au respect de cette exigence du procès équitable[420]. En vertu de la jurisprudence *Kudla*, il incombe aux Etats Parties de reconnaître un recours effectif devant une instance nationale (art. 13 ConvEDH) pour sanctionner le non respect du délai raisonnable (art. 6§1 ConvEDH). L'Italie, régulièrement condamnée pour des violations répétées au droit à un procès dans un délai raisonnable[421], a entrepris de réviser sa Constitution pour constitutionnaliser les exigences du procès équitable et du délai raisonnable[422] : l'article 111 de la Constitution dispose ainsi que « *1- La juridiction est exercée par le biais d'un procès équitable, régi par la loi ; 2 – Chaque procès se déroule dans le respect des principes du contradictoire et de l'égalité des armes devant un juge tiers et impartial. La loi en garantit la durée raisonnable* ». La loi dite *Pinto* du 24 mars 2001 vient concrétiser cette exigence constitutionnelle en posant le principe du droit à une satisfaction équitable pour réparer le préjudice patrimonial et le dommage non patrimonial résultant d'une violation du droit à un procès dans un délai raisonnable. Les critères retenus pour apprécier le délai raisonnable sont directement empruntés à la jurisprudence européenne (complexité de l'affaire, comportement du requérant, comportement des autorités). En France, après une longue inertie[423], le Conseil d'Etat s'est décidé à intégrer plus largement les exigences européennes relatives au

---

[418] P. TERNEYRE, « Le principe de l'égalité des sexes dans la fonction publique », *Revue administrative*, 1989, pp. 424-427.
[419] L. FAVOREU, *Du déni de justice en droit public français*, Paris, LGDJ, 1964, sp. 534.
[420] *Cf. supra*, n°427-428 .
[421] Voir en ce sens par exemple, CourEDH, gr.ch., 28 juillet 1999, *Ferrari c. Italie, RTDH*, 2000, p. 531, obs. Kuty. Dans cet arrêt, la CourEDH a qualifié ces violations d' « *accumulation de manquements [...] constitutive d'une pratique incompatible avec la Convention* » (§21).
[422] Loi constitutionnelle n°2 du 23 novembre 1999, entrée en vigueur le 18 avril 2001. Notons que cette réforme a été entreprise quelques mois après la sévère condamnation de l'Italie par la CourEDH dans l'affaire *Ferraric c. Italie* (précitée).
[423] J. MOREAU, « La responsabilité des magistrats et de l'Etat du fait de la justice. L'apport du droit administratif », *Justices*, 1997, sp. 43. En vertu de la jurisprudence *Darmont* (CE, ass., 29 décembre 1978, *Darmont*, Leb., p. 542), la responsabilité de l'Etat du fait du fonctionnement défectueux de la justice administrative ne pouvait être engagée que pour faute lourde ce qui conduisait *de facto* à limiter considérablement les hypothèses de responsabilité.

délai raisonnable en considérant que les justiciables disposaient d'un droit à voir leurs requêtes jugées dans un délai raisonnable[424], la violation de ce droit leur ouvrant droit à une indemnisation sur la base d'une mise en cause de la responsabilité de l'Etat à raison du fonctionnement défectueux du service public de la justice. L'appréciation du délai raisonnable doit, selon le Conseil d'Etat, « *s'apprécier de manière à la fois globale – compte tenu, notamment, de l'exercice des voies de recours – et concrète, en prenant en compte sa complexité, le comportement des parties tout au long de celle-ci, mais aussi, dans la mesure où la juridiction saisie a connaissance de tels éléments, l'intérêt qu'il peut y avoir, pour l'une ou l'autre, compte de sa situation particulière, des circonstances propres au litige et, le cas échéant, de sa nature même, à ce qu'il soit tranché rapidement* ». Là encore, les exigences européennes en la matière sont largement intégrées par le juge administratif[425]. Toutefois, on ne soigne pas là les racines du mal mais seulement ses conséquences dommageables. La légitimité du juge tient aussi dans sa capacité à juger dans un délai raisonnable le litige qui lui est soumis. Le « tout-indemnitaire » ne réalise pas la justice ; il ne fait qu'atténuer les injustices. Il n'est pas sûr, au bout du compte, que l'Etat de droit en sorte renforcé et ce d'autant plus que ces procédures pour sanctionner le non respect du délai raisonnable contribuent paradoxalement à l'allongement de la durée des procédures juridictionnelles[426] !

557. Tout à la fois valorisée et légitimée, la fonction juridictionnelle se consolide sous l'influence du Droit européen. Le juge en sort renforcé et apparaît comme le plus à même de protéger les droits individuels. Le temps où le parlement apparaissait comme le meilleur garant des droits et des libertés est révolu : désormais, c'est au juge que l'on confie la mission d'assurer cette protection. A une époque où l'idée de réalisation de l'Etat de droit domine le droit contemporain, il est donc logique que le juge occupe une place de plus en plus importante : la fonction juridictionnelle vient alors conquérir, sous l'influence du Droit européen notamment, de nouveaux territoires[427].

---

[424] CE, 28 juin 2002, *Garde des Sceaux, ministre de la justice c. Magiera, AJDA*, 2002, p. 596.

[425] Signalons que, de son côté, le juge judiciaire retient une faute lourde pour ouvrir droit à une indemnisation (art. L. 781-1 du code de l'organisation judiciaire), faute lourde appréciée toutefois « souplement » (Cass, 13 février 2001, *Consorts Bolle-Laroche*)!

[426] Voir les critiques de J. ANDRIANTSIMBAZOVINA, « Délai raisonnable du procès, recours effectif ou déni de justice ? », *AJDA*, 2003, p. 93 et ss.

[427] J-F FLAUSS, « Les nouvelles frontières du procès équitable », *in Les nouveaux développements du procès équitable au sens de la Convention européenne des droits de l'homme*, Bruxelles, Bruylant, 1996, pp. 81-102.

B. L'expansion de la fonction juridictionnelle nationale

558. Il s'agit là encore d'une illustration d'un phénomène en cours dans la plupart des ordres juridiques contemporains marqués par l'avènement de ce que la doctrine allemande appelle le « *Richterstaat* ». Nous voudrions insister ici sur deux phénomènes distincts qui illustrent assez bien cette tendance. Premièrement, la fonction juridictionnelle nationale connaît une expansion externe en s'européanisant (**1**). Deuxièmement, le développement de la « *juridictionnalisation* » entraîne une expansion au sein du système juridique national de la fonction juridictionnelle (**2**).

1) L'expansion européenne de la fonction juridictionnelle nationale

559. L'expansion de la fonction juridictionnelle se manifeste tout d'abord par son européanisation. Erigé en juge européen de droit commun chargé de veiller à l'application effective du droit européen des droits de l'homme et du droit communautaire, le juge national voit son office intégré dans un espace juridictionnel européen. Encore faut-il distinguer selon que le juge national est juge européen des droits de l'homme ou juge communautaire dans la mesure où l'expansion européenne de son office ne revêt pas la même intensité.

560. Certes, le contrôle de l'application effective de la ConvEDH appartient en premier lieu au juge national en tant que juge européen de droit commun des droits de l'homme. La CourEDH n'a eu de cesse de le rappeler en veillant scrupuleusement au respect de l'office du juge national[428], son intervention n'intervenant qu'en cas de « défaillance » du juge national dans sa mission de garantie des droits et libertés inscrits dans la Convention. Elle l'a réaffirmé récemment avec une vigueur toute particulière dans l'affaire *Kudla* en précisant que chaque justiciable devait bénéficier d'un recours effectif (article 13 de la Convention) devant une instance nationale pour faire sanctionner le non respect du délai raisonnable (article 6§1 de la Convention)[429]. Mais, à la différence du droit communautaire qui constitue un « droit d'intégration »[430], la Convention n'a pas vocation à se substituer au droit national. Son rôle principal est « *incitatif et correctif* » : la Convention constitue un socle commun minimum de droits fondamentaux pouvant être « *dépassé mais jamais transgressé* » selon le mots du Doyen Cohen-Jonathan[431]. Dans ce contexte, le juge national est tenu, d'une part, de

[428] Arrêts, *Linguistique Belge*, *Tomasi* et *Kruslin*, précités.
[429] CourEDH, arrêt du 26 octobre 2000, *Kudla c. Pologne*. J-F. FLAUSS, « Le droit à un recours effectif au secours de la règle du délai raisonnable : un revirement de jurisprudence historique », *RTDH*, 2002, p. 179 et ss.
[430] P. PESCATORE, *Le droit de l'intégration*, Sitjhoff, 1974.
[431] G. COHEN-JONATHAN, « La place de la Convention européenne des droits de l'homme dans l'ordre juridique français », in F. SUDRE (dir), *Le droit français et la Convention européenne des droit de l'homme, 1974-1992*, Engel, Strasbroug, 1993, p. 10.

compléter le droit national (dans la limite de ses pouvoirs) s'il se révèle moins protecteur que la Convention, et, d'autre part, d'interpréter son droit national à la lumière de la Convention. Or à côté de cet instrument européen de protection des droits fondamentaux, il existe au sein des ordres juridiques nationaux un arsenal complet de normes constitutionnelles, législatives et jurisprudentielles assurant le respect des principes fondamentaux de la démocratie et de l'Etat de droit[432]. Ronny Abraham constate, à cet égard, que l'œuvre accomplie par le Conseil d'Etat français en la matière est prodigieuse et que le juge administratif est « *d'autant moins porté à forcer les termes de la Convention dans un sens extensif que cela ne lui est aucunement nécessaire dans la plupart des cas pour assurer une protection aux libertés fondamentales et aux droits fondamentaux qui généralement sont consacrés – et au-delà même des termes de la Convention – par le droit national* » et de conclure qu'il suffit pour le juge national *« dans la plupart des cas, de se référer aux principes généraux du droit français »*[433]. Du coup, l'européanisation de la fonction juridictionnelle nationale est limitée.

561. Au contraire, au sein de l'ordre juridique communautaire, les juridictions nationales s'intègrent directement dans un espace juridictionnel européen. Le juge national est tout à la fois juge communautaire et partenaire du juge communautaire intégré. S'agissant de sa fonction communautaire, quelques précisions s'imposent. Selon une expression communément employée, y compris par les juridictions communautaires intégrées, le juge national est qualifié de « *juge communautaire de droit commun* »[434]. Il ne faut pas se méprendre sur la signification de cette expression. Lorsque le juge national connaît du droit communautaire, c'est en tant qu'organe d'un Etat membre et non en tant qu'organe communautaire à la suite d'une opération de démembrement juridictionnel. Le juge national est juge communautaire en ce qu'il exerce une fonction sociale communautaire (fonction de justice)[435] : c'est donc fonctionnellement parlant que le juge national est juge communautaire en ce qu'il exerce une compétence communautaire[436]. Il n'en reste pas moins vrai qu'en tant qu'organe de l'Etat investi d'une fonction communautaire il exerce une fonction juridictionnelle communautarisée, dans le cadre d'un procès national lui-même de plus en plus communautarisé, disposant le cas échéant de pouvoirs juridictionnels communautaires[437]. A ce titre, il est chargé de contrôler la

---

[432] Rappelons à ce propos qu'au moment de la ratification par la France de la Convention en 1974, il était soutenu par le minisitre français des affaires étrangères devant le Parlement que « *la France dispose d'un système de protection des libertés individuelles dont peu d'Etats disposent* » et qu'en conséquence le gouvernement « *ne pense pas que cet engagement soit indispensable pour assurer aux citoyens les libertés que leur garantissent nos lois* ». JO Documents Sénat, Séance du 30 octobre 1973, p. 1547.
[433] R. ABRAHAM, « Le juge administratif français et la Cour de Strasbourg », in P.TAVERNIER (ed), *Quelle Europe pour les droits de l'homme ?*, Bruxelles, Bruylant, 1995, pp. 237-238 ; « Contentieux administratif français et Convention européenne des droits de l'homme », *RFDA*, 1990, p. 1054.
[434] TPI, 10 juillet 1990, *Tetra Pak*, aff. T-51/89, *Rec.* II-309.
[435] En ce sens, B. LE BAUT-FERRARESE, *La Communauté européenne et l'autonomie institutionnelle et procédurale des Etats membres*, Thèse, Lyon 3, 1996, sp. 57 et ss .
[436] A. BARAV, *op.cit.*, p. 20.
[437] *Cf. Infra.*

légalité communautaire des normes nationales. Communautarisée, sa fonction juridictionnelle s'étend même au-delà du cadre juridictionnel étatique : en tant que juge fonctionnellement communautaire partenaire du juge communautaire intégré (mécanisme du renvoi préjudiciel), il intègre un espace juridictionnel communautaire aux côtés des juridictions nationales et de la CJCE (et accessoirement, pour le moment, du TPI)[438]. La communautarisation de la fonction juridictionnelle constitue bien une illustration de cette expansion de la fonction juridictionnelle qui tend à diluer le lien consubstantiel traditionnel entre l'Etat, le droit et la justice.

2) L'expansion nationale de la fonction juridictionnelle : à propos de la « *juridictionnalisation* »

562. L'expansion de la fonction juridictionnelle se manifeste également par le développement de ce que l'on peut appeler la « *juridictionnalisation* ». Il faut entendre par « *juridictionnalisation* » le processus par lequel le règlement des litiges (et plus largement l'ensemble de la régulation juridique) tend à s'effectuer dans un cadre et dans la forme juridictionnels[439]. Ce processus décrit un phénomène tout à la fois formel (la soumission des litiges à un organe de type juridictionnel) et substantiel (la soumission du litige au droit du procès équitable). Le développement de la « juridictionnalisation » répond à l'idée que le procès juridictionnel, par les garanties procédurales qui l'entourent et qui assurent l'équilibre des différents intérêts en présence, est le meilleur moyen d'assurer la protection des droits des individus[440]. A cet égard, le droit européen des droits de l'homme, qui fait du procès équitable une des pierres de touche de l'Etat de droit, a contribué de manière décisive à son développement. Deux exemples nous en fournissent l'illustration : la « *juridictionnalisation* » de la justice administrative (**a**) et la « *juridictionnalisation* » des autorités administratives indépendantes (**b**).

a) La « *juridictionnalisation* » de la justice administrative

563. La juridictionnalisation de la justice administrative est une tendance générale en Europe[441] caractérisée d'une manière plus générale par une constitutionnalisation de la justice administrative, par l'intégration de la justice administrative au pouvoir judiciaire et par le rapprochement des juridictions civiles et administratives[442]. Ce rapprochement de la justice administrative de la justice civile est la conséquence de ce que « *l'objectif assigné à la justice administrative n'est plus le respect du droit*

[438] O. DUBOS, *op.cit.*

[439] Le juge est investi d'un statut spécifique, décide en des formes particulières et aboutit à l'élaboration d'un sentence munie d'une autorité spécifique. S. RIALS, « La fonction de juger . Ouverture : l'office du juge », *Droits*, 9, 1989, p. 9.

[440] S. GUINCHARD *et alii*, *Droit processuel. Droit commun du procès*, Paris, Dalloz, 2001, sp. 281.

[441] M. FROMONT, « La justice administrative en Europe. Convergences », *Mélanges Réné Chapus*, Paris, Montchrestien, 1992, pp. 196-208 ; G. MARCOU (dir.), *op.cit.*, p. 61.

[442] *Ibid.*

objectif par les autorités administratives, mais la protection de l'individu contre l'administration »[443]. Il emporte en même temps une « démocratisation » du procès administratif qui perd son caractère exorbitant[444] et lui fait bénéficier, par sa « banalisation », des mêmes protections procédurales que la justice civile (les garanties du procès équitable). Se dessine ainsi progressivement un modèle commun de procès[445]. Et à cet égard, la jurisprudence de la CourEDH en matière de procès équitable a contribué de manière décisive à ce processus.

564. En effet, l'interprétation autonome et extensive des notions de « droits civils » et de « sanctions pénales » par la CourEDH a eu pour conséquence d'attirer dans l'orbe de l'article 6§1 et du procès équitable un certain nombre de litiges de droit public obligeant plusieurs Etats à soumettre leur contentieux administratif aux règles de l'article 6§1.

Certains Etats ont intégré dans leur constitution les nouvelles exigences européennes en matière de procès équitable « administratif ». C'est ainsi qu'au Portugal, la doctrine relève que « *le législateur constitutionnel a rencontré dans la jurisprudence et la doctrine produites à propos de l'article 6 de la Convention des éléments très importants qui ont influencé les dispositions relatives à la justice administrative. Dans ce sens, nous indiquons en premier lieu l'intégration des tribunaux administratifs dans la catégorie générale des tribunaux, ce qui constituait une ancienne revendication doctrinale en vue d'assurer la pleine « juridictionnalisation » de la justice administrative* »[446].

Mais c'est sans doute en Autriche où la jurisprudence de la CourEDH a eu les implications constitutionnelles et administratives les plus remarquables puisqu'elle a conduit à une réforme du système contentieux administratif autrichien[447]. Traditionnellement, le droit public autrichien confiait à l'administration elle-même le soin de statuer sur la contestation de ses propres décisions. Ce n'était qu'en cassation que la Cour administrative fédérale pouvait intervenir[448].

---

443 *Ibid.*, p. 204.

444 S. BRACONNIER, *op.cit.*, p. 333 et ss.

445 S. GUINCHARD *et alii, op.cit.*, sp.7.

446 C. BOTELHO MONIZ et P. MOURA PINHEIRO, « Rapport portugais », *in* J. SCHWARZE (dir.), *Le droit administratif sous l'influence de l'Europe. Une étude sur la convergence des ordres juridiques nationaux dans l'Union européenne, op.cit.*, p. 685.

447 T. ÖHLINGER, « Austria and Article 6 of the European Convention on Human Rights », *EJIL*, 1990, pp. 286 et ss ; B. CHALOYARD, « Les chambres administratives indépendantes autrichiennes : une institution controversée », *RIDC*, 2001, pp. 429-452. La jurisprudence de la CourEDH a également conduit à des réformes du contentieux administratif aux Pays-Bas et en Suède, voir M. FROMONT, « Les dernières réformes du contentieux administratif en Europe : les exemples de la Suède, de l'Autriche et des Pays-Bas », in *Etudes offertes à J.M. Aubry*, Paris, Dalloz, 1992, pp. 515-528, sp. 519-522.

448 La Constitution fédérale (art. 82-94 Loi fédérale de la Constitution) distingue entre les juridictions ordinaires (*ordentliche Gerichtsbarkeit*) coiffées par la Cour suprême et les juridictions de droit public (*Gerichtsbarkeit des öffentlichen Rechts*). Les juridictions de droit public sont au nombre de deux : la Cour administrative et la Cour constitutionnelle. Elles bénéficient des mêmes garanties que les juridictions ordinaires. La juridiction administrative stricto sensu est concentrée dans un seul organe

Schématiquement, le système de contentieux administratif s'articulait ainsi : au niveau des Länder, les autorités administratives de district (*Bezirksverwaltungsbehörden*) en première instance et les bureaux des gouvernements des Länder en seconde instance étaient chargés de statuer sur les contestations de nature administrative d'une part et pouvaient infliger des sanctions administratives d'autre part. Ces autorités administratives n'étaient pas indépendantes puisqu'elles pouvaient recevoir des instructions très précises des organes gouvernementaux ; de même, la règle du contradictoire n'était pas respectée. De plus, bien que les décisions de seconde instance pouvaient faire l'objet d'un appel devant la Cour administrative fédérale, cet appel était limité aux questions de droit. Or, compte tenu de l'interprétation extensive des notions de « *droits civils* » et de « *sanctions pénales* » retenue par la CourEDH, un certain nombre de droits relevant en droit autrichien du droit public tombaient sous le coup de l'article 6§1[449]. Ce faisant, certains des litiges de droit public impliquant selon la jurisprudence de la CourEDH des « *droits civils* » ou des « *sanctions pénales* » ouvraient droit à un procès équitable devant un tribunal impartial et indépendant. Le droit autrichien se trouvait ainsi sur ce point en contradiction avec les exigences du procès équitable.

La Cour constitutionnelle autrichienne, consciente de cette contradiction, n'a pas suivi la jurisprudence européenne dans la mesure où cela aurait conduit à remettre en cause le système contentieux administratif autrichien, ce qui ne pouvait résulter que d'une révision explicite de la Constitution. La Cour constitutionnelle a rappelé ainsi dans l'affaire *Miltner* que si elle doit suivre « *autant que faire se peut* » l'interprétation conventionnelle donnée par la CourEDH, elle demeurait liée en revanche « *par les principes fondamentaux de l'organisation constitutionnelle autrichienne, même dans le cas d'une contrariété avec la CEDH* ». « *Si ces principes étaient contraires à l'une des interprétations possibles de la CEDH, la Cour doit s'abstenir de recourir à cette interprétation* ». Il incombait donc au seul pouvoir constituant la responsabilité de faire évoluer le système contentieux administratif autrichien. C'est ainsi que fut adoptée en 1988 une loi constitutionnelle fédérale portant création de sénats indépendants dans les Länder (*Bundesverfassungsgesetzt über di unabhängige Verwaltungsenate in den Ländern*)[450]. Ces sénats ne sont pas des « cours administratives » stricto sensu : ce sont des autorités administratives indépendantes collégiales, à vocation juridictionnelle, spécialisées dans le contentieux administratif. Ils ne remplacent pas les autorités administratives précitées, mais constituent un échelon supérieur entre

---

juridictionnel, à savoir la Cour administrative à Vienne. Elle doit assurer « *la légalité de l'entière administration publique* » (art. 129 B-VG). Toutefois, celle-ci ne peut être saisie qu'après l'épuisement des voies d'instance administrative préalables.

[449] H. P. RILL, « Die Artikel 5 und 6 der Europäischen Menschenrechtskonvention, die Praxis der Straßburger Organe und des Verfassungsgerichtshofes und das österreischische Verfassungssystem », in *Beiträge zum Verfassungs- und Wirtschaftsrecht, Festschrift für Günther Winkler* (1989) 13.

[450] BGBl. 1988/685.

l'intervention des autorités administratives et la Cour d'appel administrative fédérale. Autrement dit, ils peuvent être saisis après épuisement des voies de recours administratifs. Leurs membres étant nommés par les gouvernements (6 ans), ils ne sont pas assimilables à des « tribunaux » au sens du droit constitutionnel autrichien. Toutefois, dans l'exercice de leurs attributions juridictionnelles, ils ne reçoivent pas d'instruction de ces gouvernements et peuvent donc être considérés comme des « tribunaux » au sens de l'article 6 CEDH. Ce système, s'il est conforme aux exigences européennes en matière de procès équitable, n'en soulève pas moins des critiques[451]. Plusieurs réformes de plus grande ampleur sont à cet égard envisagées comme la création de tribunaux administratifs de première instance[452].

b) La « *juridictionnalisation* » des autorités administratives indépendantes

565. Le modèle « juridictionnel » développé par la CourEDH dans le cadre de sa jurisprudence relative aux garanties du procès équitable a vocation à s'étendre à des autorités administratives que le droit interne ne considérait pas comme des « juridictions ». On pense ici en particulier aux *autorités administratives indépendantes* dont le nombre ne cesse de croître partout en Europe[453]. D'un point de vue conceptuel, le développement de ces nouvelles autorités de régulation interroge le juriste quant à leur nature juridique dont le caractère hybride transcende la distinction classique de l'administration et de la juridiction[454]. Notre propos n'est pas ici de revenir sur ce débat tant il a fait l'objet d'une riche et abondante réflexion doctrinale[455]. Nous voudrions simplement ici replacer la question dans la perspective

---

[451] B. CHALOYARD, « Les Chambres administratives indépendantes autrichiennes : une instution controversée », *RIDC*, 2001, sp. 444-452.

[452] Une proposition de réforme en cours envisage de transférer les attributions dévolues aux Chambres administratives indépendantes à des tribunaux administratifs de Land ayant une compétence de cassation, et de réserver certaines questions à un Tribunal administratif de l'Etat fédéral sous le contrôle de la Cour administrative, juridiction suprême en matière administrative. Sur cette réforme, B. CHALOYARD, *op.cit.*, sp. 450-451.

[453] Pour une approche comparative, F. MODERNE, « Les modèles étrangers : étude comparée », in consultera A. COLLIARD et G. TIMSIT (dir.), *Les autorités administratives indépendantes*, Paris, PUF, 1988, pp. 186-222 ; J-L AUTIN (dir.), *La régulation : entre droit et politique*, L'Harmattan, Paris, 1995 ; G. MARCOU (dir.), *Les mutations du droit de l'administration en Europe. Pluralisme et convergences*, L'Harmattan, Paris, 1995 ; N. KOULOURIS, *Les autorités administratives indépendantes et les Independent Regulatory Agencies. Etude comparée sur leur insertion et leur nature juridique*, Thèse, Paris II, 1992.

[454] J. CHEVALLIER, « Les autorités administratives indépendantes et la régulation des marchés », *Justice*, 1995, n°1, p. 81. Voir également, J-M AUBY, « Autorités administratives et autorités juridictionnelles », *AJDA*, 1995, p. 91. Plus spécifiquement, R. MARTIN, « La fonction juridictionnelle du Conseil de la concurrence », *JCP*, 1990, I, n°3469.

[455] Parmi une abondante littérature, on consultera A. COLLIARD et G. TIMSIT (dir.), *Les autorités administratives indépendantes*, Paris, PUF, 1988 ; J-L AUTIN, « Du juge administratif aux autorités administratives indépendantes : un autre mode de régulation », *RDP*, 1988, p. 1213 ; J. CHEVALIER, « Réflexions sur l'institution des autorités administratives indépendantes », *JCP*, 1986, I, n°3254 ; M. GENTOT, *Les autorités administratives indépendantes*, Paris, Montchrestien, 1991 ; N. LONGOBARDI, « Les autorités administratives indépendantes, laboratoires d'un nouveau droit administratif », *LPA*, août

d'un processus en cours en Europe, sous l'influence notamment du droit européen des droits de l'homme, tendant à **l'expansion** de la fonction juridictionnelle et partant à la « *juridictionnalisation* » de l'Etat de droit. La thèse soumise ici à examen est la suivante : la jurisprudence de la CourEDH en matière de procès équitable véhicule un « modèle procédural » de régulation juridique et économique[456], tendant à imposer un modèle procédural de type juridictionnel aux autorités administratives indépendantes, entraînant une certaine « *juridictionnalisation* » de celles-ci[457]. La situation française servira de point d'ancrage de l'analyse[458].

566. Traditionnellement, pour le juge administratif français, l'application des garanties procédurales contentieuses suppose au préalable la reconnaissance de la nature juridictionnelle de l'organisme en cause[459]. A l'inverse, pour la CourEDH, les garanties du procès équitable doivent trouver à s'appliquer à tout organe qu'il soit qualifié ou non de juridictionnel, dès lors qu'il statue sur des *accusations en matière pénale* ou sur des *contestations portant sur des droits et obligations de caractère civil* étant entendu que la CourEDH retient une conception autonome et extensive de la notion de «*droits civils* » et de « *matière pénale* » dépassant parfois les conceptions nationales en la matière. Ce faisant, un certain nombre de « litiges » traités par les autorités administratives indépendantes entrent dans le champ d'application de l'article 6§1. Or, dans la mesure où les juridictions françaises refusaient de reconnaître la qualité de juridiction à ces autorités[460], les garanties du procès équitable ne pouvaient trouver à s'y appliquer[461]. Qui plus est, les juridictions françaises ont pendant longtemps eu une lecture strictement nationale des concepts de 'matière civile' et de 'matière pénale' alors même que la Cour entend dépasser le clivage traditionnel droit public/droit privé en recourant à une interprétation

---

1999, n°171 ; CONSEIL D'ETAT, *Les autorités administratives indépendantes*, Rapport public 2001 du Conseil d'Etat, Doc. frce., 2001, pp. 253-386.

[456] Nous ne traiterons pas ici directement du droit communautaire qui, s'il contribue à l'institution et à la généralisation des autorités de régulation, n'impose pas en tant que tel un modèle procédural précis.

[457] En ce sens notamment, J-F BRISSON, « Les pouvoirs de sanction des autorités de régulation : les voies d'une juridictionnalisation », consultable sur le site internet, http://www.gip-recherche-justice.fr/dossiers/aai.htm (consulté en juin 2003).

[458] A partir de la jurisprudence de la CourEDH, il est possible de déduire que cette question concerne la plupart des Etats parties de la ConvEDH.

[459] R. CHAPUS, « Qu'est-ce qu'une juridiction ? La réponse de la jurisprudence administrative », *Mélanges Eisenmann, op.cit.*, p. 265 ; O. GOHIN, « Qu'est-ce qu'une juridiction pour le juge français ? », *Droits*, 1989, p. 93.

[460] Cela vaut également pour le Conseil constitutionnel qui refuse de voir en elles des organes juridictionnels (Décision n°86-224 DC du 23 janvier 1987, *Conseil de la concurrence*, *JCP* 1988, II, 20854, note Sestier ; Décision n°2000-43 DC, 27 juillet 2000, *Liberté de communication* (CSA), *LPA*, 31 juillet 2000, p. 12, note J-E Schoettl). Cette position est très critiquée par une partie de la doctrine. Voir par exemple, S. GUINCHARD *et alii, op.cit.*, p. 314-315.

[461] Par exemple, CE, 9 cotobre 1996, *Association ici et maintenant, D.* 1996, IR, p. 250 (Conseil supérieur de l'audiovisuel) ; CE, Ass. , 1er mars 1991, *Le Cun, AJDA*, 1991, p. 358 (Conseil des bourses des valeurs).

autonome de ces notions[462]. Ainsi, le Conseil d'Etat refuse-t-il de « pénaliser » au sens de la Convention certaines sanctions administratives infligées à des particuliers par des autorités administratives. Par exemple, le juge administratif considère que l'article 6§1 de la Convention n'est pas applicable aux décisions administratives de retrait ou de suspension du permis de conduire dans la mesure où celles-ci ne constituent pas la sanction d'une faute mais une simple mesure de police administrative[463]. Une position semblable est partagée par la Cour de cassation qui considère que de telles mesures ne constituent pas « *une sanction pénale accessoire à une condamnation* » et qu'elles excluent « *en toute hypothèse l'intervention d'un juge pénal* »[464]. Or cette non pénalisation de ces sanctions administratives est en contradiction avec la jurisprudence de la Cour comme elle l'a rappelé dans une affaire *Malige c/ France* du 23 septembre 1998.

567. Pourtant, ces oppositions ne sont peut-être que passagères comme pourraient le laisser présager certaines évolutions récentes en la matière. Ainsi, le Conseil d'Etat a fini par accepter de soumettre les juridictions disciplinaires aux exigences du procès équitable telles qu'elles résultent de l'article 6§1 de la Convention[465]. De même, dans deux arrêts récents, la Cour de cassation semble être revenue sur sa jurisprudence traditionnelle de refus d'appliquer l'article 6§1 aux autorités administratives : dans l'affaire *Oury*, la Cour de cassation relève que «*sont assimilées [à une accusation en matière pénale] les poursuites en vue de sanctions pécuniaires ayant le caractère d'une punition prononcée par une autorité administrative* » et qu'en conséquence il convient d'appliquer les exigences de l'article 6§2 de la Convention à la procédure suivie devant l'autorité administrative en cause, à savoir la Commission des opérations de bourse (COB)[466]. Cette position a été confirmée en assemblée plénière dans un arrêt *COB* du 5 février 1999[467]. Notons au passage que le Conseil d'Etat pourrait modifier en partie sa jurisprudence sur ce point. Dans l'affaire *SA Jacqueline du Roure* du 12 mars 1999, le Conseil d'Etat a considéré que les articles 6§1, 6§2 et 6§3 a) n'étaient pas invocables à l'encontre d'une décision de la COB ayant retiré un agrément de société de gestion

---

[462] Dans l'affaire *Oztürk*, la Cour a considéré que « *si les Etats contractants pouvaient à leur guise, en qualifiant une infraction d'* « *administrative* » *plutôt que de* « *pénale* », *écarter le jeu des clauses fondamentales des article 6 et 7, l'application de celles-ci se trouverait subordonnée à leur volonté souveraine. Une latitude aussi étendue risquerait de conduire à des résultats incompatibles avec l'objet et le but de la Convention* ». CourEDH, 21 février 1982, *Oztürk*, Série A, n°73.

[463] CE, 3 novembre 1989, *Blanquie*, *Rec.* 429 ; CE 18 décembre 1991, *Pelardy*, *Rec.* 675 ; CE, 8 décembre 1995 ; TA Versailles, 15 février 1994, *Dumazet c/ Ministère de l'intérieur*, *D.* 1994, JP, p387, note Couvert-Castéra. De même, le Conseil d'Etat refuse de « pénaliser » au sens de la Convention, les mesures d'autorisation professionnelles et commerciales : CE, 10 décembre 1993, *Guiraud*, *LPA*, 1994, n°68, p. 17 . *Contra* la position de la CourEDH, 7 juillet 1989, *Tre Traktöer Aktiebolag*, Série A, n°159.

[464] Cass, crim., 18 mai 1994, Bull, n°191.

[465] Arrêt *Mableu*, précité.

[466] Cass, com., 1er décembre 1998, *Oury contre Agent judiciaire du trésor*, *JCP* G. 1999, II, 10057, note E. Garaud.

[467] Cass, ass. plén., 5 février 1999, *COB*, *JCP* G. 1999, II, 10060, note H. Matsopoulou. Voir également, A-M. FRISON ROCHE, « Les autorités de régulation confrontées à la CEDH », *LPA*, n°29, 10 février 1999, p. 17.

de portefeuille dans la mesure où « *la COB, qui n'est pas une juridiction, s'est bornée, sans prononcer une sanction ni poursuivre une infraction, à faire usage de ce pouvoir* »[468]. Faut-il conclure *a contrario* que si la COB avait fait usage de son pouvoir de sanction, la Convention aurait été applicable et ce en dépit du fait que la COB n'est pas une juridiction conformément à la solution retenue par la Cour de cassation? C'est ce que semble dire le Conseil d'Etat dans l'arrêt *Didier* du 3 décembre 1999 : après avoir constaté que « *le Conseil des marchés financiers doit être regardé comme décidant du bien-fondé d'accusations en matière pénale au sens des stipulations de la ConvEDH [...]* », le Conseil d'Etat estime que « *cependant – et alors même que le Conseil des marchés siégeant en formation disciplinaire n'est pas une juridiction au regard du droit interne – le moyen tiré de ce qu'il aurait statué dans des conditions qui ne respecteraient pas le principe d'impartialité rappelé à l'article 6§1 précité peut, eu égard à la nature, à la composition et aux attributions de cet organisme, être utilement invoqué à l'appui d'un recours formé devant le Conseil d'Etat à l'encontre de sa décision* ». A l'image de la Cour de cassation, le Conseil d'Etat renonce au critère organique de juridiction comme condition d'applicabilité de l'article 6§1 aux autorités administratives prononçant des sanctions et accepte conformément à la jurisprudence de la Cour de « pénaliser » au sens de la Convention les sanctions administratives (pécuniaires) prononcées par des autorités administratives indépendantes[469].

568. Pour autant, le Conseil d'Etat et la Cour de cassation n'en tirent pas les mêmes conclusions . D'un côté, la Cour de cassation entend imposer le respect des exigences du procès équitable dès la phase administrative du « procès » : ainsi la COB est tenue de respecter l'exigence d'impartialité telle que prévue par l'article 6§1 de la Convention. De l'autre, le Conseil d'Etat refuse de procéder à une telle « juridictionnalisation » de ces procédures sur la base de la Convention et partant d'imposer aux autorités indépendantes le respect des exigences du procès équitable telles qu'entendues par la Convention : si les sanctions des autorités administratives sont bien des sanctions pénales au sens de l'article 6§1 de la Convention, le Conseil d'Etat considère en revanche que les exigences de l'article 6 ne s'appliquent pas à ces autorités : « *compte tenu du fait que sa décision peut faire l'objet d'un recours de plein contentieux devant le Conseil d'Etat, la circonstance que la procédure suivie devant le Conseil des marchés financiers ne serait pas en tous points conforme aux prescriptions de l'article 6 précité n'est pas de nature à entraîner dans tous les cas une méconnaissance du droit à un procès équitable* ». Le Conseil d'Etat fait ici une application stricte de la jurisprudence de la Cour selon laquelle « *une violation de l'article 6§1 de la Convention ne peut être fondée sur le manque allégué d'indépendance ou d'impartialité d'un organe juridictionnel, ni sur le manquement par cet organe à une garantie procédurale essentielle si la décision rendue était soumise au contrôle subséquent d'un organe judiciaire doté de la*

---

[468] CE, 12 mars 1999, *SA Jacqueline du Roure*, *RFDA* 1999, p. 687.

[469] Arrêt *Oztürk*, précité.

plénitude de juridiction et offrant les garanties de l'article 6 »[470]. Dès lors que la décision d'une autorité administrative fait l'objet d'un contrôle de pleine juridiction par le Conseil d'Etat, les garanties de l'article 6 n'ont pas à être respectées par cette organisme. Pour autant, ces organismes ne sauraient se soustraire à l'exigence d'impartialité telle qu'elle résulte d'un principe général du droit interne[471]! Ainsi, dans l'affaire *Didier*, le Conseil d'Etat considère que l'exigence d'impartialité n'est que rappelée par la Convention. Dans l'affaire *Caisse de crédit mutuel de Bain-Tresboeuf* du même jour, le Conseil d'Etat écarte l'application de l'article 6§1 de la Convention au motif que «*la décision attaquée n'émane pas d'un tribunal au sens de l'article 6§1 de la Convention* », mais accepte cependant, à l'aune donc du seul droit interne, de se prononcer sur le respect du principe d'impartialité et celui des droits de la défense. Cette « déconventionnalisation » du principe d'impartialité évite ainsi au Conseil d'Etat d'avoir à confronter les procédures administratives en vigueur devant les autorités administratives à l'ensemble des exigences de l'article 6§1. Il n'en reste pas moins vrai que les exigences du procès équitable « contaminent » progressivement le contentieux devant les autorités administratives indépendantes que ce soit sous la bannière de l'article 6§1 ou du seul droit interne.

569. Ce processus de « juridictionnalisation », s'il a pour principal objectif de renforcer les garanties procédurales dont peuvent bénéficier les individus dans le traitement de leur cause, n'en soulève pas moins un certain nombre de difficultés y compris du point de vue de l'Etat de droit. Il n'est pas sûr que « *l'intégrisme procédural* » dont fait preuve la CourEDH en matière de procès équitable soit pleinement compatible avec les objectifs de souplesse, de réactivité et d'efficacité qui ont justifié l'institution et l'attrait des autorités de régulation[472]. L'efficacité et la célérité sont aussi, faut-il le rappeler, un objectif de la bonne administration, objectif qui constitue une préoccupation de l'Etat de droit. A cet égard, Jean-Claude Bonichot relève que «*juridictionnaliser à l'excès n'est pas de bonne administration* »[473]. Nous nous trouvons là au cœur des tensions entre plusieurs conceptions de l'Etat de droit : l'Etat de droit procédural et l'Etat de droit juridictionnel[474].

570. La juridictionnalisation de l'Etat de droit se traduit ainsi par l'expansion de la fonction juridictionnelle. Ce n'est pas tant la nature « juridictionnelle » intrinsèque de ce processus qui est intéressante pour le développement de l'Etat de droit que les garanties et les valeurs qu'il véhicule : le recours au « juridictionnel » par les garanties qui entourent la processus « juridictionnel » (procès équitable) apparaît

---

[470] CourEDH, 19 décembre 1997, *Helle*, *Rec* 2911, §46.
[471] *Cf. infra*, n°586.
[472] Le rapport public du Conseil d'Etat pour l'année 2001 ne dit pas autre chose lorsque ses auteurs affirment que l'application de l'article 6§1 aux autorités de régulation « n'allait pas de soi » tant ses conséquences juridiques lui paraissent difficilement compatibles avec les vertus attendues de la régulation économique, *Rapport précité*, p. 360.
[473] J-C BONICHOT, « Entretiens », *LPA*, avril 1999.
[474] S. GUINCHARD, « Vers une démocratie procédurale », *Justices*, 1999, pp. 91-130.

comme le meilleur moyen pour réaliser la *justice*[475], et donc l'Etat de droit. Cette expansion de la fonction juridictionnelle s'accompagne également d'une extension des pouvoirs du juge : les juges tirent du Droit européen de nouveaux pouvoirs leur permettant de mieux protéger l'individu contre l'Etat.

§2 – L'EXTENSION DU POUVOIR DES JURIDICTIONS NATIONALES

571. L'expansion de la fonction juridictionnelle nationale du fait du Droit européen conduit à renforcer le statut du juge au sein de l'ordre juridique national. Erigé en gardien de l'Etat de droit[476], il se voit investi par le Droit européen de pouvoirs plus étendus lui permettant de rendre plus effective la protection des droits et des libertés individuels. Si cette extension du pouvoir des juridictions nationales est manifeste à l'égard de leur « *pouvoir juridictionnel* » **(A)**, en revanche elle est sujette à débat concernant leur « *pouvoir jurisprudentiel* »[477]**(B)**.

A. L'extension des « *pouvoirs juridictionnels* » des juges nationaux

572. Par « pouvoirs juridictionnels », il faut entendre l'ensemble des pouvoirs dont les juges disposent pour trancher un litige. Cela va du pouvoir de prendre des mesures d'instruction au pouvoir de rendre une décision revêtue de l'autorité de la chose jugée. La CourEDH et la CJCE, tout en s'attachant au respect de l'autonomie

---

[475] N. DION, « Le juge et le désir du juste », *Recueil Dalloz*, Chr., 1999, p. 95.

[476] Les jurisprudences de la CourEDH et de la CJCE insistent sur la consubstantialité du « droit au juge » et de l'Etat de droit. *Cf. supra*, Chapitre précédent.

[477] La doctrine distingue traditionnellement entre « *l'activité juridictionnelle* » et « *l'activité jurisprudentielle* » des juges (Y. GAUDEMET, *Les méthodes du juge administratif*, Paris, LGDJ, 1972, sp. 11 ; J-J. BIENVENU, *L'interprétation juridictionnelle des actes et des lois, sa nature et sa fonction dans l'élaboration du droit administratif*, Thèse, Paris II, 1979 ; D. DE BECHILLON, *Hiérarchie des normes et hiérarchie des fonctions normatives de l'Etat*, Paris, Economica, 1995, sp. 119 et ss). Yves Gaudemet définit la première comme « *la mission immédiate de donner leur solution aux litiges* » et la seconde comme « *la mission occasionnelle de participer à la création des règles de Droit positif* » (*Ibid.*, p.11). Denys De Béchillon définit quant à lui le « *pouvoir jurisprudentiel* » « *comme la possibilité offerte au juge d'élaborer la majeure du syllogisme judiciaire en créant lui-même la norme de référence* » et le « *pouvoir juridictionnel* » comme « *celui par lequel [le juge] forme la conclusion dudit syllogisme en posant la décision de justice* » (*Ibid.*, p. 119). En résumé, on peut dire que les « pouvoirs juridictionnels » désignent l'ensemble des prérogatives dont dispose le juge pour trancher un litige alors que le « pouvoir jurisprudentiel » désigne plus précisément le pouvoir du juge de créer une règle juridique de référence. Notons toutefois que cette distinction est critiquée par une partie de la doctrine en ce que ces deux activités seraient l'expression d'une même activité normative (en ce sens par exemple, D. DE BECHILLON, *op.cit.*, p. 119 ; F. MODERNE, « La légitimité des principes généraux et théorie du droit », *RFDA*, 1999, p. 732 . Voir également, le débat entre D. LINOTTE, « Déclin du pouvoir jurisprudentiel et ascension du pouvoir juridictionnel en droit administratif », *AJDA*, 1980, p. 632 et S. RIALS, « Sur une distinction contestable et un trop réel déclin », *AJDA*, 1981, p. 115 et ss.). Sur un plan normatif, il ne fait aucun doute que ces activités sont normatives : un jugement revêtu de l'autorité de la chose jugée, expression de l'activité juridictionnelle, peut être considéré comme une norme individuelle (Hans Kelsen) ou générale (une décision d'annulation prononcée par voie de recours pour excès de pouvoir). En revanche, sur un plan matériel, il nous semble que ces deux activités sont distinctes : l'une se rapporte à l'exercice du pouvoir de trancher un litige dans la forme juridictionnelle (pouvoir juridictionnel), l'autre se rapporte à l'étendue du pouvoir du juge de créer une norme de référence (pouvoir jurisprudentiel).

institutionnelle et procédurale des Etats, n'ont pas manqué de veiller à ce que les juges nationaux disposent de la plénitude de leurs prérogatives juridictionnelles afin d'assurer une application effective du Droit européen. Cette exigence d'effectivité a même conduit le juge européen à reconnaître aux juges nationaux de nouveaux pouvoirs dont ils ne disposaient pas en vertu du seul droit interne. Au total, les juridictions nationales voient leurs pouvoirs juridictionnels renforcés tant à l'égard du pouvoir législatif (**1**) que du pouvoir exécutif (**2**).

1) Le renforcement des pouvoirs des juridictions nationales à l'égard du pouvoir législatif

573. La plupart des juges ordinaires nationaux tirent du Droit européen, et en particulier du droit communautaire, de nouveaux pouvoirs parmi lesquels celui de contrôler le pouvoir législatif. On en a déjà beaucoup parlé ici[478]. Rappelons simplement que ce pouvoir est inédit pour la majorité d'entre eux dans la mesure où, mis à part en Grèce et au Portugal, le contrôle juridictionnel du pouvoir législatif était une prérogative exclusive du juge constitutionnel conformément au modèle européen de justice constitutionnelle. Il s'agit même au Royaume-Uni d'une véritable révolution « constitutionnelle ». Certes, les juges ordinaires ne peuvent pas invalider la loi incompatible avec le droit européen et/ou communautaire[479]. Ce pouvoir reste entre les mains des seuls juges constitutionnels. Il n'en reste pas moins vrai que, désormais, les juges ordinaires deviennent des « *juges de la loi* » et non plus seulement des « *juges de l'application de la loi* ». Ils se voient même investis du pouvoir de mettre en cause la responsabilité de l'Etat législateur pour faute. Et l'on sait que certaines juridictions nationales ne s'en sont pas privées. D'une manière générale, c'est « *l'équilibre des pouvoirs entre le juge et le législateur [qui] est en train de se modifier, au profit du juge* » sous l'effet du Droit européen mais aussi du droit interne[480]. Point n'est besoin d'y revenir plus longuement. Attardons-nous en revanche sur l'extension des prérogatives des juridictions nationales vis-à-vis de l'exécutif.

2) Le renforcement des pouvoirs des juridictions nationales à l'égard du pouvoir exécutif

574. Ce renforcement des pouvoirs des juridictions nationales à l'égard de l'exécutif peut être illustré par trois phénomènes : l'élargissement des organes juridictionnels susceptibles de contrôler le pouvoir exécutif (**a**) ; l'accentuation du contrôle juridictionnel exercé par les juges sur l'activité exécutive (**b**) ; l'extension des prérogatives dont disposent les juges pour contrôler l'exécutif (**c**).

---

[478] *Cf. supra,* Section précédente.
[479] K. MICHELET, « La loi inconventionnelle », *RFDA*, 2003, pp. 23-34.
[480] D. MAYER, « Vers un contrôle du législateur par le juge pénal ? », *Recueil Dalloz*, 2001, p.1645.

a) L'expansion du contrôle juridictionnel de l'exécutif : le juge judiciaire français, juge de l'exécutif

575. La première manifestation de ce renforcement des pouvoirs de contrôle et de sanction des juridictions nationales à l'égard de l'exécutif est de nature organique. Elle concerne tout particulièrement le système juridictionnel français où, traditionnellement, le juge judiciaire n'a qu'un pouvoir très limité à l'égard de l'exécutif. Il y a en effet en Europe « *une exception française* » en matière d'organisation juridictionnelle du contrôle de la légalité des actes de l'administration que le Droit européen pourrait à terme remettre en cause[481] : seul le juge administratif peut contrôler la légalité des actes de l'exécutif. Au nom du principe de la séparation des fonctions judiciaires et des fonctions administratives posé par la loi du 16-24 août 1790, les autorités judiciaires ne sauraient, en principe, connaître de la légalité des actes adoptés par l'administration. Cette incompétence du juge civil pour contrôler la légalité de l'administration a été confirmée par la jurisprudence *Septfonds* du Tribunal des conflits : « *il appartient à la juridiction administrative seule [de] contrôler la légalité [d'un acte administratif]* »[482]. Ce principe a toutefois fait progressivement l'objet de certaines exceptions. Tout d'abord, le Tribunal des conflits a admis dans son arrêt *Barinstein* du 30 octobre 1947 que le juge judiciaire civil est compétent pour contrôler la légalité des actes administratifs dans les cas de voie de fait dans la mesure où l'autorité judiciaire est la gardienne de la liberté individuelle et du droit de propriété[483]. Ensuite, l'article 111-5 du Nouveau Code pénal, mettant fin à des « *jurisprudences désaccordées* »[484], autorise les juridictions pénales à « *interpréter les actes administratifs, réglementaires ou individuels et [à] en apprécier la légalité lorsque, de cet examen, dépend la solution du procès pénal qui leur est soumis* ». Pour le reste, la jurisprudence *Septfonds* est en principe toujours d'actualité[485]. Or, une telle jurisprudence semble en contradiction avec la jurisprudence *Simmenthal* de la CJCE qui impose à tout juge national d'assurer le plein effet des normes communautaires en laissant au besoin inappliquée, de sa propre autorité, toute disposition contraire de la législation nationale, même postérieure, sans qu'il ait à demander ou à attendre l'élimination préalable de celle-ci par voie législative ou par tout autre procédé constitutionnel, étant entendu que l'expression « *législation nationale* » doit être comprise dans son sens large comme

---

[481] Nous ne traiterons ici que du droit communautaire. Mais la question se pose dans des termes similaires à l'égard du droit de la Convention européenne des droits de l'homme comme l'a parfaitement montré Stéphane Braconnier, S. BRACONNIER, *Jurisprudence de la Cour européenne des droits de l'homme et droit administratif français*, Bruxelles, Bruylant, 1997, p. 405 et ss.

[482] T.C., 16 juin 1923, *Septfonds, Rec.* p. 498.

[483] T.C., 30 octobre 1947, *Barinstein, Rec.*, p. 511. Cette position a été confirmée par le Tribunal des conflits à plusieurs reprises : T.C., 20 mars 1943, *Société béthunoise d'éclairage et d'énergie, Rec.*, p. 222 ; T.C., 3 décembre 1979, *Fentrouci, Rec.*, p. 579 ; T.C., 2 mai 1988, *Kaçar, Rec.*, p. 486. Voir également, Cass. Civ., 15 janvier 1973, *Société Elido World Corporation*, D. 1975.671, note R. Drago.

[484] Celle du Tribunal des conflits et celle de la Cour de cassation. R. CHAPUS, *Droit administratif général, op.cit.*, T.1, p. 855, n°1138.

[485] T.C., 19 janvier 1998, *Union française de l'Express et autres c/ La Poste et autres*, D. 1998, p. 329.

synonyme de « *réglementation* »[486]. Autrement dit, en principe, le juge judiciaire devrait être compétent pour apprécier de son propre chef la validité d'un acte administratif au regard du droit communautaire[487].

576. La Cour de cassation, conformément à la jurisprudence *Simmenthal*, a fait fi de la jurisprudence *Septfonds*. Dans un arrêt *France Telecom* du 6 mai 1996, la Cour de cassation a accepté d'apprécier elle-même la validité d'un acte administratif au regard du droit communautaire sans saisir le juge administratif d'une question préjudicielle sur ce point[488]. Le Tribunal des conflits a expressément rejeté une telle position en réaffirmant avec la plus grande netteté l'incompétence du juge civil pour connaître l'appréciation de la légalité d'un acte administratif, et ce même dans l'hypothèse où le droit communautaire est en cause[489]. N'y a t-il pas là quelque paradoxe à reconnaître que le juge civil puisse contrôler la loi et ne puisse pas se prononcer sur la validité d'un acte administratif[490] ? Ne faudrait-il pas reconnaître ainsi au juge judiciaire compétent pour connaître au principal d'un litige donné, tous les pouvoirs nécessaires pour résoudre, lui-même, toute question relative au droit communautaire soulevée à l'occasion du litige, y compris celle concernant la conformité au traité des dispositions du droit interne quel qu'il soit[491] ? Certes, il existe un obstacle pour le moment infranchissable : le Conseil constitutionnel range au nombre des principes fondamentaux reconnus par les lois de la République celui selon « *lequel, à l'exception des matières réservées par nature à l'autorité judiciaire, relève en dernier ressort de la compétence de la juridiction administrative l'annulation ou la réformation des décisions prises dans l'exercice des prérogatives de puissance publique par les autorités exerçant le pouvoir exécutif, les collectivités territoriales de la République et les organismes publics*

---

[486] CJCE, 7 mars 1996, *Associazione Italiana per il WWF et autres*, aff. C-118/94, *Rec.* I-1223.

[487] En ce sens, A. BARAV, « La plénitude de compétence du juge national en sa qualité de juge communautaire », *Mélanges Jean Boulouis, op.cit.*, sp. 450 ; O. DUBOS, *Les juridictions nationales, juge communautaire. Contribution à l'étude des transformations de la fonction juridictionnelle dans les Etats membres de l'Union européenne*, Paris, Dalloz, 2001, sp. 749 et ss ; J-F. FLAUSS, « Rapport français », in J. SCHWARZE (dir.), *Le droit administratif sous l'influence de l'Europe. Une étude sur la convergence des ordres juridiques nationaux dans l'Union européenne*, Bruxelles, Bruylant, 1996, sp. 80. *Contra*, B. SEILER, « Le droit communautaire et le principe de séparation des autorités », *RFDA*, 1996, p. 1161.

[488] Cass, 6 mai 1996, *France Télécom c. Communication Média Service*, Bull. Cass., IV, n°125, p. 109.

[489] T.C., 19 janvier 1998, *Union française de l'Express et autres c/ La Poste et autres*, D. 1998, p. 329.

[490] Certains ne le pensent pas. Dans ses conclusions conformes, le Commissaire du Gouvernement, J. Arrighi de Casanova, a ainsi rappelé que « *s'agissant du cas très particulier de la loi promulguée, qu'aucun juge ne peut normalement remettre en cause, l'article 55 de la Constitution est interprété comme habilitant exceptionnellement les juridictions judiciaires et les juridictions administratives, chacun dans sa sphère de compétence, à en écarter l'application en cas d'incompatibilité avec un engagement international. Mais rien de tel, et notamment aucun vide juridique analogue, n'existe pour les actes administratifs : le principe de la séparation qui prévaut depuis les textes de 1790 et de l'an II conduit à désigner un ordre de juridiction pour constater la contrariété à toute norme supérieure et à lui réserver cette compétence* », conclusions, préc., D. 1998, jur., pp. 331-332.

[491] A. BARAV, « La plénitude de compétence du juge national en sa qualité de juge communautaire », *Mélanges Boulouis, op.cit.*, p. 4.

placés sous leur autorité ou leur contrôle »[492]. Et lorsque l'on sait que le juge judiciaire se range aux côtés du Conseil d'Etat pour rejeter toute primauté du droit communautaire sur les normes constitutionnelles, nul doute que cette incompétence de principe du juge judiciaire pour contrôler la légalité des actes de l'administration a encore la vie longue... sauf à réviser la constitution. La Belgique et le Luxembourg, dont les systèmes juridiques ont été largement influencés par le système juridique français, prévoient ainsi dans la constitution la possibilité pour les juges judiciaires de soulever l'exception d'illégalité d'un acte administratif[493]. On ne voit pas comment la France pourrait se priver à terme d'une telle réforme, tant il est vrai que l'on assiste progressivement, notamment sous l'influence de la jurisprudence de la Cour européenne des droits de l'homme, à une certaine « *dislocation progressive de remparts séparant le droit administratif du droit privé* »[494]. Comme le souligne Charles Debbasch, il y a une «*intégration du droit administratif dans un ordre juridique unitaire* »[495]. Certains vont même jusqu'à évoquer la fusion des deux ordres juridictionnels français en vue d'assurer une protection optimale des droits de l'individu[496]. La structure juridictionnelle du modèle français de l'Etat de droit s'en trouverait assurément bouleversée.

b) L'accentuation du contrôle juridictionnel de l'exécutif

577. Une deuxième manifestation de ce renforcement des prérogatives des juridictions ordinaires à l'égard de l'exécutif tient dans le renforcement de l'étendue et de l'intensité du contrôle juridictionnel opéré sur certains actes de l'administration.

578. Premièrement, le Droit européen conduit à faire entrer dans l'orbe du contrôle juridictionnel des actes de l'administration qui lui échappaient. On pense ici en particulier aux mesures d'ordre intérieur et aux actes de gouvernement.

S'agissant des mesures d'ordre intérieur, ce n'est que récemment que le juge administratif français a succombé, *discrètement* mais *effectivement*, aux exigences de la ConvEDH. Jusqu'à une date récente, le Conseil d'Etat considérait, par exemple, que les sanctions disciplinaires infligées à un détenu ou à un militaire ne revêtaient pas le caractère de décision faisant grief et par conséquent n'étaient pas susceptibles de recours[497]. Ces sanctions étaient considérées comme des « mesures

---

[492] Décision n°86-224 DC du 23 janvier 1987, *Conseil de la concurrence*, GD, n°41 et Décision 89-2621 DC du 28 juillet 1989, *Loi Joxe*, RJC I, p. 355.
[493] Art 95 de la Constitution luxembourgeoise et article 159 de la Constitution belge.
[494] S. BRACONNIER, *op.cit.*, p. 411.
[495] C. DEBBASCH, « Le droit administratif, droit dérogatoire au droit commun ? », *Mélanges R. Chapus*, Paris, Montchrestien, 1992, p. 128.
[496] R-E. CHARLIER, « La technique de notre droit public est-elle appropriée à sa fonction ? », *EDCE*, 1951, p. 32 ; J. RIVERO, « Dualité de juridictions et protection des libertés », *RFDA*, 1990, p. 736 ; S. BRACONNIER, *op.cit.*, p. 411.
[497] CE, ass, 27 janvier 1984, Caillol.

d'ordre intérieur » constitutives d'une certaine « vie intérieure » de l'administration et tendant à assurer un certain ordre interne dans les services. Elles étaient considérées comme trop peu importantes pour justifier un recours selon l'adage « *de minimis non curat praetor* »[498]. Cette position du Conseil d'Etat était depuis longtemps critiquée par la doctrine[499]. Le développement de la jurisprudence de la CourEDH n'a fait qu'accentuer ces critiques[500]. En effet, au terme de la jurisprudence de la CourEDH relative à l'article 13 de la ConvEDH, il ne faisait aucun doute que les « mesures d'ordre intérieur » qui portaient atteinte à l'un des droits protégés par la ConvEDH devaient pouvoir faire l'objet d'un « *recours effectif* » à tout le moins devant une autorité administrative disposant de pouvoirs réels et revêtant un degré suffisant d'indépendance par rapport à l'autorité ayant pris la décision[501]. Eu égard au droit administratif français, cela signifiait que seul un recours juridictionnel (recours pour excès de pouvoir) pouvait satisfaire aux exigences de la jurisprudence de la CourEDH[502]. Progressivement, le Conseil d'Etat a intégré les exigences européennes en tendant vers une plus grande « *justiciabilité* » de ces mesures[503]. Les arrêts *Marie* et *Hardouin* du 17 février 1995 entérinent cette évolution jurisprudentielle : le Conseil a considéré que les sanctions disciplinaires adoptées dans le cadre pénitentiaire ou militaire étaient désormais susceptibles de recours pour excès de pouvoir[504]. Quelques mois plus tard, dans l'affaire *Maufroy* du 12 juillet 1995, le Conseil d'Etat déclare même recevable le recours exercé par un militaire contre un blâme[505]. Faut-il voir dans cette évolution jurisprudentielle l'influence du droit européen ? La doctrine est partagée. Pour certains, les exigences européennes n'ont fait que saisir des évolutions en cours en droit administratif français[506]. D'ailleurs, le Conseil d'Etat lui-même ne mobilise aucunement la ConvEDH en la matière. Le professeur René Chapus ne fait même aucune référence

---

[498] R. CHAPUS, *Droit administratif général, op.cit.*, p. 511.

[499] A. COCATRE-ZILGIEN, « La nature juridique des mesures d'ordre intérieur en droit administratif français », *RISA*, 1958, p. 487 ; M. DRAN, *Le contrôle juridictionnel et la garantie des libertés publiques*, Paris, LGDJ, 1964, p. 586 ; L. FAVOREU, *Du déni de justice en droit public français*, Paris, LGDJ, 1964, p. 333 ; F. MODERNE, « Observations sur une jurisprudence immobile : les mesures d'ordre intérieur et l'institution carcérale », *LPA*, 1984, n°27, p. 5.

[500] Par exemple, J-F. FLAUSS, « Le juge administratif français et la CEDH », *AJDA*, 1983, p. 398 ; « Le droit à un recours effectif : l'article 13 de la Convention européenne des droits de l'homme », *RUDH*, 1991, sp. 331 ; R. ABRAHAM, « Les incidences de la CEDH sur le contentieux administratif français », *RFDA*, 1990, p. 1058.

[501] CourEDH, 25 mai 1983, *Silver et autres*, Série A, n°61 (à propos de la restriction de la correspondance des détenus par des autorités pénitentiaires)

[502] S. BRACONNIER, *op.cit.*, p. 180.

[503] CE, 12 mars 1980, *Centre hospitalier spécialisé de Sarreguemines*, *Rec.*, 141 (restriction de la correspondance d'un détenu avec son avocat par un directeur d'hôpital) ; CE, 21 octobre 1988, *Syndicat des avocats de France*, *Rec.*, 373 (installation de portiques de détection à l'entrée des prisons) ; CE, 2 novembre 1992, *Kherouaa*, *Rec.*, 389 (Décision du chef d'un établissement scolaire restreignant l'habillement des élèves (Affaire du « foulard islamique »)).

[504] CE, ass., 17 février 1995, *Hardouin et Marie*, *Rec.*, 82 et 83, concl Frydman, *RDP*, 1995, p. 1338, note Gohin.

[505] CE, 12 juillet 1995, *Maufroy*, *Rec.*, p. 304, *RFDA*, 1995, p. 1061.

[506] En ce sens par exemple, L. SERMET, *op.cit.*, p. 102 ; L. THOUVET et J-H STAHL, chronique sous les arrêts Marie et Hardouin, *AJDA*, 1995, p. 379.

à la jurisprudence de la CourEDH dans sa description de l'évolution jurisprudentielle du Conseil d'Etat en matière de « *mesures d'ordre intérieur* »[507]. Pour les autres, au contraire, la jurisprudence du Conseil d'Etat est le résultat de l'influence européenne[508]. Les conclusions du commissaire du gouvernement Patrick Frydman dans les affaires *Marie* et *Hardouin* en sont une illustration[509]. En tout état de cause, l'on peut affirmer sans risque de se heurter à la contradiction qu'en la matière il y a désormais une nette convergence entre la jurisprudence administrative et la jurisprudence européenne, et peu importe que l'une procède de l'autre ou non. L'on ne peut que se féliciter de ce que les impératifs de la « *société démocratique* » et de l'Etat de droit soient partagés par les deux juridictions.

S'agissant des actes de gouvernement, le Droit européen peut également accélérer le dépérissement des actes de gouvernement. A l'heure de la (re)valorisation de l'Etat de droit, la persistance de normes juridiques échappant à tout contrôle juridictionnel peut choquer[510]. L'Etat de droit implique par essence qu'aucune autorité publique n'échappe au contrôle de la légalité de ses actes avec les normes supérieures que s'est données le peuple. Or, il existe certaines catégories de normes qui échappaient et continuent encore dans certains Etats à échapper à toute sanction juridictionnelle : ce sont notamment les « *actes politiques* »[511] parmi lesquels on trouve ce que la doctrine française appelle les « *actes de gouvernement* »[512]. Intolérable pour certains, indispensable pour d'autres, l'acte de gouvernement est l'objet de toutes les controverses en France. Ces controverses s'étendent à l'existence même de ces actes au sein de l'ordre juridique : pour certains, l'acte de gouvernement serait en recul[513], réduit à « une peau de chagrin »[514], voire même en cours « d'éradication »[515] ; pour d'autres, au contraire, l'acte de gouvernement aurait encore la vie longue[516]. Une chose est sûre en tout

---

[507] R. CHAPUS, *op.cit.*, p. 511 et ss.

[508] S. BRACONNIER, *op.cit.*, p. 180 et ss ; J-M. MAILLOT, *op.cit.*, p. 225.

[509] Conclusions précitées.

[510] J. AUVRET-FINCK, « Les actes de gouvernement, irréductible peau de chagrin ? », *RDP*, 1995, pp. 131-174, sp. 134. L'auteur considère ainsi que « *l'immunité de juridiction, la justice déniée aux plaideurs, apparaissent évidemment choquantes au regard des principes de l'Etat de droit* ». Dans le même sens, G. LEBRETON, *Droit administratif général*, Paris, Armand Colin, 2e éd., 2000, pp. 81-82.

[511] R. CHAPUS, *op.cit.*, p. 947.

[512] Sur la notion d' « acte de gouvernement », P. SERRAND, *L'acte de gouvernement (Contribution à la théorie des fonctions juridiques de l'Etat)*, Thèse, Paris II, 1996 ; R. CAPITANT, « De la nature des actes de gouvernement », *Mélanges Juliot de la Morandière*, Paris, Dalloz, 1964, p. 99 ; R. CHAPUS, « L'acte de gouvernement, monstre ou victime ? », *D.* 1958, chr. 5 ; P. DUEZ, *Les actes de gouvernement*, Paris, Sirey, 1934 ; M. VIRALLY, « L'introuvable acte de gouvernement », *RDP*, 1952, p. 317 ; L. FAVOREU, *Du déni de justice en droit public français*, LGDJ, Paris, 1964 ; J. AUVRET-FINCK, « Les actes de gouvernement, irréductible peau de chagrin ? », *RDP*, 1995, p. 131 et ss.

[513] P. DUEZ, *op.cit.*, p. 167 ; J. MOREAU, « Internationalisation du droit administratif et déclin de l'acte de gouvernement », *Mélanges Loussouarn*, Paris, Dalloz, 1994, p. 299.

[514] J. AUVRET-FINCK, *op.cit.*, p. 131.

[515] M. MIGNON, « L'amenuisement de l'emprise de la théorie des actes de gouvernement », *RA*, 1951, p. 30 ; L. FAVOREU, « L'acte de gouvernement : acte provisoirement et accidentellement injusticiable », *RFDA*, 1987, p. 544.

[516] R. CHAPUS, *op.cit.*, p. 949.

cas : certains Etats, à l'instar de l'Espagne, ont pris l'initiative radicale de mettre fin à l'immunité juridictionnelle de ces actes politiques. Par la loi du 13 juillet 1998 sur la juridiction administrative, le législateur espagnol a décidé de supprimer l'immunité juridictionnelle des *actos politicos* (équivalents espagnols des actes de gouvernement en droit français) ; désormais le juge administratif peut opérer le contrôle de certains de leurs éléments (notamment protection des droits fondamentaux et réparation des conséquences dommageables)[517]. Il est tout à fait remarquable de noter que le gouvernement espagnol avançait comme arguments pour justifier sa volonté de supprimer l'immunité juridictionnelle des actes de gouvernement le recul de cette notion dans le droit public contemporain[518]. Il semblerait en effet que partout en Europe (sauf en France ?) « *l'acte de gouvernement* » voit son champ se réduire progressivement[519]. Le Droit européen peut assurément contribuer à en accélérer le mouvement[520].

Si la Cour européenne des droits de l'homme n'a pas encore eu l'occasion de se prononcer nettement sur cette question, en revanche une partie de la doctrine semble considérer que certains actes de gouvernement sont susceptibles de violer les articles 6 et 13 de la ConvEDH[521]. A l'inverse, il apparaît que la jurisprudence de la CJCE contient des éléments d'une condamnation de la théorie de l'acte de gouvernement[522]. Régulièrement, le juge communautaire est saisi de la validité d'actes des institutions qui sont qualifiés d'actes de gouvernement dans de nombreux droits nationaux dont le droit français. A cet égard, il n'hésite pas se déclarer compétent pour en apprécier la validité et en réparer les conséquences préjudiciables, preuve s'il en était besoin que l'immunité juridictionnelle des actes de gouvernement n'est pas une fatalité[523]. Mais plus intéressant, au nom de la jurisprudence *Simmenthal*, complétée par le principe du droit à un recours juridictionnel effectif consacré par la jurisprudence *Heylens*, la Cour de justice impose à tout Etat membre d'assurer à tous les particuliers un droit de recours effectif contre toute décision nationale quelle qu'elle soit qui porterait atteinte aux droits qu'ils tirent du droit communautaire. Cette obligation s'impose même à

---

[517] F. MELLERAY, « L'immunité juridictionnelle des actes de gouvernement en question. Le droit français confronté aux développements récents du droit espagnol », *RFDA*, 2001, p. 1087.

[518] BOE, 14 juillet 1998, n°167, p. 4775.

[519] J. SCHWARZE, *op.cit.*, p. 273 et ss.

[520] Notons cependant que le droit européen ne semble pas avoir été mobilisé dans le débat espagnol sur la justiciabilité des *actos politicos*. En ce sens, F. MELLERAY, *op.cit.*, p. 1096.

[521] L-E PETTITI *et alii*, *La Convention européenne des droits de l'homme*, 2ème éd., Paris, Economica, 1999, p. 460 ; J-F. FLAUSS, «Le juge administratif français et la CEDH », *AJDA*, 1983, p. 398 ; « Des répercussions de l'article 13 CEDH sur le droit du contentieux administratif », *LPA*, 4 août 1989, p. 26. Voir cependant, R. ABRAHAM « Les incidences de la CEDH sur le contentieux administratif français », *op.cit.*, p. 1057. Pour ce dernier, les actes de gouvernement échappent, par leur nature (conduite des relations internationales et rapports entre les pouvoirs publics), au champ d'application de la Convention. Dans le même sens, S. BRACONNIER, *op.cit.*, p. 224.

[522] X. DUPRE DE BOULOIS, « La Théorie des actes de gouvernement à l'épreuve du droit communautaire », *RDP*, 2000, pp. 1791-1823.

[523] Sur l'ensemble de la question, voir l'étude de la jurisprudence communautaire, X. DUPRE DE BOULOIS, *op.cit.*, pp. 1795-1810.

l'égard des actes qui seraient qualifiés « actes de gouvernement ». Autrement dit, tout acte de gouvernement serait incompatible avec le droit communautaire lorsqu'il intervient dans le champ d'application du droit communautaire et qu'il porte atteinte à des droits des particuliers protégés par le droit communautaire. D'ailleurs, les exigences du droit communautaire ont déjà conduit au moins une fois le juge français à se déclarer compétent pour connaître d'une décision pouvant être analysée comme un acte de gouvernement[524]. Le Conseil d'Etat a décidé dans l'arrêt *Association ornithologique et mammalogique de Saône-et-loire*[525] que la décision par laquelle le Premier ministre a refusé de mettre en œuvre la procédure de délégalisation de l'article 37 al. 2 de la Constitution est un acte administratif susceptible de faire l'objet d'un contrôle juridictionnel. La délégalisation de la loi était sollicitée dans le but de contraindre le pouvoir réglementaire à mettre le droit français en conformité avec les objectifs d'une directive communautaire.

579. Deuxièmement, le Droit européen contribue au renforcement de l'intensité du contrôle exercé par le juge sur certains actes de l'administration. Cela est tout particulièrement vrai pour les Etats, qui à l'instar du Royaume-Uni, ont intégré ou sont en train d'intégrer certains principes administratifs comme le principe confiance légitime ou de proportionnalité. On devrait assister à terme au renforcement du contrôle des décisions discrétionnaires qui restaient en dehors du champ de contrôle pour motif d'« irrationalité » (*Wednesbury test*)[526]. D'une manière générale, le Droit européen peut venir, à cet égard, renforcer l'étendue du contrôle du pouvoir discrétionnaire de l'administration. La jurisprudence de la CourEDH a assurément joué en la matière un rôle déterminant – à tout le moins en France – en ce qu'elle a entraîné une modification substantielle du degré de contrôle qu'opèrent les juges nationaux sur le droit interne et ce malgré les affirmations du commissaire du gouvernement B. Stirn qui constatait que « *la ratification et la publication de la Convention européenne des droits de l'homme ne sauraient avoir d'influence sur le choix du degré de contrôle auquel [le Conseil d'Etat doit s'arrêter]* »[527]. La question de l'étendue du contrôle juridictionnel est cruciale dans le domaine des

[524] En ce sens, J-P. CAMBY, note sous l'arrêt CE, 3 décembre 1999, *Association ornithologique et mammalogique de Saône-et-loire,, LPA*, 7 mars 2000, p. 16.

[525] CE, 3 décembre 1999, *Association ornithologique et mammalogique de Saône-et-loire*, *RFDA*, 2000, p. 59, concl. F. Lamy, *AJDA*, 2000.

[526] A. BRADLEY, « Le Human Rights Act de 1998 et le contrôle judiciaire de l'action administrative au Royaume-Uni », *Mélanges Michel Fromont, op.cit.*, sp. 92.

[527] Concl. sous CE, 17 avril 1985, *Ministre de l'Intérieur et de la Décentralisation c/ Editions des archers, RDP*, 1985, p1363. Certains auteurs soutenaient la même chose à propos du droit communautaire au lendemain de la jurisprudence Johnston : « *ce principe [droit à un recours juridictionnel effectif] signifie que doit exister un recours juridictionnel, mais il ne nous paraît pas préjuger de ce que doit être le degré de contrôle du juge et l'étendue de ces pouvoirs. Il nous paraît, en particulier que le point de savoir si le juge doit exercer, pour utiliser les classifications françaises, un contrôle minimum, normal ou maximum (s'agissant du juge administratif), est une question relevant du droit interne et il en va de même de la question de savoir si le juge doit disposer ou non de simples pouvoirs d'annulation ou de pouvoirs de pleine juridiction* » ; D. MAIDANI, B. POMMIES et J-C. BONICHOT, « Chronique générale de jurisprudence communautaire », *RMC*, 1988, p. 35.

libertés publiques[528]. Or on sait que le Conseil d'Etat opère une distinction selon les domaines dans lesquels il exerce son contrôle. Ainsi, dans certains domaines, comme en matière de police des étrangers, le juge administratif avait traditionnellement une position très restrictive en n'exerçant qu'un contrôle restreint[529]. Par exemple, dans l'affaire *Touami* du 25 juillet 1980, le Conseil d'Etat avait estimé que l'article 8 de la Convention n'était pas applicable à l'encontre d'un arrêté d'expulsion. Le Conseil d'Etat refusait ainsi d'apprécier la proportionnalité d'une décision d'expulsion à l'égard de la protection de la vie privée. Sous la pression de la CourEDH[530], relayée par le commissaire du gouvernement R. Abraham, le Conseil d'Etat est finalement revenu sur sa position traditionnelle dans les arrêts *Belgacem* et *Babas* de 1991, en acceptant de mettre en balance la gravité des menaces que les étrangers font peser sur l'ordre public et celle des atteintes à leur vie privée et familiale pour apprécier la légalité de la mesure d'expulsion[531]. Encore faut-il relativiser l'intensité de ce bouleversement dans la mesure où « *le plateau de l'ordre public l'emporte [encore] très largement au Palais Royal* »[532]. Néanmoins cette évolution reste importante d'autant qu'elle a contaminé d'autres domaines traditionnellement soumis à ce contrôle restreint[533].

c) Le renforcement des pouvoirs juridictionnels

580. C'est sans doute dans le domaine des mesures provisoires que le droit communautaire a eu l'influence la plus décisive sur les pouvoirs des juridictions nationales. Rappelons ici qu'en vertu des directives dites « recours » et des jurisprudences *Factortame*, *Zuckerfabrik* et *Atlanta*, les juges nationaux, agissant en tant que juges communautaires de droit commun, sont habilités à prononcer le sursis à exécution des actes des autorités nationales contraires au droit communautaire et à prendre des mesures provisoires « positives » en vue de la protection des intérêts des justiciables[534]. Nous voudrions insister ici tout particulièrement sur les pouvoirs de contrainte à l'égard de l'exécutif que reconnaît le droit communautaire au juge national. Dans un certain nombre d'Etats, ce pouvoir de contrainte (l'injonction) se

---

528 J-F. FLAUSS, « Vers une extension du contrôle normal dans le contentieux de la police administrative », *LPA*, 19 mai 1989, n°60, p. 19.

529 Par exemple, CE, ass., 3 février 1975, *Ministre de l'intérieur c. Pardov*, *Leb.* p83 ; CE, ass, 29 juin 1990, *Préfet du Doubs et M. Immambacus, RFDA,* 1990, p. 530, concl Faugere.

530 CourEDH, 21 juin 1988, *Berrehab*, Série A, n°138.

531 Pour un exemple d'annulation d'un arrêté d'expulsion, CE, sec, 25 juillet 1991, *Préfet de la Moselle c/ Mlle Hadad, AJDA,* 1991, p. 551, note F. Julien-Laferrière.

532 V. BERGER, C. GIAKOUMOPOULOS, H.LABAYLE et F. SUDRE, « Droit administratif et CEDH - 1992 », *AJDA*, p. 983.

533 Dans le contentieux relatif à l'entrée et au droit de séjour en France (CE, 10 avril 1992, *Aykan, Marzini et Minin, RFDA* 1993, p. 541, concl Martine Denis-Linton) ; dans le contentieux relatif aux mesures d'interdiction des publications à la jeunesse (CE, 28 juillet 1995, *Association les Dioscures* : v. E. DREYER, «Extension du contrôle du Conseil d'Etat sur les mesures d'interdiction des publications destinées à la jeunesse», *LPA*, 11 octobre 1996, p. 22). Sur l'ensemble de la question, P. CASSIA et E. SAULNIER, « Le Conseil d'Etat et la CEDH », *AJDA*, 1997, p. 411 ; P. WACHSMANN, « Les limitations à l'exercice des droits et l'étendue du contrôle juridictionnel », *RUDH*, 1991, p. 289.

534 *Cf. supra*, n°415.

heurte aux limites de l'office du juge et à une certaine conception de la séparation des pouvoirs. Il convient en effet de rappeler que l'injonction est un ordre adressé par un juge à l'administration en vue de suivre un comportement donné. Or en France, par exemple, un tel pouvoir était considéré jusqu'à une date récente comme incompatible avec le principe de la séparation de la juridiction administrative et de l'administration active[535] : le juge administratif ne pouvait faire office d'administrateur. Le droit communautaire est venu perturber en la matière certaines traditions nationales et a conduit à certaines réformes de grande ampleur dans plusieurs Etats membres.

581. Le **Royaume-Uni** a été sans doute l'Etat le plus directement influencé par la jurisprudence communautaire. Si la possibilité d'adresser des injonctions à l'encontre des autorités publiques était reconnue en droit anglais[536], en revanche, classiquement, la Couronne (correspond *mutatis mutandis* à la notion d'administration centrale) ne pouvait se voir adresser d'injonctions en vertu du *Crown proceedings act* de 1947. On se souvient que dans l'affaire *Factortame*, la CJCE avait indirectement condamné cette règle en considérant que « *la pleine efficacité du droit communautaire se trouverait [...] diminuée si une règle de droit national pouvait empêcher le juge saisi d'un litige régi par le droit communautaire de garantir la pleine efficacité de la décision juridictionnelle à venir sur l'existence des droits invoqués sur la base du droit communautaire. Il en résulte que le juge qui, dans ces circonstances, accorderait des mesures provisoires s'il ne se heurtait pas à une règle de droit national, est obligé d'écarter l'application de cette règle* »[537]. Il résultait donc de cette décision que le juge national tenait du droit communautaire le pouvoir de prendre toutes mesures provisoires utiles à la sauvegarde des droits tirés du droit communautaire, y compris l'injonction, même si une règle nationale, fusse-t-elle législative, s'y opposait. La règle législative selon laquelle le juge anglais ne pouvait adresser des injonctions à la Couronne devait donc être écartée, à tout le moins dans les litiges ayant une dimension communautaire[538]. Cette solution fut même étendue aux situations purement internes, sans lien de connexité avec le droit communautaire, afin de remédier à ce

---

[535] J. CHEVALLIER, *L'élaboration historique du principe de la séparation de la juridiction administrative et de l'administration*, Paris, LGDJ, 1970, p. 275 et ss. Il convient toutefois de relever que la doctrine n'est pas unanime sur le fondement juridique déterminant un tel rejet de l'injonction. Y. GAUDEMET, « Réflexions sur l'injonction dans le contentieux administratif », *Mélanges Burdeau*, *op.cit.*, 1977, p. 805 ; F. MODERNE, « Etrangère au pouvoir du juge, l'injonction, pourquoi le serait-elle ? », *RFDA*, 1990, p. 798.

[536] On pense ici en particulier à l'ordre de *mandamus* « *qui peut être donné par une autorité judiciaire à un individu ou à un organisme de s'acquitter d'une obligation d'intérêt général (public duty) qui est imposée à cette personne ou à cet organisme par la Common law ou par la loi* » (R. DAVID, « Ordres de mandamus et jugements déclaratoires dans le droit anglais », *in Mélanges Marcel Waline*, *op.cit.*, sp. 20) et à la procédure d'*injunction* consistant en un ordre de faire ou de ne pas faire, adressé à un juge à l'encontre d'une autorité publique si aucune autre voie de droit ne permet d'atteindre le but souhaité (O. DUBOS, *op.cit.*, p. 778).

[537] CJCE, 19 juin 1990, *Factortame*, C-213/89, *Rec.*, I-2433.

[538] HL, 1991, *Factortame Ltd v. Secretary of State for transport (No2)*, [1991] 1 All ER, 106.

que la *House of Lords* a qualifié elle-même d'« *unhappy situation* » en ce que les justiciables se trouvaient dans une situation inégalitaire selon qu'ils se situaient ou non dans l'orbe du droit communautaire[539]. Dans l'affaire *M. v. Home Office*, la *House of Lords* considéra ainsi que le *Crown Proceedings Act* de 1947 n'empêchait pas le juge, dans le cadre du *judicial review,* de prononcer des injonctions définitives ou provisoires à l'encontre d'un ministre[540]. Cette décision a été saluée par la doctrine comme « *une contribution essentielle à la préservation du rule of law au Royaume-Uni* »[541] et comme « *l'affaire administrative la plus importante qu'aient eu à connaître les tribunaux depuis 200 ans* »[542].

582. Le droit communautaire fut tout aussi déterminant dans la promotion de l'injonction en **droit administratif français**. Traditionnellement, le juge administratif français s'interdisait d'adresser des injonctions à l'administration[543] (obligation de faire ou de ne pas faire), réserve faite des injonctions d'instruction[544]. Dès 1990, la doctrine française prédisait une évolution du droit français sous l'influence du droit communautaire (*Factortame*). Jean-Claude Bonichot, membre du Conseil d'Etat, écrivait que « *lorsqu'est en cause l'application du droit communautaire et que la seule mesure adéquate consiste dans une injonction à adresser à l'Administration, les juridictions françaises devraient se reconnaître le pouvoir de la lui adresser* »[545]. Quant à Christian Debouy, il considérait que « *la position restrictive du juge administratif français nous semble condamnée à terme, au moins partiellement, compte tenu de l'évolution du droit communautaire, jurisprudentiel mais aussi textuel* »[546]. L'évolution fut en la matière progressive.

Dans un premier temps, pour satisfaire aux exigences de la directive du 21 décembre 1989 relative aux procédures de recours en matière de passation des marchés publics (directive dite « recours »), le législateur a introduit dans le code

---

[539] W. VAN GERVEN, « Bridging the Gap Between Community and national Laws: Towards a Principle of Homogeneity in the Field of Legal Remedies? », *CMLR* 1995, p. 700.

[540] HL, 1993, *M. v. Home Office*, [1993], 3 WLR, 433.

[541] J. JOWELL et P. BIRKINSHAW, « Englis Report », in J. SCHWARZE (éd.), *Le droit administratif sous l'influence de l'Europe, op.cit.*, sp. 304.

[542] W. WADE, cité par R. GODON, « Jurisprudence, Grand-Bertagne / Great Breatain », *REDP*, 1994, p. 235.

[543] Selon une formule rituelle, le Conseil d'Etat considérait qu'il « *n'appartient pas au juge administratif d'adresser des injonctions à l'administration* » . CE, 9 décembre 1991, *Mme Cosquer, RFDA*, 1992, p. 151. Signalons toutefois que le juge judiciaire pouvait en revanche, depuis longtemps, prendre des mesures de contrainte à l'égard de l'exécutif dans le cadre de la théorie de la voie de fait (TC, 4 juin 1940, *Schneider, Rec.* 248 ; TC, 17 juin 1948, *Manufactures de velours et peluches et Société Velvétia, Rec.* p. 513).

[544] CE, ass., 28 mai 1954, *Barel et autres, Rec.*, p. 309, concl. Letourneur, *Recueil Dalloz*, 1954, p. 594, note G. Morange, *RDP*, 1954, p. 509, note M. Waline. Voir R. CHAPUS, *Droit administratif général, op.cit.*, p. 812. Il convient de relever que ces injonctions d'instruction répondent bien pourtant à la définition générale de l'injonction ! En ce sens, Y. GAUDEMET, *op.cit.*, sp. 814.

[545] J-C. BONICHOT, « Le juge national et la protection du droit communautaire », *RFDA*, 1990, sp. 918

[546] C. DEBOUY, « Intégration communautaire et pratique procédurale du juge administratif français », *JCP*, 1992, sp. 441.

des tribunaux administratifs un nouvel article L22, issu de la loi du 4 janvier 1992, offrant la possibilité au juge administratif, en matière de marché public, d'ordonner à l'auteur du manquement de se conformer à ses obligations et de suspendre la passation du contrat ou l'exécution de toute décision qui s'y rapporte. Autrement dit, le juge administratif français se voyait reconnaître un pouvoir d'injonction inédit à ce jour en droit administratif français, dès lors qu'il s'agissait pour lui de faire respecter les règles communautaires en matière de marché public. Ce pouvoir d'injonction fut même étendu, par la loi du 29 janvier 1993 relative à la prévention de la corruption, à la violation de toutes les règles de publicité et de mise en concurrence applicables à la passation des contrats et aux conventions de délégation de service public, y compris lorsque les règles communautaires n'étaient pas en jeu. On voit là comment le droit communautaire a eu un « *effet d'entraînement* »[547] (*spill over effect*) sur la promotion du pouvoir d'injonction dans le contentieux administratif français des marchés publics.

Dans un deuxième temps, une loi du 8 février 1995 étend encore un peu plus le pouvoir d'injonction du juge administratif en lui reconnaissant le pouvoir de prescrire à l'administration des mesures d'exécution de ses décisions. La doctrine considère, à cet égard, que le « premier pas » franchi par l'article L22 du Code des tribunaux administratifs et des cours administratives d'appel, conduit par le droit communautaire, a « *sans nul doute* » facilité « *le suivant, réalisé par la loi du 8 février 1995* »[548]. Cette loi investit le juge administratif du pouvoir d'adresser à l'administration des injonctions en vue de l'exécution de la chose jugée dans les hypothèses où 1) la chose jugée « *implique nécessairement* » qu'une mesure d'exécution déterminée soit prise et 2) la chose jugée « *implique nécessairement* » qu'une décision soit prise au terme d'une nouvelle instruction de l'affaire[549].

Enfin, dans un troisième temps, la loi du 30 juin 2000 a instauré une nouvelle procédure d'urgence dite « referé-sauvegarde », « référé-liberté» ou « référé injonction » permettant aux intéressés d'obtenir du juge « *toutes mesures nécessaires à la sauvegarde d'une liberté fondamentale* » à la double condition que l'atteinte portée par l'administration à la liberté en cause soit « *grave et manifestement illégale* » et qu'elle le soit « *dans l'exercice d'un de ses pouvoirs* ».

Progressivement, le principe de la prohibition du pouvoir d'injonction a été érodé en droit administratif français. Si le droit communautaire n'est pas l'unique cause de cette évolution, il en a été toutefois le premier stimulateur. Malgré cette évolution, il n'est pas certain que le droit administratif français soit encore pleinement en adéquation avec les exigences communautaires. On ne peut que regretter que le « *référé-sauvegarde* » ne concerne que « *la sauvegarde d'une liberté*

---

[547] Selon l'expression de J-F. FLAUSS, « Rapport français », *in* J. SCHWARZE (ed.), *op.cit.*, p. 84.

[548] G. MARCOU, « Le droit administratif français entre l'ordre juridique national et l'ordre juridique communautaire », in G. MARCOU (dir.), *op.cit.*, sp. 84.

[549] R. CHAPUS, *op.cit.*, p. 815 et ss.

fondamentale » et non l'ensemble des droits et libertés des justiciables dans la mesure où le droit communautaire ne limite pas les pouvoirs des juridictions nationales aux seules hypothèses où est commise une atteinte grave et manifestement illégale à une liberté fondamentale.

583. Enfin, il faut évoquer ici pour finir le cas de l'**Espagne** où le droit communautaire a exercé une influence déterminante sur le système des mesures provisoires (*mediades cautelares*)[550]. Plus encore qu'en France, le système contentieux administratif espagnol a longtemps réservé à l'administration un statut exorbitant de droit commun[551]. Malgré une évolution entamée depuis le début des années 1950[552], et accélérée après l'établissement de l'Etat de droit social et démocratique, l'administration continuait de bénéficier d'un statut très privilégié. Le système des mesures provisoires en constituait l'illustration. En vertu de l'article 122-2 de la loi sur la juridiction du contentieux administratif du 27 décembre 1956, la suspension de l'exécution d'un acte administratif n'était possible que si son exécution était de nature à « *occasionner des dommages et préjudices dont la réparation se révélerait impossible ou difficile* ». La jurisprudence administrative opéra un durcissement de ce régime afin d'endiguer le flot de demandes de sursis à exécution en faisant la part belle à la préservation de « *l'intérêt général* » dans l'appréciation de l'opportunité de l'octroi de mesures provisoires. Le sursis à exécution d'un acte administratif était donc soumis à deux conditions : 1) le caractère irrémédiable ou difficilement réparable du dommage susceptible de résulter de l'exécution de l'acte en cause, et 2) l'absence de tout préjudice porté à l'intérêt général. Ce dernier critère eut pour conséquence de limiter considérablement la possibilité d'obtenir un sursis à exécution d'un acte administratif dans la mesure où, pour le juge, la nécessité de sauvegarder l'intérêt général se révélait la plupart du temps impérieuse et de nature à supplanter les intérêts privés[553].

Cette jurisprudence restrictive, et au total peu conforme aux exigences de protection juridictionnelle des justiciables (article 24.1 de la Constitution[554]), fut abandonnée par le Tribunal Supremo dans une décision du 20 décembre 1990. C'est

---

[550] Sur l'ensemble de la question, voir la remarquable étude de E. GARIA DE ENTERRIA, *La Batalla por las medidas cautelares. Derecho comunitario europeo y proceso contencioso-administrativo español*, Madrid, Civitas, 1992 ; D. RUIZ-JARABO COLOMER, *El juez nacional como juez comunitario, op.cit.*, p. 188 et ss ; B. PASTO BORGOÑON, « Incidencia del derecho comunitario en el ordenamiento procesal español », *GJCE*, 1993, D-19, pp. 9-68. En langue française, on consultera l'ouvrage de M. LE BARBIER-LE BRIS, *Le juge espagnol et le droit communautaire, op.cit.*, pp. 270-284.

[551] E. GARCIA DE ENTERRIA, « La lucha contra las inmunidades del Poder en el derecho administrativo », *RAP*, 1962, p. 38 ; T.R. FERNANDEZ, « Arbitrariedad y discrecionalidad », *in Estudios sobre la Constitución española. Homenaje al professor E. García de Enterría*, Madrid, 1991, p. 2258.

[552] E. GARCIA DE ENTERRIA, « Para una historia interna de la RAP », *RAP*, 1999, n°150, pp. 611-621.

[553] M. LE BARBIER-LE BRIS, *op.cit.*, sp. 274.

[554] « Toute personne a le droit d'obtenir la protection effective des juges et des tribunaux pour exercer ses droits et ses intérêts légitimes, sans qu'en aucun cas cette protection puisse lui être refusée ».

en s'appuyant sur les conclusions « *éclairées et savantes* »[555] de l'Avocat général Tesauro dans l'affaire *Factortame* rendue six mois plutôt que le Tribunal Supremo a procédé à une relecture de l'article 122 LJCA à la lumière de l'article 24.1 de la Constitution. Le juge administratif suprême espagnol a ainsi considéré que « *les limites étroites de l'article 122 [LJCA] doivent aujourd'hui être considérées comme élargies par la reconnaissance expresse du droit à une protection juridictionnelle effective dans la Constitution elle-même* »[556]. Pour étayer une conception exigeante de la protection juridictionnelle « *sensible aux évolutions actuelles* » et conforme aux exigences de l'Etat de droit[557], le juge espagnol n'hésite pas à se référer *expressis verbis* au « *principe général du droit communautaire, auquel les conclusions de l'avocat général dans l'affaire Factortame font allusion » et que « la Cour de justice fait implicitement sien* » selon lequel « *la nécessité du procès pour obtenir gain de cause ne doit pas se convertir en dommage pour celui qui a raison* »[558]. Même si, ni l'avocat général ni la Cour de justice n'ont qualifié ce principe de « principe général », il est remarquable de constater que l'esprit de la jurisprudence *Factortame* est parfaitement intégré par le juge espagnol qui prend toutefois soin de préciser que ce « *principe général du droit avait déjà été dévoilé par [ses soins] il y a quelques années* ». En tout état de cause, le juge espagnol fait du « *fumus boni juris* » proposé par l'avocat général Tesauro, à savoir l'évaluation *prima facie* par le juge de l'allégation faite par le requérant selon lequel sa position est fondée en droit, le critère principal pour l'octroi ou non d'une mesure provisoire. Il s'agit là d'une véritable révolution dans la procédure administrative espagnole puisque l'apparence de bon droit « *suffit [...] pour que soit accordée la protection provisoire sollicitée* »[559]. Signalons enfin que la brèche ouverte par l'ordonnance du 20 décembre 1990 a conduit certains tribunaux, au nom du « *droit à une protection juridictionnelle provisoire* », à prononcer des mesures provisoires de contenu positif (injonction) à l'encontre de l'administration alors même que, traditionnellement, le juge espagnol ne disposait pas d'un tel pouvoir[560]. La protection juridictionnelle des droits des individus et l'Etat de droit s'en trouvent ainsi sensiblement renforcés.

---

[555] L. BURGORGUE-LARSEN, « Espagne », in J. RIDEAU (dir), *Les Etats membres de l'Union européenne. Adaptations, Mutations, Résistances, op.cit.*, sp. 184.
[556] Tribunal Supremo, 3e chbre., adm., Ord., 20 décembre 1990, RA, n°10412, n° 2.4.
[557] *Ibid.*, n°2.6.
[558] *Ibid.*, n°2.4.
[559] *Ibid.*, n°2.5.
[560] Tribunal supérieur de Justice du Pays Basque, 21 mars 1991 et 14 octobre 1991, cité par E. MALARET I GARCIA, « Le droit administratif espagnol entre l'ordre juridique national et l'ordre juridique communautaire », in . G. MARCOU (dir.), *op.cit.*, sp.119.

B. L'extension du « *pouvoir jurisprudentiel* » des juges nationaux en question

584. Il y a près de 25 ans, le professeur Didier Linotte annonçait le déclin du pouvoir jurisprudentiel et l'ascension du pouvoir juridictionnel en droit administratif français[561]. L'étude réalisée jusqu'ici semblerait *a priori* confirmer cette tendance.

585. ***L'encadrement européen du pouvoir jurisprudentiel des juges nationaux*** – Nous avons vu que le pouvoir juridictionnel des juges nationaux avait été sensiblement renforcé par le Droit européen tant à l'égard du pouvoir exécutif que du pouvoir législatif. Nous avons vu par ailleurs que le Droit européen exerçait une pression normative telle au sein des ordres juridiques nationaux que les juges nationaux étaient de plus en plus liés par ces prescriptions amenuisant d'autant leur marge de manœuvre. On en veut pour preuve, par exemple, l'obligation qui leur est faite, dans certaines hypothèses, de prendre en compte des principes généraux du droit qu'ils n'ont pas eux-mêmes dégagés[562]. On pourrait également évoquer la question de *l'autorité interprétative* des arrêts des cours européennes qui conduit le juge national à faire sienne – non sans résistance parfois il est vrai – l'interprétation délivrée par un juge européen qui lui est extérieur[563]. Cette dépendance du juge national par rapport au juge européen est encore plus manifeste dans les Etats qui, à l'instar du Royaume-Uni, lui font formellement obligation d'interpréter et d'appliquer le Droit européen conformément à la jurisprudence européenne[564]. Par ailleurs, il faut mentionner l'institution au sein de l'ordre juridique communautaire de mécanismes spécifiques tendant à l'encadrement du pouvoir jurisprudentiel des juridictions nationales. On pense en premier lieu au *renvoi préjudiciel* dont l'objectif

---

[561] D. LINOTTE, « Déclin du pouvoir jurisprudentiel et ascension du pouvoir juridictionnel en droit administratif », *AJDA*, 1980, pp. 632-639. *Contra*, S. RIALS, « Sur une distinction contestable et un trop réel déclin », *AJDA*, 1981, p. 115 et ss. Il est tout à fait significatif de relever que l'on ne trouve aucune référence directe ou indirecte à l'emprise potentielle du Droit européen sur ce processus. La révolution « *Nicolo* » n'avait pas encore eu lieu.

[562] Y. GALMOT, « L'apport des principes généraux du droit communautaire à la garantie des droits dans l'ordre juridique français », *CDE*, 1997, pp. 67-79 ; F. MODERNE, « Actualité des principes généraux du droit », *RFDA*, 1998, pp. 495-518.

[563] J. ANDRIANTSIMBAZOVINA, *L'autorité des décisions de justice constitutionnelle et européennes sur le juge administratif français*, Thèse, Bordeaux I, 810p. ; E. LAMBERT, *Les effets des arrêts de la Cour européenne des droits de l'homme. Contribution à une approche pluraliste du droit européen des droits de l'homme*, Bruxelles, Bruylant, 1999, pp. 287-394 ; L POTVIN SOLIS, *L'effet des jurisprudences européennes sur la jurisprudence du Conseil d'Etat*, LGDJ, 1999.

[564] S'agissant de l'autorité interprétative des arrêts de la CJCE au sein de l'ordre juridique anglais, la Section 3, Partie 1 du *European Communities Act* de 1972 dispose que « *toute question quant à la signification ou l'effet de l'un des traités ou quant à la validité, la signification ou l'effet de tout acte communautaire, sera traitée comme une question de droit ; et si elle n'est pas renvoyée à la [CJCE] elle devra être tranchée conformément aux principes énoncés dans tout arrêt pertinent de la [CJCE]* ». Quant à l'autorité interprétative des arrêts de la CourEDH, l'article 2§1 du *Human Rights Act* de 1998 dispose que les tribunaux anglais « *doivent pour trancher une question relative à un droit conventionnel prendre en compte tout jugement, décision, déclaration ou opinion de la Cour européenne des droits de l'homme [...]* ».

est de garantir l'uniformisation de la signification et de la portée des normes communautaires au sein des ordres juridiques nationaux[565]. On pense également à l'action en manquement qui doit permettre à la Cour de justice de sanctionner, le cas échéant, un Etat pour violation du droit communautaire du fait du comportement jurisprudentiel de ses juridictions : l'Etat condamné devra alors prendre toutes les mesures nécessaires pour faire cesser le manquement et donc la jurisprudence divergente de ses juridictions[566]. Enfin, la consécration communautaire d'un principe de responsabilité de l'Etat du fait des juridictions pourrait également s'inscrire dans ce processus d'encadrement du pouvoir normatif des juridictions nationales[567].

Le juge national serait alors tout à la fois concurrencé par les juridictions européennes dans l'édiction de la norme de référence du contrôle, et subordonné dans l'interprétation de celle-ci. Au total, il en résulterait un amenuisement de son pouvoir normatif (jurisprudentiel)[568].

586. ***Le redéploiement du pouvoir jurisprudentiel des juges nationaux*** – Il nous semble toutefois nécessaire de relativiser cette thèse de l'amenuisement du « *pouvoir jurisprudentiel* » des juges nationaux. Prenons l'exemple des principes généraux du droit qui constituent sans doute l'expression la plus significative du pouvoir normatif du juge[569]. A cet égard, nous partageons l'idée selon laquelle le Droit européen peut agir en la matière comme un stimulus dans la création de nouveaux principes généraux du droit nationaux[570]. Trois exemples empruntés au droit communautaire et à la ConvEDH peuvent nous en fournir une illustration.

Premièrement, le droit communautaire, de par les exigences d'adaptations normatives qu'il exige au sein des ordres juridiques nationaux, peut conduire le juge à combler les lacunes du droit interne pour assurer la pleine effectivité des normes communautaires. C'est ainsi par exemple que la nécessité d'assurer la prééminence des directives communautaires sur les règlements nationaux contraires a été l'occasion pour le Conseil d'Etat français de créer un nouveau principe général du droit administratif selon lequel « *l'autorité compétente, saisie d'une demande tendant à l'abrogation d'un règlement illégal, est tenue d'y déférer, soit que le règlement ait été illégal dès sa signature, soit que l'illégalité résulte de*

[565] Sur le renvoi préjudiciel, on consultera tout spécialement parmi une littérature abondante, A. BARAV, « Le renvoi préjudiciel communautaire », *Justices*, 1997, n°6, p. 1 ; M. DARMON, « Réflexions sur le recours préjudiciel », *CDE*, 1995, p. 751.

[566] CJCE, 9 décembre 2003, *Commission contre Italie*, aff. C-129/00.

[567] CJCE, 30 septembre 2003, *Köbbler*, aff. C-224/01.

[568] S. BRACONNIER, *op.cit.*, p. 438 et ss.

[569] B. JEANNEAU, « La théorie des principes généraux du droit à l'épreuve du temps », *EDCE*, 1981-1982, p. 33 et ss ; B. GENEVOIS, « Principes généraux du droit », *Répertoire Dalloz, Contentieux administratif*, note 31 et ss ; F. MODERNE, « Légitimité des principes généraux et théorie du droit », *RFDA*, 1999, sp. 733.

[570] J-M. MAILLOT, *La théorie administrative des principes généraux du droit. Continuité et modernité*, Paris, Dalloz, 2003, pp. 141-334

circonstances de droit ou de fait postérieures à cette date »[571]. La haute juridiction administrative en adoptant ce nouveau principe général du droit renforce ici tout à la fois l'intégration du droit communautaire et la protection des administrés. En effet, non seulement le gouvernement ne peut plus désormais maintenir en vigueur, au terme du délai de transposition, des dispositions réglementaires antérieures à la directive et devenues incompatibles avec ses objectifs, mais en plus, d'une manière générale, l'abrogation d'un règlement illégal peut désormais être demandée à tout moment alors que dans l'état du droit antérieur l'obligation d'abroger n'existait que si la demande avait été présentée dans les deux mois de la publication du texte.

Deuxièmement, le juge national peut chercher à « récupérer » un processus de création normative qui lui échappe. La technique la plus significative de cette dynamique est la « nationalisation » d'un principe européen. En effet, « *l'intégration des exigences d'origine supranationale sous forme de principes généraux du droit s'inscrit ainsi dans une stratégie jurisprudentielle que l'on peut qualifier de « réactive », le Conseil d'Etat n'étant pas à l'initiative de ce mouvement mais le reprenant à son compte pour en maîtriser les effets. [...] Ce faisant, le juge administratif reprend l'initiative sur le terrain des libertés, se positionnant de façon privilégiée comme défenseur des droits de l'homme* »[572].

Par exemple, dans l'arrêt *Peltier* du 8 avril 1987, le Conseil d'Etat a considéré que le droit de quitter le territoire national est « *reconnu* » par la Déclaration des droits de l'homme et du citoyen et est « *confirmé* » par l'article 2§2 du Protocole 4 de la ConvEDH. Or, comme le faisait remarquer Frédéric Sudre, on ne trouve rien de tel dans la Déclaration des droits de l'homme et du citoyen[573] ! C'est au même tour de passe-passe que s'est livré le Conseil d'Etat dans l'arrêt *Didier* du 3 décembre 1999 en procédant à une « *déconventionnalisation* » du principe d'impartialité[574]. Le Conseil d'Etat considère en effet que la participation du rapporteur « *aux débats et au vote [de la formation disciplinaire du Conseil des marchés financiers] à l'issue desquels il a été décidé d'infliger une sanction à M. Didier [n'entraîne] aucune méconnaissance du principe d'impartialité rappelé à l'article 6§1 de la Convention EDH* ». Si le principe d'impartialité n'est que *rappelé* par la Convention, c'est qu'il existe déjà en tant que tel dans le droit interne. Ainsi, pour le Commissaire du gouvernement Seban, le « *principe d'impartialité de l'action administrative [...] est un principe général du droit interne* » et « *le principe de l'article 6§1 tel qu'explicité par la Cour de Strasbourg rejoint celui que votre jurisprudence donne au principe général d'impartialité en matière juridictionnelle ou administrative* ». L'arrêt *Louis* du 20 juin 1958 sur lequel se

---

[571] CE, ass., 3 février 1989, *Cie Alitalia*, *RFDA*, 1989, p. 391, concl. N. Chahid-Nouraï, notes L. Dubouis et O. Beaud.

[572] J-M. MAILLOT, *La théorie administrative des principes généraux du droit. Continuité et modernité*, Paris, Dalloz, 2003, sp.144.

[573] F.SUDRE, « L'influence de la CEDH sur l'ordre juridique interne », *RUDH*, 1991, p263

[574] Selon l'expression de F. SUDRE, « La participation du rapporteur au délibéré de la formation disciplinaire du Conseil des marchés financiers n'est pas contraire à la CEDH », *JCP*, I-10267, 8 mars 2000, p. 422.

fonde le Commissaire du gouvernement pour justifier l'existence de ce principe général n'emploie pourtant pas le mot « impartialité ». La doctrine regrettait d'ailleurs qu'aucun arrêt n'ait jamais consacré expressément l'existence d'un tel principe en droit français[575]. Le juge national préfère ainsi recourir d'abord aux principes généraux du droit interne et les compléter par la suite par un éclairage européen. On aperçoit comment cette technique renforce considérablement le pouvoir jurisprudentiel du juge national qui peut « découvrir » de nouveaux principes ancrés dans le droit national mais inspirés par le Droit européen. Le statut de la ConvEDH s'en trouverait-il affaibli comme le craignent certains[576] ? Telle n'est pas l'opinion de Bernard Pacteau pour qui, au contraire, la Convention « *triomphe* », car « *c'est elle en définitive, dans son inspiration et dans ses aspirations qui l'emporte, et avec elle un renfort de nos libertés* »[577]. Mieux, loin de dépouiller « *le juge administratif de son rôle directeur du droit public français* », « *il apparaît qu'elle est bien au contraire sur la voie de le décupler* »[578].

Enfin, le recours aux principes généraux du droit peut venir renforcer un droit conventionnel. Dans l'affaire *Magiera* du 28 juin 2002, le Conseil d'Etat a consacré un nouveau principe général du droit en vertu duquel « *les justiciables ont droit à ce que leurs requêtes soient jugées dans un délai raisonnable* » en s'inspirant de la jurisprudence *Kudla* de la CourEDH et des exigences européennes en matière de délai raisonnable. Pour le juge administratif, il résulte des articles 6 et 13 de la ConvEDH « *lorsque le litige entre dans leur champ d'application, ainsi que, dans tous les cas, des principes généraux qui gouvernent la fonction des juridictions administratives, que les justiciables ont droit à ce que leurs requêtes soient jugées dans un délai raisonnable* »[579]. On remarquera ici que l'utilisation des dispositions conventionnelles avec les principes généraux du droit contribue à l'élargissement du champ d'application de la ConvEDH puisque cette jurisprudence n'est pas cantonnée aux seuls litiges relatifs aux droits et obligations de caractère civil et à l'accusation en matière pénale (art. 6§1 ConvEDH), mais couvre l'ensemble du droit et du contentieux administratif grâce au renfort des principes généraux du droit[580]. Autrement dit, en même temps que la ConvEDH constitue une source d'inspiration pour la création d'un nouveau principe général du droit en droit administratif français, celle-ci voit son champ d'application étendu par la consécration d'un

---

[575] J-L. AUTIN et F. SUDRE, « La dualité fonctionnelle du Conseil d'Etat en question devant la CourEDH : A propos de l'arrêt Procola », *RFDA*, 1996, p. 782.

[576] F. SUDRE, *op.cit.* ; R. ABRAHAM, « Le juge administratif français et la Cour de Strasbourg », *in Quelle Europe pour les droits de l'homme*, *op.cit.*, p. 242.

[577] B. PACTEAU, « Le droit des nationaux au passeport : la liberté d'aller et venir », *RFDA*, 1987, sp. 613.

[578] B. PACTEAU, « Le juge administratif français et l'interprétation européenne », in F. SUDRE (dir.), *L'interprétation de la Convention européenne des droits de l'homme*, Bruxelles, Bruylant, 1998, sp. 286.

[579] CE, 28 juin 2002, *Garde des Sceaux, ministre de la justice c. Magiera*, *AJDA*, 2002, p. 596, chron. F. Donnat et D. Casas.

[580] J. ANDRIANTSIMBAZOVINA, « Délai raisonnable du procès, recours effectif ou déni de justice ? », *AJDA*, 2003, sp. 93.

principe général interne qui tend, par sa généralité, à imposer cette exigence de délai raisonnable à l'ensemble du contentieux administratif français.

587. Au total, loin d'avoir fragilisé les structures juridictionnelles de l'Etat de droit, le Droit européen a contribué à leur renforcement : à cet égard, on ne peut que partager l'opinion de Bernard Stirn selon laquelle le Droit européen est à l'origine d'une « *justice renforcée* »[581]. Non content d'avoir procédé à la consolidation de la fonction juridictionnelle, le Droit européen a également encouragé son développement en favorisant la juridictionnalisation et en renforçant les pouvoirs juridictionnels et jurisprudentiels des juges nationaux. En retour, la protection des droits fondamentaux des individus en sort renforcée marquant le triomphe de l'Etat de droit. D'une manière plus générale, l'on assiste ainsi à l'émergence d'un modèle juridictionnel commun en Europe contribuant à la définition européenne de l'Etat de droit. L'européanisation de l'Etat de droit n'est plus une chimère. Nous en avons là une illustration exemplaire.

588. En raison de la faiblesse des moyens d'investigation individuelle, nous n'avons pas pu prendre en compte ici l'ensemble des droits nationaux pour mesurer l'effectivité de la rétroaction du modèle européen de l'Etat de droit au sein des systèmes juridiques nationaux. Néanmoins, il ressort de l'étude partielle entreprise ici, à partir d'exemples jugés significatifs, que l'européanisation des structures et de la substance de l'Etat de droit devient chaque jour une réalité plus présente. La légalité transfigurée intègre désormais tout à la fois de nouvelles exigences de constitutionnalité et de conventionnalité qui, si elles remettent en cause l'organisation normative et juridictionnelle traditionnelle des Etats de droit nationaux, n'en constituent pas moins un renforcement de celle-ci. Les pouvoirs exécutif et législatif sont mieux contrôlés ; les individus sont mieux protégés. Les figures de l'Etat de droit connaissent ainsi, sous l'influence du Droit européen, une réelle transformation. Cependant, l'œuvre modélisante du Droit européen reste, en la matière, partielle. Il persiste encore de nombreux obstacles à *l'avènement d'un modèle européen commun de l'Etat de droit*.

---

[581] B. STIRN, « Juridictions administratives et cours européennes », *RA*, 1998, pp. 212-220.

CHAPITRE 2
LES LIMITES PERSISTANTES A *L'AVENEMENT* D'UN MODELE EUROPEEN COMMUN DE L'ETAT DE DROIT

589. Le Droit européen véhiculerait un modèle commun de l'Etat de droit contribuant à la consolidation des Etats de droit nationaux. Voilà la thèse défendue jusqu'ici. Nous en avons apporté certaines illustrations : le renforcement de la protection juridictionnelle des justiciables en constitue sans nul doute l'exemple le plus significatif. On assisterait ainsi progressivement à *l'émergence* d'un modèle commun de l'Etat de droit en Europe. De là à conclure à *l'avènement* d'un modèle commun de l'Etat de droit en Europe, il y a un fossé que l'examen des faits ne saurait laisser franchir : aux limites européennes affectant l'élaboration d'un modèle européen commun de l'Etat de droit déjà évoquées de manière transversale tout au long de cette étude[1], s'ajoutent des limites nationales circonscrivant la diffusion d'un tel modèle au sein des systèmes juridiques nationaux tenant à la préservation des fondements constitutionnels des modèles nationaux de l'Etat de droit (**I**) et de la cohérence des modèles nationaux de l'Etat de droit (**II**).

SECTION I
LA PRESERVATION DES FONDEMENTS CONSTITUTIONNELS DES MODELES NATIONAUX DE L'ETAT DE DROIT

590. Depuis le milieu du 20ème siècle, l'ordre juridique étatique de la plupart des Etats européens connaît une mutation sans précédent sous l'effet de la constitutionnalisation progressive du droit[2] : en cessant « *d'être seulement une « idée » pour devenir une norme, c'est-à-dire une règle juridique obligatoirement*

[1] La modélisation européenne de l'Etat de droit est tout à la fois partielle, minimale et subsidiaire. Par ailleurs, la diffusion d'un modèle européen de l'Etat de droit emprunte au Droit européen sa force normative. Elle est par conséquent conditionnée par l'autorité normative du Droit européen. A cet égard, nous avons vu que l'autorité normative du Droit européen n'était pas acceptée avec la même intensité partout.

[2] L. FAVOREU, « La constitutionnalisation de l'ordre juridique. Considérations générales. Rapport général pour le Congrès de l'Académie internationale de droit comparé (Bristol, juillet 1998) », *Revue belge de droit constitutionnel,* 1998, pp. 233-243.

sanctionnée dont les effet se font sentir sur les citoyens et sur les juges »[3], la constitution est devenue la norme axiologique de l'ordre juridique tout entier en ce qu'il s'unifie et s'organise désormais autour d'elle entraînant dans son sillage un changement complet de *paradigme* juridique[4]. En effet, la création de la juridiction constitutionnelle, son rôle de gardienne des droits fondamentaux ont fait naître un nouveau droit constitutionnel positif qui tend à englober et même à dominer tous les aspects de la vie sociale[5] : le droit constitutionnel serait tout entier dominé par l'idée de réalisation de l'Etat de droit[6]. La forme institutionnelle de l'Etat de droit s'en trouverait bouleversée : on assisterait ainsi à l'émergence d'un *Etat [de droit] constitutionnel*. Autrement dit, la constitution en tant que norme fondamentale du système juridique donne sa forme et sa substance au modèle contemporain de l'Etat de droit, le juge constitutionnel devenant du même coup son principal architecte[7].

591. A cet égard, l'expansion croissante du Droit européen, qui est lui-même engagé dans un processus de « constitutionnalisation » et qui aspire à appréhender l'ensemble des rapports sociaux à commencer par la définition d'un catalogue de droits fondamentaux, ne peut que créer de multiples causes de conflits avec les Etats de droit constitutionnel. Cette expansion du Droit européen remet en cause, d'une part, le rôle traditionnel dévolu à l'Etat[8], d'autre part, la place centrale de la constitution au sein de l'ordre juridique interne et, enfin, la fonction des juridictions constitutionnelles nationales[9]. Face aux risques de remise en cause (ne s'agirait-il pas là plutôt d'une mutation ?) du modèle de l'Etat de droit constitutionnel, les juges constitutionnels nationaux[10], garants de l'autonomie et de l'identité constitutionnelle nationale, sont entrés en « *résistance* »[11] soucieux de préserver tant l'architecture formelle constitutionnelle de l'Etat de droit (**§1**) que les principes constitutionnels matériels de l'Etat de droit (**§2**). La rétroaction au sein des ordres juridiques

---

[3] L. FAVOREU, « Le droit constitutionnel, droit de la Constitution et constitution du droit », *RFDC*, 1990, 1, p.72.

[4] G. ZAGREBELSKY, *Il diritto mite*, *op.cit.*, p. 39.

[5] C. BLUMANN, « Rapport introductif général », *in* H. GAUDIN (dir.), *Droit constitutionnel, Droit communautaire. Vers un respect constitutionnel réciproque ? »*, PUAM-Economica, 2001, sp.14

[6] L. FAVOREU, *op.cit.*

[7] Sur la contribution des juridictions constitutionnelles nationales à la réalisation de l'Etat de droit, voir notamment D. ROUSSEAU, *La justice constitutionnelle en Europe*, Paris, Montchrestien, 1995.

[8] Sur ce point, voir A-J. ARNAUD, *Entre modernité et mondialisation. Cinq leçons de la philosophie du droit et de l'Etat*, Paris, LGDJ, 1998, sp. 19 et ss.; R. KOVAR et D. SIMON, *Service public et Communauté européenne : entre l'intérêt général et le marché*, tomes 1 & 2, La documentation française, 1998.

[9] O. DORD, *op.cit.*, p. 562 et ss.

[10] Relayés le cas échant par les juridictions ordinaires. Il convient en effet de rappeler que c'est de la constitution que le juge national tient ses pouvoirs. Comme le souligne le professeur Dubouis, « *parce que son investiture procède du droit national et en dernière analyse de la constitution, le juge interne ne peut qu'accorder la primauté à la règle constitutionnelle* », L. DUBOUIS, « Le juge français et le conflit entre norme constitutionnelle et norme européenne », *in L'Europe et le droit, Mélanges en hommage à Jean Boulouis*, Paris, Dalloz, 1991, sp. 214.

[11] L. BURGORGUE-LARSEN, « Les résistances des Etats de droit », *in* J. RIDEAU (dir.), *De la Communauté de droit à l'Union de droit, op.cit.*, pp. 423-458.

nationaux d'un modèle européen commun de l'Etat de droit trouve, dans la constitution, sa première limite.

§1 - LA PRESERVATION DE L'ARCHITECTURE FORMELLE CONSTITUTIONNELLE DE L'ETAT DE DROIT

592. La rétroaction d'un modèle européen de l'Etat de droit au sein des ordres juridiques nationaux se heurte avant toute chose aux fondements constitutionnels des systèmes juridiques nationaux forgés par des siècles d'histoire. La constitution reste en effet dans la plupart des Etats européens *LA* norme fondamentale de l'ordre juridique interne (et le juge constitutionnel son garant) [12], la *constitutionnalisation* de l'Union européenne n'ayant à cet égard rien changé[13] : c'est elle qui structure et constitue en priorité l'Etat de droit[14] ; les Etats de droit nationaux sont, avant toute chose, des « *Etats de droit constitutionnel* ». Cette prévalence de la norme constitutionnelle nationale au sein de l'ordre juridique interne se manifeste, au regard du Droit européen, de deux manières : d'une part, la constitution nationale est dotée d'une primauté sur le Droit européen (**A**) ; d'autre part, ce n'est qu'en vertu de la constitution nationale elle-même que le Droit européen prime, le cas échéant, les normes infra-constitutionnelles nationales (**B**).

A. La primauté de la constitution, norme fondamentale de l'Etat de droit

593. Aucune norme constitutionnelle nationale ne saurait être écartée au profit d'une disposition du Droit européen. Les juges nationaux constitutionnels ou ordinaires assurent la « *défense de la constitution* »[15] en affirmant sa prévalence. Il n'y a au fond rien d'illogique à ce que « *la constitution continue à s'imposer au juge* » dans la mesure où il « *tient d'elle ses pouvoirs* » et elle « *régit ses devoirs*

---

[12] Un rapide survol de la littérature constitutionnaliste contemporaine suffit à s'en convaincre. Pour la doctrine, la suprématie de la constitution est une caractéristique existentielle de la constitution. Hans Kelsen considérait à cet égard que « *si l'on s'en tient aux seules normes positives, le degré suprême de(s) (ordres juridiques étatiques) est formé par leur constitution* » (H. KELSEN, *Théorie pure du droit*, Trad. C. Eisenmann, Paris, Dalloz, 1962, p. 300). Elisabeth Zoller nous dit que « *au sens normatif, une constitution est la loi fondamentale et suprême que se donne un peuple libre* » (E. ZOLLER, *Droit constitutionnel*, Paris, Puf, 1998, p. 30).

[13] Par « constitutionnalisation » on vise ici notamment l'inscription dans les constitutions nationales du phénomène communautaire. Sur ce point, J. RIDEAU (dir.), *L'Europe dans les constitutions des Etats membres de l'Union européenne, Perspectivas constitucionais. Nos 29 anos da Constituição de 1976*, lie vol, Coimbra Editora, 1997, pp. 717-798 ; T. DE BERRANGER, *Constitutions nationales et construction communautaire,* LGDJ, 1995, sp. 37-248 ; D. BLANCHARD, *La constitutionnalisation de l'Union européenne*, Rennes, Apogée, 2001.

[14] L. FAVOREU, « Vers un droit constitutionnel européen. Quel droit constitutionnel européen ? », *RUDH*, vol7, n°11-12, 1995, pp. 357-459.

[15] O. DUBOS, *Les juridictions nationales, juge communautaire. Contribution à l'étude des transformations de la fonction juridictionnelle dans les Etats membres de l'Union européenne*, Paris, Dalloz, 2001, p. 816.

vis-à-vis de l'Etat »[16] ; « *source de toute légitimité* », la constitution est souveraine, et ne peut, à ce titre, comme le souligne Ami Barav, que « *revendiquer pour elle-même la cime de l'échelle normative en n'admettant aucune norme qui lui soit supérieure* »[17]. Le Droit européen, que ce soit le droit européen des droits de l'homme ou le droit communautaire, ne prime pas en conséquence les normes constitutionnelles nationales. La seule exception notable à relever est peut-être[18] aux Pays-Bas où il résulte des articles 91 à 95 de la Constitution néerlandaise que les normes internationales dotées de l'effet direct ont une valeur supérieure à la Constitution. La Constitution autrichienne, bien que dualiste[19], accorde également, mais dans une moindre mesure, une place privilégiée au droit international et partant au Droit européen dans la mesure où elle confère aux normes contenues dans les traités qui complètent ou modifient la Constitution valeur constitutionnelle (art. 50.3) : c'est ainsi que la ConvEDH s'est vue conférer par une loi valeur constitutionnelle. Partout ailleurs, c'est la constitution qui règne sans partage au sein de l'ordre juridique interne[20]. Cette conception du rang infra-constitutionnel du Droit européen est partagée par les juges constitutionnels allemands, belges, italiens, espagnols et, dans une moindre mesure, portugais.

En **France,** la question de la place du droit international et plus particulièrement du Droit européen au sein de la hiérarchie des normes nationales a fait l'objet d'une abondante littérature au sein de laquelle il est difficile d'y voir très clair[21] ; la jurisprudence est par ailleurs sur ce point parfois très ambiguë.

---

[16] W.J.GANSHOF VAN DER MEERSCH, « Réflexions sur le droit international et la révision de la Constitution belge », *RBDI*, 1969 , sp. 41.

[17] A. BARAV, « Algunos aspectos relativos a las relaciones entre el derecho comunitario y la jurisprudencia constituticional de los Estados miembros », *Noticias CEE*, 1987, n°26, pp. 19-34, sp. 20.

[18] Et encore, il faut relativiser cette observation dans la mesure où, comme le dit Louis Dubouis, « *la Constitution des Pays-Bas, si ouverte aux règles internationales, ne constitue pas un précédent irréversible [...] [car] l'article 94 n'établit pas expressément la supériorité de la règle internationale sur la Constitution elle-même* ». D'ailleurs, la Constitution néerlandaise prévoit que l'introduction dans l'ordre interne d'un traité contraire à la Constitution ne peut être approuvée « *qu'à des conditions de majorité qui sont celles de la révision constitutionnelle* », voir L. DUBOUIS, *op.cit.*, p. 213, note 10

[19] Certains parlent toutefois de « monisme modéré » (P. SCHULZ, « Autriche », in J. RIDEAU (dir.), *Les Etats membres de l'Union européenne. Adaptations – Mutations – Résistances*, Paris, LGDJ, 1997), preuve encore s'il en était besoin du relativisme de ces typologies (C. GREWE et H. RUIZ-FABRI, *op.cit.*, p. 106).

[20] P.M. EISEMANN (dir.), *L'intégration du droit international et communautaire dans l'ordre juridique national. Etude de la pratique en Europe*, The Hague, London, Boston, Kluwer Law International, 1996.

[21] R. ABRAHAM, *Droit international, droit communautaire et droit interne français*, Paris, Hachette, 1989 ; C. BLUMANN, « L'article 54 de la Constitution et le contrôle de la constitutionnalité des traités en France », *RGDIP*, 1978, p. 583 ; G. BURDEAU, « Les engagements internationaux de la France et les exigences de l'Etat de droit », *AFDI*, 1986, p. 837 ; L. FAVOREU, « Le contrôle de constitutionnalité du traité de Maastricht et le développement du « droit constitutionnel international »,*RGDIP* 1993, pp. 39-65 ; J-F. FLAUSS, « Le rang du droit international dans la hiérarchie des normes en droit français », *LPA*, 1992, n°83, pp. 16-25 et n°85, pp. 17-24 ; J-F. FLAUSS, « Contrôle de conventionnalité et contrôle de constitutionnalité devant le juge administratif », *RFDA*, 1999, p. 919 ; NGUYEN QUOC DINH, « La Constitution de 1958 et le droit international », *RDP* 1959, p. 518 ; E. PICARD, « Vers l'extension du bloc de constitutionnalité au droit européen ? », *RFDA* 1993, p. 47-54.

Le Conseil constitutionnel refuse en principe de contrôler a posteriori la constitutionnalité des traités en vigueur [22]: ainsi les engagements conventionnels de la France dûment ratifiés et publiés disposent d'une « *immunité constitutionnelle* »[23]. Or à ce stade il est impossible d'en déduire une quelconque hiérarchie. En revanche, le Conseil constitutionnel peut être amené à se prononcer sur l'articulation de la Constitution et de lois mettant en œuvre des conventions internationales ratifiées lorsqu'il est saisi de la question de la constitutionnalité de celles-ci sur la base de l'article 61 de la Constitution. Il semble que dans ce contexte le Conseil constitutionnel entende subordonner le traité international à la Constitution. Dans sa décision du 13 août 1993 sur la loi relative à la maîtrise de l'immigration par exemple, le Conseil constitutionnel a déclaré inconstitutionnelle une disposition reprenant une solution retenue dans la Convention de *Schengen* : pour le Conseil constitutionnel, les engagements internationaux de la France ne sauraient remettre en cause l'interprétation qu'il donne d'un droit constitutionnel garanti par le Préambule de la Constitution de 1946. La doctrine voit là une preuve manifeste de la subordination du traité à la Constitution[24] même si dans une décision ultérieure le Conseil a admis qu'une loi de mise en œuvre d'une convention internationale pouvait déroger à un principe constitutionnel « *sous réserve qu'il ne soit pas porté atteinte aux conditions essentielles d'exercice de la souveraineté nationale* »[25]. Or cette dernière décision soulève plus d'interrogations qu'elle ne donne de réponses[26]. En effet, d'un côté le Conseil accepte de soumettre la Constitution au traité en reconnaissant qu'il est possible de déroger à un principe constitutionnel pour mettre en œuvre un traité et, de l'autre, il soumet cette dérogation au respect d'un autre principe constitutionnel, à savoir le respect des conditions essentielles d'exercice de la souveraineté nationale ! Compte tenu de l'impressionnisme juridique qui caractérise cette décision, il serait bien hasardeux de tirer des conclusions quant à une éventuelle primauté du traité sur la Constitution. Bien au contraire, il semble qu'il soit nécessaire de s'en tenir, avec la doctrine majoritaire, à notre conception première, à savoir la primauté de la Constitution sur le traité. Cette position n'aurait-elle d'ailleurs pas été confirmée par le Conseil d'Etat dans les arrêts *Koné, Sarran, et SNIP* et la Cour de cassation dans l'arrêt *Fraisse* ?

Le Conseil d'Etat a été amené à se prononcer sur cette question dans l'affaire *Sarran*. Dans un considérant de principe, le Conseil d'Etat déclare que « *si l'article*

---

[22] Décision n°77-90 DC du 30 décembre 1977, *RJC*, I.55.

[23] Selon l'expression de Denys SIMON, *Le système juridique communautaire*, *op.cit.*, p.290.

[24] Voir en ce sens, D. ALLAND, « Consécration d'un paradoxe : primauté du droit interne sur le droit international », *RFDA* 1998, pp. 1098-1099 ; J-F. FLAUSS, « Contrôle de conventionnalité et contrôle de constitutionnalité devant le juge administratif », *RFDA, 1999*, p. 926 ;

[25] Décision n°98-399 DC du 5 mai 1998, *Loi relative à l'entrée et au séjour des étrangers en France et au droit d'asile.*

[26] Voir E. PICARD, « Petit exercice de logique juridique : à propos de la décision du Conseil Constitutionnel n°98-399 du 5 mai 1998 « Séjour des étrangers et droit d'asile » », *RFDA* 1998, p. 620 ; contra, GOESEL LE BIHAN, « Petit exercice pratique de logique juridique, variation », *RFDA* 1998, p. 1254.

55 de la Constitution dispose que « les traités ou accords régulièrement ratifiés ou approuvés ont, dès leur publication, une autorité supérieure à celle des lois [...] » la suprématie ainsi conférée aux engagements internationaux ne s'applique pas, dans l'ordre interne, aux dispositions de nature constitutionnelle ; qu'ainsi le moyen tiré de ce que le décret attaqué, en ce qu'il méconnaîtrait les stipulations d'engagements internationaux régulièrement introduits dans l'ordre interne, serait par là même contraire à l'article 55, ne peut lui aussi qu'être écarté ». La formule semble de prime abord relativement claire. Pourtant, la doctrine est très partagée sur la portée qu'il faut reconnaître à cet arrêt. D'un côté certains considèrent que le Conseil d'Etat a exclu du contrôle de conventionnalité les normes constitutionnelles et a, par là même, consacré la suprématie de la Constitution sur le traité[27], confirmant de manière explicite l'arrêt *Koné* dans lequel le Conseil d'Etat avait fait prévaloir un principe constitutionnel non écrit sur un traité[28]. D'autres, au contraire, relativisent la portée de cet arrêt en considérant que le Conseil d'Etat a *seulement* constaté que l'article 55 de la Constitution (*primauté du traité sur la loi et elle seule*) ne lui permet pas de faire prévaloir le traité sur les principes de valeur constitutionnelle (*incompétence juridictionnelle*) et que dès lors cette décision ne sanctionnerait pas la supériorité de ces principes sur les traités visés[29]. Il semble cependant que cette dernière interprétation doive être écartée. En effet, dans un arrêt du 3 décembre 2001 *SNIP*, le Conseil d'Etat a clairement affirmé que le principe de primauté du droit communautaire « *ne saurait conduire, au demeurant, dans l'ordre interne, à remettre en cause la suprématie de la Constitution* ». La Cour de cassation, quant à elle, a repris la formulation de l'arrêt *Sarran* dans son arrêt *Fraisse* du 2 juin 2000, tout en laissant entendre, il est vrai, que si les dispositions constitutionnelles nationales étaient intervenues dans le champ du droit communautaire, il pourrait être réservé un traitement différent au conflit entre droit communautaire et droit constitutionnel interne[30]. En attendant, le principe de la primauté de la constitution en droit interne semble être la règle. A ce titre, la constitution fonde la primauté du Droit européen sur les normes infra-constitutionnelles.

---

[27] Pour D. ALLAND, « le Conseil d'Etat semble affirmer la supériorité de la Constitution sur les traités, ce qui, comme on le verra, consacre mécaniquement l'idée de suprématie générale du droit interne sur le droit international », *op.cit.*, p. 1095. F. Raynaud et P. Fombeur observent de même que « *l'arrêt du 30 octobre 1998 lève toute ambiguïté en consacrant clairement la supériorité de la Constitution* », in *AJDA* 1998, p 964. Voir également, J-F. FLAUSS, « Contrôle de conventionnalité et contrôle de constitutionnalité devant le juge administratif », *RFDA*, 1999, p. 926.

[28] CE, ass., 3 juillet 1996, *Moussa Koné*, *RFDA* 1996, p870, concl Jean-Marie Delarue; G. GUIHEUX, « L'impact de l'arrêt Koné sur la hiérarchie des normes », *LPA*, 27 décembre 1996, p12.

[29] Pour une étude détaillée de cette thèse voir l'argumentation en quatre points soutenue par D. SIMON, « L'arrêt Sarran : dualisme incompressible ou monisme inversé ? », *Europe*, mars 1999, chr.3, p. 4.

[30] Cass, ass., 2 juin 2000, *Fraisse*, obs. A. RIGAUX et D. SIMON, « Droit communautaire et constitution française, une avancée significative de la Cour de Cassation », *Europe*, août-septembre 2000, chr. 8.

B. La primauté du droit européen est fondée par la constitution

594. La plupart des cours constitutionnelles, relayées le cas échéant par les juridictions ordinaires, n'ont pas retenu les arguments de la spécificité du Droit européen – en particulier du droit communautaire – pour fonder sa primauté en droit interne. Autrement dit, la norme constitutionnelle étant considérée comme la norme fondamentale de l'ordre juridique interne, la primauté du Droit européen sur les normes infra-constitutionnelles ne peut être fondée que par le droit constitutionnel national lui-même[31].

595. C'est ainsi que les juridictions françaises judiciaires comme administratives, tout en admettant la primauté du droit communautaire sur la loi postérieure, font reposer cette primauté non pas sur l'autonomie et la spécificité du droit communautaire, à l'instar de la jurisprudence de la Cour de justice, mais sur l'article 55 de la Constitution. Bien que souvent critiquée, cette position est logique dans la mesure où le Droit européen « *n'est applicable en France qu'en vertu de la Constitution elle-même, puisque c'est l'article 55 qui confère au traité de Rome, et par voie de conséquence, aux actes communautaires dérivés une autorité juridique interne* »[32]. C'est la Constitution qui « *fournit le fondement juridique de l'engagement européen de l'Etat membre* »[33]. Ainsi, « *le juge français ne peut donc faire jouer la primauté de la règle européenne que dans les limites autorisées par la Constitution* » dans la mesure où « *son investiture procède du droit national et en dernière analyse de la Constitution* ».[34] Otto Pfersmann considère, à cet égard, que la règle européenne s'applique en droit interne « *en tant que norme interne* » dont le statut dans la hiérarchie des normes est déterminée par la Constitution elle-même (article 55)[35] ; ce faisant, cet auteur récuse même l'expression « *contrôle de conventionnalité* » (contrôle de la loi par les juridictions ordinaires au regard du droit européen et international) dans la mesure où, en réalité, « *ce qui est appliqué est une norme interne par des juridictions internes* »[36].

596. D'une manière générale, dans les Etats monistes, les juges nationaux se servent en effet exclusivement du critère constitutionnel pour fonder la primauté du Droit européen. Il en va ainsi en Espagne où la reconnaissance de la primauté s'est

---

[31] T. DE BERRANGER, *Constitutions nationales et construction communautaire*, Paris, LDGJ, 1995, p. 178 : « *en l'absence de réalisation d'une véritable entité fédérale européenne, n'est-il pas normal de rechercher la solution du conflit de normes dans les Constitutions nationales ?* ».
[32] R. ABRAHAM, *Droit international, droit communautaire et droit interne*, Paris, 1989, p. 185 et ss.
[33] T. DE BERRANGER, *op.cit.*, p. 339.
[34] L. DUBOUIS, « Le juge français et le conflit entre norme constitutionnelle et norme européenne », *Mélanges Boulouis*, *op.cit.*, p. 214.
[35] O. PFERSMANN in L. FAVOREU *et alii*, *Droits des libertés fondamentales*, Paris, Dalloz, 2002, 2ème éd., sp. 91.
[36] *Ibid.*

faite sur la base de l'article 91§1 de la Constitution[37]. Il en va de même en Grèce où la haute juridiction administrative a toujours justifié la primauté du droit communautaire sur la base des prescriptions de l'article 28 de la Constitution de 1975[38].

597. Il convient cependant de relativiser quelque peu ce jugement, à tout le moins à l'égard du droit communautaire. Dans les Etats dualistes, de manière assez paradoxale, la primauté du droit communautaire nécessite un traitement particulier. En effet, le juge interne est obligé, pour fonder la primauté, de s'appuyer à la fois sur la constitution (habilitation constitutionnelle) et la nature spécifique du droit communautaire ne serait-ce que pour éviter que les normes communautaires soient soumises au rang législatif du droit international et à la règle *lex posterior priori derogat*[39].

598. Il se peut par ailleurs que, parfois, la spécificité intrinsèque du droit communautaire – conçu comme un droit d'intégration – soit pris en compte par certaines juridictions nationales pour fonder sa primauté en droit interne. Dès 1971, la Cour de cassation de Belgique a, dans son arrêt *Fromageries Le Ski*, repris, à quelques expressions près, les termes utilisés par la Cour de justice dans l'affaire *Costa c. Enel* pour fonder la primauté du droit communautaire[40]. Pour les juges belges, la primauté du droit communautaire sur le droit interne résulte de « *sa nature même* » notamment en ce que « *les traités qui ont créé le droit communautaire ont institué un nouvel ordre juridique au profit duquel les Etat membres ont limité l'exercice de leurs pouvoirs souverains, dans les domaines que ces traités déterminent* »[41]. Le fondement de la primauté du droit communautaire n'est pas ainsi recherché dans la Constitution belge mais dans la nature et la spécificité du droit communautaire[42]. La position le Conseil d'Etat néerlandais est encore plus éloquente à cet égard, celui-ci n'ayant pas hésité à reprendre telle quelle la formulation de la Cour de justice. Pour les juges néerlandais, « *la primauté du droit communautaire est une des caractéristiques essentielles de l'ordre juridique communautaire. Conformément au jugement Costa v. ENEL, le droit du traité, issu d'une source*

[37] TC, sentence n°29/1991 du 14 février 1991. Non sans il est vrai quelques hésitations. On a pu en effet relever que certaines juridictions ordinaires ont fait uniquement appel au principe de la primauté tel qu'il résulte de la jurisprudence de la Cour de justice. M. LE BARBIER-LE BRIS, *Le juge espagnol et le droit communautaire*, Rennes, Apogée, 1998, p. 167.

[38] C.G. YERARIS, « Community law and the Greek Administrative Courts », *in* R.H.M. JANSEN D.A.C. KOSTER and R.F.B. van ZUTPHEN (eds.), *European Ambitions of the National Judiciary*, Kluwer Law International, The Hague, 1997, pp. 53-60.

[39] O. DORD, *op.cit.*, p. 131.

[40] J-V. LOUIS, « La primauté du droit international et du droit communautaire après l'arrêt « Le Ski » », *Mélanges Dehousse, vol. II, op.cit.*, pp. 235-242.

[41] Cass. 1er ch., 27 mai 1971, *Etat belge c. S.A. « Fromagerie Franco-Suisse Le Ski »*, *CDE*, 1971, sp. 562

[42] *Ibid.* Pour un aperçu de l'ensemble de la jurisprudence confirmative des juridicitons belges en la matière, H. BRIBOSIA, « Applicabilité directe et primauté des traités internationaux et du droit communautaires. Réflexions générales sur le point de vue de l'ordre juridique belge », *RBDI*,1996, pp.33-39.

autonome, ne peut se voir opposer un texte interne quel qu'il soit [...]. La Cour a ajouté que ne saurait prévaloir une mesure législative unilatérale promulguée ultérieurement incompatible avec le 'concept de Communauté' »[43].

599. A une moindre échelle, on peut paradoxalement déceler dans la jurisprudence des juridictions françaises une telle attitude. Par exemple, dans l'arrêt *Jacques Vabre*, la Cour de cassation, bien que fondant à titre principal sa décision sur l'article 55 de la Constitution pour consacrer la primauté du droit communautaire sur la loi postérieure, s'appuie, à titre subsidiaire, sur la jurisprudence de la Cour de justice : « *le traité du 25 mars 1957 [...] institue un ordre juridique propre intégré à celui des Etats membres ; qu'en raison de sa spécificité, l'ordre juridique qu'il a créé est directement applicable aux ressortissants de ces Etats et s'impose à leurs juridictions* »[44]. L'arrêt *Von Kempis*, rendu quelques mois après, semblait même annoncer une consécration explicite de l'autonomie de la primauté du droit communautaire[45] ; il n'en fut toutefois rien, cette décision demeurant jusqu'à aujourd'hui un cas d'espèce. Cependant, il faut noter que la Cour de cassation semble faire un usage assez restreint de la référence à l'article 55[46], n'hésitant pas parfois à appliquer directement le droit communautaire[47]. La prise en compte par le juge judiciaire français de la spécificité du droit communautaire transparaît également paradoxalement de l'arrêt *Fraisse* par lequel la Cour de Cassation, tout en reprenant à son compte la solution dégagée par le Conseil d'Etat dans l'affaire *Sarran et Levacher*, semble laisser entendre qu'elle pourrait réserver une solution de conflit différente en cas de conflit frontal entre droit communautaire et droit constitutionnel interne[48]. De son côté, la position du Conseil d'Etat semble bien établie : ce n'est qu'en vertu de l'article 55 que le juge interne a l'obligation d'assurer la primauté du droit communautaire. Eu égard à l'insistance avec laquelle le Conseil d'Etat rappelle cette position, la doctrine a cru voir dans une décision récente qui ne comporte aucune référence à l'article 55 pour fonder la primauté du droit communautaire l'amorce d'une évolution vers la reconnaissance de la spécificité du droit communautaire[49] ; dans cette même affaire, le Conseil d'Etat

---

[43] L.F.M. BESSELINK, « Curing a « Childhood Sickness » ? On Direct Effect, Primacy and Derogation from Civil Rights. The Netherlands Council State Judgement in the Metten Case », *MJECL*, 1996, vol. 3, n°2, pp. 165-183.

[44] Cass, ch. mixte, 24 mai 1975, *AJDA*, 1975, p. 567, note J. Boulouis.

[45] Cass, 3e civ., 15 décembre 1975, *Von Kempis c/ Epoux Geldof*, Bull., n°373, p. 282.

[46] On peut se demander à cet égard s'il ne s'agirait pas simplement ici d'une simple économie de référence devenue au fil du temps évidente. En ce sens, O. DORD, « Ni absolue, ni relative, la primauté du droit communautaire procède de la Constitution », *in* H. GAUDIN (dir.), *Droit constitutionnel, droit communautaire. Vers un respect constitutionnel réciproque ?*, PUAM-Economica, 2001, sp.131.

[47] J. RIDEAU, « La Cour de cassation et l'article 55 de la Constitution », *in La Cour de cassation et la Constitution de la République*, PUAM, 1995, p. 226 et ss. ; *Cour de Cassation et droit communautaire*, numéro spécial, Gaz. Pal., Gaz. Eur., n°26, 2000.

[48] En ce sens, A. RIGAUX et D. SIMON, « Droit communautaire et constitution française, une avancée significative de la Cour de Cassation », *Europe*, août-septembre 200, chr. 8.

[49] Par exemple, CE, 3 décembre 1999, *Association ornithologique et mammalogique de Saône et Loire et Rassemblement des opposants à la chasse et Association ornithologique et mammalogique de Saône et*

aurait, en procédant à l'interprétation conforme de la Constitution au droit communautaire, inversé le raisonnement qu'il utilise relativement au droit communautaire, pour lequel il juge que les conventions internationales doivent être interprétées conformément aux principes constitutionnels (Koné)[50]. Faut-il y voir une évolution vers la reconnaissance de l'autonomie et de la spécificité du droit communautaire[51] ? L'arrêt *SNIP* rendu le 3 décembre 2001 par le Conseil d'Etat ne semble pas toutefois confirmer une telle orientation. Confirmant l'arrêt *Sarran,* le Conseil d'Etat souligne cette fois à propos du droit communautaire que le principe de primauté du droit communautaire « *ne saurait conduire, au demeurant, dans l'ordre interne, à remettre en cause la suprématie de la Constitution* »[52], même si le Conseil d'Etat semble indirectement reconnaître la spécificité du droit communautaire en admettant que les principes généraux du droit communautaire priment, à la différence du droit international non écrit, la loi postérieure[53]. L'hypothèse avancée par Denys Simon selon laquelle la jurisprudence *Sarran* était susceptible de ne pas s'appliquer au droit communautaire est démentie[54], de même qu'est rejetée l'ouverture esquissée par la Cour de cassation dans l'arrêt *Fraisse*[55]. Au total donc, il semble que, pour le moment, le Conseil d'Etat se refuse de prendre en compte l'autonomie et la spécificité du droit communautaire en « *réduisant les traités communautaires au rang de ce que la Cour de justice appellerait les « traités internationaux ordinaires »* »[56].

600. Il est toutefois possible de se demander si l'inscription dans la Constitution, lors de la révision du 25 juin 1992, d'un titre spécifique relatif aux Communautés européennes et à l'Union européenne ne vaudrait-elle pas déjà reconnaissance explicite de la spécificité de la construction communautaire[57] ? D'ailleurs, le Conseil constitutionnel se serait, selon certains, déjà engagé dans une telle voie. La décision n°92-308 DC du Conseil constitutionnel en constituerait une première illustration : en abandonnant la distinction limitation / transfert de souveraineté au profit de l'acceptation sous réserve des transferts de compétences à une organisation internationale, le Conseil constitutionnel aurait implicitement consacré l'existence

Loire et Association de France-Nature-Environnement, conl. F. LAMY, *RFDA*, 2000, pp. 55-76, note P. CASSIA et E. SAULNIER, *RDP*, 2000, pp. 289-318.

[50] *Ibid.*

[51] P.M. MABAKA, « Suprématie de la Constitution et primauté du droit européen : mariage impossible ? », *RRJ*, 2001, sp.698-699.

[52] CE, 3 décembre 2001, *SNIP* , A. RIGAUX et D. SIMON, « Summum jus, summa injuria . A propos de l'arrêt du Conseil d'Etat du 3 décembre 2001 SNIP », *Europe*, 2002, Chr. 5.

[53] A-L VALEMBOIS, « La prévalence des principes généraux du droit communautaire sur la loi nationale », *AJDA*, 2002, p. 1219 et ss.

[54] En ce sens, D. SIMON, « L'arrêt Sarran : dualisme incompressible ou monisme inversé ? », *Europe*, mars 1999, Chr. 3.

[55] A. RIGAUX et D. SIMON, « Droit communautaire et constitution française : une avancée significative de la Cour de Cassation. A propos de l'arrêt Fraisse du 2 juin 2000 », *Europe*, août-septembre 2000, chr. n°8.

[56] A. RIGAUX et D. SIMON, « Summum jus, summa injuria . A propos de l'arrêt du Conseil d'Etat du 3 décembre 2001 SNIP », Europe, 2002, Chr. 5.

[57] H. OBERDORFF, « Les incidences de l'Union européenne sur les institutions », *Pouvoirs*, 1994, p. 98.

du processus d'intégration communautaire. Certains ont même pu affirmer ainsi que « *le droit communautaire n'est plus réductible au droit international classique* »[58]. Or il nous semble ici que le Conseil constitutionnel s'est simplement contenté de consacrer l'existence d'organisations internationales dont la finalité est non pas la coopération mais l'intégration[59] ; autrement dit, d'autres organisations internationales d'intégration pourraient également profiter de cette consécration. Quant à la thèse selon laquelle l'exigence de réciprocité serait désormais interprétée dans un sens favorable au droit communautaire illustrant la consécration de sa spécificité, il convient de la nuancer. Si en effet le Conseil constitutionnel limite la condition de réciprocité comme condition d'exécution du droit communautaire en France[60], il faut en revanche observer que cette exception ne s'applique pas qu'au seul droit communautaire ; dans sa décision relative à la ratification du traité portant statut de la Cour pénale internationale, le Conseil constitutionnel a même considéré que, conformément à l'article 60§5 de la Convention de Vienne sur les droits des traités et aux jurisprudences de la Cour internationale de justice[61] et de la CourEDH[62], l'exigence de réciprocité est inopposable aux traités internationaux de protection des droits de l'homme[63].

601. Au total donc, même si la spécificité du droit communautaire mais aussi du droit de la Convention (en tant qu' « *instrument international garantissant les droits fondamentaux de la personne* »), est parfois prise en compte par les constitutions nationales (habilitations constitutionnelles) et par les juges nationaux, force est de constater que règne, dans la plupart des Etats européens, la « *théorie du prescrit constitutionnel* » selon laquelle, ce n'est qu'en vertu de la constitution que le Droit européen peut trouver à s'appliquer en droit interne. Plus largement, il s'agit là de la conséquence de l'affirmation du primat de la norme constitutionnelle au sein des ordres juridiques internes. La constitution, norme suprême de l'ordre interne, est donc souveraine : le juge constitutionnel y puise la substance de l'Etat de droit ; elle révèle l'identité constitutionnelle des Etats de droit nationaux. Il en résulte que la détermination des principes constitutionnels matériels de l'Etat de droit n'est réalisée, en principe, qu'à travers le seul prisme du droit constitutionnel national.

---

[58] J.E. SCHOETTL, sous CC, n°97-394 DC, *AJDA*, 1998.
[59] O. DORD, *op.cit.*, p. 136.
[60] Décision n°80-126 DC du 30 décembre 1980 ; Décision n° 98-400 DC du 20 mai 1998.
[61] CIJ, avis consultatif du 21 juin 1971, *Présence continue de l'Afrique du Sud en Namibie*, p. 55, §122.
[62] CourEDH, 20 mars 1991, *Cruz Varas et autres*, Série A, n°201, §94.
[63] Décision n°98-408 DC du 22 janvier 1999, *Traité portant statut de la Cour pénale internationale*, cons. N°12. C. JOCELYN, « Le Statut de la Cour pénale internationale et le droit constitutionnel français », *RTDH*, 2000, p. 649 et ss.

§2 - LA PRESERVATION DES PRINCIPES CONSTITUTIONNELS MATERIELS DE L'ORDRE JURIDIQUE

602. Cette prévalence des normes constitutionnelles dans la définition de l'Etat de droit se traduit de deux manières : premièrement, les normes européennes ne sont pas en général des normes de constitutionnalité de telle sorte que la substance de l'Etat de droit est en priorité définie par les normes constitutionnelles (**A**) ; deuxièmement, certaines cours constitutionnelles nationales ont opposé au Droit européen des « *réserves de constitutionnalité* », rappelant ainsi que ces systèmes juridiques nationaux ne sauraient renoncer aussi facilement à ce qui fait leur identité constitutionnelle (**B**).

A. Une conception du « bloc de constitutionnalité » encore restreinte

603. A l'exception notable de l'Autriche[64], et dans une moindre mesure de la Belgique[65] et de l'Italie[66] voire du Royaume-Uni[67], le Droit européen ne constitue pas en principe un « *paramètre de constitutionnalité* »[68] des normes internes. Exclues du « *bloc de constitutionnalité* », les normes européennes ne sont pas des

---

[64] Rappelons qu'en vertu de l'amendement constitutionnel du 4 mars 1964, la Convention européenne des droits de l'homme s'est vu reconnaître le même statut en droit autrichien que les droits constitutionnellement garantis. (Voir, *Rapport de la Cour constitutionnelle autrichienne, VIIe conférence des Cours constitutionnelles européennes sur la justice constitutionnelle dans le cadre des pouvoirs de l'Etat*, *AIJC*, 1987, pp. 59-84 ; A.H.E. MORAWA et C. SCHREUER, « The role of domestic courts in the enforcement of international human rights – a view from Autria », *in* B. CONFORTI et F. FRANCESO (eds.), *Enforcing international human rights in domestic courts*, The Hague, Nijhoff, 1997, p.175 et ss). Donc c'est en vertu de la Constitution que le juge autrichien applique les normes contenues dans la Convention européenne des droits de l'homme. C'est ainsi que la Cour constitutionnelle d'Autriche a dans un arrêt rendu le 3 décembre 1984 annulé partiellement l'article 89 de la loi pénale fédérale en matière financière pour violation de l'article 6§1 de la ConvEDH en s'appuyant sur la jurisprudence de la CourEDH (notamment, *Delcourt* 1970 et *Airey* 1979) (CC. Autriche, décision n°1091 du 3 décembre 1984).

[65] La Cour d'Arbitrage belge s'inspire directement de la Convention européenne des droits de l'homme pour interpréter et compléter les trois articles de la Constitution relatifs aux droits fondamentaux qu'elle est chargée de protéger. En réalité, la Cour d'arbitrage utilise la Convention comme « *valeur de référence des normes constitutionnelles* » (M. VERDUSSEN, « La Cour d'arbitrage belge et l'application de la Convention européenne des droits de l'homme », *RFDC*, 1994, p.433 et ss) (*Cf. supra*, n°524).

[66] La Cour constitutionnelle italienne n'a pas hésité à considérer que les normes communautaires étaient des normes de référence pouvant être prises en considération dans le cadre de l'examen de constitutionnalité (CCI, arrêt n°384 du 10 novembre 1994. Voir les commentaires de A. SAIZ ARNAIZ, « El derecho comunitario, parámetro de constitucionalidad de las leyes internas ? (A próposito de la Sentencia n0384 de 1994 de la Corte costituzionale italiana) », *RIE*, 1995, p ; 571) consacrant ainsi « l'équivalence » hiérarchique des normes européennes et des normes constitutionnelles (voir les observations critiques de R. GUASTINI, « La primauté du droit communautaire : une révision tacite de la constitution italienne », *Cahiers Cons. Cons.*, n°9, 2000, p. 123).

[67] *Cf. supra*, n°499. Voir également, J. BELL, « La révolution constitutionnelle au Royaume-Uni », *RDP*, 1999, p. 98 ; N. BAMFORTH, « Parliamentary Sovereignty and the Human Rights Act 1998 », *Public Law*, 1998, p. 574.

[68] A. SAIZ ARNAIZ, *op.cit.*, p. 571.

« *normes de constitutionnalité* »[69] à l'aune desquelles le contrôle de constitutionnalité des lois est effectué.

604. Les juges de la constitutionnalité des lois ne prennent en effet pas en compte directement le Droit européen. Les juges constitutionnels ont confié aux juges ordinaires le soin de veiller à la conciliation entre normes législatives et normes communautaires ou européennes, et aucune cour constitutionnelle n'a, jusqu'ici, admis de vérifier elle-même la conformité des lois aux normes internationales et européennes[70]. La position du Conseil constitutionnel français est topique à cet égard[71]. Pour le Conseil constitutionnel, le Droit européen ne fait pas partie du bloc de constitutionnalité[72] comme il l'a clairement établi dans sa décision *Interruption volontaire de grossesse* du 15 janvier 1975 en refusant de contrôler la conformité des lois aux traités internationaux quels qu'ils soient. Ce faisant, il a invité les juridictions ordinaires à opérer ce contrôle de conventionnalité en écartant toute loi qui serait contraire à un traité ou à une norme communautaire de droit dérivé. De même, le Tribunal constitutionnel espagnol considère que le droit communautaire n'a pas rang constitutionnel[73] et donc ne fait pas partie du « *bloque de constitucionalidad* »[74]. En conséquence, il ne lui revient pas, à ce titre, de « *contrôler l'adéquation de l'activité des pouvoirs publics nationaux au droit*

---

[69] Selon l'expression du Conseil constitutionnel français, Décision n° 93-325 DC du 13 août 1993, RJC, I-539.

[70] J. RIDEAU, « Constitution et droit international dans les Etats membres des Communautés européennes », *RFDC*, 1990, pp. 259 et 425 ; G.C. RODRIGUEZ IGLESIAS & A. VALLE GALVEZ, « El derecho comunitario y las relaciones entre les Tribunal de Justicia de la Comunidades europeas, el Tribunal europeo de derechos humanos y los tribunales constitucionales nacionales », *Revista de Derecho Comunitario europeo*, 1997-2, p. 373.

[71] L. FAVOREU, « La prise en compte du droit international et communautaire dans la jurisprudence du Conseil constitutionnel », *in Etudes Alain plantey, L'internationalité dans les institutions et le droit : convergences et défis*, Pédone, 1995, p. 54 et ss.

[72] Ce bloc de constitutionnalité se compose en France de la Constitution du 4 octobre 1958, de la Déclaration des droits de l'homme et du citoyen de 1789, du Préambule de la Constitution de 1946 et plus marginalement des Principes fondamentaux reconnus par les lois de la République parmi lesquels on peut citer la liberté d'association, les droits de la défense, la liberté individuelle, la liberté de conscience, l'indépendance de la juridiction administrative, l'indépendance des professeurs d'université, la compétence exclusive de la juridiction administrative en matière d'annulation d'actes de la puissance publique, et enfin l'autorité judiciaire gardienne de la propriété privée immobilière. Sur ce point, L. FAVOREU *et alii, Droit constitutionnel, op.cit.*, p. 153 et ss.

[73] STC n°28/1991, du 14 février 1991, obs : A. MANGAS MARTIN, « La Constitución y la ley ante el derecho comunitario.(Comentario a la sentecia del Tribunal constitucional español 28/1991 de 14 febrero sobre la ley Orgánica del Régimen Electoral y el Acta relativa a la elecciones al Parlemento Europeo) », *RIE*, 1991, p. 587. Qualifié d' « infraconstitutionnel » dans cette affaire, le Tribunal constitutionnel considéra dans sa sentence n°180/1993 du 31 mai 1993 que les normes communautaires étaient des normes non constitutionnelles, avant de revenir à l'expression « infraconstitutionnelle » dans une décision n°45/1995 du 25 mars 1996. Sur l'ensemble de la question, M. BARBIER-LE BRIS, *Le juge espagnol et le droit communautaire*, Rennes, Apogée, 1998, p. 179 et ss ; L. BURGORGE-LARSEN, *L'Espagne et la Communauté européenne*, Bruxelles, Ed. Université de Bruxelles, 1995, p.289 et ss ; L-M DIEZ-PICAZO, « El derecho comunitario en la jurisprudencia constitucional española », *Revista española de derecho constitucional*, n°54, 1998, p. 255.

[74] Sur la notion de « Bloque de constitucionalidad » en droit constitutionnel espagnol, voir F. RUBIO-LLORENTE et L. FAVOREU, *El bloque de constitucionalidad*, Madrid, 1990.

communautaire », ce contrôle revenant « *aux juridictions ordinaires [...] et le cas échéant à la Cour de justice des Communautés européennes* »[75]. Il en résulte notamment que la violation du droit communautaire par les autorités administratives et judiciaires espagnoles ne saurait emporter la protection spécifique du recours d'*amparo* de l'article 53 de la Constitution espagnole[76]. Le juge constitutionnel allemand considère également et ce, depuis une décision du 14 janvier 1960, qu'« *un recours constitutionnel ne peut être fondé sur une violation de la Convention européenne des droits de l'homme* »[77]. Autrement dit, tout recours constitutionnel fondé sur une violation alléguée de la Convention européenne serait jugé irrecevable.

605. Si une telle position peut apparaître choquante aux yeux de ceux qui voient notamment dans la ConvEDH une « *supraconstitution* »[78], elle n'en reste pas moins logique d'un strict point de vue constitutionnel. En effet, comme le souligne très justement Louis Favoreu, « *le contrôle de constitutionnalité des lois est un contrôle de validité de la norme ; et s'agissant de la loi, c'est la validité de l'expression de la volonté générale qui doit être appréciée. Or ceci ne peut se faire que par rapport à des normes exprimant la volonté générale à un niveau supérieur et de manière évidemment continue* »[79]. Or, les normes internationales ne répondent pas pour l'instant à ces exigences.

606. Cependant, une part de plus en plus grande de la doctrine ne se satisfait pas (ou plus) de ces arguments et plaident, tant en France qu'en Espagne, pour un élargissement du bloc de constitutionnalité au Droit européen[80]. Certains soutiennent même que le Conseil constitutionnel se serait déjà engagé dans cette voie[81]. Si cette

---

[75] STC n°203/96 du 9 décembre 1996.
[76] STC n°45/96 du 25 mars 1996 et STC n°147/96 du 19 septembre 1996.
[77] BverfGE 10, p. 271, 274 ; BverfGE 34, p. 384, 395 ; BverfG NJW, 1984, p. 1293, 1294 ; BverfG, NJW, 1993, p. 3255, 3256 (avec indication expresse : « jurisprudence constante »).
[78] E. PICARD, « Vers l'extension du bloc de constitutionnalité au droit européen ? », *RFDA*, 1993, sp. 54.
[79] L. FAVOREU, *op.cit.*, p. 39.
[80] En ce sens notamment, D. DE BECHILLON, « De quelques incidences du contrôle de la conventionnalité internationale des lois par le juge ordinaire (malaise dans la constitution) », *RFDA*, 1998, p. 225 et ss ; F. LUCHAIRE, « L'Union européenne et la Constitution », *RDP*, 1992, p. 1587 ; E. PICARD, *op.cit.*, p. 47 et ss ; D. ROUSSEAU, *Droit du contentieux constitutionnel*, 6ème éd., Paris, Montchrestien, 2001, sp. 116.
[81] A l'appui de cette démonstration, ces auteurs invoquent notamment la « constitutionnalisation » des traités sur l'Union européenne » : ces traités devraient être considérés comme intégrés dans la charte constitutionnelle. D'ailleurs, ces auteurs rappellent que, depuis 1992, le Conseil constitutionnel a rendu plusieurs décisions « *qui marquent une nette ouverture du bloc de constitutionnalité au droit communautaire et européen* » (D. ROUSSEAU, *op.cit.*, p. 117). Sa décision du 18 décembre 1997 en constituerait une première illustration : le Conseil constitutionnel s'appuie explicitement sur la « directive n°92-25 du 25 mars 1992 du Conseil des communautés européennes concernant la distribution en gros de médicaments à usage humain non encore transposée » pour décider si laboratoires pharmaceutiques et grossistes répartiteurs de médicaments sont objectivement dans des situations différentes pouvant justifier une différence de traitement fiscal. Qui plus est, le Conseil constitutionnel a interprété la directive pour décider si elle était applicable à défaut de transposition (dispositions inconditionnelles et suffisamment précises). (CC. 97-393 D.C., 18 décembre 1997, R. p. 320). Ensuite, dans sa décision du 20 mai 1998 (CC. 98-400 D.C. *Conditions d'application de l'article 88-3,* 20 mai 1998), le Conseil constitutionnel a

question reste encore ouverte à débat[82], on peut en revanche constater que certaines données du Droit européen ont pu, d'ores et déjà, influencer, ici ou là, la jurisprudence du Conseil constitutionnel : *silencieusement*, le Droit européen vient enrichir *discrètement* la jurisprudence constitutionnel du Conseil[83]. L'attitude du Conseil constitutionnel français à l'égard du droit européen et plus particulièrement de la Convention européenne des droits de l'homme est en effet assez paradoxale. En effet, dans le cadre de sa mission de juge de la constitutionnalité des lois, le Conseil s'est toujours refusé à connaître de l'application de la Convention dans la mesure où il se déclare incompétent pour contrôler la conventionnalité des lois. Pour autant, le Conseil n'est pas sourd aux apports de la jurisprudence de la CourEDH[84]. Plusieurs exemples viennent appuyer le propos. Dans sa décision du 28 juillet 1989 relative à la transparence du marché financier, le Conseil s'est directement inspiré de la jurisprudence de la CourEDH en matière de respect des droits de la défense en reprenant à son compte les solutions dégagées dans les arrêts *Delcourt* du 17 janvier 1970 et *Golder* du 21 février 1975 pour donner corps au principe des droits de la défense comme principe fondamental reconnu par les lois de la République. Ainsi, le principe des droits de la défense « *implique, notamment en matière pénale, l'existence d'une procédure juste et équitable garantissant l'équilibre des droits des particuliers* ». La parenté terminologique avec la jurisprudence de la CourEDH est patente[85]. De même, dans le domaine de la liberté d'expression, le Conseil constitutionnel fait référence à la notion de « *pluralisme comme condition de la démocratie* », formule extrêmement proche de celle retenue par la CourEDH dans les arrêts *Handsyde*, *Sunday Times* et *Lingens*, dans lesquels la CourEDH considère la liberté d'expression comme *« l'un des fondements essentiels d'une société démocratique et l'une des conditions primordiales de son progrès et de l'épanouissement de chacun »*. Au-delà des termes utilisés en l'espèce, c'est l'approche globale retenue par le Conseil constitutionnel dans le domaine de la liberté d'expression qui se révèle très proche de celle de la CourEDH. Plus largement, la similitude des méthodes d'interprétation et de contrôle utilisées par les deux 'juridictions constitutionnelles' les conduit vers des solutions semblables[86],

---

examiné conformément à la « volonté même du constituant » le respect par une loi organique de dispositions communautaires (article 8B §1 du traité de Maastricht et la Directive du 19 décembre 1994 relative à la mise en œuvre du droit de vote de citoyens communautaires) conformément aux dispositions de l'article 88-3 de la Constitution . Cette solution ne s'applique toutefois qu'aux règles communautaires qui sont expressément visées dans la Constitution et à elles seules.

[82] *Contra*, L. FAVOREU *et alii*, *op.cit.*, p. 155 ; E. ZOLLER, *Droit constitutionnel*, Paris, PUF, 1998, p. 235 et ss.

[83] P. GAIA, « Les interactions entres les jurisprudences de la Cour européenne des droits de l'homme et du Conseil constitutionnel », *RFDC*, 28, 1996, p. 725.

[84] J-P. MARGENAUD, *La Cour Européenne des Droits de l'Homme*, Paris, Dalloz, 1997, p. 136 ; M-A EISSEN, « L'interaction des jurisprudences constitutionnelles nationales et de la jurisprudence de la CEDH », STH, Paris, 1990, p. 137 ; P. GAIA, *op.cit.*, sp. 742.

[85] Voir en ce sens l'analyse de M-A. EISSEN, *op.cit.*, p. 137.

[86] Dans l'ensemble, les solutions retenues par le Conseil constitutionnel sont très proches de celles de la Cour sans qu'il soit possible pour autant d'en conclure à une influence directe de cette dernière sur la jurisprudence du Conseil. Voir l'analyse détaillée de M-A. EISSEN, *op.cit.* ; voir également, J. RIDEAU, « La coexistence... », *op.cit.*, p. 19.

susceptibles même de les influencer réciproquement[87]. Au-delà, on pourrait même relever l'émergence d'une jurisprudence constitutionnelle transnationale, inspirée par des principes communs dégagés par la confrontation informelle des différentes solutions européennes et nationales[88].

607. En attendant l'adoption d'une éventuelle future « Constitution européenne », intégrant la Charte des droits fondamentaux de l'Union européenne, il faut admettre que le Droit européen n'est pas *directement* pris en compte par les juges constitutionnels européens. Ce n'est sans doute pas là le sens de l'histoire. Déjà, en effet, les jurisprudences européennes inspirent – discrètement il est vrai – les jurisprudences constitutionnelles. Certaines cours constitutionnelles vont même plus loin en acceptant, ainsi que nous l'avons vu au chapitre précédent, que les normes européennes puissent servir d'aide à l'interprétation des droits fondamentaux et des principes nationaux de l'Etat de droit[89]. Ces jurisprudences ont toutefois été critiquées tant par les « *constitutionnalistes* » que par les « *européanistes* ». C'est ainsi qu'une partie de la doctrine allemande a dénoncé l'incohérence de la jurisprudence de la Cour constitutionnelle dans la mesure où la Cour n'avait pas expliqué en quoi des normes n'ayant pas une valeur constitutionnelle devaient être prises en compte dans le cadre de l'interprétation de normes au niveau constitutionnel, l'explication tenant à la parenté des droits fondamentaux de la loi fondamentale et des droits de l'homme de la Convention ne convainquant personne. La doctrine espagnole s'est également interrogée sur le paradoxe d'une telle jurisprudence qui consiste, d'un côté, à affirmer que le Droit européen n'est pas un paramètre de constitutionnalité, et, de l'autre, à s'en servir pour mettre en valeur la portée de la Constitution en matière de droits fondamentaux. Sauf à mobiliser la théorie pluraliste du droit, la seule justification possible serait de considérer que le juge constitutionnel a procédé à une « constitutionnalisation » du droit européen des droits fondamentaux, conférant ainsi à la Convention « *une valeur constitutionnelle directe* »[90] en droit interne. Il faudrait donc considérer ces droits fondamentaux européens comme des normes de constitutionnalité à part entière … ce que ces

---

[87] Encore faut-il relativiser l'influence potentielle de la jurisprudence du Conseil constitutionnel sur la jurisprudence de la Cour, tant à ses yeux les jurisprudences des Cours constitutionnelles allemandes, espagnoles et italiennes sont plus abouties. Cependant, l'affaire *Amuur* (CourEDH, 25 juin 1996, *Amuur c/ France, RUDH* 1996, p144) constitue un précédent intéressant dans la mesure où la Cour reprend partiellement un des considérants de la décision du Conseil constitutionnel du 25 février 1992, dite « Zones de transit ». Voir en ce sens les observations de P. GAÏA, *op.cit.*, pp. 739-740.

[88] La démarche de la Cour de justice des Communautés européennes pour construire le système communautaire de protection des droits fondamentaux est exemplaire de cette approche pluraliste de l'ordre juridique. S'inspirant tour à tour des traditions constitutionnelles nationales et du droit de la Convention européenne des droits de l'homme, la Cour de justice a élaboré ce qui pourrait ressembler à *jus commune* des droits fondamentaux. L'avocat Général Dutheillet de Lamothe relevait ainsi que « *ces principes contribuent à former un substratum philosophique, politique et juridique commun aux Etats membres à partir duquel se dégage de façon prétorienne un droit commun non-écrit* » (Concl. AG Dutheillet de Lamothe, CJCE, 17 décembre 1970, *Internationale Handelsgesellschaft*, aff. 11/70, Rec. 1125).

[89] *Cf. supra*, n°528 .

[90] E. GARCIA DE ENTERRIA, *op.cit.*

juridictions constitutionnelles ne semblent pas encore vouloir accepter. Pire, nombre d'entre elles ont posé des « *réserves de fondamentalité* » à la primauté du Droit européen rappelant ainsi au passage la prévalence de la dimension constitutionnelle nationale de l'Etat de droit.

B. Les « *réserves de fondamentalité* », expression de l'identité constitutionnelle des Etats de droit nationaux

608. Certaines cours constitutionnelles ont défini des limites au processus d'intégration communautaire qu'elles ont consolidées sous la forme de réserves de constitutionnalité qui deviennent ainsi le réceptacle des valeurs constitutionnelles fondamentales parmi lesquelles les droits fondamentaux occupent une place privilégiée[91] : au sein de ces réserves de constitutionnalité proprement dites, se développent de véritables « *réserves de fondamentalité* » relatives aux droits fondamentaux. Dans le cadre de cette étude nous nous concentrerons exclusivement sur celles-ci. Principalement façonnées en Allemagne et en Italie où les cours constitutionnelles ont joué un rôle moteur dans la construction et la consolidation de l'Etat de droit (**1**), ces réserves de *fondamentalité* ont trouvé également un écho favorable dans d'autres Etats membres, comme en Espagne, en France, en Grèce, aux Pays-bas ou encore au Portugal (**2**).

1) Les réserves originelles de fondamentalité : les cas allemand et italien

609. Dès le milieu des années 1960, les cours constitutionnelles allemande et italienne ont émis des réserves fondées sur les principes essentiels de l'ordre constitutionnel à l'égard du processus d'intégration communautaire. Certains principes – en l'occurrence ceux de l'Etat de droit démocratique – constitutifs de « *l'identité de l'ordre constitutionnel* » interne ne sauraient être mis en échec par le droit communautaire, tout comme d'ailleurs par le constituant national.

610. Il n'est pas besoin ici de revenir très longuement sur ces jurisprudences déjà abondamment discutées[92]. Contentons-nous ici de rappeler la logique qui a mené à la constitution de telles réserves.

---

[91] O.DORD, *Cours constitutionnelles nationales et normes européennes*, Thèse, Paris X, 1996, p. 238 et ss ; C. GREWE et A. WEBER, « Le traité sur l'Union européenne devant les juridictions constitutionnelles », *AIJC*, 1993, pp. 11-30 ; J. VERNET I LLOBET, « Los limites a la integración europea » *Civitas Europa*, 3/1999, pp. 311-342.

[92] L. DANIELE, « Après l'arrêt Granital : droit communautaire et droit national dans la jurisprudence récente de la CCI », *CDE*, 1992, p. 3 ; I. SCHÜBEL, « La primauté du droit communautaire en Allemagne. Une étude de la jurisprudence de la Cour constitutionnelle fédérale allemande et de la principale doctrine allemande », *RMCUE*, 1997, pp. 621-630 ; C. WALTER, « Le contrôle de constitutionnalité des actes de droit communautaire dérivé par la Cour constitutionnelle fédérale allemande », *RDP*, 1997, pp. 1285-1300.

1) Voulant éradiquer les souvenirs totalitaires du nazisme et du fascisme, les constituants allemands et italiens ont décidé de placer la sauvegarde des droits fondamentaux de la personne humaine au frontispice de leur constitution et de leur assurer une protection juridictionnelle maximale[93].
2) Ces principes se trouvent au cœur du « *noyau dur constitutionnel* »[94] de « *principes fondamentaux de l'ordre constitutionnel* » « *inaliénables* » dont font partie « *la protection inaliénable des droits de l'homme* »[95] et « *les droits fondamentaux* ». Ce noyau dur est constitutif de « *l'identité de l'ordre constitutionnel* »[96].
3) Il incombe au juge constitutionnel d'assurer le respect de ces principes.

En conséquence, toute norme communautaire portant atteinte à ce noyau dur constitutionnel constitutif de l'identité de l'ordre constitutionnel national doit pouvoir être écartée par le juge constitutionnel. Cependant, ce cas de figure reste largement hypothétique comme le souligne la Cour constitutionnelle italienne qui le juge « *extrêmement improbable* » voire « *aberrant* ». Mais ce qui est « *extrêmement improbable n'en reste pas moins possible. Au moins d'un point de vue théorique et général, on ne saurait affirmer avec certitude que tous les principes fondamentaux de notre ordre constitutionnel se trouvent parmi les principes communs aux ordres juridiques des Etats membres et sont compris dans l'ordre juridique communautaire* »[97]. Il existerait cependant une présomption de compatibilité. C'est d'ailleurs ce qu'estime le juge constitutionnel allemand qui admet depuis 1986 une présomption de compatibilité du droit communautaire dérivé aux droits fondamentaux allemands.

611. Malgré tout, ces décisions ont pu faire l'objet de nombreuses critiques dans la mesure où elles pouvaient apparaître comme des menaces pour le processus d'intégration européenne. Non seulement ces réserves nous paraissent logiques eu égard aux principes structurant le droit constitutionnel de chacun de ces Etats, mais en plus, elles ont d'une certaine façon contribué à la construction d'une véritable Communauté de droit.

Ces décisions sont logiques. Il convient en effet de rappeler que le constituant allemand a entendu soustraire certains principes fondamentaux au pouvoir constituant dérivé (article 79§3 LF). Parmi ces principes, on trouve les principes de la démocratie, de l'Etat de droit, du fédéralisme et plus généralement l'ensemble des droits fondamentaux inaliénables de la personne humaine. Par conséquent, toute loi de révision constitutionnelle portant atteinte à ces principes serait annulée par la

---

[93] Sur ce point, *Cf. supra*, Première partie, Titre II, Chapitre 1.
[94] CCI n°98/65, *San Michele* du 27 décembre 1965, GC, 1965, 1322.
[95] *Ibid.*
[96] BverfGE 22 octobre 1986, *RTDE*, 1987, p. 537.
[97] CCI, 13 avril 1989, *Fragd*, Foro It., 1990, I, 1855.

Cour constitutionnelle ainsi qu'elle l'a rappelé dès 1970[98]. Malgré l'absence de toute habilitation constitutionnelle expresse aussi large en la matière[99], la Cour constitutionnelle italienne semble également faire sienne cette idée d'intangibilité de certains principes constitutionnels même si elle n'en a jamais dressé la liste. C'est ainsi que dans une décision n°1146 de 1988, la Cour constitutionnelle a affirmé que « *la Constitution italienne comprend quelques principes suprêmes qui ne peuvent être renversés ou modifiés dans leur contenu essentiel, même pas par une loi de révision constitutionnelle ou par d'autres lois constitutionnelles* »[100]. Selon la Cour constitutionnelle, il existe deux catégories de principes constitutionnels suprêmes. Ce sont « *aussi bien les principes que la Constitution prévoit explicitement comme limites absolues au pouvoir de révision constitutionnelle, telle la forme républicaine (art. 139), que les principes qui, bien que n'étant pas expressément mentionnés parmi ceux qui ne peuvent pas être assujettis à la procédure de révision, appartiennent à l'essence des valeurs suprêmes sur lesquelles se fonde la Constitution italienne* ». Autrement dit, aucune révision constitutionnelle ne saurait porter atteinte à certains principes fondamentaux reconnus comme tels par la Constitution elle-même (Allemagne)[101] ou par le juge constitutionnel (Italie). Dans ce contexte, on ne comprendrait pas que ce que le constituant national source du pouvoir suprême de tout ordre constitutionnel ne peut pas faire, une norme européenne puisse le faire[102]. D'ailleurs, la Loi fondamentale allemande a constitutionnalisé cette exigence dans son article 23 LF[103]. Dès lors que l'on accepte

---

[98] CCF, 15 décembre 1970, BverGE 30, 1, obs. : M. FROMONT, « Le tribunal constitutionnel », *RDP*, 1970, p. 1423.

[99] A l'instar de la Constitution française (article 5) , l'article 139 de la Constitution italienne dispose que « *la forme républicaine ne peut faire l'objet d'une révision constitutionnelle* ».

[100] CCI, n°1145/1988, obs. : A. PIZZORUSSO, *Foro Italiano*, 1989, I, p. 610 ; F. RIMOLI, « Costituzione rigida, potere di revisione e interpretazione per valori », *Giur. Cost.* 1992, pp. 3712-3720.

[101] Notons que le juge constitutionnel allemand s'est pendant longtemps tenu à une lecture restrictive de l'article 79§3 LF. Selon la Cour en effet, « *L'encadrement de l'obligation à laquelle est tenue le législateur constitutionnel, sur le fondement de l'article 79§3 LF, doit d'autant plus être pris en considération qu'il s'agit d'une disposition d'exception. Celle-ci ne doit cependant pas conduire à ce que le législateur constitutionnel ne puisse pas modifier, de manière immanente à la Constitution, des principes constitutionnels fondamentaux* ». BverfGE 30, 1. Il semble toutefois qu'il ait quelque peu élargi « le noyau constitutionnel » intangible (CCF, 12 octobre 1993, pt. B5). En effet dans une décision du 23 avril 1991, la Cour constitutionnelle a en effet considéré que « *le législateur constitutionnel [...] ne doit pas négliger les principes fondamentaux de la justice au titre desquels figurent les principes d'égalité et de prohibition de l'arbitraire. De même, les principes essentiels que sont l'Etat de droit et l'Etat social, exprimés par les articles 20§1 et §3 sont à respecter. En effet, l'article 79§3 exige seulement que ces principes ne soient pas affectés. Cela n'empêche pas en revanche le législateur constitutionnel de modifier, pour des motifs justifiés, la détermination en droit positif de ces principes* » (BverfGE 84, 90, obs. : P. COLLAS, « Réunification, Constitution, et propriété en Allemagne », *RFDC*, 1991, pp. 633-658).

[102] B. CARAVITA, « Principes suprêmes, principes supraconstitutionnels ou principes communs ? », *op.cit.*, p. 444.

[103] Aux termes de l'article 23 LF, « *Pour la réalisation d'une Europe unie, la République fédérale d'Allemagne concourt au développement de l'Union européenne engagée au respect de la démocratie et de l'Etat de droit, de principes sociaux et fédératifs ainsi que du principe de subsidiarité, et garantissant une protection des droits fondamentaux substantiellement comparable à celle de la présente loi fondamentale. [...]*

l'idée de principes fondamentaux intangibles au sein d'un ordre constitutionnel donné, et que l'on reconnaît au juge constitutionnel le pouvoir d'en assurer le respect, il est logique que ce pouvoir s'exerce tant à l'encontre du droit national constitutionnel qu'à l'encontre du Droit européen.

Ces décisions furent également bénéfiques pour l'intégration européenne. On rappellera brièvement que tirant les leçons des critiques des cours constitutionnelles nationales quant à l'absence de tout système de protection des droits fondamentaux comparable (*So lange* I) à ceux existants au sein des ordres constitutionnels nationaux allemand et italien, la CJCE a construit de toute pièce un système complet de protection des droits fondamentaux sur la base des principes généraux communs aux droits internes des Etats membres, des traditions constitutionnelles nationales et des instruments internationaux concernant la protection des droits de l'homme parmi lesquels la Convention européenne des droits de l'homme occupa rapidement une place privilégiée. Désormais, ce système communautaire des droits fondamentaux est si développé qu'il vient directement concurrencer celui de la Convention. Cette jurisprudence a été constitutionnalisée par le traité d'Amsterdam. La Charte des droits fondamentaux de l'Union européenne en constitue l'aboutissement.

612. En conséquence, ces *réserves de fondamentalité* loin de fragiliser le processus d'intégration communautaire l'ont au contraire consolidé. Les juridictions constitutionnelles sont ainsi apparues comme les garantes du respect des principes fondamentaux de l'Etat de droit ; elles ont ainsi, d'une certain façon, contribué à l'émergence d'une véritable Communauté de droit. D'une manière générale, ces réserves de fondamentalité illustrent la place croissante de la question de la garantie des droits fondamentaux au sein des ordres juridiques européens[104]. L'apparente généralisation de ces réserves parmi les Etats membres de l'Union européenne n'en serait qu'une illustration supplémentaire.

2) Vers la généralisation des « *réserves de fondamentalité* » ?

613. On retrouve dans une moindre mesure de telles réserves de fondamentalité – même purement théoriques – dans d'autres Etats membres.

614. La Constitution portugaise est potentiellement porteuse de telles réserves : en effet, aux termes des articles 207 et 277 al. 2 de la Constitution de 1976,

---

L'article 79, alinéas 2 et 3 est applicable à l'institution de l'Union européenne ainsi qu'aux modifications de son fondement conventionnel et aux autres réglementations comparables qui modifient ou complètent la présente Loi fondamentale dans son contenu ou permettent de tels compléments ou modifications » (souligné par nous).

[104] Sur cette question, voir L. FAVOREU (dir.), *Cours constitutionnelles européennes et droits fondamentaux*, Paris, PUAM-Economica, 1982, 540p. ; E. PICARD, « L'émergence des droits fondamentaux », *op.cit.*.

l'inconstitutionnalité résultant d'une violation d'un principe fondamental s'oppose à l'application d'un traité. Toutefois, jusqu'à présent, la Cour constitutionnelle n'en a pas fait usage[105].

615. En revanche, les juges constitutionnels espagnols et français semblent s'orienter vers une telle approche.

Le Tribunal constitutionnel espagnol a, dans une décision de 1991, considéré que l'article 40§3 du traité CEE « *offre à l'heure actuelle un contenu et, par voie de conséquence, une protection similaire à celle dispensée dans l'ordonnancement interne de chaque Etat membre* »[106]. L'utilisation de l'expression « *en la actualidad* » (à l'heure actuelle) rappelle étrangement celle de « *so lange* » (aussi longtemps que) utilisée par le juge constitutionnel allemand.[107] Ne se trouve-t-on pas ici en présence d'une limite équivalente à celle posée par le juge constitutionnel allemand ?

Une telle interrogation vaut également en France[108]. Pendant longtemps, le problème du respect des droits fondamentaux par les normes européennes n'était pas posé par le juge constitutionnel français : la question était traditionnellement posée exclusivement au regard du respect des conditions essentielles d'exercice de la souveraineté. Or, si « l*e principe de la souveraineté nationale [reste] la norme de référence dominante du contrôle au fond des engagements internationaux* »[109], on peut se demander si le Conseil constitutionnel n'a pas, à partir de sa décision *Protocole n°6 à la CEDH,* entendu accorder une place grandissante au contrôle du respect des libertés et droits fondamentaux de la personne par les traités internationaux[110]. Dans cette décision, le Conseil constitutionnel va expliciter la réserve de constitutionnalité relative « *aux conditions essentielles d'exercice de la souveraineté nationale* » en évoquant « *le respect des institutions de la République, la continuité de la vie de la Nation et la garantie des droits et libertés des citoyens* ». Mais c'est surtout à partir de la décision *Schengen* du 25 juillet 1991 que la prise en compte de la « *garantie des droits et libertés des citoyens* » s'est manifestée avec une inhabituelle vigueur. Le Conseil constitutionnel va s'assurer, d'une part, que le principe de libre circulation des personnes ne porte pas atteinte à l'objectif constitutionnel de sauvegarde de l'ordre public, et, d'autre part, que chaque citoyen dispose d'une voie de recours effective contre les décisions prises par le Comité

---

105 J.M. CARDOSO DA COSTA, « Portugal. Contrôle de constitutionnalité et droit communautaire dérivé », *Conférence des cours ayant compétence constitutionnelle des Etat membres de l'Union européenne*, 25 et 26 septembre 1997, p. 7.

106 STC, 22 mars 1991, n°64/1991, BOE, 24 avril 1991.

107 L. BURGORGUE-LARSEN, *L'Espagne et la Communauté européenne*, *op.cit.*, p. 317.

108 D. BLANCHARD, *La constitutionnalisation de l'Union européenne*, Rennes, Apogée, 2001, sp. 80 ; T. DE BERRANGER, *op.cit.*, sp. 295-297 ; J-F. FLAUSS, « Les droits de l'homme comme élément d'une constitution et de l'ordre européen », *LPA*, n°52, 30 avril 1993, p. 8.

109 P. GAÏA, « Commentaires de CC, 25 juillet 1991, fonction publique et 25 juillet 1991, Schengen », *RFDC*, 1991, sp.705.

110 Décision n°85-188 DC.

exécutif chargé de l'application du système Schengen. Autrement dit, le Conseil constitutionnel vérifie ici la compatibilité du système Schengen avec les principes constitutionnels de la conception française de l'Etat de droit[111]. Il semblerait donc que la question de protection des droits fondamentaux bénéficie d'une considération particulière de la part du juge constitutionnel français. Cette position trouve confirmation dans la décision du 9 avril 1992, n°92-308, *Maastricht I*. L'existence d'un titre intitulé « *Sur les garanties des droits et libertés des citoyens* » pourrait à lui seul en constituer l'illustration. Le Conseil constitutionnel va prendre soin de vérifier si le traité de l'Union européenne « *est à même de garantir les droits et les libertés des citoyens* ». Il prend acte, à cet égard, de ce que l'article F§2 du traité prévoit le respect des droits fondamentaux, aussi bien ceux garantis par la Convention européenne des droits de l'homme et des libertés fondamentales que ceux résultant des traditions constitutionnelles communes aux Etats membres, respect assuré par la CJCE. Qui plus est, le Conseil constitutionnel met l'accent sur le rôle complémentaire joué par les juridictions internes dans la protection des droits fondamentaux. Au total donc, le Conseil constitutionnel conclut que les stipulations du traité de Maastricht n'entrent pas en contrariété avec la garantie des droits et libertés des citoyens. Il apparaît ainsi qu'aux yeux du juge constitutionnel français « *la primauté des droits de la personne est une exigence plus impérieuse que la primauté du droit communautaire* »[112] comme l'a souligné Louis Dubouis. Cette jurisprudence sera confortée par la décision n°93-325 DC du 13 août 1993 sur la *maîtrise de l'immigration* où le Conseil constitutionnel va souligner qu'aucune convention internationale ne saurait restreindre le droit constitutionnel fondamental à se défendre. Se dessine ainsi également en droit constitutionnel français une véritable réserve de constitutionnalité spécifique en matière de droits fondamentaux (*réserve de fondamentalité*). Il semblerait même que la décision du Conseil constitutionnel relative au Statut de la Cour pénale internationale entérine la consécration d'une *réserve de fondamentalité autonome*[113]. En effet, dans sa décision n°98-408 DC du 22 janvier 1999, *Traité portant statut de la Cour pénale internationale*, le Conseil constitutionnel a admis expressément et sans aucune équivoque que l'autorisation de ratifier des engagements internationaux appelle une révision constitutionnelle au cas où « *une clause contraire à la Constitution met en cause les droits et libertés constitutionnellement garantis ou porte atteinte aux conditions essentielles d'exercice de la souveraineté nationale* ». Autant dire que les Cours constitutionnelles nationales, tout en prenant acte du haut niveau de protection des droits fondamentaux au sein de l'Union européenne, n'entendent pas « perdre la main » dans la définition des attributs essentiels de leur ordre constitutionnel respectif.

[111] O. DORD, *op.cit.*, p. 223.
[112] L. DUBOUIS, *op.cit.*, p ; 219.
[113] D. BLANCHARD, *op.cit.*, p. 80 ; C. JOCELYN, « Le statut de la Cour pénale internationale et le droit constitutionnel français », *RTDH*, 2000, p. 649.

616. « *La Constitution est-elle encore la norme fondamentale de la République ?* » se demandaient en 1999 Marie-France Christophe Tchakaloff et Olivier Gohin. A l'évidence, l'intégration européenne ne marque pas (encore) la fin des constitutionnalismes nationaux[114]. En effet, en dépit des avancées considérables du processus d'intégration européenne, de la « communitarisation » croissante des constitutions nationales et de l'émergence d'un double constitutionnalisme européen et communautaire, force est de constater que les ordres juridiques internes reposent en priorité sur la norme constitutionnelle nationale. Les cours constitutionnelles, relayées par certaines juridictions ordinaires, ont assuré la défense de l'identité constitutionnelle nationale, en affirmant parfois l'intangibilité de certains principes fondamentaux et en contrôlant, le cas échéant, l'exercice du pouvoir constituant dérivé. Les cours constitutionnelles « *se sont ainsi faites les défenseurs de l'autonomie constitutionnelle interne. Leur analyse du processus d'intégration communautaire est destinée à empêcher l'autoaliénation des Etats et des ordres juridiques nationaux et à réaffirmer la primauté du droit constitutionnel national* »[115]. L'Etat de droit national est ainsi avant tout un « *Etat de droit constitutionnel* », fondé et structuré par la constitution, dont la consolidation appartient en premier lieu au juge constitutionnel national. La constitution apparaît donc bien comme une première limite à la diffusion d'un modèle commun européen de l'Etat de droit.

617. Néanmoins, on ne saurait clore cette section sans relativiser ce constat à un triple point de vue :

- Premièrement, si la constitutionnalisation des ordres juridiques nationaux est un phénomène réel[116], elle n'en constitue pas moins un phénomène partiel[117] : l'ordre juridique national ne se réduit pas au droit constitutionnel, de même qu'il n'y a pas de droits et libertés fondamentaux qu'exclusivement constitutionnels ; le juge ordinaire tout comme le législateur peut le cas échéant être à l'origine d'un « *droit fondamental* »[118]. Autrement dit, l'Etat de droit n'est pas seulement conditionné par

---

[114] P. GAIA, « Le contrôle constitutionnel », *H. GAUDIN (dir.), op.cit.*, p. 39 et ss ; L. FAVOREU, « 'L'euroscepticisme du droit constitutionnel'. Rapport de Synthèse », *in*. H. GAUDIN (dir.), *op.cit.*, p. 379-390 ; J. HABERMAS, « Does Europe need a constitution ? », *ELR*, 1995, pp.282-302.

[115] C. GREWE et H. RUIZ-FABRI, *op.cit.*, p. 133.

[116] Sur cette question, voir spécialement les différentes contributions du Doyen Favoreu, L. FAVOREU *et alii, Droit constitutionnel, op.cit.*, n°361 et ss, et n°489 et ss ; L. FAVOREU, « La constitutionnalisation de l'ordre juridique », *RBDC*, 1998, pp. 233-243 ; « Légalité et constitutionnalité », *Cah. Cons. Const.*, n°3, 1997, pp. 73-81.

[117] Y. POIRMEUR et D. ROSENBERG, « La doctrine constitutionnelle et le constitutionnalisme français », *in Les usages sociaux du droit*, PUF, 1990, p. 237 ; J. CARBONNIER, *Droit et passion du droit sous la Ve République*, Paris, Flammarion, 1996, sp. 271.

[118] En ce sens, voir la démonstration de E. PICARD, « L'émergence des droits fondamentaux », *AJDA, n°spécial*, 1998, sp. 10-14. L'auteur s'attache à démontrer contrairement aux thèses dominantes (Favoreu) qu' « *aucune norme n'épuise la fondamentalité* » (p. 10), et qu'à côté d'une fondamentalité constitutionnelle, coexistent une « *fondamentalité supranationale* » (p.10) et une « *fondamentalité infraconstitutionnelle* » (p. 11). Cette dernière peut s'exprimer dans la jurisprudence des juges ordinaires qui recourent depuis longtemps en France à la notion de liberté fondamentale (dans le cadre par exemple

l'ordre constitutionnel ; il l'est plus largement par l'ensemble de l'ordre juridique interne. Et à cet égard, force est de constater qu'en dehors des normes constitutionnelles, le Droit européen prime l'ensemble des normes nationales. Les juges nationaux n'hésitent d'ailleurs plus à exercer un véritable contrôle de conventionnalité des lois internes et à écarter la loi ou à invalider les normes infra-législatives qui seraient contraires au Droit européen. Par ce canal, les principes constitutifs du modèle européen de l'Etat de droit peuvent modeler les formes institutionnelles nationales de l'Etat de droit.

- Deuxièmement, il faut minimiser les résistances constitutionnelles nationales à l'influence du Droit européen. Le plus souvent, le refus de prendre en compte ouvertement le Droit européen par les juridictions constitutionnelles nationales ne répond pas tant à la volonté de préserver *« l'autonomie constitutionnelle interne »* qu'à une impossibilité constitutionnelle de mobiliser les normes européennes : conformément au modèle européen de justice constitutionnelle, les juridictions constitutionnelles européennes sont des juridictions spécialisées chargées de veiller à l'application et au respect des normes constitutionnelles et d'elles seules. Le juge constitutionnel n'est donc compétent que pour appliquer des normes de rang constitutionnel. C'est ainsi que la Cour constitutionnelle autrichienne peut appliquer la Convention européenne des droits de l'homme dans la mesure où celle-ci a été constitutionnalisée : la Convention constitue ici une « norme de constitutionnalité » pour cette seule raison. Mais au-delà de l'impossibilité constitutionnelle de prendre en compte le Droit européen, il faut bien avouer par ailleurs que les Cours constitutionnelles nationales sont de plus en plus perméables aux droits fondamentaux européens[119] et ce, qu'elles les prennent en compte indirectement comme *« aide à l'interprétation »* des droits fondamentaux constitutionnels (Allemagne, Belgique, Espagne, Italie) ou implicitement comme source d'inspiration pour la détermination des droits fondamentaux constitutionnels (France).

- Troisièmement, il convient de minimiser le rôle des « réserves de constitutionnalité » ou plus spécifiquement des « réserves de fondamentalité »

de la théorie de la voie de fait) mais aussi dans l'œuvre législative à propos de laquelle la Constitution (art. 34C) et le juge constitutionnel (*Principes fondamentaux reconnus par les lois de la République)* admettraient que « *le législateur ordinaire puisse lui-même reconnaître le caractère fondamental des principes qu'il formule* » et partant des droits qui les mettent en œuvre (p.14). A ce dernier égard, le législateur a consacré par exemple « *le droit à l'habitat* » comme « *droit fondamental* » (article 1er de la loi du 22 juin 1982 relative aux baux d'habitation » puis le « *droit au logement* » comme « *droit fondamental* » (Article 1 de la loi du 6 juillet 1989). Le juge judiciaire en aurait d'ailleurs tiré un certain nombre de conséquences (A. BATTEUR et Th. LE BARS, « Le droit au maintien du logement », *JCP, éd. G.*, n°24, 1995, P. 321).

119 J. LE GLOAN, « L'influence croissante de la jurisprudence de la Cour européenne des droits de l'homme sur les droits nationaux », *RDP* 1998, p 1765 et ss. Mais de là à considérer à l'instar de Joël Andriantsimbazovina que « *l'irradiation de la jurisprudence constitutionnelle par celle de Strasbourg est générale et indiscutable* » (J. ANDRIANTSIMBAZOVINA, « La Convention européenne des droits, instrument de convergence des droits constitutionnels nationaux et du droit communautaire », *in H. GAUDIN (dir.), op.cit.*, p. 177), il y a toutefois un pas que l'on ne saurait franchir au risque de dénaturer la réalité constitutionnelle.

posées par certaines juridictions constitutionnelles à la primauté du Droit européen vis-à-vis de la réception d'un modèle européen commun de l'Etat de droit. En effet, ces « réserves » ne sont susceptibles de jouer que dans les hypothèses d'inadéquation du régime européen de protection des droits fondamentaux avec leurs régimes nationaux. Or, le modèle européen de l'Etat de droit (modèle exigeant) est un modèle protecteur des droits fondamentaux[120] (la question est ici différente de celle de savoir si le Droit européen respecte les droits fondamentaux). D'ailleurs, les juridictions constitutionnelles (allemande, espagnole et française) l'ont elles-mêmes reconnu en validant notamment le système communautaire de protection des droits fondamentaux. Il en résulte que, la plupart du temps, les systèmes de protection des droits fondamentaux européen, communautaire et nationaux sont « *équipollents* » selon l'expression de la Cour constitutionnelle italienne. Cela est confirmé, par ailleurs, par la convergence des jurisprudences constitutionnelles et des catalogues de droits fondamentaux constitutionnels nationaux entre eux et avec ceux européens[121] : à cet égard, l'insertion de la Charte des droits fondamentaux de l'Union européenne dans une future « Constitution européenne » ne pourra que consolider ce patrimoine commun de droits et de valeurs constitutif de l'identité « constitutionnelle » d'un modèle européen commun de l'Etat de droit.

SECTION II

LA PRESERVATION DE LA COHERENCE DES MODELES INSTITUTIONNELS NATIONAUX DE L'ETAT DE DROIT

618. Dans cette dernière section, nous souhaiterions évoquer, à partir de l'exemple français, une autre forme de limite à l'avènement d'un modèle commun européen de l'Etat de droit. L'idée centrale est ici que les systèmes juridiques internes sont dotés d'une logique interne propre, organisés autour de principes (et sous-tendus par des méta-principes) approuvés par des siècles de pratique juridique, illustrant une certaine conception de la place et des fonctions respectives, au sein du système juridique, de *l'Etat,* du *juge* et de *l'individu,* configurant une certaine forme institutionnelle de l'Etat de droit. Autant dire qu'il paraît a priori difficile pour le Droit européen et le modèle d'Etat de droit qu'il véhicule de remettre en cause certaines de ces institutions juridiques historiques (**§1**). D'une manière générale, c'est l'autonomie du système juridique lui-même que les juges nationaux entendent préserver(**§2**).

---

[120] Sans quoi il perdrait sa raison d'être dans la mesure où l'Etat de droit est fondé par les droits fondamentaux (E. PICARD).

[121] En ce sens, D. ROUSSEAU, « Les convergences constitutionnelles en matière de droits fondamentaux », in H. GAUDIN (dir.), *Droit constitutionnel, Droit communautaire. Vers un respect constitutionnel réciproque ?, op.cit.*, p. 159-168 ; O. DORD, *Cours constitutionnelles nationales et normes européennes, op.cit.*, pp. 516-560.

§1 - La preservation de certaines « *institutions juridiques* » historiques des modeles nationaux de l'Etat de droit

619. Les ordres juridiques internes n'entendent pas se débarrasser aussi facilement de certaines « institutions juridiques » historiques qui ont marqué de leur empreinte le droit interne et qui reflètent, à bien des égards, une certaine conception de l'Etat de droit. Le Droit européen peut venir remettre en cause, d'une part, une certaine conception de la justice (**A**), et, d'autre part, une certaine conception de la légalité (**B**).

A. Les « *institutions juridiques* » reflétant une certaine conception de la justice

620. L'affaire *Poitrimol* de la CourEDH en constitue une première illustration tant elle se heurte à une certaine conception de la justice et plus particulièrement du procès pénal. Selon une jurisprudence établie depuis le 19e siècle, la Cour de cassation française, en application des « *principes généraux de la procédure pénale française* », déclare irrecevable tout pourvoi en cassation formé par représentation au nom d'un condamné qui se dérobe à l'exécution d'un mandat de justice. Ainsi, pour la Cour de cassation, « *le condamné qui n'a pas obéi à un mandat de justice décerné contre lui, n'est pas en droit de se faire représenter et de donner mandat pour se pourvoir en cassation contre la décision le condamnant* »[122]. C'est cette position traditionnelle que la CourEDH a condamnée en considérant que «*l'irrecevabilité du pourvoi pour des raisons liées à la fuite du requérant [...] s'analysait en une sanction disproportionnée, eu égard à la place primordiale que les droits de la défense et le principe de la prééminence du droit occupent dans une société démocratique* »[123]. Or une telle position se heurte de manière frontale à une certaine conception de la justice comme le rappelait dans son opinion dissidente le juge français Pettiti : « *si le prévenu ne veut jamais comparaître, la société n'est plus en mesure d'assurer le fonctionnement de la justice pénale. Par une déviation perverse, ce serait alors le prévenu qui deviendrait le maître du procès ... ce qui aboutirait à désarmer l'Etat dans sa fonction majeure de justice* ».

621. Le Droit européen peut se heurter également au mode de fonctionnement même des hautes juridictions françaises. Plusieurs affaires récentes remettent en cause le rôle du ministère public devant les juridictions suprêmes : il est fait grief notamment aux avocats généraux devant les cours suprêmes de ne pas respecter le **principe de l'égalité des armes** et donc l'article 6§1 dans la mesure où, notamment, le requérant est dans l'impossibilité de répondre aux conclusions de ces derniers. Au-delà de la terminologie employée par la CourEDH, c'est une certaine pratique que celle-ci entend condamner, englobant tant la mission de l'avocat général près de

---

[122] Cass, crim, 21 décembre 1987, *Bull. crim.*, 1253.
[123] CourEDH, 29 juillet 1998, *Omar et Guérin c. France*, JCP, 1999, I, 105, obs. Sudre.

la Cour de cassation que celle du commissaire du gouvernement au Conseil d'Etat. Les juridictions françaises ont jusqu'à présent refusé de s'aligner sur cette jurisprudence qui remet en cause une institution essentielle du procès suprême. Ainsi, la Cour de cassation a-t-elle considéré dans l'affaire *Fontaine* que l'avocat général n'était pas une partie au procès et qu'il représentait l'intérêt de la loi (« un commissaire de la loi »). Ce sont ces mêmes arguments qui ont été repris par le gouvernement français devant les instances de Strasbourg dans l'affaire *Reinhardt et Slimane-Kaid.* Dans cette affaire, la Cour de Strasbourg a condamné la France pour violation du principe de l'équité de la procédure au motif que le rôle de l'avocat général ne s'accorde pas avec les exigences du procès équitable : « *Etant donné l'importance du rapport du conseiller-rapporteur, [...], le rôle de l'avocat général et les conséquences de l'issue de la procédure pour [les requérants], le déséquilibre ainsi créé, faute d'une communication identique du rapport aux conseils des requérants ne s'accorde pas avec les exigences du procès équitable. L'absence de communication des conclusions de l'avocat général aux requérants est pareillement sujette à caution. De nos jours certes, l'avocat général informe avant le jour de l'audience les conseils des parties du sens de ses propres conclusions et, lorsque, à la demande desdits conseils, l'affaire est plaidée, ces derniers ont la possibilité de répliquer aux conclusions en question oralement ou par une note en délibéré [...] Eu égard au fait que seules des questions de pur droit sont discutées devant la Cour de cassation et les parties y sont représentées par des avocats hautement spécialisés, une telle pratique est de nature à offrir à celle-ci la possibilité de prendre connaissance des conclusions litigieuses et les commenter dans des conditions satisfaisantes. Il n'est toutefois pas avéré qu'elle existât à l'époque des faits de la cause* ». L'argumentation quelque peu floue de la Cour risque, dans ce contexte très délicat, d'encourager la Cour de cassation dans sa résistance à la jurisprudence de la CourEDH. D'ailleurs, le Conseil d'Etat a clairement opposé une fin de non recevoir à une extension de cette jurisprudence au statut du commissaire du gouvernement. Dans l'affaire *Esclatine*, le Conseil d'Etat s'est prononcé en faveur du principe de non contradiction des conclusions du commissaire du gouvernement dans la mesure où celui-ci est indépendant et impartial dans la formulation de ses avis. Dès lors sa fonction ne saurait être assimilée à celle du ministère public. De plus, il participe pleinement à la fonction de juger : il est membre de la formation de la juridiction saisie, il participe à la procédure d'instruction et ses conclusions forment l'un des éléments de l'acte juridictionnel. Dans ce contexte, l'application des exigences de l'article 6 à l'institution du commissaire du gouvernement dénaturerait son rôle et sa fonction dans le déroulement du procès administratif. Une telle évolution n'est ni souhaitable ni envisageable comme l'ont remarqué de nombreux auteurs[124].

---

[124] J-C. BONICHOT et R. ABRAHAM, « Le commissaire du gouvernement dans la juridiction administrative et la Convention européenne des droits de l'homme », *JCP*, 1988.I.176. ; L. SERMET, « Droit administratif et Convention européenne des droits de l'homme », *RFDA*, 1999.807 ; V. HAÏM, « Le Commissaire du gouvernement et le respect du contradictoire », *Rec. Dalloz*, 1999, Chr.p201.

622. La remise en cause de certaines institutions processuelles nationales peut même aller bien au-delà. C'est la nature même des fonctions exercées par le Conseil d'Etat qui pourrait être remise en cause par la CourEDH en application de sa jurisprudence *Procola*. Historiquement, le Conseil d'Etat exerce une double fonction : il est à la fois le conseiller du gouvernement et le juge de l'administration. Dans quelle mesure cette dualité fonctionnelle est-elle compatible avec les exigences d'indépendance et d'impartialité posées par l'article 6§1 de la Convention ? Dans l'affaire *Procola*, la CourEDH a condamné le Luxembourg sur la base de l'article 6§1 au motif qu'il y a eu « *confusion dans le chef de quatre conseillers d'Etat de fonctions consultatives et de fonctions juridictionnelles. [...] Le fait que certaines personnes exercent successivement à propos des mêmes décisions les deux types de fonctions est de nature à mettre en cause l'impartialité structurelle de ladite institution.* »[125]. Pour le commissaire du gouvernement J-C. Bonichot, il ne saurait être question pour le Conseil d'Etat de se sentir lié par une telle jurisprudence. Pour lui, « *on peut faire comprendre à des juges européens, qui d'ailleurs le savent, que le Conseil d'Etat est l'expression même de la conception française de la séparation des pouvoirs, que la dualité de ses attributions lui donne un poids considérable vis-à-vis de l'Etat et que ce mode de fonctionnement profondément ancré dans la tradition française donne des résultats que dans beaucoup de pays on cherche à atteindre* »[126]. Pourtant, quelles que soient les limites posées par le Conseil d'Etat au risque de tels cumuls[127], il faut souligner que la CourEDH a critiqué une « *impartialité structurelle* » du Conseil d'Etat luxembourgeois, ce qui sous-entend que le simple fait qu'un tel dédoublement fonctionnel soit possible peut s'avérer incompatible avec les exigences de l'article 6§1 de la Convention. Or il est bien évident qu'aujourd'hui plus personne ne remet en cause l'impartialité du Conseil d'Etat nonobstant la dualité de ses attributions. L'arrêt *Procola* appelle certes quelques réformes[128] sans pour autant que celles-ci ne remettent en cause la spécificité fonctionnelle du Conseil d'Etat.

623. Ces quelques exemples illustrent assez bien les difficultés auxquelles peut se heurter le Droit européen lorsqu'il touche à certaines « *institutions historiques* » des systèmes juridiques nationaux. Il en va de même vis-à-vis du principe de légalité déjà largement ébranlé par le Droit européen.

---

[125] CourEDH, 28 septembre 1995, *Procola c/ Luxembourg*, Série A, n°326.

[126] Concl. Sur CE, 5 avril 1996, *Syndicat des avocats de France*, *RFDA*, 1996, p. 1199.

[127] Le Conseil d'Etat considère traditionnellement qu'un membre « *d'une juridiction ne peut pas participer au jugement d'un recours relatif à une décision administrative dont il est l'auteur ou qui a été prise par un organisme collégial dont il était l'auteur et au cours de délibérations auxquelles il a pris part* », CE, 2 mars 1973, *Mlle Arbousset*, *Rec.* 189.

[128] Voir en ce sens, J-L. AUTIN et F. SUDRE, « La dualité fonctionnelle du Conseil d'Etat en question devant la Cour européenne des droits de l'homme », *RFDA*, 1996, p. 777.

B. La préservation du dogme de la légalité : retour sur la responsabilité de l'Etat-législateur

624. L'affirmation du principe de la responsabilité de l'Etat législateur dans la jurisprudence récente de la Cour de justice des Communautés européennes[129] représente, eu égard à la conception classique de la souveraineté du parlement, « *une véritable révolution juridique* »[130] susceptible de bouleverser la structure et la cohérence des ordres juridiques nationaux.

625. En France, le principe de l'irresponsabilité du législateur[131] a prévalu jusqu'en 1938. Depuis la jurisprudence « *La Fleurette* », le Conseil d'Etat accepte de mettre en œuvre la responsabilité de l'Etat législateur sur la base de la rupture de l'égalité des citoyens devant les charges publiques [132]. Elle reste toutefois enfermée dans des conditions très drastiques : elle n'est admise en effet que 1) si « *rien dans le texte même de la loi ou dans ses travaux préparatoires, ni dans l'ensemble des circonstances de l'affaire* » ne permet de considérer que le législateur a entendu exclure toute réparation, et 2) si le préjudice est spécial et anormalement grave ayant entraîné une rupture de l'égalité des citoyens devant les charges publiques. Ce régime de responsabilité exclut l'hypothèse d'une responsabilité pour faute de l'Etat législateur. Il s'agit là d'une survivance du principe traditionnel selon lequel « *la loi ne peut mal faire* ».

626. Confronté aux exigences communautaires de la responsabilité de l'Etat du fait du droit communautaire, le Conseil d'Etat français, soucieux de « *préserver la cohérence interne du droit public français* »[133], a toujours su, jusqu'ici, esquiver la question de la responsabilité du législateur pour faute de fait la violation du droit communautaire. C'est ainsi que dans l'affaire *Société Arizona Tobacco* du 28 février 1992, le Conseil d'Etat a soigneusement évité de se prononcer sur la responsabilité pour faute du législateur qui avait mal transposé la directive communautaire en

---

[129] CJCE, 5mars 1996, *Brasserie du pêcheur et Factortame III*, aff. C-46/93 et C-48/93, Rec. I-1029. a Cour de justice considère que le principe du droit à réparation en cas de violation du droit communautaire « *est valable en toute hypothèse de violation du droit communautaire par un Etat membre, et quel que soit l'organe de l'Etat membre dont l'action ou l'omission est à l'origine du manquement* » ; à cet égard, « *la circonstance que le manquement est, au regard des règles internes, imputable au législateur n'est pas de nature à remettre en cause les exigences inhérentes à la protection des droits particuliers qui se prévalent du droit communautaire et, en l'occurrence, le droit d'obtenir réparation du préjudice causé par ledit manquement devant les juridictions nationales* » A. RIGAUX, « L'arrêt Brasserie du pêcheur-Factortame III : le Roi peut mal faire en droit communautaire », *Europe*, mai 1996, ch. 5.

[130] P. SENKOVIC, *L'évolution de la responsabilité de l'Etat législateur sous l'influence du droit communautaire*, Bruylant, Bruxelles, 2000, sp. 2.

[131] Le principe de l'irresponsabilité de l'Etat-législateur avait été posé en France par l'arrêt *Duchâtelet* du 11 janvier 1838.

[132] CE, 14 janvier 1938, *Société anonyme des produits laitiers « La Fleurette », Rec.* 25.

[133] J. ANDRIANTSIMBAZOVINA, *L'autorité des décisions de justice constitutionnelles et européennes sur le juge administratif français*, thèse, Bordeaux I, 1994, p.383.

retenant la responsabilité de l'Administration pour avoir appliqué une loi contraire au droit communautaire (*théorie du « règlement-écran »*). Autrement dit, afin d'éviter de remettre en cause le régime de responsabilité sans faute de l'Etat législateur, le Conseil d'Etat procède à une « relocalisation » de l'imputation de la responsabilité conformément aux conclusions de son commissaire du gouvernement qui reconnaissait que si l'élargissement de la responsabilité de l'Etat législateur n'était pas « inconcevable », il s'agissait toutefois d'une voie hasardeuse[134].

627. Ce refus de se prononcer directement sur le fondement de la responsabilité de l'Etat législateur peut être également illustré par l'affaire *Dangeville.* Dans cette affaire, la violation du droit communautaire résultait directement du défaut de transposition des dispositions de la 6ème directive TVA du 17 mai 1977. Par conséquent, « *le procédé de la délocalisation subtile de l'imputation de la faute utilisé dans l'affaire Rothmans [...] n'était pas transposable* ». Mais là encore, le juge administratif – cette fois la Cour d'Appel de Paris – va refuser, à tout le moins explicitement, de reconnaître la responsabilité directe du législateur. En effet, après avoir constaté que les autorités françaises n'avaient pas transposé la directive précitée dans les délais prescrits, la Cour administrative d'Appel de Paris considéra que « *la responsabilité de l'Etat se trouve engagée en raison de la situation ainsi créée* » et que « *l'Etat est condamné à réparer le préjudice résultant pour elle de la situation illicite résultant de l'assujettissement à la taxe sur la valeur ajoutée au titre de la période sus indiquée* »[135]. Il convient de relever ici que non seulement le juge administratif refuse de reconnaître une faute du législateur se contentant de constater une « situation illicite » à l'origine du dommage, mais en plus, il refuse d'imputer directement au législateur la responsabilité en incriminant plus largement l'Etat. Le juge administratif va ici procéder à une globalisation de l'imputation mise à la charge de l'Etat en tant que tel de telle sorte qu'il n'est pas possible d'identifier l'échelon responsable du manquement. Le Conseil d'Etat annulera cette décision sur le terrain de la procédure sans une nouvelle fois se prononcer sur la question du fondement de cette responsabilité.

628. Ce refus de toute modification du fondement de la responsabilité de l'Etat législateur illustre à bien des égards les résistances auxquelles peut se heurter la réception d'une certaine conception de l'Etat de droit. Contrairement à ce que certains ont pu affirmer, le « *réflexe conservateur* » des juridictions françaises n'est pas une négation du principe de l'Etat de droit[136]. Il est vrai que le principe de la responsabilité de l'Etat est une condition de la pleine réalisation de l'Etat de droit. En l'espèce la question n'est pourtant pas tant celle de savoir si les juridictions

---

[134] Conclusions de Mme Laroque sur CE, Ass. 28 février 1992, *Arizona Tobacco et autres, AJDA*, 1992, p. 210.
[135] CAA, Paris, 1er juillet 1992, *Société Jacques Dangeville S.A.*, Rec. 558, *AJDA*, 1992, p. 768, obs. X. Prétot.
[136] J-M. FAVRET, *Les influences réciproques du droit communautaire et du droit national de la responsabilité publique extracontractuelle*, Paris, Pédone, 2000, p. 284.

françaises assurent le respect de l'Etat de droit que celle de savoir quel modèle de l'Etat de droit celles-ci retiennent. En effet, le principe de la responsabilité de l'Etat du fait des lois est globalement assuré que ce soit par la technique de la « relocalisation » ou celle de la « globalisation » de l'imputation du dommage. Autrement dit, les particuliers peuvent obtenir réparation des préjudices causés par l'Etat législateur du fait d'une mauvaise transposition d'une directive[137]. En revanche, ce que les juridictions françaises se refusent d'accepter pour le moment est de modifier le fondement conceptuel de cette responsabilité. Le juge administratif entend préserver la spécificité et la cohérence de l'ordre juridique français. Il serait en effet « *parfaitement contraire à la tradition française de franchir un pas supplémentaire en affirmant que le législateur aurait commis une faute ; il convient de garder à la responsabilité du législateur sa spécificité et à la loi sa souveraineté de principe* »[138]. Xavier Prétot relevait à cet égard « *qu'il n'appartient pas au juge, a fortiori au juge ordinaire, de remettre en cause un principe qui résulte, en définitive, de notre ordre constitutionnel que seul le pouvoir constituant est fondé, s'il l'entend ainsi, à modifier* »[139].

629. Nul doute cependant que cette réticence du juge administratif à reconnaître la responsabilité fautive de l'Etat législateur ne saurait tenir longtemps. D'ailleurs, la doctrine reconnaît dans son ensemble que la consécration de la responsabilité de l'Etat pour faute du législateur est tout à fait concevable eu égard aux données actuelles du système juridique français. En effet, apprécier une loi comme n'étant pas compatible avec une norme qui lui est supérieure, c'est faire ressortir son irrégularité et par là même reconnaître que le législateur a commis une faute. Dans la mesure où, en vertu de l'article 55 de la Constitution, le juge administratif exerce déjà un contrôle de compatibilité de la loi avec les exigences communautaires, il ne semble y avoir aucun obstacle à ce qu'il en tire toutes les conséquences sur le terrain de la responsabilité[140]. D'ailleurs, certaines juridictions administratives françaises se sont déjà engagées dans cette voie comme nous l'avons vu au chapitre précédent[141].

630. Ces quelques exemples illustrent assez bien l'incidence croissante du Droit européen jusque dans les fondements historiques de certains systèmes juridiques. La

---

[137] En revanche, se pose la question de la possibilité de mettre en œuvre la responsabilité pour défaut complet de transposition.
[138] F. FINES, note in *RDP*, 1992, p. 1504, note 105.
[139] X. PRETOT, note sous C.A.A., Paris, 1er juillet 1992, *Société Jacques Dangeville, AJDA*, 1992, p. 770
[140] En ce sens, R. CHAPUS, *Droit du contentieux administratif*, 5ème éd., Paris, Montchrestien, 1995, p. 1167 et ss ; H. CALVET, « Droit administratif de la responsabilité et droit communautaire », *AJDA*, n°spécial, juin 1996, p. 92 ; J. MOREAU, « L'influence du développement de la construction européenne sur le droit français de la responsabilité de la puissance publique », *Mélanges Boulouis*, *op.cit.*, p. 409 ; D. SIMON, « Droit communautaire et responsabilité de la puissance publique – Glissements progressifs ou révolution tranquille ? », *AJDA*, 1993, p. 235. Voir cependant contra, F. FINES, « Quelle obligation de réparer pour la violation du droit communautaire ? Nouveaux développements jurisprudentiels sur la responsabilité de l'Etat normateur », *RTDE*, 1997, p. 69.
[141] *Cf. supra*, n°500.

doctrine n'a d'ailleurs pas manqué, à l'occasion, de pointer du doigt ces dérives[142]. La construction d'un modèle européen de l'Etat de droit, porteur d'un espace européen des droits de l'homme, passe inéluctablement par le respect de certaines spécificités nationales qu'un trop grand dogmatisme risquerait d'exacerber.

§2 - LA PRESERVATION DE L'AUTONOMIE DU SYSTEME JURIDIQUE NATIONAL

631. Pour finir, nous voudrions rappeler ici très brièvement certaines techniques employées par les juridictions nationales pour préserver l'autonomie de leurs pouvoirs jurisprudentiel (**A**) et juridictionnel (**B**), ayant pour effet de limiter la diffusion de certains principes européens.

A. La préservation de l'autonomie jurisprudentielle

632. *La nationalisation de l'interprétation européenne* – Trop souvent, en l'absence d'un mécanisme de renvoi préjudiciel, le juge national procède encore à une interprétation autonome et partant nationale de la ConvEDH[143]. Il convient par exemple de rappeler que les juridictions françaises ne se sentent pas juridiquement liées par les interprétations de la ConvEDH données par la CourEDH. La doctrine, dans son ensemble, s'accorde à reconnaître que l'autorité des arrêts de la CourEDH n'a, en principe, de force qu'entre les parties et pour le seul cas tranché[144]. Ils sont ainsi revêtus d'une autorité relative de la chose jugée. Cette position est d'ailleurs globalement partagée tant par la CourEDH[145] que par les juridictions françaises[146]. Partant de la constatation que les arrêts de la CourEDH ne sont pas revêtus d'une autorité absolue de la chose jugée, existe-t-il un fondement juridique imposant au juge national de respecter, au-delà du cas d'espèce, la jurisprudence européenne des droits de l'homme ? Certains auteurs ont essayé de trouver un tel fondement dans la théorie de *l'autorité de la chose interprétée* développée à l'origine dans le cadre communautaire[147] entendue comme « *l'autorité propre de la jurisprudence de la*

---

[142] Par exemple, F.SUDRE, « Fonction publique et CEDH. L'arrêt Vogt de la CourEDH, ou l'art de l'illusionnisme juridique », *RTDH*, 1996, p. 425. Plus généralement, J. LE GLOAN, « L'influence croissante de la jurisprudence de la Cour européenne des droits de l'homme sur les droits nationaux », *RDP* 1998, p. 1765 et ss.

[143] P. ROLLAND, « L'interprétation de la Convention », *RUDH*, 1991, p. 280.

[144] J. VELU et R. ERGEC, *La Convention européenne des droits de l'homme*, Bruxelles, Bruylant, 1990, pp. 1060-1070, n°1229 ; G. COHEN-JONATHAN, *La Convention européenne des droits de l'homme*, Paris, Aix-Marseille, Economica-PUAM, 1989, p. 255 ; F. SUDRE, *Droit international et européen des droits de l'homme*, 3ed, Paris, PUF, 1997, p. 339, n°240.

[145] CourEDH, 14 novembre 1960, *Lawless*, Série A, n°1. Notons cependant, que la Cour tend à élargir la portée de l'autorité de ces arrêts (Arrêt *Vermeire*, précité).

[146] CE, sec, 27 octobre 1978, *Debout*, Rec. p 395, Concl D. Labetoulle ; CE, ass, 11 juillet 1984, *Subrini*, Rec. p. 259, concl B.Genevois ; CE, 8e et 9e sous-sec, 24 novembre 1997, *Ministère de l'économie et des finances, c/ Sté Amibu Inc, RFDA* 1998, p. 978.

[147] J. BOULOUIS, « A propos de la Fonction normative de la jurisprudence. Remarques sur l'œuvre jurisprudentielle de la CJCE », *Mélanges offerts à Marcel Waline, op.cit.*, p. 149 ; D. SIMON, *Le système juridique communautaire*, Paris, PUF, 1997, p. 483. Sur son extension à la jurisprudence de la CEDH, G.

Cour en tant que celle-ci interprète les dispositions de la Convention »[148]. L'article 45 de la Convention confère à la Cour une mission générale d'interprétation de la Convention : à cet égard, il a été soutenu que la Cour exerce une fonction d'harmonisation de l'interprétation de la Convention[149]. En effet, la Cour se reconnaît le pouvoir de développer et d'enrichir les droits de la Convention. Elle considère que *« ses arrêts servent non seulement à trancher les cas dont elle est saisie mais plus largement à clarifier, sauvegarder et développer les normes de la Convention et à contribuer de la sorte au respect par les Etats, des engagements qu'ils ont assumés en leur qualité de Parties contractantes »*[150]. Ainsi, ses interprétations s'incorporeraient dans la Convention elle-même jusqu'à faire corps avec elle : il en résulte que le juge national devrait être tenu, au nom de la cohérence du droit et de l'autonomie de la Convention[151], d'appliquer les dispositions de la Convention telles qu'interprétées par la Cour. Or force est de constater que tant les juges judiciaires que les juges administratifs français rechignent à se reconnaître ouvertement liés par l'autorité de la chose interprétée[152].

Les références expresses à la jurisprudence interprétative de la Cour restent exceptionnelles[153] dans les arrêts de la Cour de cassation. Au mieux, la Cour de cassation se contente de viser un article de la Convention avec la mention « *tel qu'interprété par la Cour européenne des droits de l'homme* » sans plus d'indication[154]. Au pire, la Cour de cassation soutient que les arrêts de la Cour n'ont

---

COHEN-JONATHAN, *op.cit.*, p255 ; F.SUDRE, *op.cit.* p 242, n°242 ; J.VELU, « Les effets des arrêts de la Cour européenne des droits de l'homme », *in Introduire un recours à Strasbourg ?*, Bruxelles, NEMESIS, 1986, p153. Contra, voir la thèse soutenue par I.S. DELICOSTOPOULOS, « Un pouvoir de pleine juridiction pour la CourEDH », *Harvard Jean Monnet Working Paper*, 8/98. Cet auteur soutient que les arrêts de la Cour lient les tribunaux nationaux sur la base du principe du précédent.

[148] J.VELU, *op.cit*, p186.

[149] F.SUDRE, *op.cit.*, p342, n°242.

[150] CourEDH, 18 janvier 1978, *Irlande c. Royaume-Uni*, Série A, n°25, §158.

[151] Rappelons à cet égard qu'en application du principe d'autonomie, la Convention possède ses concepts propres, indépendants de l'acception des mêmes notions en droit interne. Une lecture nationale des concepts de la Convention dénaturait ainsi le sens profond de la Convention. Voir P. ROLLAND, « L'interprétation de la Convention européenne des droits de l'homme », *RUDH*, 1991, p. 284. E. KASTANAS, *Unité et diversité : notions autonomes et marge d'appréciation des Etats dans la jurisprudence de la Cour européenne des droits de l'homme*, Bruxelles, Bruylant, 1996.

[152] Le jugement de J. Velu selon lequel « *en France, les décisions juridictionnelles ne contiennent que très exceptionnellement des références explicites à la jurisprudence de la Cour européenne » et que « on n'en trouve guère dans les décisions du Conseil constitutionnel ou du Conseil d'Etat* » prévaut toujours, in J. VELU, « A propos de l'autorité jurisprudentielle des arrêts de la Cour européenne des droits de l'homme : vues de droit comparé sur des évolutions en cours », *Mélanges F. Rigaux*, Bruylant, Bruxelles, 1993, pp. 528-562.

[153] Voir par exemple, Cass, 1ère civ., 10 janvier 1984, *Bull. civ.* , I, n°8, p6. Dans cette affaire concernant la publicité des débats devant les juridictions disciplinaires, la Cour de Cassation s'est référée directement à l'arrêt de la CourEDH, *Le Compte Van Leuven et De Meyere* du 23 juin 1981, Série A, n°43 ; dans un arrêt récent (Cass, com., 29 avril 1997, *Ferreira*), la Cour de Cassation a invoqué non seulement l'application de l'article 6§1 de la Convention mais également la jurisprudence de la Cour pour fonder sa décision sur le paiement de la taxe fiscale des véhicules.

[154] Cass, crim., 4 février 1997, *Lubino, Bull. crim.*, n°162, p 419 ; voir également, Cass, crim., 29 avril 1997, *Ferreira, JCP* 1997, II, 22 935.

aucune incidence directe en droit interne devant les juridictions nationales[155]. Pour autant, doit-on en conclure que la Cour de cassation ne tiendrait pas compte de la jurisprudence de la Cour ? Bien sûr que non. L'exemple le plus remarquable est, à cet égard, celui fourni par le revirement jurisprudentiel opéré par la Cour de cassation en matière de transsexualisme[156] sans qu'il ne soit fait aucune référence à l'arrêt de la CourEDH condamnant la France[157]. Dans cette affaire, la Cour de cassation est même allée au-delà de ce que demandait la Cour de Strasbourg! Parfois, la Cour de cassation applique, sans le dire, la jurisprudence européenne dans des affaires qui ne concernaient pas la France. Par exemple, dans les arrêts *Mignot* du 4 février 1997 et *Bribes* du 27 mai 1997, la Cour de cassation estime que *« l'article 6 de la Convention européenne des droits de l'homme n'exige pas que toutes ses dispositions s'appliquent sitôt le premier degré de l'instance disciplinaire dès lors que la cour d'appel exerce son contrôle de pleine juridiction* » faisant sienne la solution dégagée par la CourEDH dans son arrêt *Albert et le Compte c/ Belgique* du 10 février 1983[158]. Ainsi, comme le rappelait M. Marguénaud, « *dans l'immense majorité des cas, le juge judiciaire fait comme s'il avait inventé lui-même l'interprétation à donner à l'article de la Convention européenne qu'il applique effectivement* »[159].

Les réticences du juge judiciaire à citer ses sources sont également largement partagées par le juge administratif. L'attitude du juge administratif est en effet tout aussi ambiguë : d'un côté, le Conseil d'Etat refuse de se référer expressément aux arrêts de la CourEDH[160] ; de l'autre, il semble de plus en plus perméable aux interprétations données par celle-ci. La position du Conseil d'Etat est parfaitement résumée par les conclusions du commissaire du gouvernement Ronny Abraham dans l'affaire *Bitouzet* du 3 juillet 1998 : « *nous sommes fermement d'avis que dès lors qu'il s'agit de définir le sens et la portée d'une disposition de la Convention, le juge national que vous êtes doit accorder la plus grande importance à la manière dont ladite disposition est interprétée et appliquée par la Cour européenne de Strasbourg, et de ne s'en écarter que pour des motifs tout à fait exceptionnels, et à condition encore que la jurisprudence européenne ne soit pas elle-même fixée de manière stable [...]* » et d'ajouter cependant qu'il n'est pas « *convaincu par la thèse selon laquelle les arrêts de la Cour s'imposeraient avec une autorité juridiquement contraignante aux juridictions nationales saisies par la suite de litiges distincts par*

---

155 Cass, crim., 4 mai 1994 , *Saïd, Bull crim.*, n°166, p381.

156 Cass, crim., 11 décembre 1992, *J.C.P.*, 1993, II, 21 991, concl. Jéol, note MEMETEAU, *RTDciv.*, 1993.97., obs. HAUSER.

157 CourEDH, 25 mars 1992, *B. c. France*, Série A, n°232-C, obs. : C. LOMBOIS, « La position française sur le transsexualisme devant la Cour européenne des droits de l'homme », *Rec. Dalloz*, 1992, Chr., pp. 323-326.

158 CourEDH, 23 juin 1981, *Le compte, Van Leuven et de Meyere c. Belgique*, Série A, n°43.

159 J-P. MARGUENAUD, « Le juge judiciaire et l'interprétation européenne », in SUDRE (dir), *L'interprétation de la Convention européenne des droits de l'homme*, Bruxelles, Bruylant, 1998, p. 243.

160 Pourquoi citerait-il d'ailleurs les arrêts de la CourEDH alors qu'il ne fait pas lui-même référence à sa propre jurisprudence conformément à la prohibition des arrêts de règlement et faute de toute règle du précédent ?

définition de ceux qui ont été soumis aux juges européens. Cette thèse qui procède en réalité d'une transposition hasardeuse du système juridique communautaire et qui repose sur le concept commode parce qu'ambigu d'autorité de la chose interprétée a pour principale faiblesse que ses partisans n'ont jamais réussi à la fonder sur une démonstration juridique rigoureuse, pour la simple raison qu'elle ne trouve aucun appui dans la Convention elle-même[...]. C'est à bon droit que les décisions du Conseil d'Etat, même lorsqu'elles s'inspirent étroitement des interprétations dégagées par la Cour de Strasbourg, s'abstiennent toujours de se référer expressément aux arrêts de cette dernière, alors qu'elles citent, quand il y a lieu d'interpréter le droit communautaire, les arrêts de la Cour de Luxembourg. »[161]. Si le Conseil d'Etat refuse d'accepter par principe l'autorité interprétative des arrêts de la Cour[162], ceux-ci ne sont pas dénués pour autant de toute incidence sur la jurisprudence du Conseil d'Etat. Ils constituent en effet une « *donnée dont il faut tenir compte* » comme le rappelait le commissaire du gouvernement Labetoulle[163]. Ainsi, lorsque le Conseil d'Etat se soumet à la jurisprudence de la Cour, il le fait en raison de l'autorité persuasive de la jurisprudence basée sur la conviction du juge de la justesse et de l'opportunité de la solution jurisprudentielle dégagée par la Cour[164]. Cet embarras s'explique largement par la volonté du Conseil d'Etat de préserver l'autonomie et l'indépendance de la juridiction administrative[165] et en même temps d'accepter « *la pleine mesure des bouleversements juridiques qu'entraîne l'intégration de la France dans l'Europe* »[166] comme l'illustre le nombre croissant de décisions rendues par le Conseil d'Etat sur la base de la Convention.

Il n'en reste pas moins vrai que dans un certain nombres d'hypothèses le juge français préfère retenir une interprétation « nationale » de la Convention. Or la nationalisation de l'interprétation de la Convention peut entraîner une dénaturation de son sens tant les notions autonomes sont fréquentes au sein de la Convention. Il est vrai cependant que le droit de la Convention s'apparente parfois à un « droit flou » bien étranger aux traditions juridiques françaises[167]. Les imprécisions et les inconstances terminologiques y sont légions, de telle sorte qu'il est souvent difficile

---

[161] Conclusions sur CE, 3 juillet 1998, *Bitouzet*, *RFDA*, 1998, pp1246-1247. Sur ce point, L. POTVIN SOLIS, *L'effet des jurisprudences européennes sur la jurisprudence du Conseil d'Etat*, Paris, LGDJ, 1999, p. 522.

[162] Rappelons à cet égard les propos du professeur Chapus qui estime que « *les juridictions nationales françaises, qui statuent « au non du peuple français » ne sont en rien subordonnées à quelque juridiction extérieure que ce soit* », R. CHAPUS, *Droit du contentieux administratif*, Paris, Montchrestien, 7ème éd., 1997, n°145 et 146.

[163] Conclusions sur CE, Sect, 27 octobre 1978, *Debout*, *Rec.* 403.

[164] Voir l'étude détaillée de J. ANDRIANTSIBAZOVINA, *op.cit.* pp. 161-363.

[165] J-F. LACHAUME, « L'interprétation par le juge administratif des conventions internationales », *RFDA*, 1990, p. 926. Voir en ce sens, L. POTVIN SOLIS, *op.cit.*, deuxième partie.

[166] P. FRYDMAN, « Le Conseil d'Etat et l'Europe », *RFAP*, 1990, p. 147.

[167] M. DELMAS-MARTY, « Vers une autre logique juridique : à propos de la jurisprudence de la Cour européenne des droits de l'homme », *Rec. Dalloz*, 1988, p. 221.

de dégager la véritable portée de l'interprétation donnée par la Cour[168]. L'article 6§1 de la Convention fait l'objet, à cet égard, de nombreuses divergences d'interprétation entre les juges français et la Cour. On se contentera de rappeler ici les divergences d'interprétation résultant d'un lecture strictement nationale des concepts de « matière civile » et de « matière pénale » alors même que la Cour entend dépasser le clivage traditionnel droit public/droit privé en recourant à une interprétation autonome de ces notions[169].

633. *La théorie de l'acte clair* – Procède également de ce même processus, la technique dite de « l'acte clair ». Les juges nationaux peuvent, afin de préserver toute leur autonomie d'interprétation, se soustraire au pouvoir d'interprétation détenu par la Cour de justice des Communautés européennes dans le cadre du renvoi préjudiciel en interprétation. En vertu de l'article 220 CE, la Cour de justice est seule compétente pour délivrer une interprétation authentique du droit communautaire. A cet effet, les traités communautaires ont prévu une procédure spéciale permettant aux juridictions nationales d'interroger la Cour de justice sur la portée d'une disposition communautaire. L'article 234 al. 3 CE précise même que, s'agissant des juridictions statuant en dernier ressort, celles-ci sont soumises à une obligation de renvoi à la Cour de justice dès lors qu'elles sont confrontées à une question d'interprétation du droit communautaire. Certaines juridictions nationales ont essayé de se soustraire à cette obligation de renvoi en se prévalant de la *théorie* dite de *l'acte clair* selon laquelle le renvoi ne serait nécessaire que s'« *il existe un doute sur le sens ou la portée* » d'une disposition à interpréter, ainsi que l'a affirmé le Conseil d'Etat dans son arrêt inaugurant la théorie de l'acte clair dans le domaine communautaire[170]. Au fond, cette jurisprudence est logique : il faut qu'il y ait une sérieuse difficulté d'interprétation et que la solution du litige dépende de cette interprétation pour que le juge national prenne la responsabilité de suspendre le litige et donc d'allonger le procès au risque de dépasser le « délai raisonnable ». Qui plus est, cette jurisprudence est, à première vue, conforme à celle de la Cour de justice qui considère que le juge statuant en dernier ressort peut s'abstenir de renvoyer si « *l'application du droit communautaire s'impose avec une telle évidence qu'elle ne laisse place à aucun doute possible* »[171]. Encore faut-il que le juge n'use de cette théorie qu'avec parcimonie !

---

[168] J. BARTHELEMY, « Les nouvelles frontières du procès équitable », in *Les nouveaux développements du procès équitable au sens de la Convention européenne des droits de l'homme* , Bruylant, Bruxelles, 1996, p. 118.

[169] Dans l'affaire *Oztürk*, la Cour a considéré que « *si les Etats contractants pouvaient à leur guise, en qualifiant une infraction d' « administrative » plutôt que de « pénale », écarter le jeu des clauses fondamentales des article 6 et 7, l'application de celle-ci se trouverait subordonnée à leur volonté souveraine. Une latitude aussi étendue risquerait de conduire à des résultats incompatibles avec l'objet et le but de la Convention* ». CourEDH, 21 février 1982, *Oztürk*, Série A, n°73, §73.

[170] CE, ass., 19 juin 1964, *Soc. des Pétroles Shell-Berre et autres*, *Rec.* 344 ; *RDP* 1964, p. 1931.

[171] CJCE, 6 octobre 1982, *CILFIT*, aff. 283/82, *Rec.* 3415.

B. La préservation de l'autonomie juridictionnelle

634. Il convient enfin de dire quelques mots sur la manière dont la ConvEDH est appréhendée par le juge français lorsqu'il procède à son évaluation. Cette évaluation est, à bien des égards, souvent retenue : le juge français a en effet tendance à présumer la compatibilité du droit interne avec la Convention ; et lorsqu'il accepte de mesurer effectivement cette compatibilité, force est de constater qu'il se contente d'un contrôle minimal.

635. *Une présomption de compatibilité* – On ne peut être que frappé par le nombre d'arrêts constatant de manière péremptoire la non-contrariété du droit interne à la Convention[172]. Ce qui choque ici, ce n'est pas le fait que le juge constate que le droit interne n'est pas contraire à la Convention (le contraire serait inquiétant !), mais plutôt la distorsion existante entre l'affirmation péremptoire de non contrariété et la faiblesse, voire l'absence, de toute réelle motivation à l'appui de cette affirmation. Par exemple, dans une affaire *Nadaud c/ Procureur de la République de Bordeaux*, la Cour de cassation a pu affirmer que « *l'article 8 de la Convention européenne de sauvegarde des droits de l'homme et des libertés fondamentales disposant que toute personne a droit au respect de vie privée et familiale n'impose pas d'attribuer au transsexuel un sexe qui n'est pas en réalité le sien* »[173]. De même, la Cour de cassation a longtemps considéré que le régime juridique des écoutes téléphoniques en France n'était pas contraire à l'article 8 de la Convention. Or on sait ce qu'il est advenu de ces positions par la suite.

636. *Un contrôle minimal* – Par ailleurs, la doctrine relève que bien souvent le juge national se contentait d'un contrôle minimal[174]. Le domaine de la liberté d'expression en constitue sans doute une parfaite illustration. Le juge administratif a une vision très extensive des possibilités de limitation de certains droits prévues par la Convention. Combien de fois le juge administratif s'est-il contenté de constater que la liberté d'expression pouvait légitimement être limitée au sens de la Convention sans pour autant se prononcer sur la proportionnalité de ces limitations dans une *société démocratique*[175] ? Or la liberté d'expression constitue, comme on l'a vu, un domaine que la Cour protège avec la plus grande attention. Malgré

---

[172] Voir sur ce point l'abondante jurisprudence citée par R. DE GOUTTES, « Le juge judiciaire et la Convention européenne des droits de l'homme : avancées et réticences », in P. TAVERNIER (dir.), *Quelle Europe pour les droits de l'homme*, Bruylant, Bruxelles, 1996, pp. 227-230.

[173] Cass, 1ère civ., 21 mai 1990, *Bull. civ.*, I, n°17.

[174] P. WACHSMANN, « Les limitations à l'exercice des droits et l'étendue du contrôle juridictionnel », *RUDH*, 1991, p. 289 ; P. TAVERNIER, C. GREWE et H. RUIZ-FABRI, *Convention européenne des droit de l'homme - Interprétation et application par les organes de Strasbourg et par les organes nationaux*, Juris-Classeur, n°148.

[175] CE, 17 avril 1985, *Ministre de l'intérieur et de la décentralisation c/ Sté Les éditions des Archers*, *Rec.* 100 ; CE, 19 janvier 1990, *Société française de revues et Société des éditions de Fortune*, *AJDA*, 1990, p124. D'une manière générale, P. WACHSMANN, *op.cit.*, p. 290.

quelques évolutions récentes[176], on constate que la CourEDH et le Conseil d'Etat n'apportent pas la même attention à la notion d'ordre public. Cela est particulièrement évident dans le domaine du droit des étrangers : la Cour refuse de juger les politiques nationales en matière d'immigration et de séjour des étrangers ; seule l'intéresse la confrontation du « *but légitime visé avec la gravité et l'atteinte du droit des requérants au respect de la vie familiale* »[177]. Et en la matière, force est de constater qu'elle pose un regard plus que circonspect sur les motifs invoqués par les Etats pour justifier ces mesures d'expulsion. Ainsi dans l'affaire *Beldjoudi,* le Conseil d'Etat a considéré que les crimes commis par l'intéressé était d'une gravité telle qu'ils justifiaient pour la préservation de l'ordre public la mesure d'expulsion prise à son encontre. La CourEDH a condamné cette position en considérant que la mesure d'expulsion est disproportionnée au but légitime poursuivi et viole l'article 8 de la Convention dans la mesure où, d'une part, l'intéressé n'a avec l'Algérie d'autres liens que celui de la nationalité, et, d'autre part, que cette expulsion risquerait de causer à sa femme française de grandes difficultés d'adaptation et de se heurter à de réels obstacles pratiques et juridiques. De même, dans l'affaire *Nasri,* la CourEDH a condamné la France sur la base de l'article 8 de la Convention[178] alors même que le Conseil d'Etat avait estimé que le ressortissant algérien concerné, sourd et muet, présentait « *un réel danger pour la société* »[179]. Ainsi, on peut se demander avec R. Abraham, « *si les juges de Strasbourg n'ont pas tendance à pencher plus volontiers dans le sens de la protection des droits individuels et si le juge interne n'est pas davantage préoccupé par des considérations d'ordre public* »[180]. Certes, le Conseil d'Etat exerce depuis les arrêts *Belgacem* et *Babas* un véritable contrôle de proportionnalité des mesures d'éloignement des étrangers en ce qu'elles peuvent porter atteinte à leur vie privée familiale. Il n'en reste pas moins que le réflexe de la défense de l'ordre public prédomine toujours.

637. Ces quelques exemples tirés du droit français nous montrent bien les difficultés, voire même les réticences, qu'ont les juges nationaux à tirer toutes les conséquences des jurisprudences européennes. Le Droit européen reste encore un droit qui lui est « extérieur ».

---

[176] Dans les deux sens : d'un côté, il semble que la Cour entende laisser une plus grande marge d'appréciation au profit des Etats dans les mesures d'expulsion ou d'extradition des étrangers (voir en ce sens, CourEDH, 24 avril 1996, *Boughanemi c/ France* ; CourEDH, 7 août 1996, *C. c/ Belgique* ; CourEDH, 28 novembre 1996, *Nsona c/ PB*) ; de l'autre, le Conseil d'Etat accepte d'opérer un contrôle plus poussé sur ces mêmes mesures (voir affaires *Belgacem et Babas* de 1991).

[177] CourEDH, 21 juin 1988, *Berrehab*, Série A, n°138.

[178] CourEDH, 13 juillet 1995, *Nasri c. France*, Série A, n°193.

[179] CE, 23 septembre 1993, *Nasri*, *Rec.* 345.

[180] R. ABRAHAM, « Le juge administratif français et la Cour de Strasbourg », in P. TAVERNIER, *op.cit.*, p 241.

638. Le Droit européen et le modèle européen exigeant de l'Etat de droit qu'il véhicule ne se déploient pas sans heurts. Lorsqu'ils rencontrent certains principes fondamentaux des figures nationales de l'Etat de droit, la rencontre peut être brutale. Toutefois, il convient de minimiser ces conflits. Premièrement, ceux-ci sont en général plus théoriques que concrets compte tenu de la convergence des droits constitutionnels européens, notamment en matière de droits fondamentaux. Deuxièmement, ceux-ci sont le plus souvent temporaires : les juridictions suprêmes des Etats membres finissent toujours, d'une manière ou d'une autre, par se plier aux exigences européennes.

639. Au total, malgré des résistances certaines, l'influence du Droit européen sur les droits publics nationaux et sur les figures nationales de l'Etat de droit reste déterminante. Emergerait ainsi un modèle commun européen de l'Etat de droit, structuré autour notamment des « *principes généraux de l'Etat de droit communs aux traditions constitutionnelles des Etats membres* »[181], exprimant les exigences du *droit au droit*, du *droit au juge* et du *droit à la liberté* et constitutifs d'une conception exigeante de l'Etat de droit, venant progressivement irradier les systèmes juridiques nationaux. Les modèles nationaux de l'Etat de droit s'en trouvent progressivement transformés. La rétroaction d'un modèle européen de l'Etat de droit a en effet entraîné dans certains Etats une mutation profonde des structures normatives et juridictionnelles de l'Etat de droit sous l'effet de la promotion du principe de conventionnalité. Si le principe de conventionnalité n'a pas (encore?) supplanté le principe de constitutionnalité, il le complète indéniablement, voire même le concurrence dans certaines hypothèses. Il s'agit d'un changement complet de paradigme organisationnel dans l'Etat de droit sans doute plus important que celui ayant conduit au passage de l'Etat légal à l'Etat [de droit] constitutionnel puisque la norme de référence du contrôle de la fondamentalité des lois n'est plus exclusivement déterminée par le constituant national. L'Etat de droit se consolide ainsi progressivement dans un cadre plus large, transcendant le cadre national dans lequel il était exclusivement enfermé jusqu'alors.

---

[181] TPI, 30 janvier 2002, *max.mobil Telekommunication service GmbH*, aff. T-54/99, Chr. D. SIMON, « Une théorie de l'intensité du contrôle juridictionnel est-elle possible ? » *Europe*, Chr., avril 2002, p. 3.

CONCLUSION GENERALE

640. Après avoir traversé trois siècles d'histoire politico-juridique européenne, interrogé la pensée *jus publiciste* européenne, visité et confronté de nombreux systèmes juridiques et relayé leurs discours, et essayé d'en ordonner l'évolution et leurs relations complexes, le chercheur, parti à la découverte d'un droit public européen, découvre que le chemin tracé pas à pas n'est encore qu'un sentier bien imparfait, semé d'embûches et sans fin. Mais n'était-ce pas inévitable compte tenu de l'ampleur du voyage entrepris ? Ce n'est ici qu'une petite partie du processus d'européanisation du droit public qui a pu être saisie. Des pans entiers de ce vaste mouvement restent encore à explorer, ordonner et éclairer. Toutefois, et malgré les inévitables lacunes, imperfections et oublis qui jalonnent ce type d'exercice à vocation modélisante, il est possible de tirer certains enseignements de cette étude du processus d'européanisation du droit public au travers de l'évolution du modèle de l'Etat de droit en Europe.

641. Tout d'abord, à partir d'une étude historico-comparative du développement de l'Etat de droit en Europe, il a été possible de mieux cerner les contours d'un concept qu'une partie de la doctrine considère comme dépourvu de toute pertinence épistémologique tant ses contours sont flous et fluctuants. Plongeant ses racines au plus profond de la pensée politico-juridique européenne et se nourrissant des différentes conceptions nationales de la primauté du droit, nous avons montré qu'au-delà des diversités nationales en la matière la notion d'Etat de droit recelait un noyau dur de significations se cristallisant autour de l'idée de réalisation de la primauté de l'individu par le droit. Les débats surréalistes ayant entouré la compatibilité des régimes franquiste, fasciste et nazi avec les principes de l'Etat de droit nous ont rappelé que l'Etat de droit n'était pas « *l'Etat de n'importe quel droit* »[1], et qu'au risque sinon de nier les valeurs libérales qui ont présidé à sa fondation, l'Etat de droit ne pouvait être pensé de manière purement formelle. L'Etat de droit, c'est, historiquement, la forme juridique du libéralisme. Et à ce titre, sa forme se confond

[1] En ce sens, E. DIAZ, « Teoría general del Estado de derecho », *REP*, 1963, p. 21 ; D. ROUSSEAU, *Droit du contentieux constitutionnel*, 5ème éd., Paris, Montchrestien 1998, p. 460.

avec sa substance en ce qu'elle lui donne un sens. La place centrale qu'occupe aujourd'hui la protection des droits fondamentaux dans les systèmes juridiques en constitue une illustration : les droits fondamentaux sont à la fois « *fondateurs* » et « *refondateurs* »[2] de l'Etat de droit, et constituent la courroie de transmission de son développement. L'avènement du modèle de l'Etat de droit constitutionnel au détriment de l'Etat légal marque le triomphe de cette conception exigeante de l'Etat de droit, à la fois formelle et matérielle. A cet égard, il a été relevé une nette convergence des droits publics nationaux quant à la protection des droits fondamentaux, que cette convergence résulte de l'évolution commune de la raison juridique ou de l'effet d'entraînement du Droit européen.

642. Le rôle joué par le Droit européen dans la convergence des modèles nationaux de l'Etat de droit s'est en effet révélé déterminante. Après avoir intégré le discours de l'Etat de droit, voire même érigé l'Etat de droit en principe fondateur de l'Union européenne, le Droit européen a véhiculé une conception exigeante de l'Etat de droit articulée autours des principes de liberté et d'égalité, de légalité, de sécurité juridique, de proportionnalité et de justiciabilité. Ces principes sont venus enrichir les droits nationaux que ce soit en contribuant au renouvellement de principes déjà existants ou, de manière plus spectaculaire, en imposant de nouvelles règles, et ce parfois même en dehors du champ d'application du Droit européen : à ce dernier égard, c'est sans doute au Royaume-Uni où l'influence du Droit européen s'est révélée la plus déterminante notamment en ce qui concerne le développement des principes de confiance légitime et de proportionnalité dans le contentieux administratif.

643. Mais au-delà de ces influences directes du Droit européen sur les principes de l'Etat de droit, c'est bien l'architecture globale des modèles nationaux de l'Etat de droit qui est affectée par le Droit européen. L'on assiste en effet progressivement à une profonde transformation des structures normatives et juridictionnelles nationales de l'Etat de droit.

Ce sont d'abord les structures traditionnelles de l'Etat légal telles qu'elles ont pu perdurer, malgré l'avènement de l'Etat de droit constitutionnel dans la plupart des Etats européens qui se trouvent remises en cause : la loi, formelle et démocratique, a définitivement perdu sa place axiologique au sein des systèmes juridiques au profit de la constitution et du Droit européen, y compris au Royaume-Uni où l'on pourrait même assister, à terme, au développement d'une véritable justice constitutionnelle sous l'influence du *Human Rights Act*. Le modèle de l'Etat de droit constitutionnel connaît lui aussi une transformation sensible du fait de l'expansion du modèle européen de l'Etat de droit. Premièrement, la constitution n'est plus la source exclusive des droits fondamentaux : à côté des droits fondamentaux constitutionnels se développent des droits fondamentaux

[2] E. PICARD, « L'émergence des droits fondamentaux en France», *AJDA*, spécial, 1998, p. 15.

conventionnels européens. Deuxièmement, le juge constitutionnel a perdu son monopole dans le contrôle de la loi, celui-ci étant concurrencé en amont par les juges européens et en aval par les juges ordinaires. L'on assiste, à ce dernier égard, au développement d'un contrôle de fondamentalité conventionnelle de la loi entre les mains des juges ordinaires, contrôle qui, d'un point de vue matériel, s'apparente à un contrôle de constitutionnalité tant les normes de références constitutionnelles et conventionnelles sont désormais équipollentes. Ce nouveau contentieux de la fondamentalité doit nous conduire à reconsidérer notre approche de la justice constitutionnelle.

La fonction juridictionnelle sort assurément renforcée de cette évolution. Le rôle du juge est exacerbé par le Droit européen et il apparaît plus que jamais comme le « *bouclier des droits fondamentaux* »[3]. L'une des conséquences les plus visibles de cette exacerbation de la fonction juridictionnelle est le processus de juridictionnalisation du contentieux administratif qui touche, sous l'influence déterminante de la jurisprudence de la CourEDH, la plupart des pays européens. Les juges nationaux voient par ailleurs leurs pouvoirs renforcés tant vis-à-vis de l'exécutif que du législatif, de telle sorte que plus aucune autorité publique ne peut échapper au contrôle de la légalité de ses actes avec les normes supérieures du système juridique.

640. Malgré cette réelle convergence des modèles nationaux de l'Etat de droit sous l'influence du Droit européen, ceux-ci conservent encore leurs spécificités. D'abord, parce que le Droit européen malgré son expansion considérable n'embrasse encore qu'une partie du phénomène juridique national. Ensuite, parce que le Droit européen lui-même n'est pas exempt de critiques quant à sa dimension « *rechtsstaatlich* » : il suffit ici d'évoquer les conditions restrictives d'accès des particuliers aux juridictions communautaires ou plus généralement la faible lisibilité d'un droit complexe et son manque de légitimité. Enfin, parce que si certains juges constitutionnels n'hésitent plus à s'inspirer du Droit européen pour déterminer les principes fondamentaux constitutionnels de l'Etat de droit, ils restent encore très réticents à consacrer formellement la primauté du Droit européen sur les normes constitutionnelles, de telle sorte que la norme constitutionnelle constitue toujours la norme fondamentale du système juridique. On se souvient, à cet égard, des réserves de constitutionnalité et/ou de fondamentalité que les juges constitutionnels allemands et italiens, et dans une moindre mesure espagnols et français, ont opposé à la primauté du droit communautaire. Autant dire que l'Etat de droit reste avant tout un Etat de droit constitutionnel.

641. Pourtant, il ne fait aucun doute que ces résistances finiront par s'atténuer avec le temps. Tel est le sens de l'histoire. Certains dogmes fondamentaux séculaires ont déjà été considérablement ébranlés par le Droit européen : on pense ici en

---

[3] T.S. RENOUX, « Le droit au recours juridictionnel », *JCP*, 1993, sp. 215.

particulier à la souveraineté du Parlement britannique ou encore à la responsabilité de l'Etat législateur. Pas à pas, se construit ainsi un droit public européen, articulé autour des « *principes généraux de l'Etat de droit communs aux traditions constitutionnelles des Etats membres* »[4], et se reconstruit cette Europe décrite par Voltaire en 1752 comme une « *grande république partagée en plusieurs Etats [...] ayant les mêmes principes de droit public et de politique* »[5] que devrait sceller le futur Traité constitutionnel pour l'Europe.

Valbelle, le 25 août 2003

[4] TPI, 30 janvier 2002, *max.mobil Telekommunication service GmbH*, aff. T-54/99, Chr. D. SIMON, « Une théorie de l'intensité du contrôle juridictionnel est-elle possible ? », *Europe*, chr., avril 2002, pp. 3-5.

[5] VOLTAIRE, *Le siècle de Louis XIV* (1752), *in* Œuvres historiques, La Pléiade, Gallimard, Paris, 1968, p. 620.

Postface

Comme l'aura compris le lecteur, Eric Carpano soutient une véritable thèse, qui peut se résumer ainsi : il existe un concept spécifiquement européen de l'Etat de droit, développé d'abord par les grands auteurs qui ont marqué la philosophie politique européenne, puis par les juristes – universitaires comme praticiens. Ce concept européen de l'Etat de droit est riche de contenu commun malgré les inévitables variations dues à des contextes historiques et culturels variables ; ce concept européen se retrouve dans les droits européens (celui de l'Union européenne comme celui de la Convention européenne des droits de l'homme) et rétroagit à travers eux sur les droits nationaux qui s'influencent mutuellement. C'est le cœur de ce que j'ai appelé ailleurs la consolidation du droit public européen, ou encore l'entrelacs constitutionnel (*constitutional intertwining*).

Eric Carpano démontre sa capacité d'analyse et de synthèse tant en théorie du droit qu'en droit positif, en droit comparé comme en droit européen, en analyse de textes normatifs comme de jurisprudence. Parmi les apports originaux de la thèse à un sujet qui avait par ailleurs fait l'objet d'une abondante littérature, on relèvera en particulier, pour inviter le lecteur à y retourner :

- la synthèse novatrice des doctrines italienne et espagnole, trop souvent ignorées par les auteurs anglophones, francophones et germanophones ;
- la démonstration particulièrement claire de l'incompatibilité entre Etat de droit et régimes autoritaires : la manière dont Carl Schmitt est remis à sa juste place de théoricien de « *l'Etat de droit allemand d'Adolf Hitler* » est particulièrement bienvenue à mon sens ;
- la tentative courageuse de dégager les éléments constitutifs d'un modèle européen de l'Etat de droit ;
- la tentative également courageuse de faire ressortir la dimension sociale de l'Etat de droit européen.

L'ouvrage vient particulièrement à son heure, après la signature à Rome le 29 octobre 2004 du traité établissant une Constitution pour l'Europe, qui consolide l'Union de droit qu'est l'Europe, et sa dimension sociale, comme cela ressort particulièrement de la Deuxième partie de cette Constitution. Pour la première fois un traité international, au contenu constitutionnel, met sur le même pied les droits politiques et les droits sociaux. Eric Carpano a montré par son travail qu'en cela, la Constitution pour l'Europe est digne de la meilleure tradition européenne.

Jacques Ziller
Professeur agrégé de droit public
Université Paris I – Panthéon Sorbonne en détachement à l'Institut Universitaire Européen

BIBLIOGRAPHIE

OUVRAGES

ABENDROTH (W.), *Sociedad antagonica y democratica politica*, Barcelona, Grijalbo, 1973

ABRAHAM (R.), *Droit international, droit communautaire et droit interne français*, Paris, Hachette, 1989

ALLAN (T.R.S.), *Law, Liberty and Justice. The Legal Foundations of British Constitutionalism*, Oxford, Clarendon Press, 1993

____________, *Constitutional Justice. A liberal theory of the Rule of law*, Oxford University Press, 2001

ALONSO DE ANTONIO (A.E.) y ALONSO DE ANTONIO (A.L.), *Derecho constitucional español*, Madrid, Ed. Universitas S.A., 1996

ALSTON (P.) (dir.), *L'Union européenne et les droits de l'homme*, Bruylant, Bruxelles, 2001

ANDRES IBANEZ (P.), *Corrupcion y Estado de derecho. El papel de la jurisdiccion*, Madrid, Trotta, 1996

ANDRIANTSIMBAZOVINA (J.), *L'autorité des décisions de justice constitutionnelle et européennes sur le juge administratif français*, Paris, LGDJ, 1998

ARANGIO RUIZ (G.), *Istituzioni di diritto costituzionale italiano*, Torino, F.lli Bocca, 1913

ARNAIZ (A.S.), *La apertura constitucional al derecho internacional y europeo de los derechos humanos. El artículo 10.2 de la Constitución española*, Consejo General del Poder Judicial, Madrid, 1998

ARNAUD (A-J) et FARINAS DULCE (M-J), *Introduction à l'analyse sociologique des systèmes juridiques*, Bruxelles, Bruylant, 1998

ARNAUD (A-J), *Pour une pensée juridique européenne*, Paris, PUF, 1991

____________, *Entre modernité et mondialisation. Cinq leçons de la philosophie du droit et de l'Etat*, Paris, LGDJ, 1998

ASTUTI (G.), *L'unificazione amministrativa del Regno d'Italia*, Naples, 1966

AUTEXIER (C.), *Introduction au droit public allemand*, Paris, PUF, 1997

AUTIN (J-L) (dir.), *La régulation : entre droit et politique*, Paris, L'Harmattan, 1995

AZOULAY (L.), *Les garanties procédurales en droit communautaire. Recherches sur la procédure et le bon gouvernement*, Thèse, IUE, Florence, 2000

BÄHR (O.), *Der Rechtsstaat. Eine publicistische Skizze*, (1864), Aalen, Scienta, 1961

BARRET-KRIEGEL (B.), *L'Etat et les Esclaves*, Paris, Calman-Lévy, 1979

________________, *L'Etat et la démocratie*, Paris, La documentation Française, 1986

________________, *Les droits de l'homme et le droit naturel*, Paris, PUF, 1989

BARTOLMEI, *Linéamenti di una teoria del giusto e del diritto*, Roma, 1901

BAYOD Y SERRAT(R.), *Estado de derecho y Poder Politico*, Grefol, Madrid, 1987

BEAUD (O.), *La puissance de l'Etat*, Paris, PUF coll. Léviathan, 1994

________ & WACHSMANN (P.), *La science juridique française et la science juridique allemande de 1870 à 1918*, Annales de la Faculté de droit de Strasbourg, n°1, 1997

BEAUTE (J.), *Un grand juriste anglais : Sir Edward Coke, 1552-1634. Ses idées politiques et constitutionnelles*, Paris, Puf, 1975

BECERRIL (J.M.), *Etiologia conceptual del Estado de derecho*, Madrid, Real Academia de Jurisprudencia y Legislacion, 1971 BECHILLON (D. DE), *Hiérarchie des normes et hiérarchies des fonctions normatives de l'Etat*, Paris, Economica, 1996

BENEYTO (J.), *El nuevo Estado español*, Madrid, Bilblioteca nueva, 1939

BERMAN (H.J.), *Law and Revolution. The formation of the Western Legal Tradition*, Boston, Harvard University Press, 1983

BERROD (F.), *La systématique des voies de droit communautaire*, Paris, Dalloz, 2003

BIENVENU (J-J), *L'interprétation juridictionnelle des actes et des lois, sa nature et sa fonction dans l'élaboration du droit administratif*, Thèse, Paris II, 1979

BIGOT (G.), *Introduction historique au droit administratif depuis 1789*, Paris, PUF, 2002

BIOY (X.), *Le concept de personne humaine en droit public. Recherche sur le sujet des droits fondamentaux*, Paris, Dalloz, 2003

BLACKSTONE (W.), *Commentaries on the laws of England*, (1765-69), Chicago, University of Chicago Press, 1979 (4 tomes)

BLANCHARD (D.), *La constitutionnalisation de l'Union européenne*, Rennes, Apogée, 2001

BLONDEL (A), *Le contrôle juridictionnel de la constitutionnalité des lois*, Thèse, Aix en Provence, 1928

BLUMANN (C.), *La fonction législative communautaire*, Paris, LGDJ, 1995

BOBBIO (N.), *Diritto e Stato nel pensiero di Emanuele Kant*, G.Giappichelli ed., Turin, 1969

__________, *Il Futuro della democrazia*, Einaudi, Torino, 1995

__________, *Libéralisme et démocratie*, trad. N. Giovannini, Paris, Cerf, 1996

__________, *Essais de théorie du droit*, trad. M. Guéret & C. Agostini, Bruxelles, Paris, Bruylant, LGDJ, 1998

BÖCKENFÖRDE (E.W.), *Le droit, l'Eta et la constitution démocratique. Essais de théorie juridique, politique et constitutionnelle*, Paris, Bruxelles, Bruylant, LGDJ, 2000

__________________, *Staat, Nation, Europa. Studien zur Staatslehre, Verfassungstheorie und Rechtsphilosophie*, 2e éd., Frankfurt, Suhrkamp, 2000

BODDA (P.), *Lo Stato di diritto. A proposito di alcune recenti opinioni*, Milano, Giuffrè, 1935

BON (P.) *et alii*, *La justice constitutionnelle au Portugal*, Paris, Economica, PUAM, 1989

BOSKOVITS (K.), *L'articulation des compétences normatives entre la Communauté et ses Etats membres*, Athènes, Bruxelles, Sakkoulas, Bruylant, 1999

BOURGEOIS (B.), *Philosophie et droits de l'homme*, Paris, PUF, 1990

BOUTET (D.), *Vers l'Etat de droit. La théorie de l'Etat et du droit*, Paris, L'Harmattan, 1991

BRACONNIER (S.), *Jurisprudence de la Cour européenne des droits de l'homme et droit administratif français*, Bruxelles, Bruylant, 1997

BRADLEY (A.W.) & EWING (K.D.), *Constitutionnal and Administrative law*, 12th ed., London, Longman, 1997

BRIMO (A), *Les grands courants de la philosophie du droit et de l'Etat*, Paris, Pédone, 1967

BRONDEL (S.), FOULQUIER (N.) et HEUSCHLING (L.) (dir.), *Gouvernement des juges et démocratie*, Paris, Publication de la Sorbonne, 2001

BUFFET-TCHAKALOFF (M-F), *La France devant la Cour de justice des Communautés européennes*, Paris, Economica, PUAM, 1985

BUISSON (S.), *L'exigence du délai raisonnable dans la jurisprudence de la Cour européenne des droits de l'homme*, Th. Aix-Marseille III, 2001.

BURGORGE-LARSEN (L.), *L'Espagne et la Communauté européenne*, Bruxelles, Ed. Université de Bruxelles, 1995

CAPITANT (D.), *Les effets juridiques des droits fondamentaux en Allemagne*, Paris, LGDJ, 2001

CALMES (S.), *Du principe de protection de la confiance légitime en droits allemand, communautaire et français*, Paris, Dalloz, 2001

CAPPELLETTI (M.), *Le pouvoir des juges*, trad R. David, Paris, Aix-en-Provence, PUAM-Economica, 1990

CARBONNIER (J.), *Droit et passion du droit sous la Ve République*, Paris, Flammarion, 1996

CARLIER (J-Y) et DE SCHUTTER (O.) (dir.), *La Charte des droits fondamentaux de l'Union européenne. Son apport à la protection des droits de l'homme en Europe*, Bruxelles, Bruylant, 2002

CARMONA CUENCA (E.), *El Estado social de derecho en la Constitución*, Madrid, CES, 2000

CARRE DE MALBERG (R.), *La loi, expression de la volonté générale*, Sirey, Paris, 1931

____________________, *Contribution à une théorie générale de l'Etat*, spécialement d'après les données fournies par le droit constitutionnel français (1920-22), Paris, rééd.CNRS, 1962 (2 tomes)

CARRERAS (F.), *El Estado de derecho como sistema*, Madrid, CES, 1996

CASSESE (S.), *La construction du droit administratif. France et Royaume-Uni*, Paris, Montchrestien, 2000

CASETTA (E.), *Manuale di Diritto amministrativo*, Milano, Giuffrè, 1999

CASSIA (P.), *L'accès des personnes physiques et morales au juge de la légalité des actes communautaires*, Paris, Dalloz, 2002

CHAPUS (R.), *Droit administratif général*, 15e éd., Paris, Montchrestien, 2001

CHEVALLIER (J.), *L'élaboration historique du principe de la séparation de la juridiction administrative et de l'administration*, Paris, LGDJ, 1970

____________, *L'Etat de droit*, 3ème ed., Paris, Montchrestien, 1999

CHEVALIER (J.J.), *Les grandes œuvres politiques, de Machiavel à nos jours*, Paris, A. Collin, 1970

______________, *Histoire de la pensée politique*, Paris, Payot, 1993

CHITI (M-P), *Diritto amministrativo europeo*, Milano, Giuffrè, 1999

CIANFERROTTI (G.), *Il Pensiero di V-E. Orlando e la Giuspubblicistica italiana fra ottocento e novecento*, Milano, Giuffrè, 1980

COHEN-JONATHAN (G.), *La Convention européenne des droits de l'homme*, Paris, Economica, 1989

COLAS (D.) (dir.), *L'Etat de droit. Travaux de la mission sur la modernisation de l'Etat*, Paris, PUF, 1987

COLIN (J-P.), *Le gouvernement des juges dans les Communautés européennes*, Paris, LGDJ, 1964

COLLIARD (A.) et TIMSIT (G.) (dir.), *Les autorités administratives indépendantes*, Paris, PUF, 1988

CONDE (J.), *La idea nacionalsindicalista de Nación*, Arriba, 1939

CONSTANTINESCO (L-J), *Traité de droit comparé. Introduction au droit comparé*, Tome 1, Paris, LDGJ, 1972

___________________, *Traité de droit comparé. La méthode comparative*, Tome 2, Paris, LGDJ, 1974

COSTA (P.) & ZOLLO (D.), *Lo Stato di diritto. Storia, teoria, critica*, Milano, Feltrinelli, 2002

COSTAMAGNA (C.), *Diritto Pubblico Fascista*, Turino, UTET, 1934

DARMSÄDTER (FR.), *Rechtsstaat oder Machtsstaat ? Eine Frage nach der Geltung der Weimarer Verfassung*, Berlin-Grunewald, 1932.

DE ASIS (R.), *Una aproximacion a los modelos de Estado de derecho*, Madrid, Dykinson, 1999

DE BERRANGER (T.), *Constitutions nationales et construction communautaire*, Paris, LGDJ, 1995

DECAUX (E.), *La Conférence sur la sécurité et la coopération en Europe*, Paris, PUF, Que sais-je, 1992

DEFIX (S.), *Le concept de droits fondamentaux. Contribution à la détermination d'un droit constitutionnel européen des droits fondamentaux*, Thèse, Université Clermont-Ferrand I, 1999

DEHOUSSE (R.), *La Cour de justice des Communautés européennes*, Paris, Montchrestien, 1995

DELMAS-MARTY (M.), *Raisonner la raison d'Etat*, Paris, PUF, 1989

_________________, *Pour un droit commun*, Paris, Le Seuil, 1994

DEL VECCHIO (G.), *Philosophie du droit*, trad. J.A. D'Aynac, Paris, Dalloz, 1953

DENNEWITZ (B.), *Das nationale Deutschland ein Rechtsstaat. Die Rechtsgrundlagen des neuen deutschen Staates*, Berlin, 1933

DERATHE (R.), *J.J. Rousseau et la science politique de son temps*, 2e ed., Paris, Vrin, 1995

DI CARLO (E.), *Saggi critici di filosfia del diritto*, Palermo, Tipografia universitaria, 1913

DIAZ (E.), *Legalidad-Legitimadad en el socialismo democratico*, Madrid, Civitas, 1978

_______, *Pensamiento Espanol 1939-1975*, Madrid, Edicusa, , 1978

_______, *Etica contra política. Los intelctuales y el poder*, Madrid, CES, 1990

_______, *Estado de derecho y Sociedad democrática*, 9ème éd., Madrid, Taurus, , 1998

DICEY (A.V.), *Introduction to the law of the Constitution*, 10ème éd., Préf. E.C.S. Wade, London, Macmillan and Co ltd, 1959

DIETZE (G.), *Kant und der Rechtsstaat*, Tübingen, JCB Mohr, 1982

DORD (O.), *Cours constitutionnelles et normes européennes*, Thèse, Paris X- Nanterre, janvier 1996

DRAGO (G.), *Contentieux constitutionnel français*, Paris, PUF, 1998

__________, FRANÇOIS (B.) & MOLFESSIS (N.) (dir.), *La légitimité de la jurisprudence du Conseil*

Constitutionnel, Paris, Economica, 1998
DRAN (M.), *Le contrôle juridictionnel et la garantie des libertés publiques*, Paris, LGDJ, 1964
DUBOS (O.), *Les juridictions nationales, juge communautaire. Contribution à l'étude des transformations de la fonction juridictionnelle dans les Etats membres de l'Union européenne*, Paris, Dalloz, 2001
DUBOUIS (L.) (dir.), *Droit communautaire et protection des droits fondamentaux dans les Etats membres*, Economica, Paris, 1995
DUEZ (P.), *Les actes de gouvernement*, Paris, Sirey, 1934
DUGUIT (L.), *L'Etat, le droit objectif et la loi positive*, Paris, Fontemoing, 1901
________, *Manuel de droit constitutionnel. Théorie générale de l'Etat*, Paris, Fontemoing, 1907
________, *Traité de droit constitutionnel*, 3ème éd., Paris, Fontemoing, 1927-30, (3 tomes)
DWORKIN (R.), *A Matter of Principle*, Cambridge, Harvard University Press, 1985
_________, *A bill of Rights for Britain*, London, Chatto & Windus, 1990
EISEMANN (P.M) (dir.), *L'intégration du droit international et communautaire dans l'ordre juridique national. Etude de la pratique en Europe*, The Hague, London, Boston, Kluwer Law International, 1996
EISENMANN (Ch.), *La justice constitutionnelle et la Haute Cour constitutionnelle d'Autriche*, réimpr., Paris, Economica, 1986
ELLIS (E.) (ed.), *The Principle of Proportionality in the Laws of Europe*, Oxford, Hart Publishing, 1999
ELSTER (J.) & SLAGSTAD (R.) (dir.), *Constitutionalism and Democracy*, Cambridge, Cambridge University Press, 1988
ELY (J.H.), *Democracy and Distrust. A Theory of Judicial Review*, Cambridge, Harvard University Press, 1980
EMILIOU (N.), *The principle of Proportionnality in European Law. A comparative Study*, London, Kluwer Law International, 1996
ERGEC (R.), *Les droits de l'homme à l'épreuve des circonstances exceptionnelles. Etude sur l'article 15 de la Convention européenne des droits de l'homme*, Bruylant, Bruxelles, 1987
ESMEIN, *Eléments de droit constitutionnel français et comparé*, 8ème éd., Paris, Sirey, 1927
FAVOREU (L.), *Du déni de justice en droit public français*, Paris, LGDJ, 1964
________ (dir.), *Le domaine de la loi et du règlement*, Paris, PUAM-Economica, 1981
________ (dir.), *Cours constitutionnelles européennes et droits fondamentaux*, Paris, PUAM-Economica, 1982
_________ *et alii*, *Droit constitutionnel*, 3ème éd., Paris, Dalloz, 2000
_________ *et alii*, *Droit des libertés fondamentales*, 2e éd., Paris, Dalloz, 2002
FAVRET (J-M), *Les influences réciproques du droit communautaire et du droit national de la responsabilité publique extracontractuelle*, Paris, Pedone, 2000
FERNANDEZ ESTEBAN (M-L.), *The Rule of law as a constitutional principle of community law*, Thèse, EUI, Florence, 1996
FERRAJOLI (L.), *La separazione tra diritto e morale*, Milano, Angelli, 1985
FINES (F.), *Etude de la responsabilité extracontractuelle de la Communauté économique européenne*, Paris, LGDJ, 1990
FLAUSS (J-F.) et DE SALVIA (M.) (ed.), *La Convention européenne des droits de l'homme : développement récents et nouveaux défis*, Bruxelles, Bruylant, 1997
FORSTHOFF (E.) (dir), *Problemas actuales del Estado social de derecho en Alemania*, trad., Madrid, Aclalà de Hernares, 1966
___________, *Rechtsstaatlichkeit und Sozialistaatlichkeit*, Darmstadt, 1968
___________, *Traité de droit administratif allemand*, Bruxelles, Bruylant, 1969
___________, *Rechtsstaat in Wandel*, 2e éd., München, 1976
FOURNOL (I.), *Le principe de sécurité juridique en droit communautaire et en droit administratif français*, Thèse, Paris II, novembre 1999
FROMONT (M.) et RIEG (A.), *Introduction au droit allemand. Les fondements*, Tome 1, Paris, Cujas, 1977
_____________________, *Introduction au droit allemand. Droit public – Droit pénal*, Tome 2, Paris, Cujas, 1984
FULLER (L.), *The morality of law*, 4th ed., New Haven & London, Yale University Press, 1969
FUSS (E-W.), *Die Europäischen Gemeinschaften und der Rechtsstaatsgedanke*, Heule, 1967

GARCIA DE ENTERRIA (E.), *La Batalla por las medidas cautelares. Derecho comunitario europeo y proceso contencioso-administrativo español*, Madrid, Civitas, 1992

____________________, *Révolution française et administration contemporaine*, Paris, PUAM-Economica, 1993

____________________, *La lengua de los derechos. La formación del Derecho público europeo tras la Revolución Francesca*, Madrid Alianza Universidad,1994.

GARCIA LUENGO (J.), *El principio de proteccion de la confianza en el derecho administrativo*, Madrid, Marcial Pons, 1998

GARRORENA (A), *El Estado español como Estado social y democrático de derecho*, 2e ed., Madrid, Tecnos, 1984

GAUDEMET (Y.), *Les méthodes du juge administratif*, Paris, LGDJ, 1972

GAUDIN (H) (dir.), *Droit constitutionnel, droit communautaire. Vers un respect constitutionnel réciproque ?*, PUAM-Economica, 2001

GERBER (C.F. von), *Grundzüge des deutschen Staatsrechts*, 3e éd., Leipzig, B. Tauchnitz, 1880

GERKRATH (J.), *L'émergence d'un droit constitutionnel pour l'Europe*, Bruxelles, Editions de l'Université de Bruxelles, 1997

GIL-ROBLES Y QUINONES (J.M.), *Por un Estado de derecho*, Barcelona, Ariel, 1969

GIL-ROBLES Y QUINONES (R.), *El Estado y El Derecho. El Estado de derecho (Rechtsstaat)*, Thèse, Salamanca, 1922

GNEIST (R.), *Der Rechtsstaat und die Verwaltungsgerichte in Deutschland (1872)*, réimp. Darmstadt, Gentner, 1958

GOMES CANOTILHO (J.M.), *Direito Constitucional e teoria da Constituiçao*, Coimbra, Livraria Almedina, 2ème éd., 1998

GOUGH (J.W.), *Fundamental Law in English Constitutional History*, Oxforf, Oxford University Press, 1955

GOYARD FABRE (S.), *John Locke et la raison raisonnable*, Paris, Vrin, 1986

_______________, *Les fondements de l'ordre juridique*, Paris, PUF, 1992

_______________, *La philosophie du droit de Kant*, Paris, Vrin, 1996

_______________, *Principes de philosophie politique*, Paris, PUF, 1997

GREEN (A.W.), *Political integration by jurisprudence. The Work of the CJEC in European political integration*, Leyden, Sijthoff, 1969

GREWE (C.) & RUIZ FABRI (H.), *Droits constitutionnels européens*, Paris, PUF, 1995

GROETHUYSEN (B.), *Philosophie de la révolution française*, Paris, Gonthier, 1956

GROS (D.) (dir.), *Le droit antisémite de Vichy*, Paris, Le Seuil, 1996.

GUINCHARD (S.) *et alii*, *Droit processuel. Droit commun du procès*, 2ème éd., Paris, Dalloz, 2003

GOZZI (G.), *Democrazia e diritti. Germania : dallo Stato di diritto alla democrazia costituzionale*, Roma, Ed. Laterza, 1999

HABERMAS (J.), *Droit et démocratie. Entre faits et normes*, trad. R. Rochlitz et C. Bouchindhomme, Paris, Gallimard, Nrf Essais, 1997

HAGUENAU (C.), *L'application effective du droit communautaire en droit interne. Analyse comparative des problèmes rencontrés en droit français, anglais et allemand*, Bruxelles, Bruylant, 1995

HAURIOU (M.), *Principes de droit public*, 1ère ed., Paris, Sirey, 1910

____________, *Précis de droit constitutionnel*, 2ème ed., Paris, Sirey, 1929

HAYEK (F.A.), *La Constitution de la liberté*, trad., R. Audouin et J. Garello, Paris, Litec, 1994

HELLER (H.), *Rechtsstaat oder Diktatur*, Tübingen, JCB Mohr, 1930

HERNU (R.), *Le principe d'égalité et non-discrimination dans la jurisprudence de la Cour de justice des Communautés européennes*, Thèse, Amiens, juin 2001

HERRERA (C.M.), *Théorie juridique et politique chez Hans Kelsen*, Paris, Kimé, 1997

HEUSCHLING (L.), *Rechtsstaat, Rule of law, Etat de droit. Etude comparative*, Paris, Dalloz, 2002.

HÖFFE (O.), *Introduction à la philosophie pratique de Kant*, Paris, Vrin, 1993

HOFMANN (R.) *et alii* (dir.), *Rechtsstaatlichkeit in Europa*, Heidelberg, Müller, 1996

HUMMEL (J.), *Le constitutionnalisme allemand (1815-1918) : le modèle allemand de la monarchie limitée*, Thèse, Paris 2, 1998

HUTCHINSON (A.) & MONAHAN (P.) (eds), *The Rule of law. Ideal or Ideology?*, Toronto, Carswell, 1987
ISENSEE (J.) & KRICHHOF (P.) (dir.), *Handbuch des Staatsrechts der Bundesrepublik Deutschland*, Heidelberg, Müller (8 tomes)
JELLINEK (G.), *L'Etat moderne et son droit*, Trad. G. Fardis, Paris, Giard et Brière, 1911
JENNINGS (I.), *The Law and the Constitution*, London, University of London Press, 1933
JIMENA QUESADA (L.), *La Europa social y democrática de derecho*, Madrid, Dykinson, 1997
JOERGES (C.) (ed.), *Darker Legacies of Law in Europe - The Shadow of National Socialism and Fascism over Europe and its Legal Traditions*, Oxford, Hart Publishing, 2003.
JOUANJAN (O.) (dir.), *Les Figures de l'Etat de droit. Le Rechtsstaat dans l'histoire intellectuelle et constitutionnelle de l'Allemagne*, Strasbourg, PU Strasbourg, 2001
KANT (E.), *Méthaphysique des Mœurs II, Doctrine du droit (1797)* , Trad. A. Renaut, Paris, GF-Flammarion, 1994
________, *Projet de paix perpétuelle*,Paris, Nathan, 1991
KASTANAS (E.), *Unité et diversité : notions autonomes et marges d'appréciation des Etats dans la jurisprudence de la Cour européenne des droits de l'homme*, Bruxelles, Bruylant, 1996
KELSEN (H.), *Théorie pure du droit*, trad. C. Eisenmann, 2éd., 1960, Paris, LGDJ, Bruylant, 1990
KOULOURIS (N.), *Les autorités administratives indépendantes et les Independent Regulatory Agencies. Etude comparée sur leur insertion et leur nature juridique*, Thèse, Paris II, 1992.
KRAUSS (G.) & Von SCHWEINICHEN (O.), *Disputation über den Rechtsstaat. Der deutsche Staat der Genenwart*, Hamburg, Hanseatische Verlagsanstalt, 1935
KRIEGER (L.), *The German Idea of Freedom, history of a political tradition*, Boston, Beacon Press, 1957
KUNIG (PH.), *Das Rechtsstaatprinzinp. Überlegungen zu seiner Bedeutung für das Verfassungsrecht der Bundesrepublik Deutschland*, Tübingen, Mohr, 1986
LABAND (P.), *Droit public de l'Empire allemand*, Paris, Giard et Brière, 6 vol, 1900-1904
LACROIX (J.), *Kant et le Kantisme*, Paris, PUF, 1966
LAMBERT (Ed.), *Le gouvernement des juges et la lutte contre la législation sociale aux Etats-Unis*, 1921
LAMBERT (El.), *Les effets des arrêts de la Cour européenne des droits de l'homme. Contribution à une approche pluraliste du droit européen des droits de l'homme*, Bruxelles, Bruylant, 1999
LANGE (F.), *Von Gesetzesstaat zum Rechtsstaat*, Tübingen, J.C.B. Mohr, 1935
LARZUL (T.), *Les mutations des sources du droit administratif*, Paris, L'Hermès, 1994
LE BARBIER-LE BRIS (M.), *Le juge espagnol et le droit communautaire*, Rennes, Apogée, 1998
LEBAUT FERRARESE (B.), *La Communauté européenne et l'autonomie institutionnelle et procédurale des Etats membres*, Thèse, Lyon 3, décembre 1996
LECLERC (S.), AKANDJI-KOMBE (J-F) et REDOR (M-J) (dir.), *L'Union européenne et les droits fondamentaux*, Bruxelles, Bruylant, 1999
LECOURT (R.), *L'Europe des juges*, Bruylant, Bruxelles, 1976
LEGAZ Y LACAMBRA (L.), *El Estado de derecho en la actualidad*, Madrid, Reus, 1934
__________________, *Introducción al Estado Nacional-Sindicalista*, Barcelona, Bosch, 1940
__________________, *Estudios de Doctrina Jurídica y Social*, Barcelona, Bosch, 1940
__________________, *Horizontes del Pensemiento Jurídico*, Barcelona, Bosch, 1946
LEGENDRE (P.), *Histoire de la pensée administrative française, in Traité de science administrative*, Paris, 1966
LENAERTS (K.), *Le juge et la constitution aux Etats-Unis d'Amérique et dans l'ordre juridique européen*, Bruxelles, Bruylant, 1988.
LESAGE (M.) et LETOWSKI (J.) (ed.), *L'Etat de droit et la sécurité juridique*, , Paris, Varsovie, Wydawnictwo Naukowe, Scholar, 1996
LOCKE (J.), *Two treatises of Goverment*, (rééd.) intro. P. Laslett, Cambridge, Cambridge University Press, 1994
LOISELLE (M.), *Le concept d'Etat de droit dans la doctrine juridique française*, Thèse, Paris II, 2000
LOPEZ GARCIA (J.A.), *Estado y derecho en el Franquismo. El nacionalsindicalismo : F.J. Conde y Luis legaz Lacambra*, Madrid, CES, 1996.
LORELLO (L.), *La tutela dell'affidamento tra diritto interno e diritto comunitario*, Torino, 1998
LOUGHLIN (M.), *Public Law and Political Theory*, Oxford, Clarendon Press, 1992

LUCAS VERDU (P.), *Estado liberal de derecho y Estado social de derecho*, Acta Salmanticensia, Universidad de Salamanca, Tome II, n°3, 1955

_____________, *La lucha por el Estado de derecho*, Bolognia, Publicaciones del Real Colegio de España, 1975.

MACHACEK (R.), *Austrian contribution to the rule of law : constitutional court, administrative court, European prospectives*, N.E. Engel Publischer, 1994

MAIHOFER (W.), *Rechtsstaat und menschliche Würde*, Frankfurt a. Main, Klostermann, 1968

MAILLOT (J-M), *La théorie administrativiste des principes généraux du droit. Continuité et modernité*, Dalloz, Paris, 2003

MAJORANA (A), *Il sistema dello stato giuridico*, Roma, 1889

MARCIC (R.), *Vom Gesetzesstaat zum Richterstaat. Recht als Mass der Macht. Gedanken über den demokratischen Rechts- und Sozialstaat*, Wien, Springer, 1957

MARCOU (G.) (dir.), *Les mutations du droit de l'administration en Europe. Pluralisme et convergences*, Paris, L'Harmattan, 1995

MARGUENAUD (J-P), *La Cour européenne des droits de l'homme*, Paris, Dalloz, 1997

MARSHALL (G.), *Constitutional Theory*, Oxford, Clarendon Press, 1971

MATHIEU (B.) et VERPEAUX (M.), *Contentieux constitutionnel des droits fondamentaux*, Paris, LGDJ, 2002

MATTEUCCI (N.), *Organización del poder y libertad*, Madrid, Trotta, 1998

MAURER (B.), *Le principe du respect de la dignité de la personne humaine et la Convention européenne des droits de l'homme*, Doc. franç., 1999

MAYER (O.), *Deutsches Verwaltungsrecht*, 2e éd., München, Duncker & Humblot, 1914

MAZUYER (E.), *Le traitement juridique des normes du travail dans les intégrations régionales*, Thèse, IUE, juin 2002

MEKHANTAR (J.), *Le contrôle juridictionnel de la proportionnalité dans l'action administrative unilatérale*, Thèse, Paris II, 1990

MENY (Y.) (dir), *Les politiques du mimétisme institutionnel. La greffe et le rejet*, Paris, L'Harmattan, 1993

MILACIC (S.) (dir.), *La réinvention de l'Etat. Démocratie politique et ordre juridique en Europe centrale et orientale*, Bruxelles, Bruylant, 2003.

MIRKINE-GUETZEVITCH (B.), *La théorie générale de l'Etat soviétique*, préf. G. Jèze, Girard, Paris, 1928

MOHL (R.), *Die Polizeiwissenschaft nach den Grundsätzen des Rechtsstaates*, 2e ed., Tübingen, H. Laupp, 1844.

MONTESQUIEU, *De l'esprit des lois*, Œuvres Complètes, L'intégrale, Paris, Le Seuil, 1964

NIGRO (M.), *Giustizia amministrativa*, 15ème éd., Bologne, Mulino, 2000

OETHEIMER (M.), *L'harmonisation de la liberté d'expression en Europe. Contribution à l'étude de l'article 10 de la CEDH et de son application en Autriche et au Royaume-Uni*, Paris , Pédone, 2001

OPPETIT (B.), *Philosophie du droit*, Paris, Dalloz, 1999

ORLANDO (V.E.)(a cura di), *Primo trattato completo di diritto amministrativo italiano*, Milano, 1900

ORTEGA (M.), *El acceso de los particulares a la justicia comunitaria* , Madrid,Tecnos, 1999

PANUNZIO (S.), *Lo Stato di diritto*, Città di Castello, 1921

PAPADOPOULOU (R.E.), *Principes généraux du droit et droit communautaire. Origines et consécration*, Bruxelles/Athènes, Bruylant/Sakkoulas, 1996

PAREJO ALFONSO (L.), *Estado social y Administracion publica. Los postulados constitucionales de la reforma administrativa*, Madrid, Civitas, 1983

PECES-BARBAS (G.), *Libertad, poder, socialismo*, Madrid, Civitas, 1978

_____________, *Teoria de los derechos fundamentales*, 3ème ed., Madrid, Ed. latina Universtaria, 1980

_____________, *La democracia en España. Experiencias y reflexiones*, Temas de hoy, Madrid, 1995

PEÑA FREIRE (A.M.), *La garantía en el Estado constitucional de Derecho*, Madrid,Trotta, 1997

PEREZ LUÑO (A.E.), *Derechos Humano, Estado de derecho y constitución*, Madrid, Tecnos, 1984

_____________, *La seguridad jurídica*, Barcelona, Ariel, 1991

PERGOLESI (F.), *Sullo Stato di diritto*, Padova, CEDAM, 1931

__________, *Per lo Stato di diritto. Orientamenti civici*, Milano, Giuffrè, 1968
PETRONE (I.), *Il diritto nel mondo dello spirito*, Milano, Libreria editrice milanese, 1910
PETTITI (L-E), DECAUX (E.) et IMBERT (P-H) (dir.), *La Convention européenne des droits de l'homme. Commentaire article par article*, Paris, Economica, 1995
PHILIPPE (X.), *Le contrôle de proportionnalité dans les jurisprudences constitutionnelle et administrative françaises*, Paris, Economica, 1990
PICARD (E.), *La notion de police administrative*, préf. R. Drago, Paris, LGDJ, 1984 (2 vol.)
PIOLA (A.), *Stato di diritto e regime democratico*, Milan, Giuffrè, 1963
PLIAKOS (A.), *Le principe général de la protection juridictionnelle efficace en droit communautaire*, Athènes, Bruxelles, Bruylant, Sakkoulas, 1997
POSADA (A), *La crisis del constitucionalismo*, Madrid, Librería General de Victoriano Suárez, 1925
POTVIN-SOLIS (L.), *L'effet des jurisprudences européennes sur la jurisprudence du Conseil d'Etat français*, Paris, LGDJ, 1999
PREVEDOUROU (F.), *Le principe de confiance légitime en droit public français*, Athènes, Institut d'histoire constitutionnelle hellénique et de droit constitutionnel, études 8, Droit et économie, P.N. Sakkoulas, 1998
PRIETRO (L.), *Constitucionalismo y positivismo*, Madrid, Fontamara, 1997
RANELLETTI (O.), *Istituzioni di diritto Pubblico*, Padova, CEDAM, 1933
RASMUSSEN (H.), *On law and Policy in the European Court of justice*, La Haye, Nijhoff, 1986.
RAWLS (J.), *Théorie de la justice*, Trad. C. Audard, Paris, Le Seuil, 1997
RAZ (J.), *The authority of law. Essays on Law and Morality*, Oxford, Clarendon Press, 1979
REDOR (M.J.), *De l'Etat légal à l'Etat de droit. L'évolution des conceptions de la doctrine publiciste française 1879-1914*, Paris, Aix-en-Provence, PUAM-Economica, 1992
RENAUT (A) et SOSOE (L), *Philosophie du droit*, Paris, PUF, 1991
RENUCCI (J-F), *Droit européen des droits de l'homme*, Paris, LGDJ, 3ème éd., 2002
RIDEAU (J.) (dir.), *Les Etats membres de l'Union européenne. Adaptations – Mutations – Résistance*, LGDJ, Paris, 1997.
__________ (dir.), *La transparence dans l'Union européenne, mythe ou principe juridique*, Paris, LGDJ, 1999
__________, *Droit institutionnel de l'Union et des Communautés européennes*, 3ème éd., Paris, LGDJ, 1999
__________ (dir.), *De la Communauté de droit à l'Union de droit. Continuités et avatars européens*, Paris, LGDJ, 2000
RIGAUX (F.), *La loi des juges*, Paris, Odile-Jacob, 1997
RIGAUX (M-F.), *La théorie des limites matérielles à l'exercice de la fonction constituante*, Bruxelles, Larcier, 1985.
RIPERT (G.), *Le déclin du droit. Etudes sur la législation contemporaine*, Paris, LGDJ, 1949
ROBIEN-OLIVIER (S.), *Le principe d'égalité en droit communautaire. Etude à partir des libertés économiques*, Aix-Marseille, PUAM, 1999
ROCCO (A.), *La trasformazione dello Stato. Dallo Stato liberale allo Stato fascista*, Roma, 1927
RODRIGUEZ (J.P), *La filosofia politica de Luis Legaz Lacambra*, Madrid, Marcial Pons, 1997
ROMANO (S.), *Corso di diritto costituzionale*, Padova, CEDAM, 1928
ROTTECK (C.R.) & WELCKER (C.T.), *Staats-Lexikon oder Encyklopädie der Staatswissenschaften*, 15 vol., 1re éd., Altona, Hammerisch Verlag, 1834-1848.
ROUSSEAU (D.), *La démocratie continue*, Paris, Bruxelles, LGDJ, Bruylant, 1995
__________, *Droit du contentieux constitutionnel*, 5ème éd., Paris, Montchrestien 1998, p. 460.
ROUSSEAU (J.J.), *Du contrat social*, Paris, GF Flamarion, 1992
RUBIO-LLORENTE (F.) et FAVOREU (L.), *El bloque de constitucionalidad*, Madrid, Tecnos, 1990
RUIZ DEL CASTILLO (C.), *Lo vivo y lo muerto en la idea liberal*, Madrid, Real Academia de Ciencias Morales y Políticas, 1947
SAAVEDRA LOPEZ (L.), *La libertad de expresión en el Estado de derecho*, Barcelona, Ariel, 1987
SABETE (W), *De l'obligation de la reconnaissance constitutionnelle des droits fondamentaux. A la recherche d'un fondement de l'obligation*, Thèse, Bordeaux, 1994

SALANDRA (A.), *La giusitizia amministrativa nei governi liberi*, Torino, 1904

SAMPAY (A.E.), *La crisis del Estado de derecho liberal-burgues*, Buenos Aires, Losada, 1942.

SANTORO (E.), *Autonomia individuale, libertà e diritti. Una critica dell'antropologia liberale*, Pisa, ETS, 1999

SCHEINGOLD (S.A.), *The rule of law in European Integration*, Westport, Connecticut, Greenwood Press Publishers, 1976.

SCHMITT (C.), *Théorie de la constitution*, pref. O. Beaud, Trad. L. Deroche, Paris, PUF, 1989

SCHMITT GLAESER (A.), *Grungesetz und Europarecht als Elemente Europaïschen Verfassungsrechts*, Berlin, Duncker & Humblot, 1996

SCHONBERG (S.J.), *Legitimate expectations in administrative law*, Oxford, Oxford University Press, 2000

SCHWARZE (J.), *Droit administratif européen*, Bruxelles, Bruylant, 1994 (2 tomes)

__________ (éd.), *Le droit administratif sous l'influence de l'Europe. Une étude sur la convergence des ordres juridiques dans l'Union européenne*, Baden-Baden, Bruxelles, Bruylant, Nomos Verlagsgesellschaft, 1996

__________ (éd.), *La naissance d'un ordre constitutionnel européen: l'interaction du droit constitutionnel national et européen*. Baden-Baden: Nomos, 2001

SCHWARZ-LIEBERMANN VON WAHKENDORF (H.A), *Introduction à l'esprit et à l'histoire du droit anglais*, Paris, LGDJ, 1977

SENKOVIC (P.), *L'évolution de la responsabilité de l'Etat législateur sous l'influence du droit communautaire*, Bruxelles, Bruylant,2000

SERMET (L.), *Convention européenne des droits de l'homme et contentieux administratif français*, Paris, Economica, 1996

SERRAND (P.), *L'acte de gouvernement (Contribution à la théorie des fonctions juridiques de l'Etat)*, Thèse, Paris II, 1996

SIMON (D.), *L'interprétation judiciaire des traités internationaux, morphologie des conventions et fonction juridictionnelle*, Paris, Pedone, 1981

_________, *Le système juridique communautaire*, 3ème éd., Paris, PUF, 2001

SOBOTA (K.), *Das Prinzip Rechtsstaat, Verfassungs- und verwaltungsrechtliche Aspekt*, Tübingen, Mohr, 1997

SOLARI (G.), *Scritti storici di filosofia del diritto*, Torino, Giappichelli, 1949

SORDI (B.), *Giustizia e amministrazione nello Stato liberale*, Milano, Giuffrè, 1985

SOSA WAGNER (F.), *La construcción del Estado y del derecho administrativo*, Madrid, Marcial Pons, 2001

SPAVENTA (S.), *La Giustizia nell'amministrazione*, Milano, Giulo Einaudi Editore, 1949

STAHL (F.J.), *Die Philosophie des Rechts*, tomes II et III, 5e éd., Tübingen, JCB Mohr, 1878

STIRN (B.), *Les sources constitutionnelles du droit administratif. Introduction au droit public*, Paris, LGDJ, 1999

STOLLEIS (M.), *Histoire du droit public en Allemagne. Droit public impérial et science de la police 1600-1800*, Paris, PUF, 1998

__________, *The law under the Swastika. Studies on legal history in Nazi Germany*, Chicago, 1998

SUDRE (F.), *Droit international et européen des droits de l'homme*, 5ème éd., Paris, PUF, 2001,

_________ & LABAYLE (H.) (dir.), *Réalité et perspectives du droit communautaire des droits fondamentaux*, Bruxelles, Bruylant, 2000

TELO (M.) (dir.), *Démocratie et construction européenne*, Editions de l'Université de Bruxelles, Bruxelles, 1995

THOMAS (R.), *Legitimate Expectations and Proportionality in Administrative Law*, Oxford, Hart, 2000

TIMSIT (G.), *Les noms de la loi*, Paris, PUF, 1991

_________, *Gouverner ou juger. Blasons de la légalité*, Paris, PUF, 1995

TREMEAU (J.), *La réserve de la loi. Compétence législative et Constitution*, Paris, PUAM-Economica, 1997

TRIDIMAS (T.), *The general principles of EC Law*, Oxford, EC Law Library, 2000

TROPER (M.), *Pour une théorie juridique de l'Etat*, Paris, PUF, 1994

_________ & L. JAUME (dir), *L'invention de la Constitution*, Paris, Bruxelles, LGDJ, Bruylant, 1994

VARAUT (J-M), *Le droit au droit. Pour un libéralisme institutionnel*, Paris, PUF, 1986
VAN DROOGHENBROECK (S.), *La proportionnalité dans le droit de la Convention européenne des droits de l'homme. Prendre l'idée simple au sérieux*, Bruxelles, Bruylant, 2001
VANDERSANDEN (G.)et DONY (M.) (dir.), *La responsabilité des Etats membres en cas de violation du droit communautaire. Etudes de droit communautaire et de droit comparé*, Bruylant, Bruxelles, 1997
.VILLEY (M.), *La formation de la pensée juridique moderne*, 4e éd., Paris, Cours de droit, 1975
VIRALLY (M.), *La pensée juridique* (1960), préf. P-M Dupuy et C. Leben, Paris, LGDJ, 1998
VLACHOS (G.), *La pensée politique de Kant*, Paris, PUF, 1962
WALKER (G. De Q.), *The Rule of law. Fondation of constitutional democracy*, Melbourne University Press, 1988
XIE (W.), *Le thème de l'Etat de droit dans le discours politique français contemporain (1981-1993)*, Thèse Montpellier, décembre 1998
ZAGREBELSKY (G.), *Il diritto mite*, Torino, Einaudi ed., 1992
ZILLER (J.), *Administrations comparées. Le système politico-administratif de l'Europe des Douze*, Paris, Domat-Montchrestien, 1993
_________ (dir.), *L'européanisation du droit constitutionnel à la lumière du Traité constitutionnel pour l'Union*, Paris, L'Harmattan, 2003
ZOLLER (E.), *Droit constitutionnel*, 2ème éd., Paris, PUF, 1999

ARTICLES

ABRAHAM (R.), « Contentieux administratif français et Convention européenne des droits de l'homme », *RFDA*, 1990, p. 1054
___________, « Les incidences de la CEDH sur le droit constitutionnel et administratif des Etats parties », *RUDH*, 1992, p. 410
___________, « Le juge administratif français et la Cour de Strasbourg », in P.TAVERNIER (ed), *Quelle Europe pour les droits de l'homme ?*, Bruxelles, Bruylant, 1995, p. 237
ACKERMAN (B.), « La démocratie dualiste », in M. TROPER et L. JAUME (dir), *L'invention de la Constitution*, Paris, Bruxelles, LGDJ, Bruylant, 1994, p. 191
AKANDJI-KOMBE (F.), « La question des rapports entre principe de droit et démocratie dans le système communautaire », *Questions sur le droit européen*, Actes du colloque de Caen (23 février 1996), Université de Caen, 1996, p. 51
________________, « Le développement des droits fondamentaux dans les traités », LECLERC (S.), AKANDJI-KOMBE (J-F) et REDOR (M-J) (dir.), *L'Union européenne et les droits fondamentaux*, Bruxelles, Bruylant, 1999, p. 50
AKKERMANS (P.W.), « « Rule of law, Rechtsstaat » et droits de l'homme : clef de voûte de la démocratie », *ERPL/REDP*, vol. 13, 2001, p. 55
ALLAN (T.R.S.), « Legislative supremacy and the Rule of Law : Democracy and Constitutionnalism », *CLJ*, 1985, p. 111
_____________, "Dworkin and Dicey: the Rule of Law as Intergrity", *OJLS*, vol. 8, 1988, p. 266
_____________, " Constitutional Rights and Common Law", *OJLS*, vol. 11, 1991, p. 453
ALLAND (D.), « Consécration d'un paradoxe : primauté du droit interne sur le droit international », *RFDA*, 1998, p. 1095
ALTER (K.) "Explaining National Court Acceptance of European Court Jurisprudence", EUI, RSC, WP n°95/27
_________, "The making of a *Rule of law*: the ECJ and the national judiciaries", *PHD dissertation, M.I.T., 1996*
AMSELEK (P.), « Réflexions critiques autour de la conception kélsénienne de l'ordre juridique », *RDP*, n°1, 1978, p. 5
___________, « Kelsen et les contradictions du positivisme juridiuqe », APD, 1983, p. 271

__________, « Le droit, technique de direction publique des conduites humaines », *Droits*, 10, 1989, p. 7

ANDRES IBAÑEZ (P.), « Poder judicial y Estado de derecho . La experiencia de « Justicia democrática » », *Sistema*, 1980, p. 193

ANDREWS (N.H.), « L'Angleterre doit-elle adopter une Déclaration des droits assortie d'un contrôle juridictionnel des lois ? », *AJIC*, vol. V, 1989, p. 35

ANDRIANTSIMBAZOVINA (J.), « La CEDH et la CJCE après le traité d'Amsterdam, de l'emprunt à l'appropriation », *Europe*, oct. 1998, chr. 10

______________________, « La Convention européenne des droits, instrument de convergence des droits constitutionnels nationaux et du droit communautaire », *in H. GAUDIN (dir.), Droit constitutionnel, droit communautaire. Vers un respect constitutionnel réciproque ?*, PUAM-Economica, 2001, p. 177

______________________, « L'enrichissement mutuel de la protection des droits fondamentaux au niveau européen et au niveau national. Vers un contrôle de « fondamentalité » ? », *RFDA*, 2002, p. 123

______________________, « Délai raisonnable du procès, recours effectif ou déni de justice ? », *AJDA*, 2003, p. 93

ANSUATEGUI (F.J.), «¿Crisis del positivismo jurídico ? : dos respuestas italianas, Zagrebelsky y Scarpelli », *Derechos y libertades*, 2, 1994, p.113

______________, « La deficiones del Estado de derecho y los derechos fundamentales », *Sistema*, 2000, p. 91

ANTHONY (G.), « Community Law and the Development of UK Administrative Law : Delimiting the 'Spill-Over ' Effect », *EPL*, 1998, p. 268

ARAGON (M.), « La eficacia juridica del Principo Democratico », *REDC*, 24, 1988, p.9

ARGYRIADIS-KERVEGAN (C.), « Rudolf Gneist : La justice administrative, institution nécessaire de l'Etat de droit », in O. JOUANJAN (dir.), *Les figures de l'Etat de droit ....op.cit*, p. 244

ARNE (S.), « Existe-t-il des normes supra-constitutionnelles ? Contribution à l'étude des droits fondamentaux et de la constitutionnalité », *RDP*, 1993, p. 459

ARNOLD (R.), « Le principe de l'Etat de droit dans les nouvelles constitutions de l'Europe centrale et orientale », *in Mélanges à la mémoire de Rolv Ryssdal*, Berlin/Bonn/Munich, Carl Heymanns Verlag KG, 2000, p. 65

ARNULL (A.), « Private applicants and the action for annulment under Article 173 of the EC Treaty », *CMLR*, 1995, p. 8

ATIENZA (M.), « Estado de derecho, argumentacion e interpretacion », *Anuario de Filosofia del Derecho*, XIV, 1997

AUBY (J-M), « Sur l'étude de la hiérarchie des normes en droit public : éléments de problématique », *Mélanges Pelloux*, p. 23

_________, « Autorités administratives et autorités juridictionnelles », AJDA, 1995, spécial, p. 91.

AUTIN (J-L), « Du juge administratif aux autorités administratives indépendantes : un autre mode de régulation », *RDP*, 1988, p. 1213

AUTIN (J-L) et SUDRE (F.), « La dualité fonctionnelle du Conseil d'Etat en question devant la CourEDH : A propos de l'arrêt Procola », *RFDA*, 1996, p. 782

AUVRET-FINCK (J.), « Les actes de gouvernement, irréductible peau de chagrin ? », *RDP*, 1995, p.131

BADINTER (R.)« Le conseil constitutionnel et le pouvoir constituant », *in Libertés. Mélanges J. Robert*, Paris, Montchrestien, 1998, p. 217

BAENA (A), « La generación primitiva de administrativistas y la moderna ciencia de la Administración », in *La configuración jurídico-politica del Estado liberal en España*, Madrid, Huesca, 1997, p. 145

BALAGUER CALLEJON (F.), « Un constitucionalista del período de entreguerras. El pensamiento constitucional de Fernando de los Ríos », *Sistema* 152-153/1999, p. 77

BAMFORTH (N.), « Parliamentary Sovereignty and the Human Rights Act 1998 », *Public Law*, 1998, p. 572

BANDRAC (M.), « L'action en justice, droit fondamental », *Mélanges Perrot*, Paris, Dalloz,1995, p.1

BARATTA (A.), « El Estado de derecho. Historia de un concepto y problematica actual », *Sistema*, 17-18, 1997, p. 17

BARAV (A.), « La plénitude de compétence du juge national en sa qualité de juge communautaire », *Mélanges Jean Boulouis*, Paris, Dalloz, 1991, p. 1

_________, « Algunos aspectos relativos a las relaciones entre el derecho comunitario y la jurisprudencia constituticional de los Estados miembros », *Noticias CEE*, 1987, n°26, p. 19

_________, « Le droit au juge devant le Tribunal de première instance et la Cour de justice des Communautés européennes », in J. RIDEAU (dir), *Le droit au juge dans l'Union européenne, op.cit.*, p.191

_________, « Le renvoi préjudiciel communautaire », Justices, n°6, 1997, p. 1

_________, « State Liability in Damages for Breach of Community Law », *in T. Heukels et A. McDonnell (ed.), The Action for Damages in Community Law, Kluwer International, La Hayer-Londres-Boston, 1997*, p. 376

BARRINGTON (D.), « The emergence of a Constitutional Court », *in Human Rigths and Constitutionalism, Essays In honour of Brian WALSH*, The Round Hall Press, London, 1992, p. 251

BARROS MOURA, « A constituiçao portuguesa e os trabalhadores », in BAPTISTA COELHO (dir.), *Portugal, Sistema Politico-Constitutcional*, Lisboa, 1989, p. 820

BATTAGLIA, « Stato di diritto e Stato etico », *Riv. Int. Fil. Diritto*, 1937, p. 237

_________, « Ancora sullo « Stato di diritto » », *Riv. Int. Fil. Dir.*, 1948, p. 164

BAUER-BERNET (H.), « Notions indéterminées et droit communautaire », in C. PERELMAN et R. VANDER ESLT (dir.) , *Les notions à contenu variable en droit*, Bruylant, Bruxelles, 1984, p. 267

BÄULMIN (R.) & RIDDER (H.), « Art. 20 Abs. 1-3 III Rechtsstaat », *in Alternativkommentar zum Grundgesetz für die BRD*, 2e éd., Luchterhand, t.1, 1989, p. 1340

BEAUD (O.), « La notion d'Etat », *APD*, 1990, p.119

_________, « Carl Schmitt ou le juriste engagé », préface à C. SCHMITT, *Théorie de la Constitution*, trad. L. Deroche, Paris, PUF, 1993, p. 5

_________, « Maastricht et la théorie constitutionnelle. La nécessaire et inévitable distinction entre le pouvoir constituant et le pouvoir de révision constitutionnelle », *LPA*, 31 mars 1993, pp. 14-17 et 2 avril 1993, pp. 7-10

_________, « la critique de l'Etat de droit chez Carl Schmitt », *CPPJ*, 1994, p. 111

BEBR (G.), « CJ : Judicial Protection and the rule of law », *in Institutional Dynamics of European Integration, Essays in honour of Henry G Schermers*, Vol II, Martinus Nijhoff Punlishers, Dordorecht/Boston/London, 1994, p. 303

BECHILLON (D. DE), « De quelques incidences du contrôle de la conventionnalité internationale des lois par le juge ordinaire (malaise dans la constitution) », *RFDA*, 1998, p. 225

_______________, « Conflits de sentences entre les juges de la loi », *Pouvoirs*, n°96, 2001, p. 114

BELL (J.), « Droit public et droit privé : une nouvelle distinction en droit anglais (l'arrêt O'Reilly v. Mackman : un arrêt Blanco ?) », *RFDA*, 1985, p. 399

________, « Le règne du droit et le règne du juge.Vers une interprétation substantielle de l'Etat de droit », *Mélanges en l'honneur de Guy Braibant*, Paris, Dalloz, 1996, pp. 15-18

________, « La révolution constitutionnelle au Royaume-Uni », *RDP*, 1999 p. 98

BELLAMY (R.) & CASTIGLIONE (D.), « Costituzionalismo e democrazia in una prospettiva europea », *Teoria Politica*, 1996, p. 47

BELLOUBET-FRIER (N.), « Le principe d'égalité », *AJDA*, spécial, 1998, p.154

BERTI (G.), « Stato di diritto informale », *RTDP*, 1/1992, p. 37

BESSELINK (L.F.M), « Curing a « Childhood Sickness » ? On Direct Effect, Primacy and Derogation from Civil Rights. The Netherlands Council State Judgement in the Metten Case », *MJECL*, 1996, vol. 3, p. 65

BETTATI (M.), « Le law-making power de la Cour », *Pouvoirs*, n°49, 1989, p. 57

BIEBER (R.), « Les limites matérielles à la révision des traités établissant la Communauté européenne », *RMC*, 1993, p. 343

BLECKMANN (A), « Der Rechtsstaat in vergleichender Sicht. Zugleich ein Beitrag zur Rechtsquellenlehre des Europäischen Gemeinschaftsrechts », GYIL, vol. 20, 1977, p. 405

_____________, « L'Etat de droit dans la constitution de la RFA », *Pouvoirs*, n°22, 1982, p. 5

BLUMANN (C.), « L'article 54 de la Constitution et le contrôle de la Constitutionnalité des traités en France », *RGDIP*, 1978, p. 583

BOBBIO (N.), « Governo degli uomini o governo delle leggi ? », in *Il Futuro della democrazia*, Einaudi, Torino, 1995, p. 169

_________, « Principali generali di diritto », *in Contributi ad un dizionario giuridico*, Giappichelli, Turin, p. 263

BÖCKENFÖRDE (E.W.), « Demokratie als Verfassunsprinzip », in *ISENSEE & KIRCHHOF, Handbuch des Staatsrechts, Bd.I, C.F. Müller*, 1987, p. 887

_________________, « Lorenz von Stein, théoricien du mouvement de l'Etat et de la société vers l'Etat social », in E-W. BÖCKENFÖRDRE, *Le droit, l'Etat et la constitution démocratique. Essais de théorie juridique, politique et constitutionnelle*, Trad. O. Jouanjan Paris, Bruxelles, Bruylant, LGDJ, 2000, p. 148

_________________, « Naissance et développement du concept d'Etat de droit », in E-W. BÖCKENFÖRDRE, *Le droit, l'Etat et la constitution démocratique. Essais de théorie juridique, politique et constitutionnelle*, Trad. O. Jouanjan Paris, Bruxelles, Bruylant, LGDJ, 2000, p.129

_________________, « Théorie et interprétation des droits fondamentaux », in E-W. BÖCKENFÖRDRE, *Le droit, l'Etat et la constitution démocratique. Essais de théorie juridique, politique et constitutionnelle*, Trad. O. Jouanjan Paris, Bruxelles, Bruylant, LGDJ, 2000, p. 277

BOISSARD (S.), « Comment garantir la stabilité des situations juridiques individuelles sans priver l'autorité administrative de tous moyens d'action et sans transiger sur le respect du principe de légalité ? Le difficile dilemme du juge administratif », *Les Cahiers du Conseil Constit.*, n°11, 2001, p. 2001

BONICHOT (J.C.), « Le juge national et la protection du droit communautaire », *RFDA*, 1990, p. 918

____________ « Le commissaire du gouvernement et la Convention européenne des droits de l'homme », JCP, 1998, I, p. 176

BONNECHERE (M.), « Quelle garantie des droits sociaux fondamentaux en droit européen ? », *Europe*, Juillet 2000, p. 7

BOULOUIS (J.), « A propos de la fonction normative de la jurisprudence – Remarques sur l'œuvre jurisprudentielle de la Cour de justice des Communautés européennes », *Mélanges Marcel Waline*, 1974, pp. 149-161

____________, « Quelques observations à propos de la sécurité juridique », *Liber amicorum P. Pescatore, 1987*, pp.53-58

BRADLEY (A.), « Le Human Rights Act de 1998 et le contrôle judiciaire de l'action administrative au Royaume-Uni », *Mélanges Michel Fromont, op.cit.*, p. 82

BRADLEY (K.S.C.), « Administrative justice : a developping human right ? », *European Public Law*, 1995, p. 348

BRAIBANT (G.), « Le principe de proportionnalité », *Mélanges Marcel Waline, Le juge et le droit public*, 1974, p. 297

BREILLAT (D.), « La hiérarchie des droits de l'homme », *Droit et politique à la croisée des cultures, Mélanges Philippe Ardant*, LGDJ, 1999, p. 275

BRIBOSIA (H.), « Applicabilité directe et primauté des traités internationaux et du droit communautaires. Réflexions générales sur le point de vue de l'ordre juridique belge », *RBDI*,1996, p. 33

BROCKELBANK (W.J.), « The role of Due process in American Constitutional Law » *Cornell Law Quarterly*, 1954, p. 568.

BUCHWALD (D.), « Zur Rechtsstaalichkeit der Europäischen Union », *Der Staat*, 1998, p. 189

BULLINGER (M.), « Vertauenschutz im deutschen Verwaltungsrecht in historische-kritischer Sicht », *JZ*, 1999, p. 907

BUQUICCHIO (G.) et GARRONE (P.), « L'harmonisation du droit constitutionnel européen : la contribution de la Commission européenne pour la démocratie par le droit », *RDU*, 1998-2/3 (n° spécial, *A la mémoire de Malcom Evans*), p. 323

BURCA (G. DE), « Proportionality and Wednesbury Unreasonableness : The Influence of European Legal Concepts on UK Law », *EPL*, 1997, p. 561

BURDEAU (G.), « Raymond Carré de Malberg. Son œuvre, sa doctrine », *RDP*, 1935, p. 354

___________, « Essai sur l'évolution de la notion de loi en droit français », APD, 1939, p. 7

___________, « Les engagements internationaux de la France et les exigences de l'Etat de droit », *AFDI*, 1986, p. 837

BURGORGUE-LARSEN (L.), « Les résistances des Etats de droit », *in J. RIDEAU (dir.), De la Communauté de droit à l'Union de droit, op.cit.*, p. 423

____________________, « L'autonomie constitutionnelle aux prises avec la Convention européenne des droits de l'homme », *Revue belge de droit constitutionnel*, 2001, p. 31

BURLEY (A-M) & MATTLI (W), « Europe before Court: a Political theory of legal integration », *International Organization*, 47, 1993, p. 41

BUYER (D. DE), « le droit à un recours effectif », *Mélanges P. Lambert, op.cit.*, p. 183

CALVET (H.), « Droit administratif de la responsabilité et droit communautaire », *AJDA*, n°spécial, juin 1996, p. 92

CAPITANT (R.), « De la nature des actes de gouvernement », *Mélanges Juliot de la Morandière*, Paris, Dalloz, 1964, p. 99

CAPPELLETTI (M.), « Is the european Court of Justice « Running Wild » ? », *ELR*, 1987, p.3

CARANTA (R.), « Judicial protection against member states : a new jus commune takes shape », *CMLR*, 32, 1995, p. 703

CARBONNIER (J.), « La passion des lois au siècle des Lumières », in *Essais sur les lois*, Paris, Defrénois, 1979, p. 203

CARCASSONNE (G.), « Faut-il maintenir la jurisprudence issue de la décision 74-54 DC du 15 janvier 1975 ? », *Les cahiers du Conseil constitutionnel*, 1999, n°7, p. 97

CARISTIA (C.), « Ventura e Avventura di una formula : « Rechtsstaat » », *Riv. Tri. Dir. Pubb*, 1934, p.389

CARRE DE MALBERG (R.), « La constitutionnalité des lois et la Constitution de 1875 », *Revue Politique et Parlementaire*, 1928, p. 339

____________________, « La sanction juridictionnelle des principes constitutionnels », *Ann. IIDP*, 1929, p. 144

____________________, « Considérations théoriques sur la question de la combinaison du référendum avec le parlementarisme », *RDP*, 1931, p. 225

CASCAJO CASTRO (J.L.), « Consideraciones sobre el Estado de derecho », *REP*, n°189, 1973, p. 1

____________________, « La voz « Estado social y democratico de derecho » : materiales para un lexico constitucional espanol », *Revista del Centro de Estudios Constitucionales*, n°12, 1992, p 11.

CASSESE (S.) et DELLA CANANEA (G.), « L'esecuzione del diritto comunitario », *RIDPC*, 1991, p. 901

CASSIA (P.) et SAULNIER (E.), « Le Conseil d'Etat et la CEDH », *AJDA*, 1997, p.411

CASTILLO BLANCO (F.A.), « El principio europeo de confianza legitima y su incorpocón al ordenamiento jurídico español », *Noticias de la Unión Europea*, 2002, n°205, p. 29

CATANIA (A.), « Lo stato moderno : profili storici e dottrinali », *Riv. Int. Fil. Dir*, 1994, p. 403

CATTANEO (M.A.), « Stato di diritto e dispotismo dei giudici », *Sociologia del Diritto*, 1994, p. 3

CHALOYARD (B.), « Les chambres administratives indépendantes autrichiennes : une institution controversée », *RIDC*, 2001, p. 429

CHAPUS (R.), « L'acte de gouvernement, monstre ou victime ? », D. 1958, chr. 5

__________, « Qu'est-ce qu'une juridiction ? La réponse de la jurisprudence administrative », *Mélanges Eisenmann, op.cit.*, p. 265

__________, « L'administration et son juge. Ce qui change », *Etudes et documents*, Conseil d'Etat, n°43, 1992, p. 275

CHARLIER (C.), « La technique de notre droit public est-elle appropriée à sa fonction ? », *EDCE*, 1951, p. 32

CHARRIER (C.), « La Communauté de droit, une étape sous-estimée de la construction européenne », *RMCUE*, n°400, 1996, p. 527.

CHEVALLIER (J.), « Les fondements idéologiques du droit administratif français », *Variations autour de l'idéologie d'intérêt général*, Publications du Centre Universitaire de Recherches Administratives et Politiques de Picardie, PUF, Paris, 1978-79, 2 vol, T2, p. 1

____________, « Réflexions sur l'institution des autorités administratives indépendantes », *JCP*, 1986, I, n°3254

____________, « L'Etat de droit », *RDP*, 1988, p. 313

____________, « La dimension symbolique du principe de légalité », *RDP*, 1990, p. 1651

____________, « Le discours de l'Etat de droit », *Politiques*, 1993, n°6, p. 13

__________, « Les autorités administratives indépendantes et la régulation des marchés », *Justice*, 1995, n°1, p. 81

__________ « Vers un droit post-moderne ? Les transformations de la régulation juridique », *RDP*, 1998, p. 677

__________, « La mondialisation de l'Etat de droit », *Mélanges Philippe Ardant*, Paris, LGDJ, 1999, p. 333

CHRISTOPHE TCHAKALOFF (M-F.), « Le principe d'égalité en droit européen », *AJDA*, 1996, n° spécial, p. 168

__________, « Les conditions d'adhésion à l'Union européenne », *in* J. RIDEAU (dir.), *De la Communauté de droit à l'Union de droit, op.cit.*, p. 287

__________, « Les principes généraux du droit communautaire », *Droits Nationaux, droit Communautaire : influences croisées, En hommage à Louis Dubouis*, La documentation française, 2000, p. 83

CHUECA SANCHO, « No discriminación en la Convención Europea de Derechos Humanos », *Revista de Instituciones Europeas*, vol. 6, n°1, 1979, p. 39

COCATRE-ZILGIEN (A.), « La nature juridique des mesures d'ordre intérieur en droit administratif français », *RISA*, 1958, p. 487

COCCOZZA (F.), « Les droits fondamentaux en Europe entre justice constitutionnelle « transfrontière » de la CEDH et justice constitutionnelle nationale. Les lignes incertaines d'une relation structurée », *RFDC*, 28, 1996, p. 707

COHEN-JONATHAN (G.), « La place de la Convention européenne des droits de l'homme dans l'ordre juridique français », in F. SUDRE (dir), *Le droit français et la Convention européenne des droit de l'homme, 1974-1992*, Engel, Strasbroug, 1993, p. 10

__________, « La Protection des droits fondamentaux dans l'Union européenne et la Convention européenne des droits de l'homme », *Mélanges Benoît Jeanneau*, 2002, Dalloz, Paris, p.3

CONSTANTINESCO (V.), « La constitutionnalisation de l'Union européenne », *in* J. RIDEAU (dir), *De la Communauté de droit à l'Union de droit..., op.cit.*, p. 142

CORTS GRAU (J.), « Sentido español de democracia », *REP*, n°25_26, 1946, p. 1

COSTA (J-P), « Le principe de proportionnalité dans la jurisprudence deu Conseil d'Etat », *AJDA*, 1988, p. 434

__________, « Vers une protection juridictionnelle des droits économiques et sociaux en Europe », *Mélanges en hommage à Pierre Lambert*, Bruxelles, Bruylant, 2000, p.141

__________, « La Protection des droits de l'homme par le juge européen », ERLP/REDP, vol. 13, 2001, p.69

COSTA (P.), « Lo Stato di diritto nella Giuspubblicista dell'Italia unita », in *Stato di diritto e trasformazione della politica, A cura di B. Montanari*, G.Giappichelli Editore, Torino, 1992, p. 73

COSTAMAGNA (C.), « Lo Stato corporativo como Stato di diritto », *Il Diritto del Lavoro*, 1928, p. 401

CRAIG (P.), « Legitimate Expectations. A conceptual Analysis », *LQR*, 1992, p. 79

__________, « Formal and Substantive Conceptions of the *Rule of law* : Analytical Framework », *Public Law*, 1997, p. 467

CURTIN (D.), « Constitutionnalism in the European Community : the right to fair procedures in administrative law », *in J. O'REILLY (ed.), Human rights and constitutionnal law, Essays in honour of Brian Walsh*, The Round Hall Press, Dublin, 1992, p. 293

D'ALESSIO (F.), « Lo Stato fascista come Stato di diritto », *in Scritti giuridici in onore di Santi Romano*, Padova, CEDAM, 1940, p. 496

DA CRUZ VILACA (J-L.) , « The court of first instance of the european communities : a significant step towards the consolidation of the european community as a community governed by the rule of law », *YEL*, .p. 1

__________ & PICARRA (N.), « Y A-t-il des limites matérielles à la révision des traités instituant les CE ? », *CDE*, 1993, p. 3

DÄUBLER (W.), « Les droits sociaux dans l'Union européenne : de la symbolique à la pratique politique », *in M. TELO (dir.), Démocratie et construction européenne*, Ed. université de Bruxelles, p. 313

DAUSES (M.), « La protection des droits fondamentaux dans l'ordre juridique des Communautés européennes », *RAE*, 1992-4, p. 9

DAVID (R.), « Ordres de mandamus et jugements déclaratoires dans le droit anglais », *in Mélanges Marcel Waline, op.cit.*, p. 20

DEBBASCH (C.), « Le droit administratif, droit dérogatoire au droit commun ? », *Mélanges R. Chapus*, Paris, Montchrestien, 1992, p. 128.

DEBOUY (C.), « Intégration communautaire et pratique procédurale du juge administratif français », *JCP*, 1992, p. 441

DELANY (D.), « The Doctrine of Legitimate Expectations in Irish Law », *DULJ*, 1990, 12, p.1

DELGADO BARRIO (J.), « Proyección de las decisiones del Tribunal Europeo de Derechos Humanos en la jurisprudencia española », *RAP*, 1989, p. 233

DELICOSTOPOULOS (I.S.), « Un pouvoir de pleine juridiction pour la CourEDH », *Harvard Jean Monnet Working Paper*, 8/98

DELLIS (G.), « Le droit au juge comme élément de la problématique sur la protection des droits fondamentaux au sein de l'ordre juridique communautaire », *ERPL/REDP*, vol. 13, n°1, 2001, p. 307

DELMAS-MARTY (M.) , « Vers une autre logique juridique : à propos de la jurisprudence de la Cour européenne des droits de l'homme », *Recueil Dalloz*, Chr. XXXV, 1988, p. 223

__________________, « Fécondité des logiques juridiques sous-jacentes », in M. *Delmas-Marty* (dir.), *Raisonner la raison d'Etat. Vers une Europe des droits de l'homme*, PUF, Paris, 1989, p. 476

__________________, « Légalité pénale et prééminence du droit selon la Convention européenne de sauvegarde des droits de l'homme et des libertés fondamentales », *in Mélanges en l'honneur d'André Vitu*, Paris, Cujas, 1989, p. 154

DIAZ (E.), « Teoria general del Estado de derecho », *REP*, 1963, p. 21

_______, « El Estado democrático de derecho y sus críticos izquierdistas », *Sistema*, 1978, p. 51

_______, « El Estado de derecho en la Constitucion de 1978 », en DIAZ E., *Socialismo en Espana : el partido y el Estado*, Madrid, Mezquita, 1981

_______, « Estado de derecho versus Estado franquista », *Pergola*, 1989, p.107

_______, « Tuñon de Lara : la oposición a la dictadura, la transición a la democracia », in *Los viejos maestros. La reconstrucción de la razón*, Alianza, Madrid, 1994, p. 83

_______, « Estado de derecho : exigencias internas, dimensiones sociales », *Sistema*, n°125, 1995, p. 3

DIEZ-PICAZO (L-M), « El derecho comunitario en la jurisprudencia constitucional española », *Revista espanñola de derecho constitucional*, n°54, 1998, p. 255

DONNARUMMA (M.R.), « Una tematica sempre attuale : lo « Stato di diritto », *Diritto e Società*, 1994, 1, p.86

DORD (O.), « Ni absolue, ni relative, la primauté du droit communautaire procède de la constitution », *in H. GAUDIN (dir.), Droit constitutionnel, droit communautaire. Vers un respect constitutionnel réciproque ?*, PUAM-Economica, 2001, p.131.

DUBOUIS (L.), « Le juge français et le conflit entre norme constitutionnelle et norme européenne », *in L'Europe et le droit, Mélanges en hommage à Jean Boulouis*, Paris, Dalloz, 1991, p. 205

___________, « Les principes généraux du droit communautaire, un instrument périmé de protection des droits fondamentaux ? », *in Mélanges en l'honneur B. Jeanneau*, Paris, Dalloz, 2002, p. 77

DUE (O.), « A Constitutional Court for the eruopean Communities », *in Constitutional adjudication in European Community and National Law, Essays for the Hon. Mr Justice T.F.O'Higgins*, Butterworth, Ireland , 1992, pp. 3-24

DUFOUR (A), « La notion de loi dans l'Ecole du Droit naturel moderne », *APD*, 1980, p. 215

DUMONT (H.) et VAN DROOGHENBROECK (S.), « La Contribution de la Charte à la constitutionnalisation du droit de l'Union européenne », in J-Y CARLIER et O. DE SCHUTTER (dir.), *La Charte des droits fondamentaux de l'Union européenne. Son apport à la protection des droits de l'homme en Europe*, Bruylant, Bruxelles, 2002, p.61

DUPRE DE BOULOIS (X.), « La Théorie des actes de gouvernement à l'épreuve du droit communautaire », *RDP*, 2000, p. 1791

DUTHEIL DE LA ROCHERE (J.), « Le principe de légalité », *AJDA, n° Spécial*, 20 juin 1996, p. 161

______________________, « Influence du droit français en droit communautaire / droit de l'Union européenne », *RFDA*, 2001, p. 909

EASSON (A.), « Legal approaches to European integration : the role of the Court and legislator in the completion of the European common market », *Journal of European Integration*, Vol XII, n2/3, p101, p. 115

EISENMANN (CH.), « L'esprit des lois et la séparation des pouvoirs », in *Mélanges Carré de Malberg*, Paris, 1933, p. 163

______________, « Le droit administratif et le principe de légalité », *EDCE*, 1957, p. 11

______________, « Quelques problèmes de méthodologie des définitions et des classifications en science juridique », *APD*, 1966, p. 25

EISSEN (M.A.), « L'autonomie de l'article 14 de la Convention européenne des droits de l'homme dans la jurisprudence de la Commission », *Problèmes des droits de l'homme et de l'unification européenne, Mélanges offerts à Polys Modinos*, Paris, Pedone, 1968, p. 131

___________, « Le principe de proportionnalité dans la jurisprudence de la Cour européenne des droits de l'homme », in L-E. PETTITI, E. DECAUX et P.H. IMBERT, *La Convention européenne des droits de l'homme. Commentaire article par article*, Paris, Economica, 1995, p. 65

EMERY (C.), « l'Etat de droit dans les systèmes polyarchiques européens », *RFDC*, 1992, p. 27

ENTRENA CUESTA (R.), « Notas sobre el concepto y clases de Estado de derecho », *RAP*, 1960, p.31

FALLER (H.J.), « Wiederkehr des Naturrechts ? Die Naturrechtsidee in der höchstrichterlichen Rechtsprechung von 1945 bis 1993 », *JöR*, vol. 43, 1995, p. 1

FAVOREU (L.), « Le principe de constitutionnalité. Essai de définition d'après la jurisprudence du Conseil constitutionnel », *Recueil d'études en hommage à Charles Eisenmann*, Paris, Cujas, 1977, p.33

___________, « L'acte de gouvernement : acte provisoirement et accidentellement injusticiable », *RFDA*, 1987, p. 544

___________, « Le droit constitutionnel, droit de la Constitution et constitution du droit », *RFDC*, 1990, p. 71

___________, « De la démocratie à l'Etat de droit », *Le débat*, 1991, n°64, p. 158

___________, « La protection juridictionnelle des droits de l'homme (au niveau interne et international) », *Le nouveau droit constitutionnel*, 1991, p. 172

___________, « Souveraineté et supraconstitutionnalité », Pouvoirs, n°67, 1993, p. 71

___________, « Supraconstitutionnalité et jurisprudence constitutionnelle en droit privé et en droit public français », J.S.L.C., vol. 15, 1993, p. 461

___________, « Le contrôle de constitutionnalité du traité de Maastricht et le développement du « droit constitutionnel international »,*RGDIP* 1993, p. 39

___________, « La légitimité du juge constitutionnel », *RIDC*, 1994, p. 557

___________, « Quel(s) modèle(s) constitutionnel(s) ? », *in Colloque 18 et 19 juin 1993, Vers un droit constitutionnel européen. Quel droit constitutionnel européen ?, RUDH*, 1995, p. 357.

___________, « La prise en compte du droit international et communautaire dans la jurisprudence du conseil constitutionnel », *in Etudes Alain plantey, L'internationalité dans les institutions et le droit : convergences et défis*, Pédone, 1995, p. 54

___________, ,« La légitimité de la justice constitutionnelle et la composition des juridictions constitutionnelles », *Legitimidade e Legitimição da justiça constitucional*, Coïmbra, 1995, p. 229

___________, « La constitutionnalisation du droit », *Mélanges Drago, L'unité du droit*, Paris, Economica, 1996, p. 37

___________, « la notion de Cour cosntitutionnelle », *De la Constitution. Etudes en l'honneur de J-F. Aubert*, Helbing & Lichtenhahn, Bâle, 1996, p. 15

___________, « Légalité et constitutionnalité », *Cah. Cons. Const.*, n°3, 1997, p. 73

___________, « La constitutionnalisation de l'ordre juridique », *RBDC*, 1998, p. 233

___________, « L'eurosceptisme du droit constitutionnel », in H. GAUDIN (dir.), *Droit constitutionnel, droit communautaire. Vers un respect constitutionnel réciproque ?*, PUAM, Economica, 2001, p. 379

___________, « Les Cours de Luxembourg et Strasbourg ne sont pas des cours constitutionnelles », *Mélanges en l'honneur de Louis Dubouis*, Dalloz, Paris, 2002, p.35

FAVRE (J.) et TARDIVEL (B.), « Recherches sur la catégorie jurisprudentielle de « libertés et droits fondamentaux de valeur constitutionnelle », *RDP*, 2000, n°5, p. 1427

FAVREAU (B.), « Aux sources du procès équitable. Une certaine idée de la qualité de la justice », *in Le procès équitable et la protection juridictionnelle du citoyen*, Bruxelles, Bruylant 2001, p. 13

FERNANDEZ (E.), « Hacia un concepto restringido de Estado de derecho », *Sistema*, n°138, 1997, p. 66

FERNANDEZ (J.R.), « Contrôle du droit interne contraire au droit communautaire européen et portée de l'article 10.2 de la Constitution espagnole dans la jurisprudence du Tribunal constitutionnel », *REDP*, 1993, p. 1991

FERNANDEZ (T.R.) « Arbitrariedad y discrecionalidad », *in Estudios sobre la Constitución española. Homenaje al professor E. Garcia de Enterria*, Madrid, 1991, p. 2258

FERNANDEZ CUESTA (R.), « El concepto falangista de Estado », *R.E.P.*, n°14, 1944, p. 368.

FERNANDEZ ESTEBAN (M-L.), « La nocíon de constitucíon en la jurisprudencia del TJCE », *REDC*, 14, n°40, 1994, p. 245

FERNANDEZ GARCIA (E.), « Hacia un concepto restringido de Estado de derecho », *Sistema*, n°138, 1997, p.101

FERNDANDEZ-SANCHEZ (P.A.), « Towards a European Constitutional Court ? », *Revue de droit international*, 1995, p. 71

FERRAJOLI (L.), « El Estado constitucional de derecho hoy : el modelo y su divergencia de la realidad », trad de P. Andrés Ibañez, P. ANDRES IBAÑEZ (dir) , *Corrupción y Estado de derecho. El papel de la jurisdicción*, Trotta, Madrid, 1996, p. 24

FINES (F.), « Quelle obligation de réparer pour la violation du droit communautaire ? Nouveaux développements jurisprudentiels sur la responsabilité de l'Etat normateur », *RTDE*, 1997, p. 69

FLAUSS (J-F.), « Le juge administratif français et la CEDH », *AJDA*, 1983, p. 398

__________, « Des incidences de la Convention européenne des droits de l'homme sur le contrôle de la constitutionnalité des lois », *LPA*, 1988, n°148, p. 3

__________, « Les incidences du droit européen sur les théories du droit administratif français », *LPA*, 1989, n°143, p.15

__________, « Vers une extension du contrôle normal dans le contentieux de la police administrative », *LPA*, 19 mai 1989, n°60, p.19

__________, « Le droit à un recours effectif : l'article 13 de la Convention européenne des droits de l'homme dans la jurisprudence de la Commission et de la Cour », *in A.G. BEAUDOIN (dir.), Vues canadiennes et européennes des droits et libertés*, Québec, éd. Yvon Blais inc., 1989, p. 275

__________, « Le droit à un recours effectif : l'article 13 de la Convention européenne des droits de l'homme », *RUDH*, 1991, p. 325

__________, « Les droits de l'homme, comme élément d'une constitution et de l'ordre européen », *LPA*, n°52, 30 avril 1993, p. 8

__________, « La contribution de la jurisprudence des organes de la Convention européenne des droits de l'homme à la formation d'un droit constitutionnel européen », *RUDH*, 1995, p. 373

__________, « Les nouvelles frontières du procès équitable », *in Les nouveaux développements du procès équitable au sens de la Convention européenne des droits de l'homme*, Bruxelles, Bruylant, 1996, p. 81

__________, « La Cour européenne des droits de l'homme est-elle une Cour constitutionnelle ? », *RFDC*, 1998, p. 711

__________, « Contrôle de conventionnalité et contrôle de constitutionnalité devant le juge administratif », *RFDA*, 1999, p. 919

__________, « Human Rights Act 1998 : kaléidoscope », *RFDC*, 2001, p. 699

__________, « Le droit à un recours effectif au secours de la règle du délai raisonnable : un revirement de jurisprudence historique », *RTDH*, 2002, p. 181

FLOGAÏTIS (S.), « La notion de principe de légalité », *EPLR/REDP*, 1998, p. 654

FORSYTH (C.F.), « The Provenance and Protection of Legitimate Expectations », *CLJ*, 1988, p. 238

FRACCHIA (F.), « 'Specialità' dell'amministrazione e del diritto amministrativo nelle riflessioni di V.E. Orlando, S. Romano, O. Ranelletti e F. Cammeo », *A cura di R. Ferrara e S. Sicardi, in Intinerari e Vicende del Diritto Pubblico in Italia*, Milano, CEDAM, 1998, p. 523

FRAISSEIX (P.), « La notion de confiance légitime dans la jurisprudence administrative française », *RRJ*, 1999-2, p. 405

__________, « Les droits fondamentaux, prolongement ou dénaturation des droits de l'homme ? », *RDP*, n°2, 2001, p. 531

FRISON ROCHE (A-M), « Les autorités de régulation confrontées à la CEDH », *LPA*, n°29, 10 février 1999, p 17

______________ & BARANES (W), « Le principe constitutionnel de l'accessibilité et de l'intelligibilité de la loi », D. 2000, n°23, Chr., p. 361

FROMONT (M.), « Les droits fondamentaux dans l'ordre juridique de la République fédérale d'Allemagne », in *Recueil d'études en Hommage à Charles Eisenmann*, Paris, Cujas, 1977, p. 48

__________, « La RFA : L'Etat de droit », *RDP* 1984, p. 1203

__________, « La justice administrative en Europe. Convergences », *Mélanges Réné Chapus*, Paris, Montchrestien, 1992, p. 196

__________, « Les dernières réformes du contentieux administratif en Europe : les exemples de la Suède, de l'Autriche et des Pays-Bas », in *Etudes offertes à J.M. Aubry*, Paris, Dalloz, 1992, p. 515

__________, « Le principe de proportionnalité », *AJDA*, 1995, p. 163

__________, « Le principe de sécurité juridique », *AJDA, spécial*, 1996, p. 178

FROWEIN (J.), « The European Convention on Human Rights as the Public Order of Europe », *RCADE* I-2, 1992, p.267

FUSS (E.W.), « Zur Rechtsstaalichkeit der Europäischen Gemeinschaften », *DöV*, 1964, p. 577

GAIA (P.), « Les interactions entres les jurisprudences de la Cour européenne des droits de l'homme et du Conseil constitutionnel », *RFDC*, 28, 1996, p. 725

GALIZIA (M.), « Profili storici-comparativi della scienza del diritto costituzionale », *Archivo Giuridico*, CLXIV, 1963, p. 85

GALLEGO ANABITARTE (A), « Las asignaturas de derecho Derecho público y administrativo : el destino del Derecho público español », *RAP*, n°100-102, vol. I.

GALLIE (W.B.), « Essentialy contested Concepts », *Proceedings of Aristotelian Society*, 1955-56, p.169

GALMOT (Y.), « L'apport des principes généraux du droit communautaire à la garantie des droits dans l'ordre juridique français », *CDE*, 1997, p. 67

GARCIA DE ENTERRIA (E.), « La lucha contra las inmunidades del Poder en el derecho administrativo », *RAP*, 1962, p. 38

________________, « The extension of the Jurisdiction of National Administrative Court by Community Law : the Judgement of the Court of Justice in Borelli and article 5 of the EC treaty », *YEL*, 1993, p. 19

________________, « Un pas décisif dans le droit constitutionnel britannique : le pouvoir des juges de juger de façon abstraite et générale les lois du Parlement en contradiction avec le droit communautaire », *Liber Amicorum Marc-André Eissen*, Bruylant, Bruxelles, LGDJ, Paris, 1995, p. 166

________________, « Los fundamentos constitucionales del estado », *REDC*, ,°52, 1998, p. 30

________________, « Para una historia interna de la RAP », *RAP*, 1999, n°150, p. 611

GARCIA MANRIQUE (R.), « El franquismo y los derechos humanos (uso y abuso de una idea) », *Sistema*, n°154, 2000, p. 73

GARCIA PELAYO (M.), « El 'status' del Tribunal Constitucional » *Revista española de Derecho constitucional*, n°1, 1981, p. 16

______________, « La idea del Estado de Derecho en F.J. Stahl », in *Pensamiento juridico y sociedad internacional, Libro-homenaje al professor D. Antonio Truyol Serra*, Centro de Estudios Constitucionales, Universidad Complutense de Madrid, Madrid, 1986, p. 450

______________, « El Estado social y democrático de derecho en la Constitución española », en *Obras Completas*, vol II, CEC, Madrid, 1992, p. 1656

GAUDEMET (P.M.), « Paul Laband et la doctrine française de droit public », *RDP*, 1989, n°4, p. 957

GAUDEMET (Y.), « Réflexions sur l'injonction dans le contentieux administratif », *Mélanges Burdeau*, *op.cit.*, 1977, p. 805

GAUDIN (H.), « Amsterdam : l'échec de la hiérarchie des normes ? », *RTDE*, 1999, p.1

________, « La Cour de justice, juridiction constitutionnelle ? », *RAE*, 2000, p. 209

GENEVOIS (B.), « Les limites d'ordre juridique à l'intervention du pouvoir constituant », *RFDA*, 1998, p. 909

GEORGIADOU (A.N.), « Le principe de proportionnalité dans le cadre de la jurisprudence de la Cour de justice des Communautés européennes », *Archiv für Rechts- und Sozialphilosophe*, 1995, p. 533

GOESEL LE BIHAN, « Petit exercice pratique de logique juridique, variation », *RFDA* 1998, p. 1254

GOHIN (O.), « Qu'est-ce qu'une juridiction pour le juge français ? », *Droits*, 1989, p. 93

_________, « La responsabilité de l'Etat en tant que législateur », *RIDC*, 1998, p. 595

_________, « Le Conseil d'Etat et le contrôle de la constitutionnalité de la loi », *RFDA*, 2000, p. 221

GÖLCÜKLÜ (F.), « La hiérarchie des normes constitutionnelles et sa fonction dans la protection des droits fondamentaux », *RUDH*, 1990, Vol. 2, n°6-8, p. 291

GOLDING (M.P), « Transitionnal Regimes and the *Rule of law* », *Ratio Juris*, vol 9, n°4, 1994, p. 387

GONDOUIN (G.), « Des mystères de la supraconstitutionnalité à la logique fédéraliste. Réflexions sur la jurisprudence du Conseil constitutionnel" » *Mélanges G. Peisier*, Grenoble, PUG, 1995, p. 301.

GONZALES BOTIJA (F.), « Los principios de la jurisprudencia comunitaria y su influencia en la reciente doctrina del Tribunal Supremo sobre la responsabilidad del Estado legislador », *Revista de derecho comunitario europeo*, 1999, n°6, p. 347

GÖTZ (V.), « Legislative and Executive power under the constitutional requirements entailed in the principle of the rule of law », *in C. STARCK (ed.), New Challenges to the German Basic Law*, Nomos Verlagsgesellschaft, Baden Baden, 1991, p. 144

GOUTTES (R. DE), « Le juge judiciaire et la Convention européenne des droits de l'homme : avancées et réticences », in P. TAVERNIER (dir.), *Quelle Europe pour les droits de l'homme*, Bruylant, Bruxelles, 1996, p. 227

GOYARD (C.), « Etat de droit et Démocratie », *in Mélanges René CHAPUS, Droit Administratif*, Paris,Montchrestien, 1992, p. 299

GREVISSE (F.) et BONICHOT (J-C), « Les incidences du droit communautaire sur l'organisation et l'exercice de la fonction juridictionnelle dans les Etats membres », *in Mélanges Jean Boulouis, op.cit.*, p. 303

GREWE (C.), « Les conflits de normes entre droit communautaire et droits nationaux en matière de droits fondamentaux », in . S. LECLERC *et alii* (dir.), *L'Union européenne et les droits fondamentaux*, Bruylant, Bruxelles, 1999, p. 61

__________, « L'Etat de droit sous l'empire de la Loi fondamentale », in O. JOUANJAN (dir.), *Les figures de l'Etat de droit..., op.cit.*, p. 385

__________& WEBER (A.), « Le traité sur l'Union européenne devant les juridictions constitutionnelles », *AIJC*, 1993, p. 11

GRIDEL (J-P), « La Cour de cassation française et les principes généraux du droit privé », *Recueil Dalloz*, 2002, Chr., p. 229

GRIMM (D.), « Does Europe need a constitution ? », *ELJ*, 1995, p. 281

GROTE (R.), « *Rule of law*, Rechtsstaat and Etat de droit », in C. STARCK (ed), *Constitutionalism, Universalism and Democracy – A comparative analysis*, Baden-Baden, Nomos Verlagsgesellschaft, 1999

GUASTINI (R.), « Note sul stato di diritto, sistema giuridico e sistema politico », in *Stato di diritto e trasformazione della politica, a Cura di B. Montanari*, Giappichelli, Torino, 1992

____________, « Diritto mite, diritto incerto », *Materiali per una storia della cultura giuridica*, 1996, p. 513

____________, « La primauté du droit communautaire : une révision tacite de la constitution italienne », *Les Cah. Cons. Cons.*, n°9, 2000, p. 123.

GUINCHARD (S.), « Vers une démocratie procédurale », *Justices*, 1999, p. 91

GUSY (C.), « Le principe du « *Rechtsstaat* » dans la République de Weimar », in O. JOUANJAN (dir.), *Les figures de l'Etat de droit..., op.cit.*, p. 340

HÄBERLE (P.), « Derecho constitucional comun europeo », in A.E. PEREZ-LUÑO (dir), *Derechos humanos y constitucionalismo ante el tercer milenio*, Marcial Pons, Madrid, 1996, p. 192.

HABERMAS (J.), « Remarks on DIETER GRIMM'S « Does europe need constitution ? » », *ELJ*, 1995, p. 303

HAMON (L.), « L'Etat de droit et son essence », *RFDC*, 4, 1990, p. 699

HARLOW (C.), « L'accès à la justice comme droit de l'homme », in P. Alston (dir.), *L'Union européenne et les droits fondamentaux, op.cit.*, p. 189

HASE (F.), LADEUR (K-H) & RIDDER (H.), « Nochmals : Reformalisierung des Rechtsstaat als Demokratiepostulat ? », *JuS*, 1981, p. 794

HEERS (M.), « La sécurité juridique en droit administratif français : vers une consécration du principe de confiance légitime », *RFDA*, 1995, p. 963

HELFRITZ (H.), « *Rechtsstaat* und nationalsozialistischer Staat », *Deutsche Juristen-Zeitung*, 39, 1934, col. 426

HENRY (J.P.), « Vers la fin de l'Etat de droit », *RDP*, 1977, p. 1208

HERMITTE (M-A), « De la non-rétroactivité des lois à la confiance légitime », *RTDE*, 1984, p. 455

HERRERA (C.M.), « Quelques remarques à propos de la notion d'Etat de droit », *L'homme et la société*, n°113, 1994, p. 89

_____________, « La social-démocratie et la notion d'Etat de droit à Weimar » , in O. JOUANJAN (dir.), *op.cit.*, p. 343

HERVIEU (A.), « Observations sur l'insécurité de la règle jurisprudentielle », *RRJ*, 1989-2, p. 257

HERZOG (R.), « Artikel 20 VII : art 20 und die Frage der Rechtsstaatlichkeit », in T. MAUNZ & G. DÜRIG (dir.), *Grundgesetz Kommentar*, München, Beck, 18ème ed., 1980, p. 271

HESSE (K.), « Der Rechtsstaat in Verfassungssystem des Grundgesetzes », i*n Staatsverfassung und Krichenordnung. Festgabe für R. Smend,* Tübingen, Mohr, 1962, p.71

HOFFMANN, « The Influence of The European Principle of Proportionality upon UK Law », in E. ELLIS (ed.), *op.cit.*, p. 107

HOFMANN (R.), « Rechtsstaatsprinzip und Europäisches Gemeinschaftsrecht », *in* R. HOFMANN *et alii* (dir.), *Rechtsstaatlichkeit in Europa*, Müller, Heidelberg, 1996, p. 323

HOLMES (S.), « Precommitment and the Paradox of Democracy », *in J. Elster and R. SLAGSTADT, Constitutionalism and Democracy, op.cit,* p.197

HUBEAU (FR.), « Le principe de protection de la confiance légitime dans la jurisprudence de la CJCE », *CDE*, 1983, p. 143

HUGLO (J-G), « La Cour de Cassation et le principe de sécurité juridique », *Les Cahiers du Conseil Constitutionnel*, n°11, 2001, p.86.

HUMMEL (J.), « Etat de droit, libéralisme et constitutionnalisme durant le *Vormärz* », in O. JOUANJAN (dir.), *Les figures de l'Etat de droit..., op.cit.*, p. 127

IMBERT (PH.), « Droits des pauvres, pauvre(s) droit(s) », *RDP*, 1989, p. 739

IRVINE OF LAIRG, « The Development of Human Rights in Britain under an Incorporated Convention on Human Rights », *PL*, 1998, p. 221

JACOB (F.G.), « The protection of human rights in the member states of the EC », *in Human rights and constitutionalism, Essays in Hounour of Brian WALSH*, The Round Hall Press, London, 1992, p. 293

__________, « Is the Court of justice a Cosntitutional Court ? », *in Constitutional adjudication in European Community and National Law, Essays for the Hon. Mr Justice T.F.O'Higgins*, London, Butterworths, 1992, p. 25.

JACOBS (M.) «Access to justice as a fundamental right in European Law», *Mélanges en hommage à Fernand Schockweiler*, 1999 , p. 197

JACQUE (J-P.), « Cours général de droit communautaire », *RCADE*, I-1, 1990, p. 277

__________, « La légitimation active du Parlement européen, ou il n'est pas nécessaire d'espèrer pour entreprendre », *RTDE*, 1990, p. 620

__________, « Le rôle du droit dans l'intégration européenne », *Philosophie Politique*, n°1/1991, p. 119

__________, « La Constitution de la Communauté européenne », *RUDH*, 1995, p. 397

__________, « La protection juridictionnelle des droits fondamentaux de l'Union européenne. Dialogue entre le juge et le « constituant » », *AJDA*, 2002, p. 509

JEAMMAUD (A), « Le droit au musée ? Les avocats du déclin », *Economie et Humanisme*, n°318, 1991, p. 7

JEANNEAU (B.), « La théorie des principes généraux du droit à l'épreuve du temps », *EDCE*, 1981-1982, p. 33

JOUANJAN (O.), « Révision de la constitution et justice constitutionnelle. La République fédérale d'Allemagne », *AIJC*, 1994, p. 229

__________, « La forme républicaine de gouvernement, norme supraconstitutionnelle ? », in B. MATHIEU et M. VERPEAUX (dir.), *La République en droit français*, Paris, Economica, 1996, p. 267

__________, « Etat de droit, constitution et forme de gouvernement. A partir d'un passage de Kant », *Annales de la faculté de droit de Strasbourg, nouvelle série, n°2*, 1998, p. 279.

__________, « La théorie allemande des droits fondamentaux », *AJDA*, n° spécial, 1998, p. 47

JULIEN-LAFERRIERE (F.), « L'Etat de droit et les libertés », *in Mélanges J. Mourgeon*, Bruxelles, Bruylant, 1998, p. 153

KÄGI (W.), « Rechtsstaat und Demokratie », *in Demokratie und Rechtsstaat. Festgabe zum 60. Geburstag von Z. Giacometti*, Zürich, Polygraphischer Verlag, 1953, p. 107

KELSEN (H.), « La garantie juridictionnelle de la Constitution », *RDP*, 1928, p. 197

KERAMEUS (K.D.), « Organs of enforcement and enforceable instruments in a comparative perspective », *ILR*, 1991, p. 43

KINGER-GEST (P.), « Primauté du droit communautaire et droit anglais, ou comment concilier l'inconciliable », *RAE*, 1991, p. 19

KLEBES (H.) et CHATZIVASSILIOU (D.), « problèmes d'ordre constitutionnel dans le processus d'adhésion d'Etats de l'Europe centrale et orientale au Conseil de l'Europe », *RUDH*, 1996, p. 269

KOERING-JOULIN (M.), « De l'art de faire l'économie d'une loi (à propos de l'affaire Kruslin et de ses suites », *Recueil Dalloz*, 1990, p. 187

__________, « La notion européenne de « tribunal indépendant et impartial », au sens de l'article 6§1 de la CESDH », *Rev. Sc. Crim.*,1990, p. 765

__________, « Le juge impartial », *Justices*, 1998, n°10, p. 1

KOKOTT, "The ECJ and National courts - Doctrine and Jurisprudence: Legal change in its Social Context -Report on Germany", EUI, RSC, WP n°95/25

KOVAR (R.), « La contribution de la Cour de justice à l'édification de l'ordre juridique communautaire », *RCADE*-IV, 1, 1993, p 15

LABAUDERE (A DE), « Les doyens Maurice Hauriou et Léon Duguit », *Annales de la Faculté de droit et des Sciences économiques de Toulouse*, Tome, XVI, 1968, p. 211

LABAYLE (H.), « L'effectivité de la protection juridictionnelle des particuliers », *RFDA*, 1992, p. 619

__________, « Droits fondamentaux et droit européen », AJDA, n°spécial, 1998, p. 75

LABETOULLE (D.), « Principe de légalité et principe de sécurité », *Mélanges en l'honneur de G. Braibant, op.cit.*, p. 403

LAMBERT (P.), « Vers un assouplissement de la notion d'impartialité objective », *JT*, 1993, p. 390

__________, « La tyrannie de l'apparence », *RTDH*, 1996, p. 640

__________, « Marge nationale d'appréciation et contrôle de proportionnalité », F. SUDRE (dir.), *L'interprétation de la Convention européenne des droits de l'homme*, Bruxelles, Bruylant, 1998, p.63

LAMOUREUX (F.), « The retroactivity of Community acts in the case law of the Court of justice », *CMLR*, 1983, p. 269

LANDWERLIN (G.M.), « El Estado social de derecho : Forsthoff y Abendroth : dos interpretaciones teoricas para dos pocisiones politicas », *REP*, 1984, N°42, p. 213

LE BAUT-FERRARESE (B.), «Arrêts récents de la CJCE en matière de mesures provisoires : réflexions sur l'effet de « modèle » des procédures issues de la Communauté européenne », Recueil Dalloz, 1998, Chr. , p. 306

LE GLOAN (J.), « L'influence croissante de la jurisprudence de la Cour européenne des droits de l'homme sur les droits nationaux », *RDP* 1998, p. 1765

LEBEN (C.), « Y a-t-il une approche européenne des droits de l'homme », in P. ALSTON (éd.), *op.cit.*, p. 71

LEGAZ Y LACAMBRA (L.), « El Estado de derecho », *in Introduccion a la teoria del Estado nacionalsindicalista*, Barcelona, Bosh, 1941, p.7

__________, « El Estado de derecho », RAP 1951, n°6, p.13

__________, « Stammler », *Revista Universidad*, 1936, p.103

LEGER (PH.), « Le droit à un recours juridictionnel effectif », in F. SUDRE et H. LABAYLE (dir.), *op.cit.*, p. 201

LEIBHOLZ (G.), « Les tendances actuelles de la doctrine de droit public », *APD*, 1931, p. 207

LEISNER (W.), « L'Etat de droit, une contradiction ? », *in Recueil d'études en Hommage à Charles Eisenmann*, CUJAS, Paris, 1975, p. 65

LENAERTS (K.), « L'égalité de traitement en droit communautaire. Un principe unique aux apparences multiples », *CDE*, 1991, p. 3

____________, « Some Thoughts about the Interaction between Judges and Policians in the European Community », *YEL*, 1992, p. 1

____________, «The legal protection of private parties under the EC Treaty: a coherent and complete system of judicial review?», *Scritti in onore di Giuseppe Federico Mancini*, Vol. II, (1998), p. 591

____________, « Le respect des droits fondamentaux en tant que principe constitutionnel de l'Union européenne », *Mélanges en l'honneur de Michel Walbroeck*, Bruxelles, Bruylant, 1999, Vol. I, p. 423

LESAGE (M.), « L'URSS : de la légalité socialiste à l'Etat de droit », *RDP*, 1989, p 1.

__________, « La Russie et l'Etat de droit : la règle juridique et les arrangements politiques », *Mélanges Braibant*, Paris, Dalloz, 1996, p. 426.

LETEMENDIA (M.), « La rétroactivité en droit communautaire », *CDE*, 1977, p. 518

LETOWSKA (E.), « L'Etat de droit, principal facteur de la transformation constitutionnelle », *in M. LESAGE et J. LETOWSKI (ed.), L'Etat de droit et la sécurité juridique*, Wydawnictwo Naukowe, Scholar, Paris, Varsovie, 1996, p.11

LEWIS (W.), « L'influence du droit communautaire sur le droit administratif anglais », *AJDA*, 1996, spécial, p. 125

LINOTTE (D.), « Déclin du pouvoir jurisprudentiel et ascension du pouvoir juridictionnel en droit administratif », *AJDA*, 1980, p. 632

LOMBARDI (R.), « Gian Domenico Romagnosi : alle origini della scienza del diritto amministrativo in Italia », in *A cura di R. Ferrara e S. Sicardi, in Intinerari e Vicende del Diritto Pubblico in Italia*, Milano, CEDAM, 1998, p. 473

LONGOBARDI (N.), « Les autorités administratives indépendantes, laboratoires d'un nouveau droit administratif », *LPA*, août 1999, n°171

LOPEZ GARCIA (J.A.), « La presencia de Carl Schmitt en España », *REP*, n°91, 1996, p. 112

LOPEZ GUERRA (L.), « Las dimensiones del Estado social de derecho », *Sistema*, n°38, 1980

LOPEZ-RODO (L.), « Le pouvoir discrétionnaire de l'administration. Evolution doctrinale et jurisprudentielle », *RDP*, 1953

LOSCHAK (D.), « Le principe de légalité, mythes et mystifications », *AJDA*, 1981, p. 387

___________, « La doctrine sous Vichy ou les mésaventures du positivisme », *in Les Usages sociaux du droit*, PUF-CURAPP, 1989, p. 252

___________, « Le Conseil d'Etat sous Vichy et le Consiglio di Stato sous le faschisme. Eléments pour une comparaison », in *Le droit administratif en mutation*, CURAPP, PUF, 1993, p. 51

LOUIS (J-V), « La primauté du droit international et du droit communautaire après l'arrêt « Le Ski » », *Mélanges Dehousse, vol. II, op.cit.*, p. 235.

LUCAS VERDU (P.), « Estado y justicia constitucional. Aspectos históricos, ideológicos y normativo-institucionales de su interrelación », *REP*, n°33, 1983, p. 7

_______________, « La doctrina constitucional italiana desde 1965 : Giuseppe de Vergottini y el derecho constitucional comparado », in G. DE VERGOTTINI, *Derecho constitucional comparado*, Trad. Esp.P. Lucas Verdú, Espalsa-Calpe, Madrid, 1983, p. 9

_______________, « Artículo 1°. Estado social y democrátcio de derecho », en O. ALZAGA (dir.) *Comentarios a la Constitución española de 1978*, Tome 1, Cortes Generales-Edersa, Madrid, 1996, p. 98

_______________, « Dimension axiologica de la constitucion portuguesa », *in Perspectivas Constitucionais - Nos 20 anos da Constituiçao de 1976*, Coimbra Editora, 1996, p. 89

LUCHAIRE (F.), « La sécurité juridique en droit constitutionnel français », *Les Cahiers du Conseil Constitutionnel*, n°11, 2001, p. 67

LUISIN (B.), « Le mythe de l'Etat de droit », in *Mélanges en l'honneur de François Borella, Etat, Société et Pouvoir à l'aube du XXIe siècle*, Presse Universitaire de Nancy, 1998, p. 251

MABAKA (P.), « L'incorporation de la Convention européenne des droits de l'homme dans l'ordre juridique britannique », *RTDH*, 2000, p. 35
__________, « Suprématie de la Constitution et primauté du droit européen : mariage impossible ? », *RRJ*, 2001, p. 689
MACCORMICK (N.D.), «Does the United Kingdom have a Constitution? Reflections on MacCormick v. lords Advocate", *Northern Ireland Legal Quaterly*, vol. 29, 1978, p. 1
______________,« Der Rechtsstaat un die *Rule of law* », *JZ*, 1984, p. 65
MACEY & MILLER, « The end of history and the new legal order : the triumph of capitalism and the competition between liberalism and democracy », *Cornell Int' L. J.*, 1992, p. 277
MACHENZIE STUART (A.J.), « Recent developments in English administrative law – the Impact of Europe ? », *Liber Amicorum Pierre Pescatore*, Baden-Baden, 1987, p. 441
MALINVERNI (G.), « Les fonctions des droits fondamentaux dans la jurisprudence de la Commission et de la Cour européenne des droits de l'homme », *in Im Dienst an der Gemeinschaft*, Helbing et Lichtenhahn, 1989, p. 542
____________, « La réserve de la loi dans les conventions internationales de sauvegarde des droits de l'homme », *RUDH*, 1990, p. 408
_____________, « Droit à un procès équitable et cours constitutionnelles », *RUDH*, 1994, p. 389
_____________, « L'expérience de la Commission européenne pour la démocratie par le droit (Commission de Venise) », *RUDH*, 1995, p. 386
MANCINI (G.), «The role of the supreme courts at the national and international level: a case study of the Court of Justice of the European Communities», *The Role of the Supreme Courts at the National and International Level*, P. Yessiou-Faltsi (ed.), (1998),p. 43
___________ et DI BUCCI (V.), « Le développement des droits fondamentaux en tant que partie du droit communautaire », *RCADE* I-1991, p. 34
MANGAS MARTIN (A.), « La Constitución y la ley ante el derecho comunitario.(Comentario a la sentecia del Tribunal constitucional español 28/1991 de 14 febrero sobre la ley Orgánica del Régimen Electoral y el Acta relativa a la elecciones al Parlemento Europeo) », *RIE*, 1991, p. 587.
MANITAKIS (A.), « Fondement et légitimité du contrôle juridictionnel des lois en Grèce », *RIDC*, 1988, p. 39
MARCUSSON (L.), « The Principle of Legality. Its Uses and Its Limitations From a Swedish Perspective », *ERPL/REDP*, vol. 10, n°3, 1998, p. 683
MARGUENAUD (J-P), « Le juge judiciaire et l'interprétation européenne », in SUDRE (dir), *L'interprétation de la Convention européenne des droits de l'homme*, Bruxelles, Bruylant, 1998, p. 243
MARIN RIAÑO, « La recepción del principio de confianza legítima en la jurisprudencia del Tribunal Supremo », *La Ley*, 1989-2, p. 604
MARKS (S.), « The end of history ? Reflections on some international legal theses », *EJIL*, Vol. 8, 1997, p. 449
MARQUES (E.), « O Princìpio constitucional do Estado de direito democràtico como fundamento de decisao do tribunal constitucional portugês : un caso de interpretaçao inconstitucional », *Direito, Estado e Sociedade*, n°15, 1999, p. 181.
MARSCHALL (G.), « The *Rule of law* », *CPPJ*, 24, 1993
_____________, « Due process in England », in », in J. R. PENNOCK and J. W. CHAPMAN (éd.), *op.cit.*, p. 69
_____________, « The *Rule of law*. Its Meaning and Scope », *CPPJ*, n°24, 1993, p. 43
_____________, « Parliamentary Sovereignty : the News Horizons », *PL*, 1997, p. 1
_____________, « Interpreting Interpretation in the Human Rights Bill », *PL*, 1998, p. 167
_____________, « Two Kinds of Compatibility : more about Section 3 of Rights Act : The Right Interpretation ? », *PL*, 1999, p. 377
MARTENS (P.), « L'irresistible ascension du principe de proportionnalité », *Mélanges Velu*, Bruxelles, Bruylant, 1992, p. 66
MARTINEZ LOPEZ MUNIZ (J-L), « L'influence du droit communautaire sur le droit administratif espagnol », *AJDA*, 1996, n° spécial, juin, p. 123

MASSERA (A), « L'influenza della cultura tedesca sulla prolusione Orlandiana », in *Riv. Tri. Dir. Pubb*, 1989, p. 937

MASSON (F-O.), « Les incidences de l'existence d'un bloc de supraconstitutionnalité aux contours incertains », *in Droit communautaire et supraconstitutionnalité », RIDC, JSLC, n°special*, Vol 15, 1993, p. 422

MATHIEU (B.), « Pour une reconnaissance de 'principes matriciels' en matière de protection constitutionnelle des droits de l'homme », *Recueil Dalloz*, 1995, Chr. , p. 211

__________, « La supraconstitutionnalité existe-t-elle ? Réflexions sur un mythe et quelques réalités », *LPA*, n°29, du 28 mars 1995, p. 12

__________, « Validations législatives : un nouvel équilibre entre les considérations liées à l'intérêt général et celles relatives à la garantie des droits », *RFDA*, 1998, p. 148

__________, « La sécurité juridique un produit d'importation désormais « made in France », *Recueil Dalloz*, 2000, n°4, p. VII

__________, « La sécurité juridique : un principe constitutionnel clandestin mais efficient », *Mélanges Patrice Gérard*, Paris, Montchrestien, 2000, p. 301

__________, « Les validations législatives devant le juge de Strasbourg : une réaction rapide du Conseil constitutionnel mais une décision lourde de menaces pour l'avenir de la juridiction constitutionnelle », *RFDA*, 2000, p. 287

__________, « Réflexions en guise de conclusion sur le principe de sécurité juridique », *Les Cahiers du Conseil Constitutionnel*, n°11, 2001, p. 106

MATSCHER (F.), « La notion de « tribunal au sens de la Convention européenne des droits de l'homme », *in Les nouveaux développements du procès équitable au sens de la Convention européenne des droits de l'homme*, Bruxelles, Bruylant, 1996, p. 29

__________, « Quarante ans d'activités de la Cour européenne des droits de l'homme », *RCADI*, Tome 270, 1997, p. 241

MATTLI (W.) & SLAUGHTER (A-M), « Constructing the European Community Legal System from the Groung Up: The Role of Individual Litigants and National Courts », *EUI Working Paper*, RSC No 96/56

MAULIN (E.), « Le principe du contrôle de constitutionnalité des lois dans la pensée de R. Carré de Malberg », *RFDC*, 1995, p. 79

MAUS (D.), « Sur la forme républicaine du gouvernement », *RFDC*, 1992, p. 412

MAYER (D.), « Vers un contrôle du législateur par le juge pénal ? », *Recueil Dalloz*, 2001, p.1645

MELCHIOR (M.), « La notion de compétence de pleine juridiction en matière civile dans la jurisprudence de la Cour européenne des droits de l'homme », *Mélanges Velu, op.cit.*, p. 1345

__________, « Notions vagues ou indéterminées et lacunes dans la Convention européenne des droits de l'homme », *Mélanges Wiarda, op.cit.*, 1989, p. 411

MELIS (G.), « Il diritto amministrativo tra le due guerre », *Materiali per una storia della cultura giuridica*, n°2, 1990, p. 403

MELLERAY (F.), « L'immunité juridictionnelle des actes de gouvernement en question. Le droit français confronté aux développements récents du droit espagnol », *RFDA*, 2001, p. 1087

MENGOZZI (P.), « La Rule of Law e il diritto comunitario di formazione giurisprudenziale », *JUS*, 3, 1994, pp.279-294.

MERTENS DE WILMARS (J.), « La jurisprudence de la Cour de Justice comme instrument de l'intégration communautaire », *CDE*, n°2-3, 1976, p. 135

__________, « L'effectivité des différentes techniques nationales de protection juridique contre les violations du droit communautaire par les autorités nationales et les particuliers », *CDE*, 1981, p. 379

__________ & STEENBERGEN (J.), « La notion de sécurité juridique dans la jurisprudence de la CJCE », *Mélanges R. Legros*, éd. ULB, Bruxelles, 1985, p. 449

MESTRE (J-L), « La connaissance des droits administratifs étrangers en France entre 1815 et 1869 », *AEAP*, 1985, p. 711

MEYER-HEINE (A.), « La liberté d'expression, droit fondamental communautaire », in F. SUDRE et H. LABAYLE (dir.), *op.cit.*, p. 329

MIAILLE (M.), « Le retour de l'Etat de droit. Le débat en France », *in D. COLAS (dir), L'Etat de droit*, Paris, PUF, coll 'Questions', 1987, p. 216
__________, « L'Etat de droit dans la Constitution », *in 1791. La première constitution française, Actes du colloque de Dijon des 26-27 sept. 1991*, Paris, Economica, 1993, p. 21
MICHELET (K.), « La loi inconventionnelle », *RFDA*, 2003, p. 23
MIGNON (M.), « L'amenuisement de l'emprise de la théorie des actes de gouvernement », *RA*, 1951, p. 30
MILACIC (S.), « A l'Est, l'Etat de droit pour induire la démocratie ? Quelques vues sur le temps fort institutionnel de la transition démocratique », *Revue d'études comparatives Est-Ouest*, 1992, 4, p. 23
MILLER (C.A.), « The forest of *'due process of law'* : the american constitutionnal tradition », *in J. R. PENNOCK and J. W. CHAPMAN, Due Process, NY, New York University Press*, 1977 p. 3
MIRANDA (J.), « Os direitos fundamentais na ordem constitucional portuguesa », *Revista Espanola de Derecho Constitucional*, n°18, 1986, p. 111
__________, « La Constitution portugaise : du texte de 1976 à la révision de 1989 », *RFDC*, 1990, p. 363
MIRKINE-GUETZEVITCH (B.), « L'Etat soviétique et l'Etat de droit », *RDP*, 1927, p. 308
MOCKLE (D.), « L'Etat de droit et la théorie de la rule of law », *Les Cahiers de Droit (Québec)*, 1994, p. 897
MODERNE (F.), « Observations sur une jurisprudence immobile : les mesures d'ordre intérieur et l'institution carcérale », *LPA*, 1984, n°27, p. 5
__________, « Les modèles étrangers : étude comparée », in consultera A. COLLIARD et G. TIMSIT (dir.), *Les autorités administratives indépendantes*, Paris, PUF, 1988, p. 186
__________, « Etrangère au pouvoir du juge, l'injonction, pourquoi le serait-elle ? », *RFDA*, 1990, p. 798
__________, « Le pouvoir de sanction administrative au confluent du droit interne et des droits européens », *RFDA*, 1997, p. 9
__________, « Actualité des principes généraux du droit », *RFDA*, 1998, p. 506
__________, « La dignité de la personne comme principe constitutionnel dans les Constitutions portugaise et française », *Perspectivas constitucionais, 20 anos de Constituição de 1976*, Coimbra Editora, 1996, pp. 197 et ss
__________, « La légitimité des principes généraux et théorie du droit », *RFDA*, 1999, p.723
__________, « La notion de droit fondamental dans les traditions constitutionnelles des Etats membres de l'Union européenne », *in* F.SUDRE et H. LABAYLE (dir.), *Réalité et perspectives du droit communautaire des droits fondamentaux, op.cit.*, p. 78
MOITINHO DE ALMEIDA (J.), «Le recours en annulation des particuliers (article 173, deuxième alinéa, du traité CE): nouvelles réflexions sur l'expression 'la concernent ... individuellement», *Festschrift für Ulrich Everling*, Vol. I, (1995) p. 857
MONJAL (P-Y), « Le traité d'Amsterdam et la procédure de constatation politique de manquements aux principes de l'Union », *LPA*, 10 juin 1998, n°69, p.8
MONNHAUPT (H.)« L'Etat de droit en Allemagne. Histoire, notion, fonction », *CPPJ*, n°24, 1993, p. 71
MORAWA (A.H.E.) et SCHREUER (C.), « The role of domestic courts in the enforcement of international human rights – a view from Autria », *in B. CONFORTI et F. FRANCESO (eds.), Enforcing international human rights in domestic courts*, The Hague, Nijhoff, 1997, p.175
MOREAU (J.), « L'influence du développement de la construction européenne sur le droit français de la responsabilité de la puissance publique », *Mélanges Boulouis, op.cit.*, p. 409
__________, « Internationalisation du droit administratif et déclin de l'acte de gouvernement », *Mélanges Loussouarn*, Paris, Dalloz, 1994, p. 299
__________, « La responsabilité des magistrats et de l'Etat du fait de la justice. L'apport du droit administratif », *Justices*, 1997, p. 43
MORIN (J-Y.), « The *Rule of law* and the *Rechtsstaat* concept : a comparison », in, E. Mc WHINNEY, J. ZASLOVE et W. WOLF, *Federalism-in-the-making. Contemporary Canadian and German Constitutionalism, National and Transnational*, Dordrecht, Kluwer, 1992, p. 62.

__________, « L'Etat de droit : émergence d'un principe du droit international », *RCADI*, 1995, Tome 254

__________, « La 'prééminence du droit' dans l'ordre juridique européen », *Essays in honour of Krysztof Skubiszewski*, Kluwer, 1997, p. 643

MORODO (R.), « El preambulo de la Constitucion Espagnola de 1978 », », *in Perspectivas Constitucionais - Nos 20 anos da Constituiçao de 1976, Coimbra Editora*, 1996, p. 140

MOULY (C.), « Les revirements de jurisprudence de la Cour de cassation », in *L'image doctrinale de la Cour de cassation*, La documentation française, 1994, p. 123

__________, « Le revirement pour l'avenir », *JCP*, 1994, I, n°3776

__________, « Comment limiter la rétroactivité des arrêts de principe et de revirement ? », *LPA*, 4 mai 1994, n°53.

MOULY (J), « Les droits sociaux à l'épreuve des droits de l'homme », *Droit social*, 2002, p. 799

MULLER (P.), « Le principe de proportionnalité », *Zeitschrift für Schweizerisches Recht*, 1978, p. 210

MÜNCH (F.), « Prolégomènes à une théorie constitutionnelle des Communautés européennes », *Riv. Dir. Eur.*, 1961, p. 127

NAOME (C.), « La notion de sécurité juridique dans la jurisprudence de la Cour de justice et du Tribunal de première instance des Communautés européennes », *Rivista di diritto europeo*, n°2, 1993, pp. 223-258

NAPOLI (P.), « 'Police' et 'Polizei' : deux notions à l'âge libéral », in O. BEAUD et P. WACHSMANN (dir.), *La science juridique française et la science juridique allemande de 1870 à 1918*, PU Strasbourg, 1997, p. 91

NERI (S.), « Le principe de proportionnalité dans la jurisprudence de la Cour relative en matière agricole », *RTDE*, 1981, p. 653

NIETO (A), « Influencias extranjeras en la evolución de la ciencia jurídico-administrativa española » *Anales de la Universidad de La Laguna*, 1966, p 101

NIGRO (M.), « Silvio Spaventa e la giustizia amministrativa come problema politico », *Riv. Trim. Dir. Pubb.*, 1970, n°3, p. 733

__________, « Silvio Spaventa e lo Stato di diritto », *Il Foro italiano*, 1989, p. 114

NIZZIO (C.) « La notion de juridiction au sens de l'article 177 : la portée de l'arrêt Job Centre », *RIDE*, 1995, p 335

NOLTE (G.), « General Principles of German and European Administrative Law – A comparison in Historical Perspective », *Modern Law Review*, 1994, n°2, p. 191

NOURISSAT (C.), « Le juge judiciaire des référés et le droit communautaire », *Les Cahiers du CDRE (Lyon 3)*, n°1, avril 1999, p.73

NOWAK (M.), « La conditionnalité relative aux droits de l'homme en ce qui concerne l'adhésion et la pleine participation à l'Union européenne », *in* P. ALSTON (dir.), *L'Union européenne et les droits de l'homme*, Bruylant, Bruxelles, 2001, p. 717

OBERDORFF (O.), « Les incidences de l'Union européenne sur les institutions », *Pouvoirs*, 1994, p. 98

ÖHLINGER (T.), « Objet et portée de la protection des droits fondamentaux: la Cour constitutionnelle autrichienne », *in* L. FAVOREU (dir.), *Cours constitutionnelles européennes et droits fondamentaux*, Paris, Economica,1982, p.335

__________, « Austria and Article 6 of the European Convention on Human Rights », *EJIL*, 1990, p. 286

OLINGA (A-D.) & PECHERAL (C.), « La théorie de la marge d'appréciation dans la jurisprudence récente de la Cour européenne des droits de l'homme », *RTDH*, 1995, p. 567

OPPETIT (B.), « L'hypothèse du déclin du droit », Droits, 4-1986, p 9

__________, « L'Eurocratie ou le mythe du législateur suprême », *D.* 1990, Chr. XIII, p. 75

OST (F.), « Originalité des méthodes d'interprétation de la Cour européenne des droits de l'homme », *in* M. DELMAS-MARTY (dir.), *Raisonner la raison d'Etat*, Puf, Paris, 1989, p. 461

________ & VAN DE KERCHOVE (M.), « De la pyramide au réseau ? Vers un nouveau mode de production du droit ? », *RIEJ*, 2000, p. 1

PACTEAU (B.), « La sécurité juridique, un principe qui nous manque ? », *AJDA*, 1995, n° spécial, p.151

__________, « Le juge administratif français et l'interprétation européenne », in F. SUDRE (dir.), *L'interprétation de la Convention européenne des droits de l'homme*, Bruxelles, Bruylant, 1998, p. 283

PALOMBELLA (G.), « I limiti del diritto mite », *Democrazia e diritto*, 1994-95, p.185
PANUNZIO (S.), « Criteri per lo studio del diritto costituzionale », in *Studi in onore di F. Cammeo, Volume II,* Padoue, 1933, p. 248
PASINI (D.), « Stato assoluto, Stato di diritto, e Stato di giustizia », *RIFD*, 1964, p. 259
PASQUINO (P.), « Etat de droit et démocratie. A propos de la Verfassungslehre de Carl Schmitt », *CPPJ*, 1993, p. 95
PASTO BORGOÑON (B.), « Incidencia del derecho comunitario en el ordenamiento procesal español », *GJCE*, 1993, D-19, p. 9
PAVIA (M.L.), « Eléments de réflexion sur la notion de droit fondamental », *LPA*, 6 mai 1994, p. 6
PECES-BARBA (G.), « Socialismo y Libertad », *Sistema*, n°9, 1975, p. 17
______________, « Socialismo y Estado de derecho », *Sistema*, n°15, 1976, p. 123
______________, « La nueva Constitución española desde la Filosofía del Derecho », en Documentación Administrativa, n°180, Madrid, 1978
PELISSIER (G.), « Développements récents de l'impératif de sécurité juridique », *LPA*, 20 février 1998, n°22, p. 6
PEREZ LUNO (A.E.), « Estato de derecho y derechos fundamentales », *in JL. CASCAJO, B. de CASTRO, y C. GOMEZ* TORRES, *Los derechos humanos. Significacion, estatuto juridico y sistema, Publicacionees de la Universidad de Sevilla, 1979,* p.161
PESCATORE (P.), « Les objectifs de la CE comme principes d'interprétation dans la jurisprudence de la CJ », *in Studia ab discipulis amicisque in honorem egregii professoris edita a Miscellanea W.J.GANSHOF VAN DER MEERSCH* , Tome 2, Bruylant, Bruxelles, 1972, p. 325
____________, « Les exigences de la démocratie et la légitimité de la CE », CDE, 1974, p. 499
____________, « L'effet des directives communautaires, essai de démythification », *Recueil Dalloz*, 1980, Chr. p. 171
____________, « La carence du législateur communautaire et le devoir du juge », *in Rechtsverleigchung, Europarecht und Staatenintegration, Gedachtnisschrift fur Léontin-Jean Constantinesco*, Carl HeymannVerlag KG, Koln, Berlin, Bonn, Munchen, 1983, p. 559
PFERSMANN (O.), « La révision constitutionnelle en Autriche et en Allemagne fédérale. Théorie, pratique, limites », in ASSOCIATION FRANÇAISE DES CONSTITUTIONNALISTES, *La révision de la constitution*, Journées d'études des 20 mars et 16 mars 1992, Paris, Economica, 1993, p. 40
____________, « Carré de Malberg et « la hiérarchie des normes » », *RFDC*, 1997, p. 506
____________, « Constitution et sécurité juridique. Autriche », *AIJC*, XV, 1999, p. 112
____________, « Prolégomènes pour une théorie normativiste de l' « Etat de droit » », in O. JOUANJAN (dir.), *Les figures de l'Etat de droit..., op.cit.*, p. 53
____________, « Regard externe sur la protection de la confiance légitime en droit constitutionnel allemand », *RFDA*, 2000, p. 236
____________, « A quoi bon un 'pouvoir judiciaire' » ?, *in O. CAYLA et M-F. RENOUX-ZAGAME, L'office du juge : part de souveraineté ou puissance nulle ?,* Publications de l'Université de Rouen, n°298, LGDJ, Paris, 2001, p. 181
____________, « Le droit comparé comme interprétation et comme théorie du droit », *RIDC*, vol 2, 2001, p. 276
PICARD (E.), « Vers l'extension du bloc de constitutionnalité au droit européen ? », *RFDA* 1993, p. 47
_________, « Petit exercice de logique juridique : à propos de la décision du Conseil Constitutionnel n°98-399 du 5 mai 1998 « Séjour des étrangers et droit d'asile », *RFDA* 1998, p. 620
_________, « Les rapports entre le droit international public et la Constitution selon la jurisprudence du Conseil d'Etat », *RA*, n°spécial, n°1, 1999, p. 15
_________, « L'émergence des droits fondamentaux », *AJDA*, spécial, 1998, p. 15
_________, « Les droits de l'homme et « l'activisme judiciaire » », *Pouvoirs*, n°93, 2000, p.119
PICOD (F.), « Le développement de la juridictionnalisation », in J. RIDEAU (dir), *De la Communauté de droit à l'Union de droit..., op.cit.*, p. 262
_______, « Le droit au juge en droit communautaire », in J. RIDEAU (dir.), *Le droit au juge dans l'Union européenne..., op.cit.*, p. 141.

________, « Le juge communautaire et l'interprétation européenne », *in* F. SUDRE (dir.), *L'interprétation de la CEDH*, Bruxelles, Bruylant, 1998, p. 305

PISARELLO (G.), « Por un concepto exigente de Estado de derecho », *Sistema*, n°144, 1998, p. 187

PISIER (E.), « Léon Duguit et le contrôle de constitutionnalité des lois : paradoxes pour paradoxes... », *Mélanges Maurice Duverger*, PUF, Paris, 1987, p. 189

PLANCHON (M-H), « Le principe de confiance légitime devant la CJCE », *RRJ*, 1994, p. 459

PLUCKNETT (T.F.T.), « Bonham's Case and Judicial Review », *Harvard law Review*, vol. 40, 1926-27, p. 30

POIRMEUR (Y.) et ROSENBERG (D.), « La doctrine constitutionnelle et le constitutionnalisme français », *in Les usages sociaux du droit*, PUF, 1990, p. 237

POLLAUD-DULIAN (F.), « A propos de la sécurité juridique », *RTDciv*. 2001, p . 487.

PRELOT (M.), « La théorie de l'Etat dans le droit fasciste », in *Mélanges Carré de Malberg*, Librairie Edouard Duchemin, Paris, 1977, p. 433

PUISSOCHET (J-P), « Vous avez dit confiance légitime ? (le principe de confiance légitime en droit communautaire) », in *Mélanges Braibant*, *op.cit.*, p.585

RADBRUCH (G.), « Le relativisme dans la philosophie du droit », *ADP*, 1934, p. 105

____________, « La sécurité en droit d'après la théorie anglaise », *APD*, 1936, p. 86

RADIN (M.J.), « Reconsidering the Rule of law », *Boston University Law Review*, 1989, p. 784

RAGGI (A), « La parabola di un concetto. A proposito dello Stato di diritto », *Annuario della Università degli Studi di Camerino*, 1907-08, p. 25

RAMBAUD (P.), « L'égalité des sexes en droits social communautaire », *Recueil Dalloz*, 1998, Chr. p. 111

RAMON (J.R.), « Contrôle du droit interne contraire au droit communautaire et portée de l'article 10.2 de la Constitution espagnole dans la jurisprudence du Tribunal constitutionnel », *REDP*, 1993, p. 177

RASMUSSEN (H.), « Why is Article 173 interpreted against private plaintifs ? », *ELR*, 1980, p. 112

RATNER (L.G.), « The function of the Due Process Clause », *University of Pennsylvania Law Review*, 1968, p. 1070

RAY (J.), "La Révolution française et la pensée juridique: l'idée du règne de la loi", *Rev. Philo.*, 1939, p. 364

RAYMOND (J.), « A contribution to the interpretation of article 13 of the European convention on human rigths », *Human Rights Review*, vol. V, 1980, p. 161

RAZ (J.), « The *Rule of law* and its virtue », *LQR*, 1977, p. 195

REAL (A.R), « El Estado de derecho (*Rechtsstaat*) », *in Estudios Juridicos en memoria de Eduardo J. Couture*, Montevideo, 1957, p. 600

REBUFFA (G.), « I Lessici e il tempo delle prolusioni di Vittorio Emanuele Orlando », in *Riv. Tri. Dir. Pubb*, 1989, p. 919

RENOUX (T.S.), « Le droit au recours juridictionnel », *JCP*, 1993, p. 213

RENUCCI (J-F.), « Le droit au juge dans la Convention européenne des droits de l'homme », in J. RIDEAU (dir), *Le droit au juge dans l'Union européenne*, Paris, LGDJ, 1998, p.131

RIALS (S.), « Sur une distinction contestable et un trop réel déclin », *AJDA*, 1981, p. 115

________, « Supraconstitutionnalité et systématicité du droit », *APD*, 1986, p. 57

________, « La fonction de juger . Ouverture : l'office du juge », *Droits*, 9, 1989, p. 9

RIDEAU (J.), « Constitution et droit international dans les Etats membres des Communautés européennes », *RFDC*, 1990, p. 259

__________, « La coexistence des systèmes de protection des droits fondamentaux dans la Communauté européenne et ses Etats membres », *AIJC*, 1991, p. 11

__________, «Communauté de droit et Etat de droit », *in Mélanges René Jean DUPUY, Humanité et droit international*, Padone, Paris, 1991, p 249-270

__________, « La Cour de cassation et l'article 55 de la Constitution », *in La Cour de cassation et la Constitution de la République*, PUAM, 1995, p. 226

__________, « Le rôle de l'Union européenne en matière de protection des droits de l'homme », *RCADI*, t. 265, 1997, p. 76

__________, « Le droit au juge : conquête et instrument de l'Etat de droit », in J. RIDEAU (dir.), *Le droit au juge dans l'Union européenne*, Paris, LGDJ, 1998, p. 3

_________, « Le développement de la protection juridictionnelle des droits de l'homme dans l'Union européenne, symboles et effectivité », in R. MEHDI (dir.), *L'avenir de la justice communautaire*, Paris, 1999, p. 90

_________, « Les limites de la protection juridictionnelle des droits de l'homme », *in* F. SUDRE et H. LABAYLE (dir.), *Réalité et perspectives du droit communautaire des droits fondamentaux, op.cit.*, p. 408

_________ & RENUCCI (J-F), « Dualité de la protection juridictionnelle européenne des droits fondamentaux : atout ou faiblesse de la sauvegarde des droits de l'homme ? », Justices, 1997, p. 95

RIGAUX (A.) et SIMON (D.), « Droit communautaire et constitution française, une avancée significative de la Cour de Cassation », *Europe*, août-septembre 2000, chr. 8.

___________________, « Summum jus, summa injuria . A propos de l'arrêt du Conseil d'Etat du 3 décembre 2001 SNIP », *Europe*, 2002, Chr. 5

RIGAUX (F.), « Interprétation consensuelle et interprétation évolutive », in F. SUDRE (dir.), *L'interprétation de la Convention européenne des droits de l'homme*, Bruylant, Bruxelles, 1998, p. 41

RIGGS (R.E.), « Legitimate Expectation and Procedural Fairness in English law », *AJCL*, 1988, p. 395

RILL (H.P.), 'Die Artikel 5 und 6 der Europäischen Menschenrechtskonvention, die Praxis der Straßburger Organe und des Verfassungsgerichtshofes und das österreischische Verfassungssystem', in *Beiträge zum Verfassungs- und Wirtschaftsrecht, Festschrift für Günther Winkler* (1989) 13.

RIMOLI (F.), « Costituzione rigida, potere di revisione e interpretazione per valori », *Giur. Cost.* 1992, p. 3712

RIVERO (J.), « L'Etat moderne peut-il encore être un Etat de droit », *Annales de la Faculté de droit de Lièges*, 1957, p. 65

_________, « Sur la rétroactivité de la règle jurisprudentielle », *AJDA*, 1968, p. 15

_________, « Vers un droit commun européen – nouvelles perspectives en droit administratif », in M. CAPPELLETTI (ed.), *New perspectives for a common law in Europe*, Leyden, Bruxelles, Sijthoff et Bruylant, 1978

_________, « Fin d'un absolutisme », *Pouvoirs*, 1980, n°13, p. 5

_________, « Droit administratif français et droits administratifs étrangers », A. de LAUBADERE, A. MATHIOT, J. RIVERO et G. VEDEL, *Pages de Doctrine*, Paris, LGDJ, 1980, vol II, p. 479

_________, « Dualité de juridictions et protection des libertés », *RFDA*, 1990, p. 736

ROBIN-OLIVIER (S.), « La référence aux droits sociaux fondamentaux dans le traité d'Amsterdam », *Dr. Soc.*, 1999, p. 609

ROBLES MORCHON (G.), « La Cour de justice des Communauté européennes et les principes généraux du droit », WP, n°88/350, IUE, Florence, 1988, p. 15

ROCCO (A.), « Politica e diritto nelle vecchie e nuove concezioni dello Stato », *Nuova Antologia*, vol. CCCLVIII, 1931, p. 356

RODRIGUEZ IGLESIAS (G.C.) & VALLE GALVEZ (A.), « El derecho comunitario y las relaciones entre les Tribunal de Justicia de la Comunidades europeas, el Tribunal europeo de derechos humanos y los tribunales constitucionales nacionales », *Revista de Derecho Comunitario europeo*, 1997-2, p. 373.

ROLLAND (P.), « L'interprétation de la Convention », *RUDH*, 1991, p. 280

ROMANO (B.), « Ragione e esistenza. Stato di diritto e dignità dell'uomo », *RIFD*, XLV, 1968, p. 615

ROMEO (R.), « la Germania e la vita intelletuale italiana dall'unità alla prima guerra mondiale », in *L'Italia unitaria e la prima guerra mondiale*, Bari, 1978, p. 120

ROSAS & BRANDTNER, « Human rights and the External relations of the European Community : a Conceptual Perspective », *EJIL*, 1998, p. 17

ROTTECK, « Constitution » in Staatslexikon oder Encyklopädie der Staatswissenschaften, III, Altona, Hammerich, 1836, p. 761

ROUSSEAU (D.), « De l'Etat de droit à l'Etat politique », in D.COLAS (dir.), *L'Etat de droit... op.cit.*, p.173

__________, « La garantie de la constitution », in J-P Clément, L. Jaume & M. Verpeaux (dir.), Liberté, libéraux et constitutions, Paris, Economica-PUAM, 1997, p. 97

__________, « Les convergences constitutionnelles en matière de droits fondamentaux », in H. Gaudin (dir.*), Droit Constitutionnel, Droit communautaire. Vers un respect constitutionnel réciproque ?, op.cit.*, p. 159

RUFFILI (R.), « Santi Romano e la « crisi dello stato » agli inizi dell'età contemporanea », *Rivista trimestriale di diritto pubblico*, 1977, p. 311

RUGGERI, (A.), « Stato di diritto e dinamica istituzionale », *Politica del Diritto*, n°3, 1990, p. 131

RUINI, « La Repubblica italiana come « Stato di diritto » », Riv. Dir. Pubb., 1948, p. 1

SAGGIO (A.), «Appunti sulla ricevibilità dei ricorsi d'annullamento proposti da persone fisiche o giuridiche in base all'Art. 173, quarto comma, del Trattato CE», *Scritti in onore di Giuseppe Federico Mancini*, Vol. II, (1998), p. 879

SAIZ ARNAIZ (A.), « El derecho comunitario, parámetro de constitucionalidad de las leyes internas ? (A próposito de la Sentencia n°384 de 1994 de la Corte costituzionale italiana) », *RIE*, 1995, p. 571

SANCHEZ DE LA TORRE (A.), « El Universalismo del pensamiento jurídico de Legaz Lacambra », in *Luis Legaz Lacambra : figura y pensamiento*, Univ. Complutense, 1993, p. 12

SANTIAGO GUERRA FILHO (W.), « O principo Constitucional da Propocionalidade », *in (Coll), Ensaios de teoria constitucional, Fortalez, UFC, 1989*, p. 69

________________________, « Notas em torno ao principio da proporcionalidade », in *in Perspectivas Constitucionais - Nos 20 anos da Constituiçao de 1976, Coimbra Editora*, 1996, p. 249

SCHMIDT-ASSMANN (E.), « Der Rechtsstaat », in J. INSENSEE & P. KIRCHHOF (dir.*), Handuch des Staatrechts der BRD*, T1, Heidelberg, Müller, 1987, p. 987

SCHMITT (C.), « L'Etat de droit bourgeois » (1928), in *Du politique. Légalité et légitimité et autres essais*, Puiseaux, Pardès, 1990, p. 35.

SCHOCKWEILER (F.) *et alii*, « Le regime de la responsabilité extra-contractuelle du fait d'actes juridiques dans la Communauté européenne », *RTDE*, 1990, p. 47

_______________, «L'accès à la justice dans l'ordre juridique communautaire», *Journal des tribunaux, Droit européen*, n° 25, 1996, p. 1

SCHOLZ (R.), « Der eurpäische Rechtsstaat » *in Festschrift für Ernst Steindorff*, W. de Gruyter, Berlin, 1990, p. 1413

SCHÖNBERGER (CH.), « Critique et réception de la conception juridique de l'Etat de Laband chez Carré de Malberg », in O.BEAU et P. WACHSMANN (dir), *La science juridique française et la science juridique allemande de 1870 à 1918*, Annales de la faculté de droit de Strasbourg, n°1, 1997, p. 257.

________________, « Etat de droit et Etat conservateur : Friedrich Julius Stahl », in O. JOUANJAN (dir.), *Les figures de l'Etat de droit, op.cit.*, p. 177

SCHÜBEL (I.), « La primauté du droit communautaire en Allemagne. Une étude de la jurisprudence de la Cour constitutionnelle fédérale allemande et de la principale doctrine allemande », *RMCUE*, 1997, p. 621

SCHWARZE (J.), « Rechtsstaatlichkeit und Grundrechtsschutz als Ordnungspostulate der Europäischen Gemeinschaft », *in Festschrift Werner Maihofer*, Klostermann, Frankfurt am Aim, 1988, p. 529

______________, « Towards a Common European Public Law », *European Public Law*, 1995, p. 227

______________, « L'européanisation du droit administratif national », in. J. SCHWARZE (éd.), *Le droit administratif sous l'influence de l'Europe, op.cit.*, p. 789

SEILER (B.), « Le droit communautaire et le principe de séparation des autorités », *RFDA*, 1996, p. 1161.

SEJERSTEDT (F.), « Democracy and the Rule of law : some historical experiences of contradictions in the striving for good government », *in J. Elster and R. SLAGSTADT, Constitutionalism and Democracy, op.cit* p. 131

SIMON (D.), « Ordre Public et Libertés publiques dans les CE : à propos de l'arrêt RUTILI », *RMC*, 1976, p. 207

_________, « La CJCE : un gouvernement des juges », in *Démocratiser la Communauté*, Paris, Etudes et perspectives européens, 1977

_________, « L'usage de concepts élastiques dans la jurisprudence internationale : impressionnisme ou réalisme ? », in *Rechtsverleigchung, Europarecht und Staatenintegration, Gedachtnisschrift fur Léontin-Jean Constantinesco*, Carl Heyman Verlag KG, Koln, Berlin, Bonn, Munchen, 1983, p. 707

_________, « Y a-t-il des principes généraux du droit communautaire », Droits, 14, 1991, p. 73

_________, « La responsabiltié de l'Etat saisie par le droit communautaire », *AJDA*, 1996, p. 489

_________, « L'arrêt Sarran : dualisme incompressible ou monisme inversé ? », *Europe*, mars 1999, chr.3, p. 4

________, « La lisibilité du droit communautaire », *in J. RIDEAU (dir.), La transparence dans l'Union européenne, mythe ou principe juridique*, LGDJ, 1999, p. 79

________, « The Sanction of Member States' Serious Violations of Community Law », *in* D. O'KEEFE and A. BAVASSO (eds), *Judicial Review in European Union Law, Liber Amicorum in Honour of Lord Slynn of Hartley*, La Haye, Kluwer, 2000.

________, « La Communauté de droit », in F. SUDRE et H. LABAYLE (dir.), *Réalité et perspectives du droit communautaire des droits fondamentaux*, Bruylant, Bruxelles, 2000, p. 86

________, « La Confiance légitime en droit communautaire : vers un principe général de limitation de la volonté de l'auteur de l'acte ? », *Etudes à la mémoire du Professeur Alfred Rieg*, Bruxelles, Bruylant, 2000

________ & RIGAUX (A.), « Le Conseil d'Etat saisi par le droit communautaire : quelques réflexions sur le rapport public de 1992 », *Europe*, 1993, p.1.

SPERDUTI (G.), « Il principio della preminenza del diritto e sua garanzia nella Convenzione europea dei diritti dell'uomo », *in Judicial Protection of Human Rights at the national and international level*, Milano, Giuffrè, 1991, vol. 2, p. 521

SPILIOTOPOULOS (E.), « Judicial Review of Legislative Acts in Greece », *Temple Law Quaterly*, 1983, p. 463

SPITZER (J-P), « Les principes généraux du droit communautaire dégagés par la CJCE », *Gaz. Pal.*, 1986, p.735

STIRN (B.), « Juridictions administratives et cours européennes », *RA*, 1998, pp. 212-220

STOLLEIS (M.), « *Rechtsstaat* », in A. ERLER *et alii*, *Handwörterbuch zur Deuteschen Rechtsgeschichte IV*, Berlin, 1990, col. 367-375

__________ « Que signifiait la querelle autour de l'Etat de droit sous le Troisième Reich », in O. JOUANJAN (dir.), *Les figures de l'Etat de droit... op.cit.*, p. 373

SUDRE (F.), « Existe-t-il une idée de droit commune ? Les libertés protégées par la Cour européenne des droits de l'homme », *in D. ROUSSEAU et F. SUDRE (dir.), Conseil constitutionnel et Cour européenne des droits de l'homme*, ed. STH, Paris, 1990, p. 19

________, « L'Europe des droits de l'homme », *Droits*, n°14, 1991, p. 110

________, « L'interdiction de l'avortement : le conflit entre le juge constitutionnel irlandais et la Cour européenne des droits de l'homme », *RFDC*, 1993, p. 222.

________, « Droits intangibles et/ou droits fondamentaux : y a-t-il des droits prééminents dans la Convention européenne des droits de l'homme », *Liber Amicorum M.A. Eissen*, Bruylant, Bruxelles, LGDJ, Paris, 1995 p. 381

________, « Les obligations positives dans la jurisprudence européenne des droits de l'homme », *RTDH*, 1995, p. 363

________, « Fonction publique et CEDH. L'arrêt Vogt de la CourEDH, ou l'art de l'illusionnisme juridique », *RTDH*, 1996, p. 425

________, « La Communauté européenne et les droits fondamentaux après le traité d'Amsterdam, vers un nouveau système de protection des droits de l'homme », *JCP, Ed. G.*, 1998, I, 100

________, « La perméabilité de la Convention européenne des droits de l'homme aux droits sociaux », in *Etudes offertes à J. Mourgeon, Pouvoir et libertés*, Bruxelles, Bruylant 1998, p. 467

________, « La protection des droits sociaux par la Convention européenne des droits de l'homme », in UNION DES AVOCATS EUROPEENS (éd.), *Les nouveaux droits de l'homme*, Bruylant, Bruxelles, 1999, p.104

________, « L'application de l'article 6§1 de la Convention européenne des droits de l'homme. Rapport introductif », *in Les Principes communs d'une justice des Etats de l'Union européenne*, Cour de Cassation, Paris, 4 et 5 décembre 2000, p. 20

________, « L'apport du droit international et européen à la protection communautaire des droits fodnamentaux », *in Droit international et droit communautaire, perspectives actuelles*, Paris, Pédone, 2000, p. 191

________, « L'office du juge national au regard de la Convention européenne des droits de l'homme », *Mélanges en hommage à Pierre Lambert*, Bruylant, Bruxelles, 2000, p. 821

________, « A propos du dynamisme interprétatif de la Cour européenne des droits de l'homme », *JCP, ed. G*, 2001, I-335, n°3
SUMMERS (R.S.) « A formal theory of the *Rule of law* », *Ratio Juris*, vol. 6, n°2, 1993, p. 127
SALVIA (M. DE), « L'élaboration d'un « *ius comune* » des droits de l'homme et des libertés fondamentales dans la perspective de l'unité européenne : l'œuvre accomplie par la Commission et la Cour européenne des droits de l'homme », *Protecting human rights : the European Dimension*, Cologne, Carl Heymanns, 1988, p. 555
__________, « La place de la notion de sécurité juridique dans la jurisprudence de la Cour européenne des droits de l'homme », *Les Cahiers du Conseil Constitutionnel*, n°11, 2001, p. 93
SCHUTTER (O. DE), « La garantie des droits et principes sociaux dan la Charte des droits fondamentaux de l'Union européenne », in J-Y. CARLIER et O. DE SCHUTTER (dir.), *op.cit.*, p. 117
TAVERNIER (P.), « L'affaire du « Mur de Berlin » devant la Cour européenne. La transition vers la démocratie et la non-rétroactivité en matière pénale », *RTDH*, 2001, p.1159
TEMPLE LANG (J.), « The sphere in which members states are obliged to comply with the general principle of law and community fundamental rights principles », *LIEI*, 2, 1991, p. 23
TERNEYRE (PH.), « Le droit constitutionnel au juge », *LPA*, 1991,n°145, p.5
THOMAS (R.), « Continental Principles in English Public Law », in A. HARDING & E. ÖRÜCÜ (ed.), *Comparative Law in the 21st Century*, Kluwer, London / The Hague/ New York, 2002, p. 121
THÜRER (D.), «Der Verfassungsstaat als Glied einer europäischen Gemeinschaft », *VVDStRL*, 50, 1991, p. 97.
TINLAND (F.), « L'Etat de droit : héritage du XVIIe siècle européen », *Philosophie Politique*, n°1/1991, p. 57
TREVES (G.), « Considerazioni sullo Stato di diritto », *Riv. Trim. Dir. Pubb.*, 1959, p. 401
TREVES (R.), « El estado de derecho y las nuevas organizaciones estatales », *Sustancia*, 1939, p. 160
_________, « A proposito della polemica su Stato di diritto e Stati Totalitari », *Riv. Int. Fil. Dir.*, XXXIII, 1956
_________, « Stato di diritto e Stati Totalitari », en *Studi in onore di G.M. de Francesco*, vol II, Milan, Giuffrè, 1957, p. 177
TRIDIMAS (T.), « The court of justice and Judicial activism », *ELR*, 21, 1996, p.199
TROPER (M.), «Justice constitutionnelle et démocratie », *RFDC* , 1990, p. 31
_________, « L'Europe et les principes », *Droit et société*, 1992, p. 165
_________, « Le concept d'Etat de droit », *Droits*, 15, 1992, p. 51
_________, « Le problème de l'interprétation et la théorie de la supralégalité constitutionnelle », *in Michel Troper, Pour une théorie juridique de l'Etat*, PUF, Paris, 1993, p. 293
_________, «La notion de pouvoir judiciaire au début de la révolution française », in *1791. La première constitution française, Actes du colloque de Dijon des 26-27 sept. 1991*, Paris, Economica, 1993, p. 355.
_________, « L'interprétation de la déclaration des droits : l'exemple de l'article 16 », *in* M. TROPER, *Pour une théorie juridique de l'Etat*, Paris, PUF, 1994, p. 272
_________, « Y a-t-il eu un Etat nazi ? », *Pour une théorie juridique de l'Etat*, Paris, PUF, coll. Léviathan, 1994, p. 177
_________, « Démocratie continue et justice constitutionnelle », in D. ROUSSEAU (dir.), *La démocratie continue*, Paris, Bruxelles, LGDJ, Bruylant, 1995, p. 125
_________, « Kelsen et le contrôle de constitutionnlité », in C.M. HERRERA, Le droit, le politique. Autour de Max Weber, Hans Kelsen, Carl Schmitt, Paris, L'Harmattan, 1995, p. 157
_________ & PFERSMANN (O.), « Existe-t-il un concept de gouvernement des juges ? », *in* S. BRONDEL, N. FOULQUIER, et L. HEUSCHLING (dir.), *Gouvernement des juges et démocratie*, Paris, Publications de la Sorbonne, 2001, p.21.
TULKENS (F.), « La sécurité juridique : un idéal à reconsidérer », *RIEJ*, 1990, p. 25
__________, « Accélération du temps et sécurité juridique : poison et contre-poison » in P. GERARD, F. OST et M. VAN DE KERCHOVE (dir.), *L'accélération du temps juridique*, Bruxelles, Publication des Facultés universitaires Saint-Louis, 2000 p. 469
ULE (C.H.), « Carl Schmitt, der Rechtsstaat und die Verwaltungsgerichtsbarkeit », *Verwaltungs-Archiv*, vol. 81, 1990, p. 1

UMBERTAZZI (G.M.), « Le principe de proportionnalité en droit italien », *in H. Kutscher (ed.), Der Grundsatz der Verhältnismäßigkeit in europäischen Rechtsordnungen*, Heidelberg, 1985, p. 79
USHER (J.A.), « General Principles Derived from the Law of the Member States as a Source of Community Law – The Interaction between Community Law and National Law », *FIDE Rapports*, 12ème congrès I, Paris, 1986, p. 312
VALEMBOIS (A.L), « La prévalence des principes généraux du droit communautaire sur la loi nationale », *AJDA*, 2002, p. 1219
VALERY (A.), « Qu'est-ce qu'un délai raisonnable au regard de la jurisprudence de la Cour européenne des droits de l'homme », *Le procès équitable et la protection juridictionnelle du citoyen*, Bruxelles, Bruylant, 2001, p. 93
VALETTE (J.P.), « Le pouvoir chez John Locke », *RDP*, n°1, 2001, p. 91
VALLEJO LOBETE (E.), « El respeto a la confianza legimita », *Gazetta Jurídica de la CEE*, 1988, boll. 27, p. 2
VALPAILLE, « Le principe de sécurité juridique, réalité et avenir en droit administratif français », *LPA*, 10 août 1999, n°158, p. 21
VALTICOS (N.), « Droits de l'homme et droits du travail sur le plan international. Questions anciennes et problèmes nouveaux », *Mélanges J-M Verdier, op.cit.*, p. 473
VAN COMPERNOLLE (J.), « Evolution et assouplissement d'impartialité objective », *RTDH*, 1994, p. 437
__________________, « Impartialité du juge et cumul de fonctions au fond et au provisoire : réflexions sur des arrêts récents », *Mélanges Lambert, op.cit.*, p. 935
VAN DER MEERSCH (A.J.), « Le caractère autonome des termes et la marge d'appréciation des gouvernements dans l'interprétation de la Convention européenne des droits de l'homme », *Mélanges G.J. Wiarda*, Carl Heymans Verlag K.G., Cologne, 1988, p. 201
VAN GERVEN (W.), « Contribution de l'arrêt Defrenne au développement du droit communautaire », *CDE*, 1977, p. 137
_______________, "Bridging the Gap Between Community and national Laws: Towards a Principle of Homogeneity in the field of Legal remedies?", *CMLR* 1995, p. 700
_______________, « The legal dimension : the constitutionnal incetives and Constraints on bargained administration », *in* F. SNYDER (ed.), *Constitutionnal dimensions of european economic integration*, Kluwer Law International, La Haye, 1996, p. 75
VANDERSANDEN (G.), «Pour un élargissement du droit des particuliers d'agir en annulation contre des actes autres que les décisions qui leur sont adressées», *CDE*, 1995, p. 535
VARPAILLE (I.), « Le principe de sécurité juridique : réalité et avenir en droit administratif français », *LPA*, 1999, n°158
VASILESCU (F.B.), « Fin du millénaire : triomphe du constitutionnalisme européen », AIJC, XII, 1996, p.49
VEDEL (G.), « Schengen et Maastricht », *RFDA*, 1992, p. 173
_________, « Souveraineté et supraconstitutionnalité », *Pouvoirs*, n°67, 1993, p. 79
VELGERIS (P.), « Valeur et signification de la clause 'dans une société démocratique' dans la CEDH», *RDH*, 1968, n°2, p. 241
VELU (J.), « A propos de l'autorité jurisprudentielle des arrêts de la Cour européenne des droits de l'homme : vues de droit comparé sur des évolutions en cours », *Mélanges F. Rigaux*, Bruylant, Bruxelles, 1993, p. 528
VERDUSSEN (M.), « La Cour d'arbitrage belge et l'application de la Convention européenne des droits de l'homme », *RFDC*, 1994, p. 433
______________, « Le juge constitutionnel face à l'article 6§1 », *RBDC*, 1994, p. 131
______________, « La protection des droits fondamentaux en Europe : subsidiarité et circularité », F. DELPEREE (dir.), *Le principe de subsidiarité*, Bruxelles, Paris, Bruylant, LGDJ, 2002, p. 311
VERNET I LLOBET (J.), « Los limites a la integración europea » *Civitas Europa*, 3/1999, p. 311
VERPAUX (M.), « La liberté », *AJDA, spécial*, 1998, p.144
VILLEY (M.), « La « Rechtslehre » de Kant dans l'histoire de la science juridique », *in Critique de la pensée juridique moderne (douze autres essais)*, Paris, Dalloz, 1976, p. 143

VIRALLY (M), « Sur un pont aux ânes : les rapports entre droit international et droits internes », *Mélanges Henri Rollin*, Paris, Pédone, 1964, p. 487
__________, « L'introuvable acte de gouvernement », *RDP*, 1952, p. 317
__________, « Notes sur la validité du droit et son fondement (Norme fondamentale hypothétique et droit international », *Recueil d'études en hommage à Charles Eisenmann, op.cit.*, 1977, p.457
VROOM (C.), « Principe d'égalité et affirmative action aux Etats-Unis », *RFDC*, 1995, p. 805
WACHSMANN (P.), « Les limitations à l'exercice des droits et l'étendue du contrôle juridictionnel », *RUDH*, 1991, p. 289
______________, « La prééminence du droit dans la jurisprudence de la Cour européenne des droits de l'homme », *in Le droit des organisations internationales, Recueil d'études à la mémoire de J. Schwob*, Bruylant, Bruxelles, 1997, p. 241
______________, « Les droits de l'homme », *RTDE*, 1997, p. 187
______________, « La jurisprudence récente de la Commission européenne des droits de l'homme en matière de négationnisme », in J-F. FLAUSS et M. DE SALVIA (ed.), *La Convention européenne des droits de l'homme : développements récents et nouveaux défis*, Bruylant, Bruxelles, 1997, p. 101
WADE (H.W.R.), « What has Happened to the Sovereignty of Parliament ? », *LQR*, vol. 107, 1991, p. 4
WAELBROECK (D.), « Le principe de la non-rétroactivité en droit communautaire à la lumière des arrêts « isoglucose » », *RTDE*, 1983, p. 363
_______________ & VERHEYDEN (A-M), «Les conditions de recevabilité des recours en annulation des particuliers contre les actes normatifs communautaires: à la lumière du droit comparé et de la Convention des droits de l'homme», *CDE*, 1995, p. 440
WALDRON (J.), « The *Rule of law* in Contemporary Liberal Theory », *Ratio Juris*, vol 2, n°1, 1989, p. 7
WALINE (M.), « Les idées maîtresses de deux grands publicistes français : Léon Duguit et Maurice Hauriou », *Année. Pol Fr & Etr.*, 1929, p. 387 (1ère partie) et 1930, p. 39(2ème partie)
___________« Le positivisme juridique de Carré de Malberg », *Relations des journées d'études en l'honneur de Carré de Malberg (1861-1935), Annales de la Faculté de droit et des sciences économiques de Strasbourg*, t. XV, 1966, p. 20
WITTE (B. DE), «Droit communautaire et valeurs constitutionnelles nationales », *Droits*, 1991, p.87
WALTER (C.), « Le contrôle de constitutionnalité des actes de droit communautaire dérivé par la Cour constitutionnelle fédérale allemande », *RDP*, 1997, p.1285
WEILER (J.H.H.), « The Court on Trial », *CMLR*, 1987, p. 555
_______, « Parlement européen, intégration européenne, démocratie et légitimité », *in* J-V. LOUIS et D. WAELBROECK (ed.), *Le Parlement Européen, op.cit.*, p. 325
_______,« The transformation of Europe », *The Yale Law Journal*, vol 100, 1991, p 2405
_______ & LOCKHARDT (N.J.S.), « Taking righrs seriously : The European Court and Its Fundamental Rights Jurisprudence », *CMLR*, 1995, p. 274
_______,« Does Europe need a constitution ? Reflections on demos, telos and the german Maastricht decision », *ELJ*, 1995 p.219.
WEINGAST (B.R.), « The Political foundations of democracy and the *Rule of law* », *American Political science Review*, 1997, p. 245
WIARDA (G.J.), « La Convention européenne des droits de l'homme et la prééminence du droit », *Rivista di Studi Politici Internazionali*, 1984, p. 452
YERARIS (C-G), « Community law and the Greek Administrative Courts », *in R.H.M. JANSEN D.A.C. KOSTER and R.F.B. van ZUTPHEN (eds.), European Ambitions of the National Judiciary*, Kluwer Law International, The Hague, 1997, p. 53
ZAGREBELSKY (G.), « La supraconstitutionnalité en tant que présupposition historico-culturelle de la constitution », *JSLC*, vol. 15, 1993, p. 451
ZAMPINI (F.), «La Cour de justice des Communautés européennes gardienne des droits fondamentaux « dans le cadre communautaire » », *RTDE*, 1999, p. 661
ZANGARA (V.), « Lo Stato di diritto in evoluzione », in *Scritti in onore di Egidio Tosato*, Vol I, Giuffrè Editore Milan, 1984, p. 67
ZILLER (J.), « Droit administratif et droit communautaire : du bon usage du principe de subsidiarité », *Mélanges R. Chapus*, Paris, Montchrestien, 1992, p. 681

________, « Le principe de proportionnalité », *AJDA*, 1996, p. 185

________, « De la nature de l'administration européenne », *RFAP*, n°95, 2000, p. 357

________, « La dialectique du contentieux européen : le cas des recours contre les actes normatifs », *in Les droits individuels et le juge en Europe, Mélanges en l'honneur de Michel Fromont*, PU de Strasbourg, Strasbourg, 2001, p. 443

________ & PONTHOREAU (M-C), « The Experience of the French Conseil Constitutionnel : Political and Social Context and Current Legal-Theoretical Debates », in SADURSKI (W.), (ed.), *Constitutional Justice, East and West*, Lancaster, Kluwer Academic Publishers, 2002, p. 119

ZIMMER (W.), « Allemagne », Table ronde Constitution et sécurité juridique, *AIJC*, XV, 1999, p. 91

__________, « Une conception organiciste de l'Etat de droit : Otto Bähr et Otto von Gierke », in O. JOUANJAN (dir.), *Les figures de l'Etat de droit... op.cit*, p. 230

ZULEEG (M.), « Die Europäische Gemeinschaft als Rechtsgemeinschaft » *in Hacia un nuevo orden internacional y europeo, Estudios en homenaje al professor Don Manuel Diez de Velasco*, Madrid, Tecnos, 1993, p. 1317

INDEX ALPHABETIQUE DES NOMS ET DES MATIERES

Les numéros renvoient aux paragraphes,
les numéros en gras renvoient aux développements plus substantiels.
Les noms en petites majuscules renvoient aux principaux auteurs cités dans le corps du texte.

D

TABLE DES MATIERES